2026

단기 합격을 위한 마스터 플랜

경영정보 시각화능력 실기 파워 BI

POWER BI

저자 안성진, 진미나

서 문

안녕하세요, 독자 여러분.

　데이터 분석과 머신러닝 분야에서 오랜 시간 쌓아온 경험과 전문성을 바탕으로 여러분의 학습과 성장을 돕고자 하는 빅데이터 분석 전문가 윤종식입니다. 저는 지난 10년간 데이터분석 준전문가(ADsP, 일명 민트책), 데이터분석 전문가(ADP, 일명 파랭이책), 빅데이터분석기사 등의 자격증 교재를 집필하며 컴퓨터/IT 분야에서 베스트셀러의 자리를 지켜왔습니다. 이 과정에서 데이터의 실질적인 가치를 실무에 적용할 수 있는 길을 제시하며, 데이터가 단순한 정보의 집합을 넘어 조직의 미래를 바꾸는 도구임을 깊이 체감했습니다. 이번에 여러분께 선보이는 수험서는 그동안의 경험과 열정을 집약한 또 하나의 도전의 결과물입니다.

　경영정보시각화능력(Business Intelligence Specialist) 자격증은 대한상공회의소에서 주관하는 국가기술자격으로, 4차 산업혁명과 디지털 전환 등으로 데이터로부터의 인사이트 도출 능력이 중요해진 지금 데이터 기반의 의사결정을 위한 데이터 시각화의 중요성이 계속해서 증가됨에 따라 2024년에 신설된 자격증입니다.

　해당 자격증의 필기 시험은 경영 일반, 데이터 해석 및 활용, 경영정보시각화 디자인의 세 가지 영역을 다루며, 기업의 내외부 정보를 시각적으로 표현해 의사결정을 지원하는 역량을 평가합니다. 또한 실기 시험은 Power BI와 Tableau 같은 시각화 도구를 통한 경영정보시각화 디자인 실무 능력을 측정합니다. 디지털 전환 시대에 빅데이터 시각화는 경영, 마케팅, 인사 등 다양한 직무에서 필수 기술로 자리 잡은 만큼 해당 교재는 자격증 취득을 목표로 하는 학습자뿐만 아니라 실무에서 데이터 시각화 역량을 키우고자 하는 모든 분들에게 실질적인 도움을 주고자 기획되었습니다.

　데이터를 다루고 시각화하는 과정은 때로는 도전적일 수 있습니다. 저 역시 이 분야에 첫 발을 내디뎠을 때 수많은 시행 착오를 겪었지만, 그 속에서 얻은 통찰과 성취감이 저를 여기까지 이끌었습니다. 이 교재를 집필하며 저는 여러분이 데이터의 가치를 깨닫고 이를 효과적으로 전달하는 전문가로 성장하기를 바라는 마음을 담았습니다. 여러분의 노력과 열정이 자격증 취득이라는 결실을 맺고, 더 나아가 실무에서 빛나는 성과로 이어지기를 진심으로 응원합니다. 이 책이 여러분의 여정에 든든한 동반자가 되기를 바라며, 데이터 시각화로 새로운 가능성을 열어가는 여러분의 미래를 기대합니다.

　마지막으로, 이 책을 집필하신 저자 안성진님과 진미나님에게 깊은 감사의 마음을 전합니다.

데이터에듀 대표 윤 종 식 드림

저자소감

 지식 근로자(Knowledge worker)에게 워드(Word) 문서 작성 능력, 엑셀(Excel) 활용 능력, 파워포인트(PowerPoint) 작성 능력을 기본적으로 요구하듯이, 기본적인 데이터 분석 및 시각화 역량 또한 이미 많은 기업에서 실무자에게 요구하고 있고, 앞으로 그 중요도는 더 커질 것입니다.

경영정보시각화 능력시험은 이러한 시대 흐름을 준비하고자 하는 이들에게 유용한 자격증이 될 것으로 보입니다.

해당 시험을 준비하고자 하는 이들에게 본 교재가 유용하길 바랍니다.
더 나아가, Power BI를 활용한 데이터 시각화 및 분석 역량을 전반적으로 기르는데 있어서도 본 교재가 도움 되길 바랍니다.

저 자   안 성 진

 빅데이터·AI 시대, 의사결정의 힘은 데이터 분석과 시각화에서 시작됩니다.
빅데이터와 AI 시대에, 데이터 분석과 시각화 능력은 효과적인 의사결정을 위한 핵심 역량이며, Power BI는 이러한 역량을 가장 실무적으로 습득할 수 있는 대표적인 도구로 자리 잡고 있습니다.

경영정보시각화 능력시험은 데이터 시대와 AI 시대를 살아가는 전문가가 반드시 도전해야 할 중요한 과정입니다.
이 시험을 준비하는 과정에서 자연스럽게 빅데이터 활용, AI를 활용하기 위한 데이터 이해, 데이터 분석과 시각화 능력을 함께 익히고, Power BI 학습을 통해 시험 대비뿐 아니라 실무 의사결정 능력까지 강화할 수 있도록 돕습니다.
Power BI 경영정보시각화 능력 시험을 준비하고 데이터를 전문적으로 다루는 Power BI 실무자들에게 이 교재를 강력히 추천합니다.

저 자   진 미 나

본문 구성

01 상세한 이론 설명
파워BI의 시각화 능력과 데이터 구조의 이해 능력을 향상시키고, 주제별 실습 QR 영상을 제공해 효과적인 학습을 돕습니다.

02 더 알아보기
주요 내용 이외에 활용도가 높지만 찾기 어려운 실전 내용들을 학습함으로써 실력을 향상시킵니다.

03 모의고사 및 풀이과정 제공
총 3회의 예상 모의고사와 시행처 공개문제 A, B형으로 실전 연습 및 최종 점검으로 합격에 더욱 가까워 질 수 있습니다.

모의고사 및 풀이과정 제공

교재에 사용된 실습용 데이터와 파워BI 프로그램은 데이터에듀 홈페이지에서 도서 구매 인증 후 다운로드 받을 수 있습니다.

1) 데이터에듀 홈페이지(www.dataedu.kr) 접속 후 회원가입
2) 사이트 우측의 [도서인증] 버튼 클릭
3) 아래의 도서인증번호를 입력하여 구매 인증 완료
4) 사이트 상단 메뉴의 [커뮤니티]-[참고자료실]에서 확인 및 다운로드

도서인증번호

BIP26K327NE479M

무료 실습영상으로
더 확실하게 배우자!!

방법 1

두런에서 보는 방법

QR찍고 바로 재생

✓ 교재 내 모든 QR영상을 두런에서 한 번에 확인하세요.

✓ 동시에 영상을 보며 실습프로그램에서 문제풀이 가능합니다.

✓ 회원가입이나 인증 절차 없이 바로 시청이 가능합니다.

방법 2

dolearn.ai 강의보며 실습하는 방법

STEP 1

도서 인증 후
교재 내 QR코드 스캔

STEP 2

두런에서 '파워BI의 영상목차' 페이지가 나오면 링크를 복사, 웹사이트에서 즐겨찾기 한다.

STEP 3

웹에서 실습영상과 실습프로그램을 동시에 문제풀이 가능

경영정보시각화능력 자격검정 안내

01 시험 개요

경영정보시각화능력(Business Intelligence Specialist)은 경영 관련 의사결정을 위해 기업·기관의 내·외부의 정보를 시각적 요소들을 사용하여 효과적으로 표현하고 전달하는 직무와 관련된 국가기술자격입니다.

02 응시 자격

제한 없음 (단, 실기시험은 필기 합격 후 2년 이내 있는 실기 시험 응시 가능)

03 시험 과목

• 필기 시험

과목명	문항수	주요 항목	검정방법	시험시간
경영정보 일반	20문항	1. 경영정보 이해 2. 기업 내부 정보 파악 3. 기업 외부 정보의 활용	객관식 4지 택일형	60분
데이터 해석 및 활용	20문항	1. 데이터 이해 및 해석 2. 데이터 파일 시스템 3. 데이터 활용		
경영정보시각화 디자인	20문항	1. 시각화 디자인 기본 원리 이해 2. 시각화 도구 활용 3. 시각화 요소 디자인		

• 실기 시험

과목명	문항수	주요 항목	검정방법	시험시간
경영정보시각화 실무	3~5	1. 경영정보시각화 작업 준비 2. 경영정보시각화 결과물 레이아웃 구성 3. 경영정보시각화요소 구현	컴퓨터 작업형	70분

04 합격 기준

구분	등급	합격기준	과락기준
필기	단일등급	과목당 100점 만점에 전 과목 평균 60점 이상	40점 미만 과목 하나 이상
실기	단일등급	100점 만점에 70점 이상	과락기준 없음

05 취득 절차

1단계	→	2단계	→	3단계	→	4단계
수험원서 접수		수험표 발급		시험 응시		합격여부 확인

06 시험 일정

회차	구분	인터넷 접수	시험일자	발표일자
1회	필기	2025. 04. 03 ~ 2025. 04. 09	2025. 04. 26	2025. 05. 27
1회	실기	2025. 06. 05 ~ 2025. 06. 11	2025. 06. 28	2025. 08. 26
2회	필기	2025. 08. 21 ~ 2025. 08. 27	2025. 09. 13	2025. 10. 14
2회	실기	2025. 10. 09 ~ 2025. 10. 15	2025. 11. 01	2025. 12. 30

※상기 일정은 변경될 수 있으니 정확한 시험 일정은 대한상공회의소자격평가사업단(https://license.korcham.net)에서 확인바랍니다.

07 응시료

구분	응시료
필기	22,000원
실기	45,000원

BI Specialist
경영정보시각화능력 실기 파워BI
목 차

※ 정오표는 데이터에듀 홈페이지(dataedu.kr)의 [커뮤니티-정오표] 메뉴에서 확인하실 수 있습니다.

CONTENTS

PART 01   기초 11

제 1장 Power BI 알아보기	1.1	Power BI 개요	12
	1.2	데이터분석 과정 소개	13
	1.3	Power BI Desktop 소개	15
제 2장 데이터 가져오기	2.1	데이터커넥터 소개	19
	2.2	데이터 연결 모드 소개	20
	2.3	텍스트 및 CSV 파일 가져오기	21
	2.4	엑셀 파일가져오기	23
	2.5	여러 개의 파일 불러오기 및 결합하기	26
제 3장 데이터 변환하기 　　　- Power Query Editor	3.1	Power Query Editor 소개	32
	3.2	[홈] 탭의 주요 기능 살펴보기	36
	3.3	[변환] 탭의 주요 기능 살펴보기	83
	3.4	[열 추가] 탭의 주요 기능 살펴보기	113
	3.5	[보기] 탭의 주요 기능 살펴보기	117
제 4장 데이터 모델링	4.1	정규화 및 데이터 모델링 개념 소개	123
	4.2	테이블간 관계 설정	127
	4.3	테이블 및 필드 속성 편집	133
	4.4	계층 구조 설정	137
제 5장 데이터 변환하기 - DAX	5.1	DAX 개념 소개	143
	5.2	숫자/집계/통계 함수	145
	5.3	문자열 함수	148
	5.4	논리 함수	150
	5.5	날짜 및 시간 함수	154
	5.6	테이블 조작/계산 함수	156
	5.7	필터 함수	158
	5.8	기타 함수	161

제 6장 데이터 시각화	6.1	주요 용어	163
	6.2	누적 가로/세로 막대형 차트	164
	6.3	묶은 가로/세로 막대형 차트	166
	6.4	100% 누적 가로/세로 막대형 차트	168
	6.5	꺾은 선형 차트	170
	6.6	영역형 차트	171
	6.7	누적 영역형 차트	172
	6.8	꺾은 선형 및 누적/묶은 세로 막대형 차트	173
	6.9	리본 차트	175
	6.10	폭포 차트	177
	6.11	깔때기 차트	178
	6.12	분산형 차트	179
	6.13	원형/도넛형 차트	181
	6.14	트리맵 차트	182
	6.15	맵 차트	184
	6.16	등치 지역도 차트	187
	6.17	계기 차트	188
	6.18	카드 차트	189
	6.19	여러 행 카드 차트	190
	6.20	KPI 차트	191
	6.21	슬라이서	192
	6.22	테이블 차트	194
	6.23	행렬 차트	195
제 7장 결과물 공유하기	7.1	Power BI Service 및 Power BI Mobile 소개	196
	7.2	Power BI 라이선스 소개	199
	7.3	Power BI Desktop의 결과물 게시하기	201
	7.4	게시된 결과물 공유하기	203

PART 02	심화			207
제 1장 보고서 디자인하기	1.1	보고서 페이지 서식		208
	1.2	테마		213
	1.3	시각적 개체 서식		217
	1.4	눈금선 및 눈금에 맞춤		223
	1.5	텍스트 상자		224
	1.6	레이어 순서		225
	1.7	맞춤		226
	1.8	열 기준 정렬		227
제 2장 대화식(interactive) 화면 구성하기	2.1	필터		231
	2.2	상호 작용 편집		233
	2.3	단추		235
	2.4	책갈피		238
	2.5	드릴업/드릴다운		242
	2.6	드릴스루		244
	2.7	도구 설명		246
제 3장 고급 분석 기능 및 차트 활용하기	3.1	그룹		248
	3.2	조건부 서식		252
	3.3	매개 변수		254
	3.4	시각적 개체에 추가 분석 추가		258
	3.5	분석		261
	3.6	주요 영향 요인 차트		263
	3.7	분해 트리 차트		264

PART 03	모의고사		266
	1회 모의고사		269
	2회 모의고사		322
	3회 모의고사		398

PART 04	시행처 공개 문제		472
	시행처 공개문제 A형		475
	시행처 공개문제 B형		538

PART 01

기초

- **1** Power BI 알아보기
- **2** 데이터 가져오기
- **3** 데이터 변환하기
- **4** 데이터 모델링
- **5** 데이터 변환하기
- **6** 데이터 시각화
- **7** 결과물 공유하기

경영정보시각화능력 실기
POWER BI

1 Power BI 알아보기

Part01 기초

Power BI는 경영정보시각화능력 실기 시험을 응시할 때 응시자가 사용할 수 있는 솔루션이다. 이번 장에서는 Power BI에 대한 기본적인 개념과 Power BI Desktop 설치 방법에 대해 살펴본다.

1.1 Power BI 개요

Power BI는 Microsoft에서 개발하여 운영 및 관리하고 있는 비즈니스 인텔리전스 시각화 솔루션이다. Power BI는 데이터 수집, 데이터 변환, 데이터 시각화, 데이터 분석, 그리고 결과물 공유까지의 엔드 투 엔드(end-to-end) 데이터 분석 과정을 모두 지원하는 포괄적인 솔루션이다.

https://learn.microsoft.com/en-us/power-bi/fundamentals/power-bi-overview

그림 1.1.1 Power BI 솔루션 개요

Power BI 공식 블로그(https://powerbi.microsoft.com/en-us/blog/microsoft-named-a-leader-in-2021-gartner-magic-quadrant-for-analytics-and-bi-platforms/)에 따르면 2021년 기준 전 세계 250,000개 이상의 기업 및 조직에서 Power BI를 도입하여 사용하고 있다. 미국 경제전문지인 Fortune이 발표하는 매출액 기준 상위 500개의 미국 기업 중에서는 2021년 기준 97%가 Power BI를 사용하고 있다. 국내 또한 여러 대기업에서 Power BI를 도입하여 사용 중이다.

이처럼 규모가 큰 여러 기업에서 Power BI를 도입 및 사용하는 이유는 Power BI를 통해 기업 내에 산재되어 있고 다양한 형태로 존재하는 경영정보들을 실무자들이 쉽게 수집하여 시각화하고 분석할 수 있기 때문이다. PowerPoint를 사용하여 손쉽게 발표용 장표를 만들 수 있듯이 Power BI를 사용하면 간편하게 데이터를 시각화 할 수 있고 시각화 된 차트들을 자유롭게 배치 및 디자인하여 각종 인사이트가 담긴 보고서 제작이 가능하다. 그리고 이렇게 제작한 결과물을 기업 내의 임직원 및 이해관계자들만 접근하여 볼 수 있도록 손쉽게 공유까지 가능하다. 해당 과정들을 지원하기 위해서 Power BI 솔루션 내에는 여러 프로그램들이 있다. 그 중 대표적인 세가지는 아래와 같다.

- Power BI Desktop
- Power BI Service
- Power BI Mobile

각 프로그램들의 특징 및 사용 시기를 이해하기 위해서는 일반적인 데이터 분석 과정에 대한 이해가 선행되어야 한다.

1.2 데이터 분석 과정 소개

데이터 분석 업무를 시작하기 전에 필요한 것은 검증하고자 하는 질문이나 가설을 세우는 것이다. 예를 들어 영업 부서의 실무자가 이번 분기 매출은 얼마였을까 라는 질문을 떠올릴 수 있고 또는 마케팅 부서의 실무자가 최근에 진행한 광고 캠페인들의 효과를 분석하기 위해 마케팅 전과 후 홈페이지 방문객 수는 얼만큼 달라졌을까 라는 질문을 떠올릴 수 있다.

위와 같은 질문이나 가설을 세운 후 그것을 확인해보거나 검증해보기 위해 데이터 분석 업무를 진행하게 된다. 일반적인 데이터 분석 과정은 아래와 같다.

그림 1.1.2 일반적인 데이터 분석 과정

수집 단계는 본인이 속해 있는 기업 또는 조직의 IT 환경에서 데이터 분석 시나리오에 필요한 데이터를 식별하여 데이터 분석 도구에 가지고 오는 과정이다. 대개의 경우에는 분석에 필요한 데이터들이 여러 저장 공간에 산재되어 있기 때문에 해당 데이터들을 수집 단계를 통해 한 곳에 모아주게 된다.

이렇게 수집해온 원천 데이터들은 저장 공간에서 지니고 있던 데이터 구조를 그대로 따른다. 데이터 저장 공간에는 데이터들이 관리하기 용이한 구조로 저장되어 있다. 특정 데이터에 대한 분석 시나리오는 여러 개가 존재할 수 있는데, 데이터 저장 및 관리에 최적화되어 있는 구조들이 분석 가능한 모든 분석 시나리오에 대한 최적의 구조는 아니다. 그렇기 때문에 주어진 데이터 분석 시나리오에 적합한 형태로 데이터를 변환하는 단계를 거치게 된다.

수집된 데이터들에 대해 변환을 적용한 후 데이터 시각화 과정을 거치게 된다. 수집해온 데이터 구조가 분석 시나리오에 이미 적합한 구조라면 별도의 변환 단계를 거치지 않고 시각화 단계로 바로 진행할 수도 있다.

시각화 과정을 통해 만들어진 결과물을 보면서 초기에 세웠던 가설이나 질문들에 대한 답변을 찾아가는 분석 단계를 거치게 된다. 과거 또는 현재에 발생한 데이터를 그대로 요약해서 보여주는 설명적 데이터 분석, 해당 데이터가 왜 발생했는지 원인 분석에 초점을 맞춘 진단적 데이터 분석, 미래에 어떤 데이터가 발생할 것인지 예측하는 예측적 데이터 분석을 진행해볼 수 있다.

시각화 결과물이나 분석 과정을 통해 얻은 인사이트는 분석을 진행한 실무자가 혼자만 간직하고자 하는 정보는 아닐 것이다. 대개의 경우에는 이러한 분석을 요청한 이해관계자들이 기업 또는 조직 내에 있기 마련이다. 해당 관계자들에게 시각화 및 분석의 결과물을 공유하고 설명하는 것 또한 데이터 분석 과정에서 간과해서 안 되는 중요한 단계이다.

이러한 수집, 변환, 시각화, 분석, 그리고 공유 과정은 수집 단계에서 공유 단계 쪽으로 선형적으로만 흐르는 관계는 아니다. 시각화를 하는 도중에 데이터에 대한 보완이 필요하다는 것을 깨닫게 되어 변환 단계를 다시 진행할 때도 있고, 이해관계자에게 결과물을 공유하고 난 후 받은 피드백을 반영하기 위해 시각화 단계나 수집, 변환 단계를 진행할 수도 있다.

Power BI 솔루션은 위와 같은 일반적인 데이터 분석 과정의 처음부터 끝까지의 모든 단계를 지원하도록 설계가 되어 있다. 수집, 변환, 시각화, 그리고 분석 단계는 Power BI Desktop을 통해 구현할 수 있다. 그리고 Power BI Service나 Power BI Mobile을 통해 시각화 및 분석 단계에서 나온 결과물과 인사이트를 기업 내 여러 이해관계자들과 공유할 수 있다.

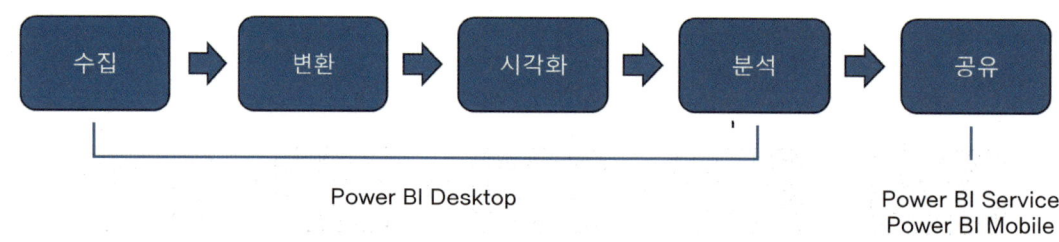

그림 1.1.3 Power BI 솔루션별 지원하는 데이터 분석 과정

> **TIP**
> Power BI Service에서도 수집, 변환, 시각화 및 분석 기능들이 추가되고 있는 추세이다.

Power BI Service나 Power BI Mobile은 경영정보시각화능력 실기 시험에서 다루지 않는다. 하지만 시험 응시자 중에서는 시험 통과와 더불어 실무에서의 Power BI 사용을 동시에 준비하고자 하시는 분들도 있을 것이다. 그런 분들을 위해 본 수험서에서는 Part 1 Chapter 7에서 Power BI Service와 Power BI Mobile을 통해 시각화 결과물을 공유하는 과정을 간략히 살펴볼 예정이다. 경영정보시각화능력 실기 시험을 준비하는데 필수적인 내용은 아니기 때문에 선택적으로 해당 내용을 살펴보는 것을 권장한다.

실기 시험에는 Power BI 솔루션 중 Power BI Desktop을 사용해서 진행하기 때문에 본 수험서의 내용 또한 Power BI Desktop의 기능들을 살펴보는 것에 초점이 맞춰져 있다.

1.3 Power BI Desktop 소개

실습 1.1.1
경영정보시각화능력 시험 준비를 위한 Power BI Desktop 설치하기

Power BI Desktop은 데이터 분석 과정 중 수집, 변환, 시각화, 그리고 분석을 지원하는 포괄적인 도구다. Microsoft에서 개발한 도구이기 때문의 Word, Excel, PowerPoint와 유사한 사용자 인터페이스를 지니고 있다. 그렇기 때문에 Microsoft 365 제품들을 통해 문서 작업 업무를 하던 실무자들이 Power BI Desktop에 쉽게 적응할 수 있다는 특징이 있다.

Power BI Desktop은 설치형 소프트웨어이기 때문에 컴퓨터에 설치한 후 사용할 수 있다. 무료 소프트웨어이기 때문에 기업에서도 부담 없이 설치해서 사용할 수 있고 데이터 분석 과정에 입문하고자 하는 개인 또한 부담 없이 설치해서 사용할 수 있다.

> **TIP**
> Power BI Desktop은 무료지만 Power BI Service나 Power BI Mobile을 통해 기업 내 이해관계자들과 시각화 결과물을 공유하기 위해선 라이선스 구매가 필요하며 그에 따른 비용이 발생한다.

Power BI Desktop을 설치하는 방법은 크게 두 가지가 있다. 첫번째 방법은 Microsoft 다운로드 센터 (https://www.microsoft.com/ko-kr/download/details.aspx?id=58494)에서 제공하는 파일을 다운로드 받아 설치하는 방법이다. 해당 웹페이지에는 접속하는 일자 기준 가장 최신 버전이 제공되고 있다. 이렇게 해서 설치한 경우 추후 새로운 버전이 출시되어서 업데이트 하고자 한다면 수동으로 업데이트 해줘야 한다.

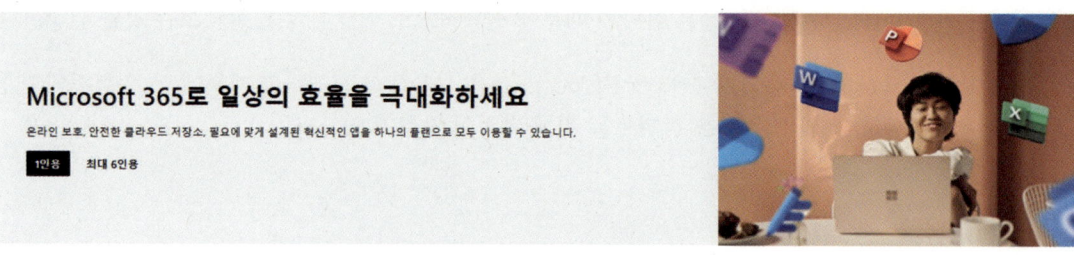

그림 1.1.4 Microsoft 다운로드 센터 화면

두번째 방법은 Microsoft Store를 통해 설치하는 방법이다. Microsoft Store를 통해 설치를 받을 때도 접근 일자 기준 최신 버전이 설치된다. 하지만 이 경우에는 새로운 버전이 출시될 때 마다 자동으로 업데이트를 해준다는 특징이 있다. 실무에서는 위 두 가지 방법 중 적절한 방법을 사용하면 된다.

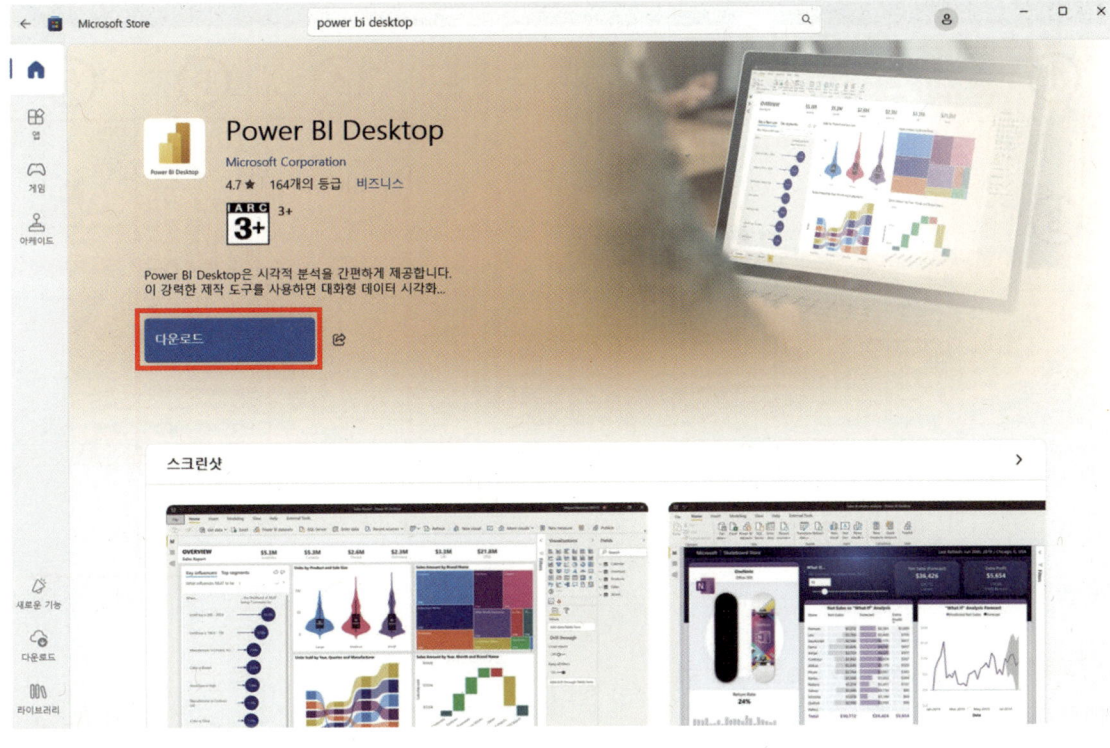

그림 1.1.5 **Microsoft Store 화면**

경영정보시각화능력 실기 시험을 준비하는 독자들의 경우에는 시험 주관사인 대한상공회의소에서 안내하는 파일을 사용해 Power BI Desktop을 설치하면 된다. 대한상공회의소에서는 실기 시험에서 사용하는 Power BI Desktop 버전을 특정 버전으로 고정해서 안내하고 있다. 본 수험서 또한 대한상공회의소에서 안내한 버전으로 집필되었기 때문에 동일한 버전으로 설치한다면 수험서의 내용을 따라오기 수월할 것이며 실기 시험 준비에도 도움될 것이다.

> **TIP**
> Power BI Desktop은 거의 매월 업데이트 된다. 업데이트로 인한 사용자 인터페이스의 극단적인 변경은 빈번하게 발생하지는 않는다. 그렇기 때문에 만약 본인 기기에 이미 설치되어 있는 Power BI Desktop 버전이 대한상공회의소에서 제시한 버전과 다르더라도 본 수험서의 내용을 따라하는 데에는 큰 지장은 없을 것이다.

대한상공회의소 자격평가사업단 홈페이지에서 경영정보시각화능력 관련자료 게시판(https://license.korcham.net/co/examguide04.do?cd=0108&mm=28)에 접속하면 실기 시험에서 사용하는 프로그램 파일을 다운로드 받을 수 있다. 자세한 설치 방법은 QR 코드 영상을 통해 확인할 수 있다.

경영정보시각화능력 시험에서 안내하는 Power BI Desktop 버전을 설치한 후 실행하게 되면 아래와 같은 화면을 볼 수 있다.

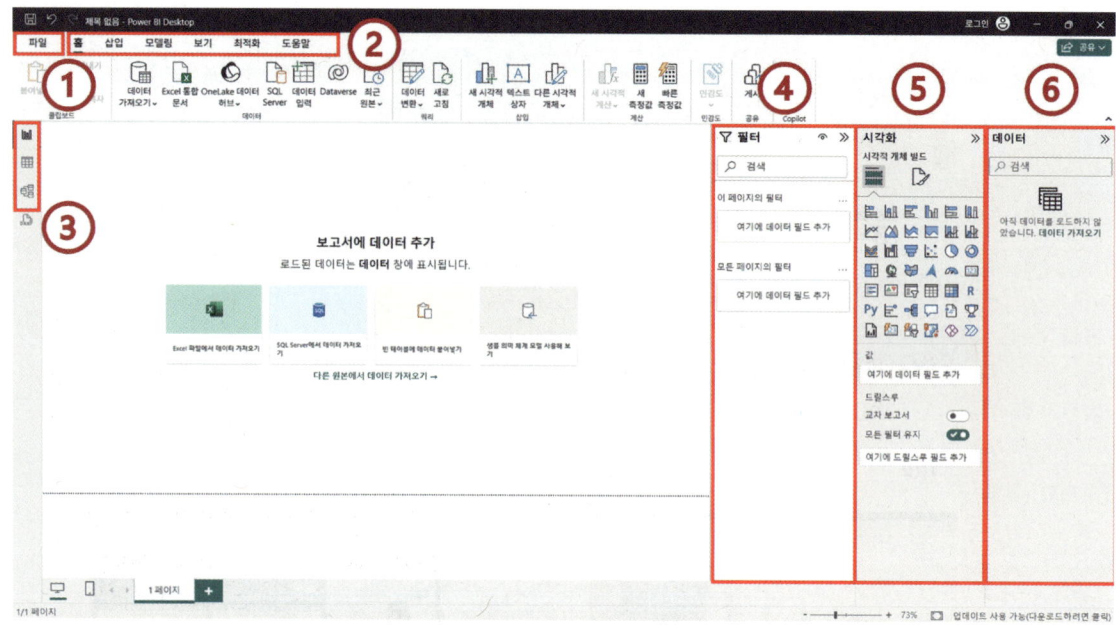

그림 1.1.6 Power BI Desktop 화면

주요 기능을 번호별로 간단히 살펴보자면 다음과 같다.

1. [파일] 메뉴에 접근하여 Power BI Desktop에서 작업한 결과물을 .pbix 파일 형태로 저장할 수 있다.

2. [홈], [삽입], [모델링], [보기], [최적화] 메뉴를 사용해 다양한 작업들을 진행할 수 있고, [도움말] 메뉴를 통해 Power BI를 사용하는데 도움되는 자료를 확인할 수 있다.

3. [보고서 보기], [테이블 뷰], 그리고 [모델 보기] 메뉴를 통해 데이터 시각화, 데이터 확인, 그리고 데이터 모델링을 진행할 수 있다.

4. [필터] 패널을 통해 데이터를 필터링할 수 있고, 필터링된 데이터만 보고서에서 확인할 수 있다.

5. [시각화] 패널에 있는 시각적 개체들을 활용해 데이터를 시각화할 수 있고, 시각적 개체들의 서식을 편집할 수 있다.

6. [데이터] 패널에서 시각화 할 때 사용할 수 있는 데이터들의 현황을 목록 형태로 확인할 수 있다.

2 데이터 가져오기

Part01 기초

Power BI Desktop에서 데이터 분석 과정을 시작하기 위해 첫번째로 진행해야 하는 단계는 데이터 수집 단계다. 사용자가 가지고 올려는 데이터는 다양한 형태로 다양한 저장 공간에 존재할 수 있다. 작업 중인 PC의 하드 드라이브에 CSV 또는 텍스트 파일 형태로 존재하거나 관계형 데이터베이스 상에서 테이블 형태로 존재할 수 있다. 원천 데이터들이 저장되어 있는 장소를 데이터 소스(data source)라고 부른다. 이번 장에서는 다양한 데이터 소스로부터 Power BI Desktop으로 데이터를 가지고 오는 방법에 대해 살펴본다.

2.1 데이터 커넥터 소개

Power BI Desktop에서는 데이터 커넥터를 사용해 다양한 데이터 소스들로부터 몇 번의 클릭만으로 데이터를 손쉽게 가져올 수 있다. 100개 이상의 다양한 종류의 데이터 소스들과 연결할 수 있는 데이터 커넥터를 제공하고 있다. 그렇기 때문에 일반적인 기업 내 IT 환경에서 접하게 되는 대부분의 데이터 소스들과 Power BI Desktop을 연결할 수 있다. Power BI Desktop [홈] 메뉴에서 [데이터 가져오기] 아이콘 부분을 클릭하여 제공되는 모든 데이터 커넥터들을 확인해볼 수 있다.

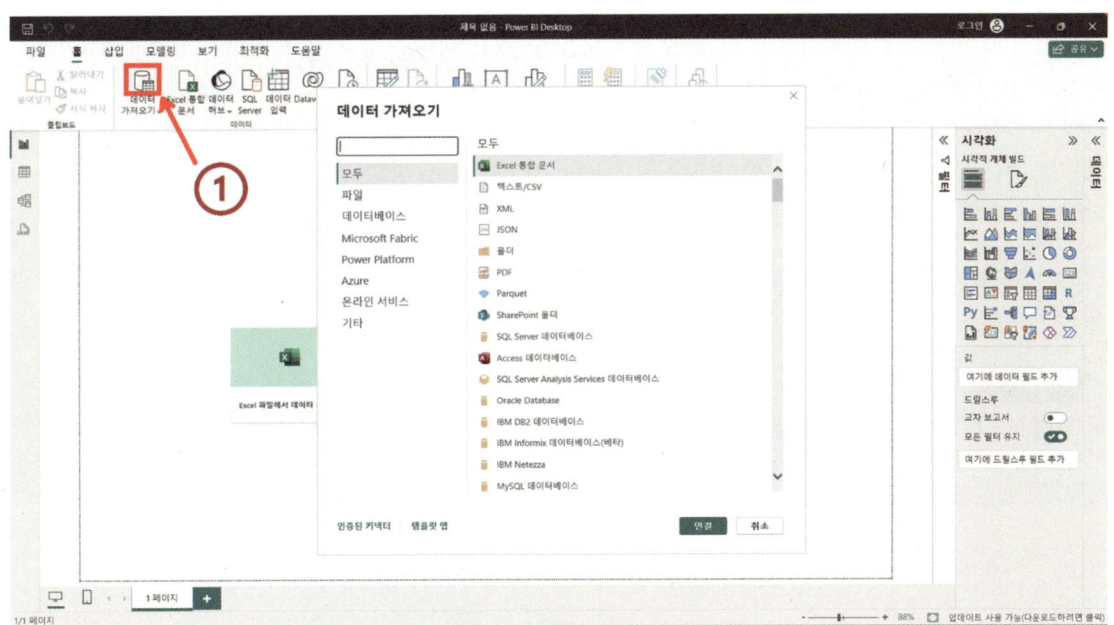

그림 1.2.1 데이터 가져오기에서 제공하는 데이터 커넥터 목록

2 데이터 가져오기

대한상공회의소에서 공개한 경영정보시각화능력 실기 모의시험 문제(https://license.korcham.net/co/examguide02Sub.do?cd=0108&mm=28&num=2972581)들을 살펴보면 모두 엑셀 파일을 데이터 소스로 사용한다. 그렇기 때문에 본 수험서에서도 파일 유형의 데이터들인 텍스트 파일, csv 파일, 그리고 엑셀 파일을 Power BI Desktop으로 가지고 오는 내용 위주로 다뤄보고자 한다.

> **TIP**
> 실무에서는 파일 유형의 데이터뿐만 아니라 데이터베이스로부터 데이터를 가지고 오는 경우도 빈번하게 발생할 수 있다.

2.2 데이터 연결 모드 소개

데이터 커넥터를 사용해 특정 데이터 소스와 연결하는 방법 또한 여러가지다. 해당 방법들을 연결 모드 또는 스토리지 모드라고도 부른다. 어떤 방법을 사용하는가에 따라 Power BI Desktop을 통해 시각화한 결과물들의 성능이 영향을 받게 된다.

앞서 언급한 것처럼 본 수험서에서는 경영정보시각화능력 실기 모의시험 문제를 기준으로 판단함에 따라 텍스트 파일, csv 파일, 그리고 엑셀 파일과의 데이터 커넥터만 살펴볼 예정이다. 해당 커넥터들은 가져오기 모드만 지원하는 커넥터들이다.

가져오기 모드를 통해 수집된 데이터들은 Power BI Desktop 파일 내부에 데이터가 저장된다. 내부에 저장되기 때문에 해당 데이터들을 한 번에 탐색해볼 수 있는 테이블 뷰 기능이 Power BI Desktop에서 활성화된다. Power BI Desktop 내부에 데이터가 존재하기 때문에 Power BI Desktop에서 지원하는 다양한 변환 기능들을 거의 모두 사용할 수 있다는 것 또한 가져오기 모드의 특징이다. 하지만 가져오기 모드를 통해 수집해온 데이터가 많아질수록 Power BI Desktop 파일이 무거워지고, 그에 따라 성능에 악영향을 미치게 된다.

이러한 가져오기 모드의 단점을 보완하기 위해 사용할 수 있는 연결 모드들이 여러 개 있다. 해당 방법들은 경영정보시각화능력 실기 시험 범위에서 벗어나므로 본 수험서에서 깊게 살펴보지는 않을 것이다.

> **TIP**
> 연결 모드는 데이터 커넥터 마다 지원하는 유형이 다르다. 텍스트 파일, csv 파일, 그리고 엑셀 파일 커넥터는 가져오기 모드만 지원하지만 다른 일부 커넥터들은 여러 개의 연결 모드를 지원하기도 한다.

2.3 텍스트 및 CSV 파일 가져오기

작업 중인 PC 하드 드라이브에 텍스트나 csv 형태로 된 데이터가 저장되어 있는 경우에는 텍스트/CSV 커넥터를 활용해 해당 데이터를 Power BI Desktop으로 가져올 수 있다.

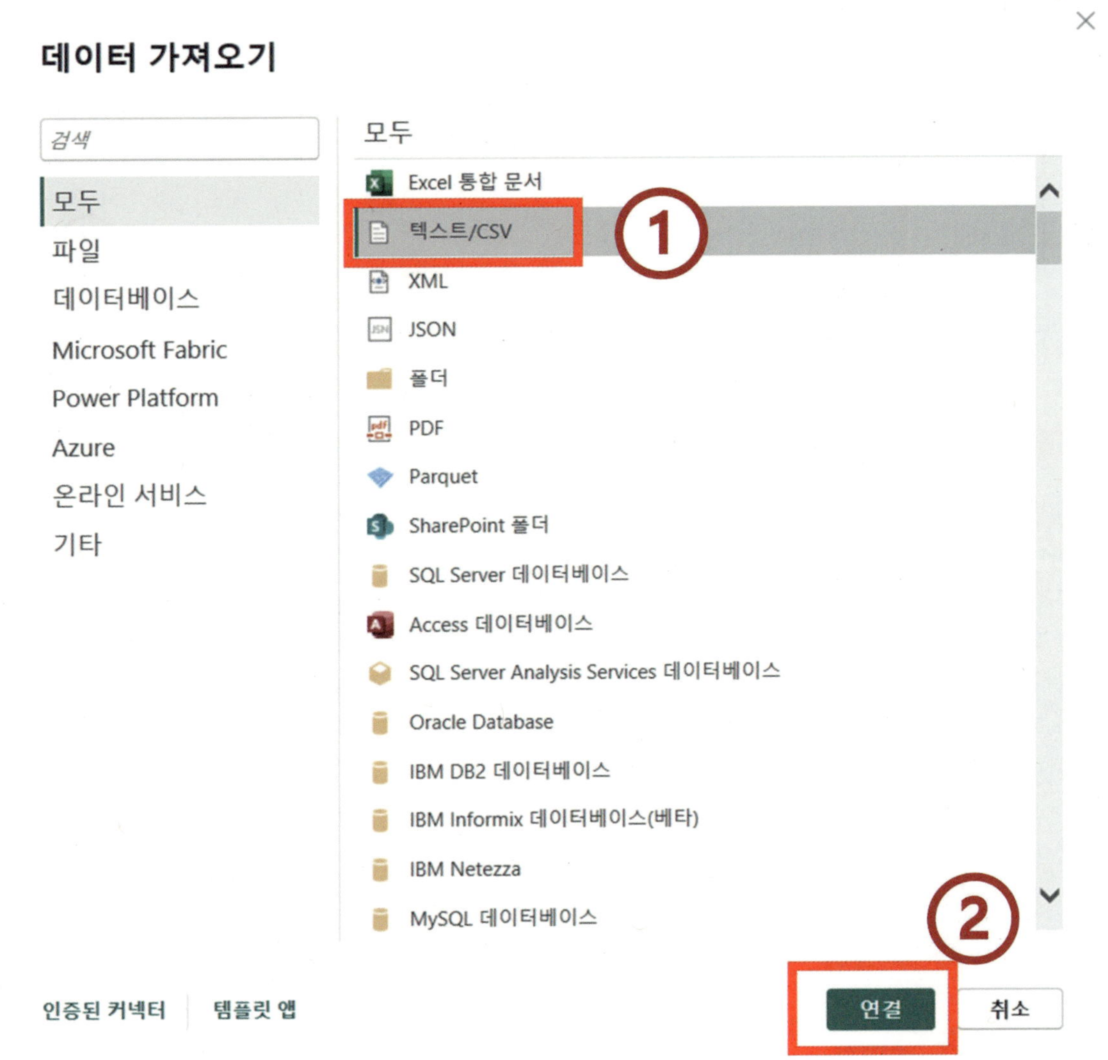

그림 1.2.2 텍스트/CSV 커넥터 선택하기

데이터 가져오기 목록에서 텍스트/CSV 커넥터를 선택한 후 [연결] 버튼을 누르면 작업 중인 PC 내의 파일들을 탐색할 수 있는 화면이 나타난다.

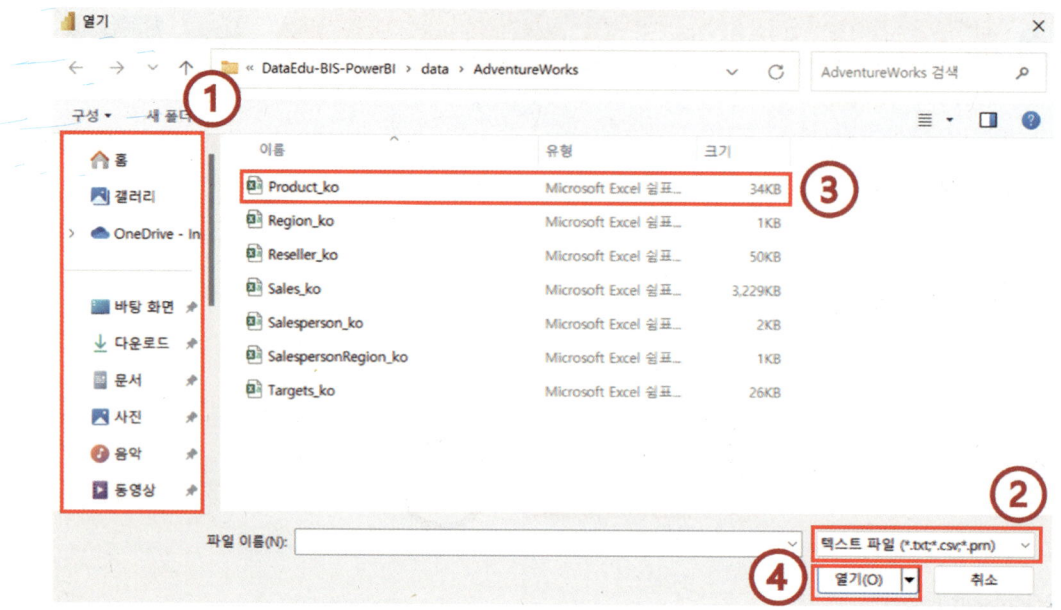

그림 1.2.3 파일 탐색 화면

파일 탐색 화면에서 가져오고자 하는 텍스트 및 csv 파일의 위치를 찾아볼 수 있다. 그리고 원하는 파일 중 하나를 고른 뒤 [열기] 버튼(4)을 클릭하여 해당 데이터를 Power BI Desktop으로 가지고 올 수 있다. 기본적으로 txt 파일이나 csv 파일은 탐색 화면에서 나타난다. 실무에서는 tsv 파일처럼 텍스트 파일이지만 특수한 구분자로 나눠진 파일을 가지고 와야 하는 경우도 있다. 이런 경우에는 열기 버튼 위에 있는 드롭다운 메뉴(2)를 클릭하여 [모든 파일]로 변경하면 tsv 파일 및 다른 유형의 텍스트 파일들도 확인 가능하고 가지고 올 수 있다. 원하는 파일을 선택한 후 [열기] 버튼을 클릭하면 해당 파일 내에 있는 데이터를 미리 볼 수 있는 화면이 나타난다. 이번 예제에서는 'Product_ko.csv' 파일을 불러온다.

그림 1.2.4 텍스트/CSV 파일 불러오기 전 미리보기 화면

해당 화면을 통해 불러오고자 하는 파일 내에 있는 데이터를 미리 확인한다. 그런 후 [로드] 버튼을 누르면 해당 데이터를 Power BI Desktop으로 불러올 수 있다.

2.4 엑셀 파일 가져오기

실습 1.2.2
엑셀 파일 가져오기

작업 중인 PC 하드 드라이브에 저장되어 있는 엑셀 파일을 Power BI Desktop으로 가지고 오고자 하는 경우에는 엑셀 커넥터를 사용한다.

2 데이터 가져오기   23

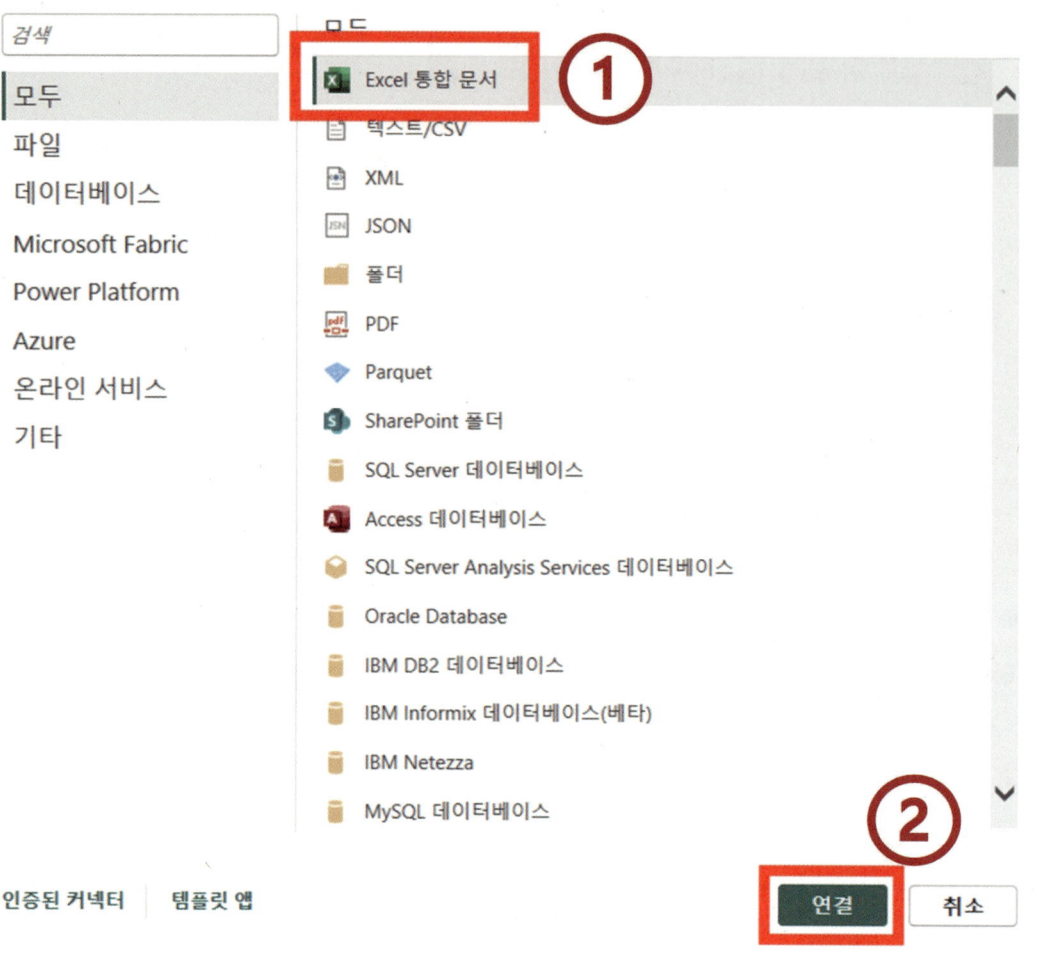

그림 1.2.5 엑셀 커넥터 선택하기

데이터 가져오기 목록에서 엑셀 커넥터를 선택한 후 [연결] 버튼을 누르면 작업 중인 PC 내의 파일들을 탐색할 수 있는 파일 탐색 화면이 나타난다. 텍스트/CSV 커넥터를 사용했을 때처럼 불러오고자 하는 엑셀 파일이 존재하는 위치로 이동하여 해당 엑셀 파일을 선택한 후 [열기] 버튼을 누르면 엑셀 파일 내 데이터를 미리 볼 수 있는 화면이 나타난다. 이번 예제에서는 '버크셔 해서웨이 13F 공시자료.xlsx' 파일을 불러온다.

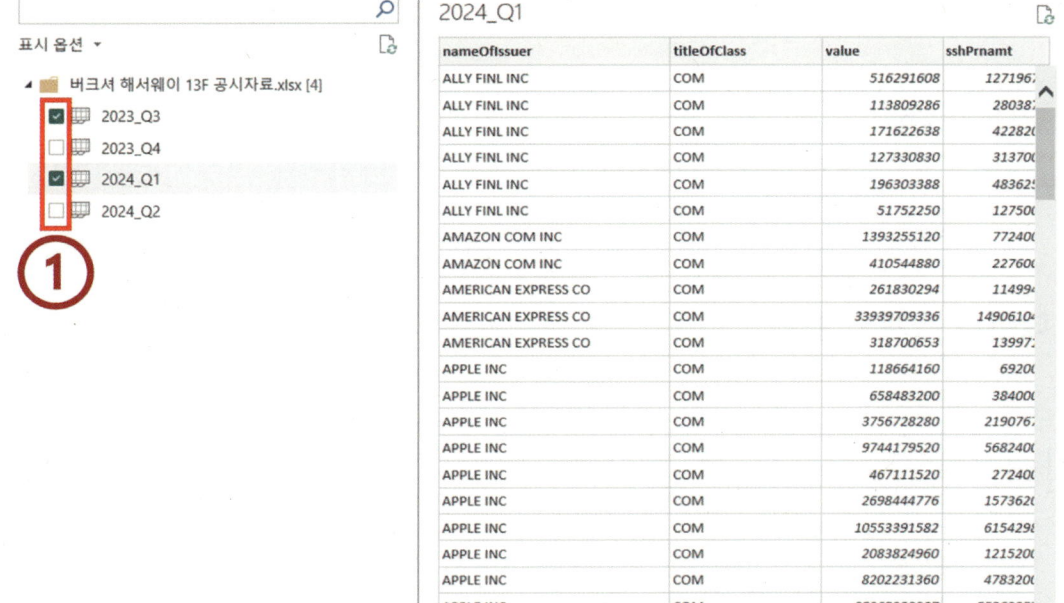

그림 1.2.6 엑셀 파일 불러오기 전 미리보기 화면

엑셀 파일은 하나의 파일 내의 여러 시트(Sheet)가 존재하고, 시트마다 데이터가 존재할 수 있다. 그래서 텍스트/CSV 커넥터를 사용했을 때와 비교하면 미리보기 화면이 다르다. 엑셀 커넥터 같은 경우 미리보기 화면에서 파일 내의 존재하는 시트들이 나열되어 있고 시트명을 클릭하여 해당 시트 별로 데이터들을 확인할 수 있다. 그리고 나서 불러오고자 하는 시트를 체크하여 선택한 후 [로드] 버튼을 눌러 선택한 시트만 최종적으로 Power BI Desktop에 불러올 수 있다.

2.5 여러 개의 파일 불러오기 및 결합하기

실무에서는 같은 스키마(Schema) 구조를 따르는 데이터들이 여러 개의 파일로 분할된 상태로 제공될 수 있다. 예를 들어 1년 동안의 매출 데이터가 월별로 분할되어 총 12개의 엑셀 파일로 실무자에게 제공될 수 있다. 이런 경우 폴더 커넥터를 사용하면 여러 개의 파일을 하나의 파일로 손쉽게 통합시켜 Power BI Desktop에 가지고 올 수 있다.

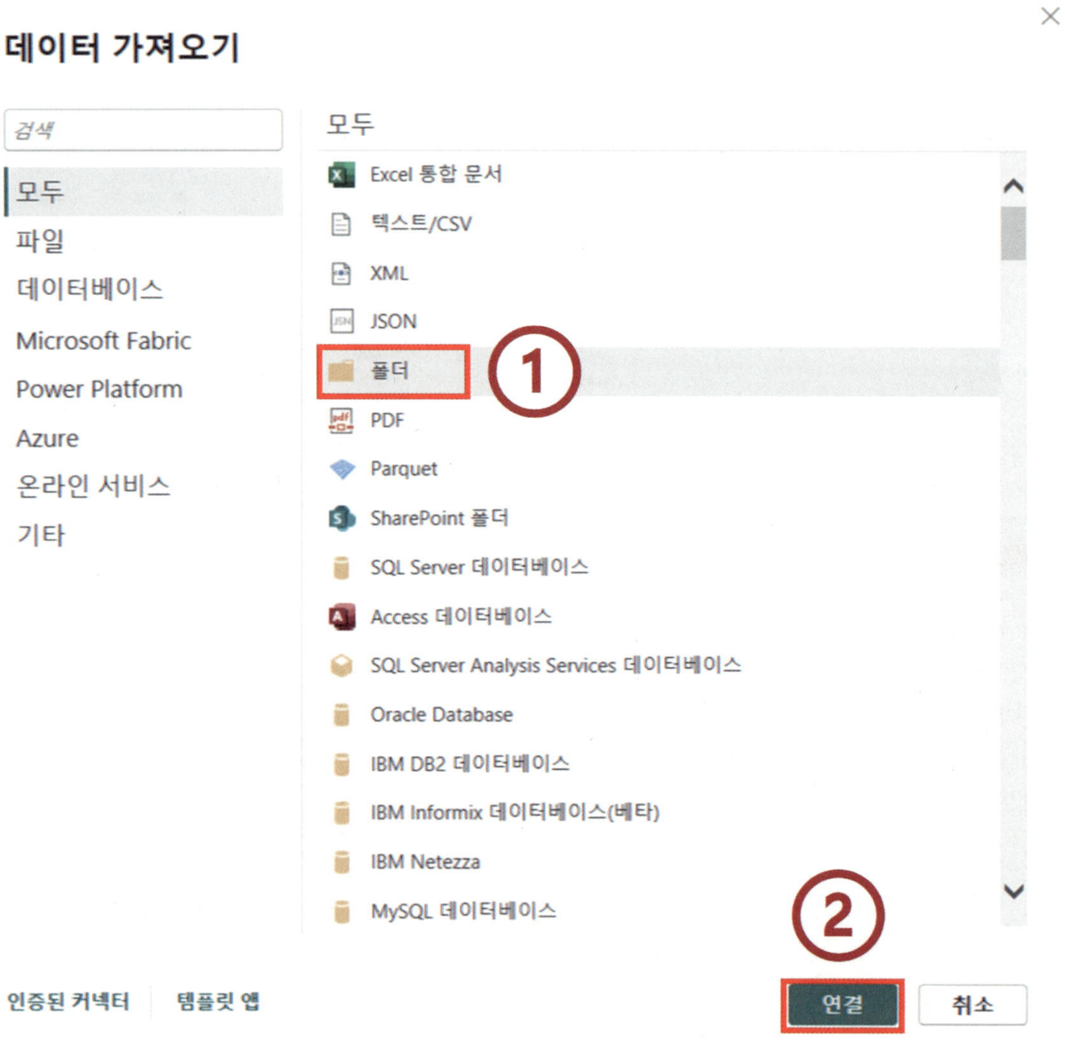

그림 1.2.7 폴더 커넥터 선택하기

폴더 커넥터를 선택한 후 [연결] 버튼을 누르면 아래와 같이 폴더 경로를 입력해야 하는 화면이 뜬다.

그림 1.2.8 **폴더 경로 찾아보기**

[찾아보기] 버튼을 누르면 [폴더 찾아보기] 화면이 뜬다. 해당 화면에서 같은 스키마 구조를 가진 파일들이 모여 있는 폴더를 탐색하여 선택한 후 [확인] 버튼을 클릭한다.

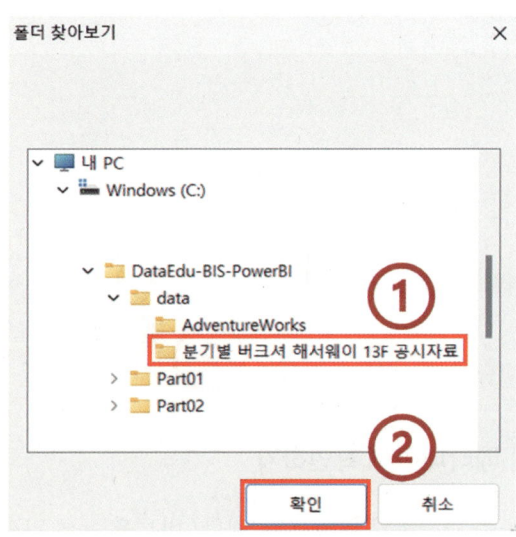

그림 1.2.9 **폴더 찾아보기 화면에서 폴더 찾기**

[폴더 경로] 부분에 [폴더 찾아보기] 화면에서 선택한 폴더의 경로가 입력된 것을 확인할 수 있다.

그림 1.2.10 **폴더 경로 선택 완료**

[확인] 버튼을 클릭하면 해당 폴더 내에 있는 파일들의 메타데이터를 미리보기 형태로 보여주는 화면이 나타난다. 폴더 내에 존재하는 파일들의 파일명, 확장자명, 파일 수정 날짜, 파일 생성 날짜 등의 정보들을 볼 수 있다.

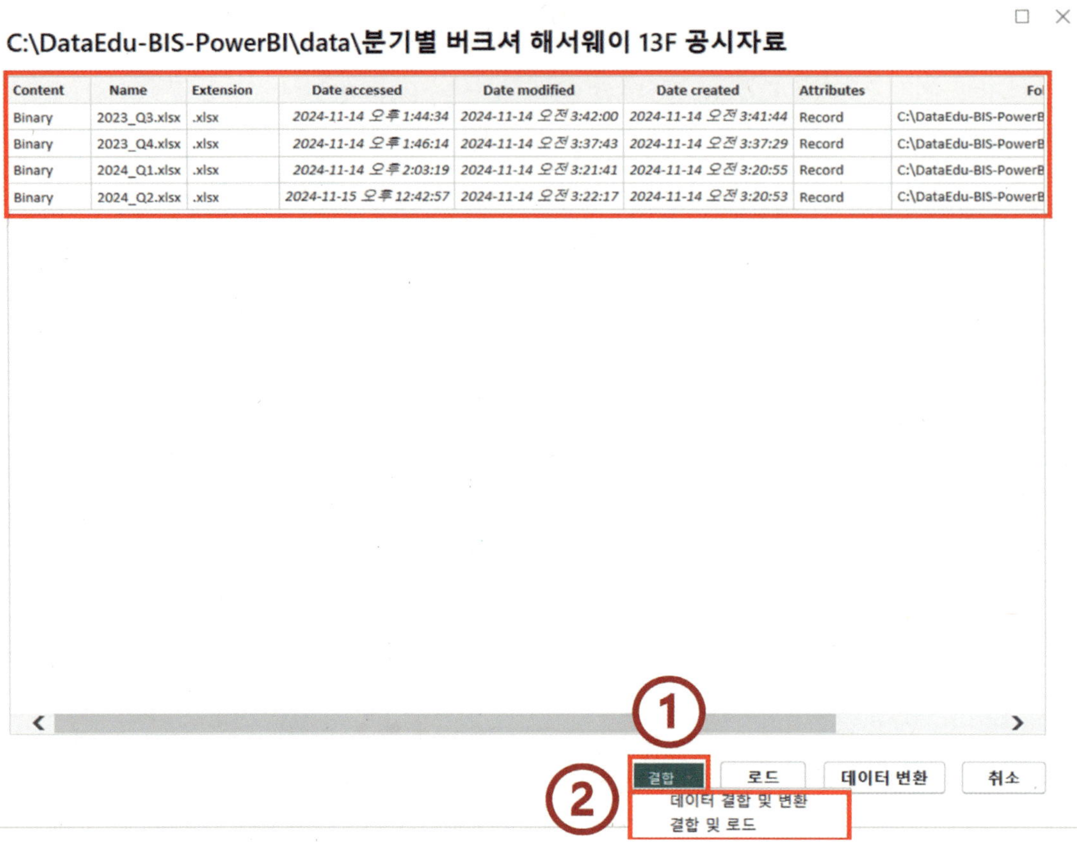

Content	Name	Extension	Date accessed	Date modified	Date created	Attributes	Fo
Binary	2023_Q3.xlsx	.xlsx	2024-11-14 오후 1:44:34	2024-11-14 오전 3:42:00	2024-11-14 오전 3:41:44	Record	C:\DataEdu-BIS-PowerB
Binary	2023_Q4.xlsx	.xlsx	2024-11-14 오후 1:46:14	2024-11-14 오전 3:37:43	2024-11-14 오전 3:37:29	Record	C:\DataEdu-BIS-PowerB
Binary	2024_Q1.xlsx	.xlsx	2024-11-14 오후 2:03:19	2024-11-14 오전 3:21:41	2024-11-14 오전 3:20:55	Record	C:\DataEdu-BIS-PowerB
Binary	2024_Q2.xlsx	.xlsx	2024-11-15 오후 12:42:57	2024-11-14 오전 3:22:17	2024-11-14 오전 3:20:53	Record	C:\DataEdu-BIS-PowerB

그림 1.2.11 폴더 내 파일 메타데이터 확인하기

해당 파일 내의 있는 데이터들을 결합하기 위해서는 [결합] 버튼을 누른 뒤 필요에 따라 [데이터 결합 및 변환]을 클릭하거나 [결합 및 로드]를 클릭하면 된다. [데이터 결합 및 변환]을 누르면 결합을 진행한 후 추가적인 변환을 진행할 수 있는 Power Query Editor로 이동하게 되고 [결합 및 로드]를 클릭하면 결합한 결과물이 바로 Power BI Desktop으로 로드가 된다. 본 예제에서는 [데이터 결합 및 변환]을 클릭해서 진행하고자 한다.

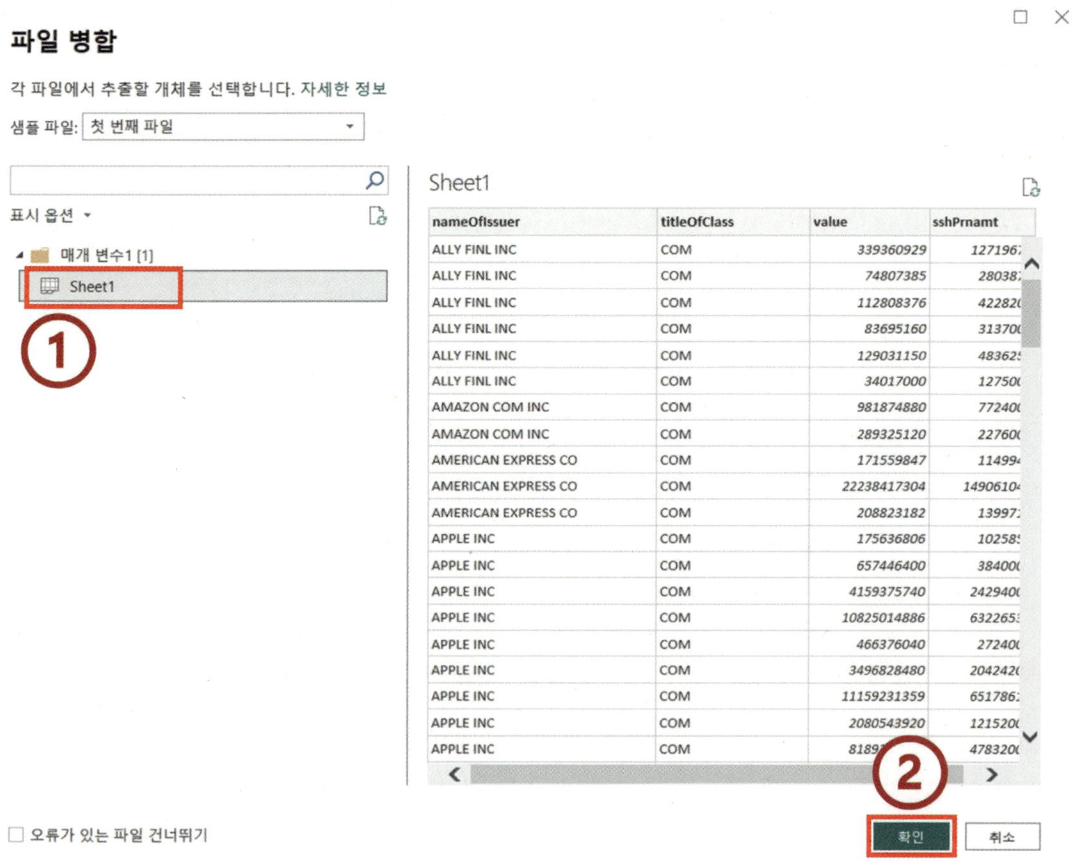

그림 1.2.12 파일 병합 화면

[데이터 결합 및 변환] 버튼을 누르게 되면 위와 같이 [파일 병합] 화면이 뜬다. 해당 화면에서 결합하고자 하는 파일별로 내부에 있는 데이터를 미리 보기 형태로 볼 수 있다. 엑셀 파일인 경우 파일 내에 있는 여러 시트들 중 어떤 시트의 스키마를 기준으로 결합을 진행할 건지 선택해야 한다. 주어진 데이터 분석 시나리오에 적합한 시트를 선택한 후 [확인] 버튼을 클릭한다.

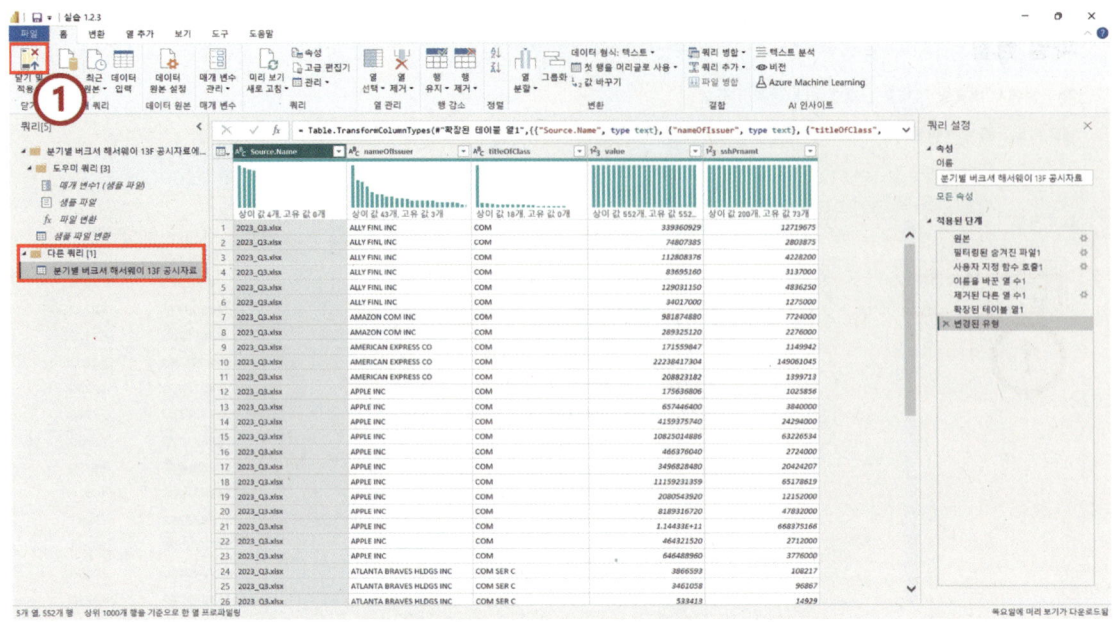

그림 1.2.13 결합된 데이터를 미리 보고 변환을 가할 수 있는 Power Query Editor

[확인] 버튼을 누른 후에는 결합된 데이터를 미리보기 형태로 보면서 추가적인 변환을 가할 수 있는 Power Query Editor 화면이 뜬다. [데이터 결합 및 변환] 버튼을 눌러 진행했기 때문에 해당 화면이 뜨게 된다. 만약 [결합 및 로드] 방법으로 진행했다면 [확인] 버튼을 누른 후에 Power Query Editor로 이동하지 않고 결합된 데이터들이 Power BI Desktop으로 바로 로드된다.

Power Query Editor에서는 결합된 데이터에 대해 다양한 변환을 가할 수 있는 기능들이 있다. 해당 화면에서 가장 왼쪽에 있는 [쿼리] 패널을 보면 여러 요소들이 존재한다. 폴더 커넥터를 통한 결합 기능을 사용했기 때문에 현재 다양한 요소들이 존재한다. 먼저 [도우미 쿼리] 폴더에는 결합 작업을 펼치기 위해 필요한 요소들이 저장되어 있다. 결합이 완성된 데이터는 [다른 쿼리] 폴더에 존재한다. [다른 쿼리] 폴더 하위에 있는 테이블을 눌러보면 결합이 완료된 데이터를 미리 보기 상태로 볼 수 있다. Power Query Editor에서 사용할 수 있는 여러 변환 기능들은 Part 1 Chapter 3에서 자세히 살펴볼 예정이다.

결합된 데이터에 대해 더 이상 추가할 변환 과정이 없다면 Power Query Editor 좌측 상단에 있는 [닫기 및 적용] 버튼의 아이콘 부분을 클릭한다.

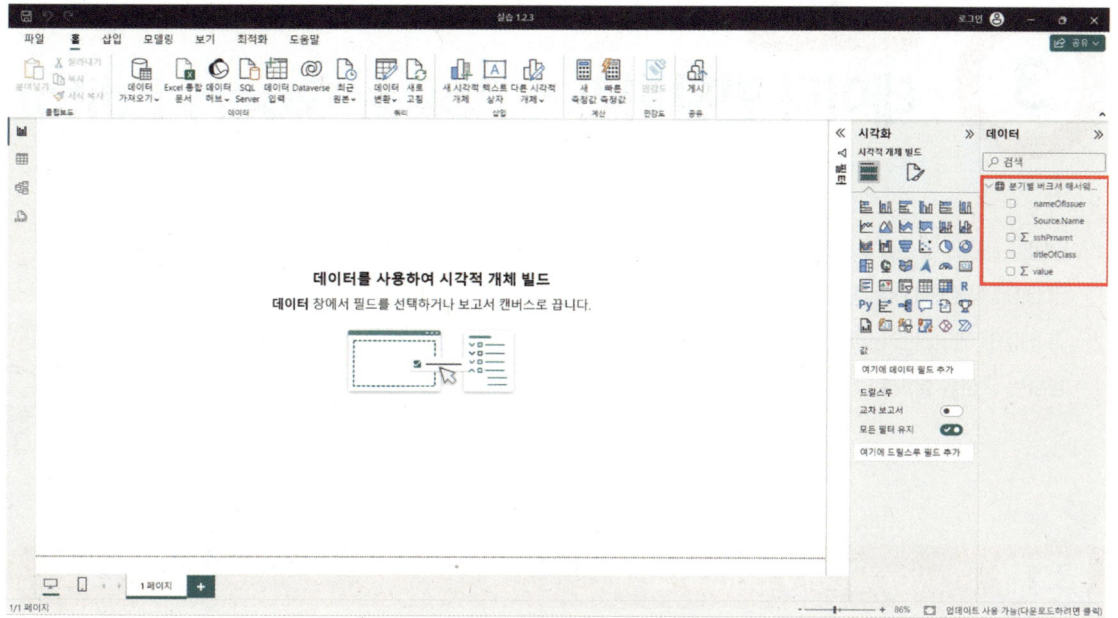

그림 1.2.14 Power BI Desktop에 로드된 데이터

버튼을 누르게 되면 Power Query Editor가 닫힘과 동시에 Power Query Editor에서 정의 내린 변환 과정들이 적용되어 변환된 데이터가 Power BI Desktop에 로드된다.

데이터 변환하기 – Power Query Editor

Part01 기초

다양한 데이터 소스로부터 수집해온 데이터는 경우에 따라서는 해당 형태 그대로 Power BI Desktop에 로드 하여 데이터 분석에 바로 활용해도 된다. 허나 대개의 경우에는 데이터 분석 시나리오에 적합한 형태가 아니다. 그렇기 때문에 데이터에 변환을 해주는 과정이 필요하다. 이번 장에서는 Power Query Editor를 활용해 데이터를 변환하는 과정을 살펴본다.

3.1 Power Query Editor 소개

Power Query Editor(파워 쿼리 편집기)는 주요 데이터 변환 기능들을 제공되는 버튼들로 하여금 진행할 수 있게 해주는 도구다. Power Query Editor를 사용하면 SQL, Python, R 등의 프로그래밍 언어를 사용하지 않아도 데이터 구조를 변형할 수 있게 해준다.

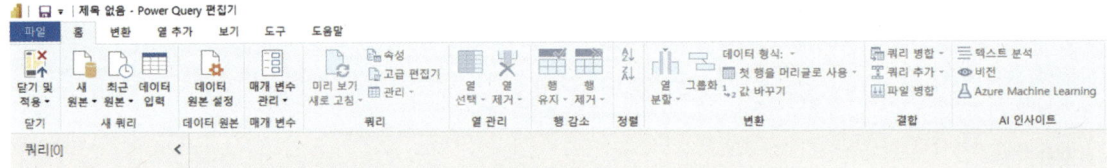

그림 1.3.1 Power Query Editor에서 제공하는 여러 변환 기능

실습 1.3.1
Power Query Editor로 이동하는 두 가지 방법

Power Query Editor 화면으로 이동하는 방법은 크게 두 가지가 있다. 첫번째는 데이터 수집 단계에서 데이터 커넥터를 활용해 데이터를 가지고 오는 과정 중에 Power Query Editor 화면으로 넘어갈 수 있다. 앞서 Part 1 Chapter 2에서 텍스트/CSV 커넥터나 엑셀 커넥터를 활용하는 과정 중에 불러오고자 하는 데이터를 미리 볼 수 있는 단계가 있었다. 해당 단계에서 [로드] 버튼을 누르면 Power Query Editor를 거치지 않고 바로 데이터가 Power BI Desktop에 로드되는 것을 앞서 확인할 수 있었다. 하지만 [데이터 변환] 버튼을 누르면 Power Query Editor로 이동하게 된다.

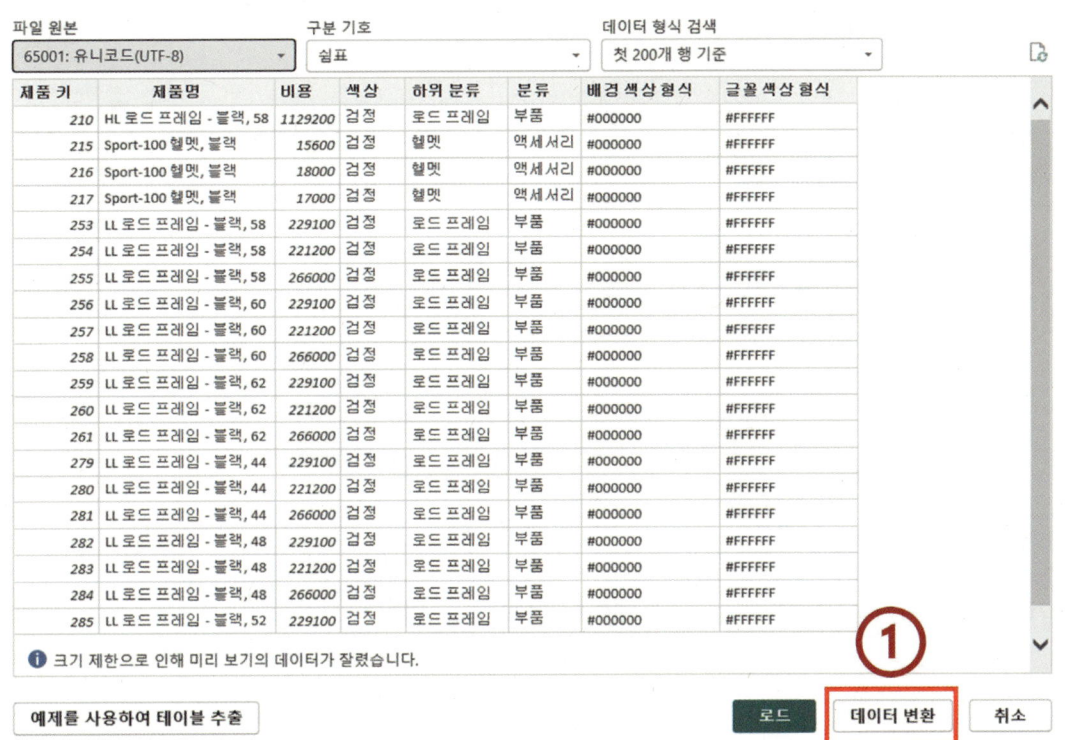

그림 1.3.2 텍스트/CSV 커넥터 활용 시 데이터 변환 버튼 위치

Power Query Editor 화면으로 이동하는 또 다른 방법은 Power BI Desktop의 [홈] 메뉴에 있는 [데이터 변환] 버튼을 사용하는 것이다. [데이터 변환] 아이콘 부분을 클릭하면 Power Query Editor 화면이 뜬다.

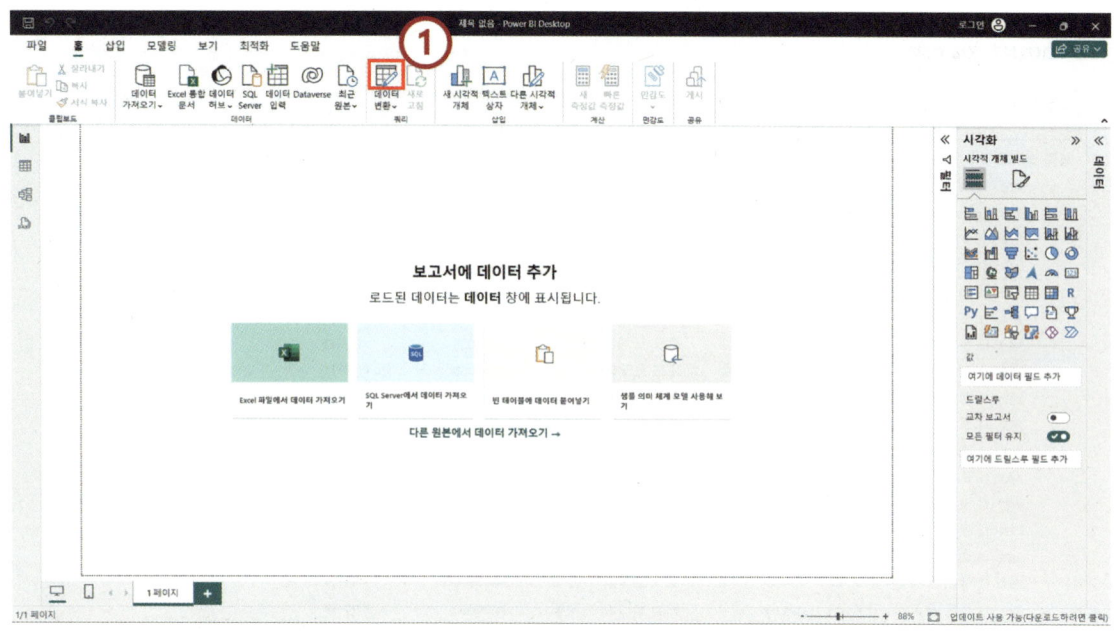

그림 1.3.3 Power BI Desktop 내 데이터 변환 버튼 위치

Power BI Desktop을 처음 사용한다면 Power BI Desktop 화면과 Power Query Editor 화면이 헷갈릴 수 있다. Power BI Desktop과 Power Query Editor 엄연히 서로 다른 프로그램이다. 프로그램별 제공하는 기능도 다르기 때문에 해당 프로그램들을 잘 구분할 수 있어야 한다.

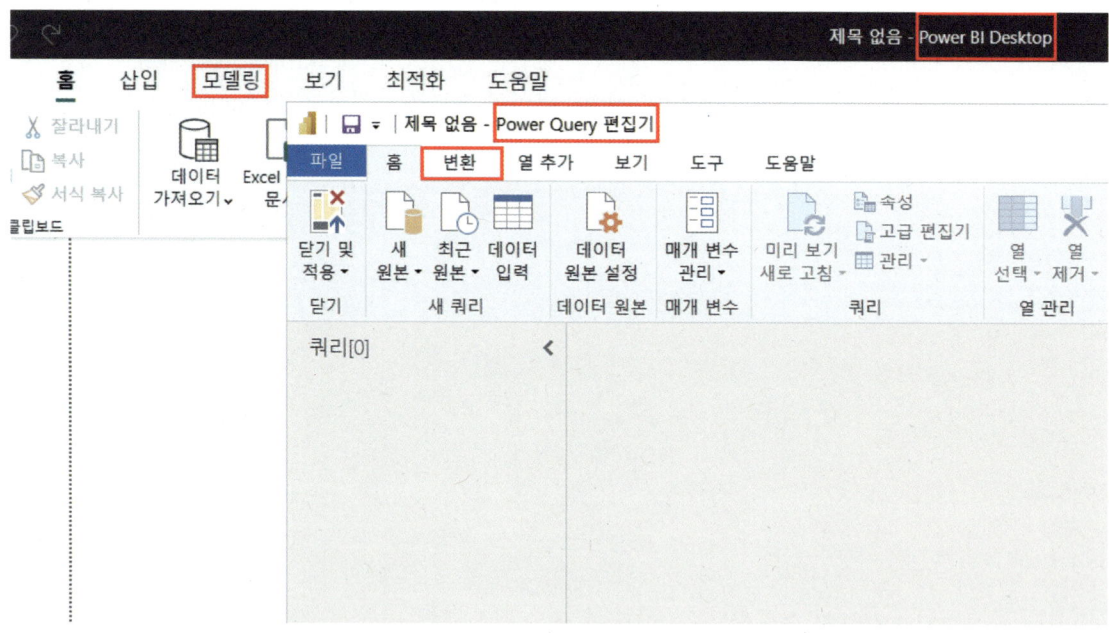

그림 1.3.4 Power BI Desktop 화면과 Power Query Editor 화면 차이

파일명이 정의되지 않은 경우에는 비교적 구분이 쉽다. 그림 1.3.4처럼 Power BI Desktop 화면 가장 상단에 Power BI Desktop 텍스트가 명시된다. 마찬가지로 Power Query Editor 또한 화면 상단에 Power Query 편집기라는 텍스트가 명시되기 때문에 구분하기 쉽다.

허나 파일명이 정의된 상태라면 해당 텍스트가 나오지 않을 수 있다. 그 경우에는 상단 메뉴 명들을 보면서 구분할 수 있다. Power Query Editor는 데이터 변환을 할 때 쓰는 도구이기 때문에 [홈] 메뉴 우측에 [변환] 메뉴가 존재한다. 반면 Power BI Desktop은 데이터 시각화 할 때도 사용하고 Part 1 Chapter 4에서 배울 데이터 모델링을 할 때도 사용하기 때문에 Power BI Desktop의 상단 메뉴 중에는 [모델링] 메뉴가 존재한다. 이렇게 메뉴명을 보면서 Power Query Editor 화면인지 Power BI Desktop 화면인지 구분이 가능하다.

경영정보시각화능력 실기 시험에서도 Power BI Desktop에서 구현해야 하는 요청 사항들이 있을 것이고, 또는 Power Query Editor에서 구현해야 하는 요청 사항들이 있을 수 있다. 요청 사항에 따라 적절한 프로그램을 사용해야 하기 때문에 Power BI Desktop과 Power Query Editor 화면을 잘 구분할 수 있어야 한다.

Power Query Editor를 통해 데이터 변환 과정을 구현하게 되면 데이터 소스에 저장되어 있던 원본 데이터에게는 영향을 미치지 않는다는 특징이 있다. 원본 데이터는 있는 그대로 유지가 되며 해당 데이터를 Power BI Desktop으로 가지고 오는 과정 중에 Power Query Editor에서 설정한 변환 과정들이 적용된다.

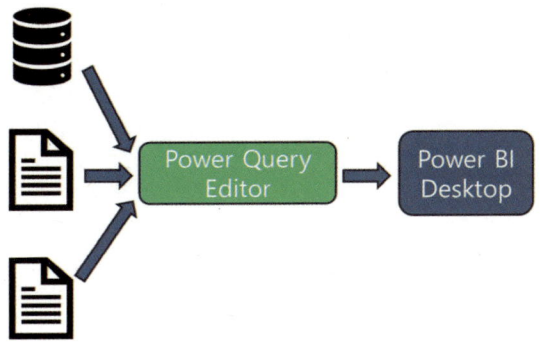

그림 1.3.5 데이터 소스에서 Power BI Desktop으로 데이터 흐르는 과정

마치 시중에 판매되는 물이 제조되는 과정과 비슷하다. 예를 들어 산이나 또는 지하에 물이 존재하는 원천 지역이 있을 것이다. 시중에 물을 판매하기 위해 해당 지역에서 물을 있는 그대로 가지고 온 후 제조 공장에서 먹을 수 있는 물로 정수 처리를 진행할 것이다. 정수 처리가 된 물을 페트병에 담기 위해 제조 공장에서는 컨베이어 벨트가 흐르는 진행 과정에 따라 페트병에 물을 주입하고 뚜껑을 닫고 페트병에 라벨을 부착하는 과정을 진행할 것이다.

Power Query Editor에서의 변환 과정은 제조 공장에서 이뤄지는 제조 과정과 같다. 제조 공장에서 어떤 과정을 진행해도 산이나 지하에 존재하는 원수에 영향을 주지 않을 것이다. 원수를 가지고 온 뒤 원수가 존재하던 곳과 분리된 공간인 제조 공장에서 제조 과정을 진행하기 때문이다. 마찬가지로 Power Query

Editor에서 진행하는 변환 과정 또한 원본 데이터를 Power BI Desktop으로 가지고 오는 과정 중에 적용되므로 데이터 소스에 있는 원본 데이터에는 변형이 가해지지 않는다.

그림 다음으로는 Power Query Editor에서 사용할 수 있는 변환 기능 중 대표적인 것들을 살펴보고자 한다.

3.2 [홈] 탭의 주요 기능 살펴보기

[홈] 탭은 다른 탭에서 존재하는 변환 기능 중 자주 쓰이는 것들을 모아둔 탭이다. [홈] 탭에서만 존재하는 기능들도 있다. 허나 대부분의 기능은 [변환], [열 추가], 그리고 [보기] 탭에서 가지고 온 기능들이다.

3.2.1 닫기 및 적용

Power Query Editor에서 변환 과정들을 정의 내리고 해당 과정들을 적용시켜 변환된 데이터를 Power BI Desktop에 로드하고자 할 때 [닫기 및 적용] 기능을 사용한다.

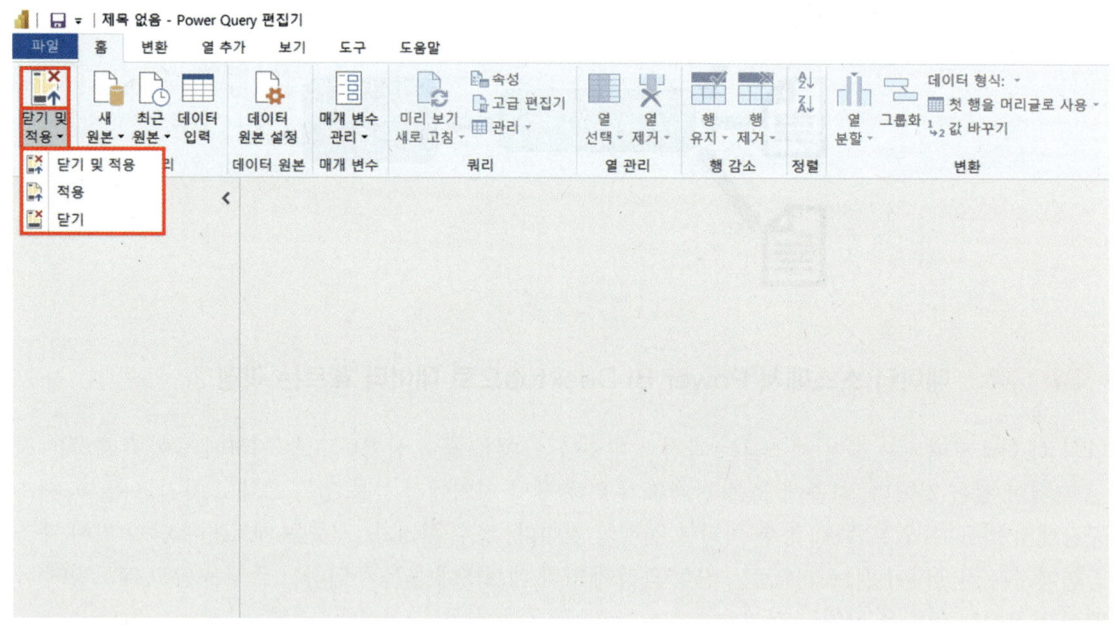

그림 1.3.6 닫기 및 적용

[닫기 및 적용] 텍스트 위에 있는 아이콘을 누르면 먼저 Power Query Editor가 닫힌다. 그리고 Power Query Editor에서 정의 내렸던 변환 과정들이 원본 데이터들에 적용되어 Power BI Desktop에 로드된다.

[닫기 및 적용] 텍스트를 누르게 되면 하단에 3개의 메뉴가 추가로 뜬다. [닫기 및 적용] 버튼은 방금 설명한 기능과 같다. [적용] 버튼을 누르면 Power Query Editor 화면은 종료되지 않고 유지된 채로 변환 과정들만 실행된다. 그에 따라 변환된 데이터들이 Power BI Desktop에 로드 된다. 반면 [닫기] 버튼을 누르면 Power Query Editor 화면만 종료되고 변환 과정은 원본 데이터에 적용되지 않는다.

3.2.2 새 원본

Power Query Editor에서 변환 작업을 정의하다가, 추가적으로 데이터들을 불러와야 하는 경우가 발생할 수 있다. 그 경우 Power BI Desktop으로 돌아가서 다시 [데이터 가져오기] 버튼을 누를 필요 없이 Power Query Editor에 있는 [새 원본] 버튼을 눌러 새로운 데이터를 불러올 수 있다.

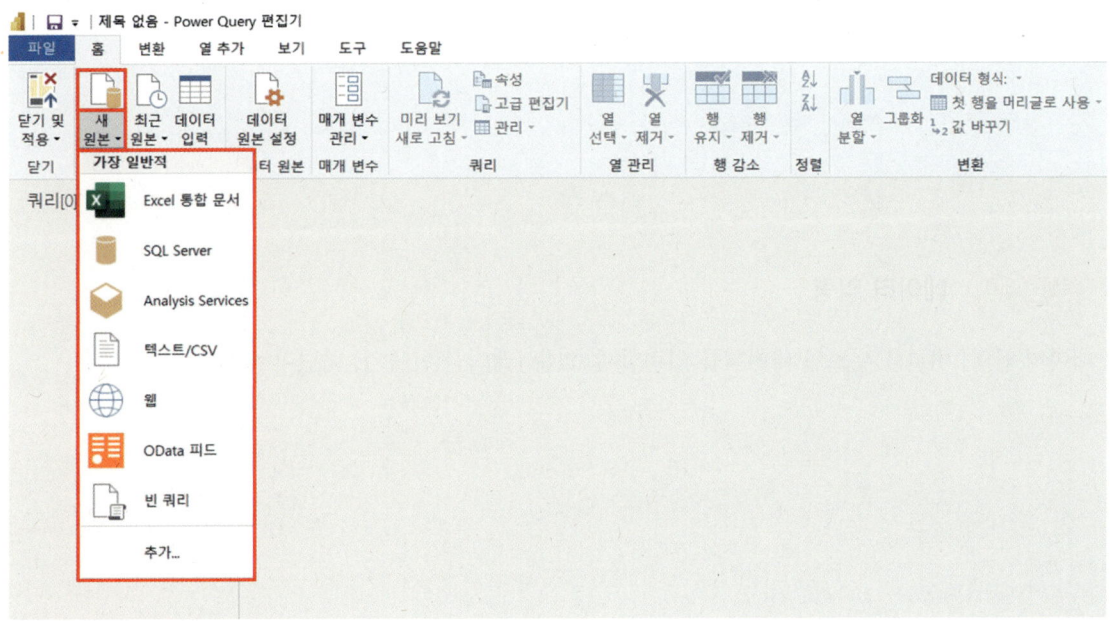

그림 1.3.7 새 원본

[새 원본] 텍스트 위의 아이콘을 누르면 그림 1.2.2에 나와있는 [데이터 가져오기] 화면이 뜬다. 그렇기 때문에 Power BI Desktop으로 다시 이동할 필요 없이 Power Query Editor 내에서 간편하게 데이터 가져오는 작업이 가능하다.

[새 원본] 텍스트를 누르게 되면 일반적으로 자주 사용하는 데이터 소스와 연결 가능한 커넥터들의 목록이 뜬다. 가장 하단의 [추가…] 버튼을 누르면 그림 1.2.2와 같은 [데이터 가져오기] 화면이 뜨면서 전체 커넥터들의 목록을 확인할 수 있다.

3.2.3 데이터 입력

데이터 분석 작업을 하다 보면 직접 데이터를 만들어야 하는 경우도 발생한다. 그런 경우엔 [데이터 입력] 기능을 사용한다.

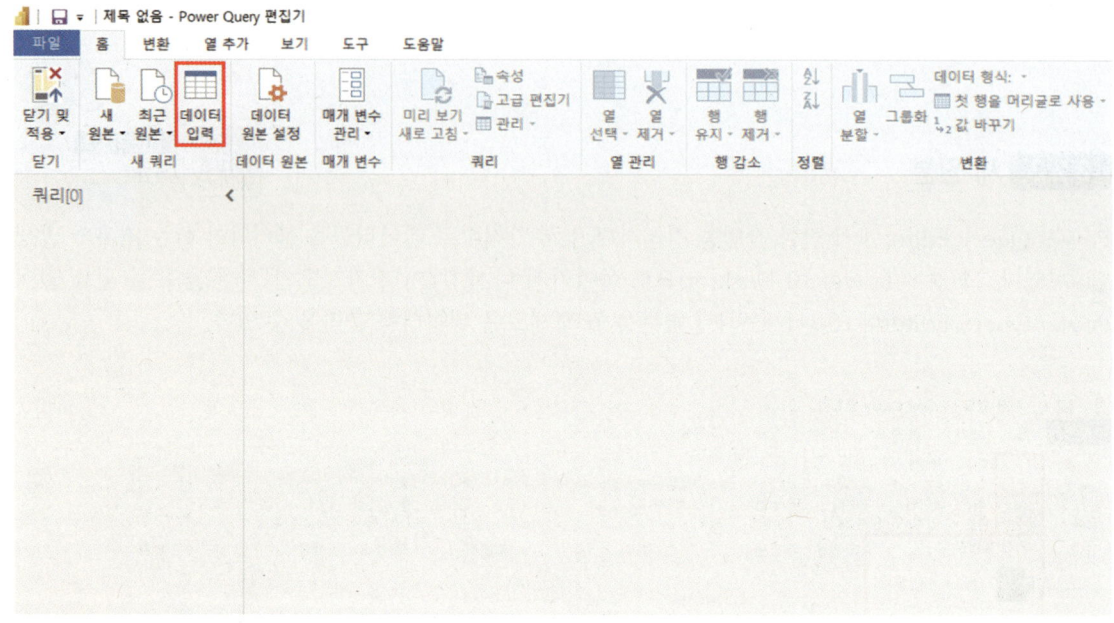

그림 1.3.8 데이터 입력

[데이터 입력] 버튼을 누르면 데이터를 입력할 수 있는 [테이블 만들기] 화면이 아래와 같이 뜬다.

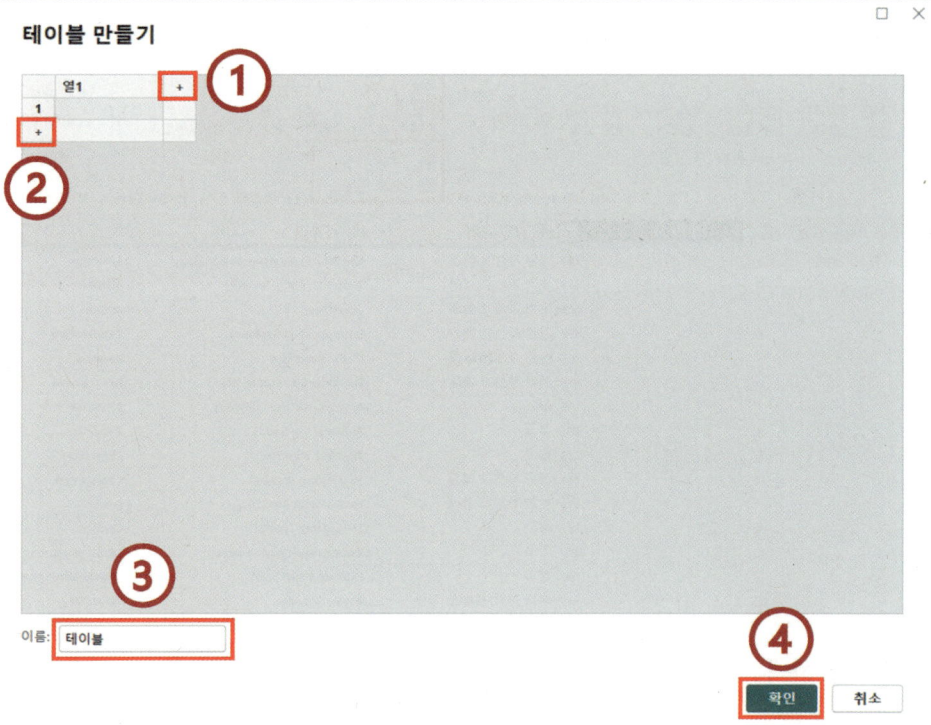

그림 1.3.9 테이블 만들기

해당 화면에서 열을 추가하거나, 열 이름을 업데이트하거나, 또는 행을 추가하는 작업을 진행할 수 있다. 그리고 각각의 셀을 더블 클릭하여 값을 직접 입력할 수 있다. 테이블명을 수정하고 [확인] 버튼을 클릭하면 Power Query Editor에 해당 테이블이 존재하게 되고, Power Query Editor에서 제공하는 각종 변환 작업들을 추가로 적용할 수 있다.

3.2.4 열 선택 / 열로 이동

실습 1.3.5~1.3.6
열 선택/열로 이동

텍스트/CSV 커넥터나 엑셀 커넥터 등을 사용하여 Power Query Editor 상으로 데이터 원본을 불러오게 되면, 해당 데이터에는 데이터 분석 시나리오에는 불필요한 열들이 존재할 수 있다. 데이터 분석에 사용하지 않는 열들은 가급적이면 Power BI Desktop에 불러오지 않는 것이 권장된다. Power BI Desktop 파일 사이즈가 커질수록 성능적인 이슈가 발생할 수 있는데, 불필요한 열들을 불러오지 않으면 그 만큼 파일 사이즈가 줄어들기 때문이다.

Power Query Editor로 불러온 테이블 구조의 데이터 상에서 일부 열들만 선택하여 남기고자 한다면 [열 선택] 기능을 사용한다.

실습 1.3.5
열 선택

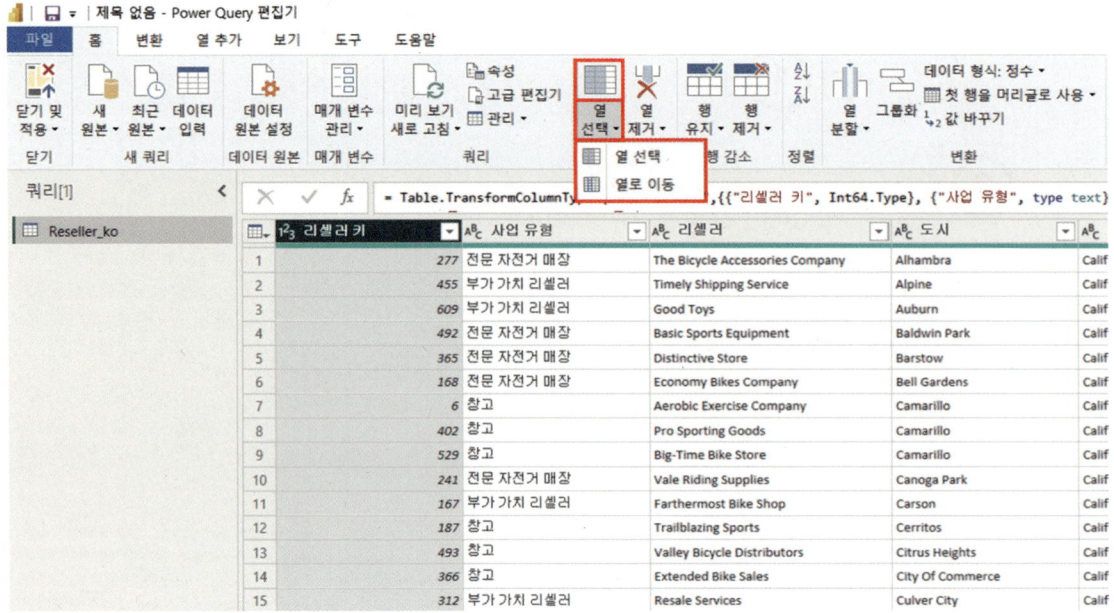

그림 1.3.10 열 선택 / 열로 이동

예를 들어 아래와 같이 6개의 열이 존재하는 테이블에서 [리셀러 키]와 [리셀러] 열만 남기고자 한다면 [열 선택] 기능을 사용한다.

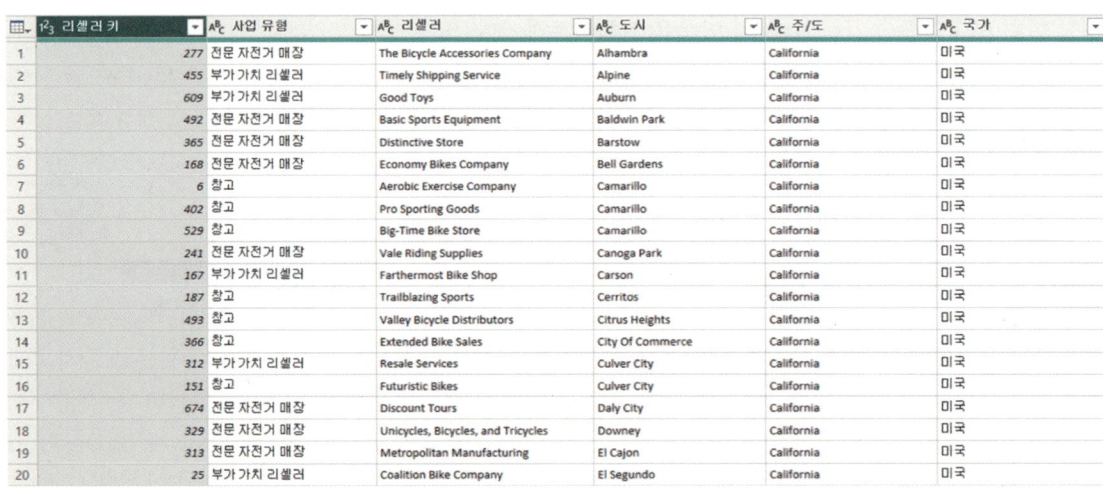

그림 1.3.11 리셀러 테이블

왼쪽 [쿼리] 패널에서 변환을 적용하고자 하는 테이블을 클릭하면 [열 선택] 버튼이 사용할 수 있게 활성화된다. [열 선택] 텍스트 위에 있는 아이콘을 누르거나, 텍스트를 클릭한 후 나오는 [열 선택] 버튼을 클릭하면 아래와 같은 [열 선택] 화면이 나타난다.

그림 1.3.12 열 선택 화면

해당 화면에는 선택한 테이블 내에 존재하는 모든 열 이름이 목록으로 나온다. 열 이름 중에 테이블에 남기고자 하는 열 이름들을 선택하면 된다. 그리고 [확인] 버튼을 클릭하면 아래와 같이 선택한 열들만 테이블에 남게 된다. [리셀러 키]와 [리셀러] 열, 총 2개의 열만 남게 된 것을 확인할 수 있다.

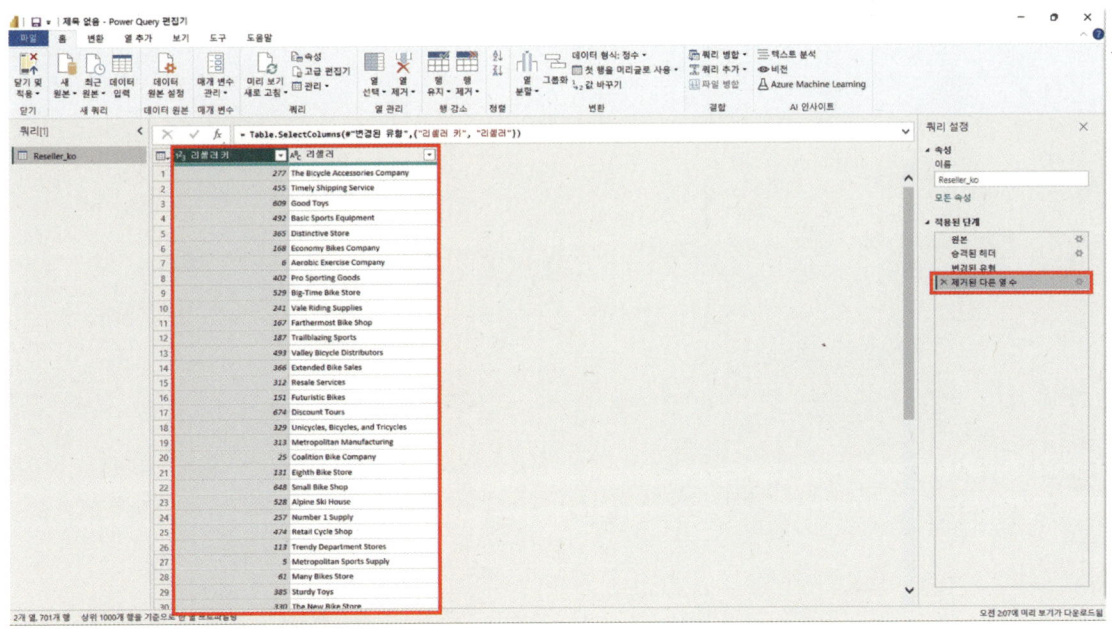

그림 1.3.13 열 선택 적용된 후 화면

3 데이터 변환하기 - Power Query Editor 41

> **TIP**
>
> 100개의 열 중에서 7개만 데이터 분석에 필요한 경우 [열 선택] 화면에서 [모든 열 선택]을 클릭을 하여 모든 열의 체크 박스를 해제된 상태로 만든 후 필요한 7개의 열을 선택하면 된다. 만약 100개의 열 중에서 93개가 데이터 분석에 필요할 때는 [모든 열 선택]을 적절하게 클릭하여 모든 열의 체크 박스가 선택된 상태로 먼저 만든 후, 제거해야 하는 7개의 열만 클릭해서 체크 박스를 해제한다.

이렇게 데이터 변환 과정이 한 번 적용되면 화면 가장 우측에 있는 [쿼리 설정] 패널의 [적용된 단계] 부분에 정의 내린 변환 단계가 추가된 것을 확인할 수 있다. [제거된 다른 열 수]라는 이름으로 단계가 추가됐고, 해당 단계가 적용됐을 때의 테이블 구조가 중앙에 미리 보기 형태로 나온다. [제거된 다른 열 수] 단계명을 우측 마우스로 클릭하면 추가 메뉴가 뜬다. 이 때 나오는 [이름 바꾸기] 기능을 사용해 직관적인 이름으로 단계명을 편집할 수도 있다.

Power Query Editor에서는 변환 작업을 하나씩 정의 내릴 때 마다 [적용된 단계] 화면에 순차적으로 해당 단계들이 추가된다. 여러 단계들 중 원하는 단계를 하나 클릭하면 해당 시점까지의 변환이 적용된 테이블을 미리 보기로 볼 수 있다. 실수로 추가한 단계가 있다면 해당 단계를 클릭하고 왼쪽에 뜨는 X 버튼을 눌러 해당 단계를 삭제할 수 있다.

그림 1.3.10을 살펴보면 [열 선택] 텍스트를 눌렀을 때 [열 선택] 기능도 사용할 수 있지만 [열로 이동] 기능도 존재한다. [열로 이동] 기능은 특정 열로 이동하고자 할 때 사용한다. 테이블 내의 열의 개수가 수십 개 정도 될 때 유용하게 사용된다.

Power Query Editor에서 특정 열에 대한 변환을 적용하려면 해당 열을 먼저 선택해야 한다. 열의 개수가 수십 개 정도 된다면 좌우로 스크롤을 움직이며 해당 열을 찾는 과정이 번거로울 수 있다. 이 때 [열로 이동] 기능을 사용하여 간편하게 이동이 가능하다. [열로 이동] 버튼을 누르면 아래와 같이 [열로 이동] 화면이 나타난다.

그림 1.3.14 열로 이동 화면

찾고자 하는 특정 열의 이름을 부분적으로 또는 완전히 알고 있는 경우 상단의 [열 검색] 창을 활용해 검색하여 찾는다. 또는 [열 검색] 창 우측에 있는 정렬 메뉴를 활용해 [이름]을 클릭하면 한글 또는 알파벳 순으로 열 이름을 정렬시켜 원하는 열을 탐색한다. 원하는 열을 선택한 후 [확인] 버튼을 누르면 Power Query Editor 화면 상에서 해당 열이 선택된다.

> **TIP**
> [열 선택]과 [열로 이동]은 화면 구성이 상당히 유사해서 헷갈릴 수 있다. 체크 박스의 유무로 해당 화면을 구분할 수 있다. [열 선택] 화면은 특정 열들만 선택해서 남길 수 있게 하기 위해 여러 열을 선택할 때 사용 가능한 체크 박스들이 존재한다. 반면 [열로 이동] 기능은 한 개의 열만 선택해서 해당 열로 이동하는 기능이기 때문에 [열로 이동] 화면에는 체크 박스들이 존재하지 않는다.

3.2.5 열 제거 / 다른 열 제거

[열 제거] 기능은 선택된 열만 제거하는 기능이다. [열 제거] 텍스트 위에 있는 아이콘을 눌러서 사용하거나 또는 [열 제거] 텍스트를 클릭하면 나오는 추가 메뉴 중 [열 제거] 버튼을 눌러 사용할 수 있다.

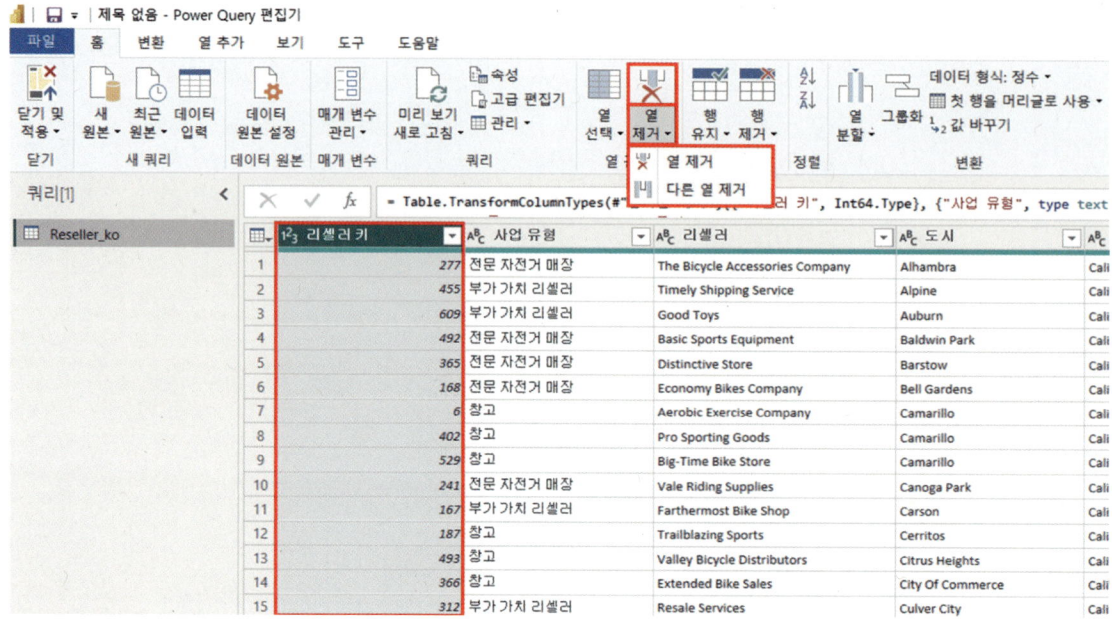

그림 1.3.15 열 제거 / 다른 열 제거

[열 제거] 기능은 클릭했을 때 별도의 화면이 추가적으로 나타나지는 않는다. 그렇기 때문에 Power Query Editor 화면에 미리 보기 형태로 나오는 테이블에서 제거하고자 하는 열을 선택해야 한다. 위 그림과 같이 [리셀러 키] 열을 클릭해서 선택한 후 [열 제거] 버튼을 누르면 [리셀러 키] 열이 제거된다. 만약 여러 열을 제거하고자 한다면 Ctrl 키를 누를 상태에서 여러 열을 복수 선택하면 된다.

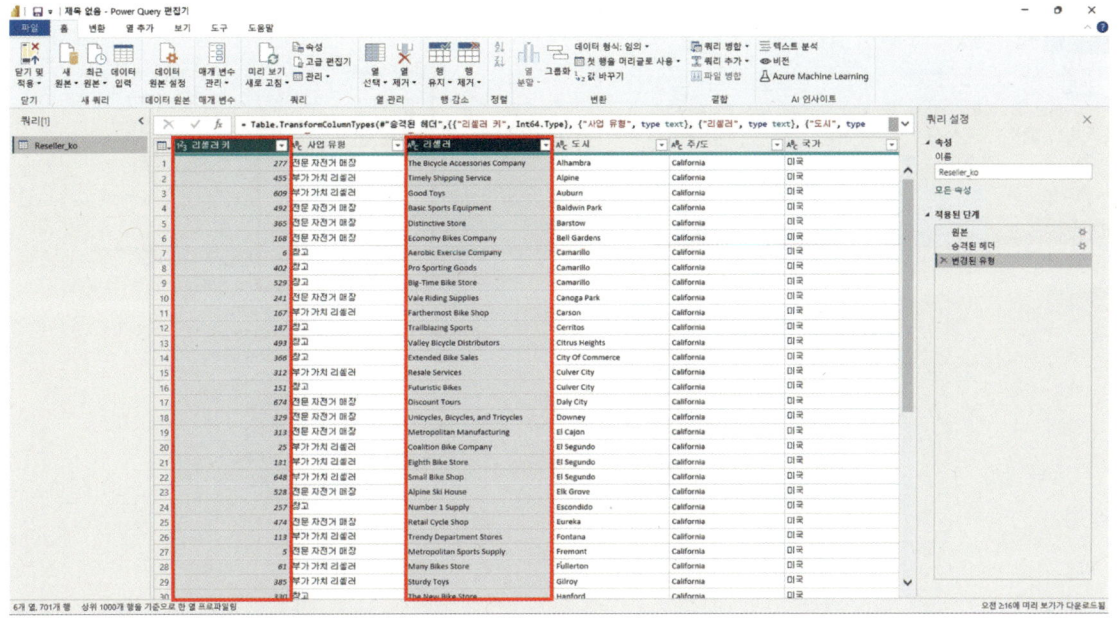

그림 1.3.16 여러 개의 열 동시 선택

위 그림처럼 [리셀러 키]와 [리셀러] 열을 동시 선택한 후 [열 제거] 기능을 사용하면 해당 열만 제거되어 나머지 4개의 열만 남게 된다. 만약 선택한 [리셀러 키]와 [리셀러] 열만 남기고자 한다면 그림 1.3.15에 있는 [다른 열 제거] 버튼을 클릭하면 된다. [다른 열 제거] 기능은 선택한 열을 제외한 다른 열들을 모두 제거하는 기능이다.

> **TIP**
> [열 제거] 또는 [다른 열 제거] 기능은 [열 선택] 화면에서 모두 구현이 가능한 기능들이다. 테이블 내의 열의 개수가 많을 때에는 [열 선택] 기능을 사용해 검색 기능과 정렬 기능을 활용하면서 열을 제거하는 것이 작업하기에 더 편할 수 있다.

실습 1.3.8~1.3.12
행 유지

3.2.6 행 유지

특정 열들을 Power Query Editor상에서 간편하게 선택해서 남기거나 제거할 수 있었듯이, 행들도 마찬가지로 간편하게 선택해서 유지하거나 제거할 수 있다. [행 유지] 기능을 사용하면 테이블 내 행들 중 유지하고자 하는 행들을 정의하여 해당 행들만 유지시키고 나머지 행들은 제거된다.

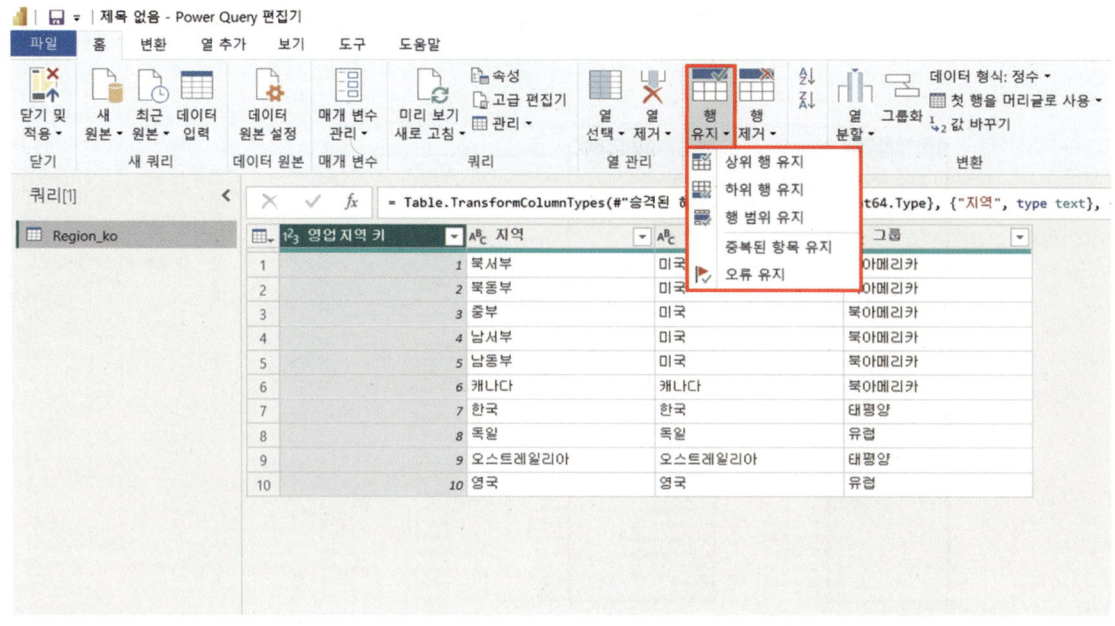

그림 1.3.17 행 유지

[행 유지] 아이콘이나 텍스트를 클릭하면 [상위 행 유지], [하위 행 유지], [행 범위 유지], [중복된 항목유지], 그리고 [오류 유지]까지 다섯 개의 추가 메뉴들이 뜬다. 이 중에서 적절한 것을 활용해 [행 유지] 작업을 진행할 수 있다.

먼저 [상위 행 유지] 기능은 테이블 내에서 상위 n개의 행들만 남기고자 할 때 사용 가능하다.

그림 1.3.18 상위 행 유지 예제

위와 같은 테이블에서 빨간색으로 표시해둔 상위 3개의 행만 남기고자 할 때 [상위 행 유지] 버튼을 클릭해서 사용한다.

> **그림 1.3.19** 상위 행 유지 화면

[상위 행 유지] 화면이 나오면 [행 수] 부분에 남기고자 하는 행의 개수를 명시하면 된다. 현재 상황에서는 위에서 3번째 행까지 유지하고자 하기 때문에 3을 [행 수]에 입력 후 [확인]을 누르면 위에서부터 3개 행만 남게 되고 그 밑에 있는 나머지 행들은 삭제된다.

만약 아래 그림처럼 밑에서부터 n개의 행을 남기고자 한다면 [하위 행 유지] 기능을 사용한다.

> **그림 1.3.20** 하위 행 유지 예제

[하위 행 유지] 버튼을 눌러 아래와 같은 화면이 뜨면 [행 수] 부분에 테이블 아래에서부터 남기고자 하는 행의 개수를 적어주면 된다.

> 그림 1.3.21 하위 행 유지 화면

그림 1.3.20에서는 아래에서부터 4번째 행까지 남기고자 하므로 [하위 행 유지] 화면의 [행 수] 부분에 4를 입력한 후 [확인]을 클릭한다.

만약 테이블 중앙 부분에 있는 행들 중 일부를 남기고자 한다면 [행 범위 유지] 기능을 사용한다.

영업지역 키	지역	국가	그룹
1	북서부	미국	북아메리카
2	북동부	미국	북아메리카
3	중부	미국	북아메리카
4	남서부	미국	북아메리카
5	남동부	미국	북아메리카
6	캐나다	캐나다	북아메리카
7	한국	한국	태평양
8	독일	독일	유럽
9	오스트레일리아	오스트레일리아	태평양
10	영국	영국	유럽

> 그림 1.3.22 행 범위 유지 예제

위 그림처럼 5번째 행부터 시작하여 7번째 행까지 총 세 개의 행을 남기고자 할 때 [행 범위 유지] 기능을 사용하여 해당 행들만 남길 수 있다.

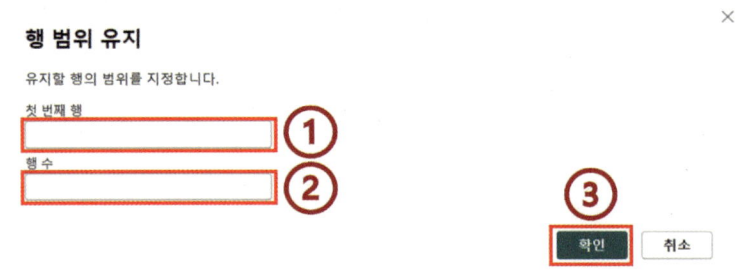

> 그림 1.3.23 행 범위 유지 화면

[행 범위 유지] 버튼을 클릭하면 위와 같은 화면이 나타난다. [첫 번째 행] 부분에는 선택하고자 하는 행 범위의 시작 위치를 입력한다. 그림 1.3.22에서는 5번째 행부터 선택하려고 하기 때문에 [첫 번째 행]에 5를 넣어주면 된다. [행 수]에는 [첫 번째 행]을 포함하여 남기고자 하는 행의 개수를 적어주면 된다. 그림 1.3.22 예제에서는 5번째 행을 포함하여 7번째 행까지 총 세 개의 행을 남기고자 하기 때문에 [행 수]에 3을 넣어주면 된다. 그리고 [확인]을 클릭하면 원하는 결과를 얻을 수 있다.

만약 특정 열 내에 존재하는 값들 중 중복된 값들만 선택하여 남기고자 한다면 [중복된 항목 유지] 기능을 사용한다.

영업지역 키	지역	국가	그룹
1	북서부	미국	북아메리카
2	북동부	미국	북아메리카
3	중부	미국	북아메리카
4	남서부	미국	북아메리카
5	남동부	미국	북아메리카
6	캐나다	캐나다	북아메리카
7	한국	한국	태평양
8	독일	독일	유럽
9	오스트레일리아	오스트레일리아	태평양

그림 1.3.24 중복된 항목 유지 예제

위 그림에서 [그룹] 열에는 '북아메리카', '태평양', 그리고 '유럽'이 값으로 들어가 있다. '북아메리카'와 '태평양'은 값들이 각각 6개, 2개 존재한다. 값들이 중복되어 존재한다고 볼 수 있다. 반면 '유럽'의 경우 1개 값만 존재하고 있다. 중복된 값인 [북아메리카]와 [태평양]에 해당하는 총 8개의 행만 남기고 나머지는 삭제하고자 한다면 [중복된 항목 유지] 기능을 사용한다. 주의할 점은 현재 상황에서는 [그룹]열에 있는 값들 기준으로 중복된 값을 남기려고 하기 때문에 [그룹]열을 먼저 선택한 후 [중복된 항목 유지] 버튼을 눌러줘야 한다.

간혹 Power Query Editor에 데이터를 불러왔을 때 아래 그림처럼 특정 열에 오류(Error) 값이 존재하는 경우가 있다.

그림 1.3.25 오류 유지 예제

특정 열을 기준으로 오류 값이 존재하는 행만 남기고자 한다면 [오류 유지] 기능을 사용한다. 그림 1.3.25에 나와 있는 테이블 기준으로 [열1]을 선택한 상태에서 [오류 유지] 버튼을 누르면 빨간색으로 표시한 행만 남게 되고 나머지 행들은 삭제가 된다.

3.2.7 행 제거

앞서 살펴본 [행 유지] 기능은 조건에 부합하는 행들만 남기는 기능이다. 만약 조건에 부합하는 일부 행들을 제거하고자 할 때는 [행 제거] 기능을 사용한다.

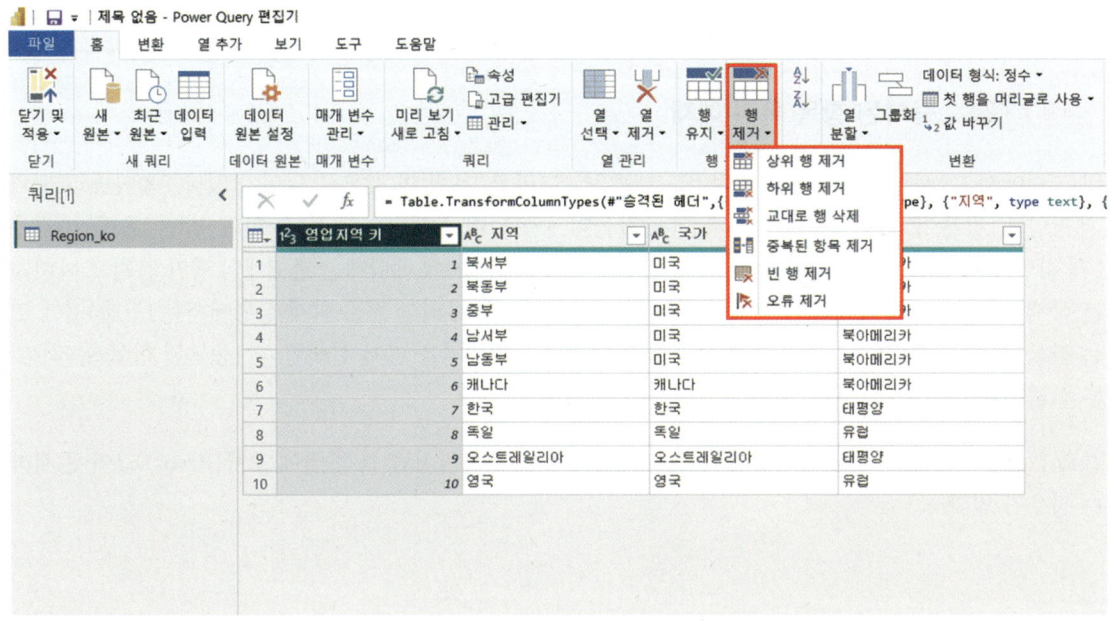

그림 1.3.26 행 제거

Power Query Editor의 [홈] 메뉴에서 [행 제거] 버튼을 누르면 [상위 행 제거], [하위 행 제거], [교대로 행 제거], [중복된 항목 제거], [빈 행 제거], 그리고 [오류 제거] 기능들을 확인할 수 있다.

[상위 행 제거] 기능은 위에서부터 n개의 행을 삭제하는 기능이다.

영업지역 키	지역	국가	그룹
1	북서부	미국	북아메리카
2	북동부	미국	북아메리카
3	중부	미국	북아메리카
4	남서부	미국	북아메리카
5	남동부	미국	북아메리카
6	캐나다	캐나다	북아메리카
7	한국	한국	태평양
8	독일	독일	유럽
9	오스트레일리아	오스트레일리아	태평양
10	영국	영국	유럽

그림 1.3.27 상위 행 제거 예제

위 그림처럼 테이블 내에서 상위 3개의 행을 제거하고자 한다면 [상위 행 제거] 기능을 사용한다.

그림 1.3.28 상위 행 제거 화면

[상위 행 제거] 버튼을 클릭하면 나오는 화면에서 [행 수] 부분에 제거하고자 하는 행의 개수를 입력한다. 그림 1.3.27에선 3개의 행을 제거하고자 하므로 3을 입력한 후 [확인]을 클릭한다.

만약 아래에서부터 n개의 행을 제거하고자 한다면 [하위 행 제거] 기능을 사용한다.

영업지역 키	지역	국가	그룹
1	북서부	미국	북아메리카
2	북동부	미국	북아메리카
3	중부	미국	북아메리카
4	남서부	미국	북아메리카
5	남동부	미국	북아메리카
6	캐나다	캐나다	북아메리카
7	한국	한국	태평양
8	독일	독일	유럽
9	오스트레일리아	오스트레일리아	태평양
10	영국	영국	유럽

그림 1.3.29 하위 행 제거 예제

위 그림처럼 테이블 내에서 하위 3개의 행을 제거하고자 한다면 [하위 행 제거] 기능을 사용한다.

그림 1.3.30 하위 행 제거 화면

[하위 행 제거] 버튼을 클릭하면 나오는 화면에서 [행 수] 부분에 제거하고자 하는 행의 개수를 입력한다. 그림 1.3.29에선 맨 아래에서부터 3개의 행을 제거하고자 하므로 3을 입력한 후 [확인]을 클릭한다.

만약 교대로 행을 제거하고자 할 땐 [교대로 행 삭제] 기능을 사용한다.

영업지역 키	지역	국가	그룹
1	북서부	미국	북아메리카
2	북동부	미국	북아메리카
3	중부	미국	북아메리카
4	남서부	미국	북아메리카
5	남동부	미국	북아메리카
6	캐나다	캐나다	북아메리카
7	한국	한국	태평양
8	독일	독일	유럽
9	오스트레일리아	오스트레일리아	태평양
10	영국	영국	유럽

그림 1.3.31 교대로 행 삭제 예제

위 그림에선 테이블 내에서 교대로 행을 제거하고자 한다. 3번째 행부터 시작하여 2개의 행을 삭제하고 1개의 행은 남긴 뒤, 다시 2개의 행을 제거해 1개의 행을 남기는 패턴으로 행을 선별하고자 한다. 위와 같은 내용을 구현하고자 할 때 [교대로 행 삭제] 기능을 사용한다.

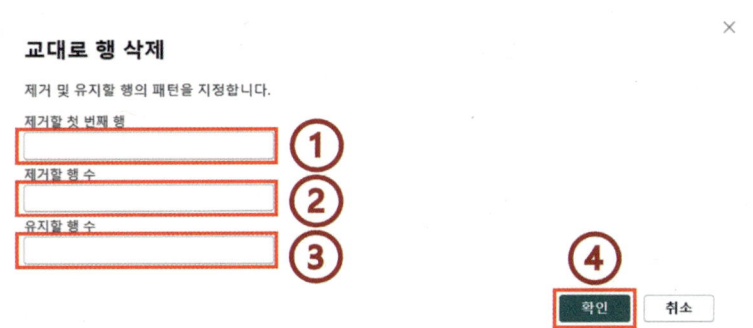

그림 1.3.32 교대로 행 삭제 화면

[교대로 행 삭제] 버튼을 클릭하여 화면으로 이동하면 총 3개의 값을 입력하도록 나와있다. 먼저 [제거할 첫 번째 행]에는 제거하고자 하는 첫번째 행이 존재하는 위치를 입력한다. 그림 1.3.31에서는 3번째 행부터 제거를 시작하고자 하므로 3을 넣어주면 된다. [제거할 행 수]는 [제거할 첫 번째 행]을 포함하여 몇 개의 행을 제거하고자 하는지 입력하는 것이고, 그림 1.3.31에서는 3번째 행과 4번째 행을 제거하고자 하므로 2를 넣는다. 마지막으로 [유지할 행 수]는 삭제된 행들 이후에 몇 개의 행을 유지하고자 하는지 입력한다. 그림 1.3.31에서는 한 개의 행을 유지하고자 하므로 1을 입력한다. 그리고 나서 [확인]을 클릭하면 그림 1.3.31에서 도출하고자 하는 테이블이 반환된다. [영업지역 키] 기준으로 1,2,5,8에 해당하는 행들이 남게 되고 나머지 행들은 제거된다.

3 데이터 변환하기 - Power Query Editor

만약 특정 열 내에 중복된 값들 중 가장 위에 존재하는 한 개를 제외하고 나머지를 모두 제거하고자 한다면 [중복된 항목 제거] 기능을 사용한다.

1²₃ 영업 지역 키	ᴬᴮc 지역	ᴬᴮc 국가	ᴬᴮc 그룹
1	북서부	미국	북아메리카
2	북동부	미국	북아메리카
3	중부	미국	북아메리카
4	남서부	미국	북아메리카
5	남동부	미국	북아메리카
6	캐나다	캐나다	북아메리카
7	한국	한국	태평양
8	독일	독일	유럽
9	오스트레일리아	오스트레일리아	태평양
10	영국	영국	유럽

그림 1.3.33 중복된 항목 제거 예제

위 그림에선 [그룹]열에 '북아메리카', '태평양', 그리고 '유럽' 값이 중복되어 존재한다. 각 값 별로 위에서부터 봤을 때 가장 처음에 등장한 값들을 제외하고 나머지 중복된 값들을 모두 제거하고자 할 때 [중복된 항목 제거] 기능을 활용한다. [그룹]열에 있는 값들을 기준으로 중복 여부를 판정하기 때문에 우선 [그룹]열을 선택해줘야 한다. 그리고 나서 [중복된 항목 제거] 버튼을 클릭한다. 별도의 화면이 뜨지 않고 바로 작업이 진행되며, 결과물로는 [영업 지역 키] 기준으로 1, 7, 8에 해당하는 행만 남게 된다. 그림 1.3.33에 있는 것처럼 파란색 테두리로 표시한 부분이 모두 제거된다.

데이터 소스로부터 불러온 데이터에는 간혹 비어 있는 행이 존재할 수 있다. 모든 값들이 비어 있는 행들을 삭제하고자 한다면 [빈 행 제거] 기능을 사용한다.

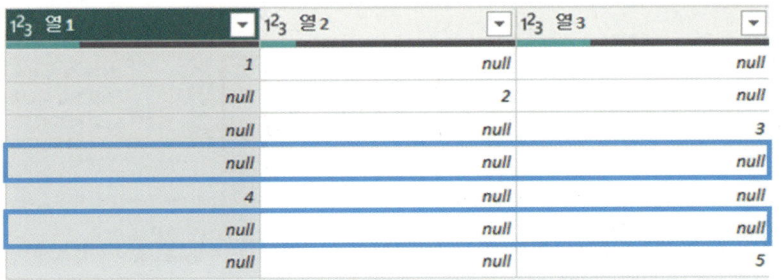

실습 1.3.17
빈 행 제거

[그림 1.3.34] 빈 행 제거 예제

위 그림에 있는 테이블에는 비어 있는 값(null)들이 여러 개 있다. 위에서 4번째 그리고 6번째 행에는 모든 값들이 비어 있다. [빈 행 제거] 기능을 사용하면 4번째와 6번째 행이 제거된다. 값이 한 개라도 존재하는 다른 행들은 그대로 유지된다. 특정 행의 모든 값이 비어 있는지 고려하기 때문에 특정 열에 영향을 받지 않는다. 그래서 [빈 행 제거] 기능은 특정 열을 선택하지 않아도 사용이 가능하다.

만약에 특정 열을 기준으로 오류가 존재하는 행을 제거하고자 한다면 [오류 제거] 기능을 사용한다.

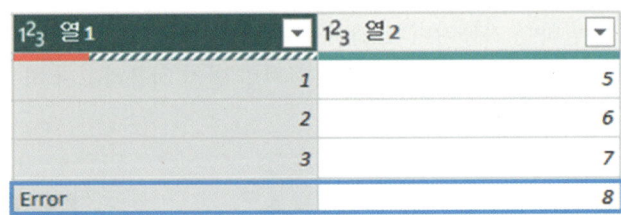

실습 1.3.18
오류 제거

[그림 1.3.35] 오류 제거 예제

위 그림에서 [열1]에 오류(Error)인 값이 존재한다. 오류가 존재하는 [열1]을 선택한 뒤 [오류 제거] 버튼을 클릭하면 [열1] 기준으로 오류가 존재하는 행들은 모두 제거된다.

3.2.8 정렬

실습 1.3.19
정렬

Power Query Editor에서 변환 중인 테이블에 대해 정렬을 적용하고자 할 때는 [정렬] 기능을 사용한다.

> **TIP**
> Power Query Editor에서 정렬을 하는 것은 Power BI Desktop에서 시각화한 결과물을 정렬하는 것과는 별개다.

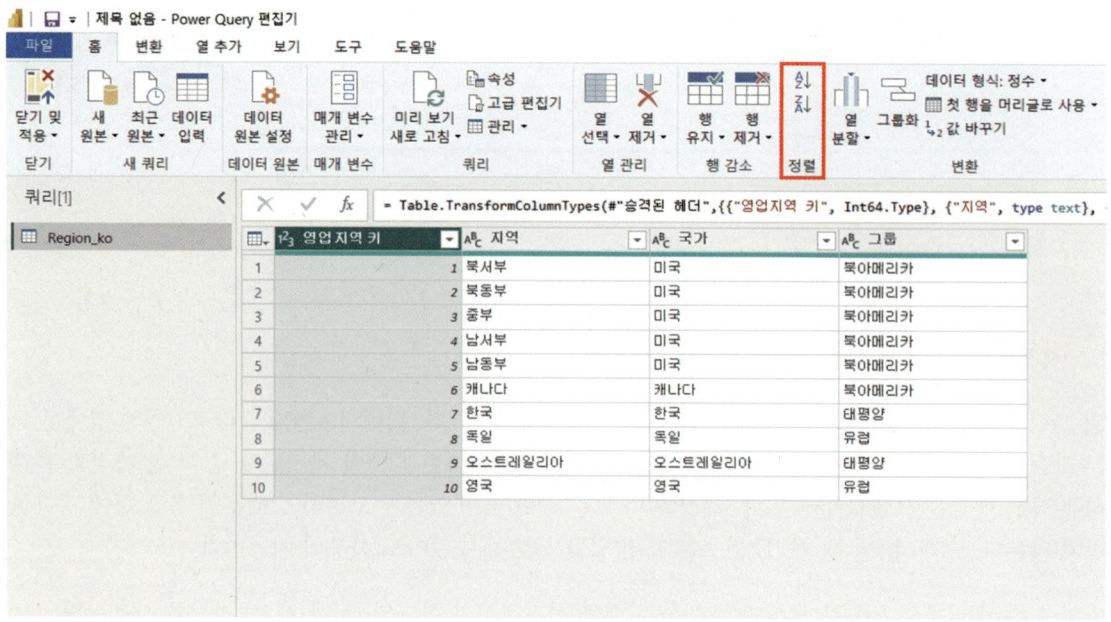

그림 1.3.36 정렬

[AZ] 버튼은 오름차순으로 정렬하는 기능이며 [ZA] 버튼은 내림차순으로 정렬하는 기능이다. [정렬] 기능은 특정 열에 대해 적용되기 때문에 해당 기능을 사용하려면 먼저 적용하고자 하는 특정 열을 먼저 선택해야 한다.

영업 지역 키	지역	국가	그룹
1	북서부	미국	북아메리카
2	북동부	미국	북아메리카
3	중부	미국	북아메리카
4	남서부	미국	북아메리카
5	남동부	미국	북아메리카
6	캐나다	캐나다	북아메리카
7	한국	한국	태평양
8	독일	독일	유럽
9	오스트레일리아	오스트레일리아	태평양
10	영국	영국	유럽

그림 1.3.37 정렬 예제

[그룹]열에 대해 정렬을 적용하고자 한다면 먼저 위 그림처럼 [그룹]열을 먼저 선택해야 한다. 그리고 나서 오름차순 정렬을 위해 [AZ] 버튼을 클릭하면 아래와 같은 결과물을 얻게 된다.

영업지역 키	지역	국가	그룹
1	북서부	미국	북아메리카
2	북동부	미국	북아메리카
6	캐나다	캐나다	북아메리카
3	중부	미국	북아메리카
5	남동부	미국	북아메리카
4	남서부	미국	북아메리카
10	영국	영국	유럽
8	독일	독일	유럽
9	오스트레일리아	오스트레일리아	태평양
7	한국	한국	태평양

그림 1.3.38 [그룹]열에 오름차순 정렬 적용 후

기존에는 가장 아래에 있던 4개의 행에 '태평양', '유럽', '태평양', '유럽' 순으로 행이 존재했는데 오름차순 정렬 후에는 '유럽', '유럽', '태평양', '태평양'으로 전체적인 행들이 정렬되었다. 그리고 [그룹] 열 이름 우측에는 위로 화살표 방향의 아이콘이 생긴 것을 볼 수 있는데, 이는 오름차순을 의미한다. [그룹]열이 오름차순 정렬되어 있는 상태에서 다른 열에 동시 정렬을 가져가는 것 또한 가능하다. [영업지역 키]열을 선택한 상태에서 내림차순 정렬을 적용하면 아래와 같은 결과물을 얻게 된다.

영업지역 키	지역	국가	그룹
6	캐나다	캐나다	북아메리카
5	남동부	미국	북아메리카
4	남서부	미국	북아메리카
3	중부	미국	북아메리카
2	북동부	미국	북아메리카
1	북서부	미국	북아메리카
10	영국	영국	유럽
8	독일	독일	유럽
9	오스트레일리아	오스트레일리아	태평양
7	한국	한국	태평양

그림 1.3.39 [영업지역 키]열에 내림차순 정렬 동시 적용 후

결과물을 보면 [그룹]열에 있던 위로 화살표 아이콘 왼쪽에 작은 숫자 1이 생긴 것을 확인할 수 있다. 해당 정렬이 가장 먼저 적용된다는 의미다. 그리고 나서 [영업지역 키] 열 이름 우측에는 아래 방향의 화살표가 있어서 내림차순 정렬임을 알 수 있고, 그 왼쪽에는 작은 숫자 2가 존재한다. 두번째로 적용된 정렬임을 나타내고 있다. 그리고 정렬된 값을 보면 [그룹]열의 값이 '북아메리카'에 해당하는 행들의 [영업지역 키] 값들만 내림차순 정렬된 것을 볼 수 있다. 마찬가지로 [그룹]열의 값이 '유럽'에 해당하는 행들의 [영업지역 키] 값들끼리 내림차순 정렬되어 있고, [그룹] 열에 적용된 오름차순 정렬은 그대로 유지가 된 상태다.

3.2.9 열 분할

열 내에 있는 값을 특정 조건을 기준으로 분할하고자 할 때는 [열 분할] 기능을 사용한다. [홈] 메뉴의 [열 분할] 버튼을 클릭하면 [구분 기호 기준], [문자 수 기준], [위치별], [소문자 대 대문자로], [대문자 대 소문자로], [숫자 대 비숫자로], 그리고 [비숫자 대 숫자로]까지 총 7개의 추가 기능이 뜬다.

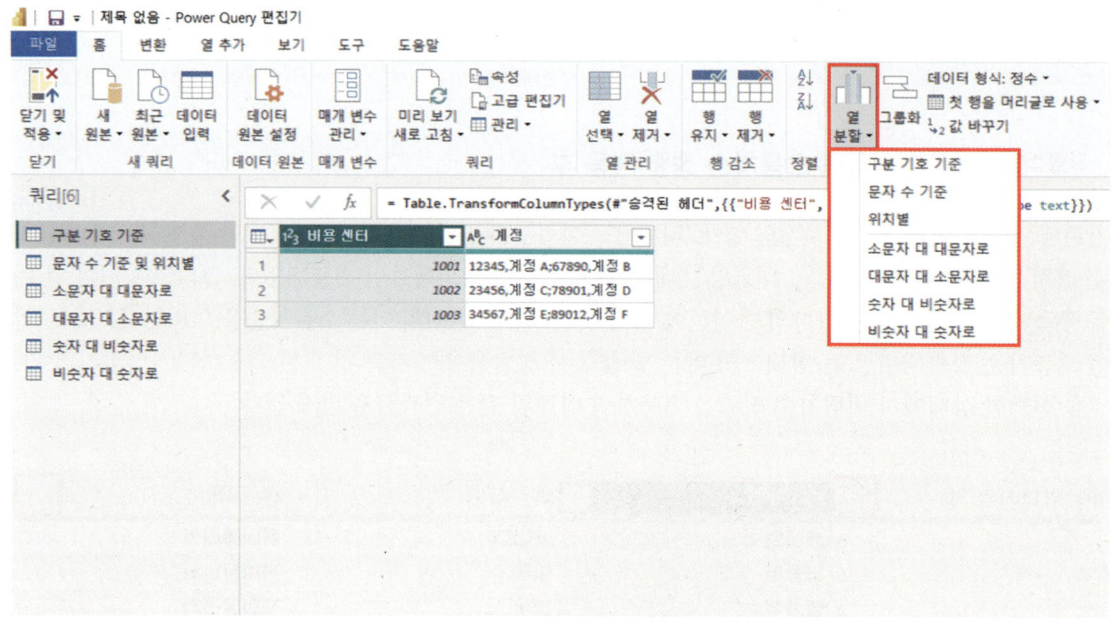

그림 1.3.40 열 분할

[구분 기호 기준] 기능은 열 내의 있는 값을 특정 구분자 기준으로 분할하고자 할 때 사용한다.

12345,계정 A;67890,계정 B

그림 1.3.41 구분 기호 기준 예제

위 그림처럼 [계정]열에 있는 값은 세미콜론(;) 기준으로 왼쪽과 오른쪽에 같은 형식의 값이 존재한다. 각각의 값은 현재 스키마 상에서 하나의 행, 또는 인스턴스로 존재 가능한 값들이므로 세미콜론 기준으로 값을 나눠 각각의 값을 새로운 행에 할당한다면 테이블 구조에 더 적합한 형식이 된다. 이런 상황에서는 [계정]열을 먼저 선택한 후 [구분 기호 기준] 버튼을 클릭한다.

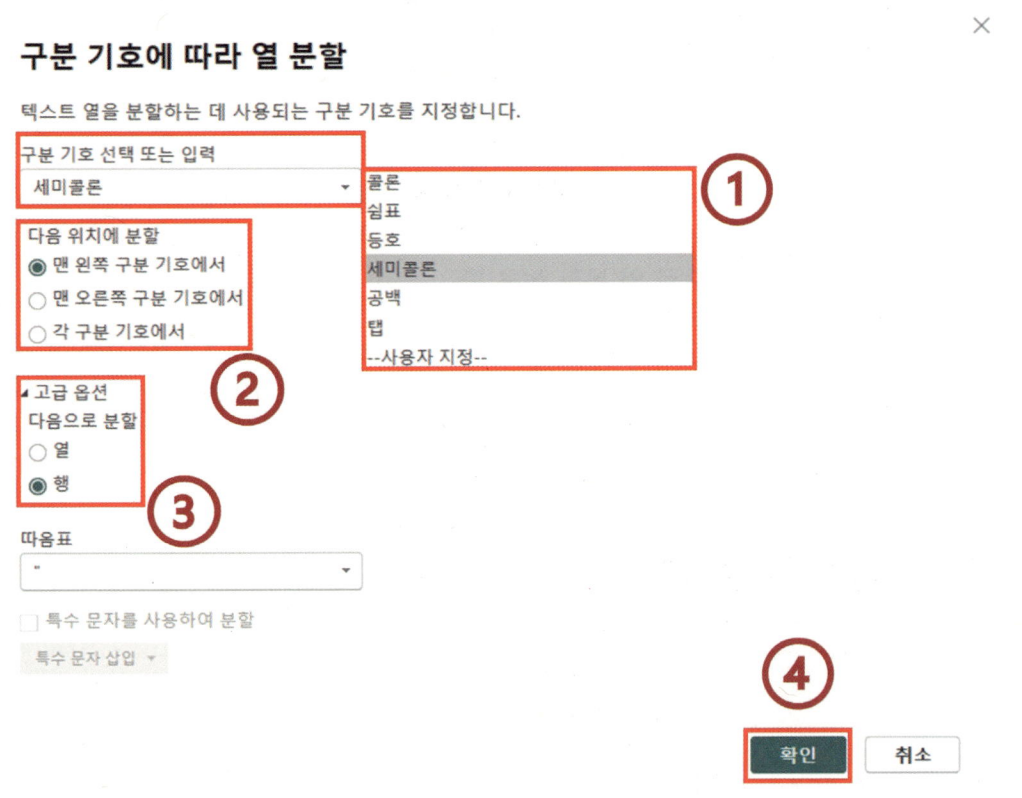

그림 1.3.42 구분 기호에 따라 열 분할 화면 - 세미콜론 기준 분할

[구분 기호 기준] 버튼을 클릭하면 위와 같은 화면이 뜬다. [구분 기호 선택 또는 입력] 드롭다운 상자를 클릭하면 선택할 수 있는 구분자 목록이 뜬다. 만약 목록 중에 원하는 구분자가 없다면 [--사용자 지정--] 버튼을 클릭하여 사용자가 원하는 구분자를 직접 입력할 수 있다. 현재 상황에서는 세미콜론 기준으로 구분을 할 것이기 때문에 [세미콜론]을 클릭한다. 그리고 나서 [다음 위치에 분할] 부분에 적절한 값을 선택한다. 열 내에 세미콜론이 여러 개일 경우 가장 왼쪽에 있는 구분자 기준으로 분할할 건지 가장 오른쪽에 있는 구분자 기준으로 분할할 건지, 또는 각각의 구분자 마다 분할을 할 건지 선택한다.

현재 상황에서는 세미콜론이 [계정]열에 한 개만 존재하기 때문에 [맨 왼쪽 구분 기호에서]와 [맨 오른쪽 구분 기호에서] 중 어느 하나를 선택해도 같은 결과가 나온다. 마지막으로 [고급 옵션]을 눌러 [다음으로 분할]을 적절한 값으로 선택하면, 분할한 값들을 새로운 열로 추가할 것인지 또는 새로운 행으로 추가할 것인지 고를 수 있다. 현재 상황에서는 새로운 행으로 추가하고자 하기 때문에 [행]을 눌러주고 최종적으로 [확인]을 클릭하면 된다. 해당 과정을 통해 아래와 같은 결과물을 얻을 수 있다.

▎그림 1.3.43 세미콜론 기준으로 열 분할 적용 후

세미콜론 기준으로 분할이 완료된 [계정]열을 보면 여전히 쉼표(,) 기준으로 추가적인 분할이 가능하다는 것을 확인할 수 있다. 쉼표 기준으로 왼쪽에는 특정 계정의 아이디, 그리고 오른쪽에는 계정명이 존재하기 때문이다. [구분 기호 기준] 기능을 한 번 더 사용하여 원하는 분할을 진행할 수 있다.

▎그림 1.3.44 구분 기호에 따라 열 분할 화면 - 쉼표 기준 분할

쉼표 기준으로 분할할 것이기 때문에 [구분 기호 선택 또는 입력] 드롭다운 상자를 클릭하여 [쉼표]를 선택한다. 다음으로는 [다음 위치에 분할] 값을 선택한다. 이번에도 구분자에 해당하는 쉼표 값이 [계정]열

내에 한 개만 존재하기 때문에 [맨 왼쪽 구분 기호에서] 또는 [맨 오른쪽 구분 기호에서] 둘 중 어느 하나를 선택해도 같은 결과물이 나온다. 마지막으로 [고급 옵션] 눌러 [다음으로 분할] 부분을 선택해주면 되는데 이번 상황에서는 쉼표 기준으로 분할한 값들을 새로운 열로 추가하고자 하기 때문에 [열]을 선택해야 한다. 그리고 나서 [확인]을 클릭하면 아래와 같은 최종 결과물을 얻을 수 있다.

비용 센터	계정.1	계정.2
1001	12345	계정 A
1001	67890	계정 B
1002	23456	계정 C
1002	78901	계정 D
1003	34567	계정 E
1003	89012	계정 F

그림 1.3.45 쉼표 기준으로 열 분할 적용 후

테이블 구조로 각각의 값들이 잘 정돈된 것과 분할을 적용한 후 열 이름이 임의로 [계정.1], [계정.2]로 입력된 것을 확인할 수 있다. 열 이름을 편집하고자 한다면 해당 열 이름을 더블 클릭하여 원하는 이름으로 편집할 수 있다.

만약 열 내의 값을 문자 수 기준으로 분할하고자 한다면 [문자 수 기준] 기능을 사용한다.

실습 1.3.21
문자 수 기준 분할

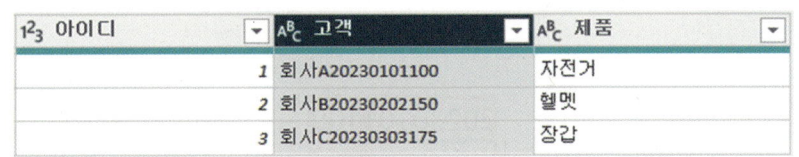

그림 1.3.46 문자 수 기준 예제

[고객]열에 입력된 값을 보면 회사명, 날짜, 그리고 제품 수량의 의미를 지닌 값들이 병합되어 존재한다. 앞에서 3개의 문자가 회사명, 그 다음으로 오는 8개의 문자가 날짜, 그리고 마지막 3개의 문자가 제품 수량을 뜻하고 있다. 이런 경우 [문자 수 기준] 기능을 사용하면 적절하게 값들을 분할하여 새로운 열로 만들 수 있다.

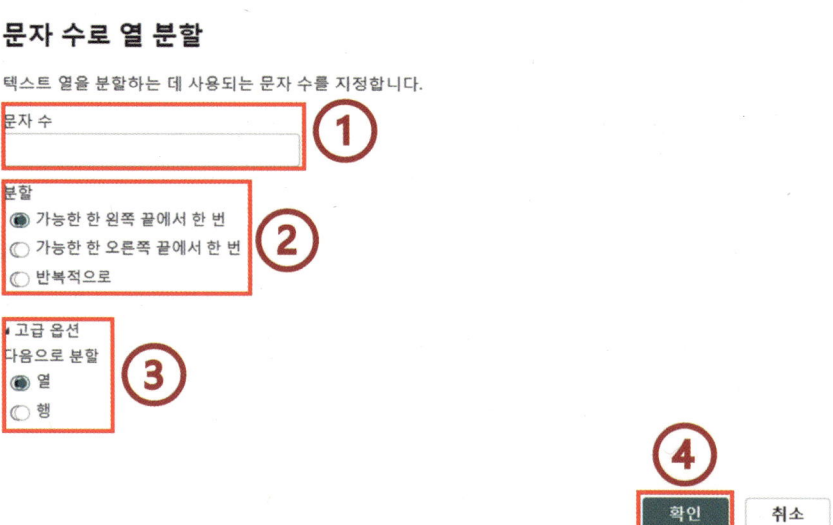

그림 1.3.47 문자 수로 열 분할 화면 - 왼쪽 끝에서부터 분할

[고객]열을 선택한 상태에서 [문자 수 기준] 버튼을 클릭하면 위와 같은 화면이 나타난다. [문자 수] 칸에는 분할하고자 하는 문자의 수를 입력한다. 현재 상황에서는 왼쪽에서부터 3개의 문자를 분리하여 회사명을 먼저 분할하고자 한다. 그렇기 때문에 3을 입력한다. 왼쪽에서부터 3개의 문자를 분할하기 위해 [분할] 부분에서는 [가능한 한 왼쪽 끝에서 한 번] 선택지를 선택한다. 마지막으로 [고급 옵션]의 [다음으로 분할] 부분에서는 분할한 결과물을 새로운 열로 저장하기 위해 [열]을 선택한다. 그리고 나서 [확인] 버튼을 누르면 아래와 같은 결과물을 얻을 수 있다.

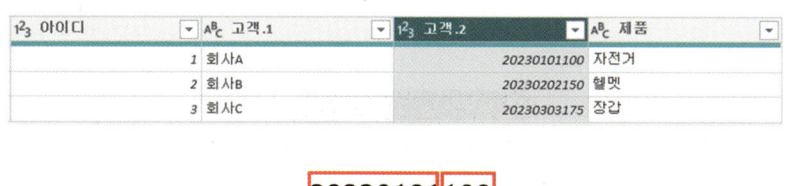

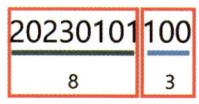

그림 1.3.48 문자 수 기준으로 회사명 분할 적용 후

왼쪽에서부터 3개의 문자만 따로 분할되어 [고객.1]열에 저장된 것을 볼 수 있다. [고객.2]열에는 여전히 날짜와 제품 수량이 붙어져 있기 때문에 [문자 수 기준] 기능을 한 번 더 사용하여 분할할 수 있다.

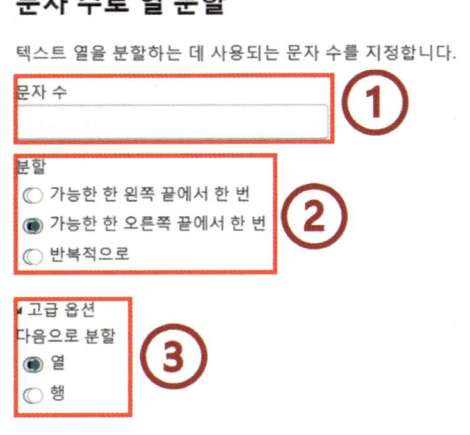

> 그림 1.3.49   문자 수로 열 분할 화면 - 오른쪽 끝에서부터 분할

날짜 정보가 왼쪽에서부터 8개의 문자에 저장되어 있으므로 [문자 수]에 8을 넣은 뒤 [분할]을 [가능한 한 왼쪽 끝에서 한 번]을 선택해서 진행할 수 있다. 일반적인 상황에서는 해당 방법으로 진행하는 것이 좀 더 적합할 것이다. 왜냐하면 날짜는 yyyymmdd 형태로 표기하면 항상 8개의 문자로 표현 가능하기 때문이다. 허나 이번 상황에서는 공교롭게도 제품 수량의 문자 수가 모두 3개이므로 [문자 수]를 3으로 넣고 [분할]에서 [가능한 한 오른쪽 끝에서 한 번]을 선택해도 원하는 분할 결과를 얻을 수 있다. [고급 옵션]의 [다음으로 분할]에는 [열]을 설정한 뒤 [확인]을 누르면 아래와 같은 결과를 얻을 수 있다.

아이디	고객.1	고객.2.1	고객.2.2	제품
1	회사A	20230101	100	자전거
2	회사B	20230202	150	헬멧
3	회사C	20230303	175	장갑

> 그림 1.3.50   문자 수 기준으로 제품 수량 분할 적용 후

오른쪽에서부터 3개의 문자를 떼어 내어 [고객2.2]열에 저장되었다. 그리고 [고객2.1]열에는 8개 문자로 이뤄진 날짜 값만 남았다. 최종 결과를 보면 [고객.1], [고객2.1], [고객2.2]로 분할된 열 이름이 임의로 지정되었다. 해당 이름들을 더블클릭 하여 원하는 이름으로 편집할 수도 있다.

만약 특정 열 내의 값을 문자 위치 기반으로 분할하고자 한다면 [위치별] 기능을 사용한다.

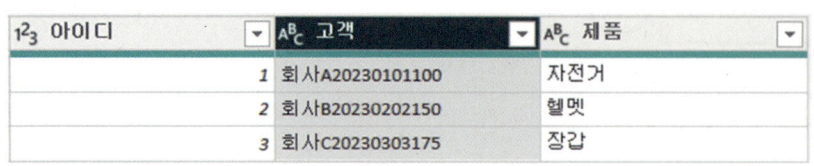

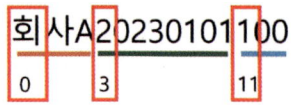

그림 1.3.51 위치별 예제

[위치별] 기능은 문자 내 가장 왼쪽에 있는 문자 위치를 0으로 해석한다. 그림 1.3.51에서 [고객]열에 있는 값을 기준으로 보면 0번째 위치부터 회사명이 시작하고, 3번째 위치부터 날짜 값이 시작하고, 11번째 위치부터 제품 수량 값이 시작한다. 앞서 [문자 수 기준] 기능을 사용할 때는 두 번에 거쳐서 해당 값을 온전히 분할했었다. [위치별] 기능을 사용한다면 한 번에 분할이 가능하다.

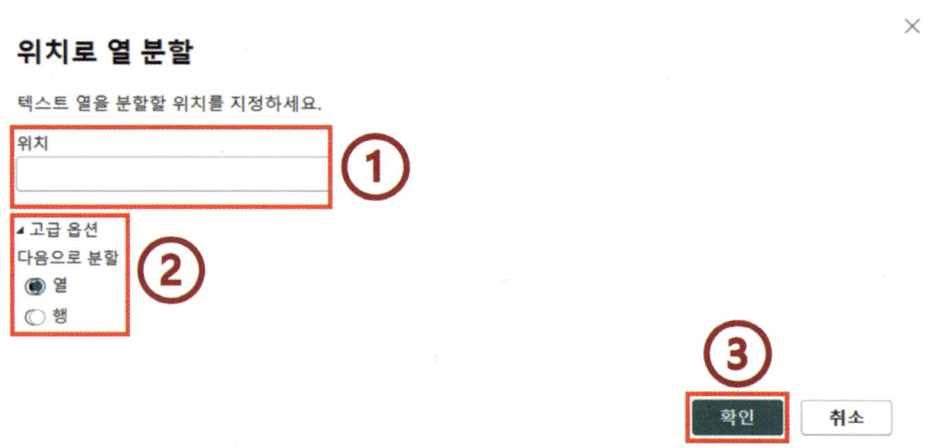

그림 1.3.52 위치로 열 분할 화면

[위치별] 버튼을 클릭하면 위와 같은 화면이 나타난다. [위치] 부분에는 분할의 시작점이 되는 위치를 쉼표로 나눠서 입력할 수 있다. 현재 상황에서는 0번째, 3번째, 그리고 11번째 문자 위치가 분할의 시작점이므로 0, 3, 11을 [위치]에 입력한다. 분할하여 새로운 열로 추가할 예정이기 때문에 [고급 옵션]의 [다음으로 분할]에는 [열]을 선택하고 [확인]을 클릭한다.

1²₃ 아이디	ABC 고객.1	1²₃ 고객.2	1²₃ 고객.3	ABC 제품
1	회사A	20230101	100	자전거
2	회사B	20230202	150	헬멧
3	회사C	20230303	175	장갑

그림 1.3.53 위치별 분할 적용 후

결과물을 확인하면 위 그림처럼 기존의 [고객]열이 [고객.1], [고객.2], 그리고 [고객.3]으로 분할되었다. 각각의 열에는 회사명, 날짜, 그리고 제품 수량에 해당하는 값이 저장됐다. 열 이름은 필요 시 더블 클릭하여 편집이 가능하다.

만약 특정 열 내의 값을 알파벳 소문자에서 대문자로 바뀌는 지점을 기준으로 분할하고자 한다면 [소문자 대 대문자로] 기능을 사용할 수 있다.

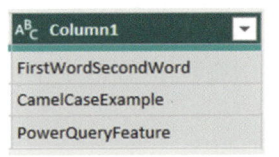

실습 1.3.23
소문자 대 대문자로 분할

FirstWordSecondWord

CamelCaseExample

PowerQueryFeature

그림 1.3.54 소문자 대 대문자로 예제

위 그림에 있는 테이블에서 [Column1]열을 선택한 후 [소문자 대 대문자로] 버튼을 클릭하면 아래와 같은 결과물을 얻을 수 있다.

ABC Column1.1	ABC Column1.2	ABC Column1.3	ABC Column1.4
First	Word	Second	Word
Camel	Case	Example	null
Power	Query	Feature	null

그림 1.3.55 소문자 대 대문자로 적용 후

그림 1.3.54에서 주황색 선으로 표기한 부분들 기준으로 값들이 분할되어 각각의 열로 추가되었다. 소문자에서 대문자로 변하는 위치 기준으로 값이 분할되었다.

만약 알파벳 대문자에서 소문자로 변하는 지점 기준으로 열을 분할하고자 한다면 [대문자 대 소문자로] 기능을 사용해야 한다.

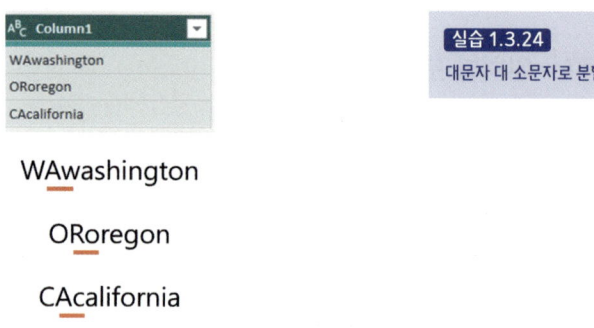

그림 1.3.56 대문자 대 소문자로 예제

위 그림에 있는 테이블에서 [Column1]열을 선택한 후 [대문자 대 소문자로] 버튼을 클릭하면 아래와 같은 결과물을 얻을 수 있다.

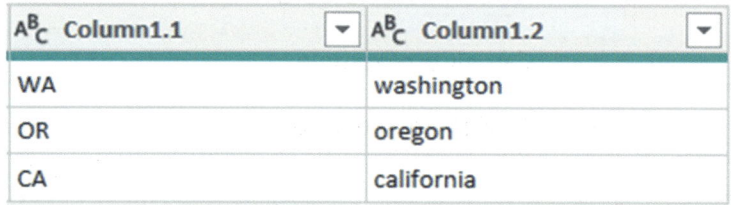

그림 1.3.57 대문자 대 소문자로 적용 후

그림 1.3.56에서 주황색 선으로 표기한 부분들 기준으로 값들이 분할되어 열로 추가되었다. 대문자에서 소문자로 변하는 위치 기준으로 값이 분할되었다.

만약 숫자에서 숫자가 아닌 문자로 변하는 지점들을 모두 분할하고자 한다면 [숫자 대 비숫자로] 기능을 사용한다.

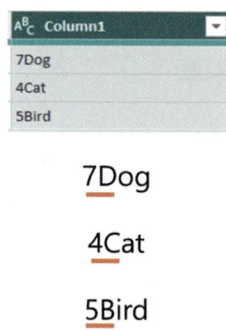

그림 1.3.58 숫자 대 비숫자로 예제

위 그림에 있는 테이블에서 [Column1]열을 선택한 후 [숫자 대 비숫자로] 버튼을 클릭하면 숫자에서 비숫자로 바뀌는 지점들이 분할되어 아래와 같은 결과물을 얻게 된다.

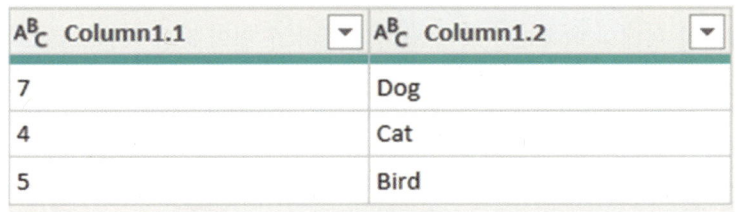

그림 1.3.59 숫자 대 비숫자로 적용 후

만약 숫자가 아닌 문자가 숫자로 바뀌는 지점을 기준으로 분할하고자 한다면 [비숫자 대 숫자로] 기능을 사용한다.

그림 1.3.60 비숫자 대 숫자로 예제

위 그림에 있는 테이블에서 [Column1]열을 선택한 후 [비숫자 대 숫자로] 버튼을 클릭하면 비숫자에서 숫자로 바뀌는 지점들이 분할되어 아래와 같은 결과물을 얻게 된다.

그림 1.3.61 비숫자 대 숫자로 적용 후

3.2.10 그룹화

Power Query Editor에 불러온 테이블 형태의 데이터를 특정 열이나 여러 개 열의 값을 기준으로 그룹화하여 해당 그룹을 대표하는 값을 산출하고자 할 때 [그룹화] 기능을 사용한다.

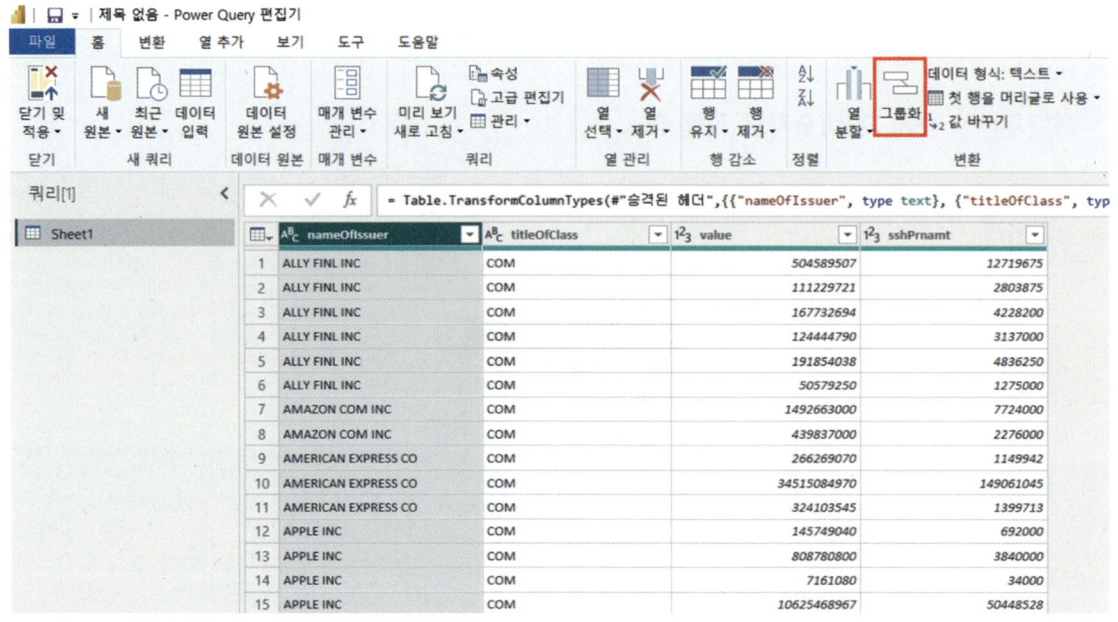

그림 1.3.62 그룹화

현재 그림 1.3.62에는 [Sheet1] 테이블의 일부가 나와 있다. [nameOfIssuer]열에는 주식명이 존재하고, [sshPrnamt]열에는 해당 주식의 수량, 그리고 [value]열에는 데이터가 기록될 당시 해당 주식의 가치가 저장되어 있다. [nameOfIssuer]열에는 같은 주식이더라도 여러 개의 행으로 나눠진 상태로 값이 존재한다. 예를 들어 Apple 주식의 수량이 위에서 12번째 행에서부터 15번째 행까지 분산된 상태로 존재한다. 해당 주식들을 같은 주식끼리 그룹화하여 해당 주식의 전체 수량 및 전체 수량의 가치를 집계하고자 할 때 [그룹화] 기능을 사용할 수 있다.

그림 1.3.63 그룹화 화면

[nameOfIssuer]열을 선택한 상태에서 [그룹화] 버튼을 클릭하면 위와 같은 화면이 나온다. [기본]이 선택된 상태로 화면이 뜨지만 [고급]에서 더 많은 기능을 사용할 수 있으므로 [고급]을 선택한다. [nameOfIssuer]를 클릭한 상태로 [그룹화] 버튼을 눌렀기 때문에 [nameofIssuer]가 선택되었다. 해당 드롭다운 박스 상자를 눌러 그룹화의 기준점이 될 다른 열을 선택할 수도 있다. 여러 개의 열의 값들을 조합한 그룹을 기준으로 그룹화 하고자 한다면 [그룹화 추가]를 눌러 그룹화의 기준이 되는 새로운 열을 여러 개 추가할 수도 있다.

[nameOfIssuer] 기준으로 그룹화 한 뒤, 해당 그룹 내의 값들을 집계한 결과물을 저장할 열을 만들어 줘야 한다. 새로운 열들의 이름을 [새 열 이름]에 명시할 수 있다. 현재 상황에서는 그룹별 [value]의 합계를 구해볼 것이기 때문에 [주식 가치 합계]라는 이름으로 새 열을 만들어 볼 것이다. 그리고 [연산] 드롭다운 상자를 눌러 [합계]를 선택한다. [연산] 드롭다운 상자에는 [합계]말고도 아래와 같이 다양한 연산 기능들이 있다.

연산	설명
합계(Sum)	열의 합계
평균(Average)	열의 평균값
중앙값(Median)	열의 중앙값
최소값(Min)	열의 최솟값
최대값(Max)	열의 최댓값
행 카운트(Count rows)	해당 그룹에 속한 행의 개수
고유 행 수(Count distinct rows)*	해당 그룹에 속한 행들 중 서로 다른 행들의 개수
모든 행(All rows)	집계 없이 해당 그룹의 모든 행을 반환

그림 1.3.64 그룹화 화면에서 제공하는 연산 기능

3 데이터 변환하기 - Power Query Editor   69

> **TIP**
>
> Power BI Desktop을 만든 Microsoft는 미국 회사다. 그렇기 때문에 각종 소프트웨어에 존재하는 버튼들의 이름은 영어를 기준으로 번역한 텍스트들이 각 언어별 소프트웨어에 나타난다고 볼 수 있다. 그에 따라 간혹 번역이 어색하거나 일관적이지 않는 경우가 발생한다. [연산] 작업 중 고유 행 수(Count distinct rows)가 그러한 예시 중 하나다. 추후 살펴볼 예정이지만 Power Query Editor에는 unique라는 개념과 distinct라는 개념이 존재한다. Unique는 고유하게 한 번만 존재하는 값을 의미한다. 반면 distinct는 서로 다른 값을 의미한다. 그래서 unique를 '고유한 값'으로 지칭하고 distinct는 '상이한 값'으로 지칭하는 것이 본래의 의미를 더 잘 반영한다고 볼 수 있다. 3.5절에서 살펴볼 [열 분포] 기능에는 unique와 distinct가 각각 '고유값', '상이값'으로 잘 반영된 것이다.

다음으로 [열]에는 합계를 집계하고자 하는 열 이름을 선택하면 된다. [value]열을 기준으로 합계를 할 것이기 때문에 드롭다운 상자를 눌러 [value]를 선택한다.

[주식 수량 합계]열도 만들 것이기 때문에 [집계 추가] 버튼을 눌러 새로운 열을 추가한다. [새 열 이름]에는 [주식 수량 합계]를, [연산]에는 [합계]를, 그리고 [열]에는 [sshPrnamt]를 선택한다. 그리고 나서 [확인]을 클릭하면 아래와 같은 결과를 얻을 수 있다.

nameOfIssuer	주식 가치 합계	주식 수량 합계
ALLY FINL INC	1150430000	29000000
AMAZON COM INC	1932500000	10000000
AMERICAN EXPRESS CO	35105457585	151610700
APPLE INC	84248000000	400000000
ATLANTA BRAVES HLDGS INC	8820558	223645
BANK AMER CORP	41076524279	1032852006
CAPITAL ONE FINL CORP	1359447750	9819052
CHARTER COMMUNICATIONS IN...	1144700201	3828941
CHEVRON CORP NEW	18553059728	118610534
CITIGROUP INC	3505834818	55244797
COCA COLA CO	25460000000	400000000

그림 1.3.65 그룹화 적용 후

그룹화가 적용된 결과물의 [nameOfIssuer]열에는 주식명 별로 하나의 값만 남겨졌다. 그리고 [주식 가치 합계]와 [주식 수량 합계]열에 집계된 정보를 확인하여 해당 주식에 대한 전체 가치 및 전체 보유량을 확인할 수 있다.

> **TIP**
> 그룹화하는 기능은 Power BI Desktop에서 시각화 할 때도 구현할 수 있다. 그렇기 때문에 실무를 할 때는 가급적이면 Power Query Editor에서는 그룹화를 진행하지 않는 것이 추후 데이터 시각화 및 분석에 더 도움될 수 있다. 대개의 경우 집계되지 않은 원본 상태의 데이터가 데이터 분석 시에 더 가치 있기 때문이다.

3.2.11 데이터 형식

실습 1.3.28
데이터 형식

특정 열의 데이터 형식을 변경하고자 한다면 해당 열을 선택한 후 [홈] 메뉴에 있는 [데이터 형식] 버튼을 눌러 변경할 수 있다.

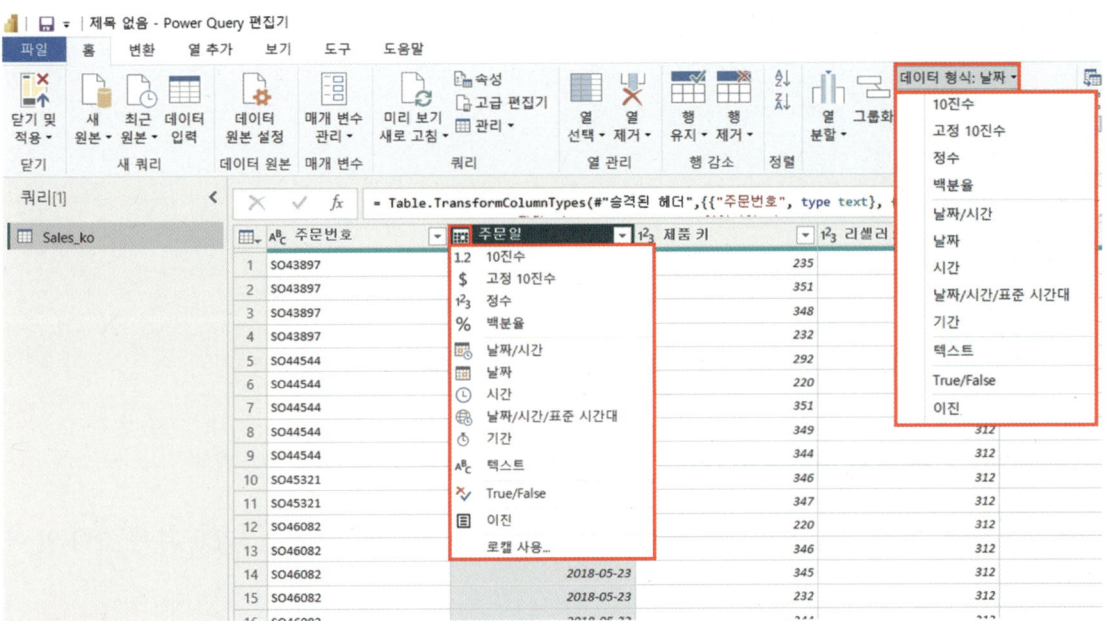

그림 1.3.66 데이터 형식

또는 열 이름 왼쪽에 있는 아이콘을 눌러서 변경할 수도 있다. 해당 열의 의미가 잘 반영되도록 적절한 데이터 형식을 선정해주는 것이 중요하다. 추후 Power BI Desktop에서 DAX 함수를 사용해 데이터 변환할 때 특정 데이터 형식이어야만 적용가능한 DAX 함수들이 있기 때문이다.

> **TIP**
> 데이터 형식에 대한 자세한 설명은 Microsoft Learn 문서에서 확인 가능하다.
> https://learn.microsoft.com/ko-kr/power-query/data-types

3.2.12 첫 행을 머리글로 사용 / 머리글을 첫 행으로 사용

Power Query Editor에 데이터를 가지고 왔을 때 간혹 열 이름으로 들어가야 하는 데이터가 열 이름으로 들어가지 않고 첫번째 행으로 읽어지는 경우가 있다. 그런 경우 [첫 행을 머리글로 사용] 기능을 사용한다.

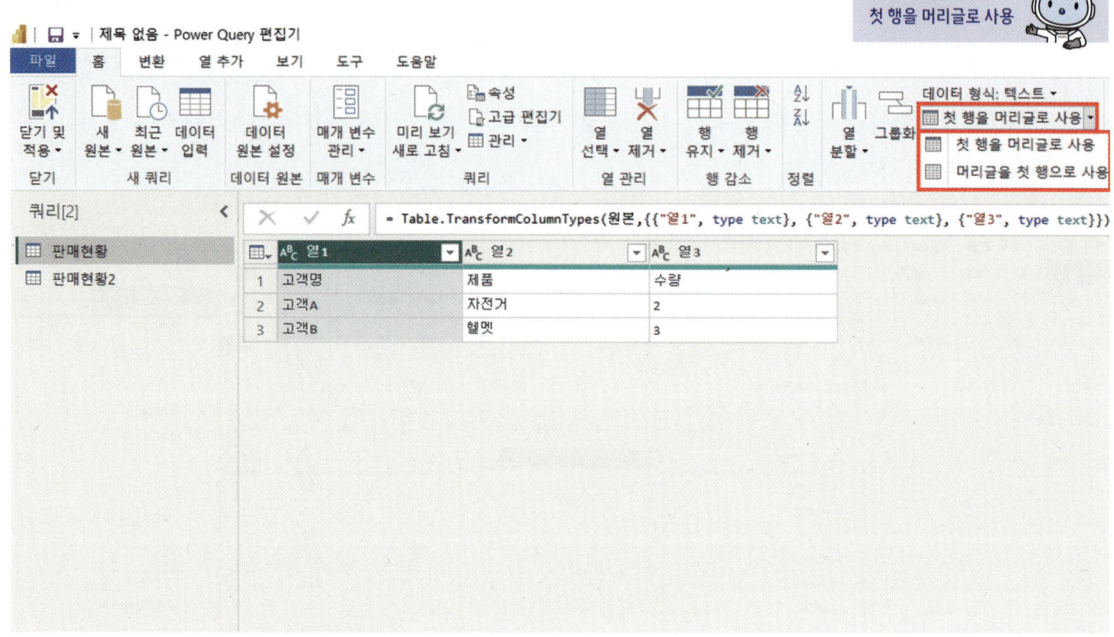

그림 1.3.67 첫 행을 머리글로 사용 / 머리글을 첫 행으로 사용

예를 들어 아래 그림에 있는 테이블의 경우 첫번째 행에 있는 '고객명', '제품', 그리고 '수량'값이 열 이름으로 들어간다.

ABC 열1	ABC 열2	ABC 열3
고객명	제품	수량
고객A	자전거	2
고객B	헬멧	3

그림 1.3.68 첫 행을 머리글로 사용 예제

위 테이블에 대해 [첫 행을 머리글로 사용] 기능을 적용하면 아래와 같이 원하는 결과물을 얻을 수 있다.

ABC 고객명	ABC 제품	123 수량
고객A	자전거	2
고객B	헬멧	3

🟧 **그림 1.3.69** 첫 행을 머리글로 사용 적용 후

만약 첫번째 행으로 들어가야 하는 값이 열 이름으로 들어온 경우에는 [머리글을 첫 행으로 사용] 기능을 사용한다.

ABC 고객A	ABC 자전거	123 2
고객B	헬맷	3

🟧 **그림 1.3.70** 머리글을 첫 행으로 사용 예제

위 테이블의 열 이름인 '고객A', '자전거', 그리고 '2'는 하나의 인스턴스로 존재해야 하는 값들이므로 열 이름이 아닌 행으로 들어가야 한다.

ABC Column1	ABC Column2	123 Column3
고객A	자전거	2
고객B	헬맷	3

🟧 **그림 1.3.71** 머리글을 첫 행으로 사용 적용 후

[머리글을 첫 행으로 사용] 기능을 사용하면 위 그림과 같이 기존에 열 이름으로 있던 값들이 첫번째 행으로 내려왔다. 그리고 열 이름에는 임의의 값들이 들어가게 된다. 해당 값들은 더블 클릭하여 편집 가능하다.

3.2.13 값 바꾸기

특정 열 내의 있는 값을 다른 값으로 바꾸고자 할 때는 [값 바꾸기] 기능을 사용한다.

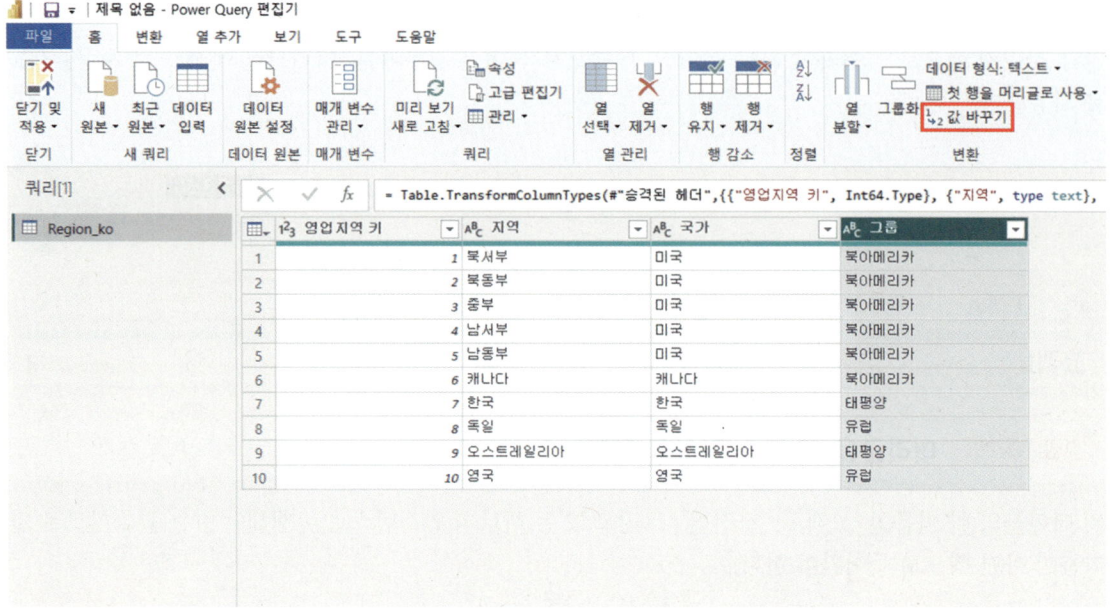

그림 1.3.72 값 바꾸기

예를 들어 그림 1.3.72에 있는 [그룹]열에는 '북아메리카', '태평양', 그리고 '유럽'값이 저장되어 있다. 이때 '북아메리카'값들을 '북미 지역'으로 모두 바꾸고자 할 때 [값 바꾸기] 기능을 사용한다.

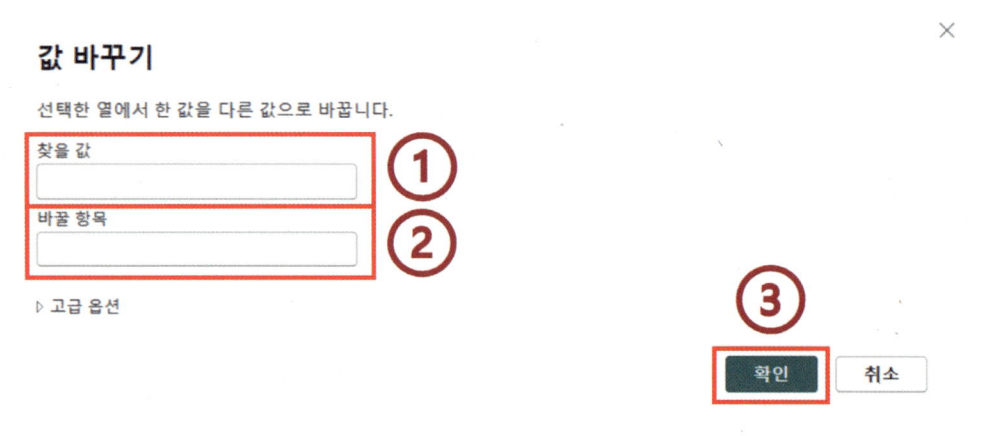

그림 1.3.73 값 바꾸기 화면

[그룹]열을 선택한 상태에서 [값 바꾸기] 버튼을 클릭하면 위와 같은 화면이 뜬다. [찾을 값]에는 열 내에서 변경하고자 하는 값을 입력한다. 현재 상황에서는 북아메리카를 입력한다. 그리고 [바꿀 항목]에는 새로운 값을 입력한다. 현재 상황에서는 북미 지역을 입력한다. 그리고 [확인]을 클릭하면 아래와 같이 기존에 '북아메리카'였던 값들이 모두 '북미 지역'으로 변경되었다.

영업지역 키	지역	국가	그룹
1	북서부	미국	북미 지역
2	북동부	미국	북미 지역
3	중부	미국	북미 지역
4	남서부	미국	북미 지역
5	남동부	미국	북미 지역
6	캐나다	캐나다	북미 지역
7	한국	한국	태평양
8	독일	독일	유럽
9	오스트레일리아	오스트레일리아	태평양
10	영국	영국	유럽

그림 1.3.74 값 바꾸기 적용 후

실습 1.3.32
쿼리 병합 및 열 확장

3.2.14 쿼리 병합

두 개의 테이블을 행 방향으로 합치고자 한다면 [쿼리 병합] 기능을 사용한다.

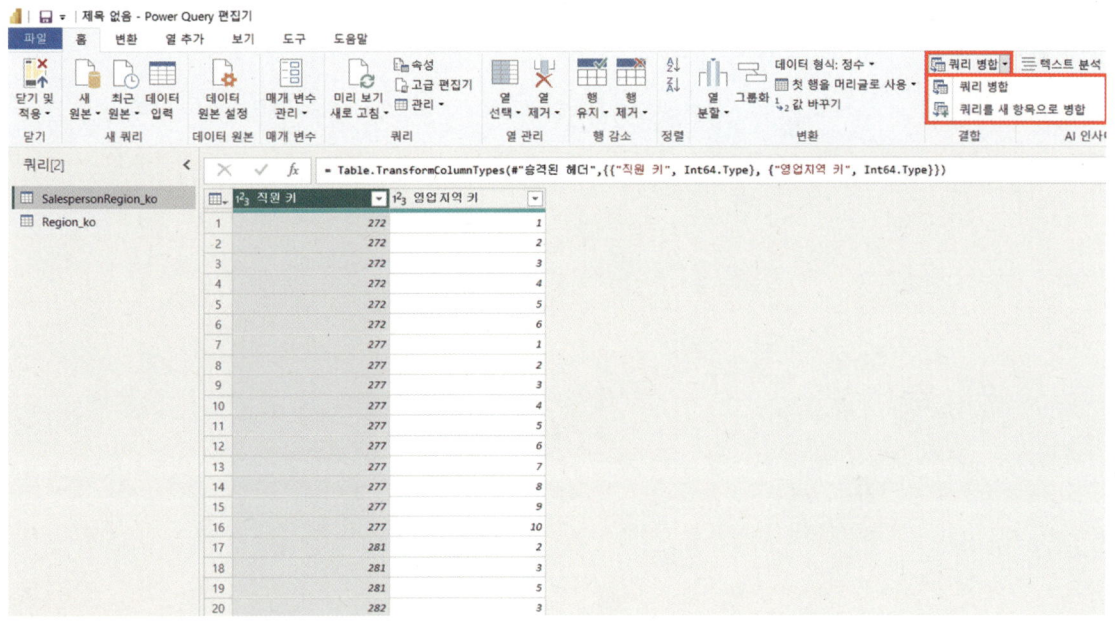

그림 1.3.75 쿼리 병합

[쿼리 병합] 우측에 있는 아래로 방향 화살표를 누르면 [쿼리 병합] 기능과 [쿼리를 새 항목으로 병합] 기능을 확인할 수 있다. [쿼리 병합]은 선택한 테이블에 다른 테이블의 열을 가지고 와서 병합하는 것이다. 반면 [쿼리를 새 항목으로 병합] 기능을 사용하면 새로운 테이블에 병합된 결과가 저장된다. 기존에 두 개의 테이블만 있었다면 세 번째 테이블이 생성되는 것이다.

SalespersonRegion_ko

직원 키	영업지역 키
272	1
272	2
272	3
272	4
272	5
272	6
277	1
277	2
277	3
277	4
277	5
277	6
277	7
277	8
277	9
277	10
281	2
281	3

Region_ko

영업지역 키	지역	국가	그룹
1	북서부	미국	북아메리카
2	북동부	미국	북아메리카
3	중부	미국	북아메리카
4	남서부	미국	북아메리카
5	남동부	미국	북아메리카
6	캐나다	캐나다	북아메리카
7	한국	한국	태평양
8	독일	독일	유럽
9	오스트레일리아	오스트레일리아	태평양
10	영국	영국	유럽

그림 1.3.76 **쿼리 병합 예제**

위 그림처럼 [SalespersonRegion_ko] 테이블에는 [직원 키]열과 [영업지역 키]열이 있다. 각각의 [영업지역 키]에 대한 메타데이터는 [Region_ko] 테이블에 존재한다. [Region_ko]에 존재하는 [지역], [국가], 그리고 [그룹]열을 [SalespersonRegion_ko] 테이블에 병합시키고자 할 때 [쿼리 병합] 기능을 사용할 수 있다. 만약 병합된 새로운 테이블을 만들고자 한다면 [쿼리를 새 항목으로 병합] 기능을 사용해 주면 된다.

병합

병합된 테이블을 만들려면 테이블 및 일치하는 열을 선택합니다.

그림 1.3.77 병합 화면

[SalespersonRegion_ko] 테이블을 선택한 상태에서 [쿼리 병합] 버튼을 누르면 위와 같은 화면이 나타난다. 먼저 [SalespersonRegion_ko] 테이블에 있는 [영업지역 키]열을 기준으로 병합할 것이기 때문에 [영업지역 키]열을 선택한다. 그리고 나서 하단에 드롭다운 상자를 눌러 병합하고자 하는 테이블인 [Region_ko]를 선택한다. 마찬가지로 [Region_ko] 테이블에서도 [영업지역 키]를 기준으로 [SalespersonRegion_ko]와 결합할 것이기 때문에 [Region_ko] 테이블의 [영업지역 키]열을 선택한다. 그리고 나서 [조인 종류]를 선택해준다. [조인 종류]는 왼쪽 테이블을 기준으로 병합하는 연산들과 오른쪽 테이블을 기준으로 병합하는 연산들이 여러 개 존재한다. 이 때 왼쪽 테이블에 해당하는 테이블은 [병합] 화면에서 가장 위에 있는 테이블이고 오른쪽 테이블에 해당하는 테이블은 그 밑에 있는 테이블이다.

조인 종류는 총 6가지가 있으며 각 방법의 특징은 아래와 같다.

조인 종류	아이콘	설명
왼쪽 외부(Left outer)		왼쪽 테이블의 모든 행, 오른쪽 테이블의 일치하는 행
오른쪽 외부(Right outer)		오른쪽 테이블의 모든 행, 왼쪽 테이블의 일치하는 행
완전 외부(Full outer)		양쪽 테이블의 모든 행
내부(Inner)		양쪽 테이블의 일치하는 행
왼쪽 앤티(Left anti)		왼쪽 테이블의 행만
오른쪽 앤티(Right anti)		오른쪽 테이블의 행만

그림 1.3.78 　조인 종류

현재 상황에서는 [왼쪽 외부] 조인을 하면 된다. [왼쪽 외부]를 선택한 후 [확인]을 클릭하면 아래와 같은 결과물을 얻을 수 있다.

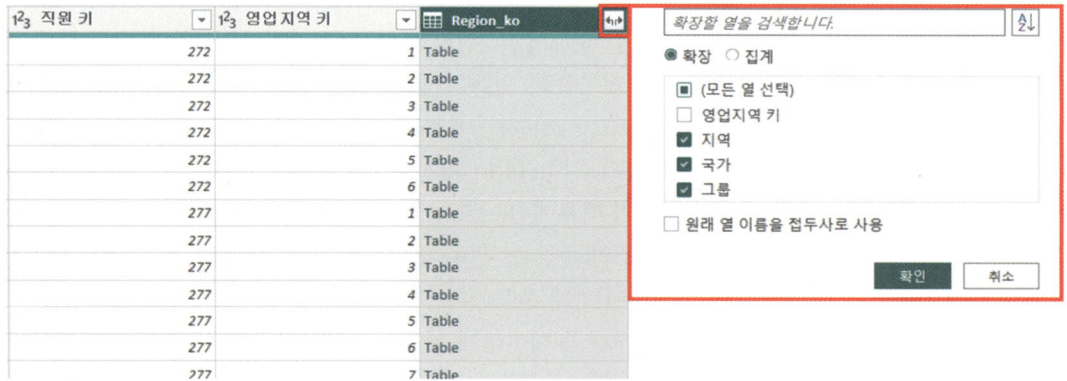

그림 1.3.79 　쿼리 병합 적용 후

[SalespersonRegion_ko] 테이블 우측에 [Region_ko] 열이 추가되었다. 다만 해당 열 내에는 현재 테이블 구조가 들어가 있다. 해당 테이블 구조를 열로 펼쳐주기 위해서 [Region_ko] 열 이름 우측에 있는 좌우로 된 화살표 아이콘을 클릭한다. 그 다음 해당 [Region_ko] 테이블로부터 확장하고자 하는 열 이

름을 선택한다. [영업지역 키]는 이미 [SalespersonRegion_ko] 테이블에 존재하므로 선택 해제한다. [지역], [국가], 그리고 [그룹]만 선택하고 [확인]을 클릭한다. 그림 아래와 같은 결과물을 얻을 수 있다.

직원 키	영업지역 키	지역	국가	그룹
272	1	북서부	미국	북아메리카
277	1	북서부	미국	북아메리카
272	2	북동부	미국	북아메리카
277	2	북동부	미국	북아메리카
272	3	중부	미국	북아메리카
277	3	중부	미국	북아메리카
272	4	남서부	미국	북아메리카
277	4	남서부	미국	북아메리카
272	5	남동부	미국	북아메리카
277	5	남동부	미국	북아메리카
272	6	캐나다	캐나다	북아메리카
277	6	캐나다	캐나다	북아메리카
277	7	한국	한국	태평양
277	8	독일	독일	유럽

그림 1.3.80 열 확장 후

[Region_ko] 테이블로부터 가지고 온 [지역], [국가], 그리고 [그룹]열들이 추가되었다. [영업지역 키]에 대응되는 적절한 값들도 각 행마다 추가되었다.

3.2.15 쿼리 추가

실습 1.3.33 쿼리 추가

만약 두 개 이상의 테이블을 열 방향으로 합치고자 한다면 [쿼리 추가] 기능을 사용한다.

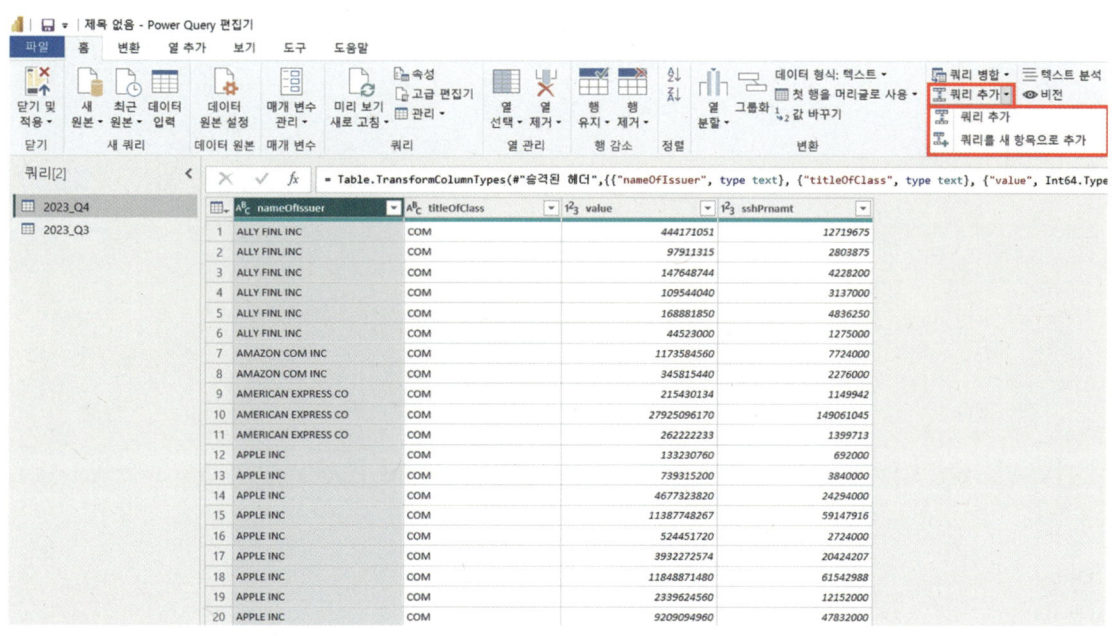

그림 1.3.81 쿼리 추가

[쿼리 추가] 버튼 우측에 아래로 화살표 방향을 눌러 보면 [쿼리 추가] 기능과 [쿼리를 새 항목으로 추가] 기능이 있다. [쿼리 추가] 기능은 기존에 선택한 테이블에 다른 테이블에 있던 행을 추가하는 것이다. 반면 [쿼리를 새 항목으로 추가] 기능을 사용하면 새로운 테이블이 생성된다.

[쿼리 추가] 과정을 시각화 한다면 아래와 같다. 열 방향으로 서로 다른 두 개의 테이블을 합치게 되고 기본적으로 같은 열 이름끼리 합해진다. 만약 한쪽 테이블에 해당 열 이름이 존재하지 않는다면 해당 테이블에 대해서는 해당 열의 값이 빈 값으로 입력된다.

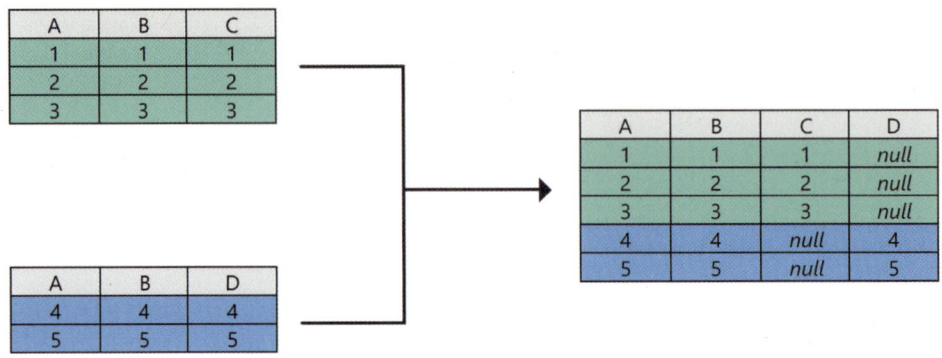

그림 1.3.82 쿼리 추가 과정 시각화

예를 들어 아래와 같이 분기별로 나눠진 테이블을 하나의 테이블로 합하고자 할 때 [쿼리 추가] 기능을 사용한다.

2023_Q4

nameOfIssuer	titleOfClass	value	sshPrnamt
ALLY FINL INC	COM	444171051	12719675
ALLY FINL INC	COM	97911315	2803875
ALLY FINL INC	COM	147648744	4228200
ALLY FINL INC	COM	109544040	3137000
ALLY FINL INC	COM	168881850	4836250
ALLY FINL INC	COM	44523000	1275000
AMAZON COM INC	COM	1173584560	7724000
AMAZON COM INC	COM	345815440	2276000
AMERICAN EXPRESS CO	COM	215430134	1149942
AMERICAN EXPRESS CO	COM	27925096170	149061045

2023_Q3

nameOfIssuer	titleOfClass	value	sshPrnamt
ALLY FINL INC	COM	339360929	12719675
ALLY FINL INC	COM	74807385	2803875
ALLY FINL INC	COM	112808376	4228200
ALLY FINL INC	COM	83695160	3137000
ALLY FINL INC	COM	129031150	4836250
ALLY FINL INC	COM	34017000	1275000
AMAZON COM INC	COM	981874880	7724000
AMAZON COM INC	COM	289325120	2276000
AMERICAN EXPRESS CO	COM	171559847	1149942
AMERICAN EXPRESS CO	COM	22238417304	149061045

그림 1.3.83 **쿼리 추가 예제**

[2023_Q4] 테이블에는 2023년 4분기 주식 현황 데이터가 입력되어 있고 [2023_Q3] 테이블에는 2023년 3분기 주식 현황 데이터가 입력되어 있다. 열 이름도 양 테이블간 같은 것을 확인할 수 있다. [2023_Q4] 테이블에는 현재 138개의 행이 존재하며 [2023_Q3] 테이블에는 152개의 행이 존재한다. 두 개의 테이블을 추가하면 총 290개의 행이 합쳐진 테이블이 존재해야 한다. 참고로 특정 테이블의 열의 개수와 행의 개수는 Power Query Editor 화면 좌측 하단에서 확인할 수 있다.

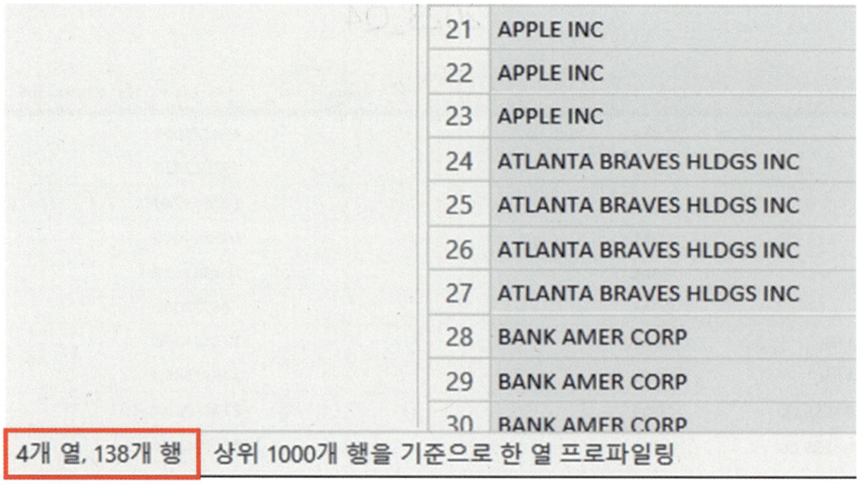

그림 1.3.84 열과 행의 개수 확인하기

[쿼리 추가]를 하기 위해서 먼저 [2024_Q4] 테이블을 선택한다. 그리고 [쿼리 추가] 버튼을 클릭하면 아래와 같은 [추가] 화면이 나타난다.

그림 1.3.85 추가 화면

현재 상황에서는 2개의 테이블을 추가하려고 하기 때문에 [2개의 테이블]을 선택한다. 그리고 [추가할 테이블]에는 [2023_Q4] 테이블에 추가할 [2023_Q3]를 선택한다. 그 다음 [확인]을 누르면 [2023_Q3] 테이블에 있던 행들이 [2023_Q4] 테이블에 추가된다.

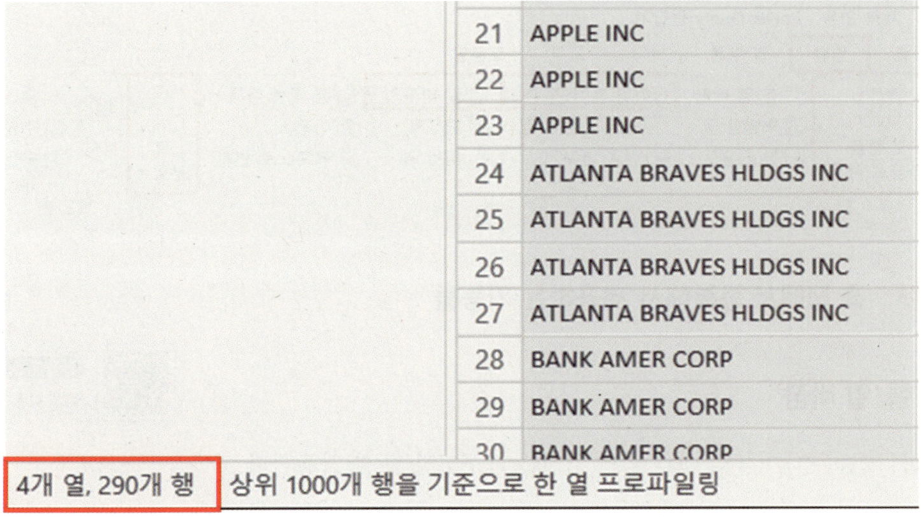

21	APPLE INC
22	APPLE INC
23	APPLE INC
24	ATLANTA BRAVES HLDGS INC
25	ATLANTA BRAVES HLDGS INC
26	ATLANTA BRAVES HLDGS INC
27	ATLANTA BRAVES HLDGS INC
28	BANK AMER CORP
29	BANK AMER CORP
30	BANK AMER CORP

4개 열, 290개 행   상위 1000개 행을 기준으로 한 열 프로파일링

그림 1.3.86 쿼리 추가 적용 후

위 그림처럼 [2023_Q4] 테이블의 행의 개수를 확인해보면 290개의 행으로 업데이트 되었다. 기존 138개의 행에서 152개의 행이 추가됐기 때문이다.

3.3 [변환] 탭의 주요 기능 살펴보기

다음으로는 [변환] 탭에 있는 기능들을 살펴보겠다. [변환] 탭에 있는 기능들을 특정 열에 적용하면 열 내에서 변환이 이뤄진다. 해당 변환이 이뤄진 새로운 열이 추가되는 것이 아니고, 기존에 선택한 특정 열 내의 값을 변환시킨다고 이해하면 된다.

3.3.1 [홈] 탭에서 살펴본 기능

[변환] 탭의 일부 주요 기능들은 사용자의 편의를 위해 [홈] 탭에서도 쓸 수 있도록 제공된다. 아래 기능들은 [변환] 탭에서 제공하지만 [홈] 탭에서도 제공하기 때문에 앞서 3.2절에서 이미 다룬 기능들이다. 그래서 3.3절에서 추가로 다루지 않는다.

- 그룹화: 3.2.10
- 첫 행을 머리글로 사용: 3.2.12
- 데이터 형식: 3.2.11
- 값 바꾸기: 3.2.13
- 열 분할: 3.2.9

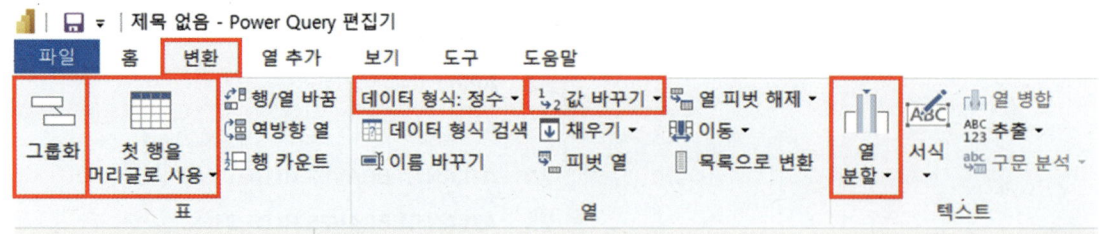

그림 1.3.87 홈 탭에서 중복해서 제공하는 기능들

3.3.2 행/열 바꿈

[행/열 바꿈] 기능은 테이블의 행과 열의 위치를 바꾸고자 할 때 사용한다.

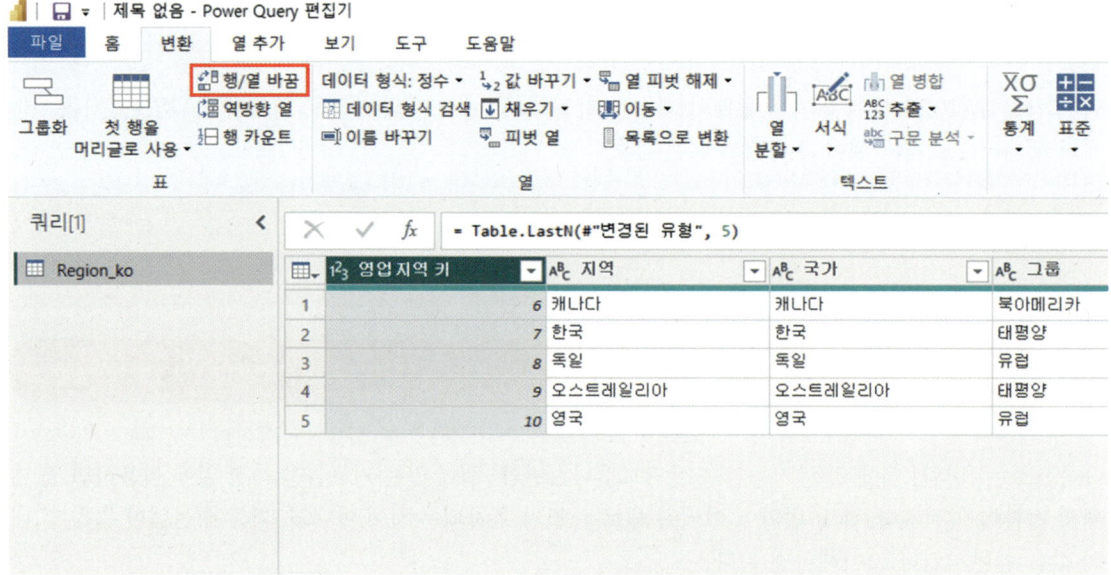

그림 1.3.88 행/열 바꿈

예를 들어 아래와 같은 테이블에는 각 행에 영업지역 키, 지역, 국가, 그리고 그룹에 해당되는 값들이 저장되어 있다.

영업지역 키	지역	국가	그룹
6	캐나다	캐나다	북아메리카
7	한국	한국	태평양
8	독일	독일	유럽
9	오스트레일리아	오스트레일리아	태평양
10	영국	영국	유럽

그림 1.3.89 행/열 바꿈 예제

해당 테이블을 선택한 상태에서 [행/열 바꿈] 버튼을 누르면 아래와 같이 테이블 구조가 변경된다.

Column1	Column2	Column3	Column4	Column5
6	7	8	9	10
캐나다	한국	독일	오스트레일리아	영국
캐나다	한국	독일	오스트레일리아	영국
북아메리카	태평양	유럽	태평양	유럽

그림 1.3.90 행/열 바꿈 적용 후

그림 1.3.89에서는 좌우로 하나의 행에 거쳐서 저장된 값들이 그림 1.3.90에서는 위 아래로 열에 거쳐서 저장되었다. 반대로, 그림 1.3.90에 있는 테이블에 대해 [행/열 바꿈] 기능을 적용하면 그림 1.3.89와 같은 테이블 구조를 얻을 수 있다.

3.3.3 역방향 열

[역방향 열] 기능을 사용하면 테이블이 뒤집어져서 가장 아래 있던 행이 가장 위로 올라오고 가장 위에 있던 행이 가장 아래로 내려간다.

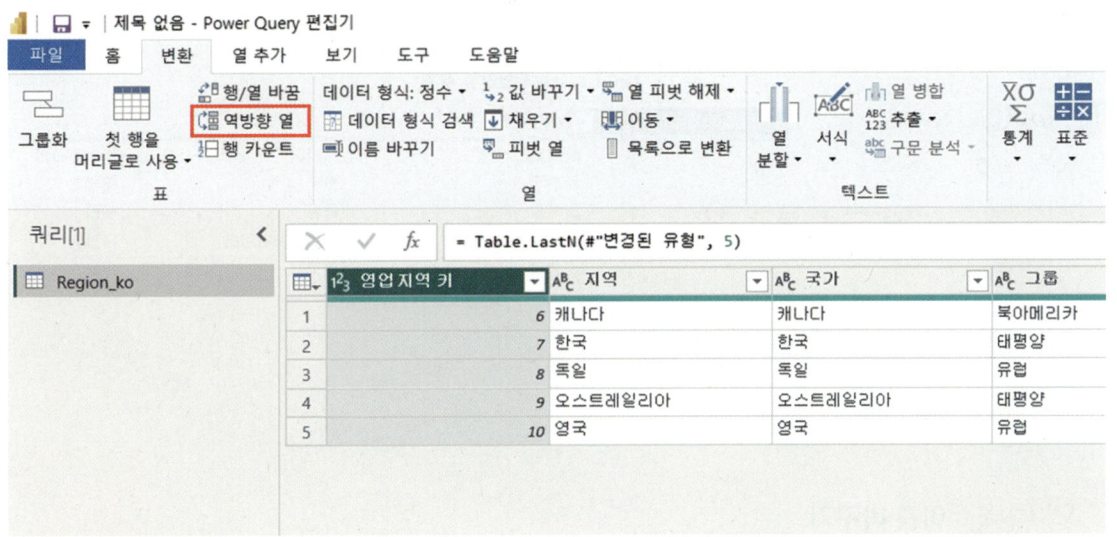

그림 1.3.91 역방향 열

그림 1.3.89에 나와 있는 테이블에는 [영업지역 키] 값 기준으로 6이 가장 위에 위치하며 10이 가장 아래에 위치하고 있다. 해당 테이블을 선택한 상태에서 [역방향 열] 버튼을 누르면 아래와 같은 결과물을 얻을 수 있다.

1²³ 영업지역 키	ABC 지역	ABC 국가	ABC 그룹
10	영국	영국	유럽
9	오스트레일리아	오스트레일리아	태평양
8	독일	독일	유럽
7	한국	한국	태평양
6	캐나다	캐나다	북아메리카

그림 1.3.92 역방향 열 적용 후

[영업지역 키] 값 기준으로 기존에 가장 아래에 있던 10이 가장 위로 올라왔다.

3.3.4 이름 바꾸기

[이름 바꾸기] 기능은 선택한 열의 이름을 편집하고자 할 때 사용한다.

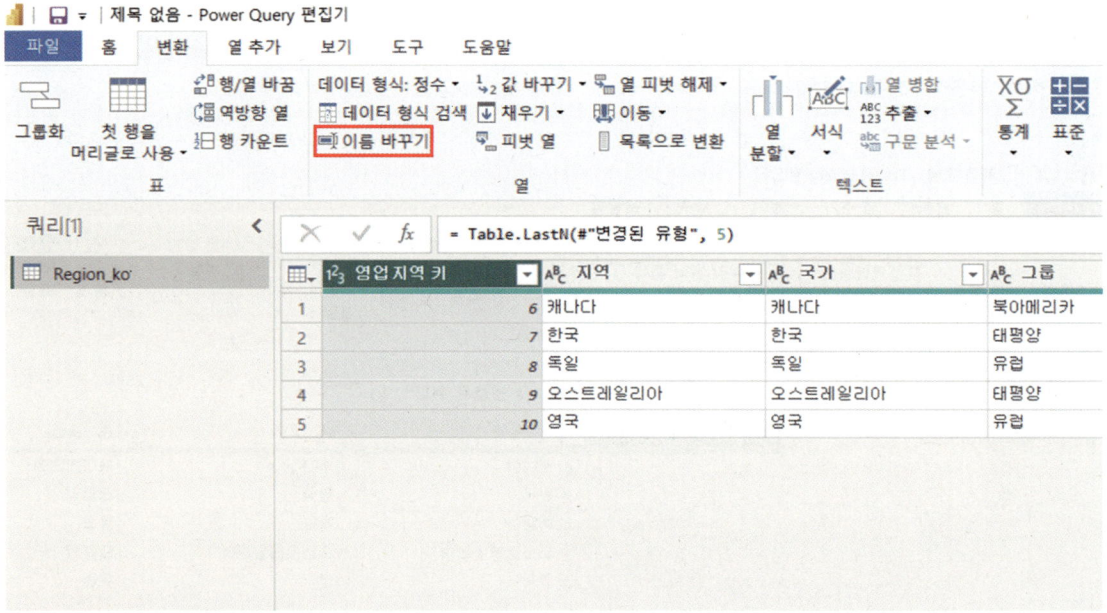

그림 1.3.93 이름 바꾸기

이름을 바꾸고자 하는 열을 선택한 뒤 [이름 바꾸기] 버튼을 누르면 아래와 같이 열 이름을 편집할 수 있는 상태로 변한다. 또는, 편집하고자 하는 열 이름을 마우스로 더블 클릭하여 편집할 수도 있다.

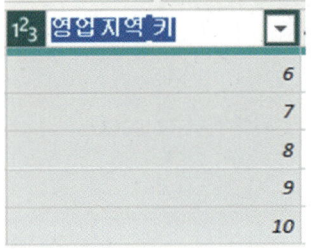

그림 1.3.94 이름 바꾸기 적용 후

3.3.5 오류 바꾸기

실습 1.3.37
오류 바꾸기

특정 열 내에 존재하는 오류 값을 다른 값으로 바꾸고자 할 때 [오류 바꾸기] 기능을 사용한다.

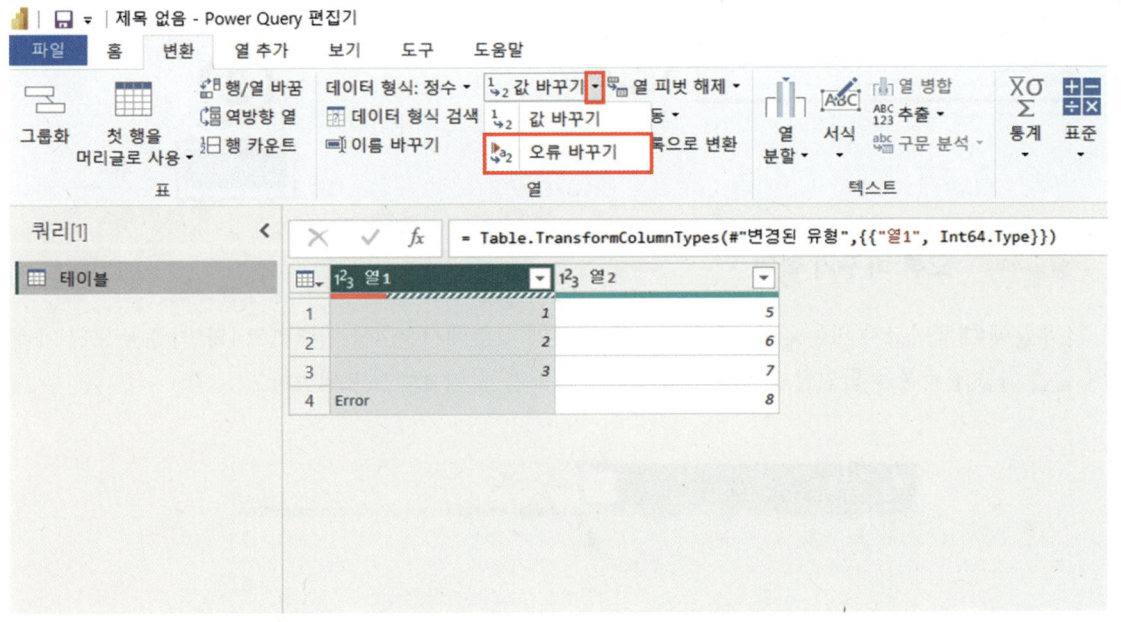

그림 1.3.95 오류 바꾸기

[오류 바꾸기] 기능은 [변환] 탭의 [값 바꾸기] 오른쪽에 있는 작은 화살표를 누르면 [오류 바꾸기] 버튼을 찾을 수 있다.

그림 1.3.96 오류 바꾸기 예제

위 테이블에는 [열1]의 가장 하단에 오류 값이 존재한다. 해당 값을 다른 값으로 대체하기 위해 먼저 [열1]을 선택한다. 그리고 나서 [오류 바꾸기] 버튼을 누르면 아래와 같은 화면이 나타난다.

그림 1.3.97 오류 바꾸기 화면

[값] 부분에 대체하고자 하는 값을 넣어주면 된다. 현재 상황에서는 4를 입력하고 [확인]을 누르면 아래와 같은 최종 결과물을 확인할 수 있다. [열1]에 있던 오류 값이 4로 대체되었다.

그림 1.3.98 오류 바꾸기 적용 후

3.3.6 피벗 열

[변환] 탭에서 제공하는 [피벗 열] 기능을 사용해 간편하게 특정 열에 있는 값들을 각각의 열로 확장하여 피벗 테이블을 만든다.

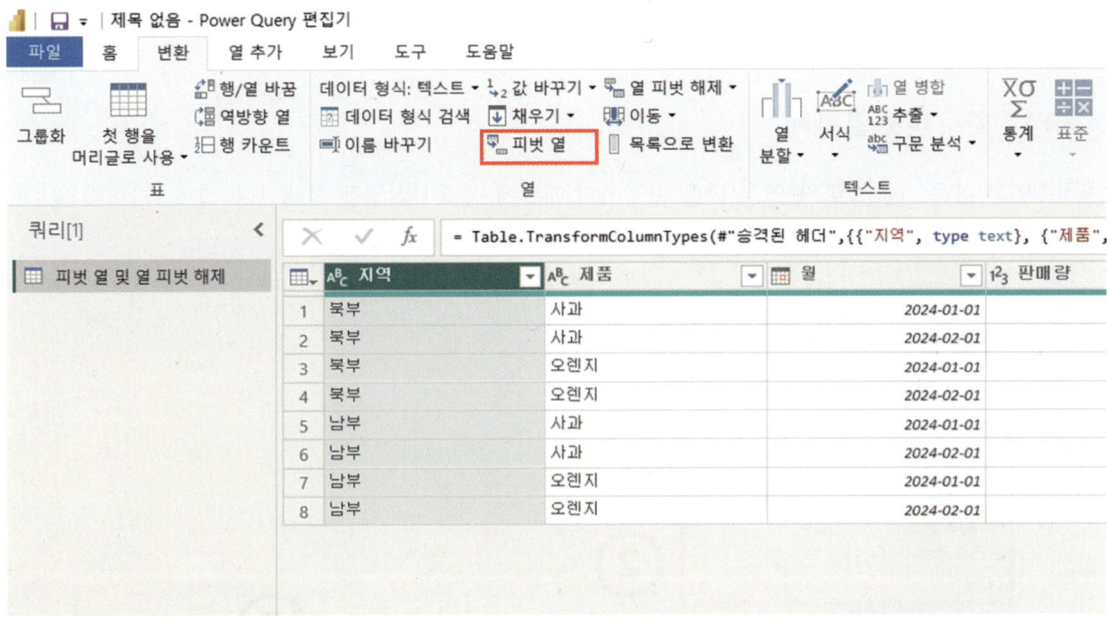

그림 1.3.99 피벗 열

피벗을 적용하면 아래 그림의 왼쪽에 있던 테이블 구조가 오른쪽 테이블 구조로 바뀐다.

그림 1.3.100 피벗 열 구조 시각화

아래와 같은 예제 테이블에서 [월]에 해당하는 값들 기준으로 각각 열을 만들어 [지역] 및 [제품] 그룹별로 집계된 [판매량]을 산출하고자 할 때 [피벗 열]을 사용한다.

ABC 지역	ABC 제품	월	123 판매량
북부	사과	2024-01-01	120
북부	사과	2024-02-01	150
북부	오렌지	2024-01-01	100
북부	오렌지	2024-02-01	130
남부	사과	2024-01-01	200
남부	사과	2024-02-01	220
남부	오렌지	2024-01-01	180
남부	오렌지	2024-02-01	210

그림 1.3.101 피벗 열 예제

[월]에 있는 값을 기준으로 새 열을 만들 예정이기 때문에 먼저 [월]열을 선택한다. 그리고 [피벗 열] 버튼을 클릭하면 아래와 같은 화면이 뜬다.

그림 1.3.102 피벗 열 화면

[값 열]에는 피벗 테이블의 값 부분에 넣고자 하는 데이터가 존재하는 열을 선택한다. 현재 상황에서는 [판매량]에 있던 값들을 사용하고자 하므로 [판매량]을 선택한다. 그리고 필요 시 [고급 옵션]의 [값 집계 함수] 부분을 원하는 집계 방법으로 선택하면 된다. 현재 상황에서는 [지역] 및 [제품] 조합이 각각 하나의 인스턴스만 존재하기 때문에 합계나 평균, 최솟값, 최댓값 어느 것을 선택하던 모두 같은 값이 나오게 된다. [합계]로 선택해두고 [확인]을 누르면 아래와 같은 결과물을 확인할 수 있다.

ABC 지역	ABC 제품	123 2024-01-01	123 2024-02-01
남부	사과	200	220
남부	오렌지	180	210
북부	사과	120	150
북부	오렌지	100	130

그림 1.3.103 피벗 열 적용 후

기존에 [월]열에 있던 '2024-01-01'과 '2024-02-01'값이 각각 새로운 열로 추가되었다. 그리고 해당 열들의 값 부분에는 [판매량]에 있던 데이터들이 [지역] 및 [제품] 그룹별로 잘 입력되었다.

3.3.7 열 피벗 해제

피벗 테이블에서 같은 특성을 가진 열들을 하나의 열로 통합하여 행으로 변환하고자 한다면 [열 피벗 해제] 기능을 사용한다.

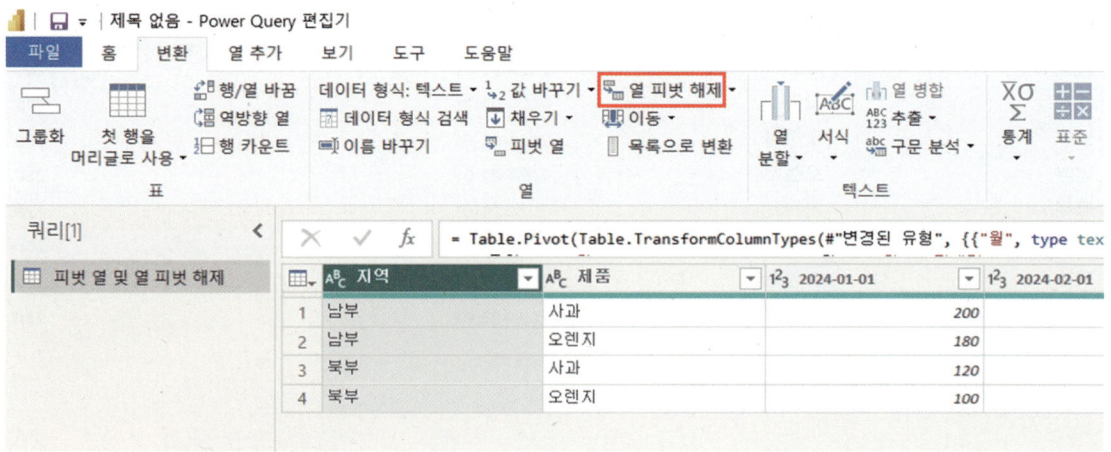

그림 1.3.104 열 피벗 해제

[열 피벗 해제] 과정을 시각화 하면 아래와 같다. [피벗 열] 과정을 통해 펼쳐진 열들을 다시 하나의 열로 묶는 과정이라고 볼 수 있다.

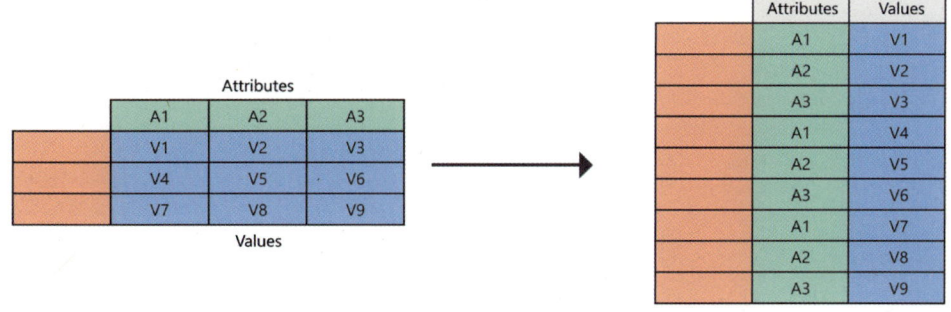

그림 1.3.105 열 피벗 해제 구조 시각화

아래와 같은 피벗 테이블에서 [2024-01-01]열 이름과 [2024-02-01]열 이름은 같은 특성을 지니고 있다. 날짜를 나타내기 때문이다. 해당 열들을 통합하기 위해 열들을 동시 선택해야 한다. Ctrl을 키보드에서 누른 상태에서 해당 열들을 각각 클릭하면 동시 선택이 된다.

지역	제품	2024-01-01	2024-02-01
남부	사과	200	220
남부	오렌지	180	210
북부	사과	120	150
북부	오렌지	100	130

그림 1.3.106 열 피벗 해제 예제

이 상태에서 [열 피벗 해제] 버튼을 누르면 아래와 같은 결과물을 얻을 수 있다.

지역	제품	특성	값
남부	사과	2024-01-01	200
남부	사과	2024-02-01	220
남부	오렌지	2024-01-01	180
남부	오렌지	2024-02-01	210
북부	사과	2024-01-01	120
북부	사과	2024-02-01	150
북부	오렌지	2024-01-01	100
북부	오렌지	2024-02-01	130

그림 1.3.107 열 피벗 해제 적용 후

열 이름들이 통합되어 [특성]열의 값으로 들어갔다. 그리고 기존에 각각의 열에 존재했던 값들은 [값]열에 들어갔다.

3.3.8 이동

Power Query Editor에 불러온 테이블 내의 열들의 순서를 바꾸고자 할 때는 [이동] 기능을 사용한다.

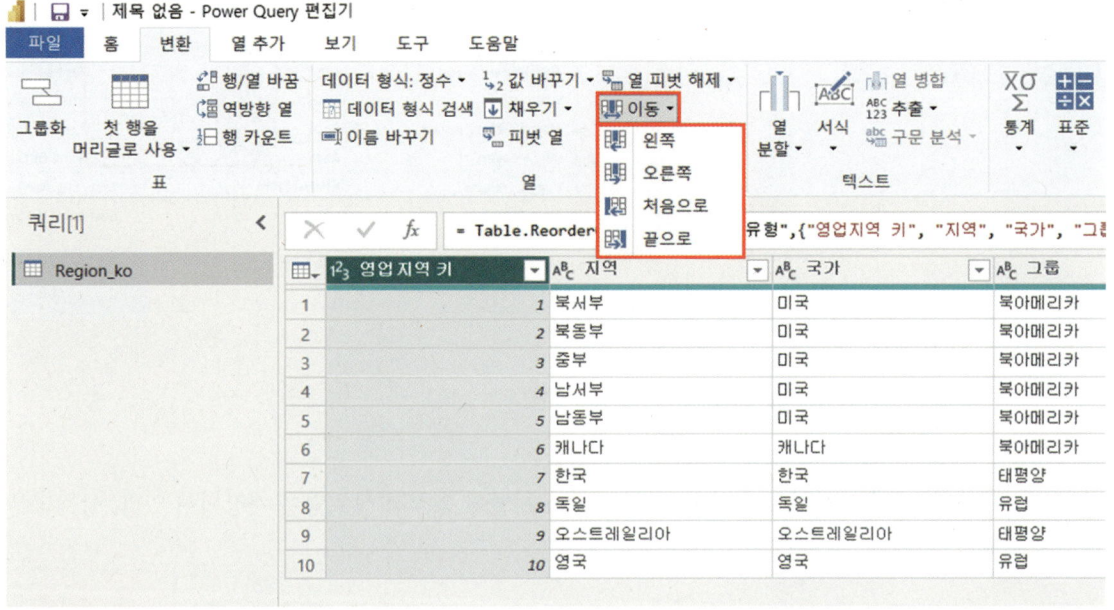

그림 1.3.108 이동

이동하고자 하는 열을 선택한 후 [왼쪽]을 누르면 왼쪽으로 한 칸, [오른쪽]을 누르면 오른쪽으로 한 칸 이동한다. [처음으로]를 누르면 선택한 열이 가장 왼쪽 자리로 이동하고 [끝으로]를 누르면 선택한 열이 테이블의 가장 오른쪽으로 이동한다.

> **TIP**
> 열을 클릭한 상태에서 드래그 하여 열의 위치를 이동할 수도 있다.

3.3.9 서식

열 내에 존재하는 모든 값들에 대해 일관적인 서식 변경을 적용하고자 할 때 [서식] 기능을 사용하면 쉽게 변경을 적용할 수 있다. [서식]을 클릭해보면 [소문자], [대문자], [각 단어를 대문자로], [공백 제거], [정리], [접두사 추가], 그리고 [접미사 추가]까지 총 7개의 기능이 존재하는 것을 확인할 수 있다. [정리]를 제외한 나머지 기능들을 이번 절에서 살펴보고자 한다.

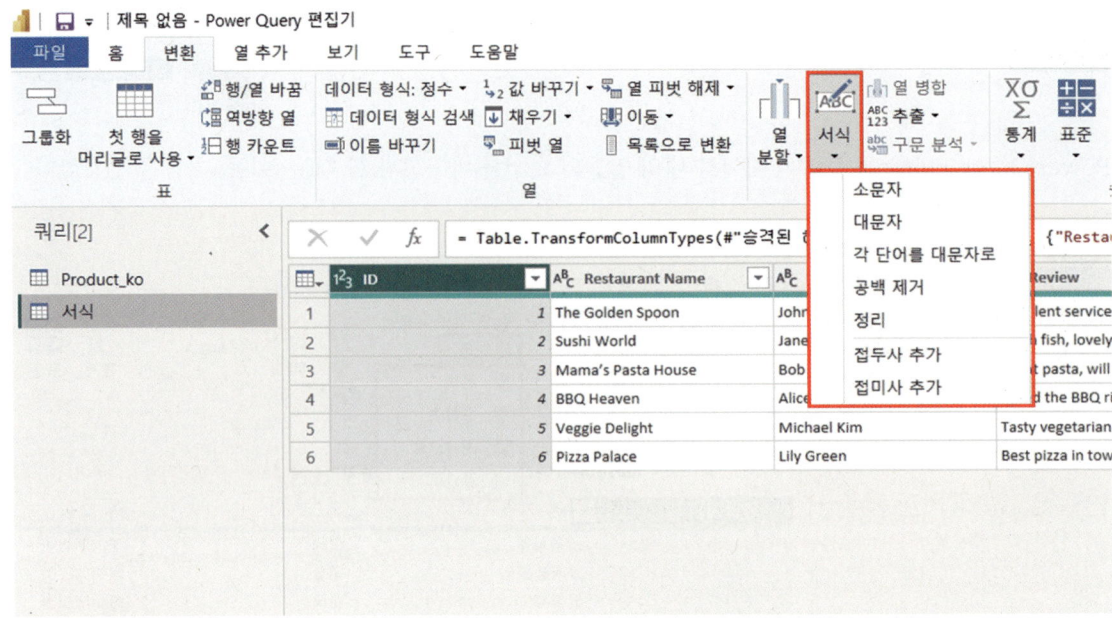

그림 1.3.109 서식

아래 이미지에 있는 테이블을 보면 [Restaurant Name]열에 음식점 상호명이 저장되어 있다. 상호명은 단어별로 첫번째 문자가 대문자로 들어가 있다.

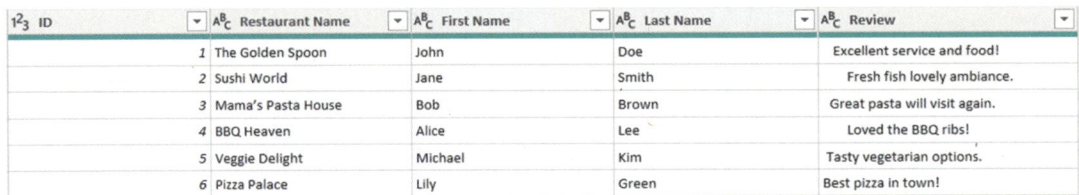

그림 1.3.110 서식 예제 테이블

해당 열에 있는 모든 문자를 소문자로 바꾸고자 한다면 [서식]에서 제공하는 [소문자] 기능을 사용한다. [Restaurant Name]열을 선택한 상태에서 [소문자]를 누르면 아래와 같이 모든 문자들이 소문자로 변경된다.

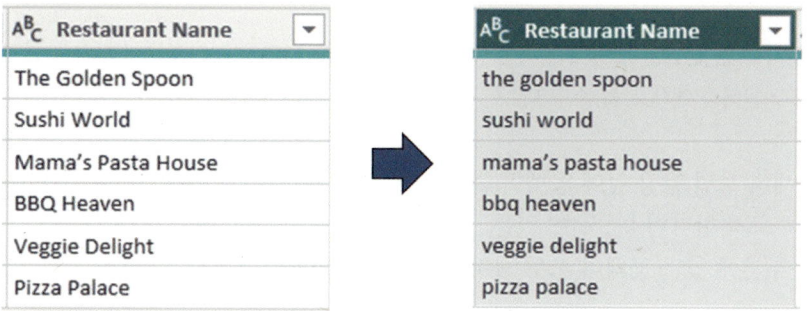

그림 1.3.111 소문자 적용 후

모든 문자를 대문자로 바꾸고자 한다면 [대문자] 기능을 사용한다. 아래 그림과 같이 [Restaurant Name] 열에 있던 모든 문자들이 대문자로 변경되었다.

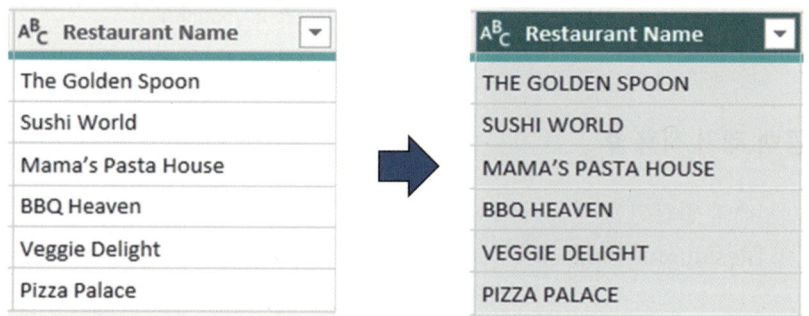

그림 1.3.112 대문자 적용 후

만약 각 단어에서 첫번째로 나오는 문자만 대문자로 변경하고자 한다면 [각 단어를 대문자로] 기능을 사용한다. 그림 1.3.110에 있는 [Review]열을 보면 해당 음식점에 대한 후기가 한 문장으로 입력되어 있다. 해당 [Review]열을 클릭한 뒤 [각 단어를 대문자로] 버튼을 클릭하면 아래 그림처럼 각 단어들의 첫번째 문자가 대문자로 변환된다.

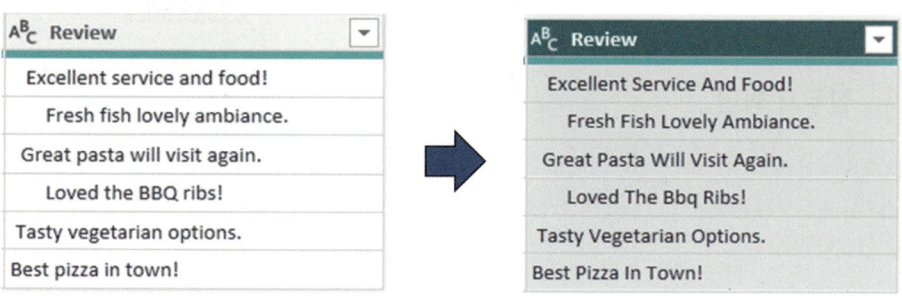

그림 1.3.113 각 단어를 대문자로 적용 후

> **TIP**
> 모든 문자가 대문자로 된 단어는 첫번째 문자만 대문자로 유지되고 나머지 문자들은 소문자로 변경된다. 4번째 행에 있는 BBQ 단어를 예제로 들 수 있다.

[Review]열을 자세히 보면 문장 앞에 공백이 불규칙적으로 들어가 있다. 텍스트 앞 뒤에 있는 불필요한 공백을 모두 제거하고자 한다면 [서식]에 있는 [공백 제거] 기능을 사용한다. 해당 기능을 사용하면 아래 그림처럼 문장 앞 부분에 있던 공백이 모두 제거된 결과물을 얻을 수 있다.

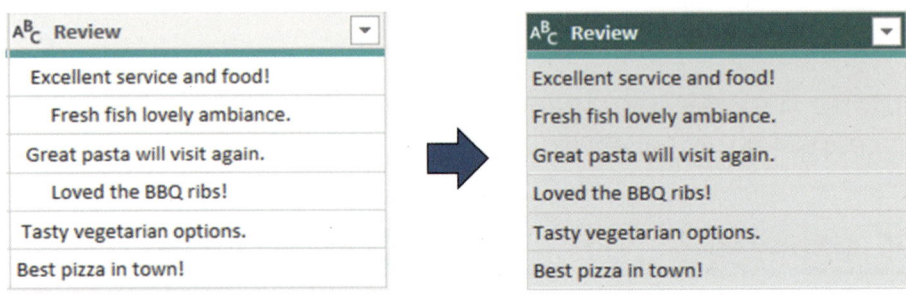

그림 1.3.114 공백 제거 적용 후

특정 열에 있는 모든 값에 일관된 문자를 추가하고자 한다면 [접두사 추가] 또는 [접미사 추가] 기능을 사용한다. 예를 들어 [Restaurant Name]열을 클릭한 후 [접두사 추가] 버튼을 누르면 아래와 같은 화면이 나타난다.

그림 1.3.115 접두사 화면

[값]에 원하는 값을 입력하고 [확인]을 누르면 해당 값이 [Restaurant Name]열에 있는 모든 값의 앞부분에 추가된다. 아래는 '상호명: '을 추가했을 때의 결과다.

그림 1.3.116 접두사 추가 적용 후

반면 [접미사 추가] 버튼을 누르게 되면 아래와 같이 [접미사] 화면이 나타난다.

그림 1.3.117 접미사 화면

마찬가지로 [값]에 원하는 값을 입력한 후 [확인]을 누르게 되면, 해당 값이 선택한 열의 뒷부분에 일괄적으로 추가된다. 아래는 ' - 상호명'을 추가한 결과다.

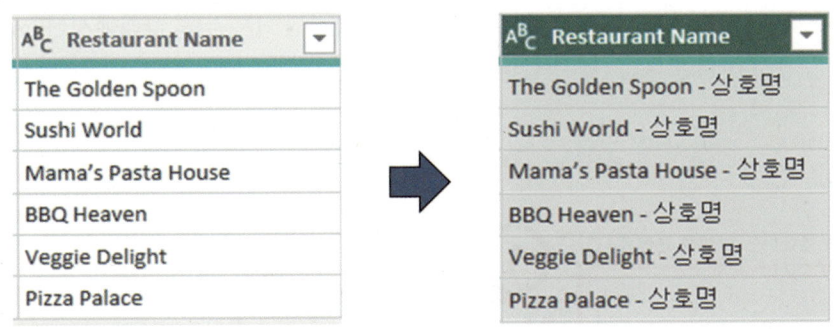

그림 1.3.118 접미사 추가 적용 후

3.3.10 열 병합

두 개의 열을 합쳐서 하나의 열을 만들고자 할 때는 [열 병합] 기능을 사용한다. 중요한 점은 [변환] 탭에 있는 [열 병합] 기능이기 때문에 기존에 선택한 두 개의 열은 사라지며 병합된 열만 남게 된다. 즉, 기존에 있던 두 개의 열이 변환되어 하나의 열만 남게 되는 것이다. 만약 기존에 있던 열은 보존한 상태에서 병합된 새로운 열을 추가하고자 한다면 3.4절에서 배워볼 [열 추가] 탭 내에 있는 [열 병합] 기능을 사용한다.

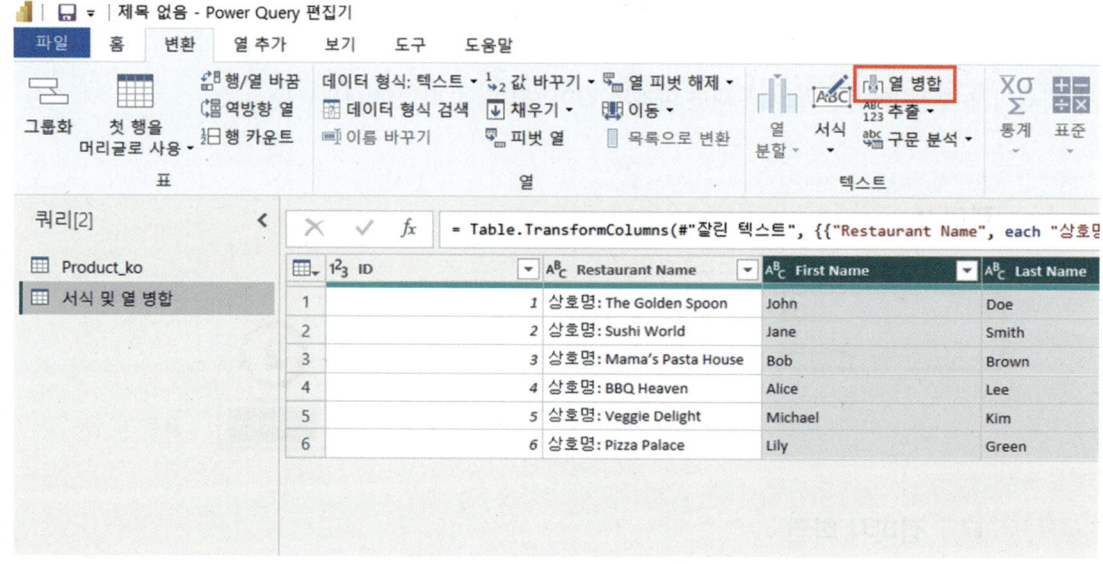

그림 1.3.119 열 병합

예를 들어 그림 1.3.110에 있는 [First Name]열과 [Last Name]열을 합쳐서 각각의 열에 있던 값을 하나의 열로 통합할 때에는 [열 병합] 기능을 사용한다. 키보드의 Ctrl 키를 누른 상태에서 [First Name]과 [Last Name]열을 동시 선택한 다음 [열 병합] 버튼을 클릭하면 아래와 같은 화면이 나타난다.

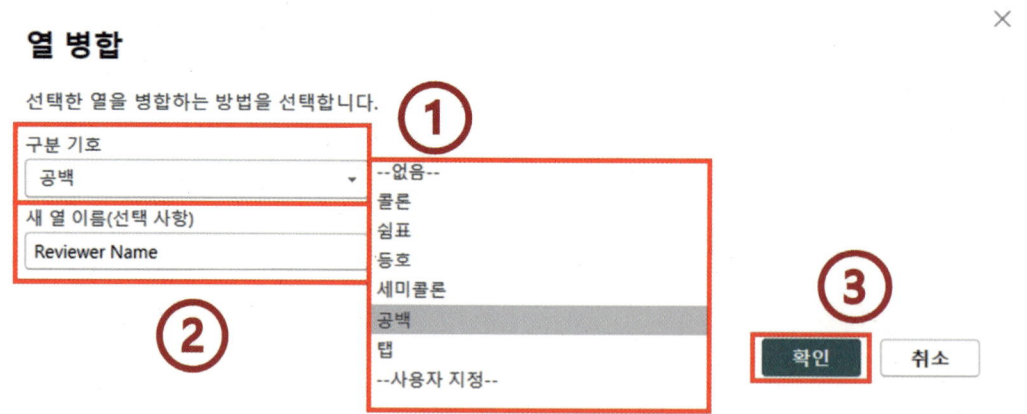

그림 1.3.120 **열 병합 화면**

먼저 두 개의 열을 어떤 방법으로 병합할지 선택한다. [구분 기호] 메뉴를 클릭하면 [콜론], [쉼표], [등호], 등등 여러 개의 구분자가 제공된다. 제공되는 것 중에서 선택해도 되고 또는 [--사용자 지정--]을 클릭하여 사용자가 원하는 구분자를 사용할 수도 있다. [새 열 이름]란에는 새롭게 만들어지는 열의 이름을 입력하고 [확인]을 누르면 열 병합이 적용된다. [구분 기호]를 [공백]으로 하고 [새 열 이름]을 [Reviewer Name]으로 입력했을 때 결과는 아래와 같다.

First Name	Last Name
John	Doe
Jane	Smith
Bob	Brown
Alice	Lee
Michael	Kim
Lily	Green

Reviewer Name
John Doe
Jane Smith
Bob Brown
Alice Lee
Michael Kim
Lily Green

그림 1.3.121 **열 병합 적용 후**

[First Name]과 [Last Name]열 각각에 있던 값이 띄어쓰기를 사이에 둔 상태로 병합되었다. 그리고 [First Name]과 [Last Name]열은 사라지고 [Reviewer Name]만 남았다. 앞서 언급한 것처럼 만약 [First Name]과 [Last Name]을 그대로 유지하고자 한다면 [열 추가] 탭 내에 있는 [열 병합] 기능을 사용해야 한다.

실습1.3.43~1.3.49
추출

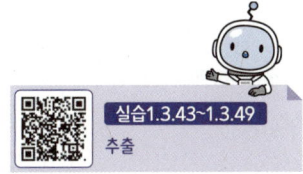

3.3.11 추출

열 내에 특정 조건에 부합하는 값들만 선택적으로 추출하고자 할 때는 [추출] 기능을 통해 구현한다. [추출] 버튼을 클릭하면 [길이], [처음 문자], [마지막 문자], [범위], [구분 기호 앞 텍스트], [구분 기호 뒤 텍스트], 그리고 [구분 기호 사이 텍스트]까지 여러 기능들이 있다.

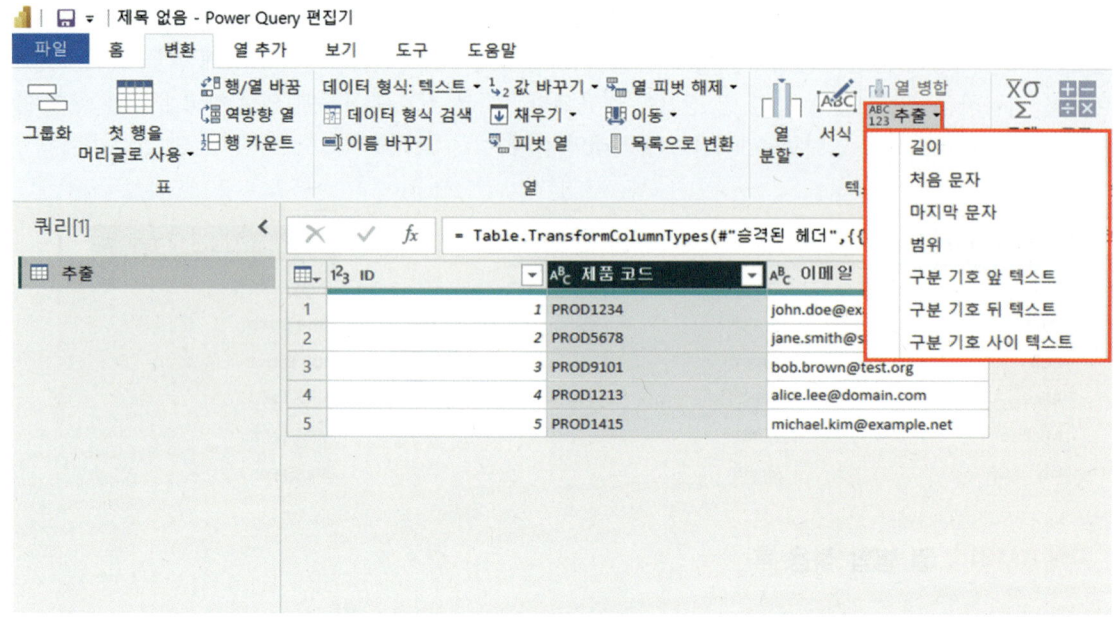

그림 1.3.122 추출

아래의 예제 테이블을 보면 [제품 코드]열과 [이메일]열이 있다. [제품 코드]열에는 8개의 문자로 이루어진 일관적인 길이의 코드 값이 들어가 있다.

$^{1^2}_3$ ID	A^B_C 제품 코드	A^B_C 이메일
1	PROD1234	john.doe@example.com
2	PROD5678	jane.smith@sample.net
3	PROD9101	bob.brown@test.org
4	PROD1213	alice.lee@domain.com
5	PROD1415	michael.kim@example.net

그림 1.3.123 추출 예제 테이블

특정 열 내에 존재하는 텍스트 값의 길이를 추출하고자 할 때 [추출] 하위에 있는 [길이] 기능을 사용한다. [제품 코드]열을 선택한 상태에서 [길이] 기능을 사용하면 아래와 같이 [제품 코드]열에 있던 값들이 문자열의 길이를 나타내는 숫자 8로 변환 것을 확인할 수 있다.

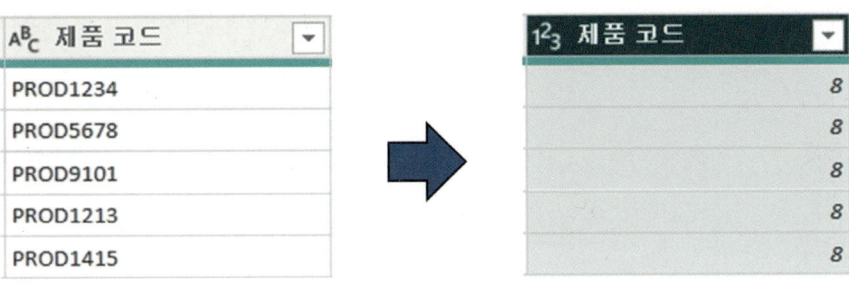

그림 1.3.124 길이 적용 후

특정 열 내에 있는 문자열에서 앞 부분의 일부 문자만 추출하여 남기고자 한다면 [처음 문자] 기능을 사용한다. 예를 들어 [제품 코드]열의 처음 4개의 문자에 해당하는 'PROD'만 추출하고자 한다면 [제품 코드]열을 선택한 뒤 [추출] 하위에 있는 [처음 문자] 버튼을 클릭하면 된다.

그림 1.3.125 처음 문자 추출 화면

위와 같은 화면이 뜨면 [개수] 부분에 문자의 개수를 입력한다. 현재 상황에서는 앞에서부터 4개의 문자를 추출할 것이기 때문에 4를 입력하고 [확인]을 클릭한다.

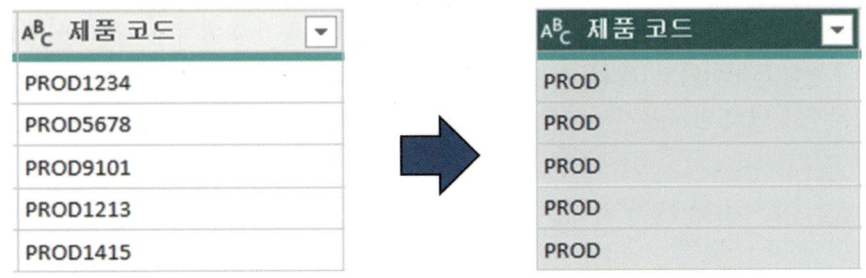

그림 1.3.126 처음 문자 추출 적용 후

위 그림처럼 각 행 내에서 왼쪽에서부터 시작하여 4개의 문자인 'PROD'만 추출된 것을 확인할 수 있다.

만약 오른쪽에서부터 시작하여 일정 개수의 문자만 추출하고자 한다면 [마지막 문자 추출] 기능을 사용하면 된다.

그림 1.3.127 마지막 문자 추출 화면

[개수] 부분에는 남기고자 하는 문자의 개수를 입력한 후 [확인]을 클릭한다. 현재 예제에서는 4를 입력하고 [확인]을 누르면 아래 그림처럼 [제품 코드]열에 있는 뒷자리 숫자만 추출된다.

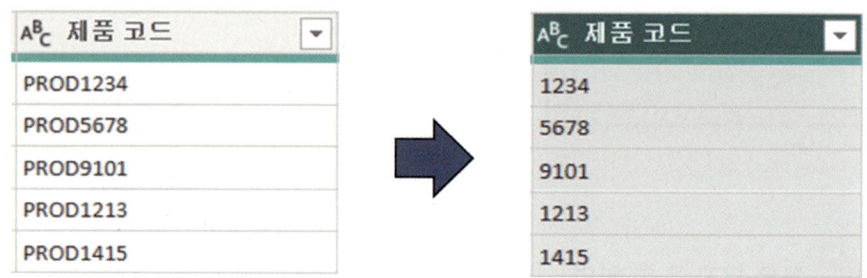

그림 1.3.128 마지막 문자 추출 적용 후

왼쪽 끝에서부터 또는 오른쪽 끝에서부터 시작하는 것이 아니라 중간쯤 위치에서부터 시작하여 일정 개수의 문자만 추출하고자 한다면 [범위] 기능을 사용한다. 예를 들어 [제품 코드] 열에 있는 값에서 왼쪽에서 세번째 문자부터 여섯 번째 문자까지 추출하고자 할 때 [범위] 기능을 통해 구현한다.

그림 1.3.129 텍스트 범위 추출 화면

[제품 코드] 열을 선택한 뒤 [범위] 버튼을 누르면 위 그림과 같은 화면이 나타난다. [시작 인덱스]에는 추출을 시작하고자 하는 인덱스 번호를 입력한다. 인덱스 번호는 0번부터 시작하기 때문에, 왼쪽에서 세 번째에 있는 문자부터 추출하려면 2를 입력한다. 그리고 [문자 수]는 [시작 인덱스] 부터 시작하여 남기고자 하는 문자의 개수를 입력한다. 현재 상황에서는 4를 입력하면 세 번째 문자부터 여섯 번째 문자까지 선택되어 추출된다.

그림 1.3.130 인덱스 번호 예시

최종적으로 아래와 같이 원본 값에서 중앙에 있던 일부 문자들만 추출되었다.

그림 1.3.131 범위 적용 후

특정 기호 기준으로 앞쪽에 있는 문자들을 모두 추출하고자 한다면 [구분 기호 앞 텍스트]를 사용한다. 그림 1.3.123에 [이메일] 열에 있는 값에서 @ 기호 앞쪽에 있는 문자들만 추출하고자 할 때 [구분 기호 앞 텍스트]를 통해 구현한다.

그림 1.3.132 구분 기호 앞 텍스트 화면

[이메일] 열을 선택한 뒤 [구분 기호 앞 텍스트] 버튼을 누르면 위 그림과 같은 화면이 나온다. [구분 기호] 란에는 기준이 되는 기호를 입력한다. 현재 상황에서는 @를 입력한 뒤 [확인]을 클릭한다.

그림 1.3.133 구분 기호 앞 텍스트 적용 후

최종적으로 위 그림처럼 [이메일] 열에 있던 문자 중에서 @ 기호 왼쪽에 있던 문자들만 추출되었다.

그 반대로 특정 기호 우측에 있는 텍스트만 추출하고자 한다면 [구분 기호 뒤 텍스트]를 사용한다.

그림 1.3.134 구분 기호 뒤 텍스트 화면

앞서 진행한 과정과 유사하게 [구분 기호]란에는 기준이 되는 기호를 입력하고 [확인]을 클릭한다.

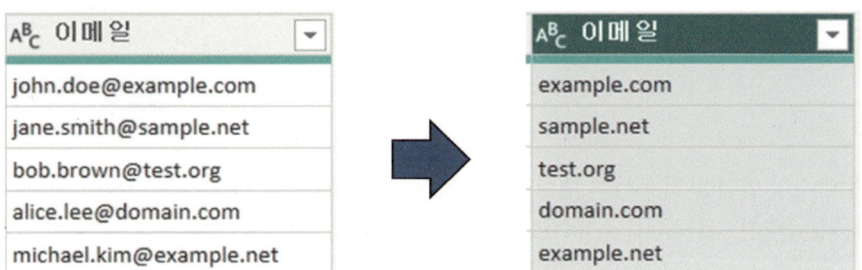

그림 1.3.135 구분 기호 뒤 텍스트 적용 후

최종적으로 위 그림처럼 @ 기호 우측에 있는 텍스트만 추출되었다.

만약 특정 기호들 사이에 있는 문자만 추출하고자 한다면 [구분 기호 사이 텍스트] 기능을 사용한다. 해당 기능을 사용하여 [이메일] 열에 있는 값에서 @ 기호와 . 기호 사이에 있는 값만 추출할 수 있다.

그림 1.3.136 구분 기호 사이 텍스트 화면

[시작 구분 기호]에는 시작하는 구분 기호를 입력하고 [종결 구분 기호]에는 끝나는 구분 기호를 입력한다. 현재 상황에서는 [시작 구분 기호]에 @ 기호를 입력하고 [종결 구분 기호]에 . 기호를 입력한 뒤 [확인]을 클릭한다.

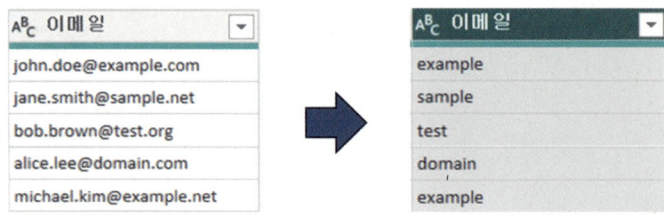

그림 1.3.137 구분 기호 사이 텍스트 적용 후

최종적으로 위 그림처럼 @ 기호와 . 기호 사이에 존재하는 값만 추출되었다.

3.3.12 표준

특정 열에 대해 수식 연산을 적용하여 변환시키고자 할 때는 [표준] 기능을 이용한다. [표준] 기능 내에는 [추가], [곱하기], [빼기], [나누기], [정수로 나누기], [모듈로], [백분율], [백분율] 기능이 있다.

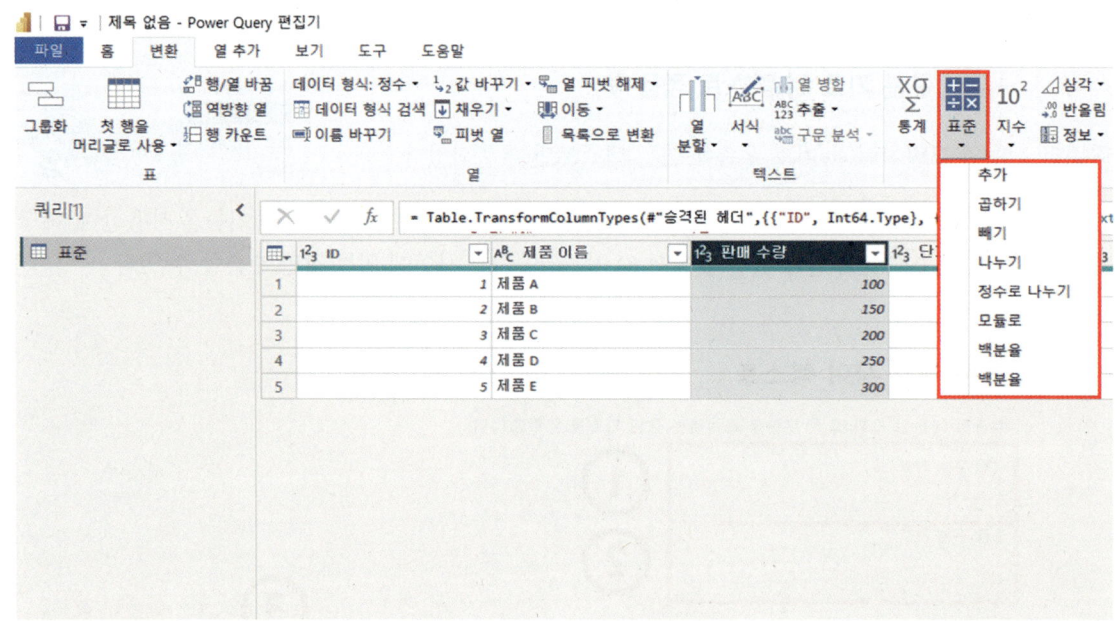

그림 1.3.138 표준

> **TIP**
> Microsoft가 미국 회사이기 때문에 Power BI Desktop의 한글 메뉴명들은 영어 메뉴명으로부터 번역된다. 그에 따라 Power BI Desktop에 번역이 잘못되거나 일관적이지 않은 부분들이 간혹 있다. 경영정보시각화능력 시험에서 사용하는 Power BI Desktop 버전에는 [표준] 내에 [백분율] 메뉴가 2개 중복되어 있다. 위에 있는 [백분율]의 원문은 [Percentage] 이며 밑에 있는 [백분율]의 원문은 [Percent of] 이다.

특정 열에 대해 더하기 연산을 진행하고자 할 때는 [추가] 기능을 사용한다. 아래와 같은 예제 테이블에서 [판매 수량] 열에 있는 모든 값에 일괄적으로 50을 더하고자 할 때 [추가] 기능을 사용한다.

ID	제품 이름	판매 수량	단가	총 판매액	비용
1	제품 A	100	1000	100000	50000
2	제품 B	150	2000	300000	105000
3	제품 C	200	8000	1600000	1200000
4	제품 D	250	5000	1250000	1125000
5	제품 E	300	7000	2100000	1500000

그림 1.3.139 표준 예제 테이블

실습 1.3.50
추가

[판매 수량] 열을 선택한 뒤 [표준] 메뉴 내에 있는 [추가] 메뉴를 선택하면 아래와 같은 화면이 나타난다.

추가

열의 각 값에 더할 숫자를 입력합니다.

값
[   ]   ①

② [확인] [취소]

그림 1.3.140 추가 화면

[값]에는 기존 값에 추가하고자 하는 값을 입력한다. 50을 입력하고 [확인]을 누르면 아래와 같이 [판매 수량] 열에 있던 값들이 변환된다.

그림 1.3.141 추가 적용 후

특정 열에 대해 곱셈 연산을 적용하고자 한다면 [곱하기] 기능을 사용한다. 마찬가지로 [판매 수량] 열을 선택하고 [곱하기] 메뉴를 선택하면 아래와 같은 화면이 나타난다.

그림 1.3.142 곱하기 화면

[값]에 2를 입력하고 [확인]을 누르면 아래와 같이 [판매 수량] 열이 변환되었다.

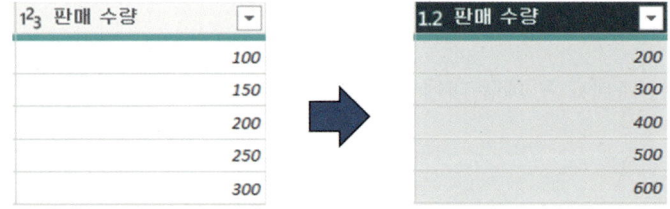

그림 1.3.143 곱하기 적용 후

특정 열에 있는 모든 값에 일정한 값을 차감하고자 한다면 [빼기] 기능을 사용한다. [판매 수량] 열을 선택하고 [빼기] 메뉴를 선택하면 아래와 같은 화면이 나타난다.

그림 1.3.144 빼기 화면

[값]에 50을 입력하고 [확인]을 누르면 아래와 같이 [판매 수량] 열에 있던 모든 값에서 50씩 차감된다.

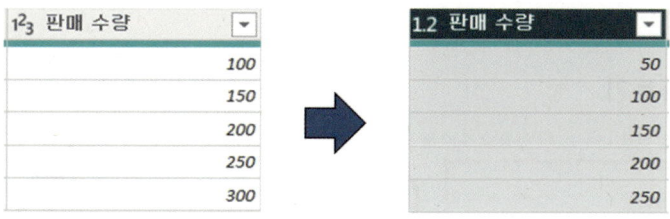

그림 1.3.145 빼기 적용 후

특정 열에 대해 나누기 연산을 적용하고자 할 때는 [나누기] 기능을 사용한다. [판매 수량] 열을 선택하고 [나누기] 기능을 선택하면 다음과 같은 화면이 나타난다.

그림 1.3.146 나누기 화면

[값]에 3을 입력하고 [확인]을 누르면 아래와 같이 소수점 자리가 나오는 형태로 나누어졌다.

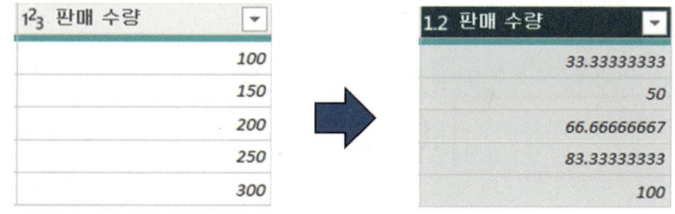

그림 1.3.147 나누기 적용 후

나누기 연산에서 몫을 결과로 반환하고자 할 때 [정수로 나누기] 기능을 사용한다. [판매 수량] 열을 선택한 뒤 [정수로 나누기] 메뉴를 선택하면 아래와 같은 화면이 나온다.

그림 1.3.148 정수로 나누기 화면

[값]에 3을 입력하고 [확인]을 누르면 아래 그림과 같이 [판매 수량] 열에 있던 값들을 3으로 나눴을 때의 몫이 결과로 반환되었다.

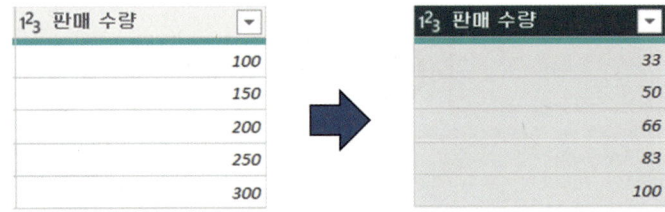

그림 1.3.149 정수로 나누기 적용 후

나누기 연산에서 나오는 나머지 값을 반환하고자 한다면 [모듈로] 기능을 사용한다. [판매 수량] 열을 선택한 뒤 [모듈로] 메뉴를 선택하면 아래와 같은 화면이 나온다.

그림 1.3.150 모듈로 화면

[값]에 3을 입력하고 [확인]을 누르면 아래 그림과 같이 [판매 수량] 열에 있던 값들을 3으로 나눴을 때의 나머지가 결과로 반환된다.

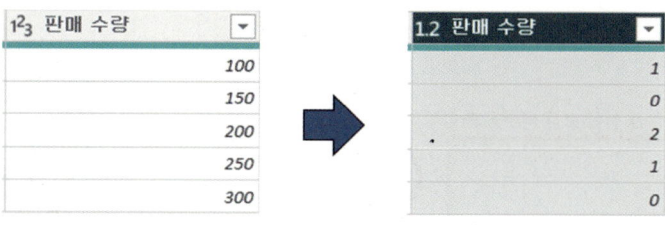

그림 1.3.151 　모듈로 적용 후

특정 열에 있는 값에 백분율을 적용했을 때 결과를 얻고자 한다면 [백분율] 기능을 사용한다. [표준] 메뉴에는 [백분율] 메뉴가 같은 것이 2개가 있는데, 이 중 위에 있는 메뉴를 사용한다. 예를 들어 [판매 수량] 열에 있는 값의 25%에 해당하는 값을 계산하고자 할 때 [나누기] 기능을 사용해서 구현해도 되지만 [백분율] 기능을 사용하면 좀 더 직관적으로 백분율 계산을 적용할 수 있다. [판매 수량] 열을 선택한 뒤 [백분율] 메뉴를 선택하면 아래와 같은 화면이 나온다.

그림 1.3.152 　백분율(Percentage) 화면

[값]에는 적용하고자 하는 백분율 수치를 입력한다. 25를 입력하고 [확인]을 누르면 아래와 같이 [판매 수량] 열에 있던 기존 값들의 25%에 해당하는 값들이 결과로 반환된다.

그림 1.3.153 　백분율(Percentage) 적용 후

만약 데이터 분석가가 제시하는 값에서 특정 열에 있는 값이 차지하는 비율을 백분율 형태로 보고자 한다면 [표준] 메뉴에 있는 [백분율] 중에서 아래에 있는 [백분율]을 사용한다. [판매 수량] 열을 선택하고 아래에 있는 [백분율]을 선택하면 다음과 같은 화면이 나타난다.

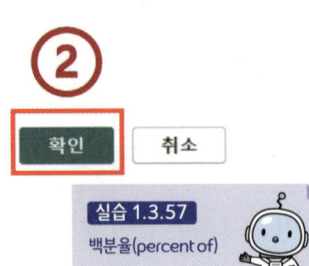

그림 1.3.154　백분율(Percent of) 화면

[값]에 1000을 입력하고 [확인]을 누르면 1000에서 각 값들이 차지하는 비중을 백분율 형태로 계산한 값이 반환된다.

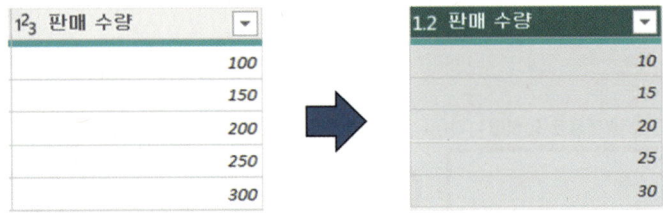

그림 1.3.155　백분율(Percent of) 적용 후

위 그림처럼 1000에서 100이 차지하는 비중은 10%이기 때문에 10이 반환되었고, 150이 차지하는 비중은 15%이기 때문에 15가 반환되었다.

3.4 [열 추가] 탭의 주요 기능 살펴보기

다음으로는 [열 추가] 탭에 있는 기능들을 알아본다. [열 추가] 탭에 제공되는 기능들의 핵심은 새로운 열이 추가된다는 점이다. 예를 들어 [변환] 탭에 있었던 [표준] 메뉴 내의 [추가] 기능을 사용하면 선택한 열에 값을 더할 수 있었다. 그리고 해당 결과물은 선택한 열 내에 저장됐다. 그래서 기존 열에 있던 값들은 없어지고 새로운 값으로 대체되었다. 만약 [열 추가] 탭에 있는 [표준] 메뉴 내의 [추가] 기능을 사용한다면 결과물이 새로운 열로 추가된다. 그렇기 때문에 기존 열에 있는 값들은 그대로 보존된다.

3.4.1 [변환] 탭에서 살펴본 기능

[열 추가] 탭의 일부 주요 기능들은 [변환] 탭에도 존재한다. 같은 기능이어도 [변환] 탭에서 사용하면 선택한 열 내에 변환된 값이 저장되고 [열 추가] 탭의 기능을 사용하면 변환된 값이 새로운 열로 추가된다.

아래 기능들은 [열 추가] 탭에서 제공하지만 [변환] 탭에서도 제공하기 때문에 앞서 3.3절에서 이미 다룬 기능들이다. 그래서 3.4절에서 다루지 않는다.

- 서식: 3.3.9
- 열 병합: 3.3.10
- 추출: 3.3.11
- 표준: 3.3.12

그림 1.3.156 변환 탭에서 중복해서 제공하는 기능들

> **TIP**
> [표준] 메뉴에 있는 [나누기(정수)] 기능은 3.3.12 절에서 봤던 [정수로 나누기] 기능과 같다.

다만 [표준] 같은 경우는 새로운 기능을 제공한다. 앞서 3.3.12 절에서 살펴본 [변환] 탭 내에 있는 [표준] 기능을 사용하여 각종 연산을 특정 열에 적용할 때는 하나의 상수만 입력할 수 있었다. [열 추가] 탭 내에 있는 [표준] 기능을 사용하면 하나의 상수 값 뿐만 아니라 열을 선택하여 두 개의 열 내에 있는 값 간의 연산을 구현할 수도 있다.

그림 1.3.139에 있는 예제 테이블에서 [총 판매액] 열을 선택한 뒤 [열 추가] 탭 내의 [표준] 메뉴를 선택하고 [빼기]를 누르면 아래와 같은 화면이 나타난다.

그림 1.3.157 열 추가 탭 내의 빼기 기능 화면

[값] 텍스트 하단에 아이콘을 클릭하면 [값 입력] 또는 [열의 값 사용]을 선택할 수 있다. [값 입력]을 선택하면 3.3.12 절에서 배운 것처럼 더하고자 하는 하나의 값을 입력할 수 있게 된다. [열의 값 사용]을 선택하면 같은 테이블 내에 있는 다른 열을 선택할 수 있는 기능이 활성화된다. 열 중에 [비용] 열을 선택한 뒤 [확인]을 클릭하면 아래와 같은 결과를 얻는다.

총 판매액	비용	뺄셈
100000	50000	50000
300000	105000	195000
1600000	1200000	400000
1250000	1125000	125000
2100000	1500000	600000

그림 1.3.158 빼기(열의 값 사용) 적용 후

[총 판매액] 열 내에 있는 각 행들의 값마다 [비용] 열 내에 같은 행에 있는 값이 차감되어 새롭게 생성된 [뺄셈] 열에 결과가 들어갔다.

3.4.2 열 복제

특정 열을 복사하여 새로운 열로 추가하고자 할 땐 [열 복제] 기능을 사용한다.

실습 1.3.59
열 복제

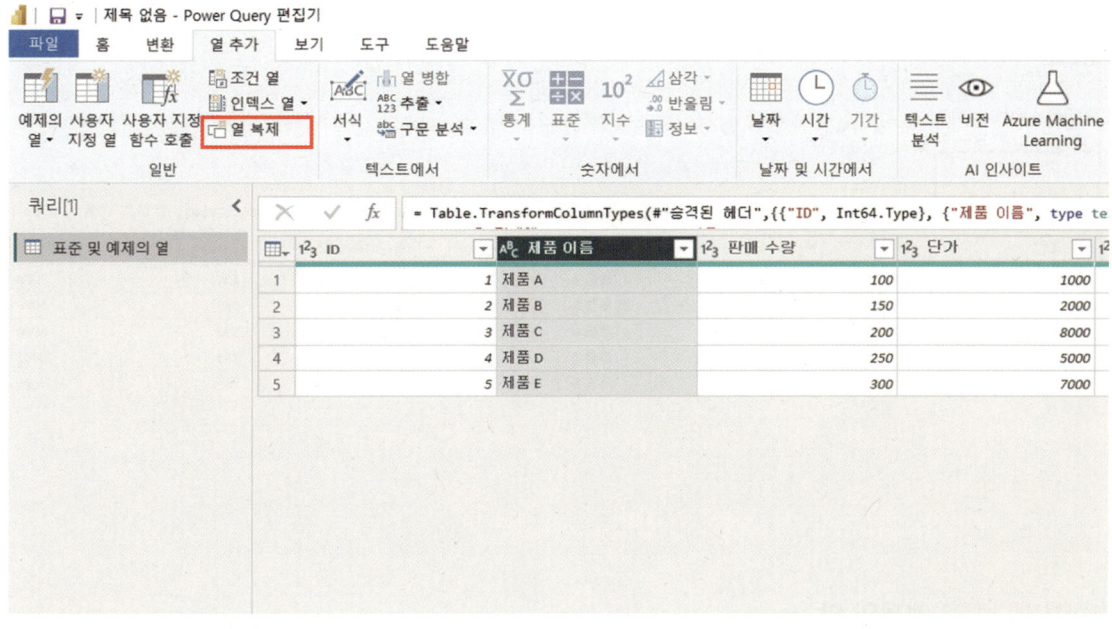

그림 1.3.159 열 복제

복제하고자 하는 열을 선택한 후 [열 복제] 기능을 클릭하면 해당 열이 새로운 열로 추가된다. [제품 이름] 열을 선택한 뒤 [열 복제] 기능을 클릭하면 아래와 같이 [제품 이름 - 복사] 열이 새롭게 추가된다.

제품 이름	판매 수량	단가	총 판매액	비용	제품 이름 - 복사
제품 A	100	1000	100000	50000	제품 A
제품 B	150	2000	300000	105000	제품 B
제품 C	200	8000	1600000	1200000	제품 C
제품 D	250	5000	1250000	1125000	제품 D
제품 E	300	7000	2100000	1500000	제품 E

그림 1.3.160 열 복제 적용 후

3.4.3 예제의 열

실습 1.3.60
예제의 열

Power Query Editor에서 M 언어 함수를 사용하면 [변환] 또는 [열 추가] 탭에서 제공하는 기능만으로는 구현하기 복잡한 변환을 다양하게 적용시킬 수 있다. M 언어 함수를 사용하여 직접 수식을 구현하고자 한다면 [열 추가] 탭의 [사용자 지정 열] 기능을 사용한다.

만약 구현하고자 하는 변환 로직을 M 언어 함수로 어떻게 구현해야 하는지 감이 잡히지 않는다면 [예제의 열] 기능을 사용하여 도움을 받을 수 있다. [예제의 열] 기능을 통해 사용자가 원하는 결과물을 예제로 제공하면 해당 예제를 얻기 위한 변환 로직을 Power Query Editor에서 구현해준다.

> **TIP**
> 경영정보시각화능력 시험에서는 M 언어 함수들을 다루지 않는다.

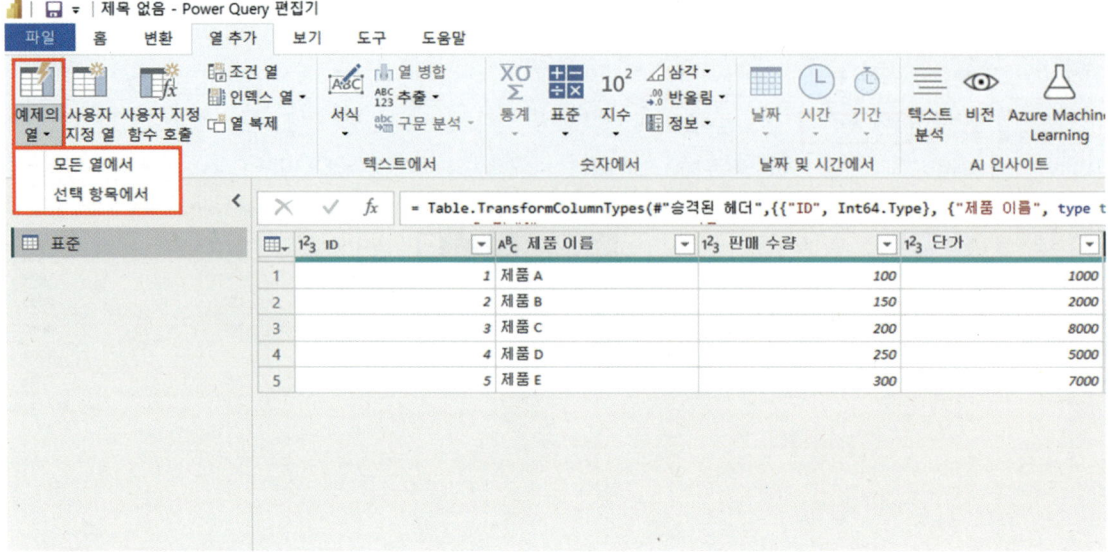

그림 1.3.161 예제의 열

그림 1.3.139에 있는 테이블의 [총 판매액] 열에서 [비용] 열에 있는 값을 행 별로 차감하여 새로운 열을 추가해야 할 때 [예제의 열] 기능을 통해 구현하는 방법을 살펴보고자 한다. [총 판매액] 열을 선택한 뒤 [예제의 열] 메뉴 하위에 있는 [선택 항목에서] 메뉴를 클릭하면 아래와 같은 화면이 나타난다.

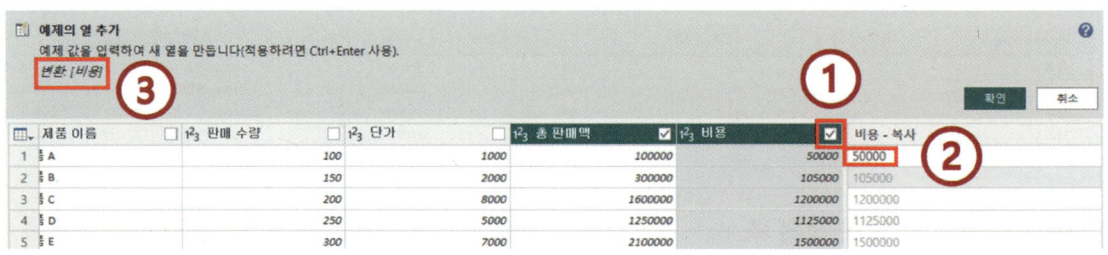

그림 1.3.162 예제의 열 화면 1

열 이름 우측에 체크박스가 활성화된 것을 확인할 수 있다. [총 판매액] 열은 선택이 이미 되어 있기 때문에 그대로 두고, [비용] 열을 추가로 선택한다. 이렇게 함으로써 Power Query Editor가 [총 판매액] 열과 [비용] 열 만을 사용하여 데이터 분석가가 제시한 예제들을 도출하는 수식을 만들게 유도할 수 있다.

가장 우측에 비어 있는 열의 첫번째 행에 총 판매액인 100000에서 비용인 50000을 차감한 50000을 입력하면 좌측 상단에 [변환] 칸에 자동으로 수식이 입력된다. 현재까지 주어진 예제로 판단했을 때 Power Query Editor에서는 [비용] 열을 복제하여 새로운 열을 만드는 것이라고 이해한다.

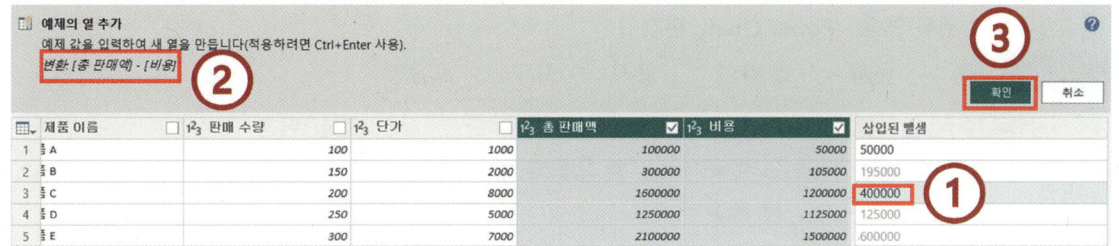

그림 1.3.163 **예제의 열 화면 2**

데이터 분석가의 의도를 더 정확히 전달하기 위해 세번째 행의 총 판매액인 1600000에서 비용인 1200000을 차감한 40000을 가장 우측 열의 세번째 행에 입력하게 되면 [변환]에 입력된 수식이 수정된다. 데이터 분석가가 의도하고자 하는 [총 판매액] 열에서 [비용] 열을 차감하는 수식이 잘 도출되었다. 최종적으로 [확인]을 누르면 해당 수식을 기반으로 새로운 열이 테이블에 추가된다.

```
= Table.AddColumn(#"변경된 유형", "삽입된 뺄셈", each [총 판매액] - [비용], type number)
```

1²3 총 판매액	1²3 비용	1.2 삽입된 뺄셈
100000	50000	50000
300000	105000	195000
1600000	1200000	400000
1250000	1125000	125000
2100000	1500000	600000

그림 1.3.164 **예제의 열 적용 후**

3.5 [보기] 탭의 주요 기능 살펴보기

[보기] 탭에는 테이블 내 데이터들의 특징을 탐색하는데 도움되는 기능들이 존재한다. Power Query Editor에서는 간단한 탐색 기능 위주로 제공되며 심화된 데이터 탐색 및 시각화는 추후 Power BI Desktop에서 가능하다.

3.5.1 [홈] 탭에서 살펴본 기능

아래는 [홈] 탭에서도 제공하는 기능들이기 때문에 3.5절에서는 다루지 않는다.

- 열로 이동: 3.2.4

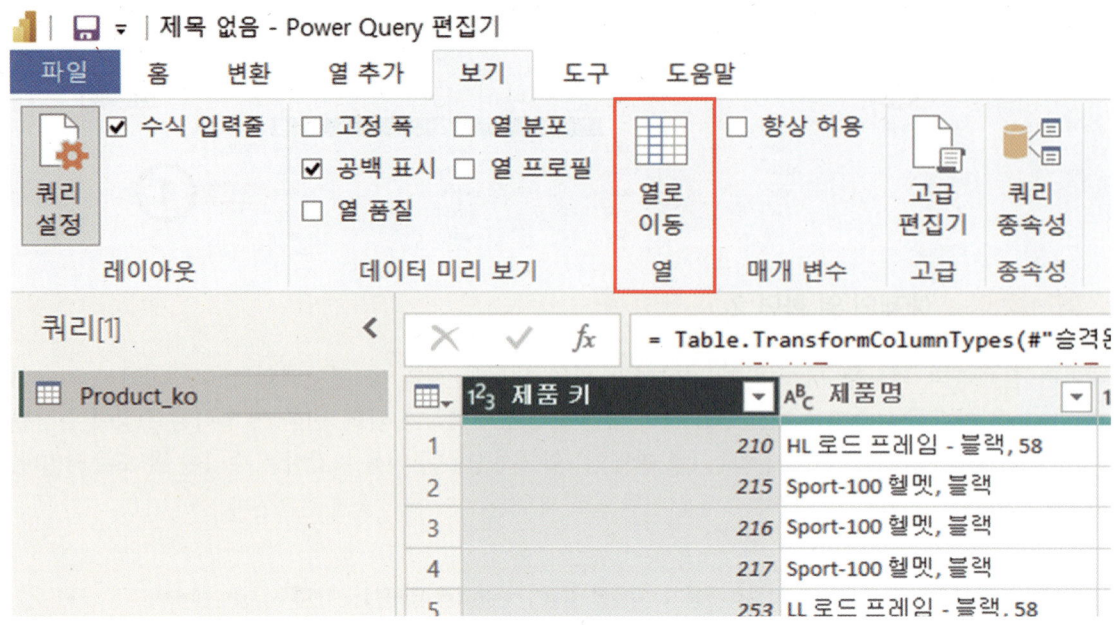

그림 1.3.165 홈 탭에서 중복해서 제공하는 기능들

3.5.2 열 분포

[열 분포] 기능은 열 내의 값들의 분포를 한 눈에 확인하고자 할 때 사용한다. 해당 기능을 통해 각 열의 데이터 값이 어떻게 분포되어 있는지를 시각적으로 쉽게 파악 가능하다. 특정 열에서 값들이 고르게 분포되어 있는지 아니면 특정 값에 집중되어 있는지를 확인할 수 있다.

제품 키	제품명	비용	색상	하위 분류	분류
210	HL 로드 프레임 - 블랙, 58	1129200	검정	로드 프레임	부품
215	Sport-100 헬멧, 블랙	15600	검정	헬멧	액세서리
216	Sport-100 헬멧, 블랙	18000	검정	헬멧	액세서리
217	Sport-100 헬멧, 블랙	17000	검정	헬멧	액세서리
253	LL 로드 프레임 - 블랙, 58	229100	검정	로드 프레임	부품
254	LL 로드 프레임 - 블랙, 58	221200	검정	로드 프레임	부품
255	LL 로드 프레임 - 블랙, 58	266000	검정	로드 프레임	부품
256	LL 로드 프레임 - 블랙, 60	229100	검정	로드 프레임	부품
257	LL 로드 프레임 - 블랙, 60	221200	검정	로드 프레임	부품
258	LL 로드 프레임 - 블랙, 60	266000	검정	로드 프레임	부품
259	LL 로드 프레임 - 블랙, 62	229100	검정	로드 프레임	부품
260	LL 로드 프레임 - 블랙, 62	221200	검정	로드 프레임	부품
261	LL 로드 프레임 - 블랙, 62	266000	검정	로드 프레임	부품

그림 1.3.166 제품 테이블

위 그림에 있는 제품 테이블에는 [제품 키], [제품명], [비용] 등의 열이 존재한다. 각각의 열 별로 값들의 분포를 확인하기 위해 [보기] 탭 내의 [열 분포] 기능을 사용한다.

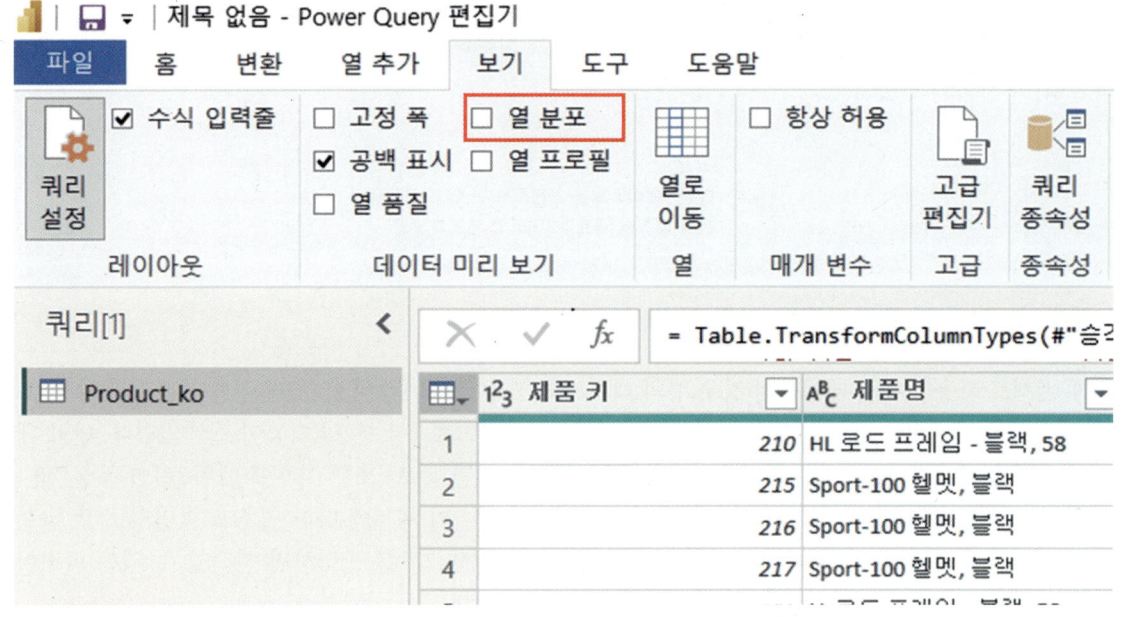

그림 1.3.167 열 분포

[열 분포] 기능을 클릭하면 각각의 열 상단에 아래와 같이 분포들이 만들어진다.

그림 1.3.168 열 분포 적용 후

해당 분포를 해석할 때 중요한 개념이 상이값과 고유값이다. 상이값(Distinct value)은 서로 다른 값들을 의미한다. 예를 들어서 하나의 열 내에 A, B, C, C 값이 존재한다면 해당 열의 서로 다른 값은 A, B, C가 존재함으로 총 3개의 상이값이 산출된다.

반면 고유값(Unique value)은 오직 한 개만 존재하는 값을 뜻한다. 앞서 든 예제에서 상이값 별로 개수를 세어보면 A는 1개, B는 1개, C는 2개가 존재하기 때문에 오로지 1개만 존재하는 A와 B가 고유값에 해당된다. 그에 따라 고유값은 2개가 존재한다고 표현할 수 있다.

[제품 키] 열 같은 경우 397개의 상이값과 397개의 고유값이 존재한다고 나타난다. 서로 다른 값이 오직 1개씩만 존재한다고 해석된다. [제품 키]가 제품 테이블에서 기본 키(Primary key) 역할을 하다 보니 이러한 특징을 지닌다. 분포를 확인해봐도 균등하게 분포가 형성되어 있는 것을 확인할 수 있다.

반면 [분류] 열에는 상이값이 4개 그리고 고유값은 0개가 존재한다고 나타난다. 고유값이 0개이기 때문에 서로 다른 값 별로 각각 2개 이상씩 존재한다고 해석된다. 그리고 분포를 보면 4개의 상이값 별로 값들의 빈도가 고르게 분포되어 있지 않고 일부 값에 집중되어 있다. 이러한 방법으로 [열 분포] 기능의 결과를 해석할 수 있다.

주의할 점은 해당 결과들은 기본적으로 상위 1000개의 행을 기준으로 집계가 된다는 점이다. Power Query Editor 좌측 하단에는 열의 개수 및 행의 개수와 더불어 [상위 1000개 행을 기준으로 한 열 프로파일링]이 선택되어 있다.

그림 1.3.169 열 프로파일링 기준 행 개수 선택 화면

현재 예제로 사용한 제품 테이블의 경우 행의 개수가 397개이므로 [상위 1000개 행을 기준으로 한 열 프로파일링]이 선택되어 있어도 결론적으로는 전체 행을 기준으로 [열 분포] 기능이 집계되었다. 만약 테이블의 행의 개수가 1000개 이상일 때 전체 행을 기준으로 [열 분포] 또는 이후에 배워볼 [열 품질] 및 [열 프로필] 기능을 적용시키고자 한다면 설정 값을 [전체 데이터 세트에 따라 열 프로파일링]으로 바꿔줘야 한다. [상위 1000개 행을 기준으로 한 열 프로파일링] 텍스트를 클릭하면 선택할 수 있는 화면이 나타난다.

3.5.3 열 품질

[열 품질] 기능은 특정 열 내에 유효한 값, 비어 있는 값, 그리고 오류 있는 값의 상대적인 비율을 확인하고자 할 때 사용한다.

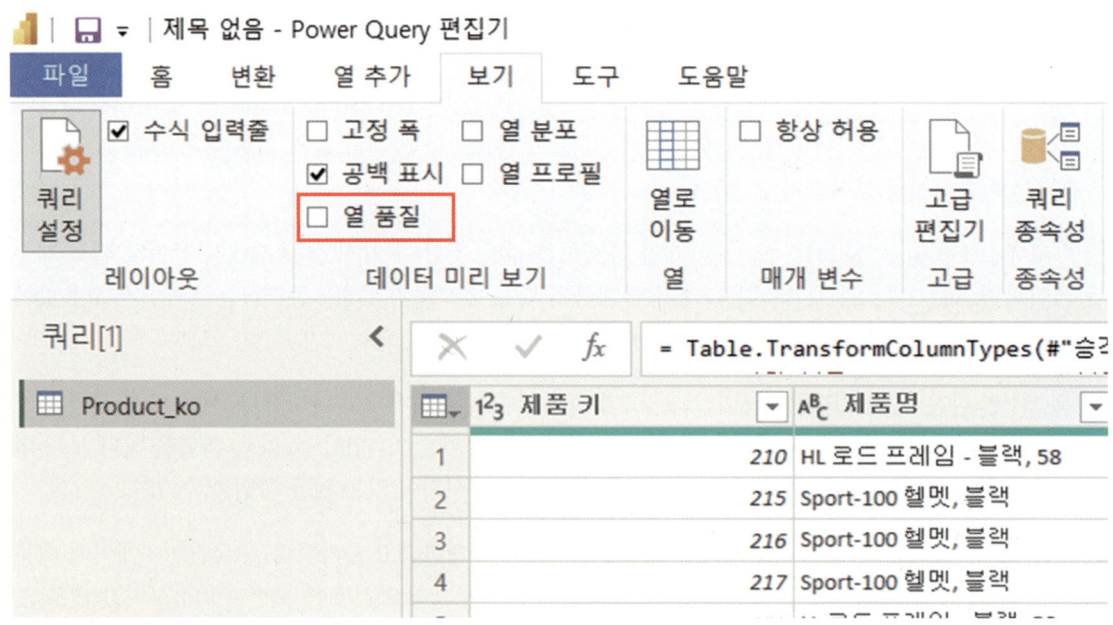

그림 1.3.170 열 품질

[열 품질] 기능을 활성화하면 각각의 열 별로 아래 그림에 있는 화면이 활성화된다.

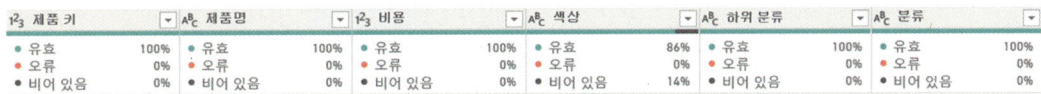

> 그림 1.3.171 열 품질 적용 후

[유효]는 값이 존재하는 경우를 의미하며 [오류]는 값이 제대로 읽히지 않은 경우, 그리고 [비어 있음]은 값이 존재하지 않는 경우를 의미한다. [색상] 열의 결과를 보면 전체 행의 84%는 값이 채워져 있고 나머지 14%에는 값이 비어 있다.

3.5.4 열 프로필

[열 프로필] 기능을 사용하면 [열 분포] 및 [열 품질]을 통해 제공되었던 정보와 더불어 추가적인 통계 값들을 한 눈에 확인할 수 있다.

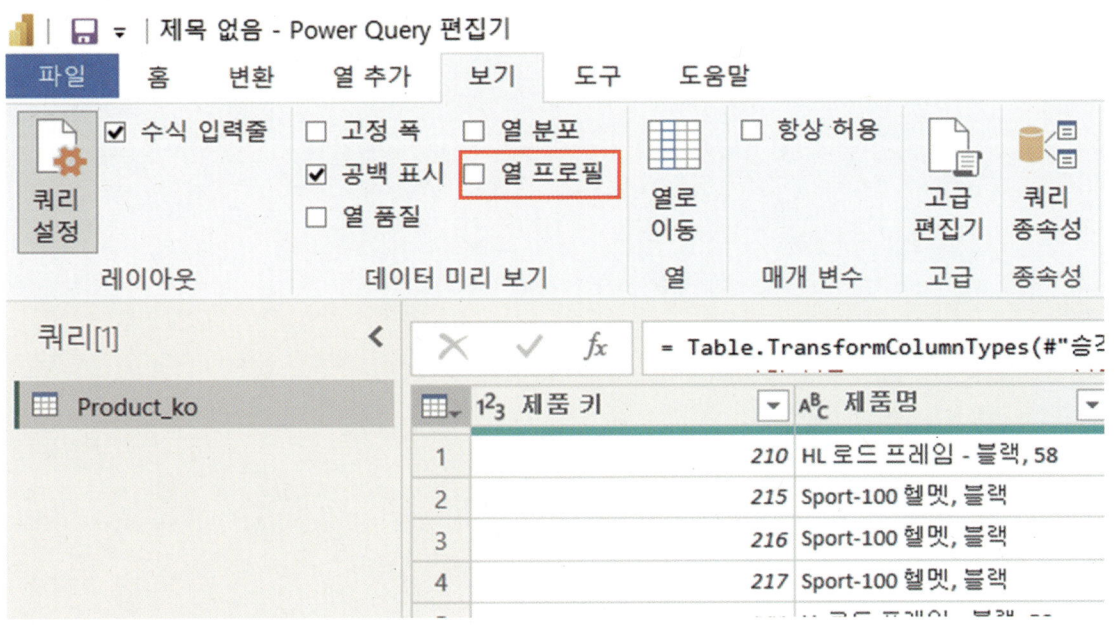

> 그림 1.3.172 열 프로필

[열 프로필] 메뉴를 클릭하여 활성화한 뒤 특정 열을 선택하면 해당 열에 대한 세부 정보들이 있다. 예를 들어 제품 테이블의 [색상] 열을 선택하면 아래와 같은 결과물을 확인할 수 있다.

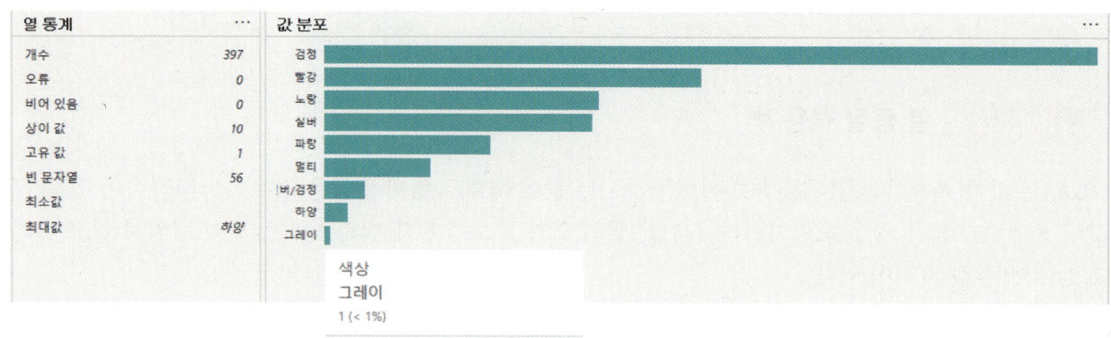

그림 1.3.173 열 프로필 적용 후

[열 분포] 기능을 통해 확인할 수 있었던 분포를 [값 분포] 화면에서 확인 가능하고, [열 품질]을 통해 확인할 수 있었던 정보들을 [열 통계] 화면을 통해 확인할 수 있다. 그리고 [열 통계] 화면에는 추가적인 통계 값이 제공된다. 해당 열의 유형에 따라 다른 유형의 통계 값이 제공된다. [값 분포]에 있는 막대 그래프는 상호작용 가능한 그래프이다. 따라서 마우스를 막대 위에 올려보면 해당 값의 빈도 수와 더불어 상대적인 비율을 확인할 수 있다. [색상] 열의 [그레이] 값 같은 경우 1개만 존재하며 전체 행 개수 중에서는 1% 미만으로 존재한다.

Part01 기초

4 데이터 모델링

3장에서 배운 각종 데이터 변환 작업들을 원본 데이터에 적용시켜서 Power BI Desktop에 불러온 뒤에는 시각화 작업을 진행할 수 있다. 하지만 시각화 작업을 진행하기 전에 필수적으로 데이터 모델링이 적절하게 이루어졌는지 확인해야 하며 필요 시 데이터 모델링 작업을 진행해야 한다. 데이터 시각화가 진행될 때 올바른 데이터가 집계되고 시각화되기 위해 데이터 모델링은 매우 중요한 과정이다. 이번 장에서는 데이터 모델링에 대해 살펴본다.

4.1 정규화 및 데이터 모델링 개념 소개

컴퓨터를 사용해 데이터 분석을 진행할 때 사용하는 데이터들은 모두 전산화된 형태로 존재한다. 현실 세계에서 발생한 각종 이벤트들을 전산화하여 각종 데이터 저장 공간에 저장을 한 것이다.

하지만 데이터 저장 공간은 물리적으로 공간이 제한되어 있다. 노트북을 구매할 때 256GB, 512GB, 1TB 등의 저장 공간이 있는 것을 예시로 들 수 있다. 유한한 자원이기 때문에 용량이 높아질수록 노트북의 가격도 올라간다.

이처럼 데이터가 저장될 수 있는 하드웨어의 공간은 물리적인 공간의 제약이 존재하므로 많은 양의 데이터를 저장할 때에는 효율적인 저장 방법에 대한 고민을 하게 된다. 이 때 등장하는 개념이 정규화라는 개념이다.

데이터를 정규화해서 저장하면 얻을 수 있는 여러 장점 중 하나가 비용 효과적으로 데이터를 저장할 수 있는 것이다. 그 외에도 여러 장점이 있기 때문에 현실 세계에서 발생하는 각종 데이터들은 전산화를 할 때 일반적으로는 정규화 과정을 거쳐서 저장이 된다.

> **TIP**
>
> 비즈니스 운영 시 발생하는 각종 데이터를 데이터베이스에 저장할 때 데이터들에 대한 정규화는 일반적으로 데이터베이스 관리자 또는 데이터 엔지니어가 담당한다. 경영정보시각화능력 시험을 준비하시는 대부분의 수험생은 이렇게 정규화된 데이터로부터 분석 업무를 하고자 하는 실무자이므로 이번 장에서 정규화 구현 방법에 대해 깊게 살펴보지는 않는다.

정규화가 되면 데이터가 여러 테이블에 나뉘어 저장된다. 테이블에 담긴 정보 유형에 따라 테이블의 유형이 달라진다. 테이블들의 유형은 Fact(팩트) 테이블과 Dimension(디멘션) 테이블로 나뉜다. Fact 테이블은 '사실 테이블'로, Dimension 테이블은 '차원 테이블'이라고도 한다.

Fact 테이블은 비즈니스 또는 분석 시스템에서 발생하는 이벤트나 트랜잭션 데이터를 저장하는 테이블이고, 주로 수치형 데이터로 구성되어 있다. 예를 들어 제품 판매가 이뤄질 때 주문 건별로 판매 금액, 수익, 수량 등이 Fact 테이블에 저장된다. Fact 테이블은 주로 외래 키(Foreign Key)를 통해 여러 Dimension 테이블과 관계를 맺게 된다.

> **TIP**
> 실무에서는 Fact 테이블인 경우 fct 또는 fact가 테이블명에 포함되어 있을 수 있다.

Dimension 테이블은 Fact 테이블의 데이터를 설명하고 그 맥락을 제공하는 테이블이다. 주로 텍스트 데이터나 범주형 데이터로 구성되어 있다. 예를 들어 제품 이름, 제품 색상, 고객 주소 등이 여기에 해당한다. Dimension 테이블은 Fact 테이블의 데이터를 이해하고 분석하는 데 중요한 역할을 하며, 상대적으로 크기가 작다.

> **TIP**
> 실무에서는 Dimension 테이블인 경우 dim이 테이블명에 포함되어 있을 수 있다.

이러한 Fact 테이블과 Dimension 테이블 간의 관계를 정의해주는 작업을 데이터 모델링이라고 한다. 데이터 모델링을 통해 관계가 정의되어야만 Power BI Desktop이 데이터를 시각화를 할 때 해당 관계를 기반으로 데이터 집계를 진행하여 정확한 값을 기반으로 시각화가 이뤄진다.

실습 1.4.1
테이블 간 관계가 없는 상태에서의 시각화

관계 유무에 따라 Power BI Desktop에서 데이터 시각화 결과가 어떻게 달라지는지 확인하기 위해 Power BI Desktop에 [Product_ko] 테이블과 [Sales_ko] 테이블을 불러온다.

> **TIP**
> 현재 예제에서는 [Sales_ko] 테이블이 Fact 테이블이고 [Product_ko] 테이블이 Dimension 테이블이다. [Sales_ko] 테이블에는 판매 내역 데이터가 저장되어 있고 [Product_ko] 테이블에는 제품에 대한 세부 정보가 저장되어 있다.

그리고 나서 좌측에 [모델 보기] 아이콘을 눌러 모델 보기 화면으로 이동하면 아래 그림과 같이 [Product_ko] 테이블과 [Sales_ko] 테이블 간 관계가 자동으로 형성된 것을 확인할 수 있다.

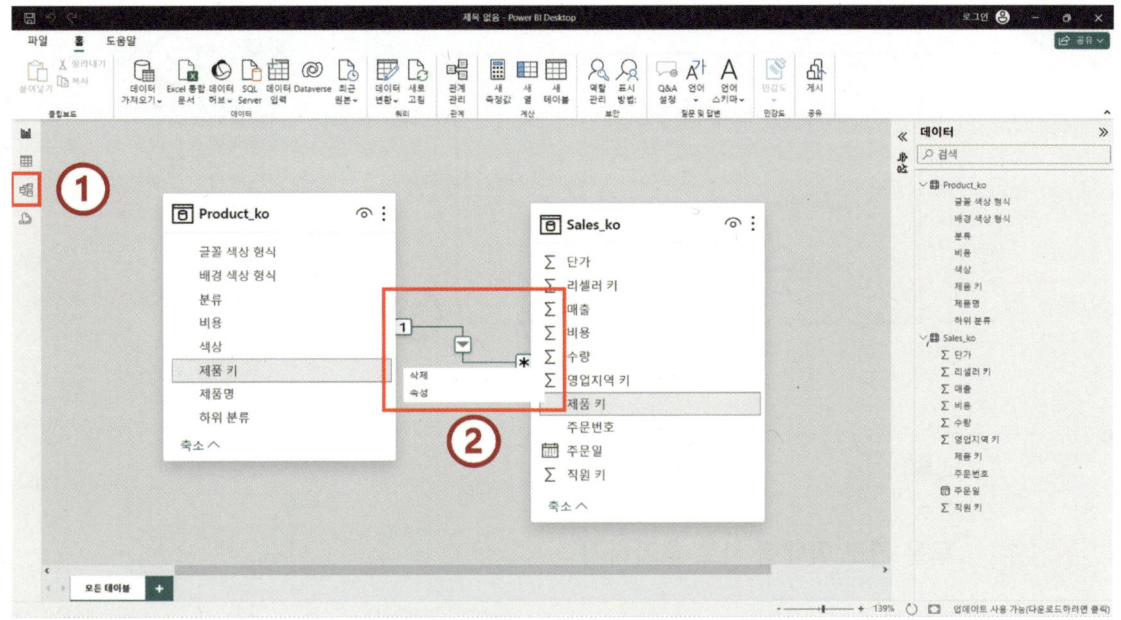

그림 1.4.1 Product_ko 테이블과 Sales_ko 테이블 간 관계

Power BI Desktop에는 테이블 간 관계를 자동으로 탐지해주는 기능이 있다. 실제 업무를 할 때 해당 관계가 주어진 상황에 맞는 올바른 관계라면 그대로 사용한다. 아닌 경우에는 해당 관계를 삭제하거나 편집할 수 있다. 이번 예제에서는 관계가 없는 경우 데이터 시각화가 어떻게 되는지 확인하기 위해 해당 관계를 삭제할 것이다. 테이블 사이에 있는 관계를 우측 마우스로 클릭하면 팝업창이 나타난다. 해당 팝업창에서 [삭제]를 누르면 관계를 삭제할 수 있다.

그리고 나서 좌측 아이콘 중 [보고서 보기] 아이콘을 눌러 보고서 화면으로 이동하여 우측 [시각화] 패널에 있는 아이콘 중 위에서 첫번째 행, 왼쪽에서 세번째 열에 있는 [묶은 가로 막대형 차트]를 클릭한다. 화면 중앙에 차트가 하나 추가된 것을 확인할 수 있다. 차트 사이즈를 적절히 조절한 뒤 화면 중앙에 위치시킨다.

> **TIP**
> [시각화] 패널에서 제공하는 버튼들을 눌러 추가된 차트들을 시각적 개체라고 부른다.

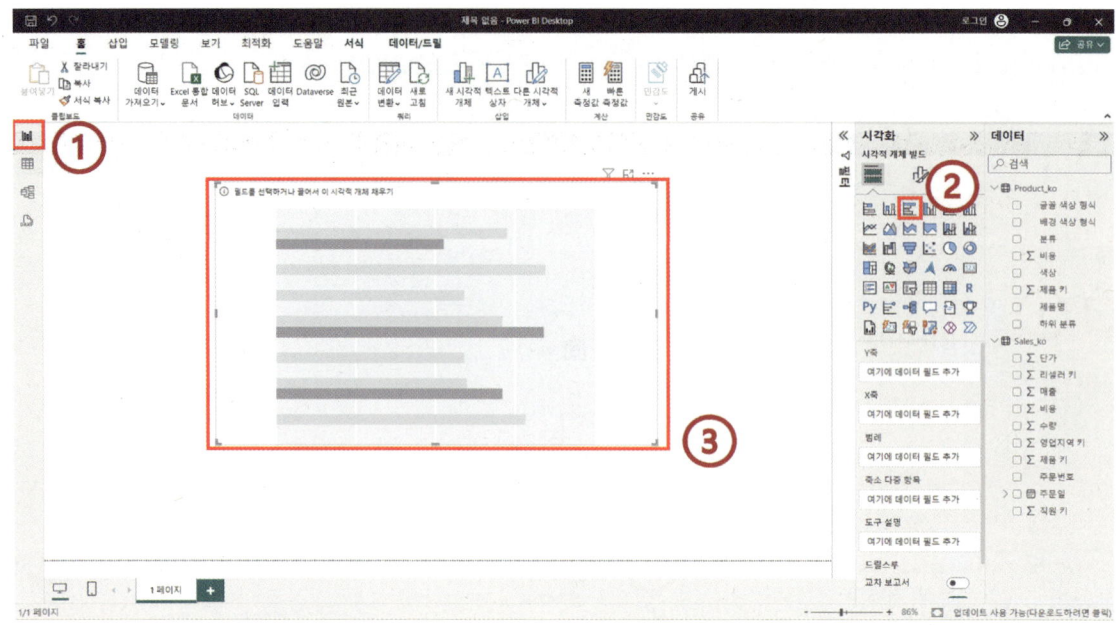

그림 1.4.2 묶은 가로 막대형 차트 추가하기

화면에 추가된 시각적 개체가 선택된 상태에서 해당 시각적 개체에 필드들을 추가하여 데이터 시각화를 손쉽게 구현할 수 있다.

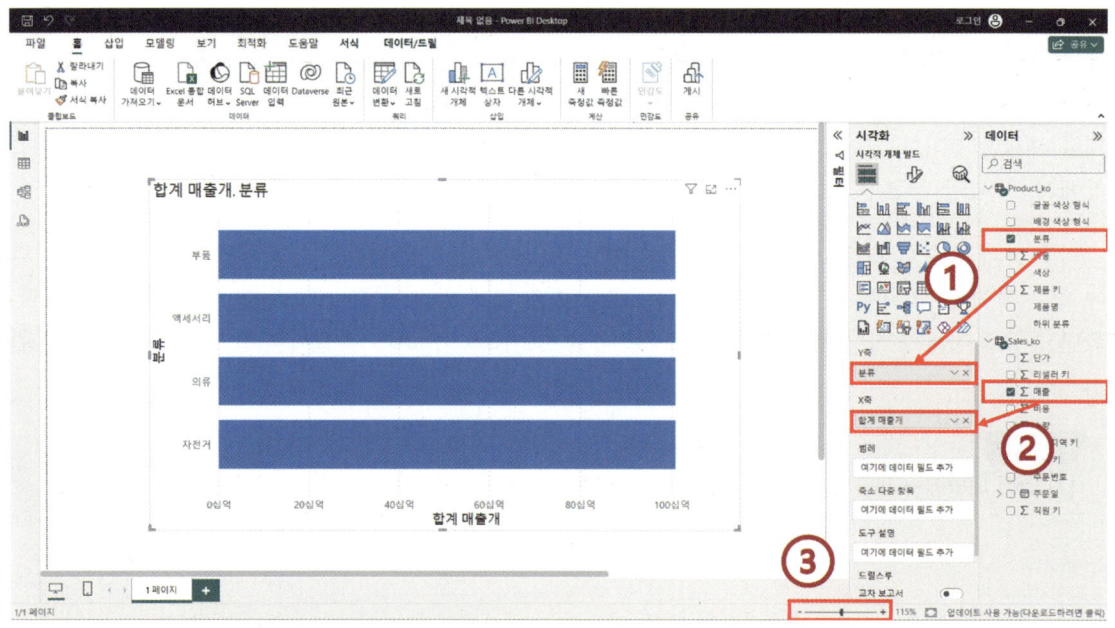

그림 1.4.3 시각적 개체에 필드 추가하기

우측 [데이터] 패널에서 'Product_ko'[분류] 필드를 클릭하여 [시각화] 패널의 [Y축] 영역으로 드래그 앤 드롭한다. 동일하게 'Sales_ko'[매출] 필드를 클릭하여 [시각화] 패널의 [X축] 영역으로 드래그 앤 드롭하다. 이렇게 추가된 필드들은 묶은 가로 막대형 차트에 반영되어 시각적으로 표현된다. 시각적 개체의 X축 및 Y축의 너무 텍스트가 작게 보인다면 화면을 확대하기 위해서 하단의 확대 스크롤바를 조절하여 화면을 축소하거나 확대할 수 있다.

> **TIP**
> Part 2 Chapter 1에서 배워볼 시각적 개체 서식 편집 기능을 사용하면 X축 및 Y축 텍스트의 크기를 조절할 수 있다.

시각화된 결과물을 확인해 보면 직관적으로 이상함을 느낄 수 있다. 데이터 분석가의 의도는 제품의 분류별로 매출을 집계하여 시각화 하고자 했는데, 분류 별로 매출 합계가 모두 동일하게 나오고 있다.

> **TIP**
> 마우스를 막대 위에 올려보면 막대의 수치를 확인할 수 있다.

이러한 결과물이 나오는 이유는 결론적으로 데이터 모델링을 통한 관계 형성이 안 된 상태기 때문이다.

'Sales_ko'[매출] 필드에 있는 매출 데이터를 제품 분류 별로 그룹화하여 합계를 구하고자 한다면 각각의 제품이 어느 분류에 속해 있는 지에 대한 정보가 필요하다. 현재 [Sales_ko] 테이블에는 이러한 정보가 없다. 제품의 분류에 대한 정보는 [Product_ko] 테이블에 존재한다.

> **TIP**
> 좌측 메뉴 중 테이블 보기와 모델 보기 사이에 있는 테이블 보기 아이콘을 눌러 각 테이블 내에 담긴 데이터를 확인할 수 있다.

그렇기 때문에 [Product_ko] 테이블에 존재하는 각각의 제품이 어느 분류에 대응되는지에 대한 정보를 [Sales_ko] 테이블로 전파해줘야 한다. 이러한 정보가 전파되게끔 하기 위해 테이블간 관계를 만들어줘야 한다. 테이블 간 관계가 없다면 해당 정보가 테이블 간에 전파될 수 없다.

4.2 테이블간 관계 설정

실습 1.4.2
테이블 간 관계 정의 후 시각화

관계를 만들어 주기 위해 좌측의 모델 보기 아이콘을 클릭하여 이동한다. 데이터 정규화가 올바르게 진행된 경우라면 Fact 테이블과 Dimension 테이블을 연결할 때 사용할 수 있는 외래 키가 각 테이블에 존재하기 마련이다. 실무를 할 때에는 어떤 키가 외래 키인지 데이터를 제공해주는 데이터베이스 관리자나 데이터 엔지니어가 데이터를 제공할 때 함께 알려주는 경우도 있다. 데이터 분석가가 직접 파악하고자 한다면 일반적으로 연결하고자 하는 테이블에 동시에 존재하는 필드가 외래 키로 사용될 수 있다. 현재 예제에서는 [Product_ko] 테이블과 [Sales_ko] 테이블에 각각 [제품 키] 필드가 존재하므로 해당 필드를 외래 키로 사용할 것이다.

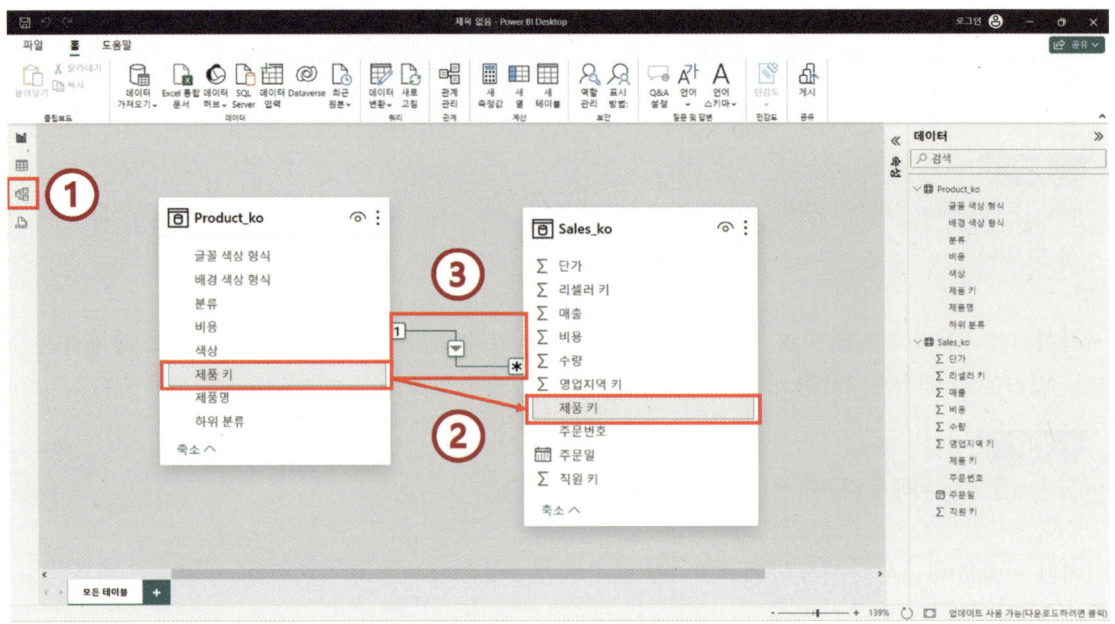

그림 1.4.4 테이블 간 관계 만들기

관계를 만들 때는 두 가지 방법으로 진행할 수 있다. 첫번째는 'Product_ko'[제품 키] 필드를 클릭하고 드래그하여 'Sales_ko'[제품 키] 필드 위에 놓는 방법이다. 또 다른 방법으로는 상단 메뉴에 있는 [관계 관리] 메뉴를 클릭하여 진행할 수 있다.

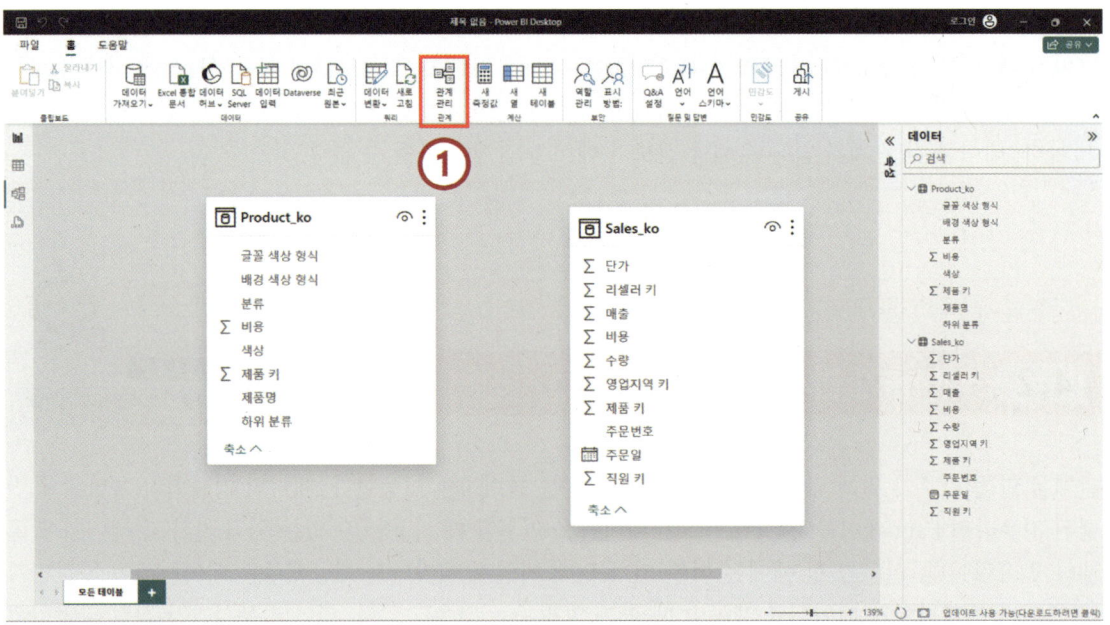

그림 1.4.5 관계 관리

[관계 관리] 메뉴를 클릭하면 아래와 같이 [관계 관리] 화면이 나온다. 해당 화면에서 [새로 만들기] 버튼을 누르면 새로운 관계를 만들 수 있다.

그림 1.4.6 관계 관리 화면

[새로 만들기] 버튼을 클릭하면 아래와 같은 [관계 만들기] 화면이 나타난다. 첫번째 드롭다운 메뉴를 클릭해서 [Product_ko] 테이블을 선택한다. 현재 Power BI Desktop에 불러온 테이블이 2개 밖에 없기 때문에 이런 경우 자동으로 나머지 테이블인 [Sales_ko] 테이블이 두번째 드롭다운 메뉴에 입력이 된다. 만약 Power BI Desktop에 테이블이 2개 이상 로드되어 있는 경우 두번째 드롭다운 메뉴를 클릭하여 원하는 테이블을 선택한다.

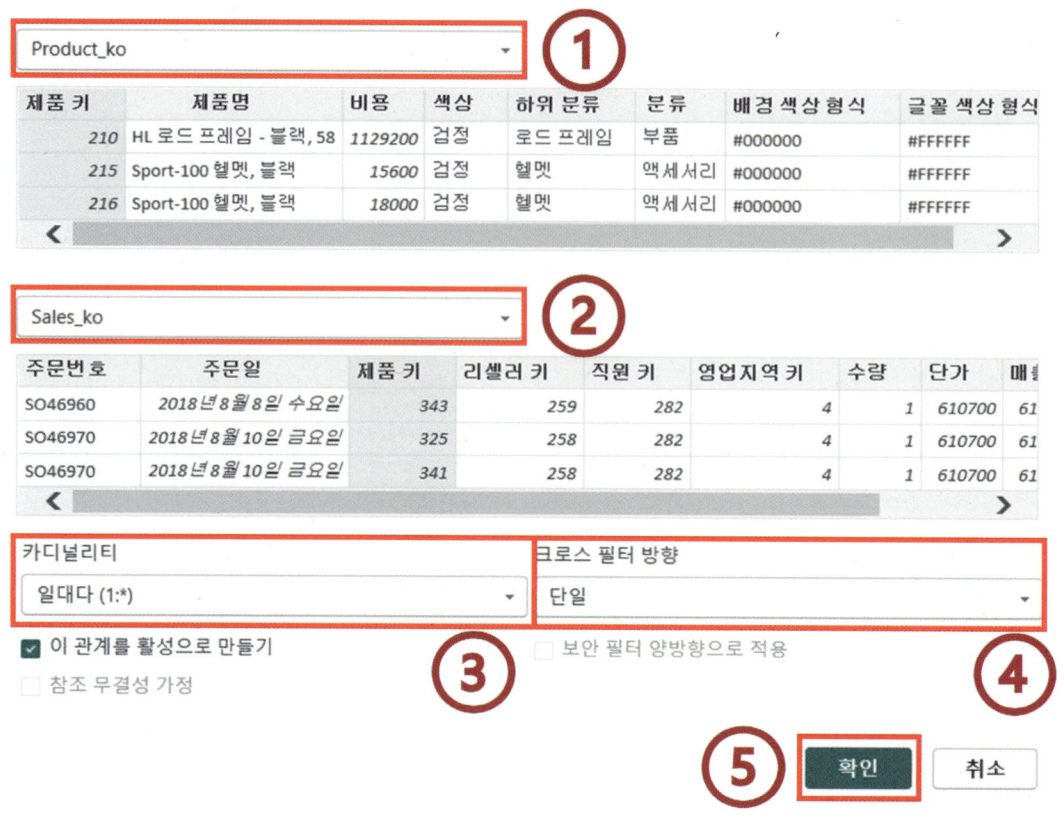

그림 1.4.7 관계 만들기 화면

테이블을 선택한 뒤에는 각각의 드롭다운 메뉴 밑에 해당 테이블에 대한 미리 보기 화면이 나타난다. 미리 보기 화면에서 관계를 구성하고자 하는 필드를 양쪽 테이블에서 각각 선택한다. Power BI Deskop에서는 필드 이름이 같은 경우 해당 필드 들을 외래 키로 간주하기 때문에 자동으로 [제품 키] 필드가 선택된 것을 확인할 수 있다. 필요 시에는 다른 필드를 클릭하여 사용자가 연결하고자 하는 외래 키를 직접 선택할 수도 있다.

연결하고자 하는 외래 키를 선택한 후에는 [카디널리티]를 선택한다. 카디널리티 종류는 다음과 같다.

카디널리티 종류	설명
다대일 (*:1)	중복된 값이 존재하는 필드와 고유 값만 지닌 필드를 연결할 때
일대일 (1:1)	고유 값만 지닌 필드끼리 연결할 때
일대다 (1:*)	고유 값만 지닌 필드와 중복된 값이 존재하는 필드를 연결할 때
다대다 (*:*)	중복된 값이 있는 필드끼리 연결할 때

그림 1.4.8 카디널리티 종류

Power Query Editor를 통해 데이터를 탐색해보면 알 수 있지만 'Product_ko'[제품 키] 필드에 존재하는 값들은 모두 고유값들이다. 각 제품들의 세부 특징이 담긴 테이블이기 때문에 특정 제품이 2번 이상 기록되지 않기 때문이다. 반면 'Sales_ko'[제품 키] 필드에는 중복된 값이 존재한다. 특정 제품이 여러 번 주문되었을 수 있기 때문이다. 이런 경우 'Product_ko'[제품 키] 필드와 'Sales_ko'[제품 키] 필드의 관계는 일대다 관계가 적절한 관계다.

그림 1.4.7에서도 자동으로 일대다 관계가 카디널리티로 설정된 것을 확인할 수 있다. Power BI Desktop에서 자동으로 탐지해주는 카디널리티를 사용해도 되고, 필요 시 편집하여 사용해도 된다. 참고로 일대다 관계와 다대일 관계는 같은 관계이지만 앞뒤 순서만 다르다. 만약 위에서 첫번째 드롭다운 박스에 [Sales_ko] 테이블을 선택하고 두번째 드롭다운 박스에 [Product_ko] 테이블을 선택한 경우라면 다대일 관계로 표현된다.

> **TIP**
> 경영정보시각화능력 실기 시험에서는 어떤 카디널리티를 선택해야 하는지 문제에서 안내가 된다. 그러므로 시험을 칠 때에는 문제에서 안내된 카디널리티를 선택해야 한다.

카디널리티를 확인한 후에는 크로스 필터 방향을 확인해야 한다. 필터 방향은 정보 전파의 방향을 의미한다. 앞서 4.1절에서 살펴본 것처럼 현재 예제에서는 제품들이 어느 분류에 속해 있는지에 대한 정보가 [Product_ko] 테이블에 존재하며 해당 정보를 [Sales_ko] 테이블로 전파를 해야 한다. 그렇기 때문에 [Product_ko] 테이블에서 [Sales_ko] 테이블로 향하는 관계가 구축되어야 한다.

Power BI Desktop에서는 일반적으로 일대다 관계인 경우 '일(1)'에 해당하는 테이블에서 '다(*)'에 해당하는 테이블로 향하는 관계가 형성된다. 통상적으로 Dimension 테이블이 '일(1)'에 해당하고 Fact 테이블이 '다(*)'에 해당된다. 그렇기 때문에 [Product_ko] 테이블과 [Sales_ko] 테이블 간의 크로스 필터 방향을 [단일]로 선택해두면 필요한 방향으로 관계가 설정된다. 만약 주어진 데이터 분석 상황상 반대 방향으로 정보가 전파되어야 한다면 크로스 필터 방향을 [모두]로 설정해야 한다.

> **TIP**
> 경영정보시각화능력 실기 시험에서는 어떤 필터 방향을 선택해야 하는지 문제에서 안내가 된다. 그러므로 시험을 칠 때에는 문제에서 안내된 필터 방향을 선택해야 한다.

최종적으로 현재 예제에서는 카디널리티를 [일대다], 크로스 필터 방향을 [단일]로 선택하고 [확인]을 클릭하면 아래 그림과 같이 [관계 관리] 화면에 새롭게 관계가 추가된 것을 확인할 수 있다.

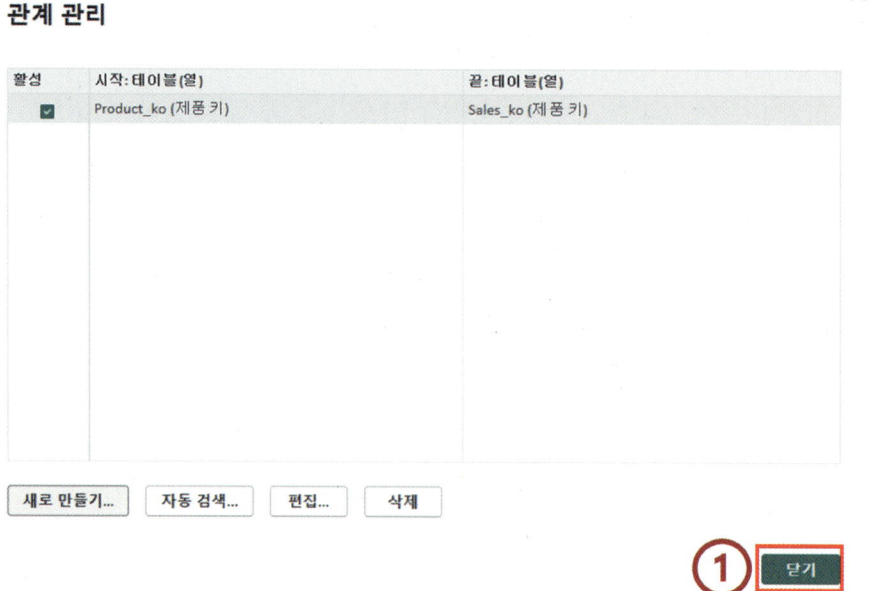

그림 1.4.9 관계가 추가된 관계 관리 화면

[닫기] 버튼을 누르고 Power BI Desktop의 모델 보기 화면을 살펴보면 'Product_ko'[제품 키] 필드와 'Sales_ko'[제품 키] 필드 간 일대다 관계가 구축되었고 필터 방향은 [Product_ko] 테이블에서 [Sales_ko] 테이블로 향하고 있다.

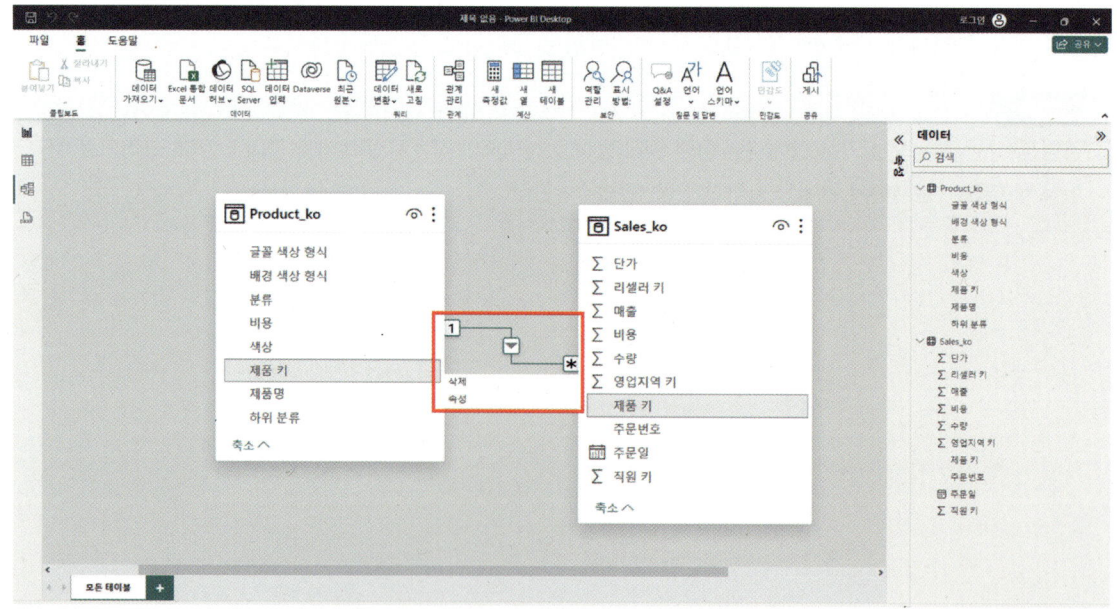

그림 1.4.10 구축된 관계 확인

구축된 관계를 편집해야 하는 상황이 발생한다면 해당 관계를 우측 마우스 클릭하고 [속성]을 클릭하면 그림 1.4.7과 같은 화면이 나타나며 해당 화면을 통해 관계를 편집할 수 있다.

관계를 구축한 뒤 보고서 보기 화면으로 이동하면 아래 그림과 같이 막대 그래프가 시각화 된 것을 확인할 수 있다.

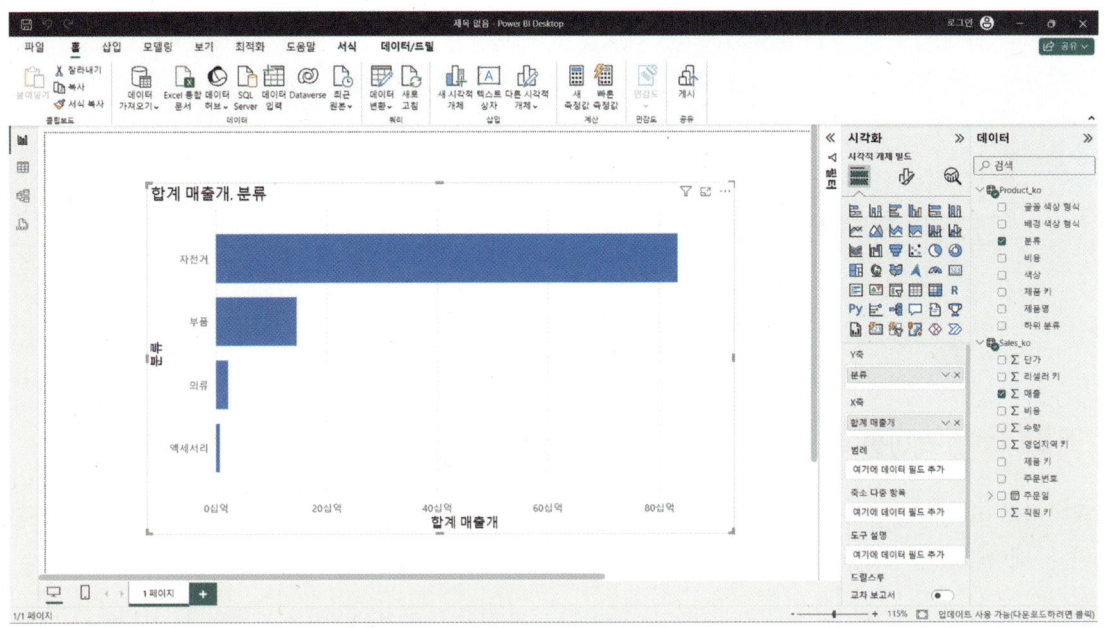

그림 1.4.11 관계 구축 후 시각화 결과물

관계를 구축해줌으로써 각각의 제품들이 속해 있는 분류에 대한 정보가 [Sales_ko] 테이블로 잘 전파되었고, 해당 정보를 기반으로 제품 분류별 매출 합계까지 집계가 잘 이뤄졌다. 이처럼 데이터 모델링은 올바른 값을 시각화 하는데 있어서 필수적인 과정이다.

4.3 테이블 및 필드 속성 편집

테이블 간의 관계를 구축하는 것 외에도 테이블과 필드의 속성을 편집해주는 것 또한 데이터 모델링의 일부다.

테이블의 속성을 편집하기 위해선 좌측의 [모델 보기] 아이콘을 눌러 모델 보기 화면으로 이동한 후 편집하고자 하는 테이블을 클릭한다. 그러면 우측에 [속성] 패널에서 선택한 테이블의 속성을 편집할 수 있다.

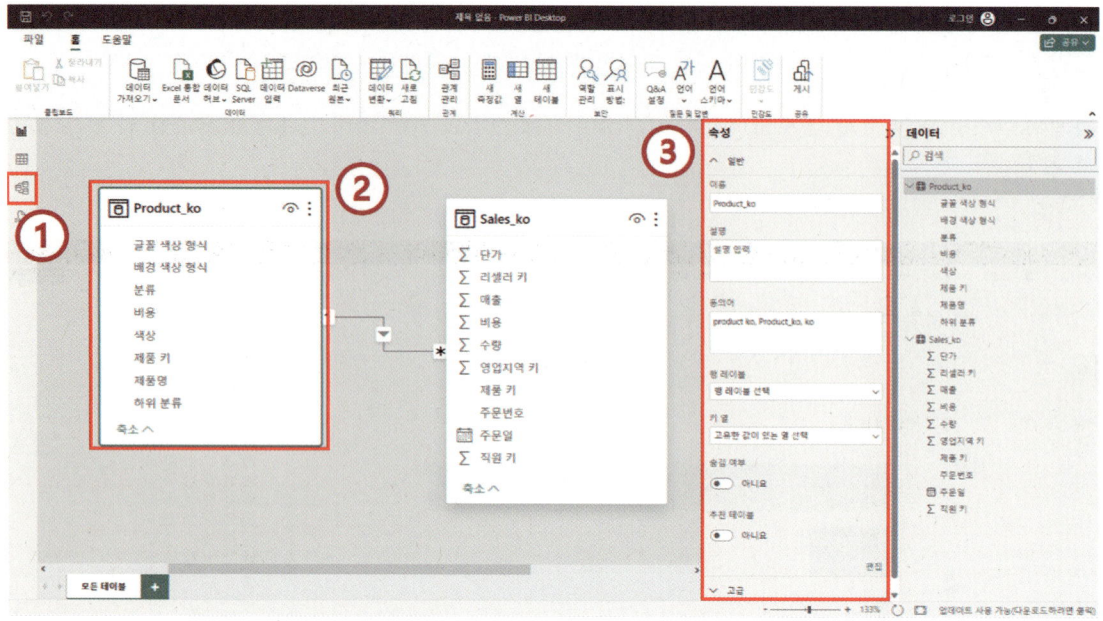

그림 1.4.12 테이블 속성 편집 화면

테이블의 이름을 편집하거나 또는 테이블 전체를 숨김 처리할 수 있는 메뉴도 해당 [속성] 패널에서 제공된다. 테이블이 숨김 처리되면 보고서 보기로 이동했을 때 해당 테이블이 나타나지 않는다.

특정 필드의 속성을 편집하고자 한다면 우측 [데이터] 패널에서 편집하고자 하는 필드를 선택한다. 예를 들어 'Sales_ko'[수량] 필드를 선택하면 해당 필드의 각종 속성을 편집할 수 있다.

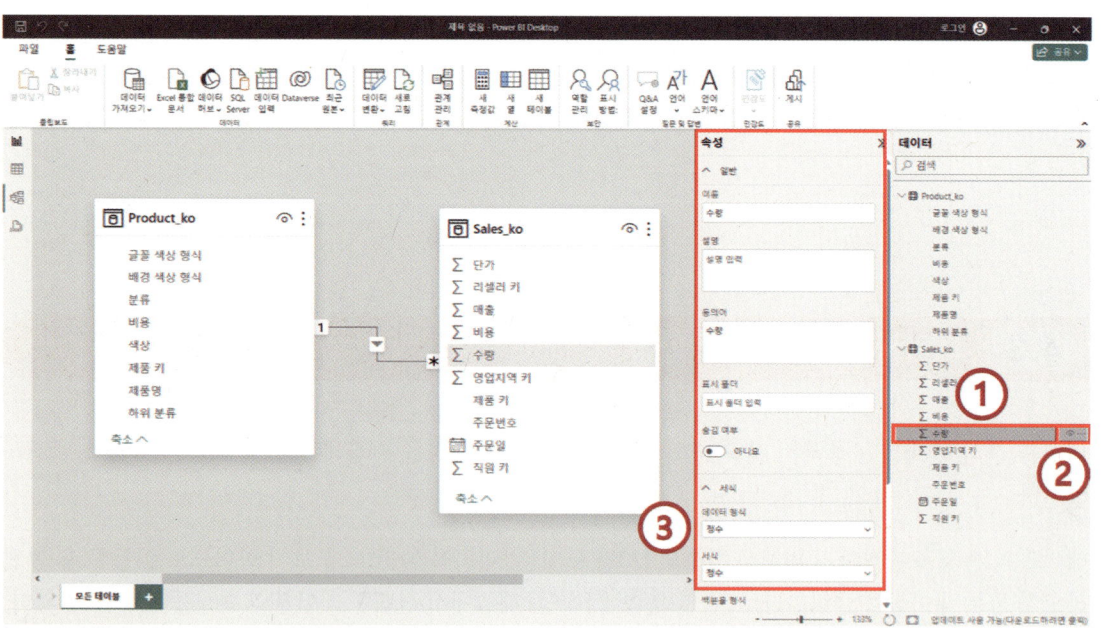

그림 1.4.13 필드 속성 편집 화면 1

'Sales_ko'[수량] 필드 위에 마우스를 올려두면 필드 이름 우측에 눈 모양 아이콘이 표시된다. 눈 모양 아이콘을 클릭하면 해당 필드만 숨김 처리된다. 이렇게 숨김 처리된 필드는 보고서 보기 화면에서 나타나지 않는다.

> **TIP**
> 기본 키 또는 외래 키 역할을 하는 필드들은 일반적으로 시각화에는 사용되지 않기 때문에 숨김 처리하는 편이다.

[속성] 패널에서는 해당 필드의 각종 속성을 편집할 수 있다. 필드의 이름을 변경하거나, 필드의 데이터 형식 또는 서식을 편집한다. [데이터 형식]과 [서식] 같은 경우 경영정보시각화능력 실기 시험에서는 어떤 형식 또는 서식을 선택해야 하는지 문제에서 제공된다. 시험을 칠 때는 지시사항에 나오는 선택지를 [데이터 형식] 또는 [서식] 드롭다운 박스에서 찾아 사용한다.

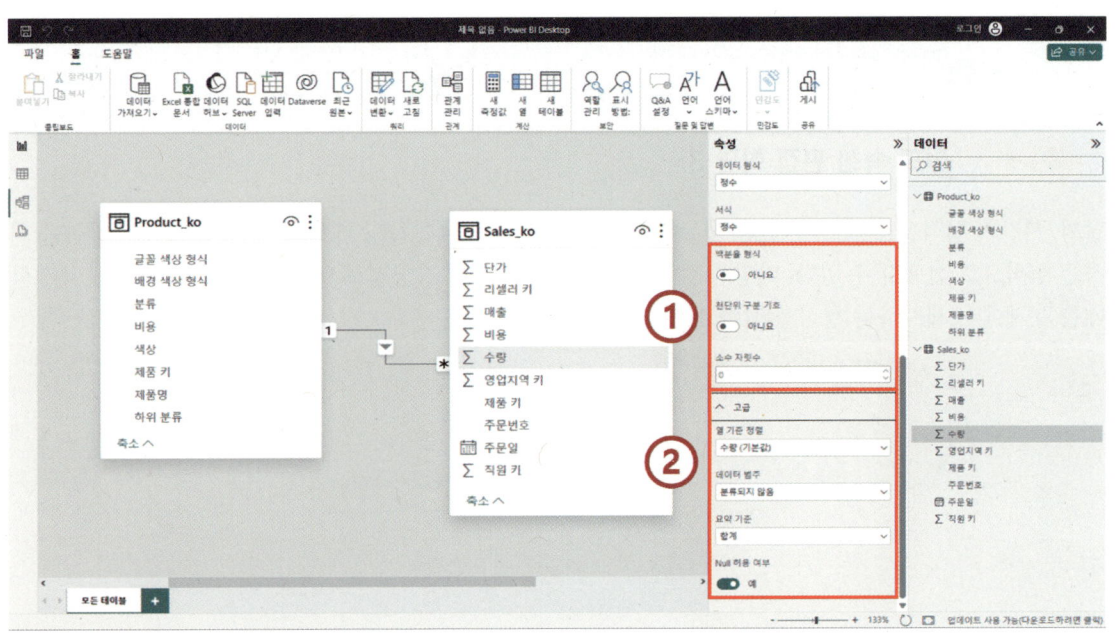

그림 1.4.14 필드 속성 편집 화면 2

[속성] 패널에서 스크롤을 내려 보면 추가적인 기능들을 더 확인할 수 있다. 숫자를 백분율 형식으로 표현해야 하거나 또는 천 단위 구분 기호를 서식에 넣어야 할 때 [속성] 패널에서 제공하는 기능들을 통해 구현한다. 수치형 데이터의 경우 소수점 자리 수 또한 [속성] 패널에서 편집 가능하다.

[고급] 메뉴를 클릭하면 추가적인 속성을 편집할 수 있는 화면이 나타난다. 데이터 범주를 편집해야 할 때 [고급] 메뉴로 이동하여 편집한다.

어떤 유형의 필드를 선택 하느냐에 따라 [속성] 패널에 나타나는 기능들도 다르다. 현재까지 예제는 수치형 필드를 선택했을 때의 화면을 살펴봤다. 만약 날짜형 필드인 'Sales_ko'[주문일]을 클릭하면 [속성] 패널에 나오는 화면이 조금 다른 것을 확인할 수 있다.

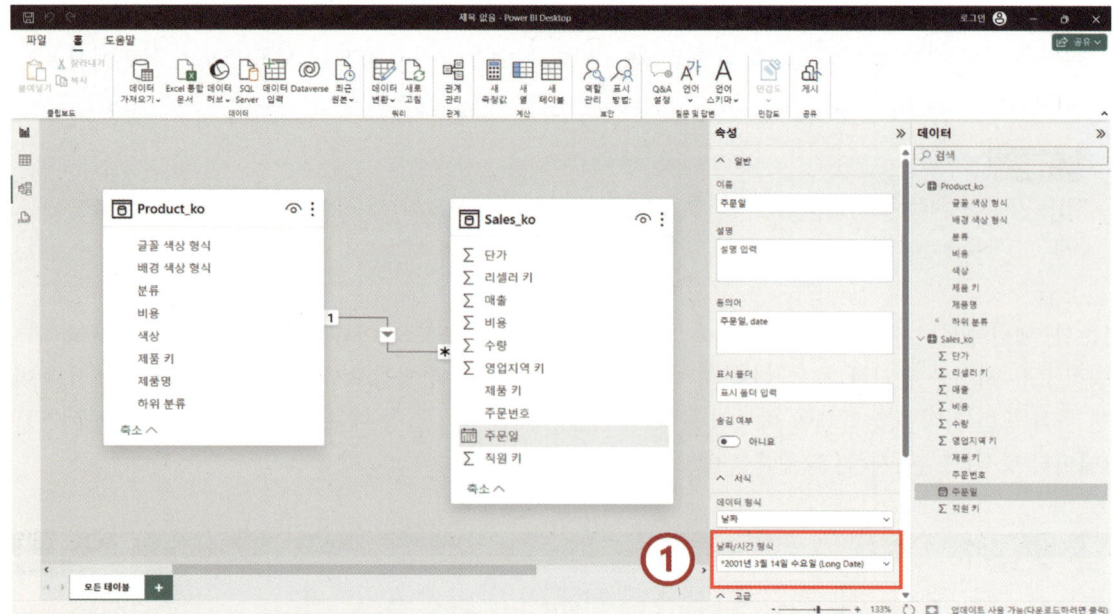

그림 1.4.15 필드 속성 편집 화면 3

날짜/시간의 형식을 선택할 수 있는 메뉴가 [속성] 패널에 나온다. 해당 메뉴에서 날짜/시간의 형식을 원하는 형식으로 선택할 수 있다. 다양한 형식이 제공되기 때문에 경영정보시각화능력 실기 시험을 응시할 때는 문제에서 제시하는 형식을 찾아 선택해야 한다.

4.4 계층 구조 설정

테이블 간에 일대다, 다대일, 다대다, 그리고 일대일 유형의 관계가 존재하듯이, 필드 간에도 관계가 존재한다. 필드 간에는 계층적인 관계가 존재할 수 있다. 대표적으로 날짜 필드 간에 계층 구조가 존재한다. 일(day)가 모여 월(month)가 되고, 월(month)가 모여 년(year)가 되기 때문이다.

현재 예제로 사용하고 있는 테이블 중에 [Product_ko] 테이블 내에 있는 필드 간에도 계층 구조가 존재한다. [제품명]은 각각 하나의 [하위 분류]에 속하는 구조이고, [하위 분류]는 각각 [분류]에 속하는 구조이기 때문이다. 좌측에 [테이블 보기] 아이콘을 클릭하면 [Product_ko] 테이블 내에 있는 데이터들을 확인 가능하다.

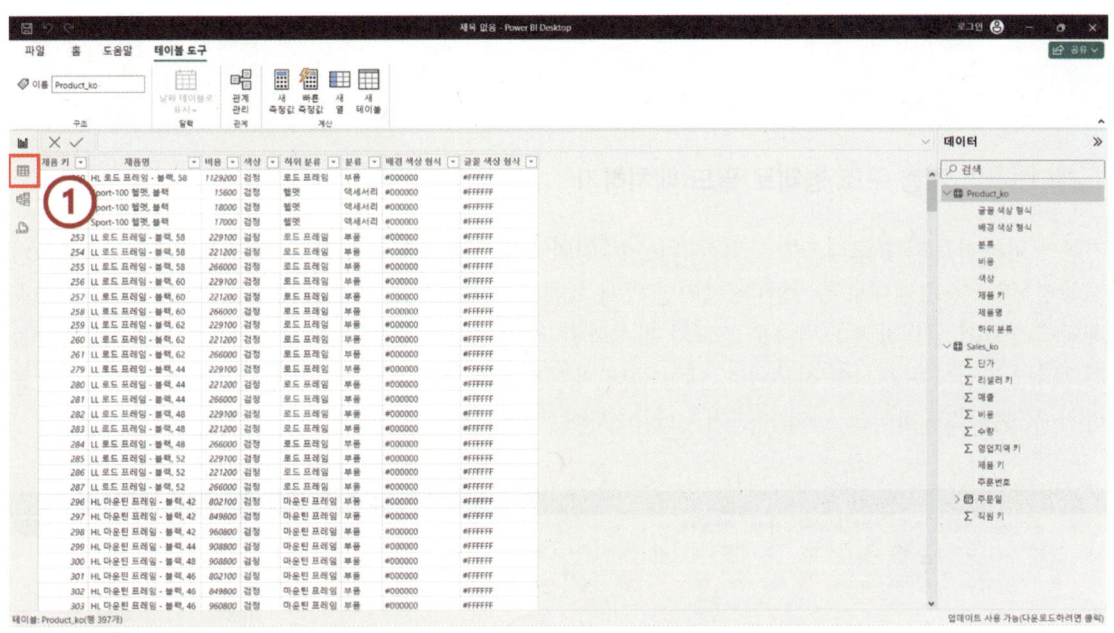

그림 1.4.16 테이블 보기 화면을 통해 Product_ko 테이블 확인하기

의미론적으로 필드 간의 계층 구조가 존재할 때 해당 필드들을 Power BI Desktop에서 제공하는 계층 구조 유형으로 만들어 두면 추후 시각화 할 때 유용하다. 계층 구조 순서대로 필드를 시각적 개체에 배치하면 드릴업/드릴다운 분석이 활성화되는데, 계층 구조를 만들어 두면 여러 필드를 드래그 앤 드롭 할 필요 없이 하나의 계층 구조만 드래그 앤 드롭하면 되기 때문이다.

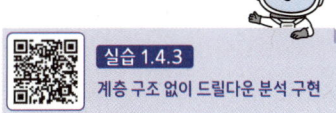

계층 구조를 만들지 않은 상태에서 드릴업/드릴다운 분석을 진행해보기 위해 좌측의 [보고서 보기] 아이콘을 눌러 보고서 화면으로 이동한다.

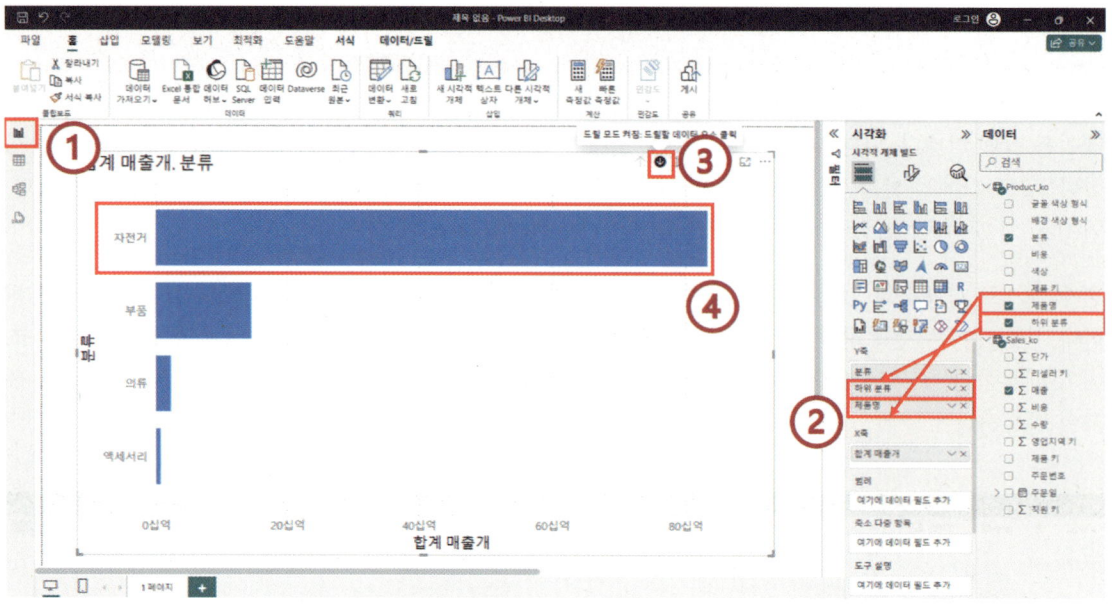

그림 1.4.17 계층 구조 형태로 필드 배치하기

기존에 만들어둔 막대 그래프를 클릭하고 [Y축] 영역에 'Product_ko'[하위 분류] 필드와 'Product_ko'[제품명] 필드를 차례대로 추가한다. 그러면 막대 그래프 우측 상단에 아래로 방향 화살표가 활성화된다. 해당 화살표를 클릭하면 드릴다운 모드가 활성화된다. 이 상태에서 막대 그래프에 있는 막대 중 하나를 선택하면 드릴다운 분석이 적용된다. 예를 들어 자전거 막대를 클릭하면 아래 그림과 같이 자전거 분류 하위에 있는 로드 바이크, 산악 자전거, 그리고 투어링 바이크의 매출이 집계되어 시각화되었다.

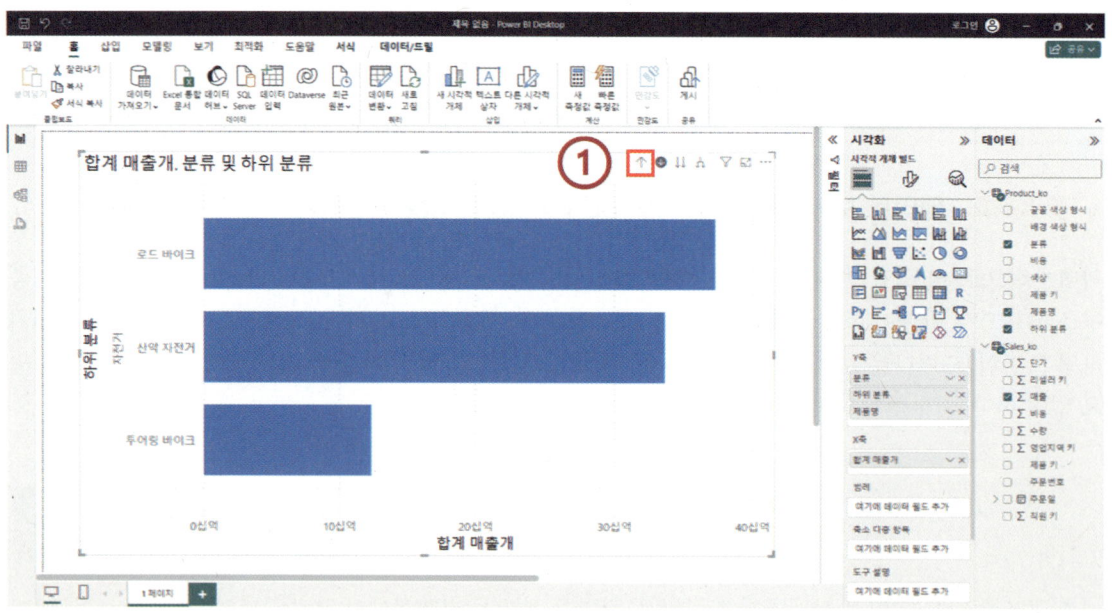

그림 1.4.18 자전거에 대한 드릴다운 분석 적용 후

이 상태에서 하위 분류 막대 중 하나를 클릭하면 보다 더 하위 계층으로 이동하여 제품명을 기준으로 매출이 집계되어 나타나는 것을 확인할 수 있다. 만약 상위 계층으로 다시 이동하고자 한다면 우측 상단의 위로 화살표 버튼을 클릭한다.

이처럼 의미론적으로 계층 구조를 지닌 필드들을 계층 구조 형태로 배열해주면 드릴업/드릴다운 분석을 적용할 수 있다. 하지만 해당 필드들을 하나씩 옮겨줘야 하기 때문에 드릴업/드릴다운 분석을 활성화하고자 하는 시각적 개체가 여러 개라면 필드를 여러 번 옮기기 번거로울 수 있다. 이 때 계층 구조를 만들어 두면 한 번에 계층 구조 추가가 가능하기 때문에 유용하게 사용할 수 있다.

계층 구조를 만들기 위해 모델 보기 화면으로 이동하여 'Product_ko'[분류] 필드를 우측 마우스 클릭한다. 추가 메뉴들이 나타나면 [계층 구조 만들기]를 클릭한다.

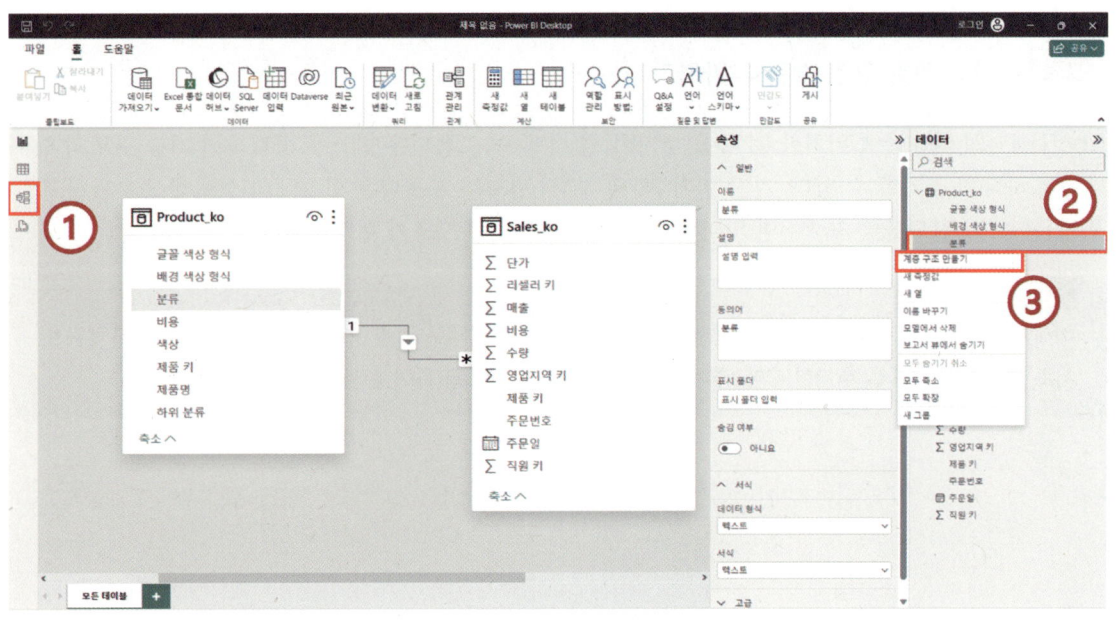

그림 1.4.19 계층 구조 만들기

[계층 구조 만들기] 버튼을 클릭한 후에는 'Product_ko'[분류 계층 구조] 라는 새로운 필드가 추가되었다. 해당 필드를 선택하면 [속성] 패널에서 해당 필드에 대한 속성 편집을 할 수 있다.

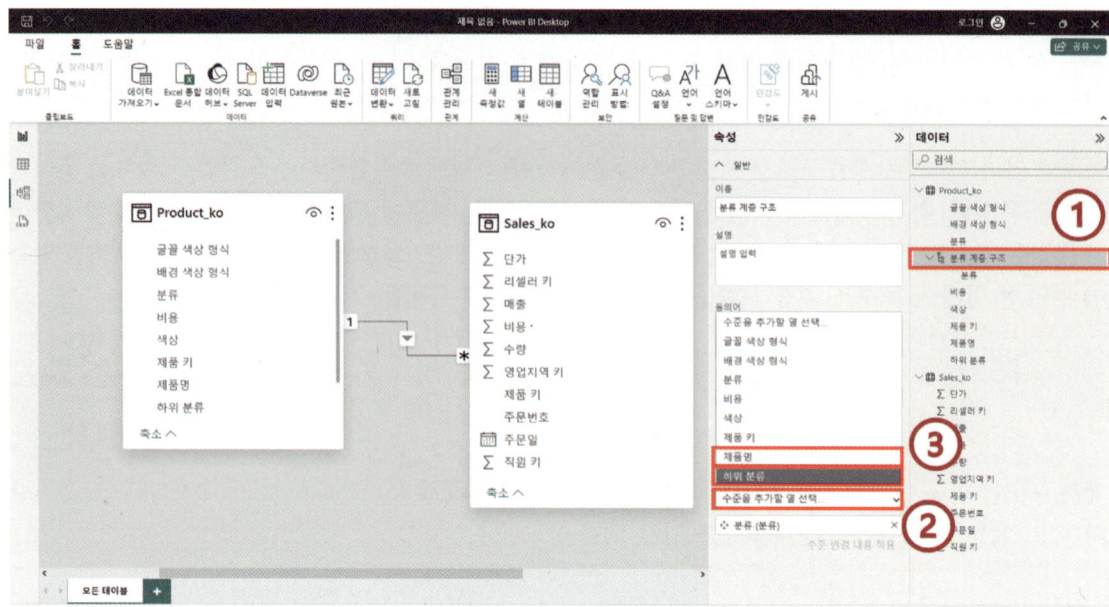

그림 1.4.20 계층 구조 수준 추가하기

[속성] 패널의 아래쪽에 위치한 [수준을 추가할 열 선택…] 드롭다운 박스를 클릭하면 계층 구조의 하위 계층을 하나씩 추가할 수 있다. 가장 먼저 [하위 분류] 필드를 드롭다운 박스에서 선택해서 추가하고 그 후에 [제품명] 필드를 추가해주면 의미론적으로 적절한 계층 구조가 형성된다.

> **TIP**
> 예제에서는 필드 의미에 맞게 [분류], [하위 분류], [제품명] 순서대로 계층 구조 수준을 추가했지만 무작위 순서로 계층 구조 수준을 추가한 후에, 추가된 필드를 드래그 앤 드롭 하여 순서를 수정할 수도 있다.

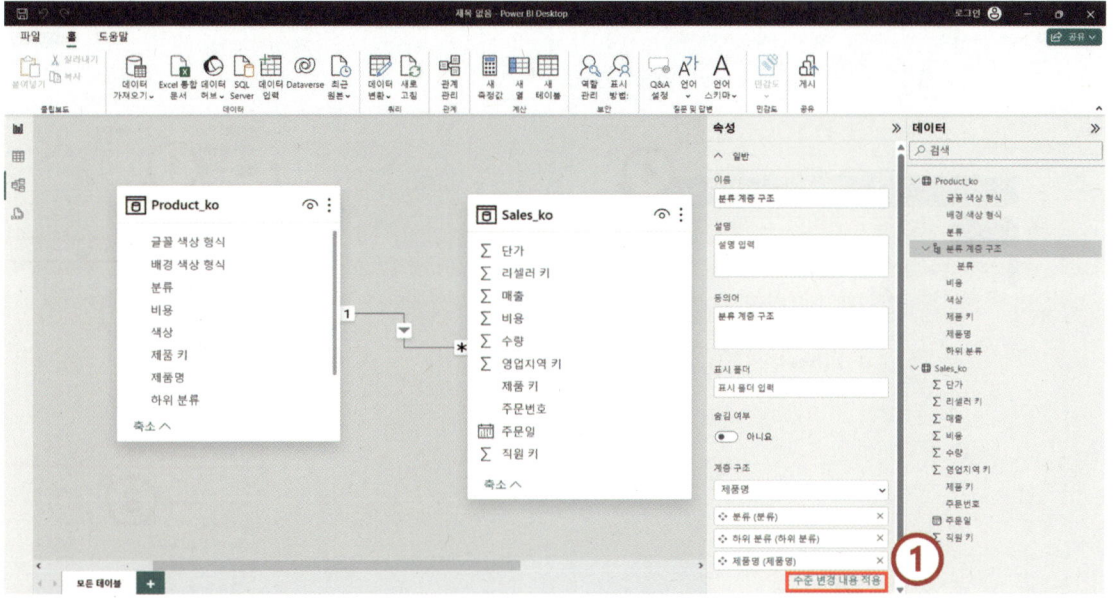

그림 1.4.21 수준 변경 내용 적용

[속성] 패널 하단에 [계층 구조] 섹션을 살펴보면 [분류], [하위 분류], [제품명] 순서로 계층 구조가 잘 추가된 것을 확인할 수 있다. 추가를 한 후에는 [수준 변경 내용 적용] 버튼을 눌러준다. 해당 버튼을 눌러줘야 수정한 변경 사항이 저장된다. 이 과정을 통해 [분류 계층 구조] 라는 계층 구조 필드를 완성한다.

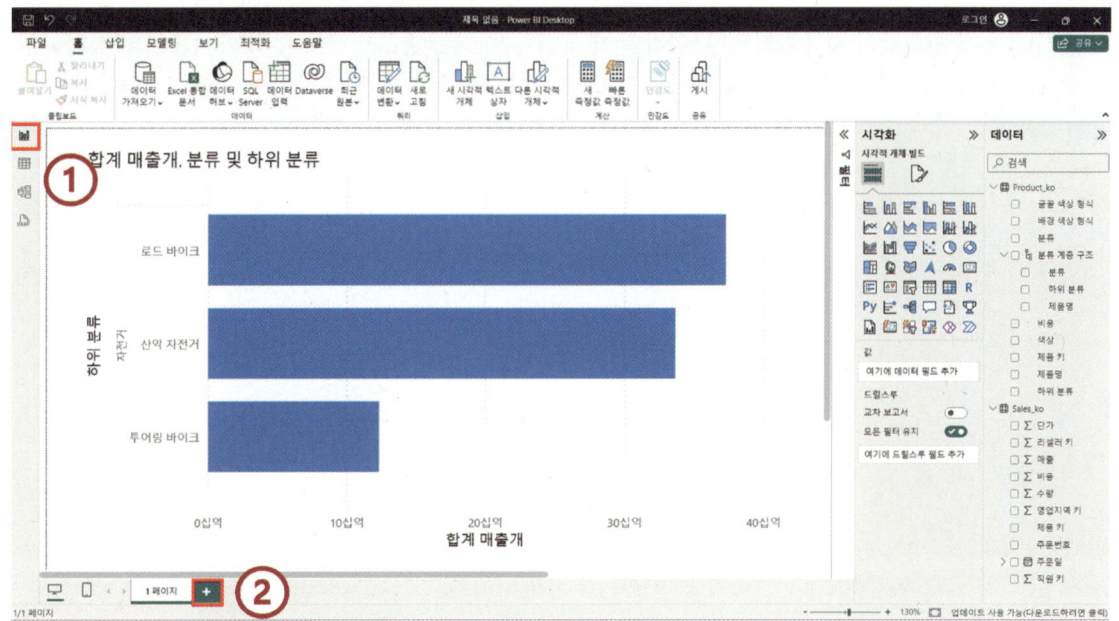

그림 1.4.22 새로운 보고서 페이지 추가하기

완성된 계층 구조 필드를 사용해보기 위해 다시 보고서 보기 화면으로 이동한다. 그리고 하단에 + 버튼을 눌러 새로운 보고서 페이지를 추가한다.

4 데이터 모델링

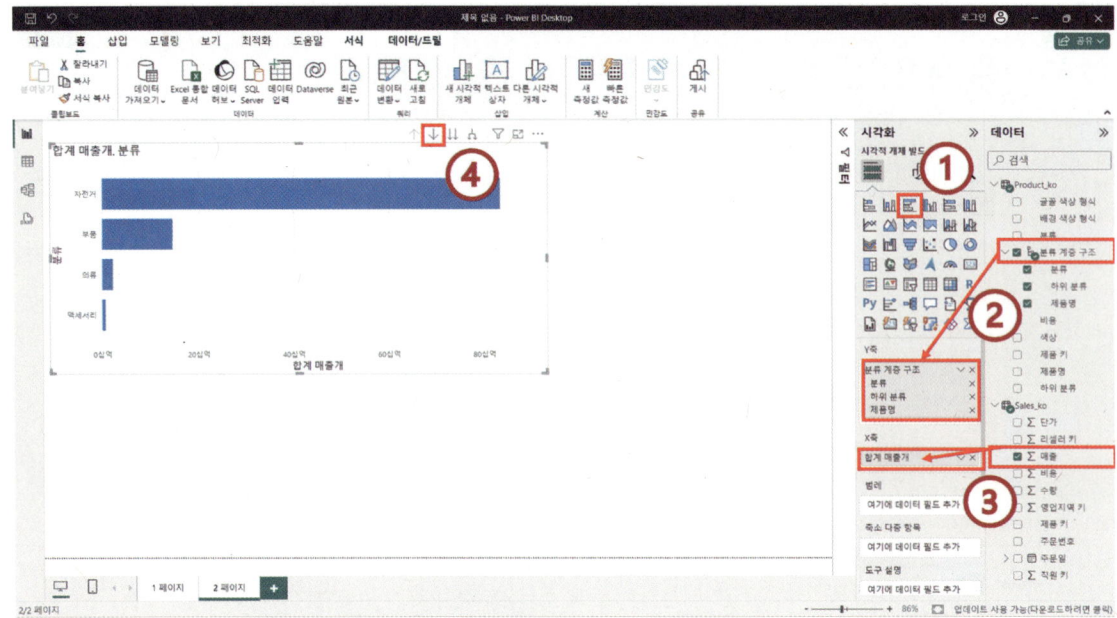

그림 1.4.23 계층 구조 필드를 사용한 시각화

새로운 페이지가 추가되면 차트를 추가하기 위해 [시각화] 패널의 [묶은 가로 막대형 차트] 버튼을 클릭한다. 그리고 해당 시각적 개체의 [Y축] 영역에 'Product_ko'[분류 계층 구조] 필드를 드래그 앤 드롭 한다. 이 과정을 통해 [분류], [하위 분류], [제품명] 필드들이 한 번에 [Y축] 영역에 추가된 것을 확인할 수 있다. 계층 구조가 없었을 때 보다 작업 환경이 간소해졌다. [X축] 영역에는 'Sales_ko'[매출]을 추가해 주면 시각적 개체에 값이 시각화되었다. 시각적 개체의 우측 상단에 드릴다운 분석 아이콘도 활성화되었다. 해당 아이콘을 클릭하여 그림 1.4.18에서 확인했던 드릴다운 분석을 똑같이 적용할 수 있다.

5 데이터 변환하기 – DAX

Part01 기초

Part 1 Chapter 3에서는 데이터 변환을 위해 Power Query 편집기를 사용했다. Power Query 편집기는 데이터를 수집해오는 과정 중에 1차적인 변환을 적용하고자 할 때 사용한다. Power Query 편집기를 통해 변환된 데이터가 Power BI Desktop에 적재된 후 추가적인 변환을 적용하고자 할 때는 DAX 함수를 이용해 데이터 변환을 적용한다. 해당 과정을 통해 분석 시나리오에 필요한 여러 변수들을 만들 수 있다.

5.1 DAX 개념 소개

DAX(Data Analysis eXpression)은 Power BI Desktop 내에서 사용가능한 함수들의 모음이다. 엑셀에서 다양한 함수들을 사용해 데이터들을 변환하고 조작할 수 있듯이 Power BI Desktop에서도 DAX 함수를 사용해 데이터를 자유자재로 가공한다.

DAX 함수를 사용해서 만들 수 있는 결과물의 유형은 다음과 같다.

- 측정값(Measure)
- 계산된 열(Calculated column)
- 계산된 테이블(Calculated table)

측정값은 수식 형태로만 존재하는 결과물이다. DAX 함수를 사용해 수식을 정의하고 해당 수식으로 측정값을 만들게 되면 해당 수식을 기반으로 데이터가 즉시 계산되는 것은 아니다. 보고서 페이지에 있는 시각적 개체에 해당 측정값 필드를 추가했을 때 계산이 이뤄지며 그 결과가 시각적 개체에 표출된다. 측정값을 만들 때 가장 중요한 점은 주어진 상황에서 하나의 값이 집계될 수 있도록 설계를 해야 한다는 점이다.

반면 계산된 열은 결과물이 즉시 집계되어 Power BI Desktop에 저장된다. DAX 함수로 수식을 정의한 후 계산된 열로 만들게 되면 해당 수식을 기반으로 데이터가 즉시 집계되어 결과가 테이블에 추가된다. 이렇게 추가된 결과물은 Power BI Desktop 좌측 아이콘 중 [테이블 보기] 아이콘을 클릭하여 확인할 수 있다. 측정값은 수식 형태로만 존재하기에 테이블 보기에서 관측할 수 없는 반면 계산된 열은 테이블 보기에서 확인 가능하다. 계산된 열은 새 열이라고도 한다.

계산된 테이블은 계산된 열처럼 결과가 즉시 계산되어 Power BI Desktop에 저장되는 테이블이다. 계산된 테이블은 새 테이블이라고도 한다.

DAX로 만들 수 있는 각 결과물 유형의 특징은 다음과 같다. 결과물을 만든 후에는 결과물에 따라 아이콘이 다르게 표시되므로, 아이콘을 통해 해당 결과물을 식별하고 구분한다.

- **측정값 (Measure)**
  - ✓ 수식 형태로 존재
  - ✓ 필요할 때 해당 수식을 기반으로 계산
  - ✓ 대부분의 경우 하나의 값만 집계될 수 있도록 수식을 설계 해야 함
  - ✓ 명시적 vs 암묵적

  ☐ 🔢 순수익 (측정값)

- **새 열 (계산된 열 / Calculated column)**
  - ✓ 생성할 때 수식에 의해 계산된 결과물이 데이터 모델 내에 저장됨

  ☐ 📊 순수익 (새 열)
  ☐ 📊 상호명 (새 열)

- **새 테이블 (계산된 테이블 / Calculated table)**
  - ✓ 새 열과 마찬가지로, 계산된 결과물이 데이터 모델 내에 저장됨

  › 📅 날짜

그림 1.5.1 측정값 / 계산된 열 / 계산된 테이블 비교

경영정보시각화능력 시험을 응시할 때는 각 결과물의 세부 특징을 외우고 있어야 할 필요는 없다. 문제에서 제시하는 조건에 따라 측정값, 새 열, 또는 새 테이블 만들기 버튼을 눌러 문제에서 요구하는 결과물을 적절하게 만들면 된다.

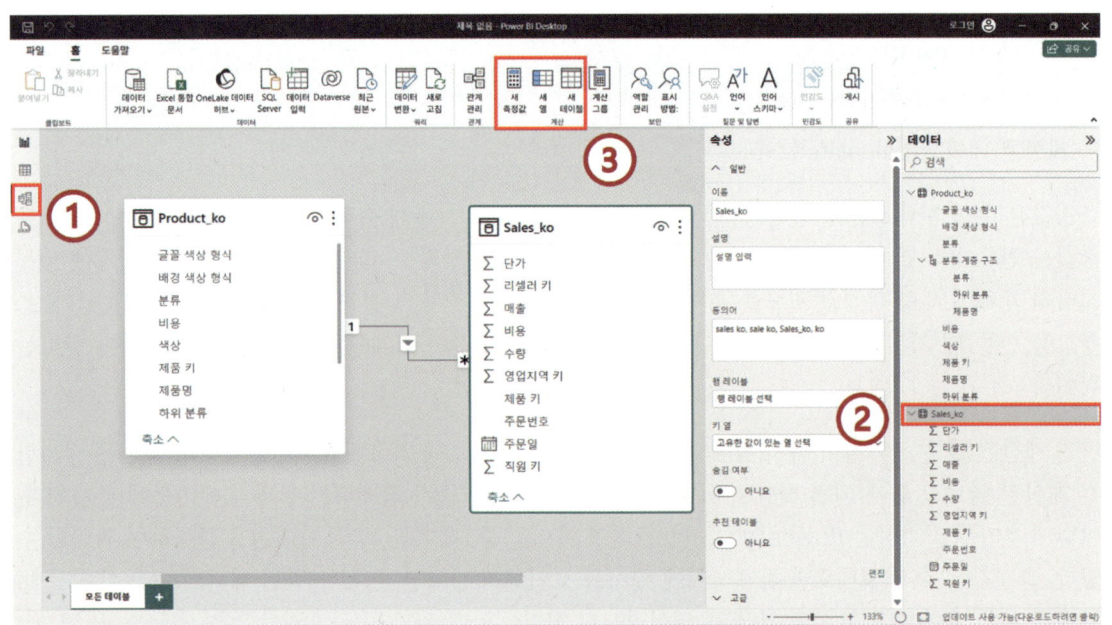

그림 1.5.2 측정값 / 계산된 열 / 계산된 테이블 만드는 버튼 위치

그림 1.5.2에서는 [모델 보기] 화면에서 측정값, 계산된 열, 그리고 계산된 테이블을 만드는 버튼의 위치를 보여주고 있지만, [테이블 보기] 화면 및 [보고서 보기] 화면에서도 [데이터] 패널에 있는 테이블을 선

택하면 상단 메뉴에 [새 측정값], [새 열], 그리고 [새 테이블] 버튼을 확인할 수 있다.

Power BI Desktop에서 사용 가능한 모든 DAX 함수들은 Microsoft에서 운영하는 공식 학습 사이트인 Microsoft Learn 사이트(https://learn.microsoft.com/en-us/dax/)에서 확인할 수 있다. 대한상공회의소(https://license.korcham.net/co/examguide02Sub.do?cd=0108&mm=28&num=3015481) 웹사이트에 접속해보면 경영정보시각화능력 실기 시험 함수 출제 범위를 안내하고 있다. 2024년도에 안내한 출제범위에서는 전체 DAX 함수 중에 111개의 함수만 출제 범위에 포함됐었다. 그러나 2025년도에 업데이트된 출제 범위를 보면 Microsoft Learn에서 안내하는 모든 DAX 함수들을 출제 범위에 포함시켰다.

이번 장에서는 이러한 DAX 함수들 중에서 일부만 살펴볼 예정이다. 이번 장에서 다루지 않는 함수들의 주요 특징은 Microsoft에서 운영하는 Microsoft Learn 사이트(https://learn.microsoft.com/en-us/dax/)에서 확인할 수 있다.

5.2 숫자/집계/통계 함수

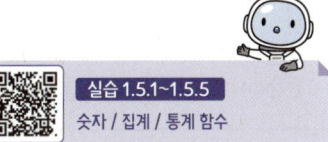

1) DIVIDE

DAX 함수를 활용해 측정값이나 계산된 열을 만들 때 나누기 연산을 구현하고자 한다면 '/' 연산자를 활용할 수 있다. 다만 나누기 특성 상 분모가 0인 경우에는 나누기가 정의되지 않기 때문에 결과값에 빈 값으로 처리된다. DIVIDE 함수를 사용하면 분모가 0인 경우 반환하고자 하는 값을 사용자가 지정하여 나누기 연산이 된다.

문법

```
DIVIDE(<분자>, <분모> [, <대체 결과>])
```

실습 문제

- 측정값 이름: [이익률]
- 활용 필드: 'Sales_ko' 테이블의 'Sales_ko'[매출] 및 'Sales_ko'[비용] 필드
- 계산 방법: 'Sales_ko'[매출]에서 'Sales_ko'[비용]을 차감한 것을 'Sales_ko'[매출]로 나눠주기, 'Sales_ko'[매출]이 0인 경우 "매출 없음"이 반환되도록 하기
- 사용 함수: DIVIDE, SUM

답

```
이익률 = DIVIDE(
    SUM('Sales_ko'[매출]) - SUM('Sales_ko'[비용]),
    SUM('Sales_ko'[매출]),
    "매출 없음"
)
```

2) COUNTROWS

COUNTROWS 함수는 특정 테이블 내에 있는 행의 개수를 반환하고자 할 때 사용한다.

문법

```
COUNTROWS(<테이블>)
```

실습 문제

- 측정값 이름: [주문 품목 건수]
- 활용 테이블: 'Sales_ko' 테이블
- 계산 방법: 'Sales_ko' 테이블에 있는 행의 개수 반환
- 사용 함수: COUNTROWS

답

```
주문 품목 건수 = COUNTROWS('Sales_ko')
```

3) DISTINCTCOUNT

DISTINCTCOUNT 함수는 특정 열에서 상이값의 개수를 계산할 때 사용한다. 데이터의 다양성을 확인할 때 유용하다.

문법

```
DISTINCTCOUNT(<열>)
```

실습 문제

- 측정값 이름: [주문번호 건수]
- 활용 필드: 'Sales_ko' 테이블의 [주문번호] 필드
- 계산 방법: 'Sales_ko' 테이블에서 상이한 [주문번호] 값의 개수를 계산
- 사용 함수: DISTINCTCOUNT

답

```
주문번호 건수 = DISTINCTCOUNT( 'Sales_ko' [주문번호])
```

4) SUM

SUM 함수는 특정 수치형 열의 합계를 계산할 때 사용한다.

문법

```
SUM(<열>)
```

실습 문제

- 측정값 이름: [총 매출]
- 활용 필드: 'Sales_ko' 테이블의 [매출] 필드
- 계산 방법: 'Sales_ko' 테이블의 [매출] 필드 값을 모두 더한 총합 계산
- 사용 함수: SUM

답

```
총 매출 = SUM( 'Sales_ko' [매출])
```

5) SUMX

DAX 함수들 중에서는 함수명의 마지막 문자에 'X'가 붙어 있는 함수들이 있다. 해당 함수들을 통틀어 X 함수라고 하고, X는 expression을 뜻한다. X가 붙어 있는 함수들은 일반적으로 특정 수식을 기반으로 계산을 한 뒤, 그 결과물을 집계한다. SUMX 함수는 명시된 테이블의 행 별로 주어진 수식에 기반한 계산을 수행한 후, 해당 결과를 합산한다.

문법

```
SUMX(<테이블>, <식>)
```

실습 문제

- 측정값 이름: [총 수익]
- 활용 필드: 'Sales_ko' 테이블의 'Sales_ko'[매출] 및 'Sales_ko'[비용] 필드
- 계산 방법: 'Sales_ko' 테이블의 각 행에서 'Sales_ko'[매출]에서 'Sales_ko'[비용]을 뺀 값을 합산하여 총 수익 계산
- 사용 함수: SUMX

답

```
총 수익 = SUMX(
    'Sales_ko',
    'Sales_ko'[매출] - 'Sales_ko'[비용]
)
```

5.3 문자열 함수

실습 1.5.6~1.5.8
문자열 함수

1) FORMAT

실습 1.5.6
FORMAT

FORMAT 함수는 숫자 값 또는 날짜 값을 지정한 형식에 따라 텍스트 형식으로 변환한다. 사용자가 원하는 형태의 형식으로 결과값을 표시하고자 할 때 유용하다. 지정한 형식을 어떤 식으로 제공해야 하는지는 Microsoft Learn 문서(https://learn.microsoft.com/ko-kr/dax/format-function-dax)를 통해 확인해볼 수 있다.

문법

```
FORMAT(<값>, <지정한 형식>[, <국가 코드>])
```

실습 문제

- 새 열 이름: [날짜 포맷]

- 활용 필드: 'Date' 테이블의 'Date'[일자] 필드
- 계산 방법: 'Date'[일자] 필드를 "YYYY-MM-DD" 형식으로 변환
- 사용 함수: FORMAT

답

```
날짜 포맷 = FORMAT('Date'[일자], "YYYY-MM-DD")
```

2) CONCATENATE

CONCATENATE 함수는 두 개의 텍스트 문자열을 결합하여 하나의 문자열로 반환한다.

문법

```
CONCATENATE(<문자열1>, <문자열2>)
```

실습 문제

- 새 열 이름: [이름 및 직책]
- 활용 필드: 'Salesperson_ko' 테이블의 'Salesperson_ko'[영업직원명] 필드 및 'Salesperson_ko'[직책] 필드
- 계산 방법: 'Salesperson_ko'[영업직원명] 필드 및 'Salesperson_ko'[직책] 필드를 결합하여 하나의 문자열로 반환, 문자열 사이에 띄어쓰기 포함할 것 (예: "Stephen Jiang 북미 팀장")
- 사용 함수: CONCATENATE

답

```
이름 및 직책 = CONCATENATE(
    'Salesperson_ko'[영업직원명],
    CONCATENATE(" ", 'Salesperson_ko'[직책])
)
```

3) LEN

LEN 함수는 문자열의 길이를 반환한다. 공백도 문자로 포함하여 계산한다.

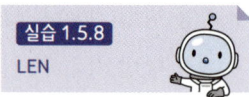

문법

```
LEN(<문자열>)
```

실습 문제

- 새 열 이름: [이름 길이]
- 활용 필드: 'Salesperson_ko' 테이블의 'Salesperson_ko'[영업직원명] 필드
- 계산 방법: 'Salesperson_ko'[영업직원명] 필드의 문자열 길이를 계산
- 사용 함수: LEN

답

```
이름 길이 = LEN('Salesperson_ko'[영업직원명])
```

5.4 논리 함수

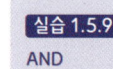

1) AND

AND 함수는 두 조건이 모두 참인 경우에 TRUE를 반환한다. 아닌 경우 FALSE를 반환한다.

문법

```
AND(<논리식1>, <논리식2>)
```

실습 문제

- 새 열 이름: [제품343직원282]
- 활용 필드: 'Sales_ko' 테이블의 'Sales_ko'[제품 키] 필드 및 'Sales_ko'[직원 키] 필드
- 계산 방법: 'Sales_ko'[제품 키] 필드가 343이고 'Sales_ko'[직원 키] 필드가 282인 경우 TRUE 반환

- 사용 함수: AND

답

```
제품343직원282 = AND(
    'Sales_ko'[제품 키] = 343,
    'Sales_ko'[직원 키] = 282
)
```

2) IF

IF 함수는 특정 조건이 참인지 거짓인지를 확인하고, 그 결과에 따라 다른 값을 반환하고자 할 때 사용한다. 다양한 조건부 계산에 유용하게 활용될 수 있다.

문법

```
IF(<논리식>, <참일 경우 반환할 값>[, <거짓을 경우 반환할 값>])
```

실습 문제

- 측정값 이름: [손해 여부]
- 활용 필드: [총 수익] 측정값
- 계산 방법: [총 수익]이 0 이상인 경우 "손해 아님", 그렇지 않은 경우 "손해" 반환
- 사용 함수: IF

답

```
손해 여부 = IF([총 수익] >= 0, "손해 아님", "손해")
```

3) NOT

NOT 함수는 논리값 또는 논리식을 반전시킬 때 사용한다. 논리식의 결과가 TRUE일 때 NOT을 적용하면 FALSE가 반환되고, FALSE일 때 NOT을 적용하면 TRUE가 반환된다.

문법

```
NOT(<논리식>)
```

실습 문제

- 측정값 이름: [NOT을 사용한 손해 여부]
- 활용 필드: [총 수익] 측정값
- 계산 방법: [총 수익]이 0 이상인 경우 "손해 아님", 그렇지 않은 경우 "손해" 반환
- 사용 함수: IF, NOT

답

```
NOT을 사용한 손해 여부 = IF(NOT([총 수익] >= 0), "손해", "손해 아님")
```

4) OR

OR 함수는 주어진 두 개의 논리식 조건 중 하나라도 참일 경우 TRUE을 반환한다. 둘 다 거짓일 경우 FALSE를 반환한다.

문법

```
OR(<논리식1>, <논리식2>)
```

실습 문제

- 측정값 이름: [목표 달성]
- 활용 필드: 'Sales_ko' 테이블의 'Sales_ko'[매출] 필드, [주문번호 건수] 측정값
- 계산 방법: 'Sales_ko'[매출]의 합계가 20억 이상이거나 또는 [주문번호 건수]가 2500건 이상이면은 "목표 달성" 반환, 아닌 경우 "목표 미달" 반환
- 사용 함수: IF, SUM, OR

답

```
목표 달성 = IF(
    OR(SUM('Sales_ko'[매출]) >= 2000000000, [주문번호 건수] >= 2500),
    "목표 달성",
    "목표 미달"
)
```

5) SWITCH

SWITCH 함수는 여러 조건을 간결하게 평가하고, 각 조건에 맞는 값을 반환할 때 사용한다. 여러 IF 조건문을 대체할 수 있어 식의 가독성을 높이는 데 유용하다.

문법

```
SWITCH(<수식>, <값>, <결과>[, <값>, <결과>]…[, <그 외 경우 결과>])
```

실습 문제

- 새 열 이름: [국가_영문명]
- 활용 필드: 'Region_ko' 테이블의 'Region_ko'[국가] 필드
- 계산 방법: 각 국가명을 영어로 변환하기 (미국 -> USA, 캐나다 -> Canada, 한국 -> South Korea, 독일 -> Germany, 오스트레일리아 -> Australia, 영국 -> UK)
- 사용 함수: SWITCH

답

```
국가_영문명 = SWITCH( 'Region_ko'[국가],
    "미국", "USA",
    "캐나다", "Canada",
    "한국", "South Korea",
    "독일", "Germany",
    "오스트레일리아", "Australia",
    "영국", "UK"
)
```

5.5 날짜 및 시간 함수

1) DATE

DATE 함수는 주어진 연도, 월, 일 값을 기반으로 날짜/시간(datetime) 형식의 데이터를 생성한다.

문법

DATE(<year>, <month>, <day>)

실습 문제

- 측정값 이름: [행사 날짜]
- 활용 필드: 없음
- 계산 방법: 2025년 1월 1일의 날짜를 날짜/시간 형식의 데이터로 생성
- 사용 함수: DATE

답

행사 날짜 = DATE(2025, 1, 1)

2) CALENDAR

CALENDAR 함수는 주어진 시작일과 종료일 사이의 날짜로 구성된 테이블을 생성하는 데 사용된다. 날짜 차원 테이블을 만들 때 유용하며, 시간 인텔리전스 DAX 함수들을 적용하기 전 데이터 전처리를 할 때 자주 사용된다.

문법

CALENDAR(<시작일>, <종료일>)

실습 문제

- 새 테이블 이름: [2025 날짜 테이블]
- 활용 필드: 없음

- 계산 방법: 2025년 1월 1일부터 2025년 12월 31일 까지의 날짜 범위를 보유한 테이블 생성
- 사용 함수: CALENDAR, DATE

답

```
2025 날짜 테이블 = CALENDAR(
    DATE(2025, 1, 1),
    DATE(2025, 12, 31)
)
```

3) YEAR

YEAR 함수는 입력된 날짜/시간 데이터에서 연도만 추출하고자 할 때 사용한다.

문법

```
YEAR(<날짜>)
```

실습 문제

- 새 열 이름: [연도]
- 활용 필드: '2025 날짜 테이블' 테이블의 '2025 날짜 테이블'[Date] 필드
- 계산 방법: '2025 날짜 테이블'[Date] 필드에 있는 날짜/시간 데이터로부터 연도만 추출
- 사용 함수: YEAR

답

```
연도 = YEAR( '2025 날짜 테이블'[Date])
```

4) TOTALYTD

TOTALYTD 함수는 연간 동안 값을 누적해서 집계하고자 할 때 사용한다.

문법

```
TOTALYTD(<수식>, <날짜 열>[, <필터 식>][, <연 종료일자>])
```

실습 문제

- 측정값 이름: [연간 누적 매출]
- 활용 필드: 'Sales_ko' 테이블의 'Sales_ko'[매출] 필드, 'Date' 테이블의 'Date'[일자] 필드
- 계산 방법: 'Sales_ko'[매출] 필드를 누적 연간 합계로 계산
- 사용 함수: TOTALYTD, SUM

답

연간 누적 매출 = TOTALYTD(SUM('Sales_ko'[매출]), 'Date'[일자])

5.6 테이블 조작/계산 함수

1) ADDCOLUMNS

ADDCOLUMNS 함수는 기존 테이블에 새로운 열이 추가된 복제 테이블을 만들고자 할 때 사용한다.

문법

ADDCOLUMNS(<테이블>, <열 이름>, <식>, [<열 이름>, <식>]...)

실습 문제

- 새 테이블 이름: '복제된 Product_ko'
- 활용 테이블: 'Product_ko' 테이블
- 계산 방법: 'Product_ko' 테이블에 'Product_ko'[문자 길이] 열이 추가된 '복제된 Product_ko' 테이블 만들기, 'Product_ko'[문자 길이] 열에는 'Product_ko'[제품명] 필드에 있는 문자열의 길이를 저장할 것
- 사용 함수: ADDCOLUMNS, LEN

답

복제된 Product_ko = ADDCOLUMNS('Product_ko', "문자 길이", LEN('Product_ko'[제품명]))

2) SUMMARIZE

SUMMARIZE 함수는 테이블을 그룹화하고 요약된 정보를 포함한 새로운 테이블을 생성할 때 사용한다.

문법

```
SUMMARIZE(<테이블>, <그룹화할 열1>[, <그룹화할 열2>]...[, <열 이름1>, <수식1>]...)
```

실습 문제

- 새 테이블 이름: '영업지역별 요약 테이블'
- 활용 테이블: 'Sales_ko' 테이블
- 계산 방법: 'Sales_ko' 테이블에 있는 'Sales_ko'[영업지역 키] 필드 기준으로 그룹화 하여 각 그룹별 총 매출 및 총 비용을 나타내는 열을 만들 것, 열 이름은 각각 "총 매출" 및 "총 비용"으로 이름을 짓고, 필드는 'Sales_ko'[매출] 및 'Sales_ko'[비용]을 사용할 것
- 사용 함수: SUMMARIZE, SUM

답

```
영업지역별 요약 테이블 = SUMMARIZE('Sales_ko',
                'Sales_ko'[영업지역 키],
                "총 매출", SUM('Sales_ko'[매출]),
                "총 비용", SUM('Sales_ko'[비용])
)
```

3) RELATED

RELATED 함수는 현재 테이블과 연결된 테이블에 있는 값을 가져올 때 사용한다. 두 테이블 간 관계가 존재할 때 사용 가능하다.

문법

```
RELATED(<열>)
```

실습 문제

- 새 열 이름: [색상]
- 활용 테이블: 'Product_ko' 테이블

- 계산 방법: 'Product_ko' 테이블의 'Product_ko'[색상] 필드에 있는 값을 'Sales' 테이블에 'Sales'[색상] 필드로 추가하기
- 사용 함수: RELATED

답

```
색상 = RELATED('Product_ko'[색상])
```

5.7 필터 함수

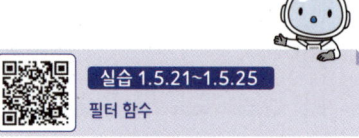

1) ALL

ALL 함수는 특정 열이나 테이블에서 적용된 필터를 무시하고 모든 행을 반환할 때 사용한다.

문법

```
ALL( [<테이블> | <열1>[, <열2>[, <열3>[,...]]]] )
```

실습 문제

- 측정값 이름: [매출 비중]
- 활용 테이블: 'Sales_ko' 테이블
- 계산 방법: 'Sales_ko' 테이블의 'Sales_ko'[매출] 필드의 전체 합계 값을 기반으로, 주어진 컨텍스트(context)의 'Sales_ko'[매출] 합계의 상대적인 비중 계산하기
- 사용 함수: SUMX, ALL, VAR, RETURN

답

```
매출 비중 =
VAR numerator = SUM('Sales_ko'[매출])
VAR denominator = SUMX(ALL(Sales_ko), 'Sales_ko'[매출])
VAR result = numerator / denominator
RETURN result
```

> **TIP**
> VAR과 RETURN 조합은 DAX 수식이 복잡해지는 경우 가독성을 높이고 성능 향상에도 도움이 되는 조합이다. VAR을 사용하여 해당 수식 내에서 사용하고자 할 변수를 정의할 수 있으며, RETURN 구문을 통해 최종적으로 수식에서 반환하고자 하는 결과를 정의할 수 있다.

2) CALCULATE

CALCULATE 함수는 사용자가 특정 필터 컨텍스트(context)를 고정하여 수식을 실행하고자 할 때 사용한다.

문법

```
CALCULATE(<수식>[, <필터1> [, <필터2> [, …]]])
```

실습 문제

- 측정값 이름: [자전거 매출]
- 활용 테이블: 'Sales_ko' 테이블, 'Product_ko' 테이블
- 계산 방법: 'Product_ko'[분류] 필드가 "자전거"에만 해당하는 'Sales_ko'[매출] 필드의 합계 구하기
- 사용 함수: CALCULATE, SUM

답

```
자전거 매출 = CALCULATE(SUM('Sales_ko'[매출]), 'Product_ko'[분류] = "자전거")
```

3) FILTER

FILTER 함수는 테이블에서 조건을 기반으로 특정 행만 필터링하여 테이블의 부분 집합을 반환할 때 사용한다.

문법

```
FILTER(<테이블>, <필터>)
```

실습 문제

- 새 테이블 이름: '한국 주문 내역'

- 활용 테이블: 'Sales_ko' 테이블, 'Region_ko' 테이블
- 계산 방법: 'Sales_ko' 테이블의 행 중에서 'Region_ko'[국가] 필드가 "한국"에 해당하는 것만 반환하기, 'Sales_ko' 테이블과 'Region_ko' 테이블은 다대일 관계를 보유하고 있음.
- 사용 함수: FILTER, RELATED

답

> 한국 주문 내역 = FILTER('Sales_ko', RELATED('Region_ko'[국가]) = "한국")

4) KEEPFILTERS

KEEPFILTERS 함수는 기존의 필터 컨텍스트를 유지하면서 사용자가 정의 내린 추가적인 필터를 적용하고자 할 때 사용한다. 일반적으로 CALCULATE 함수와 함께 쓴다.

문법

KEEPFILTERS(〈수식〉)

실습 문제

- 측정값 이름: [자전거 매출 (문맥 반영)]
- 활용 테이블: 'Sales_ko' 테이블, 'Product_ko' 테이블
- 계산 방법: 'Product_ko'[분류] 필드가 "자전거"인 'Sales_ko'[매출] 필드의 합계를 구하되, 보고서에 있는 'Product_ko'[분류] 슬라이서의 필터 컨텍스트 영향을 받을 수 있도록 만들 것
- 사용 함수: CALCULATE, SUM, KEEPFILTERS

답

> 자전거 매출 (문맥 반영) = CALCULATE
>   (SUM('Sales_ko'[매출]),
>   KEEPFILTERS('Product_ko'[분류] = "자전거")
>)

5) REMOVEFILTERS

REMOVEFILTERS 함수는 특정 열이나 테이블의 필터를 제거할 때 사용한다. 일반적으로 CALCULATE 함수와 함께 쓴다.

문법

```
REMOVEFILTERS([<테이블> | <열1>[, <열2>[, <열3>[,...]]]])
```

실습 문제

- 측정값 이름: [전체 매출 중 해당 매출의 비중]
- 활용 테이블: 'Sales_ko' 테이블
- 계산 방법: 주어진 필터 컨텍스트의 'Sales_ko'[매출]을 원본 'Sales_ko' 테이블의 전체 매출로 나누기
- 사용 함수: SUM, CALCULATE, REMOVEFILTERS, VAR, RETURN

답

```
전체 매출 중 해당 매출의 비중 =
VAR numerator = SUM('Sales_ko'[매출])
VAR denominator = CALCULATE(SUM('Sales_ko'[매출]), REMOVEFILTERS('Sales_ko'))
VAR result = numerator / denominator
RETURN result
```

5.8 기타 함수

실습 1.5.26~1.5.27
기타 함수

실습 1.5.26
HASONEFILTER, BLANK

1) HASONEFILTER, BLANK

HASONEFILTER 함수는 특정 필드에 대해 하나의 필터만 적용되었는지 확인할 때 사용한다. BLANK 함수는 공백을 반환한다.

문법

```
HASONEFILTER(<열>)
```

실습 문제

- 측정값 이름: [개별 분류에 대한 총 매출]
- 활용 테이블: 'Sales_ko' 테이블, 'Product_ko' 테이블
- 계산 방법: 'Product_ko'[분류] 필드에 하나의 필터만 적용된 경우라면 'Sales_ko'[매출]의 합계를 계

산하고, 아니면 공백을 반환하기
- 사용 함수: IF, HASONEFILTER, SUM, BLANK

답

```
개별 분류에 대한 총 매출 = IF(
    HASONEFILTER('Product_ko'[분류]),
    SUM('Sales_ko'[매출]),
    BLANK()
)
```

2) ISBLANK

ISBLANK 함수는 특정 값이 빈 값인지 확인할 때 사용한다.

문법

```
ISBLANK(<값 또는 식>)
```

실습 문제

- 새 열 이름: [공백유무]
- 활용 테이블: '고객 테이블' 테이블
- 계산 방법: '고객 테이블'[고객명] 필드에 공백 값이 있는 지 여부를 '고객 테이블'[공백유무] 필드에 저장하기
- 사용 함수: ISBLANK

답

```
공백유무 = ISBLANK('고객 테이블'[고객명])
```

6 데이터 시각화

Part01 기초

Power BI Desktop의 핵심 가치는 데이터 시각화를 간단하게 구현할 수 있다는 점에 있다. 제공되는 약 30 여가지의 차트들을 사용해 다양한 시각화 및 분석 방법론을 경영 데이터에 적용할 수 있다. 이번 장에서는 Power BI Desktop에서 데이터 시각화 할 때 사용할 수 있는 차트들을 살펴본다.

6.1 주요 용어

Power BI 생태계에서 시각화를 진행할 때는 Power BI에서 사용하는 용어에 익숙해질 필요가 있다. Power BI를 사용하는 과정에서 익숙하지 않은 개념이 등장할 수 있고, 이 경우 Microsoft의 기술 문서들을 참고해야 할 수 있다. 해당 문서들은 Power BI 생태계에서 사용되는 용어들을 기준으로 작성되므로, 관련 용어들을 이해하고 있어야 보다 수월하게 문서를 탐색할 수 있다.

Power BI 생태계에서 데이터 시각화 업무를 할 때 알아두어야 할 주요 개념들은 다음과 같다.

- 보고서
- 시각적 개체
- 대시보드

보고서(Report)는 Power BI Desktop에서 작성되는 최종 결과물을 의미한다. 하나의 보고서에는 여러 개의 페이지들이 포함될 수 있고 여러 페이지에 거쳐서 차트들을 추가할 수 있다.

보고서에 추가되는 차트들을 시각적 개체(Visual)이라고 한다. 시각적 개체들을 적절하게 배치하여 업무 환경에 필요한 보고서를 작성할 수 있다. 이러한 시각적 개체들은 보고서에 있을 때는 상호작용 가능하다는 특징을 지니고 있다.

Power BI가 처음 접하는 사용자들은 '보고서'라는 용어보다는 '대시보드'라는 용어에 더 익숙할 것이다. Power BI 생태계에서는 '대시보드' 라는 용어를 다른 개체를 칭할 때 사용하고 있다. Part 1 Chapter 7에서 학습할 Power BI Service에서는 대시보드(Dashboard)를 생성할 수 있다. 이는 보고서와는 달리 하나의 페이지만 존재한다. 또한 대시보드 상에 추가된 시각적 개체들은 일반적으로 정적인 차트들이다.

이처럼 Power BI 생태계에서 데이터 시각화를 할 때는 보고서와 대시보드라는 용어를 구분 지어서 사용하며, 일반적으로 알던 대시보드의 개념과 Power BI 생태계에서의 대시보드 개념은 차이가 있을 수 있으므로 그 의미를 정확히 이해하는 것이 중요하다.

그럼 다음으로는 Power BI Desktop에서 보고서를 구축할 때 사용할 수 있는 차트들을 살펴본다. 기본적으로 제공되는 차트들이기 때문에 Power BI Desktop 설치만 하면 즉시 사용 가능하다.

제공되는 실습 파일의 'Part01 > CH06' 폴더에 있는 '데이터 시각화.pbix' 파일을 활용하여 실습을 진행한다.

6.2 누적 가로/세로 막대형 차트

1) 개념

누적 가로/세로 막대형 차트는 여러 데이터 값을 가로 또는 세로로 쌓아 총합을 시각화하는 차트 유형이다. 각 데이터 항목이 특정 범주내에서 차지하는 절대적인 크기를 확인하고 비교할 때 효과적으로 사용할 수 있다.

2) 작성 방법

시각화 패널에서 [누적 가로 막대형 차트] 버튼을 눌러 보고서 페이지에 시각적 개체를 추가한다. 시각적 개체의 크기를 적절히 조절한 뒤 각 영역별로 아래의 필드를 추가한다.

- Y축: 'Date'[연도]
- X축: 'Sales_ko'[수량]
- 범례: 'Product_ko'[분류]

> **TIP**
> 시각화 패널의 각 차트 아이콘 위에 마우스를 올리면 해당 차트의 이름을 확인할 수 있다.

가로 막대형 차트이기 때문에 일반적으로 Y축에는 범주형 필드를 넣고 X축에는 수치형 필드를 넣는다. 범례에 입력된 필드의 범주를 기반으로 막대 내의 값이 나뉘어졌다. 해당 차트를 통해 연도별로 각 제품 분류들의 판매 수량을 확인하고 비교할 수 있다. 또한, 각 막대들의 범주에 마우스를 올리면 해당 연도의 특정 제품 분류에 대한 판매 수량 값이 툴팁 상자에 표시된다.

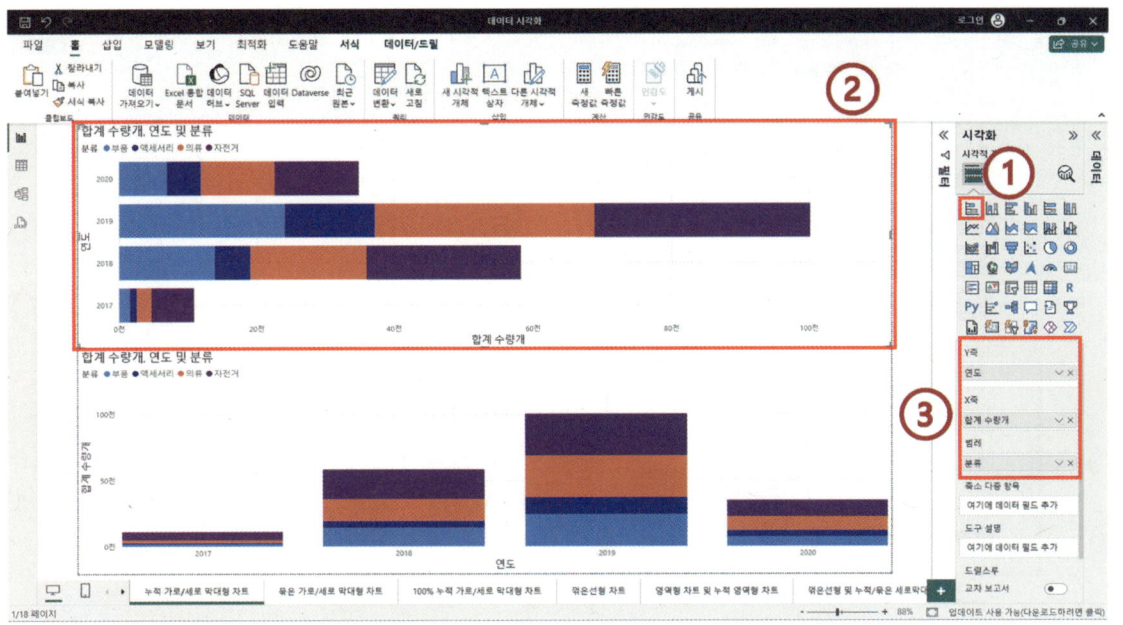

그림 1.6.1 누적 가로 막대형 차트

누적 세로 막대형 차트 또한 유사한 방법으로 구축할 수 있다. 단, 세로 막대형 차트이기 때문에 일반적으로 Y축에 수치형 필드를, X축에 범주형 필드를 설정한다. [누적 세로 막대형 차트] 버튼을 클릭한 뒤 시각적 개체의 크기를 적절하게 조절하고 각 영역별 아래의 필드를 추가한다.

> **TIP**
> 새로운 차트를 보고서 페이지에 추가할 때는 기존에 추가된 시각적 개체가 선택되지 않은 상태여야 한다. 기존 개체가 선택된 상태에서 새롭게 추가하고자 하는 차트의 아이콘을 클릭하면 해당 개체가 새로운 차트 개체로 변경된다. 따라서 새롭게 시각적 개체를 추가할 때는 여백의 화면을 한 번 클릭한 후 진행하는 것이 바람직하다.

- X축: 'Date'[연도]
- Y축: 'Sales_ko'[수량]
- 범례: 'Product_ko'[분류]

최종적으로 아래 그림과 같은 결과물을 얻을 수 있다.

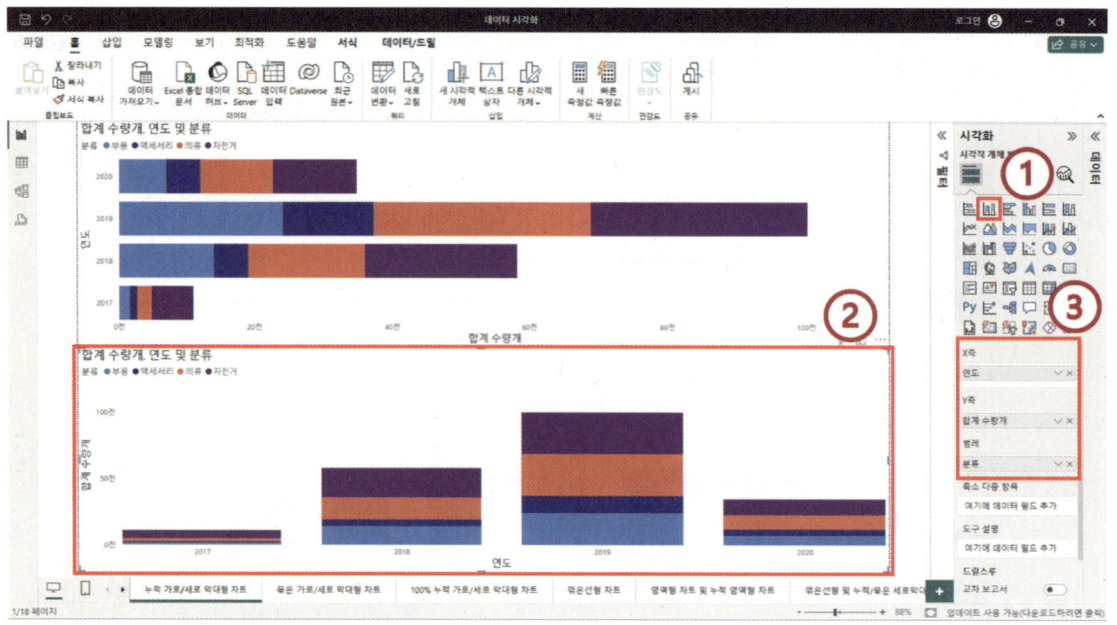

그림 1.6.2 누적 세로 막대형 차트

6.3 묶은 가로/세로 막대형 차트

실습 1.6.2
묶은 가로/세로 막대형 차트

1) 개념

묶은 가로/세로 막대형 차트는 여러 데이터 값을 가로 또는 세로로 묶어 옆에 나란히 배치한다. 특정 범주 내 각 데이터 항목을 나란히 비교하고자 할 때 용이하게 사용할 수 있다.

2) 작성 방법

시각화 패널에서 [묶은 가로 막대형 차트] 아이콘을 클릭한 뒤 페이지에 시각적 개체를 추가한다. 시각적 개체의 크기를 적절히 조절한 뒤 각 영역별로 아래의 필드를 추가한다.

- Y축: 'Date'[연도]
- X축: 'Sales_ko'[수량]
- 범례: 'Product_ko'[분류]

가로 막대형 차트이기 때문에 Y축에는 범주형 필드를, X축에는 수치형 필드를 설정한다. 최종적으로 아래 그림과 같은 결과물을 얻을 수 있다. 누적 가로 막대형 차트는 막대 내 범주들이 하나의 막대로 누적되어 있는 차트이고 묶은 가로 막대형 차트는 범주들이 각각의 막대로 펼쳐진 것을 확인할 수 있다.

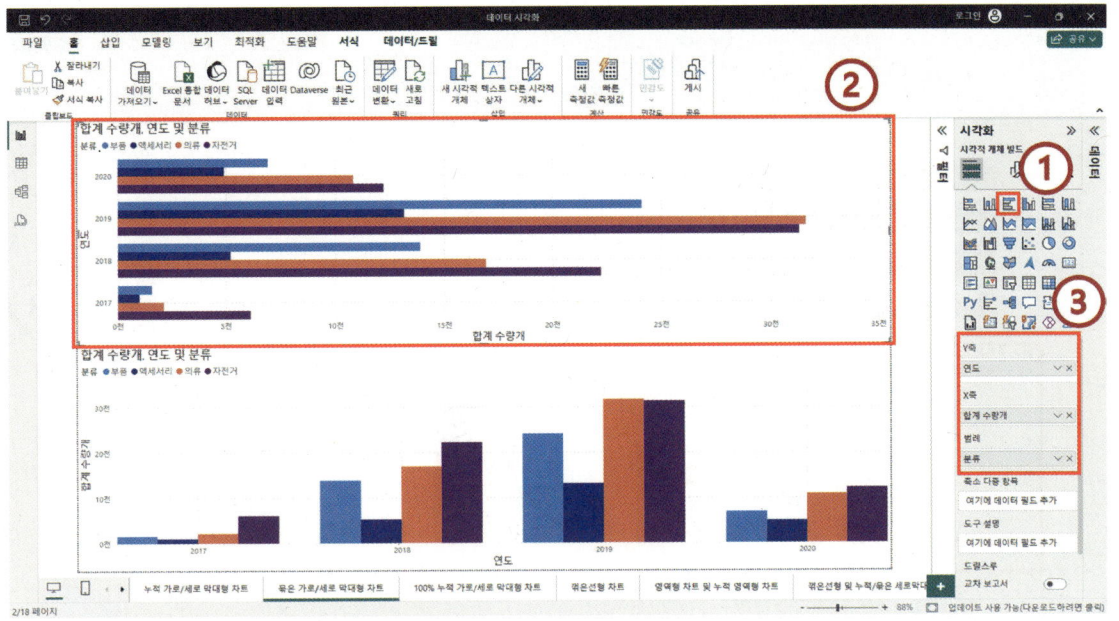

그림 1.6.3 묶은 가로 막대형 차트

묶은 세로 막대형 차트 또한 유사한 방법으로 구성할 수 있다. [묶은 세로 막대형 차트] 아이콘을 클릭하고 페이지에 시각적 개체를 추가한다. 시각적 개체의 크기를 적절히 조절한 뒤 각 영역별로 아래의 필드를 추가한다. 세로 막대형 차트이기 때문에 X축에 범주형 필드를, Y축에 수치형 필드를 설정해야 한다.

- X축: 'Date'[연도]
- Y축: 'Sales_ko'[수량]
- 범례: 'Product_ko'[분류]

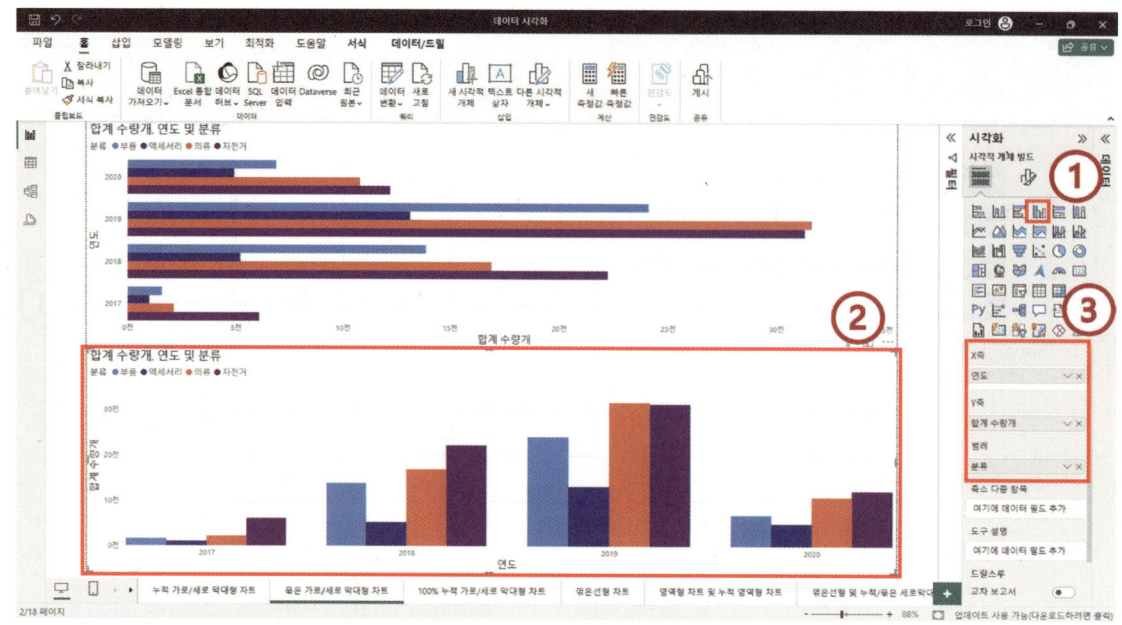

그림 1.6.4　묶은 세로 막대형 차트

6.4　100% 누적 가로/세로 막대형 차트

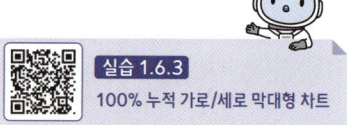

실습 1.6.3
100% 누적 가로/세로 막대형 차트

1) 개념

100% 누적 가로/세로 막대형 차트는 특정 범주 내의 여러 데이터 값을 백분율로 변환하여 가로 또는 세로로 쌓아 시각화한다. 각 데이터 항목이 전체에 기여하는 상대적인 비율을 확인할 수 있고 범주별로 데이터 값을 비교하고자 할 때도 용이하게 사용할 수 있다.

2) 작성 방법

시각화 패널에서 [100% 누적 가로 막대형 차트] 버튼을 눌러 보고서 페이지에 시각적 개체를 추가한다. 시각적 개체의 크기를 적절히 조절한 뒤 각 영역별로 아래의 필드를 추가한다.

- Y축: 'Date'[연도]
- X축: 'Sales_ko'[수량]
- 범례: 'Product_ko'[분류]

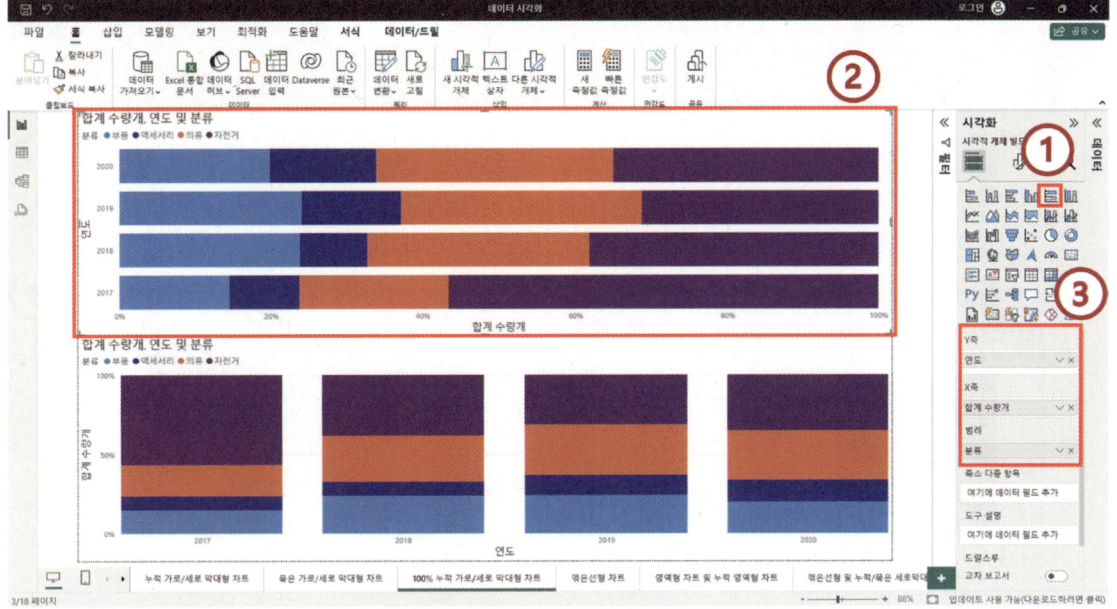

그림 1.6.5 100% 누적 가로 막대형 차트

앞서 살펴본 누적 가로 막대형 차트나 묶은 가로 막대형 차트는 X축의 눈금이 수량 값이었는데, 100% 누적 가로 막대형 차트는 X축의 눈금이 백분율이다. 각각의 막대별로 100%를 기준으로 표현되기 때문에 모든 막대의 가로 길이가 동일하다. 그리고 막대 내에 있는 범주들의 값은 상대적인 백분율이다. 마우스를 올리면 백분율 값과 함께 원본 수량 값을 함께 확인할 수 있다.

100% 누적 세로 막대형 차트 또한 유사한 방법으로 구축할 수 있다. [100% 누적 세로 막대형 차트] 아이콘을 클릭하고 페이지에 시각적 개체를 추가한다. 시각적 개체의 크기를 적절히 조절한 뒤 각 영역별로 아래의 필드를 추가한다. 세로 막대형 차트이기 때문에 X축에 범주형 필드를 배치하고 Y축에 수치형 필드를 배치해야 한다.

- X축: 'Date'[연도]
- Y축: 'Sales_ko'[수량]
- 범례: 'Product_ko'[분류]

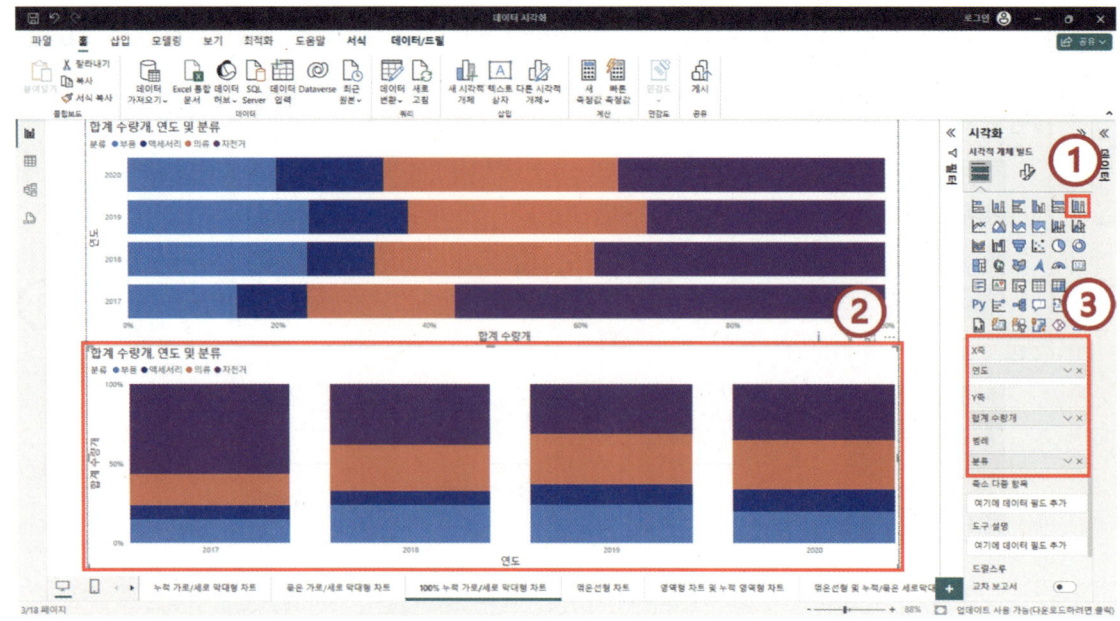

그림 1.6.6 100% 누적 세로 막대형 차트

6.5 꺾은선형 차트

실습 1.6.4
꺾은선형 차트

1) 개념

꺾은선형 차트는 데이터 포인트를 선으로 연결해 시간에 따른 추세를 시각화 할 때 용이하게 사용할 수 있다. 시간 흐름에 따른 변화를 한 눈에 파악할 수 있다. 자체적으로 제공하는 예측 기능을 통해 과거 패턴을 기반으로 미래에 발생할 만한 값을 예측할 수도 있다.

2) 작성 방법

시각화 패널에서 [꺾은선형 차트] 아이콘을 클릭하고 페이지에 시각적 개체를 추가한다. 시각적 개체의 크기를 적절히 조절한 뒤 각 영역별로 아래의 필드를 추가한다. 일반적으로 X축에는 시간과 관련된 필드를 입력하며 Y축에는 수치형 필드를 입력한다.

- X축: 'Date' [월]
- Y축: 'Sales_ko' [매출]

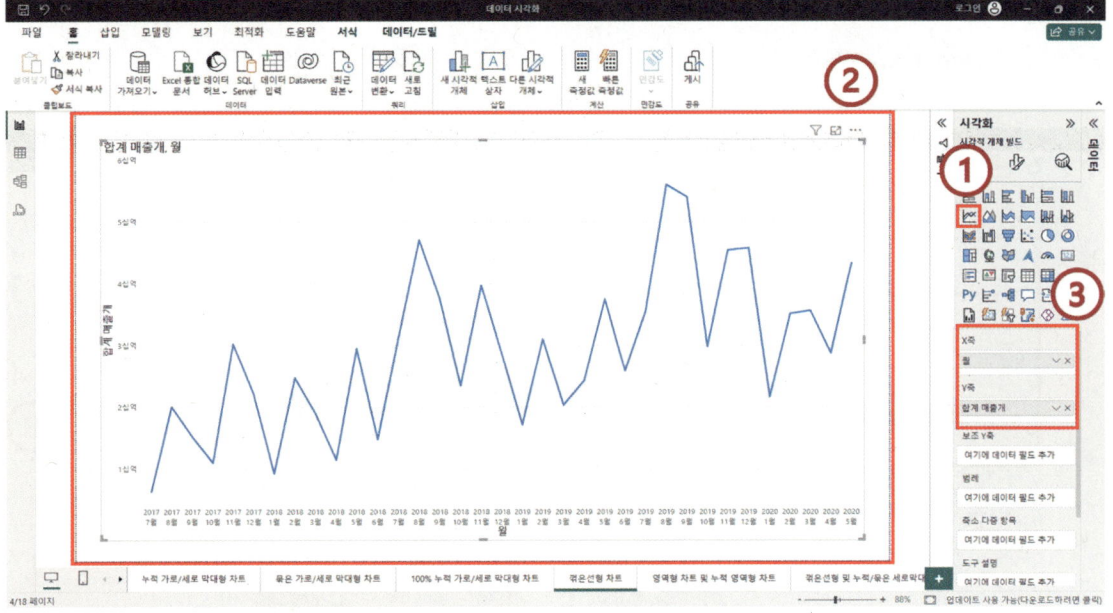

그림 1.6.7 꺾은선형 차트

월별 매출 현황을 시간 흐름에 따라 확인할 수 있다. 현재 'Date'[월] 같은 경우는 데이터 형식이 텍스트다. 그에 따라 일반적인 경우라면 X축의 정렬이 시간 상의 흐름으로 정렬이 되지 않는다. 텍스트 기준으로는 "2017년 10월"이 "2017년 7월" 보다 앞서기 때문이다. 현재 작업 중인 .pbix 파일에서는 데이터 모델링 과정을 통해 'Date'[월] 필드가 시간 순으로 정렬되어 있다. 해당 내용은 Part 2 Chapter 1 열 기준 정렬에서 상세히 다룰 예정이다.

6.6 영역형 차트

실습 1.6.5
영역형 차트

1) 개념

영역형 차트는 꺾은선형 차트와 유사하지만, 꺾은선형 차트의 선 아래 영역을 채워 데이터의 양을 강조한다. 꺾은선형과 비교했을 때 상대적으로 시각적 효과가 뛰어나다.

2) 작성 방법

시각화 패널에서 [영역형 차트] 아이콘을 클릭하고 페이지에 시각적 개체를 추가한다. 시각적 개체의 크기를 적절히 조절한 뒤 각 영역별로 아래의 필드를 추가한다. 일반적으로 X축에는 시간과 관련된 필드를, Y축에는 수치형 필드를 입력한다.

- X축: 'Date'[월]

- Y축: 'Sales_ko'[수량]
- 범례: 'Product_ko'[분류]

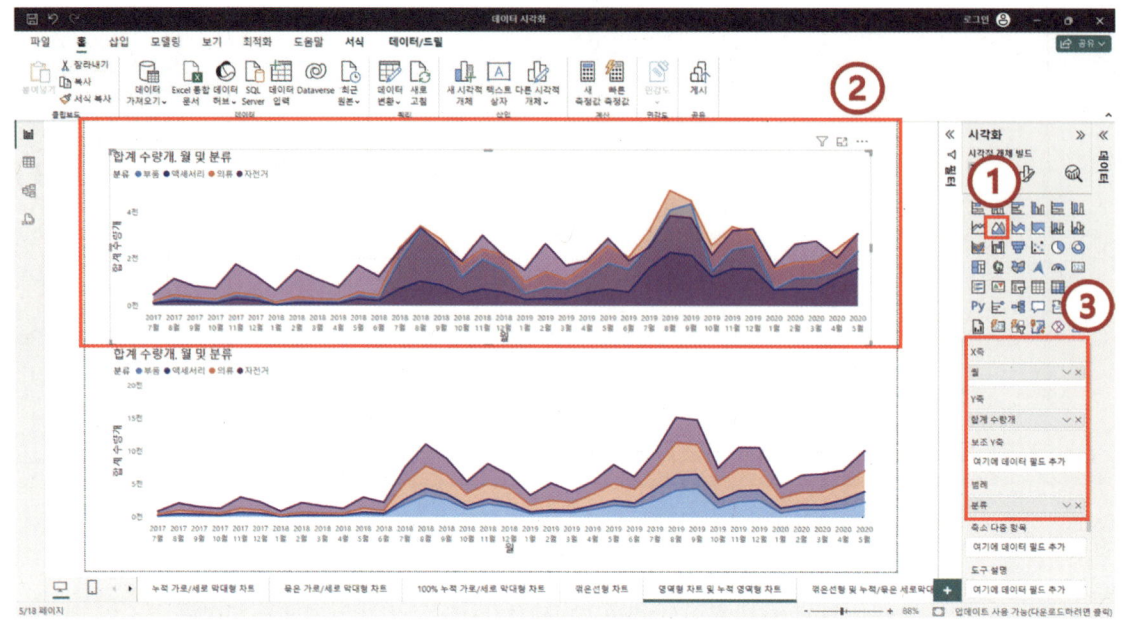

그림 1.6.8　영역형 차트

각 제품 분류별 월별 판매 수량 추이가 표현되었고, 각 분류별로 영역이 겹쳐진 형태로 표현되었다. 차트 위에 마우스를 올리면 해당 월의 판매 수량을 제품 분류별로 확인할 수 있다. Y축 눈금선을 보면 약 4,000개 수량까지 표현되었다.

6.7 누적 영역형 차트

실습 1.6.6
누적 영역형 차트

1) 개념

누적 영역형 차트는 각 영역형 차트의 영역을 누적해서 쌓은 뒤 총합을 시각화해서 보여준다. 각 범주의 전체에 대한 기여도를 쉽게 비교할 수 있다.

2) 작성 방법

시각화 패널에서 [누적 영역형 차트] 아이콘을 클릭하고 페이지에 시각적 개체를 추가한다. 시각적 개체의 크기를 적절히 조절한 뒤 각 영역별로 아래의 필드를 추가한다. 일반적으로 X축에는 시간과 관련된 필드를, Y축에는 수치형 필드를 입력한다.

- X축: 'Date'[월]
- Y축: 'Sales_ko'[수량]
- 범례: 'Product_ko'[분류]

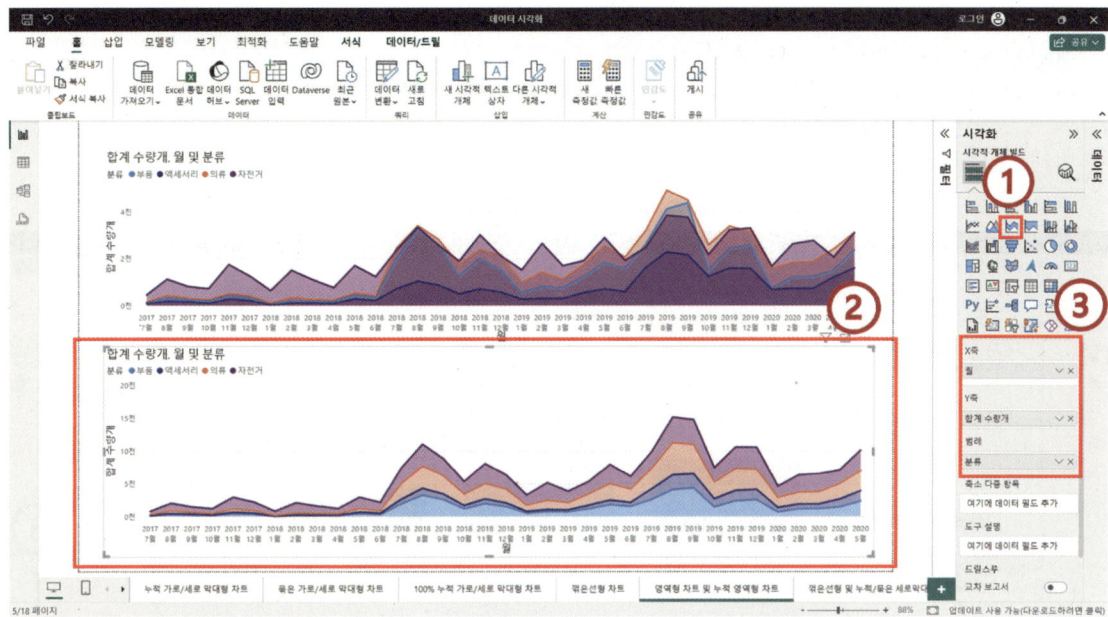

그림 1.6.9 누적 영역형 차트

Y축 눈금선을 확인해보면 약 20,000개 수량까지 표현되었다. 앞서 영역형 차트에서는 영역들이 서로 겹쳐진 상태로 시각화 되었지만, 누적 영역형 차트에서는 영역이 서로 누적되어 쌓이는 형식으로 시각화된다. Y축의 높이가 계속 누적되어 높아지기 때문에 20,000개로 Y축이 늘어난다.

6.8 꺾은선형 및 누적/묶은 세로 막대형 차트

1) 개념

꺾은선형 및 누적/묶은 세로 막대형 차트는 꺾은선형 차트와 누적 또는 묶은 세로 막대형 차트를 결합한 차트다. 한 차트 내에서 서로 다른 유형의 데이터를 동시에 시각화 및 분석하고자 할 때 유용하게 사용할 수 있다.

2) 작성 방법

시각화 패널에서 [꺾은선형 및 누적 세로 막대형 차트] 아이콘을 클릭한 뒤 페이지에 시각적 개체를 추가한다. 시각적 개체의 크기를 적절히 조절한 뒤 각 영역별로 아래의 필드를 추가한다.

- X축: 'Date'[연도]
- 열 y축: 'Sales_ko'[수량]
- 선 y축: 'Sales_ko'[매출]
- 범례: 'Product_ko'[분류]

그림 1.6.10 꺾은선형 및 누적 세로 막대형 차트

시각화 된 차트의 좌측 Y축에 [열 y축] 영역에 입력한 필드가 나타나고 우측 Y축에 [선 y축]에 입력한 필드가 나타났다. 그리고 시각화 된 차트에는 꺾은선형 차트와 누적 세로 막대형 차트가 동시에 표현되어 있다.

꺾은선형 및 묶은 세로 막대형 차트 또한 유사한 방법으로 만들 수 있다. 시각화 패널에서 [꺾은선형 및 묶은 세로 막대형 차트] 아이콘을 클릭하고 페이지에 시각적 개체를 추가한다. 시각적 개체의 크기를 적절히 조절한 뒤 각 영역별로 아래의 필드를 추가한다.

- X축: 'Date'[연도]
- 열 y축: 'Sales_ko'[수량]
- 선 y축: 'Sales_ko'[매출]
- 범례: 'Product_ko'[분류]

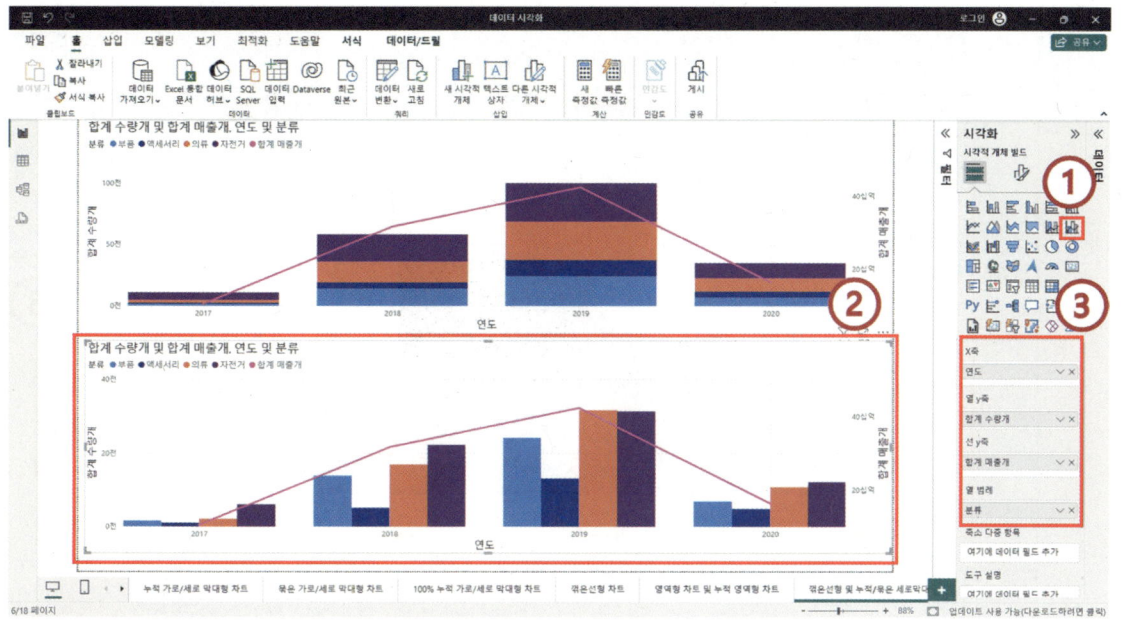

그림 1.6.11 꺾은선형 및 묶은 세로 막대형 차트

꺾은선형 차트와 묶은 세로 막대형 차트가 겹쳐진 상태로 동시에 시각화되었다. 이처럼 두 개의 서로 다른 차트가 동시에 시각화 되기 때문에 열 y축 및 선 y축 영역에 각각 다른 필드를 삽입하는 것이 중요하다.

6.9 리본 차트

실습 1.6.8
리본 차트

1) 개념

리본 차트는 시간 흐름에 따른 값 변화와 더불어 순위 변화를 동시에 시각화 할 때 유용하게 사용된다. 리본의 두께로 순위 변동을 표현한다. 특정 데이터의 순위 변화가 한눈에 들어온다.

2) 작성 방법

시각화 패널에서 [리본 차트] 아이콘을 클릭하고 페이지에 시각적 개체를 추가한다. 시각적 개체의 크기를 적절히 조절한 뒤 각 영역별로 아래의 필드를 추가한다.

- X축: 'Date'[연도]
- Y축: 'Sales_ko'[수량]
- 범례: 'Product_ko'[분류]

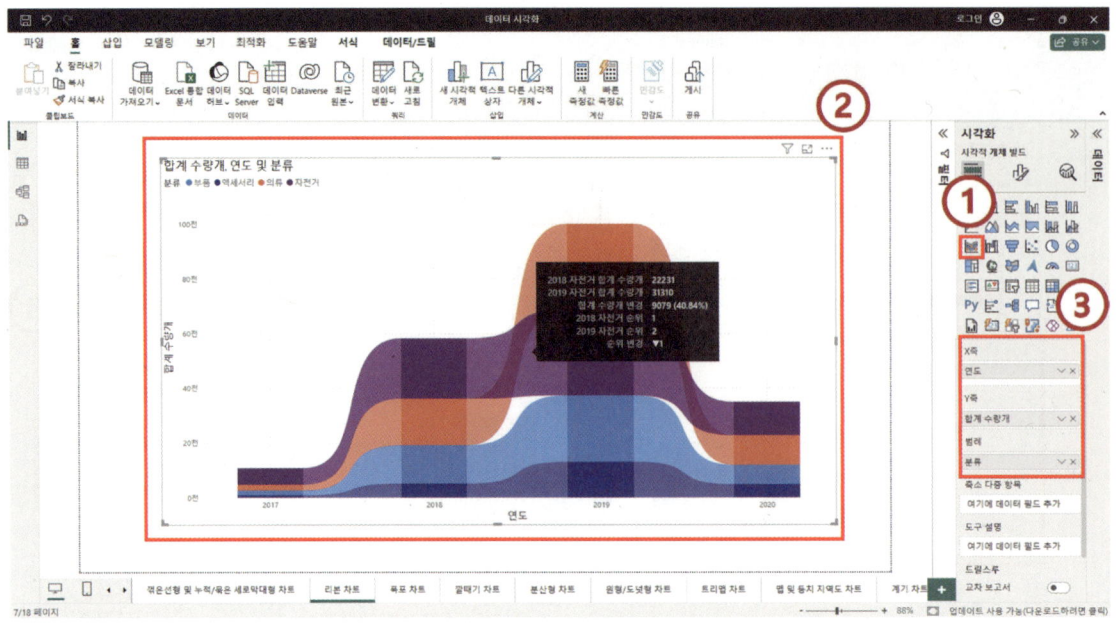

그림 1.6.12 리본 차트

연도가 2018에서 2019로 바뀌는 지점에서 자전거에 해당하는 보라색 리본 위에 마우스를 올리면 위 그림처럼 해당 변화량에 대한 세부 정보가 나온다. 2018년에서 2019년으로 변화하는 과정에서 수량의 절대적인 변화 뿐만 아니라 상대적인 백분율 변화도 함께 시각화된다. 또한 이 과정에서 자전거 판매 수량의 순위가 1위에서 2위로 하락한 것과 같은 순위 변동 정보도 함께 제공된다. 이처럼 리본 차트의 특징은 X축의 흐름에 따라 Y축 값이 어떻게 변화하는지를 세부적으로 분석 할 수 있는 것이다.

> **TIP**
> 리본 차트에 마우스를 올렸을 때 나오는 툴팁 상자 내 값에 천 단위 구분자가 표시되지 않고 있다. 표시하고자 한다면 4.3절에서 안내된 방법을 통해 [모델 보기] 화면으로 이동하여 천단위 구분자 표시를 추가할 수 있다. 또는 [보고서 보기] 화면 내에서 우측 데이터 패널에서 'Sales_ko'[수량] 필드를 클릭하고 상단 메뉴의 [열 도구] > [서식] 부분에서 천 단위 구분자 아이콘을 클릭하여 추가할 수도 있다.

6.10 폭포 차트

1) 개념

폭포 차트는 값이 더해지거나 차감됨에 따라 합계가 변환되는 과정을 단계별로 시각화 하여 보여준다. 합계에 대한 특정 변수의 기여도를 시각적으로 파악할 수 있다.

2) 작성 방법

시각화 패널에서 [폭포 차트] 아이콘을 클릭하고 페이지에 시각적 개체를 추가한다. 시각적 개체의 크기를 적절히 조절한 뒤 각 영역별로 아래의 필드를 추가한다.

- 범주: 'Date'[월]
- 분석 결과: 'Region_ko'[국가]
- Y축: 'Sales_ko'[매출]

[범주]에 해당하는 'Date'[월] 필드에는 2017년 1월부터 2021년 12월까지의 값이 포함되어 있다. 해당 기간 동안 매출이 기록된 모든 월이 시각화되기 때문에, 결과물이 다소 복잡하게 보일 수 있다. 따라서 필터 패널을 활용하여 일부 월의 데이터만 시각화하는 것이 바람직하다.

시각화 패널 왼쪽에 있는 필터 패널을 확장하여 [월]에 해당하는 필터를 클릭한 후 [2018년 11월]과 [2018년 12월]만 선택한다. 최종적으로 아래 그림과 같은 결과물을 얻을 수 있다.

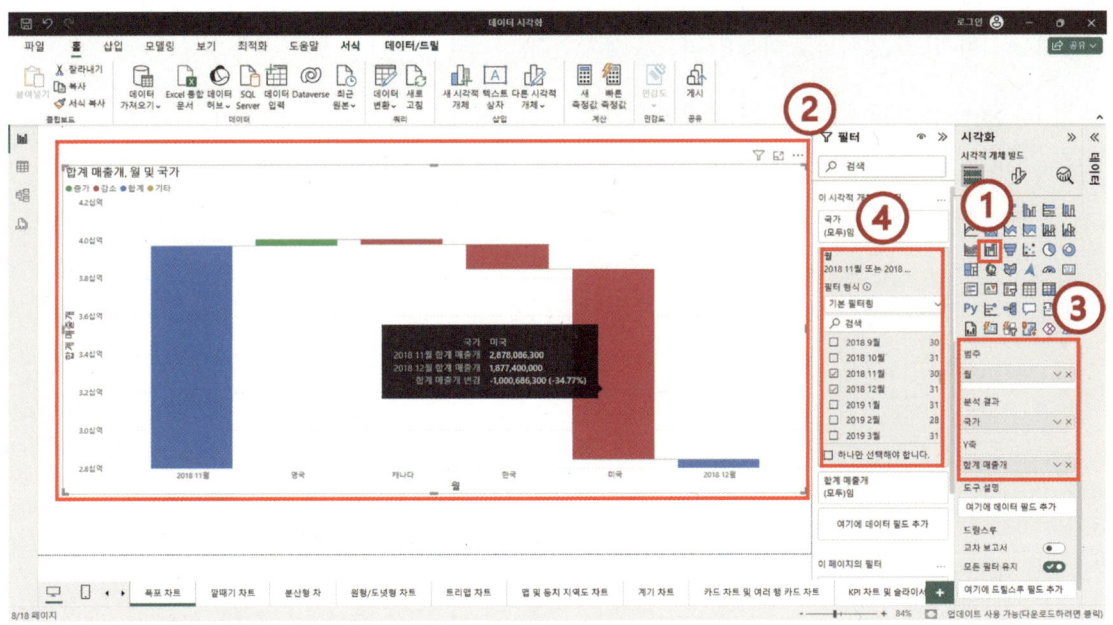

그림 1.6.13 폭포 차트

2018년 11월에서 2018년 12월로 변화하는 과정에서 매출이 약 40억에서 28억으로 많이 줄어들었는데, 매출 하락에 있어서 국가별 기여도를 시각적으로 확인할 수 있다. 미국에 해당하는 막대 위에 마우스를 올리면 미국의 2018년 11월의 매출과 2018년 12월의 매출이 표시되며 두 달 사이의 매출 변화가 실체 수치와 백분율로 함께 제공된다. 이러한 세부적인 분석 결과를 제공하는 점이 폭포 차트의 특징이다. 미국이 11월 대비 12월에 매출이 10억 정도 하락하면서, 전체 매출 하락에 큰 영향을 미친 것으로 나타난다. 반면 영국 같은 경우 막대가 초록색으로 되어 있기 때문에 11월에서 12월에 넘어오면서 매출이 증가했음을 알 수 있으나, 막대의 크기가 작아 증가폭이 크지는 않다는 것을 확인할 수 있다.

6.11 깔때기 차트

실습 1.6.10
깔때기 차트

1) 개념

깔때기 차트는 단계별 프로세스를 시각화해 각 단계에서 데이터 값을 보여준다. 단계가 진행됨에 따라 발생하는 데이터의 변화를 한눈에 파악할 수 있다. 퍼널 분석(Funnel analysis)을 할 때 사용 가능한 차트다. 예를 들어 영업 파이프라인 순서에 따라 영업 기회가 전환되는 과정을 시각화 할 때 유용하게 쓸 수 있다.

2) 작성 방법

시각화 패널에서 [깔때기] 아이콘을 클릭하고 페이지에 시각적 개체를 추가한다. 시각적 개체의 크기를 적절히 조절한 뒤 각 영역별로 아래의 필드를 추가한다.

- 범주: 'Sales pipeline'[영업 파이프라인 단계]
- 값: 'Sales pipeline'[고객명]

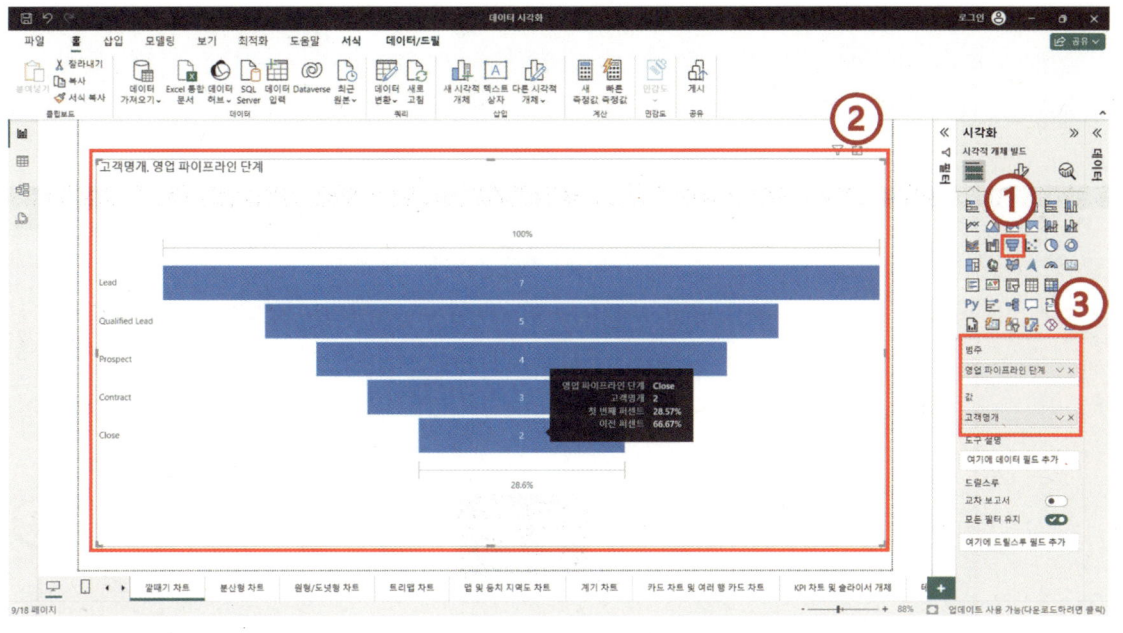

그림 1.6.14 깔때기 차트

'Sales pipeline'[영업 파이프라인 단계] 필드에 있던 영업 단계별로 깔때기의 단계가 형성되었다. 그리고 각 단계별 해당하는 고객 수가 함께 시각화되었다. 특정 단계에 마우스를 올려보면 툴팁 상자를 통해 세부 분석 결과를 보여준다. 한 단계 이전 단계에서 몇 퍼센트가 현재 선택한 단계로 전환되었는지 보여준다. 또한, 가장 처음 단계 기준으로 몇 퍼센트가 선택한 단계까지 전환되었는지 알려준다.

6.12 분산형 차트

실습 1.6.11
분산형 차트

1) 개념

분산형 차트는 두 변수 간의 관계를 표현할 때 유용하게 사용할 수 있다. 해당 차트를 통해 두 변수 간의 상관성과 패턴을 쉽게 파악할 수 있다. 뿐만 아니라 여러 필드들을 동시에 시각화 하여 다방면으로 변수들의 특징을 파악할 수 있다.

2) 작성 방법

시각화 패널에서 [분산형 차트] 아이콘을 클릭하고 페이지에 시각적 개체를 추가한다. 시각적 개체의 크기를 적절히 조절한 뒤 각 영역별로 아래의 필드를 추가한다.

- X축: 'Sales_ko'[매출]
- Y축: [이익률]

6 데이터 시각화   179

- 범례: 'Product_ko'[분류]
- 크기: 'Sales_ko'[수량]
- 재생 축: 'Date'[분기]

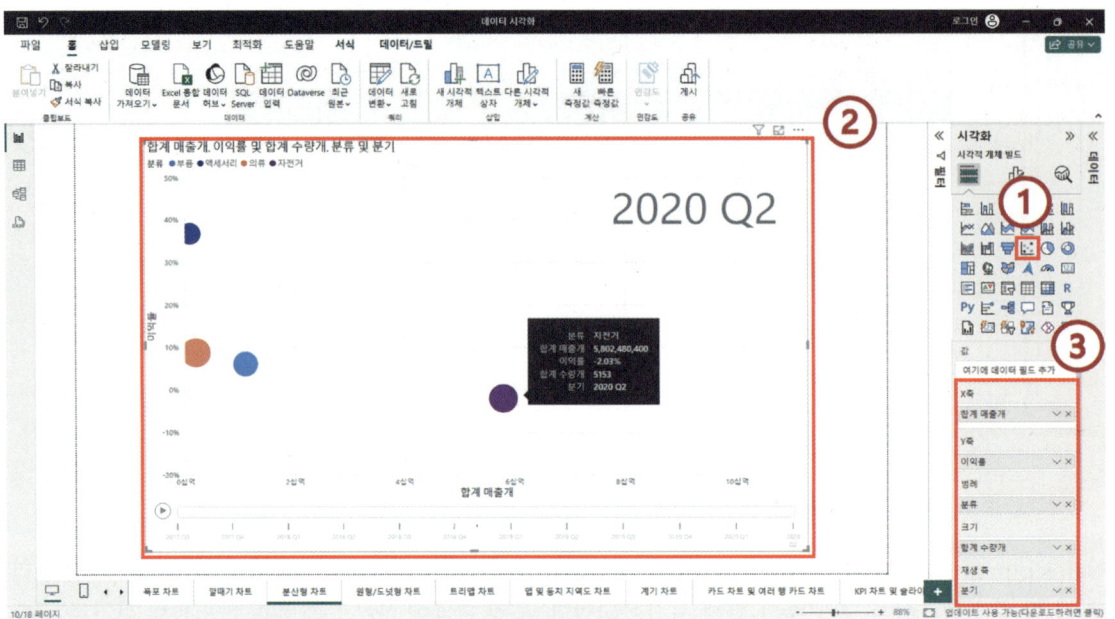

그림 1.6.15 분산형 차트

분산형 차트를 사용하면 많은 양의 정보를 시각화 해서 한 번에 파악할 수 있다. 시각화된 점 위에 마우스를 올리면 제품 분류, 해당 분류의 매출, 이익률, 판매 수량, 그리고 어느 분기를 기준으로 집계된 값인지를 한 번에 볼 수 있다. 또한 X축과 Y축을 기준으로 좌표평면 상의 상대적인 위치를 통해 어떤 제품 분류의 수익률이 높은지 또는 매출이 높은지를 쉽게 파악하고 비교할 수 있다.

특히 좌측 하단에 재생 버튼을 클릭하면 시간 흐름에 따라 값들이 변하는 과정을 움직이는 차트 형태로 보여준다. 또한 시각화된 점들 중 하나를 클릭하면 선택한 점이 시간 흐름에 따라 어떻게 변했는지 보여준다. 설명적 데이터 분석을 진행하고자 할 때 유용하게 사용 가능하다.

6.13 원형/도넛형 차트

1) 개념

원형/도넛형 차트는 전체의 부분을 원형 또는 도넛형으로 표현한다. 각 부분의 비율을 한 눈에 파악할 수 있으며, 해당 차트를 통해 부분과 전체의 관계를 쉽게 이해할 수 있다.

2) 작성 방법

시각화 패널에서 [원형 차트] 아이콘을 클릭하고 페이지에 시각적 개체를 추가한다. 시각적 개체의 크기를 적절히 조절한 뒤 각 영역별로 아래의 필드를 추가한다.

- 범례: 'Product_ko'[분류]
- 값: 'Sales_ko'[매출]

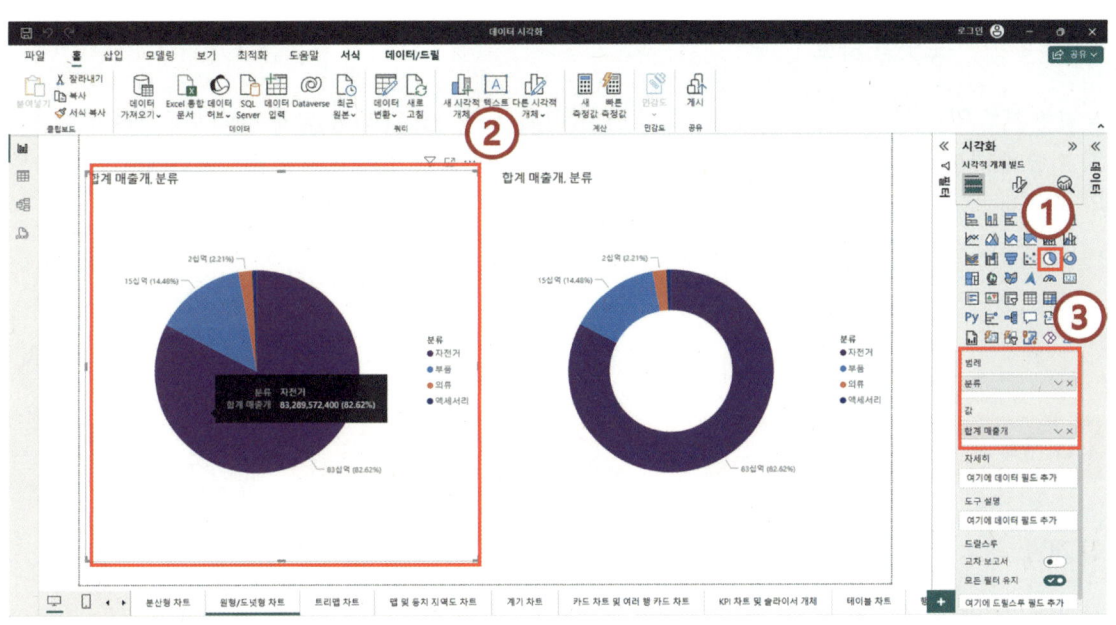

그림 1.6.16 원형 차트

전체 매출 중에서 각 제품 분류가 차지하는 매출액과 그 비중이 백분율 형태로 시각화되었다. 또한 마우스를 해당 영역에 올리면, 전체 매출 대비 해당 분류의 비중이 툴팁을 통해 표시된다.

도넛 차트도 유사한 방법으로 만들어 볼 수 있다. 시각화 패널에서 [도넛형 차트] 아이콘을 클릭하고 페이지에 시각적 개체를 추가한다. 시각적 개체의 크기를 적절히 조절한 뒤 각 영역별로 아래의 필드를 추가한다.

- 범례: 'Product_ko'[분류]
- 값: 'Sales_ko'[매출]

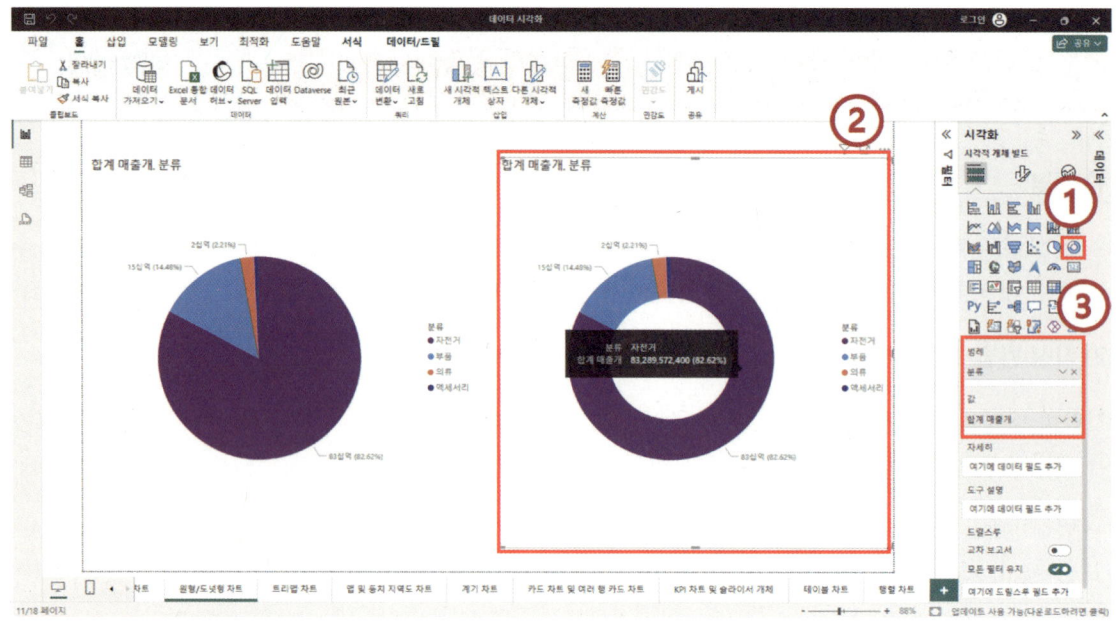

그림 1.6.17 도넛형 차트

도넛형 차트 역시 원형 차트와 마찬가지로, 특정 제품 분류의 매출과 함께 전체 매출에서 차지하는 상대적 비중을 백분율 형태로 확인할 수 있다. 다만 차트 중앙이 뚫려 있어서 시각적인 측면에서 원형 차트와 조금 다르다.

6.14 트리맵 차트

1) 개념

트리맵 차트는 원형/도넛형 차트처럼 전체의 부분을 시각화해서 표현하고자 할 때 사용할 수 있다. 트리맵 차트는 전체의 부분을 직사각형으로 표현해서 각 직사각형의 크기가 데이터의 상대적인 비중을 나타낸다. 여러 범주를 한 번에 시각화 하고자 할 때 유용하게 사용할 수 있다.

2) 작성 방법

시각화 패널에서 [Treemap] 아이콘을 클릭하고 페이지에 시각적 개체를 추가한다. 시각적 개체의 크기를 적절히 조절한 뒤 각 영역별로 아래의 필드를 추가한다.

- 범주: 'Product_ko'[하위 분류]
- 자세히: 'Product_ko'[제품명]
- 값: 'Sales_ko'[매출]

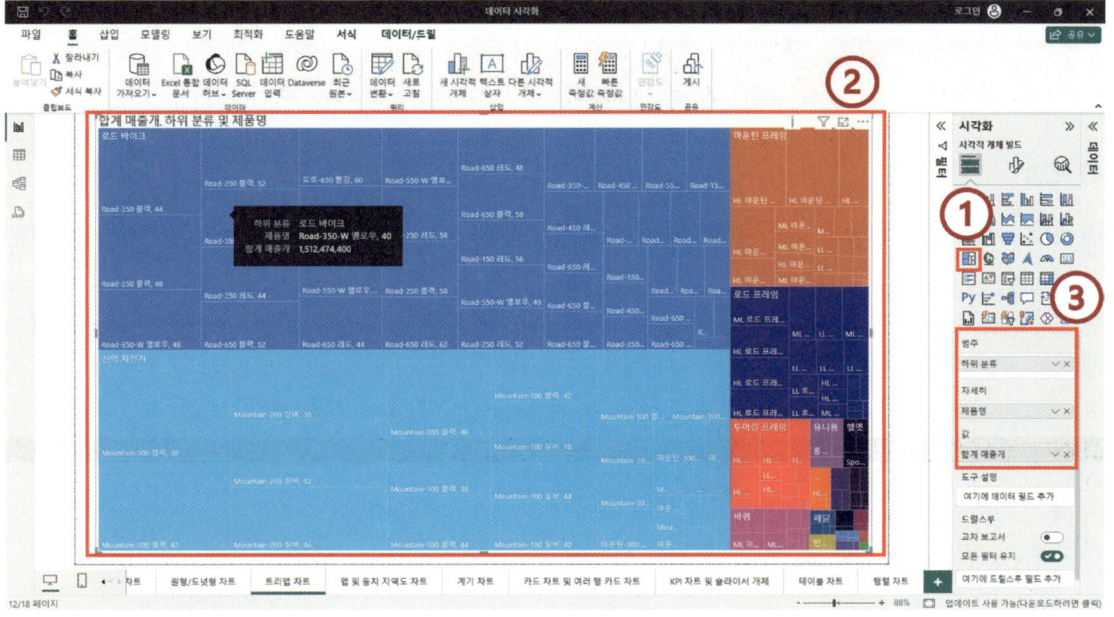

그림 1.6.18 트리맵 차트

제품의 하위 분류별로 트리맵 내 각 타일에 색상이 적용되었으며, 각 색상 타일은 직사각형 형태로 구분된다. 또한 각 직사각형의 좌측 상단에는 해당 제품 하위 분류명이 표시되었다. 예를 들어 진한 파란색 타일의 좌측 상단에는 로드 바이크라는 하위 분류명이 입력되어 있다. 그리고 로드 바이크 분류에 해당하는 제품들이 모두 진한 파란색 타일로 시각화 되었으며 이러한 타일들이 모여 로드 바이크 전체 타일을 구성하고 있다. 마우스를 해당 타일에 올리면, 해당 타일이 어느 하위 분류에 속하는지와 제품명이 무엇인지 확인할 수 있으며, 해당 제품의 매출 정보도 함께 제공된다.

트리맵 우측 상단을 보면 i 아이콘이 있다. Power BI Desktop에서는 시각화 해야 할 데이터의 양이 많아 한 화면에 모두 표현하기 어려울 경우 성능 최적화를 위해 일부 값들만 시각화하여 보여준다. 'i' 아이콘이 표시되면 자동 최적화가 적용된 상태임을 의미한다. 자동 최적화가 적용된 시각화는 원본 데이터를 완전히 대변하지 않기 때문에, 해당 결과만으로 중요한 비즈니스 의사결정을 내리는 것은 바람직하지 않을 수 있다. 원본 데이터를 보고자 한다면 시각화 가능한 범위 까지만 데이터를 필터링하여 부분적으로 확인해야 한다.

6.15 맵 차트

1) 개념

맵 차트는 지리적 데이터를 지도 위에 시각화한다. 위치 기반으로 각종 데이터를 한눈에 파악하고자 할 때 유용하게 사용할 수 있다. 맵 차트가 정상적으로 표시되기 위해서는 Power BI Desktop의 설정을 확인해야 한다. [파일] 메뉴 내 [옵션 및 설정] 〉 [옵션]으로 이동한 뒤 [보안] 메뉴에서 [맵 및 등치 지역도 시각적 개체 사용] 옵션을 체크 활성화 해야 한다.

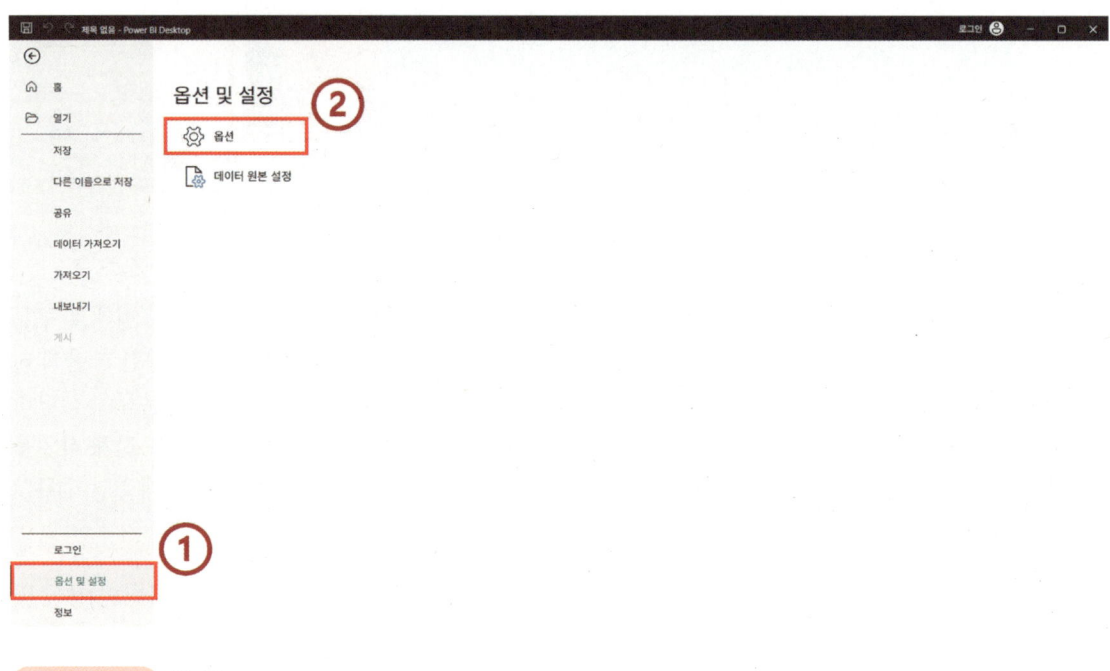

그림 1.6.19 옵션

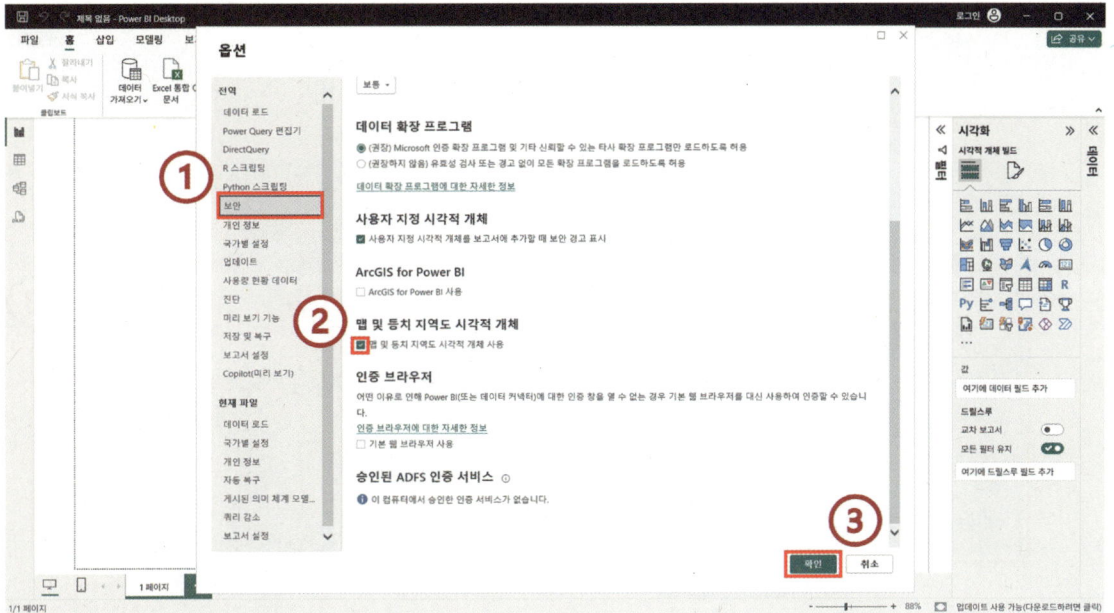

그림 1.6.20 맵 및 등치 지역도 시각적 개체 사용

2) 작성 방법

시각화 패널에서 [맵] 아이콘을 클릭하고 페이지에 시각적 개체를 추가한다. 시각적 개체의 크기를 적절히 조절한 뒤 각 영역별로 아래의 필드를 추가한다.

- 위치: 'Region_ko'[국가]
- 범례: 'Product_ko'[분류]
- 거품 크기: 'Sales_ko'[수량]

그림 1.6.21 맵 차트

'Region_ko'[국가] 필드에 있는 국가명을 기반으로 지도 상에서 국가별로 원형 차트가 시각화되었다. 원형 차트의 크기는 제품 판매 수량에 비례하며 원형 차트 내의 분할은 제품 분류 기준으로 구성된다. 이처럼 국가명만 올바르게 입력하면 간편하게 지도 상의 시각화를 진행할 수 있다.

마우스로 맵을 클릭한 상태에서 마우스를 움직여보면 맵을 탐색할 수 있다. 또한 마우스 스크롤을 통해 맵에서 확대 및 축소를 진행할 수도 있다.

> **TIP**
>
> 'Region_ko'[국가] 필드에 있는 값과 맵 시각적 개체에 시각화된 결과물을 확인해보면 '한국'이 'Region_ko'[국가] 필드에는 있지만 맵 시각적 개체에는 시각화 되지 않은 것을 확인할 수 있다. 왜냐하면 맵 시각적 개체에서는 대한민국으로 한국을 인지하고 있기 때문이다. 이 경우 Power Query Editor에서 [값 바꾸기] 기능을 통해 '한국'을 '대한민국'으로 바꿔주면 맵 시각적 개체에서 올바르게 시각화가 이뤄진다.

6.16 등치 지역도 차트

1) 개념

등치 지역도 차트는 특정 위치에 색을 입혀서 위치 간의 값 차이를 명확히 보여준다. 맵 차트와 마찬가지로 지리적 데이터를 시각화 하고자 할 때 유용하게 사용할 수 있다. 등치 지역도 차트 또한 맵 차트와 마찬가지로 표시되기 위해서는 Power BI Desktop의 설정을 확인해야 한다. [파일] 메뉴 내 [옵션 및 설정] 〉 [옵션]으로 이동한 뒤 [보안] 메뉴에서 [맵 및 등치 지역도 시각적 개체 사용] 옵션을 체크 활성화해야 한다.

2) 작성 방법

시각화 패널에서 [등치 지역도] 아이콘을 클릭하고 페이지에 시각적 개체를 추가한다. 시각적 개체의 크기를 적절히 조절한 뒤 각 영역별로 아래의 필드를 추가한다.

- 위치: 'Region_ko'[국가]
- 범례: 'Region_ko'[그룹]

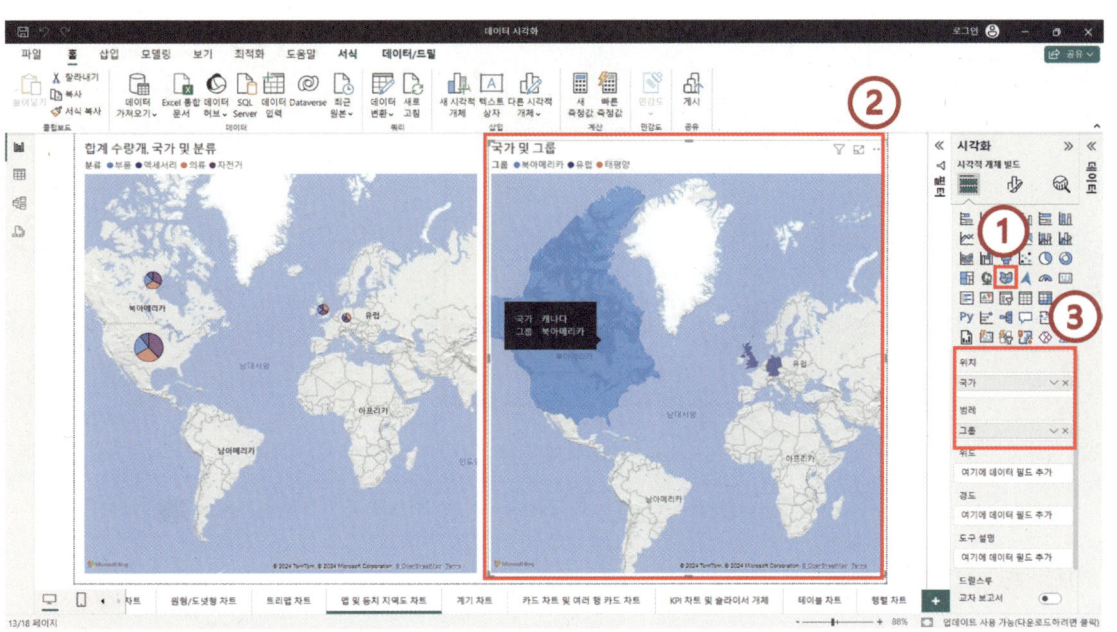

그림 1.6.22 등치 지역도 차트

미국과 캐나다는 같은 그룹에 속해 있기 때문에 지도 상에서 미국과 캐나다가 같은 색으로 시각화되었다. 마찬가지로 영국과 독일도 같은 그룹이기 때문에 같은 색으로 시각화되었다.

6.17 계기 차트

1) 개념

계기 차트는 게이지 형태로 값을 표현해 성과를 목표와 비교한다. 현재 상태와 목표 달성도를 한눈에 파악할 수 있다.

2) 작성 방법

시각화 패널에서 [계기] 아이콘을 클릭하고 페이지에 시각적 개체를 추가한다. 시각적 개체의 크기를 적절히 조절한 뒤 각 영역별로 아래의 필드를 추가한다.

- 값: 'Sales_ko'[매출]
- 최대값: [max_guage]
- 대상 값: 'Targets_ko'[목표치]

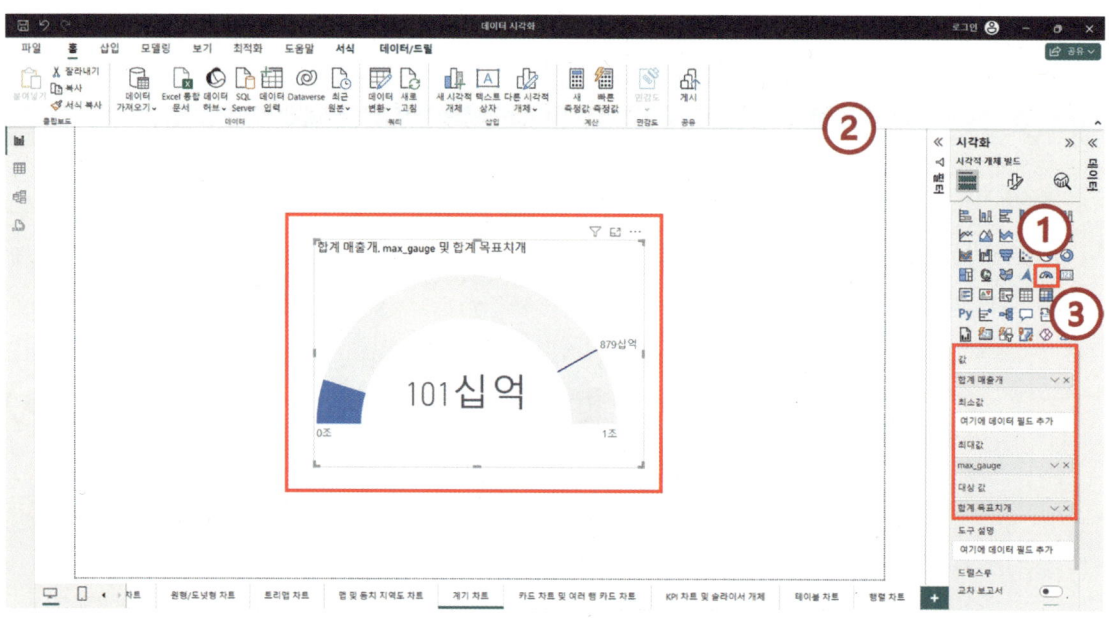

그림 1.6.23 계기 차트

값 영역에는 표시하고자 하는 데이터가 존재하는 필드를 추가한다. 해당 필드에 있는 값이 계기 차트에서 파란색으로 표시된다. 파란색 영역이 현재까지 발생한 매출임을 확인할 수 있다.

최대값에는 계기 차트에서 최대로 표시하고자 하는 값이 담긴 필드를 추가한다. 현재 입력된[max_guage] 측정값은 대상 값의 120%를 최대값으로 설정해주는 역할을 한다.

대상 값에는 목표치가 담긴 필드를 추가한다. 계기 차트 내부에 선 형태로 목표로 해야 하는 매출액이 시각화되었다.

6.18 카드 차트

1) 개념

카드 차트는 하나의 데이터를 큰 글씨로 표시해 강조할 때 사용할 수 있다. 중요한 정보를 한눈에 파악할 수 있다. 간결하고 명확한 시각화를 제공한다.

2) 작성 방법

시각화 패널에서 [카드] 아이콘을 추가하고 페이지에 시각적 개체를 추가한다. 시각적 개체의 크기를 적절히 조절한 뒤 각 영역별로 아래의 필드를 추가한다.

- 필드: 'Sales_ko'[매출]

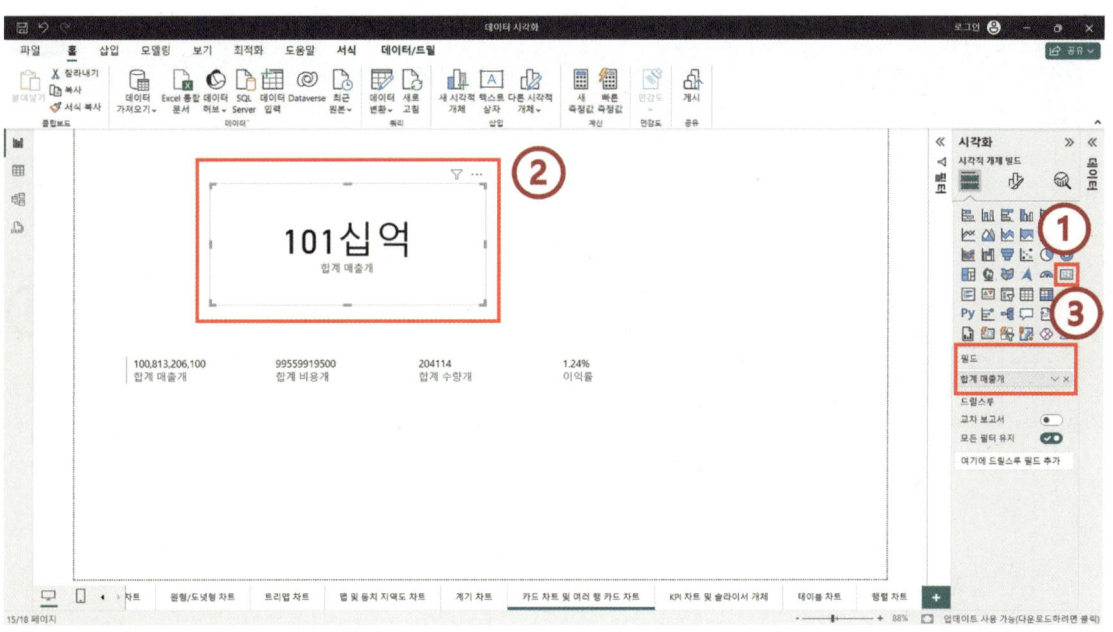

그림 1.6.24 카드 차트

'Sales_ko'[매출] 필드에 있던 매출 데이터의 합계가 집계되어 카드 상에 표시되었다. 이처럼 카드 차트는 상수를 표시할 때 유용하게 사용할 수 있다.

> **TIP**
> 현재 숫자의 서식은 십억 단위로 표시되고 있으며, 서식 설정은 사용자의 필요에 따라 원하는 형태로 변경할 수 있다. 시각적 개체의 서식 변경 방법은 Part 2 Chapter 1에서 자세히 설명할 예정이다.

6.19 여러 행 카드 차트

1) 개념

여러 행 카드 차트는 여러 개의 데이터 값을 카드 형식으로 나열해 표시한다. 여러 개의 카드 시각적 개체를 깔끔하게 배치해서 관리할 수 있다.

2) 작성 방법

시각화 패널에서 [여러 행 카드] 아이콘을 클릭하고 페이지에 시각적 개체를 추가한다. 시각적 개체의 크기를 적절히 조절한 뒤 각 영역별로 아래의 필드를 추가한다.

- 필드: 'Sales_ko'[매출], 'Sales_ko'[비용], 'Sales_ko'[수량], [이익률]

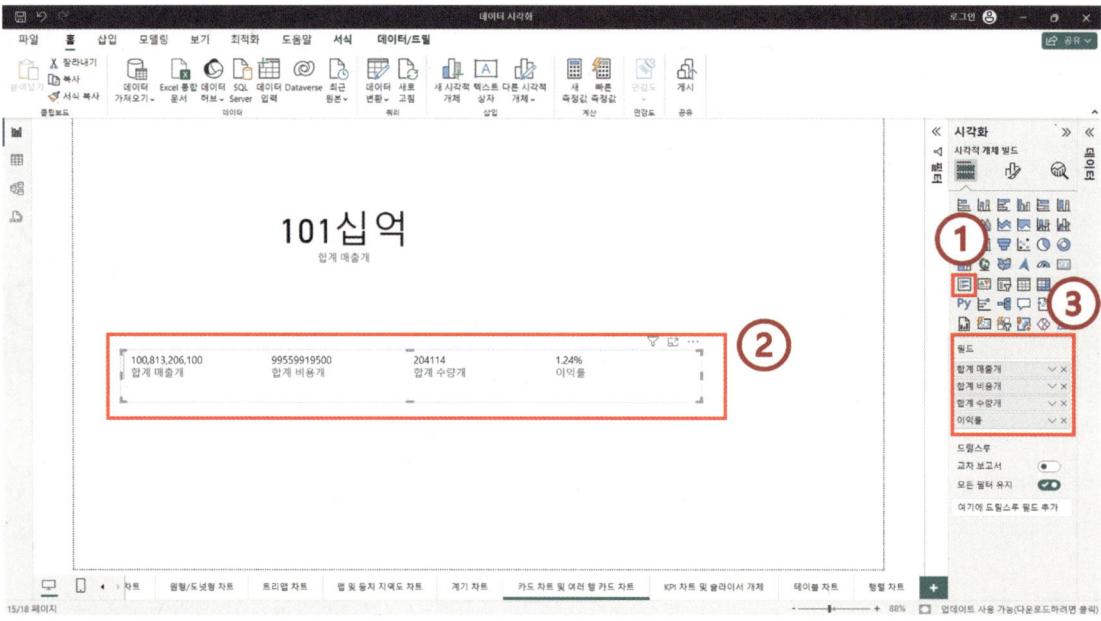

그림 1.6.25 여러 행 카드 차트

각 필드의 값이 자동으로 또는 데이터 분석가가 명시한 방법으로 집계되어 카드 상에 표시되었다.

> **TIP**
> 'Sales_ko'[매출], 'Sales_ko'[비용], 'Sales_ko'[수량] 필드는 수치형 필드다. 수치형 필드에는 암묵적인 측정값이 적용된다. 각 필드별로 내재된 DAX 함수를 통해 필드 값의 집계가 이뤄져 있으며 현재는 합계 방식으로 집계가 되도록 설정되었다. 필요 시 [필드] 영역에 있는 필드들의 우측에 있는 아래로 화살표 버튼을 눌러 집계 방법을 변경할 수 있다.

6.20 KPI 차트

1) 개념

KPI 차트는 KPI(Key Performance Indicator; 핵심 성과 지표)를 시각적으로 강조해 현재 상태와 진행 상황을 보여준다. 계기 차트와 유사하지만, KPI 차트는 시간 흐름에 따른 성과 추이를 한눈에 볼 수 있게 도와준다.

2) 작성 방법

시각화 패널에서 [KPI] 아이콘을 클릭하고 페이지에 시각적 개체를 추가한다. 시각적 개체의 크기를 적절히 조절한 뒤 각 영역별로 아래의 필드를 추가한다.

- 값: 'Sales_ko'[매출]
- 추세 축: 'Date'[월]
- 대상: 'Target_ko'[목표치]

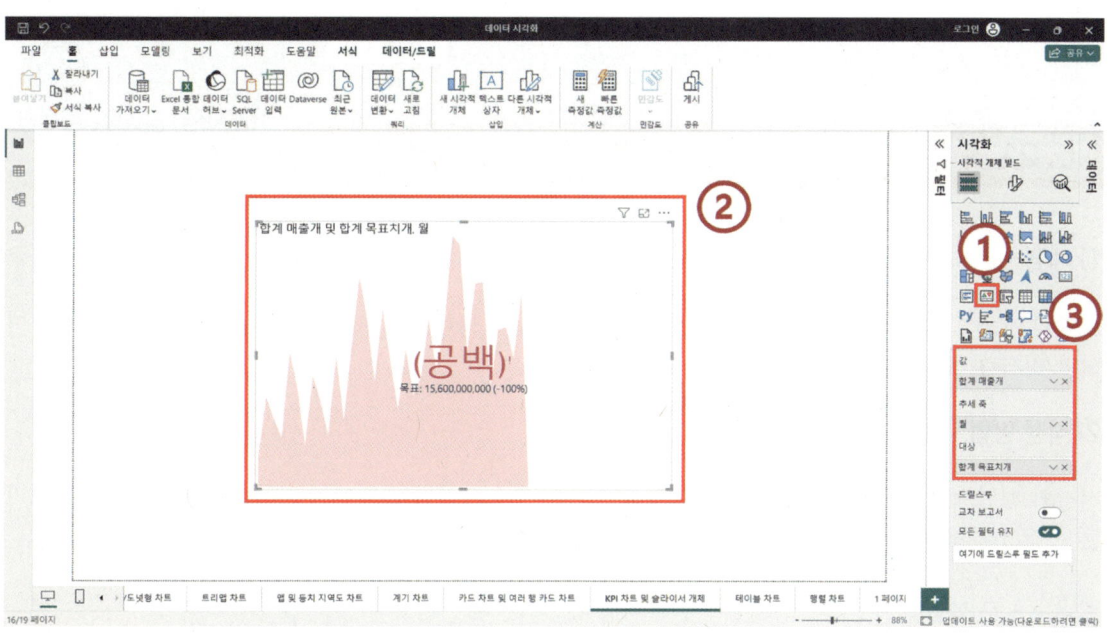

그림 1.6.26 KPI 차트

값 영역에는 추적하고자 하는 데이터가 담긴 필드를 넣는다. 현재 예제에서는 매출 현황이 목표치를 달성했는지 여부를 보려고 하기 때문에 'Sales_ko'[매출] 필드를 값 영역에 추가한다.

추세 축 영역에는 시간과 관련된 필드를 넣어준다. 현재 예제에서는 월별 추세를 보기 위해 'Date'[월] 필드를 추가한다.

대상 영역에는 목표로 하는 데이터가 담긴 필드를 넣는다. 현재 예제에서는 'Target_ko'[목표치]에 해당 값이 존재하므로 'Target_ko'[목표치] 필드를 추가한다.

최종적으로 위와 같은 시각적 개체가 추가되었다. KPI 차트는 6.6절에서 다뤄본 영역형 차트를 기반으로 하는 차트다. KPI 차트 배경에 있는 빨간색 영역형 차트는 X축이 'Date'[월] 필드이고 Y축이 'Sales_ko'[매출] 필드인 영역형 차트다. 영역형 차트가 온전하지 않은 이유는 'Sales_ko'[매출] 값은 2020년 5월까지 기록된 반면 대상 영역에 있는 'Target_ko'[목표치] 값은 2021년 12월까지 존재하기 때문이다. 그래서 영역형 차트가 2020년 5월 까지의 매출만 보여주고 있는 반면 X축은 2021년 12월까지 존재하기 때문에 영역형 차트가 불완전하게 보이는 것이다.

KPI 차트 중앙에 나타나는 수치 값은 추세 축에서 가장 우측에 있는 값, 시간으로 따지면 가장 현재와 가까운 값을 나타낸다. 목표라고 뜨는 156억은 2021년 12월의 매출 목표치를 뜻한다. 다만 2021년 12월의 실제 매출 값은 현재 데이터 상에 없기 때문에 (공백)이라는 텍스트가 나타났다.

추세 축의 범위를 조정하면 온전한 영역형 차트와 더불어 KPI 차트의 결과물을 확인할 수 있다. 범위 조정을 위해서는 필터링을 적용해야 하며, 그 방법 중 하나로 슬라이서 시각적 개체를 활용할 수 있다. 슬라이서 사용 방법은 다음 절에서 자세히 살펴본다.

6.21 슬라이서

1) 개념

슬라이서는 보고서 페이지의 데이터를 필터링할 수 있는 도구다. 슬라이서를 통해 사용자는 원하는 데이터만 필터링 해서 보고서 상에서 확인할 수 있다.

2) 작성 방법

시각화 패널에서 [슬라이서] 아이콘을 클릭하고 페이지에 시각적 개체를 추가한다. 시각적 개체의 크기를 적절히 조절한 뒤 각 영역별로 아래의 필드를 추가한다.

- 필드: 'Date'[연도]

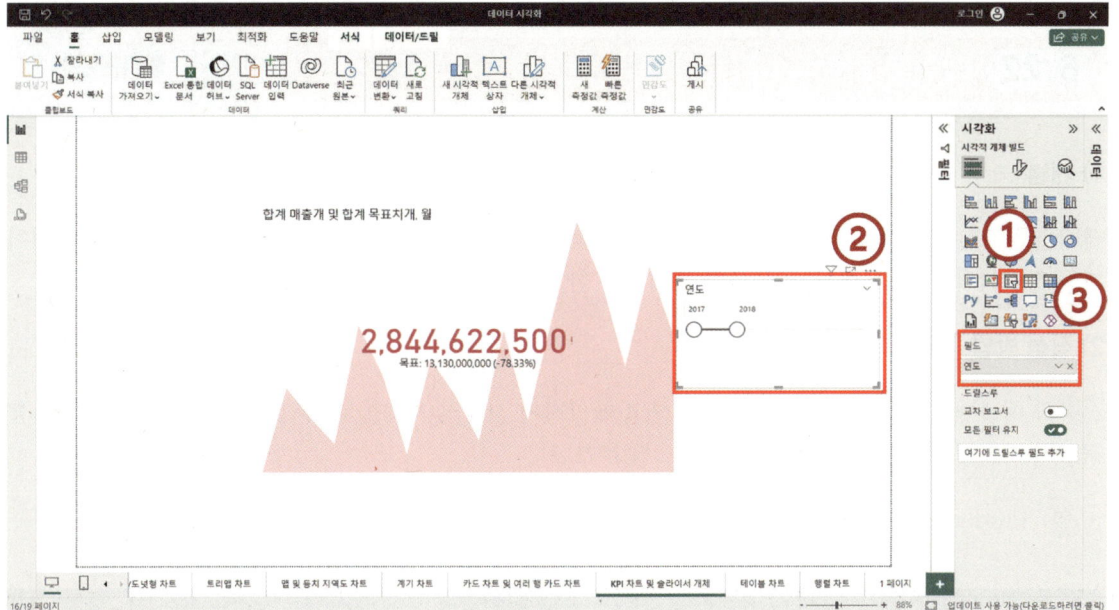

그림 1.6.27 슬라이서

슬라이서가 추가되면 연도가 2017년부터 2021년까지 설정이 되어 있을 것이다. 슬라이서 상에 있는 원 모양 아이콘 중 우측에 있는 원 아이콘을 클릭한 상태로 왼쪽으로 원을 옮겨 연도를 2017년에서 2018년 사이로 조절하면 그에 따라 KPI 차트가 업데이트 된다. 이처럼 슬라이서는 보고서 페이지 상에 표출되는 시각적 개체들이 사용하는 데이터를 필터링 해주는 역할을 한다.

KPI 차트는 위 그림과 같이 변경된 상태로 표시된다. 영역형 차트의 X축에는 2017년 1월부터 2018년 12월까지의 데이터만 존재하며, 이에 따라 KPI 차트 중앙에 표시된 목표값 131.3억은 2018년 12월의 목표 매출액이다. 그 위에 표시된 약 28억은 'Sales_ko'[매출] 필드에서 2018년 12월에 해당하는 값들의 합계로, 실제 발생한 매출의 총합이다. KPI 차트는 목표값 대비 실제값의 차이를 백분율로 함께 제공하며, 현재 예제에서는 목표 대비 78.33% 미달된 상태임을 보여준다.

6.22 테이블 차트

1) 개념

테이블 차트는 데이터를 표 형태로 구성하여 스프레드시트처럼 행과 열로 구성된 구조로 제공한다. 데이터를 정렬해서 볼 때 용이하다. 상세한 데이터를 한눈에 파악할 수 있다.

2) 작성 방법

시각화 패널에서 [테이블] 아이콘을 클릭하고 페이지에 시각적 개체를 추가한다. 시각적 개체의 크기를 적절히 조절한 뒤 각 영역별로 아래의 필드를 추가한다.

- 열: 'Product_ko'[분류], 'Sales_ko'[매출], 'Sales_ko'[비용], [이익률]

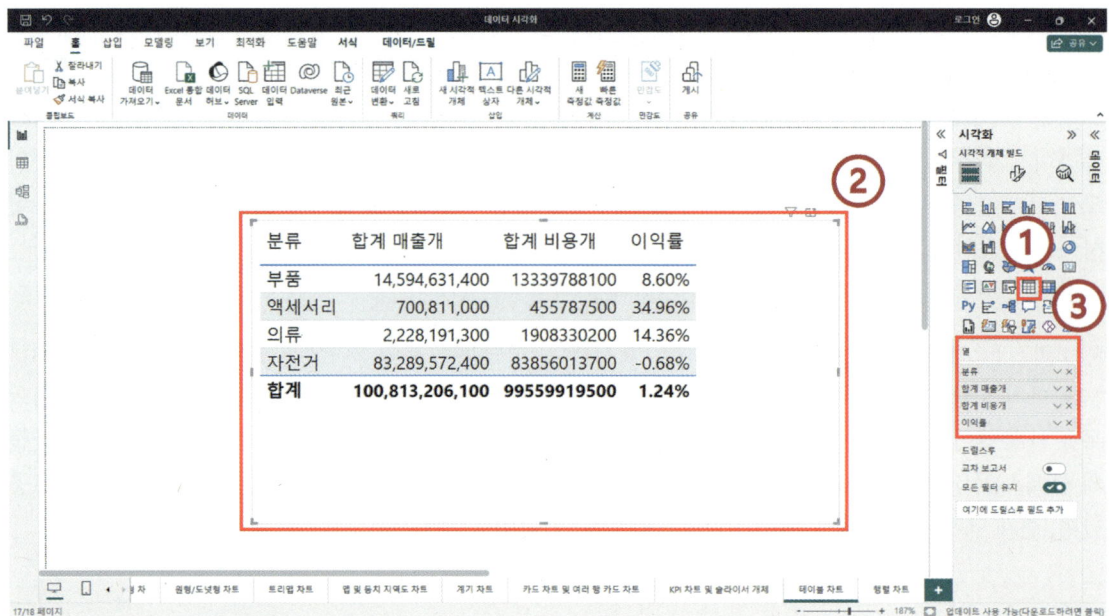

그림 1.6.28   테이블 차트

제품 분류별 총 매출, 총 비용, 그리고 이익률이 집계되어 시각화되었다. 이처럼 상세하게 데이터의 수치 값을 그대로 보고 해석하고자 할 때 테이블 차트를 사용한다.

> **TIP**
> 시각화된 테이블 차트에서 [합계 비용개] 열에는 천 단위 구분자가 표시되지 않았다. 표시하고자 한다면 4.3절에서 안내된 방법을 통해 [모델 보기] 화면으로 이동하여 천 단위 구분자 표시를 추가할 수 있다. 또는 [보고서 보기] 화면 내에서 우측 데이터 패널에서 'Sales_ko'[비용] 필드를 클릭하고 상단 메뉴의 [열 도구] > [서식] 부분에서 천 단위 구분자 아이콘을 클릭하여 추가할 수도 있다.

6.23 행렬 차트

1) 개념

행렬 차트는 행과 열로 데이터를 배열해 시각화한다. 계층적 데이터를 테이블 형태로 표현해서 확인하고자 할 때 유용하게 사용할 수 있다.

2) 작성 방법

시각화 패널에서 [행렬] 아이콘을 클릭하고 페이지에 시각적 개체를 추가한다. 시각적 개체의 크기를 적절히 조절한 뒤 각 영역별로 아래의 필드를 추가한다.

- 행: 'Date'[일자],
- 열: 'Product_ko'[분류], 'Product_ko'[하위 분류]
- 값: 'Sales_ko'[매출]

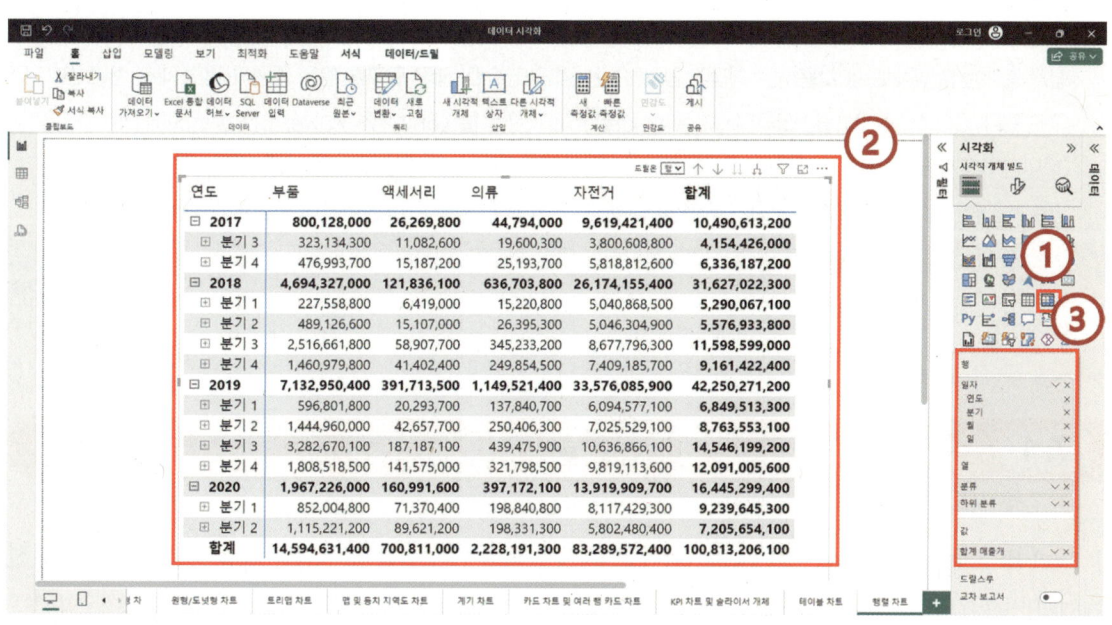

그림 1.6.29 행렬 차트

가장 왼쪽 열에는 연도들이 입력되어 있고, 연도 왼쪽에 작은 + 아이콘이 있다. +를 클릭하면 연도가 확장되어 해당 연도 내에서 매출이 기록된 분기들이 나타난다. 마찬가지로 분기의 + 아이콘을 누르면 월이 나오고, 월의 + 아이콘을 누르면 일이 나오는 구조다. 'Date'[일자] 계층 구조에 따라 계층을 확장하여 데이터를 탐색해볼 수 있다.

행과 열에 계층 구조로 필드들을 배치했기 때문에 4.4절에서 배운 드릴업/드릴다운 분석을 적용할 수 있다. 행렬 시각적 개체 우측 상단에 있는 드릴다운 아이콘을 누른 뒤 열 이름 중 하나를 클릭하면, 해당 분류 내 하위 분류들에 대한 데이터만 확인할 수 있게 된다. 원상 복귀 하고자 한다면 드릴온 드롭다운 박스를 클릭해서 [열]로 설정값을 바꾼뒤 드릴업 아이콘을 누르면 원상 복귀된다.

7 결과물 공유하기

Part01 기초

지금까지의 과정들을 통해 Power BI Desktop에서 데이터를 시각화 하면, 이러한 결과물을 여러 이해관계자에게 공유를 해야 하는 경우가 발생할 수 있다. Power BI Desktop을 통해 만든 보고서를 회사내 임직원 및 이해관계자 분들과 공유할 때는 Power BI Service 및 Power BI Mobile을 사용해야 한다.

물론 Power BI Desktop로 만든 .pbix 파일 자체를 대상자에게 공유하는 것 또한 물리적으로는 공유에 해당되긴 하지만, Power BI 생태계에서 의도하는 공유와는 다르다.

Power BI 생태계는 Power BI Service 및 Power BI Mobile을 통해 시각화된 결과물을 공유하도록 설계되었다. 이 방법을 사용한다면 조직 내 비즈니스 요구사항 및 보안적인 요구사항에 적합한 방법으로 다양하게 결과물을 공유할 수 있게 된다.

경영정보시각화능력 실기 시험에서는 Power BI Desktop 프로그램을 통해 데이터를 시각화하는 과정을 중점적으로 다루기 때문에 시험에서 Power BI Service를 다루지는 않는다. 그러나 경영정보시각화능력 실기 시험 응시자 중에는 Power BI를 사용하는 기업에 입사하려는 경우나, 이미 해당 도구를 활용 중인 기업에 재직 중인 경우도 있다. 이러한 응시자들은 실무에서 Power BI를 효과적으로 활용하기 위해 Power BI Service에 대한 이해가 반드시 필요하다.

그렇기 때문에 7장에서는 Power BI Service 및 Power BI Mobile에 대해 간략하게 살펴본다. Power BI Service 및 Power BI Mobile을 통해 결과물을 공유하는 과정 위주로 살펴볼 예정이다.

7.1 Power BI Service 및 Power BI Mobile 소개

Power BI Service는 Power BI Desktop과는 다르게 브라우저를 통해서 접근 가능한 웹 어플리케이션이다. https://app.powerbi.com 링크를 통해 Power BI Service에 접근할 수 있다. Power BI Service에 접근하기 위해선 기업용 계정이 필요하다. 회사 내 임직원분들과 시각화된 결과물을 공유하기 위함이다. 기업용 계정과 더불어 해당 계정에 적절한 Power BI 라이선스가 할당되어 있어야 한다. 라이선스 관련해서는 7.2절에서 자세히 살펴본다. 정리하자면 일반 소비자용 이메일인 naver.com, gmail.com, outlook.com 등으로 끝나는 이메일로는 Power BI Service에 접근할 수 없다.

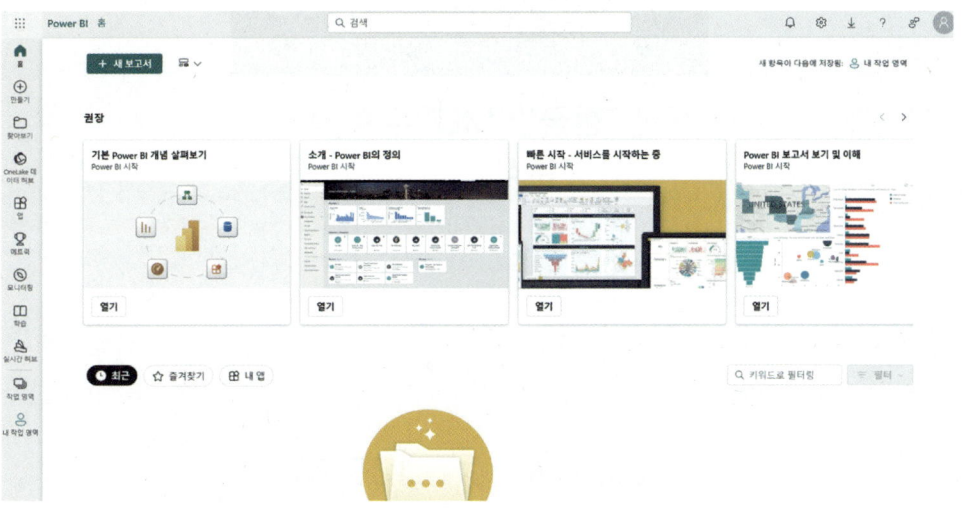

그림 1.7.1 Power BI Service 화면

Power BI Service는 Power BI Desktop이나 Power BI Service로 만든 결과물들을 공유하고 필요 시 다른 데이터 분석가분들과 협업을 할 수 있는 하나의 플랫폼이다. 기본적으로 회사 내의 인원들만 접근할 수 있도록 공유가 되기 때문에 Power BI Service를 통해 공유된 결과물을 보려면 사용자는 Power BI Service에 기업용 계정으로 로그인을 해야 한다. 데이터 분석가끼리 Power BI Service에서 협업을 할 때 도움되는 기능들도 제공한다. 예를 들어 현재 만들고 있는 보고서 초안을 Power BI Service에 게시한 뒤 적절한 권한을 보유한 다른 데이터 분석가가 해당 보고서를 확인한 뒤 각종 피드백을 Power BI Service 내 댓글 달기 기능을 통해 남길 수 있다. 또한 추가적인 설정을 통해 Power BI Service에 로그인을 하지 않아도 온라인 상에 누구나 시각화된 결과물을 볼 수 있게 공유하는 기능도 제공된다.

Power BI Mobile은 안드로이드 또는 iOS 기기에서 Power BI Service에 게시가 된 보고서들을 볼 때 사용할 수 있는 앱이다. 스마트폰이나 태블릿 기기에 설치해서 Power BI Service 상에 게시된 결과물에 접근할 수 있다. 스마트폰 같은 경우 스마트폰 화면에 최적화된 세로 형태의 레이아웃으로 보고서나 대시보드를 볼 수 있게 해준다.

그림 1.7.2 Power BI Mobile 예제 화면

모바일 화면에 최적화된 형태로 결과물을 보려면 Power BI Desktop이나 Power BI Service에서 모바일 전용 레이아웃을 만들어야 한다. 만약 이러한 모바일 레이아웃을 구축하지 않은 상태에서 Power BI Mobile에서 해당 결과물에 접속을 하게 되면 일반적인 PC 가로 모니터에 최적화된 화면이 모바일에도 표출된다.

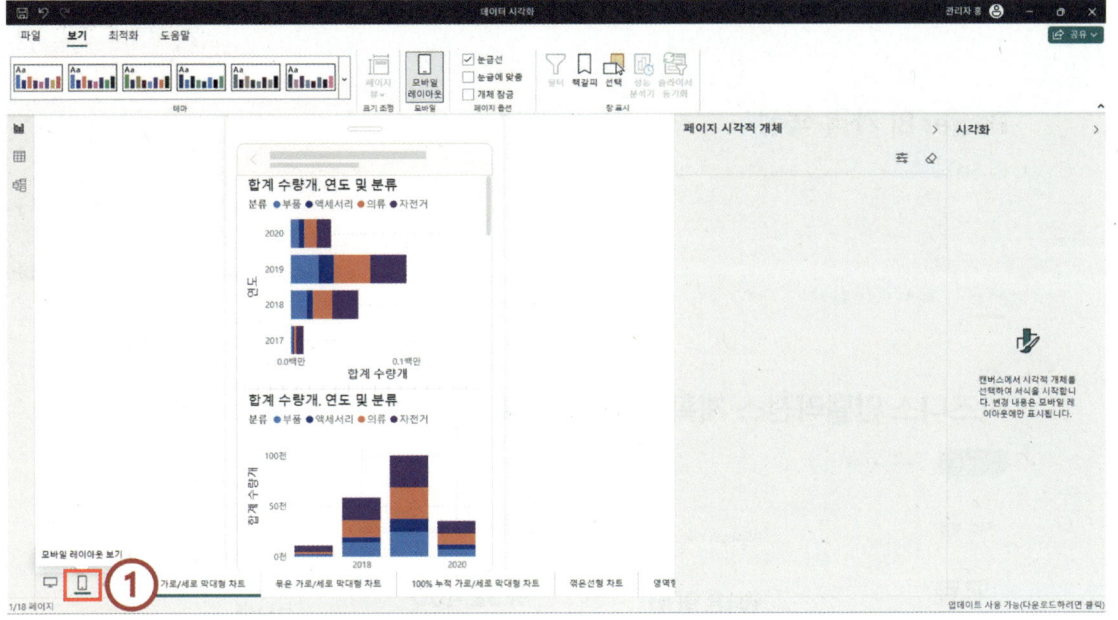

그림 1.7.3 모바일 레이아웃 보기 화면

이 외에도 데이터 모니터링을 위해 특정 조건이 충족되면 모바일에 푸쉬 알림이 오게끔 하는 기능도 Power BI Mobile에서 제공한다.

7.2 Power BI 라이선스 소개

Power BI Service 및 Power BI Mobile을 사용하기 위해서는 기업용 계정이 필요하며 기본적으로 해당 계정에 적절한 Power BI 라이선스가 사전에 할당되어 있어야 한다. 이번 절에서는 공시된 가격 페이지(https://www.microsoft.com/ko-kr/power-platform/products/power-bi/pricing)에 있는 라이선스 중 사용자 단위 라이선스 유형을 살펴본다.

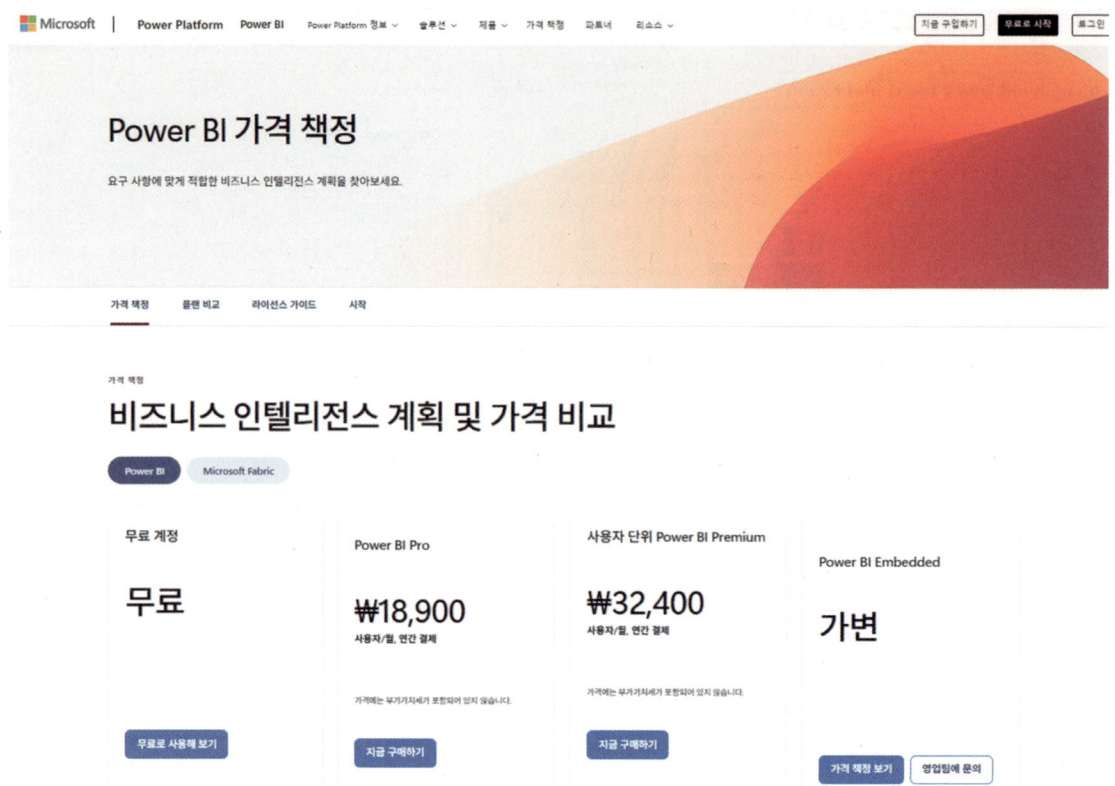

그림 1.7.4   Power BI 라이선스 웹페이지

Microsoft의 소프트웨어 라이선스 체계는 간단하지 않다. 일반 소비자를 위해 공시된 가격 페이지를 운영하고 있으나, 여러 이해 관계가 존재하는 기업 간 거래 시에는 기업의 비즈니스 니즈에 따라 다양한 구매 방법으로 Power BI 라이선스를 확보할 수 있는 방법이 있다. 그러므로 기업에서 필요한 경우라면 Microsoft 영업 담당자 또는 Microsoft 파트너사의 영업 담당자를 통해 구매 문의를 하는 것이 바람직하다.

Power BI의 사용자 단위 라이선스 유형은 무료 라이선스, Pro 라이선스, 그리고 PPU(Premium Per User) 라이선스까지 총 3가지 유형이 있다.

무료 라이선스는 Power BI Service에 로그인 할 수 있는 권한만 있는 정도다. 무료 라이선스를 보유한 자가 본인이 만든 보고서를 Power BI Service에 게시하게 되면 해당 보고서는 본인만 볼 수가 있다. 회사내 다른 임직원에게 해당 보고서를 Power BI Service를 통해 공유하는 것이 불가능하다.

Pro 라이선스부터는 Power BI Service의 다양한 기능을 실질적으로 활용할 수 있다. Pro 라이선스 보유자는 Power BI Desktop에서 시각화한 결과물을 Power BI Service에 게시할 수 있으며, 이를 조직 내 사용자와 공유할 수 있다. 단, 공유를 받는 사용자 또한 Pro 라이선스를 보유하고 있어야 해당 콘텐츠를 열람할 수 있다. 즉, 기본적으로는 Pro 라이선스를 보유한 사용자 간에만 콘텐츠 공유 및 열람이 가능하다. 마지막으로 PPU 라이선스 보유자는 Pro 라이선스 보유자에 비해 Power BI Service에서 사용할 수 있는 기능의 범위가 더 넓어진다. PPU 라이선스를 보유한자가 공유한 결과물을 보려면 상대방 또한 PPU 라이선스를 보유하고 있어야 한다.

라이선스별 가격은 가격 페이지(https://www.microsoft.com/ko-kr/power-platform/products/power-bi/pricing)에서 확인할 수 있다.

> **TIP**
> 최신 가격을 확인하고자 할 때는 항상 Microsoft 공식 사이트를 참고하는 것이 좋다.

지금까지 살펴본 라이선스 및 관련 개념들은 사용자 단위 라이선스를 사용할 때 적용되는 개념이다. Power BI 라이선스 유형 중에는 용량 기반 라이선스 유형 또한 존재하며 용량 기반 라이선스를 사용할 경우 지금까지 배운 것과는 다른 개념이 적용된다. 자세한 내용은 Microsoft Learn 문서(https://learn.microsoft.com/ko-kr/power-bi/fundamentals/service-features-license-type)를 통해 확인할 수 있다.

7.3 Power BI Desktop의 결과물 게시하기

Power BI Desktop에서 작업한 결과물을 Power BI Service 및 Power BI Mobile에 공유하려면 게시 작업이 필요하다. 게시 작업은 Power BI Desktop 홈 메뉴에서 가장 우측에 있는 [게시] 아이콘을 클릭한다. 해당 버튼을 사용하기 위해선 Power BI Desktop에 로그인이 선행되어야 한다. Power BI Desktop 우측 상단에 [로그인] 아이콘을 클릭해 기업용 계정으로 로그인한다.

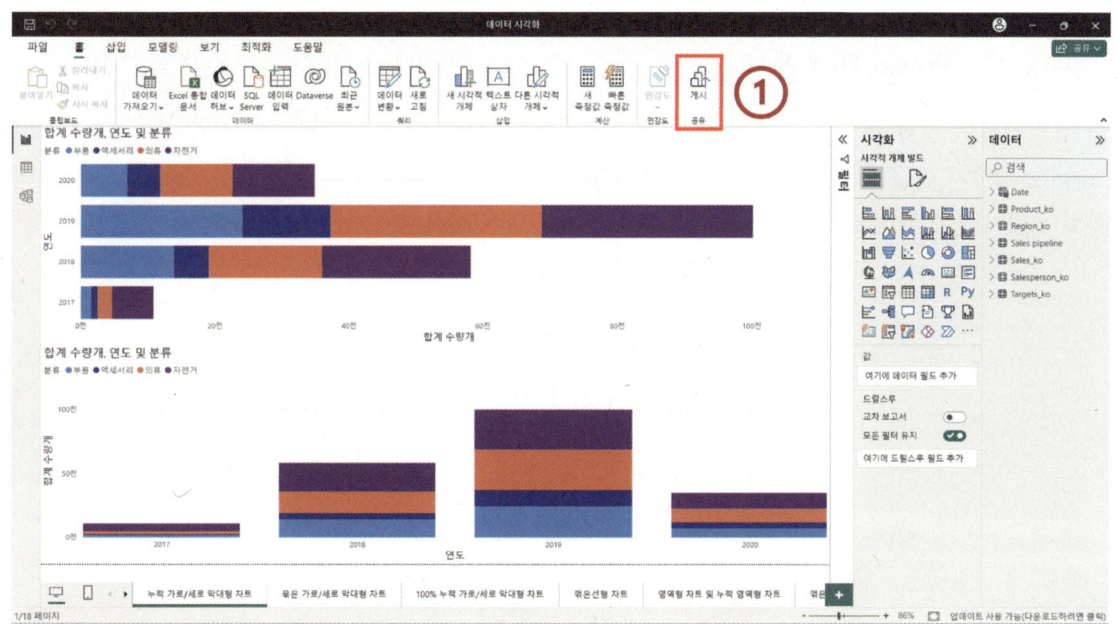

그림 1.7.5 게시

게시를 클릭하면 [Power BI 게시] 화면이 뜬다. 해당 화면에서는 Power BI Desktop에 로그인한 사용자가 접근할 수 있는 작업 영역의 목록이 뜬다. 작업 영역은 Power BI Service에서 결과물들을 묶어서 관리하는 논리적 단위라고 볼 수 있다. 원하는 작업 영역을 선택한 후 [선택] 아이콘을 클릭하면 선택한 작업 영역에 결과물이 게시된다.

그림 1.7.6 Power BI에 게시

위 그림에서는 회사 내 부서별로 작업 영역을 나눠서 구성해두었다. 새로운 작업 영역은 Power BI Service 내에서 만들 수 있다. [내 작업 영역]은 기본적으로 모든 사용자에게 별도로 제공되는 본인만의 작업 영역이다. 이번 예제에서는 [내 작업 영역]에 보고서를 게시해 본다.

7.4 게시된 결과물 공유하기

Power BI Service에 게시된 결과물을 조직 내 사용자에게 공유하기 위해서는 여러 접근 방법이 존재한다. 이번 절에서는 링크를 통해 공유하는 방법을 살펴본다.

앞서 7.3절에서 Power BI Desktop에서의 결과물을 Power BI Service로 게시했다. 해당 작업을 진행했을 때 사용한 계정으로 Power BI Service에 로그인을 한다. 그리고 좌측 메뉴 중 [작업 영역]을 누르면 해당 계정으로 접근 가능한 작업 영역 목록이 뜬다. 7.3절에서는 [내 작업 영역]에 보고서를 게시했으므로 [내 작업 영역]을 클릭해서 이동한다.

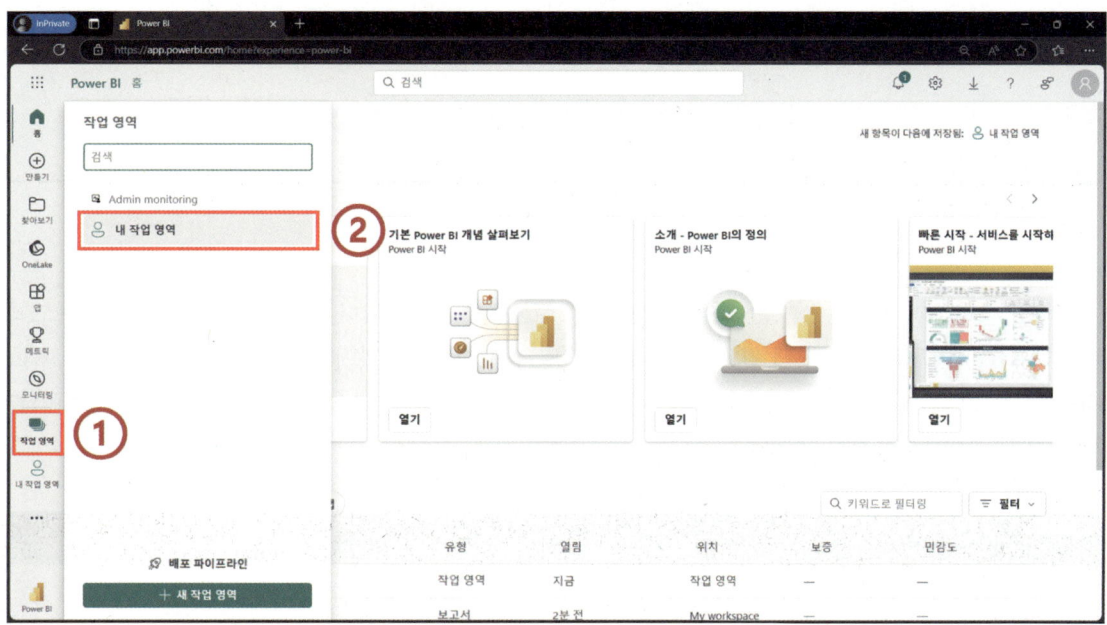

그림 1.7.7 원하는 작업 영역으로 이동하기

선택한 작업 영역으로 이동하면 해당 작업 영역 내에 있는 모든 요소들을 확인할 수 있다. 해당 요소들 중에서 공유하고자 하는 보고서를 선택한다.

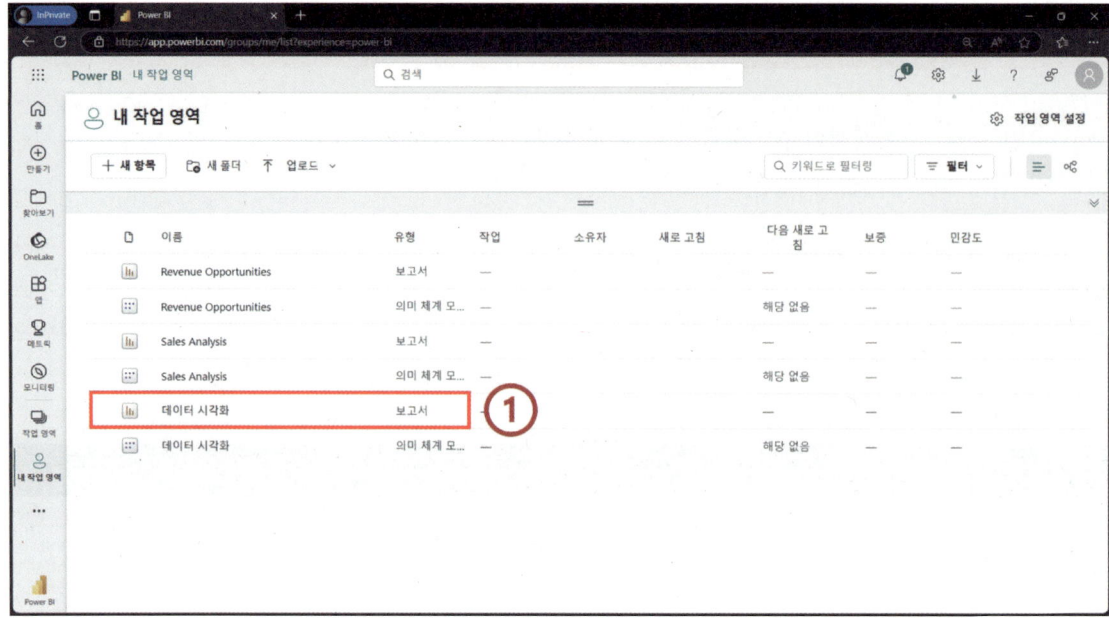

그림 1.7.8 보고서 선택하기

보고서를 선택하면 Power BI Service 내에서 해당 보고서를 볼 수 있다. Power BI Desktop은 보고서 편집 프로그램이므로 편집할 때 필요한 [시각화] 패널과 [데이터] 패널이 가장 우측에 존재했다. Power BI Service는 기본적으로 공유할 때 사용하는 프로그램이기 때문에 편집할 때 필요했던 부가적인 메뉴들이 기본값으로 표시되지 않는다.

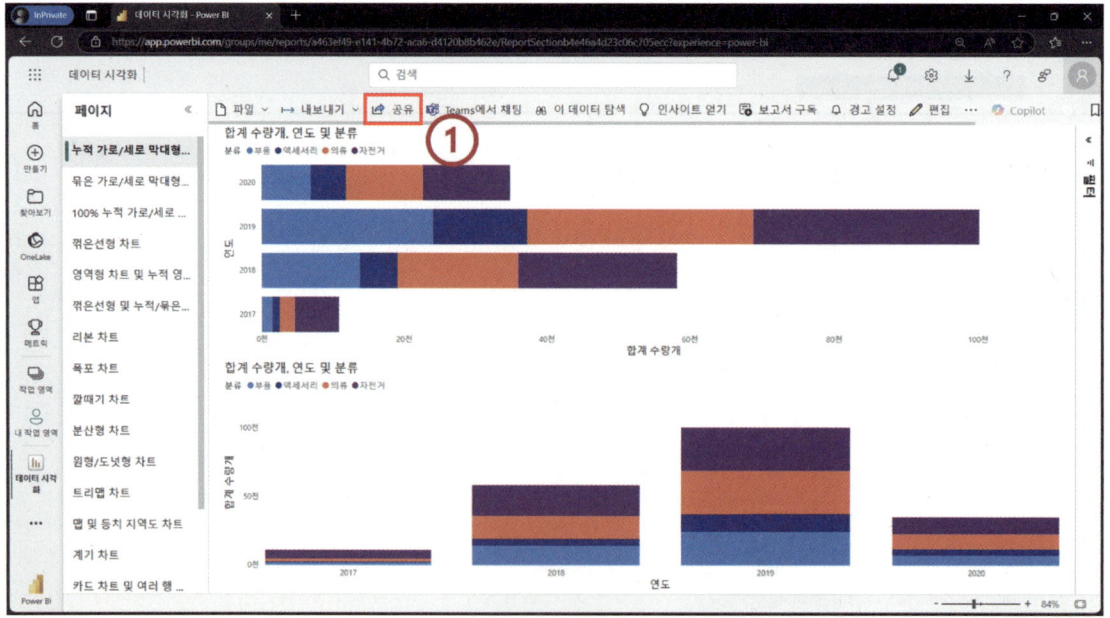

그림 1.7.9 공유

해당 보고서를 사내에 공유하고자 한다면 상단에 [공유] 아이콘을 클릭한다. [공유] 버튼을 클릭하면 아래 그림과 같은 세부 화면이 나타난다. 기본 설정은 [링크가 있는 조직 내 사용자가 보기 및 공유을(를) 할 수 있음] 권한으로 공유가 된다. 만약 해당 권한 설정을 세부적으로 편집하고자 한다면 해당 설정 값을 눌러 세부 권한을 편집할 수 있다. 원하는 수준의 권한이 설정되었다면 하단에 [링크 복사] 버튼을 눌러 링크를 복사한 후 사내 사용자들에게 해당 링크를 공유한다.

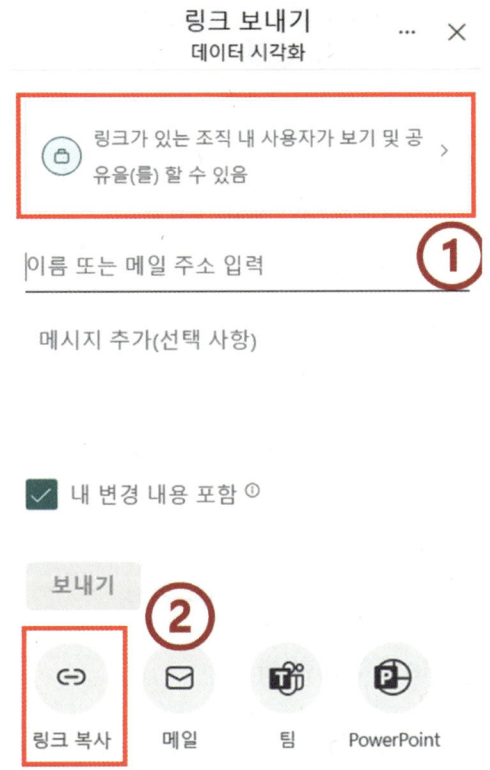

그림 1.7.10 링크 보내기

공유 받은 사용자들이 웹 브라우저를 통해 해당 링크로 이동하면 공유 받은 결과물을 확인할 수 있다. 단, 7.2절에서 확인한 것처럼 적절한 라이선스 조건이 충족되었을 때 결과물을 Power BI Service에서 확인할 수 있다.

링크를 통해 Power BI Service에서 해당 보고서를 확인한 후에는 Power BI Mobile을 통해서도 해당 보고서를 확인할 수 있다. Power BI Mobile에 접속하면 가장 최근에 접근한 보고서 내역을 확인 가능하고, 해당 내역에는 Power BI Service를 통해 접근한 보고서 내역이 나타난다. 해당 내역을 통해 Power BI Mobile에서도 공유된 보고서를 확인할 수 있다.

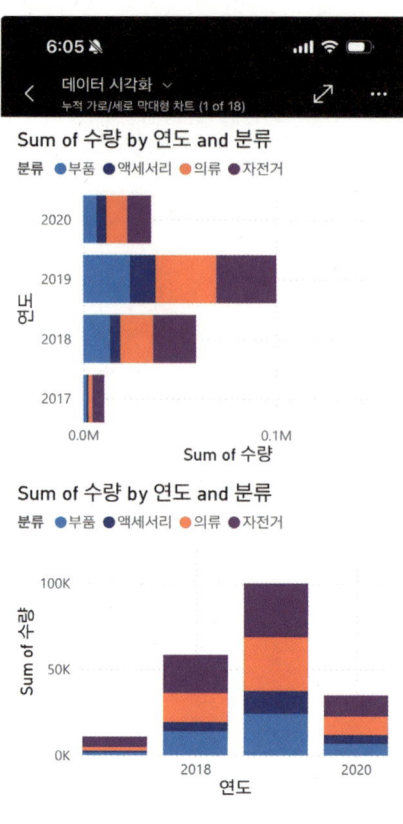

그림 1.7.11 Power BI Mobile로 접근한 화면

TIP
작업 영역을 만들어 여러 사용자들을 추가하여 공유하는 방법 또한 존재한다. 이 경우 Power BI Mobile에서 좀 더 체계적으로 보고서를 확인할 수 있다.

PART 02

심화

1. 보고서 디자인하기
2. 대화식(interactive) 화면 구성하기
3. 고급 분석 기능 및 차트 활용하기

경영정보시각화능력 실기
POWER BI

1 보고서 디자인하기

Part02 심화

Part 2에서는 데이터 시각화에 있어서 심화 내용들을 살펴본다. 제공되는 'Part 2 실습 - 원본.pbix' Power BI 보고서를 하나씩 수정해 나가는 방향으로 주요 데이터 시각화 기능들을 살펴볼 예정이다.

1.1 보고서 페이지 서식

실습 2.1.1~2.1.2
보고서 페이지 서식

보고서 페이지 관련 서식을 변경하기 위해선 먼저 페이지의 비어 있는 공간을 클릭한다. 그리고 우측에 있는 [시각화] 패널에서 [보고서 페이지 서식 지정] 메뉴를 클릭한다.

실습 2.1.1
보고서 페이지 서식 지정 메뉴 검색

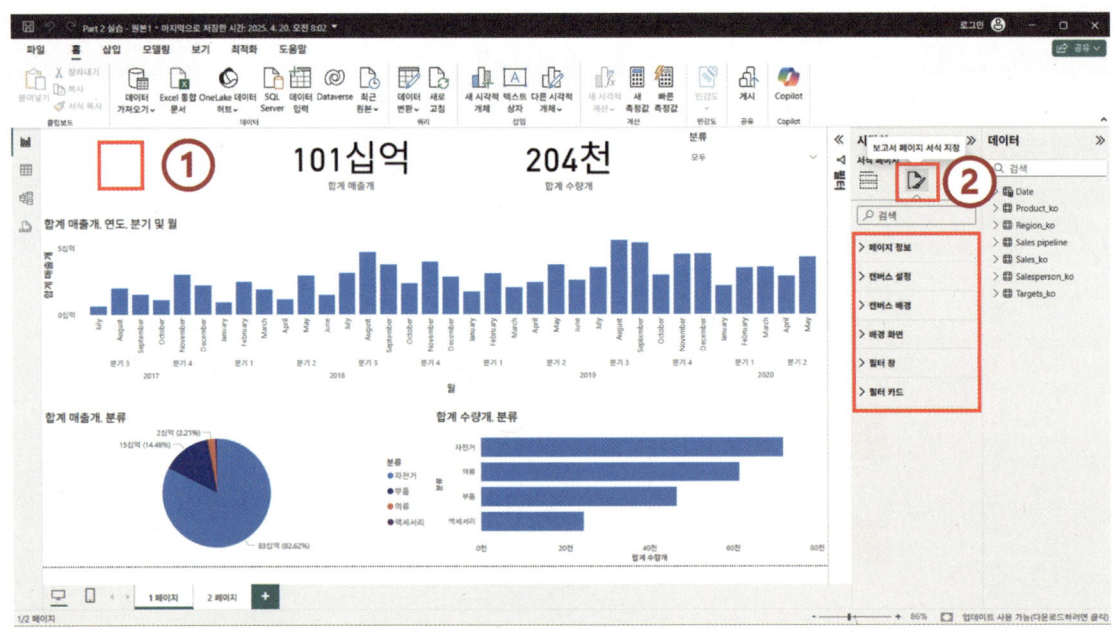

그림 2.1.1 보고서 페이지 서식 지정

> **TIP**
> 메뉴 아이콘 위에 마우스를 올리면 해당 메뉴명을 확인할 수 있다.

[보고서 페이지 서식 지정] 메뉴에는 아래와 같이 6개의 하위 메뉴가 있다.

- 페이지 정보
- 캔버스 설정
- 캔버스 배경
- 배경 화면
- 필터 창
- 필터 카드

각 하위 메뉴별로 관련 기능들이 묶여있으며, 메뉴를 클릭하여 해당 메뉴 내에 있는 기능을 확인할 수 있다. 경영정보시각화능력 실기 시험을 준비하는 수험생 입장에서는 모든 메뉴의 기능에 대해서 공부하고 외울 필요는 없다. 메뉴명이 직관적으로 나와 있기 때문에 시험 당일 모르는 메뉴가 나오더라도 메뉴명을 읽어 보면 해당 기능을 어느 정도 유추할 수 있다. 예를 들어 [페이지 정보] 메뉴를 클릭하면 [이름]이라는 항목이 나타나는데, 이를 통해 해당 메뉴에서 페이지 이름을 수정할 수 있다는 점을 유추할 수 있다.

또한, 시험 문항 유형이 특정 작업을 구현하기 위한 조건들을 지시사항 형태로 알려주기 때문에 알려주는 메뉴를 잘 찾아서 선택만 하면 된다. 완성된 결과물만 보여주고 추가적인 지시사항 없이 해당 결과물을 도출해내는 형태가 아니다. 그렇기 때문에 메뉴들의 기능들을 모두 외울 필요가 없다. 당일 시험에서 처음 보는 메뉴명이 지시사항에 나오더라도 Power BI Desktop 화면 내에서 적절히 찾은 후 지시사항에 따라 조건을 설정하면 된다.

각 서식 패널에는 [검색] 창이 있기 때문에 해당 창에 키워드만 잘 입력하면 원하는 메뉴를 손쉽게 찾을 수 있다.

예를 들어 대한상공회의소에서 안내한 경영정보시각화능력 실기 시험 B형에는 아래와 같은 문제가 있다.

1. '문제2', '문제3' 페이지의 전체 서식을 설정하시오. (5점)
   ① '문제2'와 '문제3' 페이지의 캔버스 배경을 설정하시오. (3점)
   ▶ 배경 이미지
      - '문제2' 페이지: '문제2-배경.png'
      - '문제3' 페이지: '문제3-배경.png'
   ▶ 캔버스 배경 설정
      - 이미지 맞춤: '기본'
      - 투명도: '0%'

그림 2.1.2 경영정보시각화능력 실기 시험 B형 예제

페이지에 대한 서식을 안내된 조건으로 변경해야 하는 문제다. 캔버스 배경의 [이미지 맞춤] 조건을 '기본'으로 설정해야 하고 [투명도]를 '0%'로 설정해야 하는 조건이 있다.

이런 경우 [보고서 페이지 서식 지정] 메뉴로 이동한 뒤 [이미지 맞춤] 기능과 [투명도] 기능이 어디 있는지 기억이 나지 않는다면 [검색] 창을 사용하면 편하게 찾을 수 있다.

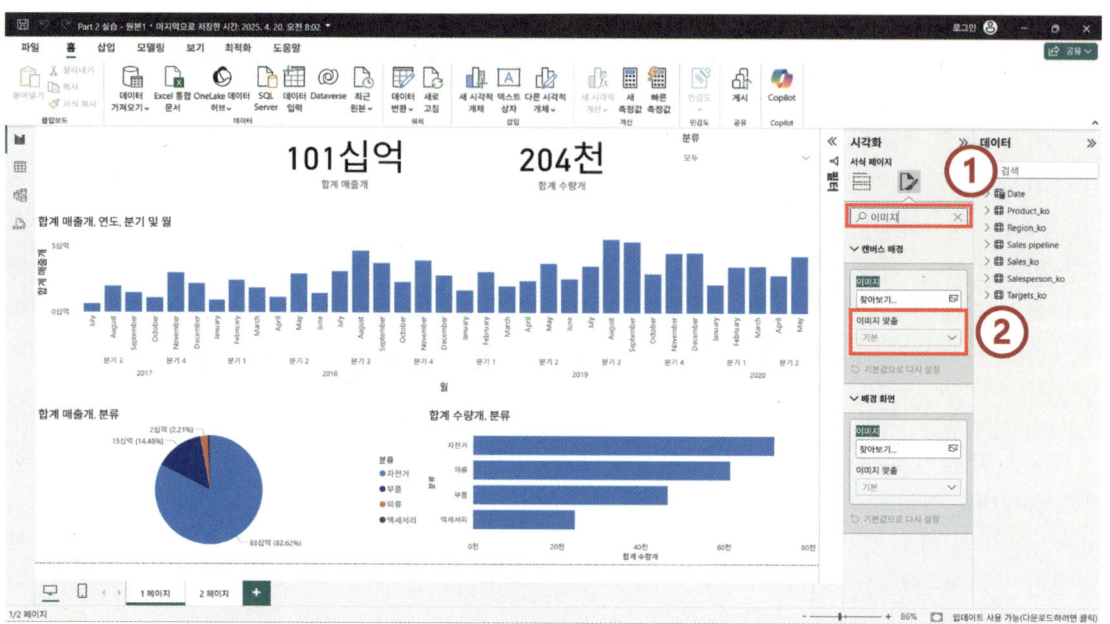

그림 2.1.3 이미지를 검색했을 때의 결과물

검색 창에 '이미지'를 검색하면 하위 메뉴에 있는 기능 중 '이미지'라는 텍스트가 들어간 모든 메뉴가 나타난다. 그림 2.1.3에서 2번 상자를 확인해보면 [캔버스 배경] 하위 메뉴 내에 [이미지 맞춤] 기능이 존재하는 것을 볼 수 있다. 해당 기능을 '기본'으로 설정하면 문제의 요구사항을 충족할 수 있다.

> **TIP**
> 현재 작업 중인 실습 파일에는 캔버스 배경에 이미지가 첨부되어 있지 않기 때문에 [이미지 맞춤] 기능이 비활성화되어 있다.

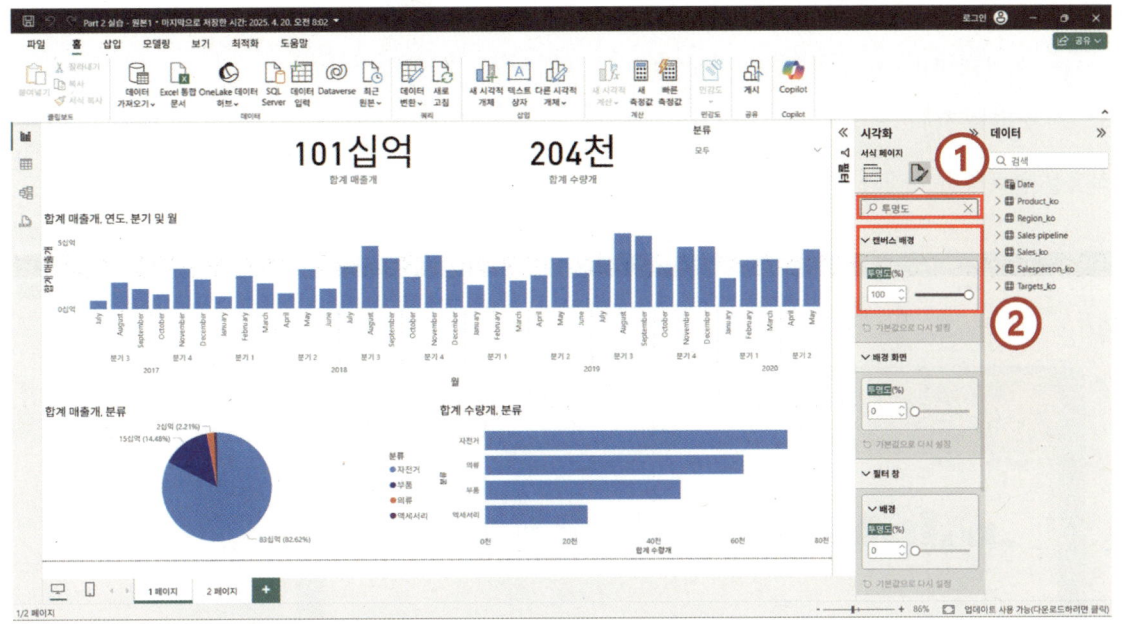

그림 2.1.4 투명도를 검색했을 때 결과물

마찬가지로 '투명도'를 검색 창에 검색하면 하위 메뉴 중 '투명도'라는 텍스트가 들어간 모든 메뉴를 확인할 수 있다. 이 중에서 [캔버스 배경] 하위 메뉴에 있는 [투명도]를 '0%'로 설정하도록 경영정보시각화능력 시험 문제에서 안내하고 있다. 지금 해당 사항을 반영할 필요는 없지만 만약 실제 시험에서 위와 동일한 문제가 나온다면, 지금까지 살펴본 방법으로 적절한 메뉴를 찾은 뒤 지시사항에 따라 값을 조절하면 된다.

실제 시험은 제한된 시간 내에서 최대한 많은 문제를 풀어서 점수를 획득해야 한다. 그렇기 때문에 빠른 시간 내에 적절한 메뉴를 찾아서 시험에서 안내된 조건을 구현하는 것이 중요하다. 검색 창을 사용하면 원하는 메뉴를 빠르게 찾을 수 있기 때문에 시험 응시 도중에 유용하게 사용 가능하다.

현재 작업 중인 'Part 2 실습 - 원본.pbix' 파일에는 아래의 조건을 적용해보면서 보고서 페이지 서식 기능을 익혀보고자 한다.

- 페이지 정보에서 이름 수정
  - 1페이지 ⇨ 제품 분류별 매출
  - 2페이지 ⇨ 영업직원별 매출
- '제품 분류별 매출' 페이지의 서식 변경
  - 캔버스 배경
    - 색: #EB895F
    - 투명도: 0%

실습 2.1.2
페이지 서식 변경

- 배경 화면
  - 색: #118DFF
  - 투명도: 0%

적용을 완료하면 아래와 같은 결과물을 얻을 수 있다.

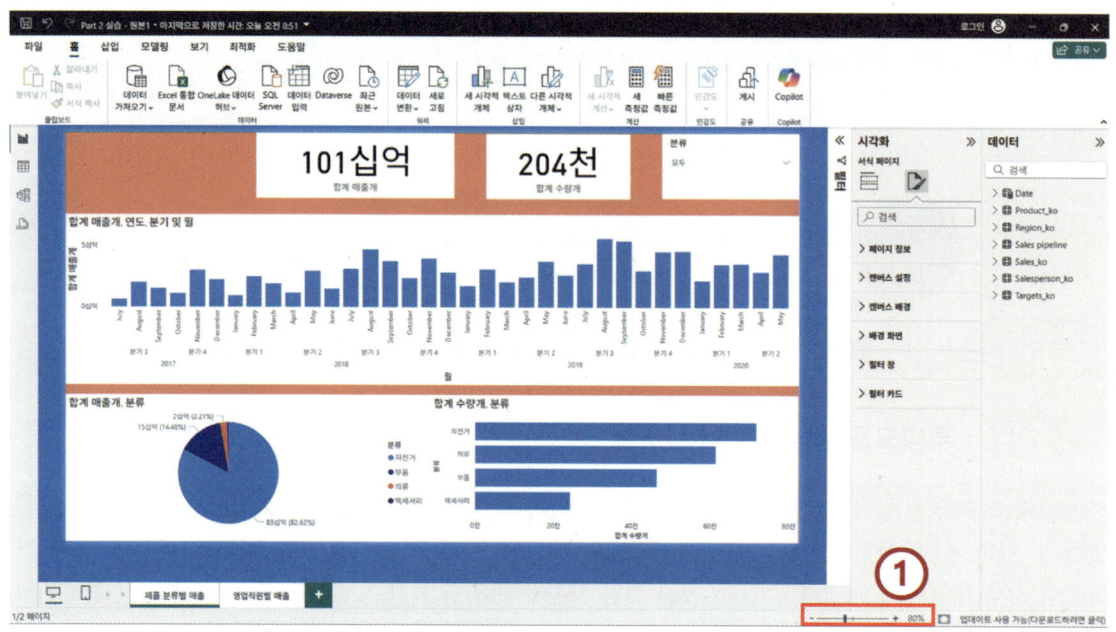

그림 2.1.5 페이지 관련 서식 변경 적용 후

캔버스와 배경 화면에 각각 다른 색이 적용된 것을 확인할 수 있다. 화면 좌측 하단에 나오는 페이지명도 변경된 것을 볼 수 있다.

> **TIP**
> 페이지 이름은 [페이지 정보] 메뉴에서도 변경 가능하지만 페이지 이름을 더블 클릭하여 수정할 수도 있다.

필요시 우측 하단에 있는 배율 메뉴를 잘 조정하여 그림 2.1.5와 같은 배율로 캔버스 페이지와 배경 화면이 나오게끔 조절해볼 수 있다.

[영업직원별 매출] 페이지로 넘어가보면 캔버스 배경 및 배경 화면 색이 여전히 기본값인 하얀색으로 나오는 것을 확인할 수 있다. 방금 위에서 적용한 변경은 [제품 분류별 매출] 페이지에만 적용되도록 설정되어 있기 때문이다.

모든 페이지에 캔버스 배경색과 배경 화면 색이 적용되게끔 설정하고자 한다면 개별 페이지 서식 설정이 아닌 테마 설정을 편집해야 한다.

1.2 테마

테마 변경은 [보기] 메뉴에서 가능하다.

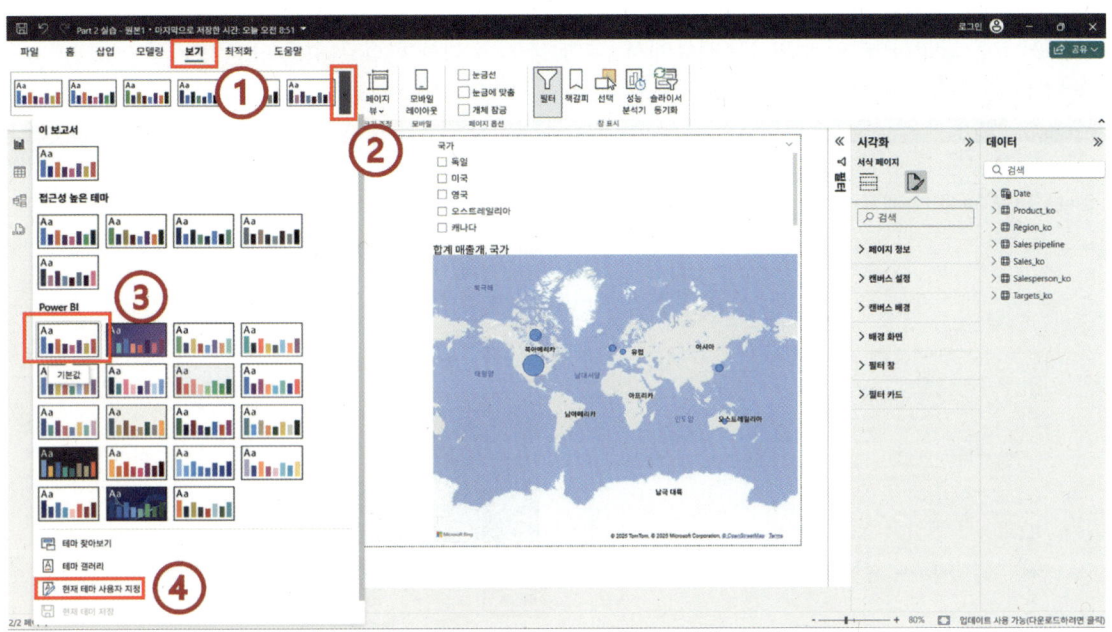

그림 2.1.6 현재 테마 사용자 지정 메뉴

그림 2.1.6에 따라 접근하여 [현재 테마 사용자 지정] 버튼을 클릭하면 [테마 사용자 지정] 화면이 나타난다. [테마 사용자 지정] 화면에서 아래의 조건을 적용해보고자 한다.

- 테마 사용자 지정에서 테마 편집
  - 보고서 테마: 기본값
  - 이름 및 색의 테마 색 변경
    - 테마 색 1: #02B331

- 페이지의 배경 화면 변경
  - 배경 화면 색: #4B4B4B
  - 투명도: 0%
- 페이지의 페이지 배경 변경
  - 페이지 배경 색: #F1EFE7
  - 투명도: 0%

그림 2.1.7을 참고하여 [이름 및 색] 메뉴에서 [테마 색 1]의 색을 편집할 수 있다.

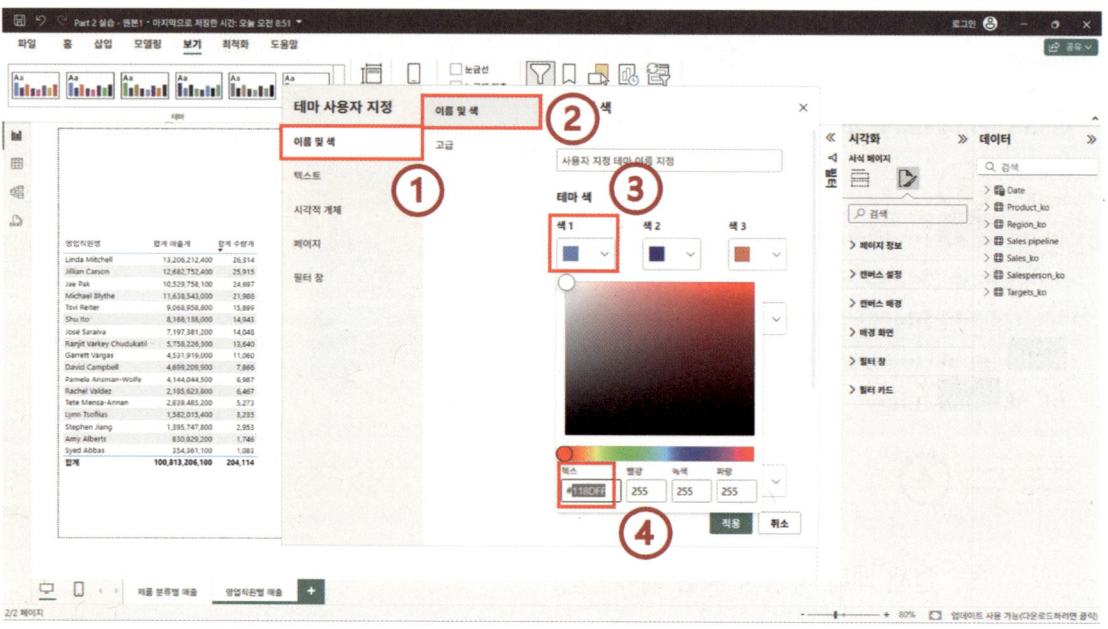

그림 2.1.7 　이름 및 색의 테마 색 변경

그리고 지시 사항에 따라 좌측에 있는 메뉴 중 [페이지] 메뉴로 이동하면 [배경 화면] 메뉴와 [페이지 배경] 메뉴를 볼 수 있다. 각각의 색과 투명도를 지시 사항에 안내되는 조건들로 설정하면 된다.

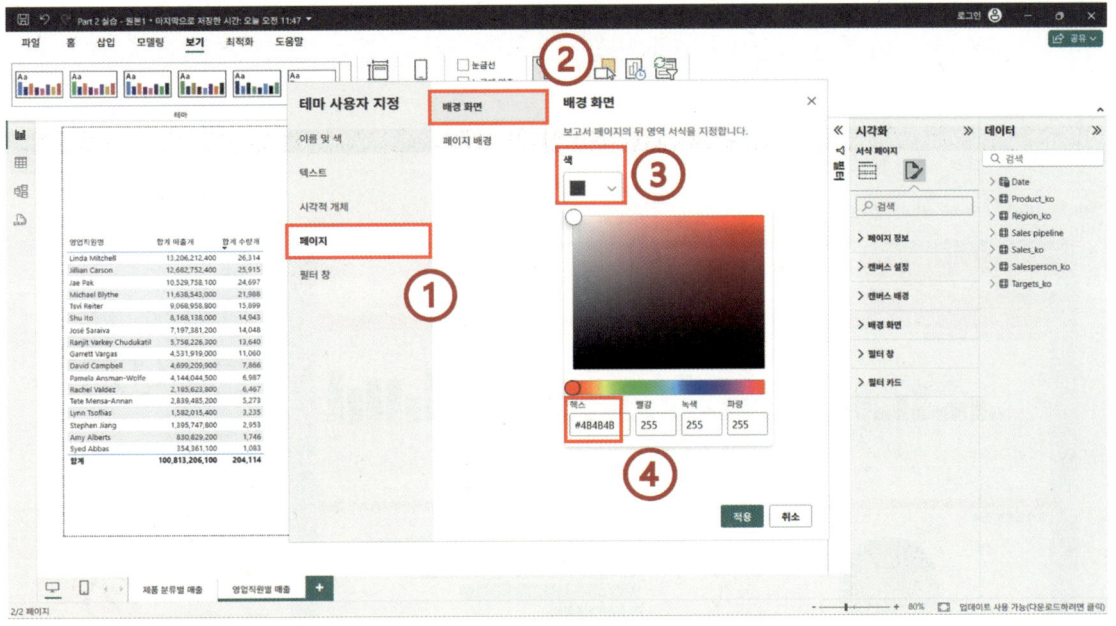

그림 2.1.8 배경 화면 및 페이지 배경 설정 변경

변경 사항을 적용 완료하면 다음 그림처럼 아이보리 색과 진한 회색이 배경으로 함께 나오게 된다. 또한 지도 상에 파란색 원이 녹색 원으로 색이 변경된 것을 확인할 수 있다.

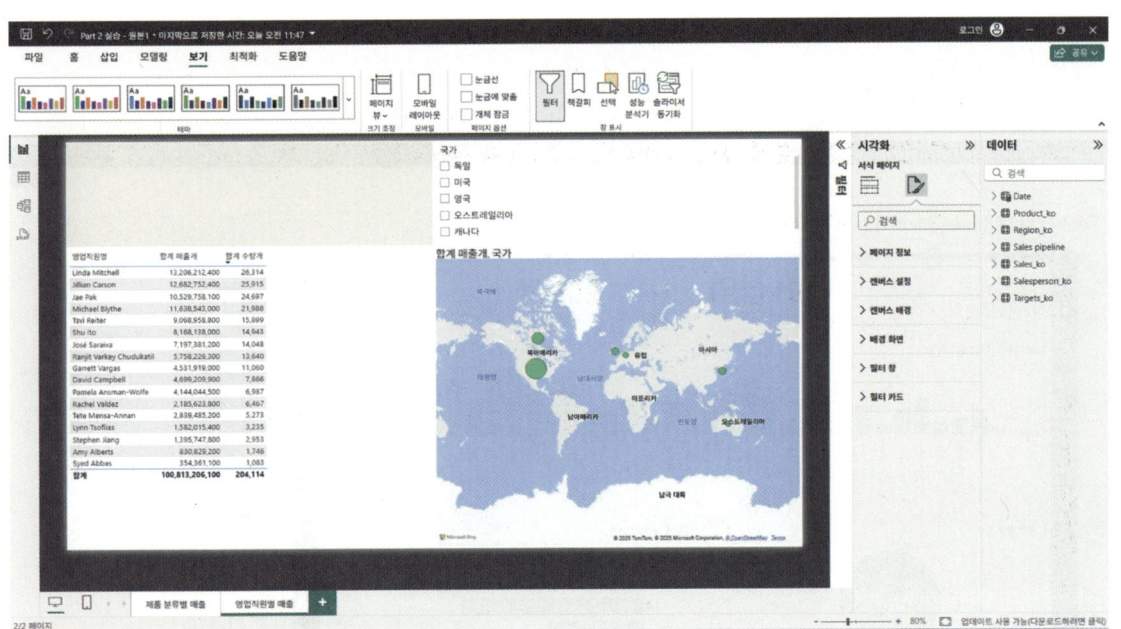

그림 2.1.9 사용자 지정 테마 적용 후

하지만 [제품 분류별 매출] 페이지로 이동해보면 새롭게 지정한 테마 색이 아니라 1.1절에서 지정했던 색이 그대로 적용되어 있는 것을 볼 수 있다. 1.1절에서 지정했던 색이 사용자 지정 테마 색을 덮고 있기

1 보고서 디자인하기 **215**

때문이다. 사용자 지정 테마 색이 나오게 하기 위해선 [캔버스 배경] 메뉴와 [배경 화면] 메뉴에 각각 들어가서 [기본값으로 다시 설정] 버튼을 클릭해야 한다.

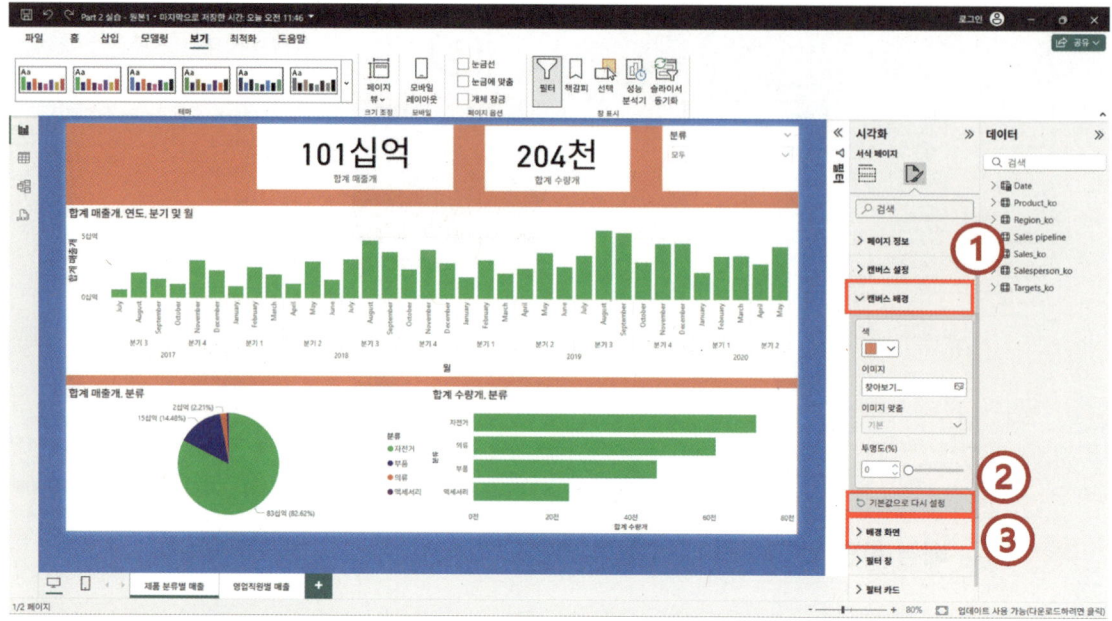

그림 2.1.10 기본값으로 다시 설정 메뉴

적용이 완료되면 [영업직원별 매출] 페이지와 [제품 분류별 매출] 페이지가 모두 동일한 배경색으로 변경된 것을 확인할 수 있다.

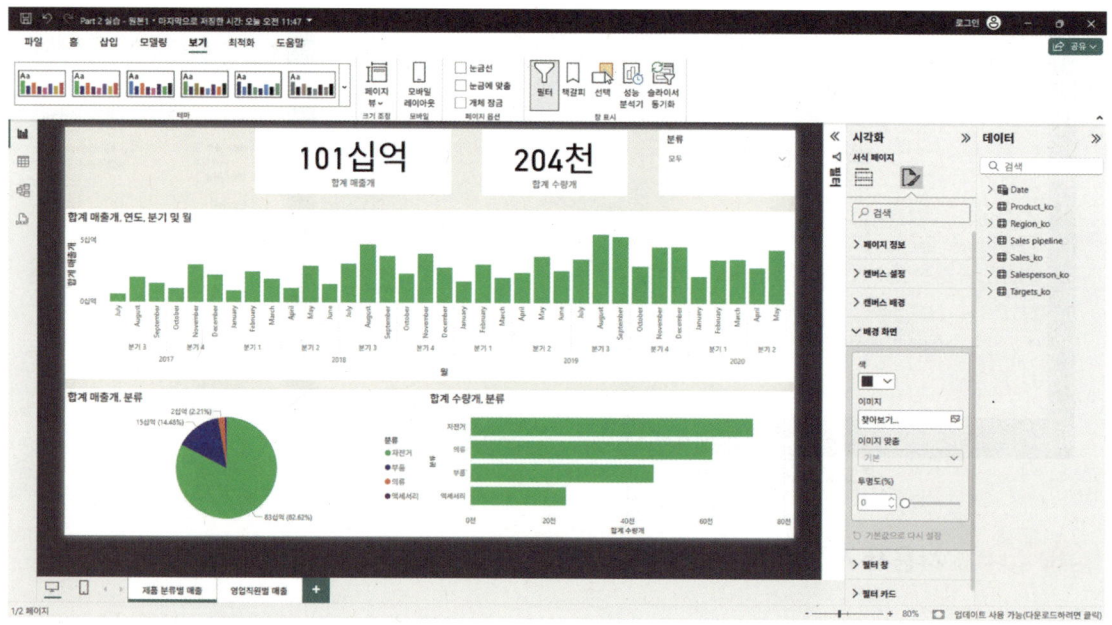

그림 2.1.11 사용자 지정 테마 적용 완료

1.3 시각적 개체 서식

보고서에 포함된 각 시각적 개체(차트, 카드, 테이블, 슬라이서 등)의 서식 또한 개별적으로 변경할 수 있다. 시각적 개체 서식을 통해 데이터 표현 방식을 세밀하게 조정하여, 전달하고자 하는 메시지를 보다 명확하게 할 수 있다.

서식을 변경하고자 하는 시각적 개체를 클릭한 뒤 [시각화] 패널에 있는 [시각적 개체 서식 지정] 메뉴를 클릭하면 된다. 시각적 개체 서식 창에는 보통 두 가지 유형의 옵션이 존재한다.

- **시각적 개체**: 해당 개체에 특화된 설정 항목으로, 예를 들어 축, 데이터 레이블, 색상, 테두리 등 차트 고유의 요소들을 포함
- **일반**: 모든 시각적 개체에 공통적으로 존재하는 항목으로, 대표적으로 제목, 배경, 그림자 등이 있음

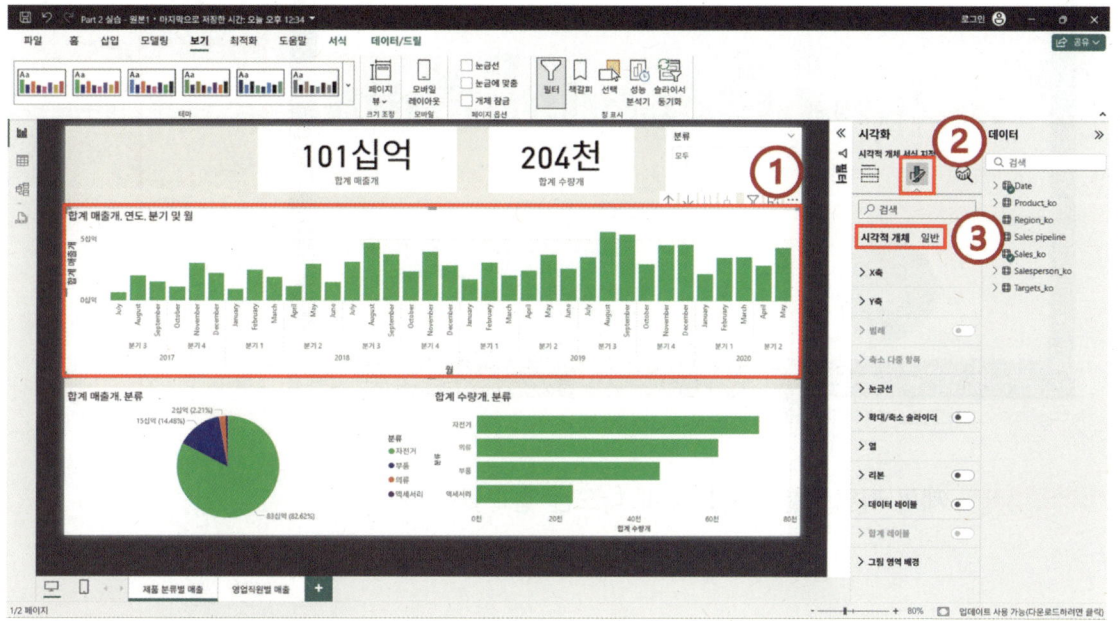

그림 2.1.12 시각적 개체 서식 지정

시험에서 아래와 같은 조건의 문제가 나올 때 시각적 개체 서식을 변경하면 된다.

누적 세로 막대형 차트인 '합계 매출개, 연도, 분기 및 월'의 각 요소에 대한 서식을 다음과 같이 지정하시오.

1 보고서 디자인하기 217

- 차트 제목: '월별 매출 현황'으로 변경
  - X축: 축 제목 제거, 글꼴 크기 '12'
  - Y축: 축 제목 제거, 글꼴 크기 '12'
- 묶은 가로 막대형 차트인 '합개 수량개, 분류'의 각 요소에 대한 서식을 다음과 같이 지정하시오.
  - X축: 축 제목 '판매 수량 개수'로 변경, 값 표시 단위 '없음'
  - Y축: 축 제목 제거

시험에서도 위와 같이 직관적인 키워드로 지시 사항이 안내된다. 그렇기에 모든 서식 메뉴를 외울 필요는 없으며, 모르는 항목이 나오면 [검색] 창에 해당 키워드를 입력해 원하는 설정 메뉴를 찾아보면서 문제를 풀어가면 된다. 또는 순차적으로 메뉴를 열어보면서 찾아볼 수 있다.

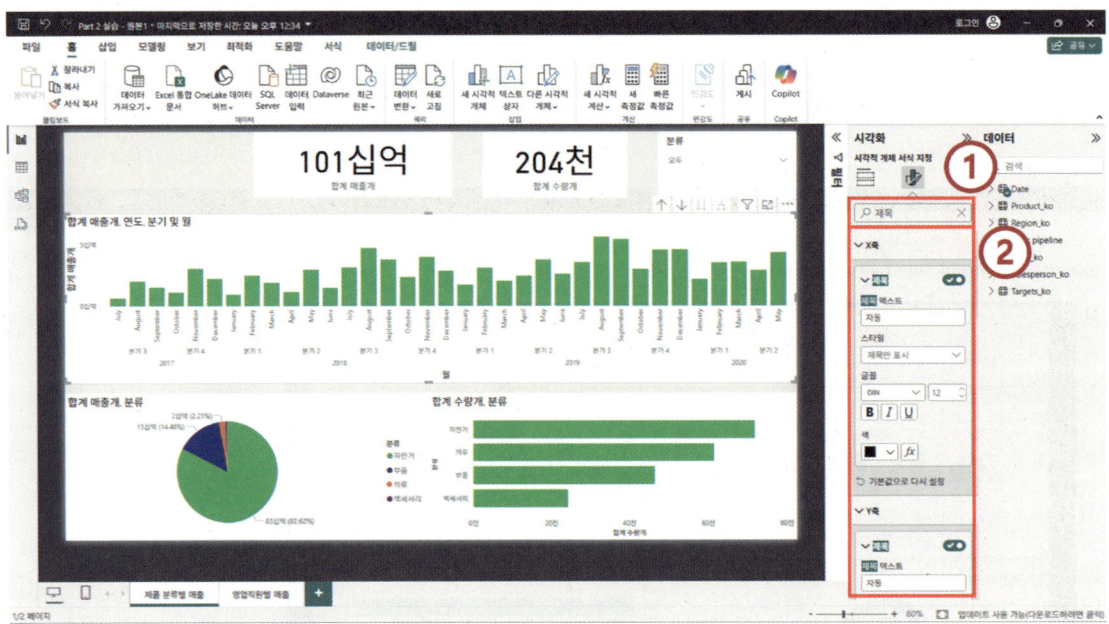

그림 2.1.13 　제목 키워드를 검색했을 때 나오는 결과물

변경이 완료되면 아래와 같은 결과물을 얻을 수 있다.

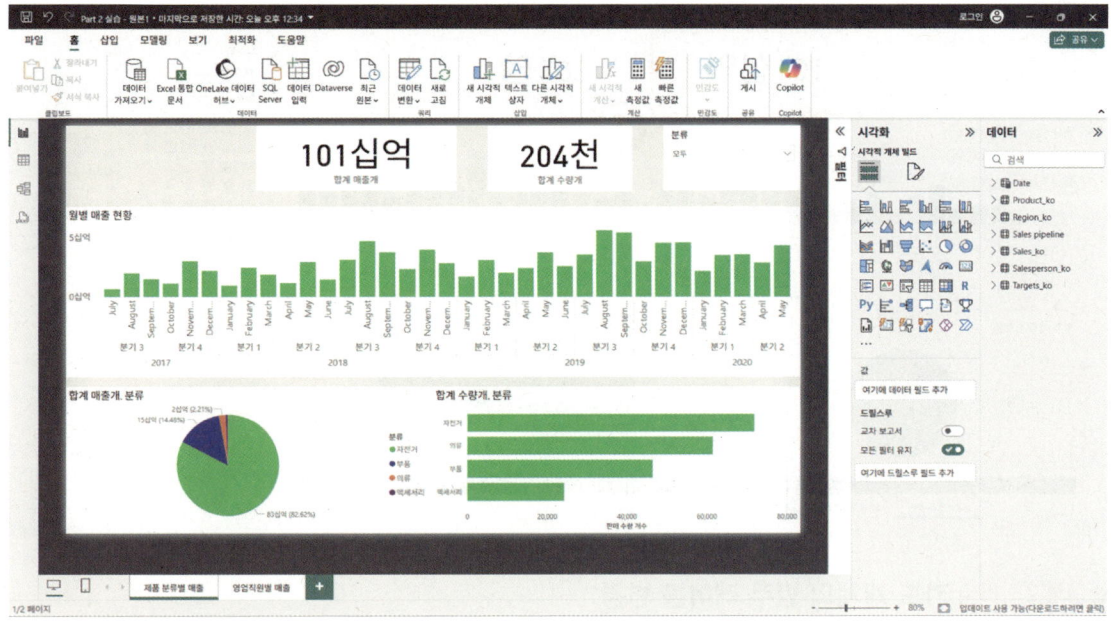

그림 2.1.14 서식 변경 적용 완료된 결과물

아래와 같은 서식 조건들 또한 반영하고자 한다면 [시각적 개체 서식 지정] 메뉴에서 가능하다.

- '제품 분류별 매출' 페이지에서 아래 서식 변경을 적용하시오.
    - 카드 시각적 개체와 슬라이서 시각적 개체에 대해 시각적 테두리 추가
    - '합계 매출개' 범주 레이블을 '매출 합계'로 변경
    - '합개 수량개' 카드의 범주 레이블 제거, '판매 수량 합계'으로 제목 추가, 가로 맞춤은 '가운데'로 설정
- '영업직원별 매출' 페이지에서 슬라이서 설정 스타일 '타일'로 변경

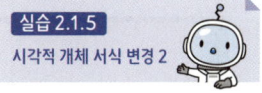

경영정보시각화능력 실기 시험에서 나오는 지시사항의 용어를 정확히 해석하는 것이 중요하다. 해당 지시사항에서 어떤 텍스트가 메뉴명이고, 어떤 텍스트가 선택지로 사용가능한 텍스트인지 구분만 잘하면, Power BI Desktop에서 해당 메뉴명을 찾아서 적절한 값을 입력하면 된다.

위 지시사항에서 '시각적 테두리', '범주 레이블', '스타일'은 메뉴명이다. 그러므로 [시각적 개체 서식 지정]의 [검색]창에 해당 키워드를 검색하면 적절한 메뉴를 찾을 수 있다.

시각적 개체마다 서식 메뉴가 다르기 때문에 서식 변경 시 일관적이지 않은 사용자 경험을 겪게 될 수도 있다. 예를 들어 '합계 매출개' 범주 레이블을 '매출 합계'로 변경하는 작업은 [시각적 개체 서식 지정] 메뉴에서 진행할 수 없다. 시각적 개체 [필드] 메뉴에서 필드명을 더블 클릭해서 수정해줘야 한다.

1 보고서 디자인하기   219

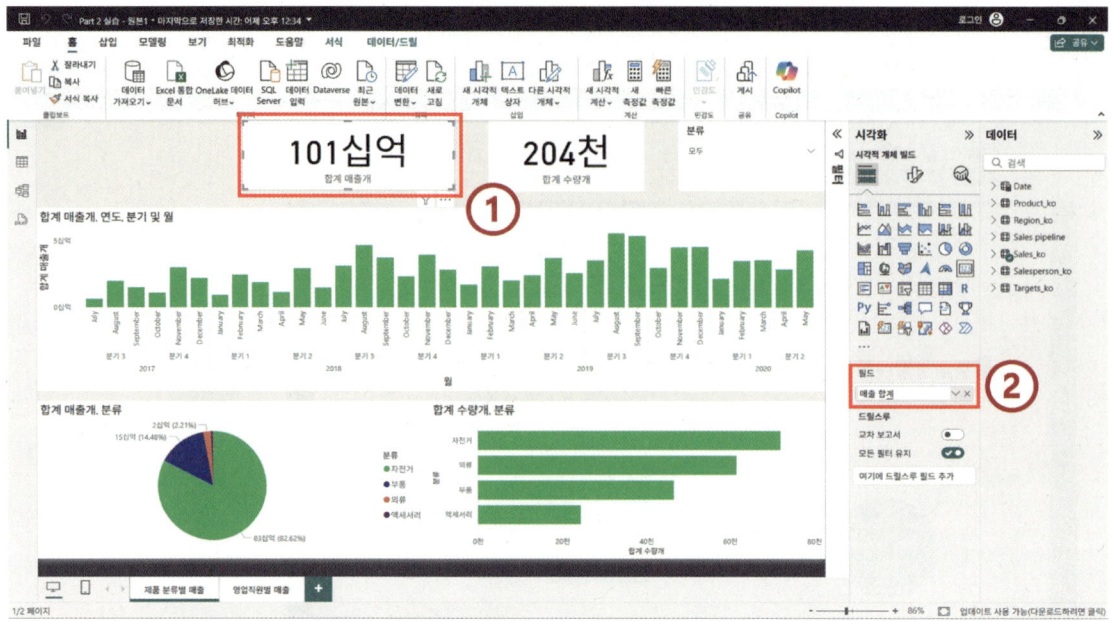

그림 2.1.15 카드 개체의 범주 레이블 변경

위 지시사항들을 모두 반영하면 아래와 같은 결과물을 얻을 수 있다.

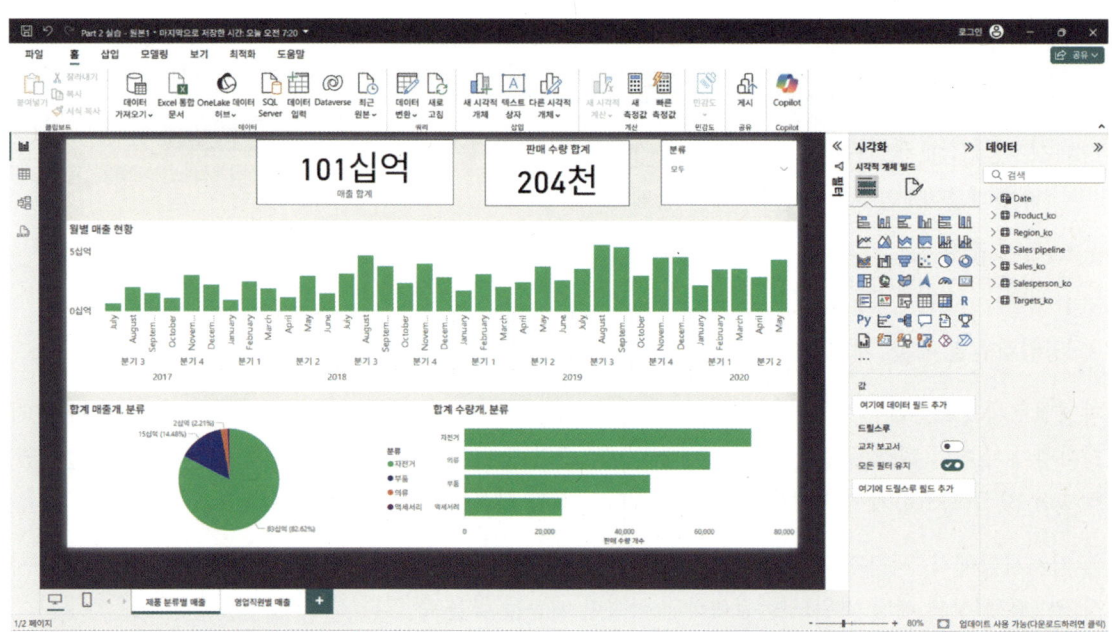

그림 2.1.16 서식 변경 적용 후

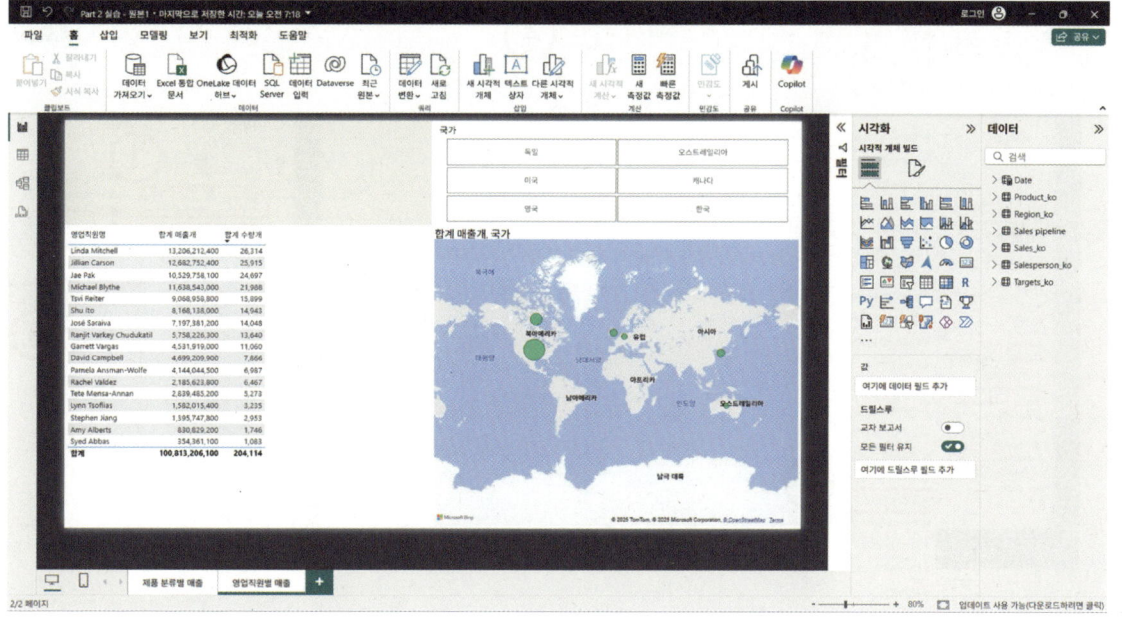

그림 2.1.17 서식 변경 적용 후

테이블 시각적 개체에 대한 서식 변경을 끝으로 시각적 개체 서식 변경 실습을 마무리하고자 한다.

- '영업직원별 매출' 페이지에 있는 테이블 시각적 개체의 서식을 아래 조건에 따라 변경하시오.
  - 'Sales_ko'[매출] 필드에 원화(₩) 기호 넣기
  - 열 머리글 글꼴 크기 15
  - 값 글꼴 크기 12

실습 2.1.6
시각적 개체 서식 변경 3

'글꼴'을 [시각적 개체 서식 지정]의 [검색]창에 입력하면 원하는 메뉴를 찾아볼 수 있다. 'Sales_ko'[매출] 필드에 원화(₩) 기호를 넣는 것은 [데이터] 패널에서 해당 필드를 클릭한 후 상단의 [열 도구] 메뉴에서 변경 가능하다.

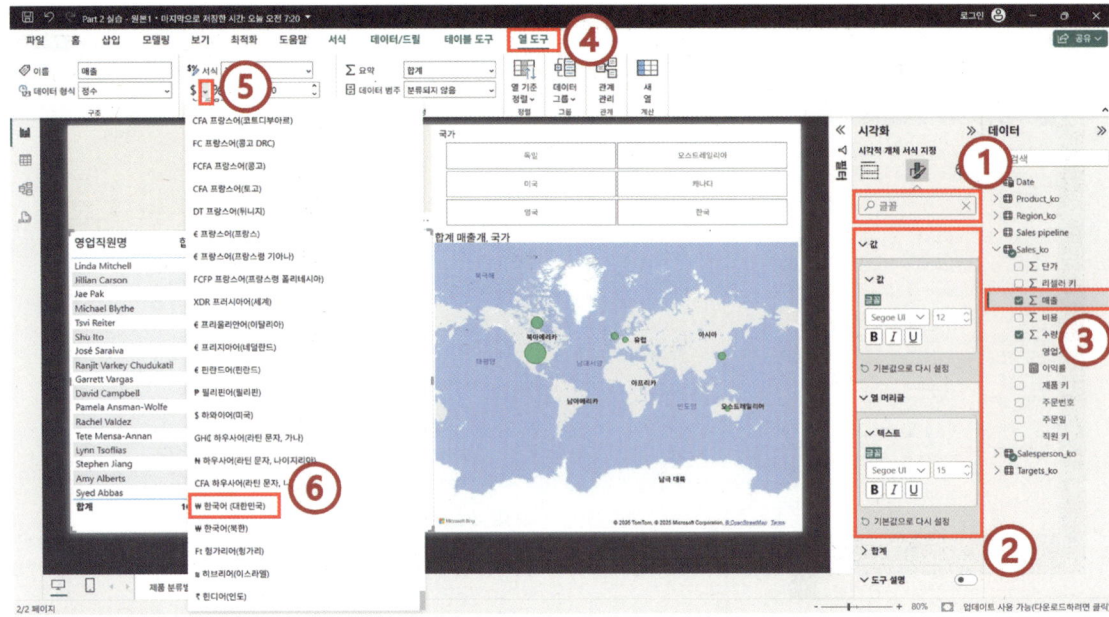

그림 2.1.18 서식 변경을 위한 관련 메뉴들

서식 변경 적용이 완료되면 아래와 같은 결과물을 볼 수 있다. 테이블 시각적 개체의 서식이 변경된 것을 확인할 수 있다.

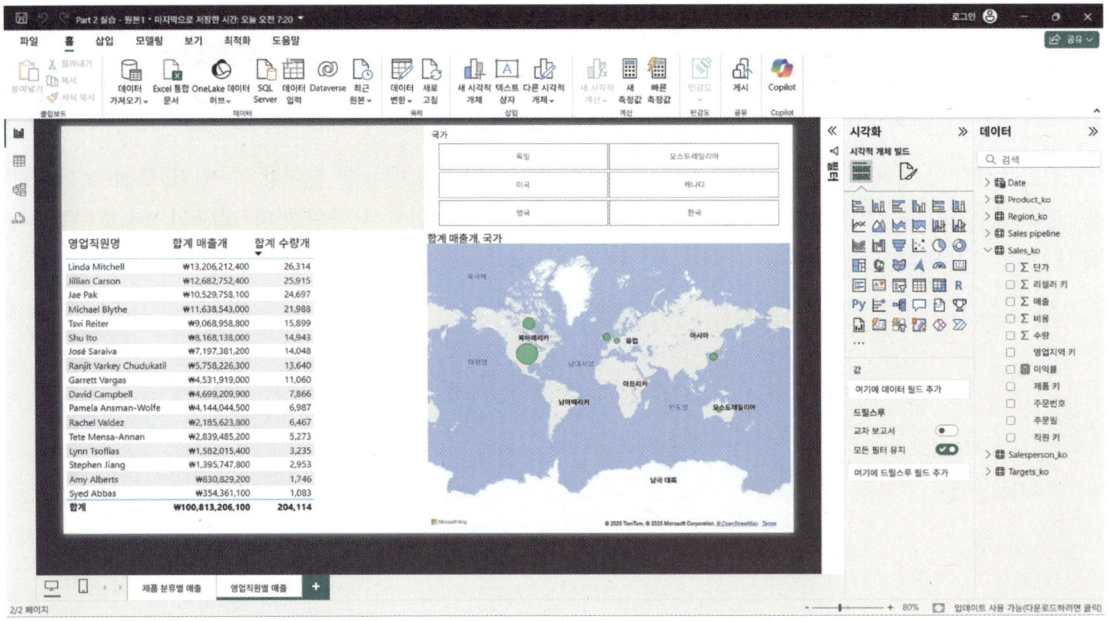

그림 2.1.19 서식 변경 적용 후

> **TIP**
> 'Sales_ko'[매출] 필드의 서식을 변경했기 때문에, 해당 필드를 사용하고 있는 '제품 분류별 매출' 페이지에 있는 카드 개체에도 원화 표시가 추가된 것을 확인할 수 있다.

1.4 눈금선 및 눈금에 맞춤

실습 2.1.7
눈금선 및 눈금에 맞춤

보고서에서 시각적 개체들을 배치할 때는 [눈금선] 또는 [눈금에 맞춤] 기능을 활용하면 도움받을 수 있다. 상단의 [보기] 메뉴에서 확인 가능하다.

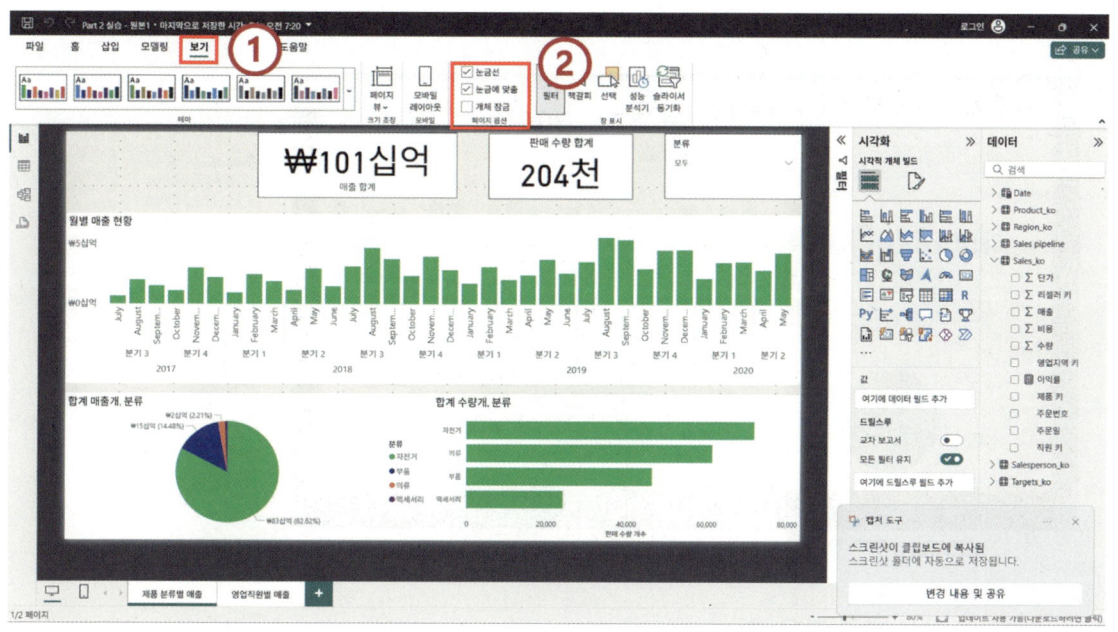

그림 2.1.20 눈금선 및 눈금에 맞춤

[눈금선] 메뉴를 활성화하면 보고서 페이지 뒷부분에 눈금선이 표시된다. [눈금에 맞춤] 메뉴를 활성화한 후 시각적 개체를 클릭한 상태에서 움직이면, 눈금에 가까워질 때 눈금선에 맞추어 시각적 개체가 배치된다. 두 개의 기능 모두 실무에서 시각적 개체를 배치할 때 도움받을 수 있는 기능이다.

1.5 텍스트 상자

보고서 페이지에 각종 텍스트를 추가하고자 한다면 [텍스트 상자] 기능을 사용할 수 있다.

- 텍스트 상자를 사용하여 '제품 분류별 매출' 페이지에 텍스트를 추가하시오.
  - 텍스트: 매출 현황 파악 보고서
  - 텍스트 서식: 글꼴 DIN, 글꼴 크기 32, '굵게', '가운데'
  - 시각적 테두리 활성화

텍스트 상자와 카드 개체, 슬라이서 개체를 잘 배치하여 아래와 같이 결과물을 만들어 볼 수 있다.

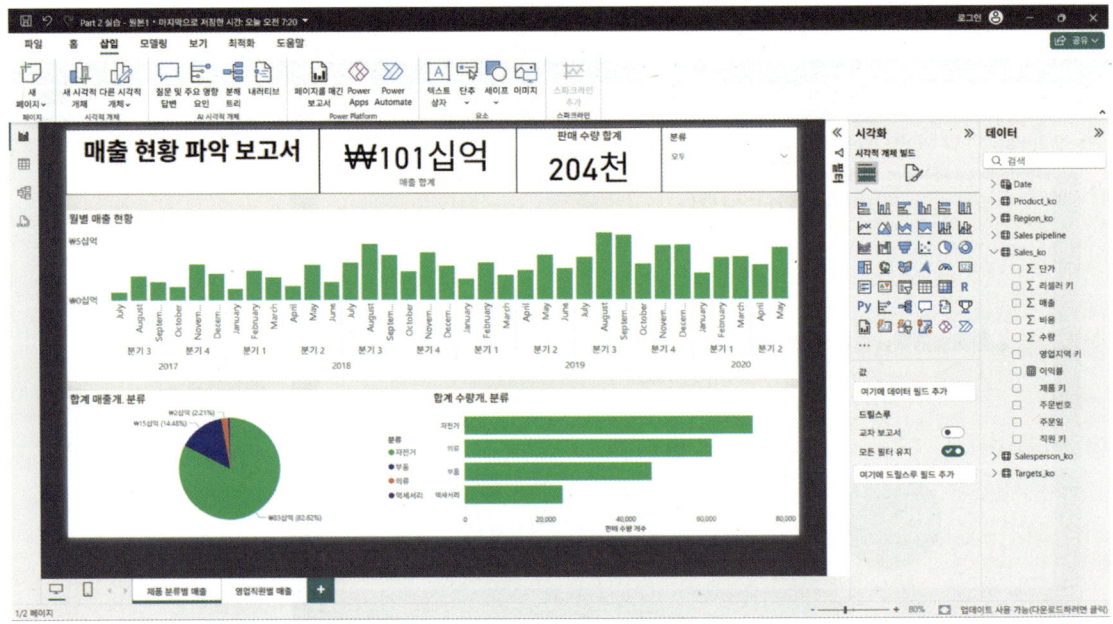

그림 2.1.21 서식 변경 적용 후

1.6 레이어 순서

Power BI 보고서에서는 여러 시각적 개체들이 서로 중첩되어 배치되는 경우가 있다. 이때 어느 개체를 앞쪽이나 뒤쪽에 표시할지를 결정하는 기능이 '레이어 순서'이다. 예를 들어, '매출 합계' 카드와 '판매 수량 합계' 카드가 겹쳐있을 때, 어떤 카드를 앞쪽에 배치하느냐에 따라 사용자에게 보여지는 정보의 우선순위와 시각적 강조가 달라진다.

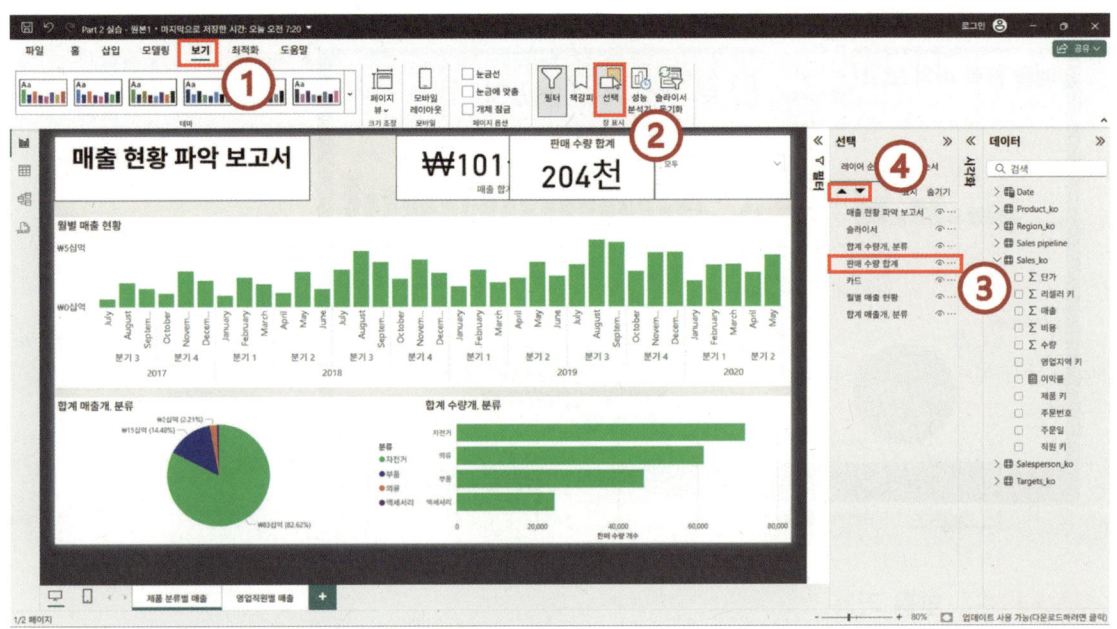

그림 2.1.22 선택 메뉴를 통한 레이어 순서 변경

레이어 순서를 변경하기 위해서는 [보기] 메뉴에 있는 [선택] 메뉴를 클릭하면 된다. [선택] 패널이 활성화되면 [레이어 순서] 메뉴에서 원하는 시각적 개체의 순위를 앞 뒤로 움직이며 레이어 순서를 조정할 수 있다.

그림 2.1.22 에는 고의적으로 '매출 합계' 카드 개체를 '판매 수량 합계' 카드와 겹쳐서 배치했고, 현재 기준으로는 '판매 수량 합계' 개체가 앞에 배치되어 있다. [레이어 순서] 메뉴에서 이러한 배치 순서를 조정할 수 있다.

1.7 맞춤

Power BI에서는 보고서 내 시각적 개체들을 균형 있고 전문적으로 배치하기 위해 다양한 맞춤 기능을 제공한다. 해당 기능들을 통해 시각적 개체들의 위치, 간격, 정렬 등을 쉽고 빠르게 조정할 수 있다.

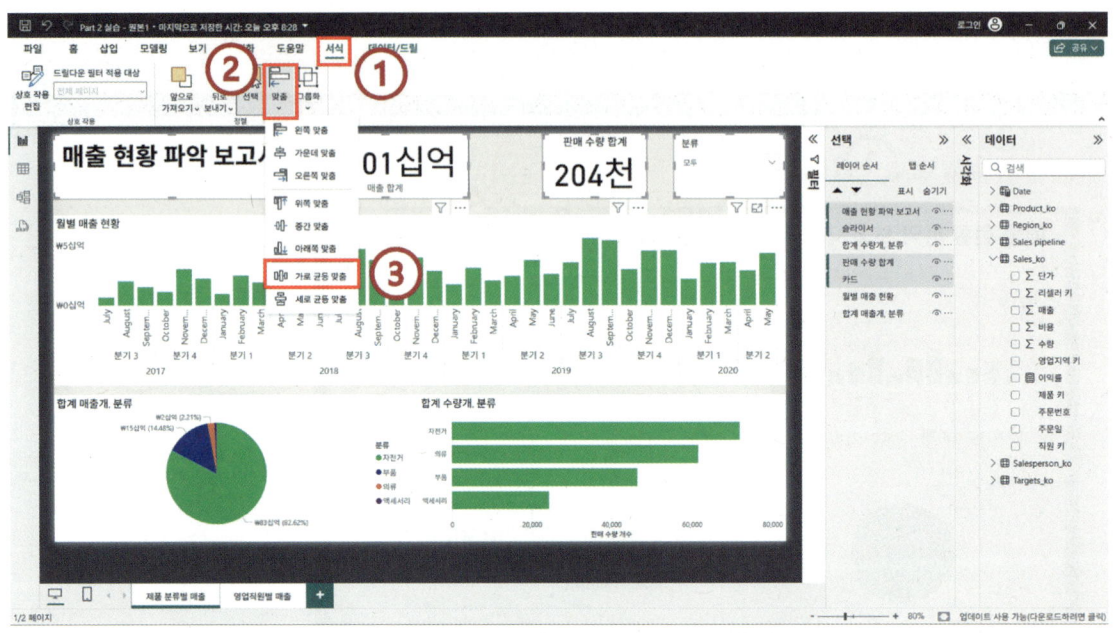

그림 2.1.23 맞춤 기능

정렬을 원하는 시각적 개체들을 Ctrl을 누른 상태에서 클릭하여 동시 선택해준 뒤 상단의 [서식] 메뉴로 이동하여 [맞춤]을 클릭하면 다양한 맞춤 기능들을 볼 수 있다. 현재 예제에서는 임의로 텍스트 상자와 카드 시각적 개체, 그리고 슬라이서 시각적 개체 간 가로 간격을 균등하지 않게 해두었다. 해당 개체들을 모두 선택한 뒤 [가로 균등 맞춤] 기능을 사용하면 아래와 같이 개체 간 간격을 일정하게 배치할 수 있다.

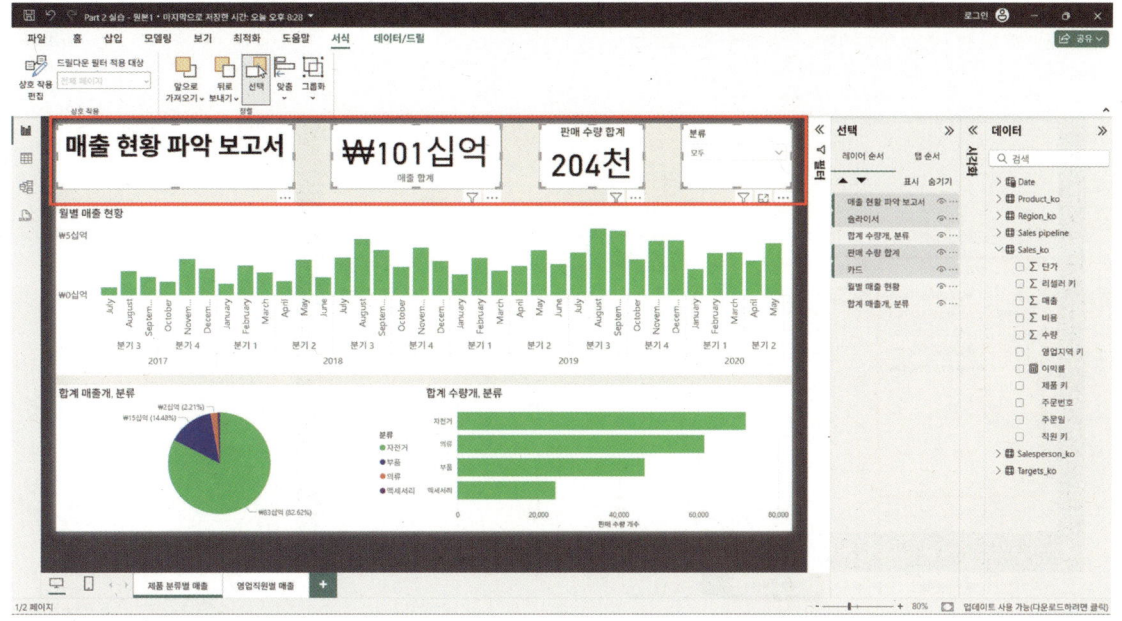

그림 2.1.24 가로 균등 맞춤 적용 후

1.8 열 기준 정렬

실습 2.1.11
열 기준 정렬

시각적 개체에서는 개체에 추가된 필드 값을 기준으로 내림차순 또는 오름차순으로 값들이 정렬된다. 사용자가 원하는 순서대로 정렬하고자 한다면 [열 기준 정렬] 기능을 사용하면 된다.

- 새로운 보고서 페이지를 만들고 페이지 이름을 '제품별 세부 분석'으로 변경
- 테이블 시각적 개체를 추가하고 아래 내용 적용
  - '열' 필드에 'Product_ko'[분류], 'Sales_ko'[매출] 필드 추가
  - 값 글꼴 크기 15
  - 열 머리글 글꼴 크기 15
- 'Product_ko'[분류] 필드를 'Product_ko'[CategoryKey] 필드 기준으로 열 기준 정렬

우선 새로운 페이지와 테이블 시각적 개체를 추가하고 서식을 변경하면 아래와 같은 결과를 얻을 수 있다.

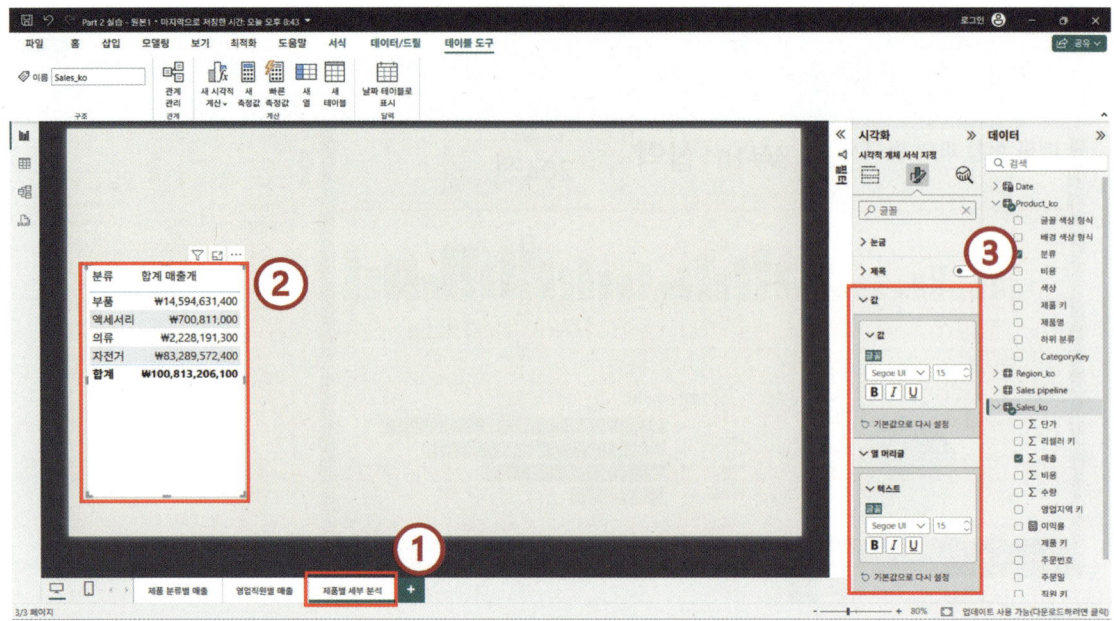

그림 2.1.25 새로운 페이지 및 테이블 시각적 개체 추가

'Product_ko'[분류] 필드에 있는 값들을 기준으로 오름차순 정렬되어 있는 것을 볼 수 있다. 테이블 시각적 개체에 'Product_ko'[CategoryKey] 필드를 추가해보면 'Product_ko'[분류]의 값마다 각각 다른 'Product_ko'[CategoryKey] 값이 대응되는 것을 확인할 수 있다.

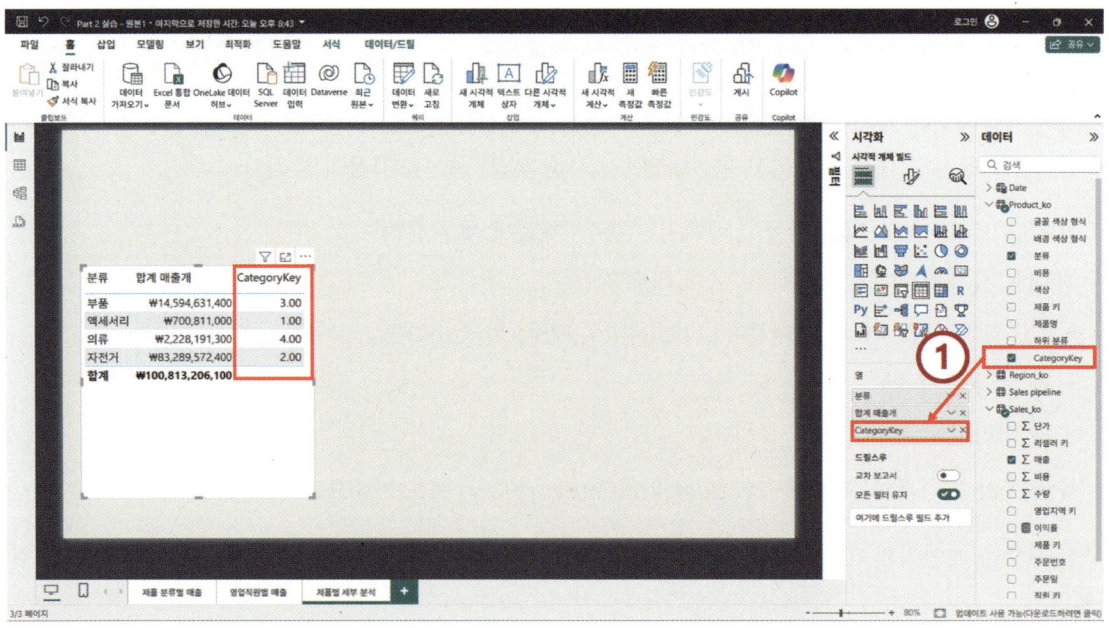

그림 2.1.26 CategoryKey 필드 값 확인

'Product_ko'[분류] 필드를 클릭한 뒤 [열 도구] 메뉴로 이동하여 [열 기준 정렬] 메뉴를 누르면 정렬할 때 사용할 수 있는 필드들이 나타난다. CategoryKey 필드를 누르면 해당 필드 기준으로 정렬이 업데이트 된다.

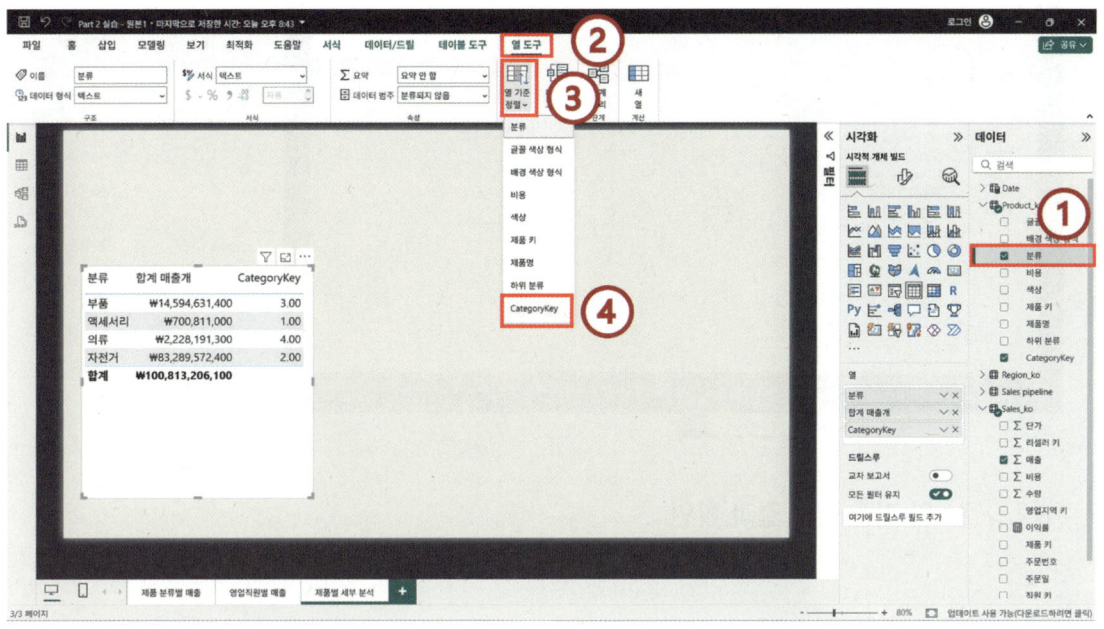

그림 2.1.27 열 기준 정렬

테이블 시각적 개체에서 '분류' 열 이름을 클릭하면 '분류' 열 기준으로 오름차순 또는 내림차순 정렬이 되는데, 이 때 정렬된 순서를 보면 이제 가나다순의 오름차순 또는 내림차순이 아니라 'CategoryKey' 열에 있는 값을 기반으로 오름차순 또는 내림차순 정렬이 되는 것을 확인할 수 있다. 확인이 끝나면 'Product_ko'[CategoryKey] 필드를 테이블 시각적 개체에서 제거하면 된다.

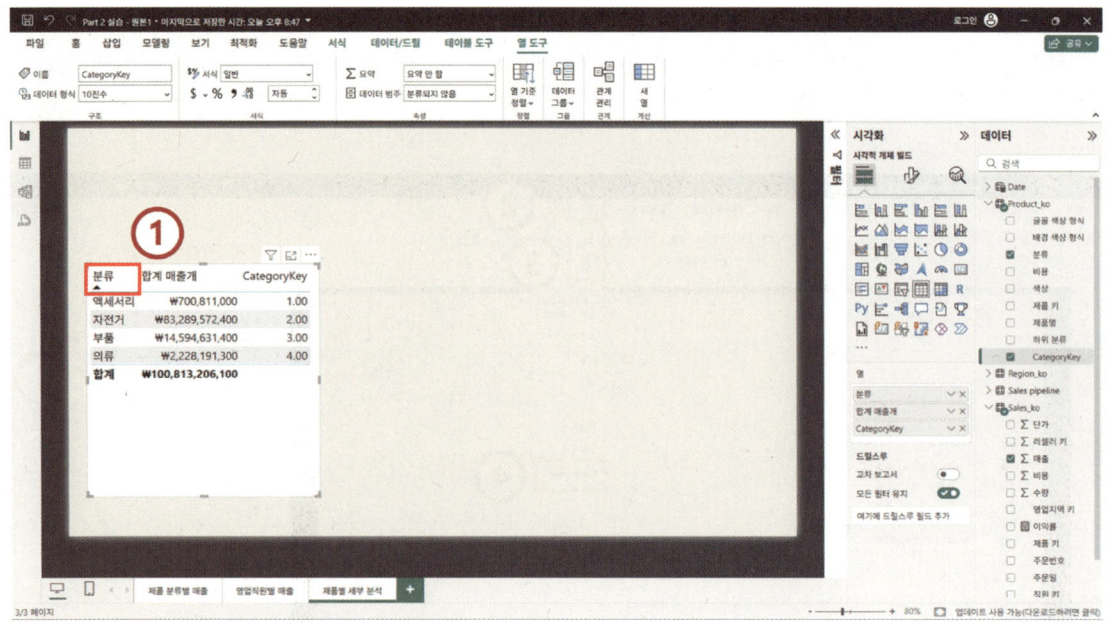

그림 2.1.28 열 기준 정렬 결과 확인

2 대화식(interactive) 화면 구성하기

Part02 심화

Power BI 보고서에서는 단순히 데이터를 보여주는 것에 그치지 않고, 사용자가 직접 상호 작용할 수 있도록 다양한 기능들을 제공한다. 이번 챕터에서는 필터, 상호 작용 편집, 단추, 책갈피, 드릴업/드릴다운 기능 및 도구 설명과 관련된 주요 기능들을 실습 예제와 함께 살펴본다.

2.1 필터

실습 2.2.1
필터 패널

보고서에서 슬라이서 개체를 통해 필터링된 데이터를 확인해 볼 수도 있지만 [필터] 패널을 사용해서도 시각화된 데이터를 필터링해 볼 수 있다. 다만 [필터] 패널에는 필터링을 위한 고급 연산자들이 슬라이서 개체에 비해 더 많다.

필터 패널은 평소에는 접혀 있으므로 화살표 버튼을 눌러 확장시킬 수 있다.

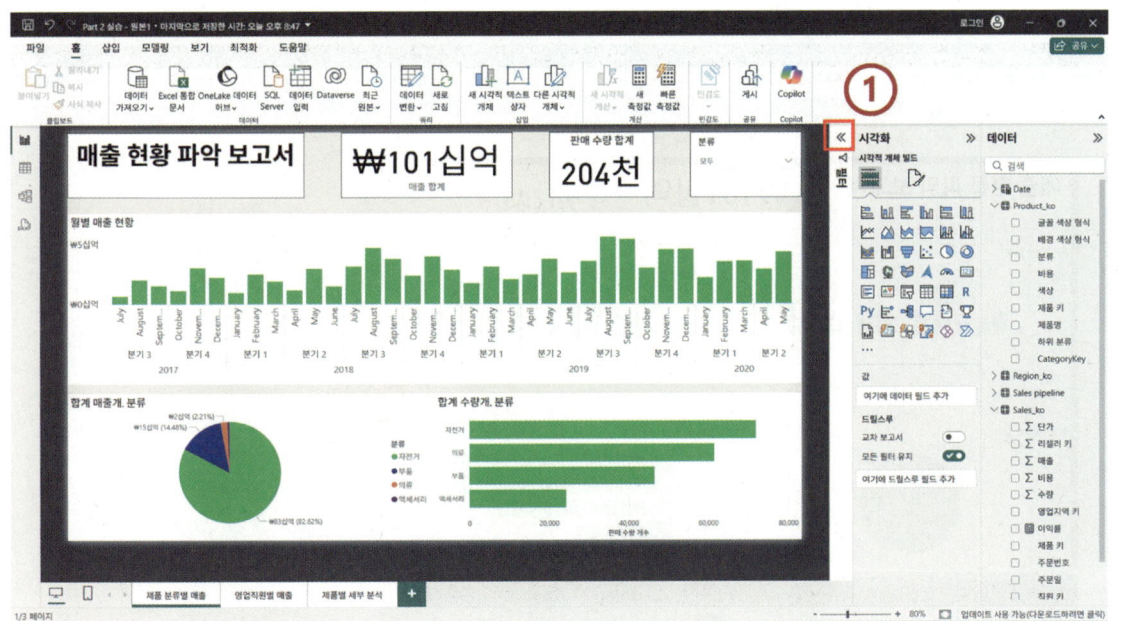

그림 2.2.1 필터 패널

이번 예시에서는 'Product_ko'[분류] 필드를 [필터] 패널의 [이 페이지의 필터] 영역에 드래그 앤 드롭하여 추가한다. 이후 [필터 형식] 드롭다운 메뉴를 클릭해서 [고급 필터링]을 선택한다.

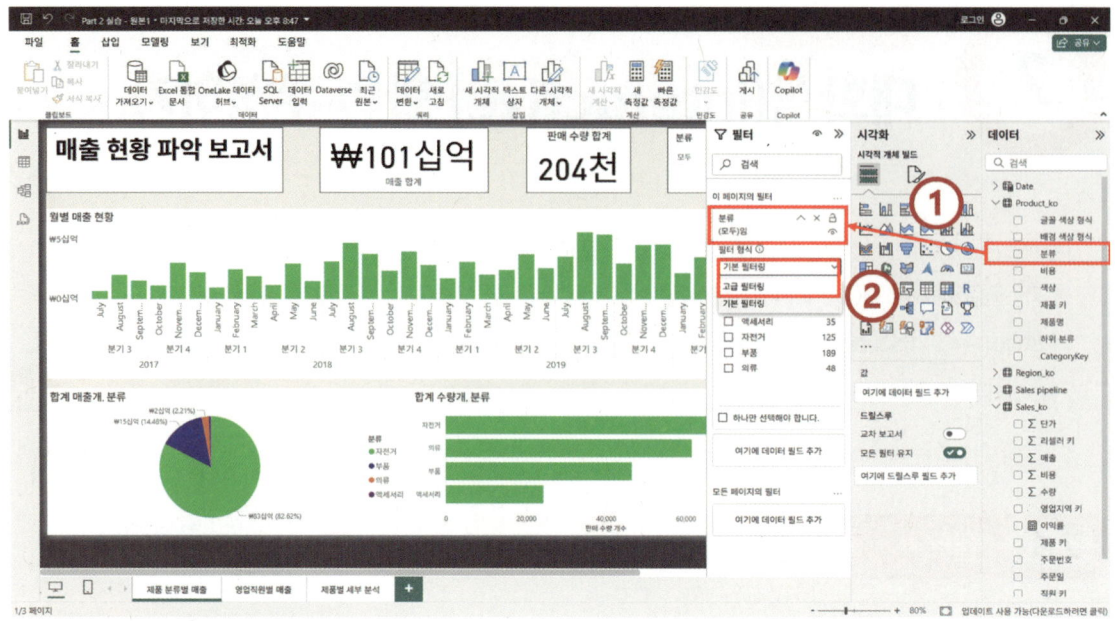

그림 2.2.2 필터 패널에 필드 추가

[고급 필터링]으로 변경되면 [다음 값일 경우 항목 표시] 메뉴가 활성화된다. 해당 드롭다운 박스를 클릭하면 '포함', '포함하지 않음', '다음으로 시작함' 등의 다양한 연산자들을 확인할 수 있다. 실기 시험 조건에서 이러한 연산자를 기반으로 필터링을 요구할 경우 [필터] 패널을 사용하면 된다.

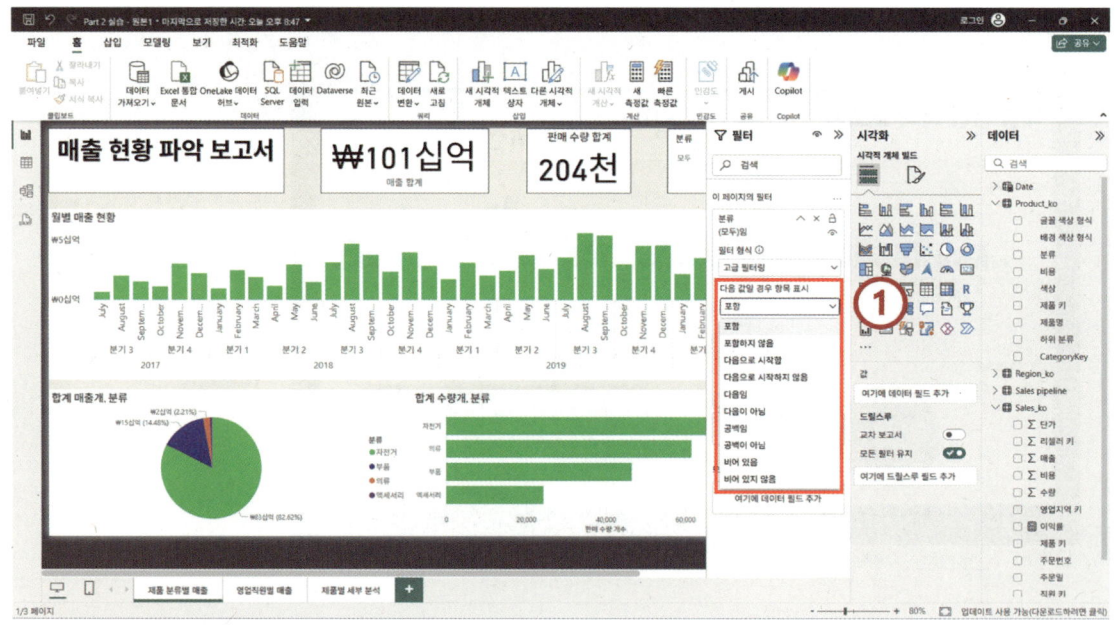

그림 2.2.3 고급 필터링 연산자 종류 확인

확인한 후에는 [이 페이지의 필터]에서 'Product_ko'[분류] 필드를 제거한다. 본 실습에서는 더 이상 사용하지 않을 것이다.

날짜 및 시간 관련 필드를 [필터] 패널에 추가한다면 '현재 보고서 페이지에 접속한 날짜를 기준으로 최근 5일'과 같은 상대 날짜 기반 필터링이 가능한 고급 기능을 활용할 수도 있다.

2.2 상호 작용 편집

Power BI에서는 기본적으로 여러 시각적 개체 간 상호 작용이 활성화되어 있다. 예를 들어 '제품 분류별 매출'에서 '합계 수량개, 분류' 차트에 있는 [부품] 막대를 클릭하면 해당 페이지에 있는 다른 시각적 개체에서도 [부품] 관련된 값들에 대한 시각적인 강조가 발생한다.

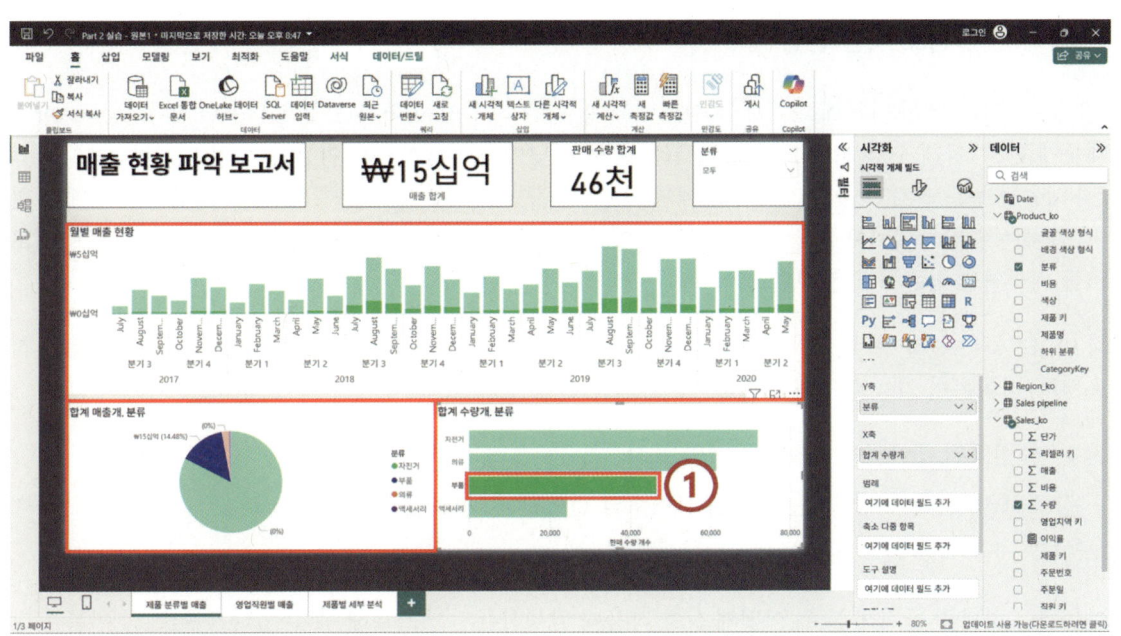

그림 2.2.4 상호 작용 결과 확인

다시 한번 더 [부품] 막대를 클릭하면 원래 상태로 돌아온다.

위와 같은 상호 작용 기능을 편집하고자 한다면 [상호 작용 편집] 메뉴를 사용하면 된다.

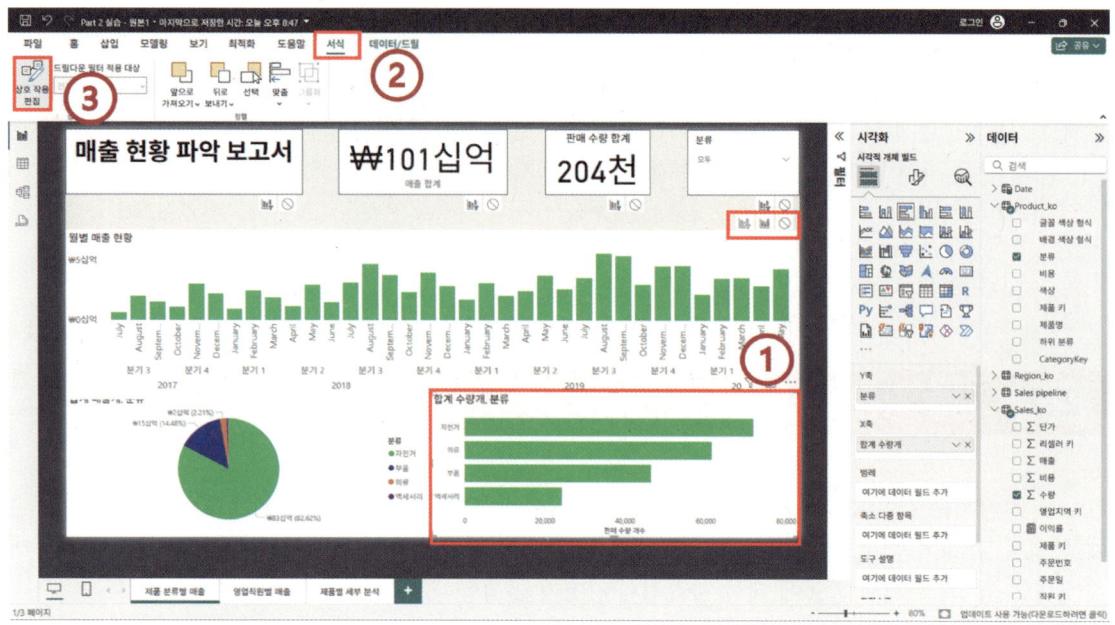

그림 2.2.5 **상호 작용 편집**

[합계 수량개, 분류] 차트에서 막대를 선택했을 때 다른 차트에 전해지는 상호 작용을 편집하고자 하기 때문에 먼저 [합계 수량개, 분류] 차트를 클릭한 뒤 상단에 [서식] 메뉴로 이동한다. 그리고 [상호 작용 편집] 메뉴를 누르면 각 시각적 개체 주변에 새로운 아이콘들이 표시된 것을 확인할 수 있다. [월별 매출 현황] 개체는 위치상 [분류] 슬라이서 개체의 아이콘과 겹치므로 [월별 매출 현황] 차트를 클릭해서 아래로 조금 내리면 아이콘들이 잘 보일 것이다.

각 아이콘들은 왼쪽 부터 '필터', '강조 표시', '없음' 이라고 부른다. 각 아이콘을 클릭하면 해당 기능에 적용되며, 아이콘별 기능은 아래와 같다.

- 필터: 선택된 데이터에 해당하는 값만 표시
- 강조 표시: 원래의 데이터는 그대로 보여주되 선택된 데이터만 별도로 강조 표시
- 없음: 상호 작용 발생하지 않음

아이콘을 하나씩 클릭해 본 뒤 어떻게 상호 작용이 발생하는지 테스트해 볼 수 있다. 아이콘의 이름을 잘 확인해두면 추후 실기 시험에서 해당 키워드들이 지시 사항에서 나왔을 때 당황하지 않고 적절한 메뉴를 찾을 수 있을 것이다.

확인이 끝난 후 다시 한번 더 [상호 작용 편집] 버튼을 눌러주면 표시되었던 상호 작용 관련 아이콘들이 사라진다.

2.3 단추

단추(버튼)는 보고서 간 페이지 탐색, 책갈피 실행 등 여러 동작을 트리거할 수 있다. 단추를 효과적으로 활용하면 보고서 내 네비게이션 및 사용자 경험을 크게 향상시킬 수 있다. 아래 실습 문제를 풀어보면서 단추의 기능에 대해 살펴보고자 한다.

- 아래 지시사항에 따라 페이지 탐색기를 구현하고 '영업직원별 매출' 페이지와 '제품별 세부 분석' 페이지에 페이지 탐색기를 추가하시오.
  - 페이지 표시: '제품 분류별 매출' 제외
  - 도형
    - 모서리가 둥근 직사각형
    - 둥근 모서리: 40%
  - 스타일
    - 선택한 상태의 단추 채우기 색: '테마 1'
    - 가리키기 상태의 단추 채우기 색: '테마 3 60% 더 밝게'
    - 기본값, 가리키기, 누르기, 선택한 상태 텍스트 글꼴 크기: '12'

[단추] 메뉴는 상단의 [삽입] 메뉴를 통해 확인할 수 있다. [단추] 메뉴를 누르면 여러 유형의 단추들을 볼 수 있다. 단추를 추가한 후 서식 편집을 통해 해당 단추를 눌렀을 때 어떤 반응이 일어나는지 설정할 수 있다. 현재 실습에서는 [페이지 탐색기] 단추를 요구하기 때문에 [페이지 탐색기] 단추를 추가하면 된다.

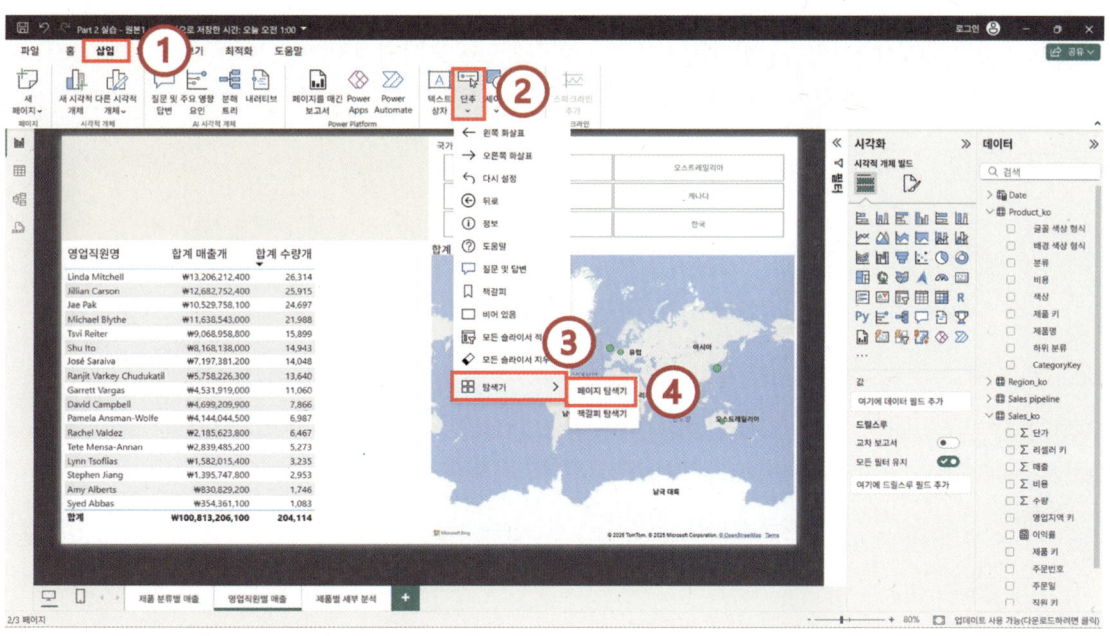

그림 2.2.6 페이지 탐색기

추가된 페이지 탐색기를 선택한 후, [서식] 메뉴에서 제공되는 항목을 확인하거나 [검색] 창에 적절한 키워드를 입력하여 지시 사항에 안내된 조건을 반영할 수 있다. 색상의 경우, 색상 팔레트의 색상 위에 마우스를 올리면 해당 색상의 이름을 확인할 수 있으므로, 이를 통해 적절한 색상을 선택하면 된다.

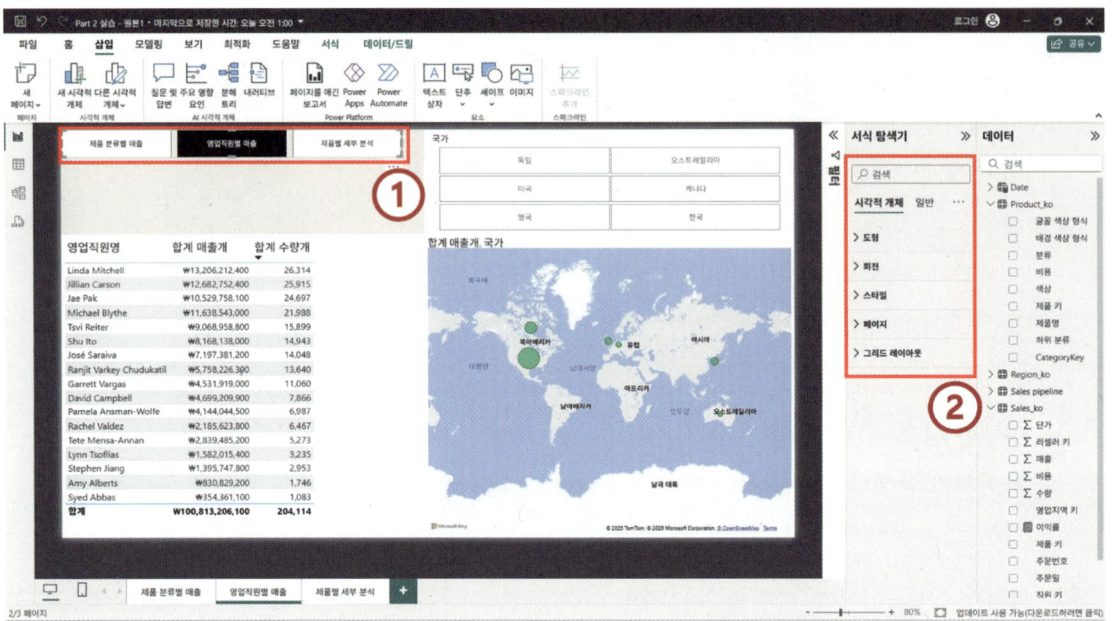

그림 2.2.7 페이지 탐색기 서식 변경

지시 사항에 안내된 서식 적용을 완료하면 아래와 같은 결과물을 얻을 수 있다. 현재 [영업직원별 매출] 페이지에 있기 때문에 [영업직원별 매출] 단추는 초록색으로 표시되며 마우스를 [제품별 세부 분석] 단추 위에 올려두면 연한 주황색으로 색이 표시되는 것을 확인할 수 있다.

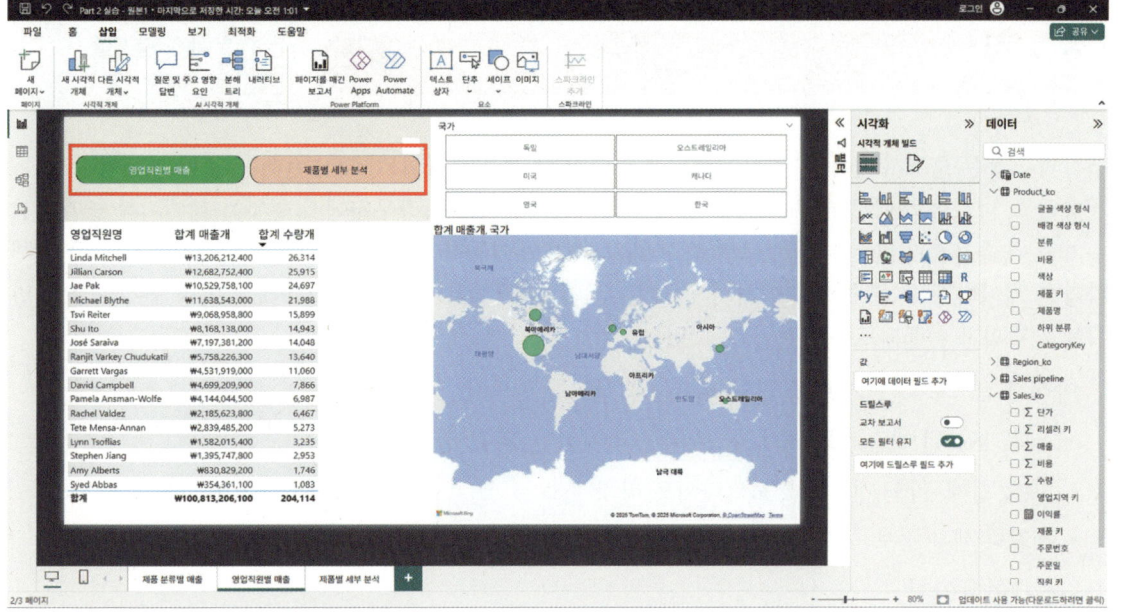

그림 2.2.8 서식 변경 적용 후

페이지 탐색기를 복사한 뒤 [제품별 세부 분석] 페이지로 이동하여 붙여넣으면 아래와 같은 결과물을 얻을 수 있다. 마찬가지로 현재 페이지는 초록색으로 표시되고, 마우스를 [영업직원별 매출] 단추 위에 올렸을 때 연한 주황색으로 변한다.

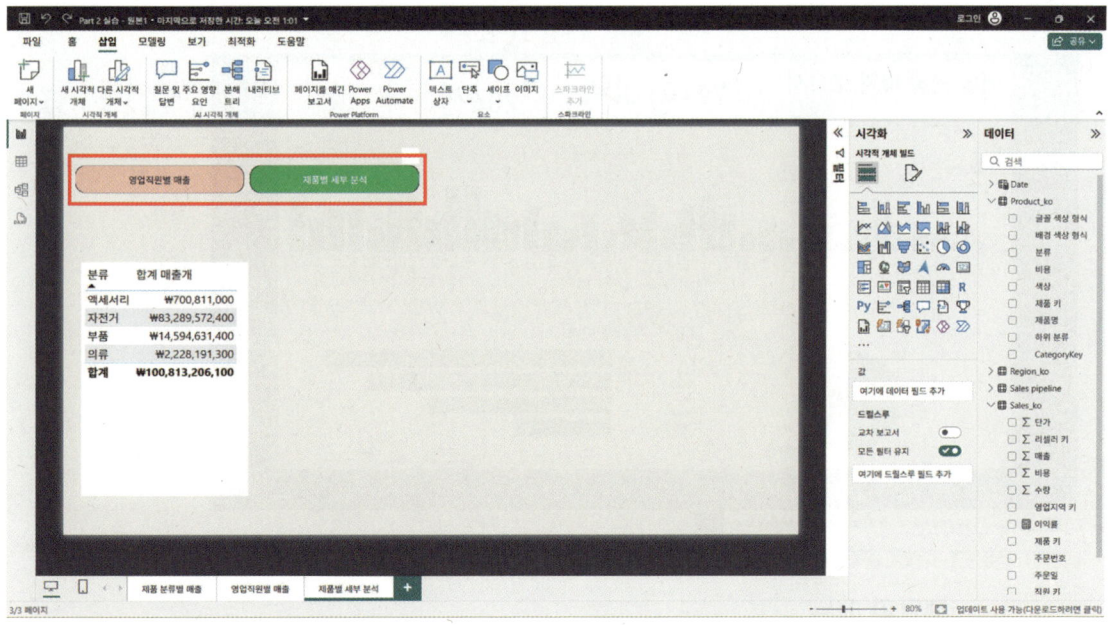

그림 2.2.9 서식 변경 적용 후

2.4 책갈피

책갈피 기능은 보고서의 특정 상태(선택된 슬라이서 값, 스포트라이트 효과, 현재 보고 있는 페이지 등)를 저장하고, 나중에 해당 상태로 복원할 수 있도록 한다. 인터넷 브라우저에서 원하는 페이지를 즐겨찾기 추가한 뒤 즐겨찾기 된 버튼을 누르면 즉시 해당 위치로 이동하는 방식과 유사하다. 책갈피 기능을 통해 다양한 데이터 뷰를 손쉽게 전환하며 분석할 수 있다. 책갈피와 단추를 연계해서 특정 단추를 누르면 특정 책갈피가 실행되도록 설정할 수도 있다.

- 아래 조건으로 '자전거 매출 현황'이라는 책갈피를 만드시오.
  - '제품 분류별 매출' 페이지에서 '분류' 슬라이서를 '자전거'로 선택
  - '매출 합계' 카드 개체를 스포트라이트 하기
  - 책갈피 세부 정보
    - 데이터 포함
    - 표시 제외
    - 현재 페이지 포함

책갈피 메뉴는 [보기] 메뉴에서 확인할 수 있다.

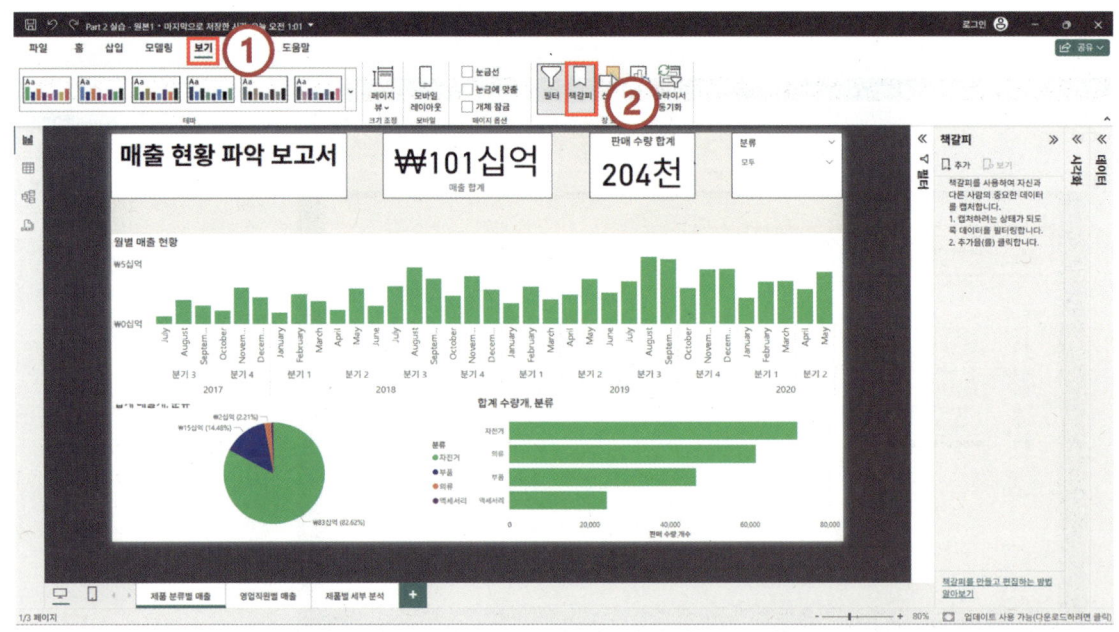

그림 2.2.10 책갈피 메뉴

[책갈피] 패널에 있는 [추가] 메뉴를 눌러서 새로운 책갈피를 추가할 수 있다. 해당 책갈피에 저장할 화면을 만들기 위해 [분류] 슬라이서의 값을 자전거만 선택해보겠다.

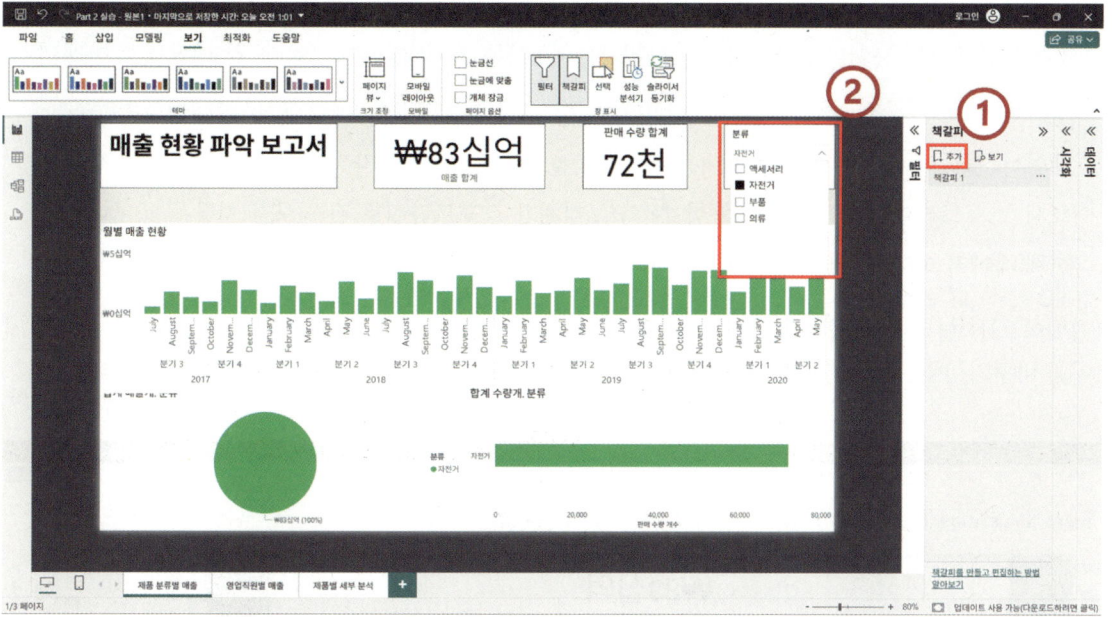

그림 2.2.11 책갈피 추가 및 슬라이서 설정

지시사항에 있는 카드 개체 스포트라이트를 하기 위해 [매출 합계] 카드를 클릭한다. 그리고 … 메뉴를 클릭해서 스포트라이트를 설정한다.

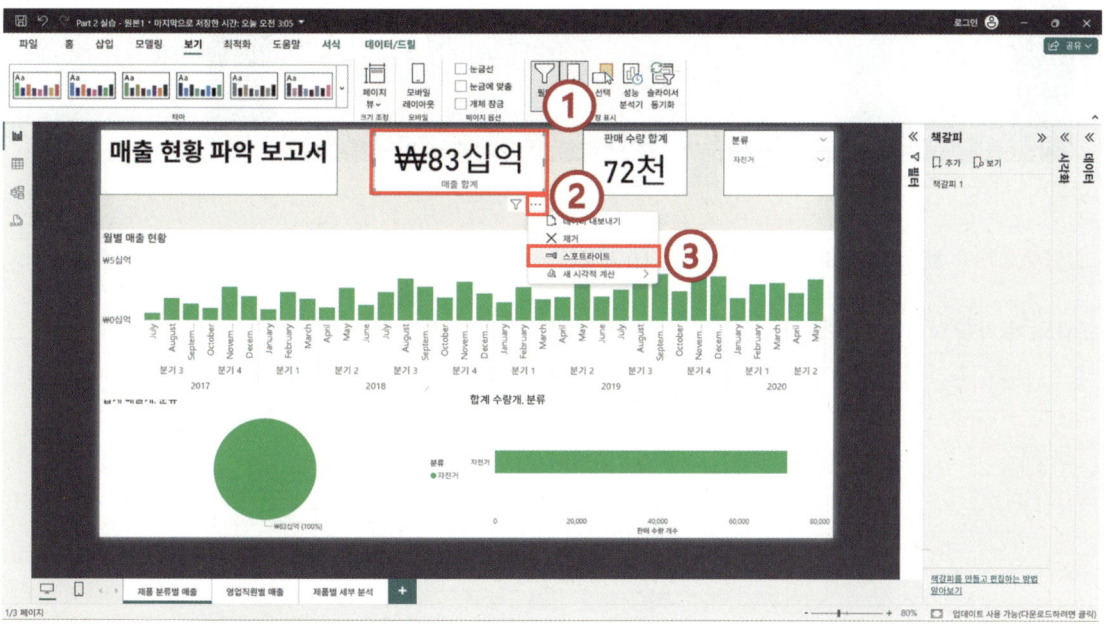

그림 2.2.12 스포트라이트

[분류] 슬라이서 설정과 [매출 합계] 카드 개체의 스포트라이트 설정이 완료되면 해당 내용을 반영하기 위해 [책갈피 1]의 … 메뉴를 클릭한 뒤 [업데이트]를 눌러준다. 이 때 메뉴 하단에 보면 [데이터], [표

시], [현재 페이지]가 각각 체크 표시된 것을 확인할 수 있다. 체크 표시가 되어있으면 해당 정보를 책갈피에 저장하겠다는 뜻이다. 해당 메뉴를 눌러 체크 표시를 해제시킬 수도 있다. 각 메뉴별로 아래의 정보가 저장된다.

- 데이터: 필터나 슬라이서 관련한 내용 저장 ⇨ [분류] 슬라이서에 자전거가 선택된 정보를 저장
- 표시: 스포트라이트 저장 ⇨ [매출 합계] 카드 개체가 스포트라이트 된 정보를 저장
- 현재 페이지: 현재 선택된 페이지 저장 ⇨ [제품 분류별 매출] 페이지가 선택된 정보를 저장

[업데이트]를 눌러 해당 정보를 [책갈피 1]에 반영해준 뒤 지시사항에 따라 책갈피 이름을 바꿔주기 위해 [이름 바꾸기] 메뉴를 눌러서 이름을 '자전거 매출 현황'으로 변경하면 된다.

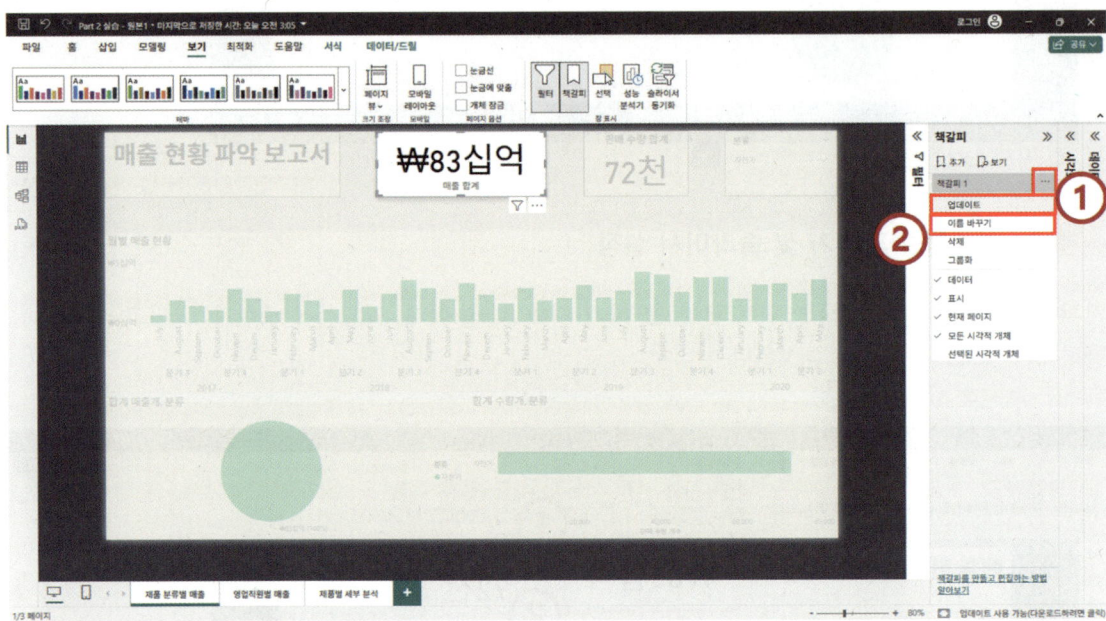

그림 2.2.13 책갈피 업데이트 및 이름 바꾸기

책갈피가 작동되는 것을 확인하기 위해 스포트라이트 바깥 영역을 눌러서 스포트라이트를 해제한다. 그리고 [분류] 슬라이서에 선택되어 있던 '자전거'를 해제한다.

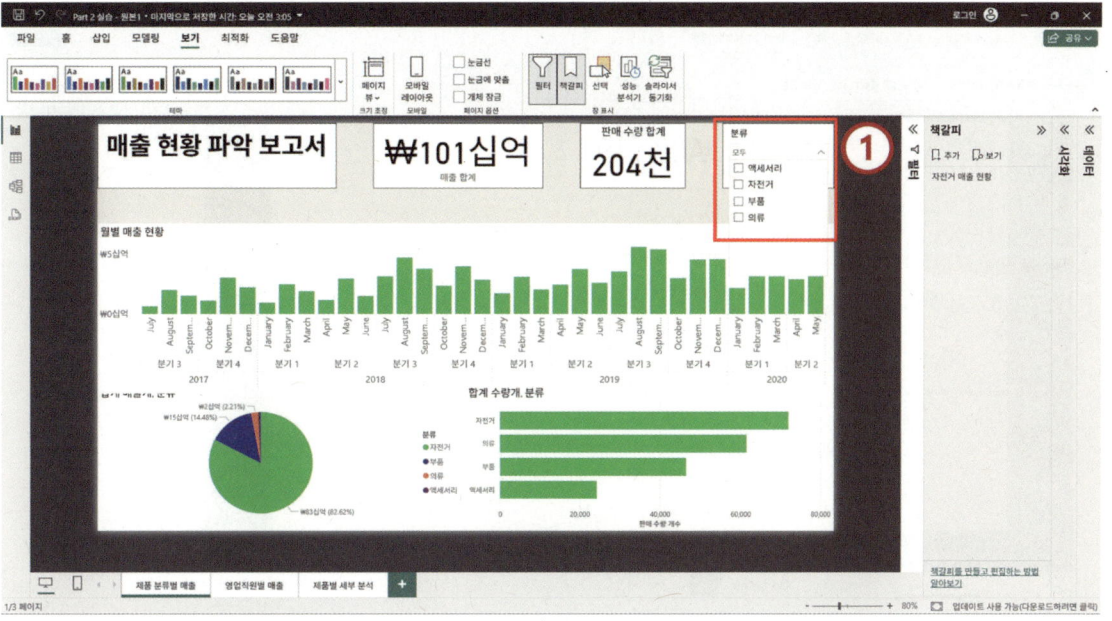

그림 2.2.14 원상 복귀

[영업직원별 매출] 페이지로 이동한다. 그 후 [책갈피] 패널에 있는 [자전거 매출 현황] 책갈피를 클릭한다.

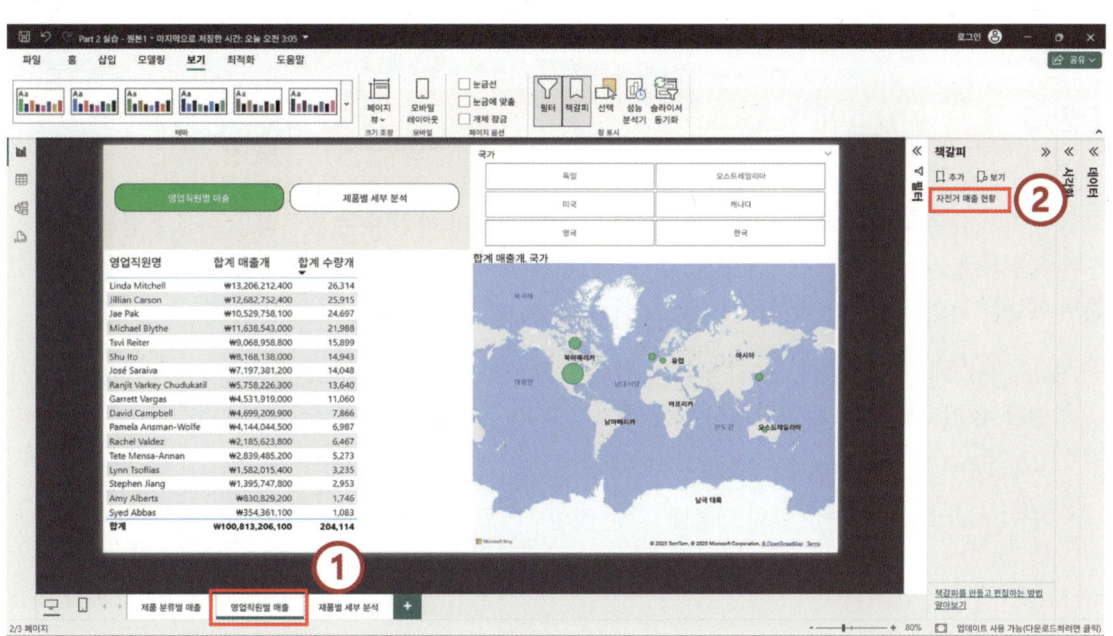

그림 2.2.15 자전거 매출 현황 책갈피 사용해보기

책갈피를 클릭하면 [제품 분류별 매출] 페이지로 이동하게 된다. 그리고 [매출 합계] 카드 개체는 스포트라이트된 상태로 나타나며 흐릿하게 보이지만 [분류] 슬라이서에는 '자전거'가 선택된 것을 확인할 수 있다. 책갈피에 저장된 내용이 나타난 것을 이와 같이 확인할 수 있다.

2 대화식(interactive) 화면 구성하기 241

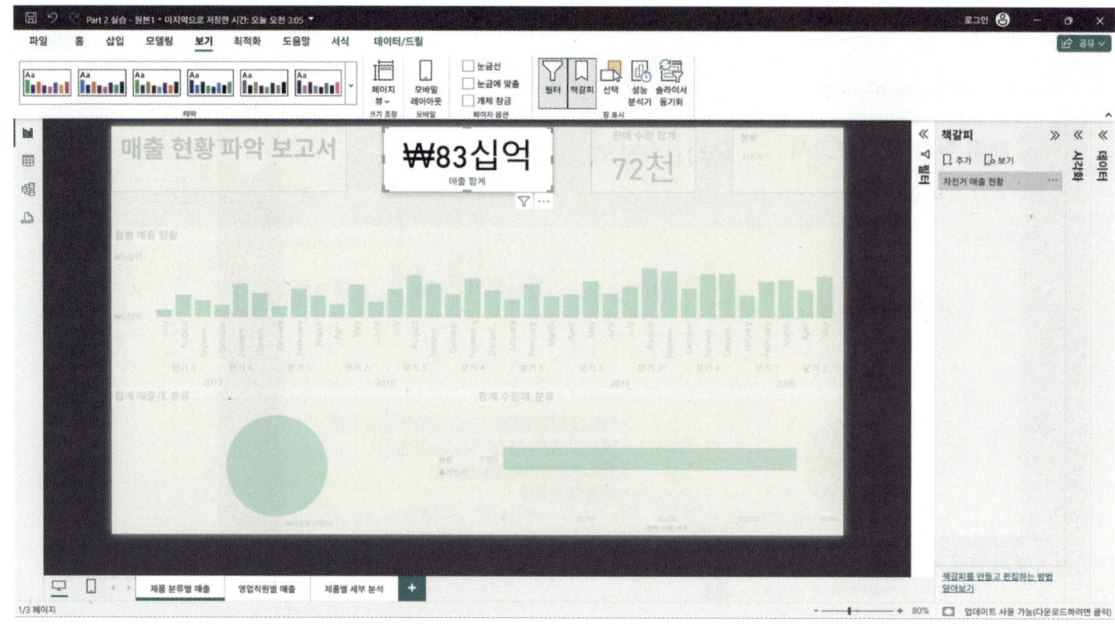

그림 2.2.16 자전거 매출 현황 책갈피 적용 후

2.5 드릴업/드릴다운

실습 2.2.5
드릴업/드릴다운

드릴업/드릴다운 기능은 계층형 데이터 구조에서 상위 수준과 하위 수준 데이터를 손쉽게 탐색할 수 있도록 지원하는 기능이다. 예를 들어, "분류 → 하위 분류 → 제품명"의 계층이 구성된 데이터에서 각 수준별 매출을 확인할 때 유용하다.

- 'Sales_ko'[매출]을 [분류], [하위 분류], [제품명]에 따라 순차적으로 드릴업 드릴다운 분석을 하면서 확인할 수 있도록 묶은 가로 막대형 차트 추가
  - Y축: [분류], [하위 분류], [제품명]
  - X축: 'Sales_ko'[매출], '합계 매출개' 기준 정렬

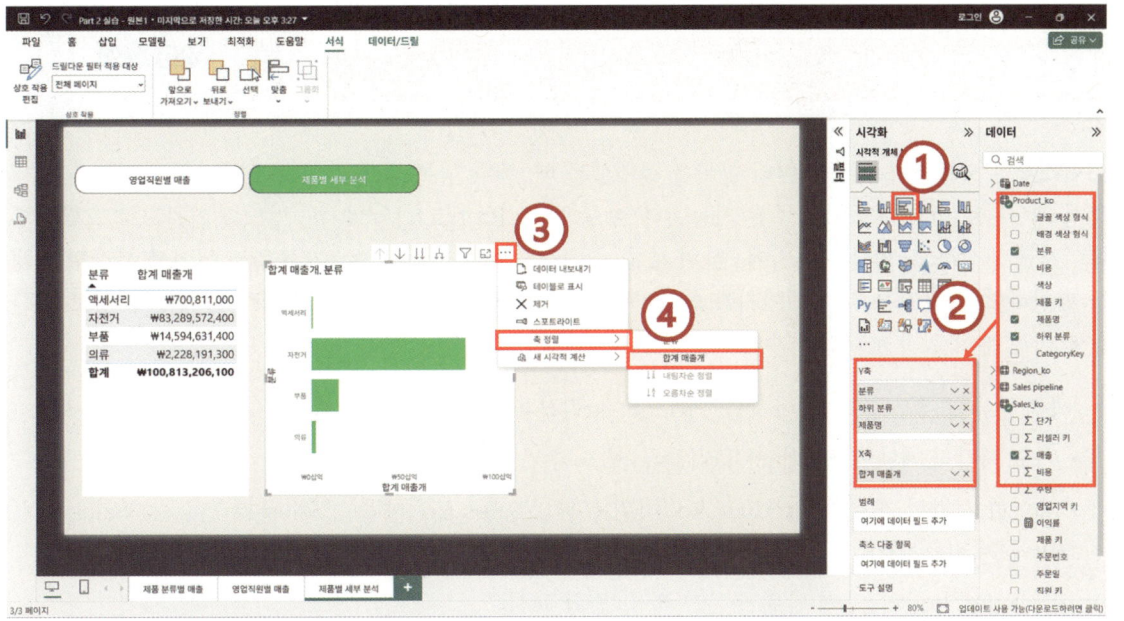

그림 2.2.17 드릴업/드릴다운 분석이 활성화된 차트 추가

Y축 영역에 위 그림처럼 여러 개의 필드들을 순차적으로 추가하면 해당 순서에 따른 드릴업/드릴다운 분석이 활성화된다.

추가된 막대형 차트를 클릭한 뒤 상단의 뜨는 메뉴 중 아래 방향 또는 윗 방향 화살표로 된 여러 개의 아이콘을 하나씩 클릭해보면 드릴업/드릴다운 분석을 체험해 볼 수 있다.

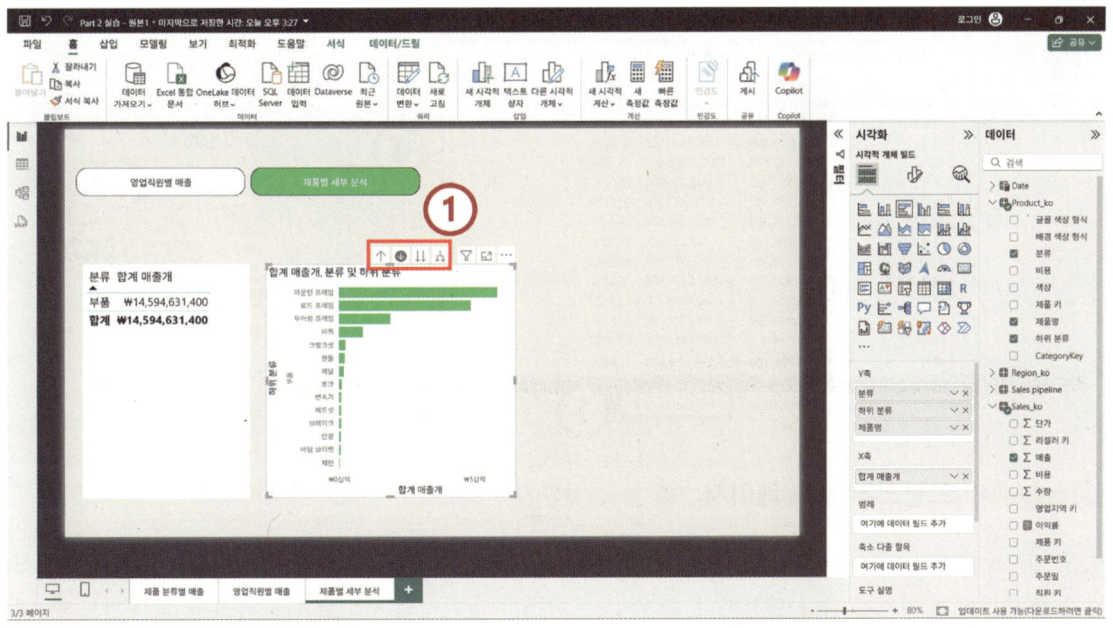

그림 2.2.18 드릴 모드 체험

2 대화식(interactive) 화면 구성하기 243

2.6 드릴스루

드릴스루는 사용자가 특정 데이터 항목을 선택했을 때, 해당 항목의 세부 정보를 보여주는 별도의 상세 분석 페이지로 바로 이동시켜 주는 기능이다. 예를 들어 'Product_ko'[분류] 필드를 기준으로 드릴스루 페이지를 생성하고, 해당 페이지에 "하위 분류", "매출", "비용", "이익률"이 포함된 테이블 시각적 개체를 배치하면, 사용자는 다른 페이지를 탐색하면서 자연스럽게 상세 분석 페이지로 넘어올 수 있으며 한 눈에 상세 분석 결과를 확인할 수 있다.

- '하위 분류별 세부 분석' 페이지를 'Product_ko'[분류] 필드에 대한 드릴스루 페이지로 설정하시오.
  - 카드 시각적 개체에 'Product_ko'[분류] 필드 추가, 범주 레이블 제거
  - 테이블 시각적 개체에 'Product_ko'[하위 분류], 'Sales_ko'[매출], 'Sales_ko'[비용], 'Sales_ko'[이익률] 필드 추가
    - 'Sales_ko'[비용] 천 단위 구분자 적용, 원화 표시
    - 값 글꼴 크기 15
    - 열 머리글 글꼴 크기 15

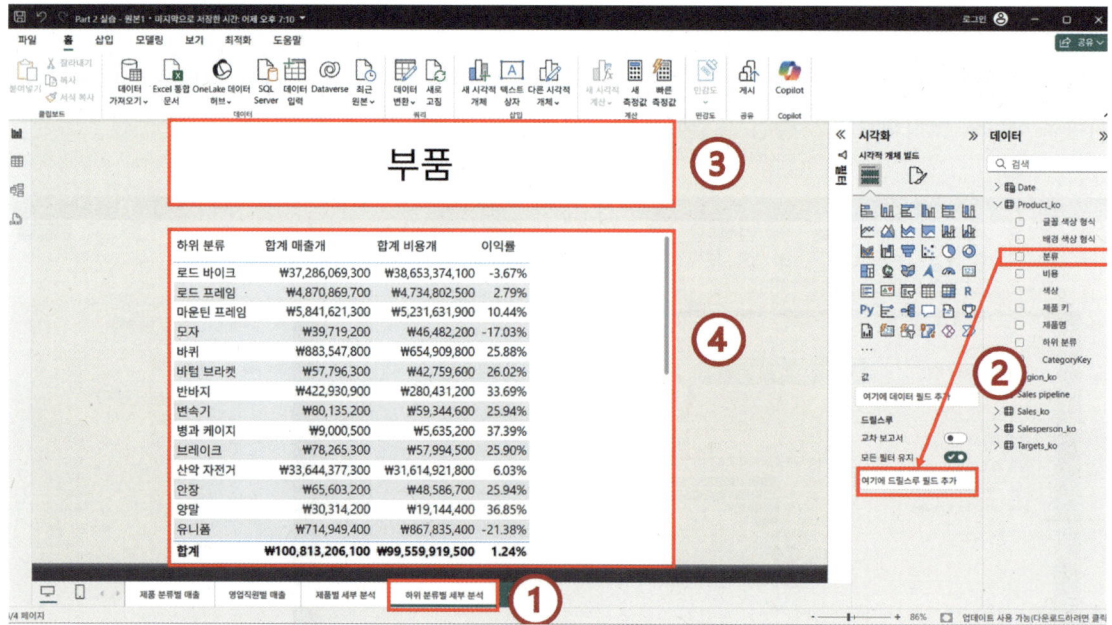

그림 2.2.19 드릴스루 필드 페이지

드릴스루 페이지는 보고서 페이지의 유형 중 하나이다. 그렇기 때문에 드릴스루 페이지를 만들기 위해서는 우선 새로운 페이지를 하나 생성한다. 그 다음 드릴스루 페이지의 필드로 사용하고자 하는 필드를 [여기에 드릴스루 필드 추가] 영역에 추가하면 된다.

나머지 시각적 개체들도 추가하면 그림 2.2.19와 같은 결과물을 얻을 수 있다.

드릴스루 페이지가 작동되는 것을 확인하기 위해 [제품 분류별 매출] 페이지로 이동한다. 그리고 '합계 수량개, 분류' 차트에서 의류 막대그래프를 우측 마우스로 클릭한다. 드릴스루 페이지를 'Product_ko'[분류] 기준으로 추가했으므로, 'Product_ko'[분류]의 값들 중 하나인 '의류' 값을 클릭한 것이다. 나타나는 추가 메뉴들 중에 [드릴스루]를 클릭해보면 드릴스루 페이지인 [하위 분류별 세부 분석] 페이지가 메뉴명으로 나타나는 것을 볼 수 있다.

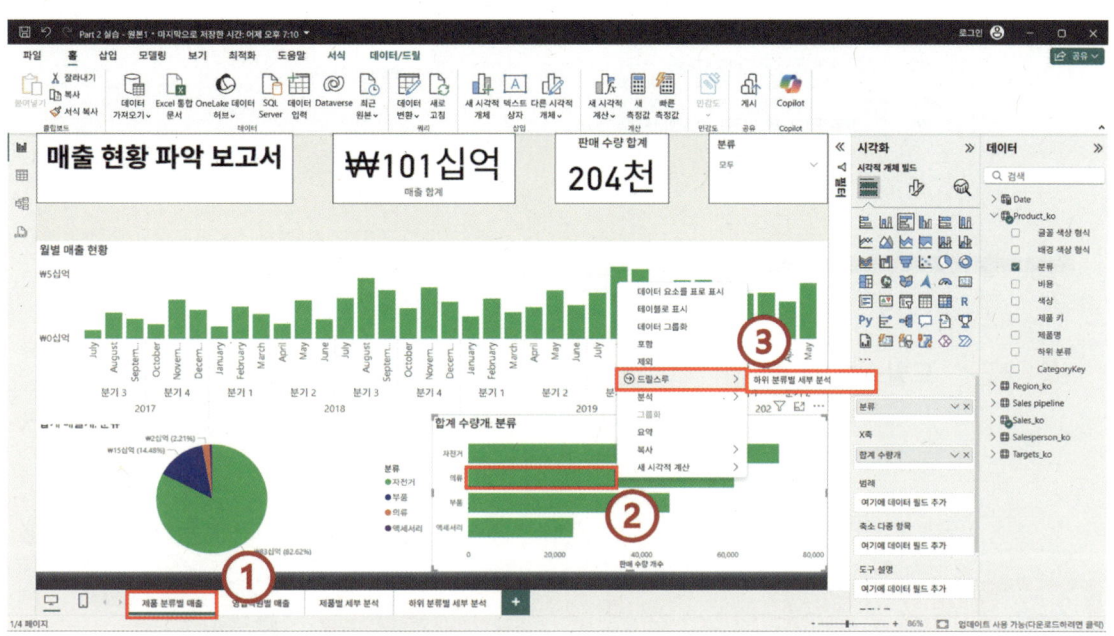

그림 2.2.20 드릴스루 사용 방법

해당 메뉴를 클릭하면 [하위 분류별 세부 분석] 페이지로 이동하는 것을 확인할 수 있다. 이와 동시에 해당 페이지에는 'Product_ko'[분류] 필드에 대해서 '의류' 값에 대한 필터링이 적용된 상태로 값들이 표시되며, '의류'에 대한 세부 분석 내용들을 볼 수 있다.

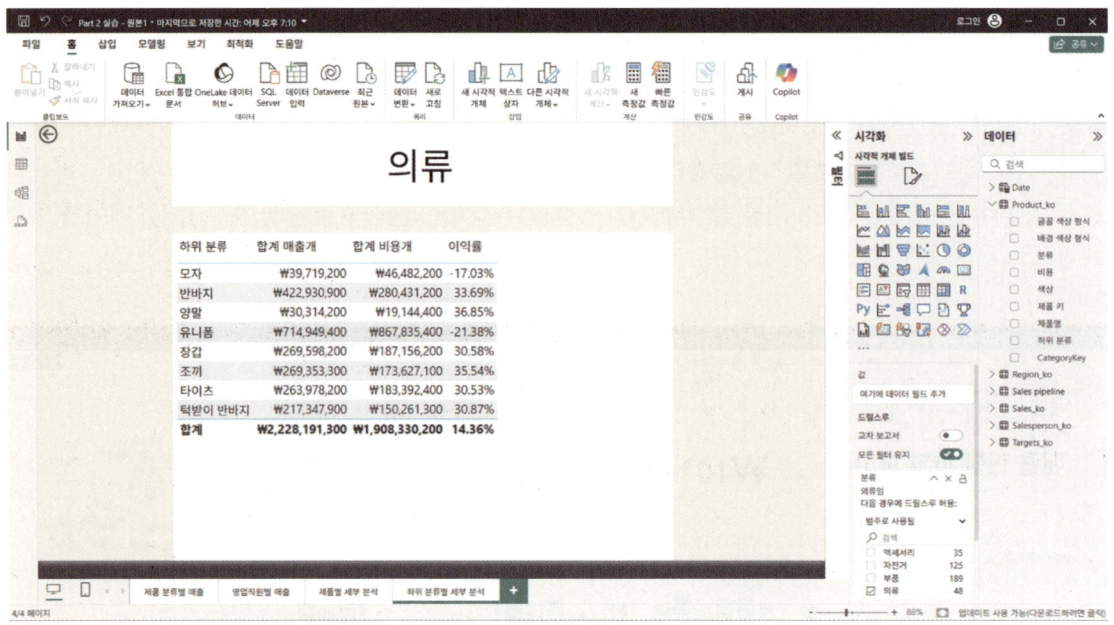

그림 2.2.21 드릴스루 결과

2.7 도구 설명

도구 설명은 사용자가 보고서 내의 특정 시각화 요소 위에 마우스를 올렸을 때, 추가 정보를 제공하는 설명란이다.

[제품 분류별 매출] 페이지에서 [합계 수량개, 분류] 차트에 있는 자전거 막대그래프 위에 마우스를 올려 보면 Y축과 X축인 '분류' 값과 '합계 수량개' 값이 기본으로 표시되는 것을 확인할 수 있다.

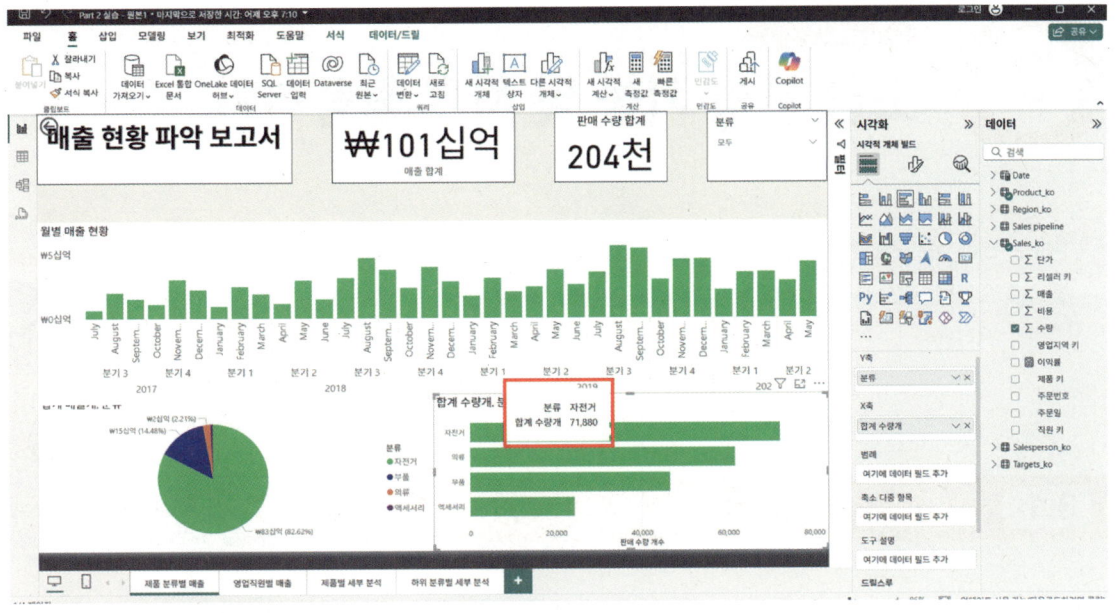

> 그림 2.2.22 도구 설명

해당 도구 설명란에 추가 정보를 표시하기 위해서는 해당 시각적 개체의
[도구 설명] 영역에 표시하고자 하는 필드를 추가하면 된다.

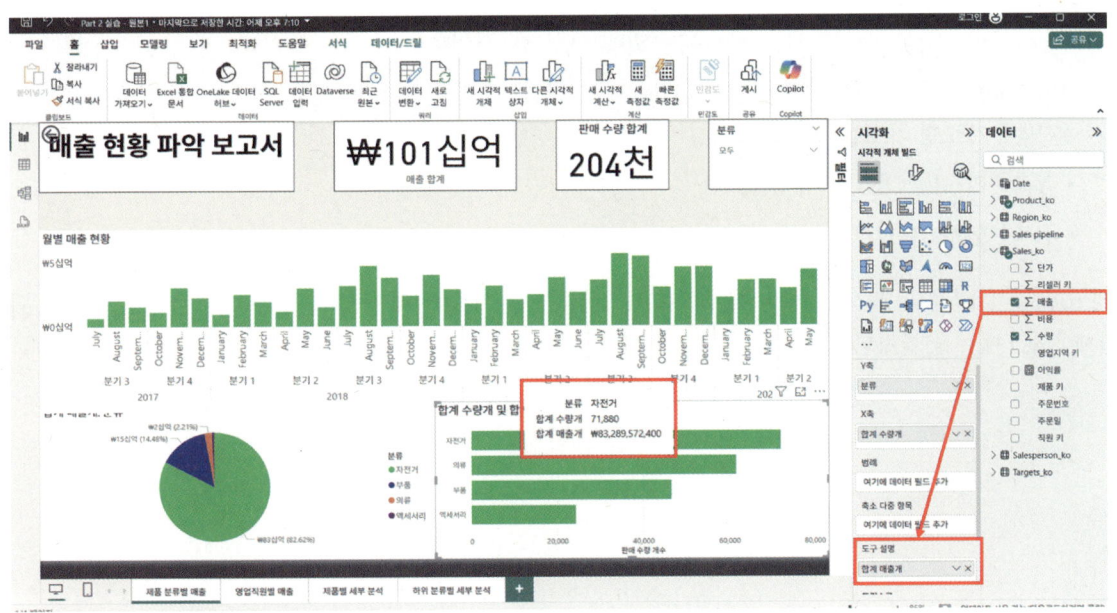

> 그림 2.2.23 도구 설명 영역에 추가

'Sales_ko'[매출] 필드를 [도구 설명] 영역에 추가하면 도구 설명란에 [합계 매출개] 데이터가 함께 표시되는 것을 볼 수 있다. 만약 [합계 매출개] 텍스트를 수정하고자 한다면 [도구 설명] 영역에 표시된 [합계 매출개] 텍스트를 더블 클릭하여 편집할 수 있다.

2 대화식(interactive) 화면 구성하기 **247**

3 고급 분석 기능 및 차트 활용하기

Part02 심화

Power BI에서는 단순한 시각화 외에도 다양한 고급 분석 기능과 차트들을 제공한다. 각 기능들은 시험에서 출제될 수 있으므로 관련 메뉴와 옵션들을 미리 익혀두는 것이 바람직하다.

3.1 그룹

Power BI의 그룹 기능은 서로 관련 있는 데이터를 한 그룹으로 묶어 분석할 때 유용하다. 예를 들어 비즈니스 요구사항에 따라 'Product_ko'[분류] 항목 중 '액세서리'와 '의류'를 하나의 그룹으로 묶어서 비교해야 하는 경우 그룹 기능을 사용할 수 있다.

- 'Product_ko'[분류] 필드를 기준으로 아래 조건에 따라 새로운 그룹을 만드시오.
  - 이름: 분류 그룹 A
  - 그룹 및 구성원: 액서서리와 의류를 그룹화 시킨 후 '액서서리 & 의류'로 이름 짓기
- 'Product_ko'[분류 그룹 A] 필드와 'Sales_ko'[매출] 필드를 활용해 '제품별 세부 분석' 페이지에 묶은 막대 가로형 차트를 추가하시오.
  - Y축: 'Product_ko'[분류 그룹 A]
  - X축: 'Sales_ko'[매출]

'Product_ko'[분류] 필드를 기준으로 새로운 그룹을 만들기 위해 해당 필드를 우측 마우스로 클릭한 뒤 [새 그룹] 메뉴를 클릭한다.

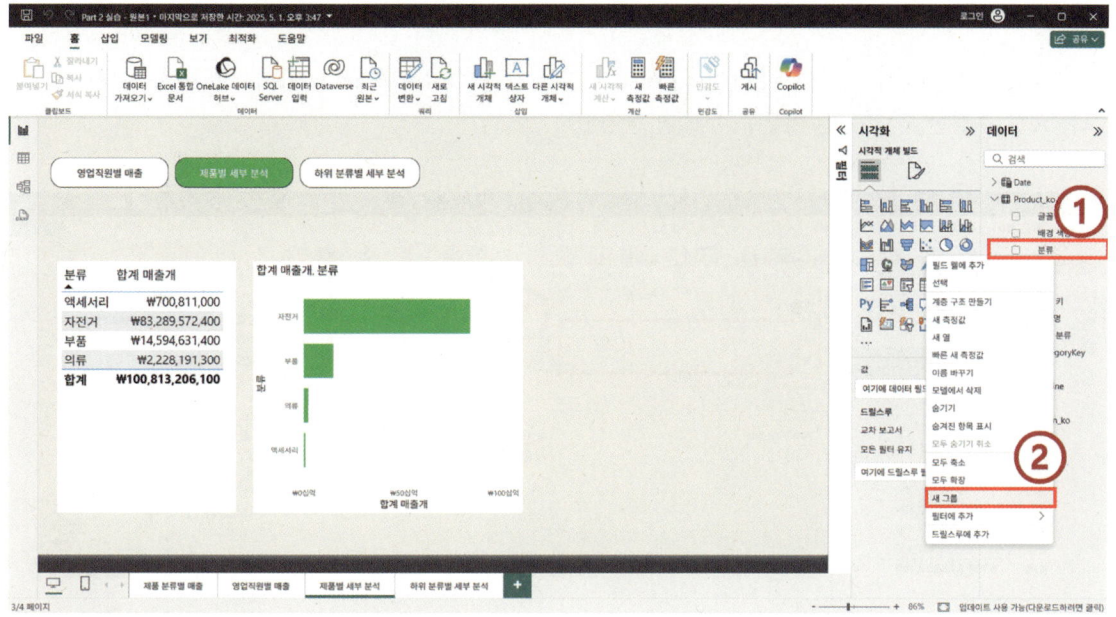

그림 2.3.1 **새 그룹**

[그룹] 화면이 나타나면 그룹화해 줘야 하는 '액세서리' 값과 '의류' 값을 동시 선택한다. 동시 선택은 Ctrl을 누른 상태에서 각 값을 클릭하면 된다. 동시 선택이 완료된 후 [그룹화] 버튼을 클릭한다.

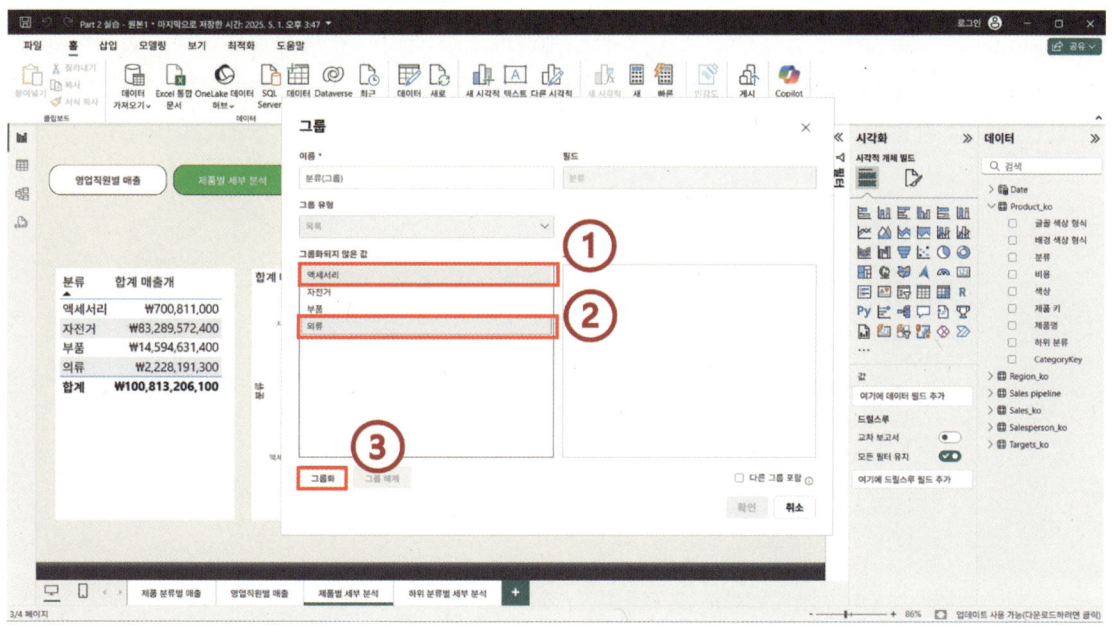

그림 2.3.2 **그룹화 하기**

그룹화가 완료되면 [그룹 및 구성원] 패널에 '액세서리 & 의류' 값이 생긴 것을 확인할 수 있다. 만약 해당 값에 대해 수정이 필요하다면 더블 클릭해서 수정할 수 있다. 현재 지시사항에서는 있는 그대로 사용

3 고급 분석 기능 및 차트 활용하기 249

하면 된다고 안내되었기 때문에 수정할 필요가 없다.

그룹의 이름을 수정하기 위해서는 [이름] 메뉴에 있는 값을 수정하면 된다. 지시시항 에서 안내한 '분류 그룹 A'로 수정한 후, [확인] 버튼을 누르면 반영된다.

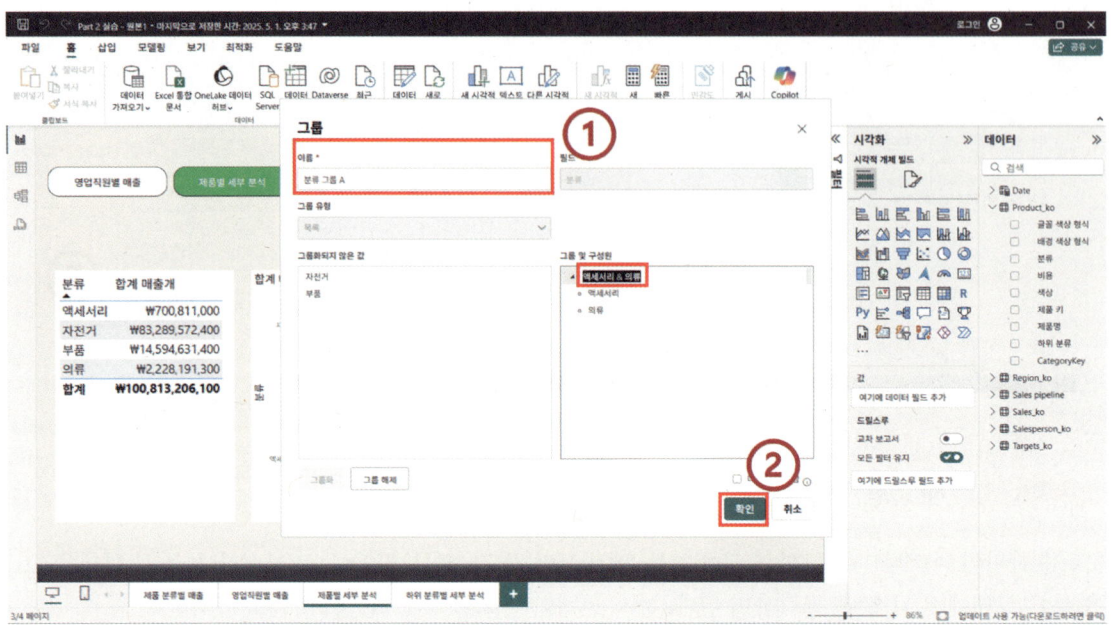

그림 2.3.3 이름 변경 후 확인

'Product_ko' 테이블에 [분류 그룹 A] 필드가 추가된 것을 확인할 수 있다. 새롭게 만들어진 필드와 기존에 있던 필드를 활용해 지시사항에서 안내한 대로 묶은 막대 가로형 차트를 추가한다.

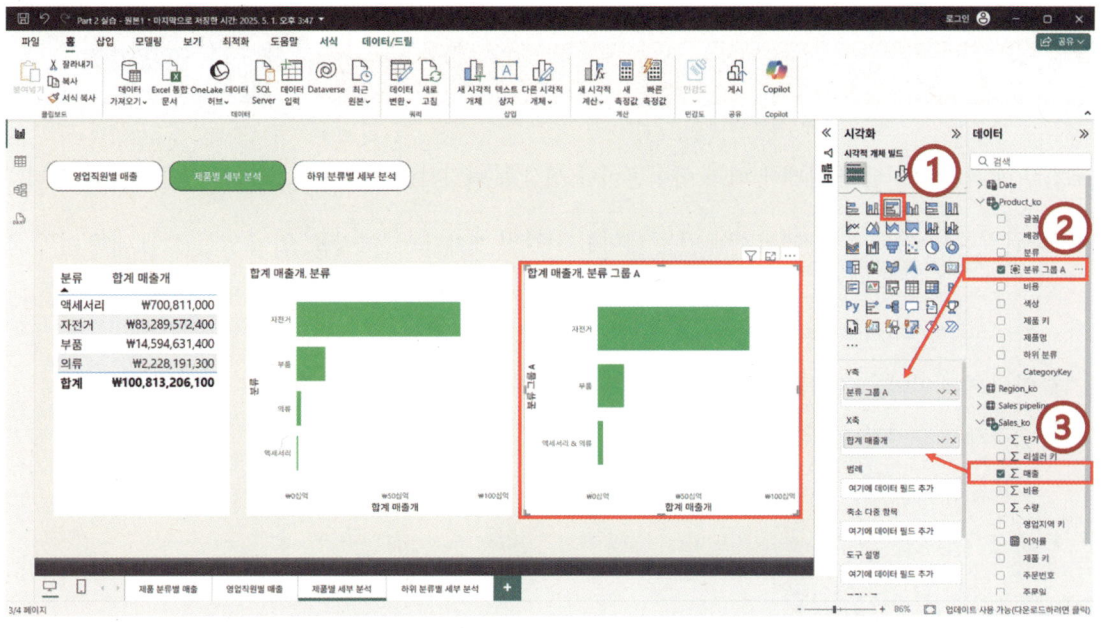

> **그림 2.3.4** 묶은 막대 가로형 차트 추가

완성된 막대 차트를 보면 '액세서리' 값과 '의류' 값이 합쳐져 나오는 것을 확인할 수 있다. 왼쪽 막대 차트의 '액세서리'와 '의류' 막대의 값을 더한 결과와 오른쪽 막대 차트의 '액세서리 & 의류' 값이 같음을 확인할 수 있다.

3.2 조건부 서식

실습 2.3.2
조건부 서식

조건부 서식은 데이터의 상태에 따라 아이콘이나 색상을 변경하여 시각적인 효과를 극대화할 수 있다.

- '하위 분류별 세부 분석' 페이지에 있는 테이블 시각적 개체에서 '이익률' 열에 있는 값에 대해 아래 조건에 맞는 조건부 서식을 적용하시오.
  - 아이콘 조건부 서식 추가
  - 아이콘 레이아웃: 데이터 오른쪽
  - 숫자가 음수이거나 0인 경우
    - 빨간색 다이아몬드 아이콘
  - 숫자가 양수인 경우
    - 초록색 원모양 아이콘

[시각화] 패널에 있는 [열] 영역에서, 조건부 서식을 추가하고자 하는 열의 아래로 화살표 아이콘을 눌러서 [조건부 서식] 메뉴를 클릭한다. 지시 사항에서 아이콘에 대한 조건부 서식을 추가하라고 안내되었기 때문에 [아이콘] 메뉴를 클릭한다.

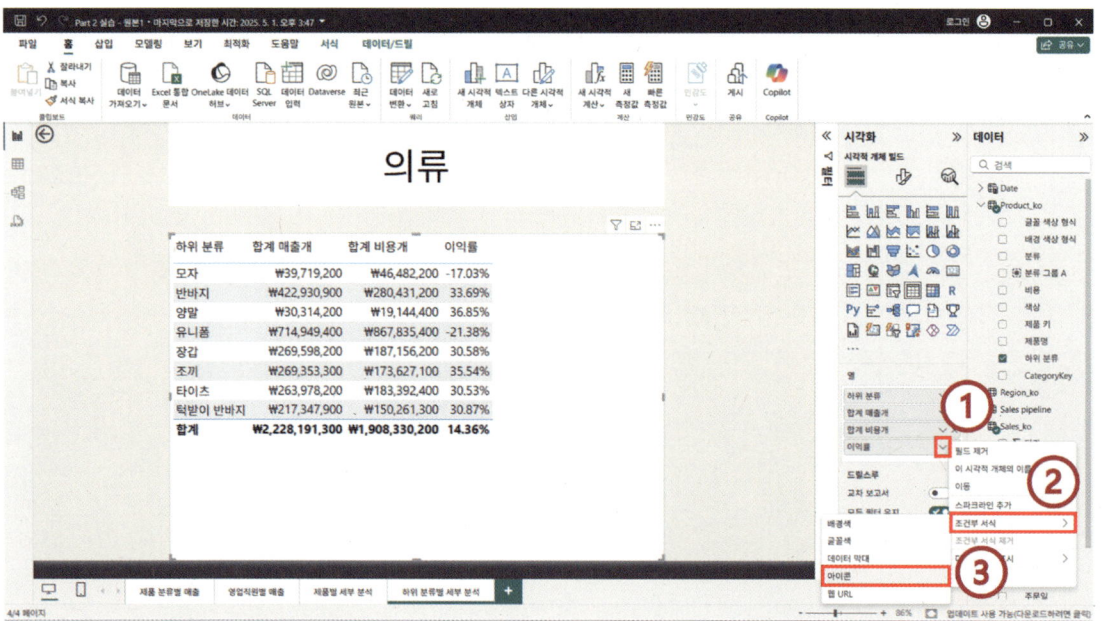

그림 2.3.5 조건부 서식 메뉴

[아이콘 - 이익률] 화면이 나타나면 지시사항에 안내된 조건들을 입력하면 된다. '최솟값', '최댓값' 결과물을 얻기 위해서는 빈칸 내에 있는 숫자를 모두 없애면 자동으로 해당 값이 나타난다.

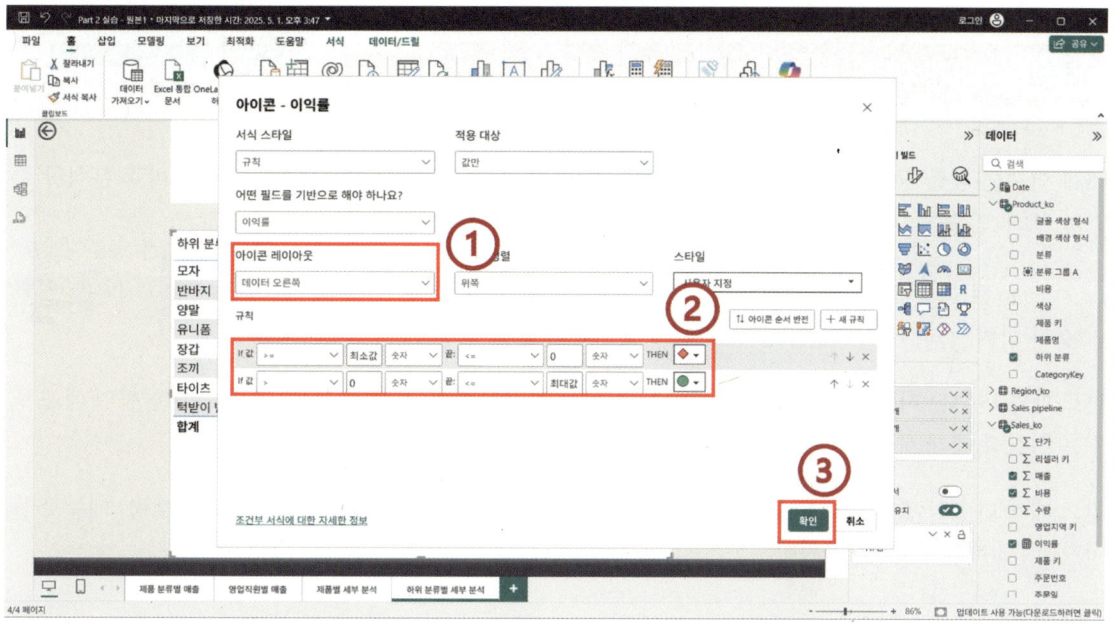

그림 2.3.6 조건부 서식 설정

설정한 조건부 서식을 적용하면 아래 그림처럼 이익률이 0 이하일 때는 빨간색 다이아몬드가, 0 초과일 때는 초록색 원이 오른쪽에 나타나는 것을 확인할 수 있다.

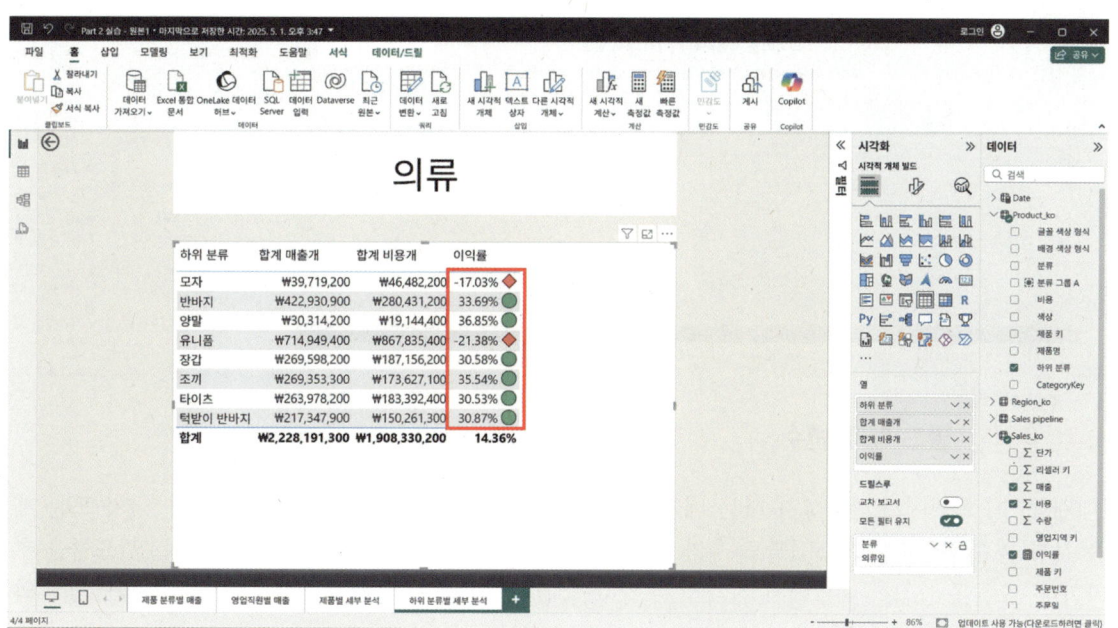

그림 2.3.7 조건부 서식 적용 후

3 고급 분석 기능 및 차트 활용하기

3.3 매개 변수

매개 변수 기능을 활용하면 사용자가 보고서 내에서 동적인 조건을 적용하여 데이터를 비교 분석할 수 있다. 매개 변수는 다음 두 가지 유형으로 구분된다.

- 필드: 슬라이서와 연동하여 해당 매개 변수의 필드를 변경할 수 있음
- 숫자 범위: 슬라이서와 연동하여 해당 매개 변수의 값을 변경할 수 있음

필드 매개 변수는 시각적 개체 상에 나타나는 필드를 변경할 때 유용하게 쓸 수 있으며 숫자 범위 매개 변수는 시각적 개체 상에 나타나는 값을 변경하고자 할 때 유용하게 쓸 수 있다.

필드 매개 변수의 활용 사례를 확인하기 위해 [매출 세부 비교] 페이지를 새로 만들고 [모델링] 메뉴로 들어가서 [새 매개 변수]를 클릭하고 [필드] 메뉴를 클릭한다.

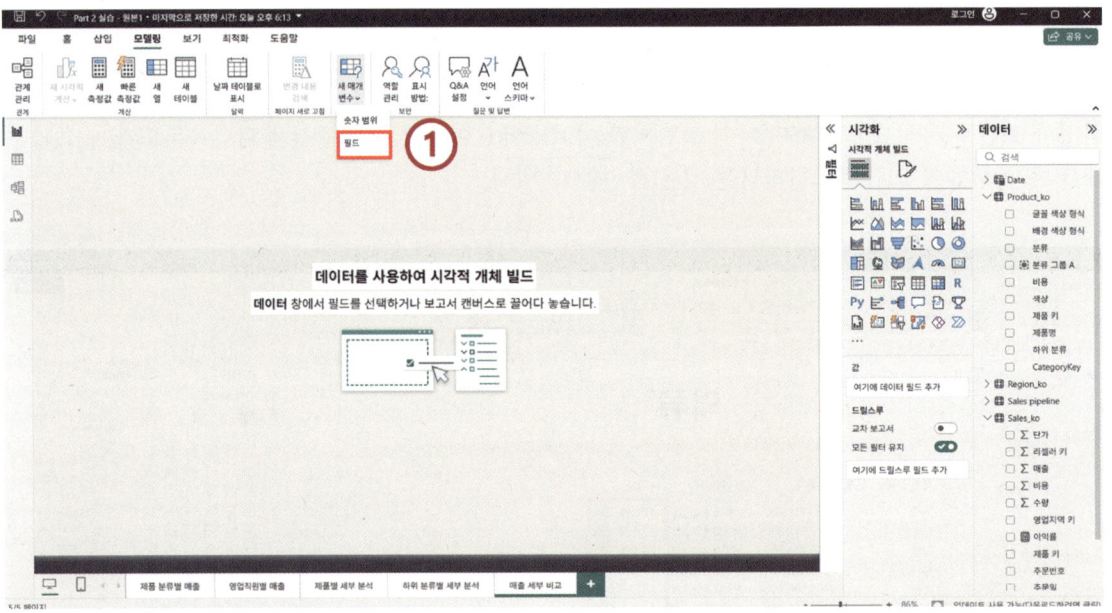

> 그림 2.3.8 필드 매개 변수

[매개 변수] 화면에서 만들고자 하는 매개 변수의 [이름]을 설정할 수 있다. [이름]란에 '국가 또는 제품 분류'를 입력한다. 그리고 [필드 추가 및 순서 변경] 화면에는 변수로 사용하고자 하는 필드들을 추가한다. 오른쪽 [필드] 패널에서 하나씩 추가하면 된다. 이번 예제에서는 'Region_ko'[국가] 필드와 'Product_ko'[분류] 필드를 추가한다.

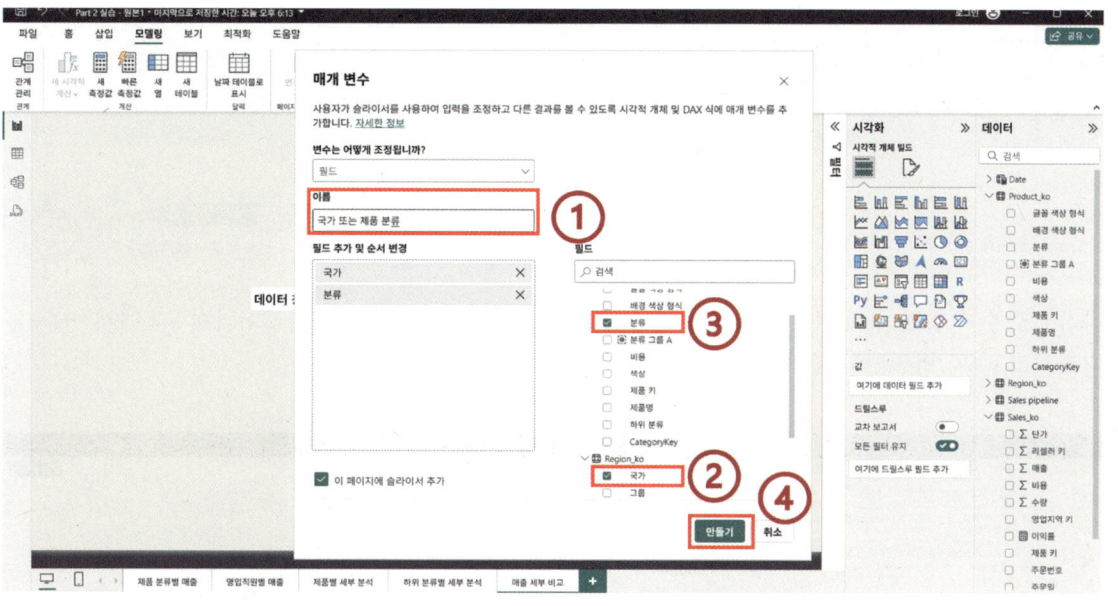

그림 2.3.9 매개 변수 편집

[만들기] 버튼을 누르면 보고서 페이지에 '국가 또는 제품 분류' 슬라이서가 추가된 것을 확인할 수 있다. 그림 2.3.9에서 '이 페이지에 슬라이서 추가' 메뉴를 선택한 상태에서 [만들기]를 클릭했기 때문이다.

[데이터] 패널에서 [국가 또는 제품 분류] 테이블과 필드가 상단에 추가된 것을 확인할 수 있다. 해당 필드를 X축으로, 'Sales_ko'[매출] 필드를 Y축으로 설정하여 묶은 세로 막대형 차트를 생성한 후, '국가 또는 제품 분류' 슬라이서에 있는 '국가' 또는 '분류' 값을 선택하면 X축의 필드가 그에 맞게 바뀌는 것을 확인할 수 있다.

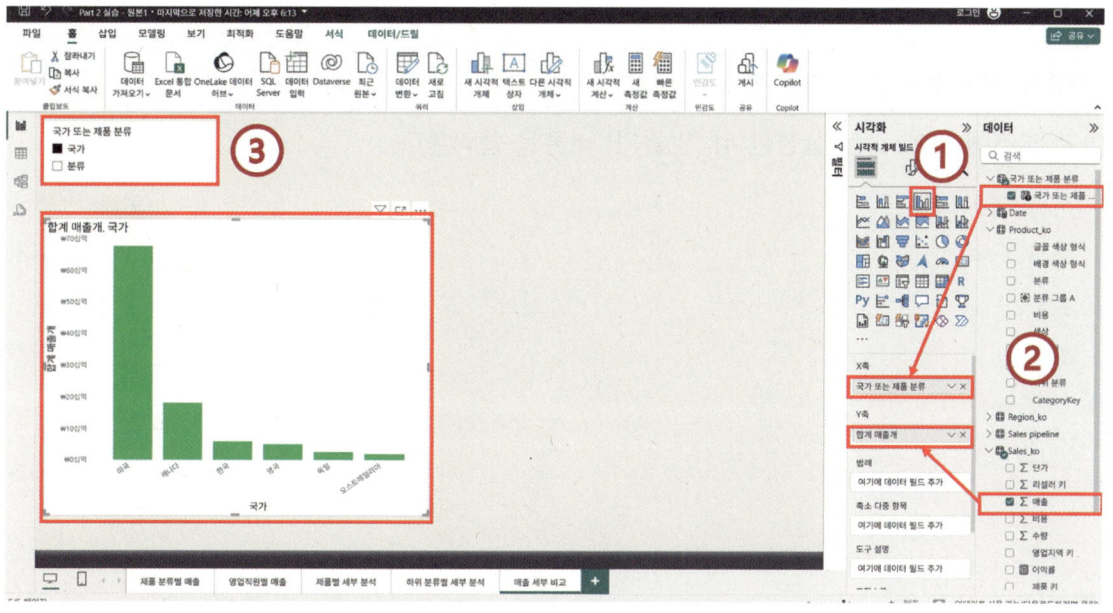

그림 2.3.10 필드 매개 변수를 활용한 시각화

3 고급 분석 기능 및 차트 활용하기 **255**

> **TIP**
> 실무에서 활용할 경우 매개 변수 필드가 추가된 슬라이서의 설정을 '단일 선택'으로 해두는 것이 사용자 경험에 도움된다. 하나의 필드만 차트 상에 반영될 수 있음을 UI 상으로 보여줄 수 있기 때문이다.

실습 2.3.4
숫자 범위 매개 변수

다음으로 숫자 범위 매개 변수의 활용 사례를 확인하기 위해 [모델링] 메뉴로 들어가서 [새 매개 변수]를 클릭하고 [숫자 범위] 메뉴를 클릭한다.

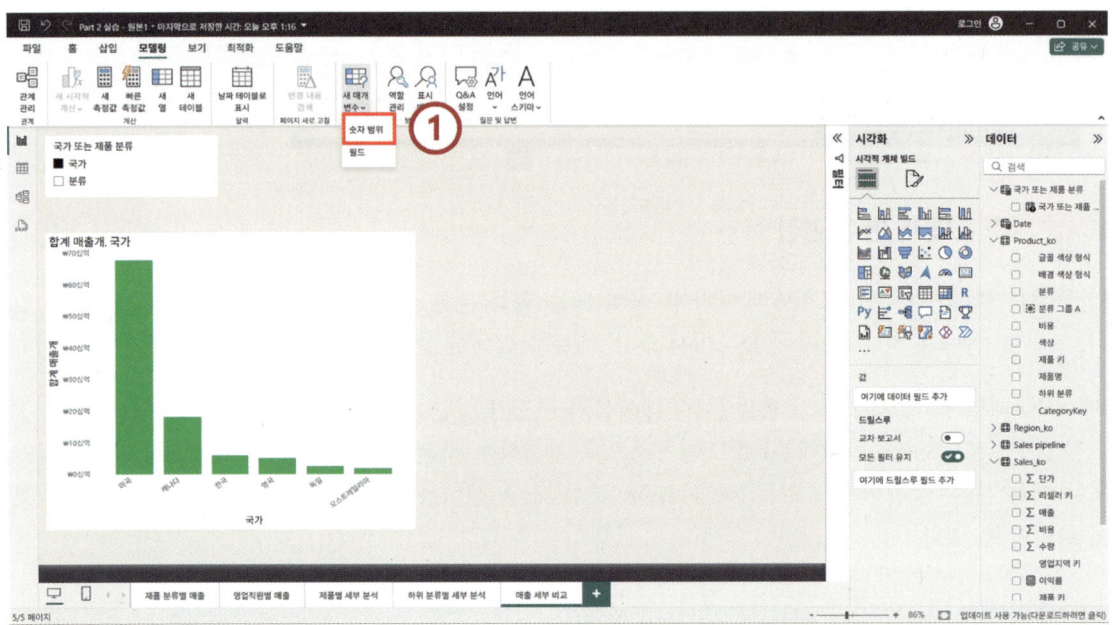

그림 2.3.11 숫자 범위 매개 변수

아래 조건에 맞게 값을 설정한 뒤 [만들기] 버튼을 클릭한다.

- 이름: 예측 비율
- 데이터 형식: 10진수
- 최소값: 0
- 최대값: 1
- 증가: 0.1
- 기본값: 0

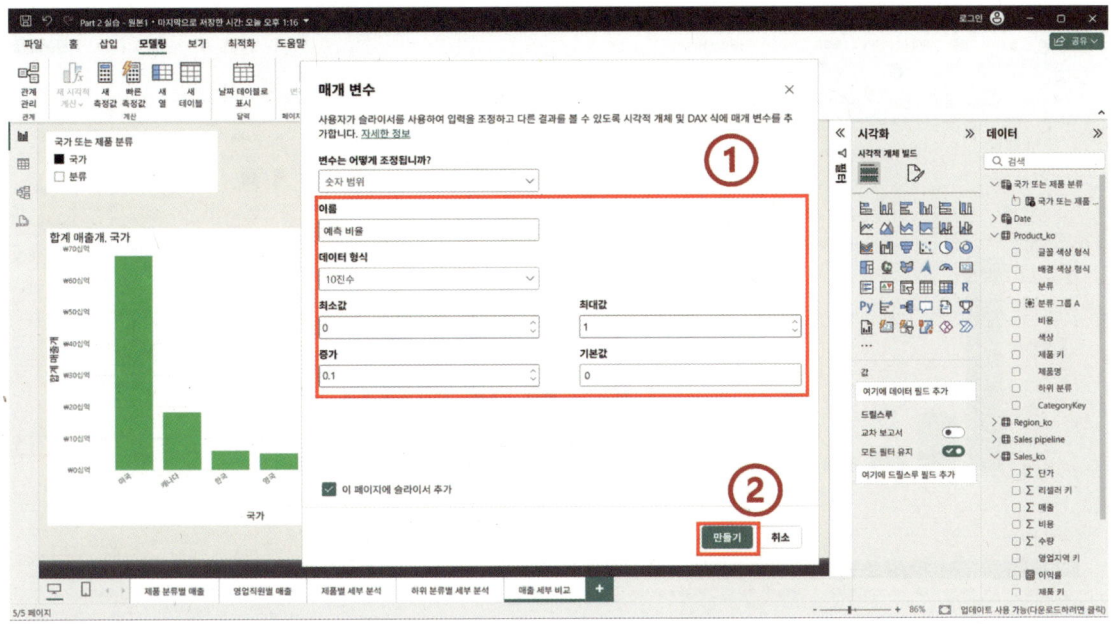

> 그림 2.3.12 숫자 범위 매개 변수 설정

[만들기] 버튼을 클릭하면, 보고서 페이지에 '예측 비율' 슬라이서가 자동으로 추가되고, 오른쪽 [데이터] 패널에는 [예측 비율] 테이블 및 관련 필드들이 함께 추가되며, 보고서 페이지에서 '예측 비율' 슬라이서를 조절하면 값이 0.1 단위로 증가하거나 감소하는 것을 확인할 수 있다.

이것을 응용하여 매출값을 10%씩 증가시키거나 감소시키면서 값을 비교할 수 있는 동적인 차트를 만들 수 있다. 아래 DAX 수식을 활용하여 'Sales_ko' 테이블에 [예상매출] 측정값을 추가한다.

```
예상매출 = SUM('Sales_ko'[매출]) * (1 + '예측 비율'[값 예측 비율])
```

'예측 비율' 슬라이서를 활용해 [값 예측 비율]을 0.1씩 증가시키거나 감소시키면 [예상매출] 값은 10%씩 증가하거나 감소하게 된다. [예상매출] 측정값과 'Sales_ko'[매출] 필드, 그리고 'Salesperson_ko'[영업직원명] 필드를 사용해 묶은 세로 막대형 차트를 만들면 아래와 같은 결과물을 얻을 수 있다.

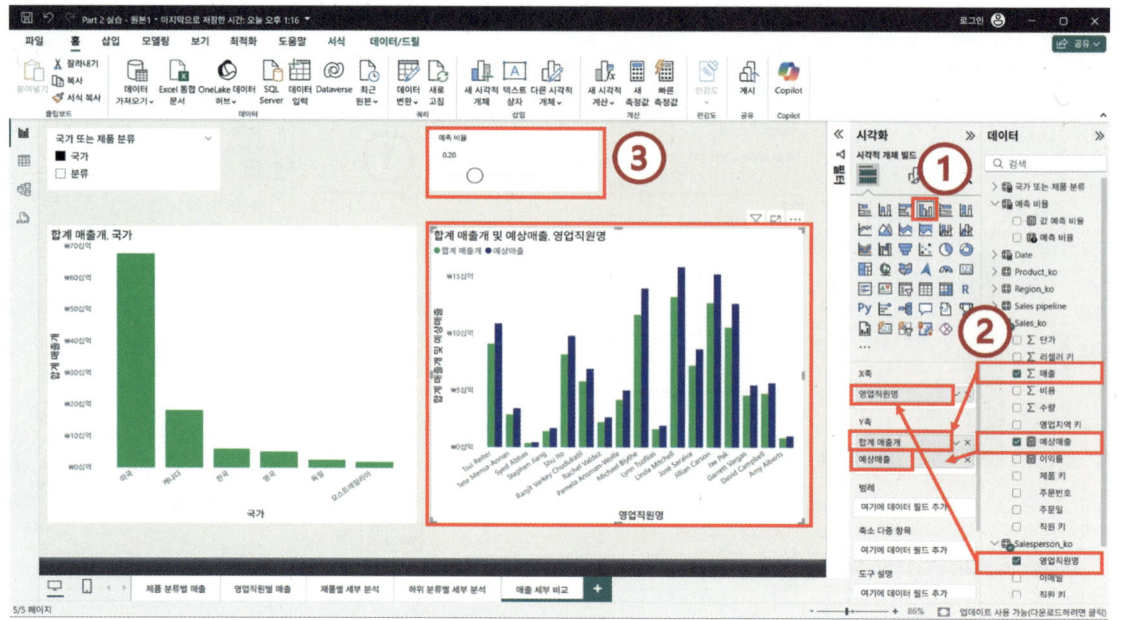

그림 2.3.13 숫자 범위 매개 변수를 활용한 시각화

'예상 비율' 슬라이서를 조금씩 움직여 보면 방금 추가된 막대 차트의 파란색 막대가 변화하는 것을 볼 수 있다.

3.4 시각적 개체에 추가 분석 추가

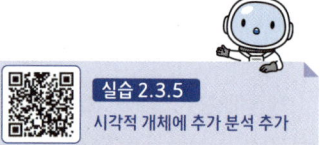

실습 2.3.5
시각적 개체에 추가 분석 추가

시각적 개체에 보조선을 추가하거나 예측적 분석을 적용하고자 한다면 [시각적 개체에 추가 분석 추가] 기능을 사용하면 된다. 시각적 개체에 기준선을 추가하는 등의 작업을 통해 데이터 해석에 도움주는 구성 요소들을 추가할 수 있다.

예를 들어 앞서 구축한 '매출 세부 비교' 페이지에 있는 '합계 매출개 및 예상매출, 영업직원명' 차트에서 영업직원별 목표 매출이 100억이라고 가정해보자. 현재 차트만으로는 누가 목표를 달성했는지 한눈에 파악하기 어렵다. 이때, 100억에 해당하는 위치에 기준선을 추가하면 보다 쉽게 확인할 수 있다.

'합계 매출개 및 예상매출, 영업직원명' 차트를 클릭한 뒤 [시각화] 패널에서 가장 우측에 있는 돋보기 모양 아이콘을 클릭한다. 해당 아이콘이 [시각적 개체에 추가 분석 추가] 아이콘이다. [상수 선] 메뉴를 누른 뒤 [선 추가] 메뉴를 눌러준다.

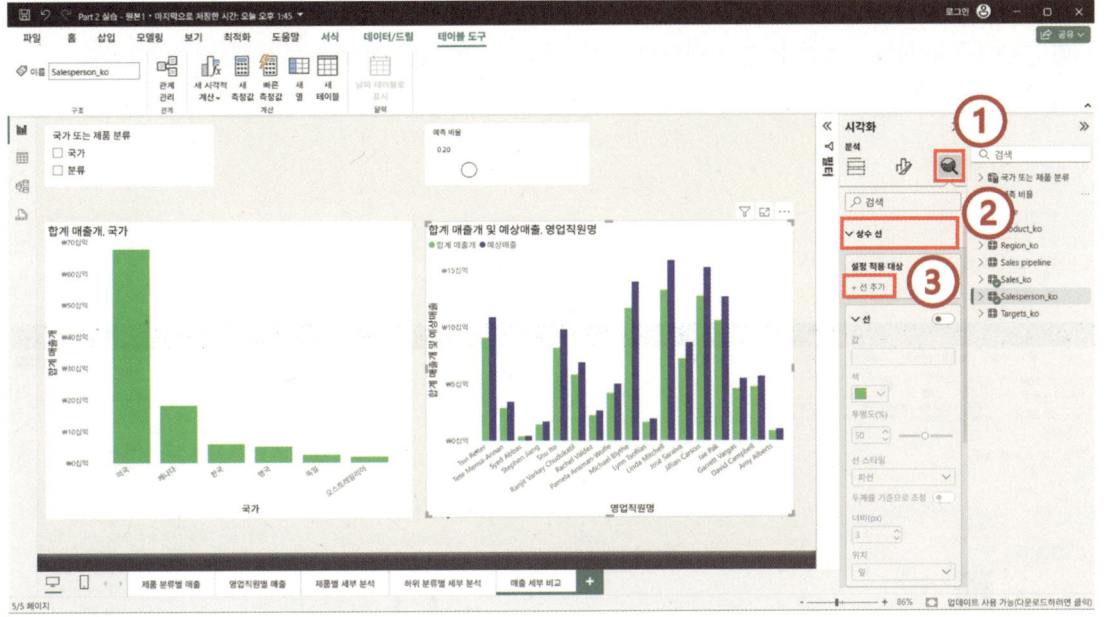

그림 2.3.14 상수 선 추가하기

추가된 선의 이름은 더블 클릭하면 수정할 수 있다. '매출 목표'로 선의 이름을 바꿔준 후 [값]에 10,000,000,000을 입력하고 [색]은 테마 색 8로 변경한다. 투명도는 0%로 하여 색이 짙게 나올 수 있도록 설정한다. 설정이 완료되면 '합계 매출개 및 예상매출, 영업직원명' 차트에 매출액 100억 위치에 점선으로 된 기준선이 추가된 것을 확인할 수 있다.

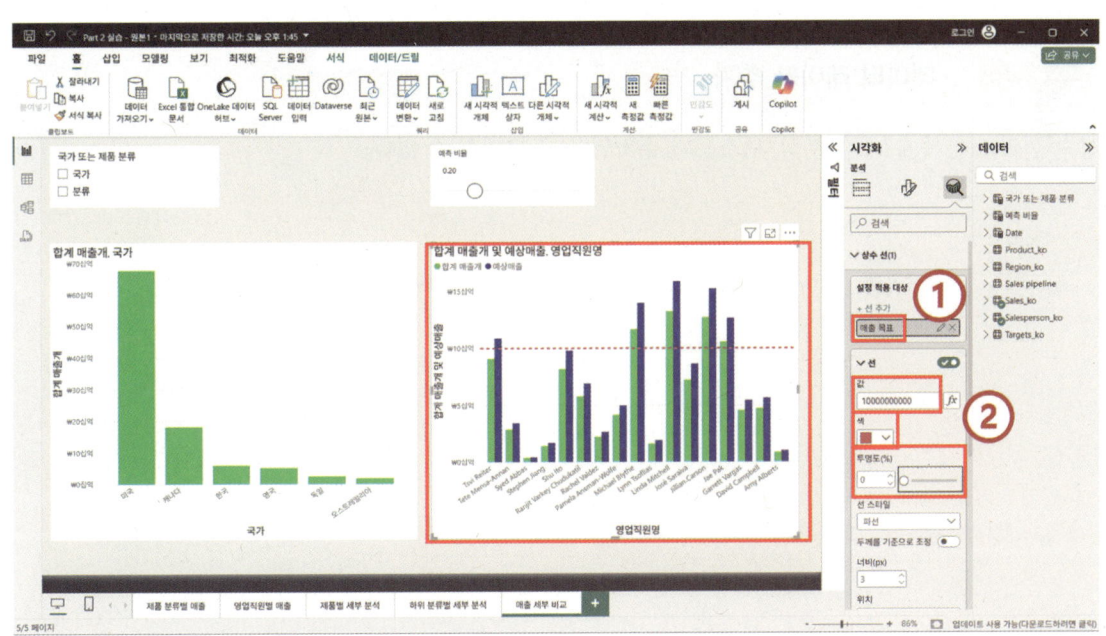

그림 2.3.15 상수 선 설정 변경 및 결과 확인

추가된 선이 매출 목표 기준점이라는 것을 알려주기 위해 데이터 레이블을 추가할 수 있다. [상수 선] 메뉴의 [데이터 레이블] 설정으로 가서 데이터 레이블을 활성화한 후, 아래의 설정 값으로 변경한다.

- 가로 위치: 오른쪽
- 세로 위치: 위
- 스타일: 이름
- 색: 테마 8

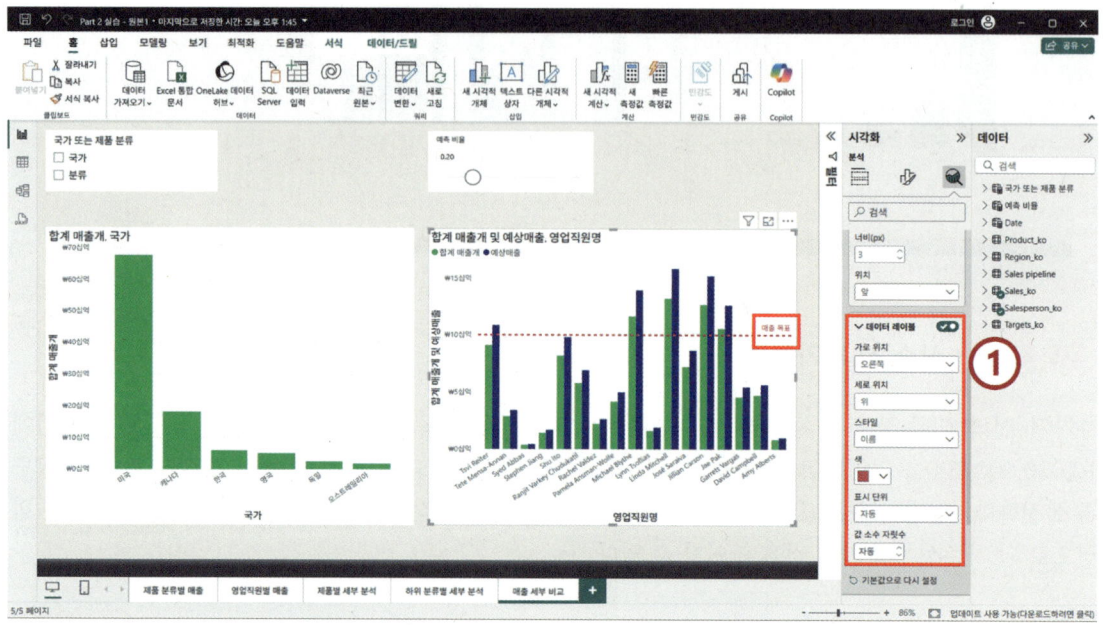

그림 2.3.16 데이터 레이블 추가

상수 선의 오른쪽에 '매출 분석' 텍스트가 추가된 것을 확인할 수 있다.

3.5 분석

시각화된 데이터를 바탕으로 값의 증가 및 감소의 원인을 파악하는 진단적 분석을 진행하고자 할 때는 Power BI의 [분석] 기능을 사용한다. 데이터 모델에 기반하여 분석이 진행되기 때문에 테이블 간 관계를 의미론적으로 올바르게 정의를 해둬야 유의미한 결과물을 얻을 수 있다.

'제품 분류별 매출' 페이지에서 '월별 매출 현황' 차트를 보면, 2019년 12월에서 2020년 1월로 넘어오면서 매출이 절반 가량 감소한 것을 확인할 수 있다. 감소의 이유를 테이블 간 관계에 기반하여 찾고자 할 때 [분석] 기능을 사용하게 된다. 2020년 1월 막대를 우측 마우스로 클릭하고 [분석] 메뉴를 클릭한 뒤 [감소에 대해 설명하세요.]를 클릭한다.

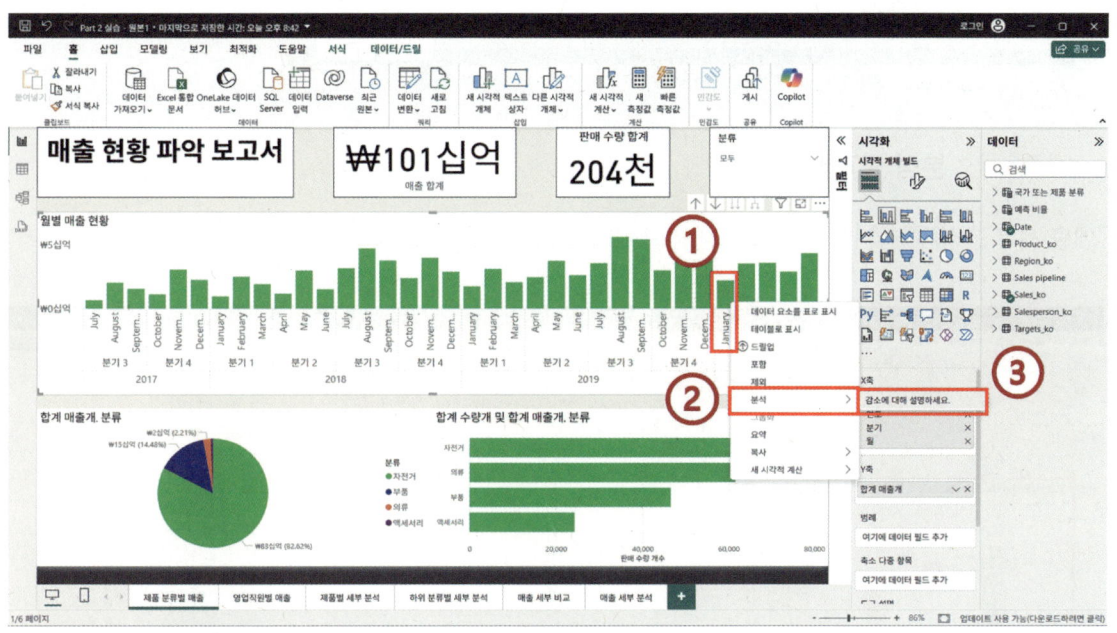

그림 2.3.17 분석

새로운 창이 나타나며, 해당 창 내에는 2019년 12월의 매출과 2020년 1월 매출 간의 관계를 다양한 필드들을 활용해 분석한 결과가 포함되어 있다. 스크롤을 내려 보면 'Region_ko'[국가] 필드를 기반으로 분석한 차트가 존재한다. 각 국가마다 2019년 12월에서 2020년 1월로 넘어오면서 매출이 얼마만큼씩 감소했는지 시각적으로 보여준다. 이러한 분석 차트는 하단에 총 4가지 형태로 제공되기 때문에 시각적으로 내용을 더 잘 보여주는 차트를 고른 뒤 추가할 수도 있다. 이번 예제에서는 기본값으로 제공되는 폭포 차트를 그대로 사용해서 보고서 페이지에 추가한다. 보고서 페이지에 추가할 때는 우측 상단에 + 아이콘을 클릭하면 된다.

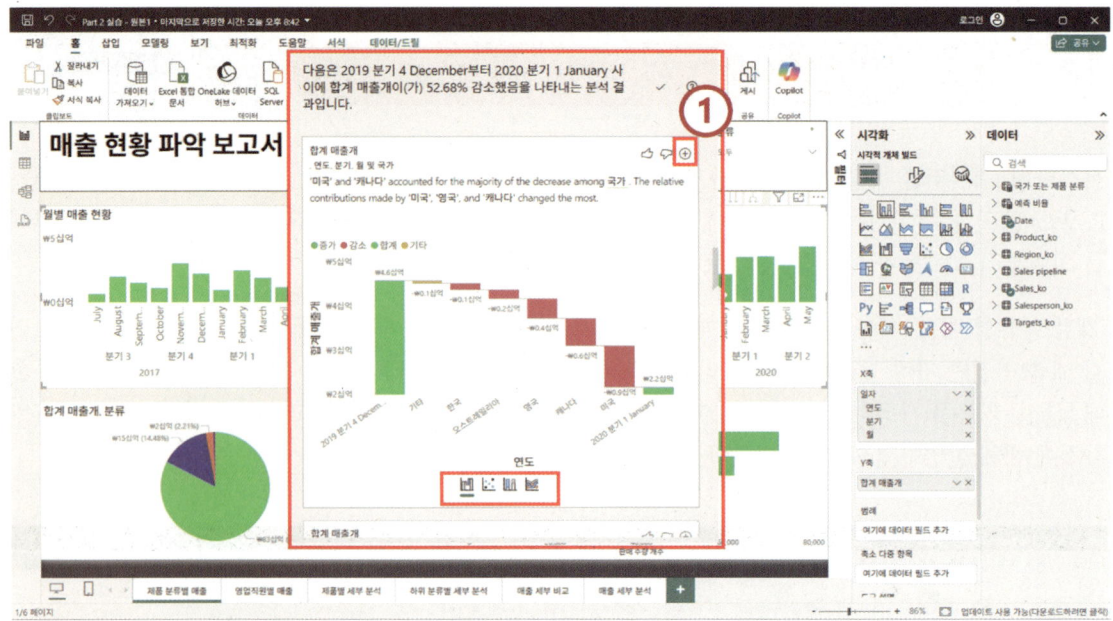

그림 2.3.18 분석 결과물 추가

'매출 세부 분석' 페이지를 만들어서 해당 페이지에 차트를 배치하여 마무리한다.

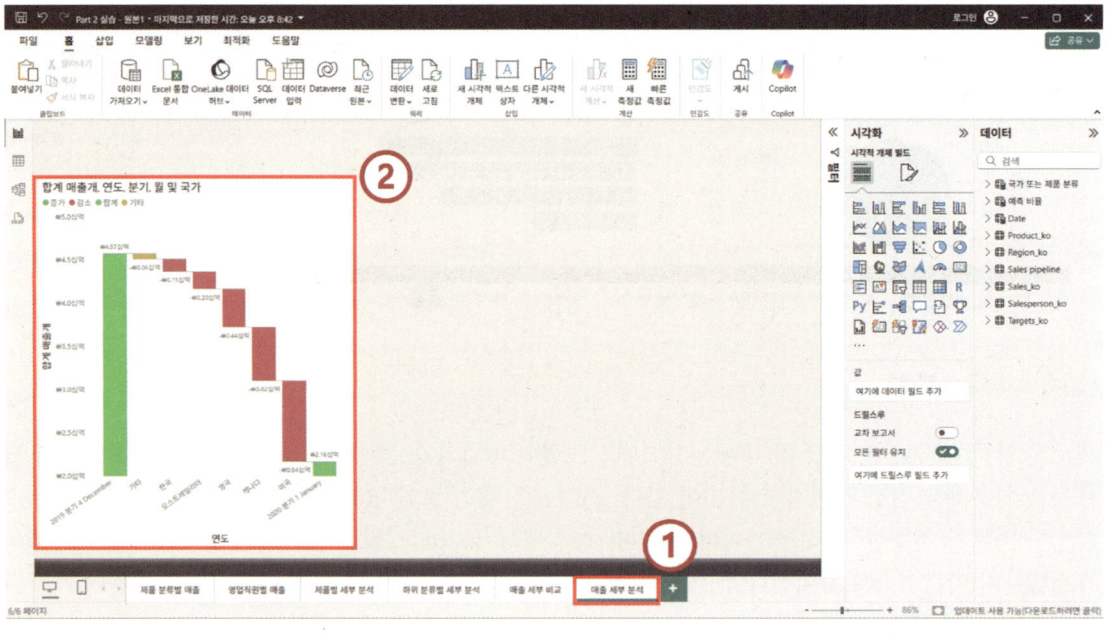

그림 2.3.19 결과물 배치

3.6 주요 영향 요인 차트

선형 회귀 분석 및 로지스틱 회귀 분석 방법을 통해 연속형 또는 범주형 지표에 미치는 변수들의 영향도를 파악하고자 할 때는 주요 영향 요인 차트를 활용 할 수 있다. 예를 들어 제품 색상이 매출의 증가 및 감소에 어떤 영향을 주는지 분석하고자 할 때 주요 영향 요인 차트를 사용할 수 있다.

> **TIP**
> 주요 영향 요인 차트에 대한 세부 내용은 Microsoft Learn에서 확인할 수 있다.
> https://learn.microsoft.com/ko-kr/power-bi/visuals/power-bi-visualization-influencers?tabs=powerbi-desktop

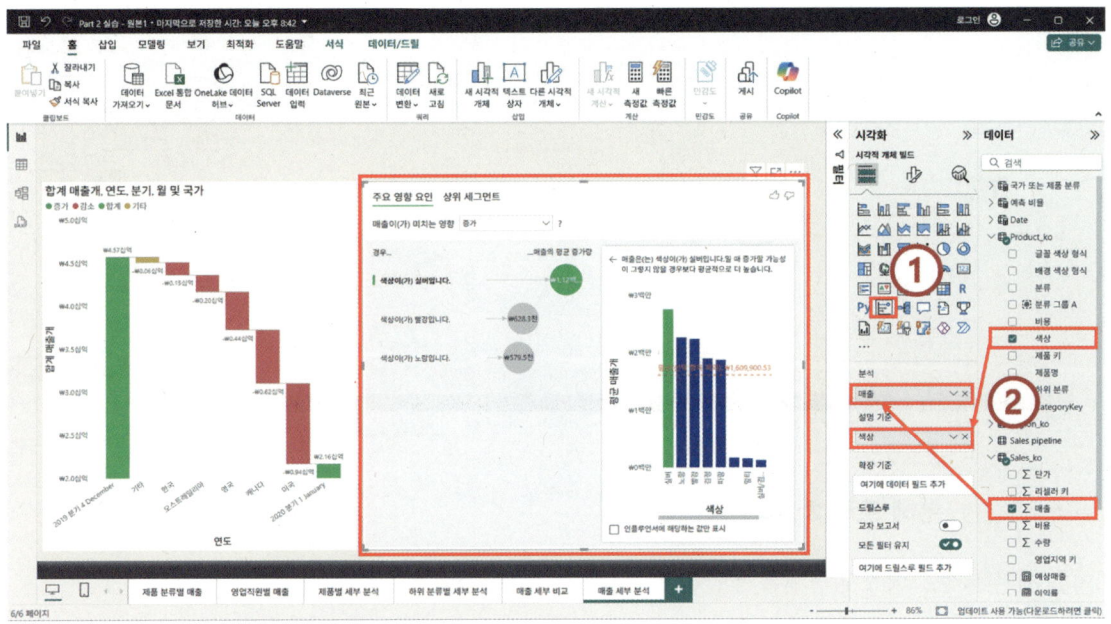

그림 2.3.20 주요 영향 요인 차트

주요 영향 요인 차트의 [분석] 영역에는 종속변수에 해당하는 필드를 추가하면 되고, [설명 기준] 영역에는 독립변수에 해당하는 필드를 추가하면 된다. 종속변수의 유형에 따라 로지스틱 회귀 또는 선형 회귀 분석이 실행되며 그에 따른 결과물이 시각화되어 나타난다.

3.7 분해 트리 차트

실습 2.3.8
분해 트리 차트

분해 트리 차트는 데이터를 계층적으로 분해하여 분석하고자 하는 변수의 구성 요소를 파악할 때 유용하다. 예를 들어 매출을 국가별로 분해하고 국가별의 매출은 영업직원별로 분해해서 분석하고자 할 때 사용할 수 있다.

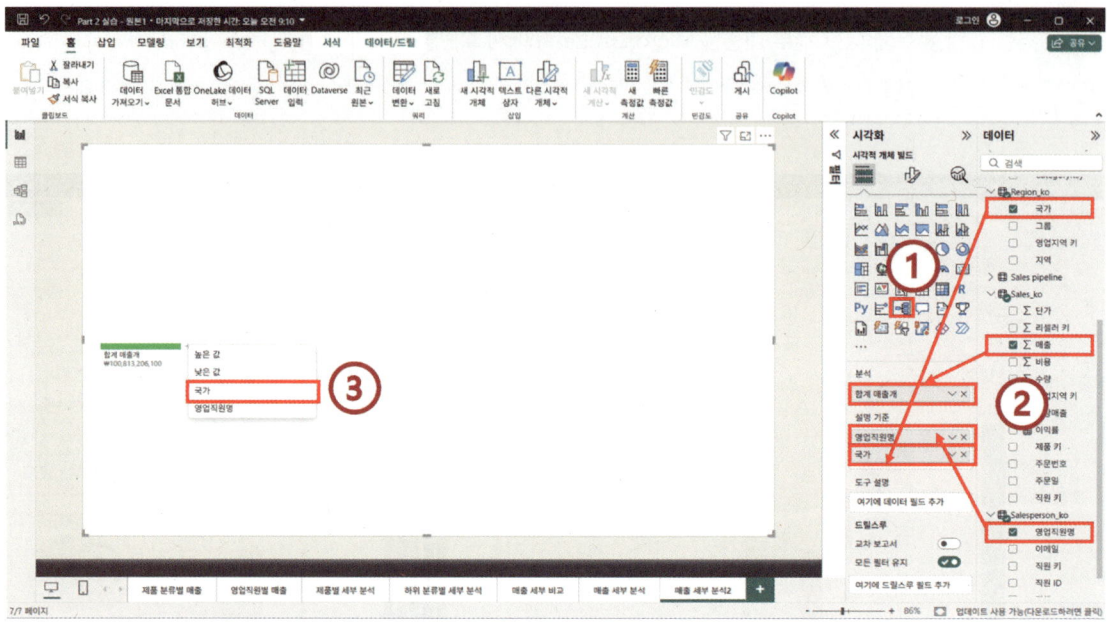

그림 2.3.21 분해 트리 차트

'매출 세부 분석2' 페이지를 새롭게 만든 후 [분해 트리] 차트를 추가한다.

[분석] 영역에는 분석의 대상이 되는 필드를 추가하면 된다. 이번 예제에서는 'Sales_ko'[매출] 필드를 추가한다. [설명 기준] 영역에는 [분석] 영역에 추가한 변수를 분해할 때 사용하고자 하는 필드를 추가한다. 이번 예제에서는 'Region_ko'[국가] 필드와 'Salesperson_ko'[영업직원명] 필드를 추가한다.

[분석] 영역에 추가한 필드가 분해 트리 차트에 가장 먼저 시각화된다. + 아이콘을 누르면 [설명 기준] 영역에 추가한 필드명들이 나타나는 것을 볼 수 있다. [국가]를 눌러서 국가 기준으로 매출을 분해해 볼 수 있다. 그 후 원하는 국가의 + 아이콘을 클릭하여 [영업직원명] 메뉴를 클릭하면 해당 국가의 매출을 영업직원별로 분해해서 확인할 수 있다.

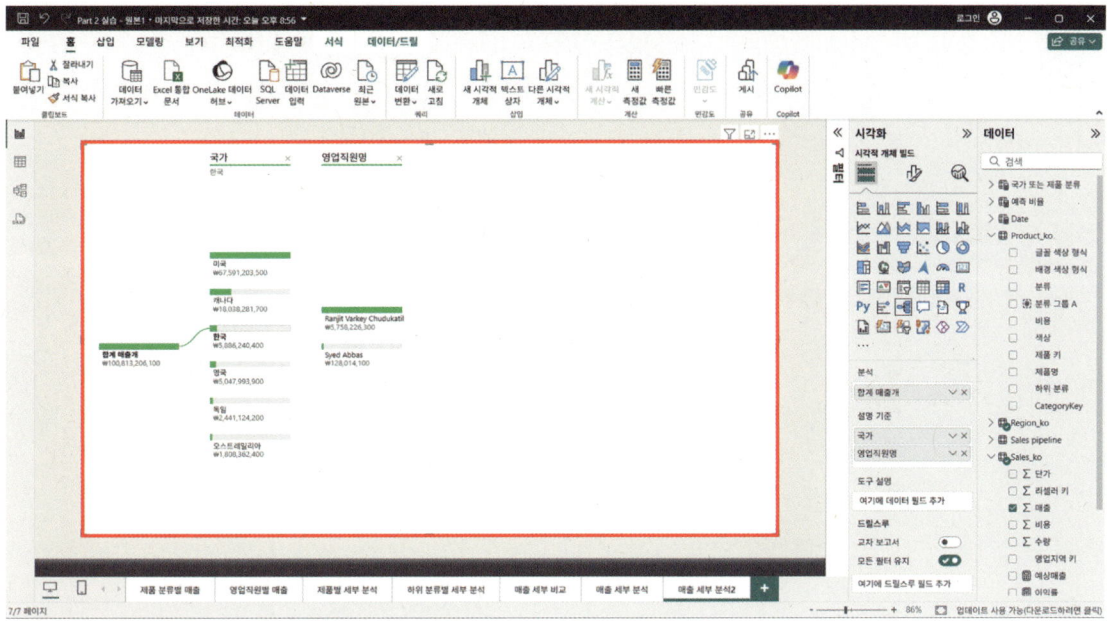

그림 2.3.22 분해 트리 차트를 활용한 분석

PART 03

모의고사

- **제 1 회** 모의고사
- **제 2 회** 모의고사
- **제 3 회** 모의고사

경영정보시각화능력 실기
POWER BI

유의사항

- '유의사항', '문제 및 데이터 안내'에 따라 시험에 응시하여야 하며, 이를 소홀히 하여 발생한 불이익과 책임은 수험자 본인에게 있습니다.
- 수험자의 올바르지 않은 작업으로 인하여 작성한 답안 파일이 훼손된 경우 그에 대한 책임은 수험자 본인에게 있으며, 새 답안 작성 파일은 제공되지 않습니다.
- 시험이 시작되면 즉시 문제 데이터파일 존재 여부와 답안 작성 파일의 문제3-4 페이지에 차트, 표, 데이터가 보이는지 확인하시기 바랍니다.
  - 문제 데이터파일 위치: www.dataedu.co.kr접속 후 상단 메뉴의 [도서구매]-[참고자료실]에서 확인 및 다운로드
  - 문제 데이터파일은 존재 여부만 확인하며 엑셀 등으로 열면 실격 처리
  - 답안 작성 파일 위치: www.dataedu.co.kr의 [참고자료실]에서 확인
- 시험 진행 중 작성된 답안은 수시로 저장하시기 바랍니다.
- 별도의 지시사항이 없는 경우, 다음과 같이 처리할 때 [실격 처리]됩니다.
  - 제시된 파일, 페이지/대시보드, 데이터 원본의 이름, 차원/측정값 속성을 임의로 변경한 경우
  - 제시된 파일, 데이터 원본을 임의로 삭제, 추가, 변경한 경우
  - 시트/워크시트/대시보드를 임의로 삭제, 추가하거나 명칭을 변경한 경우
  - 제시된 답안 파일의 경로 또는 파일명을 변경한 경우
  - 문제 데이터를 시험 시작 전에 열어보는 경우
  - 실기시험 프로그램 이외의 프로그램(엑셀 등)으로 데이터를 열어보는 경우
  - 작성한 답안 파일이 훼손되어 열리지 않거나 문제 풀이가 불가능한 경우
- 반드시 답안작성은 문제에서 지시한 위치에 작업하여야 하며 다음과 같이 처리 시 해당 작업 또는 그 작업에 영향을 미치는 문제, 개체, 시트 등은 [오답 처리]됩니다.
  - 제시된 함수가 있으면 제시된 함수만을 사용해야 하며 그 외 함수를 사용해 풀이한 경우
  - 지시하지 않은 차트, 컨테이너, 매개변수 등을 임의로 이동, 수정(변경), 삭제 등으로 인해 위치 및 내용이 변경된 경우
  - 임의로 기본 설정값(Default)을 변경한 경우
  - 숫자데이터를 임의로 문자화하여 처리한 경우
  - 개체가 해당 영역을 벗어난 경우
  - 개체가 너무 작아 해당 정보 확인이 눈으로 어려운 경우
  - 지시사항과 띄어쓰기, 대소문자 등이 다른 경우(계산식 제외)
- 시험지에 지시된 [완성 화면 그림]은 문제 풀이 순서 또는 시각적 개체 작성 순서, PC 환경 등의 이유로 수험자가 작성한 개체의 모니터 화면과 모양, 색상, 위치 등이 다를 수 있습니다.
- 본 문제와 용어는 파워BI 데스크톱(Power BI Desktop) 2.139.1678.0 버전 기준으로 작성되었습니다.
  - 본 문제에서 열과 필드는 동일한 용어로 혼용 사용

경영정보시각화능력 실기 파워BI
제 1 회 모의고사

프로그램명 POWER BI 데스크톱   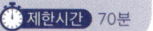 제한시간 70분

안내 | 문제 및 데이터

1. 수험자가 작성할 답안파일은 1개입니다. 문제1, 문제2, 문제3의 답을 하나의 답안파일(.pbix)로 저장하십시오.
2. 문제1, 문제2, 문제3은 각각 독립적으로 구성되어 앞 문제를 풀지 않아도 다음 문제 풀이가 가능합니다.
3. 문제1은 데이터 불러오기를 통해 문제를 풀이하고, 문제2와 문제3은 답안에 이미 데이터가 포함되어 있어 다시 데이터를 불러오지 말고 바로 문제 풀이를 하십시오.
   - 데이터 파일은 문제1을 위한 데이터 파일과 문제2,3을 위한 데이터 파일로 구성되어 있습니다.
4. 문제2와 문제3 풀이를 위해 필요한 일부 측정값, 필터가 답안파일에 미리 적용되어 있을 수 있습니다.
   - 지시사항에 제시되지 않은 것은 변경하지 마십시오.
   - 사전에 적용된 필터 등이 삭제되지 않도록 '페이지 삭제' 기능을 절대 사용하지 마십시오.
5. 문제는 문제(문제1~3) - 세부문제(1~4) - 지시사항(①~③) - 세부지시사항(▶, -) 단위로 구성됩니다.
6. 지시사항(①~③)별로 점수가 부여되며, 지시사항의 전체 세부지시사항(▶, -)을 작업하지 않을 경우 점수가 부여되지 않습니다. ※부분 점수 없음
7. 본 시험에서 사용되는 데이터 파일 수와 데이터명은 아래와 같습니다.
   - [문제1] 데이터 파일수: 1개 / 데이터명: '학생 성적 관리.xlsx'

파일명	학생 성적 관리.xlsx								
테이블	구조								
성적표	학생ID	이름	학년	반	국어	수학	영어	과학	생기부 점수
	S001	김수현	2	A	88	92	85	90	15.2

   - [문제2,3] 데이터 파일수: 3개 / 데이터명: '국가 테이블.csv', '국가별 종목별 메달 수.csv', '종목 테이블.csv'

파일명	국가 테이블.csv, 국가별 종목별 메달 수.csv, 종목 테이블.csv					
테이블	구조					
국가 테이블	국가	대륙	인원 수	국기		
	가나	아프리카	8	https://upload.wikimedia.org/wikipedia/commons/thumb/1/19/Flag_of_Ghana.svg/22px-Flag_of_Ghana.svg.png		
국가별 종목별 메달 수	국가	종목	금	은	동	합계
	대한민국	양궁	5	1	1	7
종목 테이블	종목		한 국가의 최대 메달 수			
	육상		34			

문제1 작업준비 20점

1. 다음 지시 사항에 따라 데이터 가져오기 및 편집을 수행하시오. 편집이 완료되면 닫기 및 적용을 통해 Power BI Desktop에 데이터를 로드하시오. 10점

   ① 데이터 파일을 가져온 후 파워쿼리 편집기를 통해 테이블의 데이터를 편집하시오. 5점

   ▶ 가져올 데이터: 학생 성적 관리.xlsx 파일의 〈성적표〉 테이블

   ▶ 〈성적표〉 테이블의 [학생ID] 필드에서 값 "S005"의 데이터 필터 해제

   ▶ 필드의 데이터 형식 변경: [국어], [수학], [영어], [과학], [생기부 점수]를 10진수로 변경

   ② 파워쿼리 편집기를 통해 〈성적표〉 테이블에 새로운 필드를 추가하시오. 5점

   ▶ 사용자 지정 열 기능을 활용하여 [시험 총점] 필드 추가
   - 계산 방식: [국어] + [수학] + [영어] + [과학]
   - 필드 데이터 형식: 10진수

   ▶ 나누기 기능을 활용하여 [시험 평균] 필드 추가
   - 계산 방식: [시험 총점] / 4
   - 필드 데이터 형식: 10진수

2. Power BI Desktop에서 다음 지시사항에 따라 테이블 및 측정값을 추가하시오. 10점

   ① 데이터 입력 기능을 사용하여 다음 조건으로 테이블을 추가하시오. 4점

   ▶ 테이블 이름: 〈등급표〉
   - 필드 구성: [등급], [설명]
   - [등급]: A, B, C, D, E
   - [설명]: 최우수, 우수, 보통, 미달, 아주 미달

   ② 〈성적표〉 테이블과 〈등급표〉 테이블의 관계를 설정하시오. 3점

   ▶ 〈성적표〉 테이블에 새 열 추가
   - 열 이름: 등급

- 활용 필드: 〈성적표〉 테이블의 [시험 총점] 필드
    - 350 이상: A
    - 330 이상 350 미만: B
    - 310 이상 330 미만: C
    - 290 이상 310 미만: D
    - 290 미만: E
- 사용 함수: SWITCH

▶ 〈성적표〉 테이블의 [등급] 필드와 〈등급표〉 테이블의 [등급] 필드와 관계 연결
- 관계 유형: 다대일(*:1), 교차 필터 방향: 단일

③ 〈성적표〉 테이블에 측정값을 추가하시오. 3점

▶ 측정값 이름: [전체 평균점수]
- 활용 필드: 〈성적표〉 테이블의 [시험 평균] 필드
- 함수: AVERAGE
- 서식: 소수점 둘째 자리까지 표시되도록 적용

문제2 단순요소 구현   30점

〈시각화 완성화면〉각 세부문제 풀이 후 아래와 같은 결과가 도출되어야 합니다. 차트의 범례 색은 문제 풀이 순서에 따라 다르게 보일 수 있습니다.

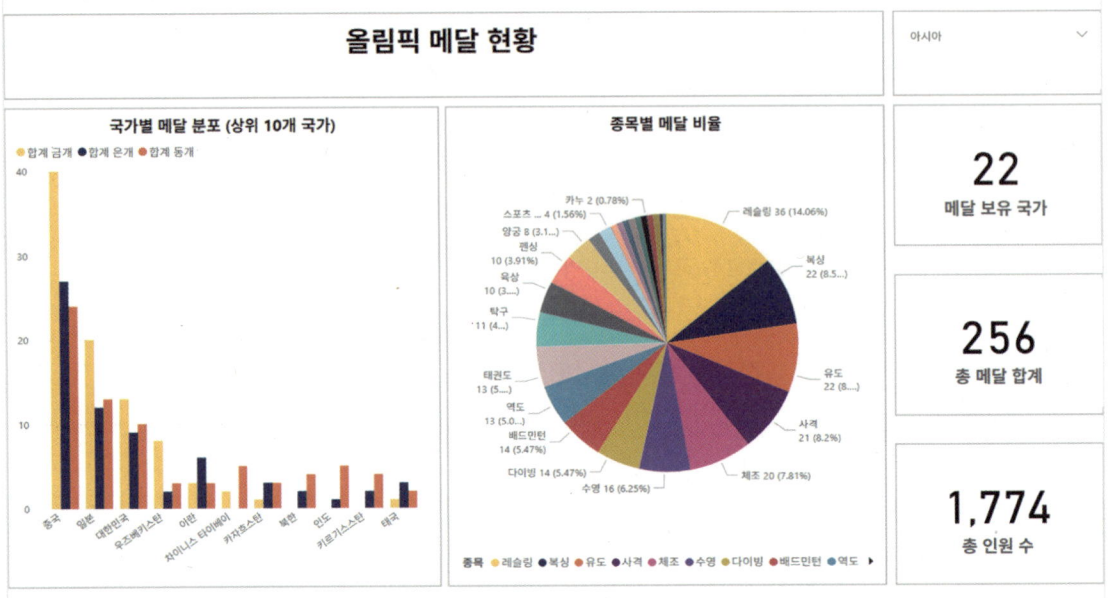

1. '문제2', '문제3' 페이지의 전체 서식을 설정하시오. 5점

    ① '문제2'와 '문제3' 페이지의 캔버스 배경을 설정하시오. 3점

    ▶ 배경 이미지

    - '문제2' 페이지: '문제2_배경.png'

    - '문제3' 페이지: '문제3_배경.png'

    ▶ 캔버스 배경 설정

    - 이미지 맞춤: '맞춤'

    - 투명도: '0%'

    ▶ 보고서 테마: 기본값

    ▶ 이름 및 색의 테마 색 변경

    - 테마 색1: #FFCC00

    - 테마 색2: #003366

    ② 텍스트 상자를 사용하여 '문제2' 페이지에 보고서 제목을 작성하시오. 2점

- ▶ 텍스트: "올림픽 메달 현황"
- ▶ 제목 서식: 글꼴 'Segoe UI', 크기 '24', '굵게', '가운데'
- ▶ 위치: '2-1-②' 위치에 배치

2. **다음 지시사항에 따라 카드와 슬라이서를 구현하시오.** 10점

  ① 아래 조건에 맞는 슬라이서를 구현하시오. 4점

  - ▶ 필드: 〈국가 테이블〉 테이블의 [대륙] 필드
  - ▶ 스타일: 드롭다운, '모두 선택' 항목 표시
  - ▶ 슬라이서 머리글 해제
  - ▶ 기본 필터: "아시아" 선택
  - ▶ 위치: '2-2-①' 위치에 배치

  ② 다음 조건으로 〈국가별 종목별 메달 수〉 테이블에 측정값을 작성하고, 작성한 측정값을 활용하여 카드를 구현하시오. 6점

  - ▶ 측정값 이름: [메달 보유 국가]
    - 활용 필드: 〈국가별 종목별 메달 수〉 테이블의 [국가] 필드
    - 서로 다른 국가의 개수 반환
    - 사용 함수: DISTINCTCOUNT
  - ▶ 측정값 이름: [총 메달 합계]
    - 활용 필드: 〈국가별 종목별 메달 수〉 테이블의 [합계] 필드
    - 전체 국가의 메달 합계
    - 사용 함수: SUM
    - 서식: 천 단위에서 쉼표로 구분되도록 적용
  - ▶ 측정값 이름: [총 인원 수]
    - 활용 필드: 〈국가 테이블〉 테이블의 [인원 수] 필드
    - 전체 국가의 인원 수 합계
    - 사용 함수: SUM
    - 서식: 천 단위에서 쉼표로 구분되도록 적용
  - ▶ 범주 레이블 서식: 글꼴 크기 '15', '굵게'

▶ 속성 크기: 높이 '152', 너비 '230'

▶ 위치: '2-2-②' 위치에 배치

3. **다음 지시사항에 따라 묶은 세로 막대형 차트를 구현하시오.** 10점

   ① 다음 조건으로 <국가별 종목별 메달 수> 테이블 내에 계층 구조를 구현하시오. 2점

   ▶ 활용 필드: <국가별 종목별 메달 수> 테이블의 [국가], [종목] 필드

   ▶ 계층 구조명: "국가&종목 계층 구조"

   ▶ [국가]에서 [종목] 수준으로 확장할 수 있도록 구현

   ▶ 계층 구조 구현 후 <국가별 종목별 메달 수> 테이블의 [국가] 필드와 [종목] 필드는 숨기기

   ② 다음 조건으로 묶은 세로 막대형 차트를 구현하시오. 5점

   ▶ 활용 필드:
     - <국가별 종목별 메달 수> 테이블의 [국가&종목 계층 구조] 계층 구조
     - <국가별 종목별 메달 수> 테이블의 [금], [은], [동] 필드

   ▶ 도구 설명에 <국가별 종목별 메달 수> 테이블의 [합계] 필드 추가
     - 도구 설명에 추가된 필드명을 "총 메달 합계"로 수정

   ▶ [총 메달 합계] 기준으로 내림차순 정렬되도록 설정

   ▶ <국가별 종목별 메달 수> 테이블의 [합계] 필드 기준으로 상위 10개의 '국가'만 표시

   ▶ 위치: '2-3-②' 위치에 배치

   ③ 다음과 같이 묶은 세로 막대형 차트의 각 요소에 대한 서식을 지정하시오. 3점

   ▶ 차트 제목: "국가별 메달 분포 (상위 10개 국가)"
     - 제목 서식: 글꼴 'Segoe UI', '굵게', '가운데'

   ▶ X축, Y축: 축 제목 제거

4. **다음 지시사항에 따라 원형 차트를 구현하시오.** 5점

   ① 다음 조건으로 원형 차트를 구현하시오. 3점

   ▶ 활용 필드
     - <종목 테이블> 테이블의 [종목] 필드
     - <국가별 종목별 메달 수> 테이블의 [합계] 필드

▶ 위치: '2-4-①' 위치에 배치

▶ 도구 설명에 〈국가별 종목별 메달 수〉 테이블의 [금], [은], [동]이 표시되도록 추가

② 다음과 같이 원형 차트의 각 요소에 대한 서식을 지정하시오. 2점

▶ 차트 제목: "종목별 메달 비율"

- 제목 서식: 글꼴 'Segoe UI', '굵게', '가운데'

▶ 세부 정보 레이블: 레이블 내용 '모든 세부 정보 레이블'

▶ 범례: 위치 '아래쪽 가운데'

문제3 복합요소 구현   50점

〈시각화 완성화면〉 각 세부문제 풀이 후 아래와 같은 결과가 도출되어야 합니다. 차트의 범례 색은 문제 풀이 순서에 따라 다르게 보일 수 있습니다.

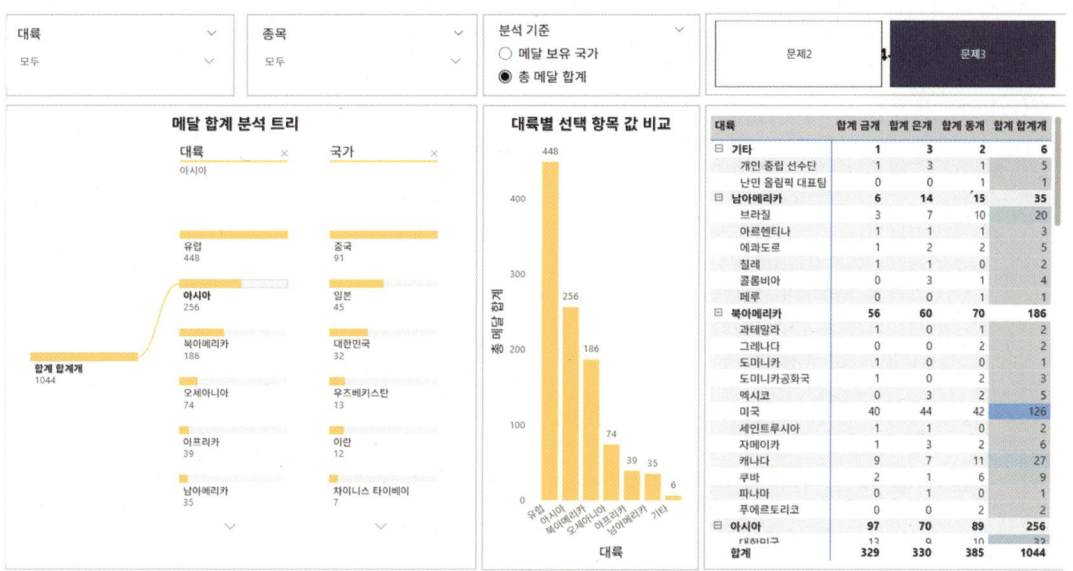

1. 다음 지시사항에 따라 슬라이서와 분해 트리 차트를 구현하시오. 15점

① 다음 조건으로 슬라이서를 구현하시오. 5점

▶ 활용 필드:

- 〈국가 테이블〉 테이블의 [대륙] 필드

- 〈종목 테이블〉 테이블의 [종목] 필드

▶ 서식:

- 슬라이서 설정: 스타일 '드롭다운', 선택 '모두 선택' 옵션 설정

▶ 위치: '3-1-①' 위치에 배치

② 다음 조건으로 분해 트리 차트를 구현하시오. 10점

▶ 활용 필드:

- 〈국가별 종목별 메달 수〉 테이블의 [합계] 필드
- 〈국가 테이블〉 테이블의 [대륙] 필드
- 〈국가 테이블〉 테이블의 [국가] 필드

▶ 위치: '3-1-②' 위치에 배치

▶ [합계]를 [대륙] 필드로 분해 후, [대륙]에서 '아시아'를 [국가] 필드로 분해

▶ 차트 제목: "메달 합계 분석 트리"

- 제목 서식: 글꼴 'Segoe UI', '굵게', '가운데'

2. **다음 지시사항에 따라 매개변수와 묶은 세로 막대형 차트를 구현하시오.** 20점

① 다음 조건으로 매개 변수를 추가하시오. 7점

▶ 매개 변수 이름: [분석 기준]

▶ 활용 필드

- 〈국가별 종목별 메달 수〉 테이블의 [메달 보유 국가] 측정값
- 〈국가별 종목별 메달 수〉 테이블의 [총 메달 합계] 측정값

▶ 이 페이지에 슬라이서 추가 옵션 설정

② 다음과 같이 분석 기준 슬라이서 설정을 변경하시오. 3점

▶ 슬라이서 스타일: '세로 목록'

▶ 선택: 단일 선택

▶ 슬라이서에 '총 메달 합계'로 필터 적용

▶ 위치: '3-2-②' 위치에 배치

③ 다음 조건으로 묶은 세로 막대형 차트를 추가하시오. 10점

▶ 활용 필드

- 〈국가 테이블〉 테이블의 [대륙] 필드

- 〈분석 기준〉 테이블의 〈분석 기준〉 매개 변수
▶ 차트 제목: "대륙별 선택 항목 값 비교"
- 제목 서식: 글꼴 'Segoe UI', '굵게', '가운데'
▶ 위치: '3-2-③' 위치에 배치
▶ 데이터 레이블: 표시

3. 다음 지시사항에 따라 행렬 차트를 구현하시오. 10점

① 다음 조건으로 행렬 차트를 구현하시오. 3점
▶ 활용 필드
- 〈국가 테이블〉 테이블의 [대륙], [국가] 필드
- 〈국가별 종목별 메달 수〉 테이블의 [금], [은], [동], [합계] 필드
▶ 위치: '3-3-①' 위치에 배치
▶ 계층 구조에서 한 수준 아래로 모두 확장

② 다음과 같이 행렬 차트의 각 요소에 대한 서식을 지정하시오. 2점
▶ 열 머리글: 글꼴 '굵게', 배경색 '흰색, 20% 더 어둡게'

③ 행렬 차트에 조건부 서식을 적용하시오. 5점
▶ 적용 대상: [합계] 필드
- 스타일: '배경색'
- 서식 스타일: '그라데이션'
- 적용 대상: '값만'
- 최소값: #CCCCCC
- 최대값: #60AFFF

4. 다음 지시사항에 따라 페이지 탐색기를 구현하시오. 5점
▶ 선택된 상태의 단추 색 채우기: '테마 색 2'
▶ 위치: '3-4-①' 위치에 배치

제 1 회 모의고사 **해설**

문제1 작업준비 20점

해설 3.1.1
1회 모의고사 - 문제 1

문제 1-1-①

1. [데이터 가져오기] 기능에서 [Excel 통합 문서]를 클릭한다.

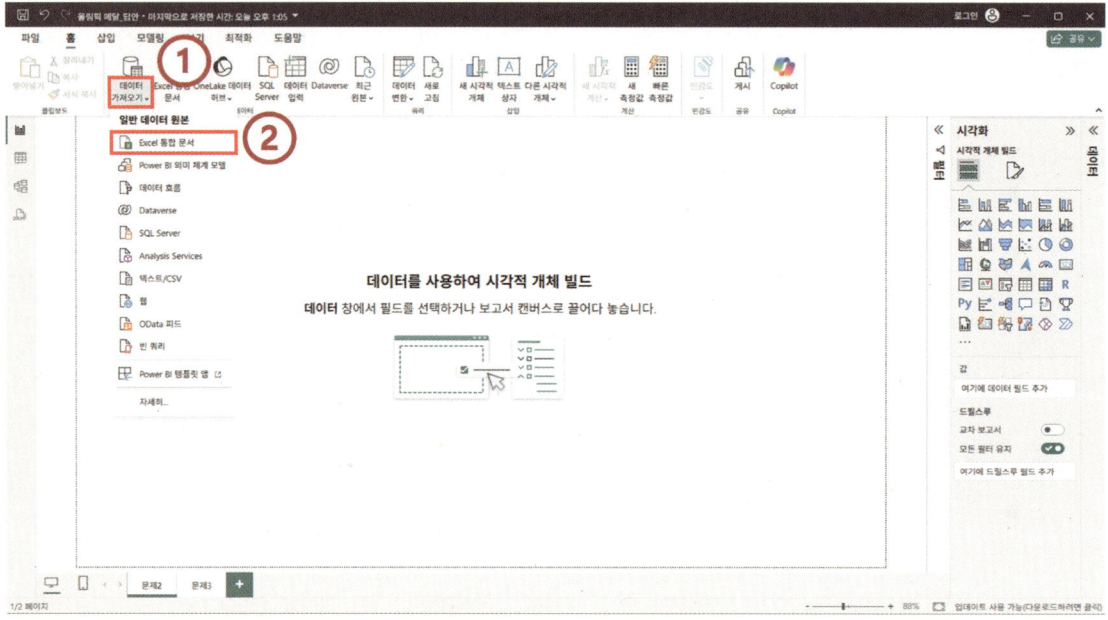

그림 3.1.1

2. '학생 성적 관리.xlsx' 파일을 선택한 후 [열기]를 클릭한다.

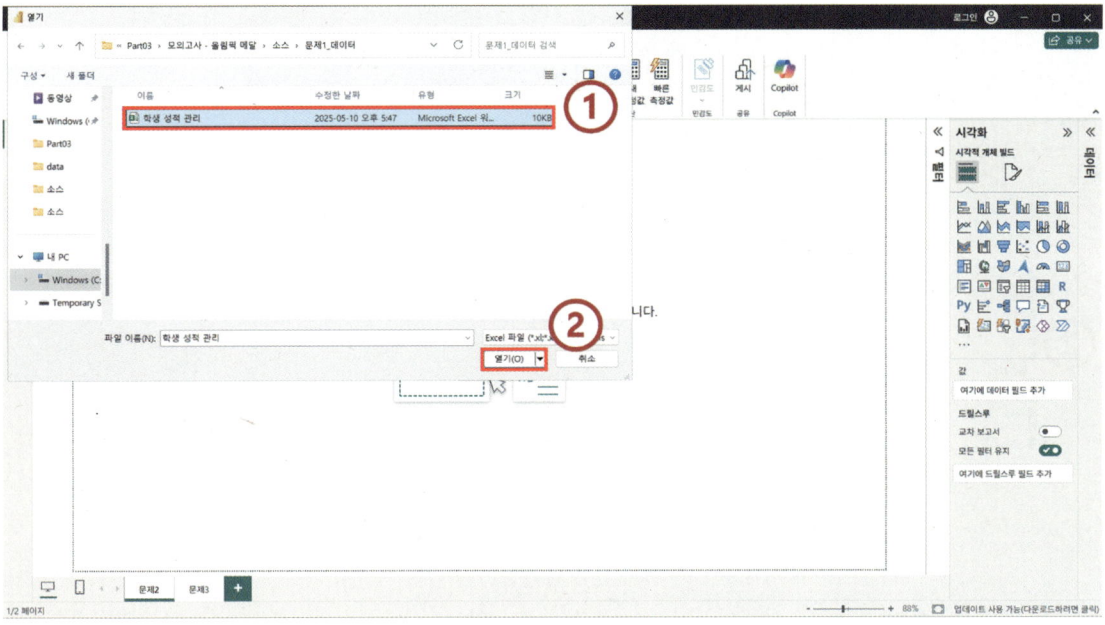

그림 3.1.2

3. 〈성적표〉 테이블을 선택한 뒤, [데이터 변환]을 클릭한다.

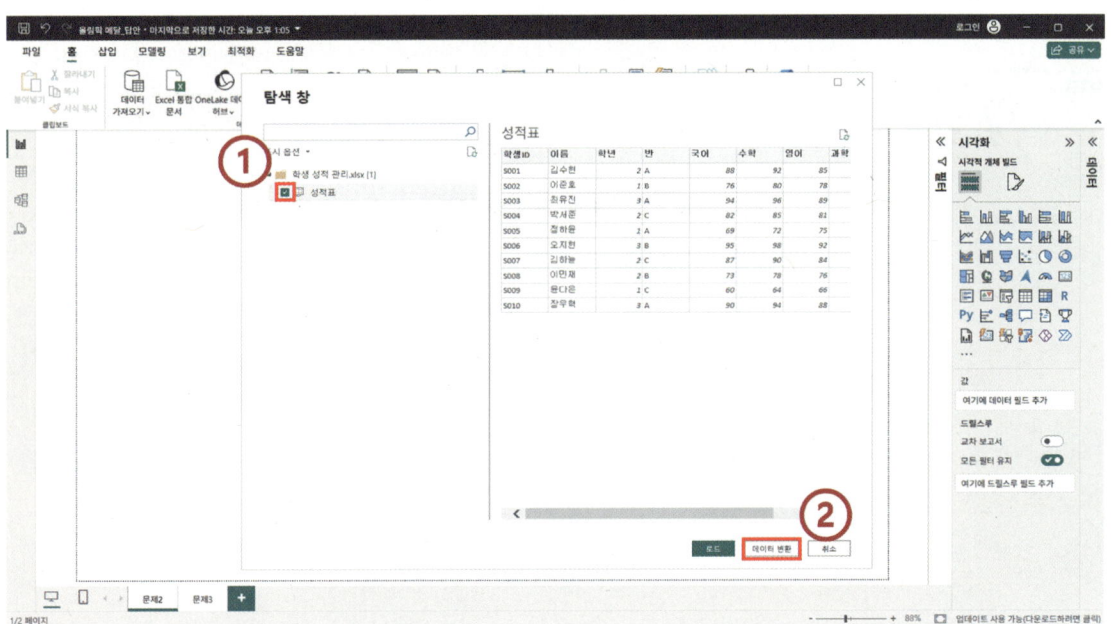

그림 3.1.3

4. [학생ID] 필드의 세부 메뉴에서 "S005"를 선택 해제한 뒤, [확인] 버튼을 클릭한다.

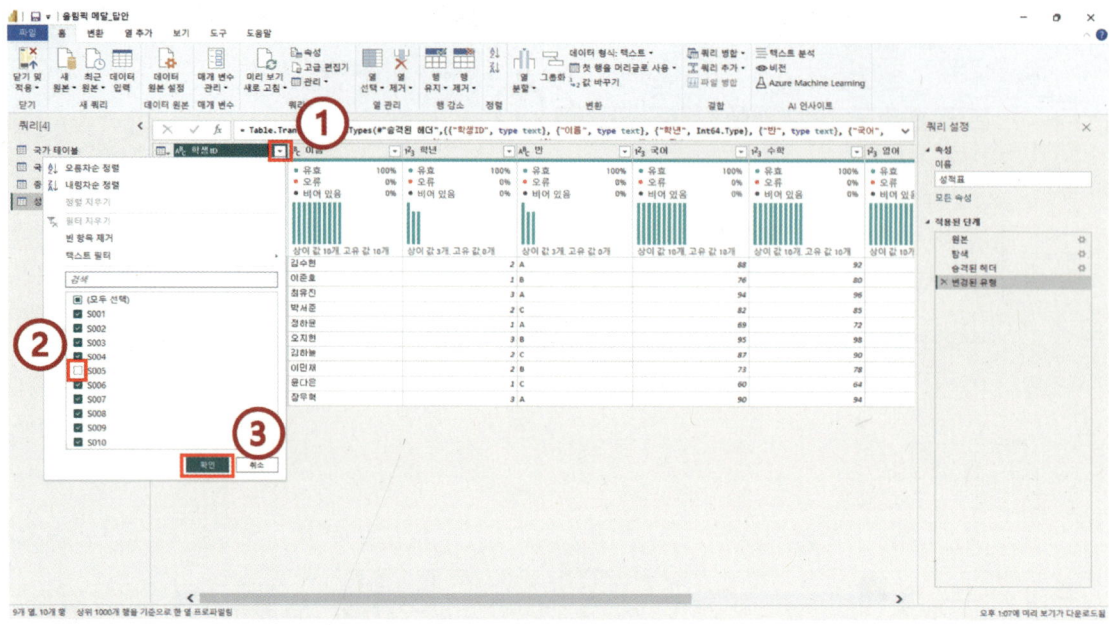

그림 3.1.4

5. [국어] 필드부터 [생기부 점수] 필드까지 필드들을 Ctrl 키를 누른 상태로 모두 선택한다. 우측 마우스 클릭하여 세부 메뉴를 열고 [형식 변경] 메뉴로 이동하여 [10진수]를 클릭한다.

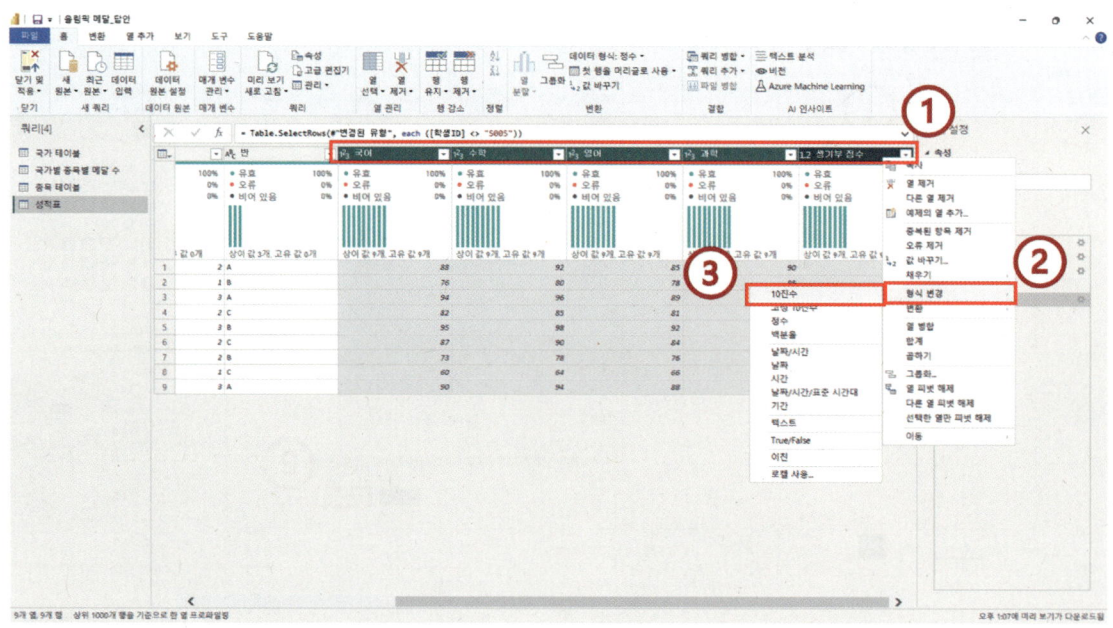

그림 3.1.5

문제 1-1-②

1. [열 추가] 메뉴로 이동하여 [사용자 지정 열] 메뉴를 클릭한다.

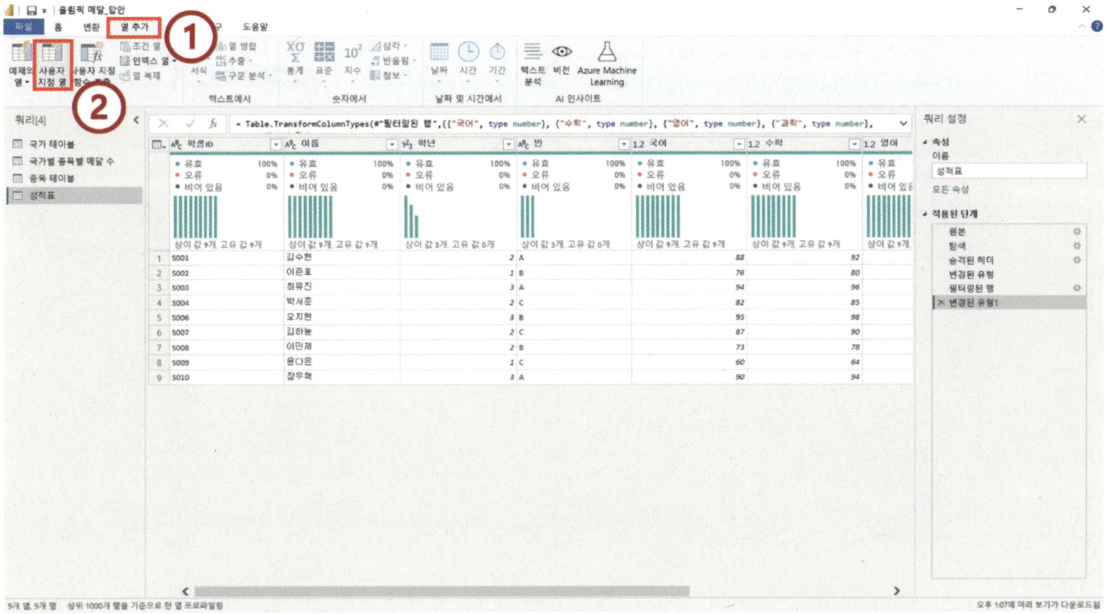

그림 3.1.6

2. [새 열 이름]에 "시험 총점"을 입력한다. [사용자 지정 열 수식]에는 [국어]+[수학]+[영어]+[과학]을 입력한다. [사용 가능한 열]에서 적절한 필드를 선택한 뒤, [삽입] 버튼을 클릭하여 [사용자 지정 열 수식] 화면에 필드명을 추가할 수 있다. 수식이 완성되면 [확인] 버튼을 클릭한다.

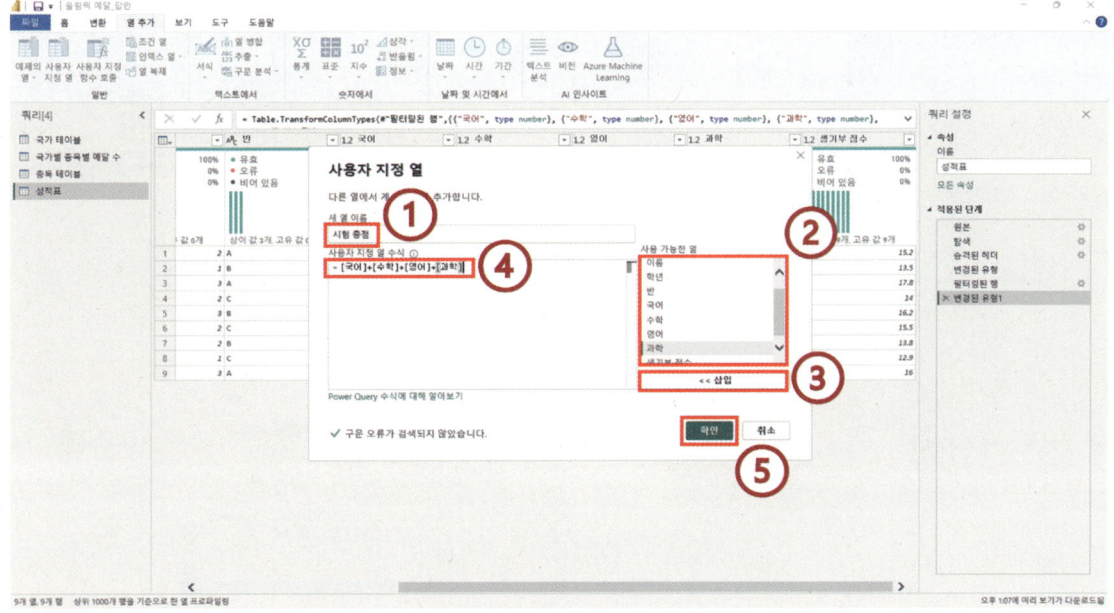

그림 3.1.7

3. [시험 총점] 필드의 데이터 형식 아이콘을 클릭한다. 그리고 [10진수] 버튼을 클릭한다.

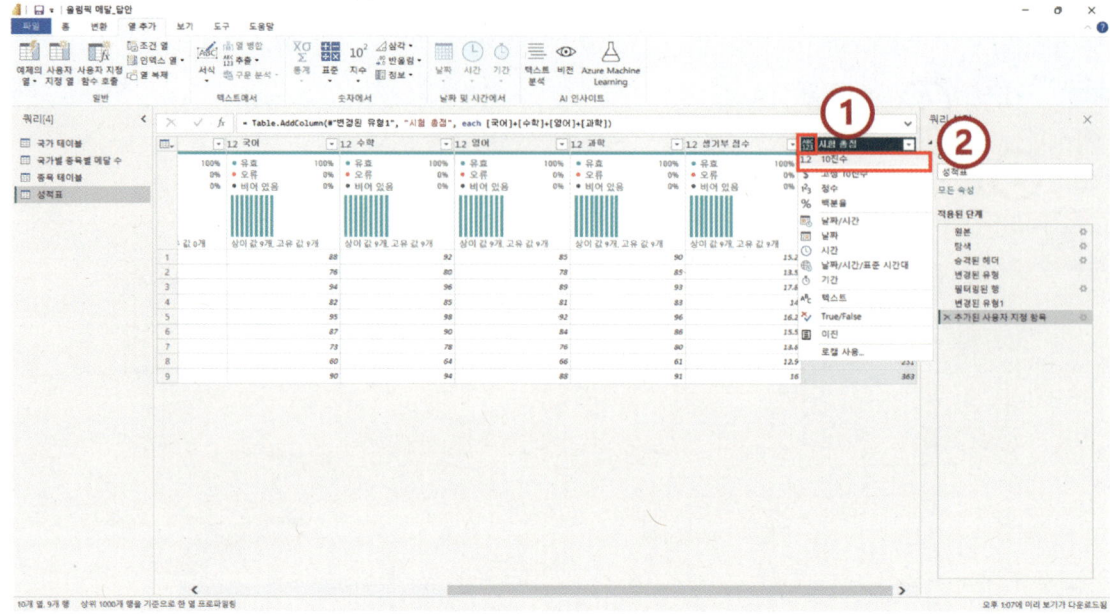

그림 3.1.8

4. [시험 총점] 필드를 선택한 뒤, [표준] 메뉴를 클릭한다. 그리고 [나누기] 메뉴를 클릭한다.

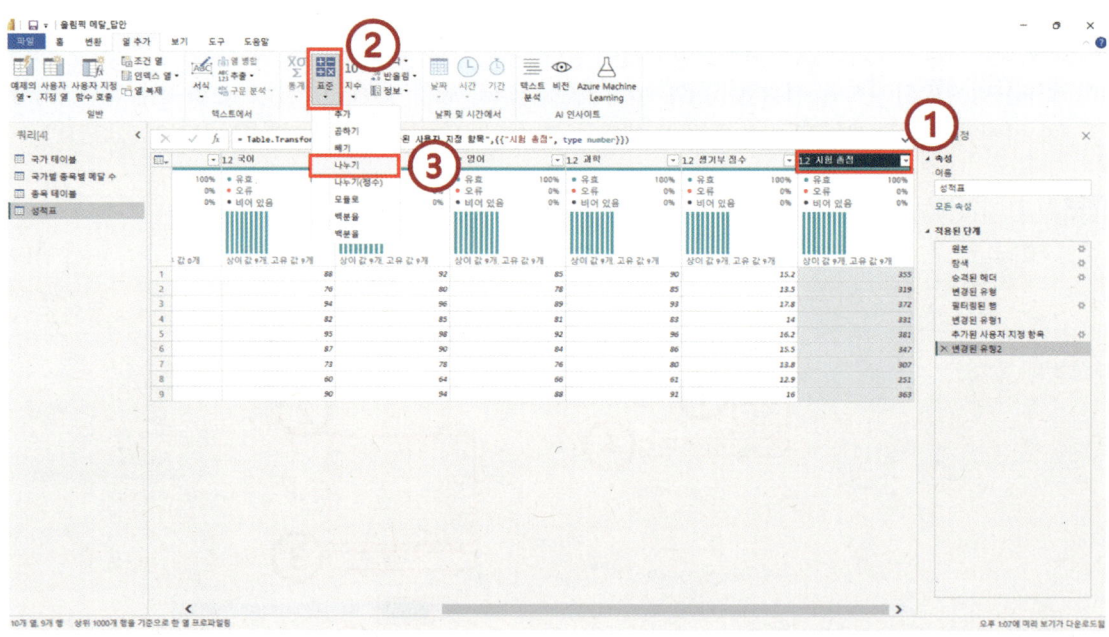

그림 3.1.9

5. [값]에 4를 입력한 뒤, [확인]을 클릭한다.

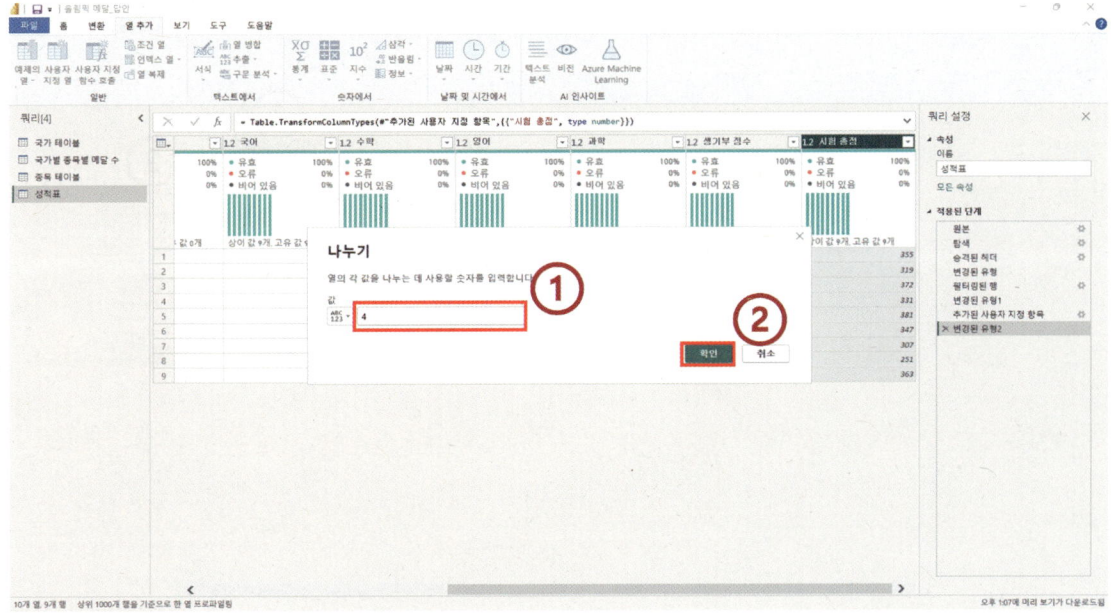

그림 3.1.10

6. 추가된 필드명을 더블 클릭 한 뒤, 필드명을 "시험 평균"으로 수정한다.

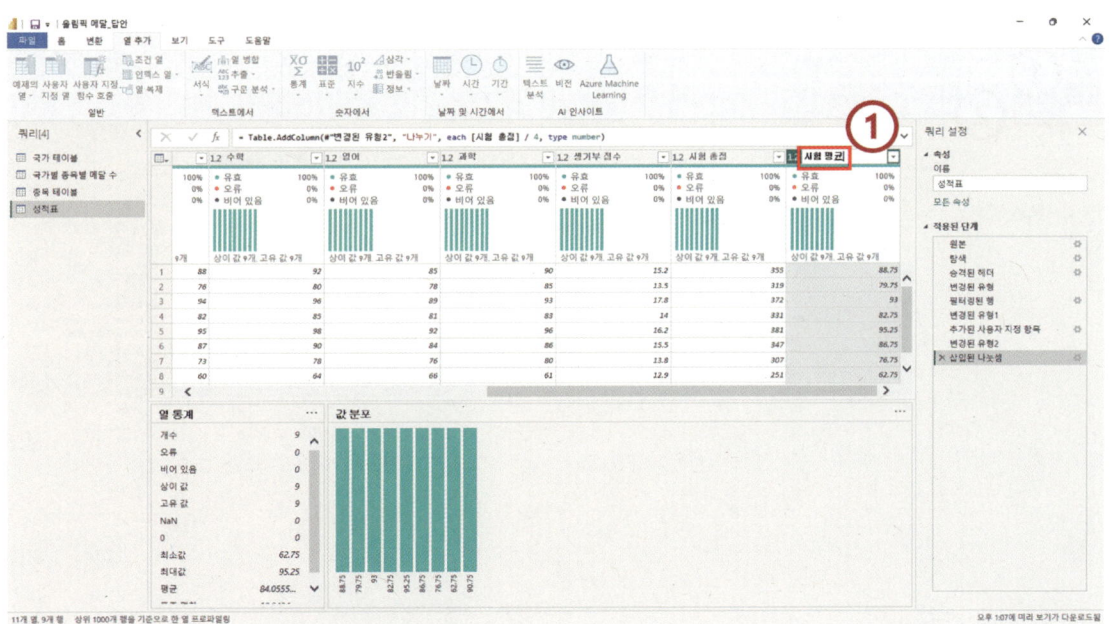

그림 3.1.11

7. [시험 평균] 필드의 데이터 형식 아이콘을 클릭한 뒤, [10진수]를 클릭한다.

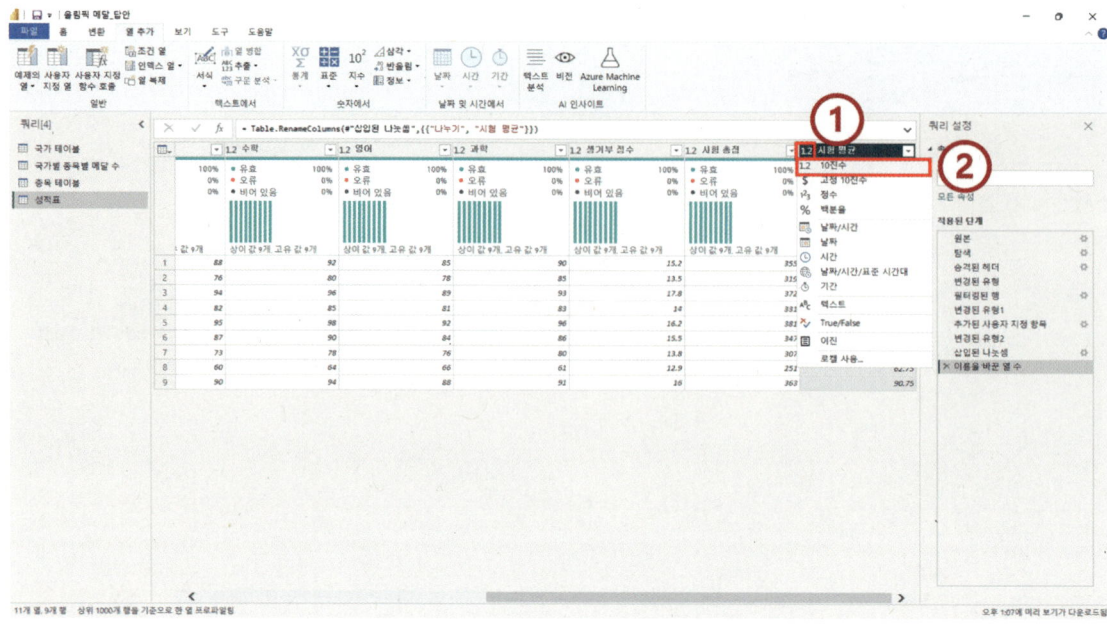

그림 3.1.12

8. [닫기 및 적용] 메뉴 내에 [닫기 및 적용] 버튼을 클릭한다.

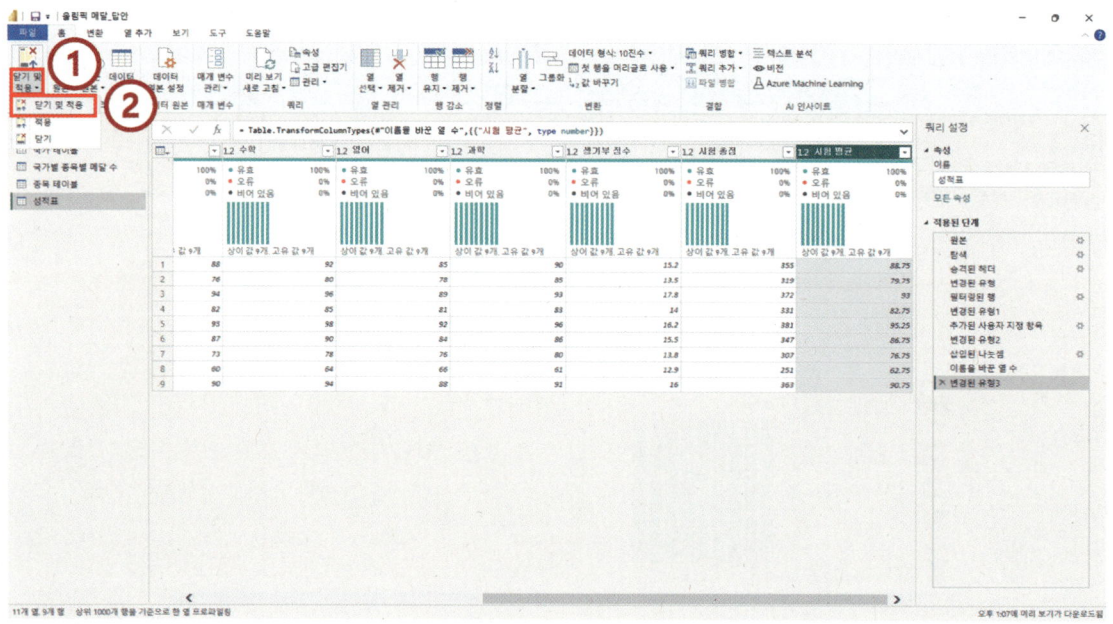

그림 3.1.13

문제 1-2-①

1. [홈] 메뉴의 [데이터 입력] 메뉴를 클릭한다.

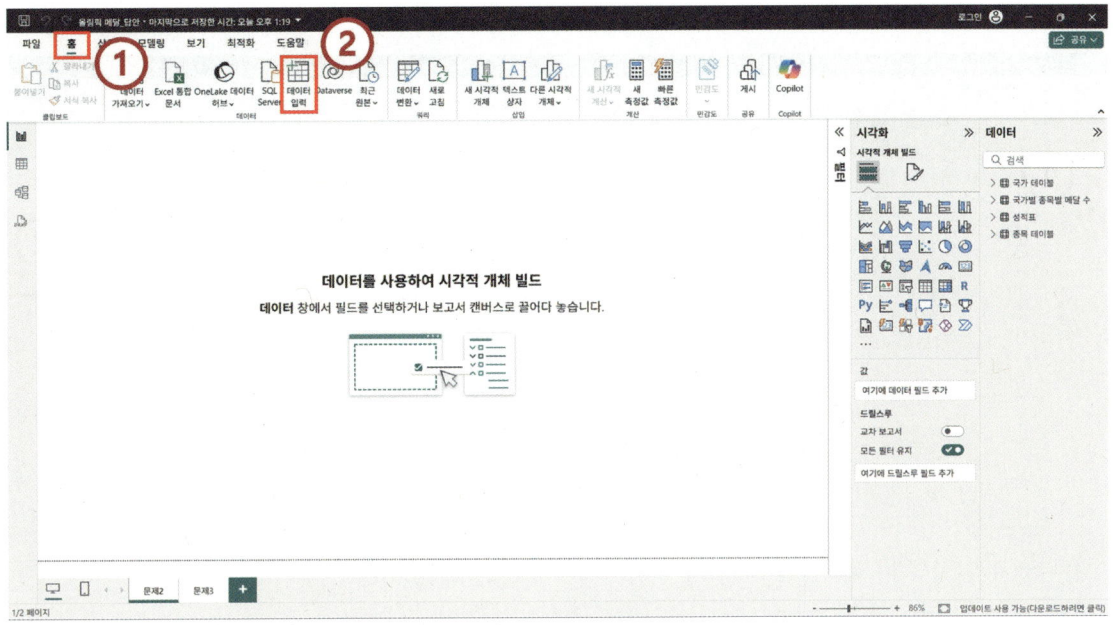

그림 3.1.14

2. [이름]란에 "등급표"를 입력한다. 그리고 문제에서 제시한 필드명과 값을 테이블 내에 입력한 뒤, [로드] 버튼을 클릭한다.

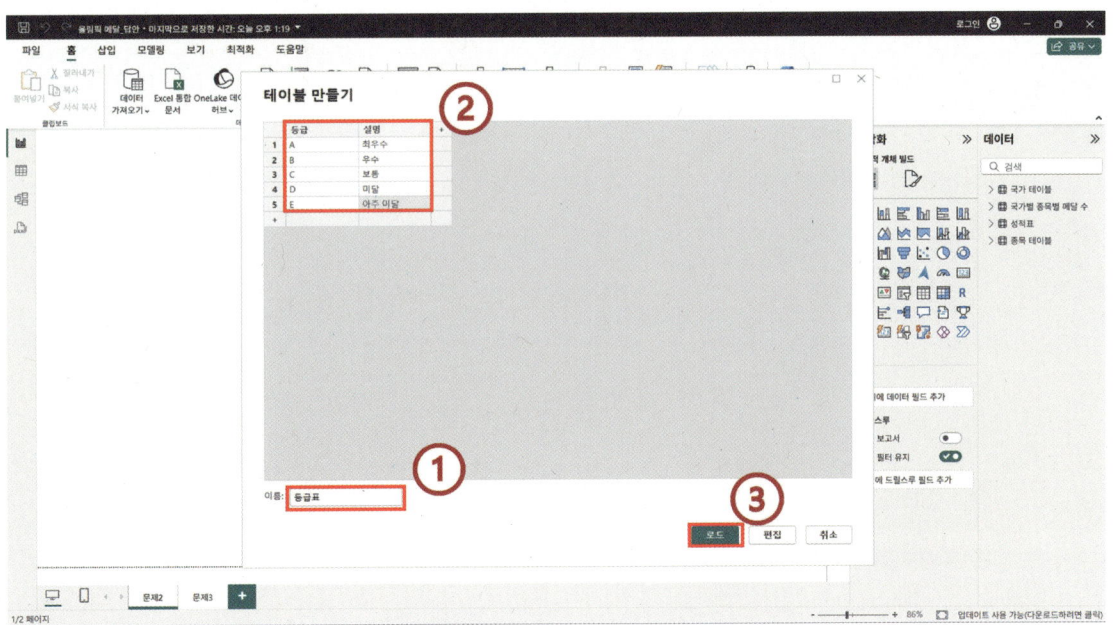

그림 3.1.15

문제 1-2-②

1. [테이블 보기] 화면으로 이동한 후, 〈성적표〉 테이블을 우측 마우스 클릭한다. 그리고 [새 열] 버튼을 클릭한다.

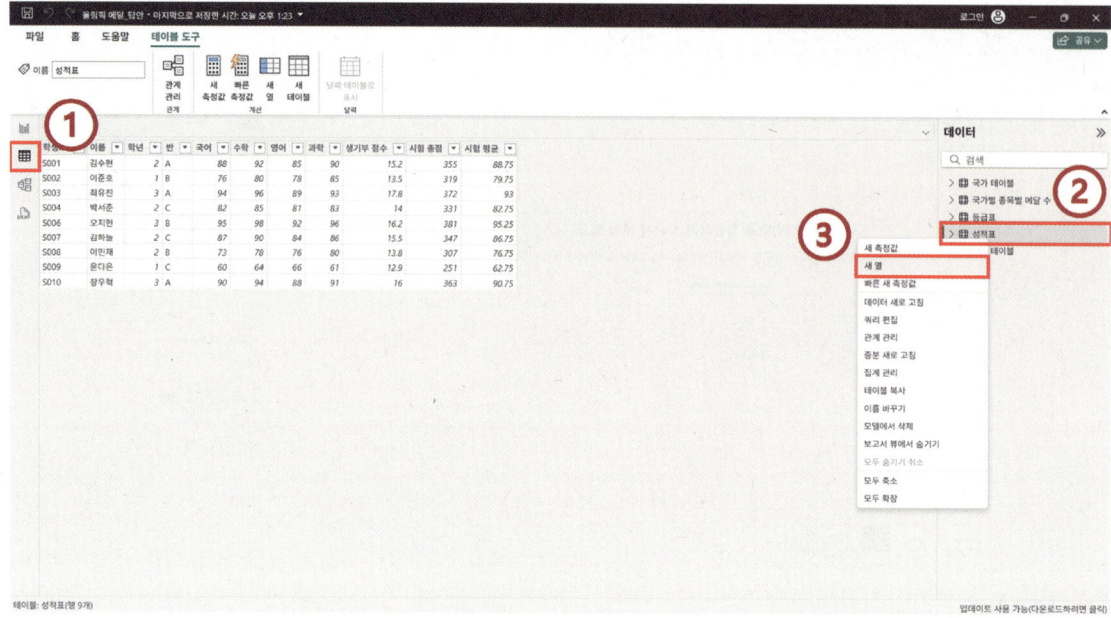

그림 3.1.16

2. 문제에서 안내된 조건을 따르는 DAX 식을 입력한다.

>   등급 = SWITCH(TRUE,
>   '성적표'[시험 총점] >= 350, "A",
>   '성적표'[시험 총점] >= 330, "B",
>   '성적표'[시험 총점] >= 310, "C",
>   '성적표'[시험 총점] >= 290, "D",
>   "E")

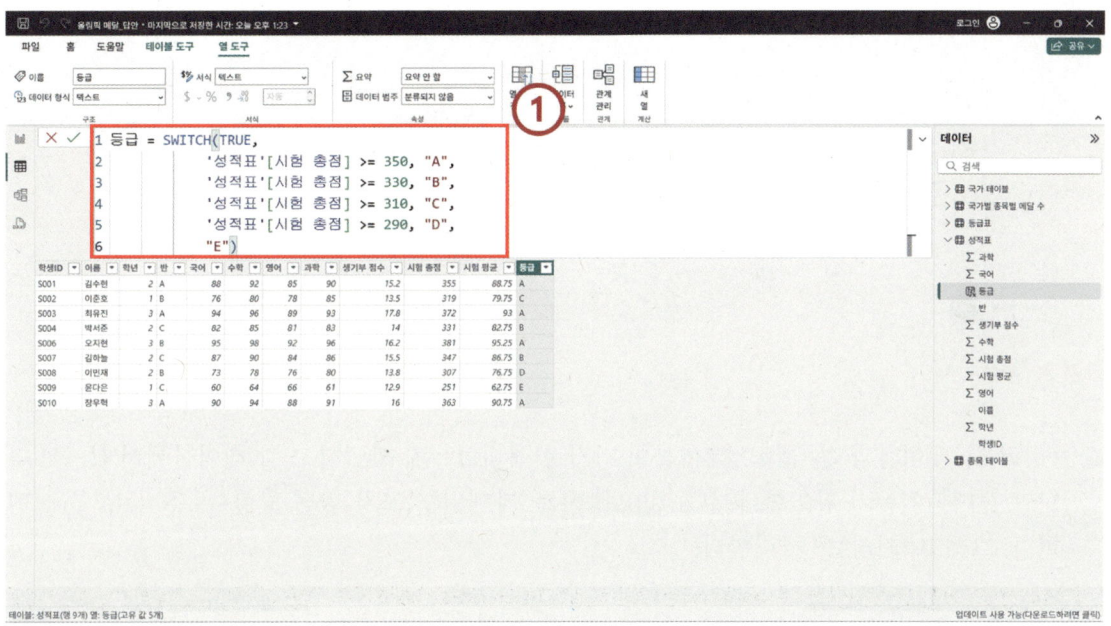

그림 3.1.17

3. [모델 보기] 화면으로 이동한다. 〈성적표〉 테이블의 [등급] 필드를 드래그 앤 드롭하여 〈등급표〉 테이블의 [등급] 필드 위에 놓는다.

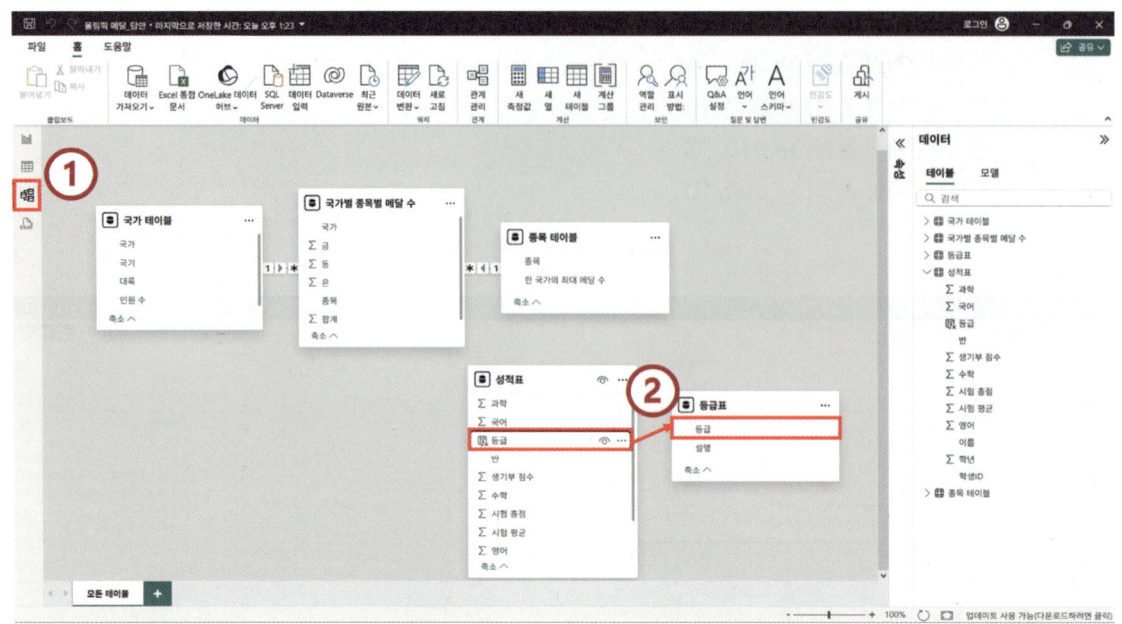

그림 3.1.18

4. 〈성적표〉 테이블과 〈등급표〉 테이블이 각각 선택되었는지 확인하고 각 테이블에서 [등급] 필드가 선택되었는지 확인한다. [Cardinality]는 '다대일', [교차 필터 방향]은 'Single'을 선택한다. 그리고 [저장]을 클릭한다.

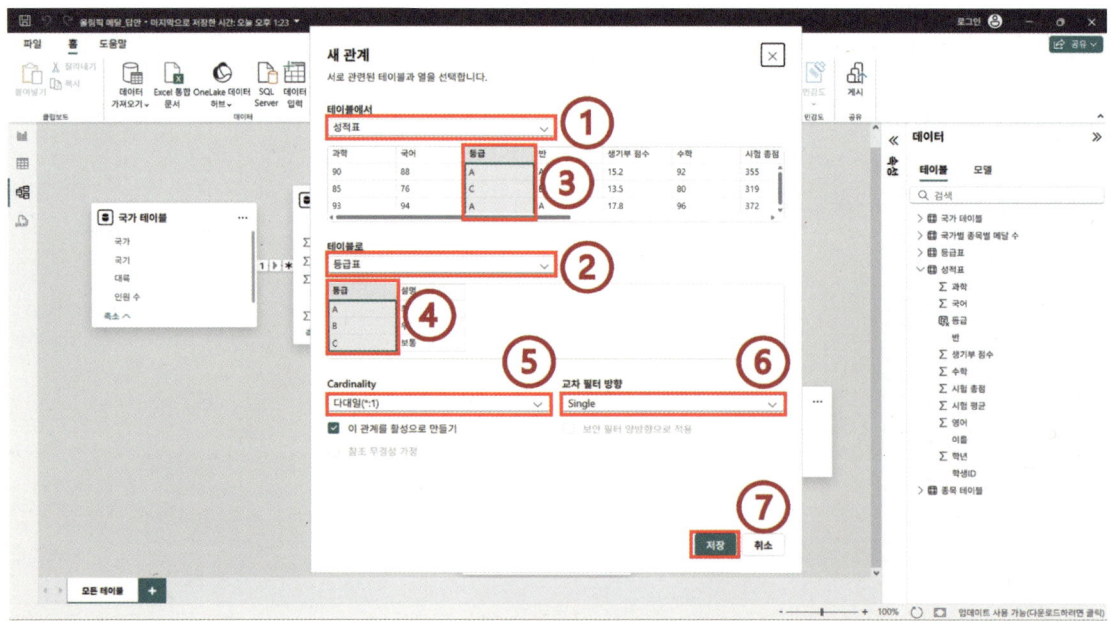

그림 3.1.19

문제 1-2-③

1. [보고서 보기] 화면으로 이동한 뒤, 〈성적표〉 테이블을 우측 마우스 클릭한다. 그리고 [새 측정값]을 클릭한다.

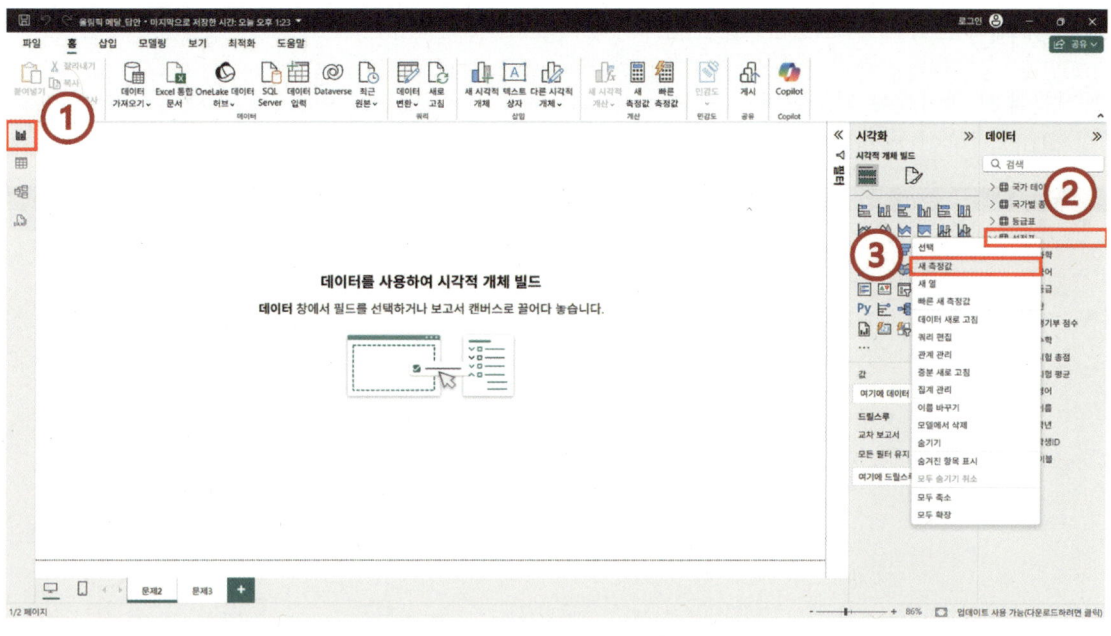

그림 3.1.20

2. 문제에서 안내된 조건을 따르는 DAX 식을 입력한다. 그리고 소수점 둘째 자리까지 표시되도록 하기 위해 숫자 '2'를 서식 내에 적절한 위치에 입력한다.

> 전체 평균점수 = AVERAGE('성적표'[시험 평균])

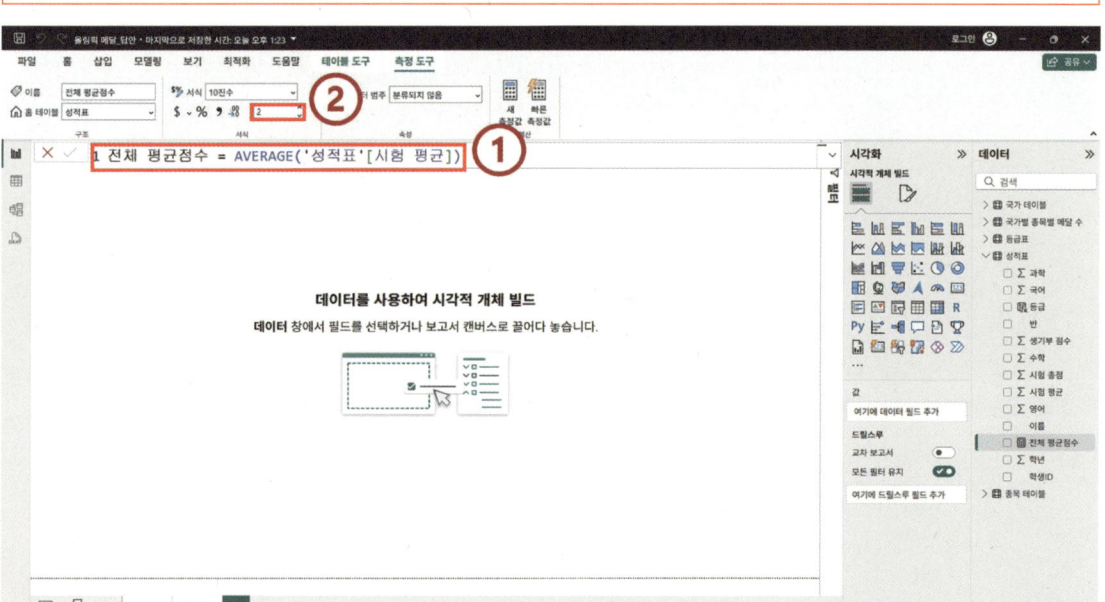

그림 3.1.21

문제2 단순요소 구현   30점

문제 2-1-①

1. [문제2] 페이지로 이동한 후, [보고서 페이지 서식 지정] 메뉴로 이동한다. [캔버스 배경]에서 이미지 [파일 추가] 버튼을 클릭한다.

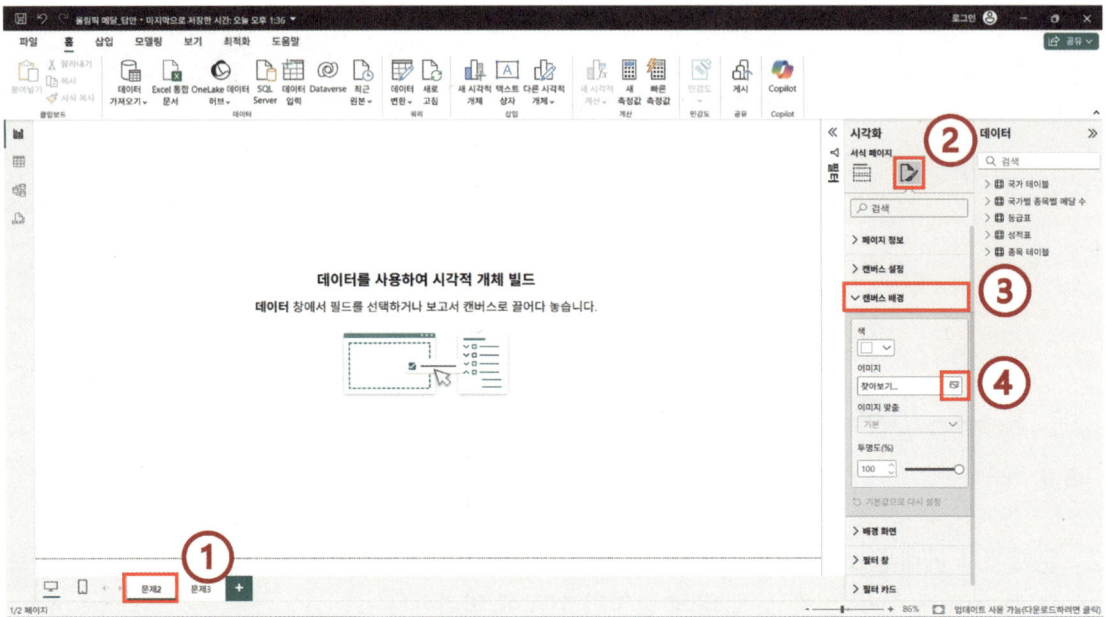

그림 3.1.22

2. '문제2_배경.png' 파일을 선택한 후, [열기] 버튼을 클릭한다.

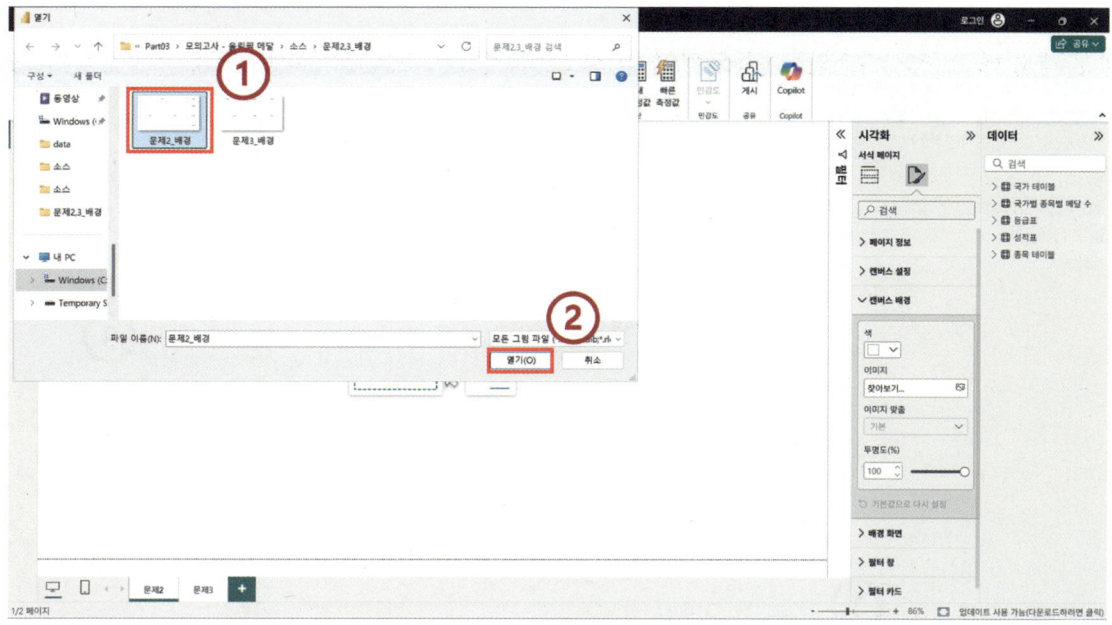

그림 3.1.23

3. 이미지 맞춤을 '맞춤'으로 설정하고 투명도를 '0%'로 설정한다.

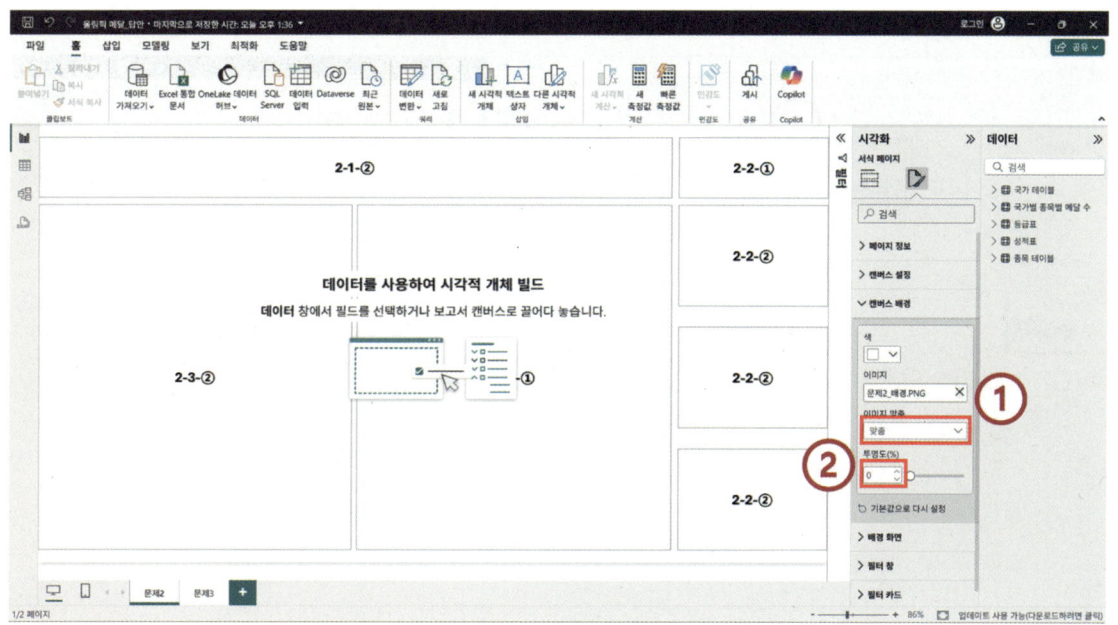

그림 3.1.24

4. [문제3] 페이지로 이동한 후, [보고서 페이지 서식 지정] 메뉴로 이동한다. [캔버스 배경]에서 이미지 [파일 추가] 버튼을 클릭한다.

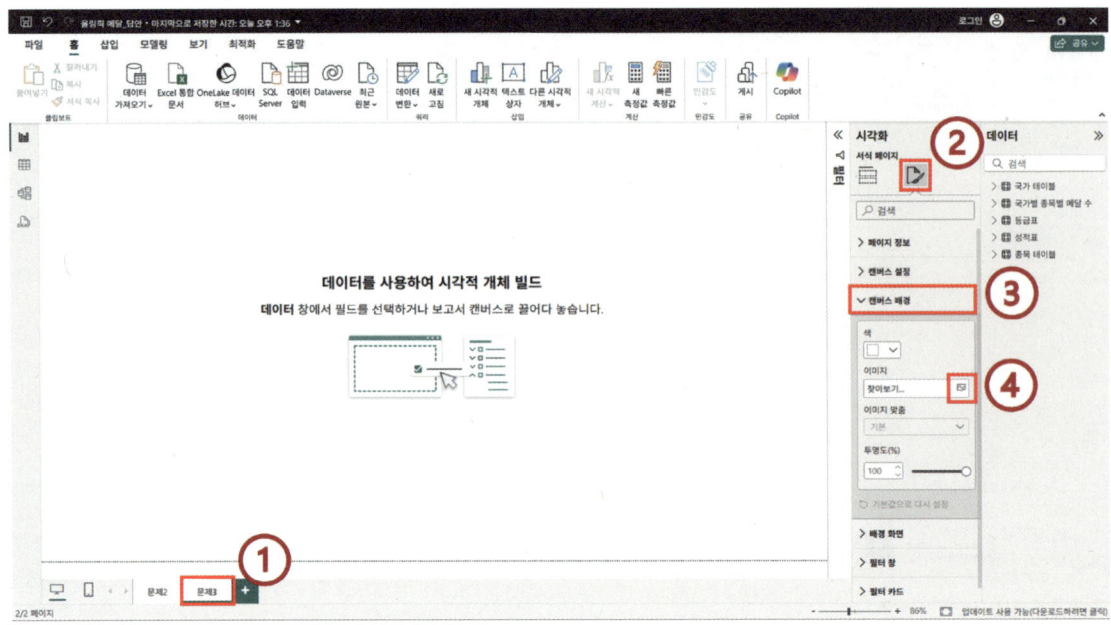

그림 3.1.25

5. '문제3_배경.png' 파일을 선택한 후, [열기] 버튼을 클릭한다.

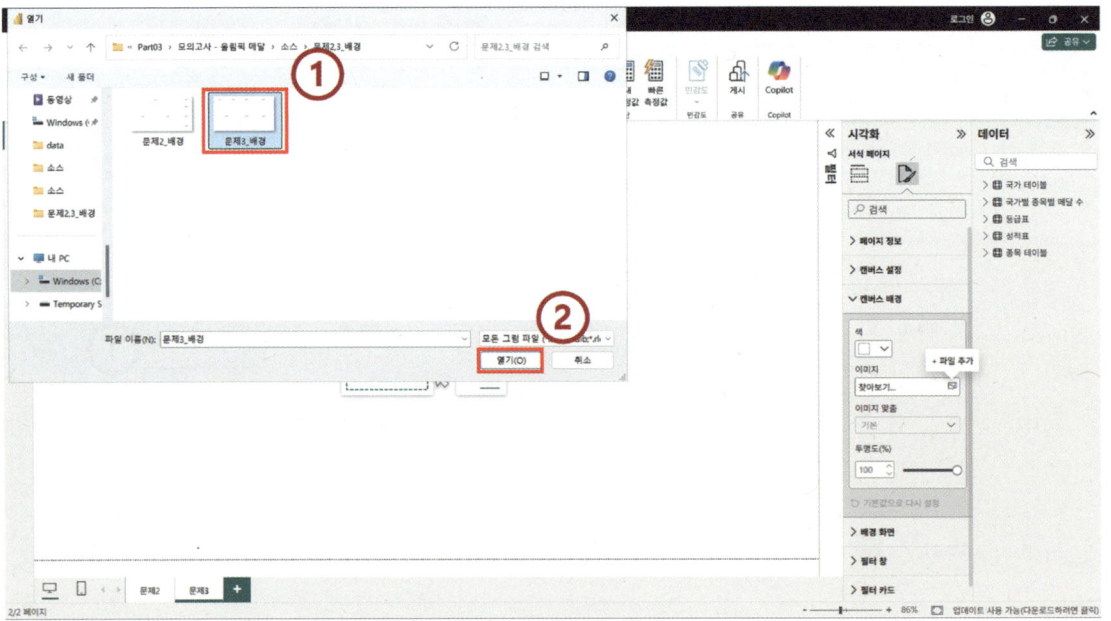

그림 3.1.26

6. 이미지 맞춤을 '맞춤'으로 설정하고 투명도를 '0%'로 설정한다.

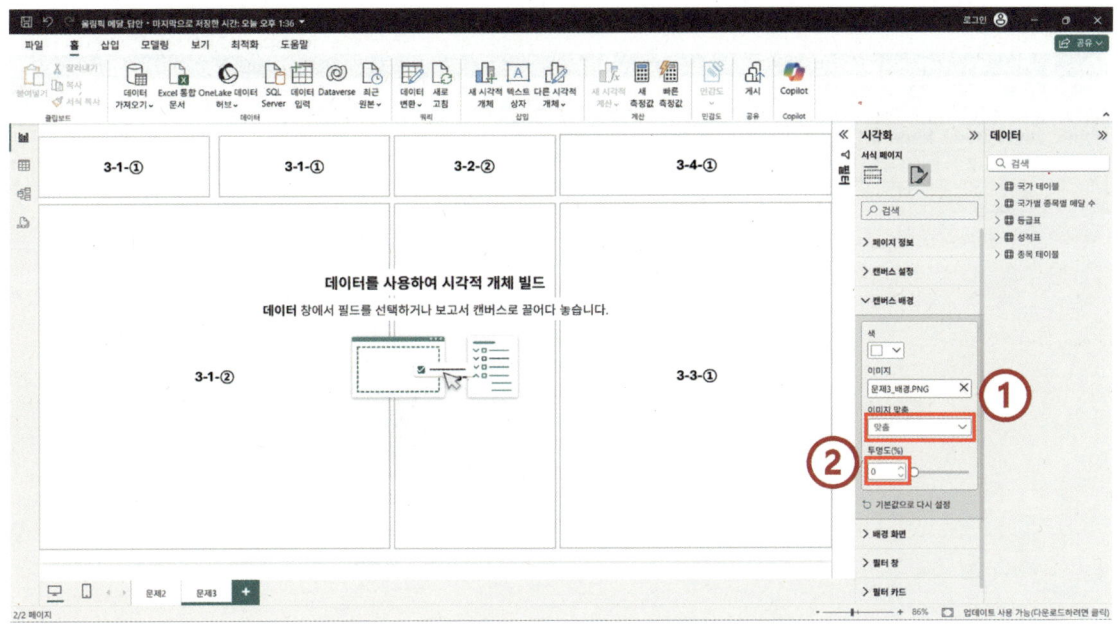

그림 3.1.27

7. [보기] 메뉴로 이동한 후, [테마]를 확장한다. '기본값' 테마를 설정한 뒤, [현재 테마 사용자 지정] 버튼을 클릭한다.

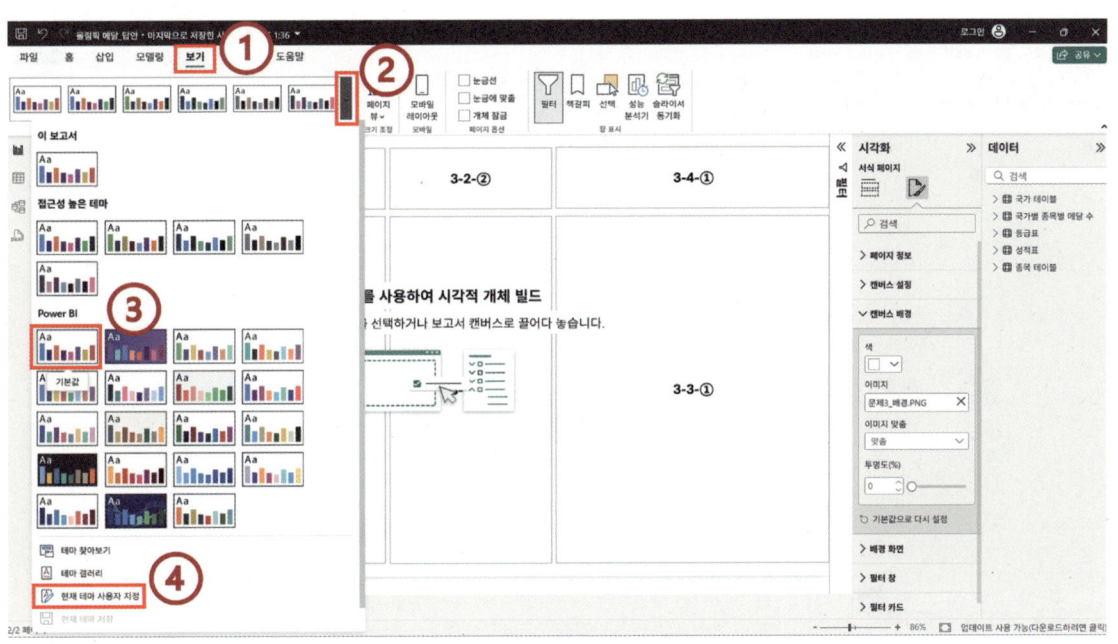

그림 3.1.28

8. [이름 및 색] 메뉴 내에 [이름 및 색] 하위 메뉴로 이동한다. [색1]의 헥스 코드를 '#FFCC00' 로 설정한다.

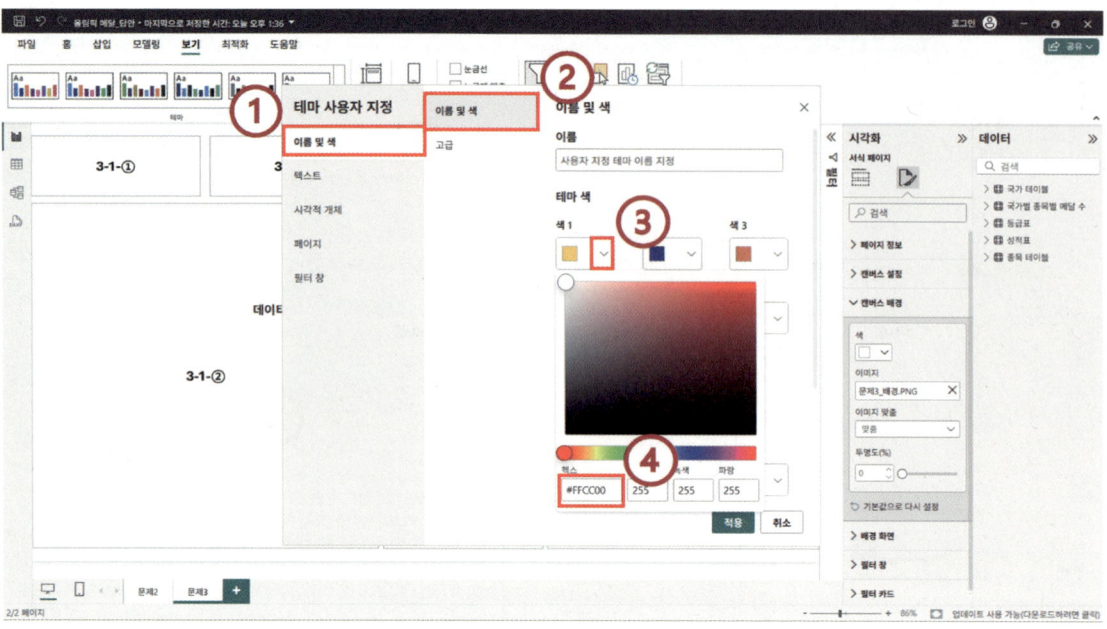

그림 3.1.29

9. [색2]의 헥스 코드를 '#003366'로 설정한다. 그리고 [적용] 버튼을 클릭한다.

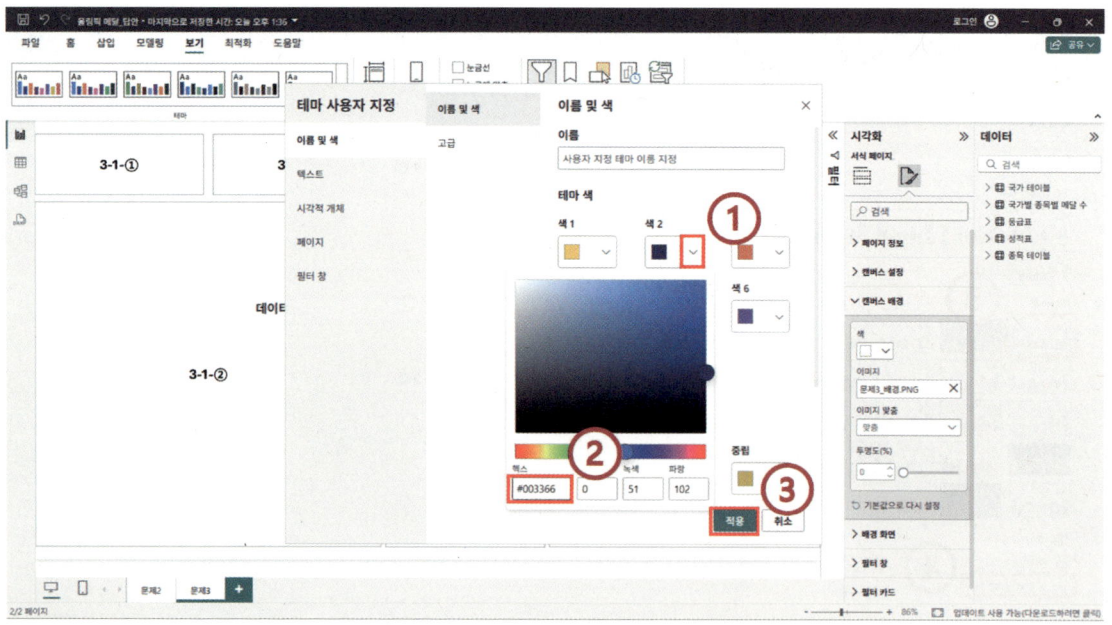

그림 3.1.30

문제 2-1-②

1. [문제2] 페이지로 이동한 후, [삽입] 메뉴 내에 [텍스트 상자] 버튼을 클릭한다.

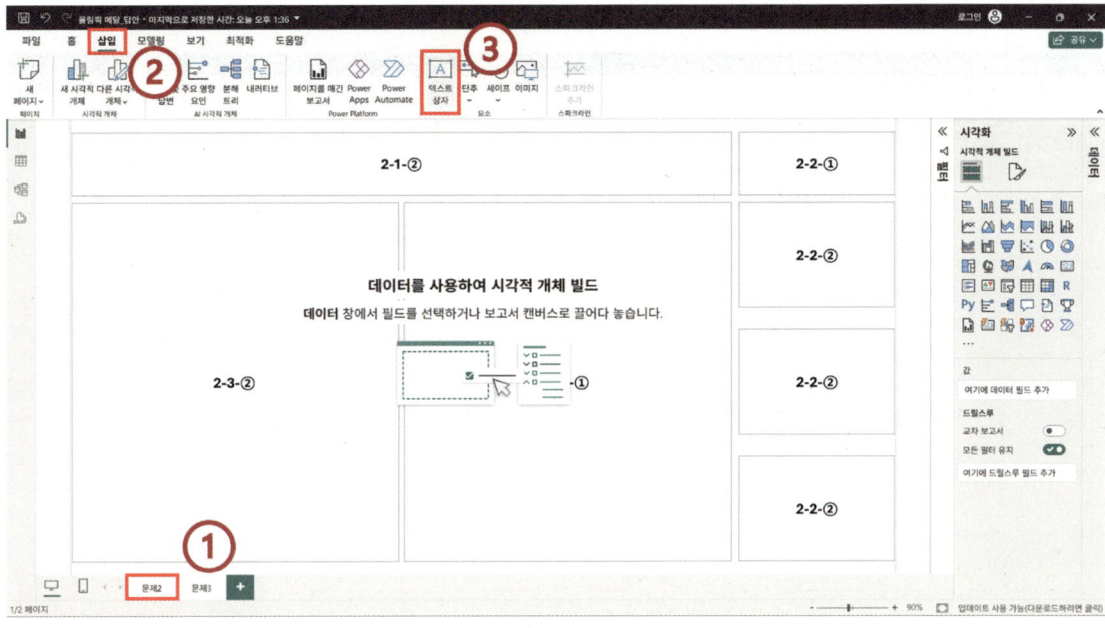

그림 3.1.31

2. 텍스트 상자를 2-1-② 위치에 배치한 후, "올림픽 메달 현황" 텍스트를 입력한다. 텍스트 서식을 글꼴 'Segoe UI', 크기 '24', '굵게', '가운데'로 설정한다.

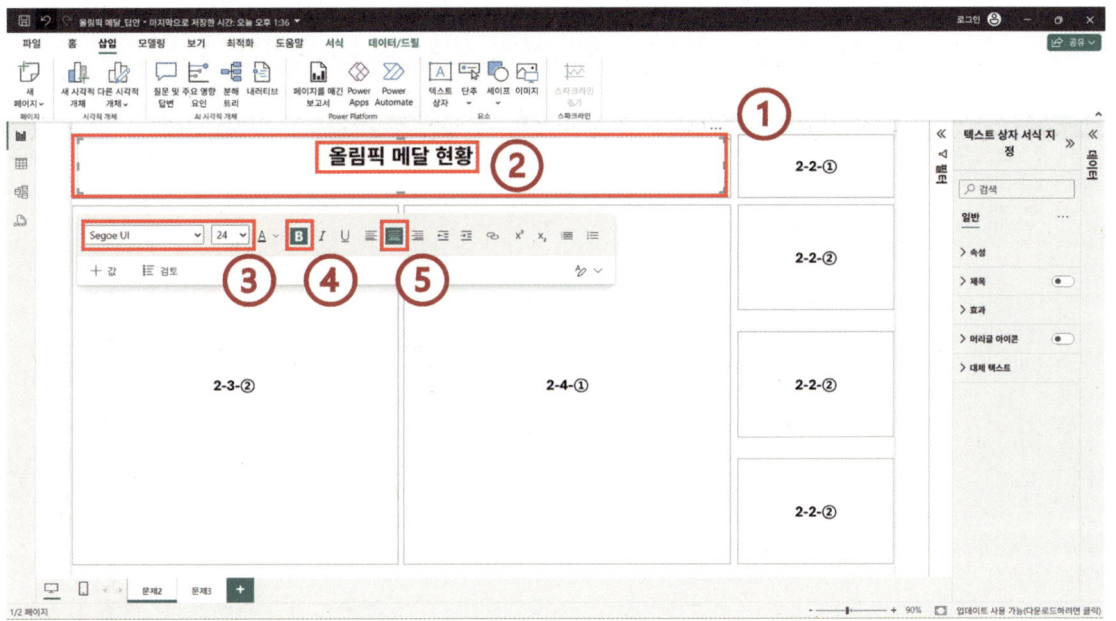

그림 3.1.32

제 1 회 모의고사   295

문제 2-2-①

1. 슬라이서 개체를 추가한 뒤, 2-2-① 위치에 배치한다. 그리고 필드에는 〈국가 테이블〉 테이블의 [대륙] 필드를 추가한다.

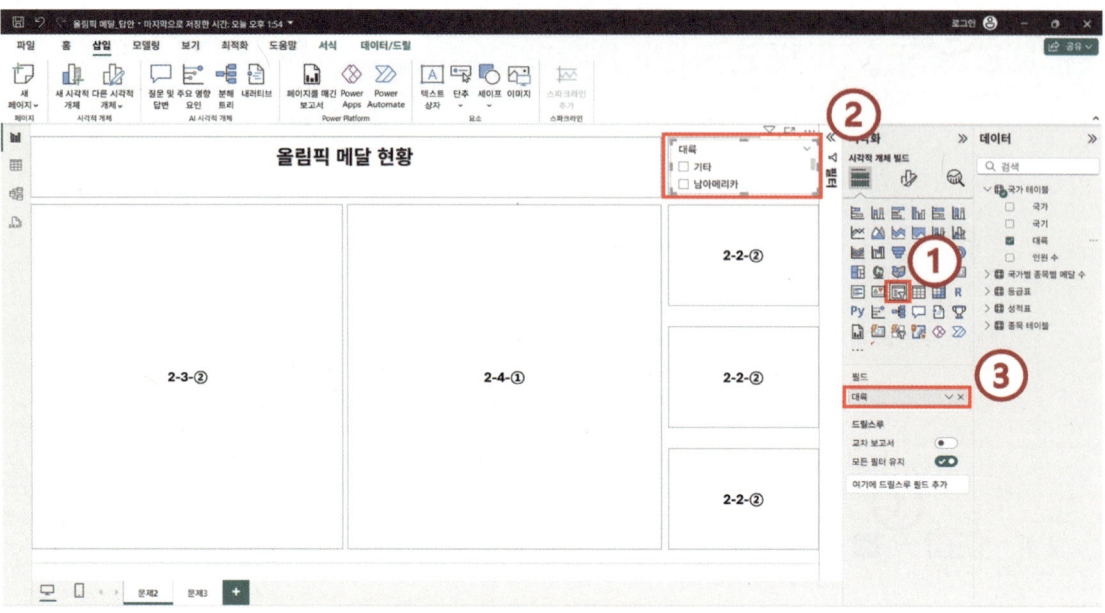

그림 3.1.33

2. [시각적 개체 서식 지정] 메뉴로 이동한 후, [시각적 개체] 메뉴에서 [슬라이서 설정] 메뉴로 이동한다. [스타일]을 드롭다운으로 설정한 뒤, "모두 선택" 옵션을 활성화한다. [슬라이서 머리글]을 선택 해제 한 뒤, 슬라이서에는 '아시아'만 선택하여 필터링한다.

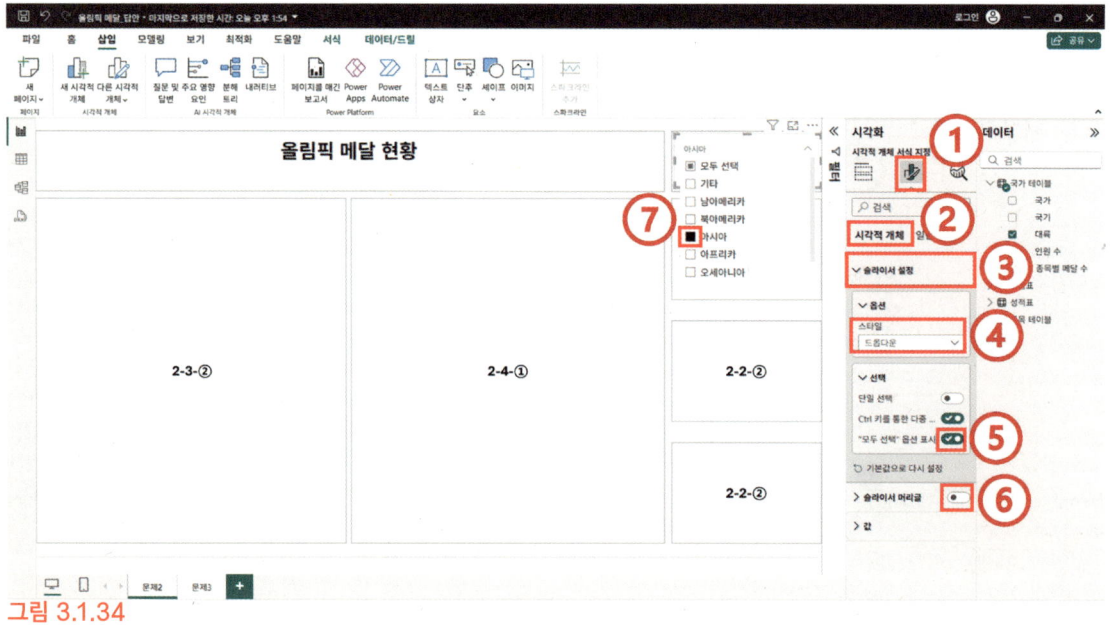

그림 3.1.34

문제 2-2-②

1. 〈국가별 종목별 메달 수〉 테이블을 우측 마우스 클릭한 뒤, [새 측정값] 메뉴를 클릭한다.

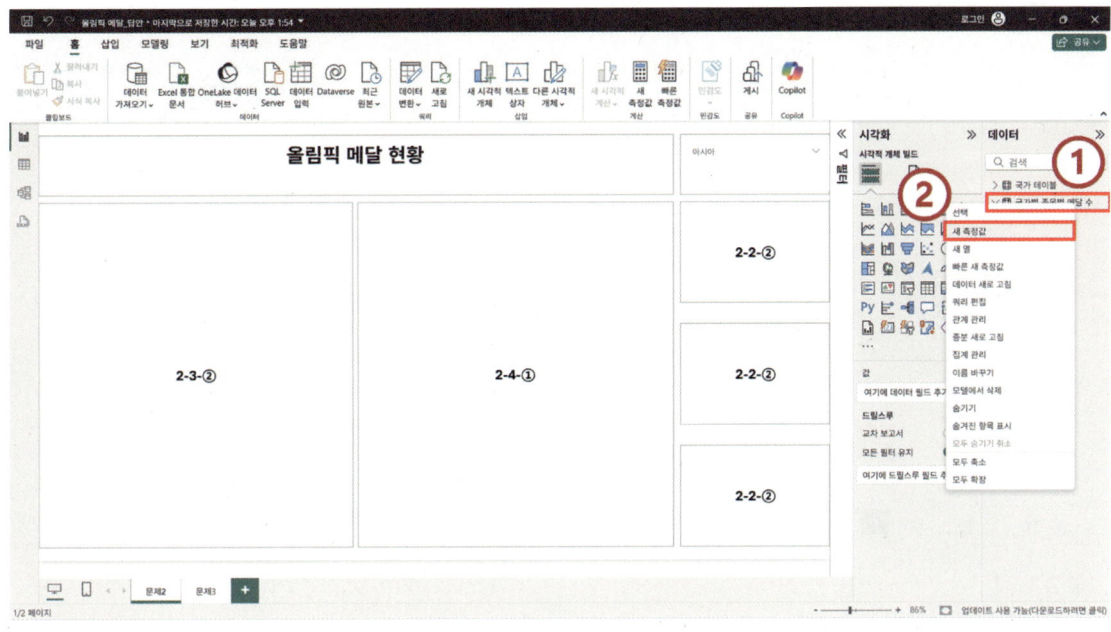

그림 3.1.35

2. 문제에서 안내된 조건으로 DAX 수식을 입력한다.

메달 보유 국가 = DISTINCTCOUNT('국가별 종목별 메달 수'[국가])

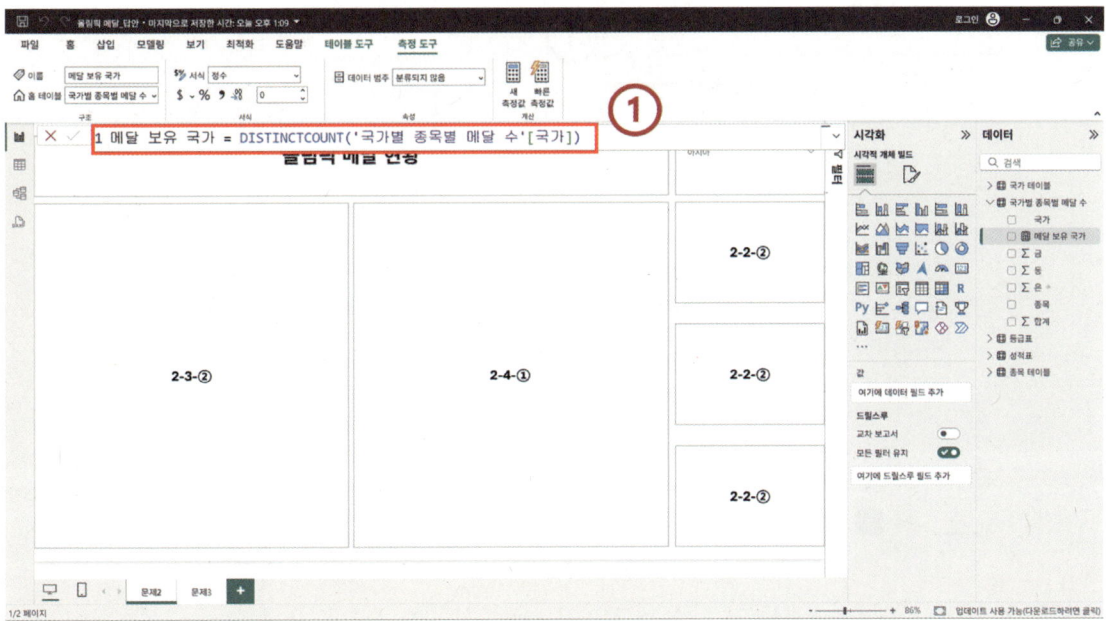

그림 3.1.36

3. 〈국가별 종목별 메달 수〉 테이블을 우측 마우스 클릭한 뒤, [새 측정값] 메뉴를 클릭한다.

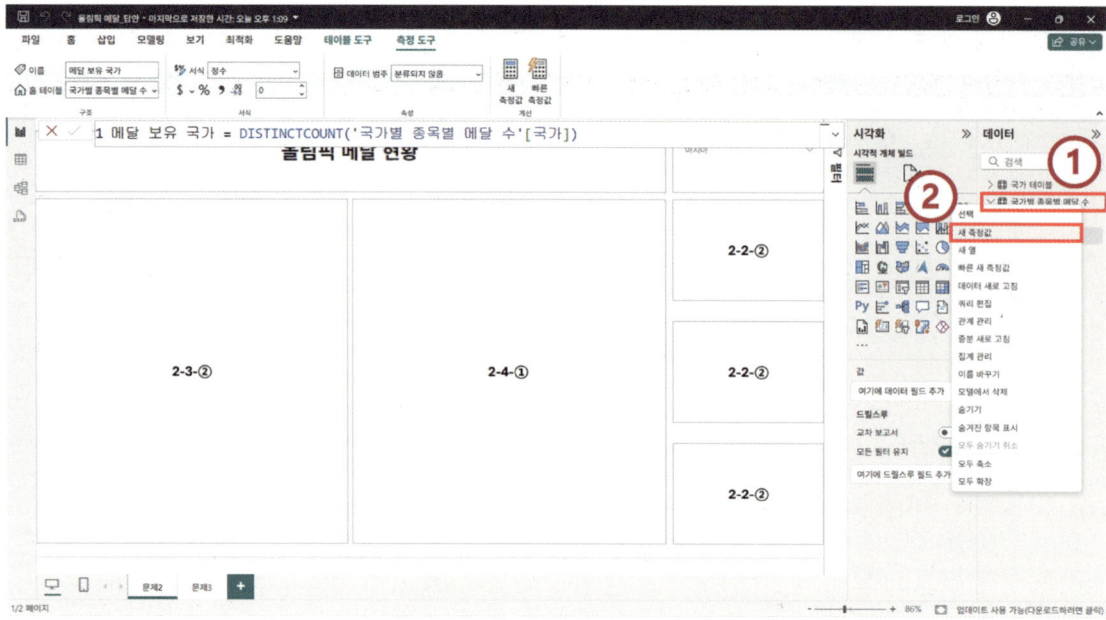

그림 3.1.37

4. 문제에서 안내된 조건으로 DAX 수식을 입력한다. 그리고 천 단위 구분 기호를 활성화한다.

총 메달 합계 = SUM('국가별 종목별 메달 수'[합계])

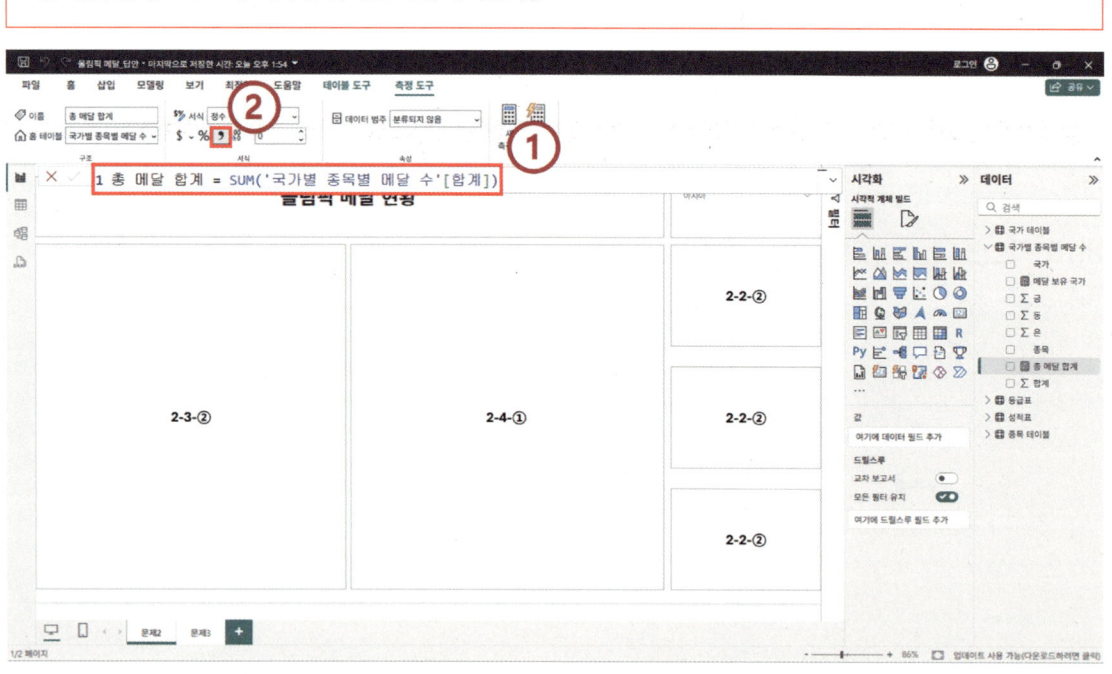

그림 3.1.38

5. 〈국가별 종목별 메달 수〉 테이블을 우측 마우스 클릭한 뒤, [새 측정값] 메뉴를 클릭한다.

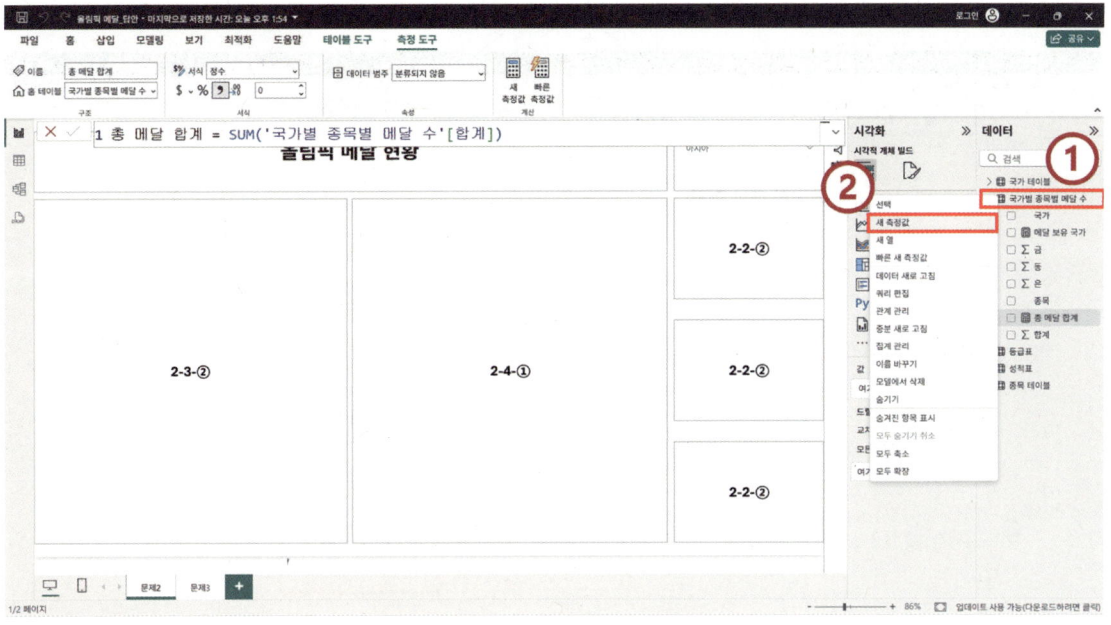

그림 3.1.39

6. 문제에서 안내된 조건으로 DAX 수식을 입력한다. 그리고 천 단위 구분 기호를 활성화한다.

> 총 인원 수 = SUM('국가 테이블'[인원 수])

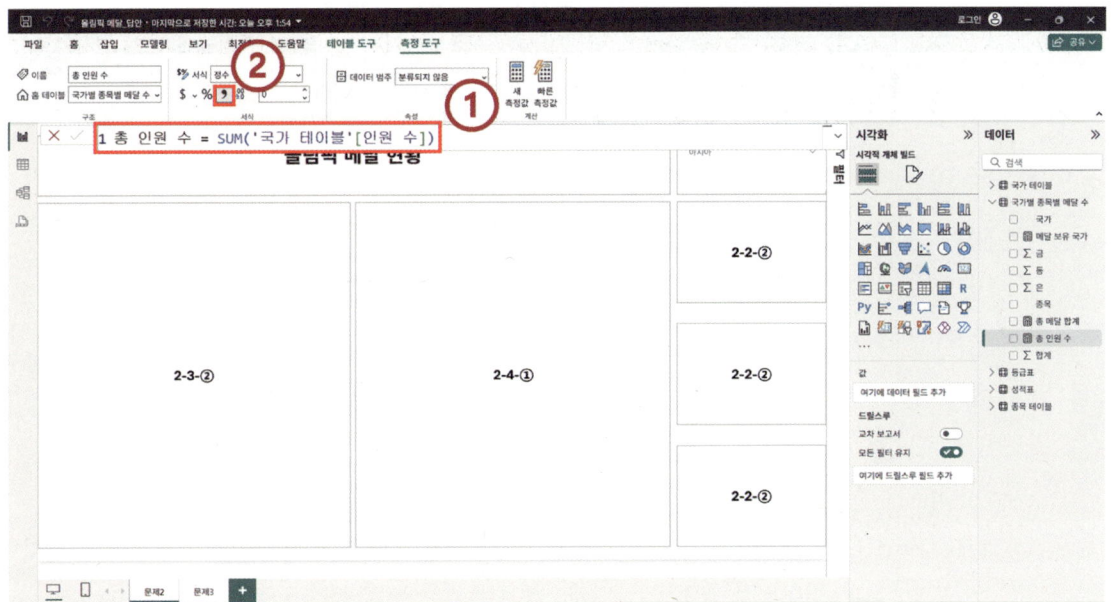

그림 3.1.40

7. 카드 개체 3개를 추가한 뒤, 각각 2-2-② 위치에 분배하여 배치한다. [메달 보유 국가], [총 메달 합계], [총 인원 수] 측정값을 각각의 카드 개체 필드에 추가한다.

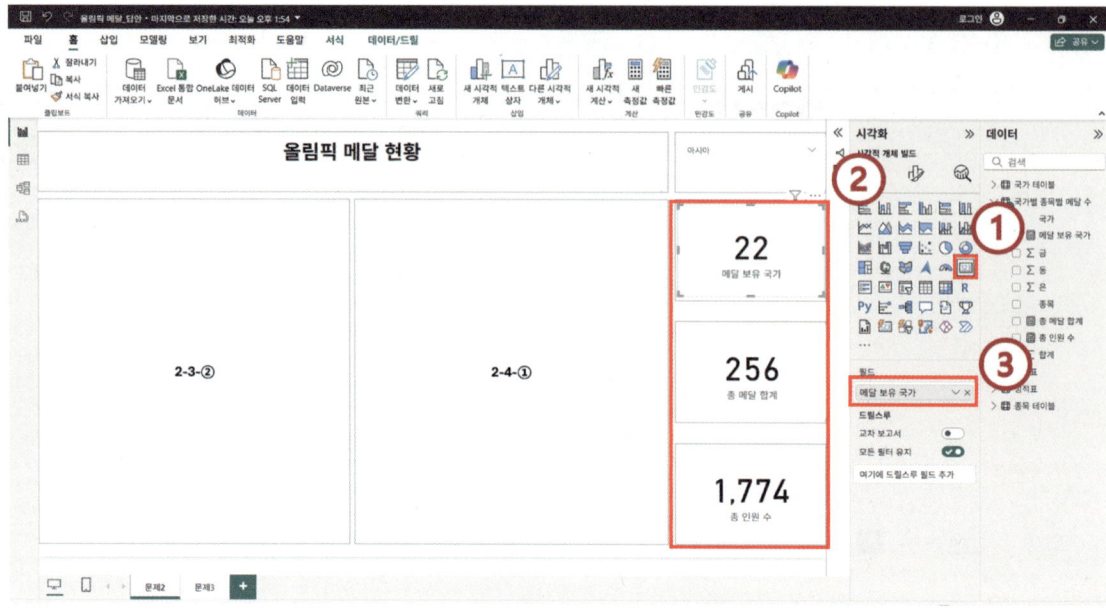

그림 3.1.41

8. Ctrl 키를 누른 상태에서 각각의 카드 개체를 클릭하여 3개의 카드 개체를 모두 선택한다. [시각적 개체 서식 지정] 메뉴로 이동한 뒤, [시각적 개체] 메뉴에서 [범주 레이블] 메뉴로 이동한다. 글꼴 서식을 '15', '굵게'로 설정한다.

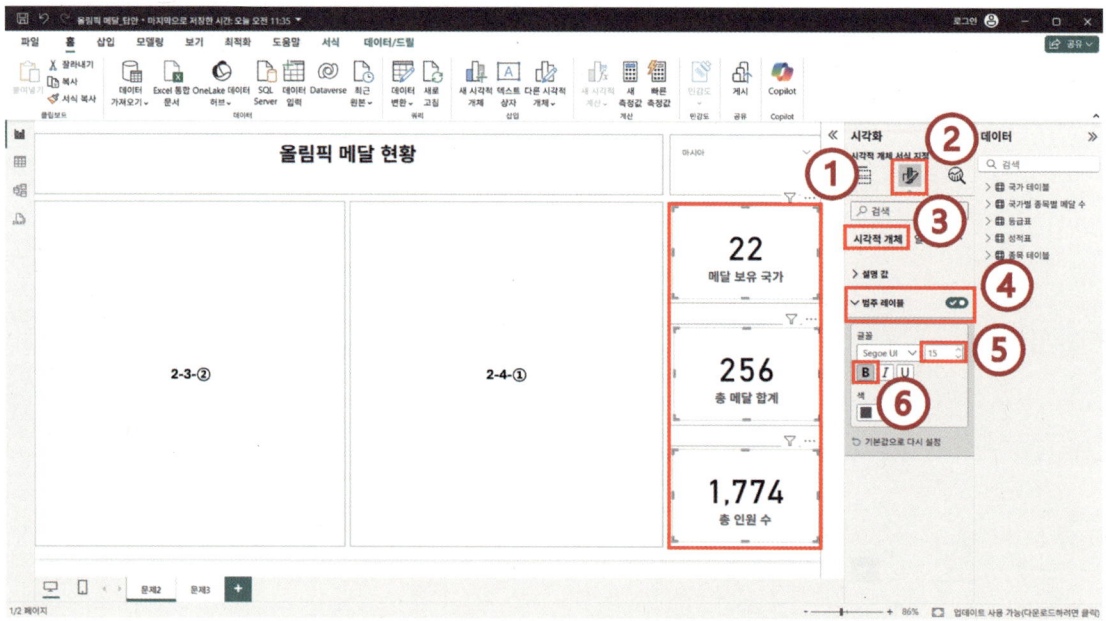

그림 3.1.42

9. [일반] 메뉴로 이동한 뒤, [속성] 메뉴로 이동한다. [크기]에서 높이는 '152', 너비는 '230'으로 설정한다.

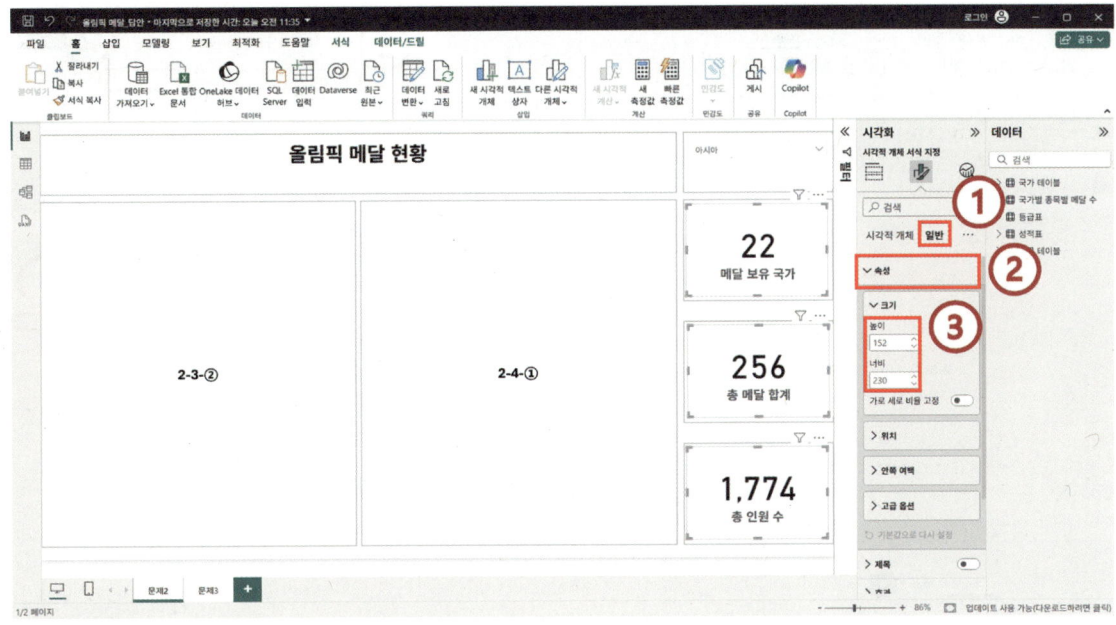

그림 3.1.43

문제 2-3-①

1. 〈국가별 종목별 메달 수〉 테이블의 [국가] 필드를 우측 마우스 클릭 후 [계층 구조 만들기] 메뉴를 클릭한다.

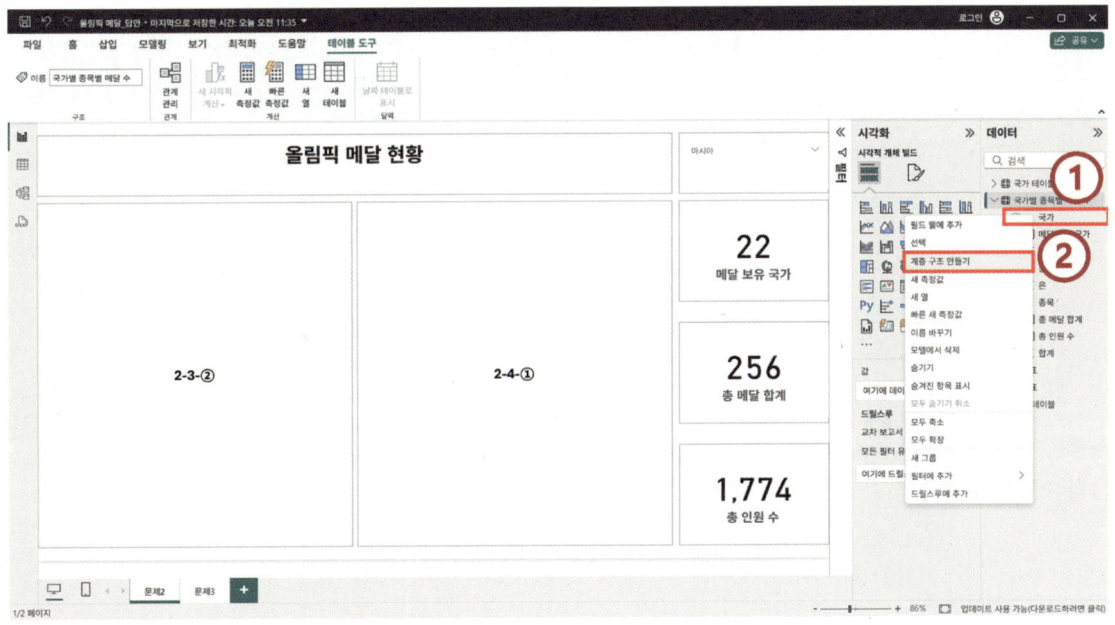

그림 3.1.44

제 1 회 모의고사 301

2. 〈국가별 종목별 메달 수〉 테이블의 [종목] 필드를 우측 마우스 클릭한 뒤, [계층 구조에 추가] 메뉴를 클릭한다. 그리고 [국가 계층 구조]를 클릭한다.

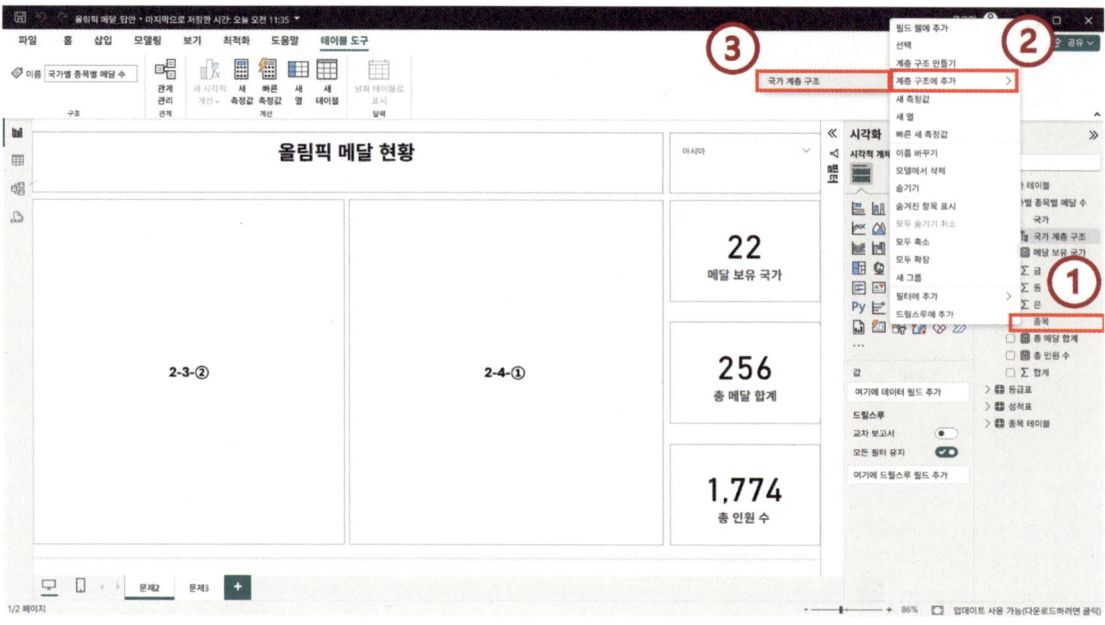

그림 3.1.45

3. [국가 계층 구조] 필드명을 더블 클릭한 뒤, 필드명을 "국가&종목 계층 구조"로 수정한다.

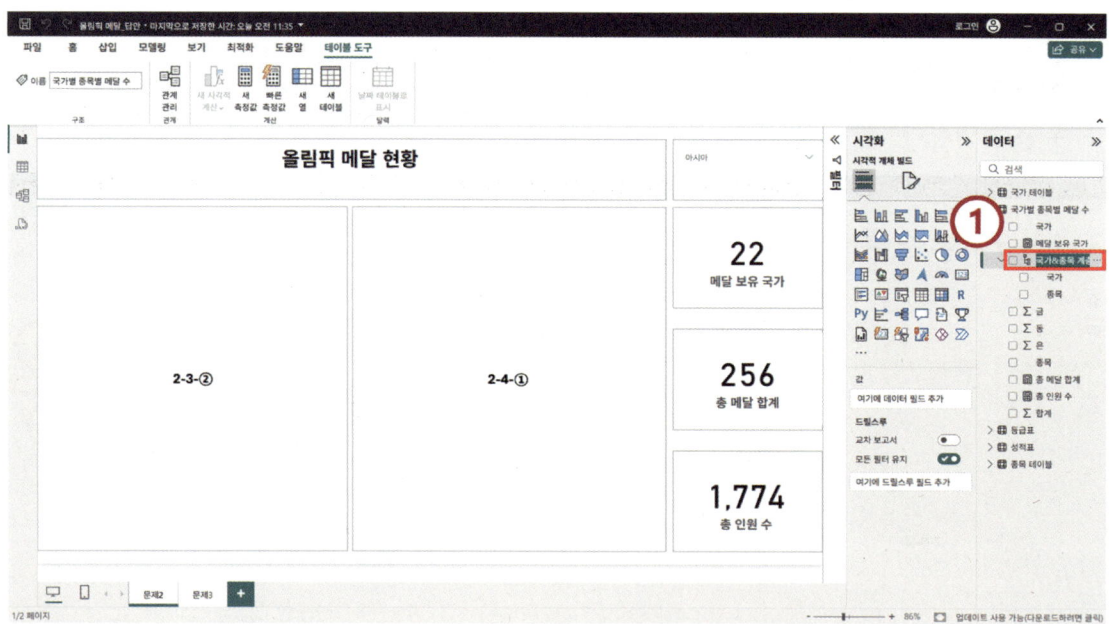

그림 3.1.46

4. 〈국가별 종목별 메달 수〉 테이블의 [국가] 필드를 우측 마우스 클릭한 뒤, [숨기기] 메뉴를 클릭한다.

그림 3.1.47

5. 〈국가별 종목별 메달 수〉 테이블의 [종목] 필드를 우측 마우스 클릭한 뒤, [숨기기] 메뉴를 클릭한다.

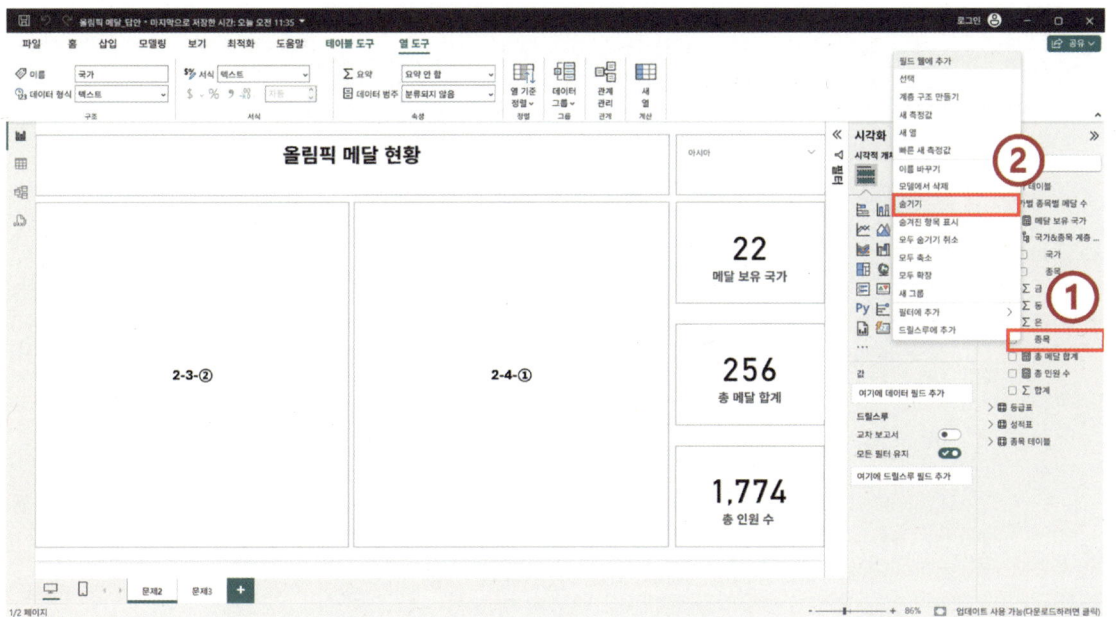

그림 3.1.48

문제 2-3-②

1. 묶은 세로 막대형 차트 개체를 추가한 뒤, 2-3-② 위치에 배치한다. [X축]에는 〈국가별 종목별 메달 수〉 테이블의 [국가&종목 계층 구조] 계층 구조를 배치한다. [Y축]에는 〈국가별 종목별 메달 수〉 테이블의 [금], [은], [동] 필드를 배치한다.

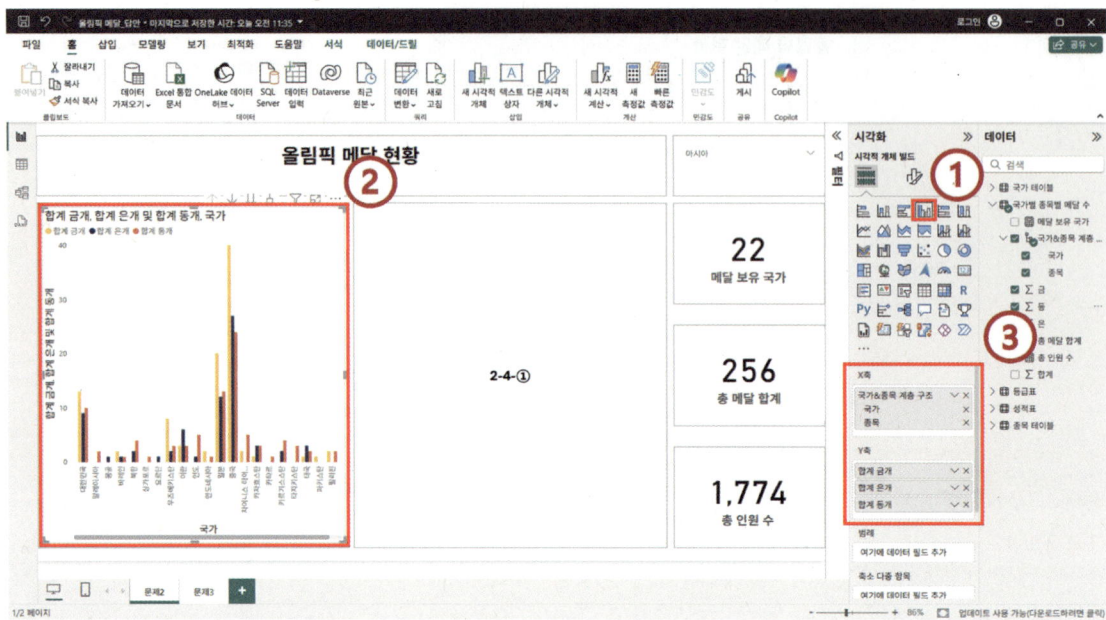

그림 3.1.49

2. [도구 설명] 영역에는 〈국가별 종목별 메달 수〉 테이블의 [합계] 필드를 추가한다. 추가된 [합계] 필드를 더블 클릭한 뒤, 필드명을 "총 메달 합계"로 수정한다.

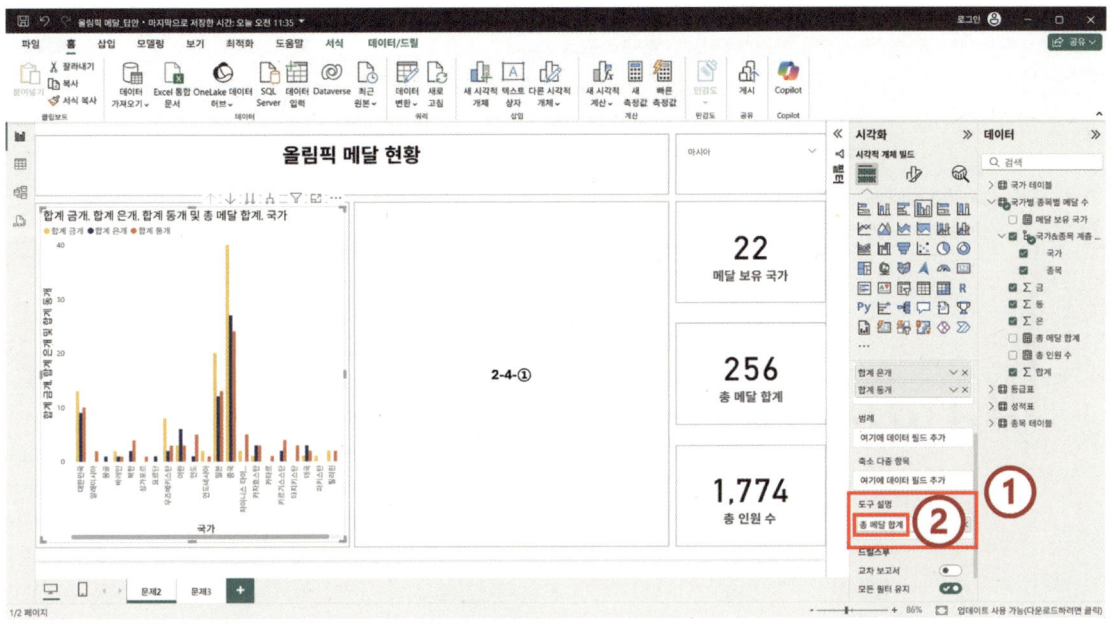

그림 3.1.50

3. 묶은 세로 막대형 차트의 세부 메뉴로 이동하여 [축 정렬]로 이동한다. [총 메달 합계]를 선택한 뒤, [내림차순 정렬]을 설정한다.

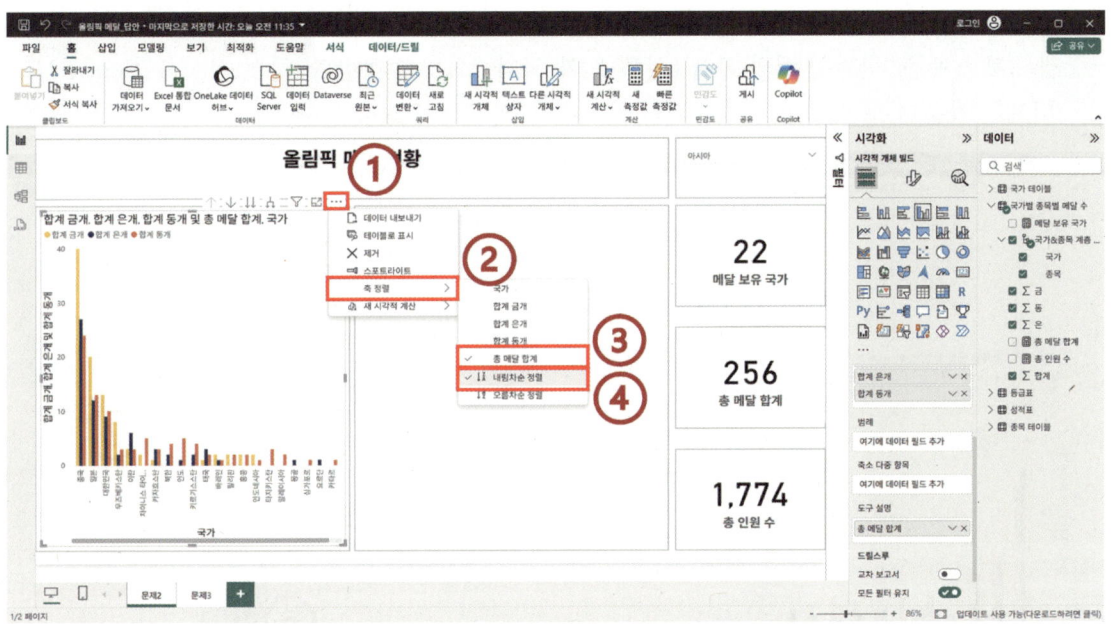

그림 3.1.51

4. [필터] 패널을 확장한 뒤, [국가] 필터의 필터 형식을 '상위 N'으로 설정한다. 값에는 〈국가별 종목별 메달 수〉 테이블의 [합계] 필드를 입력한다. 그리고 항목 표시에 '10'을 입력한다.

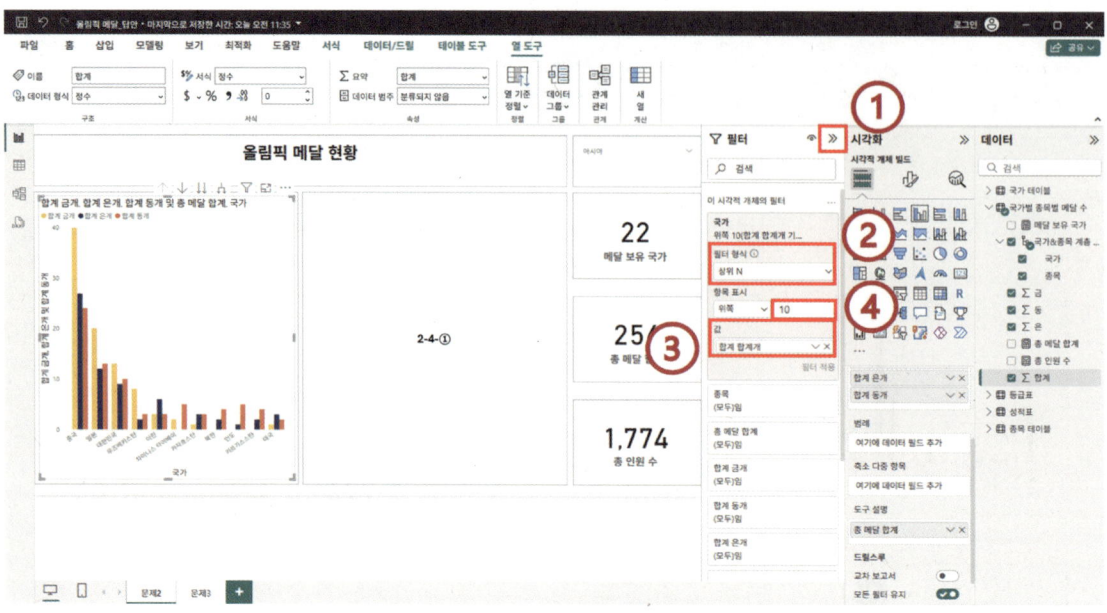

그림 3.1.52

문제 2-3-③

1. [시각적 개체 서식 지정] 메뉴로 이동한 후, [일반] 메뉴로 이동한다. [제목] 메뉴로 이동한 뒤, 제목 텍스트를 "국가별 메달 분포 (상위 10개 국가)"으로 수정한다. 글꼴 서식을 'Segoe UI', '굵게', '가운데'로 설정한다.

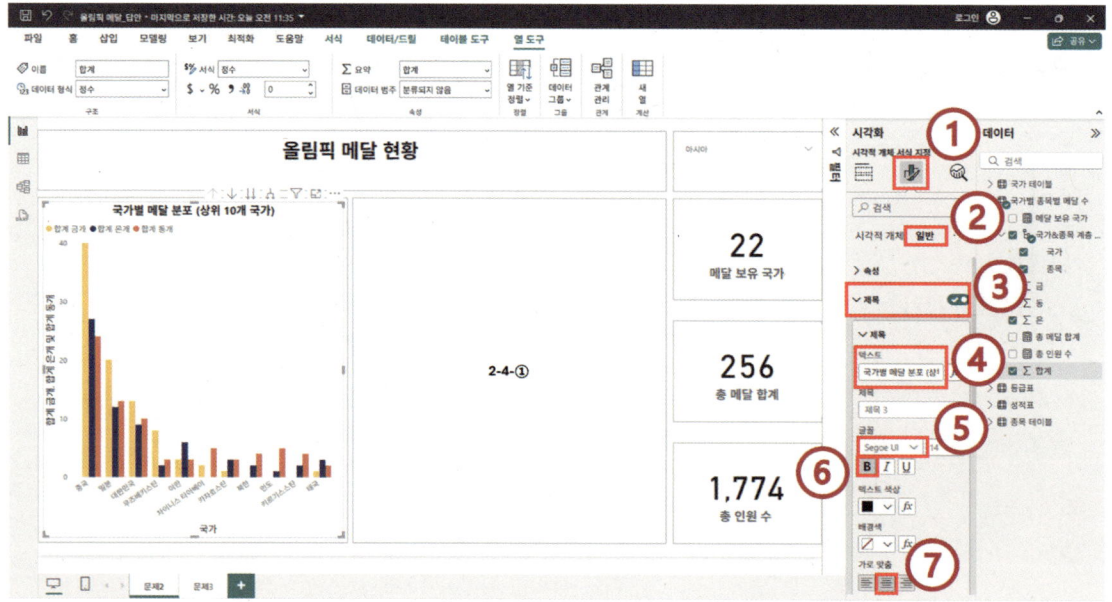

그림 3.1.53

2. 서식 검색창에 '제목'을 입력한 후, [X축]과 [Y축] 메뉴 하위에 있는 [제목] 토글 버튼들을 모두 설정 해제 한다.

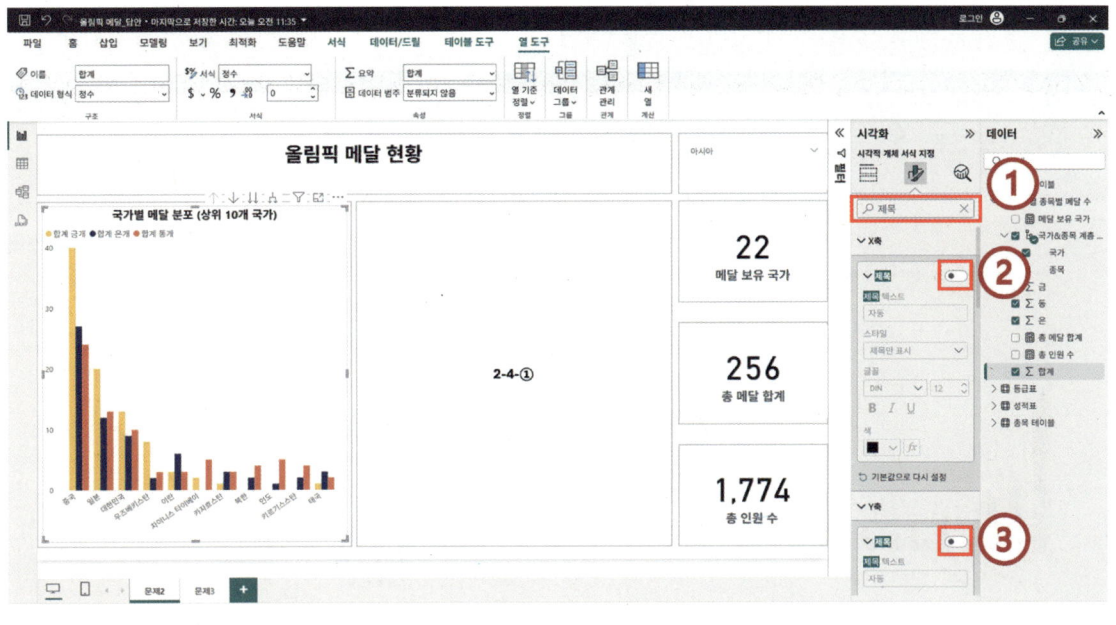

그림 3.1.54

문제 2-4-①

1. 원형 차트 개체를 추가한 뒤, 2-4-① 위치에 배치한다. [범례] 영역에 〈종목 테이블〉 테이블의 [종목] 필드를 추가한다. [값] 영역에는 〈국가별 종목별 메달 수〉 테이블의 [합계] 필드를 추가한다. [도구 설명] 영역에는 〈국가별 종목별 메달 수〉 테이블의 [금], [은], [동] 필드를 추가한다.

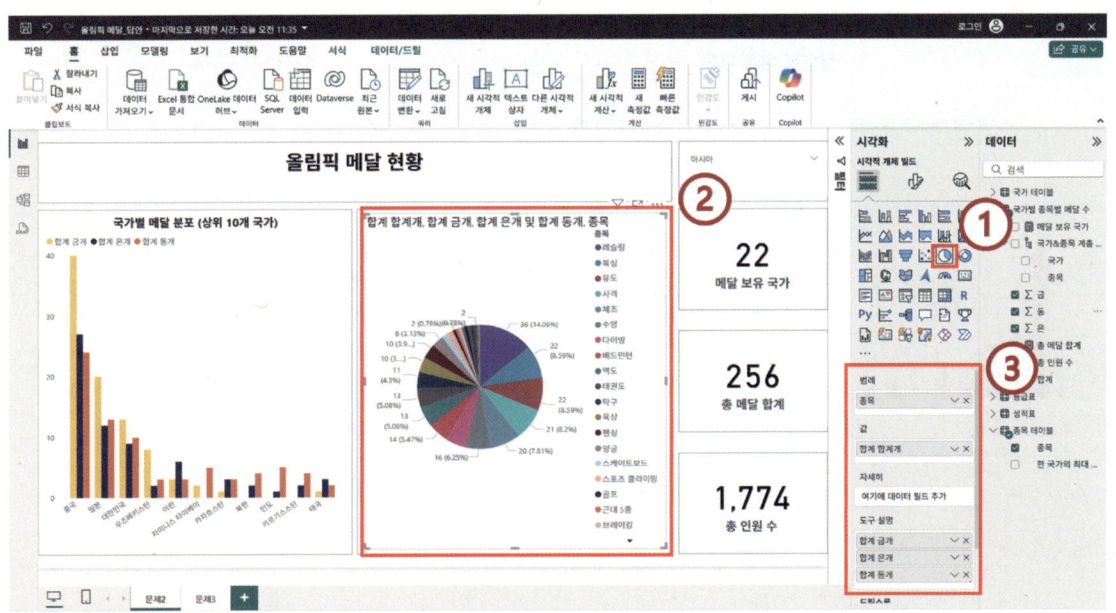

그림 3.1.55

문제 2-4-②

1. [시각적 개체 서식 지정] 메뉴로 이동한 후, [일반] 메뉴로 이동한다. [제목] 메뉴에서 텍스트를 "종목별 메달 비율"로 수정하고 글꼴 서식을 'Segoe UI', '굵게', '가운데'로 설정한다.

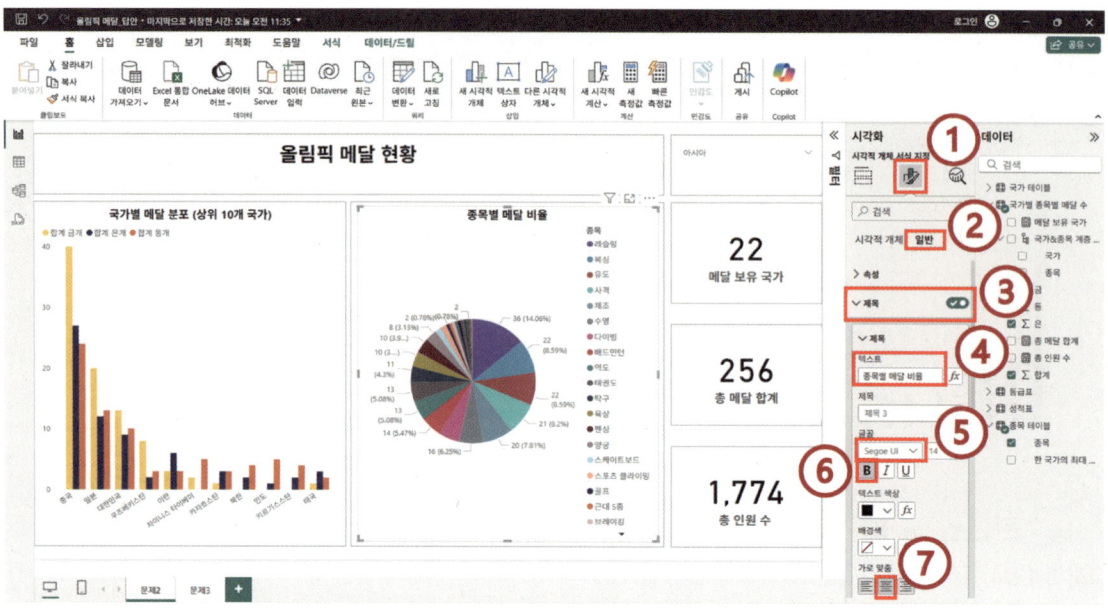

그림 3.1.56

2. [시각적 개체] 메뉴로 이동한 후, [세부 정보 레이블] 메뉴로 이동한다. 레이블 내용을 '모든 세부 정보 레이블'로 설정한다.

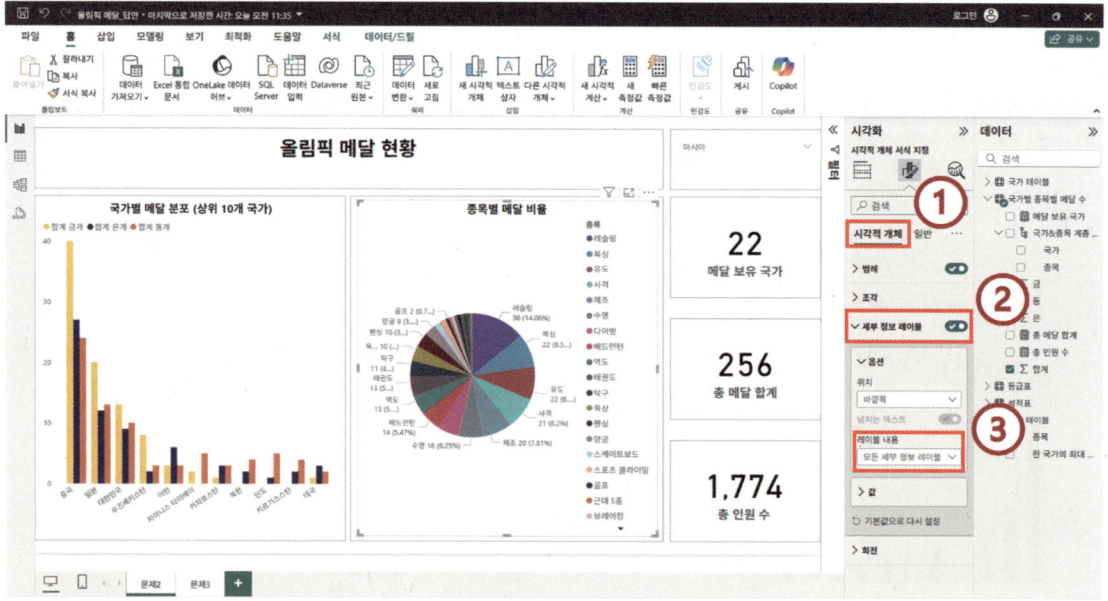

그림 3.1.57

3. [범례] 메뉴로 이동한 후, 위치 설정을 '아래쪽 가운데'로 설정한다.

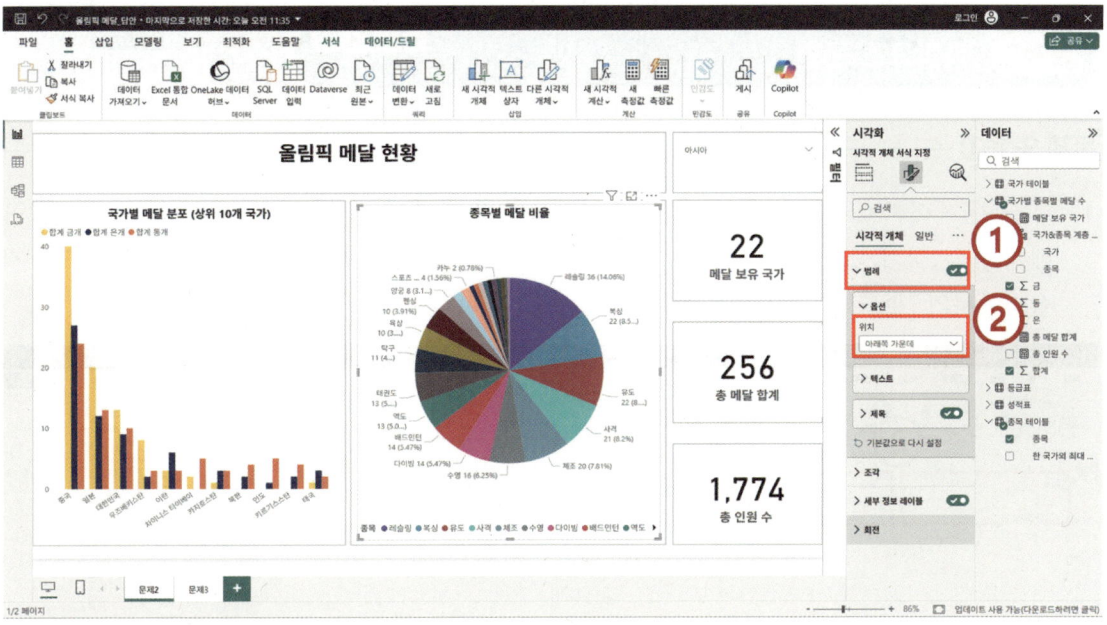

그림 3.1.58

문제3 복합요소 구현 50점

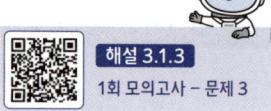

문제 3-1-①

1. [문제3] 페이지로 이동한 후, 슬라이서 개체를 2개 추가한다. 슬라이서들을 3-1-① 위치에 배치하고 〈국가 테이블〉 테이블의 [대륙] 필드와 〈종목 테이블〉 테이블의 [종목] 필드를 각 슬라이서의 [필드] 영역에 추가한다.

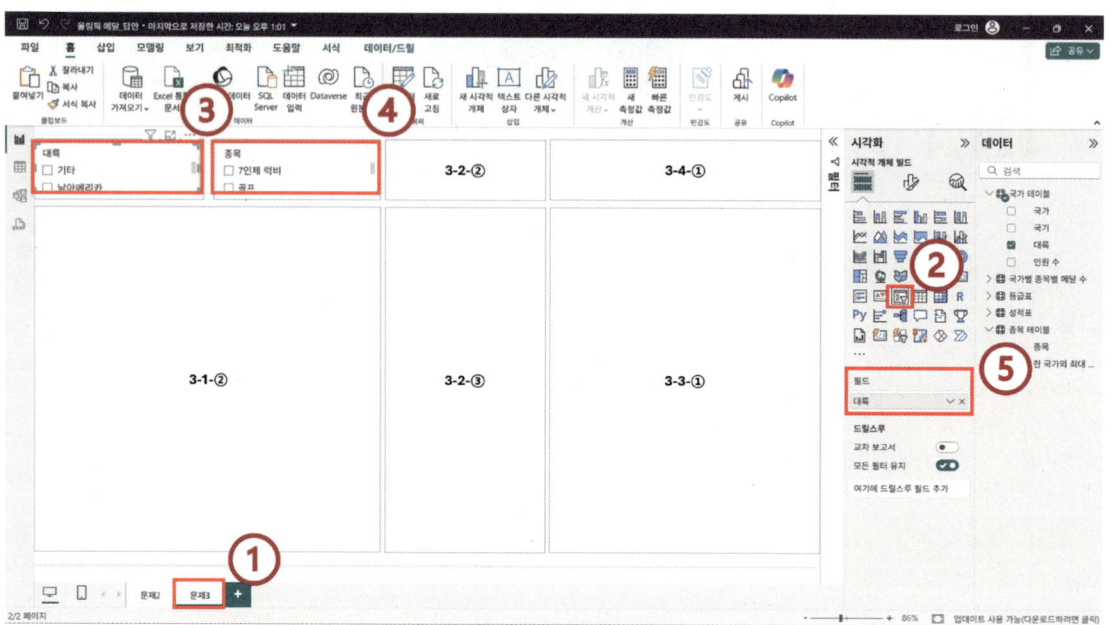

그림 3.1.59

2. Ctrl 키를 누른 상태로 2개의 슬라이서를 순차적으로 클릭하여 모두 선택한다. [시각적 개체 서식 지정] 메뉴로 이동한 후, [시각적 개체] 메뉴로 이동한다. [슬라이서 설정] 메뉴에서 스타일을 '드롭다운'으로 설정한다. 그리고 "모두 선택" 옵션을 활성화한다.

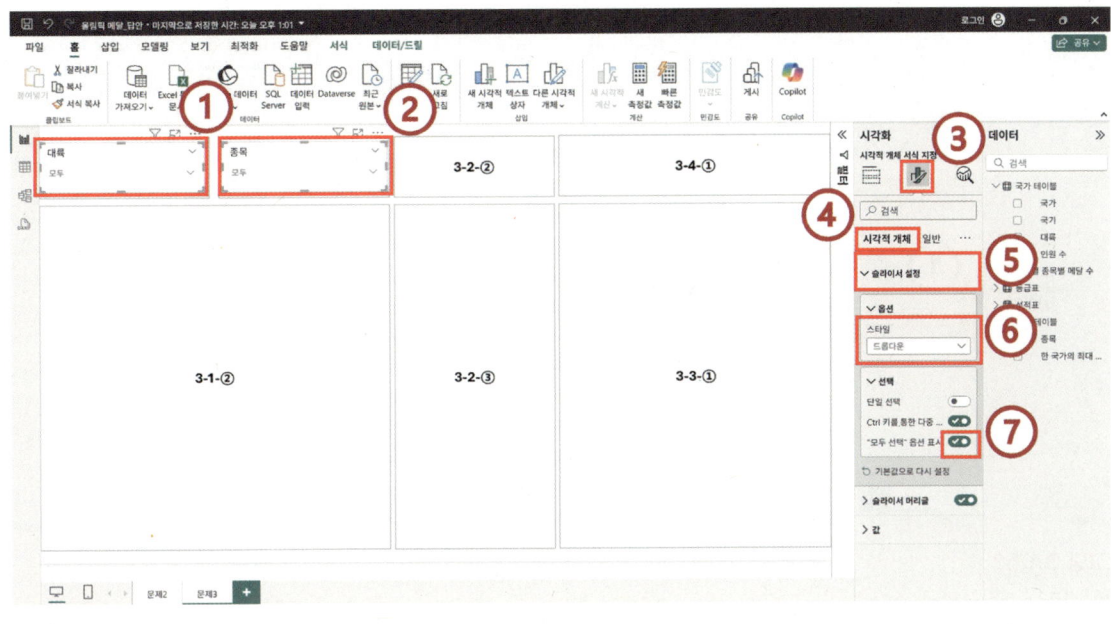

그림 3.1.60

문제 3-1-②

1. 분해 트리 차트 개체를 추가한 뒤, 3-1-② 위치에 배치한다. [분석] 영역에 〈국가별 종목별 메달 수〉 테이블의 [합계] 필드를 추가한다. [설명 기준] 영역에는 〈국가 테이블〉 테이블의 [대륙], [국가] 필드를 추가한다.

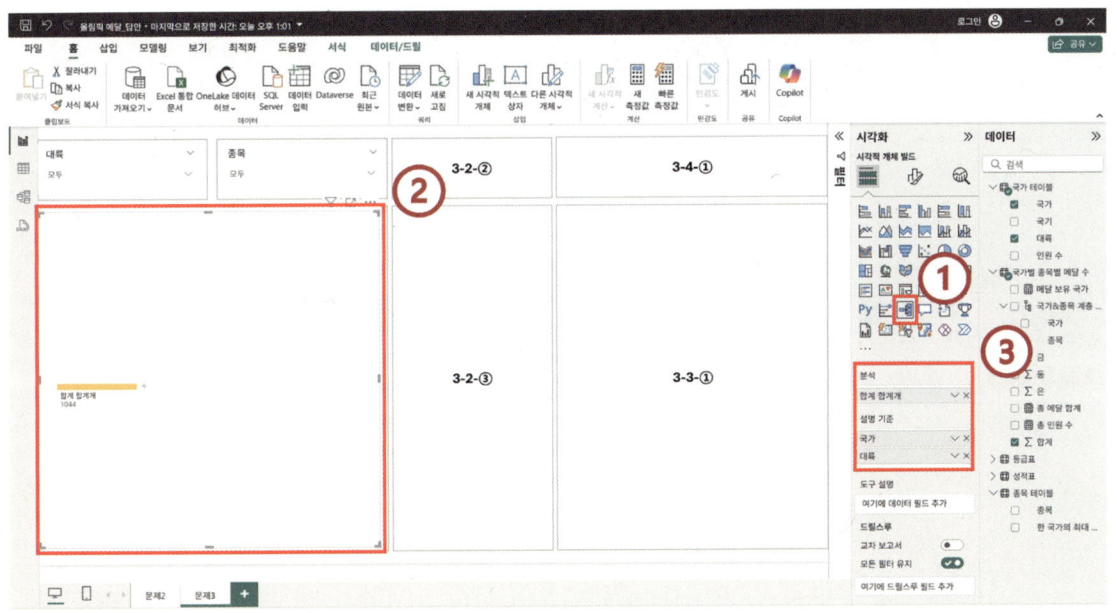

그림 3.1.61

제 1 회 모의고사 311

2. [합계 합계개] 트리에서 분해 버튼을 클릭한 뒤, [대륙] 메뉴를 클릭한다.

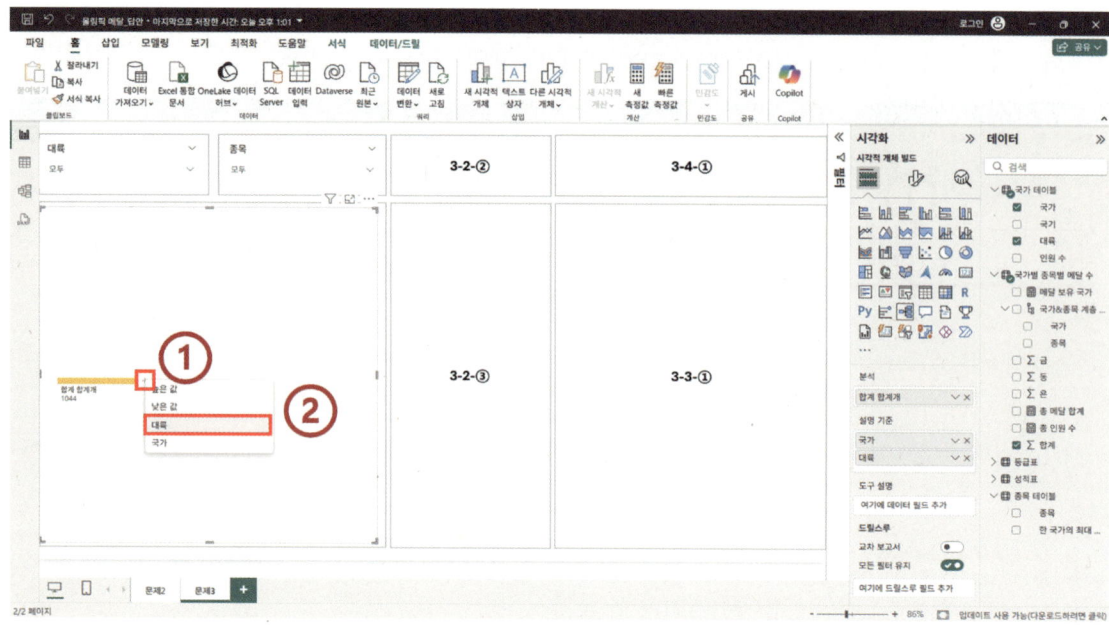

그림 3.1.62

3. [아시아] 트리에서 분해 버튼을 클릭한 뒤, [국가] 메뉴를 클릭한다.

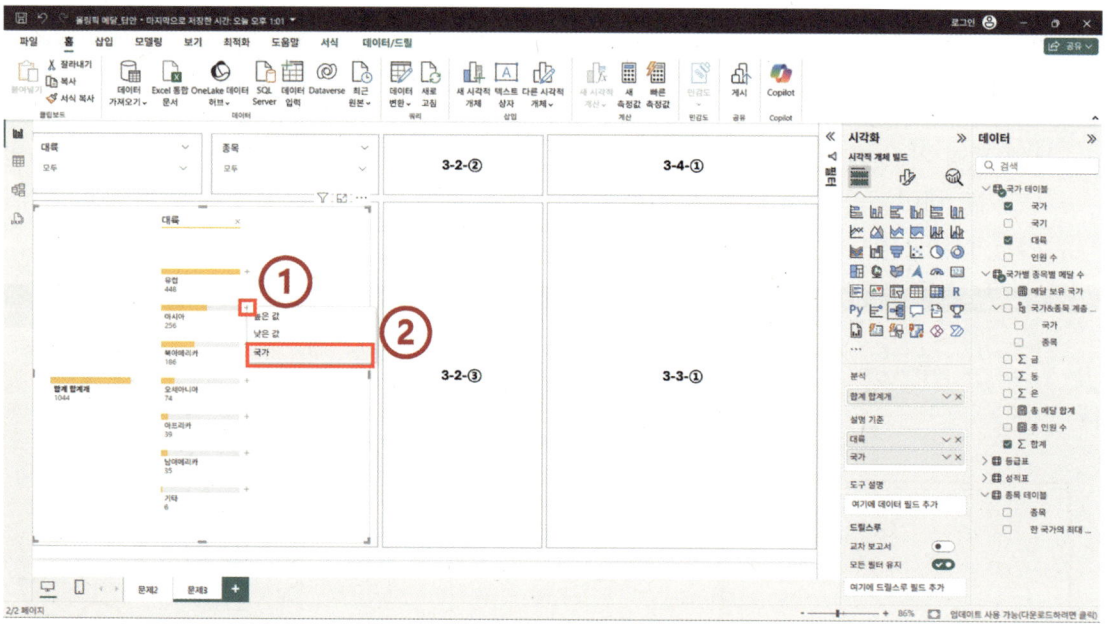

그림 3.1.63

4. [시각적 개체 서식 지정] 메뉴로 이동한 후, [일반] 메뉴로 이동한다. [제목] 토글 버튼을 활성화시킨 뒤, 텍스트를 "메달 합계 분석 트리"로 수정한다. 글꼴 서식은 'Segoe UI', '굵게', '가운데'로 설정한다.

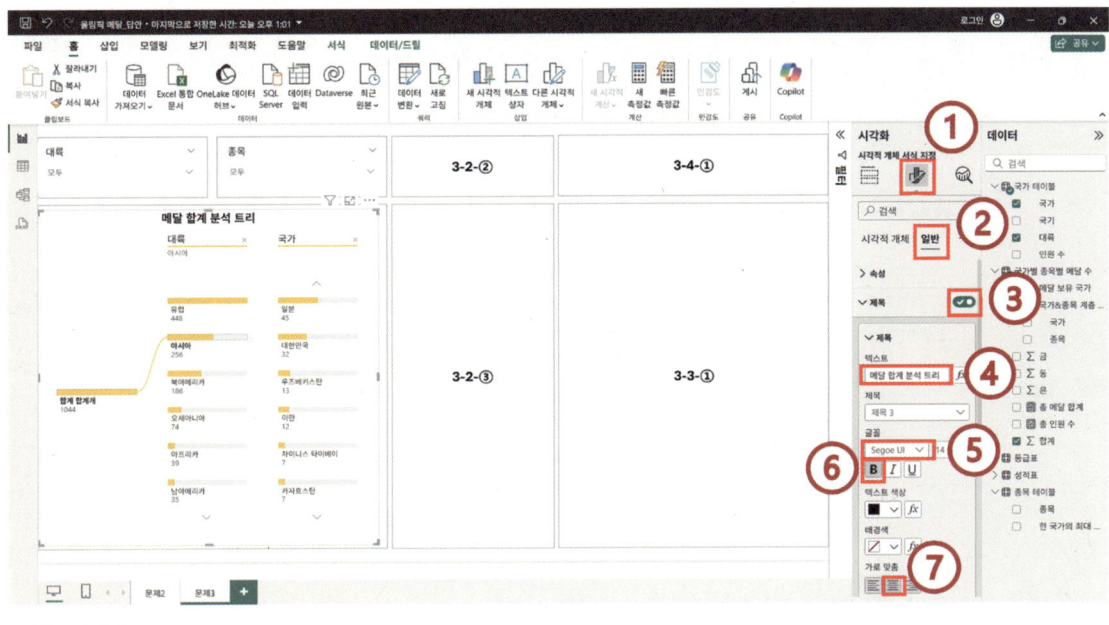

그림 3.1.64

문제 3-2-①

1. [모델링] 메뉴에서 [새 매개 변수] 메뉴를 클릭한다. 그리고 [필드] 메뉴를 클릭한다.

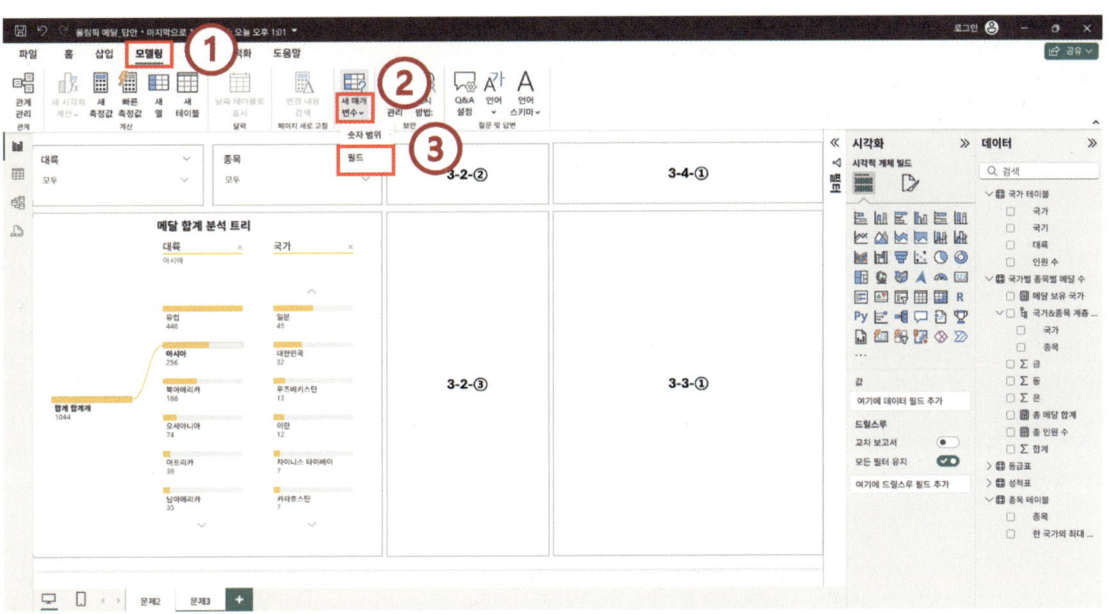

그림 3.1.65

2. [이름]을 '분석 기준'으로 설정한다. [필드] 메뉴에서 〈국가별 종목별 메달 수〉 테이블의 [메달 보유 국가] 측정값과 [총 메달 합계] 측정값을 순차적으로 선택한다. [이 페이지에 슬라이서 추가] 옵션을 설정한 뒤, [만들기] 버튼을 클릭한다.

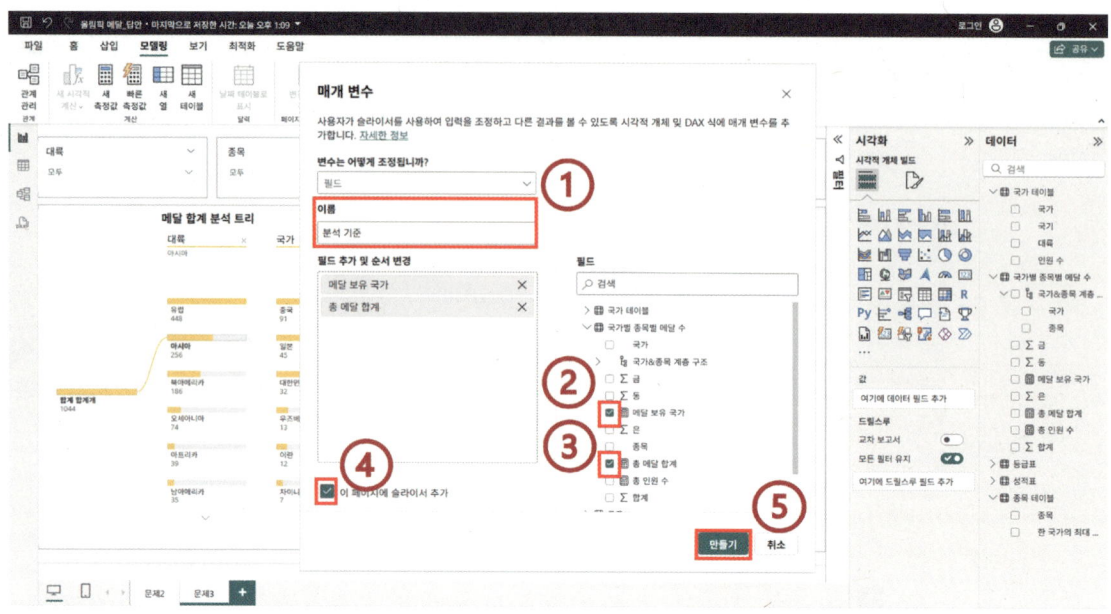

그림 3.1.66

문제 3-2-②

1. 추가된 [분석 기준] 슬라이서를 3-2-② 위치에 배치한 후, 슬라이서를 클릭하고 [시각적 개체 서식 지정] 메뉴로 이동한다. 이어서 [시각적 개체] 메뉴에서 [슬라이서 설정] 메뉴로 이동하여, [스타일]을 '세로 목록'으로 설정하고 [단일 선택] 옵션을 활성화한다. 마지막으로, 슬라이서 내 필터를 '총 메달 합계'로 적용한다.

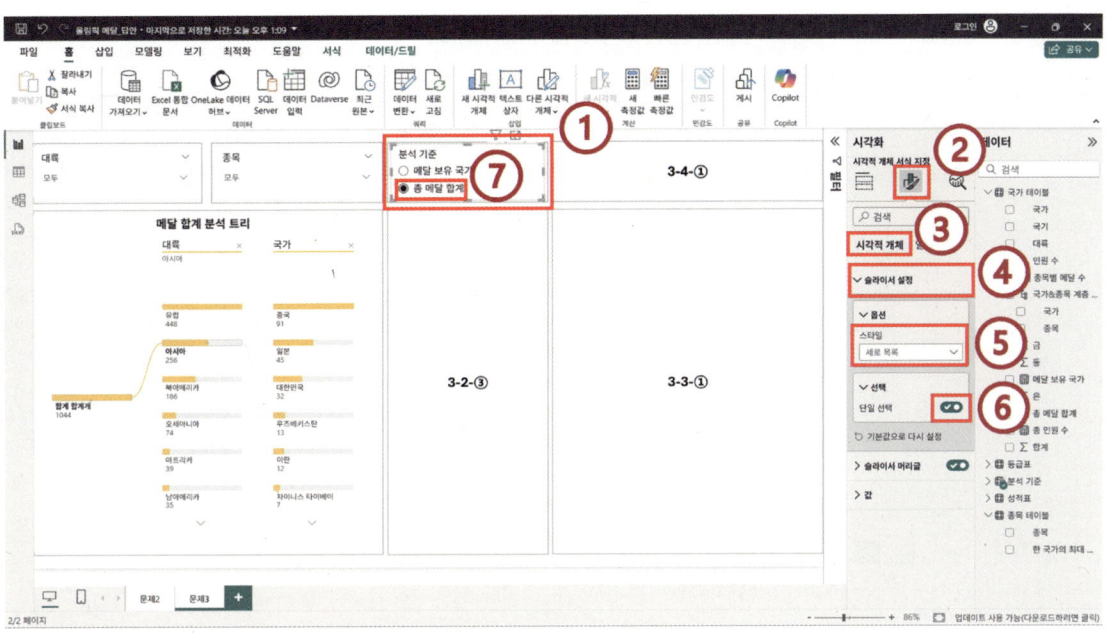

그림 3.1.67

문제 3-2-③

1. 묶은 세로 막대형 차트를 추가한 뒤, 3-2-③ 위치에 배치한다. [X축] 영역에는 〈국가 테이블〉 테이블의 [대륙] 필드를 추가하고 [Y축] 영역에는 〈분석 기준〉 테이블의 〈분석 기준〉 매개 변수를 추가한다.

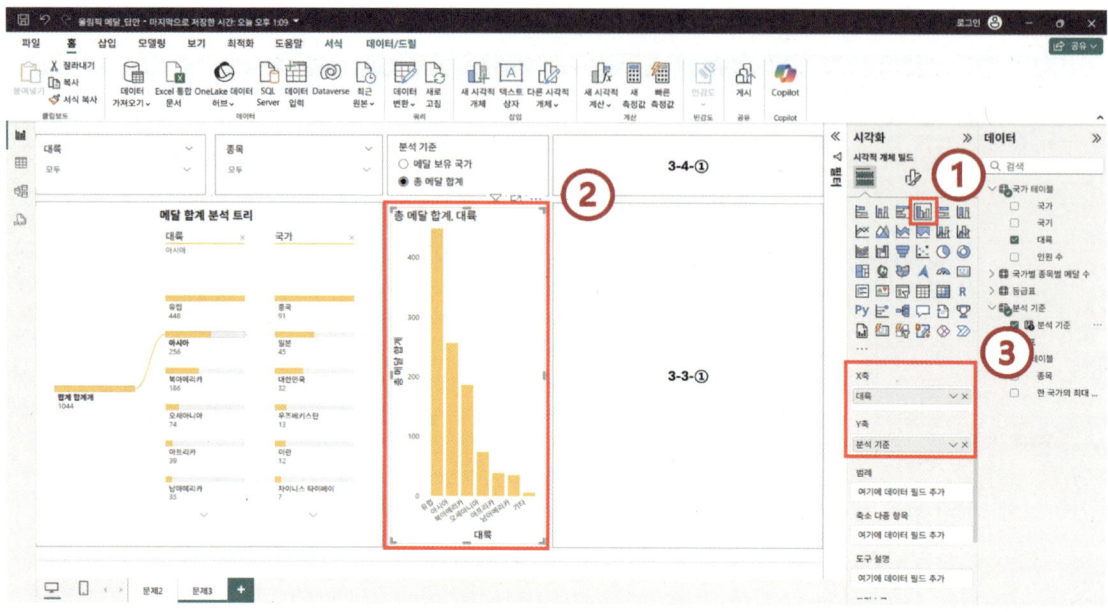

그림 3.1.68

2. [시각적 개체 서식 지정] 메뉴로 이동한 후, [일반] 메뉴로 이동한다. [제목] 메뉴로 이동하여 텍스트를 "대륙별 선택 항목 값 비교"로 수정한다. 글꼴 서식을 'Segoe UI', '굵게', '가운데'로 설정한다.

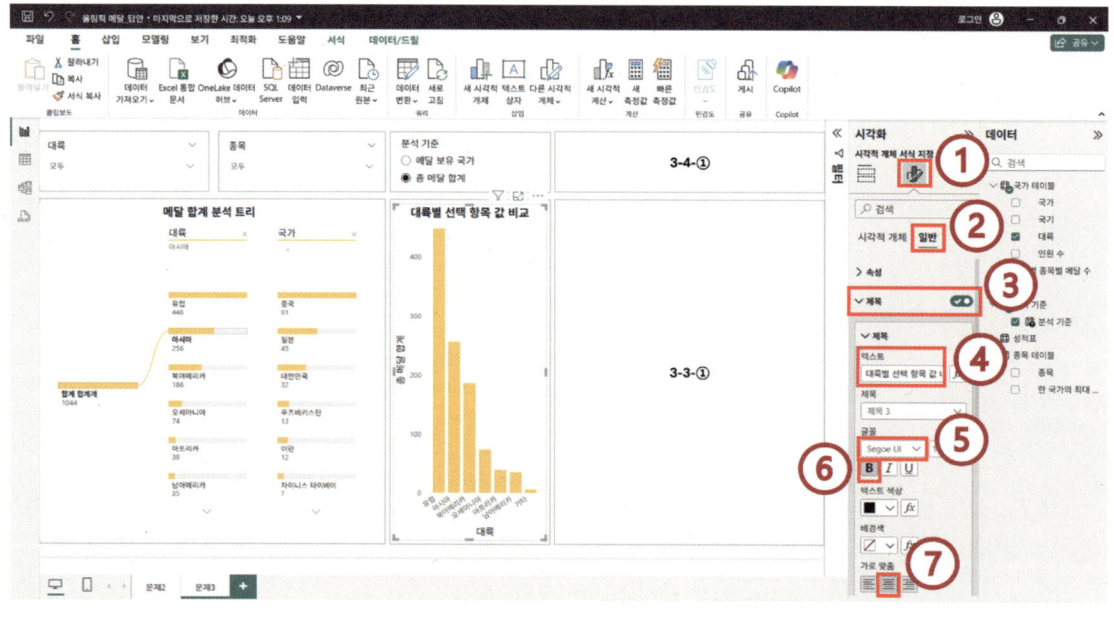

그림 3.1.69

3. [시각적 개체] 메뉴 내에 있는 [데이터 레이블] 옵션을 활성화한다.

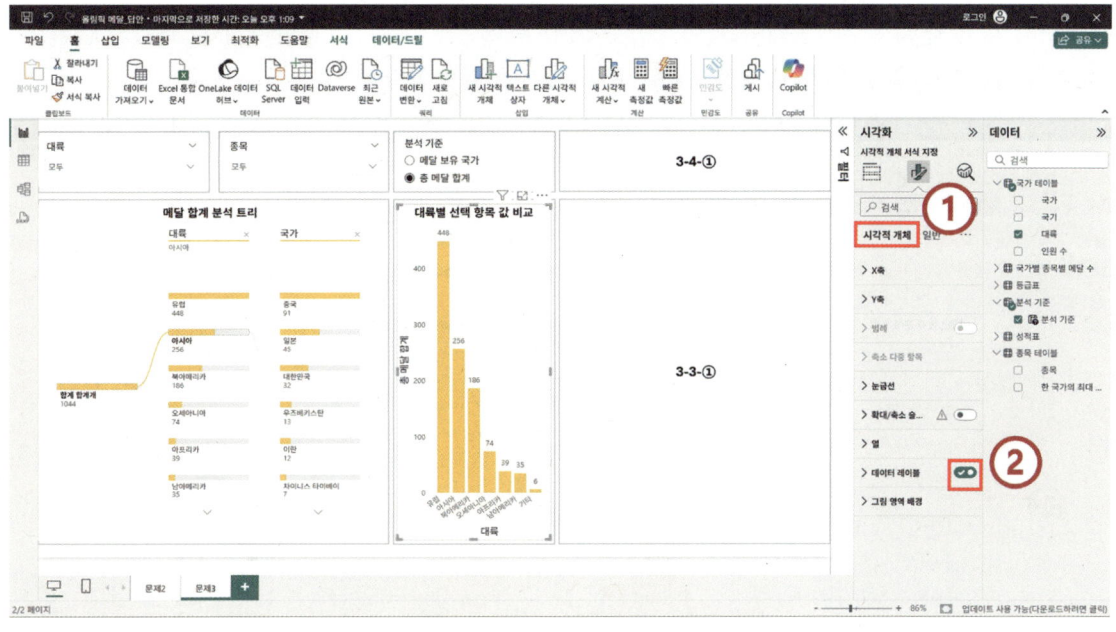

그림 3.1.70

문제 3-3-①

1. 행렬 차트를 추가한 뒤, 3-3-① 위치에 배치한다. [행] 영역에는 〈국가 테이블〉 테이블의 [대륙], [국가] 필드를 추가한다. [값] 영역에는 〈국가별 종목별 메달 수〉 테이블의 [금], [은], [동], [합계] 필드를 추가한다. [계층 구조에서 한 수준 아래로 모두 확장] 아이콘을 클릭하여 계층 구조를 확장한다.

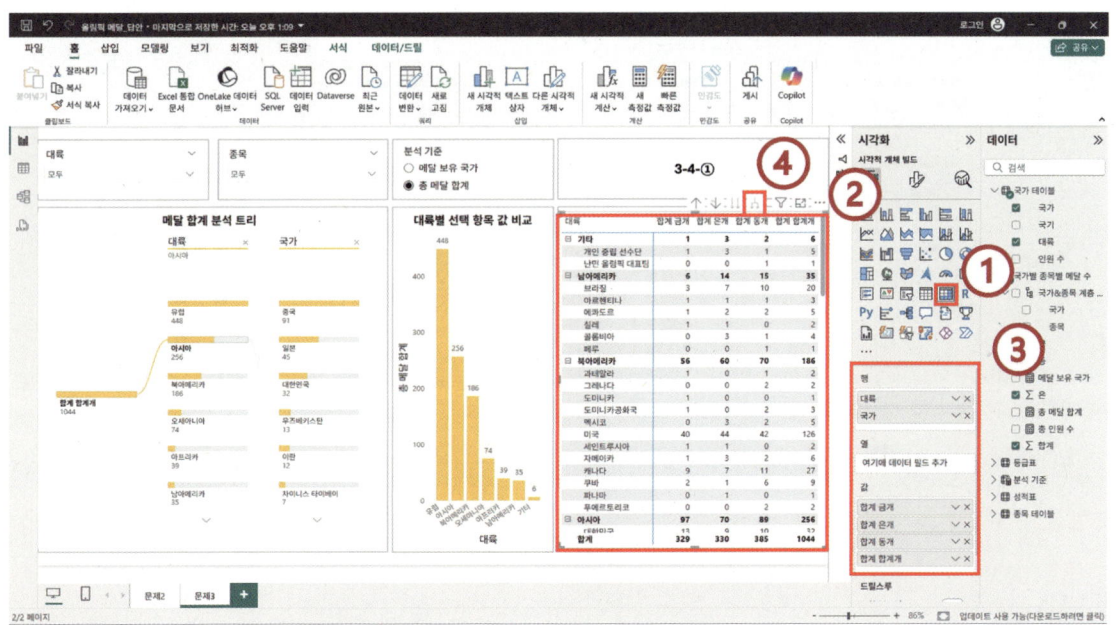

그림 3.1.71

제 1 회 모의고사 317

문제 3-3-②

1. [시각적 개체 서식 지정] 메뉴로 이동한 후, [열 머리글] 메뉴로 이동한다. [텍스트]의 글꼴 서식을 '굵게'로 설정하고 [배경색] 색상 설정 버튼을 클릭한다.

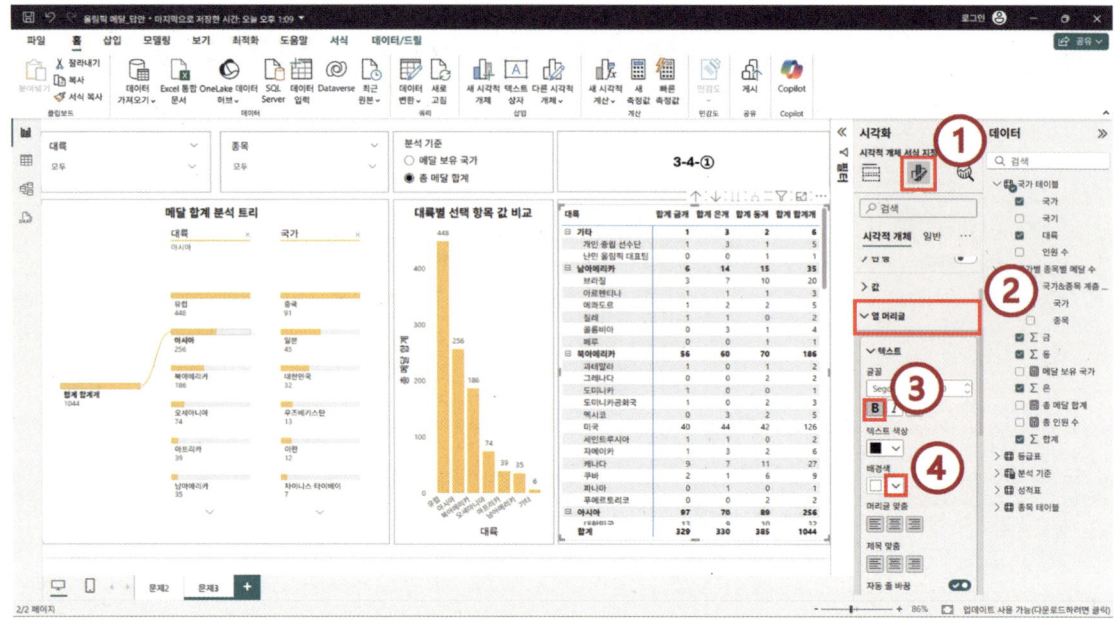

그림 3.1.72

2. '흰색, 20% 더 어둡게' 색을 선택한다.

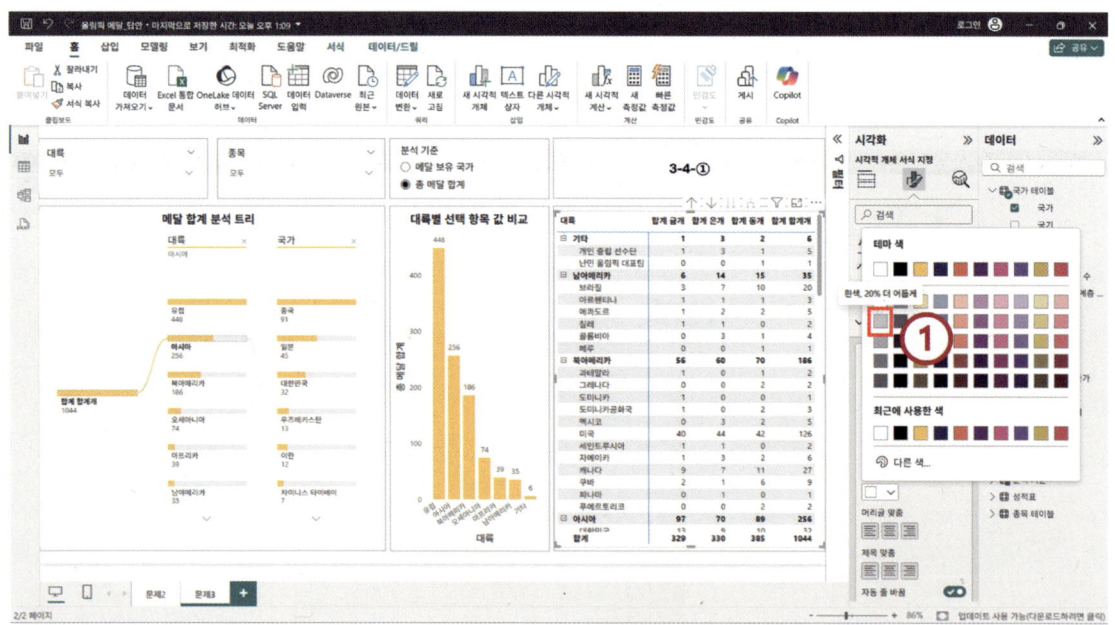

그림 3.1.73

문제 3-3-③

1. [시각적 개체 필드] 메뉴로 이동한 후, [값] 영역에서 [합계 합계개]의 세부 메뉴로 이동한다. [조건부 서식] 메뉴를 클릭한 뒤 [배경색] 메뉴를 클릭한다.

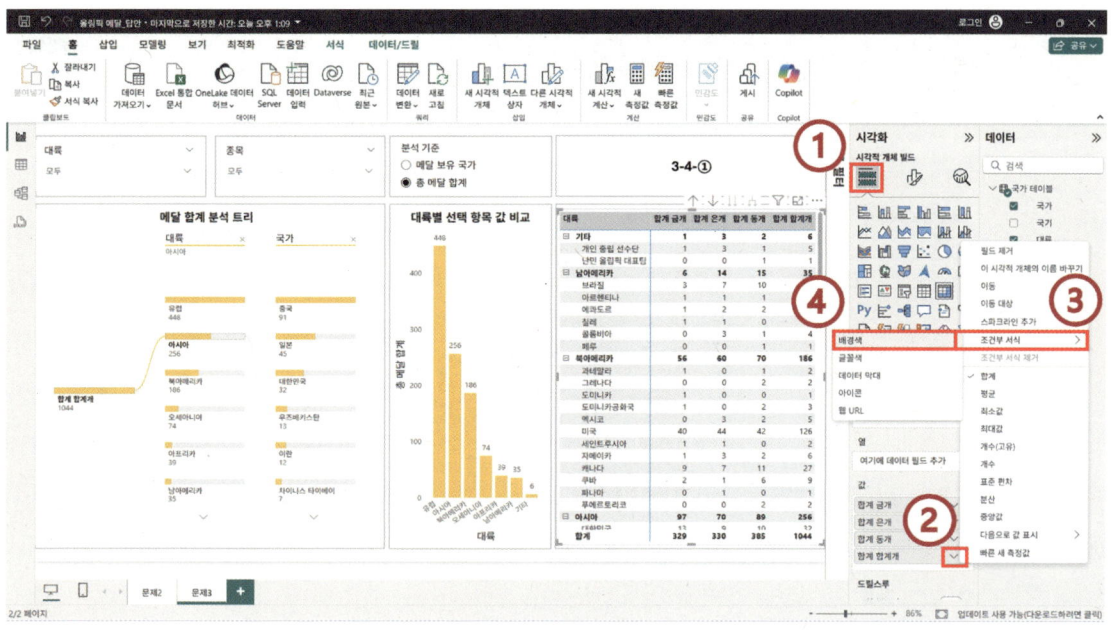

그림 3.1.74

2. [서식 스타일]을 '그라데이션'으로 설정하고 [적용 대상]은 '값만'으로 설정한다. [최소값] 색상의 헥스 코드를 #CCCCCC 으로 설정하고 [최대값] 색상의 헥스 코드는 #60AFFF 으로 설정한다. 그리고 [확인] 버튼을 클릭한다.

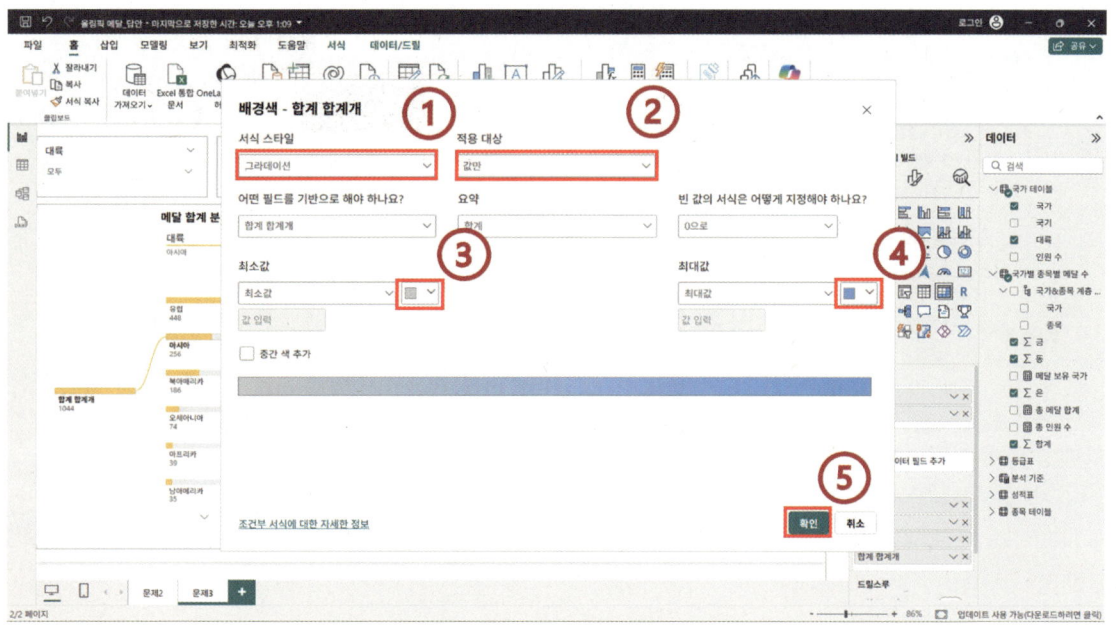

그림 3.1.75

제 1 회 모의고사 **319**

문제 3-3-④

1. [삽입] 메뉴로 이동한 뒤, [단추] 메뉴로 이동한다. [탐색기] 메뉴를 클릭한 후 [페이지 탐색기] 메뉴를 클릭한다.

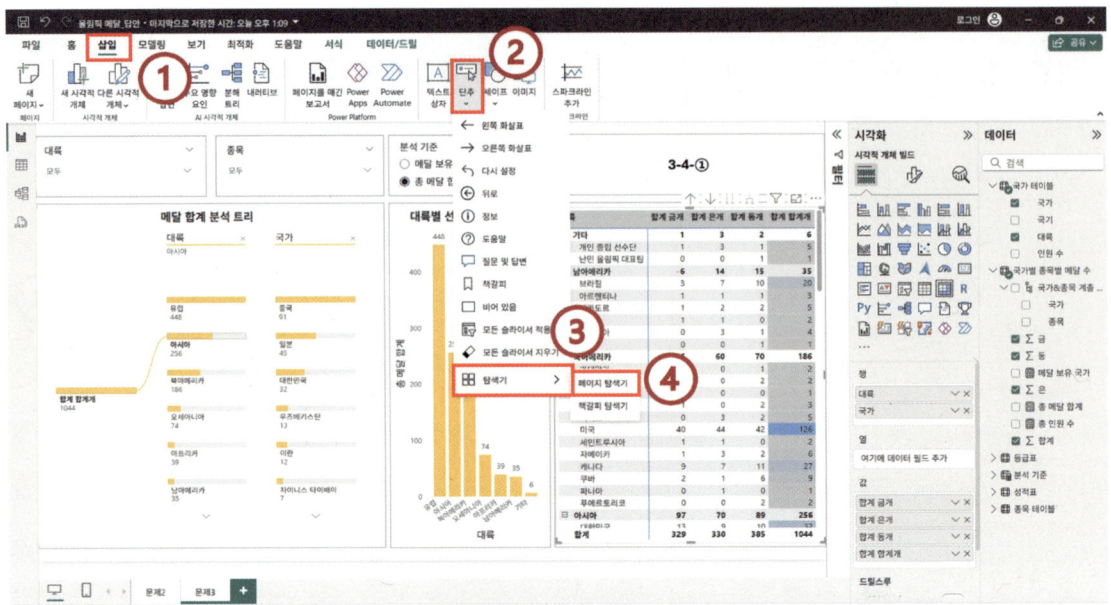

그림 3.1.76

2. 페이지 탐색기를 3-4-① 위치에 배치한다. [시각적 개체] 메뉴로 이동하여 [스타일] 메뉴로 이동한다. [상태]를 '선택한 상태'로 설정한 뒤, [채우기] 메뉴에서 색 변경 버튼을 클릭한다.

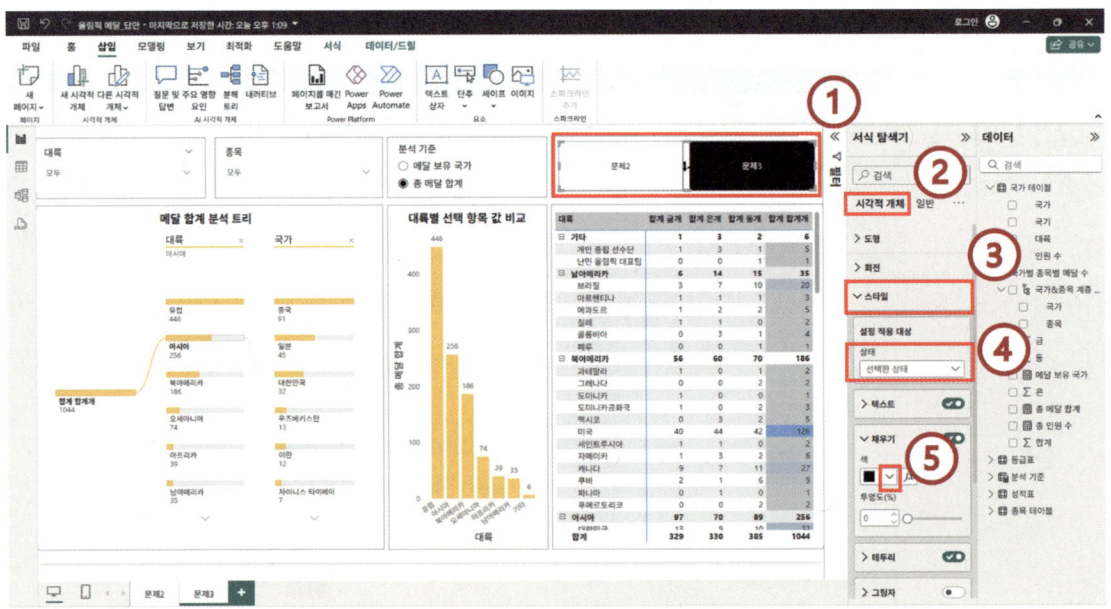

그림 3.1.77

3. '테마 색 2'를 선택한다.

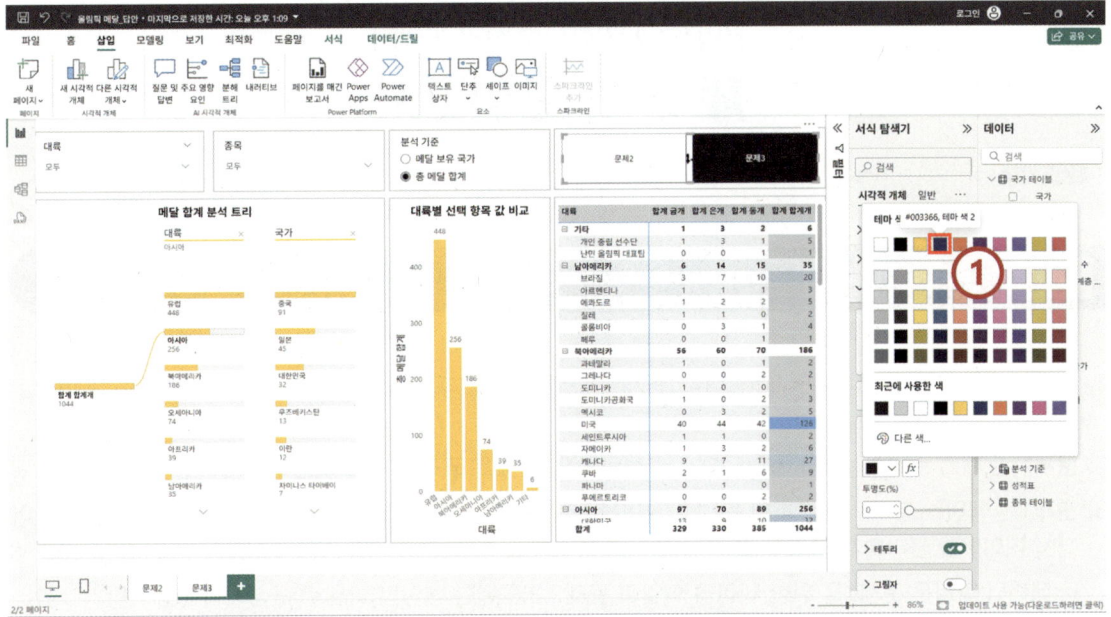

그림 3.1.78

경영정보시각화능력 실기 파워BI
제 2 회 모의고사

프로그램명 POWER BI 데스크톱　　　　　　　　　　　　　　　　　　**제한시간** 70분

안내 　문제 및 데이터

1. 수험자가 작성할 답안파일은 1개입니다. 문제1, 문제2, 문제3의 답을 하나의 답안파일(.pbix)로 저장하십시오.
2. 문제1, 문제2, 문제3은 각각 독립적으로 구성되어 앞 문제를 풀지 않아도 다음 문제 풀이가 가능합니다.
3. 문제1은 데이터 불러오기를 통해 문제를 풀이하고, 문제2와 문제3은 답안에 이미 데이터가 포함되어 있어 다시 데이터를 불러오지 말고 바로 문제 풀이를 하십시오.
   - 데이터 파일은 문제1을 위한 데이터 파일과 문제2,3을 위한 데이터 파일로 구성되어 있습니다.
4. 문제2와 문제3 풀이를 위해 필요한 일부 측정값, 필터가 답안파일에 미리 적용되어 있을 수 있습니다.
   - 지시사항에 제시되지 않은 것은 변경하지 마십시오.
   - 사전에 적용된 필터 등이 삭제되지 않도록 '페이지 삭제' 기능을 절대 사용하지 마십시오.
5. 문제는 문제(문제1~3) - 세부문제(1~4) - 지시사항(①~③) - 세부지시사항(▶, -) 단위로 구성됩니다.
6. 지시사항(①~③)별로 점수가 부여되며, 지시사항의 전체 세부지시사항(▶, -)을 작업하지 않을 경우 점수가 부여되지 않습니다. ※부분 점수 없음
7. 본 시험에서 사용되는 데이터 파일 수와 데이터명은 아래와 같습니다.
   - [문제1] 데이터 파일수: 1개 / 데이터명: '근태현황.xlsx'

파일명	근태현황.xlsx				
테이블	구조				
출근기록	직원ID	근무일	출근시간	퇴근시간	근무시간
	E001	2025-05-01	10:32:00	18:35:14	8.05
직원정보	직원ID	이름		부서ID	
	E001	김철수		D01	
부서코드	부서ID		부서명		
	D01		영업		

   - [문제2,3] 데이터 파일수: 1개 / 데이터명: '마케팅 행사 등록 및 참석 현황.xlsx'

파일명	마케팅 행사 등록 및 참석 현황.xlsx										
테이블	구조										
트랙	트랙ID						트랙명				
	T001						Azure				
등록현황	등록ID	트랙ID	티셔츠사이즈	후드티사이즈	비건여부	행사알게된경로	이름	참석완료	회사명	회사이메일	등록일
	R0001	T003	L	3XL	아니오	링크드인	김민수	O	한빛디자인	김민수@한빛디자인.co.kr	2025-06-01 14:51:28

문제1 작업준비 30점

1. 다음 지시 사항에 따라 데이터 가져오기 및 편집을 수행하시오. 편집이 완료되면 닫기 및 적용을 통해 Power BI Desktop에 데이터를 로드 하시오. 10점

   ① 데이터 파일을 가져온 후 파워쿼리 편집기를 통해 테이블의 데이터를 편집하시오. 5점

   ▶ 가져올 데이터: '근태현황.xlsx' 파일의 〈출근기록〉, 〈직원정보〉, 〈부서코드〉 테이블

   ▶ 〈출근기록〉 테이블에서 [출근시간] 필드가 null인 행만 제거

   ▶ 〈직원정보〉 테이블에 "첫 행을 머리글로 사용" 기능 적용

   ▶ 〈부서코드〉 테이블에 "첫 행을 머리글로 사용" 기능 적용

   ② 파워쿼리 편집기를 통해 〈출근기록〉 테이블에 〈직원정보〉 테이블의 [이름], [부서ID] 필드를 추가하시오. 5점

   ▶ 쿼리 병합 기능 사용

   - 〈출근기록〉, 〈직원정보〉 테이블의 [직원ID] 필드를 기준으로 병합

   - 조인 종류: '왼쪽 외부'

   ▶ 〈출근기록〉 테이블의 [직원정보] 필드에서 [이름], [부서ID] 필드만 선택하여 확장, '원래 열 이름을 접두사로 사용' 옵션은 해제

   ▶ 병합 완료 후 〈직원정보〉 테이블은 보고서에 로드 사용 해제

2. 다음 지시사항에 따라 새 열과 표시 폴더를 추가하고 데이터 모델링 작업을 수행하시오. 10점

   ① 〈출근기록〉 테이블에 새 열을 추가하시오. 5점

   ▶ 새 열 이름: [근무시간_분]

   - 활용 필드: 〈출근기록〉 테이블의 [근무시간] 필드

   - [근무시간] 필드에 있는 시간을 분 단위로 환산

   - ROUND 함수로 소수점 첫째 자리까지 반올림 후 분 단위로 환산 (예시: 7.68이면 7.7로 바꾼뒤 60을 곱할 것)

   ② 〈출근기록〉 테이블에 표시 폴더를 추가하시오. 5점

   ▶ 표시 폴더명: '시간 관련'

   - 대상 필드: 〈출근기록〉 테이블의 [근무시간], [근무시간_분] 필드

3. 다음 지시사항에 따라 테이블, 측정값, 그리고 새 열을 추가하시오. `10점`

① 다음 조건으로 수식을 작성하여 새 테이블을 추가하시오. `4점`

▶ 테이블 이름: 부서별근태

- 그룹 필드: 〈부서코드〉 테이블의 [부서명]
- 필드 이름: 총근무시간, 평균근무시간, 부서 인원 수
- 사용 함수: SUMMARIZE, SUMX, AVERAGEX, DISTINCTCOUNT

② 다음 조건으로 〈출근기록〉 테이블에 측정값을 추가하시오. `2점`

▶ 측정값 이름: [최대근무시간]

- 활용 필드: 〈출근기록〉 테이블의 [근무시간] 필드
- 사용 함수: MAX

③ 다음 조건으로 새 열을 〈출근기록〉 테이블에 추가하시오. `3점`

▶ 새 열 이름: [초과 근무시간]

- 근무시간이 8을 초과하면 초과하는 시간 만큼을 기록하고, 8이하면은 0을 기록
- 사용 함수: IF
- 소수점 둘째 자리까지 표기

④ 다음 테이블을 숨김 처리하시오. `1점`

▶ 〈출근기록〉, 〈부서코드〉, 〈부서별근태〉

문제2　단순요소 구현　30점

〈시각화 완성화면〉 각 세부문제 풀이 후 아래와 같은 결과가 도출되어야 합니다. 차트의 범례 색은 문제 풀이 순서에 따라 다르게 보일 수 있습니다.

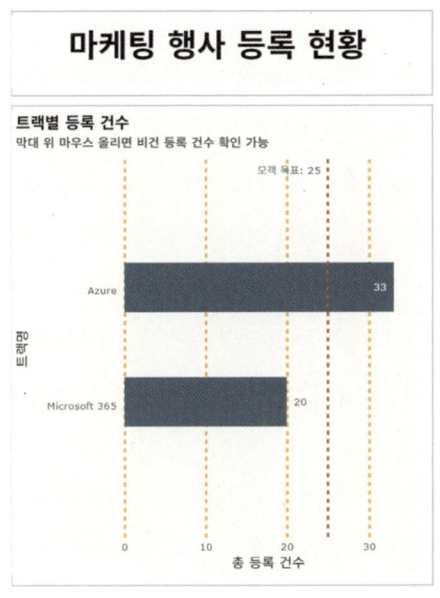
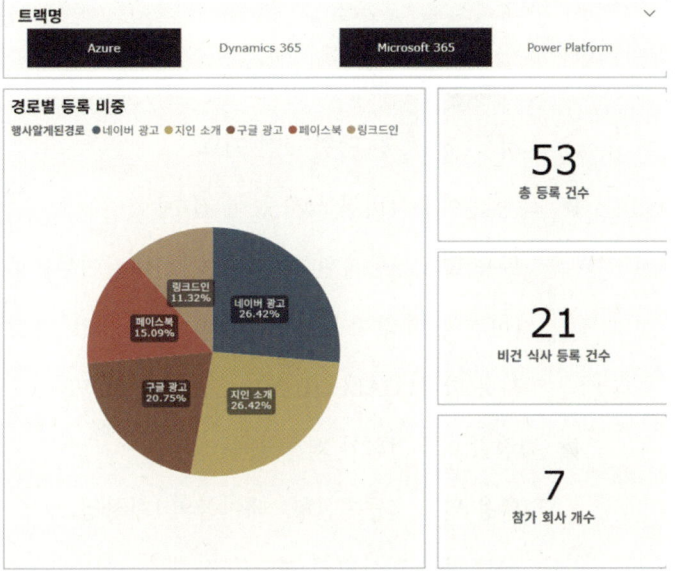

1. '문제2', '문제3' 페이지의 전체 서식을 설정하시오. 5점

   ① '문제2'와 '문제3' 페이지의 캔버스 배경과 테마를 설정하시오. 3점

   ▶ 배경 이미지

   - '문제2' 페이지: '문제2_배경.png'

   - '문제3' 페이지: '문제3_배경.png'

   ▶ 캔버스 배경 설정

   - 이미지 맞춤: '맞춤'

   - 투명도: '0'

   ▶ 보고서 테마: '프런티어'

   ② 텍스트 상자를 사용하여 '문제2' 페이지에 보고서 제목을 작성하시오. 2점

   ▶ 제목: "마케팅 행사 등록 현황"

   - 제목 서식: 글꼴 'Verdana', 크기 '28', '굵게', '가운데 정렬'

   ▶ 위치: '2-1-②' 위치에 배치

2. 다음 지시사항에 따라 측정값과 묶은 가로 막대형 차트를 구현하시오. `15점`

   ① 다음 조건으로 〈등록현황〉 테이블에 측정값을 추가하시오. `5점`

   ▶ 측정값 이름: [총 등록 건수]
   - 활용 테이블: 〈등록현황〉 테이블
   - 전체 등록 건수 집계
   - 사용 함수: COUNTROWS
   - 서식: 정수, 천 단위 구분 기호

   ▶ 측정값 이름: [비건 식사 등록 건수]
   - 활용 필드: 〈등록현황〉 테이블의 [비건여부]
   - [비건여부] 값이 "네"인 값들만 집계 세기
   - 사용 함수: CALCULATE, COUNTROWS

   ▶ 측정값 이름: [참가 회사 개수]
   - 활용 필드: 〈등록현황〉 테이블의 [회사명]
   - 서로 다른 회사명의 개수를 집계
   - 사용 함수: DISTINCTCOUNT

   ② 트랙별 등록 건수를 나타내는 묶은 가로 막대형 차트를 구현하시오. `3점`

   ▶ 활용 필드
   - 〈트랙〉 테이블의 [트랙명] 필드
   - 〈등록현황〉 테이블의 [총 등록 건수] 측정값

   ▶ 도구 설명에 〈등록현황〉 테이블의 [비건 식사 등록 건수] 측정값이 표시되도록 추가

   ▶ 위치: '2-2-②' 위치에 배치

   ③ 다음과 같이 묶은 가로 막대형 차트의 각 요소에 대한 서식을 지정하시오. `7점`

   ▶ 차트 제목: 트랙별 등록 건수
   - 제목 서식: 글꼴 크기 '14', '굵게'

   ▶ 차트 부제목: 막대 위 마우스 올리면 비건 등록 건수 확인 가능
   - 부제목 서식: 글꼴 크기 '11', '굵게'

   ▶ 데이터 레이블: 값 표시

▶ 눈금선
- 색: 테마 색 8
- 선 스타일: 파선
- 너비: 3

▶ 막대 레이아웃: 범주 사이의 간격(%): 50

▶ 상수 선 이름: 모객 목표
- 값: '25'
- 색: 테마 색 4
- 투명도: '0'
- 선 스타일: 파선
- 데이터 레이블: 활성화
- 스타일: 모두

3. 다음 지시사항에 따라 원형 차트를 구현하시오. 5점

① 마케팅 채널별 등록 비중을 나타내는 원형 차트를 구현하시오. 2점

▶ 활용 필드
- 〈등록현황〉 테이블의 [행사알게된경로] 필드
- 〈등록현황〉 테이블의 [총 등록 건수] 측정값

▶ 위치: '2-3-①' 위치

② 다음과 같이 원형 차트의 각 요소에 대한 서식을 적용하시오. 3점

▶ 차트 제목: 경로별 등록 비중
- 제목 서식: 글꼴 크기 '14', '굵게'

▶ 세부 정보 레이블
- 위치: '안쪽'
- 레이블 내용: '범주, 총 퍼센트'

▶ 범례
- 위치: '왼쪽 위'

4. 다음 지시사항에 따라 슬라이서와 카드를 구현하시오. 5점

   ① 아래 조건에 따라 트랙명을 필터링하는 슬라이서를 구현하시오. 3점

   ▶ 활용 필드: 〈트랙〉 테이블의 [트랙명] 필드

   ▶ 슬라이서 설정 스타일: '타일'

   ▶ 속성: 반응형 해제

   ▶ 슬라이서 머리글 글꼴 크기 '14', '굵게'

   ▶ 값 테두리 위치: '위쪽', '아래쪽' '왼쪽', '오른쪽' 모두 선택 해제

   ▶ 슬라이서에 'Azure'와 'Microsoft 365' 값으로 동시 필터 적용

   ▶ 위치: '2-4-①' 위치에 배치

   ② 아래 조건에 따라 카드를 구현하시오. 2점

   ▶ 활용 필드: 〈등록현황〉 테이블의 [총 등록 건수], [비건 식사 등록 건수], [참가 회사 개수] 측정값

   ▶ 서식

   - 설명 값 글꼴 크기 '35'

   - 범주 레이블 글꼴 크기 '12', '굵게'

   ▶ 위치: '2-4-②' 위치에 배치

| 문제3 | 복합요소 구현 | 40점 |

〈시각화 완성화면〉 각 세부문제 풀이 후 아래와 같은 결과가 도출되어야 합니다. 차트의 범례 색은 문제 풀이 순서에 따라 다르게 보일 수 있습니다.

1. 다음 지시사항에 따라 꺾은선형 차트를 구현하시오. 5점

    ① 일자별 등록 건수를 나타내는 꺾은선형 차트를 구현하시오. 3점

    ▶ 활용 필드

    - 〈등록현황〉 테이블의 [등록일] 날짜 계층
    - 〈등록현황〉 테이블의 [총 등록 건수] 측정값

    ▶ 차트에 추가된 [등록일] 날짜 계층에서 [연도], [분기] 필드 제거

    ▶ 계층 구조에서 한 수준 아래로 모두 확장

    ▶ 위치: '3-1-①' 위치에 배치

    ② 다음과 같이 꺾은선형 차트의 각 요소에 대한 서식을 지정하시오. 2점

    ▶ 차트 제목: 일자별 등록 건수

    - 제목 서식: '굵게'

    ▶ X축: 제목 제거

    ▶ 선 색: 테마 색 3

2. 다음 지시사항에 따라 분해 트리 차트를 구현하시오. 5점

　① 총 등록 건수를 분해해서 분석하는 분해 트리 차트를 구현하시오. 3점

　　▶ 활용 필드

　　　- 〈등록현황〉 테이블의 [총 등록 건수] 측정값

　　　- 〈트랙〉 테이블의 [트랙명] 필드

　　　- 〈등록현황〉 테이블의 [행사알게된경로] 필드

　　▶ [총 등록 건수]를 [트랙명] 필드로 분해 후, [트랙명]에서 'Power Platform'를 [행사알게된경로] 필드로 분해

　　▶ 위치: '3-2-①' 위치에 배치

　② 다음과 같이 분해 트리 차트의 각 요소에 대한 서식을 지정하시오. 2점

　　▶ 차트 제목: 트랙별 행사 등록 세부 분석

　　　- 제목 서식: '굵게'

　　▶ 값: 글꼴 크기 '12'

3. 다음 지시사항에 따라 측정값, 테이블 차트, 그리고 새 테이블을 구현하시오. 15점

　① 다음 조건으로 〈등록현황〉 테이블에 측정값을 추가하시오. 2점

　　▶ 측정값 이름: [참석 수]

　　　- 활용 테이블 및 필드: 〈등록현황〉 테이블, 〈등록현황〉 테이블의 [참석완료] 필드

　　　- [참석완료] 필드가 "O"(영어 대문자 O)인 행의 개수 집계

　　　- 사용 함수: CALCULATE, COUNTROWS

　　▶ 측정값 이름: [참석율]

　　　- 활용 필드: 〈등록현황〉 테이블의 [참석 수], [총 등록 건수] 측정값

　　　- 총 등록 건수 중 실제 참석한 수의 비중

　　　- 사용 함수: DIVIDE

　　　- 서식: 백분율, 소수점 둘째 자리까지 표시

　② 회사별 참가자 수를 나타내는 테이블 차트를 구현하시오. 3점

　　▶ 활용 필드

　　　- 〈등록현황〉 테이블의 [회사명] 필드

- 〈등록현황〉 테이블의 [총 등록 건수], [참석 수], [참석율] 측정값

▶ 차트 제목: 회사별 참가자 수

- 제목 서식: '굵게'

▶ 값 글꼴 크기 '15', 열 머리글 글꼴 크기 '17'

▶ 위치: '3-3' 위치에 배치

③ 데이터 입력 기능을 사용하여 다음 조건으로 테이블을 추가하시오. 2점

▶ 테이블 이름: 〈후드티순서〉

- 필드 구성: [후드티사이즈], [후드티사이즈_순서]

- [후드티사이즈]: S, M, L, XL, 2XL, 3XL

- [후드티사이즈_순서]: 1, 2, 3, 4, 5, 6

▶ 테이블 이름: 〈티셔츠순서〉

- 필드 구성: [티셔츠사이즈], [티셔츠사이즈_순서]

- [티셔츠사이즈]: S, M, L, XL, 2XL, 3XL

- [티셔츠사이즈_순서]: 1, 2, 3, 4, 5, 6

④ 〈등록현황〉 테이블의 [후드티사이즈], [티셔츠사이즈] 필드를 숨김 처리하시오. 2점

⑤ 후드티 사이즈별 개수를 나타내는 테이블 차트를 구현하시오. 3점

▶ 활용 필드

- 〈후드티순서〉 테이블의 [후드티사이즈] 필드

- 〈등록현황〉 테이블의 [총 등록 건수] 측정값

▶ 〈후드티순서〉 테이블의 [후드티사이즈] 필드를 [후드티사이즈_순서] 필드 기준으로 열 기준 정렬

▶ [후드티사이즈] 필드를 오름차순 정렬

▶ 서식

- 차트 제목: 후드티 사이즈별 개수

• 제목 서식: '굵게'

- 값 글꼴 크기 '15', 열 머리글 글꼴 크기 '17'

▶ 위치: '3-3' 위치에 기존에 있는 테이블 차트 위에 겹쳐서 배치

⑥ 티셔츠 사이즈별 개수를 나타내는 테이블 차트를 구현하시오. `3점`

▶ 활용 필드

- 〈티셔츠순서〉 테이블의 [티셔츠사이즈] 필드
- 〈등록현황〉 테이블의 [총 등록 건수] 측정값

▶ 〈티셔츠순서〉 테이블의 [티셔츠사이즈] 필드를 [티셔츠사이즈_순서] 필드 기준으로 열 기준 정렬

▶ [티셔츠사이즈] 필드를 오름차순 정렬

▶ 서식

- 차트 제목: 티셔츠 사이즈별 개수
  - 제목 서식: '굵게'
- 값 글꼴 크기 '15', 열 머리글 글꼴 크기 '17'

▶ 위치: '3-3' 위치에 기존에 있는 테이블 차트 위에 겹쳐서 배치

4. 다음 지시사항에 따라 책갈피와 버튼을 구현하시오. `15점`

① 아래 조건으로 특정 테이블 차트만 표시하고 나머지 테이블 차트는 숨기는 책갈피를 구현하시오. `6점`

▶ 책갈피 이름: 회사별 참가자

- "회사별 참가자 수" 테이블 차트 표시
- "후드티 사이즈별 개수", "티셔츠 사이즈별 개수" 테이블 차트 숨김

▶ 책갈피 이름: 후드티 사이즈 개수

- "후드티 사이즈별 개수" 테이블 차트 표시
- "티셔츠 사이즈별 개수", "회사별 참가자 수" 테이블 차트 숨김

▶ 책갈피 이름: 티셔츠 사이즈 개수

- "티셔츠 사이즈별 개수" 테이블 차트 표시
- "회사별 참가자 수", "후드티 사이즈별 개수" 테이블 차트 숨김

② 아래 조건으로 비어 있음 단추를 구현하시오. `2점`

▶ 단추 스타일 텍스트: 회사별 참가자

- 글꼴 크기 '14', '굵게'

▶ 작업

- 유형: '책갈피'

- 책갈피: '회사별 참가자'

▶ 위치: '3-4-②' 위치에 배치

③ 아래 조건으로 비어 있음 단추를 구현하시오. 2점

▶ 단추 스타일 텍스트: 후드티 사이즈 개수

- 글꼴 크기 '14', '굵게'

▶ 작업

- 유형: '책갈피'

- 책갈피: '후드티 사이즈 개수'

▶ 위치: '3-4-③' 위치에 배치

④ 아래 조건으로 비어 있음 단추를 구현하시오. 3점

▶ 단추 스타일 텍스트: 티셔츠 사이즈 개수

- 글꼴 크기 '14', '굵게'

▶ 작업

- 유형: '책갈피'

- 책갈피: '티셔츠 사이즈 개수'

▶ 위치: '3-4-④' 위치에 배치

⑤ 모든 단추의 서식을 아래 지시사항에 따라 설정하시오. 3점

▶ 스타일

- 테두리 제거

- 기본값

  • 채우기 색: '테마 색 6', 투명도 '0%'

  • 텍스트 글꼴색: '흰색'

- 가리킬 때

  • 채우기 색: '테마 색 2', 투명도 '0%'

문제1 작업준비 30점

해설 3.2.1
2회 모의고사 – 문제 1

문제 1-1-①

1. [데이터 가져오기] 메뉴로 이동하여 [Excel 통합 문서] 메뉴를 클릭한다.

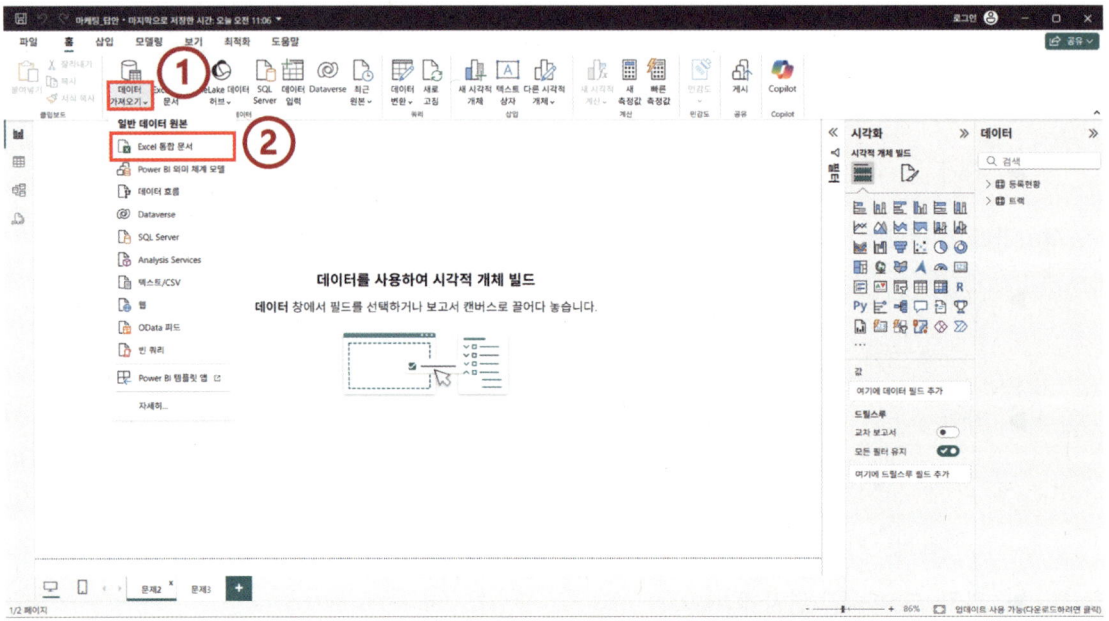

그림 3.2.1

2. '근태현황.xlsx' 파일을 선택한 뒤, [열기] 버튼을 클릭한다.

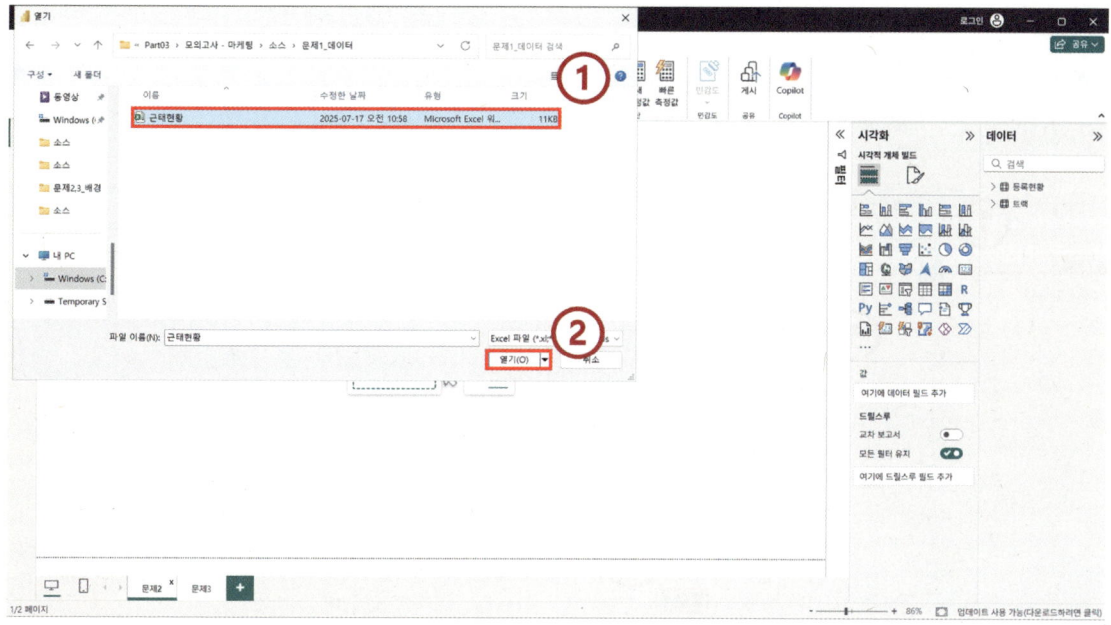

그림 3.2.2

3. 〈부서코드〉, 〈직원정보〉, 〈출근기록〉 테이블을 선택한 뒤, [데이터 변환] 버튼을 클릭한다.

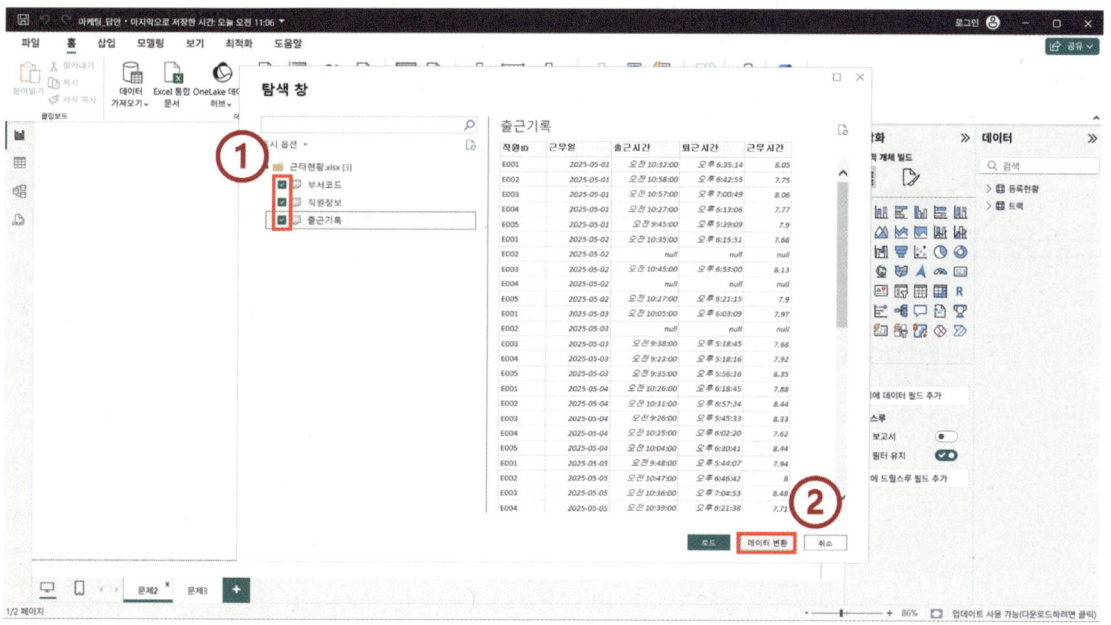

그림 3.2.3

4. 〈출근기록〉 테이블을 클릭한 뒤, [출근시간] 필드의 세부 메뉴로 이동하여 (Null) 필터를 해제한다. 그리고 [확인] 버튼을 클릭한다.

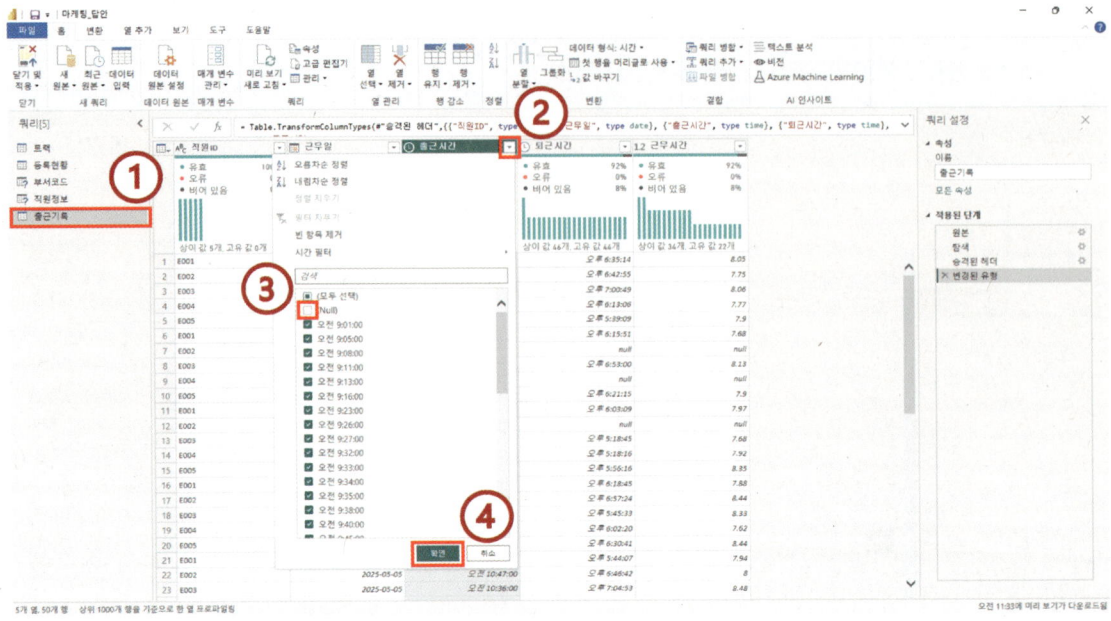

그림 3.2.4

5. 〈직원정보〉 테이블로 이동하여 [첫 행을 머리글로 사용] 버튼을 클릭한다.

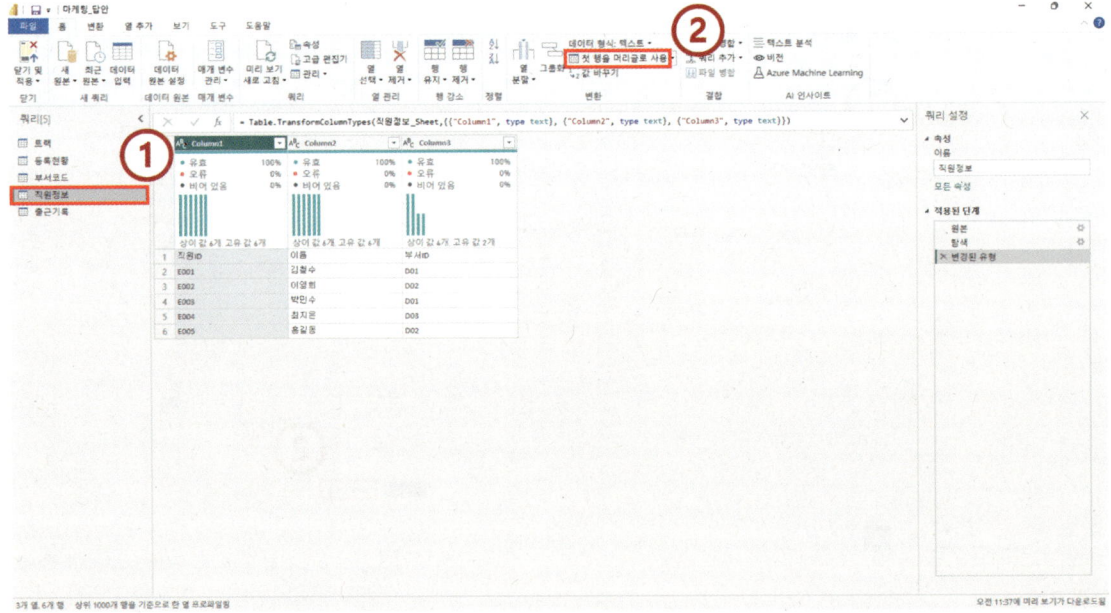

그림 3.2.5

6. 〈부서코드〉 테이블로 이동하여 [첫 행을 머리글로 사용] 버튼을 클릭한다.

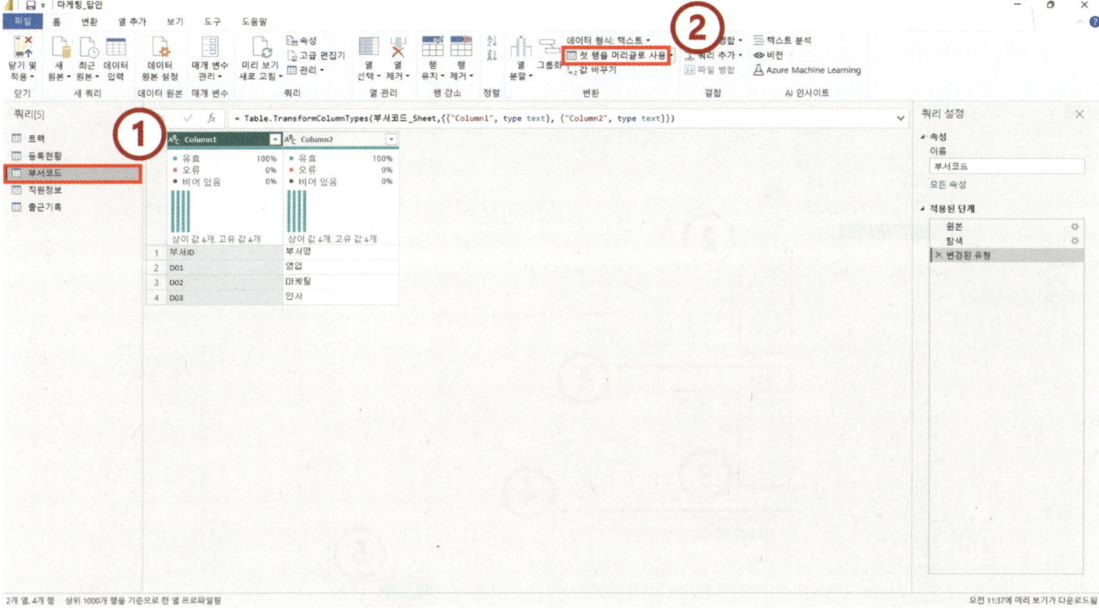

그림 3.2.6

문제 1-1-②

1. 〈출근기록〉 테이블로 이동한 뒤, [쿼리 병합] 버튼을 클릭한다.

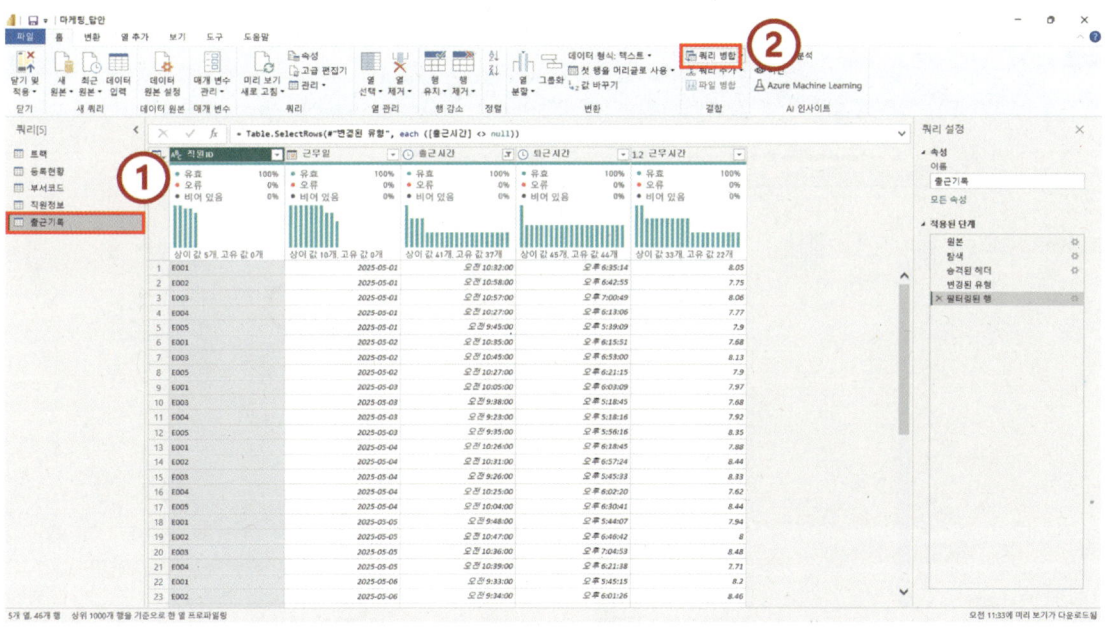

그림 3.2.7

2. 병합하고자 하는 테이블로 〈직원정보〉 테이블을 선택한다. 〈출근기록〉 테이블의 [직원ID] 필드와 〈직원정보〉 테이블의 [직원ID] 필드를 각각 선택한다. [조인 종류]는 '왼쪽 외부'로 선택한 뒤, [확인] 버튼을 클릭한다.

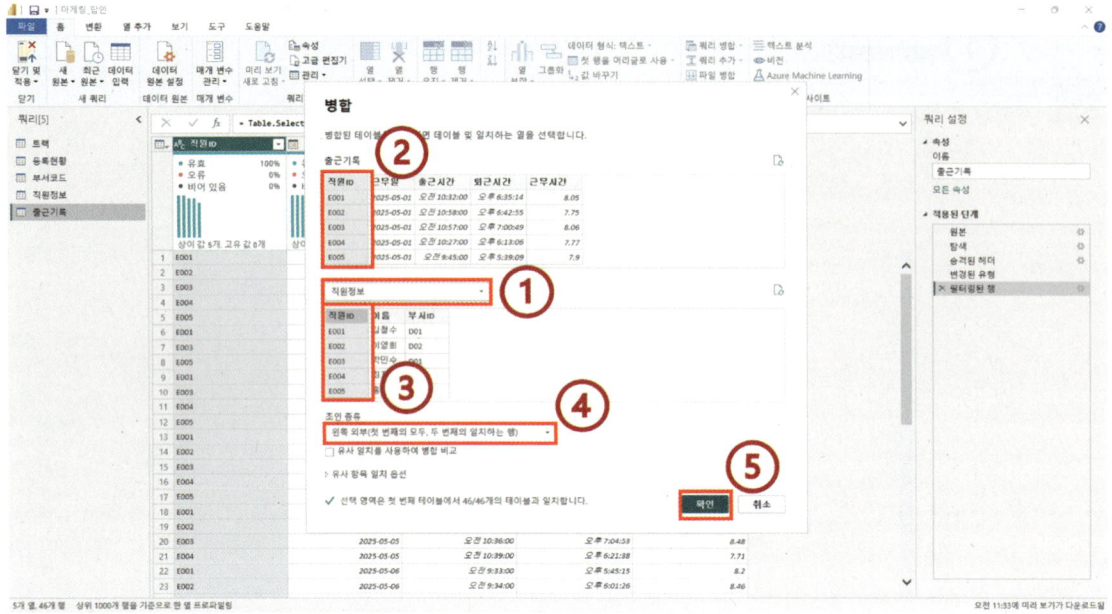

그림 3.2.8

3. [직원정보] 필드의 세부 메뉴로 이동하여 [직원ID] 필터 선택을 해제 한다. [원래 열 이름을 접두사로 사용] 옵션 또한 해제한 뒤, [확인] 버튼을 클릭한다.

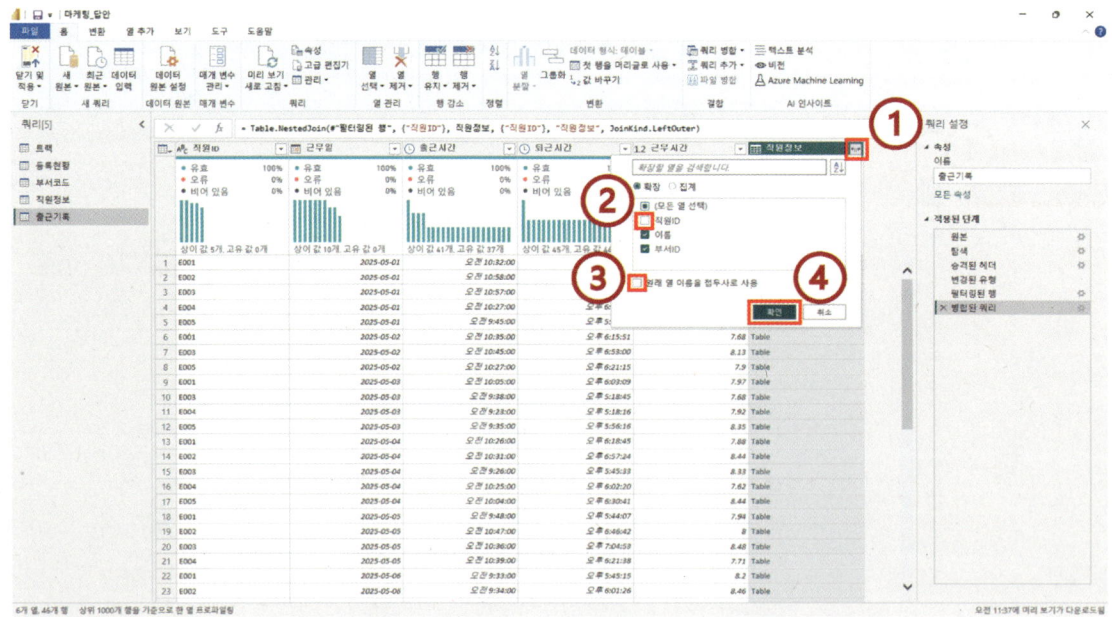

그림 3.2.9

4. 〈직원정보〉 테이블을 우측 마우스 클릭한 뒤, [로드 사용] 옵션을 선택 해제한다.

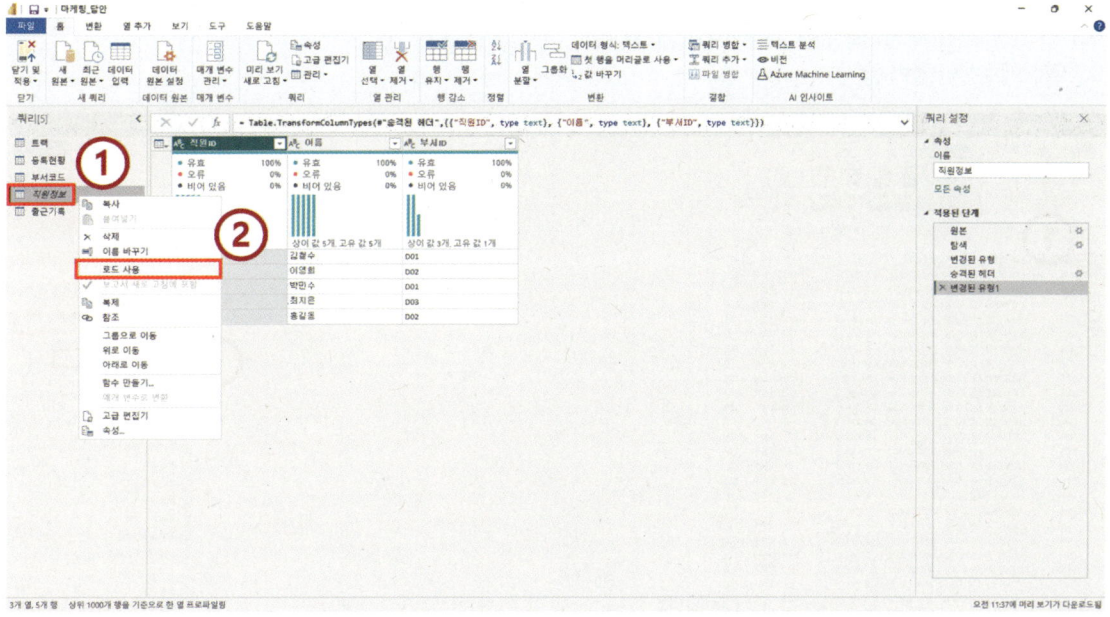

그림 3.2.10

5. [닫기 및 적용] 메뉴 내에 [닫기 및 적용] 하위 메뉴를 클릭한다.

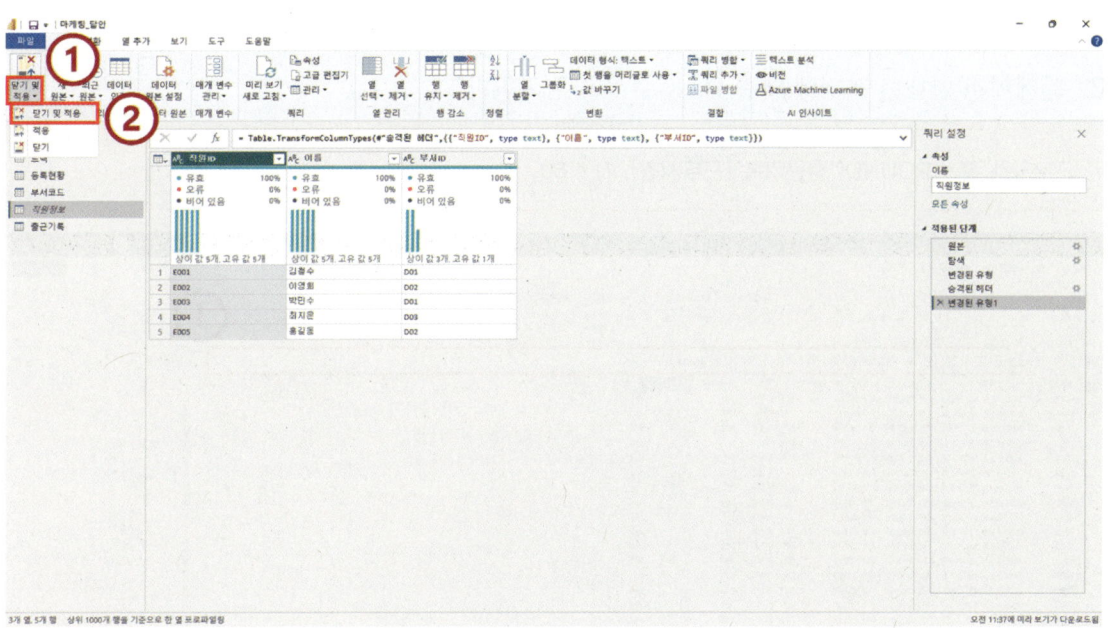

그림 3.2.11

문제 1-2-①

1. [테이블 보기] 화면으로 이동한 뒤, 〈출근기록〉 테이블을 우측 마우스 클릭한다. 그리고 [새 열] 메뉴를 클릭한다.

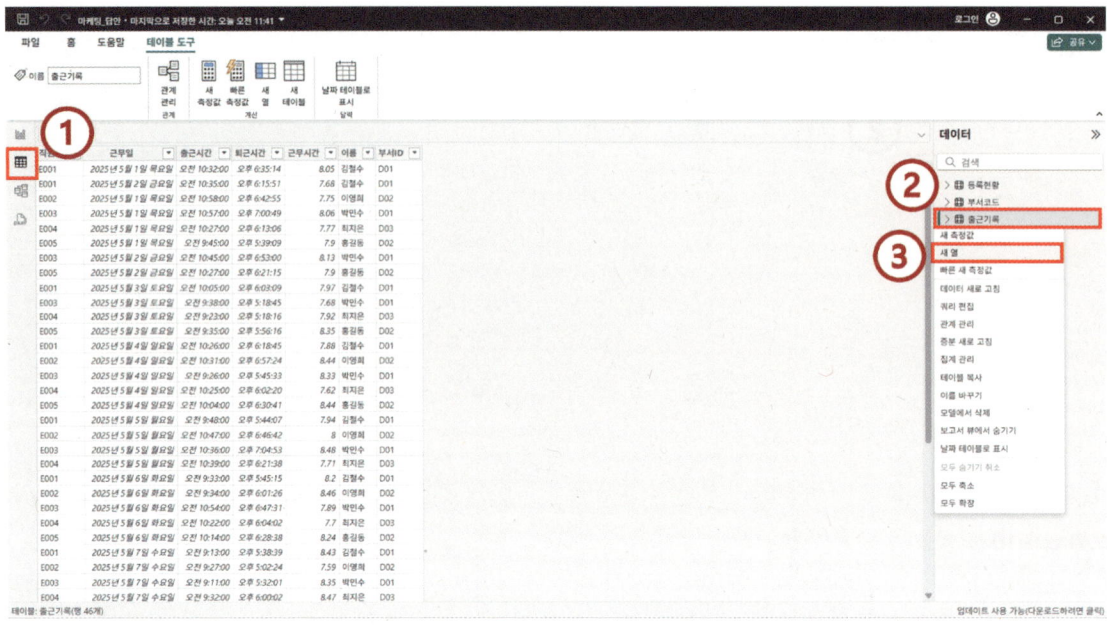

그림 3.2.12

2. 문제에서 안내한 조건에 맞는 DAX 수식을 입력한다.

```
근무시간_분 = ROUND('출근기록'[근무시간], 1) * 60
```

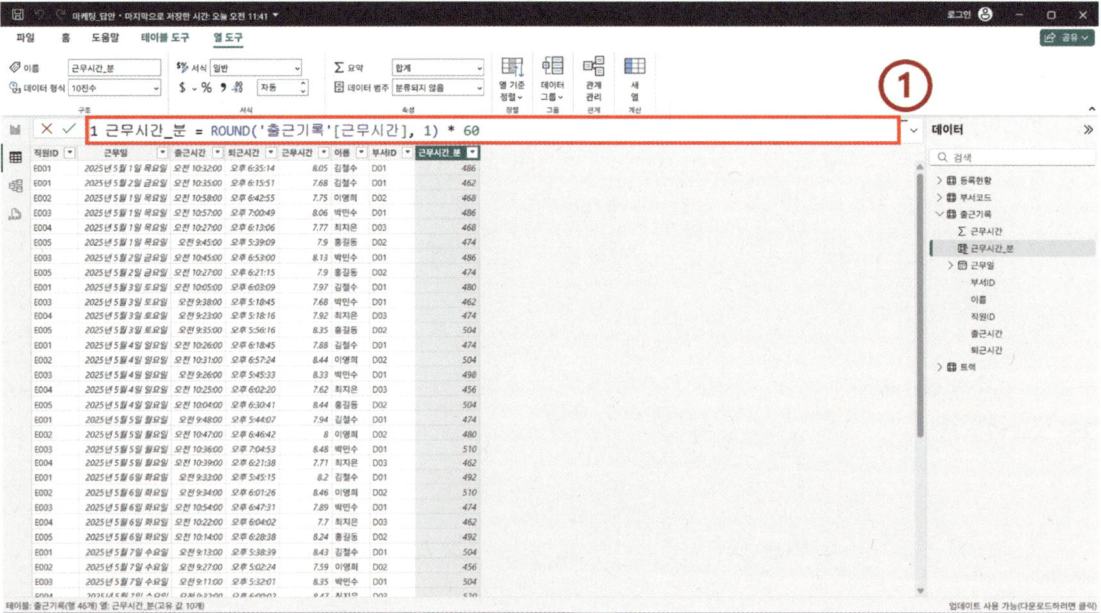

그림 3.2.13

문제 1-2-②

1. [모델 보기] 화면으로 이동한다. Ctrl 키를 누른 상태로 〈출근기록〉 테이블의 [근무시간]과 [근무시간_분] 필드를 클릭하여 모두 선택한다. [속성] 패널 내에 있는 [표시 폴더] 메뉴에 '시간 관련'을 입력한다.

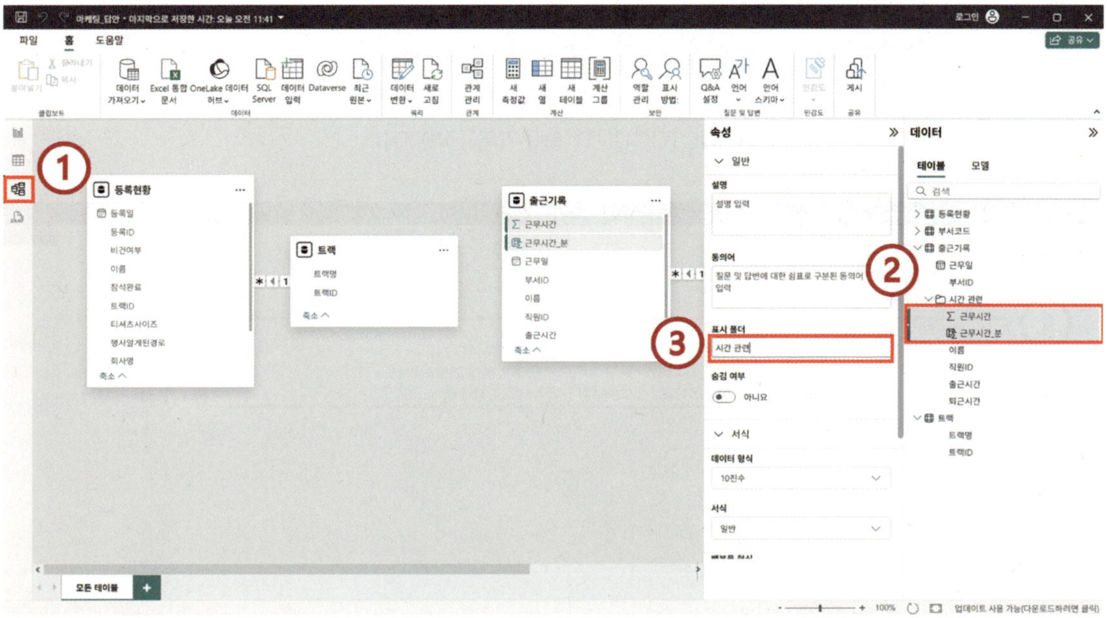

그림 3.2.14

문제 1-3-①

1. [테이블 보기] 화면으로 이동한 뒤, [새 테이블] 메뉴를 클릭한다. 문제에서 안내한 조건에 맞는 DAX 식을 입력한다.

> 부서별근태 = SUMMARIZE('부서코드', '부서코드'[부서명],
> "총근무시간", SUMX('출근기록', '출근기록'[근무시간]),
> "평균근무시간", AVERAGEX('출근기록', '출근기록'[근무시간]),
> "부서 인원 수", DISTINCTCOUNT('출근기록'[직원ID]))

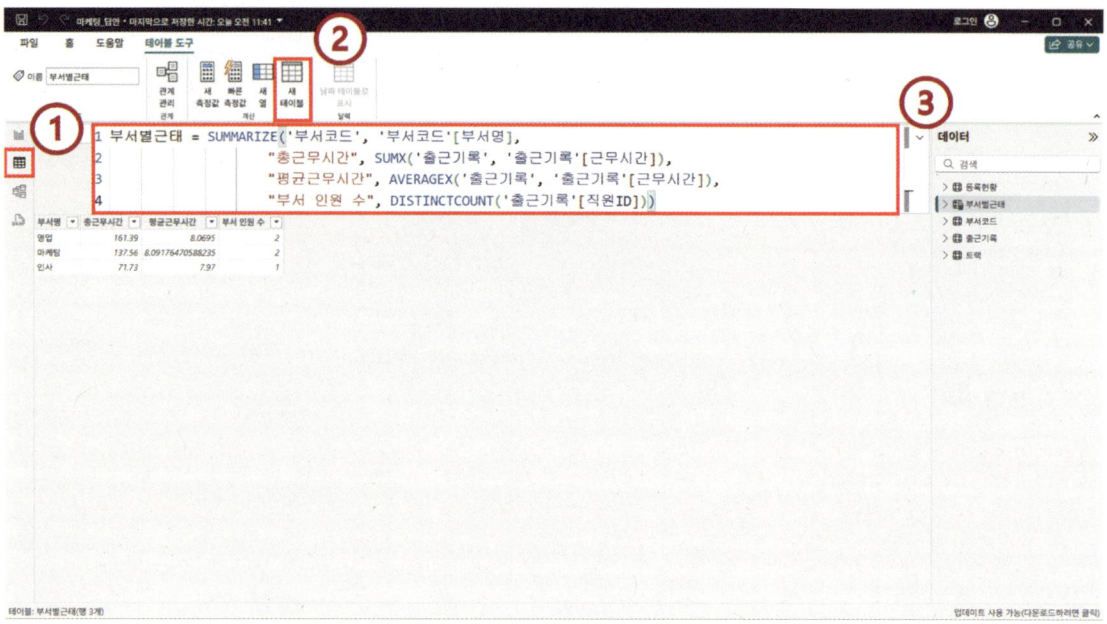

그림 3.2.15

문제 1-3-②

1. 〈출근기록〉 테이블을 우측 마우스 클릭한 뒤, [새 측정값] 메뉴를 클릭한다.

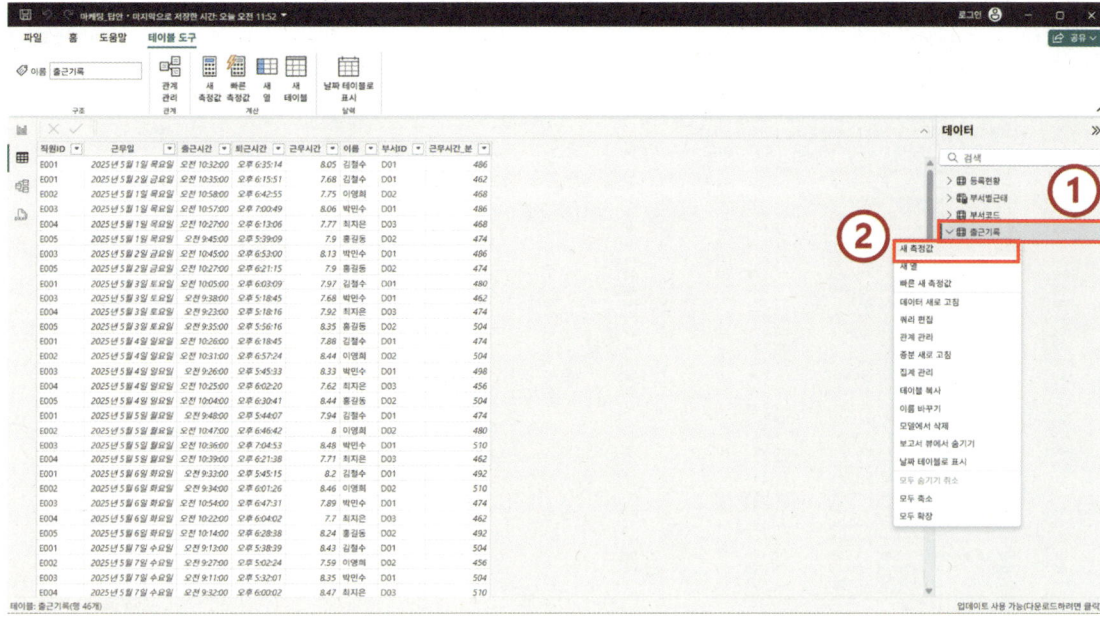

그림 3.2.16

2. 문제에서 안내한 조건에 맞는 DAX 식을 입력한다.

```
최대근무시간 = MAX('출근기록'[근무시간])
```

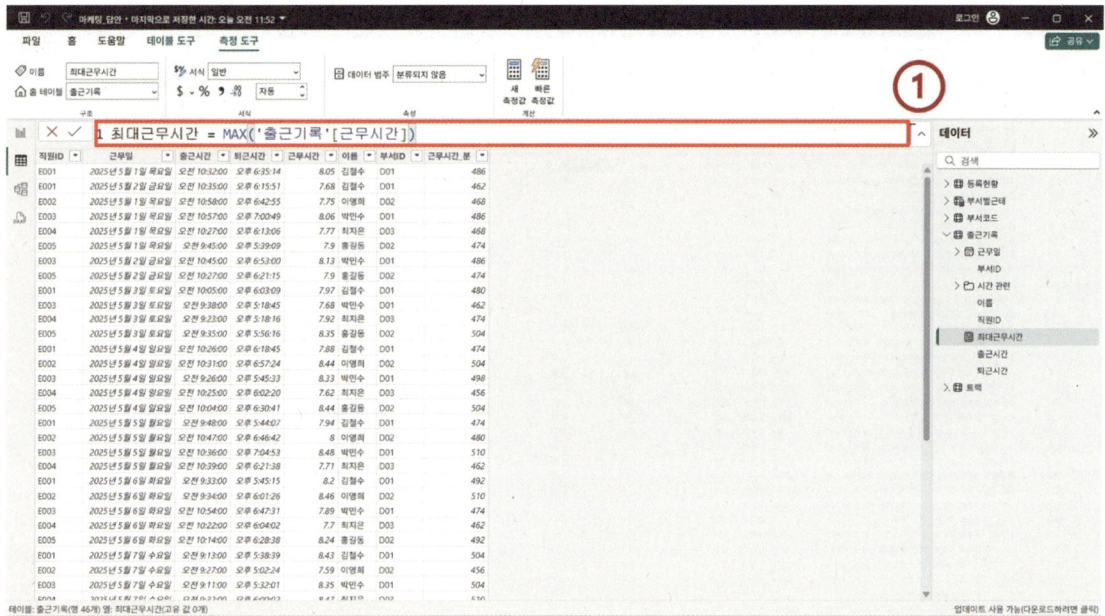

그림 3.2.17

문제 1-3-③

1. 〈출근기록〉 테이블을 우측 마우스 클릭한 뒤, [새 열] 메뉴를 클릭한다.

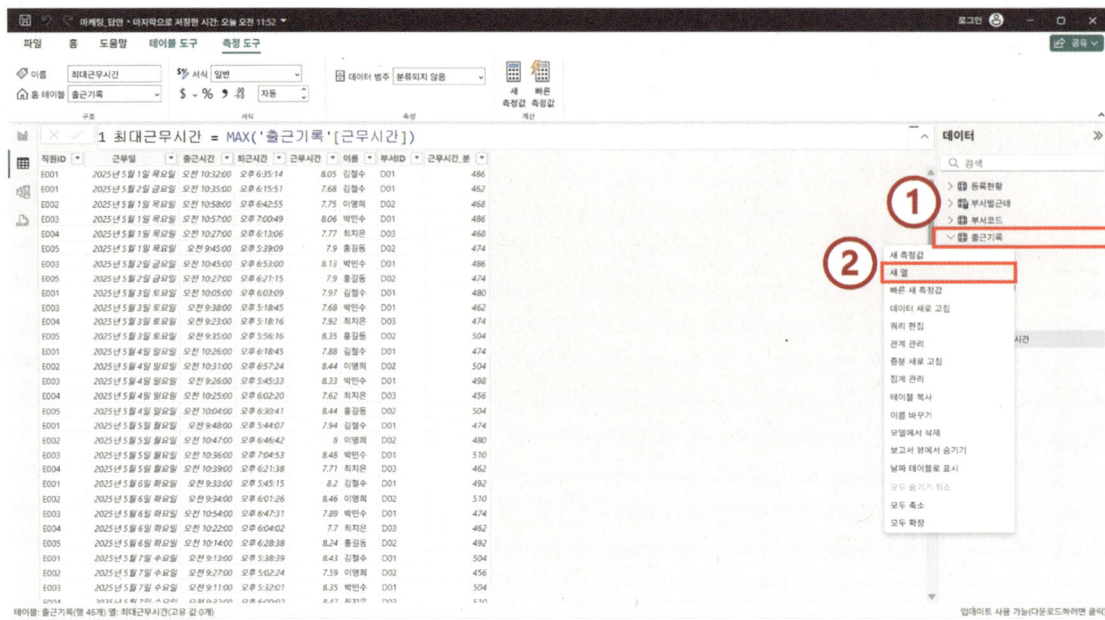

그림 3.2.18

2. 문제에서 안내한 조건에 맞는 DAX 식을 입력한다. 소수점 자리 입력란에 '2'를 입력한다.

```
초과 근무시간 = IF('출근기록'[근무시간] > 8, '출근기록'[근무시간] - 8, 0)
```

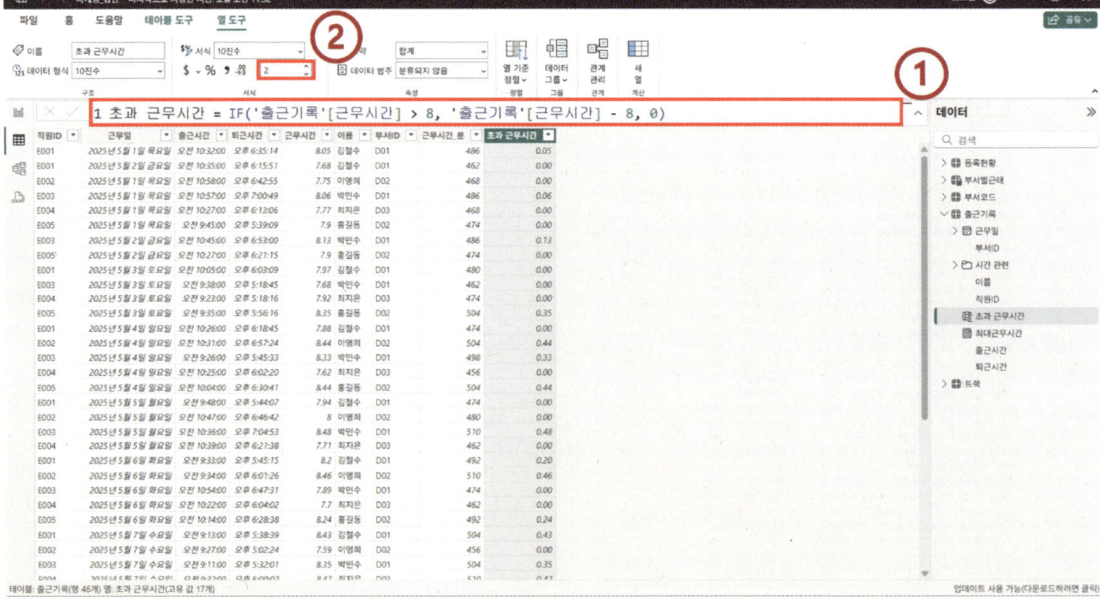

그림 3.2.19

문제 1-3-④

1. 〈출근기록〉, 〈부서코드〉, 〈부서별근태〉 테이블명 위에 마우스를 올린 뒤, 숨기기 아이콘을 클릭하여 해당 테이블들을 숨김 처리한다.

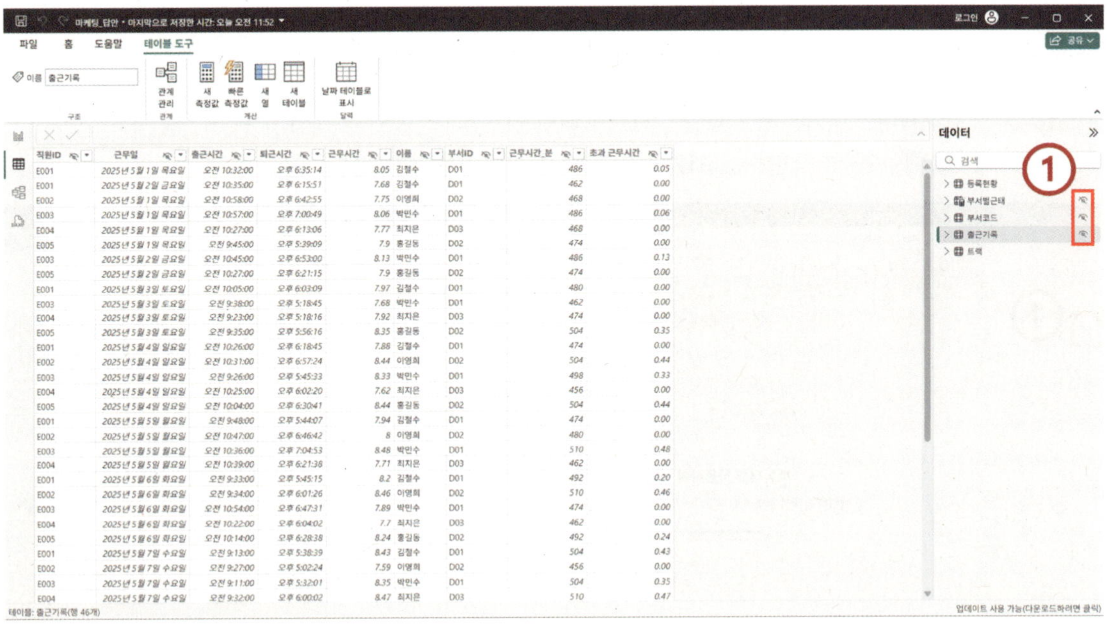

그림 3.2.20

문제 2-1-①

1. [보고서 보기] 화면으로 이동한 후, [문제2] 페이지로 이동한다. [서식 페이지] 메뉴 내에 [캔버스 배경] 메뉴를 클릭한다. 그리고 이미지 [찾아보기] 아이콘을 클릭한다.

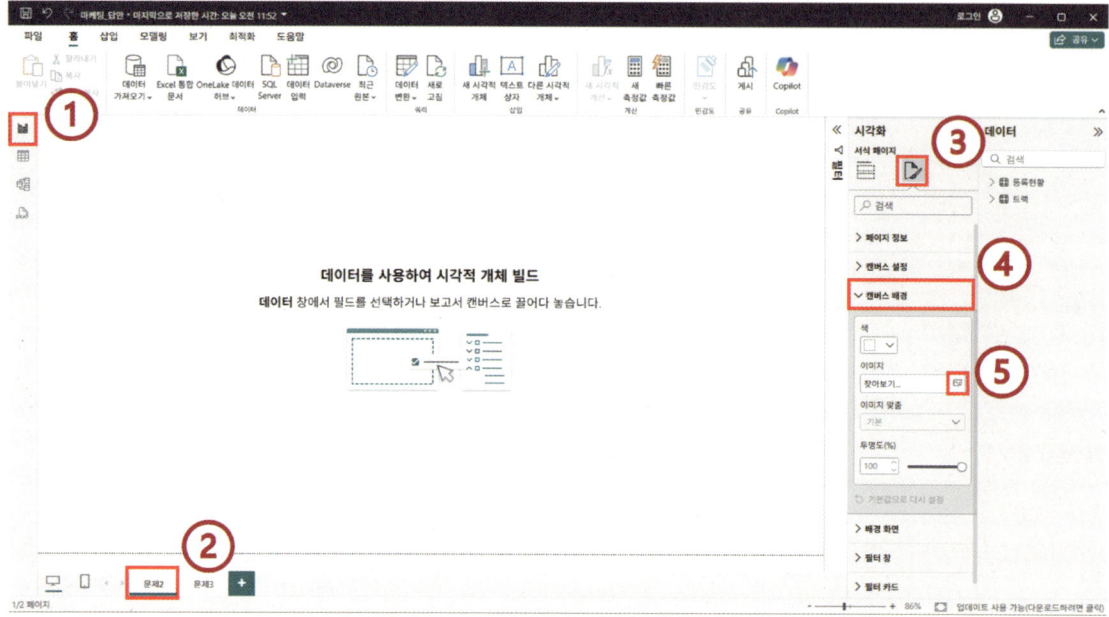

그림 3.2.21

2. '문제2_배경.png' 파일을 선택한 뒤, [열기] 버튼을 클릭한다.

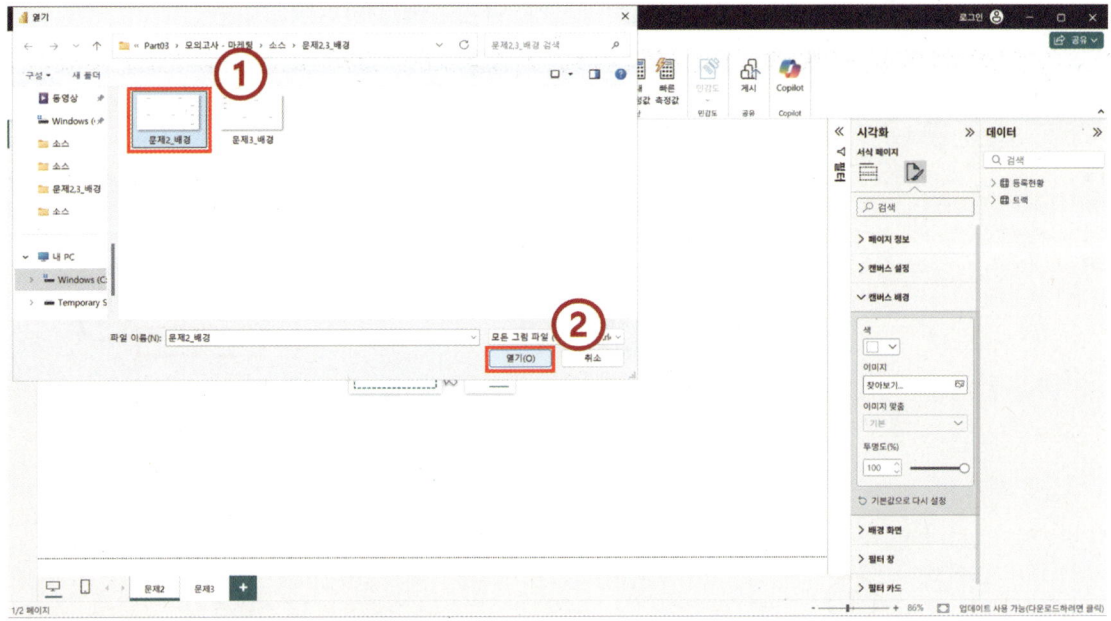

그림 3.2.22

3. [이미지 맞춤]을 '맞춤'으로 설정한다. [투명도]는 '0'으로 설정한다.

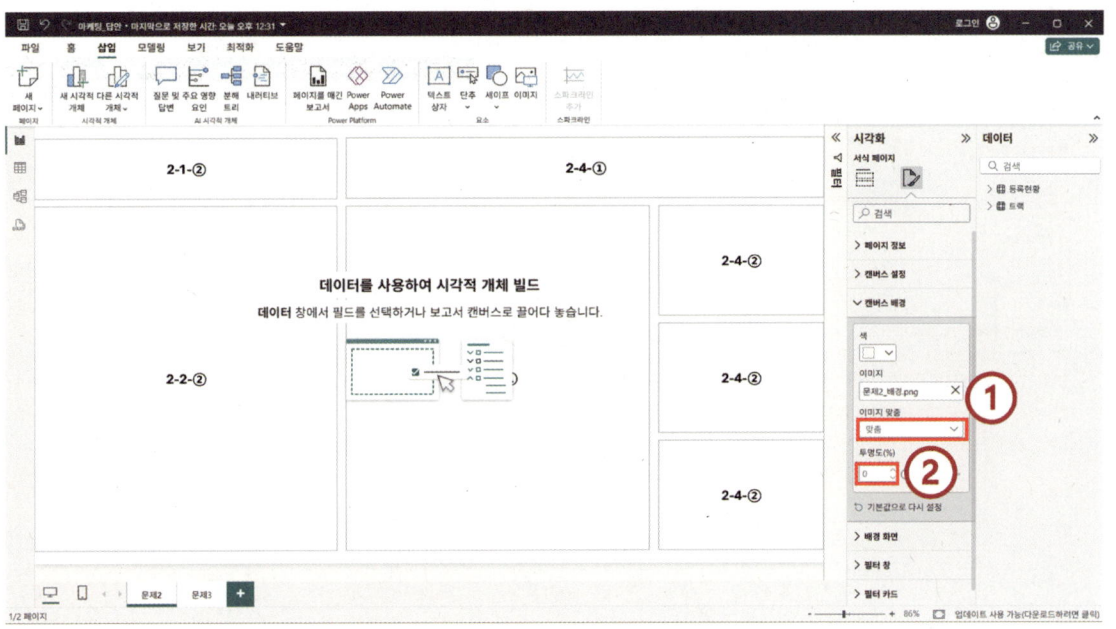

그림 3.2.23

4. [문제3] 페이지로 이동한다. [서식 페이지]로 이동한다. [서식 페이지] 메뉴 내에 [캔버스 배경] 메뉴를 클릭한다. 그리고 이미지 [찾아보기] 아이콘을 클릭한다.

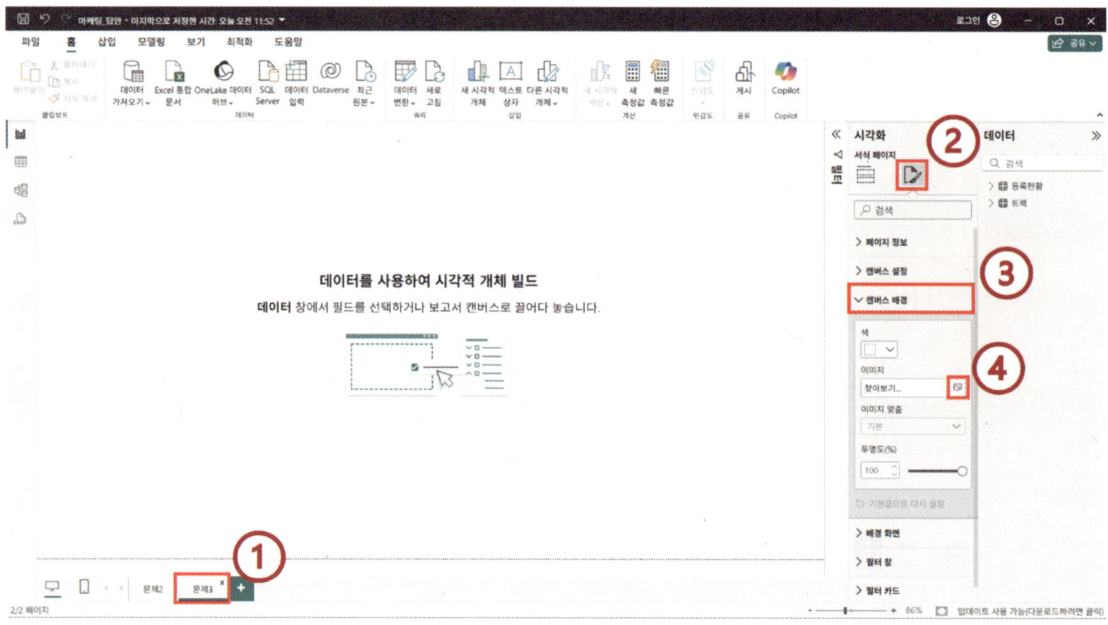

그림 3.2.24

5. '문제3_배경.png' 파일을 클릭한 뒤, [열기] 버튼을 클릭한다.

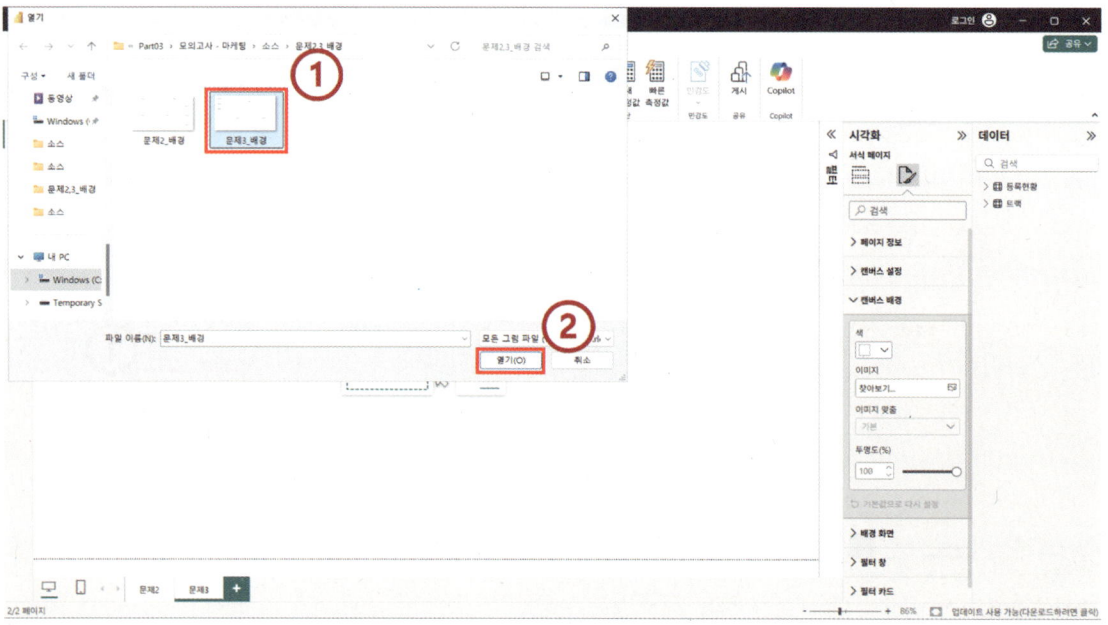

그림 3.2.25

6. [이미지 맞춤]을 '맞춤'으로 설정한다. [투명도]는 '0'으로 설정한다.

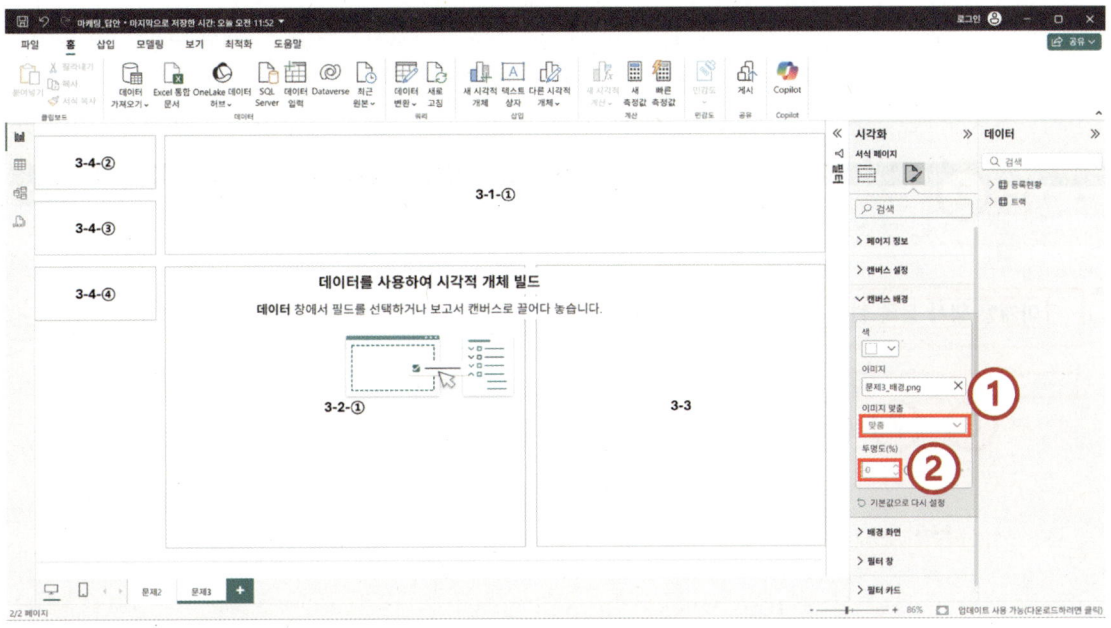

그림 3.2.26

7. [보기] 메뉴 내에 [테마] 메뉴를 확장하여 '프런티어' 테마를 선택한다.

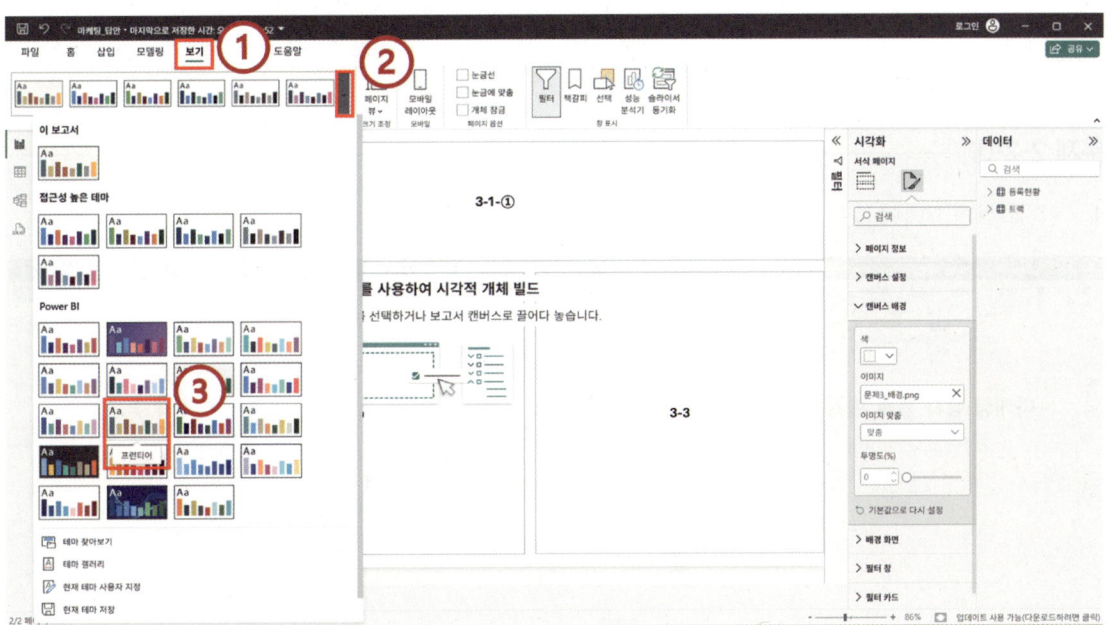

그림 3.2.27

문제 2-1-②

1. [문제2] 페이지로 이동한 후, [삽입] 메뉴 내 [텍스트 상자]를 클릭한다. 텍스트 상자를 2-1-② 위치에 배치한 뒤, '마케팅 행사 등록 현황' 텍스트를 입력한다. 글꼴 서식을 'Verdana', 크기 '28', '굵게', '가운데 정렬'로 설정한다.

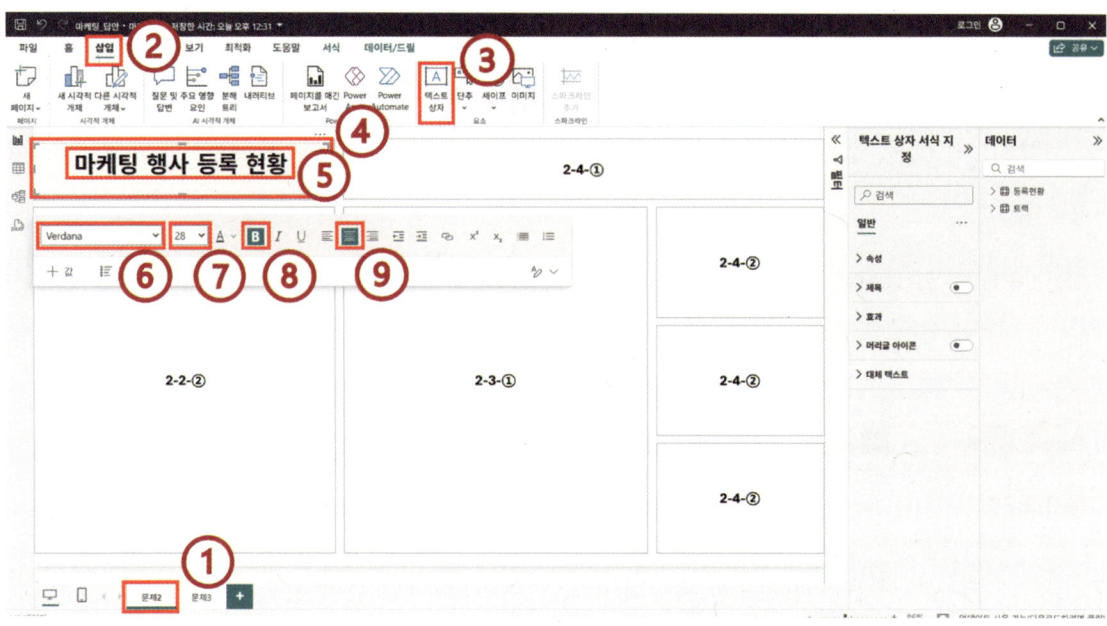

그림 3.2.28

문제 2-2-①

1. 〈등록현황〉 테이블을 우측 마우스 클릭 후 [새 측정값] 메뉴를 클릭한다.

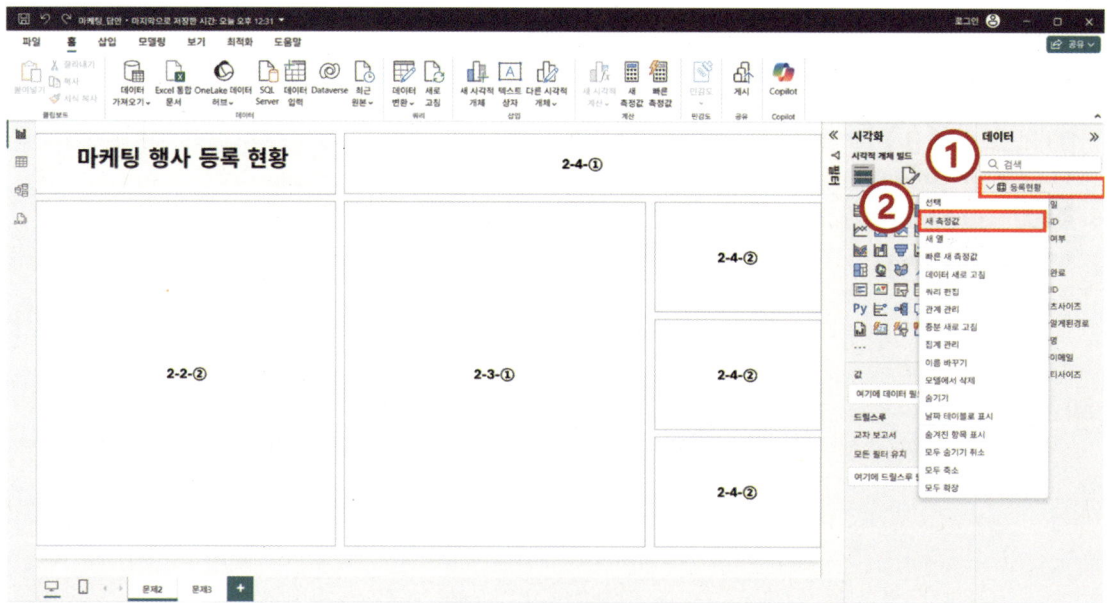

그림 3.2.29

2. 문제에서 안내한 조건에 맞는 DAX 식을 입력한다. [서식]을 '정수'로 설정하고 [천 단위 구분 기호]를 적용한다.

> 총 등록 건수 = COUNTROWS('등록현황')

그림 3.2.30

3. 〈등록현황〉 테이블을 우측 마우스 클릭 후 [새 측정값] 메뉴를 클릭한다.

그림 3.2.31

제 2 회 모의고사 351

4. 문제에서 안내한 조건에 맞는 DAX 식을 입력한다.

> 비건 식사 등록 건수 = CALCULATE(COUNTROWS('등록현황'), '등록현황'[비건여부] == "네")

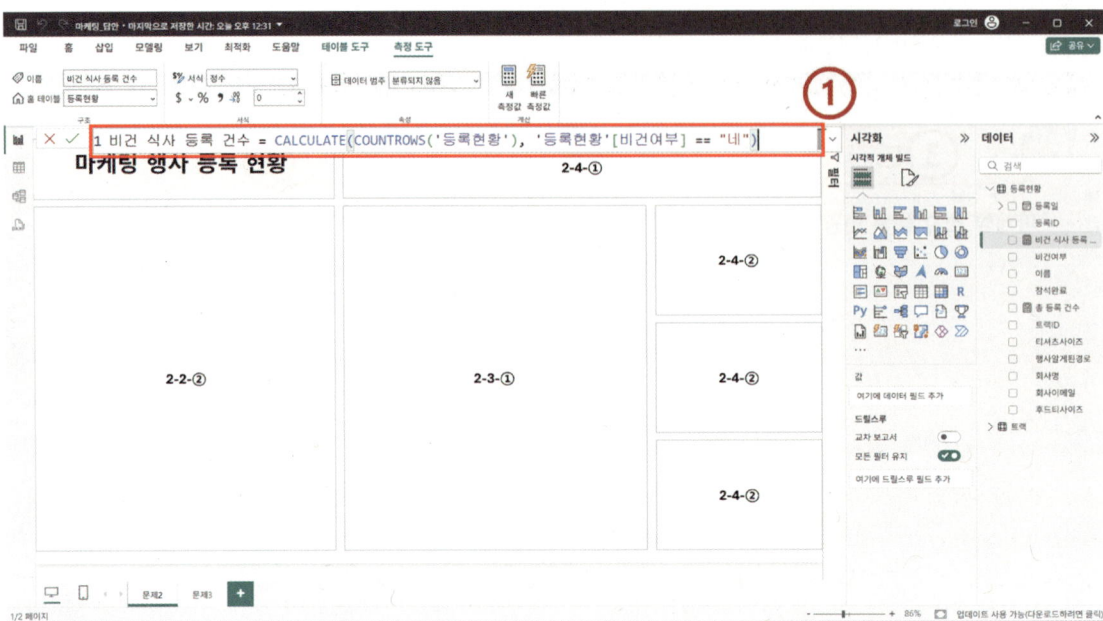

그림 3.2.32

5. 〈등록현황〉 테이블을 우측 마우스 클릭 후 [새 측정값] 메뉴를 클릭한다.

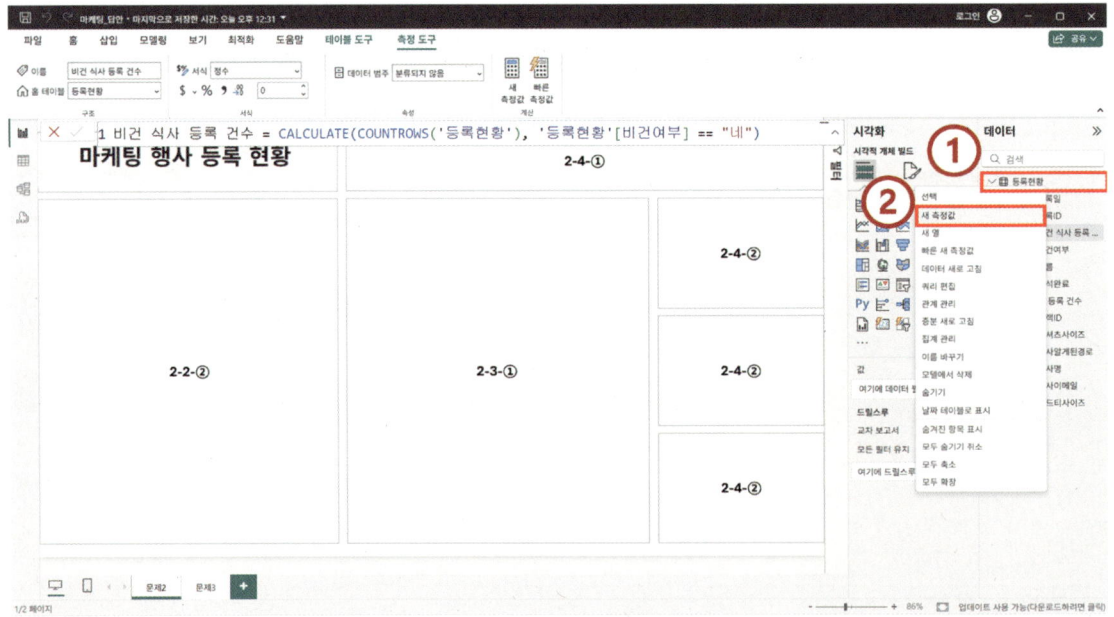

그림 3.2.33

6. 문제에서 안내한 조건에 맞는 DAX 식을 입력한다.

> 참가 회사 개수 = DISTINCTCOUNT('등록현황'[회사명])

그림 3.2.34

문제 2-2-②

1. 묶은 가로 막대형 차트를 추가한 뒤, 2-2-② 위치에 배치한다. [Y축] 영역에는 〈트랙〉 테이블의 [트랙명] 필드를 추가하고 [X축] 영역에는 〈등록현황〉 테이블의 [총 등록 건수] 측정값을 추가한다. [도구 설명] 영역에는 〈등록현황〉 테이블의 [비건 식사 등록 건수] 측정값을 추가한다.

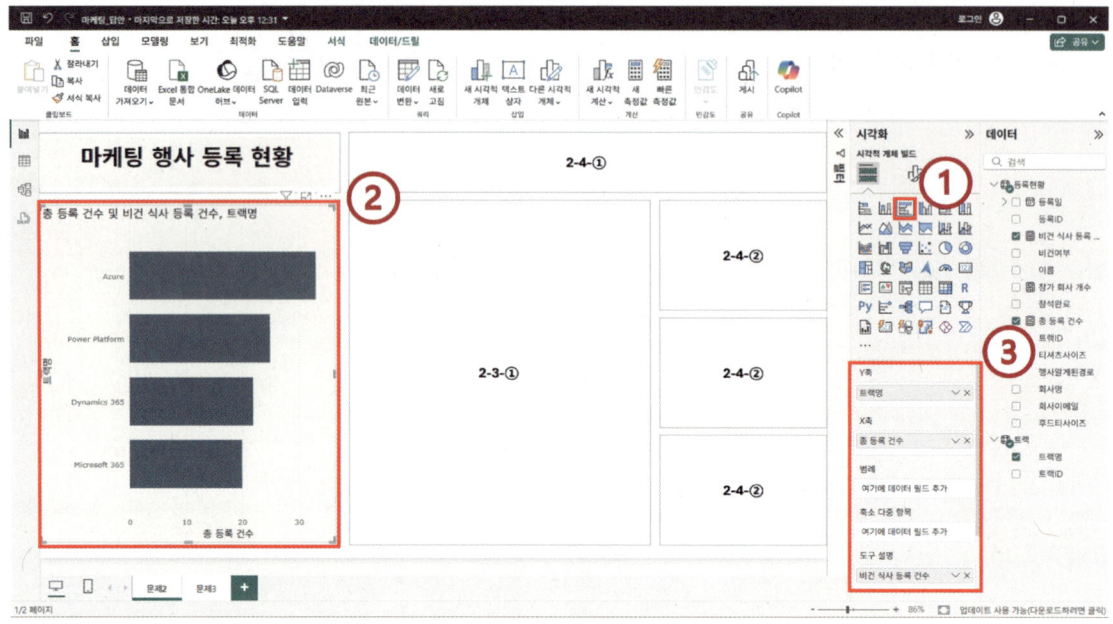

그림 3.2.35

문제 2-2-③

1. [시각적 개체 서식 지정] 메뉴로 이동한 뒤, [일반] 메뉴로 이동한다. [제목] 메뉴에서 텍스트를 '트랙별 등록 건수'로 수정한다. 글꼴 크기와 서식을 '14', '굵게'로 설정한다.

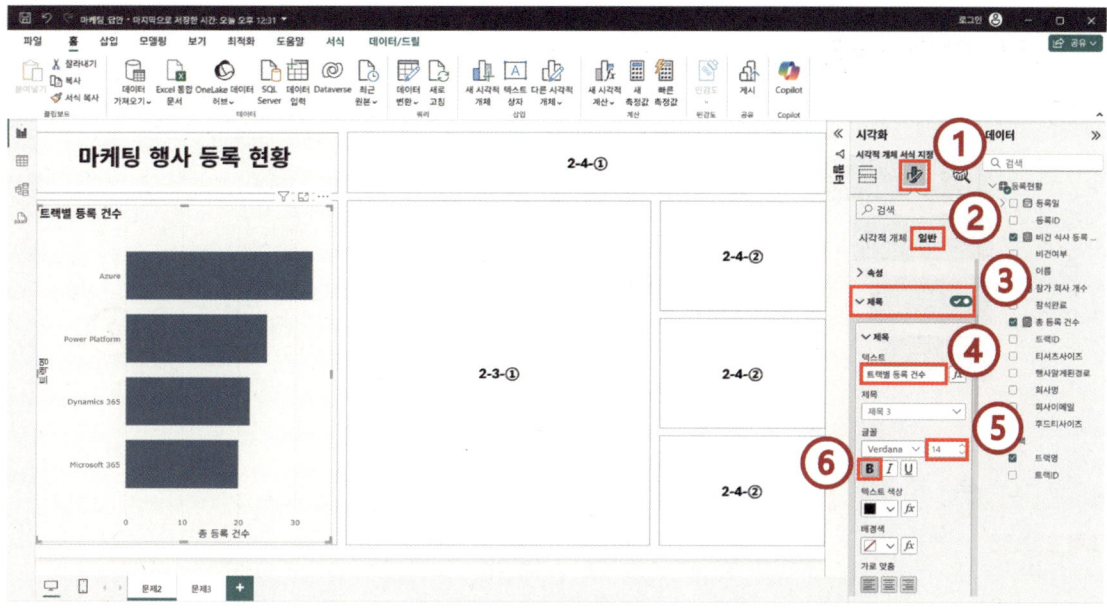

그림 3.2.36

2. [부제목]을 활성화한다. [부제목]의 텍스트를 '막대 위 마우스 올리면 비건 등록 건수 확인 가능'으로 설정한다. 글꼴 크기와 서식을 '11', '굵게'로 설정한다.

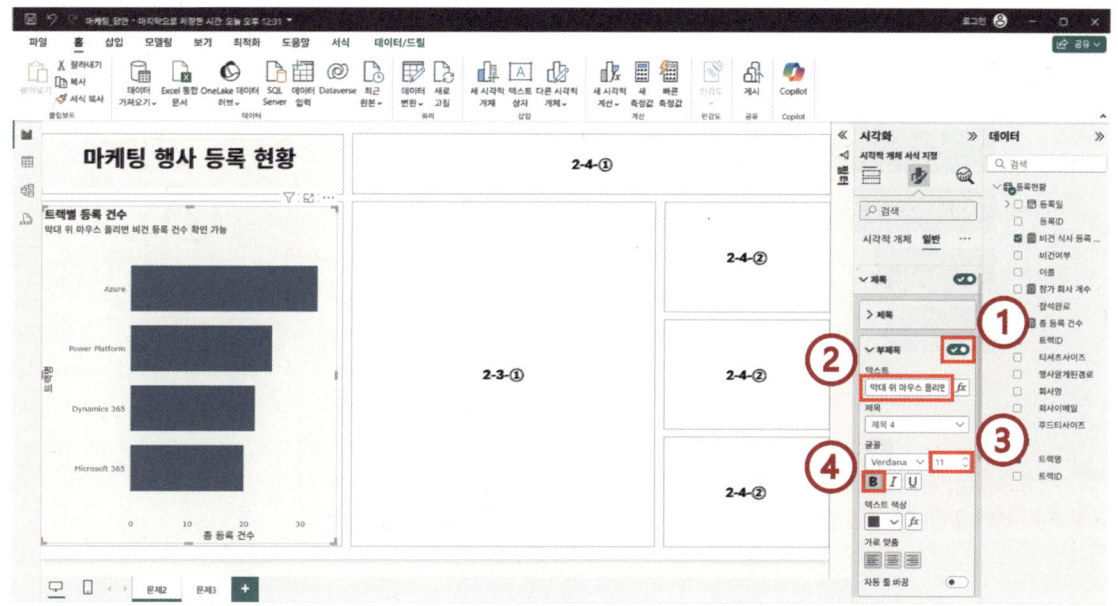

그림 3.2.37

3. [시각적 개체] 메뉴로 이동하여 [데이터 레이블]을 활성화한다.

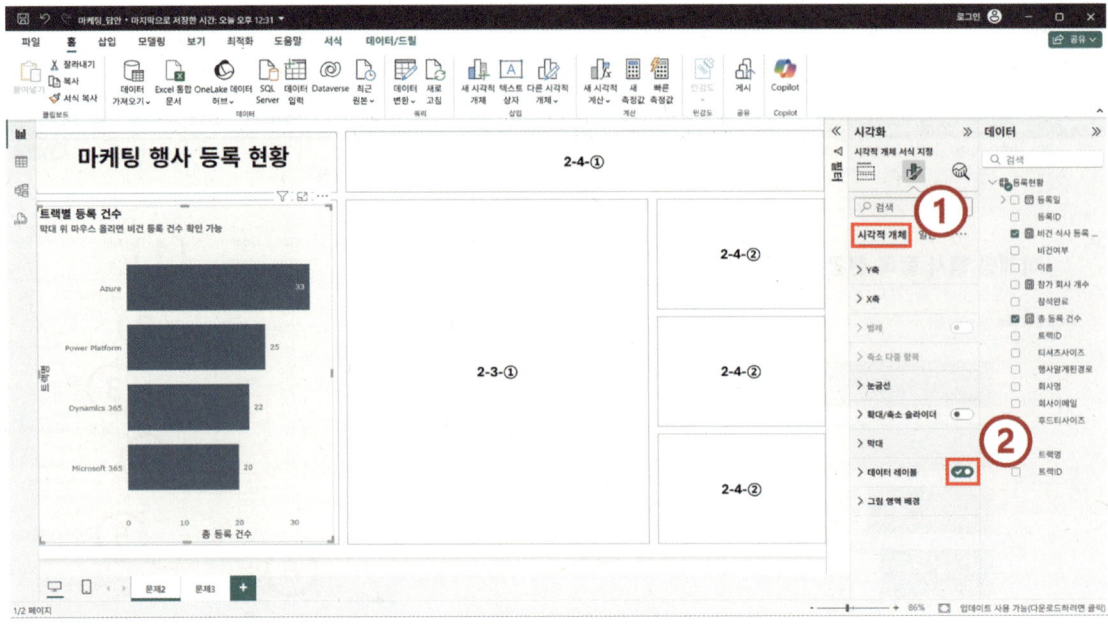

그림 3.2.38

4. [눈금선] 메뉴로 이동한 뒤, [색] 버튼을 클릭한다.

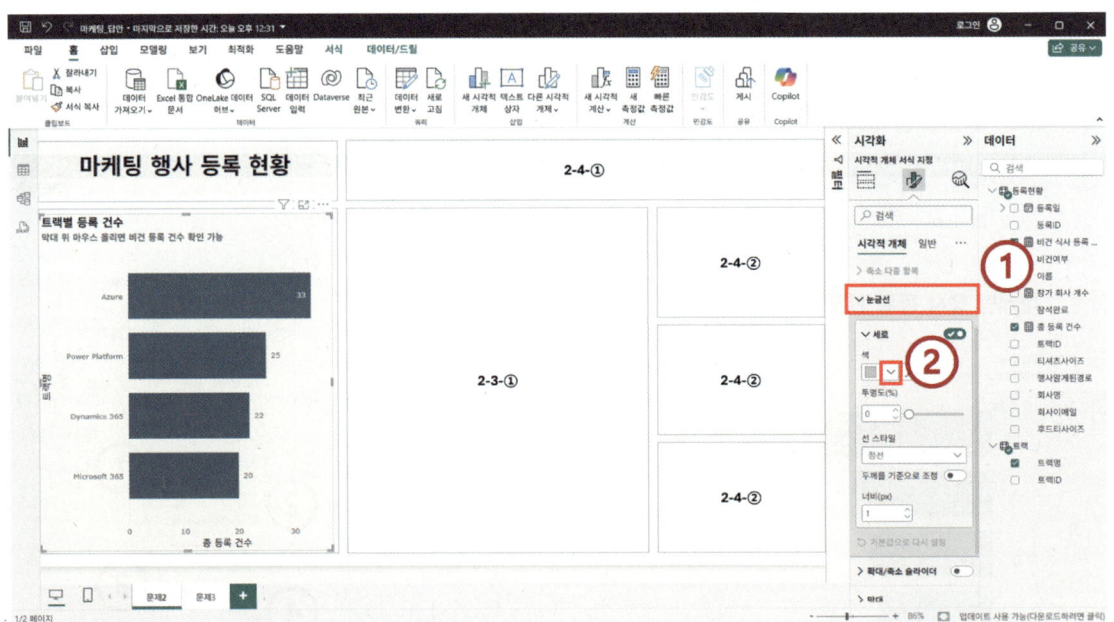

그림 3.2.39

5. [테마 색 8]을 선택한다.

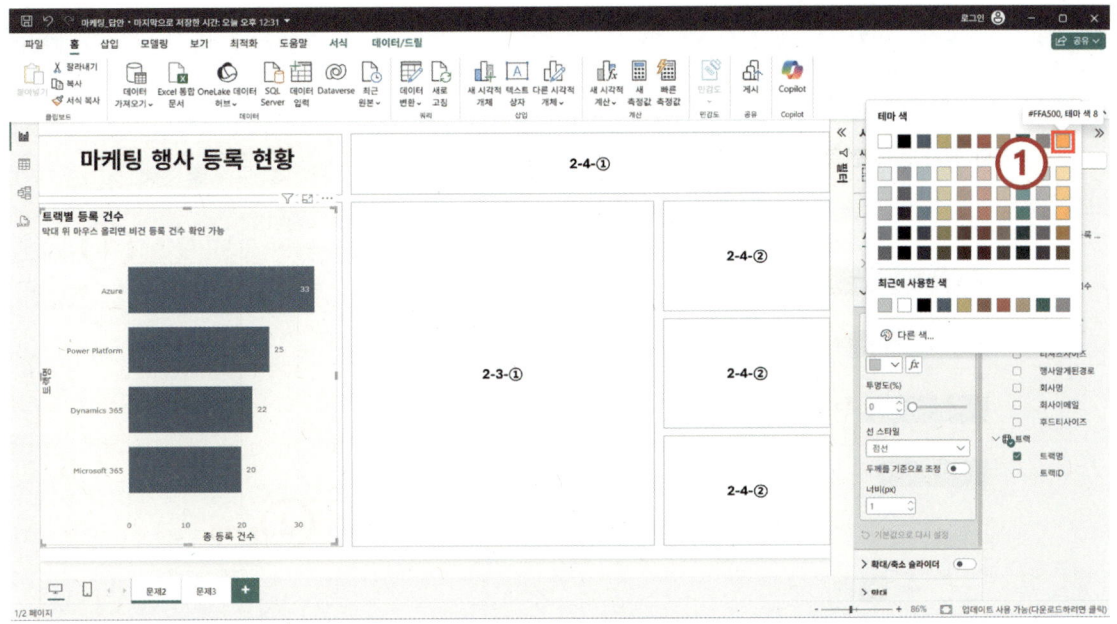

그림 3.2.40

6. [선 스타일]을 '파선'으로 설정하고, [너비]를 '3'으로 설정한다.

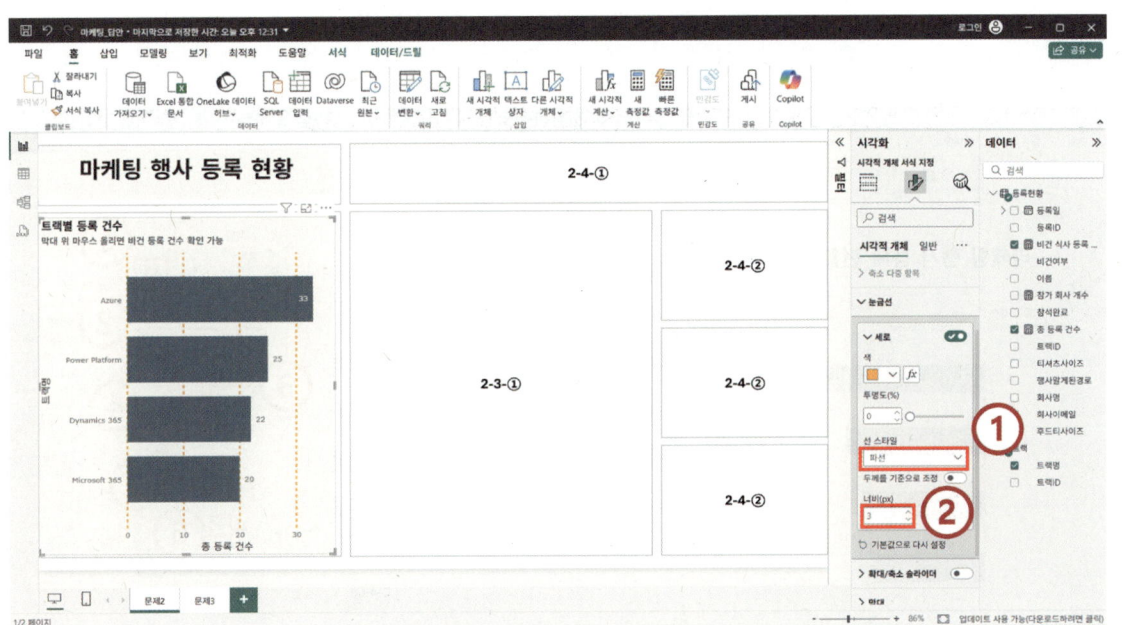

그림 3.2.41

7. [막대] 메뉴로 이동한 뒤, [범주 사이의 간격]을 '50'으로 설정한다.

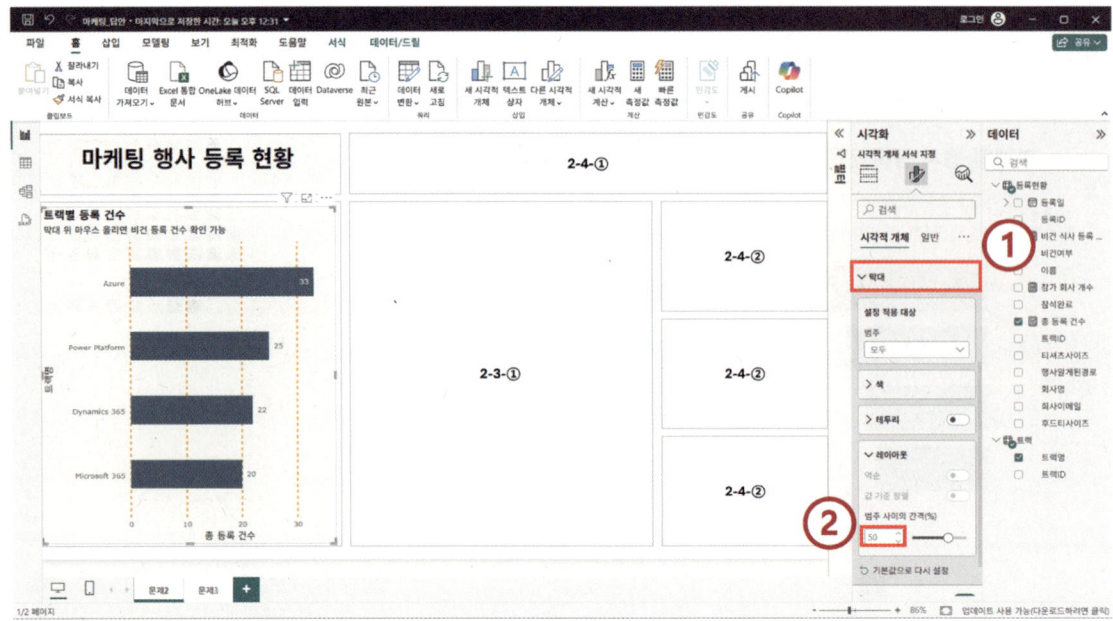

그림 3.2.42

8. [분석] 메뉴로 이동한 뒤, [상수 선] 메뉴 내에 [선 추가] 버튼을 클릭한다. 추가된 상수 선의 이름을 더블 클릭한 뒤 '모객 목표'로 이름을 수정한다. [값]을 '25'로 설정한 뒤 [색] 버튼을 클릭한다.

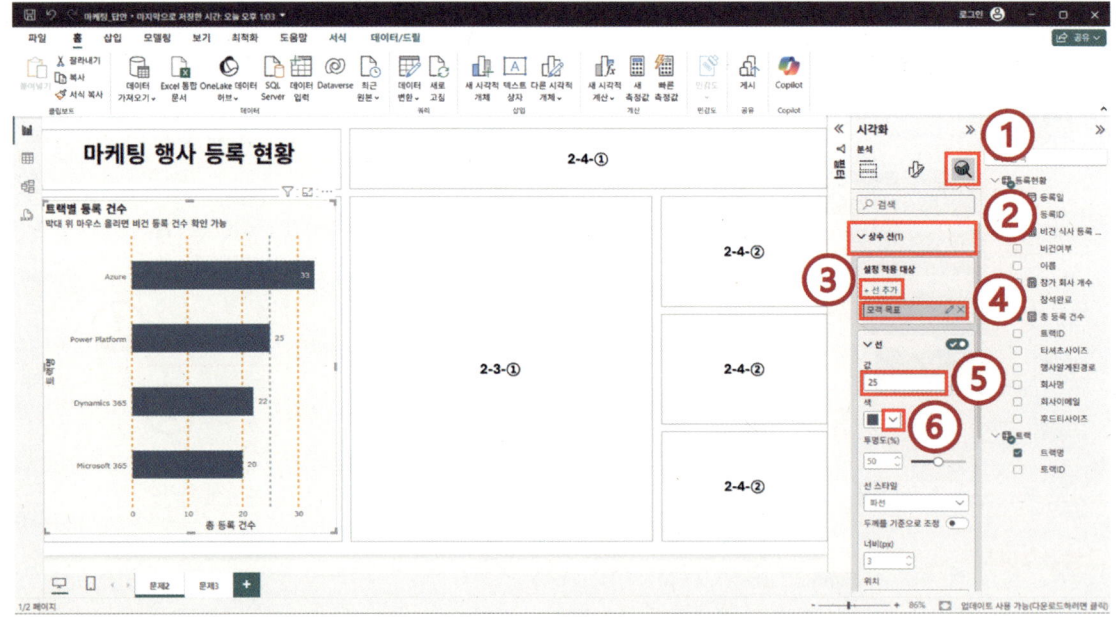

그림 3.2.43

9. [테마 색 4]를 선택한다.

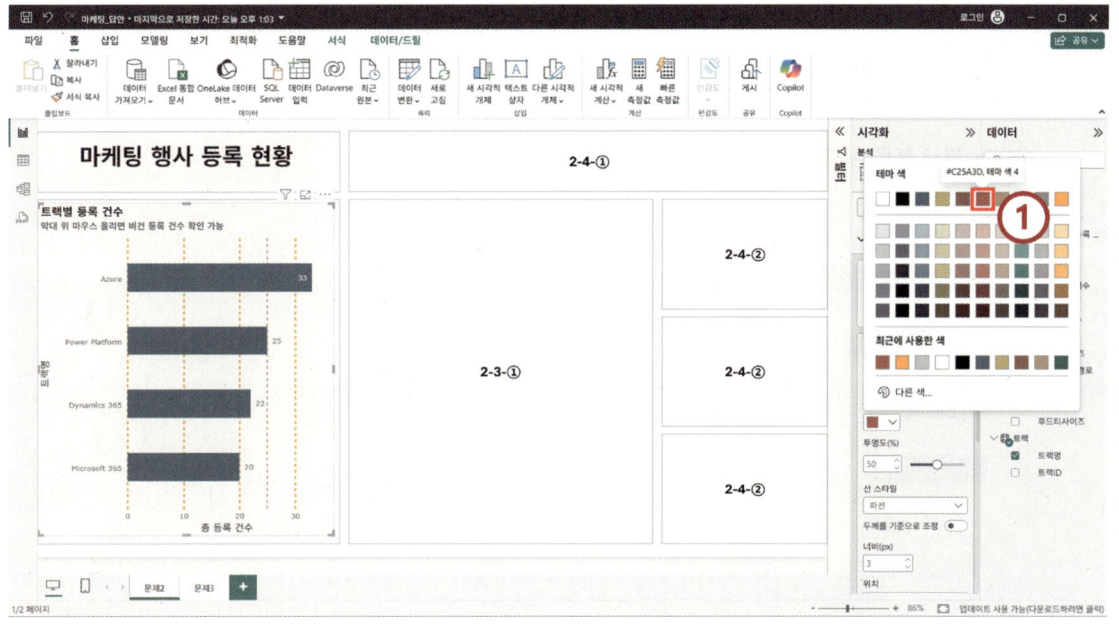

그림 3.2.44

10. [투명도]를 '0'으로 설정하고, [선 스타일]을 '파선'으로 설정한다.

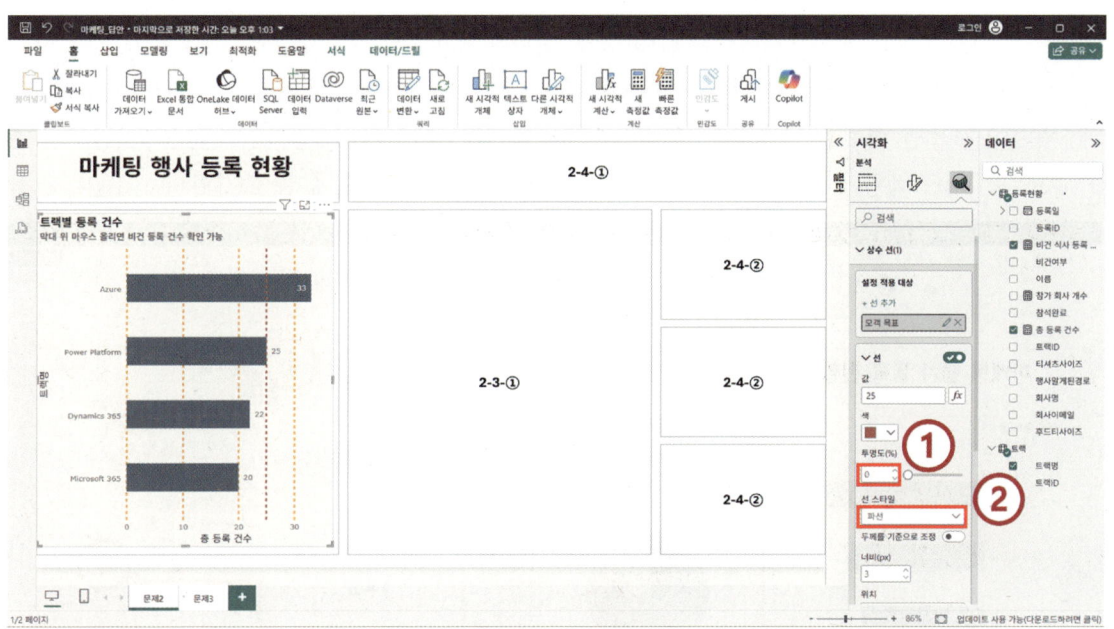

그림 3.2.45

11. 상수 선의 [데이터 레이블]을 활성화 한 뒤, [스타일]을 '모두'로 설정한다.

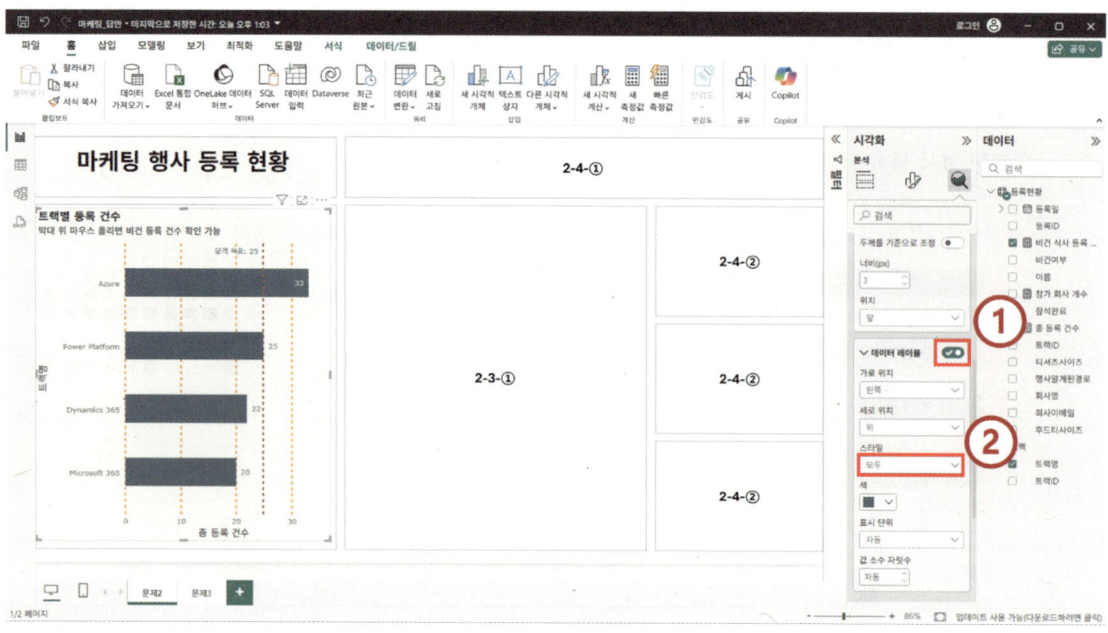

그림 3.2.46

문제 2-3-①

1. [시각적 개체 필드] 메뉴로 이동하여 원형 차트 아이콘을 눌러 원형 차트를 추가한다. 2-3-① 위치에 차트를 배치한 뒤, [범례] 영역에는 〈등록현황〉 테이블의 [행사알게된경로] 필드를 추가한다. [값] 영역에는 〈등록현황〉 테이블의 [총 등록 건수] 측정값을 추가한다.

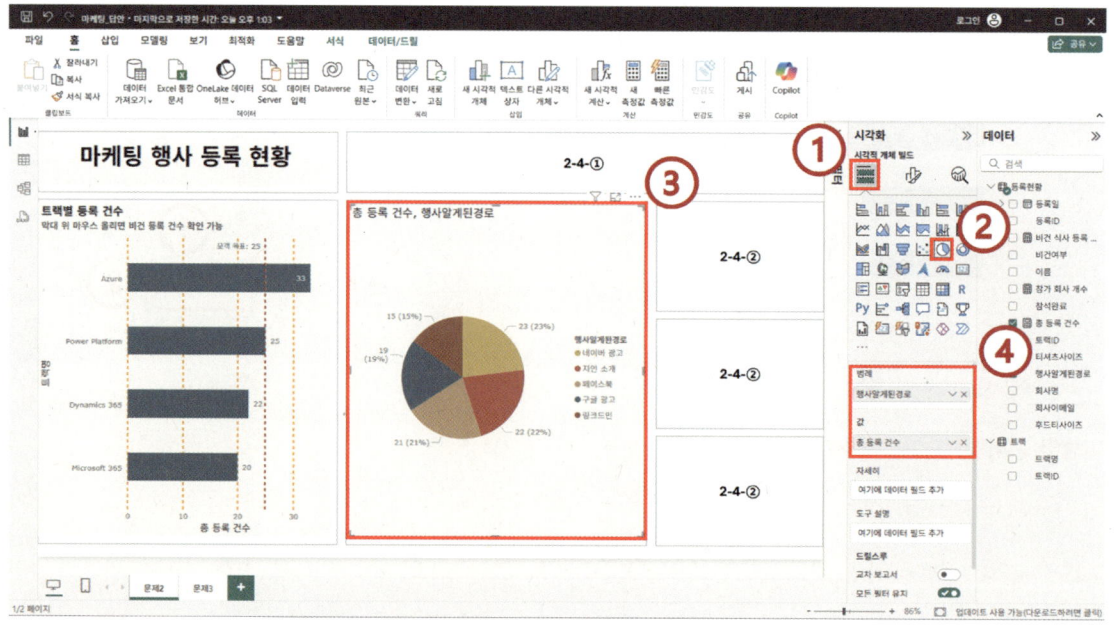

그림 3.2.47

문제 2-3-②

1. [시각적 개체 서식 지정] 메뉴로 이동한 뒤, [일반] 메뉴 내 [제목] 메뉴를 클릭한다. '경로별 등록 비중'으로 제목을 수정한 뒤, 글꼴 크기 및 서식을 '14', '굵게'로 설정한다.

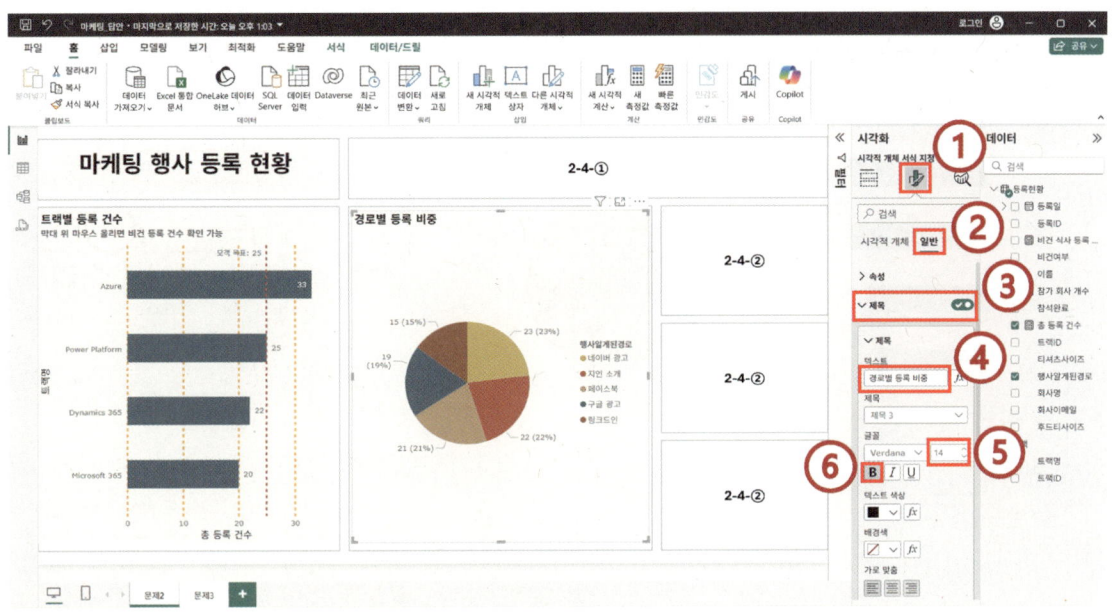

그림 3.2.48

2. [시각적 개체] 메뉴로 이동한 뒤, [세부 정보 레이블] 메뉴를 클릭한다. [위치]를 '안쪽'으로 설정하고 [레이블 내용]은 '범주, 총 퍼센트'로 설정한다.

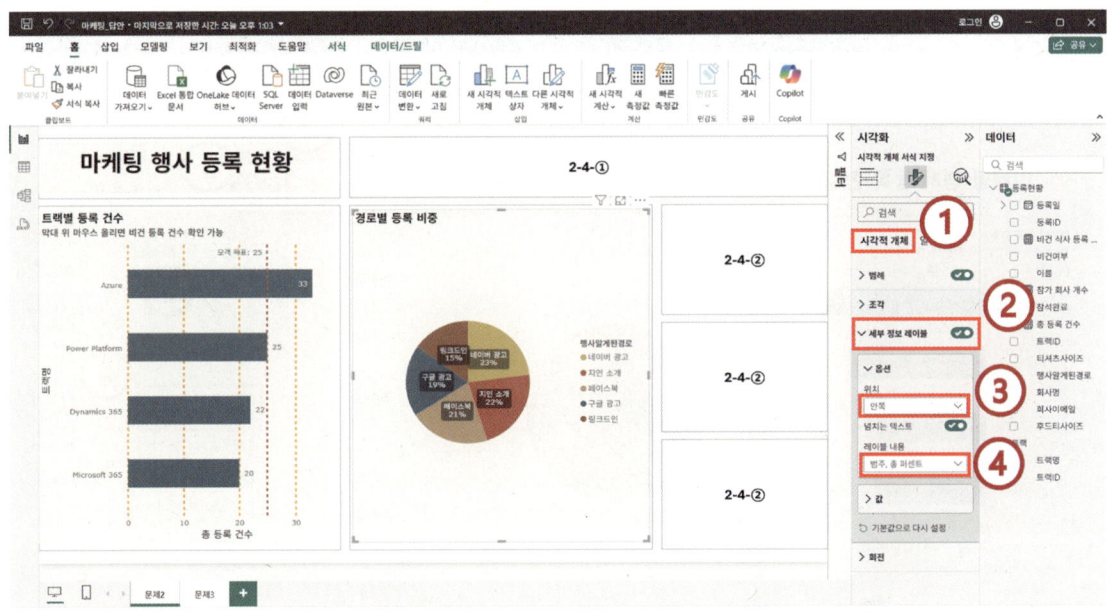

그림 3.2.49

3. [범례] 메뉴로 이동한 뒤, [위치]를 '왼쪽 위'로 설정한다.

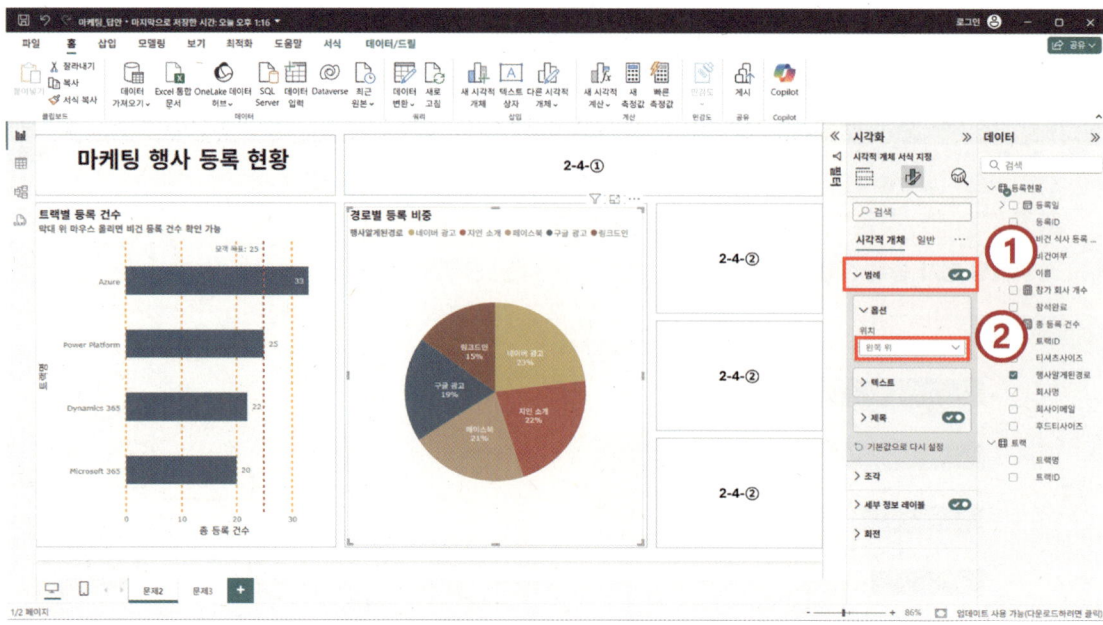

그림 3.2.50

문제 2-4-①

1. [시각적 개체 필드] 메뉴로 이동하여 슬라이서 개체를 추가한다. 2-4-① 위치에 슬라이서를 배치한 뒤, [필드] 영역에 〈트랙〉 테이블의 [트랙명] 필드를 추가한다.

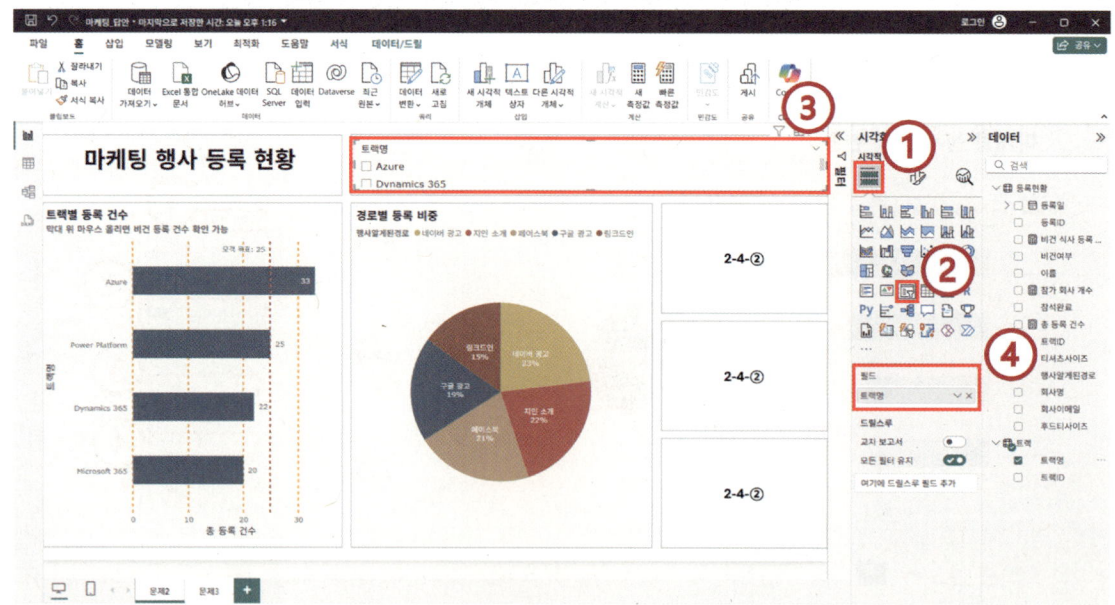

그림 3.2.51

2. [시각적 개체 서식 지정] 메뉴로 이동한 뒤, [시각적 개체] 메뉴 내 [슬라이서 설정] 메뉴를 클릭한다. [스타일]을 '타일'로 설정한다.

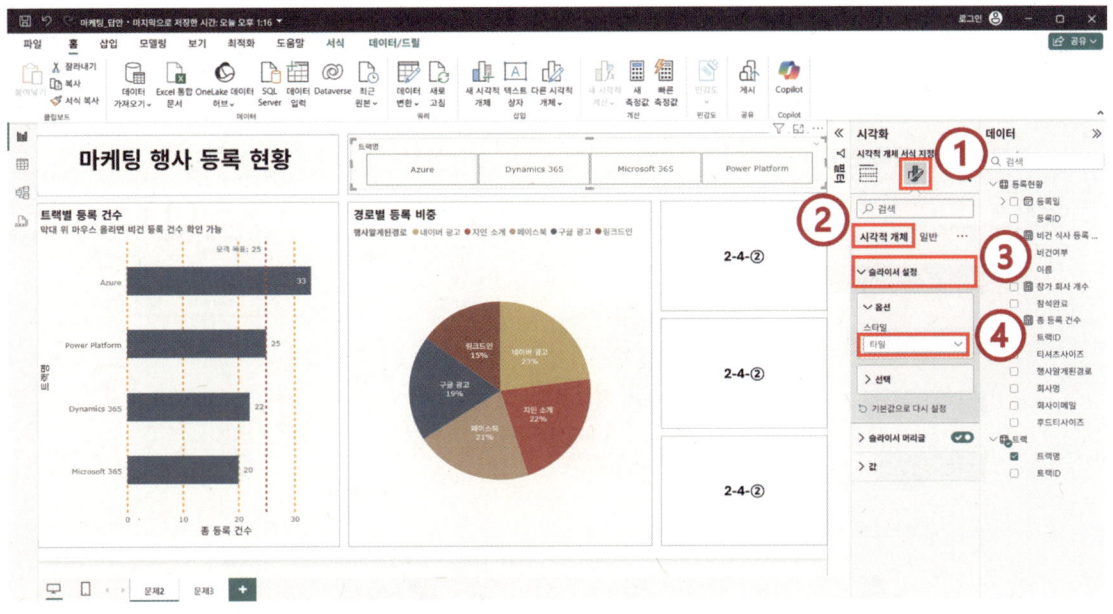

그림 3.2.52

3. [일반] 메뉴로 이동한 뒤, [속성] 메뉴로 이동한다. [반응형]을 설정 해제한다.

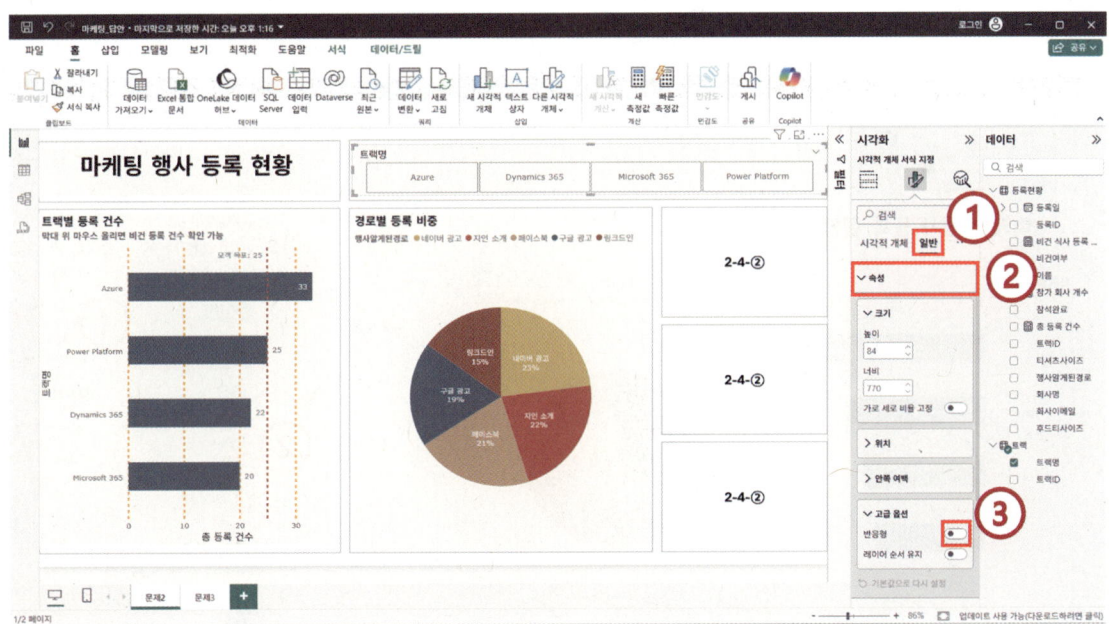

그림 3.2.53

4. [시각적 개체] 메뉴로 이동한 뒤, [슬라이서 머리글] 메뉴로 이동한다. 글꼴 크기와 서식을 '14', '굵게'로 설정한다.

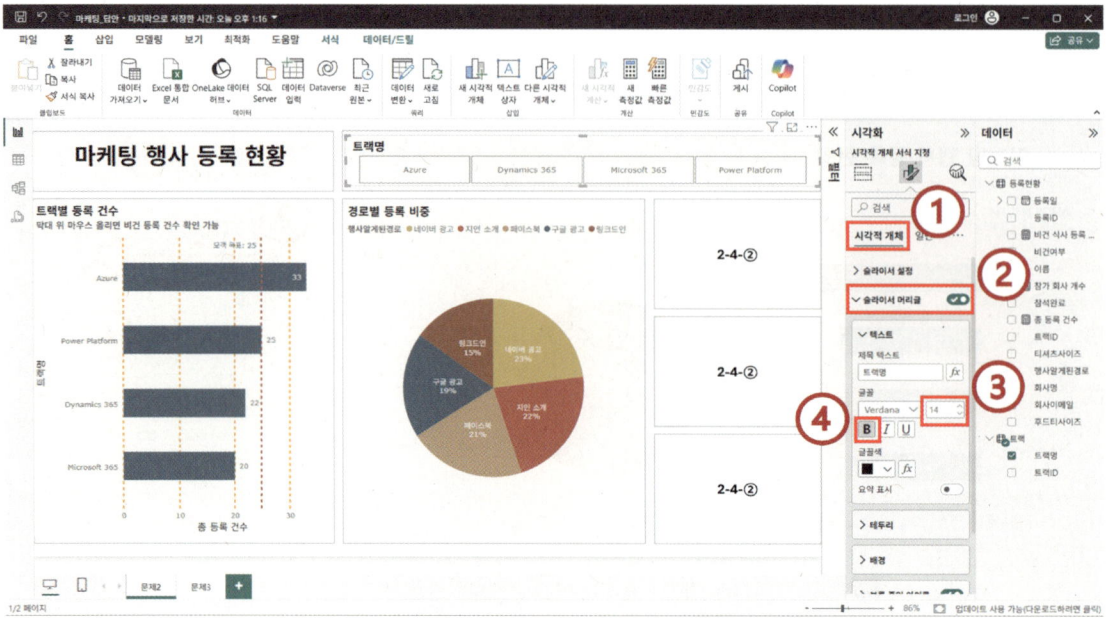

그림 3.2.54

5. [값] 메뉴로 이동한 뒤, [테두리 위치]에서 '위쪽', '아래쪽' '왼쪽', '오른쪽' 옵션을 모두 선택 해제한다.

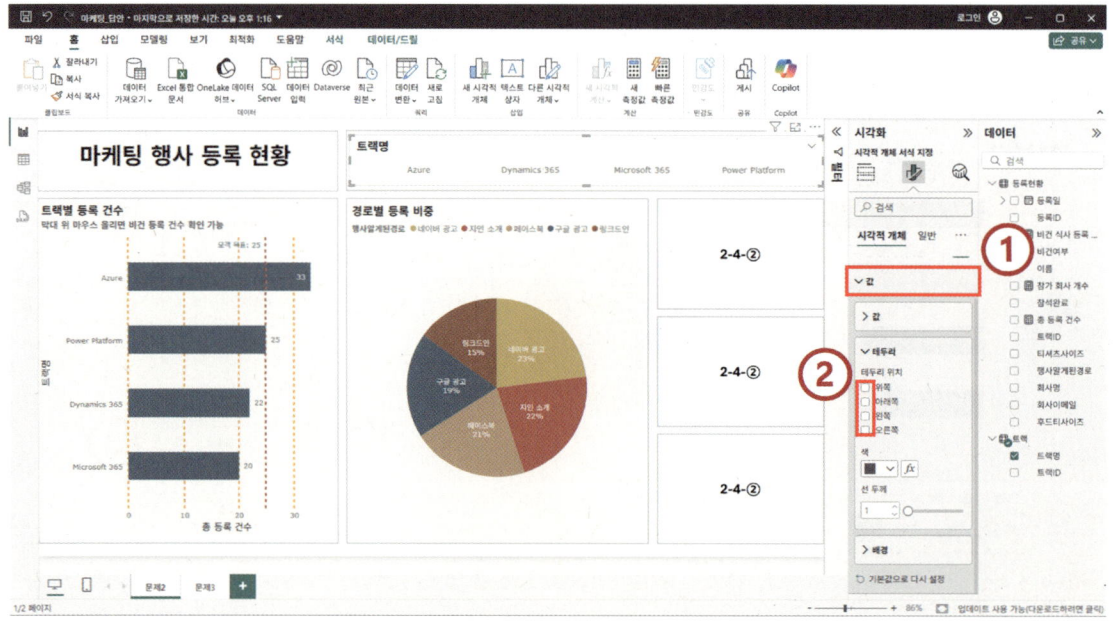

그림 3.2.55

6. Ctrl 키를 누른 상태로 슬라이서에 있는 'Azure'와 'Microsoft 365' 필터를 클릭해서 모두 선택한다.

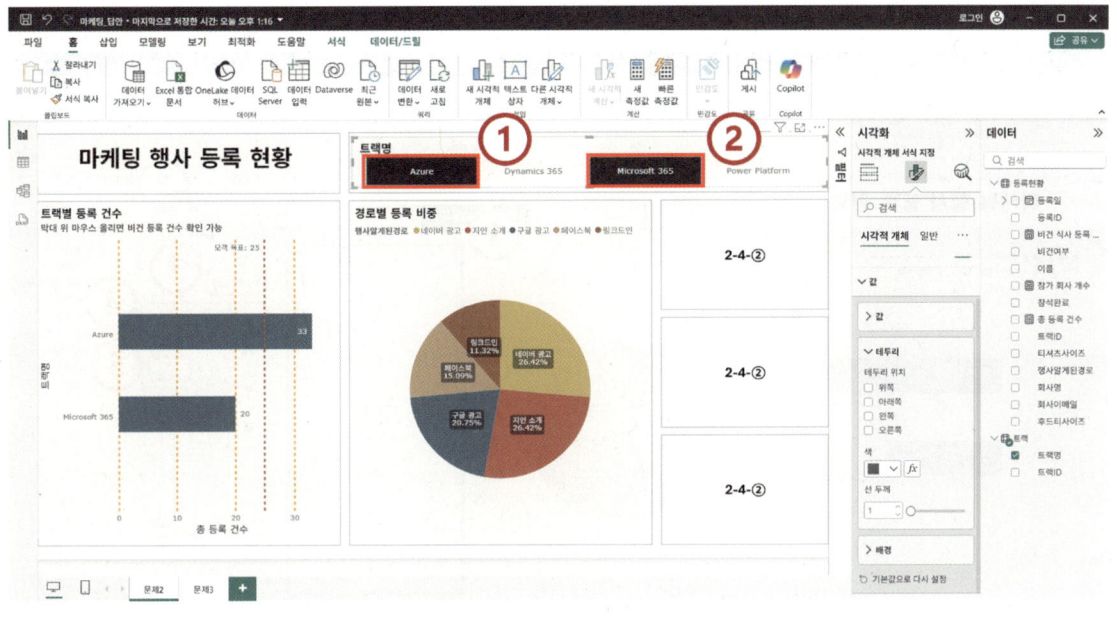

그림 3.2.56

문제 2-4-②

1. [시각적 개체 필드] 메뉴로 이동 한 뒤, 카드 개체 아이콘을 클릭하여 카드 개체를 3개 추가한다. 추가한 카드 개체들을 2-4-② 위치에 배치한다. 각 카드 개체의 [필드] 영역에는 [총 등록 건수], [비건 식사 등록 건수], [참가 회사 개수] 측정값을 하나씩 추가한다.

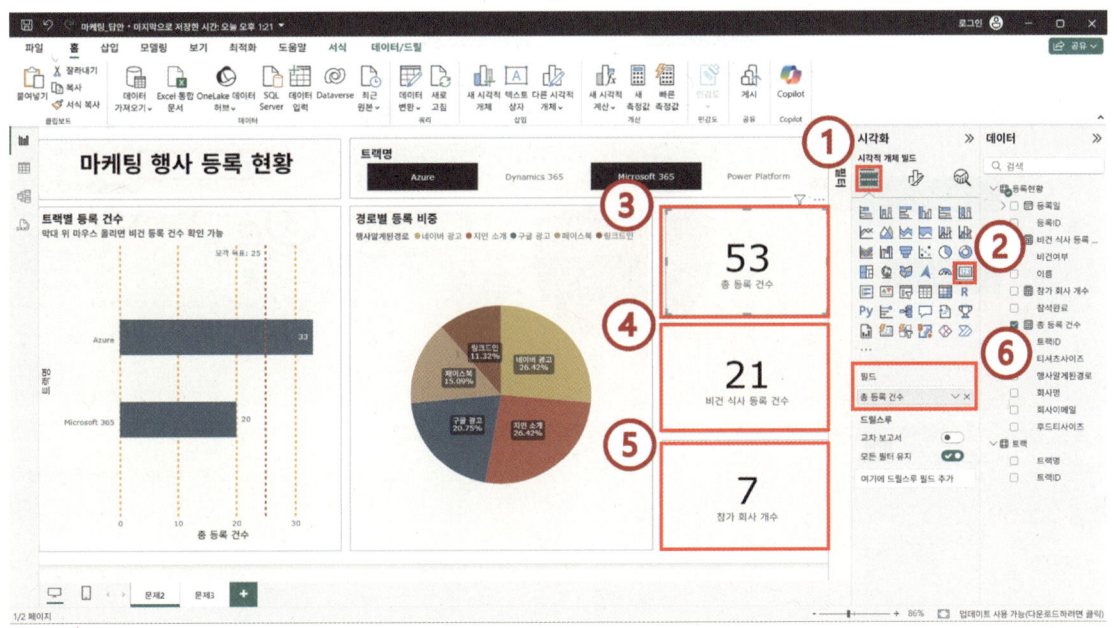

그림 3.2.57

제 2 회 모의고사   365

2. Ctrl 키를 누른 상태로 3개의 카드 개체를 하나씩 클릭하여 모두 선택한다. [시각적 개체 서식 지정] 메뉴로 이동한 뒤, [시각적 개체] 메뉴 내에 [설명 값] 메뉴로 이동한다. 글꼴 크기를 '35'로 설정한다.

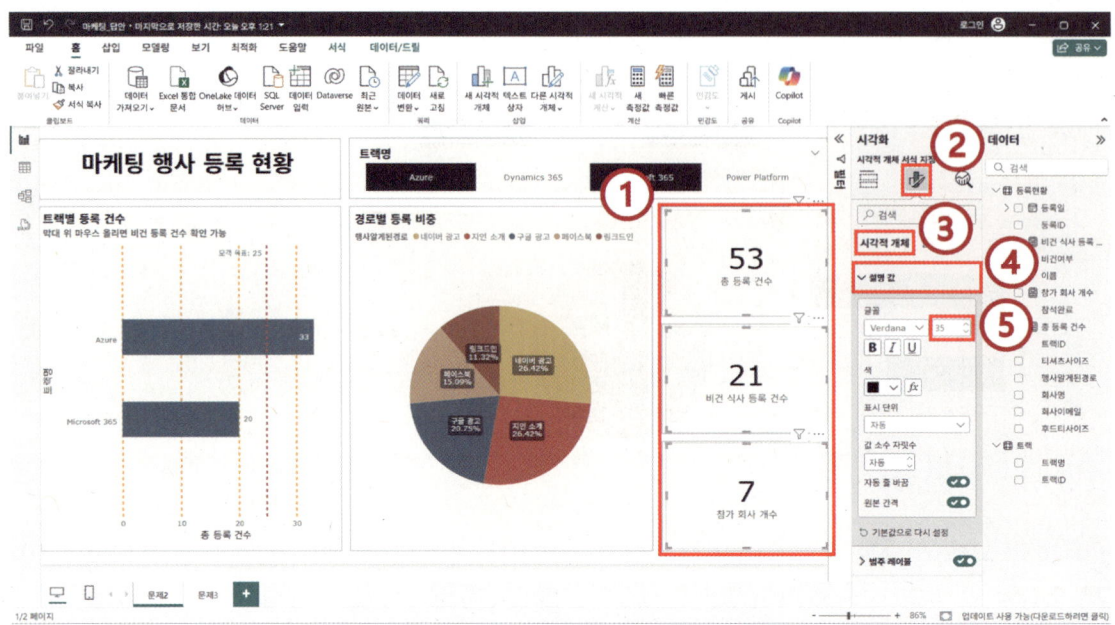

그림 3.2.58

3. [범주 레이블] 메뉴로 이동한 뒤, 글꼴 크기와 서식을 '12', '굵게'로 설정한다.

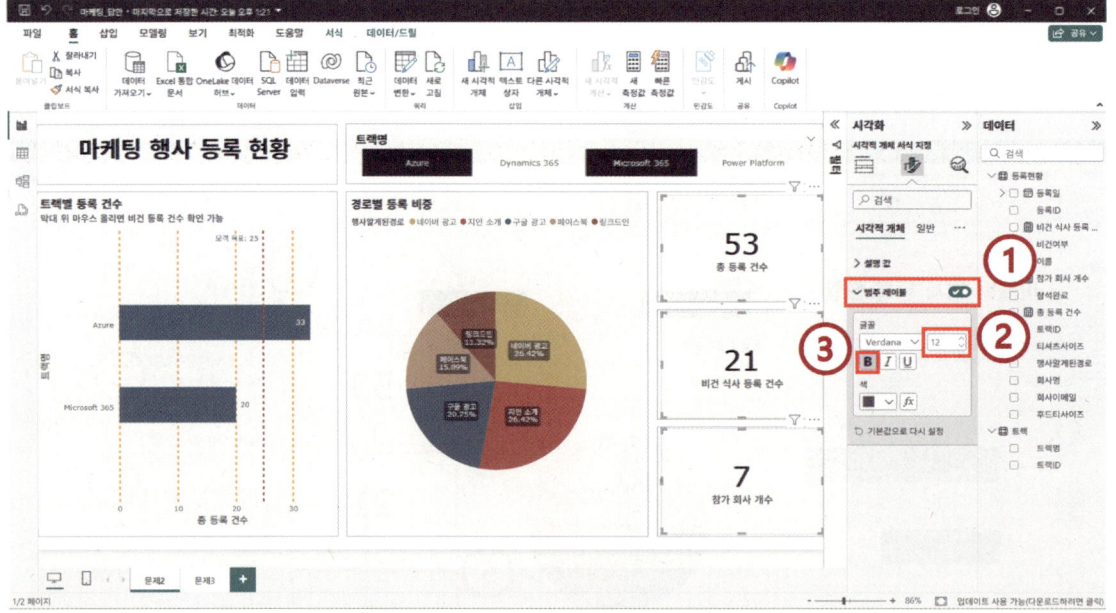

그림 3.2.59

문제3 복합요소 구현   50점

해설 3.2.3
2회 모의고사 – 문제 3

문제 3-1-①

1. [문제3] 페이지로 이동한 후, [시각적 개체 필드] 메뉴에서 꺾은선형 차트 아이콘을 눌러 차트를 추가한다. 추가된 차트를 3-1-① 위치에 배치한다. [X축] 영역에는 〈등록현황〉 테이블의 [등록일] 날짜 계층을 추가한다. 추가된 날짜 계층에서 [연도]와 [분기] 필드를 제거한다. [Y축] 영역에는 〈등록현황〉 테이블의 [총 등록 건수] 측정값을 추가한다.

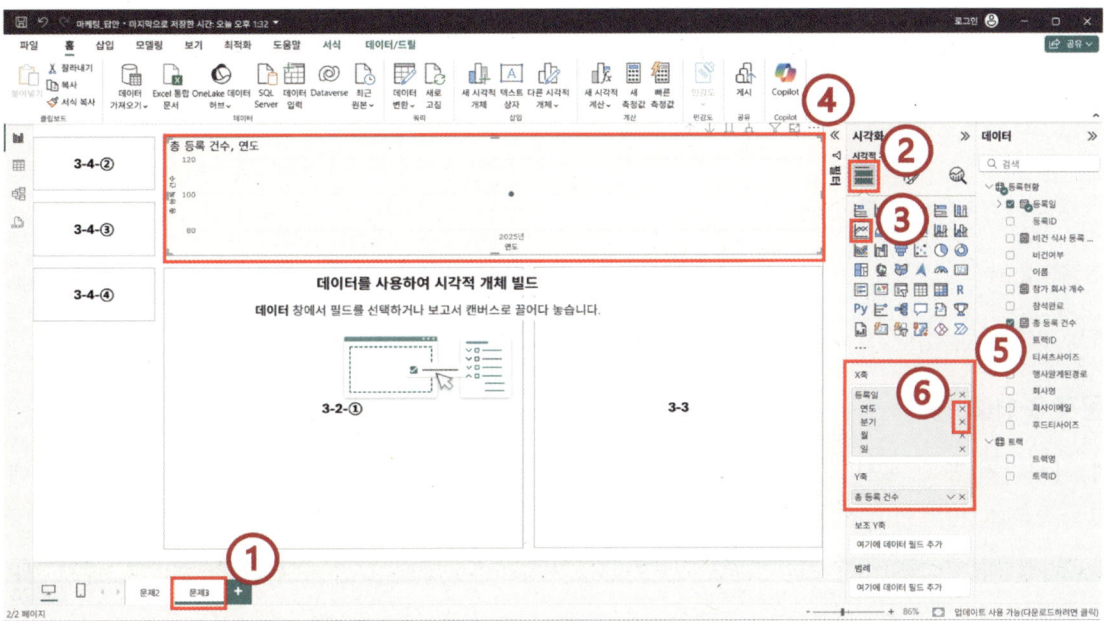

그림 3.2.60

2. 꺾은선형 차트에 있는 [계층 구조에서 한 수준 아래로 모두 확장] 아이콘을 클릭한다.

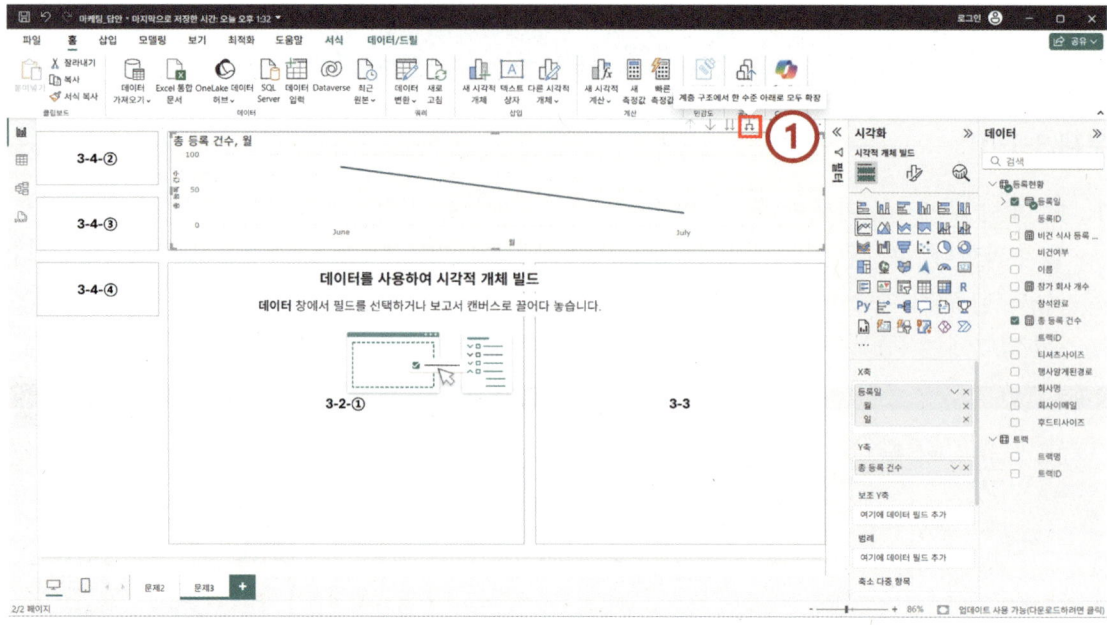

그림 3.2.61

문제 3-1-②

1. [시각적 개체 서식 지정] 메뉴로 이동한 뒤, [일반] 메뉴 내 [제목] 메뉴로 이동한다. 제목 텍스트를 '일자별 등록 건수'로 수정한다. 서식은 '굵게'로 설정한다.

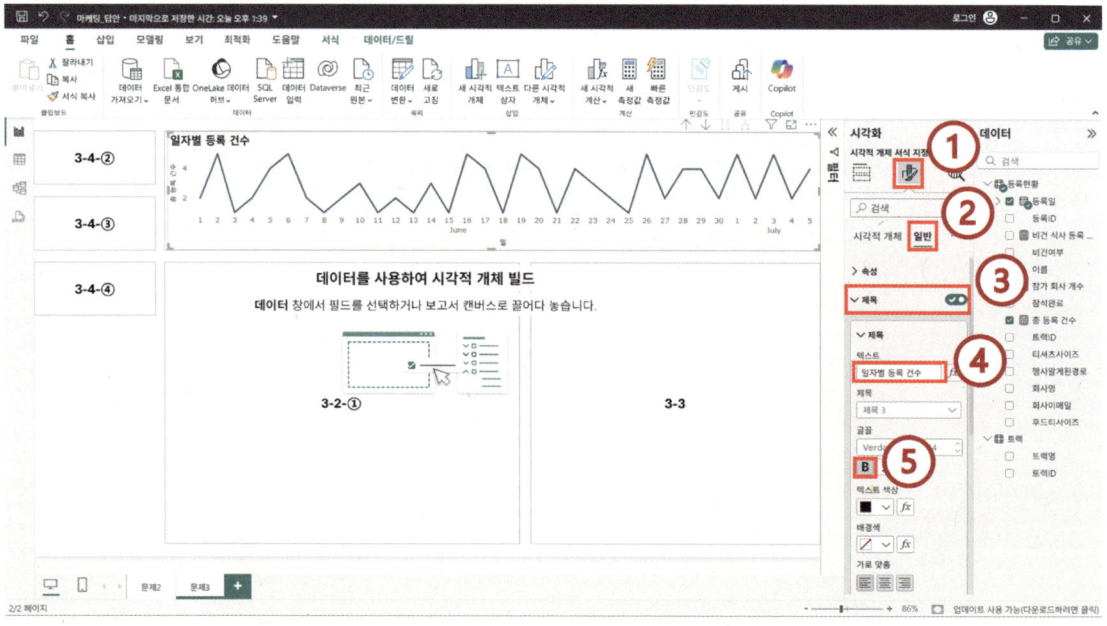

그림 3.2.62

2. [시각적 개체] 메뉴 내 [X축] 메뉴로 이동하여 [제목]을 비활성화 한다.

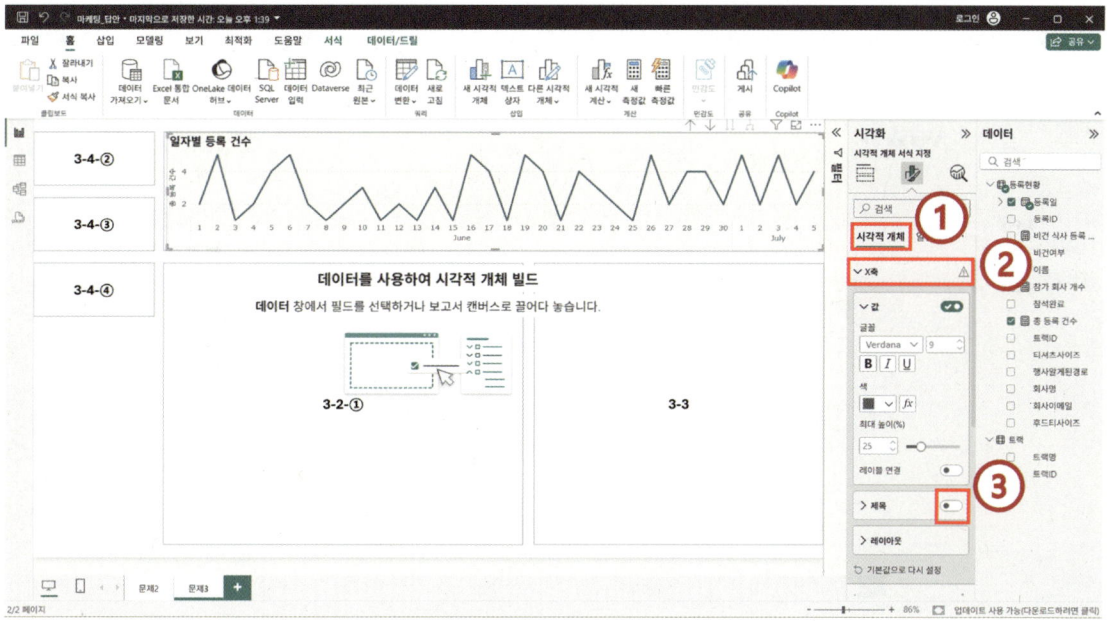

그림 3.2.63

3. [선] 메뉴로 이동한 뒤, [색] 메뉴를 클릭한다.

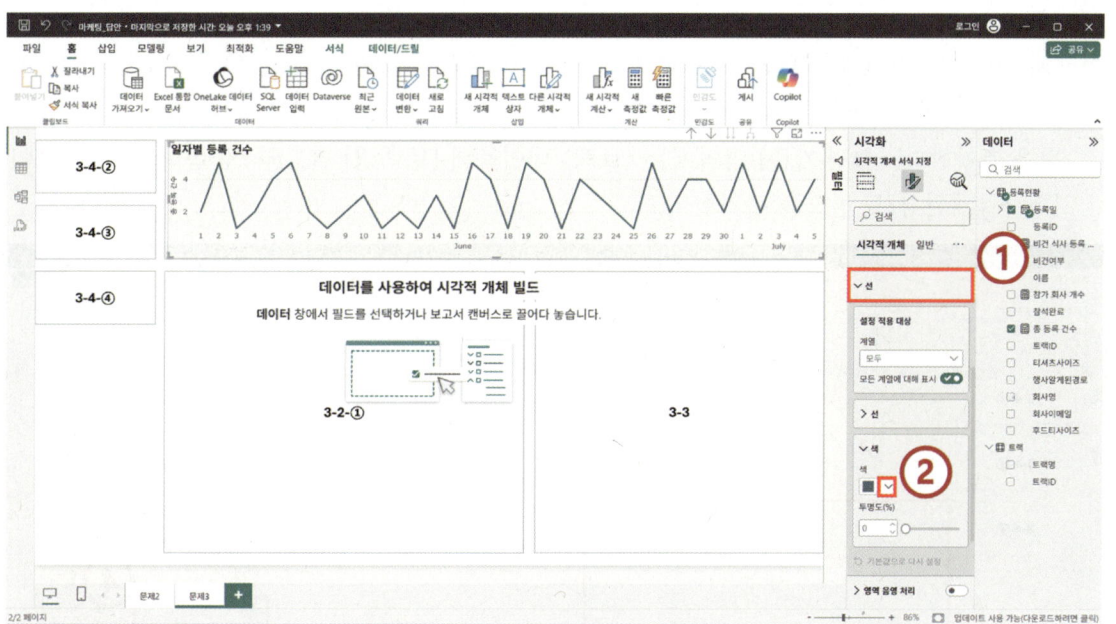

그림 3.2.64

4. [테마 색 3]을 선택한다.

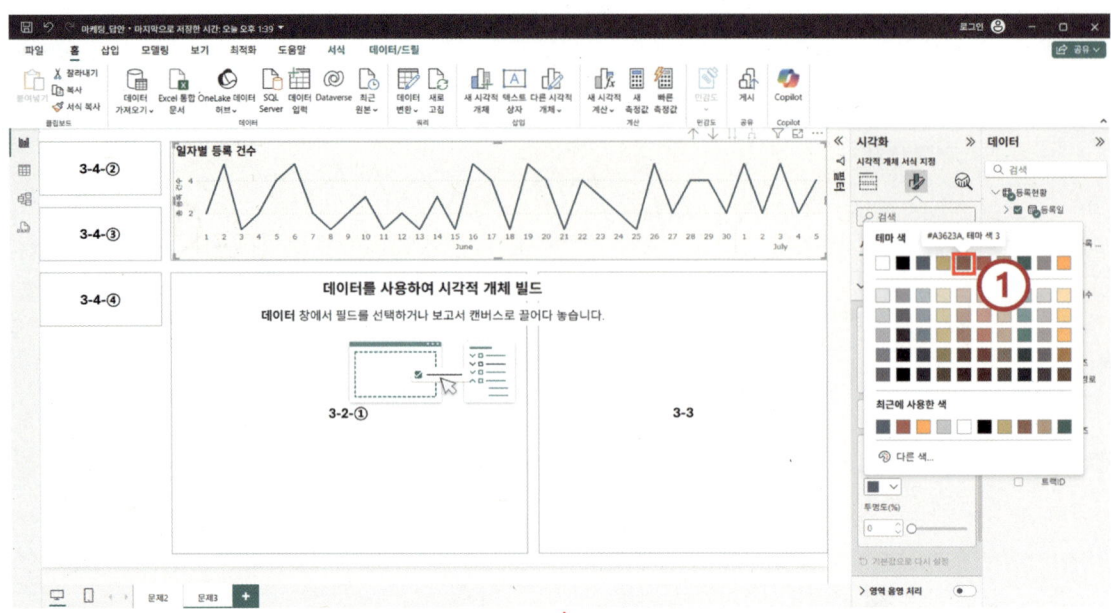

그림 3.2.65

문제 3-2-①

1. [시각적 개체 필드] 메뉴에서 분해 트리 차트 아이콘을 눌러 분해 트리 차트를 추가한다. 3-2-① 위치에 차트를 배치한 뒤, [분석] 영역에는 〈등록현황〉 테이블의 [총 등록 건수] 측정값을 추가한다. [설명 기준] 영역에는 〈트랙〉 테이블의 [트랙명] 필드와 〈등록현황〉 테이블의 [행사알게된경로] 필드를 추가한다.

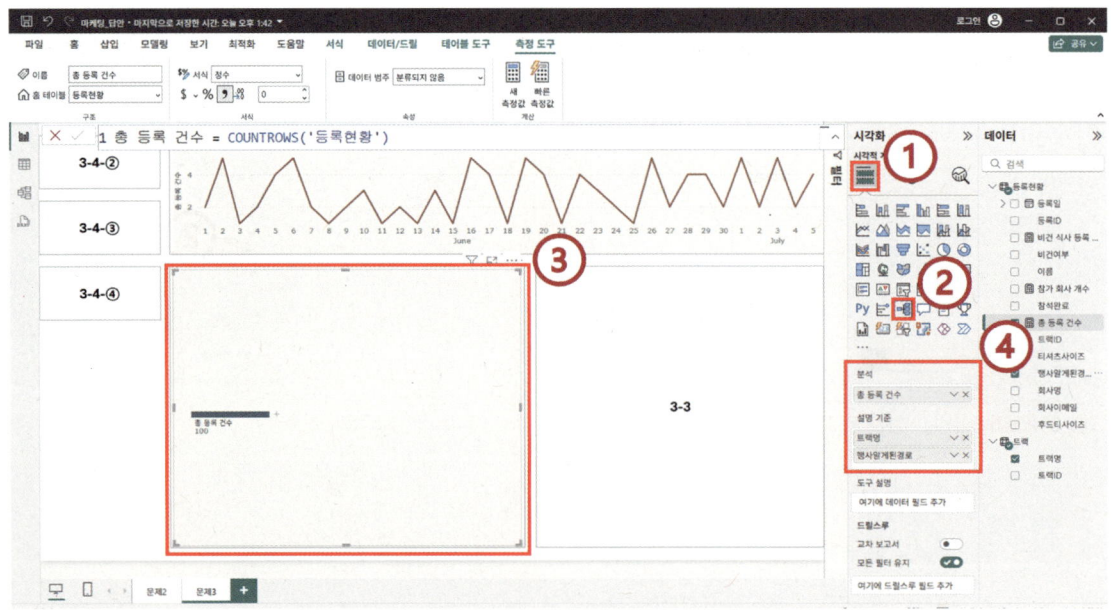

그림 3.2.66

2. 분해 트리 차트에 추가된 [총 등록 건수] 막대의 확장 아이콘을 클릭한 뒤, [트랙명]을 선택한다.

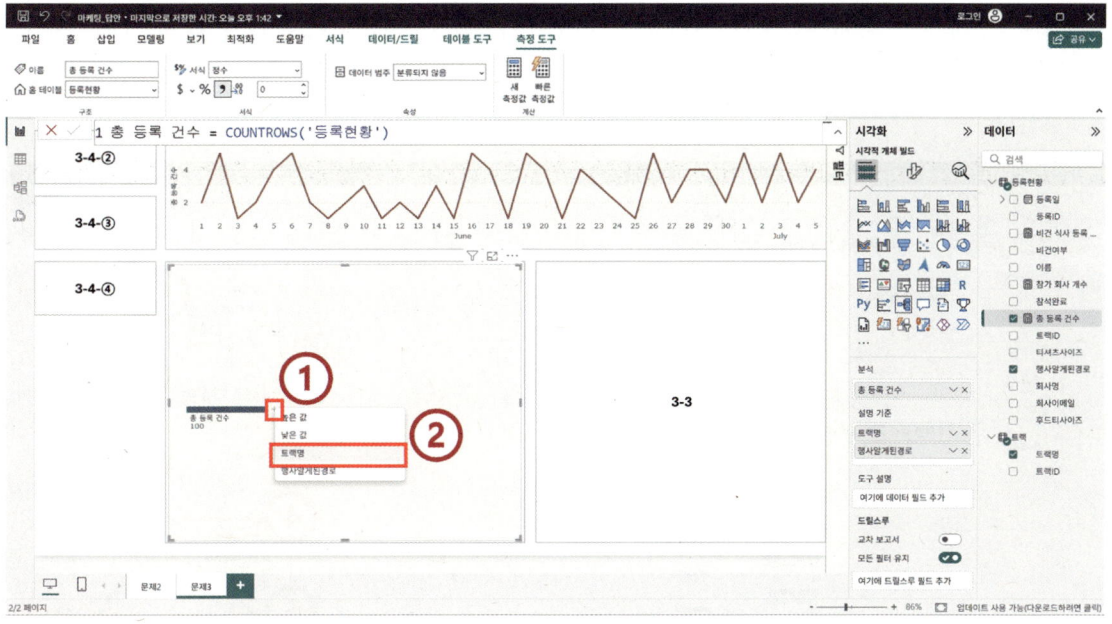

그림 3.2.67

3. [Power Platform] 막대의 확장 아이콘을 클릭한 뒤, [행사알게된경로]를 선택한다.

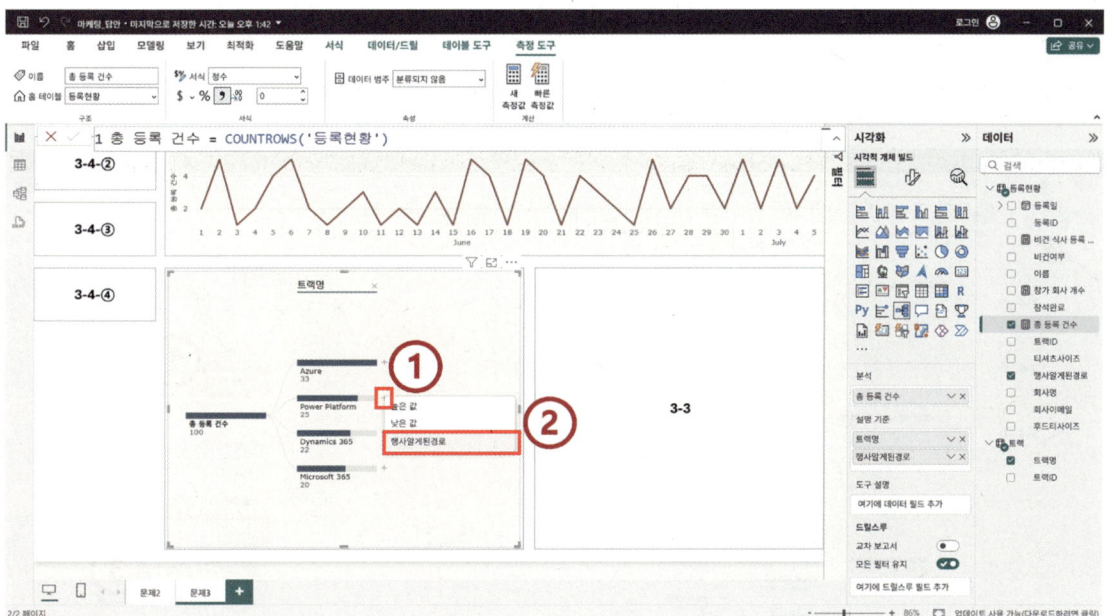

그림 3.2.68

문제 3-2-②

1. [시각적 개체 서식 지정] 메뉴로 이동한 뒤, [일반] 메뉴로 이동한다. [제목] 토글 버튼을 클릭하여 활성화한 뒤, 텍스트를 '트랙별 행사 등록 세부 분석'으로 입력한다. 서식은 '굵게'로 설정한다.

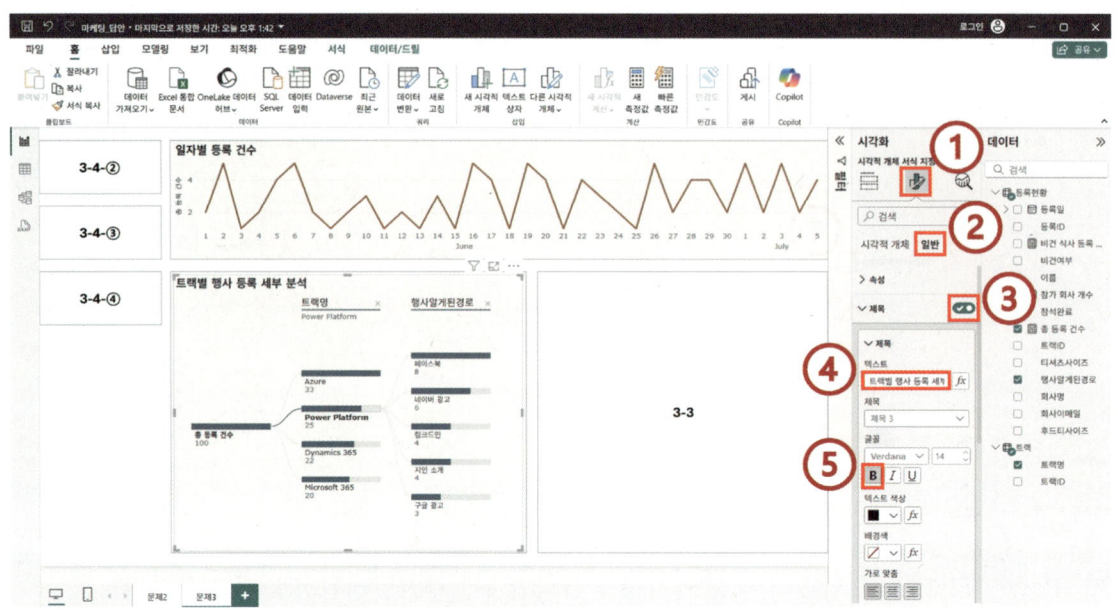

그림 3.2.69

2. [시각적 개체] 메뉴로 이동한 뒤, [값] 메뉴로 이동하여 글꼴 크기를 '12'로 설정한다.

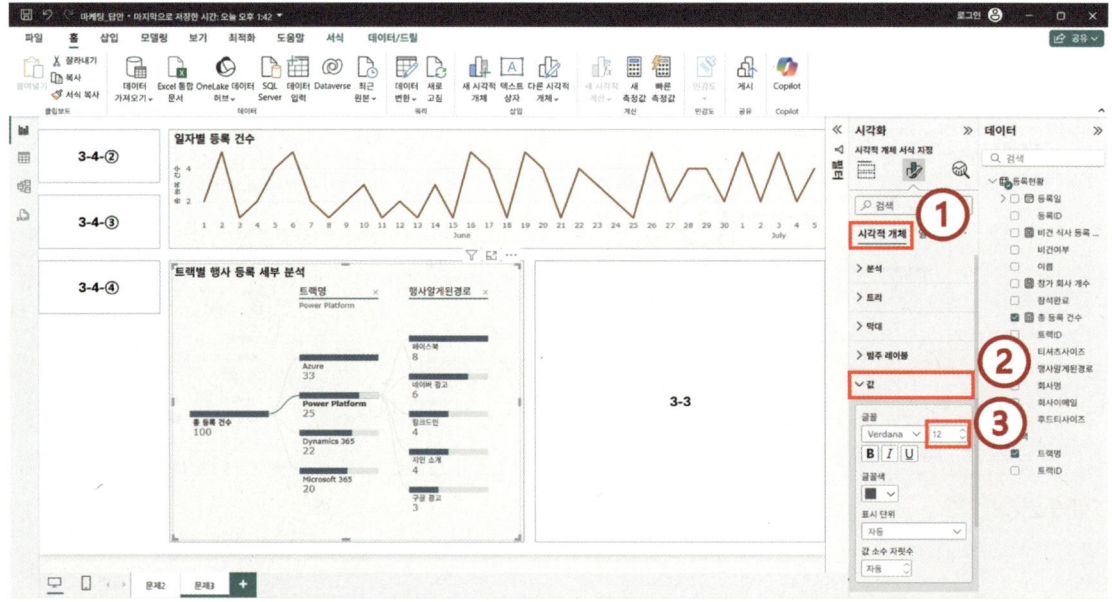

그림 3.2.70

문제 3-3-①

1. 〈등록현황〉 테이블을 우측 마우스 클릭한 뒤, [새 측정값] 메뉴를 클릭한다.

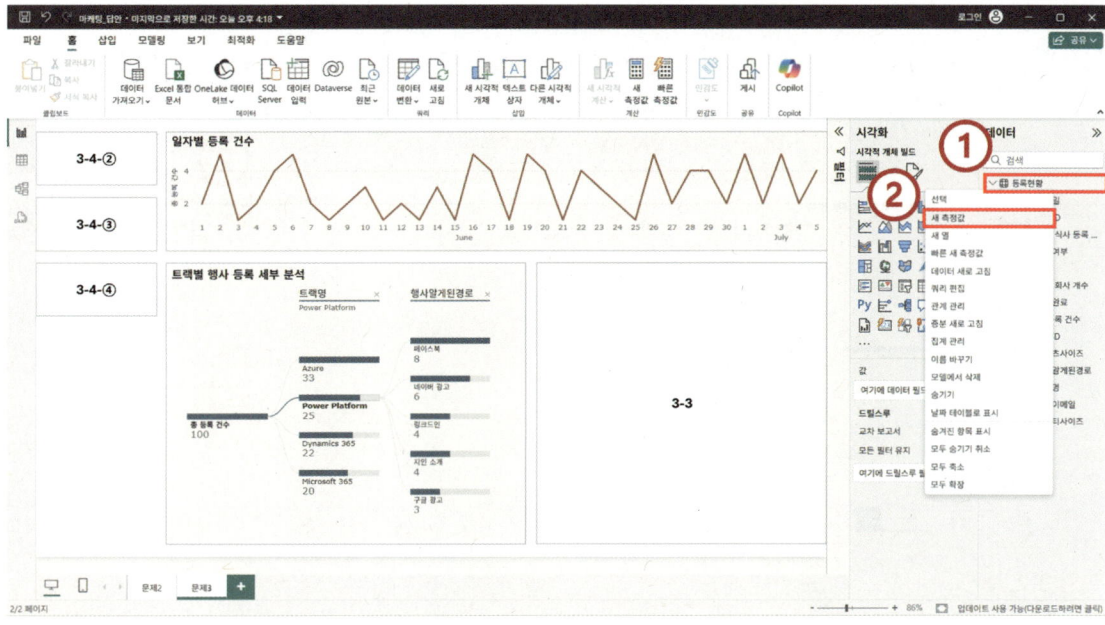

그림 3.2.71

2. 문제에서 안내한 조건에 맞는 DAX 식을 입력한다.

> 참석 수 = CALCULATE(COUNTROWS('등록현황'), '등록현황'[참석완료] == "O")

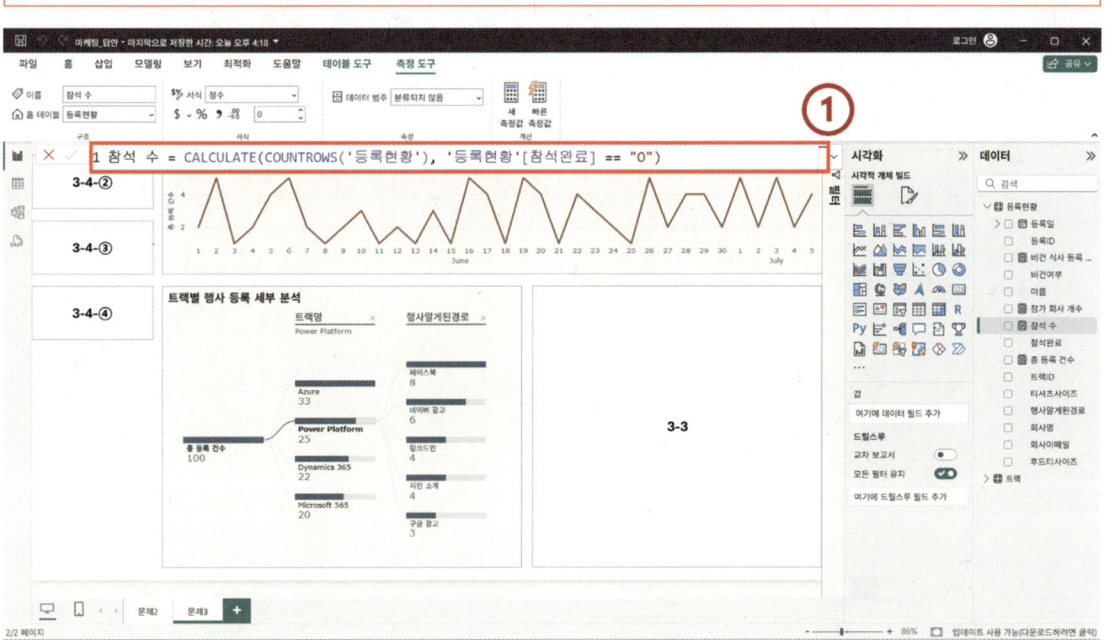

그림 3.2.72

3. 〈등록현황〉 테이블을 우측 마우스 클릭한 뒤, [새 측정값] 메뉴를 클릭한다.

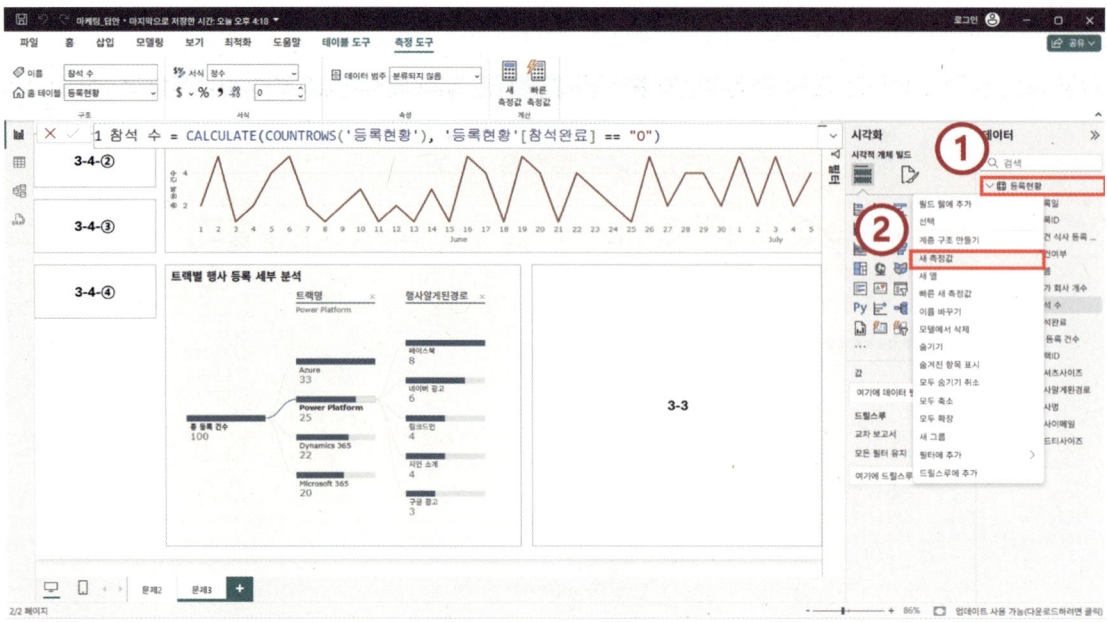

그림 3.2.73

4. 문제에서 안내한 조건에 맞는 DAX 식을 입력한다. 서식을 '백분율'로 설정한 뒤, 소수점 자리 수를 '2'로 설정한다.

> 참석율 = DIVIDE([참석 수], [총 등록 건수])

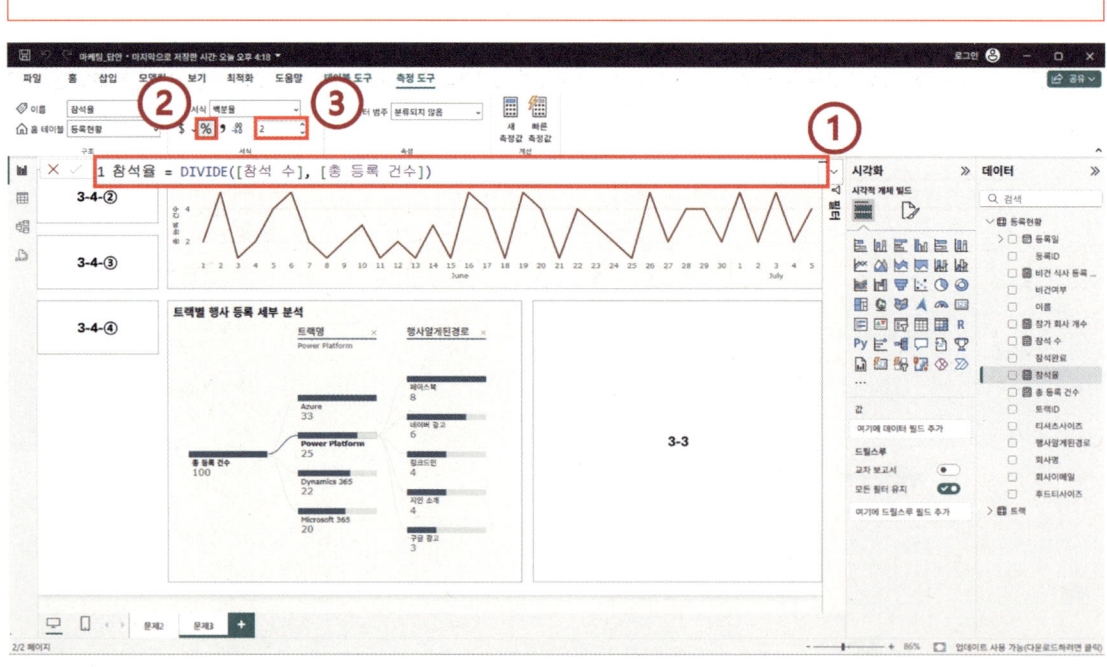

그림 3.2.74

문제 3-3-②

1. 테이블 차트 개체를 추가한 뒤, 3-3 위치에 배치한다. [열] 영역에는 〈등록현황〉 테이블의 [회사명] 필드와 [총 등록 건수], [참석 수], [참석율] 측정값을 추가한다.

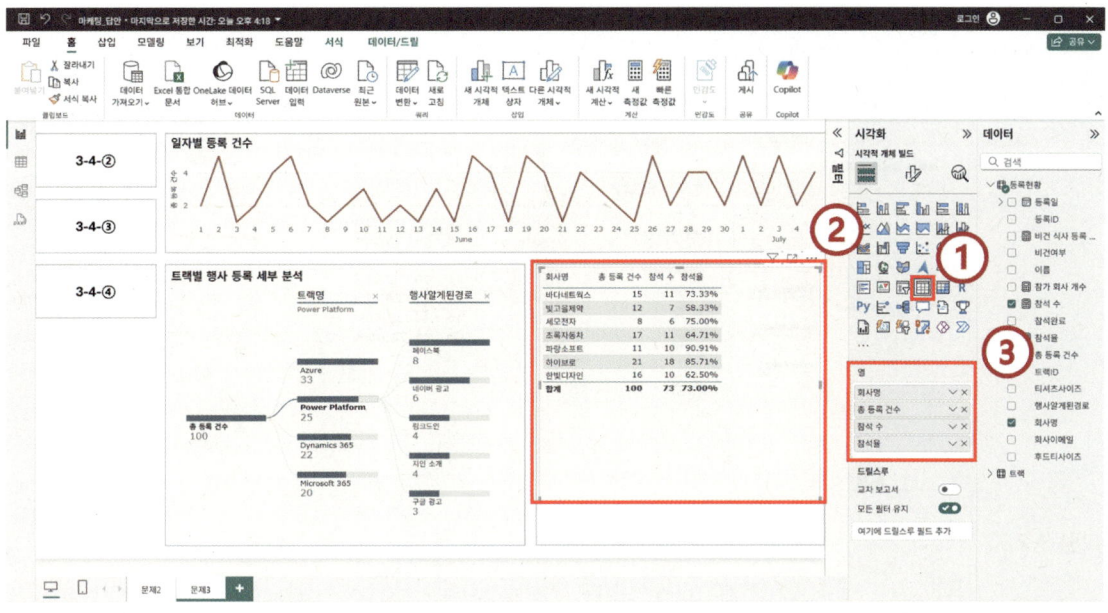

그림 3.2.75

2. [시각적 개체 서식 지정] 메뉴로 이동한 뒤, [일반] 메뉴로 이동한다. [제목] 토글 버튼을 클릭하여 활성화한다. 제목 텍스트는 '회사별 참가자 수'로 설정한다. 서식은 '굵게'로 설정한다.

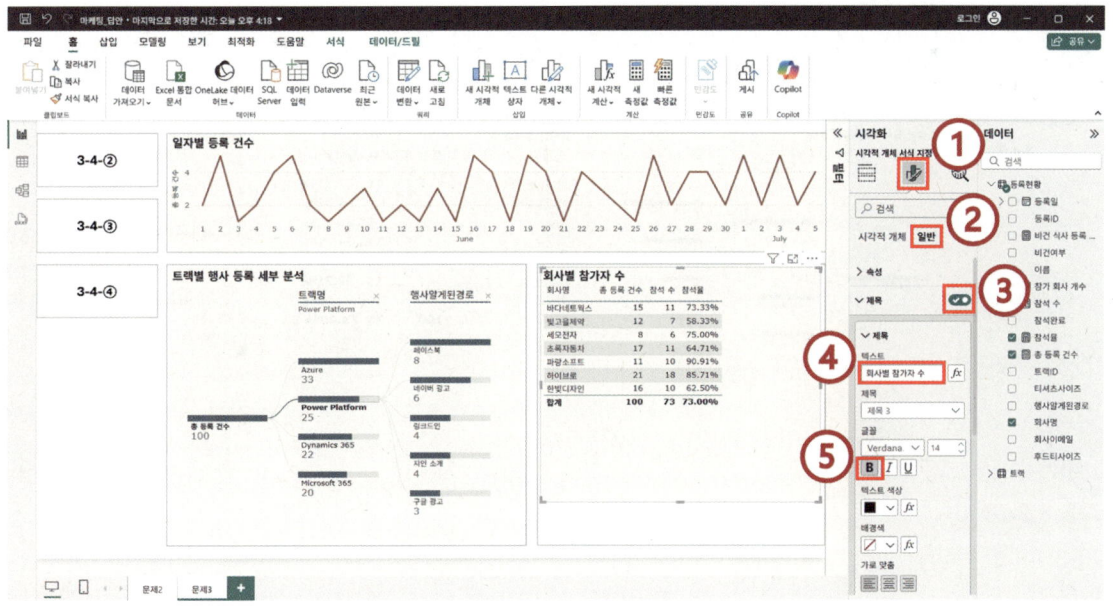

그림 3.2.76

3. [시각적 개체] 메뉴로 이동한 뒤, [값] 메뉴 내에 글꼴 크기를 '15'로 설정한다.

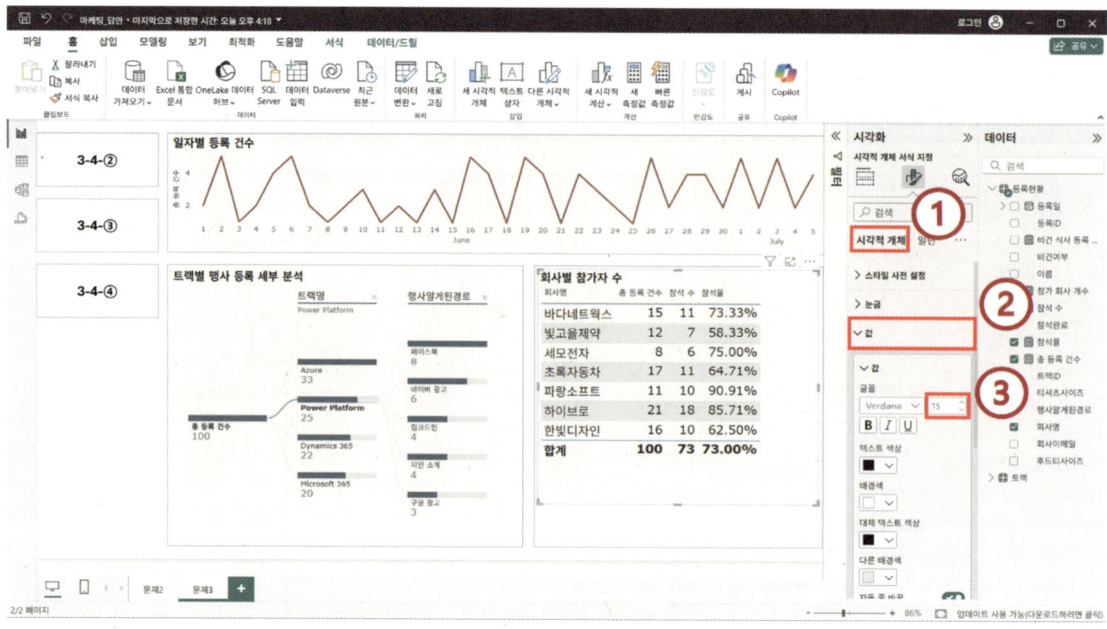

그림 3.2.77

4. [열 머리글] 메뉴로 이동하여 글꼴 크기를 '17'로 설정한다.

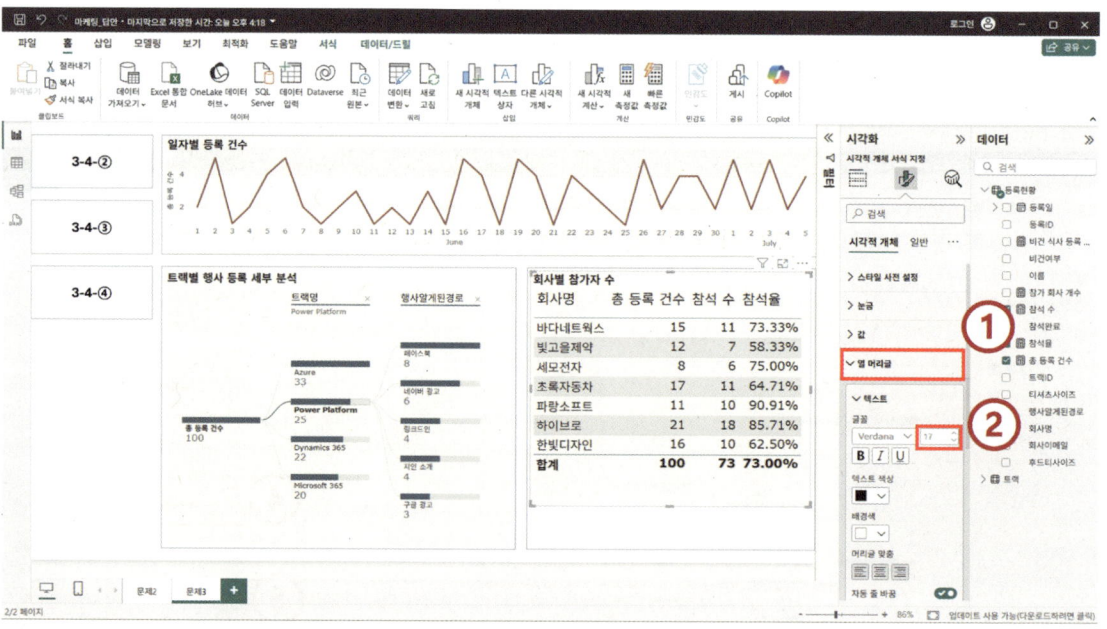

그림 3.2.78

문제 3-3-③

1. [데이터 입력] 메뉴를 클릭한다.

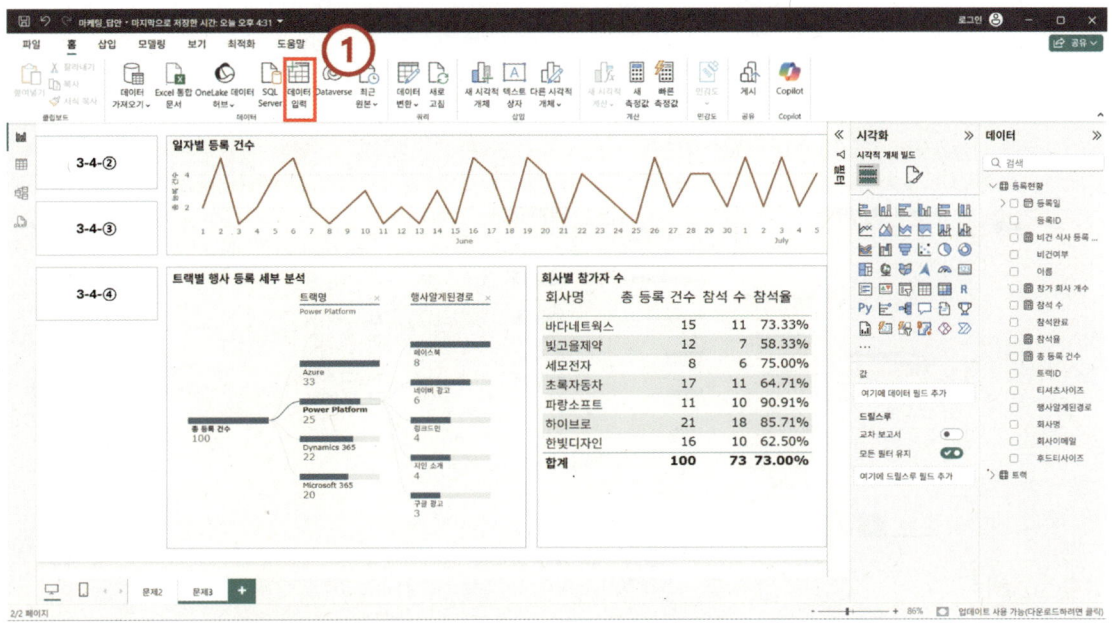

그림 3.2.79

2. [이름]에 '후드티순서'를 입력한다. 문제에서 안내한 값으로 테이블의 필드 이름과 값을 기입한 후, [로드] 버튼을 클릭한다.

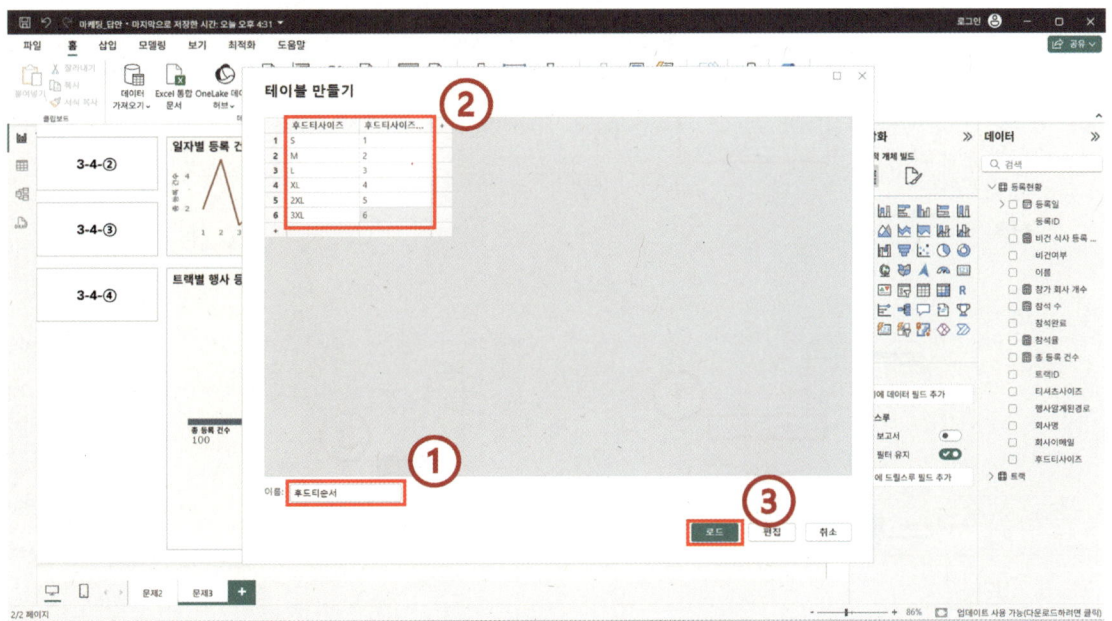

그림 3.2.80

3. [데이터 입력] 메뉴를 클릭한다.

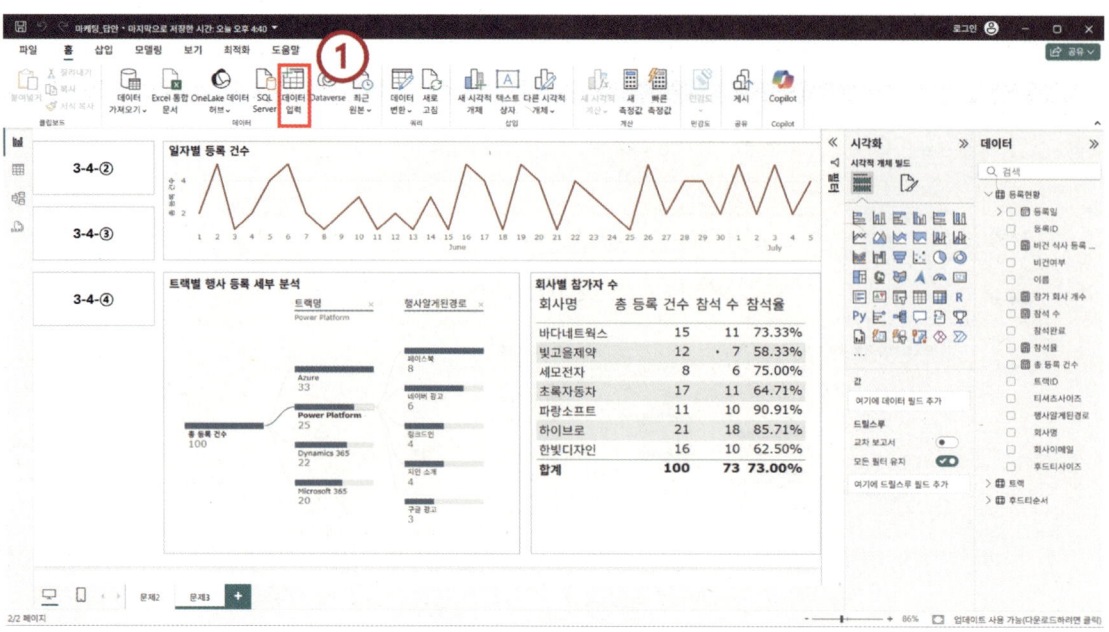

그림 3.2.81

4. [이름]에 '티셔츠순서'를 입력한다. 문제에서 안내한 값으로 테이블의 필드 이름과 값을 기입한 후, [로드] 버튼을 클릭한다.

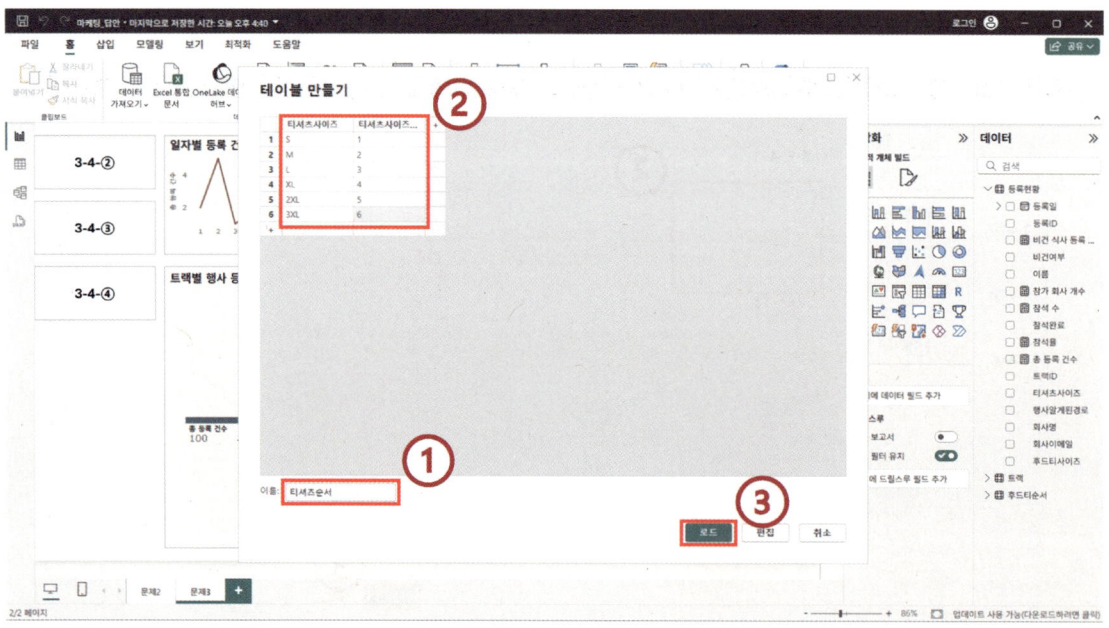

그림 3.2.82

문제 3-3-④

1. [모델 보기] 화면으로 이동한 후, Ctrl 키를 누른 상태에서 〈등록현황〉 테이블의 [후드티사이즈] 필드와 [티셔츠사이즈] 필드를 클릭하여 모두 선택한다. [숨김 여부] 토글 버튼을 클릭하여 활성화한다.

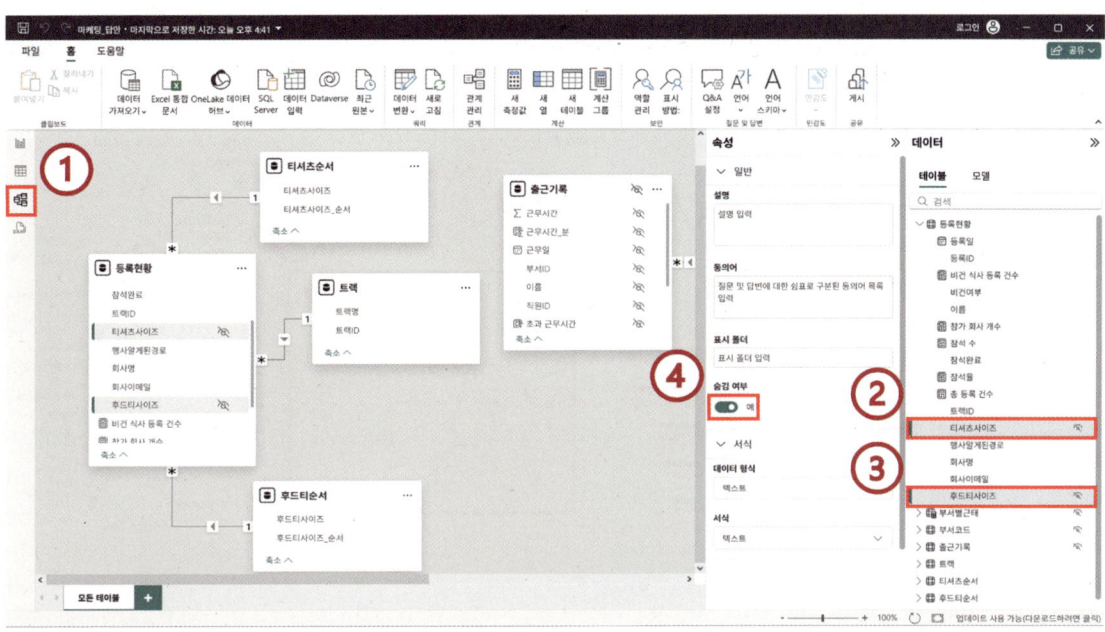

그림 3.2.83

문제 3-3-⑤

1. [보고서 보기] 화면으로 이동한 후, 테이블 차트를 추가한다. 추가된 테이블 차트를 3-3 위치에 있던 '회사별 참가자 수' 테이블 위에 겹쳐서 배치한다. [열] 영역에는 〈후드티순서〉 테이블의 [후드티사이즈] 필드와 〈등록현황〉 테이블의 [총 등록 건수] 측정값을 추가한다.

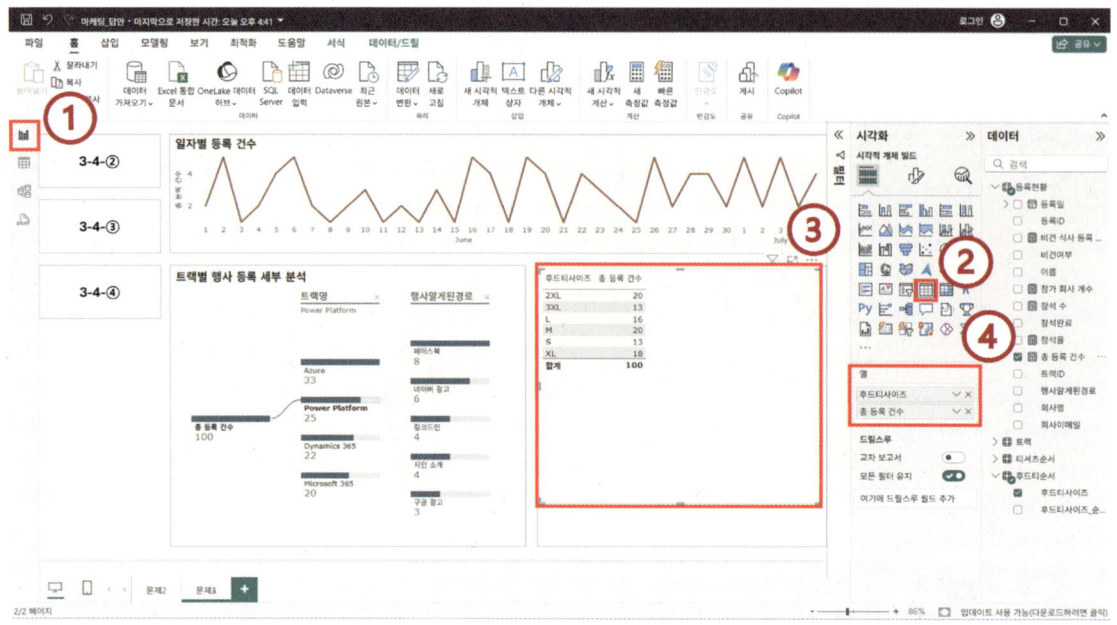

그림 3.2.84

2. 〈후드티순서〉 테이블의 [후드티사이즈] 필드를 선택한 뒤 [열 도구] 메뉴로 이동한다. [열 기준 정렬] 메뉴를 클릭한 뒤, [후드티사이즈_순서] 메뉴를 클릭한다.

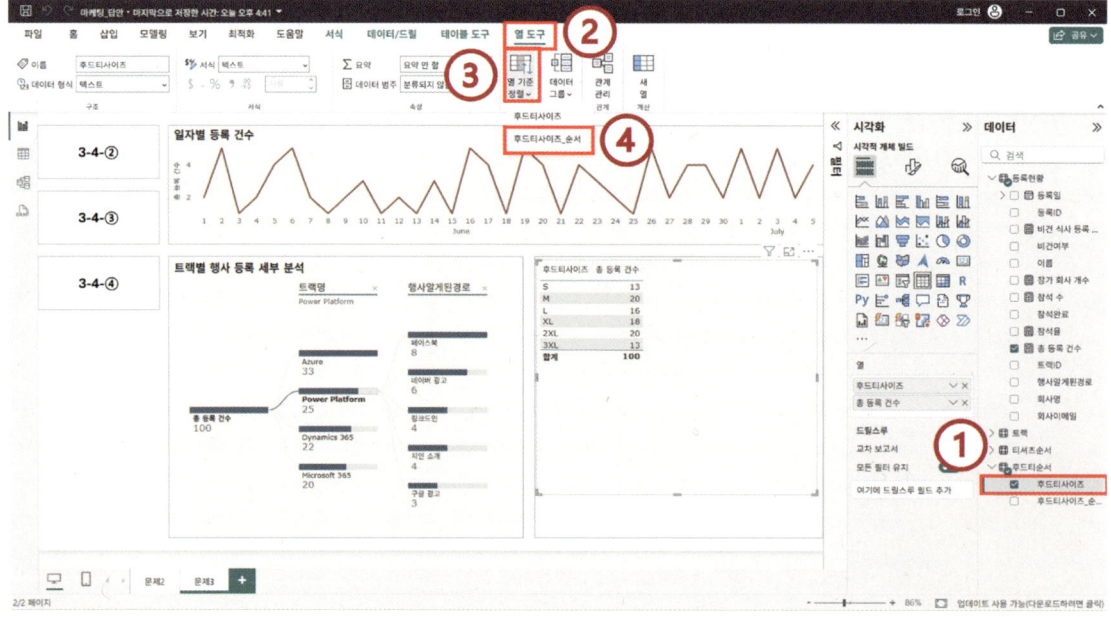

그림 3.2.85

3. 테이블 차트의 세부 메뉴로 이동하여 [정렬 기준] 메뉴 내 [후드티사이즈] 메뉴를 클릭한다. 그리고 [오름차순 정렬] 메뉴를 클릭한다.

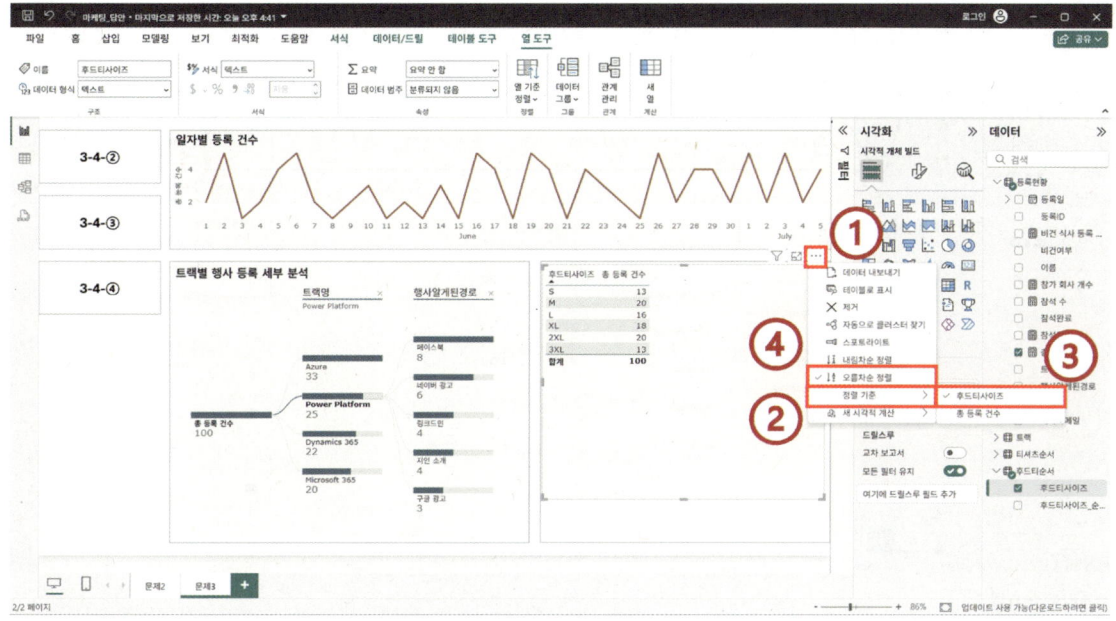

그림 3.2.86

4. [시각적 개체 서식 지정] 메뉴 내 [일반] 메뉴로 이동한다. [제목] 토글 버튼을 클릭하여 활성화한 뒤, 텍스트를 '후드티 사이즈별 개수'로 설정한다. 서식은 '굵게'로 설정한다.

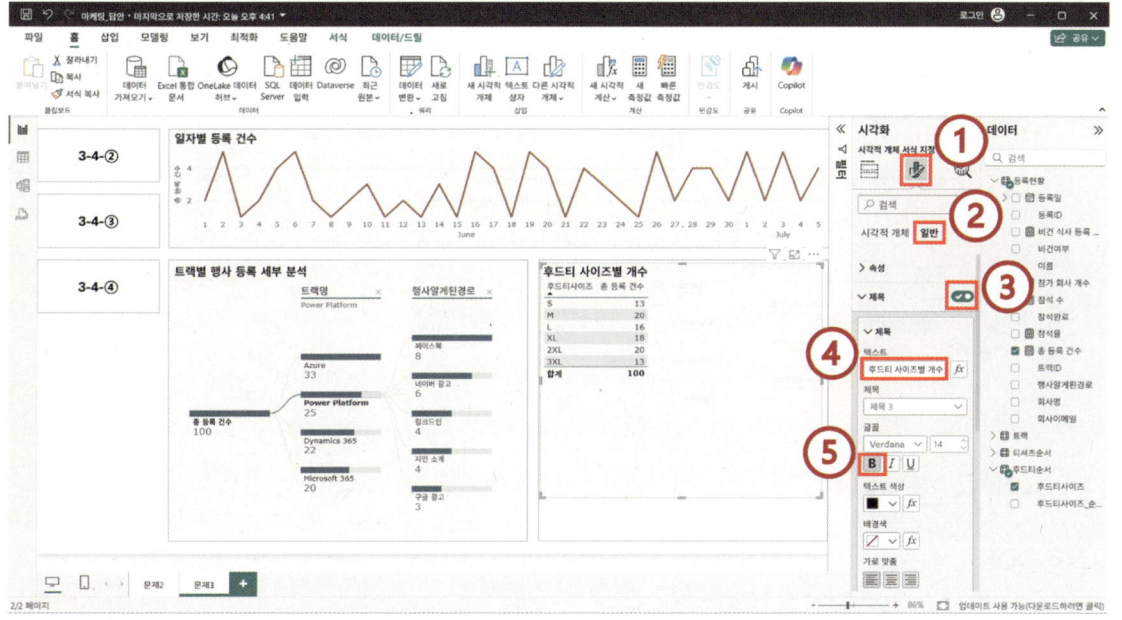

그림 3.2.87

5. [시각적 개체] 메뉴로 이동한 뒤, [값] 메뉴 내 글꼴 크기를 '15'로 설정한다.

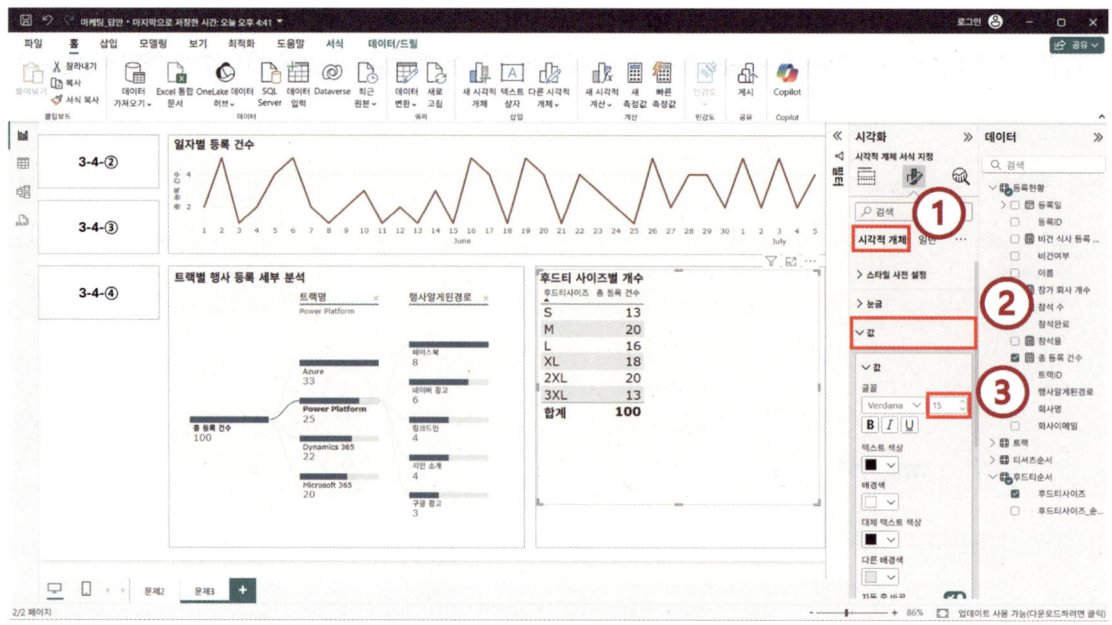

그림 3.2.88

6. [열 머리글] 메뉴로 이동한 뒤, 글꼴 크기를 '17'로 설정한다.

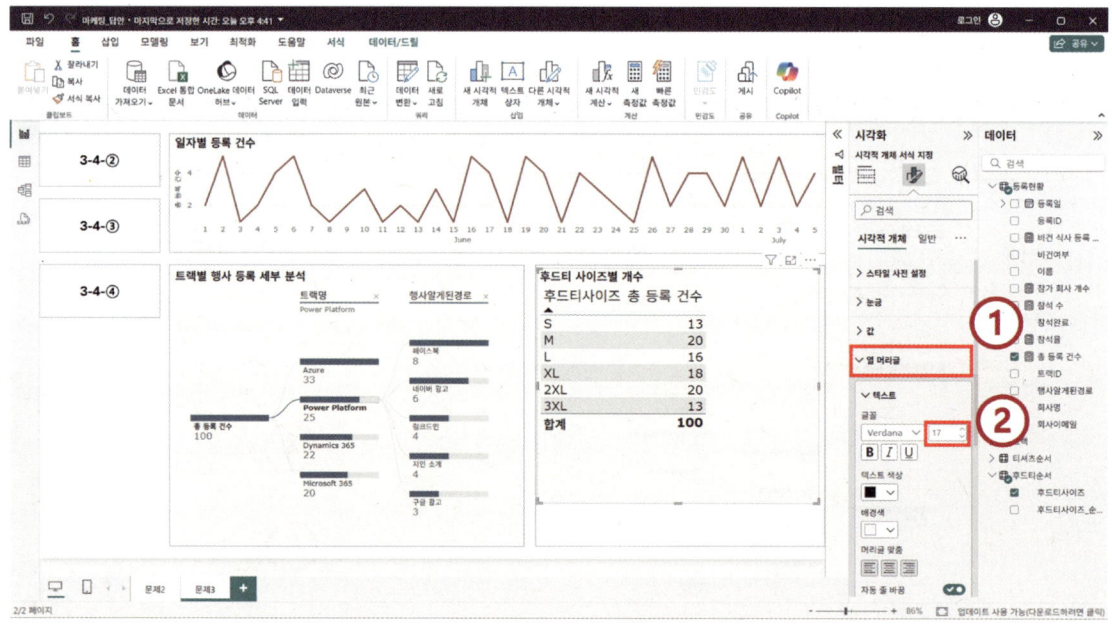

그림 3.2.89

문제 3-3-⑥

1. [시각적 개체 필드] 메뉴로 이동한 뒤, 테이블 차트 아이콘을 클릭하여 테이블 차트를 추가한다. 테이블 차트를 3-3 위치에 있던 '후드티 사이즈별 개수' 테이블 위에 겹쳐서 배치한다. [열] 영역에는 〈티셔츠순서〉 테이블의 [티셔츠사이즈] 필드와 〈등록현황〉 테이블의 [총 등록건수] 측정값을 추가한다.

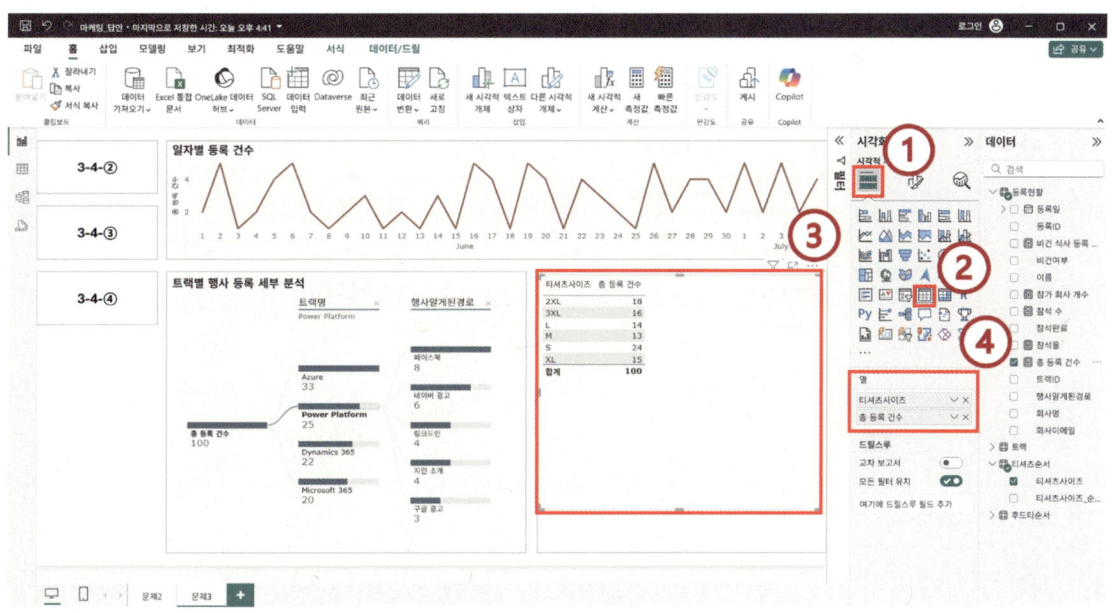

그림 3.2.90

2. 〈티셔츠순서〉 테이블의 [티셔츠사이즈] 필드를 선택한 뒤, [열 도구] 메뉴로 이동한다. [열 기준 정렬] 메뉴를 클릭한 후, [티셔츠사이즈_순서] 메뉴를 클릭한다.

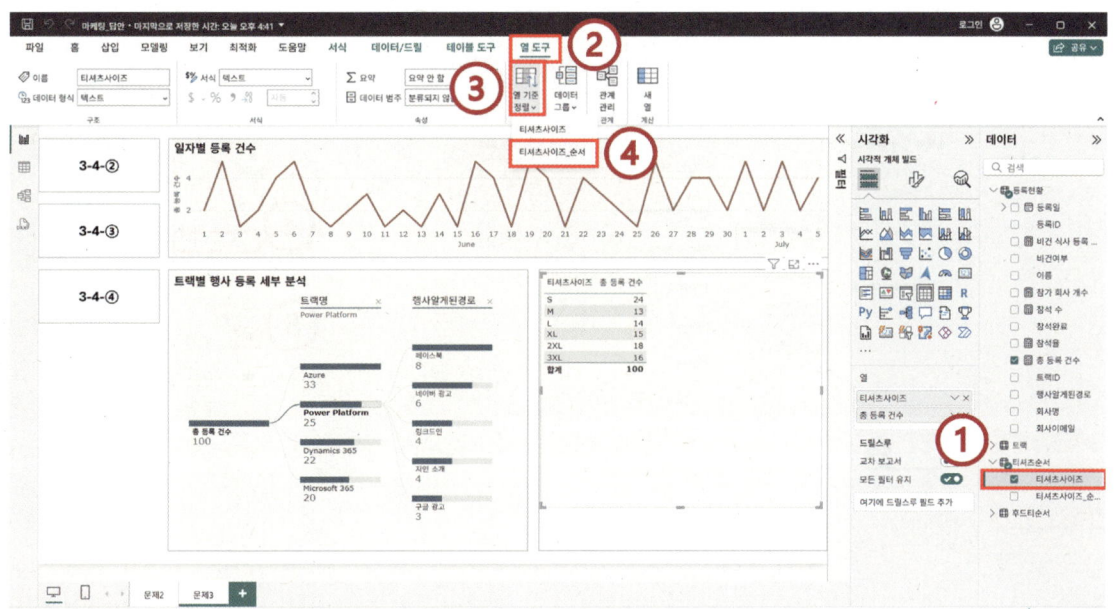

그림 3.2.91

제 2 회 모의고사 383

3. 테이블 차트의 세부 메뉴로 이동하여 [정렬 기준] 메뉴 내 [티셔츠사이즈] 메뉴를 클릭한다. 그리고 [오름차순 정렬] 메뉴를 클릭한다.

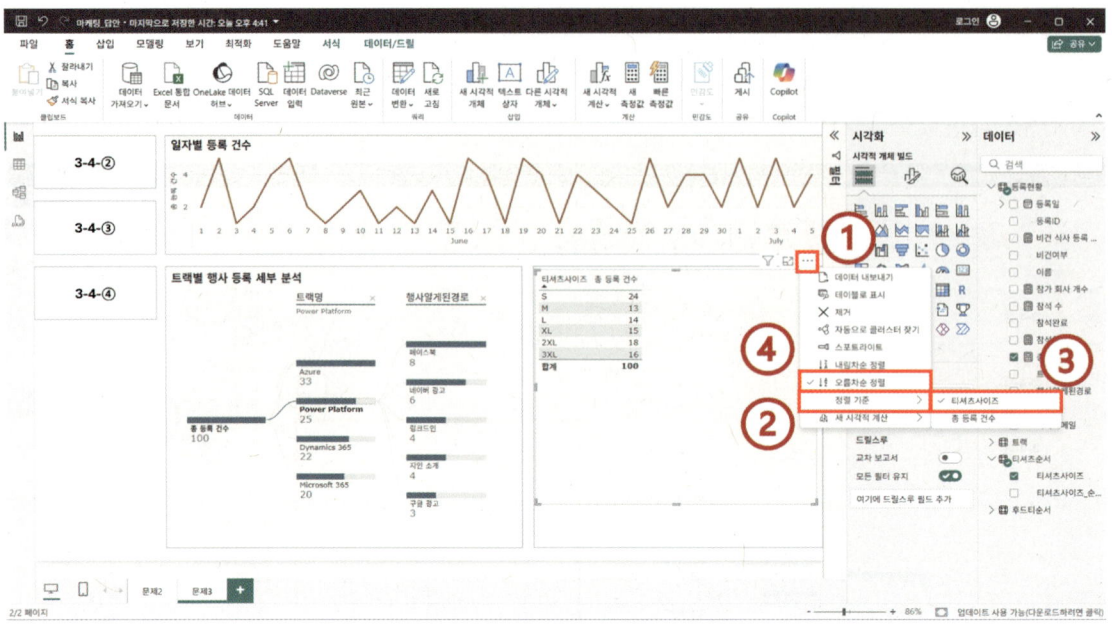

그림 3.2.92

4. [시각적 개체 서식 지정] 메뉴 내 [일반] 메뉴로 이동한다. [제목] 토글 버튼을 클릭하여 활성화한 뒤, 텍스트를 '티셔츠 사이즈별 개수'로 설정한다. 서식은 '굵게'로 설정한다.

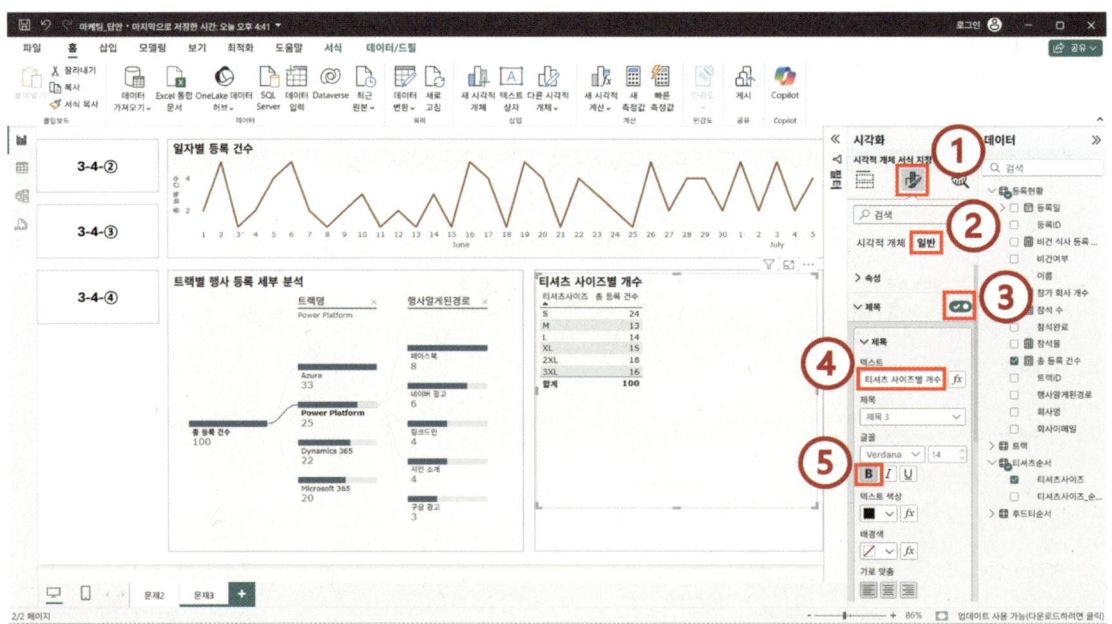

그림 3.2.93

5. [시각적 개체] 메뉴로 이동한 뒤, [값] 메뉴 내 글꼴 크기를 '15'로 설정한다.

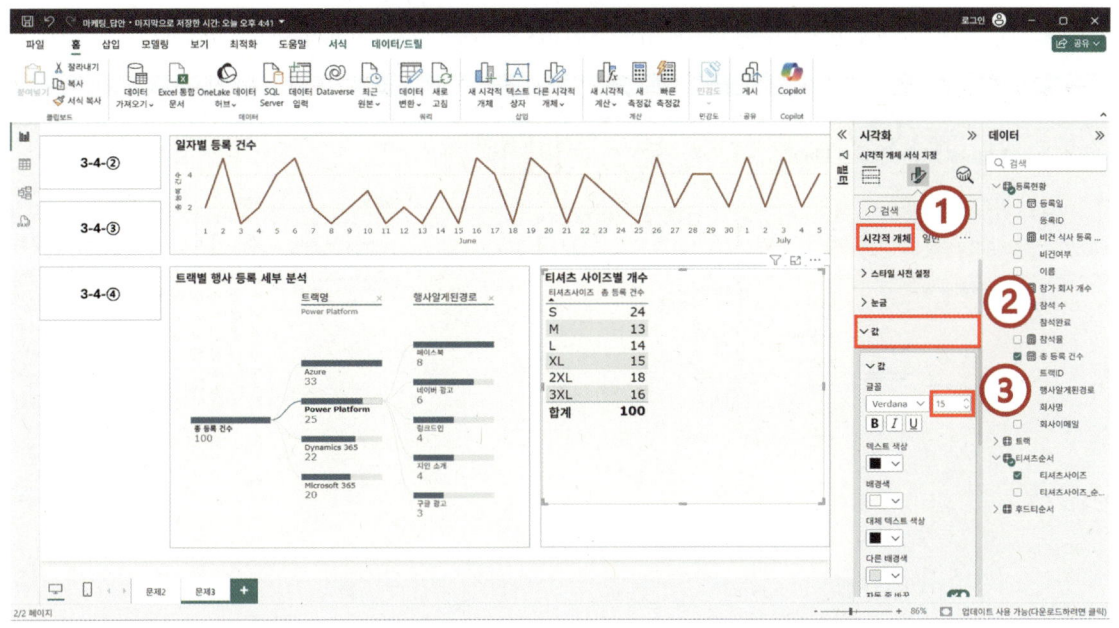

그림 3.2.94

6. [열 머리글] 메뉴로 이동한 뒤, 글꼴 크기를 '17'로 설정한다.

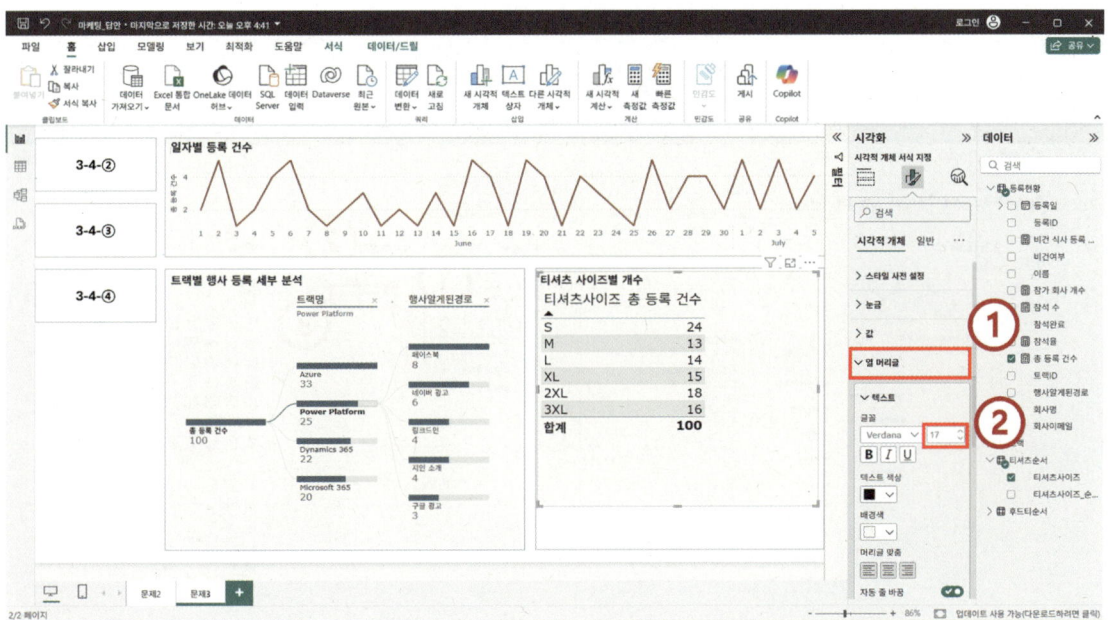

그림 3.2.95

문제 3-4-①

1. [보기] 메뉴로 이동하여 [책갈피] 메뉴와 [선택] 메뉴를 각각 클릭한다.

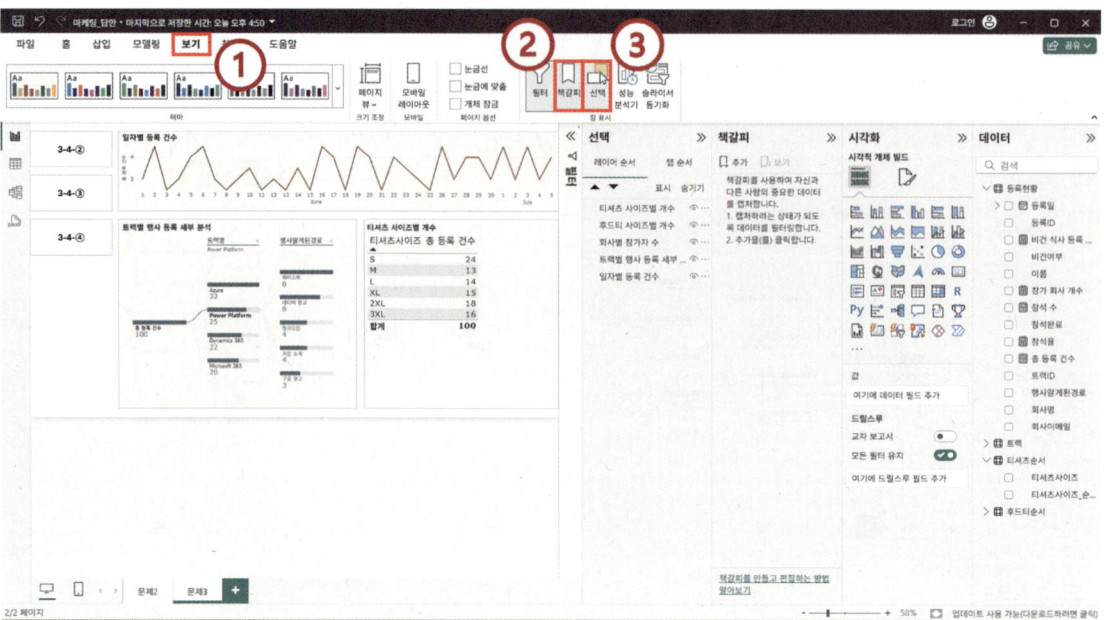

그림 3.2.96

2. [티셔츠 사이즈별 개수] 레이어와 [후드티 사이즈별 개수] 레이어를 숨김 처리한다. [추가] 버튼을 클릭한 뒤, 추가된 책갈피의 이름을 '회사별 참가자'로 설정한다.

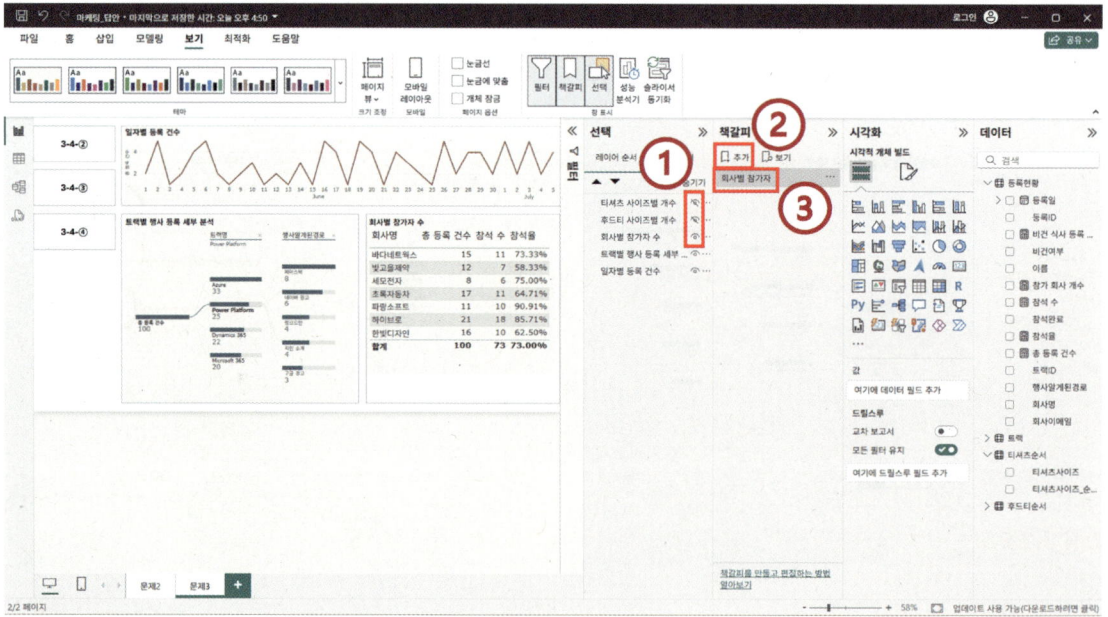

그림 3.2.97

3. [후드티 사이즈별 개수] 레이어를 활성화한 뒤, [티셔츠 사이즈별 개수] 레이어와 [회사별 참가자 수] 레이어는 숨김 처리한다. [추가] 버튼을 클릭한 뒤, 추가된 책갈피의 이름을 '후드티 사이즈 개수'로 설정한다.

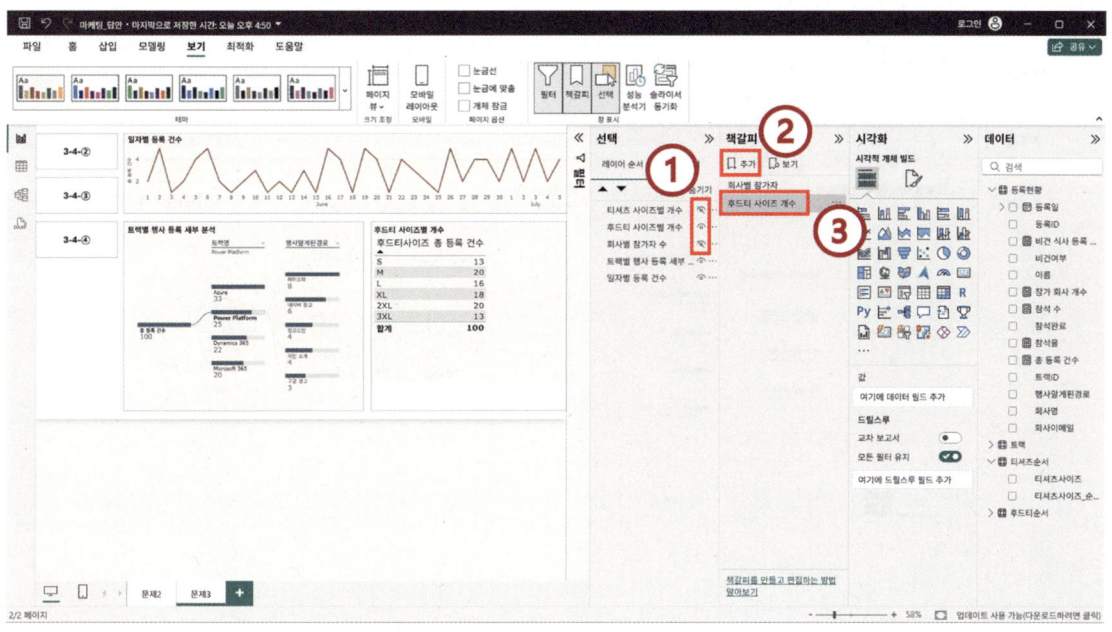

그림 3.2.98

4. [티셔츠 사이즈별 개수] 레이어를 활성화한 뒤, [후드티 사이즈별 개수] 레이어와 [회사별 참가자 수] 레이어는 숨김 처리한다. [추가] 버튼을 클릭한 뒤, 추가된 책갈피의 이름을 '티셔츠 사이즈 개수'로 설정한다.

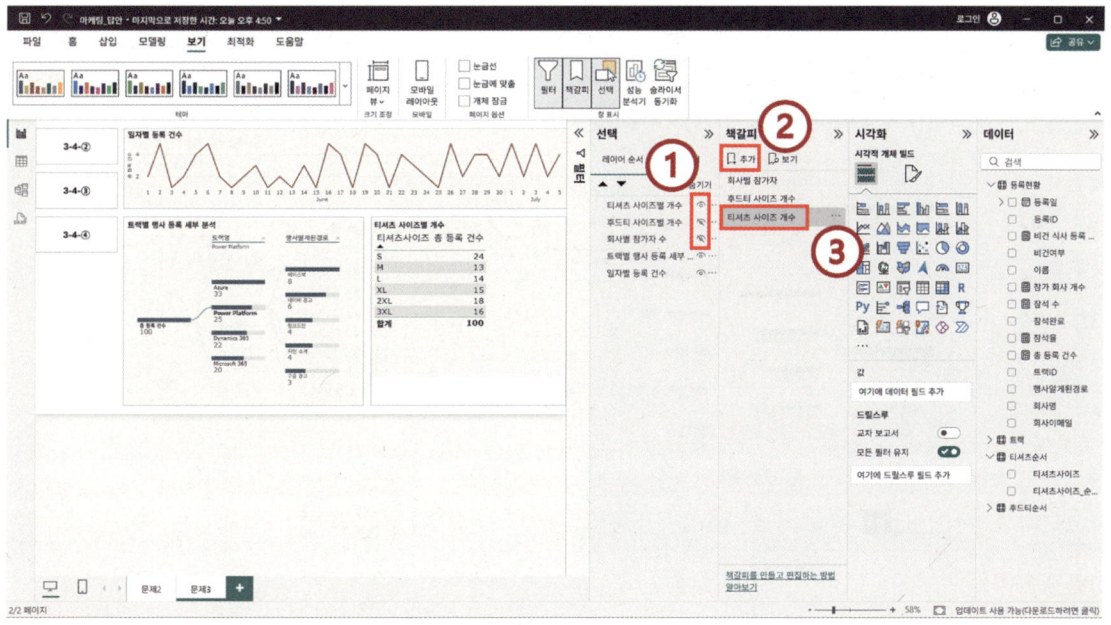

그림 3.2.99

5. [책갈피] 메뉴와 [선택] 메뉴를 클릭하여 패널을 숨김 처리한다.

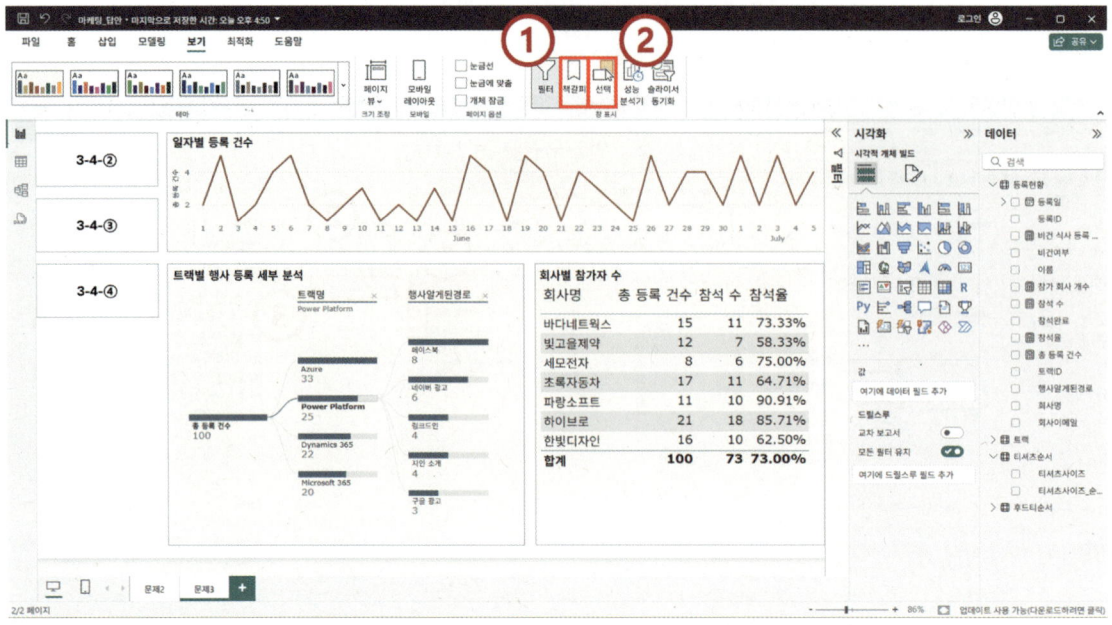

그림 3.2.100

문제 3-4-②

1. [삽입] 메뉴 내 [단추] 메뉴를 클릭한다. 그리고 [비어 있음] 메뉴를 클릭한다.

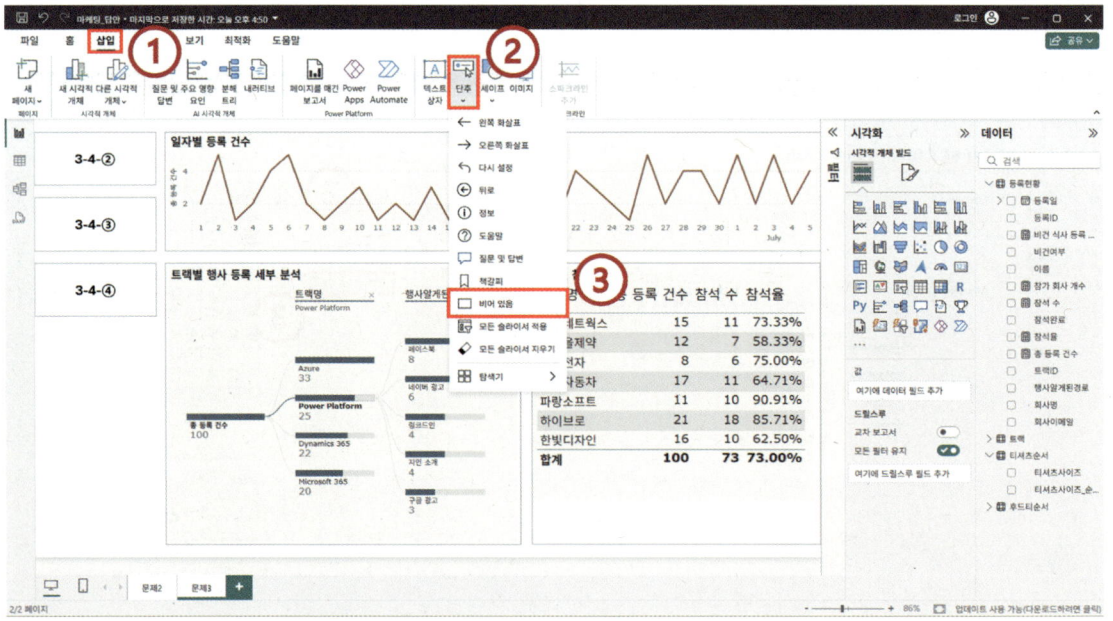

그림 3.2.101

2. 추가된 단추를 3-4-② 위치에 배치한다. [스타일] 메뉴로 이동하여 [텍스트] 토글 버튼을 클릭하여 활성화한다. 텍스트를 '회사별 참가자'로 설정한 뒤, 글꼴 크기와 서식은 '14', '굵게'로 설정한다.

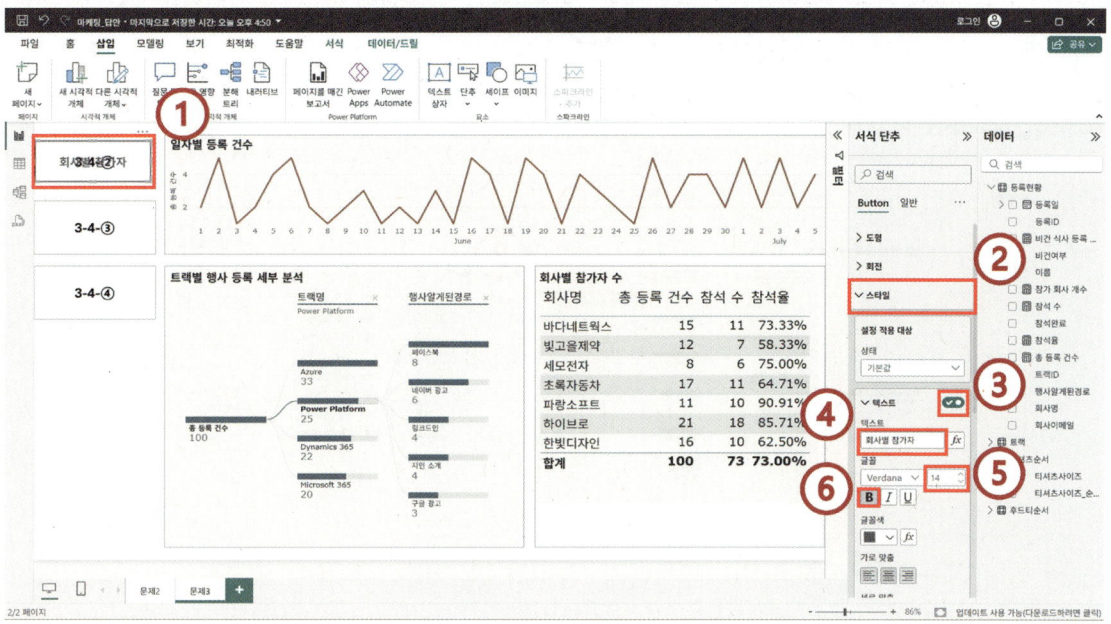

그림 3.2.102

3. [작업] 토글 버튼을 클릭하여 활성화한다. [유형]은 '책갈피'로 설정하고 [책갈피]는 '회사별 참가자'로 설정한다.

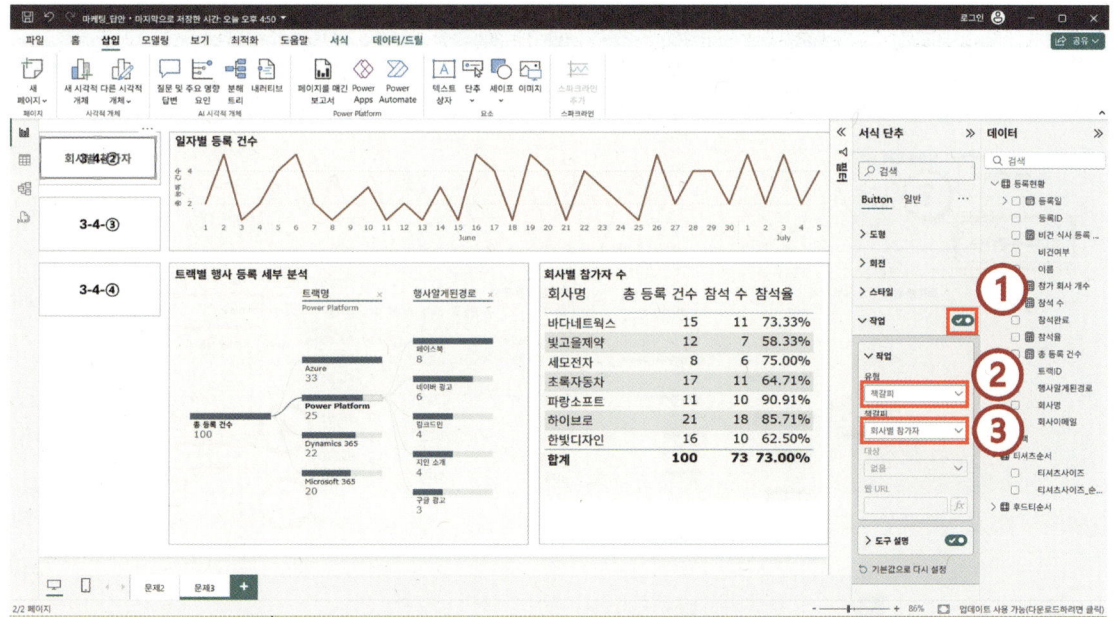

그림 3.2.103

문제 3-4-③

1. [단추] 메뉴를 클릭한 뒤, [비어 있음] 메뉴를 클릭한다.

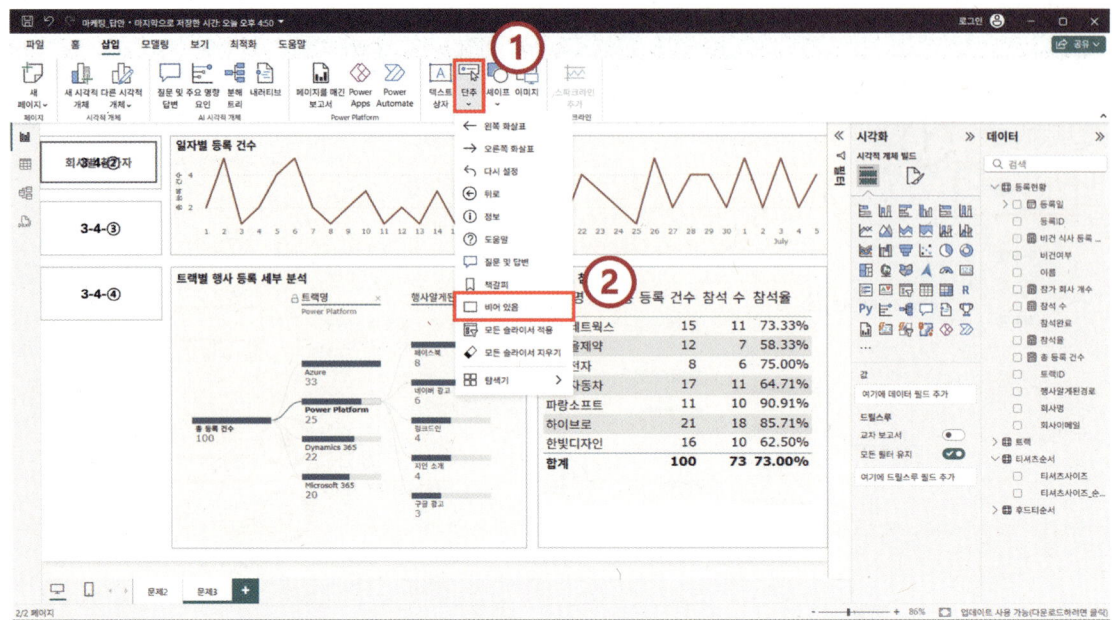

그림 3.2.104

2. 추가된 단추를 3-4-③ 위치에 배치한다. [스타일] 메뉴로 이동하여 [텍스트] 토글 버튼을 클릭하여 활성화한다. 텍스트를 '후드티 사이즈 개수'로 설정한 뒤, 글꼴 크기와 서식은 '14', '굵게'로 설정한다.

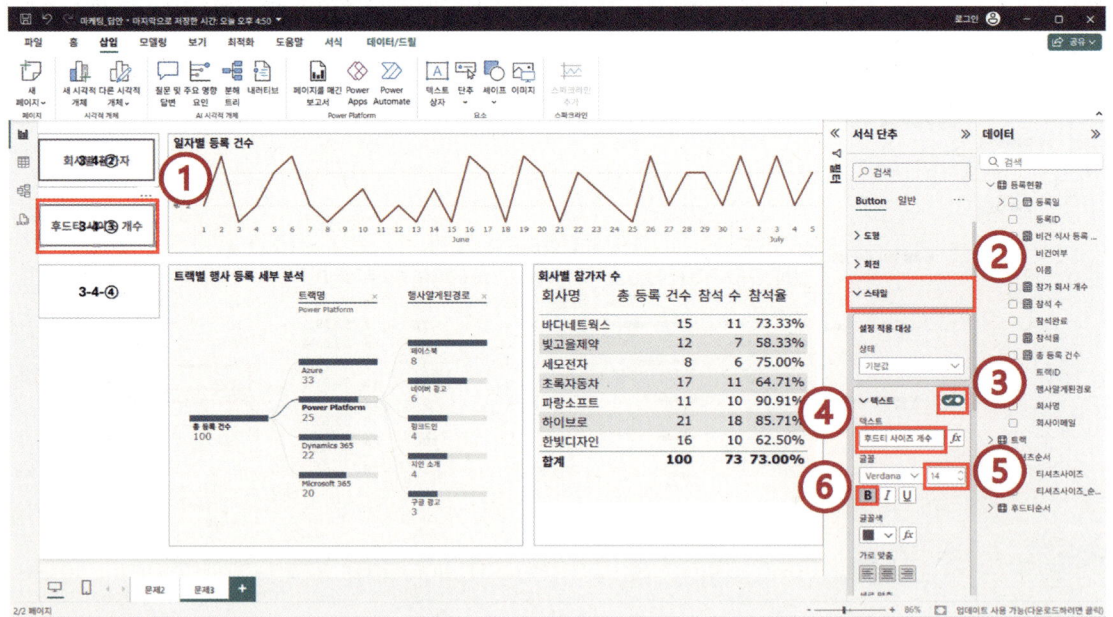

그림 3.2.105

3. [작업] 토글 버튼을 클릭하여 활성화한다. [유형]은 '책갈피'로 설정하고 [책갈피]는 '후드티 사이즈 개수'로 설정한다.

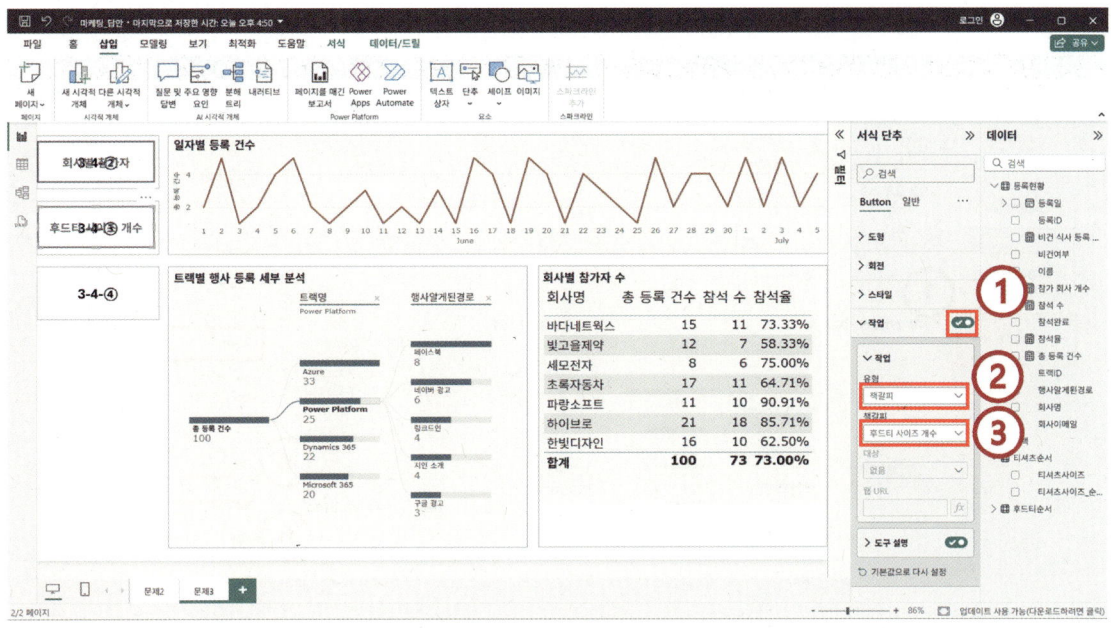

그림 3.2.106

문제 3-4-④

1. [단추] 메뉴를 클릭한 뒤, [비어 있음] 메뉴를 클릭한다.

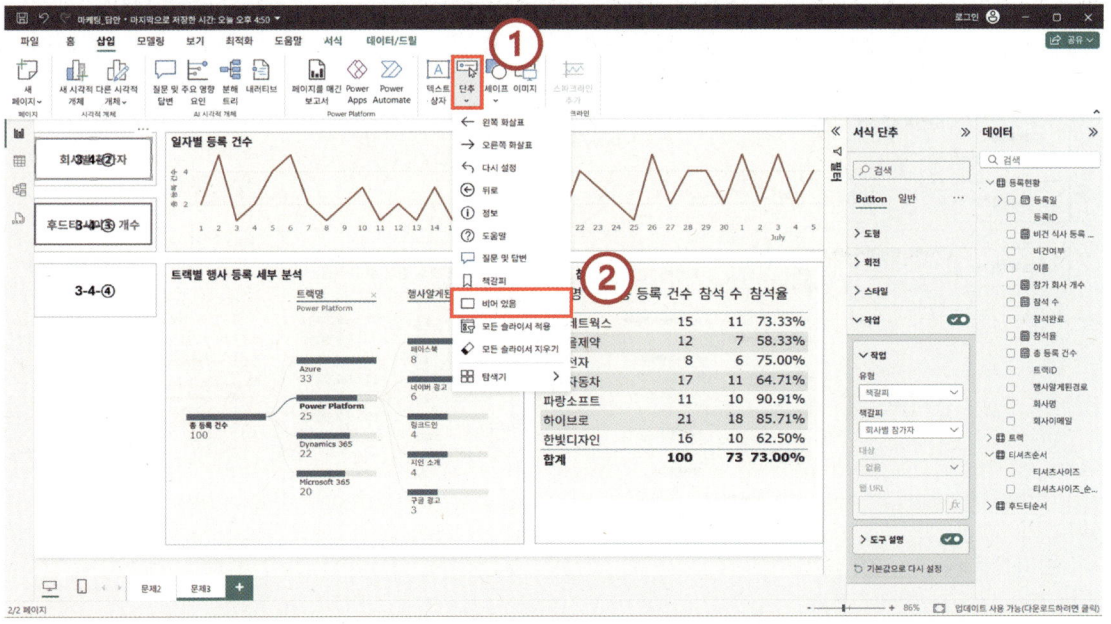

그림 3.2.107

2. 추가된 단추를 3-4-④ 위치에 배치한다. [스타일] 메뉴로 이동하여 [텍스트] 토글 버튼을 클릭하여 활성화한다. 텍스트를 '티셔츠 사이즈 개수'로 설정한 뒤, 글꼴 크기와 서식은 '14', '굵게'로 설정한다.

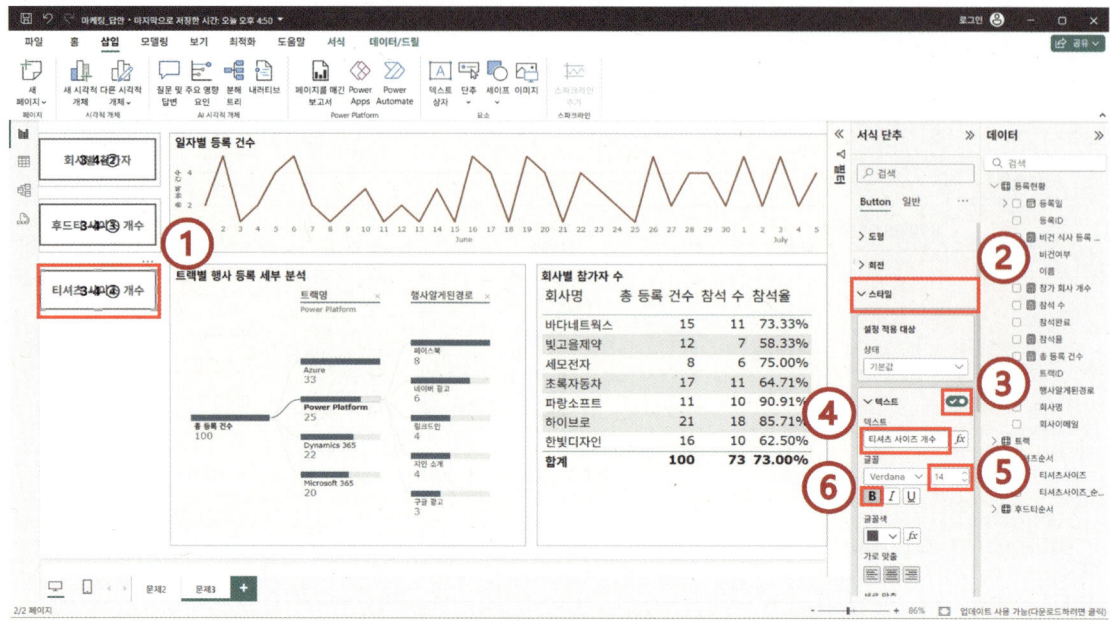

그림 3.2.108

3. [작업] 토글 버튼을 클릭하여 활성화한다. [유형]은 '책갈피'로 설정하고 [책갈피]는 '티셔츠 사이즈 개수'로 설정한다.

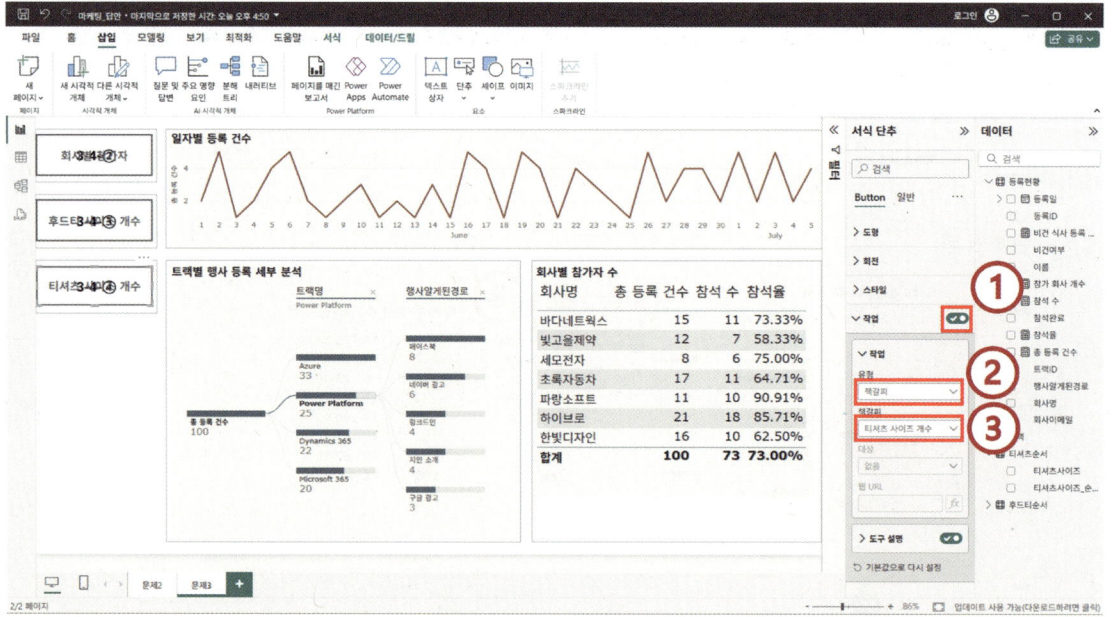

그림 3.2.109

문제 3-4-⑤

1. Shift 키를 누른 상태로 3개의 단추들을 하나씩 클릭하여 모두 선택한다. [스타일] 메뉴 내에 [테두리] 토글 버튼을 클릭하여 해제한다.

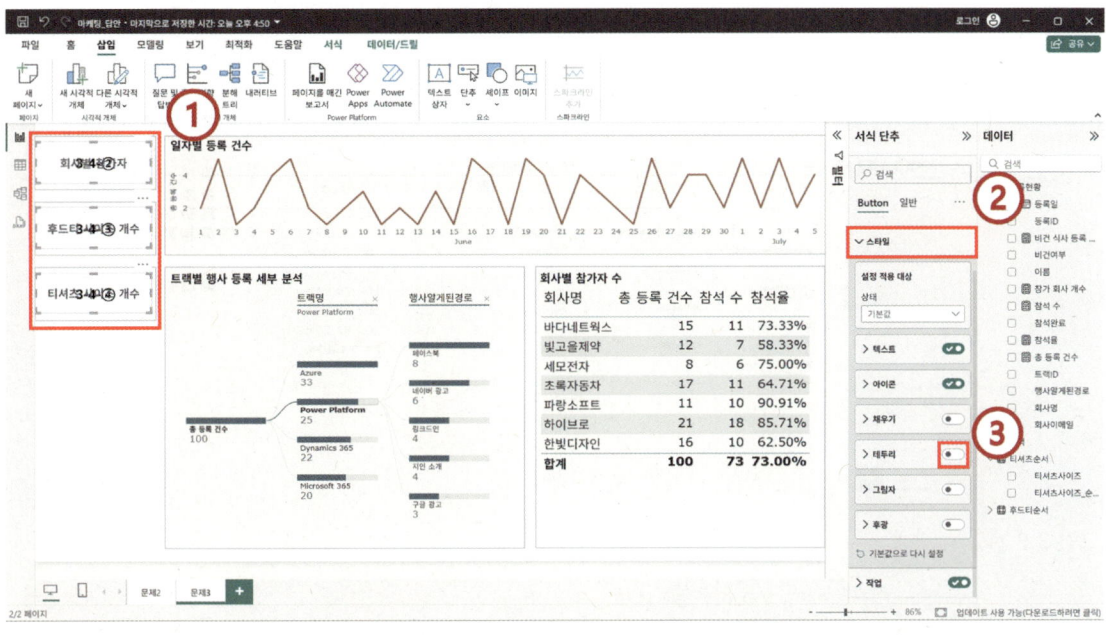

그림 3.2.110

2. [설정 적용 대상]의 상태를 '기본값'으로 설정한 뒤, [채우기] 토글 버튼을 클릭하여 활성화한다. 그리고 [색] 메뉴를 클릭한다.

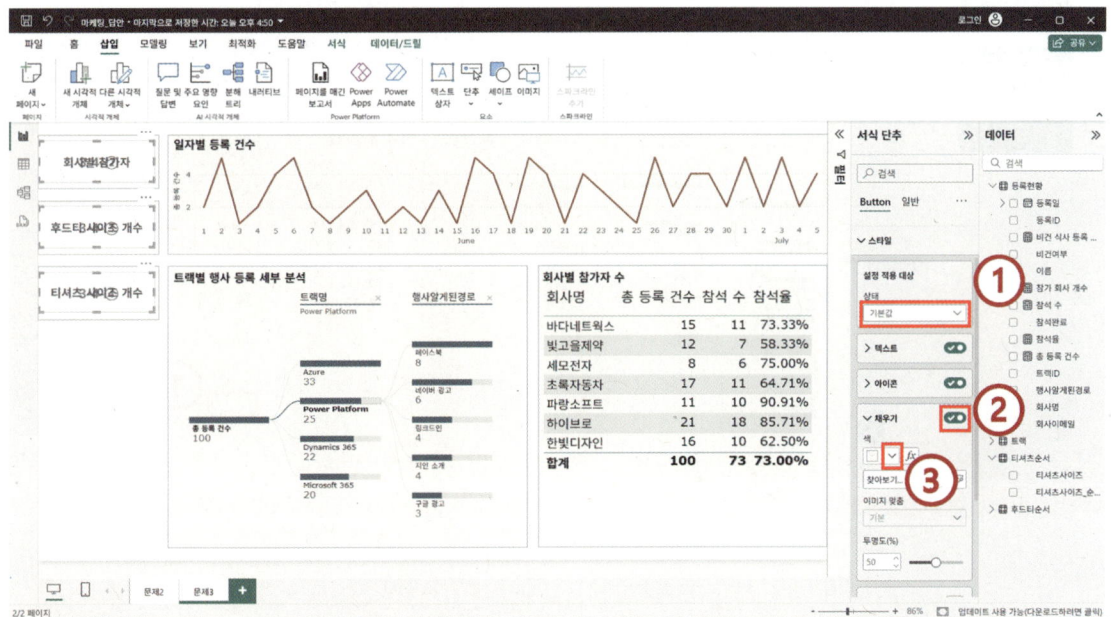

그림 3.2.111

제 2 회 모의고사 393

3. [테마 색 6]를 선택한다.

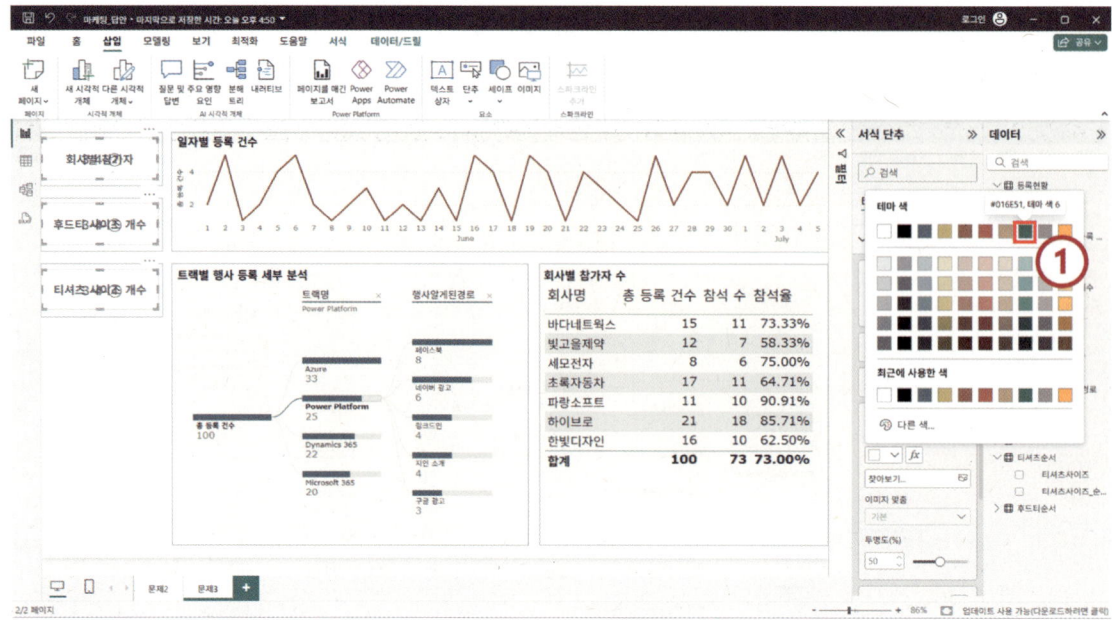

그림 3.2.112

4. [투명도]를 '0'으로 설정한다.

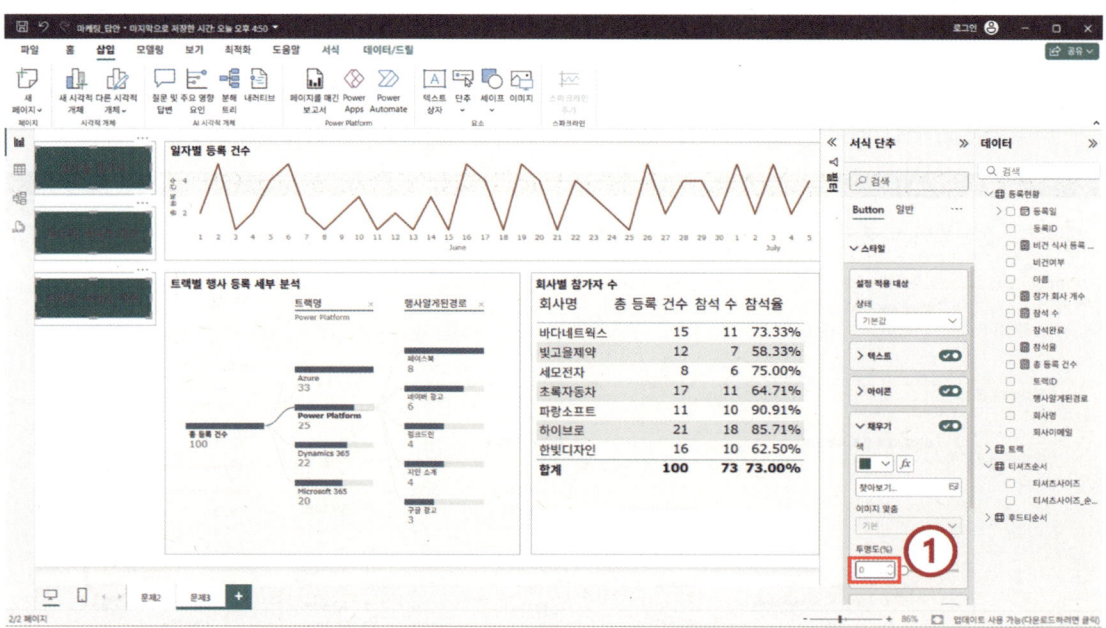

그림 3.2.113

5. [텍스트] 메뉴 내 [글꼴색] 메뉴를 클릭한다.

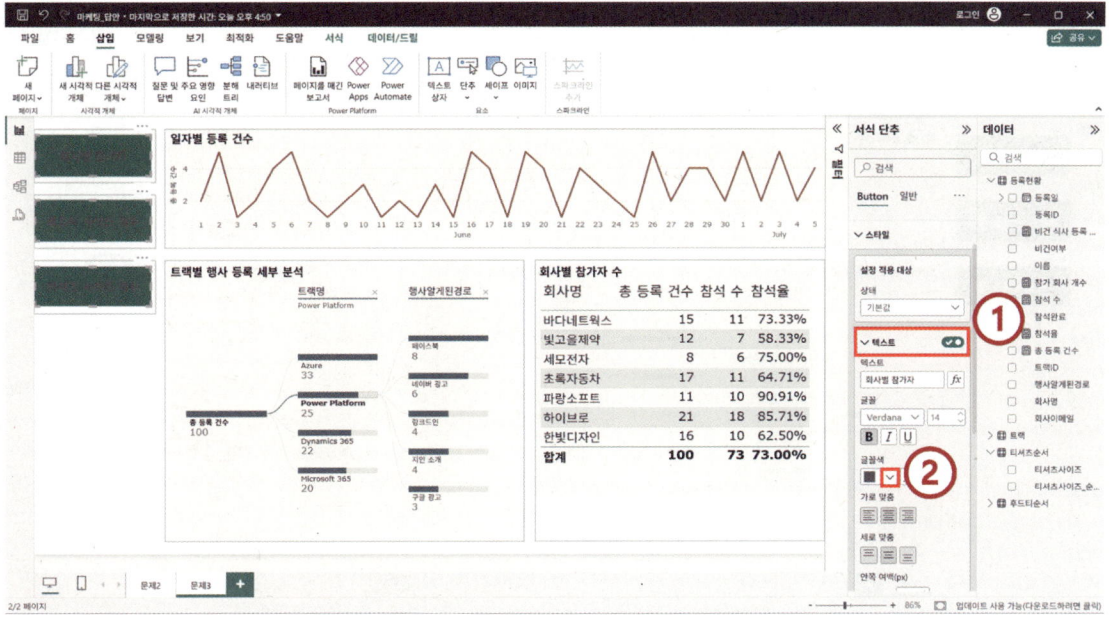

그림 3.2.114

6. [흰색]을 선택한다.

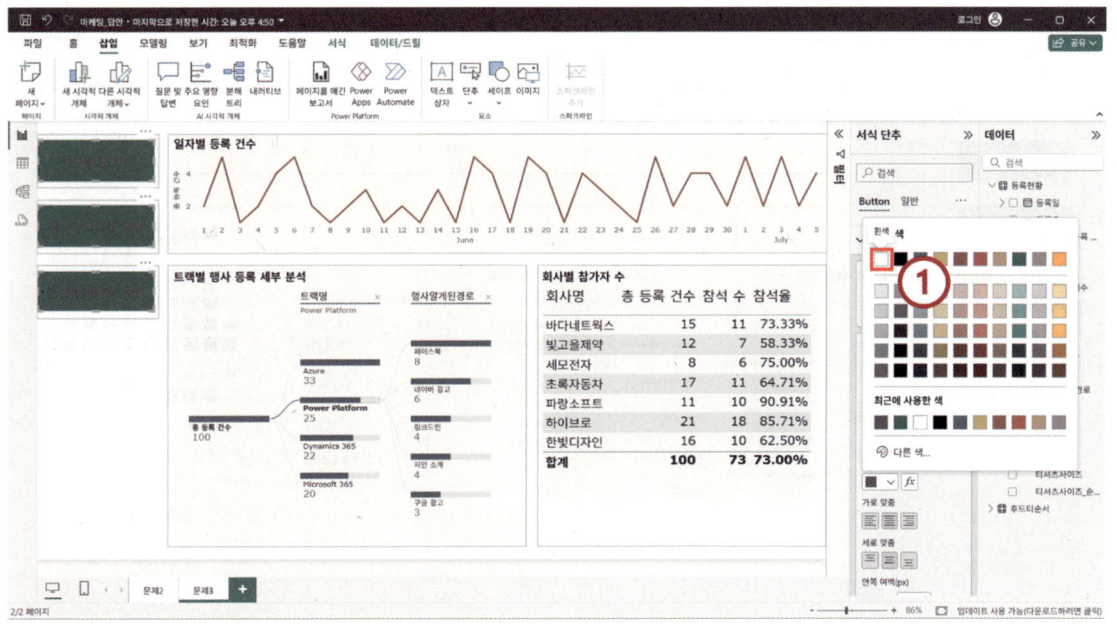

그림 3.2.115

7. [설정 적용 대상]의 상태를 '가리킬 때'로 선택한 뒤, [채우기]의 [색] 메뉴를 클릭한다.

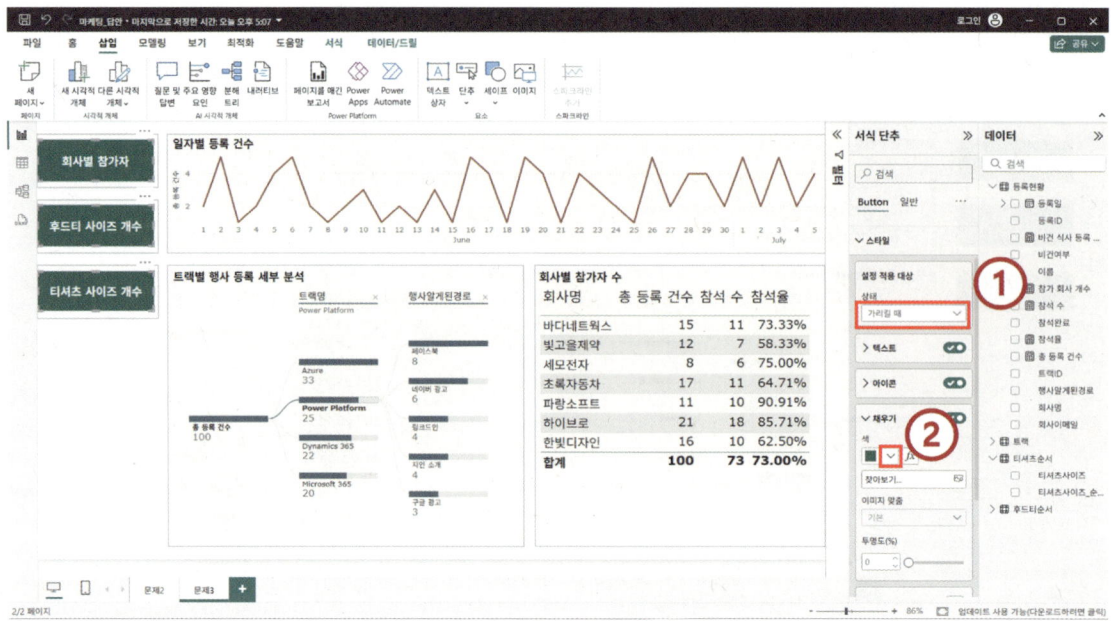

그림 3.2.116

8. [테마 색 2]를 선택한다.

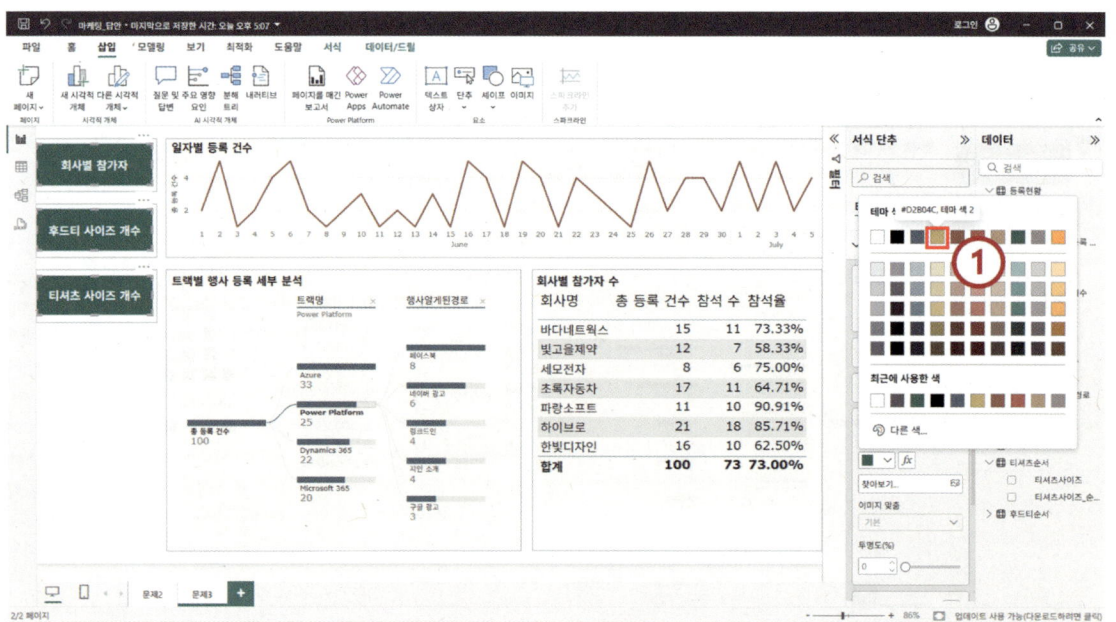

그림 3.2.117

9. [투명도]를 '0'으로 설정한다.

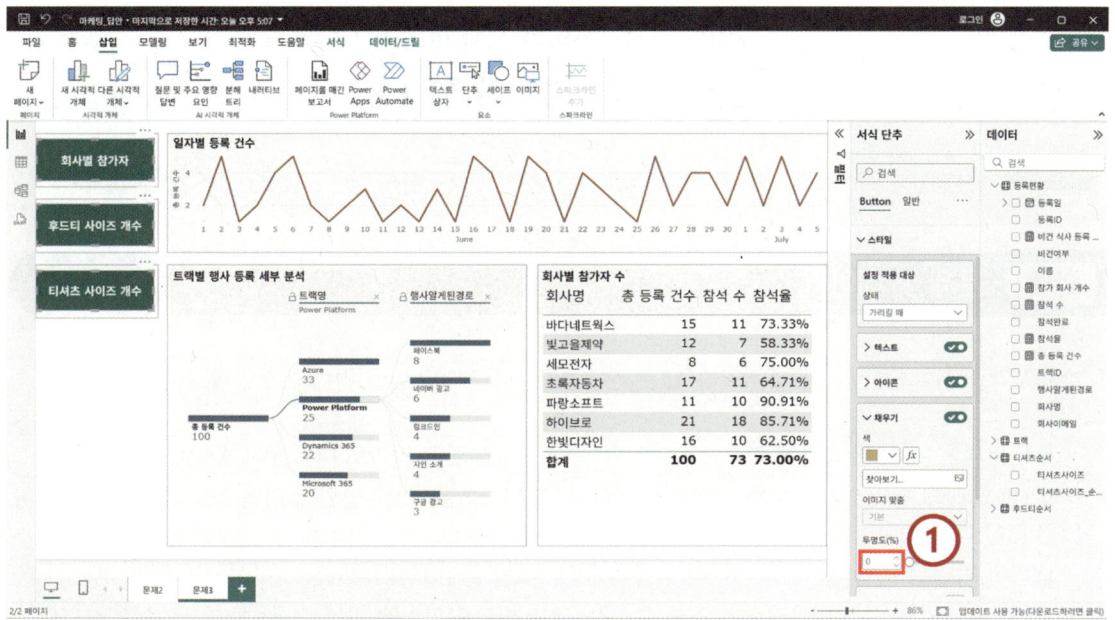

그림 3.2.118

경영정보시각화능력 실기 파워BI
제 3 회 모의고사

프로그램명 POWER BI 데스크톱 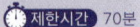 **제한시간** 70분

안내 문제 및 데이터

1. 수험자가 작성할 답안파일은 1개입니다. 문제1, 문제2, 문제3의 답을 하나의 답안파일(.pbix)로 저장하십시오.
2. 문제1, 문제2, 문제3은 각각 독립적으로 구성되어 앞 문제를 풀지 않아도 다음 문제 풀이가 가능합니다.
3. 문제1은 데이터 불러오기를 통해 문제를 풀이하고, 문제2와 문제3은 답안에 이미 데이터가 포함되어 있어 다시 데이터를 불러오지 말고 바로 문제 풀이를 하십시오.
   - 데이터 파일은 문제1을 위한 데이터 파일과 문제2,3을 위한 데이터 파일로 구성되어 있습니다.
4. 문제2와 문제3 풀이를 위해 필요한 일부 측정값, 필터가 답안파일에 미리 적용되어 있을 수 있습니다.
   - 지시사항에 제시되지 않은 것은 변경하지 마십시오.
   - 사전에 적용된 필터 등이 삭제되지 않도록 '페이지 삭제' 기능을 절대 사용하지 마십시오.
5. 문제는 문제(문제1~3) - 세부문제(1~4) - 지시사항(①~③) - 세부지시사항(▶, -) 단위로 구성됩니다.
6. 지시사항(①~③)별로 점수가 부여되며, 지시사항의 전체 세부지시사항(▶, -)을 작업하지 않을 경우 점수가 부여되지 않습니다. ※부분 점수 없음
7. 본 시험에서 사용되는 데이터 파일 수와 데이터명은 아래와 같습니다.
   - [문제1] 데이터 파일수: 1개 / 데이터명: '기관 투자자 13F 공시 자료.xlsx'

파일명	기관 투자자 13F 공시 자료.xlsx					
테이블	구조					
워렌 버핏	고유 식별번호	주식명	다른 매니저	주식 수량	주식 또는 원금 유형	주식 클래스명	주식 가치
	02005N100	ALLY FINL INC	4	12719675	SH	COM	463886547
빌 애크먼	고유 식별번호	주식명		주식 수량	주식 또는 원금 유형	주식 클래스명	주식 가치
	02079K107	ALPHABET INC		6324031	SH	CAP STK CL C	988003363
스탠리 드러켄밀러	고유 식별번호	주식명		주식 수량	주식 또는 원금 유형	주식 클래스명	주식 가치
	00534A102	Invivyd Inc		571425	SH	COM	346

   - [문제2,3] 데이터 파일수: 1개 / 데이터명: '온라인 주문 내역.xlsx'

파일명	온라인 주문 내역.xlsx				
테이블	구조				
주문내역	주문일자	주문번호	제품코드	판매수량	지역 아이디
	2025-07-15	O20250715001	P2007	1	2
제품	제품코드	제품명		카테고리	단가
	P3002	텀블러		생활용품	18,000
지역	지역 아이디		지역명		광역자치단체명
	1		강남구		서울특별시

문제1 작업준비   20점

1. 다음 지시 사항에 따라 데이터 가져오기 및 편집을 수행하시오. 편집이 완료되면 닫기 및 적용을 통해 Power BI Desktop에 데이터를 로드하시오. 10점

   ① 데이터 파일을 가져온 후 파워쿼리 편집기를 통해 테이블의 데이터를 편집하시오. 5점

   ▶ 가져올 데이터: '기관 투자자 13F 공시 자료.xlsx' 파일의 〈빌 애크먼〉, 〈스탠리 드러켄밀러〉, 〈워렌 버핏〉 테이블

   ▶ 〈워렌 버핏〉 테이블에서 [다른 매니저] 필드 제거

   ▶ 〈스탠리 드러켄밀러〉 테이블에서 [주식 가치] 필드에 1,000 곱하기

   ▶ 사용자 지정 열 기능을 활용해 〈빌 애크먼〉, 〈스탠리 드러켄밀러〉, 〈워렌 버핏〉 테이블에 각각 [투자자명] 필드를 추가

   - 각 테이블의 테이블 명을 [투자자명] 필드의 값으로 사용
   - 테이블명을 복사(Ctrl + C)한 뒤 [사용자 지정 열 수식 화면]에 붙여넣기(Ctrl + V) 하여 한글을 입력할 것

   ② 쿼리를 새 항목으로 추가 기능을 활용해 〈빌 애크먼〉, 〈스탠리 드러켄밀러〉, 〈워렌 버핏〉 테이블을 합친 새로운 테이블을 만드시오. 5점

   ▶ 테이블 이름: 기관 투자자 주식 현황

   ▶ 추가할 테이블 순서: 〈빌 애크먼〉, 〈스탠리 드러켄밀러〉, 〈워렌 버핏〉

   ▶ [고유 식별번호], [주식 또는 원금 유형] 필드 제거

   ▶ 〈빌 애크먼〉, 〈스탠리 드러켄밀러〉, 〈워렌 버핏〉 테이블은 보고서에 로드 사용 해제

2. 다음 지시사항에 따라 새 열, 측정값, 그리고 테이블을 추가하시오. 10점

   ① 〈기관 투자자 주식 현황〉 테이블에 새 열을 추가하시오. 2점

   ▶ 새 열 이름: 주식 가치_원화

   - 활용 필드: 〈기관 투자자 주식 현황〉 테이블의 [주식 가치] 필드
   - [주식 가치] 필드에 있는 금액에 1,400를 곱하기
   - 서식: 원화(₩) 통화 기호

   ② 〈기관 투자자 주식 현황〉 테이블에 측정값을 추가하시오. 2점

   ▶ 측정값 이름: 총 주식 가치

- 활용 필드: 〈기관 투자자 주식 현황〉 테이블의 [주식 가치] 필드

- 사용 함수: SUM

- 서식: 달러($) 통화 기호

③ 아래 조건으로 새 테이블을 추가하시오. 5점

▶ 테이블 이름: 워렌 버핏 주식 포트폴리오 현황

- 필드 이름: 주식명, 총 수량, 총 가치, 전체 포트폴리오 내 비중

- [주식명] 필드: 워렌 버핏이 보유한 주식들의 주식명

- [총 수량] 필드: 각 주식별 수량의 총합

    • 서식: 천 단위 구분 기호

- [총 가치] 필드: 각 주식별 가치의 총합

    • 서식: 달러($) 통화 기호

- [전체 포트폴리오 내 비중] 필드: 워렌 버핏이 보유한 주식의 전체 가치 내에서 각 주식들의 가치가 차지하는 비중

    • 서식: 백분율

- 사용 함수: CALCULATE, SUM, CALCULATETABLE, SUMMARIZE, DIVIDE

- 활용 필드: 〈기관 투자자 주식 현황〉 테이블의 [주식 가치], [투자자명], [주식명], [주식 수량] 필드

- DAX 식의 구조를 VAR ~ RETURN 구문을 활용하여 구축할 것

    • 변수명은 total, warren_raw_data를 사용

    • total에는 워렌 버핏이 보유한 주식 가치의 총합을 저장

    • warren_raw_data에는 〈기관 투자자 주식 현황〉 테이블에서 [투자자명] 필드가 워렌 버핏인 것만 저장

④ 〈기관 투자자 주식 현황〉, 〈워렌 버핏 주식 포트폴리오 현황〉 테이블을 숨김 처리 하시오.

1점

| 문제2 | **단순요소 구현** | 30점 |

〈시각화 완성화면〉 각 세부문제 풀이 후 아래와 같은 결과가 도출되어야 합니다. 차트의 범례 색은 문제 풀이 순서에 따라 다르게 보일 수 있습니다.

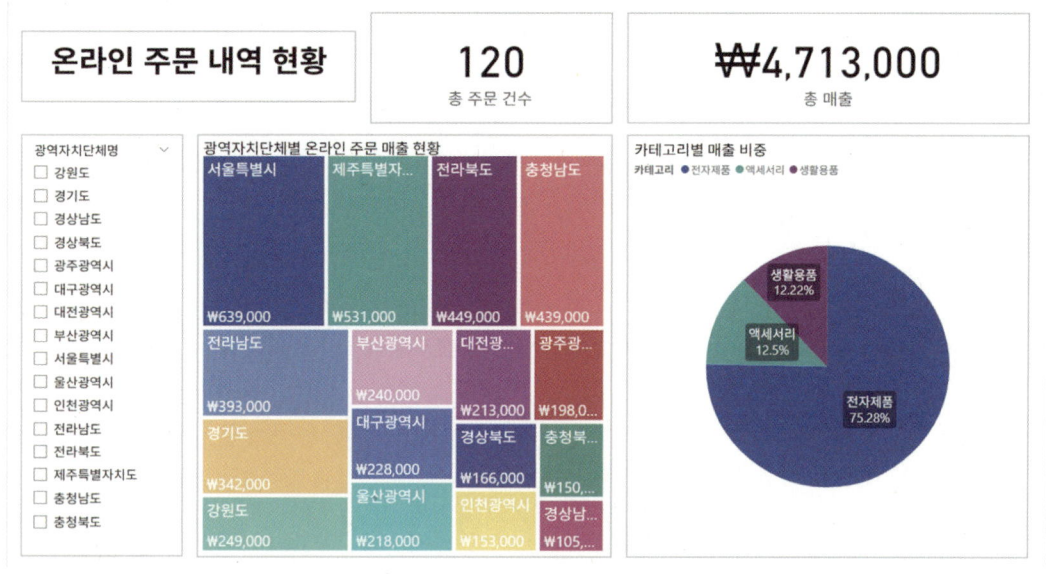

1. '문제2', '문제3', '문제3_5' 페이지의 전체 서식을 설정하시오. `5점`

    ① '문제2'와 '문제3' 페이지의 캔버스 배경을 설정하시오. `3점`

    ▶ 배경 이미지

      - '문제2' 페이지: '문제2_배경.png',

      - '문제3' 페이지: '문제3_배경.png'

      - '문제3_5' 페이지: '문제3_5_배경.png'

    ▶ 캔버스 배경 설정

      - 이미지 맞춤: '맞춤'

      - 투명도 0%

    ▶ 보고서 테마: 예정

    ② 텍스트 상자를 사용하여 '문제2' 페이지에 보고서 제목을 작성하시오. `2점`

      ▶ 제목: 온라인 주문 내역 현황

      ▶ 제목 서식: 글꼴 'Segoe UI', 크기 28, 굵게, 가운데 정렬

      ▶ 위치: '2-1-②' 위치에 배치

2. 다음 지시사항에 따라 측정값, 새 열, 카드, 그리고 슬라이서를 구현하시오. 15점

　① 아래 조건으로 〈주문내역〉 테이블에 새 열을 추가하시오. 5점

　　▶ 열 이름: 매출 금액

　　　- 활용 필드
　　　　• 〈주문내역〉 테이블의 [판매수량] 필드
　　　　• 〈제품〉 테이블의 [단가] 필드
　　　- 〈주문내역〉 테이블의 [판매수량] 필드를 〈제품〉 테이블의 [단가] 필드로 곱한 값
　　　- 사용 함수: RELATED
　　　- 서식: 원화(₩) 통화 기호

　② 아래 조건으로 〈주문내역〉 테이블에 측정값을 추가하시오. 4점

　　▶ 측정값 이름: 총 주문 건수

　　　- 활용 테이블: 〈주문내역〉 테이블
　　　- 〈주문내역〉 테이블의 행의 개수 집계
　　　- 사용 함수: COUNTROWS

　　▶ 측정값 이름: 총 매출

　　　- 활용 필드: 〈주문내역〉 테이블의 [매출 금액] 필드
　　　- [매출 금액] 필드의 합계
　　　- 사용 함수: SUM
　　　- 서식: 원화(₩) 통화 기호

　③ 총 주문 건수와 총 매출을 나타내는 카드를 구현하시오. 3점

　　▶ 활용 필드: 〈주문내역〉 테이블의 [총 주문 건수], [총 매출] 필드
　　▶ 서식
　　　- [총 매출] 카드의 설명 값 표시 단위: '없음'
　　　- 모든 카드의 범주 레이블 글꼴 크기: '15'
　　▶ 위치: '2-2-③' 위치에 배치

④ 광역자치단체명을 설정하는 슬라이서를 구현하시오. 3점

▶ 활용 필드: 〈지역〉 테이블의 [광역자치단체명] 필드

▶ 서식

- 슬라이서 스타일: '세로 목록'

▶ 위치: '2-2-④' 위치에 배치

3. 다음 지시사항에 따라 트리맵 차트를 구현하시오. 5점

① 광역자치단체별 온라인 주문 매출 현황을 나타내는 트리맵 차트를 구현하시오. 3점

▶ 활용 필드

- 〈지역〉 테이블의 [광역자치단체명] 필드
- 〈주문내역〉 테이블의 [총 매출] 필드

▶ 위치: '2-3-①' 위치에 배치

② 다음과 같이 트리맵의 각 요소에 대한 서식을 지정하시오. 2점

▶ 차트 제목: 광역자치단체별 온라인 주문 매출 현황

▶ 데이터 레이블: 글꼴 크기 '14', 표시 단위 '없음'

▶ 범주 레이블: 글꼴 크기 '14'

▶ 레이아웃 모든 노드 사이의 간격: '5'

4. 다음 지시사항에 따라 원형 차트를 구현하시오. 5점

① 카테고리별 매출 비중을 나타내는 원형 차트를 구현하시오. 3점

▶ 활용 필드

- 〈제품〉 테이블의 [카테고리] 필드
- 〈주문내역〉 테이블의 [총 매출] 필드

▶ 위치: '2-4-①' 위치에 배치

② 다음과 같이 원형 차트의 각 요소에 대한 서식을 지정하시오. 2점

▶ 차트 제목: 카테고리별 매출 비중

▶ 범례 위치: '왼쪽 위'

▶ 세부 정보 레이블: 위치 '안쪽', 레이블 내용 '범주, 총퍼센트', 글꼴 크기 '12'

문제3 복합요소 구현   50점

〈시각화 완성화면〉 각 세부문제 풀이 후 아래와 같은 결과가 도출되어야 합니다. 차트의 범례 색은 문제 풀이 순서에 따라 다르게 보일 수 있습니다.

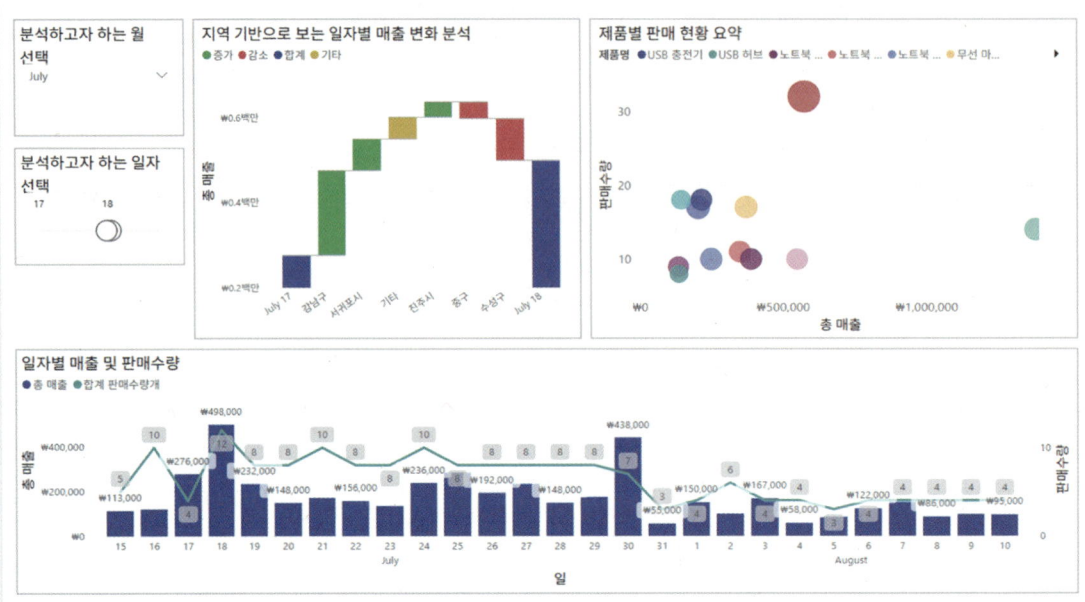

1. **다음 지시사항에 따라 분산형 차트를 구현하시오.** 5점

   ① 제품별 판매 현황을 나타내는 분산형 차트를 구현하시오. 3점

   ▶ 활용 필드

   - 〈주문내역〉 테이블의 [총 매출], [총 주문 건수], [판매수량] 필드
   - 〈제품〉 테이블의 [제품명] 필드

   ▶ 위치: '3-1-①' 위치에 배치

   ② 다음과 같이 분산형 차트의 각 요소에 대한 서식을 지정하시오. 2점

   ▶ 차트 제목: 제품별 판매 현황 요약
   ▶ X축: 값 글꼴 크기 '11', 표시 단위 '없음'
   ▶ Y축: 값 글꼴 크기 '11', 제목 '판매수량'

2. **다음 지시사항에 따라 꺾은선형 및 묶은 세로 막대형 차트를 구현하시오.** 5점

   ① 일자별 매출 및 판매수량을 나타내는 꺾은선형 및 묶은 세로 막대형 차트를 구현하시오.
   3점

▶ 활용 필드

- 〈주문내역〉 테이블의 [주문일자] 계층 구조

- 〈주문내역〉 테이블의 [총 매출], [판매수량] 필드

▶ 차트에 추가된 [주문일자] 날짜 계층에서 [연도], [분기] 필드 제거

▶ 계층 구조에서 한 수준 아래로 모두 확장

▶ 위치: '3-2-①' 위치에 배치

② 다음과 같이 꺾은선형 및 묶은 세로 막대형 차트의 각 요소에 대한 서식을 지정하시오. 2점

▶ 차트 제목: 일자별 매출 및 판매수량

▶ Y축: 표시 단위 '없음'

▶ 보조 Y축: 제목 텍스트 '판매수량'

▶ 데이터 레이블

- 계열 '합계 판매수량개' 배경 색을 '흰색, 20% 더 어둡게'

3. **다음 지시사항에 따라 폭포 차트를 구현하시오.** 5점

① 지역 기반으로 일자별 매출 변화를 분석하는 폭포 차트를 구현하시오. 3점

▶ 활용 필드:

- 〈주문내역〉 테이블의 [주문일자] 계층 구조

- 〈주문내역〉 테이블의 [총 매출] 필드

- 〈지역〉 테이블의 [지역명] 필드

▶ 차트에 추가된 [주문일자] 날짜 계층에서 [연도], [분기] 필드 제거

▶ 계층 구조에서 한 수준 아래로 모두 확장

▶ 위치: '3-3-①' 위치에 배치

② 다음과 같이 폭포 차트의 각 요소에 대한 서식을 지정하시오. 2점

▶ 차트 제목: 지역 기반으로 보는 일자별 매출 변화 분석

▶ X축: 제목 제거

4. 다음 지시사항에 따라 슬라이서를 구현하시오. 10점

   ① 분석하고자 하는 월 선택 슬라이서를 구현하시오. 3점

   ▶ 활용 필드: 〈주문내역〉 테이블의 [주문일자] 계층 내 [월] 필드

   ▶ 서식

   - 슬라이서 머리글 제거

   - 슬라이서 스타일 '드롭다운'

   - 제목: 분석하고자 하는 월 선택

   ▶ 슬라이서에 'July' 필터 적용

   ▶ 위치: '3-4-①' 위치에 배치

   ② 분석하고자 하는 일자 선택 슬라이서를 구현하시오. 3점

   ▶ 활용 필드: 〈주문내역〉 테이블의 [주문일자] 계층 내 [일] 필드

   ▶ 서식

   - 슬라이서 머리글 제거

   - 슬라이서 스타일 '사이'

   - 제목: 분석하고자 하는 일자 선택

   ▶ 슬라이서에 '17', '18' 필터 적용

   ▶ 위치: '3-4-②' 위치에 배치

   ③ 다음과 같이 시각적 개체의 상호 작용을 설정하시오. 4점

   ▶ [분석하고자 하는 월 선택] 슬라이서: [제품별 판매 현황 요약] 차트, [일자별 매출 및 판매수량] 차트와 상호 작용 '없음'

   ▶ [분석하고자 하는 일자 선택] 슬라이서: [제품별 판매 현황 요약] 차트, [일자별 매출 및 판매수량] 차트와 상호 작용 '없음'

5. 아래 조건에 따라 '문제3_5' 페이지를 구현하시오. 25점

〈시각화 완성화면〉 각 세부문제 풀이 후 아래와 같은 결과가 도출되어야 합니다. 차트의 범례 색은 문제 풀이 순서에 따라 다르게 보일 수 있습니다.

① 〈지역〉 테이블의 [광역자치단체명] 필드를 드릴스루 필드로 추가하시오. 3점

▶ 드릴스루 필터 '서울특별시'로 적용

② 아래 조건에 따라 카드를 구현하시오. 3점

▶ 활용 필드: 〈지역〉 테이블의 [광역자치단체명] 필드

▶ 범주 레이블 제거

▶ 제목: 선택된 광역자치단체 내 제품 판매 현황

  - 서식: 글꼴 크기 '20', '가운데'

▶ 위치: '3-5-②' 위치에 배치

③ 제품별 세부사항을 나타내는 테이블 차트를 구현하시오. 3점

▶ 활용 필드

  - 〈제품〉 테이블의 [제품명], [카테고리], [단가] 필드

  - 〈주문내역〉 테이블의 [판매수량], [총 매출] 필드

▶ 서식

  - 스타일: '굵은 헤더'

  - 값 글꼴 크기: '15'

- 열 머리글 글꼴 크기: '15'

- 특정 열 계열: '합계 판매수량개'
    - 헤더에 적용 비활성화
    - 합계에 적용 활성화
    - 값에 적용 비활성화
    - 배경색: '테마 색 5, 60% 더 밝게'

- 특정 열 계열: '총 매출'
    - 헤더에 적용 비활성화
    - 합계에 적용 활성화
    - 값에 적용 비활성화
    - 배경색: '테마 색 5, 60% 더 밝게'

- 〈제품〉 테이블의 [단가] 필드 서식: 원화(₩) 통화 기호

▶ 위치: '3-5-③' 위치에 배치

④ 〈주문내역〉 테이블에 아래 조건에 따라 측정값을 추가하시오. 6점

▶ 측정값 이름: 지역 매출 목표

- 활용 필드: 〈지역〉 테이블의 [광역자치단체명] 필드
- [광역자치단체명] 필드 값이 "서울특별시", "경기도", "인천광역시" 중 하나인 경우 500,000 반환, 아닐 경우 300,000 반환
- 사용 함수: IF, SELECTEDVALUE, IN
- 서식: 원화(₩) 통화 기호

▶ 측정값 이름: 매출 목표 대비 달성률

- 활용 필드: 〈주문내역〉 테이블의 [총 매출], [지역 매출 목표] 필드
- [총 매출]을 [지역 매출 목표]로 나눈 값
- 사용 함수: DIVIDE
- 서식: 백분율, 소수 자릿수 '2'

⑤ 지역 매출 목표를 나타내는 카드를 구현하시오. 3점

  ▶ 활용 필드: 〈주문내역〉 테이블의 [지역 매출 목표] 필드
  ▶ 서식
    - 설명 값 표시 단위: '없음'
  ▶ 위치: '3-5-⑤' 위치에 배치

⑥ 매출 목표 대비 달성률을 나타내는 카드를 구현하시오. 5점

  ▶ 활용 필드: 〈주문내역〉 테이블의 [매출 목표 대비 달성률] 필드
  ▶ 서식
    - 설명 값 색: 조건부 서식
      • 서식 스타일: '규칙'
      • 최소값 보다 크거나 같고 1보다 작은 경우: '흰색'
      • 1보다 크거나 같거나 최대값보다 작거나 같은 경우: '검정'
    - 범주 레이블 색: 조건부 서식
      • 서식 스타일: '규칙'
      • 최소값 보다 크거나 같고 1보다 작은 경우: '흰색'
      • 1보다 크거나 같거나 최대값보다 작거나 같은 경우: '검정'
    - 효과 배경 색: 조건부 서식
      • 서식 스타일: '규칙'
      • 최소값 보다 크거나 같고 1보다 작은 경우: '#FF0000'
      • 1보다 크거나 같거나 최대값보다 작거나 같은 경우: '#00FF19'
  ▶ 위치: '3-5-⑥' 위치에 배치

⑦ '문제3_5' 페이지를 숨김 처리 2점

제 3 회 모의고사 해설

해설 3.3.1
3회 모의고사 – 문제 1

문제 1-1-①

1. [데이터 가져오기] 메뉴로 이동하여 [Excel 통합 문서] 메뉴를 클릭한다.

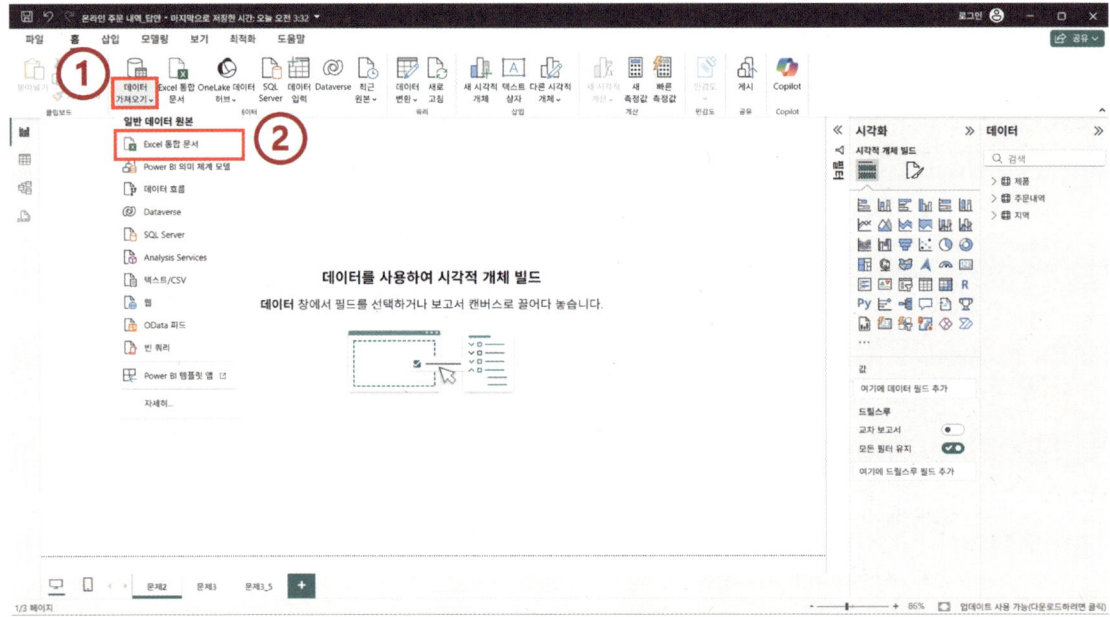

그림 3.3.1

2. '기관 투자자 13F 공시 자료.xlsx' 파일을 선택한 뒤, [열기] 버튼을 클릭한다.

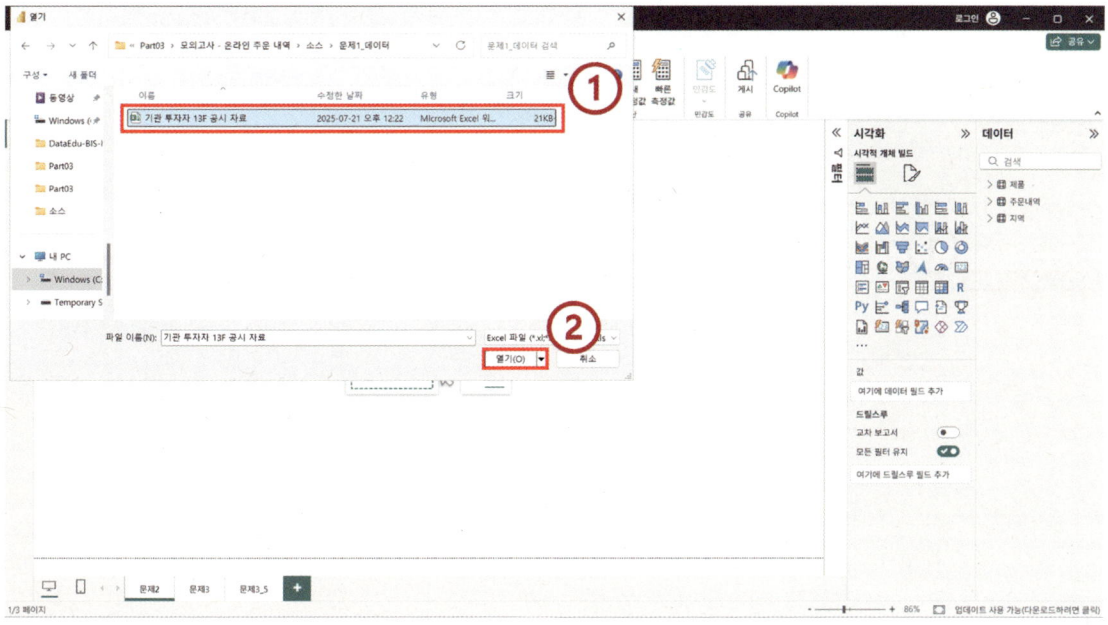

그림 3.3.2

3. 〈빌 애크먼〉, 〈스탠리 드러켄밀러〉, 〈워렌 버핏〉 테이블을 모두 선택한 뒤, [데이터 변환] 버튼을 클릭한다.

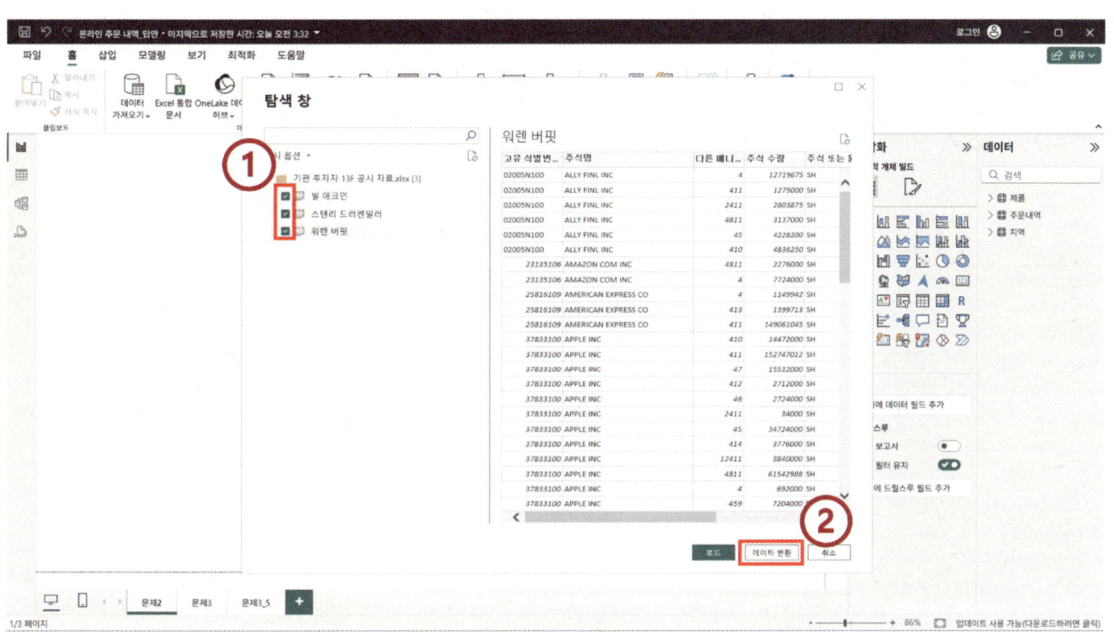

그림 3.3.3

4. 〈워렌 버핏〉 테이블을 선택한 뒤, [다른 매니저] 필드를 우측 마우스 클릭한다. 그리고 [제거] 버튼을 클릭한다.

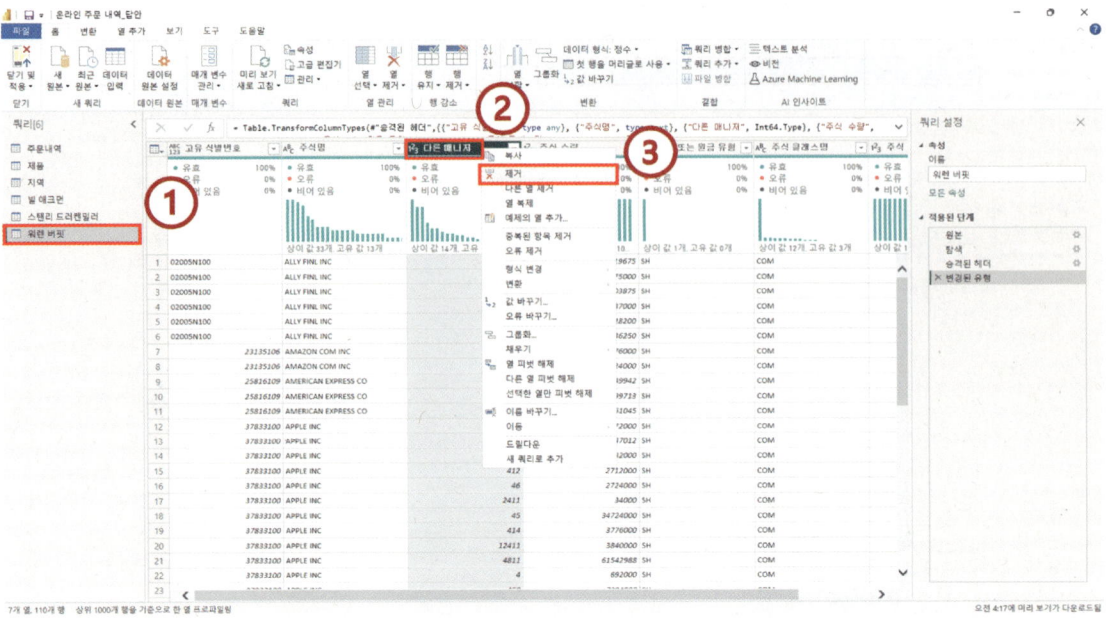

그림 3.3.4

5. 〈스탠리 드러켄밀러〉 테이블로 이동한 뒤, [주식 가치] 필드를 선택한다. [변환] 메뉴로 이동한 후, [표준] 메뉴 내 [곱하기] 메뉴를 클릭한다.

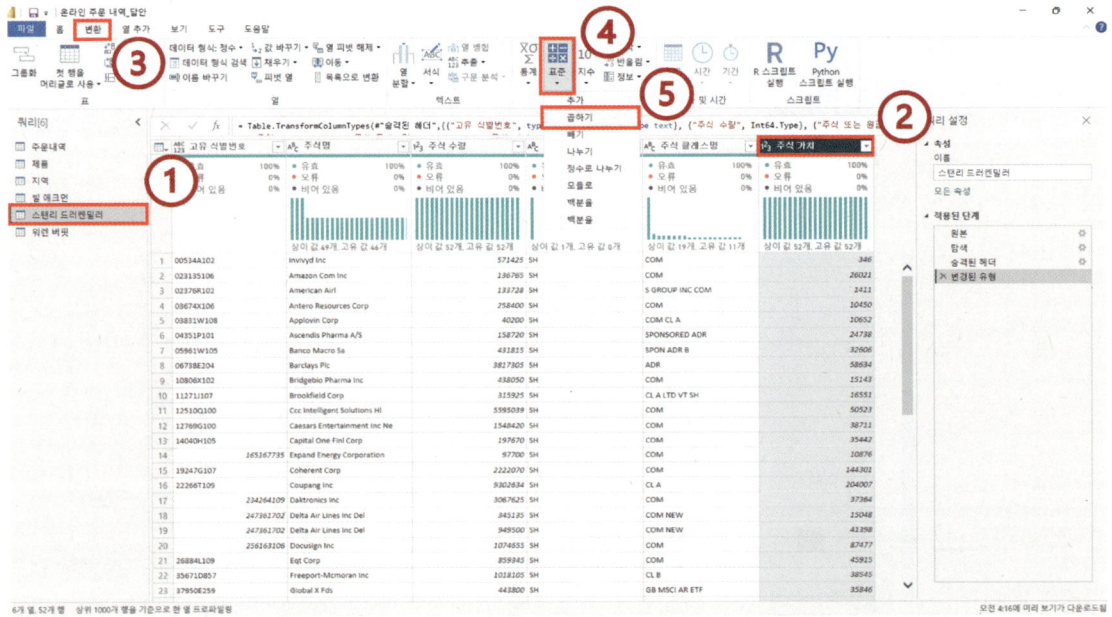

그림 3.3.5

6. [값]에 1,000을 입력한 뒤, [확인]을 클릭한다.

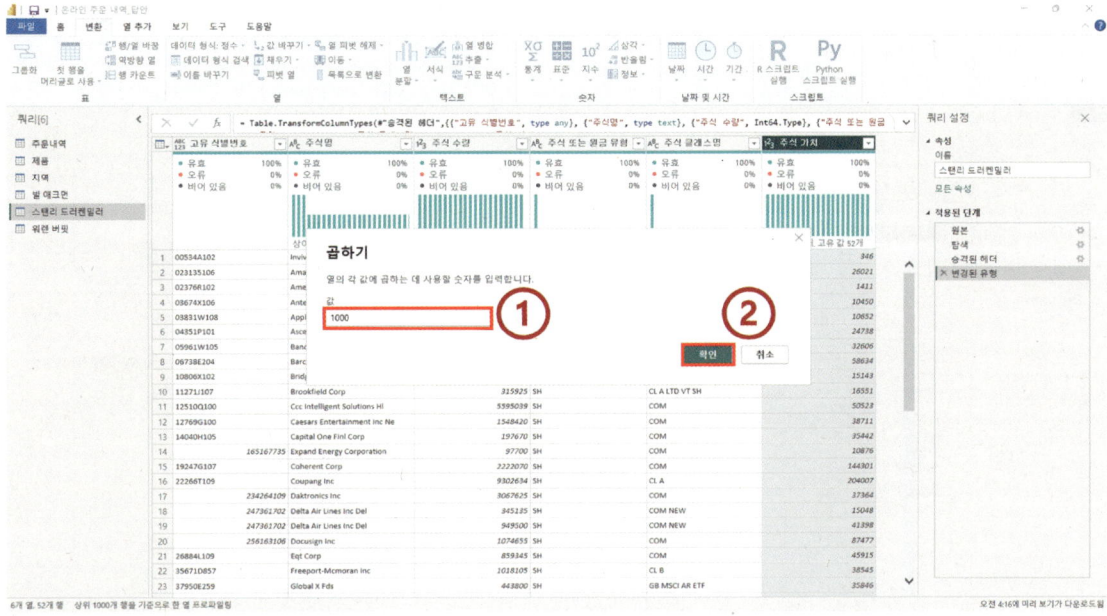

그림 3.3.6

7. 〈빌 애크먼〉 테이블로 이동한 뒤, 테이블명인 '빌 애크먼'을 복사(Ctrl + C)한다. 그리고 [열 추가] 메뉴 내 [사용자 지정 열] 메뉴를 클릭한다.

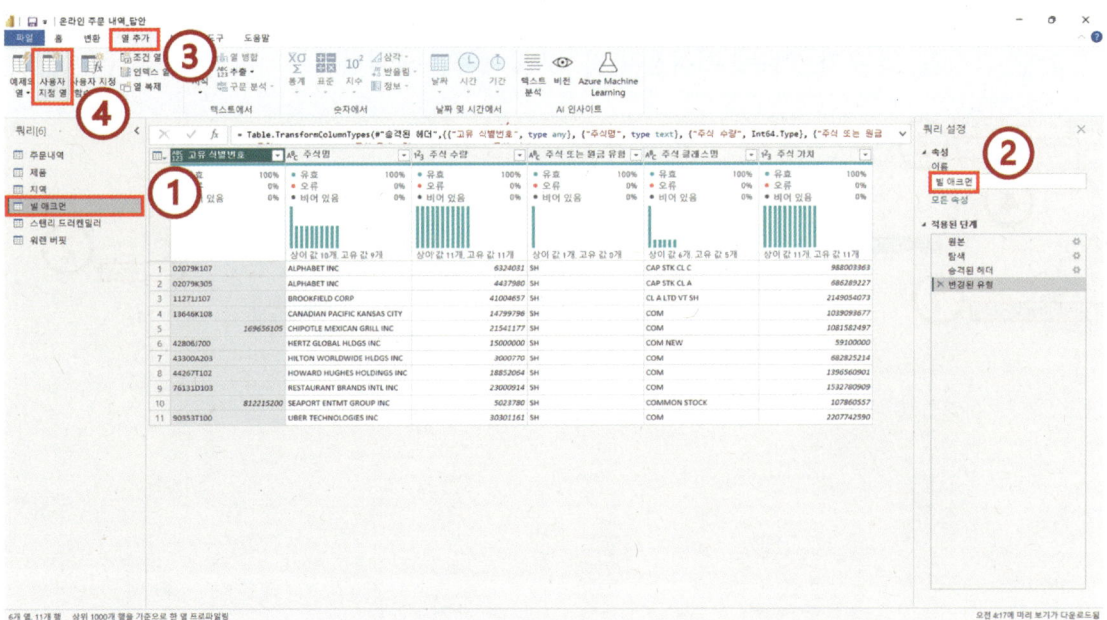

그림 3.3.7

8. [새 열 이름]에 '투자자명'을 입력한다. [사용자 지정 열 수식] 화면에는 복사해둔 테이블명을 붙여넣기(Ctrl + V)하여 입력한 뒤, 테이블명 양 옆에는 큰따옴표를 추가한다. 그리고 [확인] 버튼을 클릭한다.

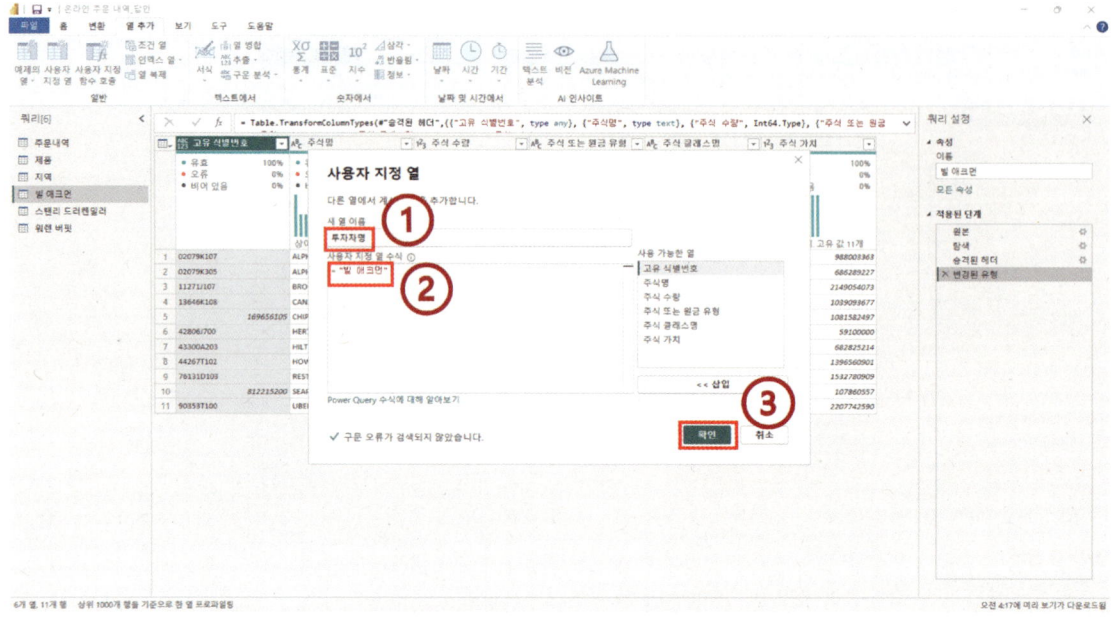

그림 3.3.8

9. 〈스탠리 드러켄밀러〉 테이블로 이동한 뒤, 테이블명인 '스탠리 드러켄밀러'를 복사(Ctrl + C) 한다. 그리고 [열 추가] 메뉴 내 [사용자 지정 열] 메뉴를 클릭한다.

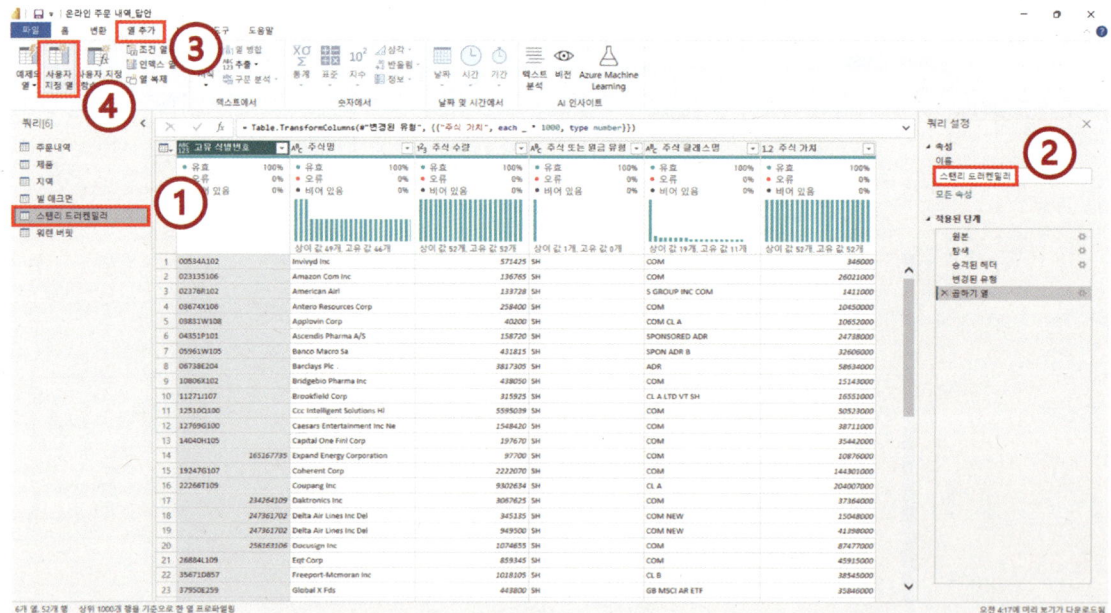

그림 3.3.9

10. [새 열 이름]에 '투자자명'을 입력한다. [사용자 지정 열 수식] 화면에는 복사해둔 테이블명을 붙여넣기(Ctrl + V)하여 입력한 뒤, 테이블명 양 옆에는 큰따옴표를 추가한다. 그리고 [확인] 버튼을 클릭한다.

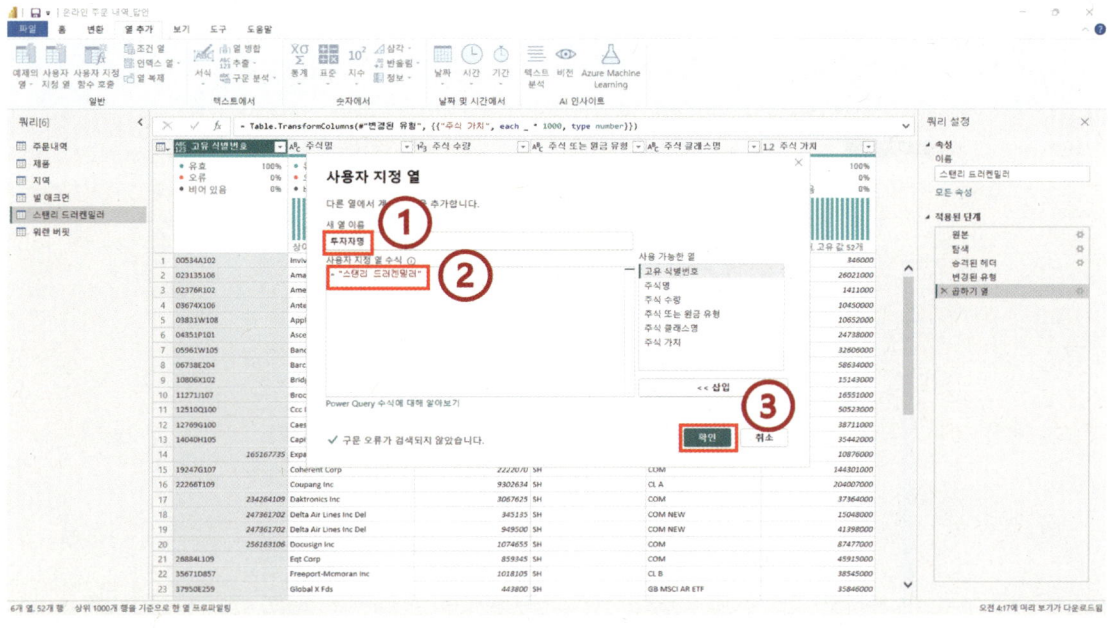

그림 3.3.10

11. 〈워렌 버핏〉 테이블로 이동한 뒤, 테이블명인 '워렌 버핏'을 복사(Ctrl + C)한다. 그리고 [열 추가] 메뉴 내 [사용자 지정 열] 메뉴를 클릭한다.

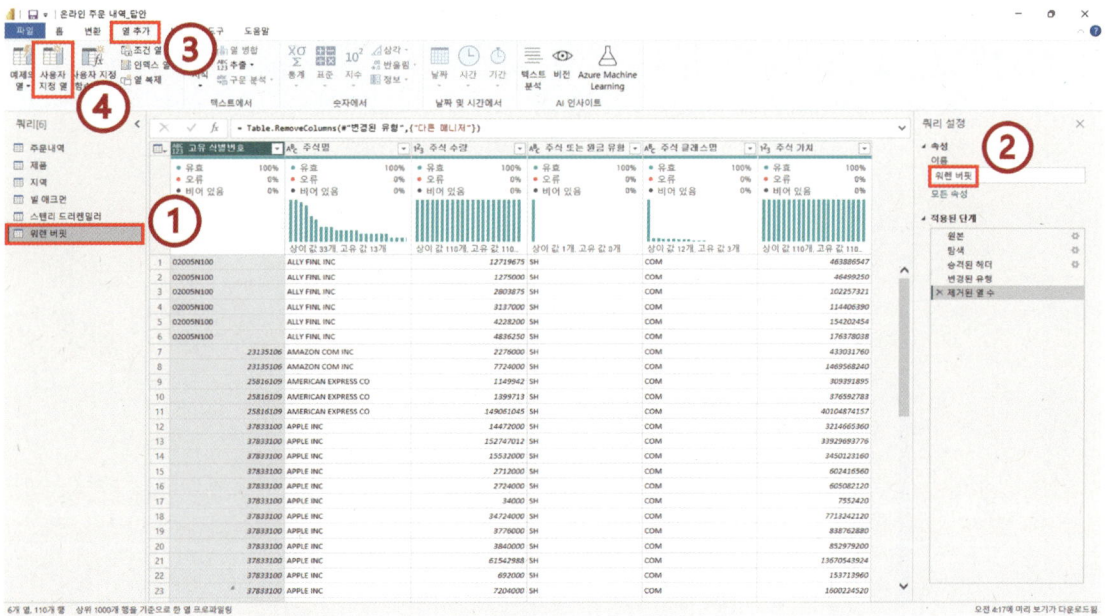

그림 3.3.11

12. [새 열 이름]에 '투자자명'을 입력한다. [사용자 지정 열 수식] 화면에는 복사해둔 테이블명을 붙여넣기(Ctrl + V)하여 입력한 뒤, 테이블명 양 옆에는 큰따옴표를 추가한다. 그리고 [확인] 버튼을 클릭한다.

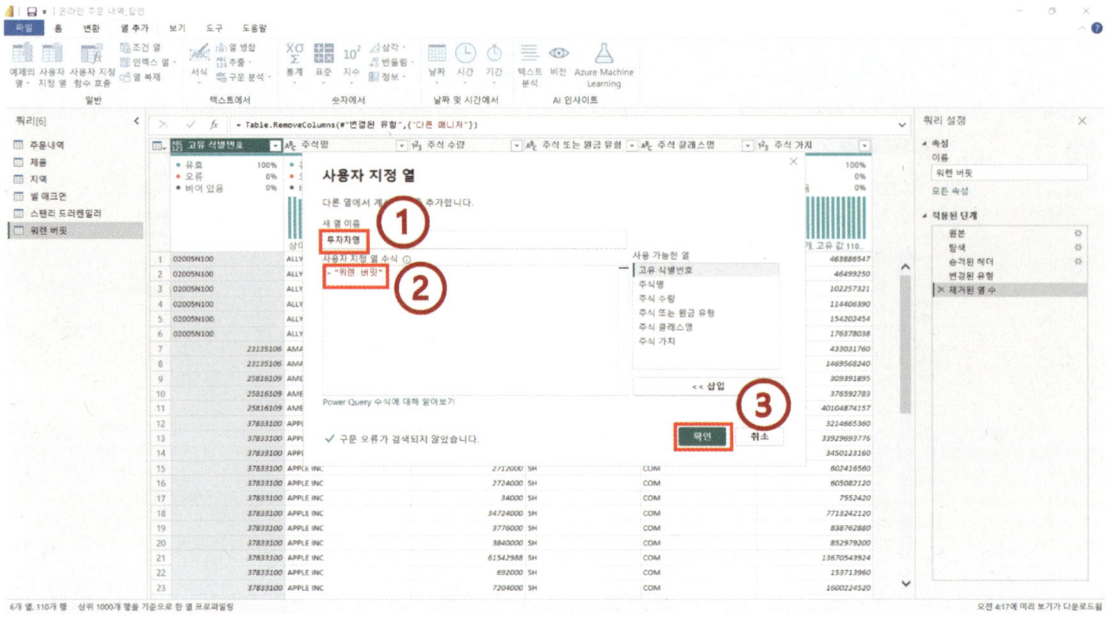

그림 3.3.12

문제 1-1-②

1. 〈빌 애크먼〉 테이블로 이동한 뒤, [홈] 메뉴 내 [쿼리 추가] 메뉴로 이동한다. 그리고 [쿼리를 새 항목으로 추가] 메뉴를 클릭한다.

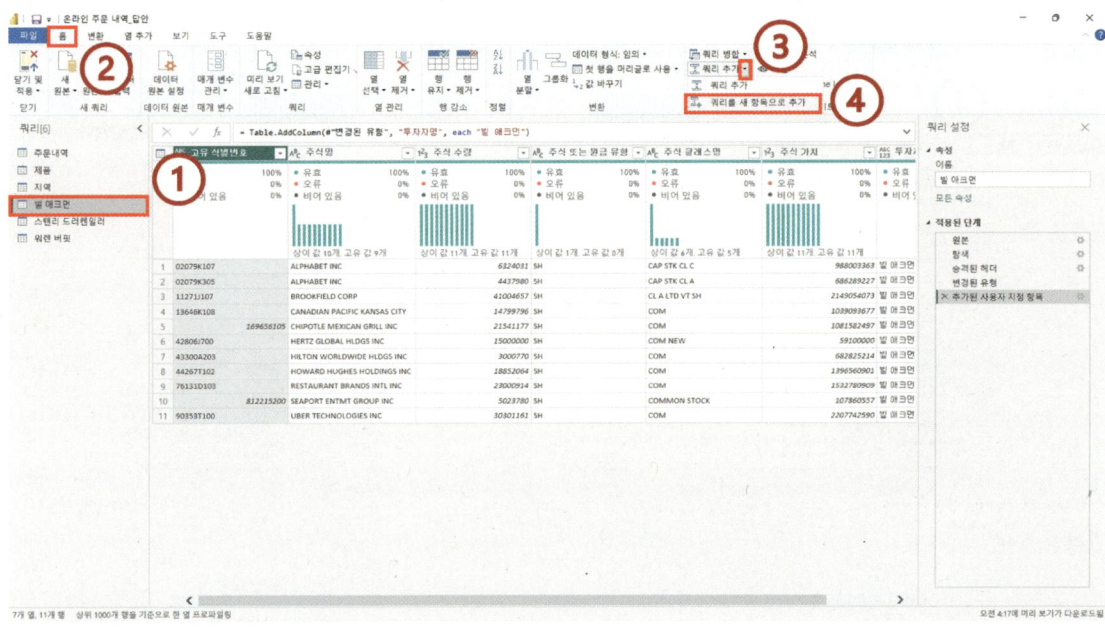

그림 3.3.13

2. [3개 이상의 테이블] 옵션을 선택한 뒤, [사용 가능한 테이블] 메뉴에 있는 〈스탠리 드러켄밀러〉 테이블과 〈워렌 버핏〉 테이블을 [추가할 테이블]에 순차적으로 옮긴다. 그리고 [확인] 버튼을 클릭한다.

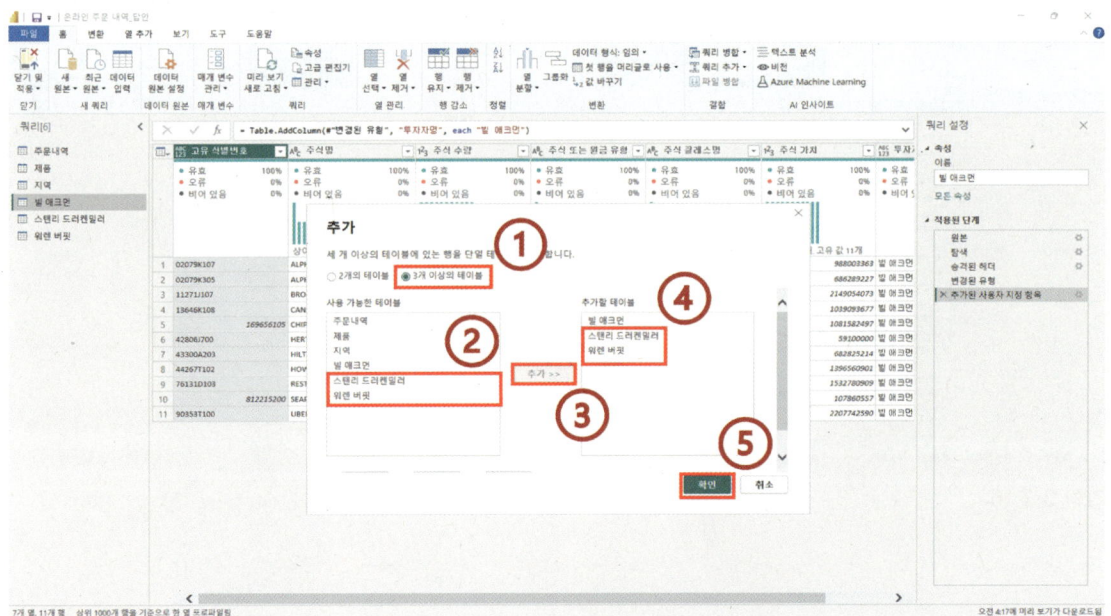

그림 3.3.14

제 3 회 모의고사　417

3. 추가된 테이블의 테이블명을 '기관 투자자 주식 현황'으로 수정한다.

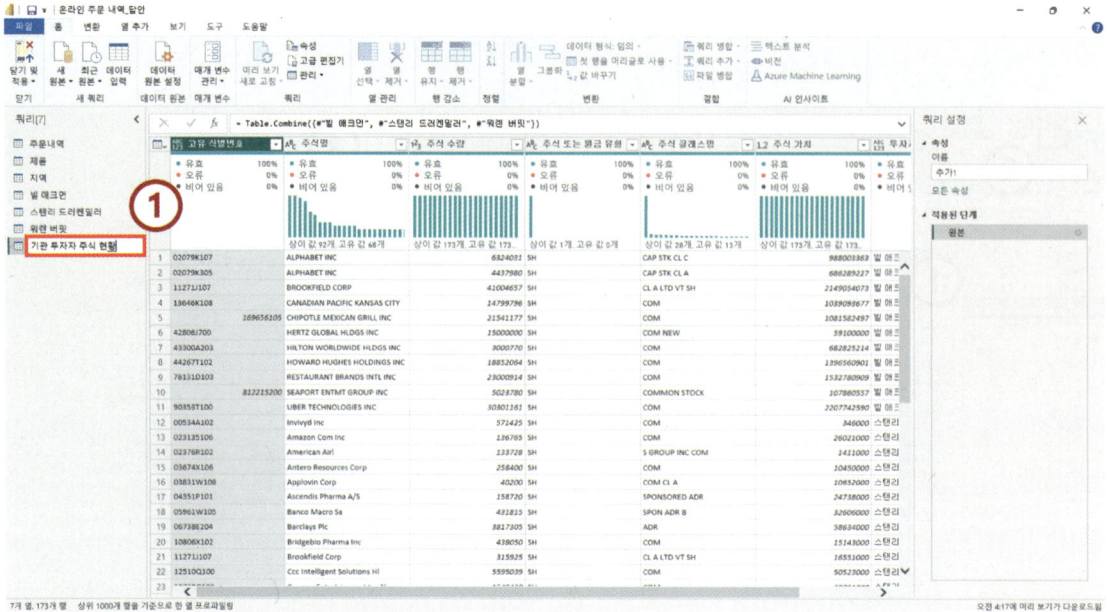

그림 3.3.15

4. [고유 식별번호]와 [주식 또는 원금 유형] 필드를 Ctrl를 누른 상태로 순차적으로 클릭하여 모두 선택한다. 우측 마우스를 클릭한 뒤, [열 제거] 메뉴를 클릭한다.

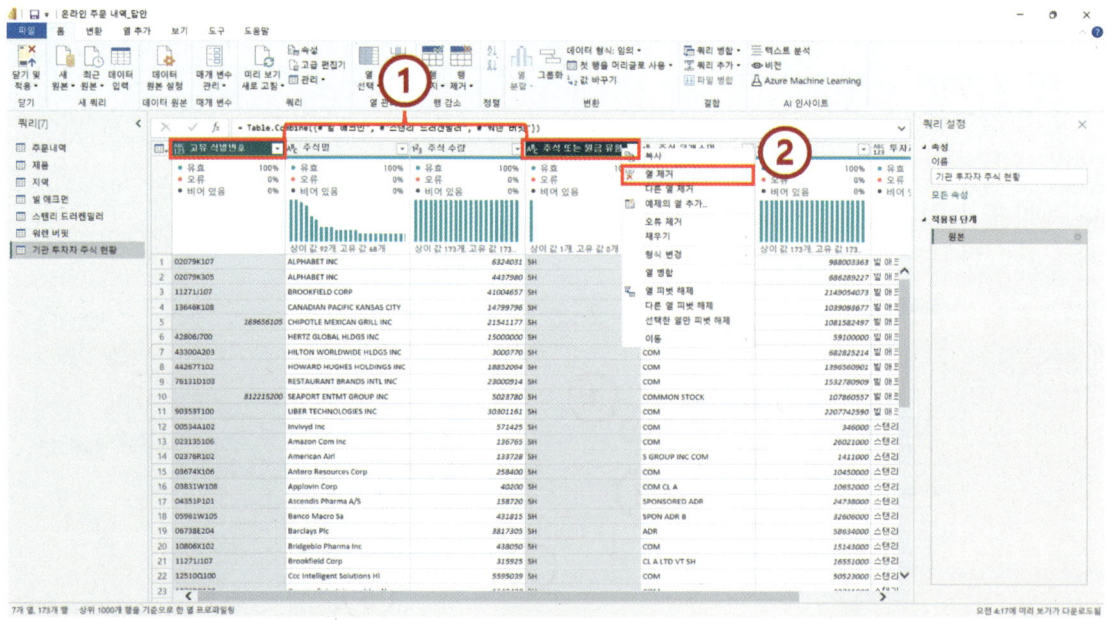

그림 3.3.16

5. 〈빌 애크먼〉, 〈스탠리 드러켄밀러〉, 〈워렌 버핏〉 테이블을 각각 우측 마우스 클릭한 뒤, [로드 사용] 버튼을 클릭하여 로드 사용을 해제한다.

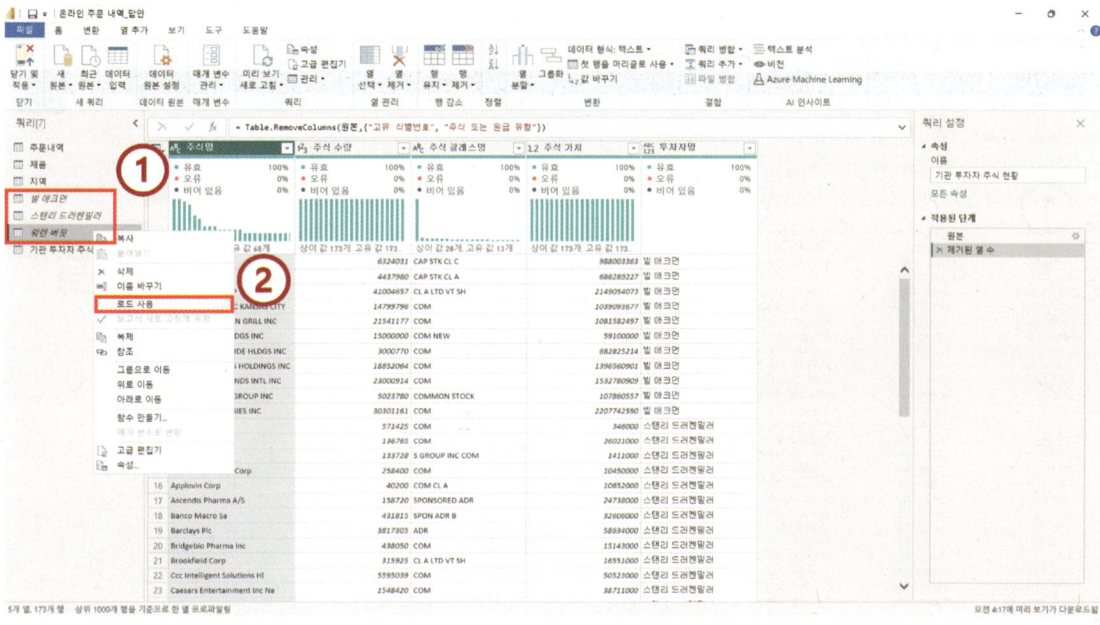

그림 3.3.17

6. [닫기 및 적용] 메뉴 내 [닫기 및 적용] 하위메뉴를 클릭한다.

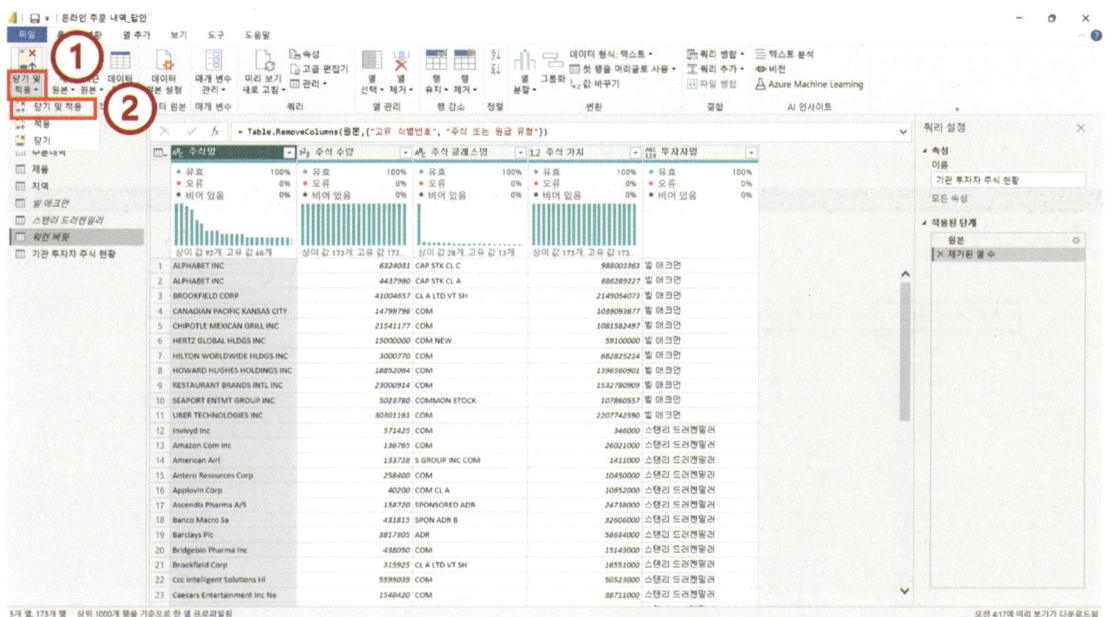

그림 3.3.18

문제 1-2-①

1. [테이블 보기] 화면으로 이동한 뒤, 〈기관 투자자 주식 현황〉 테이블을 우측 마우스 클릭한다. 그리고 [새 열] 버튼을 클릭한다.

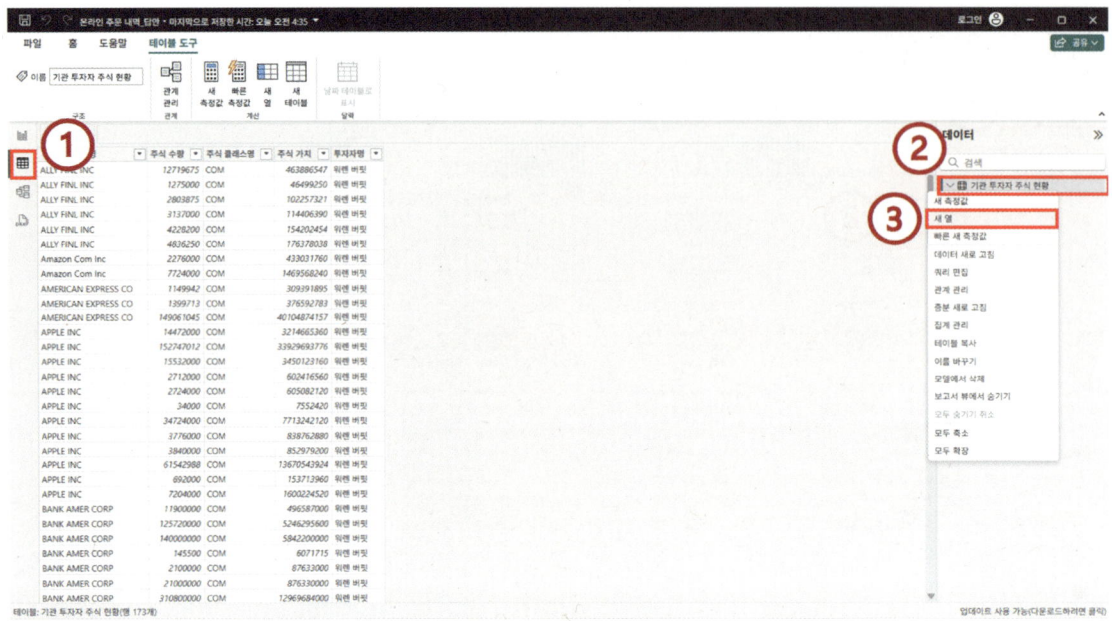

그림 3.3.19

2. 문제에서 안내한 조건에 맞는 DAX 식을 입력한다.

주식 가치_원화 = [주식 가치] * 1400

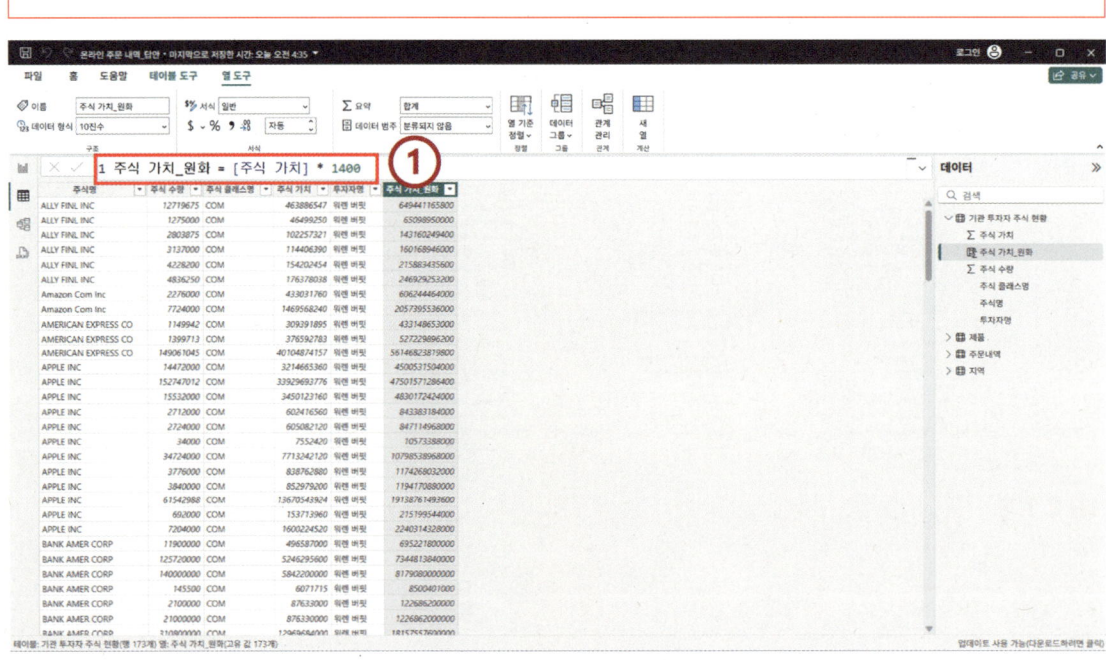

그림 3.3.20

3. 통화 기호를 원화(₩)로 설정한다.

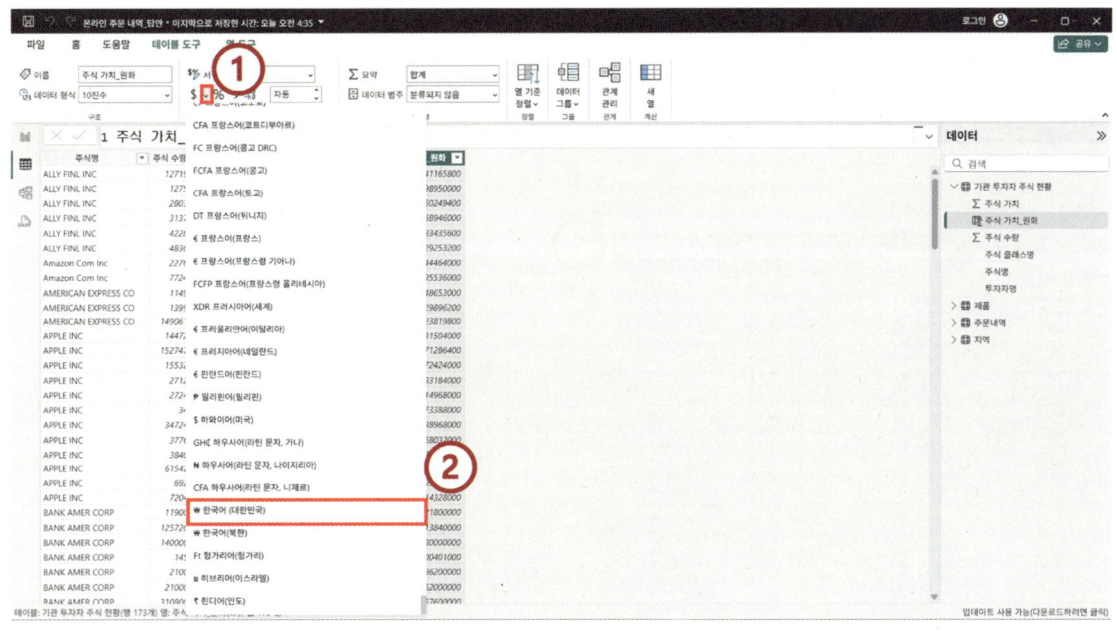

그림 3.3.21

문제 1-2-②

1. 〈기관 투자자 주식 현황〉 테이블을 우측 마우스 클릭한 뒤, [새 측정값] 메뉴를 클릭한다.

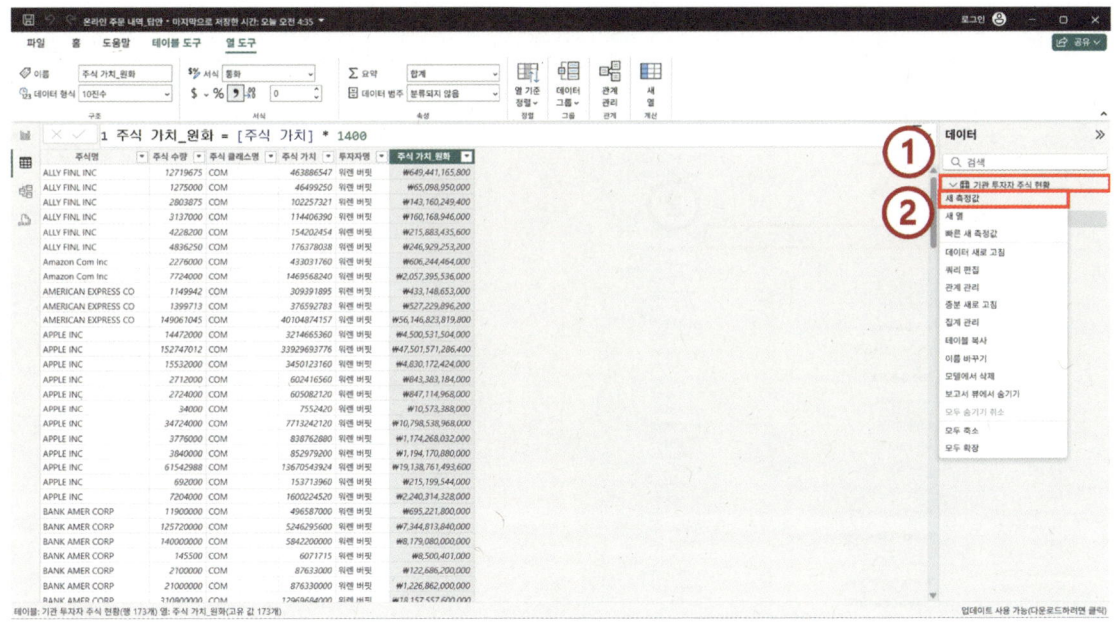

그림 3.3.22

2. 문제에서 안내한 조건에 맞는 DAX 식을 입력한다.

> 총 주식 가치 = SUM('기관 투자자 주식 현황'[주식 가치])

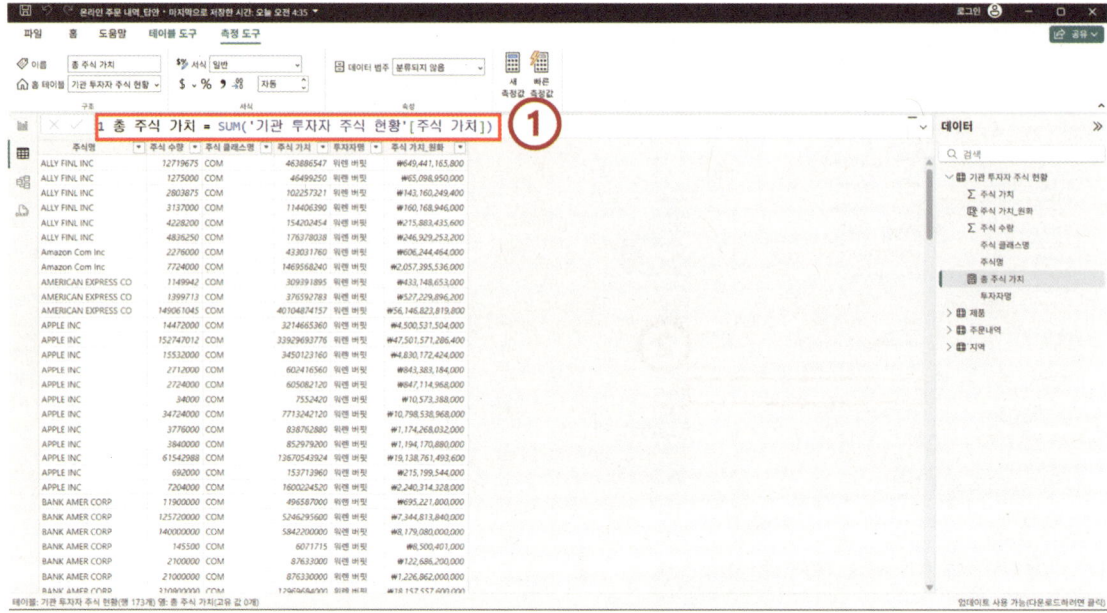

그림 3.3.23

3. 통화 기호를 달러($)로 설정한다.

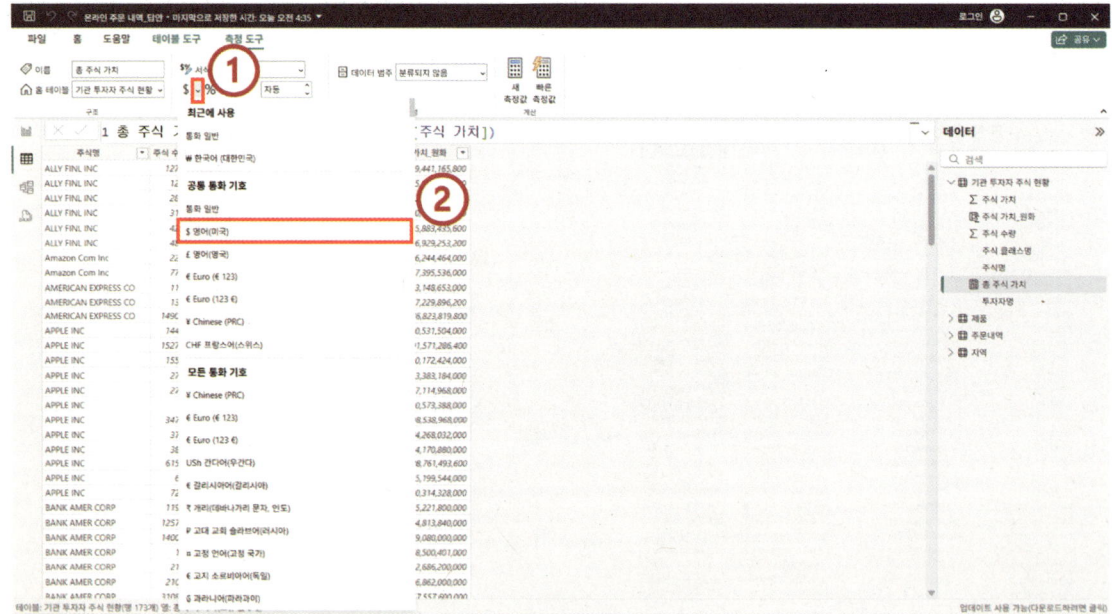

그림 3.3.24

문제 1-2-③

1. [홈] 메뉴로 이동한 뒤, [새 테이블]을 클릭한다. 문제에서 안내한 조건에 맞는 DAX 식을 입력한다.

```
워렌 버핏 주식 포트폴리오 현황 =
VAR total = CALCULATE(
            SUM('기관 투자자 주식 현황'[주식 가치]),
            '기관 투자자 주식 현황'[투자자명] = "워렌 버핏"
            )
VAR warren_raw_data = CALCULATETABLE(
                    '기관 투자자 주식 현황',
                    '기관 투자자 주식 현황'[투자자명] = "워렌 버핏"
                    )
RETURN
    SUMMARIZE(
    warren_raw_data,
    [주식명],
    "총 수량", SUM('기관 투자자 주식 현황'[주식 수량]),
    "총 가치", SUM('기관 투자자 주식 현황'[주식 가치]),
    "전체 포트폴리오 내 비중", DIVIDE(SUM('기관 투자자 주식 현황'[주식 가치]), total)
    )
```

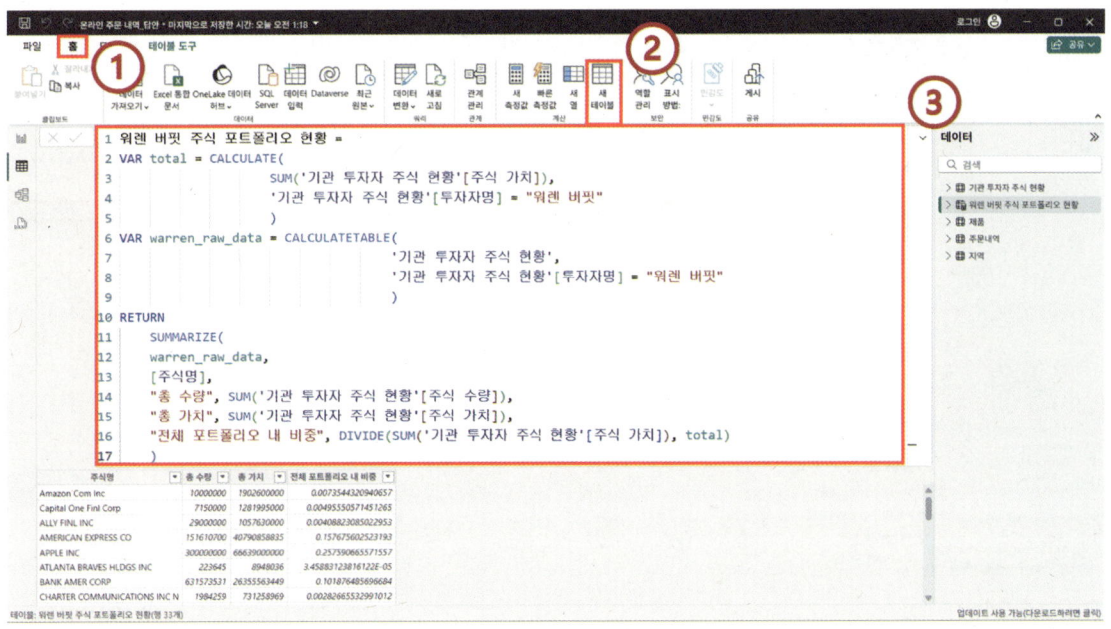

그림 3.3.25

2. 〈워렌 버핏 주식 포트폴리오 현황〉 테이블의 [총 수량] 필드를 클릭한 뒤, [천 단위 구분 기호] 버튼을 클릭한다.

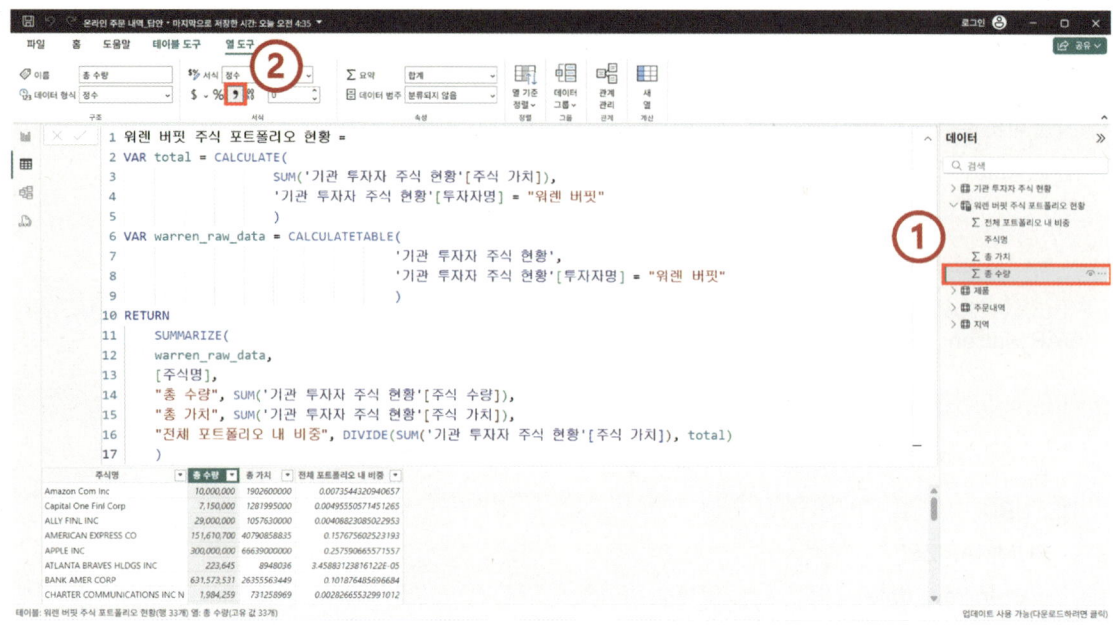

그림 3.3.26

3. 〈워렌 버핏 주식 포트폴리오 현황〉 테이블의 [총 가치] 필드를 클릭한 뒤, 통화 기호를 원화(₩)로 설정한다.

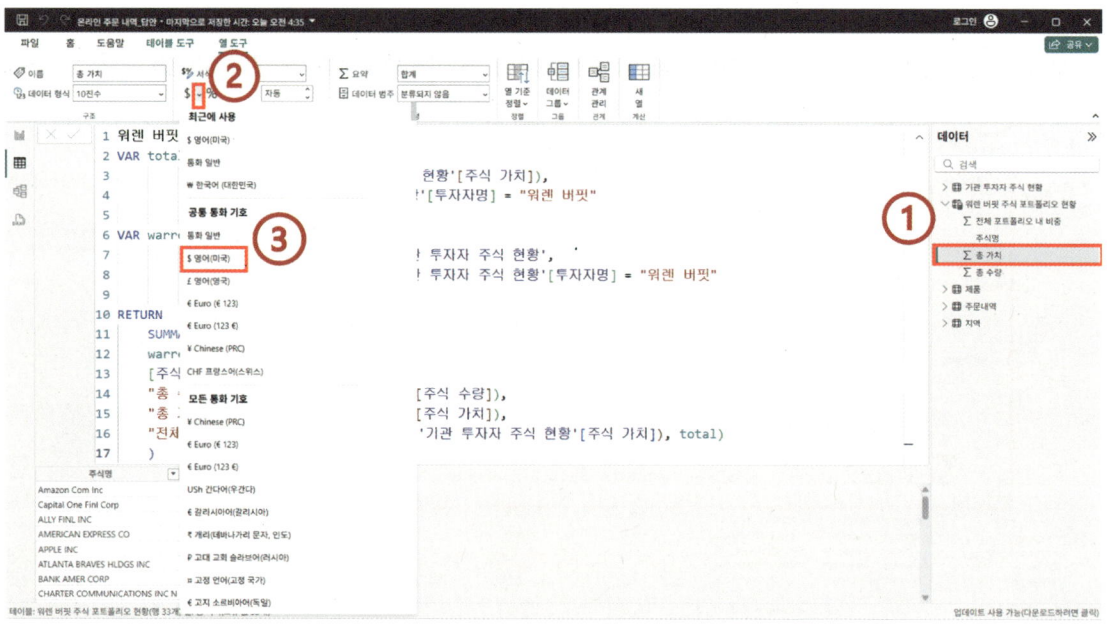

그림 3.3.27

4. 〈워렌 버핏 주식 포트폴리오 현황〉 테이블의 [전체 포트폴리오 내 비중] 필드를 클릭한 뒤, 서식을 '백분율'로 설정한다.

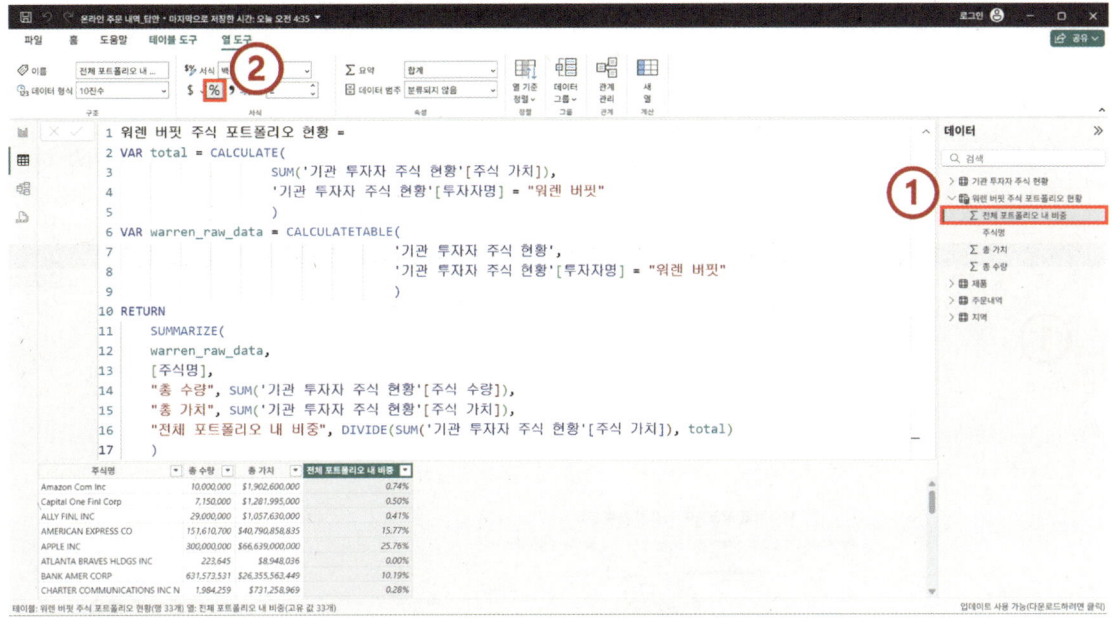

그림 3.3.28

문제 1-2-④

1. 〈기관 투자자 주식 현황〉 테이블과 〈워렌 버핏 주식 포트폴리오 현황〉 테이블을 숨김 처리 한다.

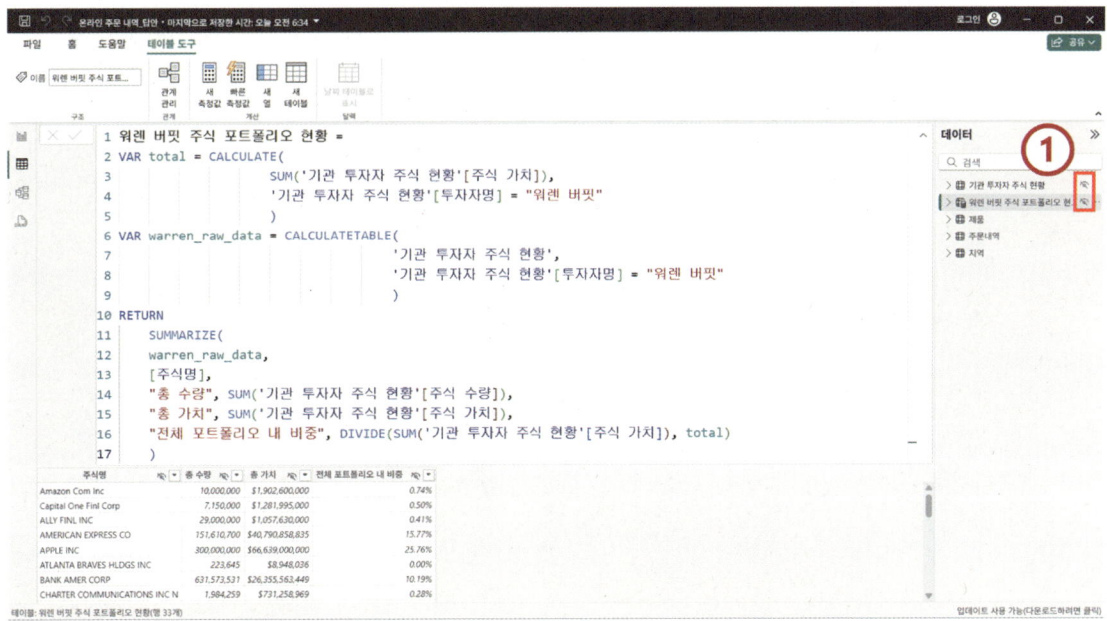

그림 3.3.29

문제2 단순요소 구현 30점

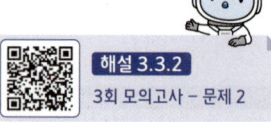
해설 3.3.2
3회 모의고사 - 문제 2

문제 2-1-①

1. [보고서 보기] 메뉴로 이동한 뒤, [문제2] 페이지로 이동한다. [서식 페이지] 메뉴로 이동하여 [캔버스 배경] 메뉴 내 [찾아보기] 메뉴를 클릭한다.

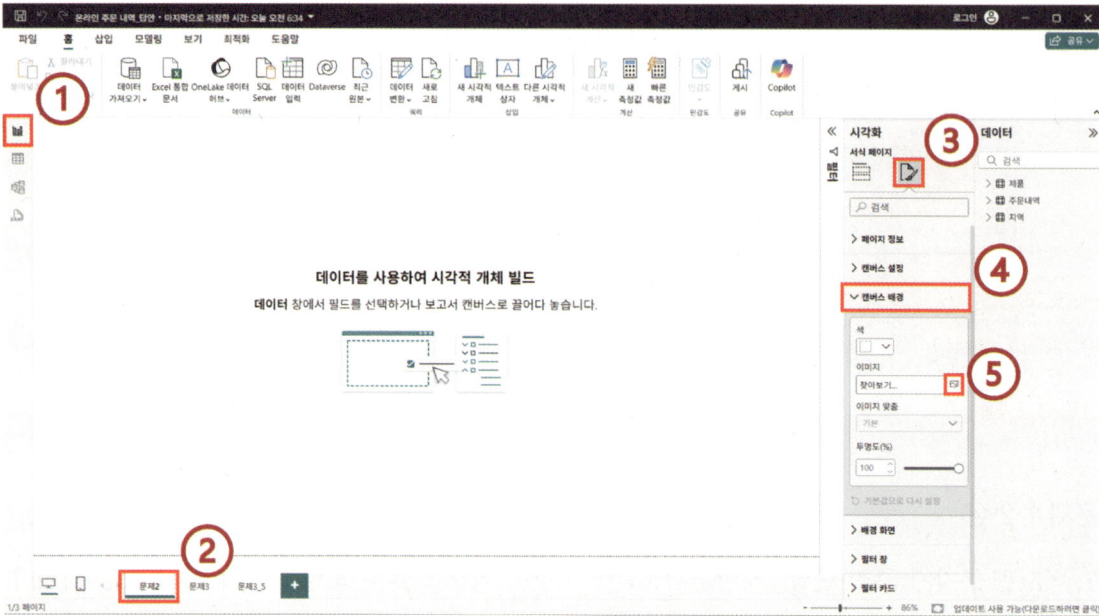

그림 3.3.30

2. '문제2_배경.png' 파일을 선택한 뒤, [열기] 버튼을 클릭한다.

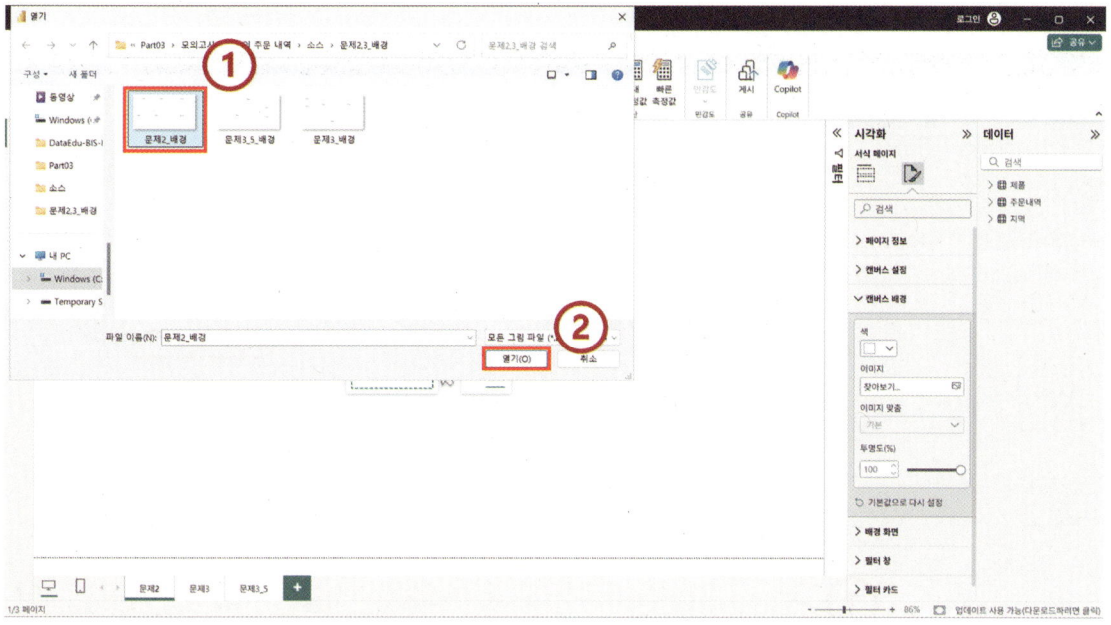

그림 3.3.31

3. 이미지 맞춤을 '맞춤'으로 설정하고 투명도는 '0'으로 설정한다.

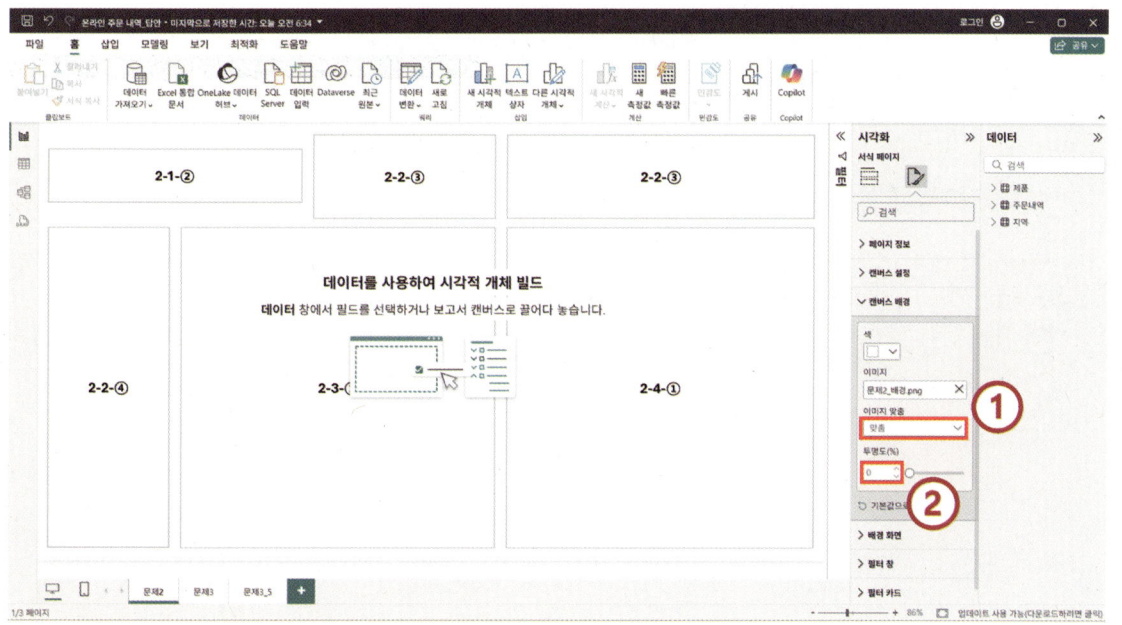

그림 3.3.32

4. [문제3] 페이지로 이동한다. [서식 페이지] 메뉴로 이동하여 [캔버스 배경] 메뉴 내 [찾아보기] 메뉴를 클릭한다.

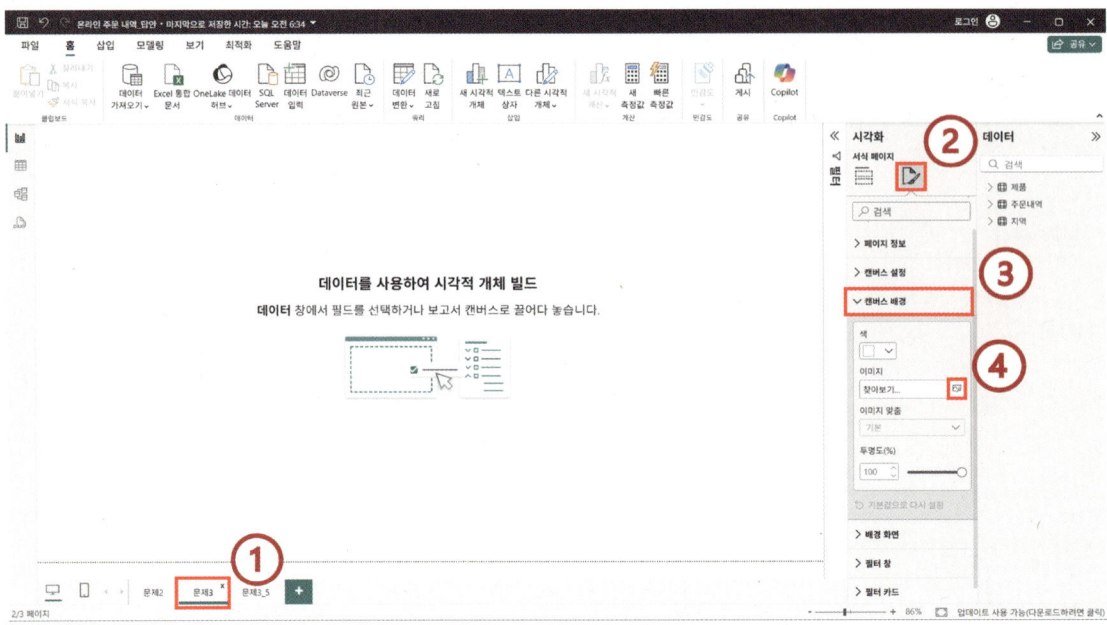

그림 3.3.33

5. '문제3_배경.png' 파일을 선택한 뒤, [열기] 버튼을 클릭한다.

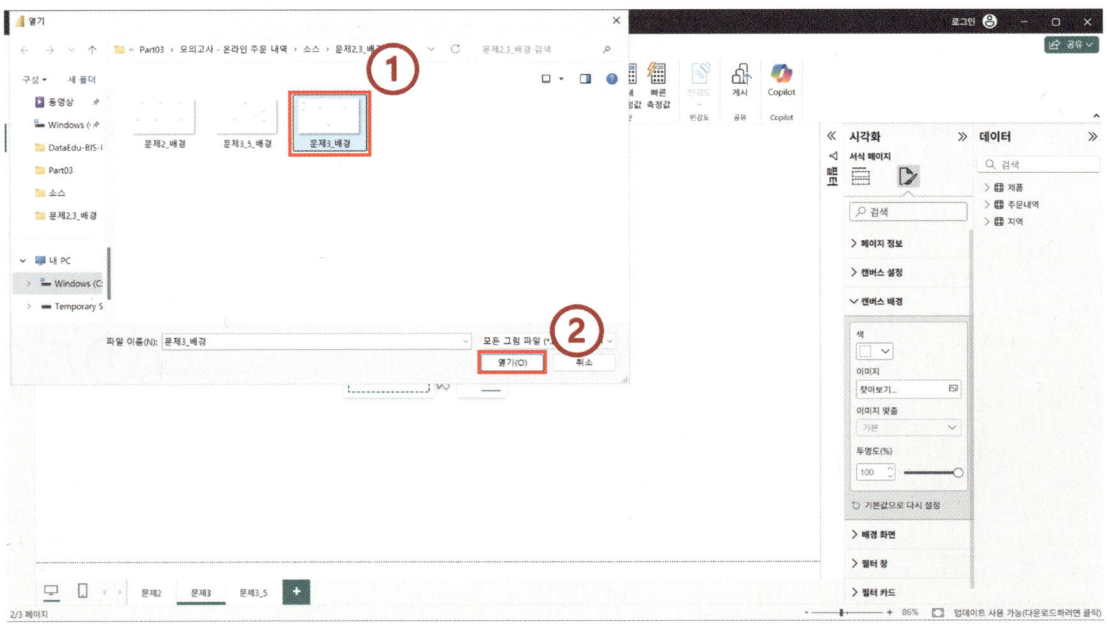

그림 3.3.34

6. 이미지 맞춤을 '맞춤'으로 설정하고 투명도는 '0'으로 설정한다.

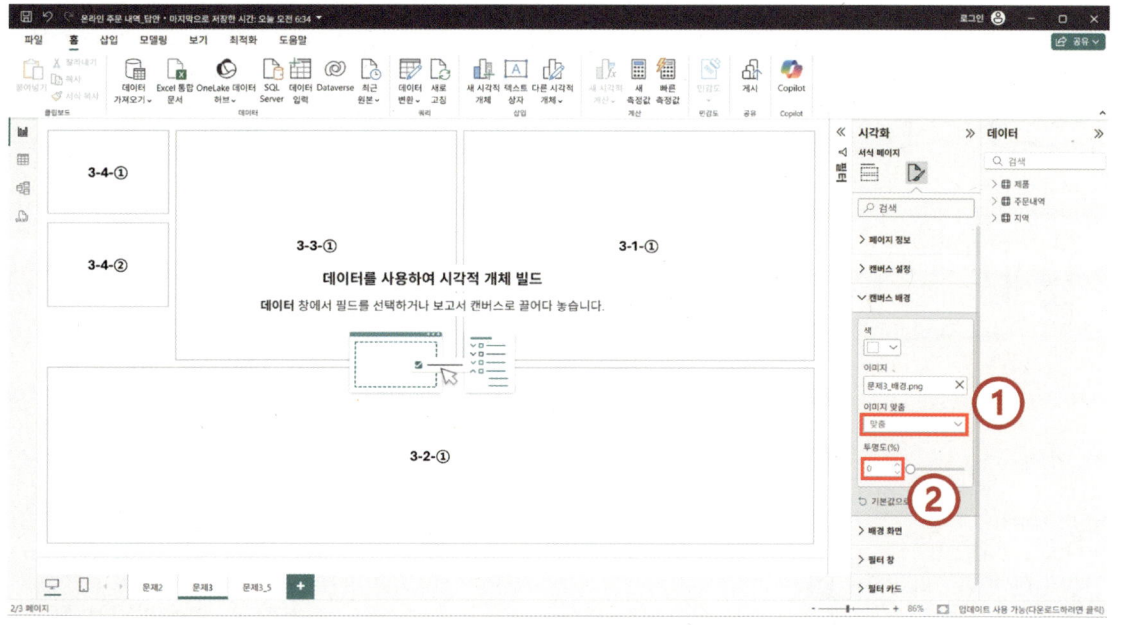

그림 3.3.35

7. [문제3_5] 페이지로 이동한다. [서식 페이지] 메뉴로 이동하여 [캔버스 배경] 메뉴 내 [찾아보기] 메뉴를 클릭한다.

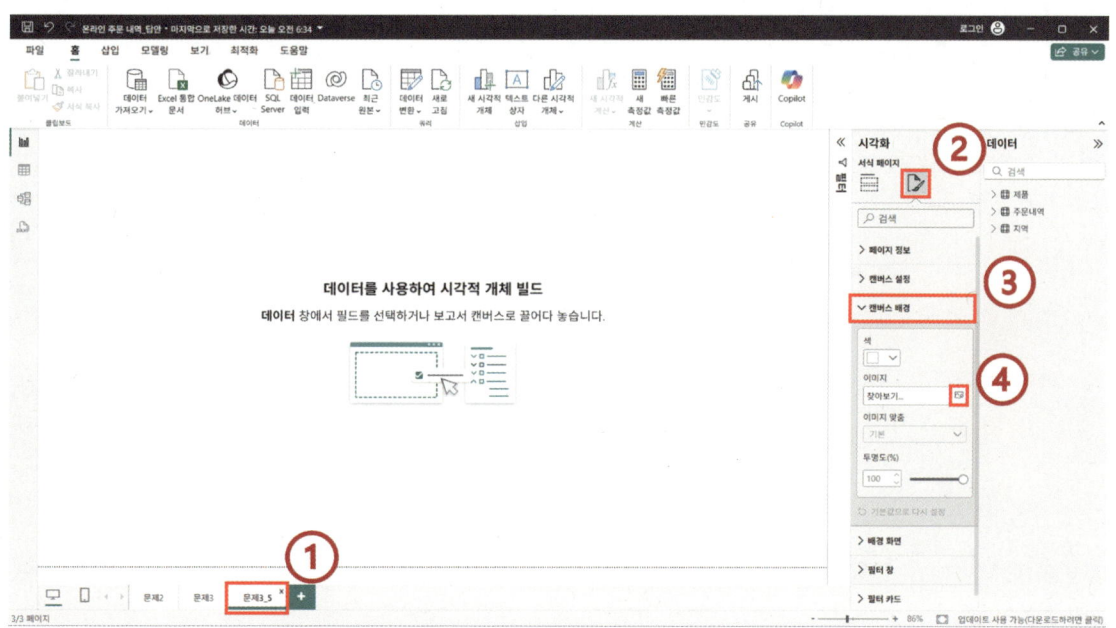

그림 3.3.36

8. '문제3_5_배경.png' 파일을 선택한 뒤, [열기] 버튼을 클릭한다.

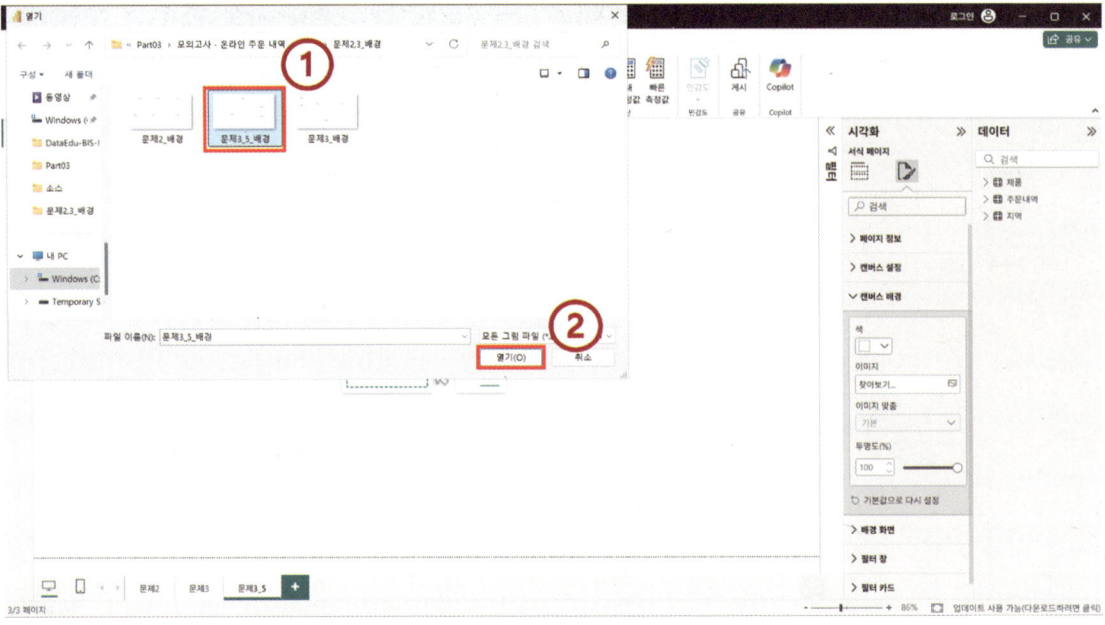

그림 3.3.37

9. 이미지 맞춤을 '맞춤'으로 설정하고 투명도는 '0'으로 설정한다.

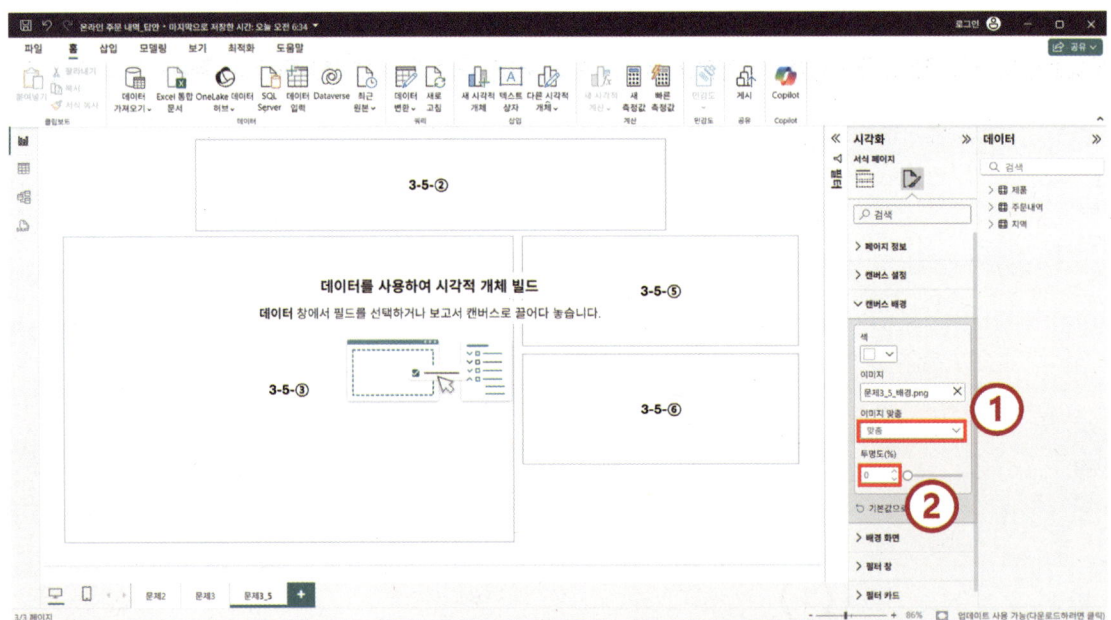

그림 3.3.38

10. [보기] 메뉴 내 [테마] 메뉴에서 '예정' 테마를 선택한다.

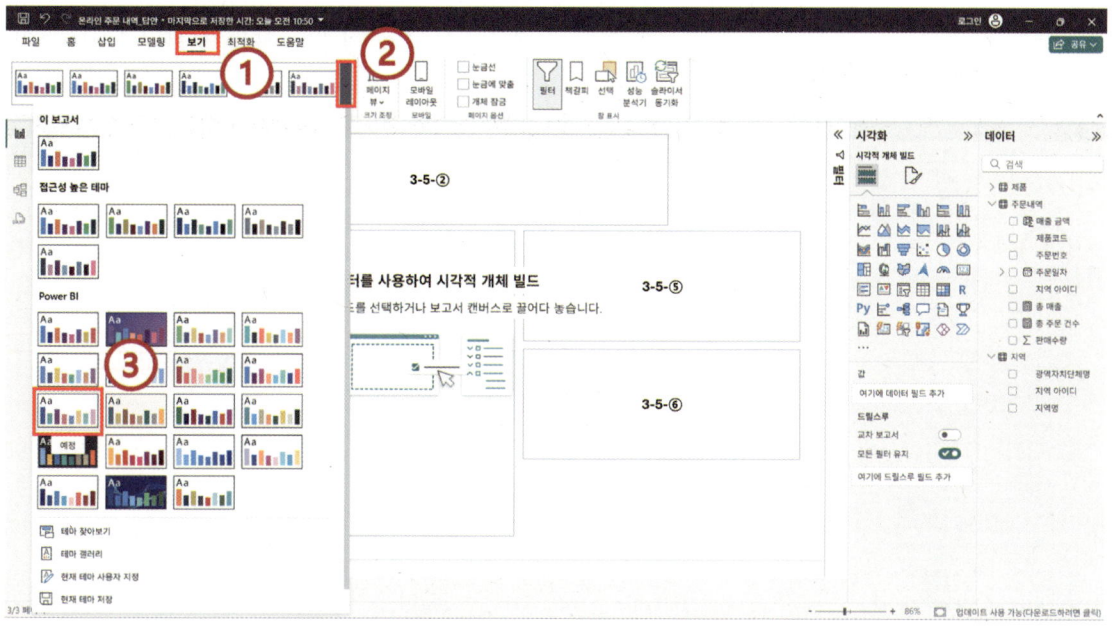

그림 3.3.39

문제 2-1-②

1. [문제2] 페이지로 이동한 후, [삽입] 메뉴로 이동하여 [텍스트 상자] 메뉴를 클릭한다. 2-1-② 위치에 텍스트 상자를 배치한 뒤, 문제에서 안내한 조건에 따라 텍스트 입력 및 서식을 설정한다.

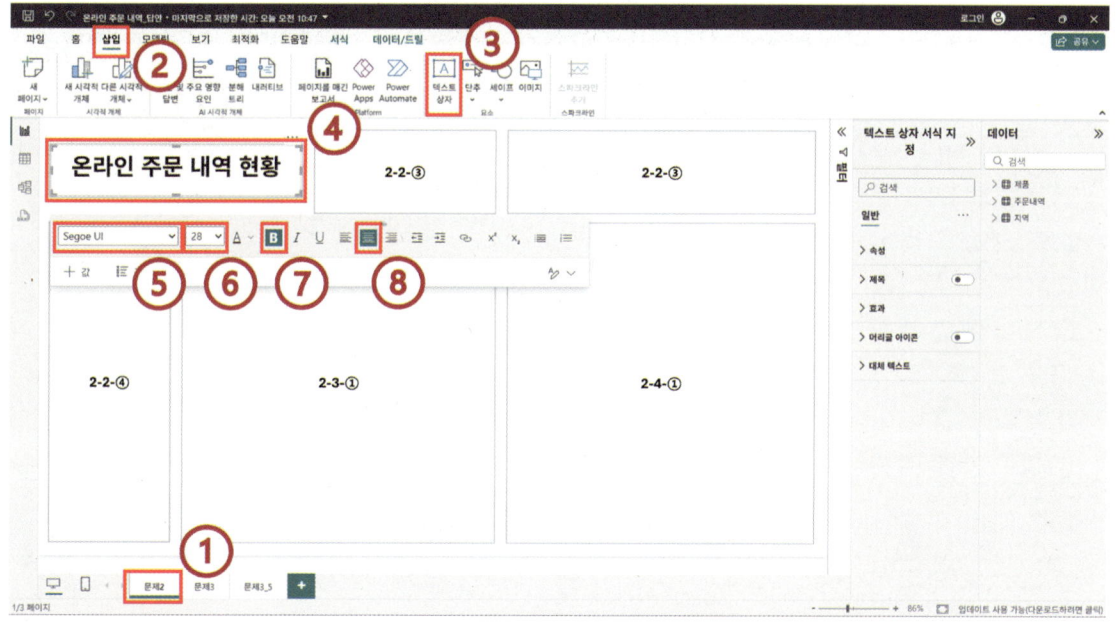

그림 3.3.40

문제 2-2-①

1. [테이블 보기] 화면으로 이동하여 〈주문내역〉 테이블을 우측 마우스 클릭한 뒤, [새 열] 메뉴를 클릭한다.

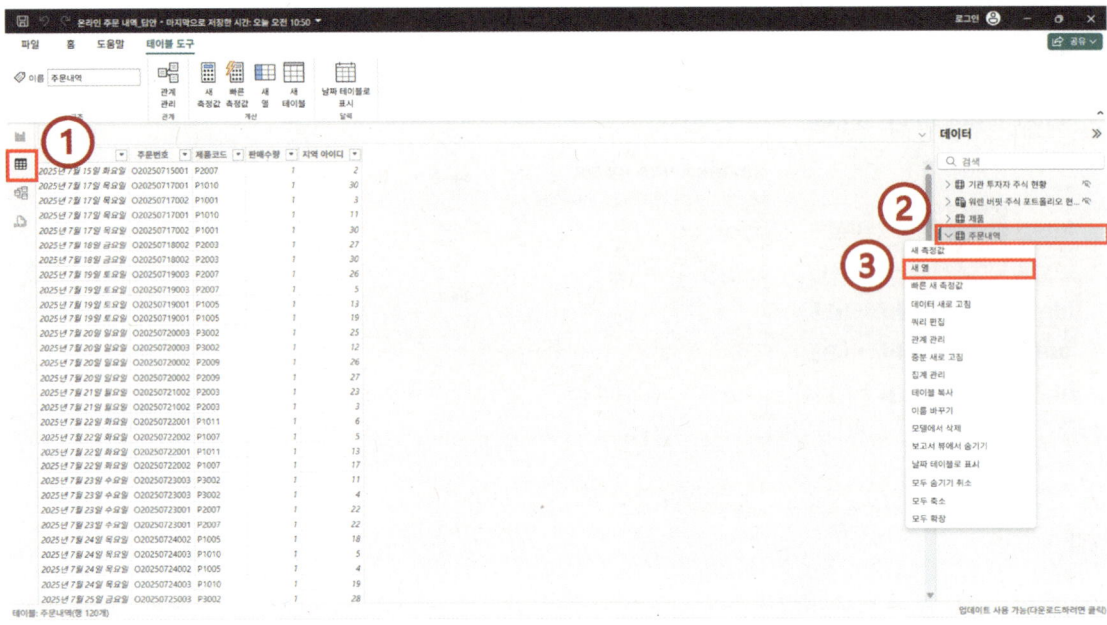

그림 3.3.41

2. 문제에서 안내한 조건에 맞는 DAX 식을 입력한다.

> 매출 금액 = '주문내역'[판매수량] * RELATED('제품'[단가])

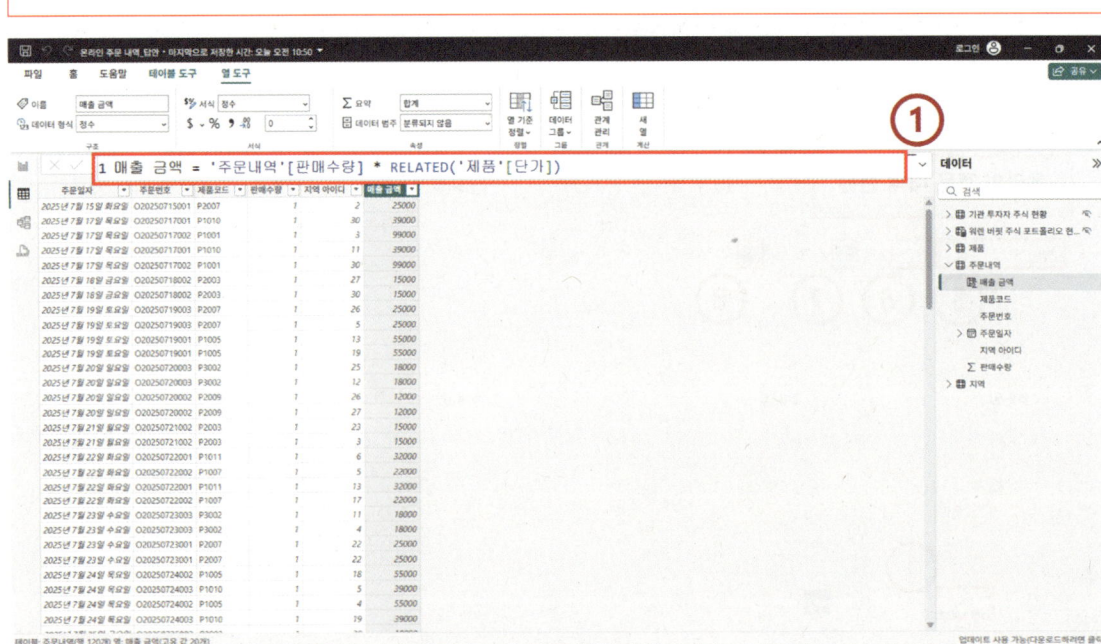

그림 3.3.42

432   PART 03. 모의고사

3. 통화 기호를 원화(₩)로 설정한다.

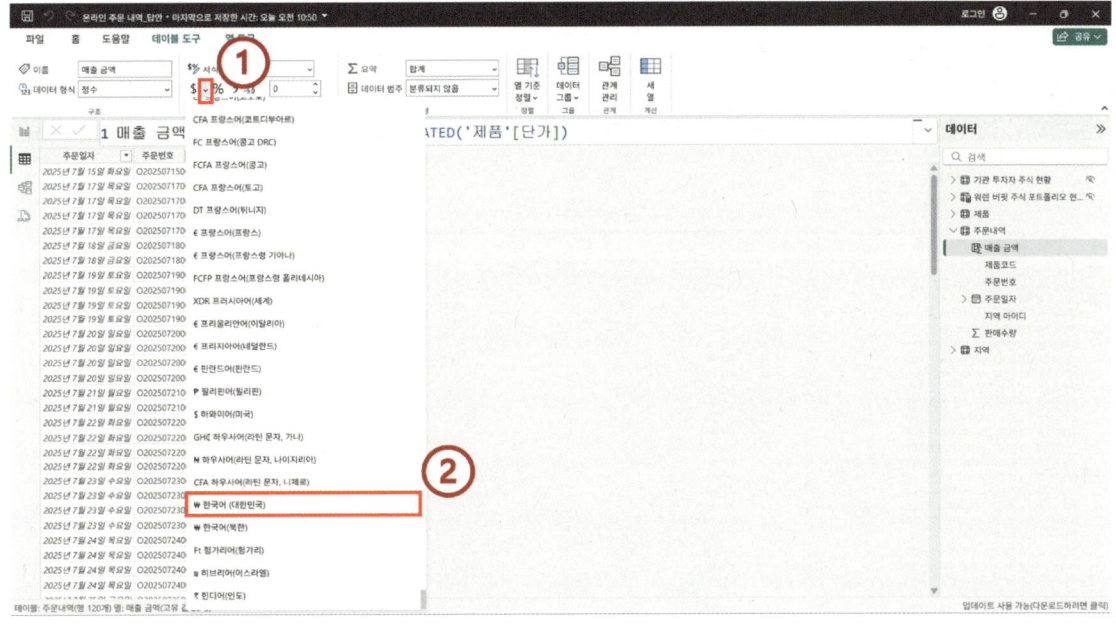

그림 3.3.43

문제 2-2-②

1. 〈주문내역〉 테이블을 우측 마우스 클릭한 뒤, [새 측정값] 메뉴를 클릭한다.

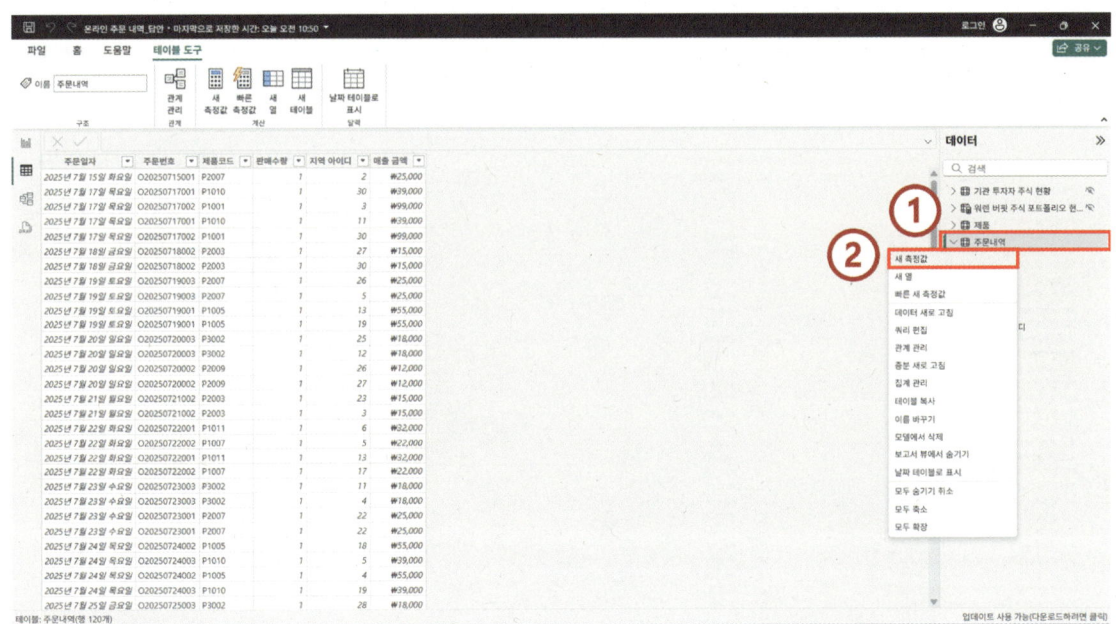

그림 3.3.44

2. 문제에서 안내한 조건에 맞는 DAX 식을 입력한다.

> 총 주문 건수 = COUNTROWS('주문내역')

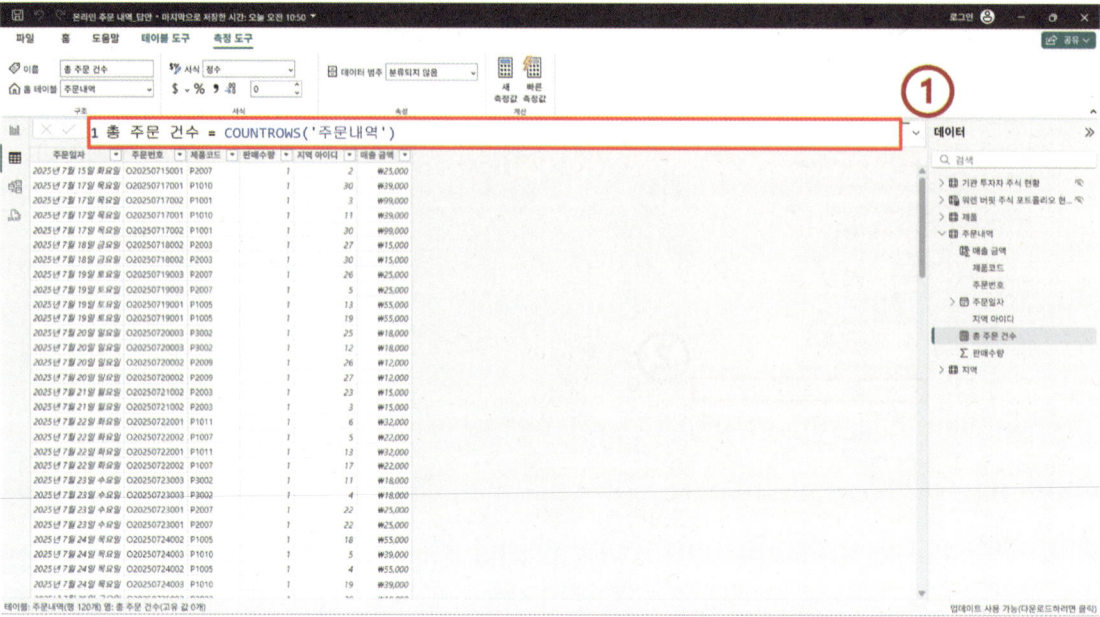

그림 3.3.45

3. 〈주문내역〉 테이블을 우측 마우스 클릭한 뒤, [새 측정값] 메뉴를 클릭한다.

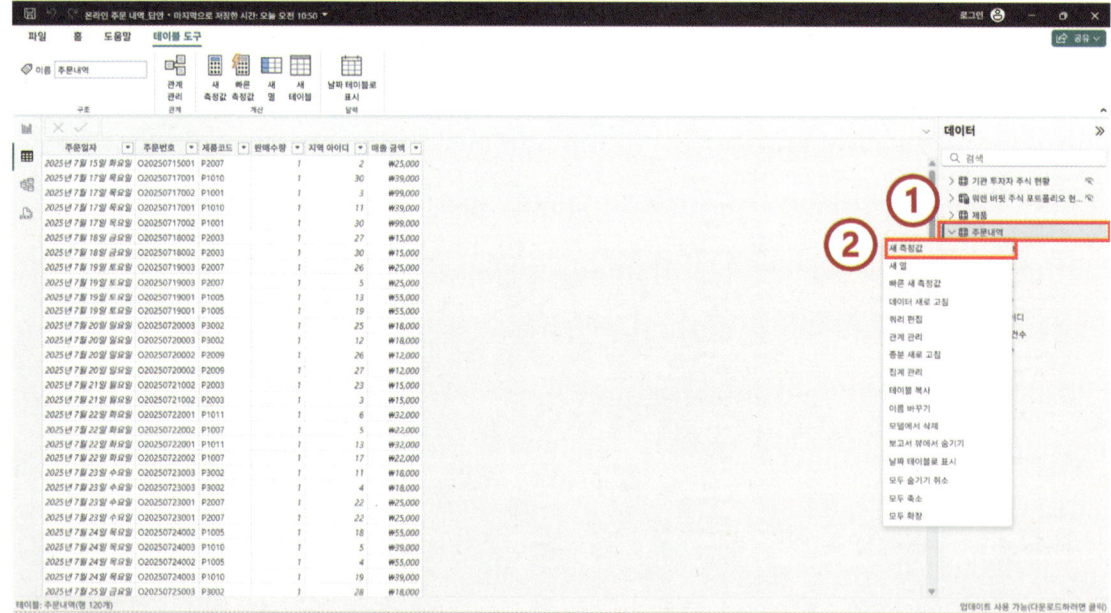

그림 3.3.46

4. 문제에서 안내한 조건에 맞는 DAX 식을 입력한다.

> 총 매출 = SUM('주문내역'[매출 금액])

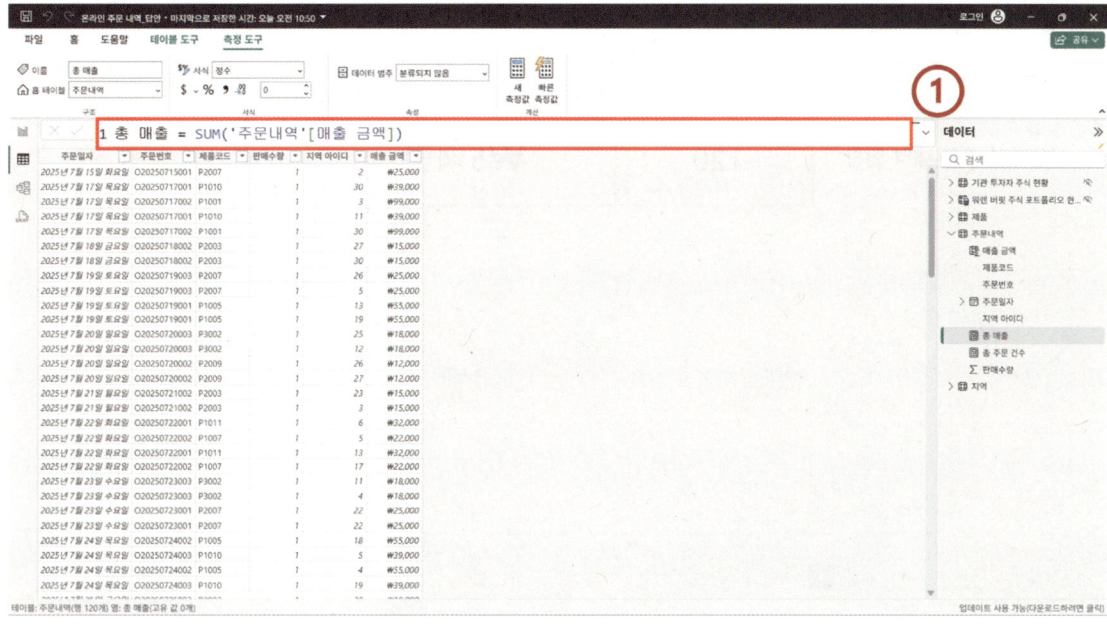

그림 3.3.47

5. 통화 기호를 원화(₩)로 설정한다.

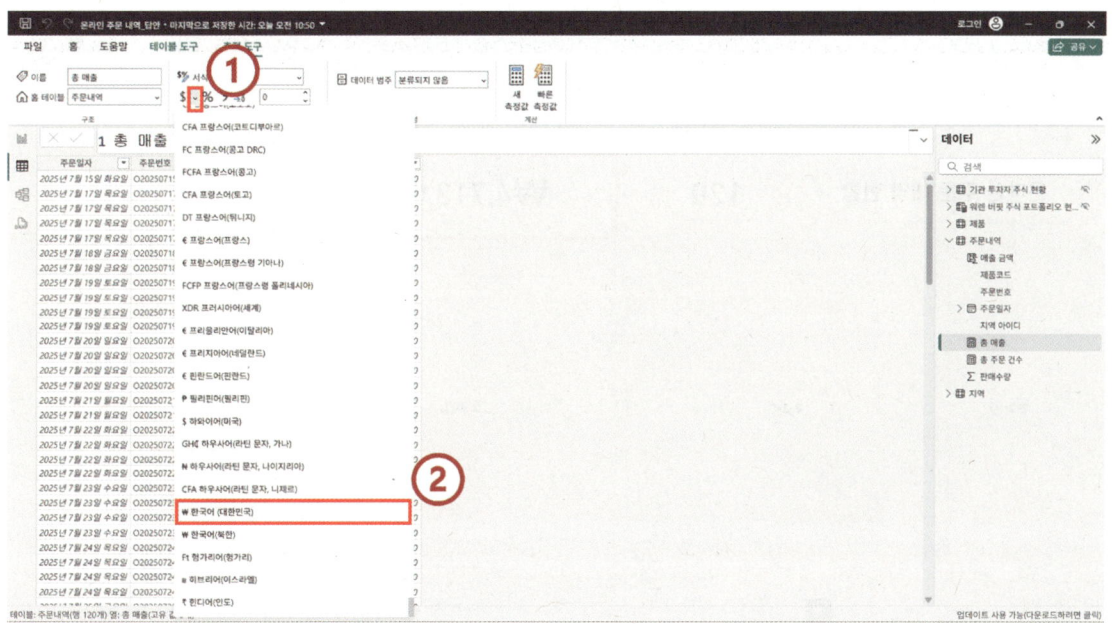

그림 3.3.48

문제 2-2-③

1. 카드 개체를 2개 추가하여 2-2-③ 위치에 나란히 배치한다. 각 카드 개체에 〈주문내역〉 테이블의 [총 주문 건수] 필드와 [총 매출] 필드를 각각 추가한다.

그림 3.3.49

2. [총 매출] 카드를 선택한 뒤, [시각적 개체 서식 지정] 메뉴로 이동하여 [시각적 개체] 메뉴 내 [설명 값]으로 이동한다. [표시 단위]를 '없음'으로 설정한다.

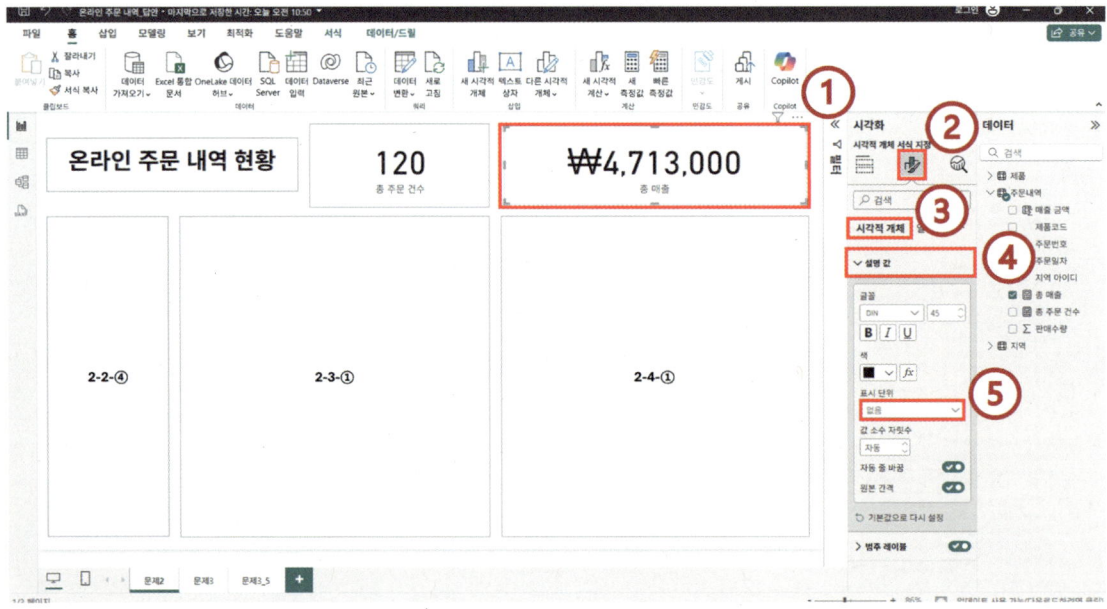

그림 3.3.50

3. Ctrl을 누른 상태로 2개의 카드 개체를 순차적으로 클릭하여 모두 선택한다. [시각적 개체 서식 지정] 메뉴의 [시각적 개체] 메뉴에서 [범주 레이블]로 이동한다. 글꼴 크기를 '15'로 설정한다.

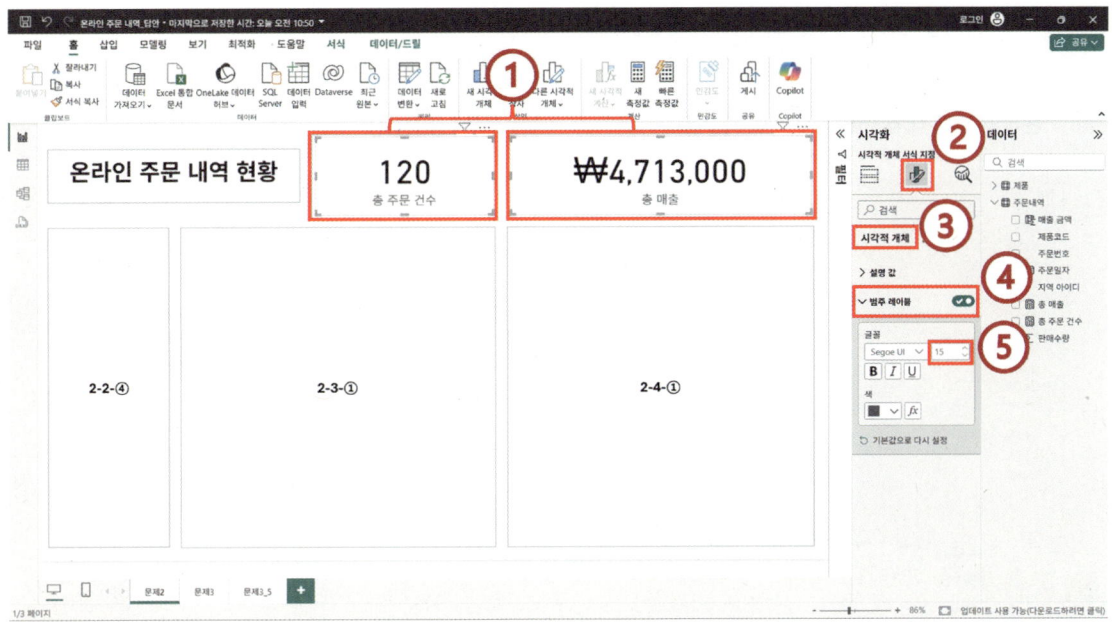

그림 3.3.51

문제 2-2-④

1. [시각적 개체 빌드] 메뉴로 이동하여 슬라이서 개체를 추가한다. 2-2-④ 위치에 배치시킨 후 〈지역〉 테이블의 [광역자치단체명] 필드를 [필드]에 추가한다.

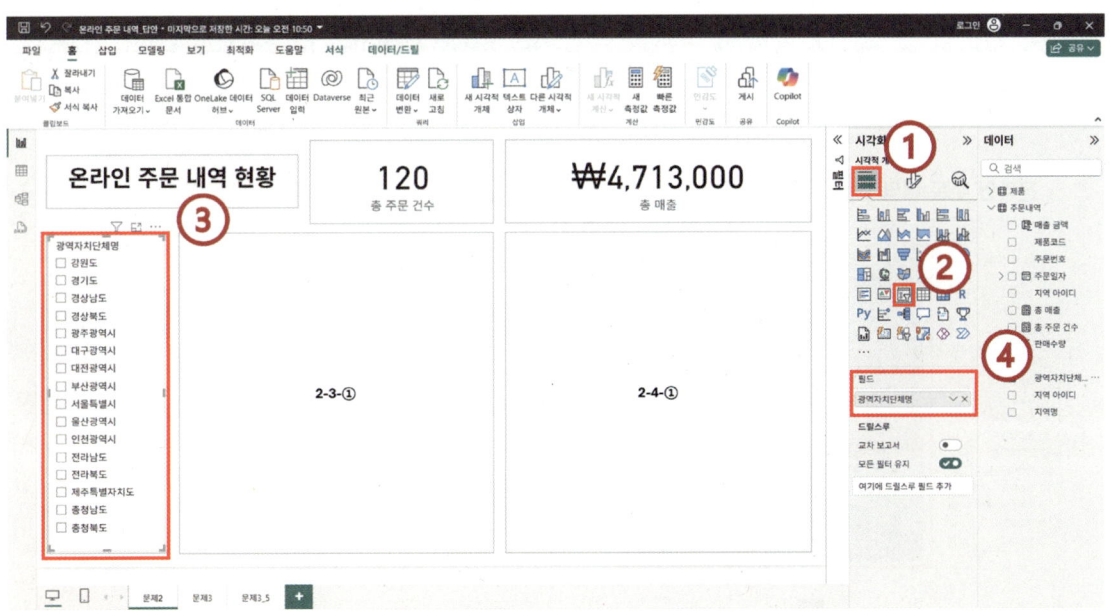

그림 3.3.52

2. [시각적 개체 서식 지정] 메뉴로 이동한 후, [시각적 개체] 메뉴 내 [슬라이서 설정]으로 이동한다. [스타일]을 '세로 목록'으로 설정한다.

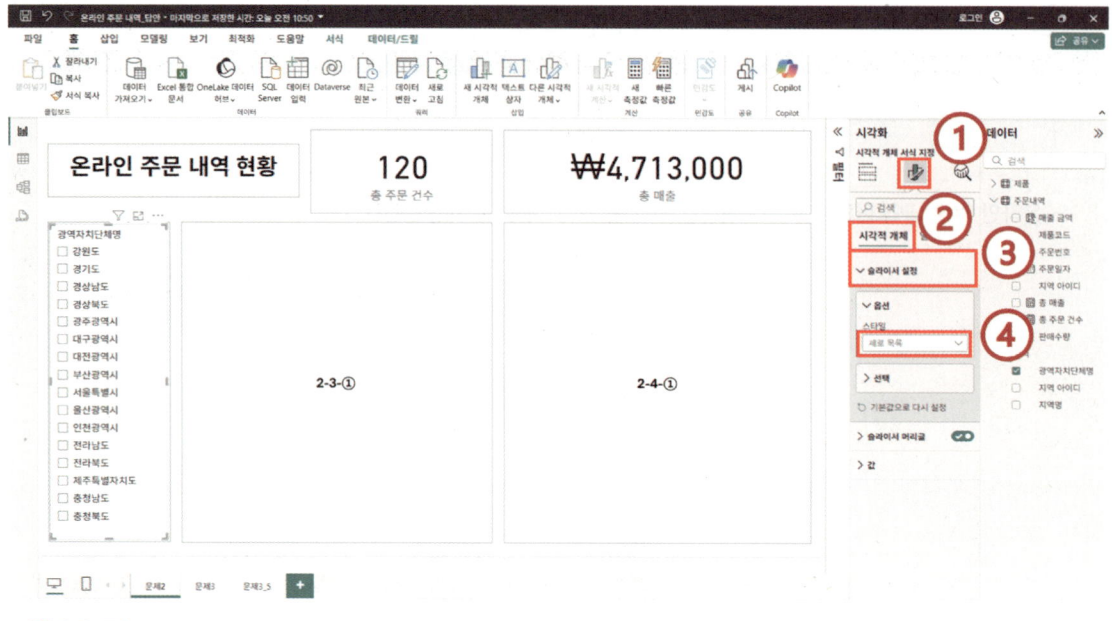

그림 3.3.53

문제 2-3-①

1. [시각적 개체 빌드] 메뉴로 이동하여 트리맵 차트를 추가한다. 2-3-① 위치에 차트를 배치한 뒤, [범주] 영역에는 〈지역〉 테이블의 [광역자치단체명] 필드를 추가하고 [값] 영역에는 〈주문내역〉 테이블의 [총 매출] 필드를 추가한다.

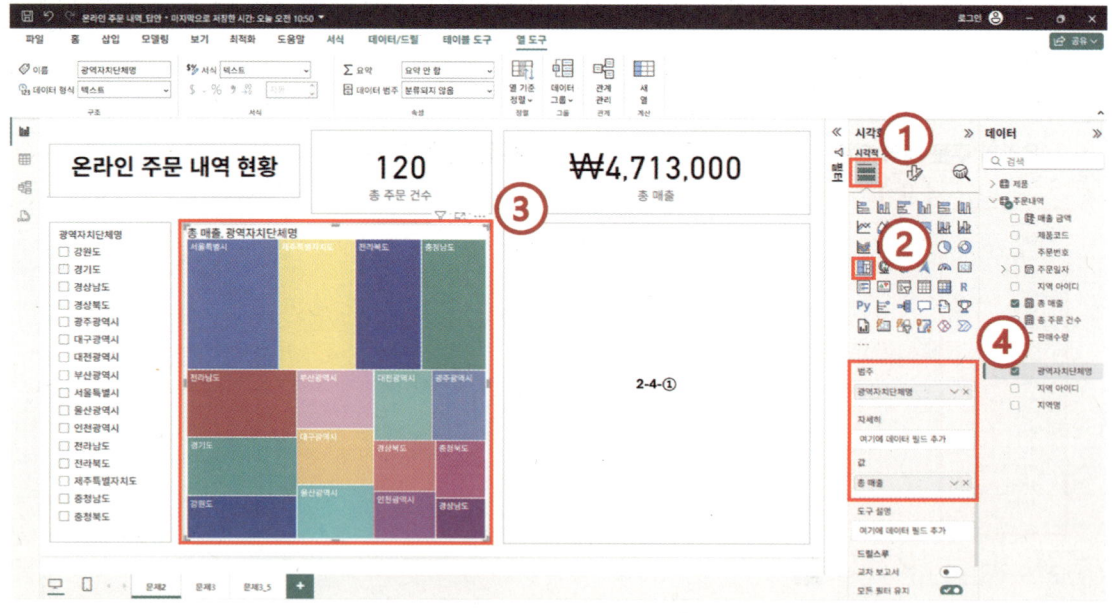

그림 3.3.54

문제 2-3-②

1. [시각적 개체 서식 지정] 메뉴로 이동한 뒤, [일반] 메뉴로 이동한다. [제목]의 텍스트를 '광역자치단체별 온라인 주문 매출 현황'으로 수정한다.

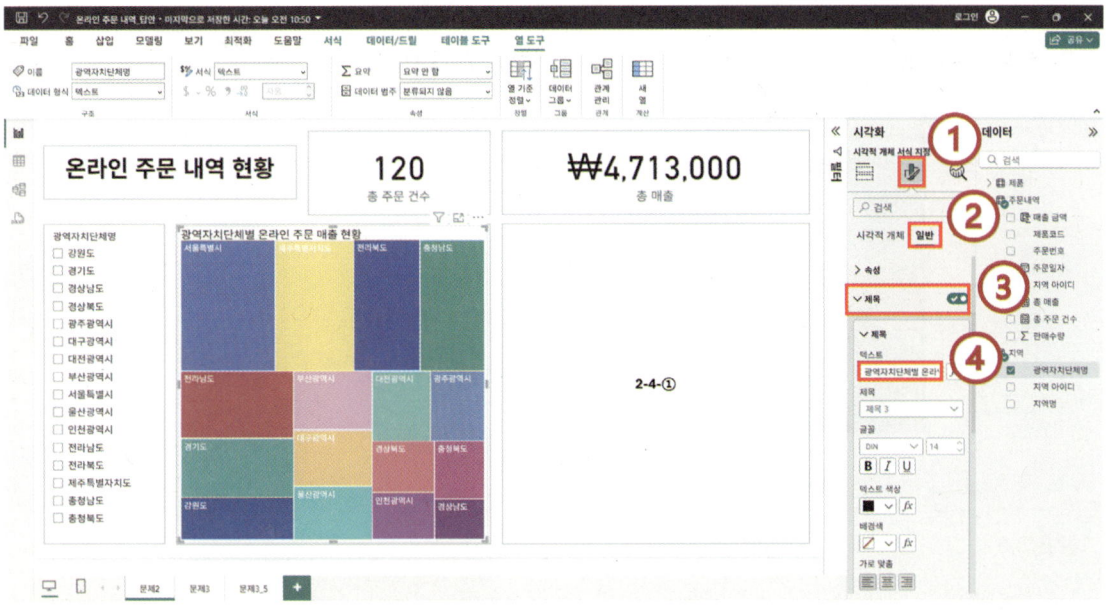

그림 3.3.55

2. [시각적 개체] 메뉴로 이동하여 [데이터 레이블]을 활성화한다. [글꼴] 크기를 '14'로 설정하고 [표시 단위]는 '없음'으로 설정한다.

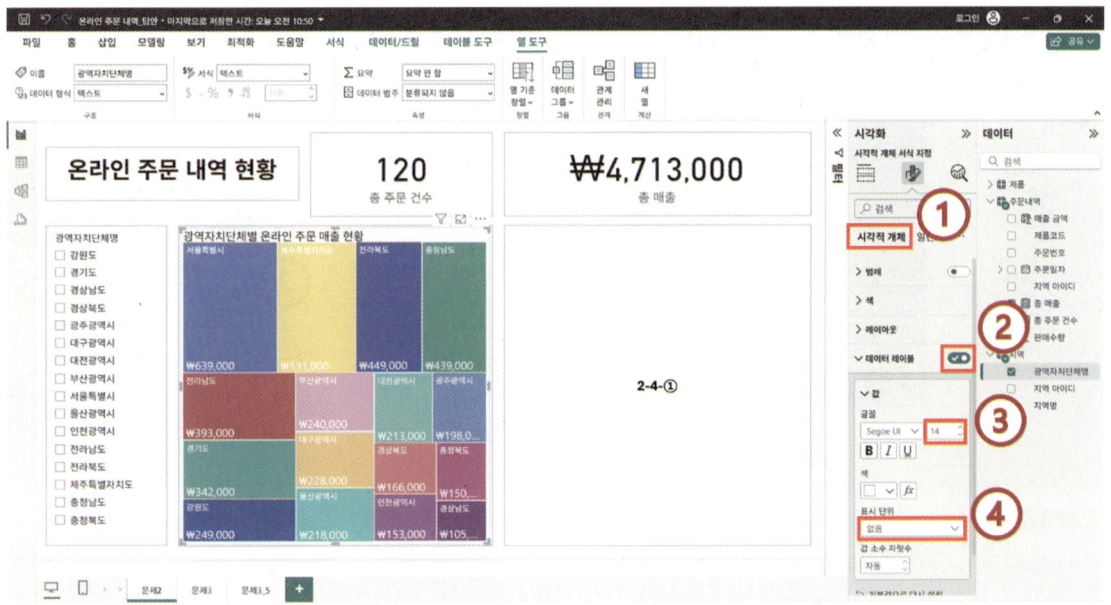

그림 3.3.56

3. [범주 레이블]의 [글꼴] 크기를 '14'로 설정한다.

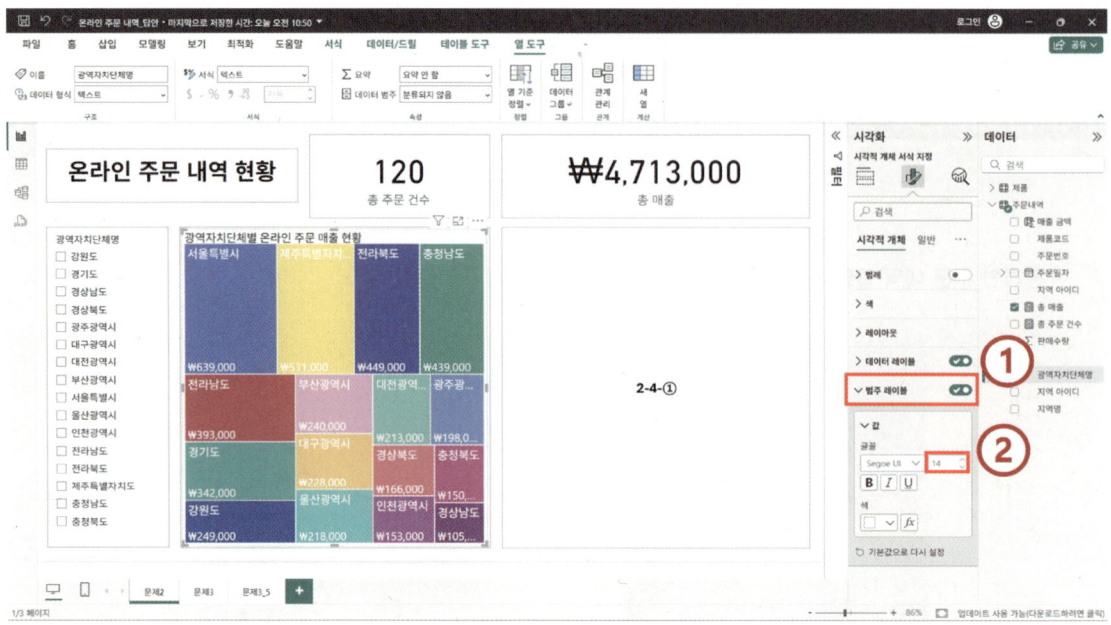

그림 3.3.57

4. [레이아웃] 메뉴로 이동하여 [모든 노드 사이의 간격]을 '5'로 설정한다.

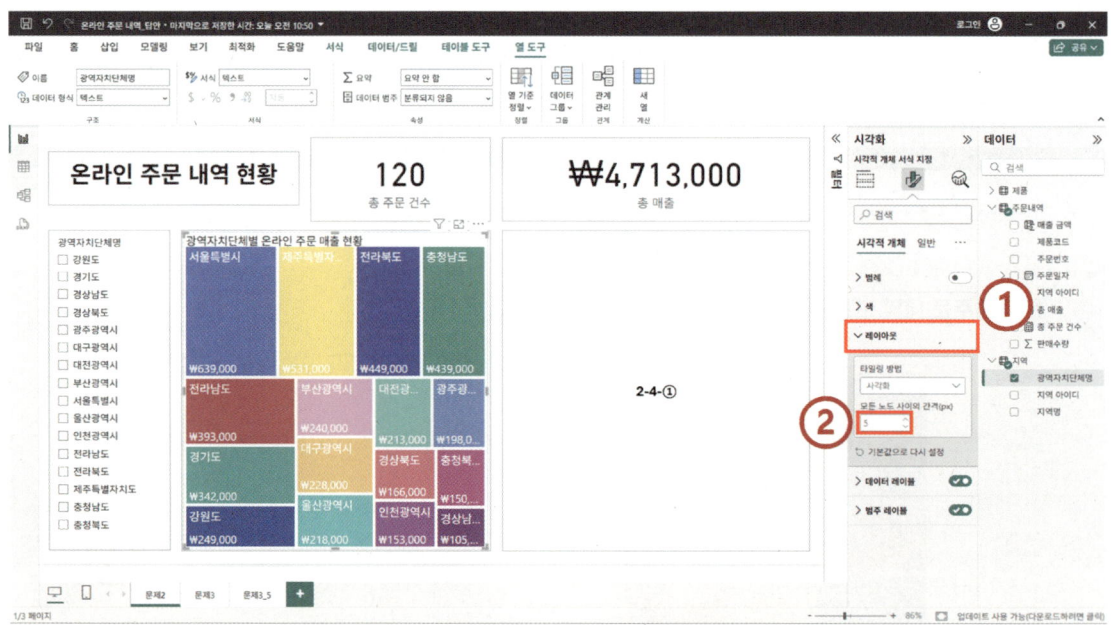

그림 3.3.58

문제 2-4-①

1. [시각적 개체 빌드] 메뉴로 이동하여 원형 차트를 추가한다. 2-4-① 위치에 배치한 뒤, [범례] 영역에는 〈제품〉 테이블의 [카테고리] 필드를 추가한다. [값] 영역에는 〈주문내역〉 테이블의 [총 매출] 필드를 추가한다.

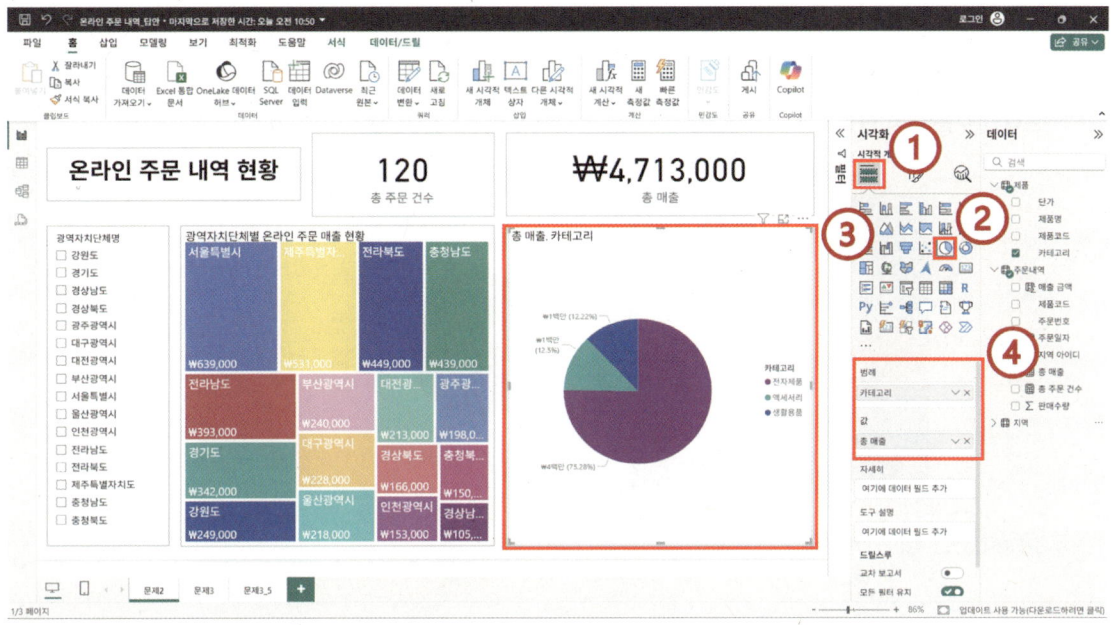

그림 3.3.59

문제 2-4-②

1. [시각적 개체 서식 지정] 메뉴로 이동한 뒤, [일반] 메뉴로 이동한다. [제목]의 텍스트를 '카테고리별 매출 비중'으로 수정한다.

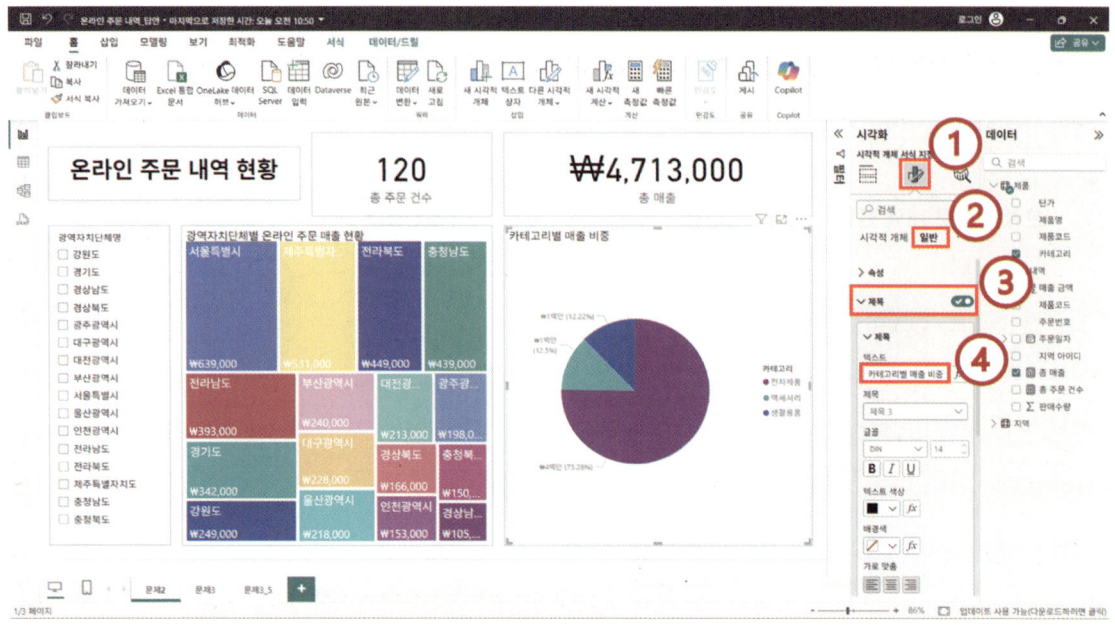

그림 3.3.60

2. [시각적 개체] 메뉴로 이동한 뒤, [범례] 메뉴로 이동한다. [위치]를 '왼쪽 위'로 설정한다.

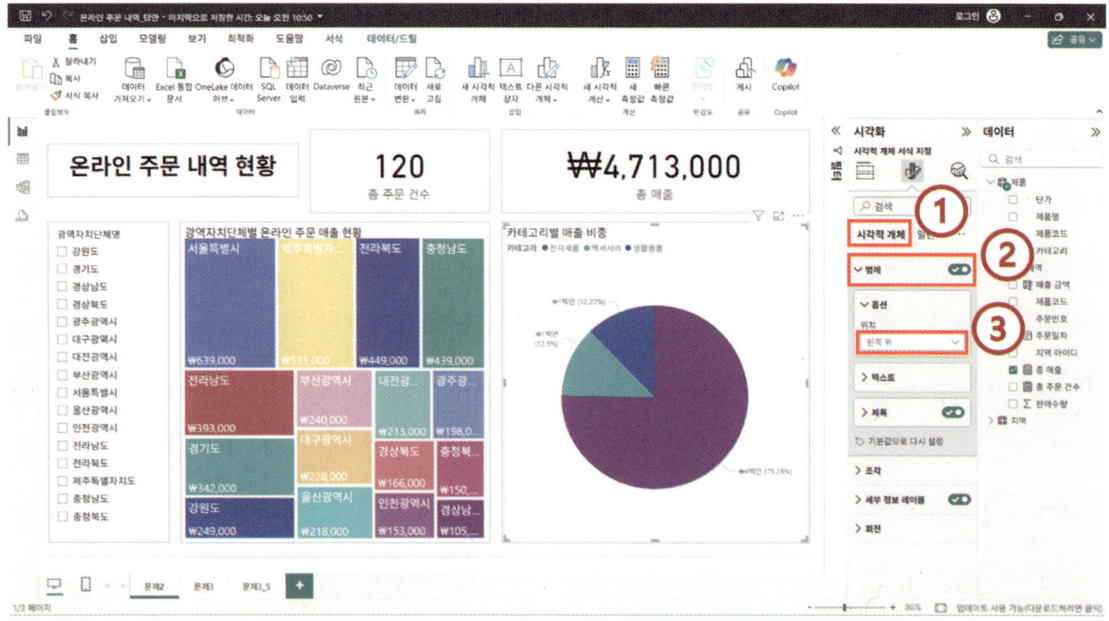

그림 3.3.61

3. [세부 정보 레이블] 메뉴로 이동한 뒤, [위치]를 '안쪽'으로 설정한다. [레이블 내용]은 '범주, 총퍼센트'로 설정하고 [글꼴] 크기는 '12'로 설정한다.

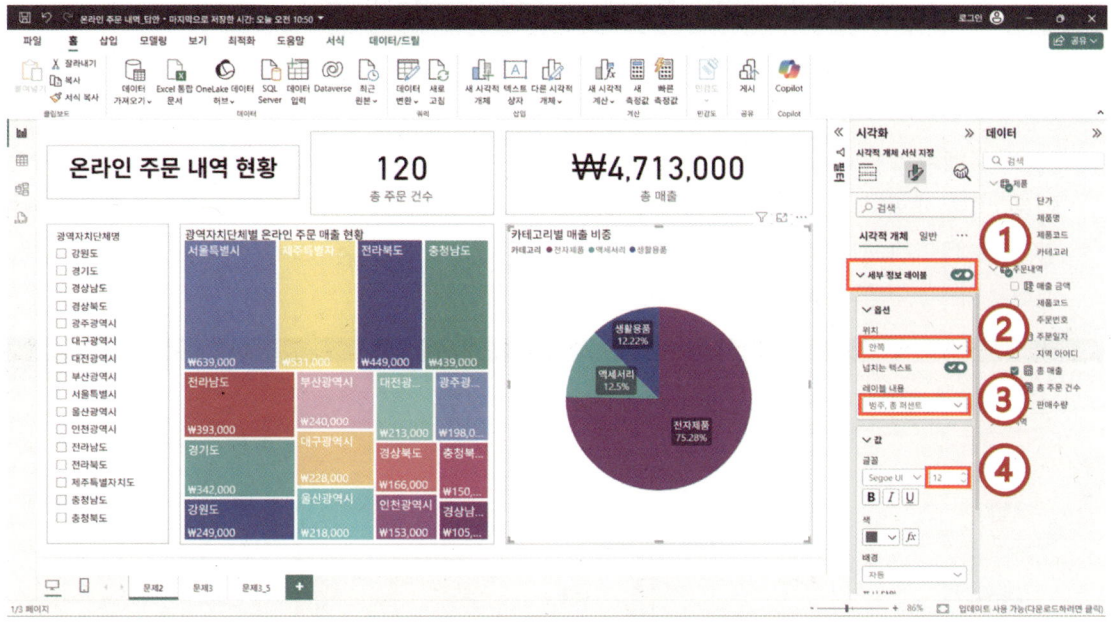

그림 3.3.62

문제3 복합요소 구현   50점

문제 3-1-①

1. [문제3] 페이지로 이동한 후, 분산형 차트를 추가한다. 3-1-① 위치에 배치한 뒤, [X축] 영역에는 〈주문내역〉 테이블의 [총 매출] 필드를, [Y축] 영역에는 〈주문내역〉 테이블의 [판매수량] 필드를, [범례] 영역에는 〈제품〉 테이블의 [제품명] 필드를, [크기] 영역에는 〈주문내역〉 테이블의 [총 주문 건수] 필드를 추가한다.

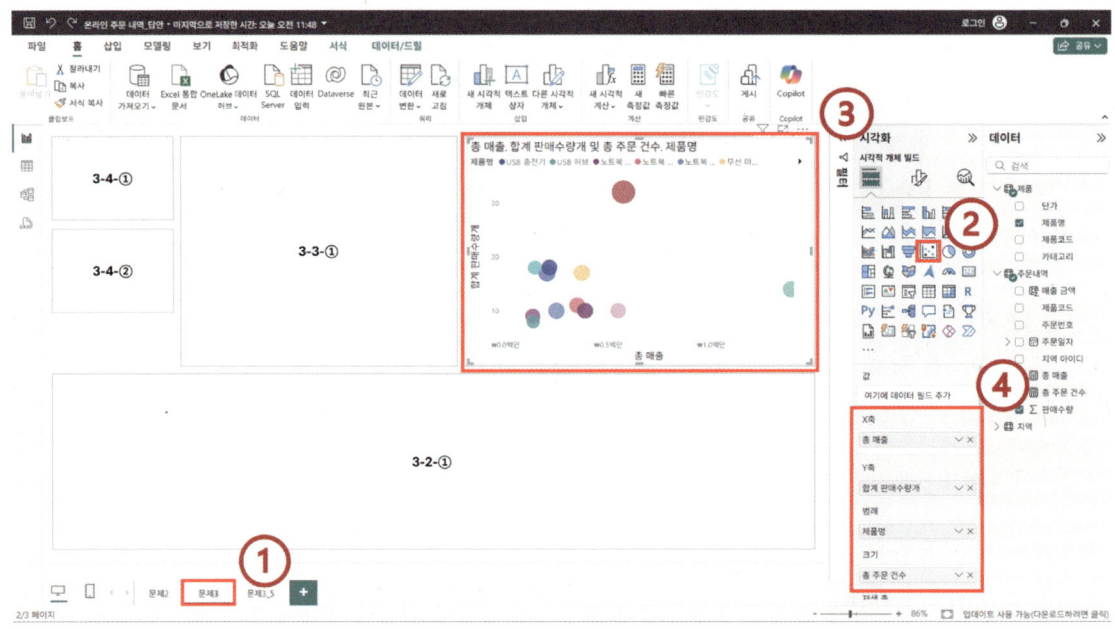

그림 3.3.63

문제 3-1-②

1. [시각적 개체 서식 지정] 메뉴로 이동한 후, [일반] 메뉴로 이동한다. [제목]의 텍스트를 '제품별 판매 현황 요약'으로 수정한다.

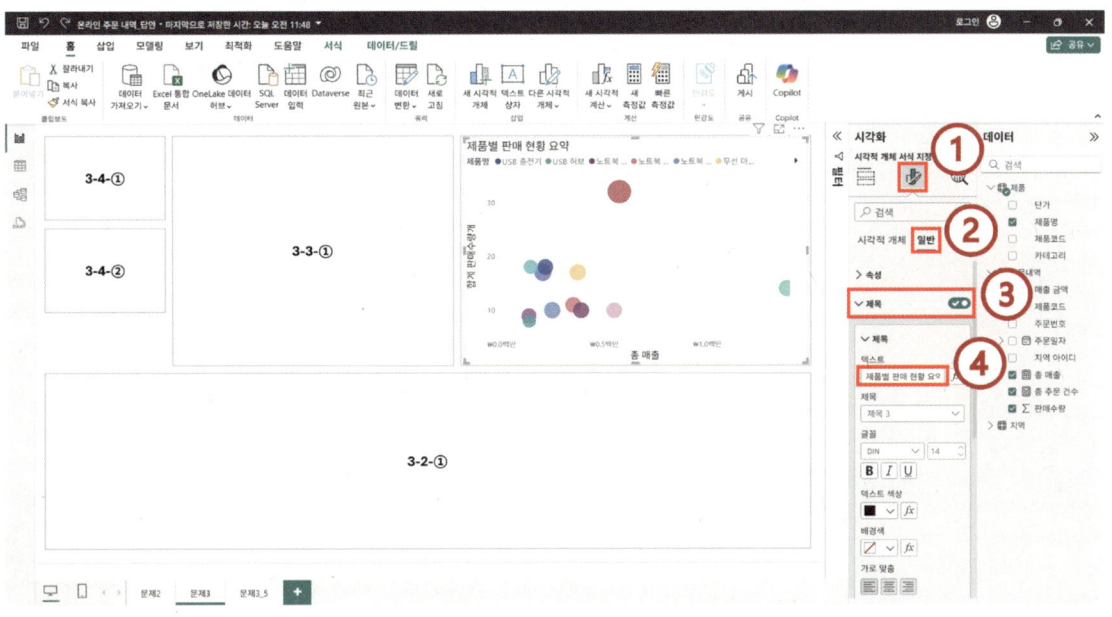

그림 3.3.64

2. [시각적 개체] 메뉴로 이동한 후, [X축]의 [글꼴] 크기를 '11'로 설정한 뒤, [표시 단위]는 '없음'으로 설정한다.

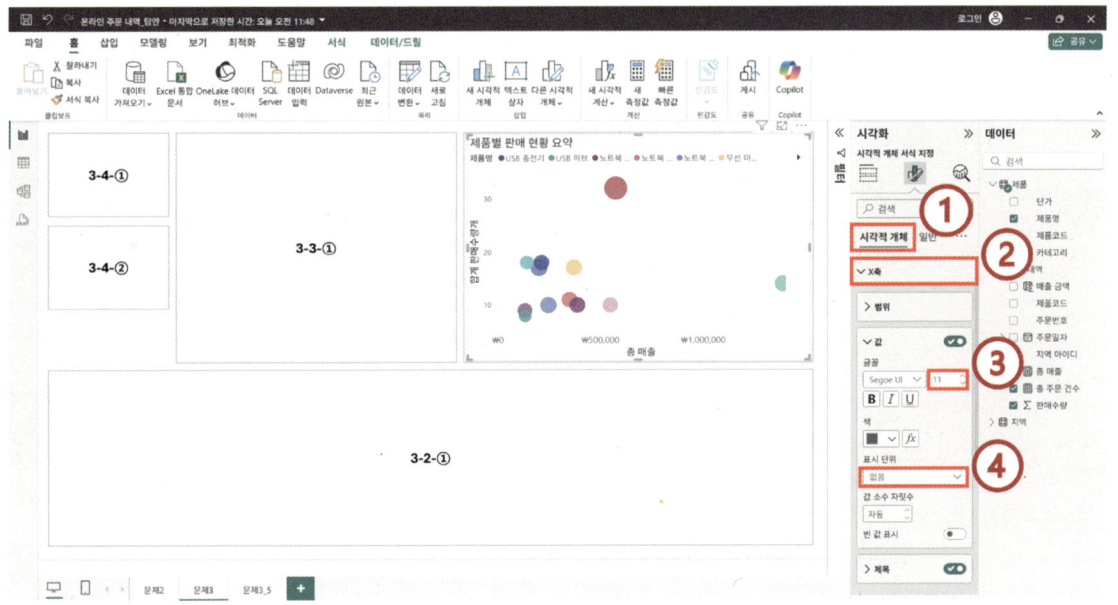

그림 3.3.65

3. [Y축] 메뉴로 이동한 뒤, [글꼴] 크기를 '11'로 설정한다.

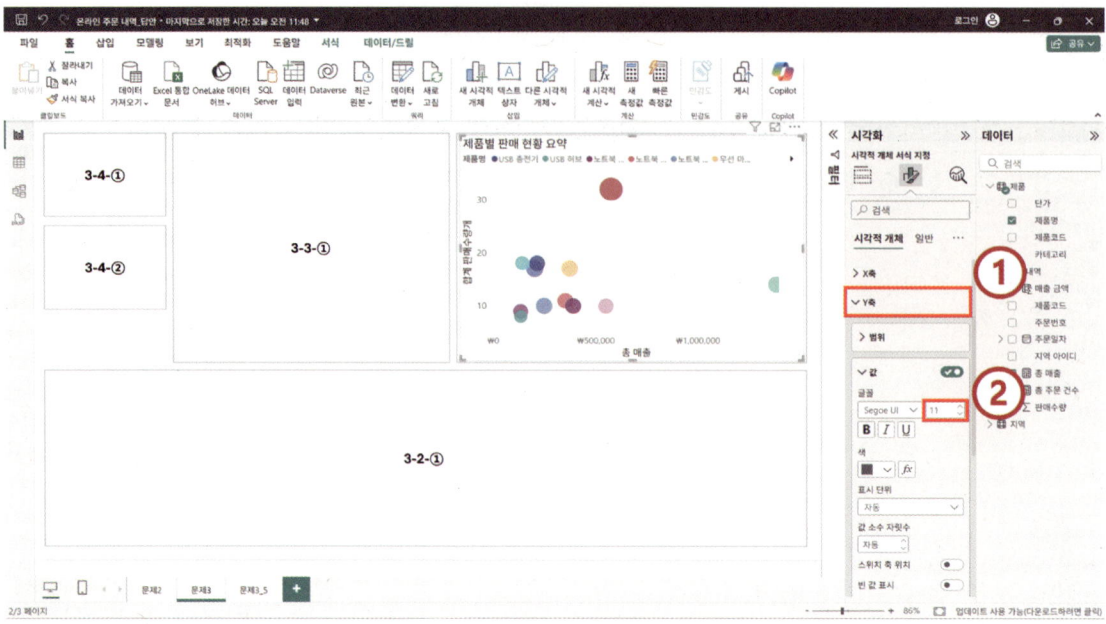

그림 3.3.66

4. [Y축]의 [제목]의 텍스트를 '판매수량'으로 수정한다.

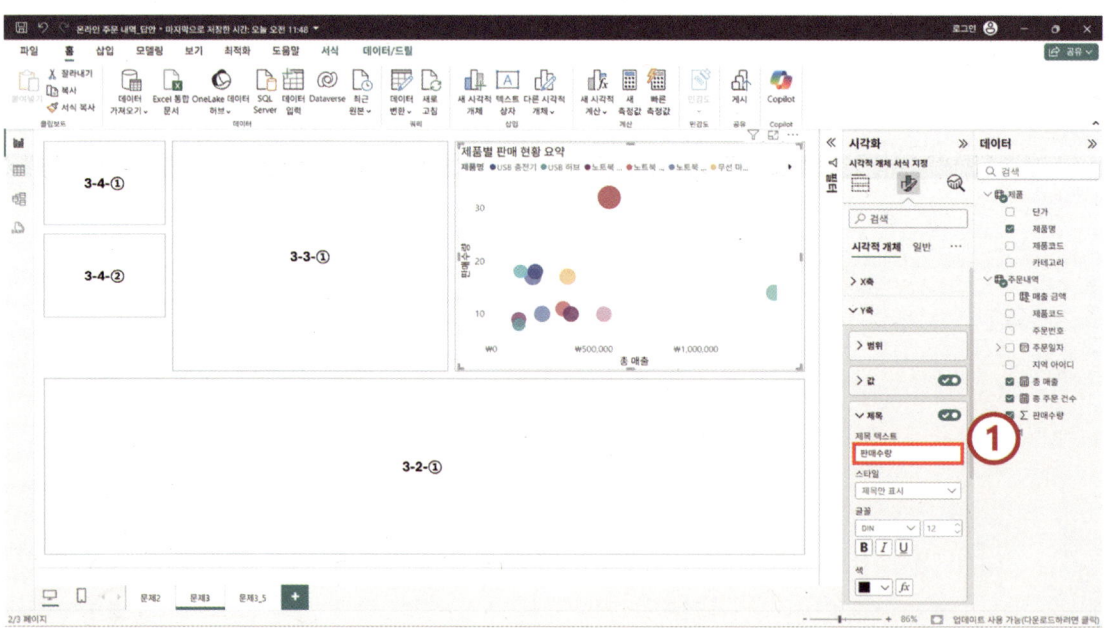

그림 3.3.67

문제 3-2-①

1. [시각적 개체 빌드] 메뉴로 이동하여 꺾은선형 및 묶은 세로 막대형 차트를 추가한다. 3-2-① 위치에 배치한 뒤, [X축] 영역에는 〈주문내역〉 테이블의 [주문일자] 계층 구조를 추가하고 [열 y축] 영역에는 〈주문내역〉 테이블의 [총 매출] 필드를 추가한다. [선 y축] 영역에는 〈주문내역〉 테이블의 [판매수량] 필드를 추가한다.

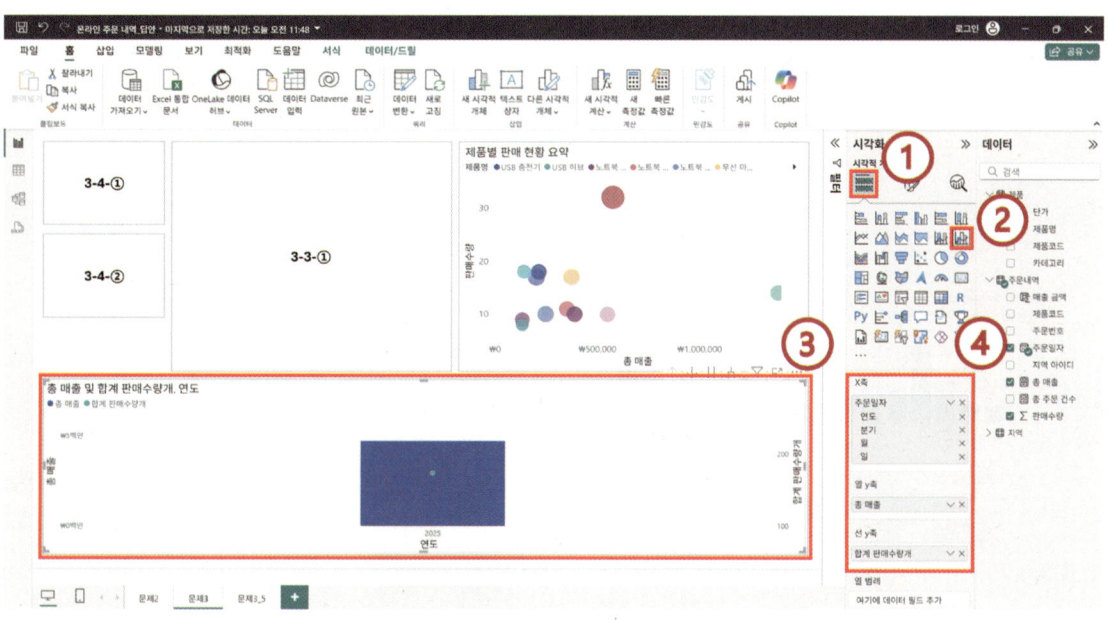

그림 3.3.68

2. [X축] 영역에 추가된 [주문일자] 날짜 계층에서 [연도] 및 [분기] 필드를 제거한다. 그리고 차트에 있는 [계층 구조에서 한 수준 아래로 모두 확장] 아이콘을 클릭한다.

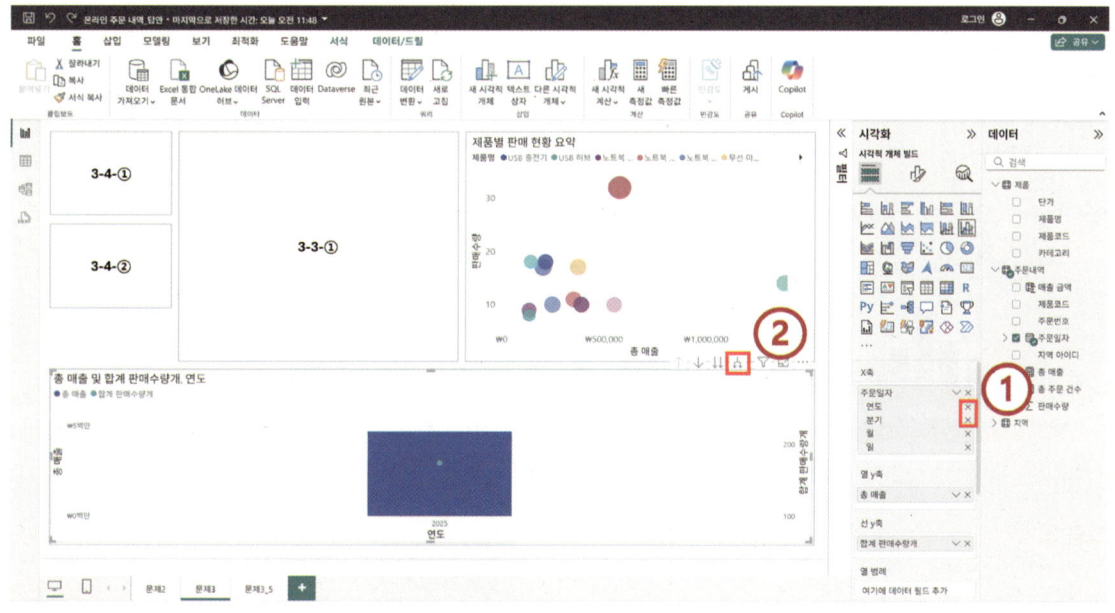

그림 3.3.69

문제 3-2-②

1. [시각적 개체 서식 지정] 메뉴로 이동한 뒤, [일반] 메뉴 내 [제목] 텍스트를 '일자별 매출 및 판매수량'으로 수정한다.

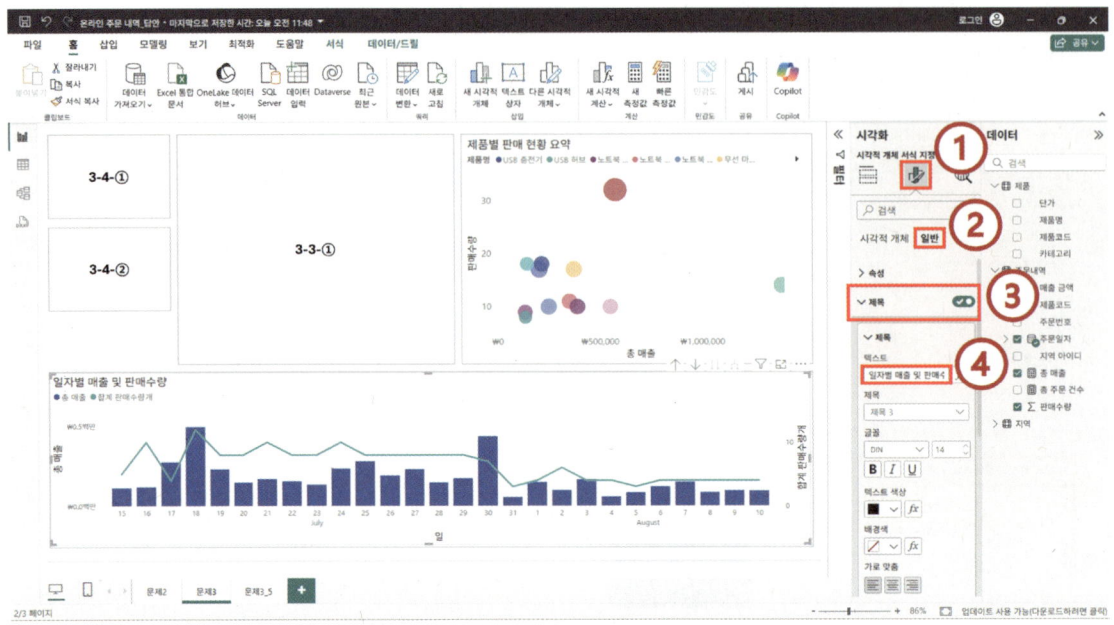

그림 3.3.70

2. [시각적 개체] 메뉴 내 [Y축] 메뉴로 이동하여 [표시 단위]를 '없음'으로 설정한다.

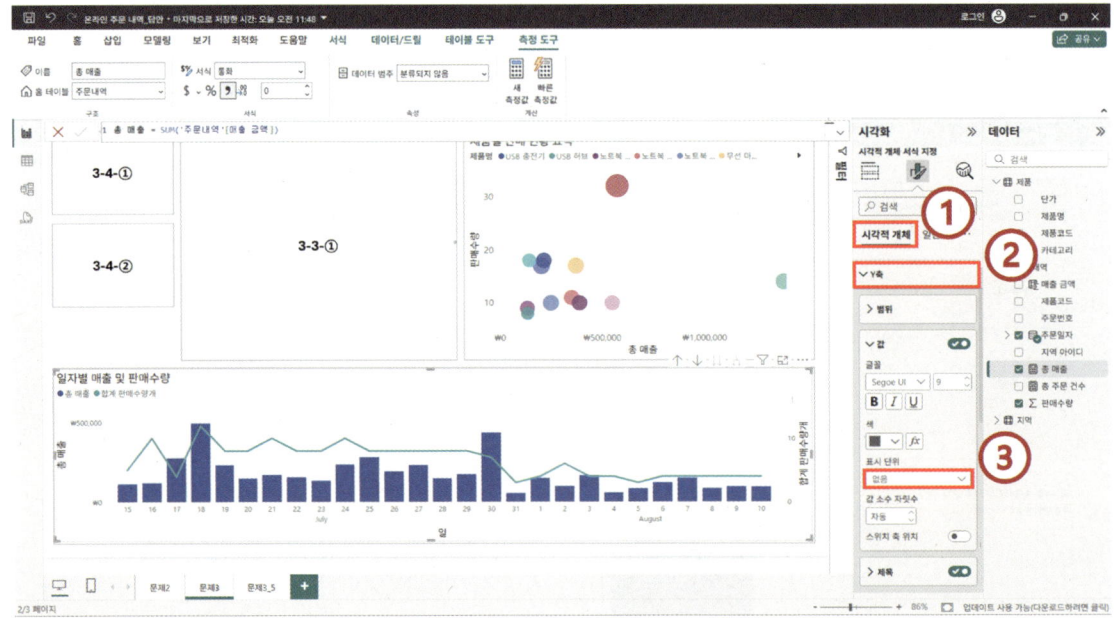

그림 3.3.71

3. [보조 Y축] 메뉴로 이동하여 [제목 텍스트]를 '판매수량'으로 설정한다.

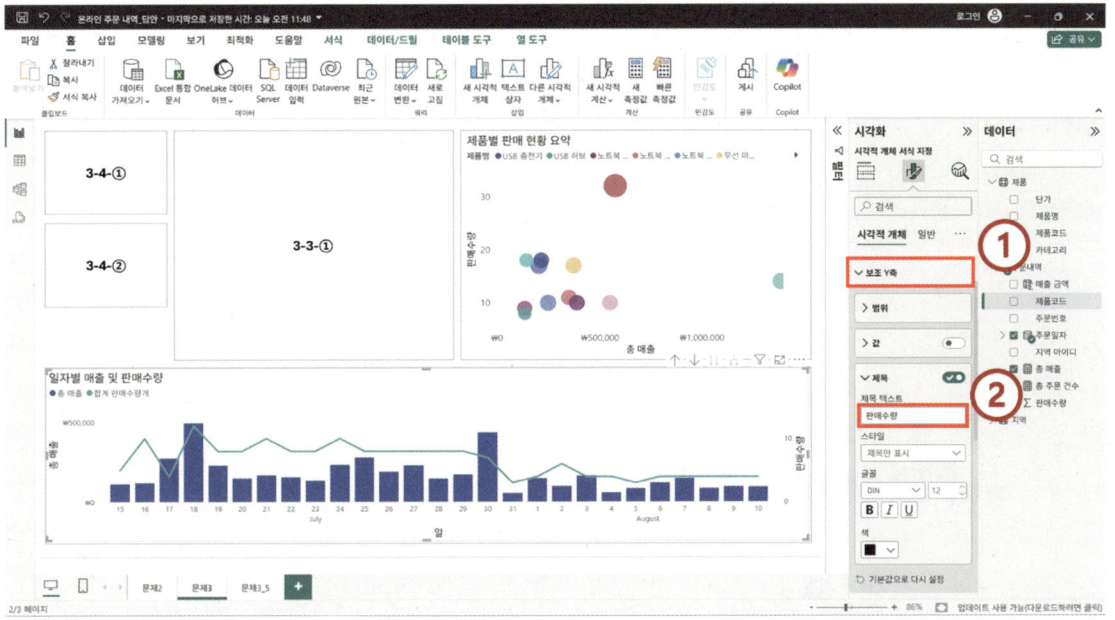

그림 3.3.72

4. [데이터 레이블]을 활성화한다.

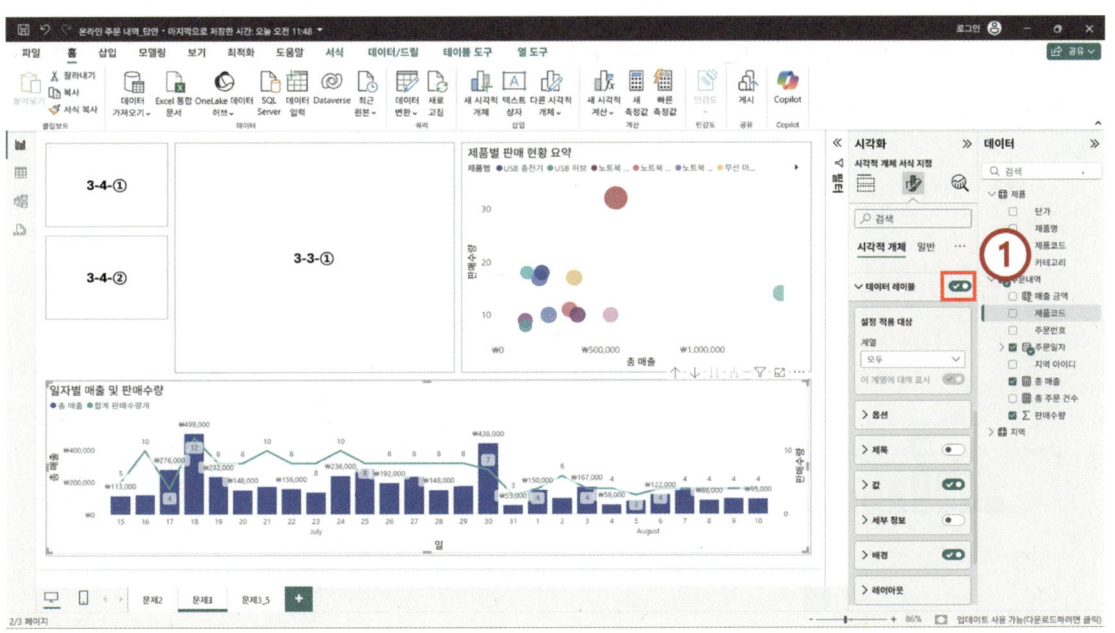

그림 3.3.73

5. [계열]을 '합계 판매수량개'로 설정한 뒤, [배경]의 [색] 메뉴를 클릭한다.

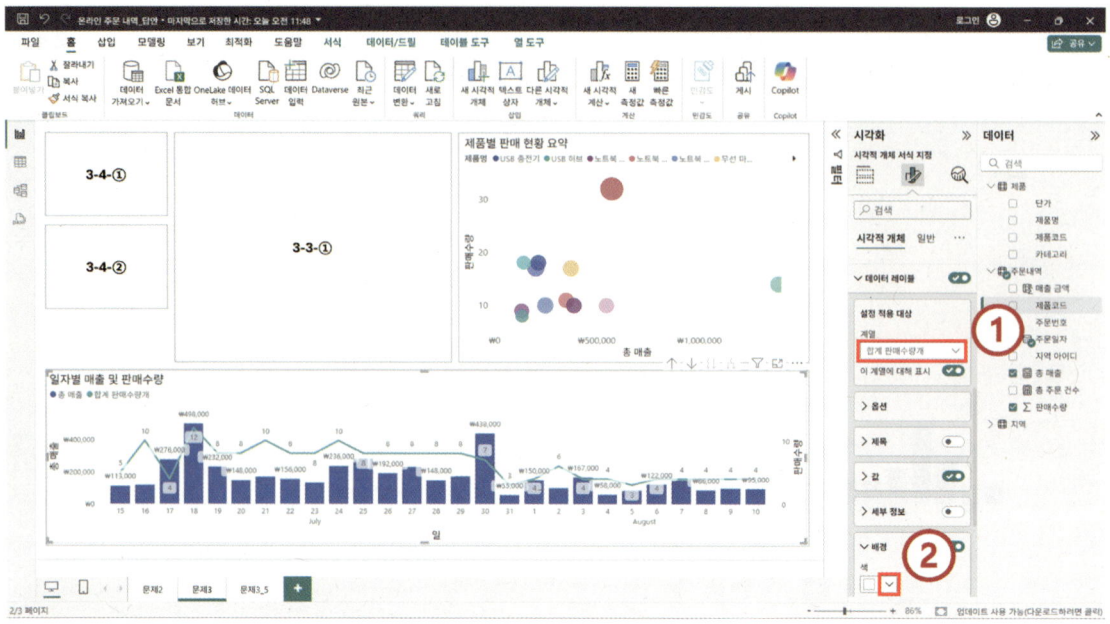

그림 3.3.74

6. '흰색, 20% 더 어둡게'를 선택한다.

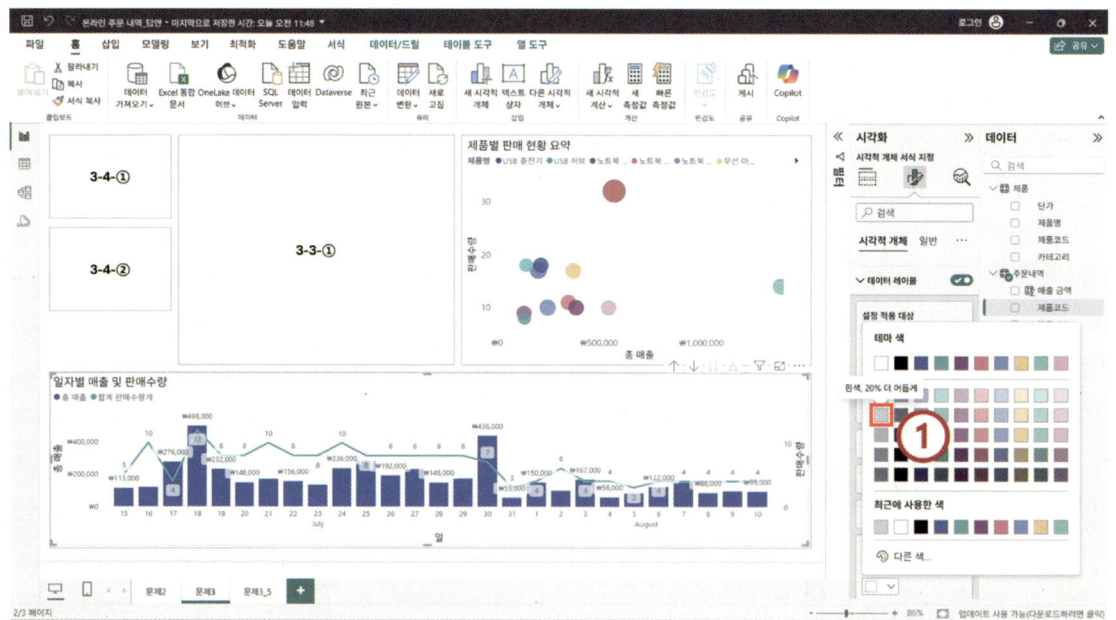

그림 3.3.75

문제 3-3-①

1. [시각적 개체 빌드] 메뉴로 이동하여 폭포 차트를 추가한다. 3-3-① 위치에 배치한 뒤, [범주] 영역에는 〈주문내역〉 테이블의 [주문일자] 계층 구조를 추가하고, [분석 결과] 영역에는 〈지역〉 테이블의 [지역명] 필드를 추가한다. [Y축] 영역에는 〈주문내역〉 테이블의 [총 매출] 필드를 추가한다.

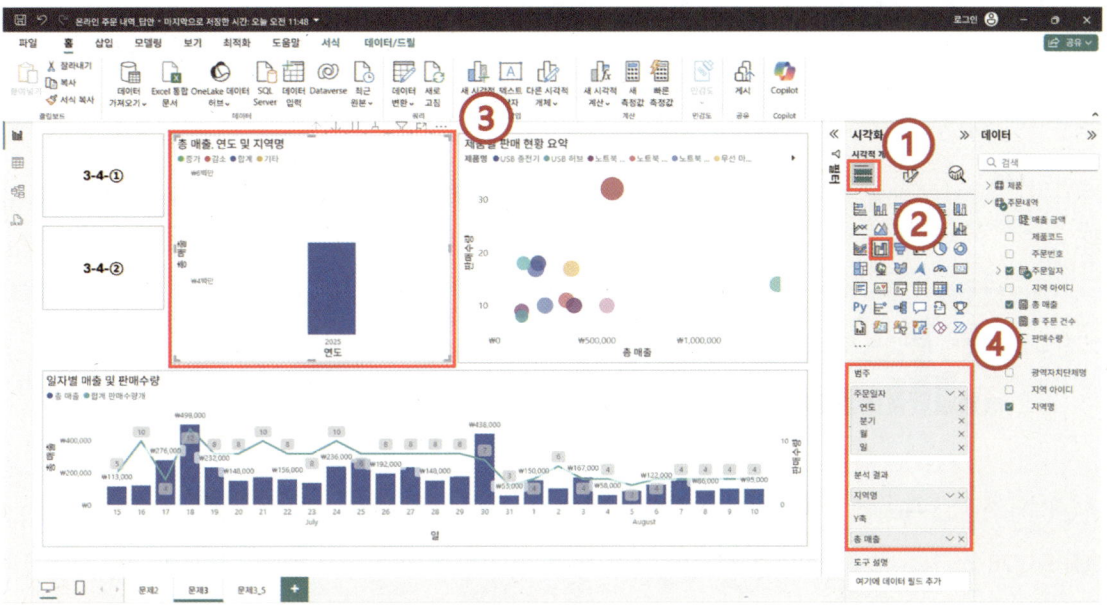

그림 3.3.76

2. [범주] 영역에 추가된 [주문일자] 계층 구조에서 [연도]와 [분기] 필드를 제거한다. 그리고 폭포 차트에서 [계층 구조에서 한 수준 아래로 모두 확장] 아이콘을 클릭한다.

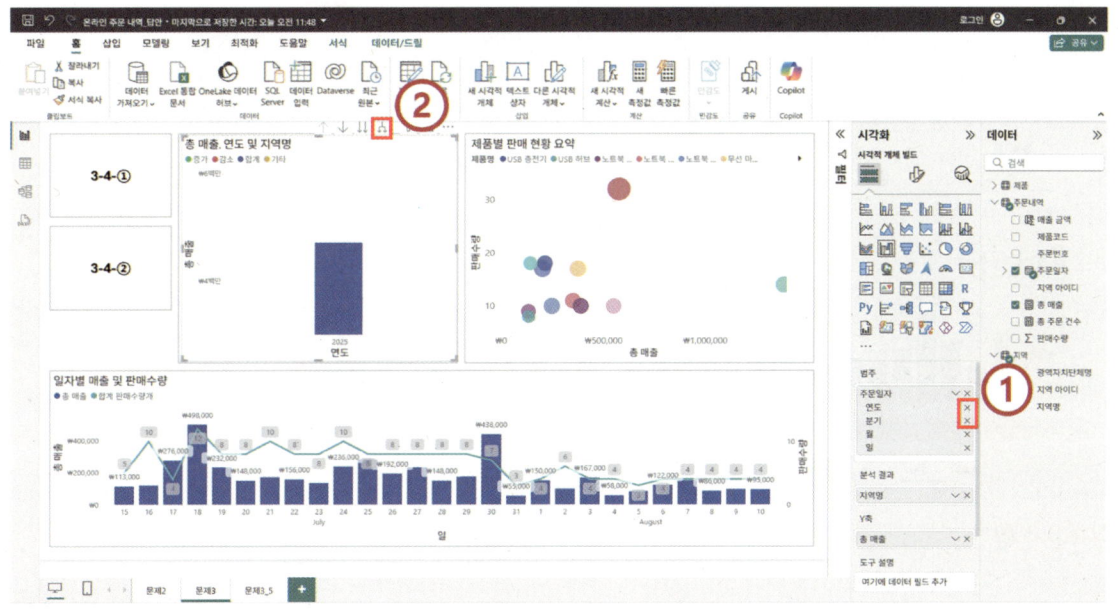

그림 3.3.77

문제 3-3-②

1. [시각적 개체 서식 지정] 메뉴로 이동하여 [일반] 메뉴로 이동한다. [제목]의 텍스트를 '지역 기반으로 보는 일자별 매출 변화 분석'으로 수정한다.

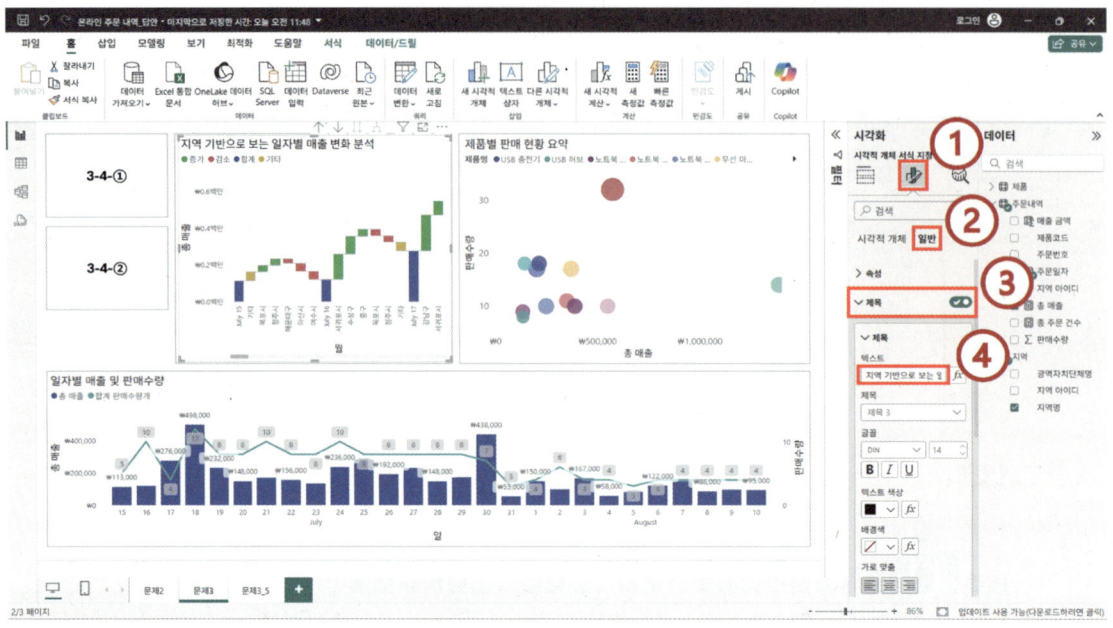

그림 3.3.78

2. [시각적 개체] 메뉴로 이동하여 [X축]의 [제목] 토글 버튼을 클릭하여 X축 제목을 제거한다.

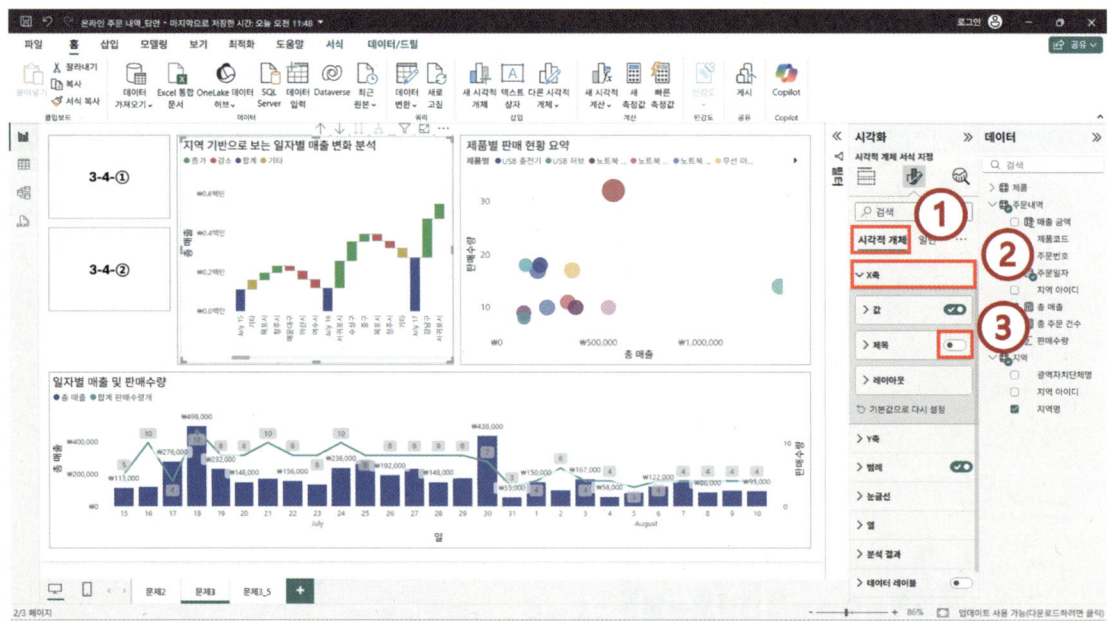

그림 3.3.79

문제 3-4-①

1. [시각적 개체 빌드] 메뉴로 이동하여 슬라이서를 추가한다. 3-4-① 위치에 배치한 뒤, [필드] 영역에는 〈주문내역〉 테이블의 [주문일자] 계층 내 [월] 필드를 추가한다.

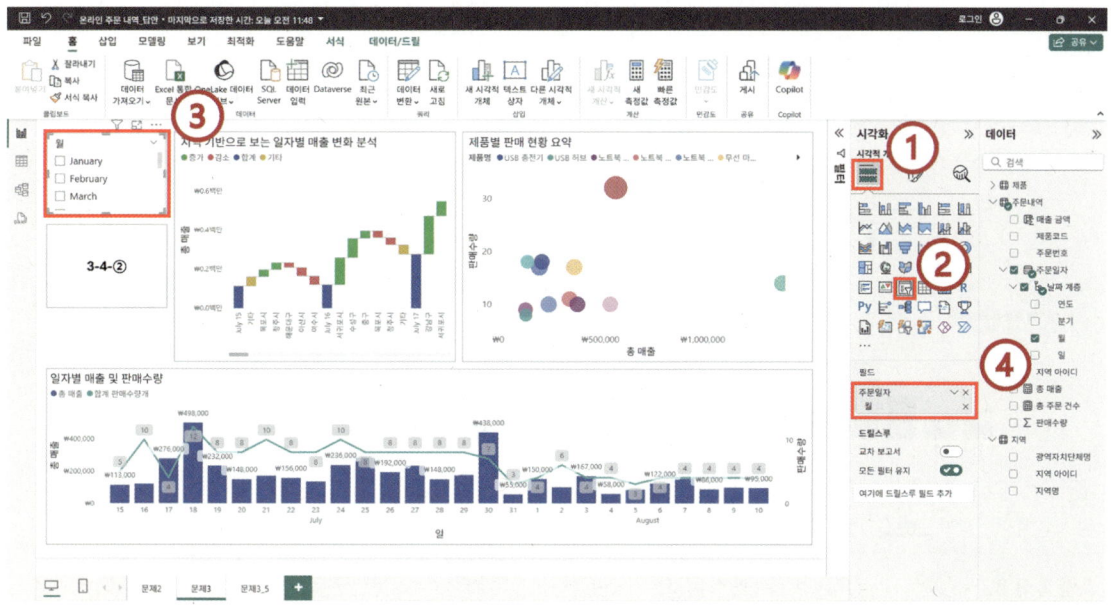

그림 3.3.80

2. [시각적 개체 서식 지정] 메뉴로 이동하여 [시각적 개체] 메뉴 내 [슬라이서 머리글] 토글 버튼을 클릭하여 제거한다. [슬라이서 설정]을 클릭한 뒤, [스타일]을 '드롭다운'으로 설정한다.

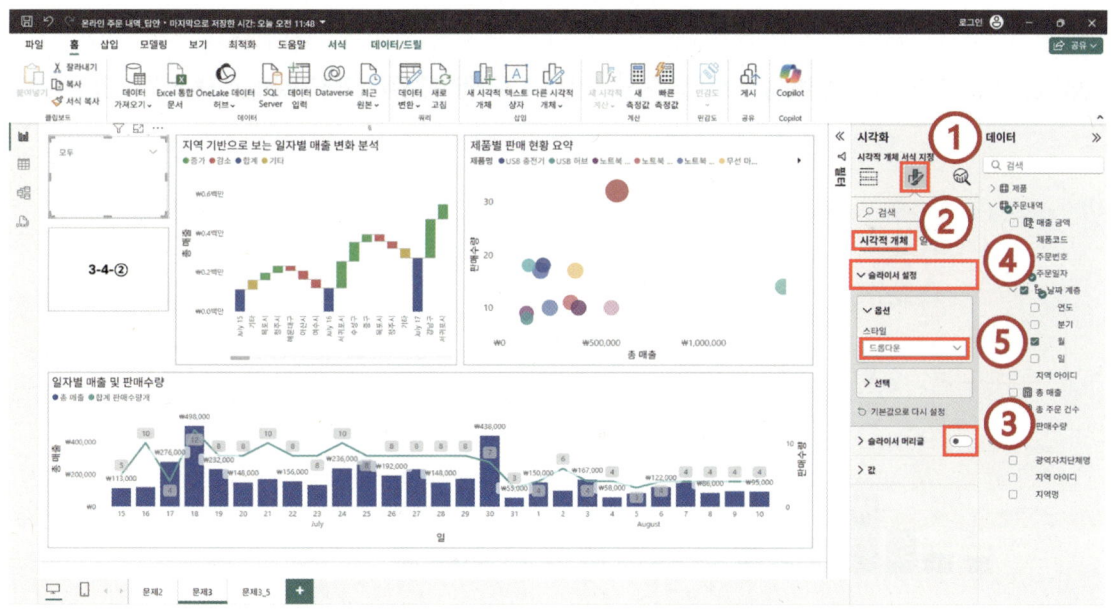

그림 3.3.81

3. [일반] 메뉴로 이동한 뒤, [제목] 토글 버튼을 클릭하여 활성화한다. 텍스트를 '분석하고자 하는 월 선택'으로 설정한다. 슬라이서의 필터를 'July'로 설정한다.

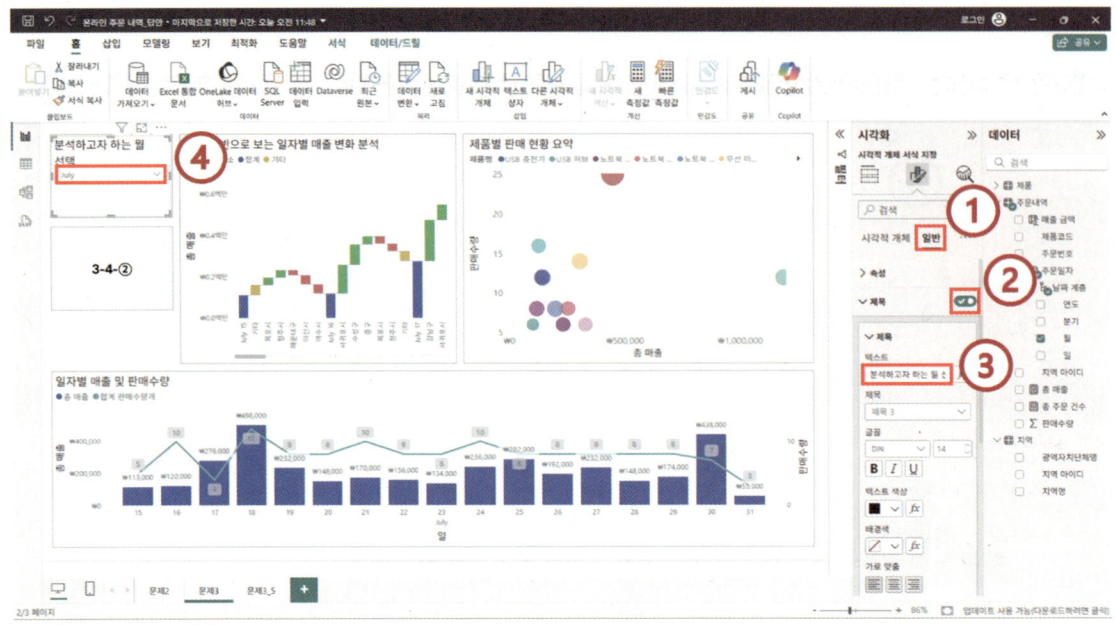

그림 3.3.82

문제 3-4-②

1. [시각적 개체 빌드] 메뉴로 이동하여 슬라이서를 추가한다. 3-4-② 위치에 배치한 뒤, [필드] 영역에는 〈주문내역〉 테이블의 [주문일자] 계층 내 [일] 필드를 추가한다.

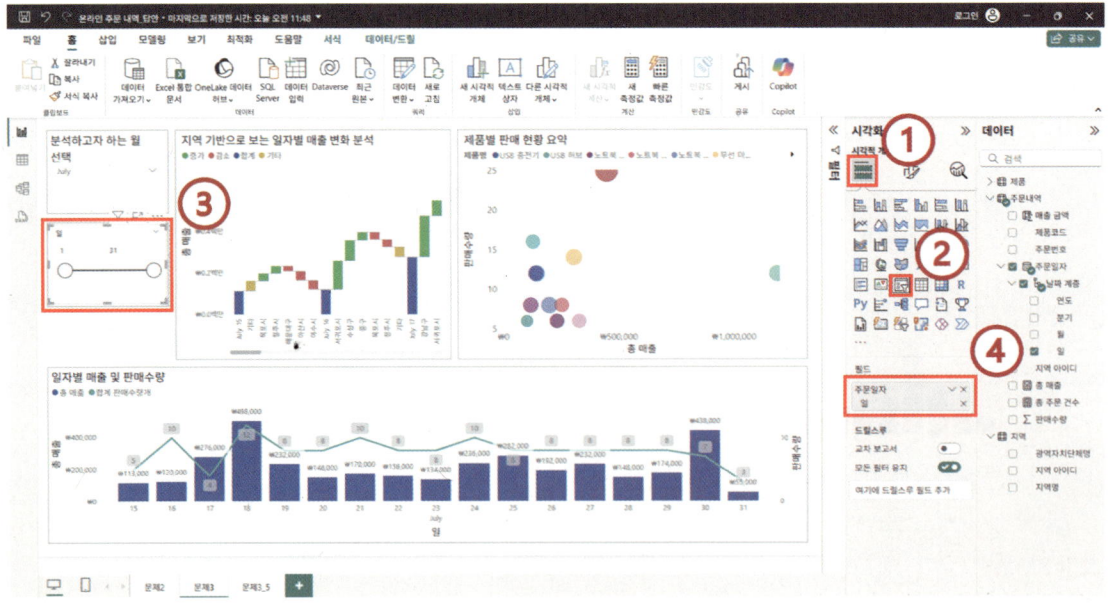

그림 3.3.83

2. [시각적 개체 서식 지정] 메뉴로 이동하여 [시각적 개체] 메뉴 내 [슬라이서 머리글] 토글 버튼을 클릭하여 제거한다. [슬라이서 설정]을 클릭한 뒤, [스타일]을 '사이'로 설정한다.

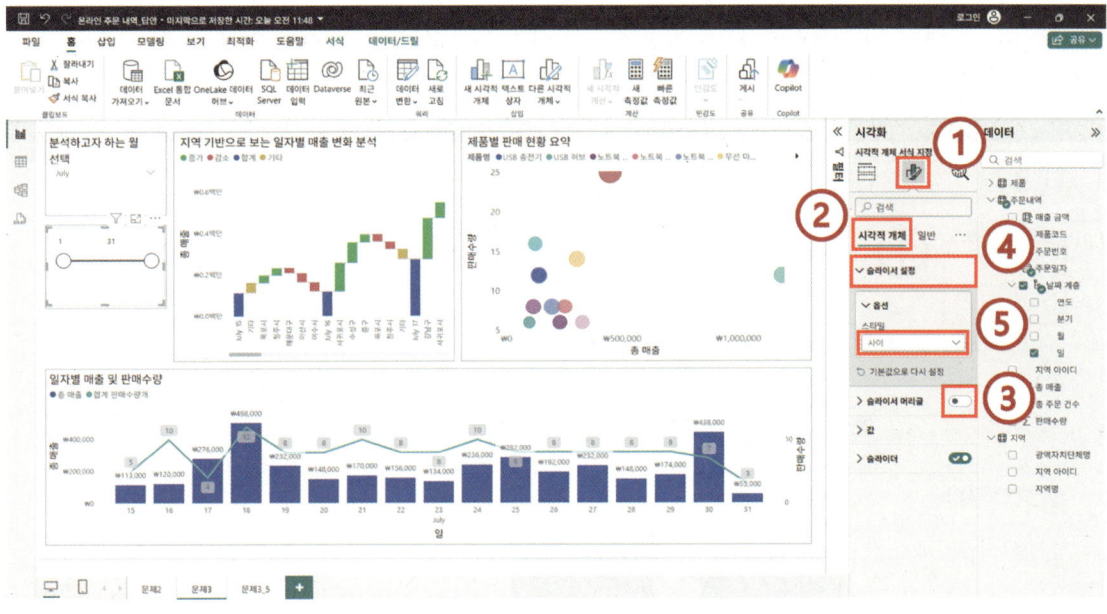

그림 3.3.84

3. [일반] 메뉴로 이동한 뒤, [제목] 토글 버튼을 클릭하여 활성화한다. 텍스트를 '분석하고자 하는 일자 선택'으로 설정한다. 슬라이서의 필터를 '17', '18'로 설정한다.

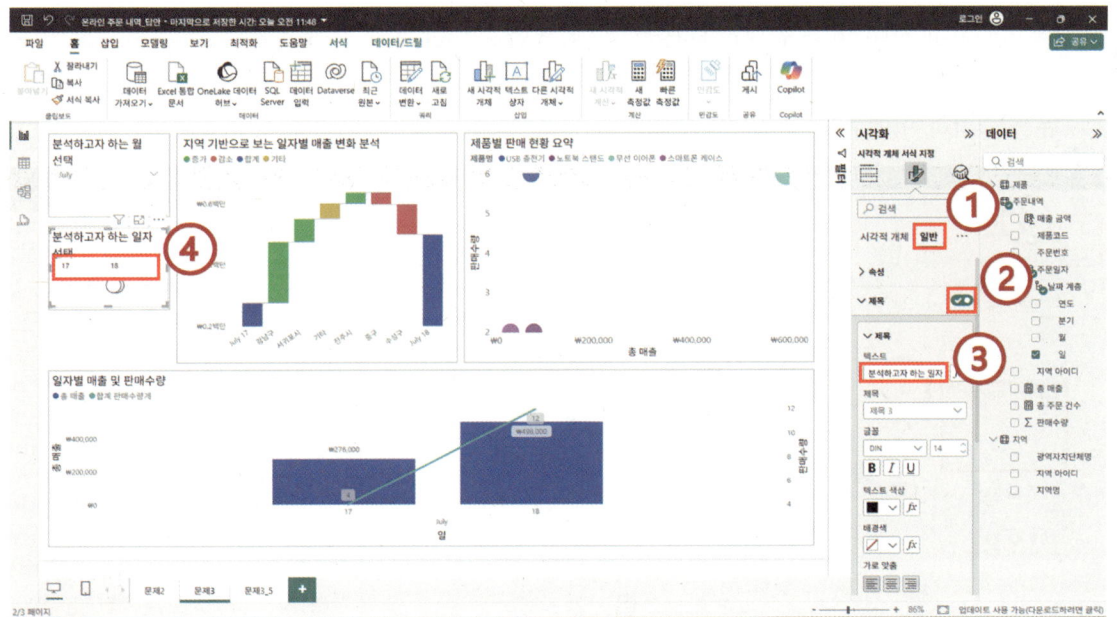

그림 3.3.85

문제 3-4-③

1. [분석하고자 하는 월 선택] 슬라이서를 선택한 뒤, [서식] 메뉴로 이동한다. [상호 작용 편집] 메뉴를 클릭한 뒤, [제품별 판매 현황 요약] 차트 및 [일자별 매출 및 판매수량] 차트의 상호 작용 설정을 각각 '없음'으로 설정한다.

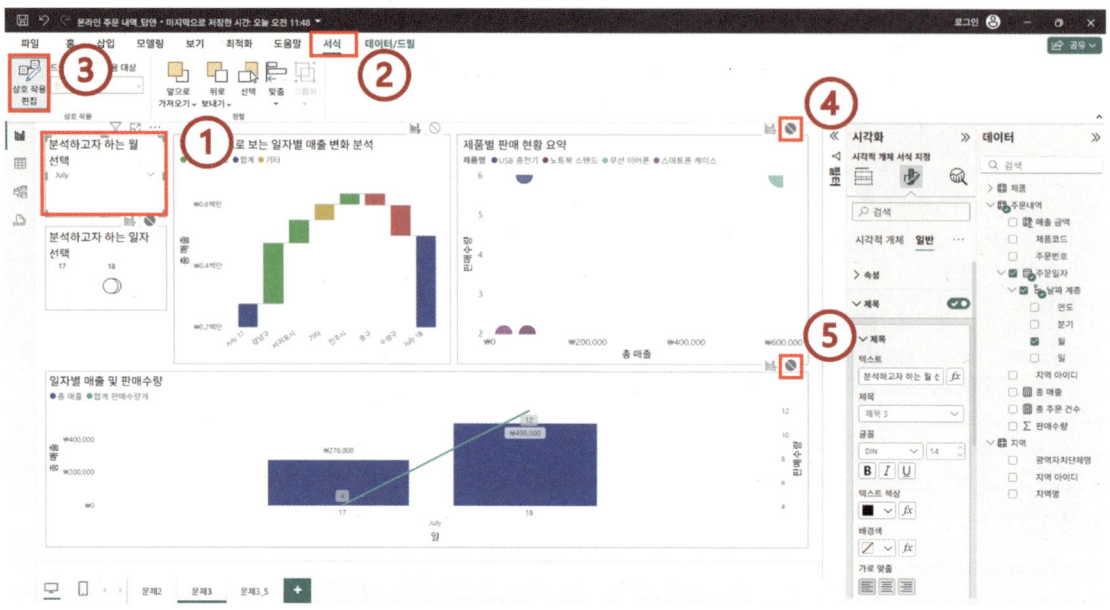

그림 3.3.86

2. [분석하고자 하는 일자 선택] 슬라이서를 선택한 뒤, [제품별 판매 현황 요약] 차트 및 [일자별 매출 및 판매수량] 차트의 상호작용 설정을 각각 '없음'으로 설정한다. [상호 작용 편집] 메뉴를 클릭하여 메뉴를 비활성화 한다.

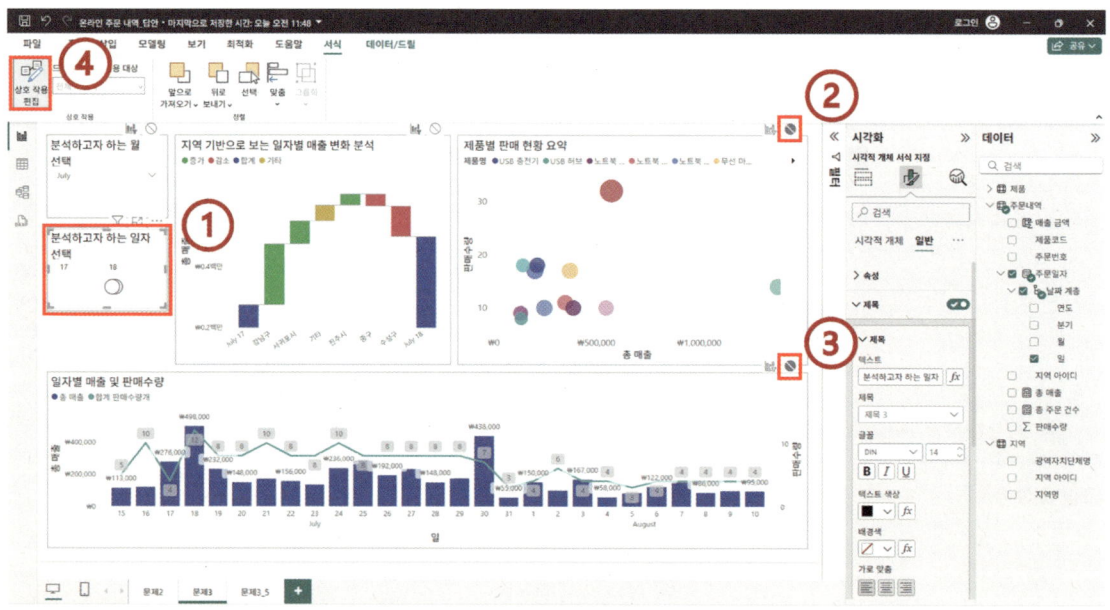

그림 3.3.87

문제 3-5-①

1. [문제3_5] 페이지로 이동한 후, 드릴스루 필드에 〈지역〉 테이블의 [광역자치단체명] 필드를 추가한다. 드릴스루 필터를 '서울특별시'로 설정한다.

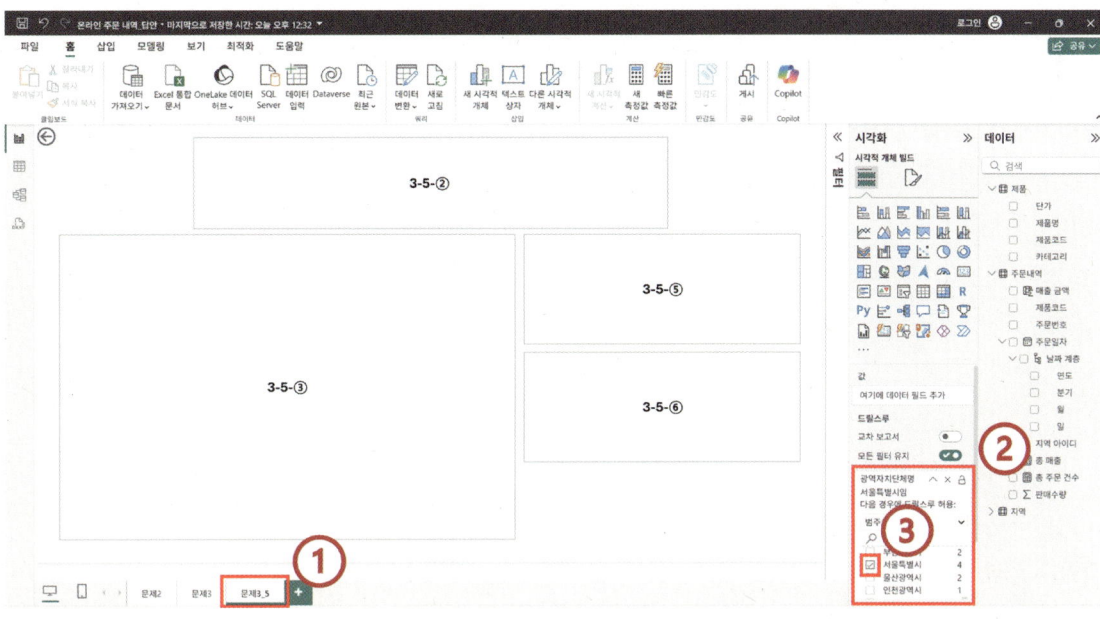

그림 3.3.88

문제 3-5-②

1. 카드 개체를 추가한 뒤, 3-5-② 위치에 배치한다. [필드] 영역에는 〈지역〉 테이블의 [광역자치단체명] 필드를 추가한다.

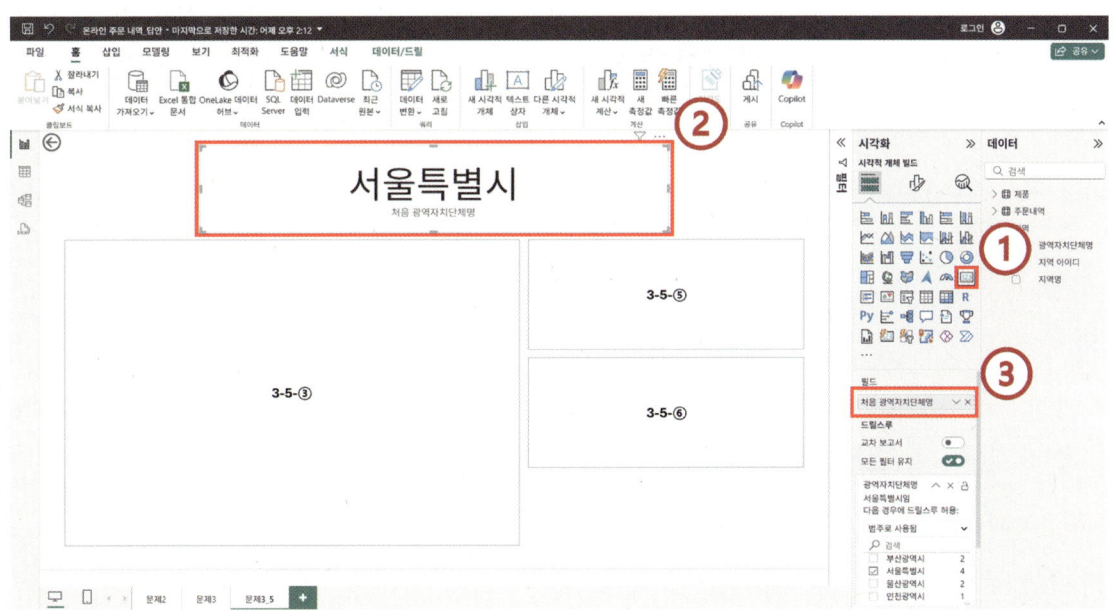

그림 3.3.89

2. [시각적 개체 서식 지정] 메뉴로 이동하여 [시각적 개체] 메뉴 내에서 [범주 레이블] 토글 버튼을 클릭하여 범주 레이블을 제거한다.

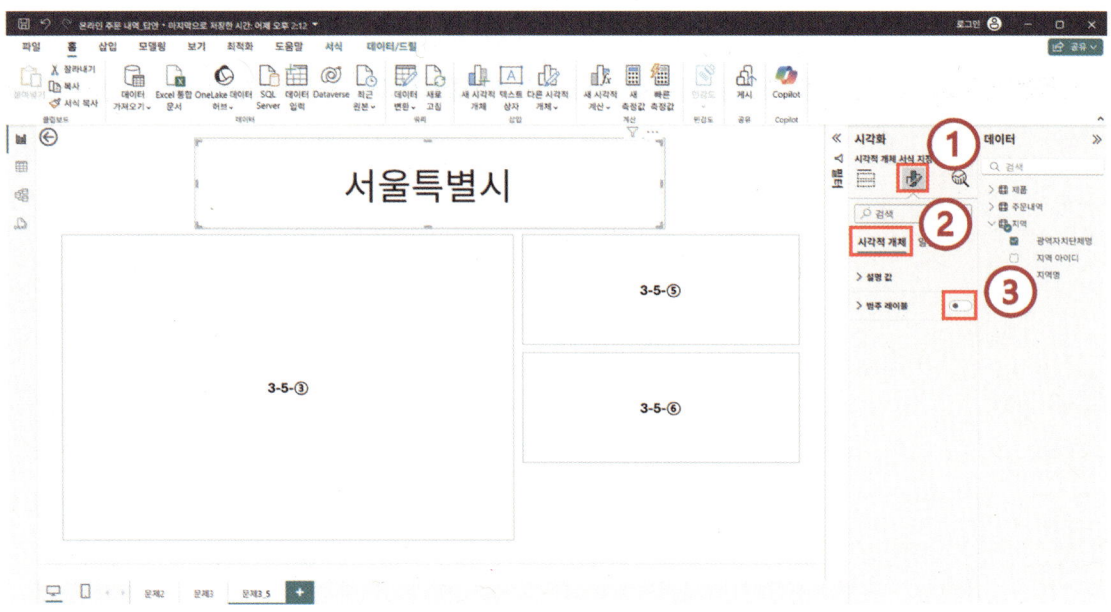

그림 3.3.90

3. [일반] 메뉴로 이동한 뒤, [제목] 토글 버튼을 클릭하여 제목을 활성화한다. [텍스트]를 '선택된 광역자치단체 내 제품 판매 현황'으로 설정한다. [글꼴] 서식은 크기 '20', '가운데' 정렬로 설정한다.

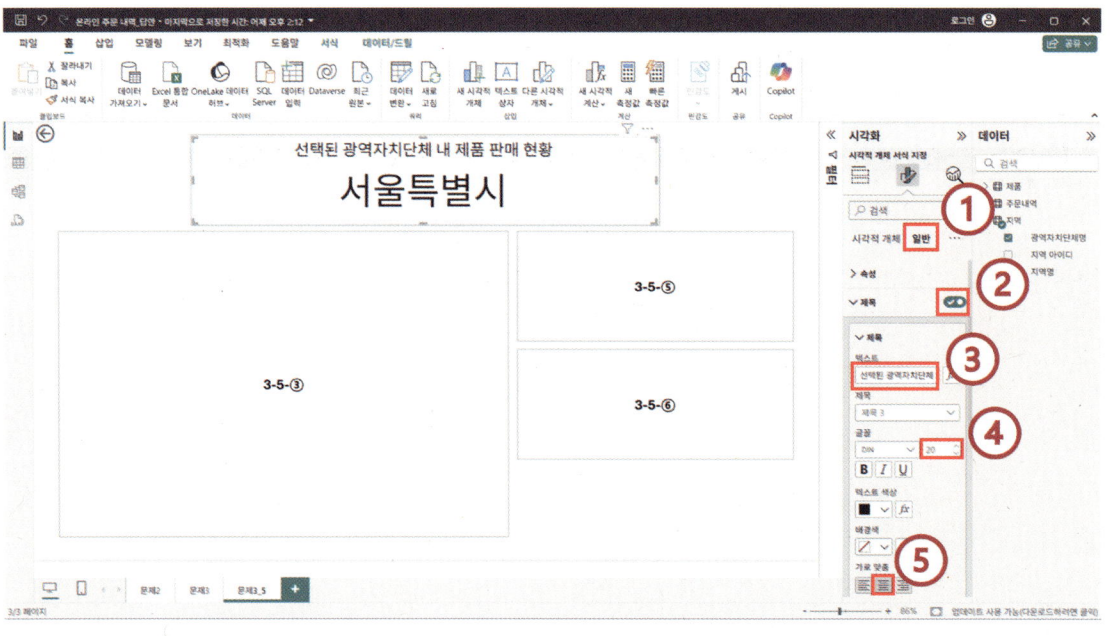

그림 3.3.91

문제 3-5-③

1. [시각적 개체 빌드] 메뉴로 이동하여 테이블 차트를 추가한다. 3-5-③ 위치에 차트를 배치한 뒤, [열] 영역에는 〈제품〉 테이블의 [제품명], [카테고리], [제품명] 필드와 〈주문내역〉 테이블의 [판매수량], [총 매출] 필드를 순차적으로 배치한다.

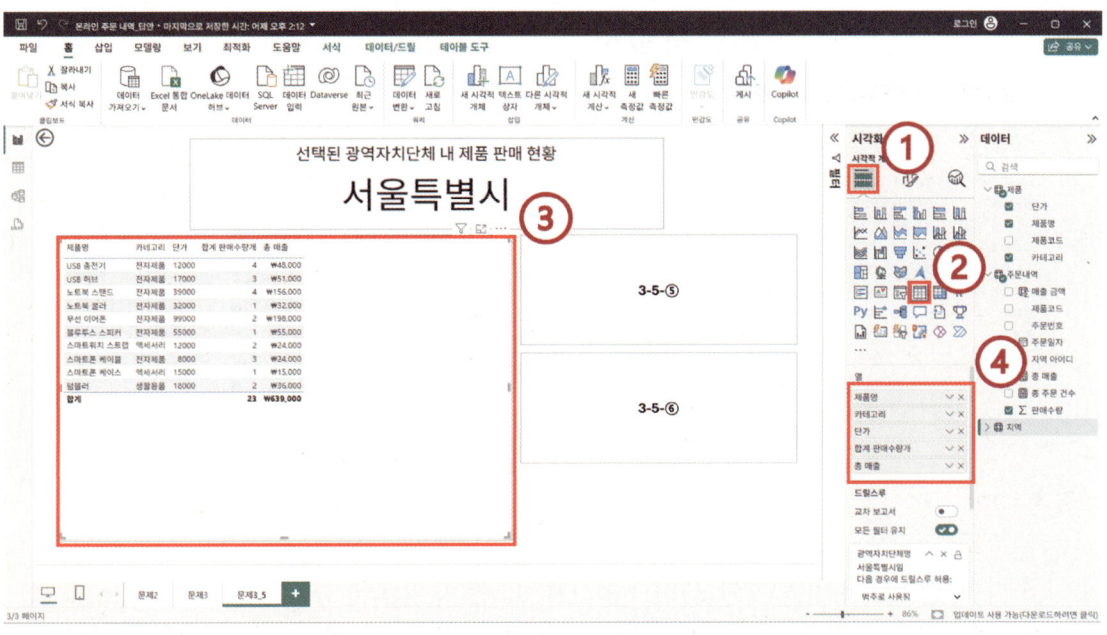

그림 3.3.92

2. [시각적 개체 서식 지정] 메뉴로 이동한 뒤, [시각적 개체] 메뉴 내 [스타일 사전 설정] 메뉴로 이동한다. [스타일]을 '굵은 헤더'로 설정한다.

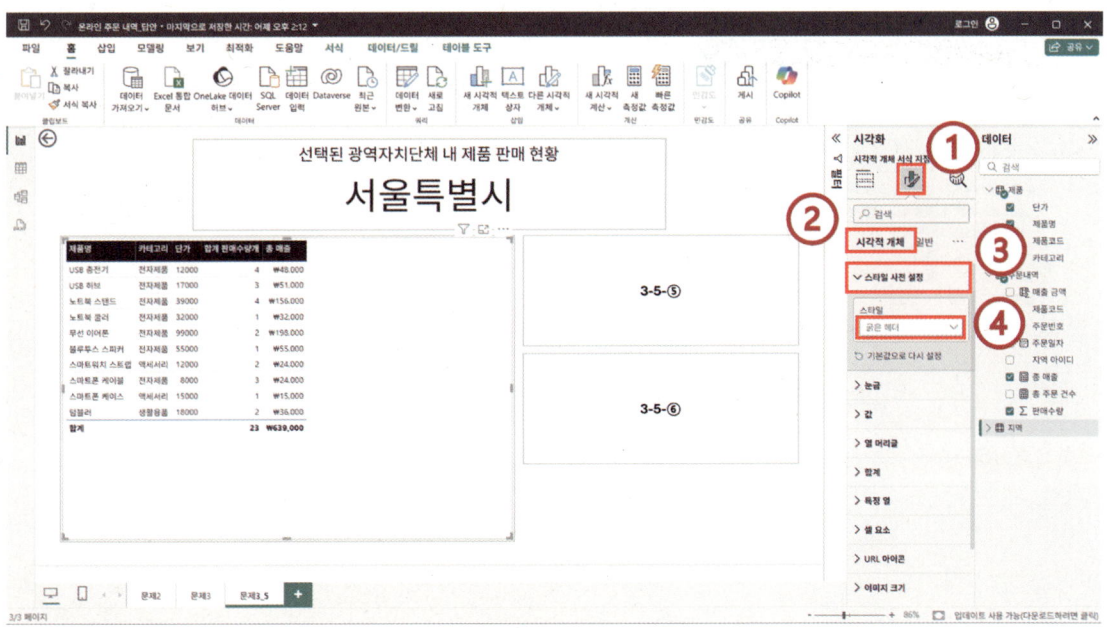

그림 3.3.93

3. [값] 메뉴로 이동한 뒤, [글꼴] 크기를 '15'로 설정한다.

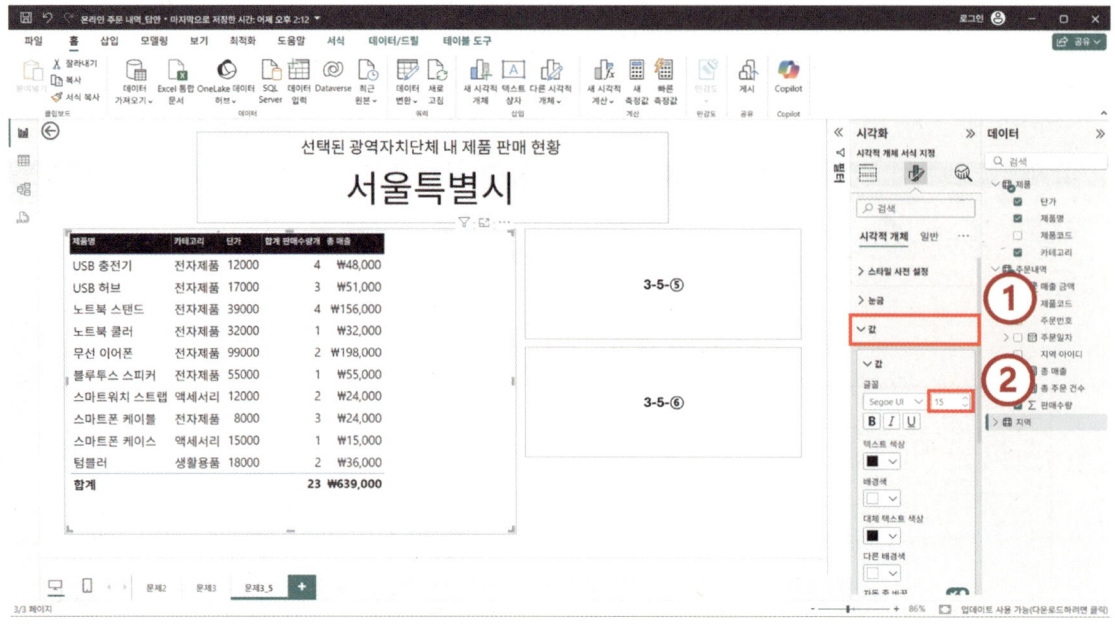

그림 3.3.94

4. [열 머리글] 메뉴로 이동한 뒤, [글꼴] 크기를 '15'로 설정한다.

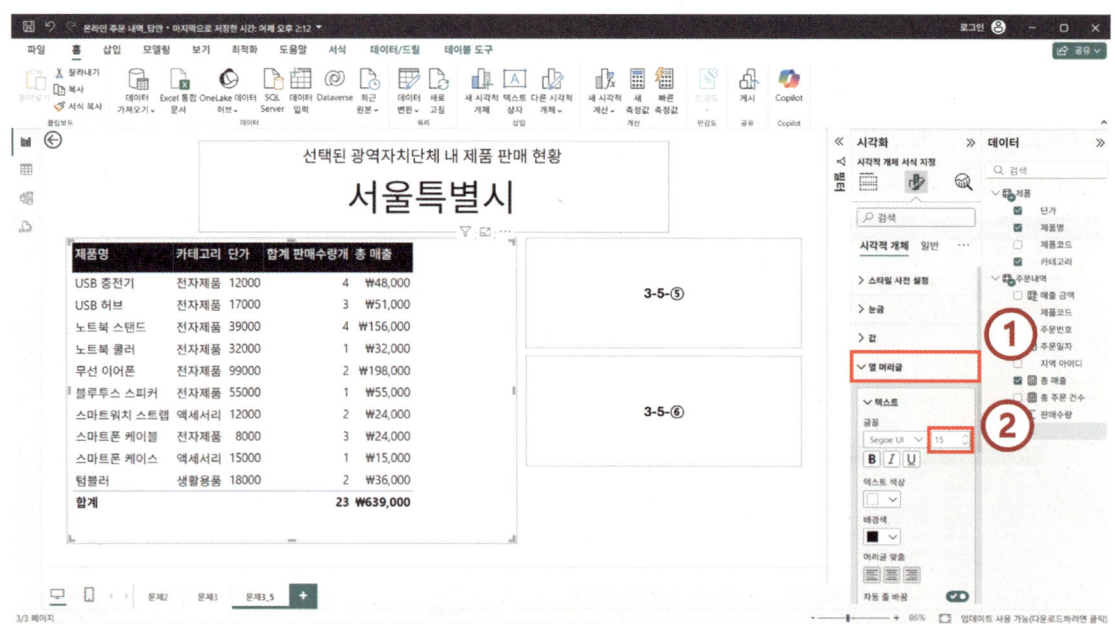

그림 3.3.95

5. [특정 열] 메뉴로 이동한 뒤, [계열]을 '합계 판매수량개'로 설정한다. [헤더의 적용], [값에 적용]은 비활성화로 설정하고 [합계에 적용]은 활성화 한다. [값]의 [배경색]을 클릭한다.

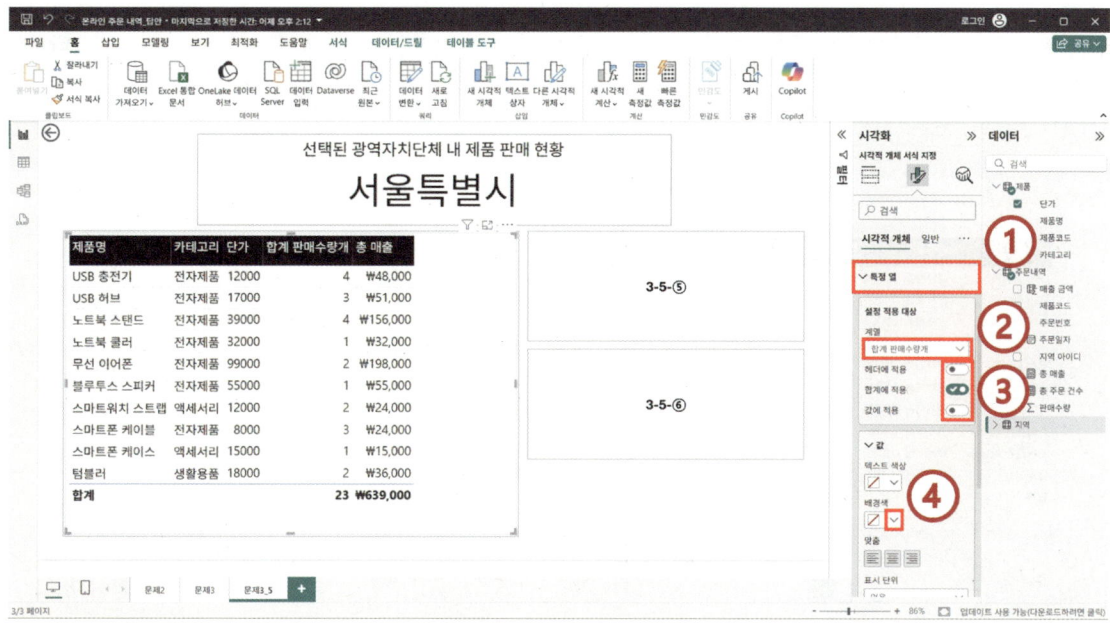

그림 3.3.96

6. '테마 색 5, 60% 더 밝게'를 선택한다.

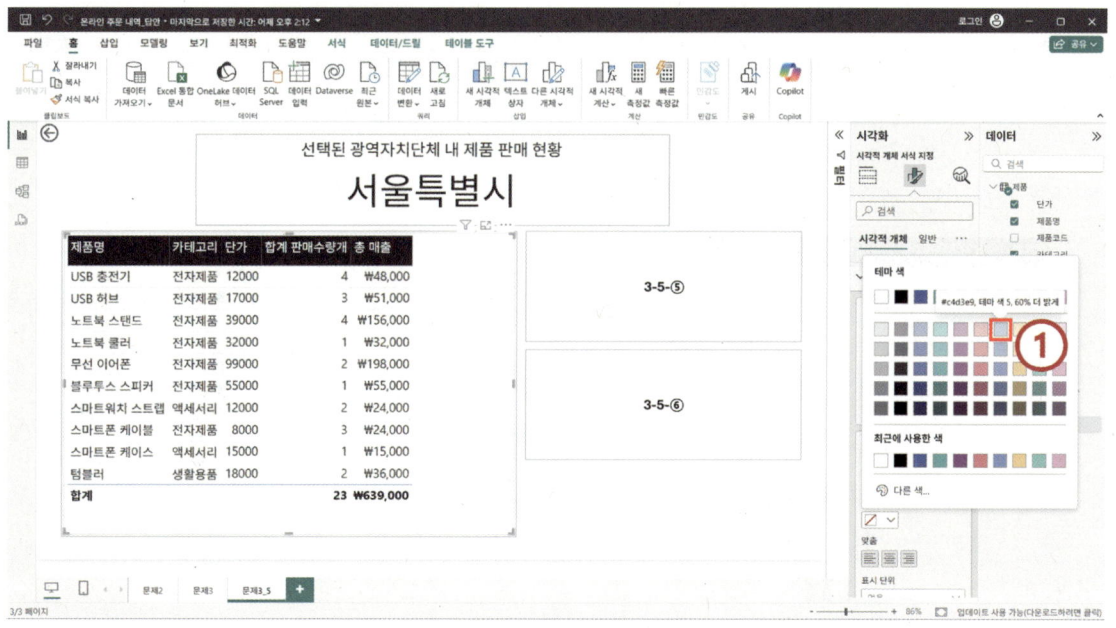

그림 3.3.97

7. [특정 열]의 [계열]을 '총 매출'로 설정한다. [헤더의 적용], [값에 적용]은 비활성화로 설정하고 [합계에 적용]은 활성화한다. [값]의 [배경색]을 클릭한다.

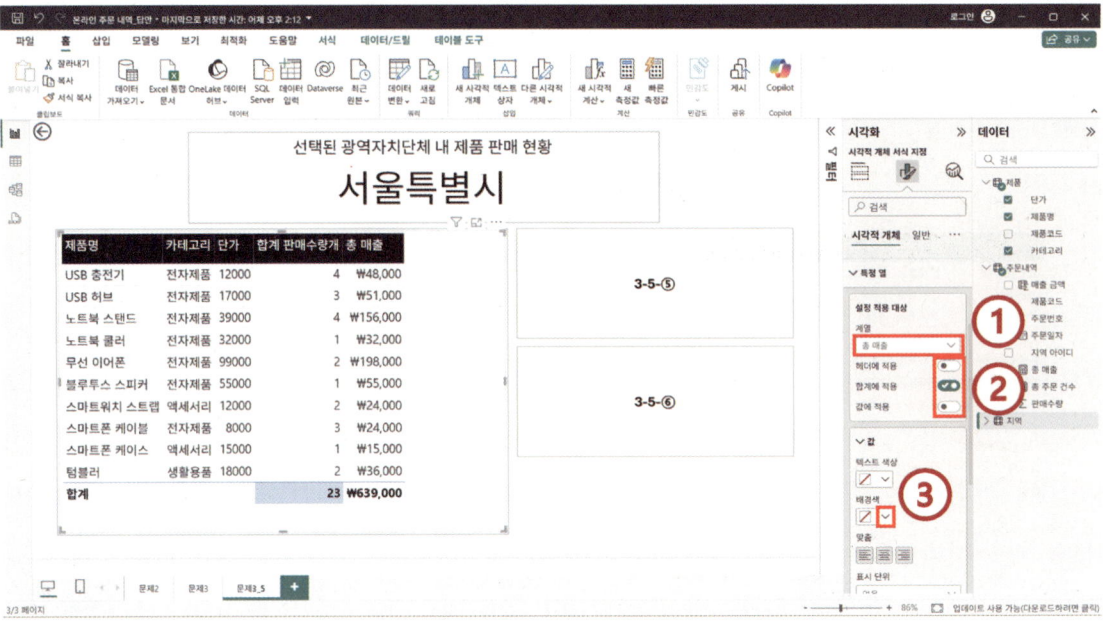

그림 3.3.98

8. '테마 색 5, 60% 더 밝게'를 선택한다.

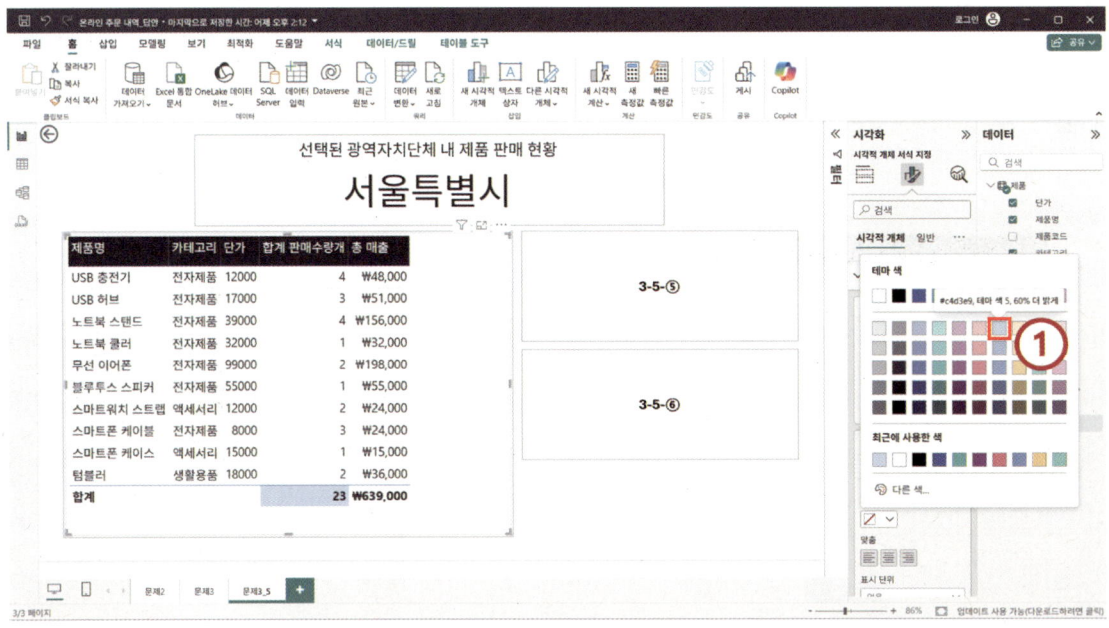

그림 3.3.99

9. 〈제품〉 테이블의 [단가] 필드를 선택한 뒤, [열 도구]를 클릭한다. 통화 기호를 원화(₩)로 설정한다.

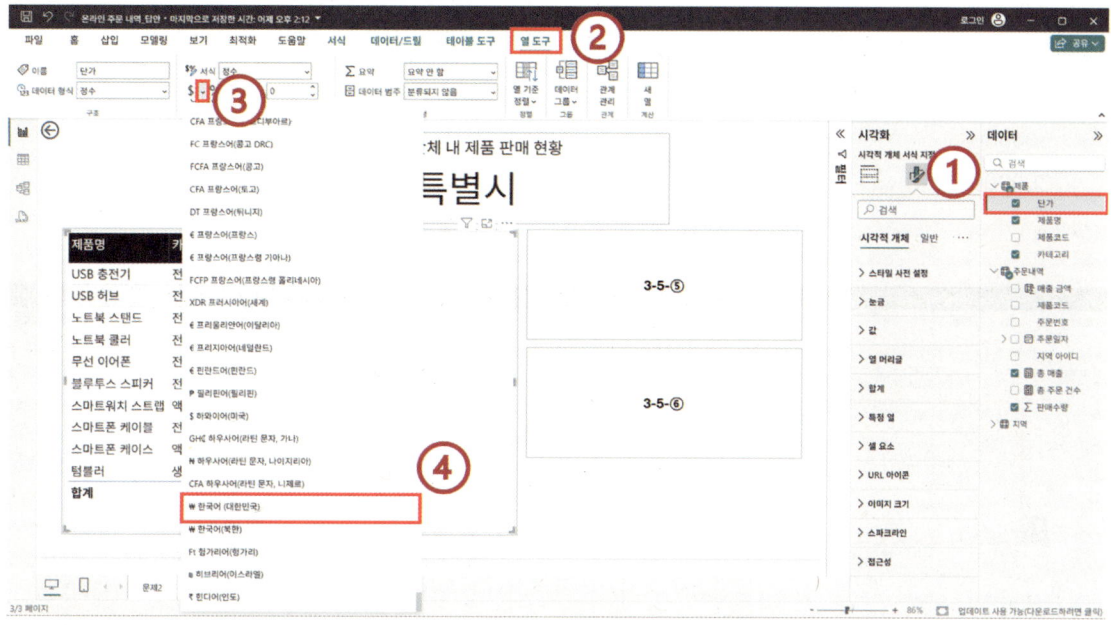

그림 3.3.100

문제 3-5-④

1. 〈주문내역〉 테이블을 우측 마우스 클릭한 뒤, [새 측정값] 메뉴를 클릭한다.

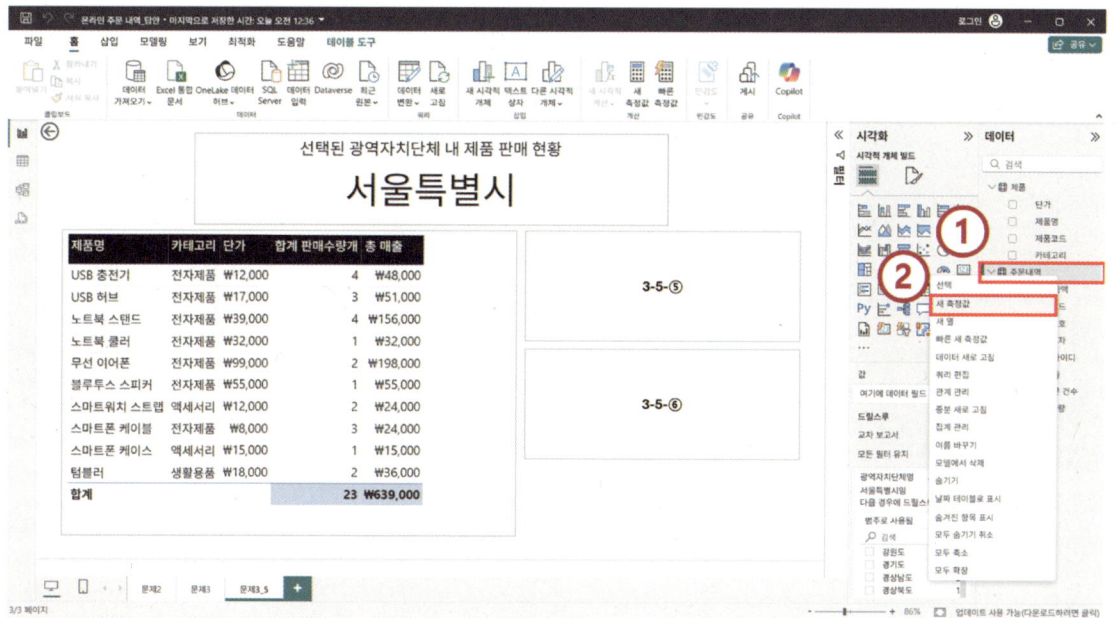

그림 3.3.101

2. 문제에서 안내한 조건에 맞는 DAX 식을 입력한다.

```
지역 매출 목표 =
IF(
    SELECTEDVALUE('지역'[광역자치단체명]) IN {"서울특별시", "경기도", "인천광역시"},
    500000,
    300000
)
```

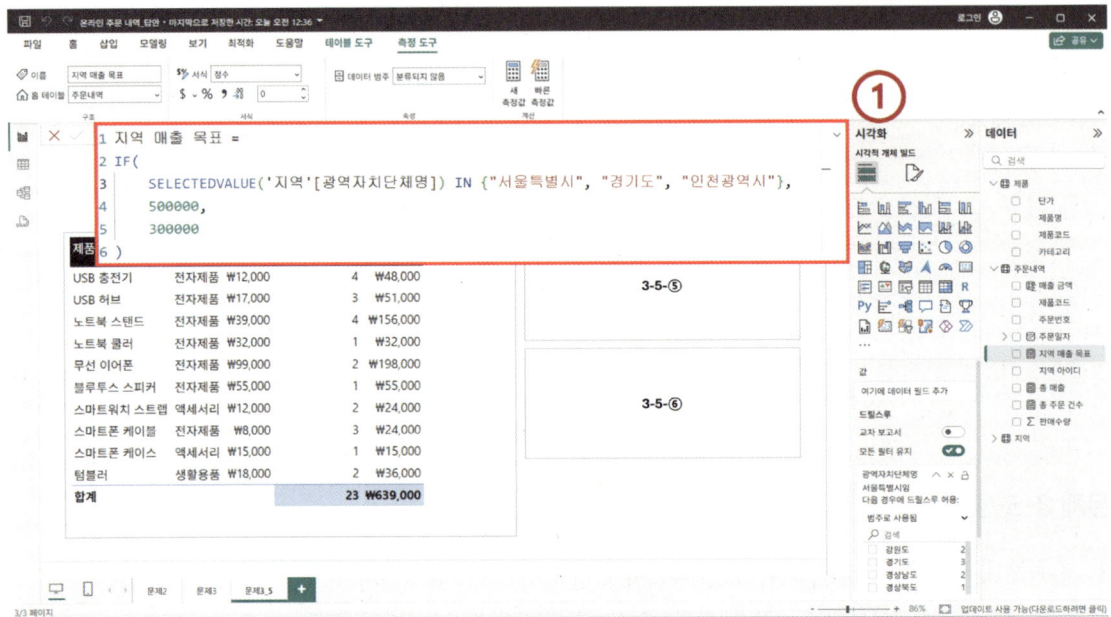

그림 3.3.102

3. 통화 기호를 원화(₩)로 설정한다.

그림 3.3.103

4. 〈주문내역〉 테이블을 우측 마우스 클릭한 뒤, [새 측정값] 메뉴를 클릭한다.

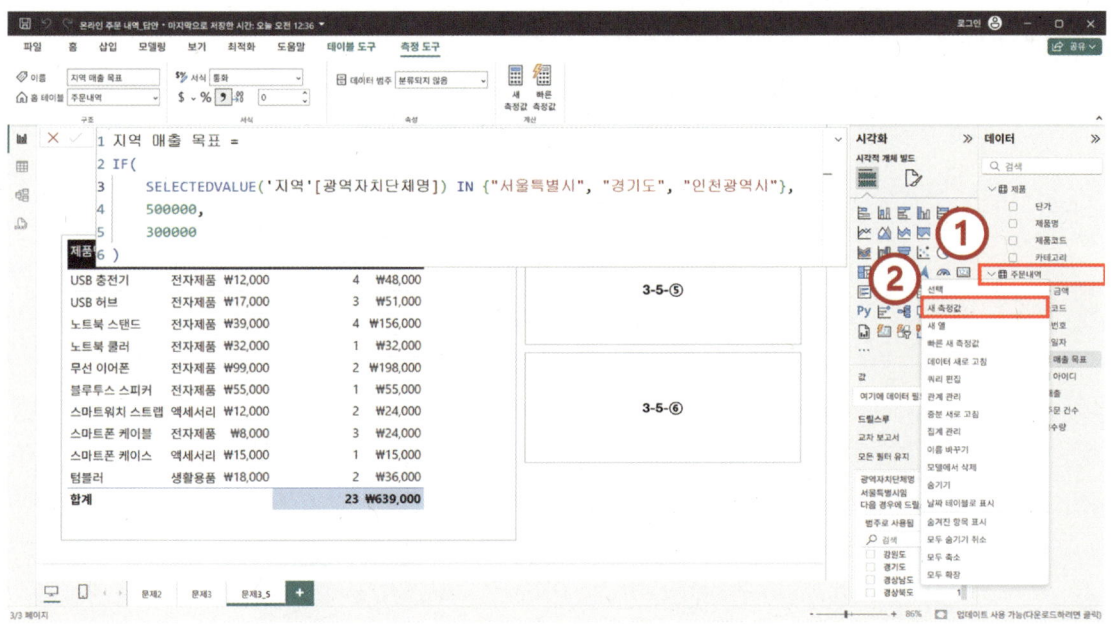

그림 3.3.104

5. 문제에서 안내한 조건에 맞는 DAX 식을 입력한다. 서식을 '백분율'로 설정한 뒤, 소수 자릿수는 '2'로 설정한다.

> 매출 목표 대비 달성률 = DIVIDE([총 매출], [지역 매출 목표])

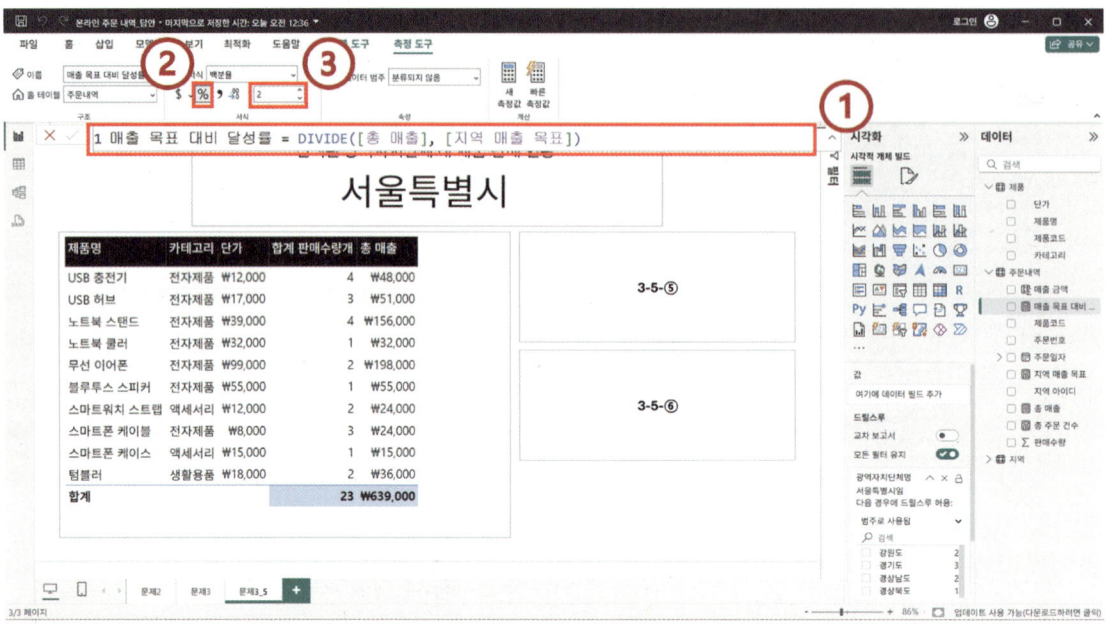

그림 3.3.105

문제 3-5-⑤

1. 카드 개체를 추가한 뒤, 3-5-⑤ 위치에 배치한다. [필드] 영역에는 〈주문내역〉 테이블의 [지역 매출 목표] 필드를 추가한다.

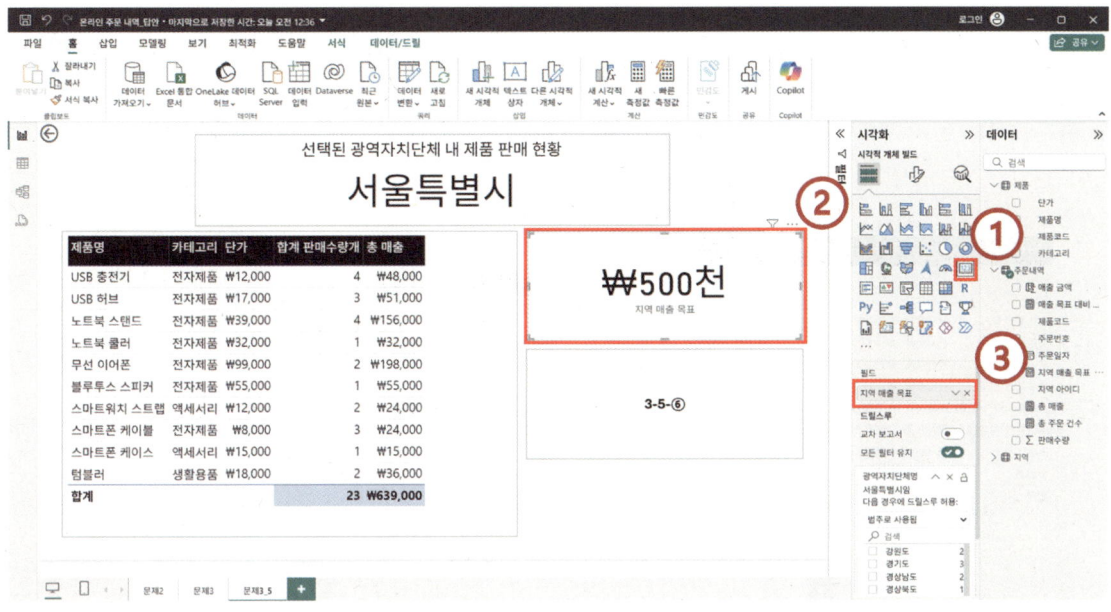

그림 3.3.106

2. [시각적 개체 서식 지정] 메뉴로 이동한 뒤, [시각적 개체] 메뉴로 이동한다. [설명 값] 메뉴 내 [표시 단위]를 '없음'으로 설정한다.

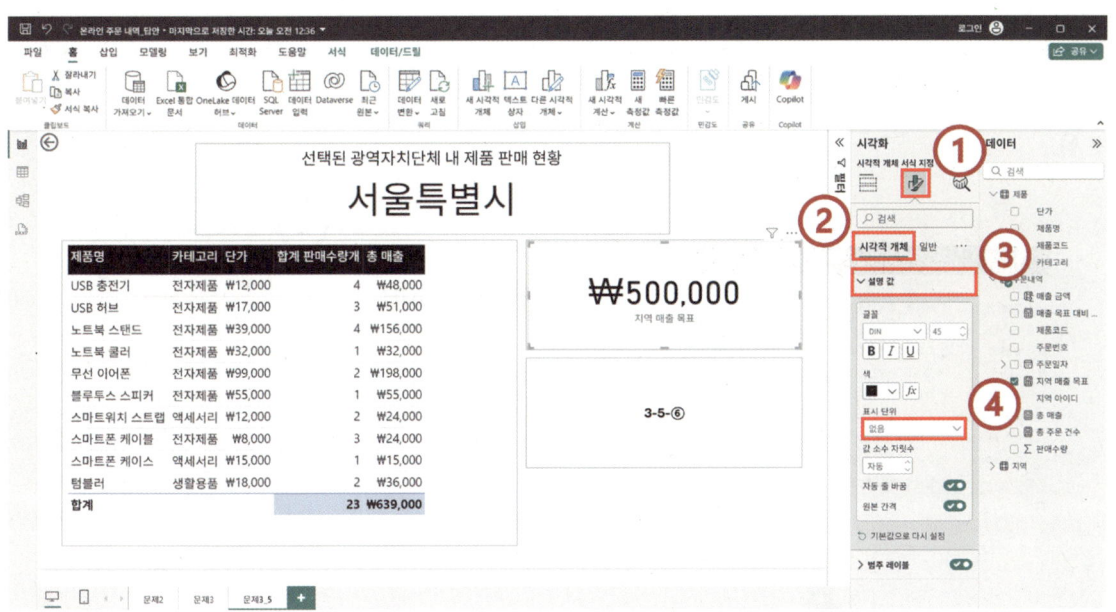

그림 3.3.107

문제 3-5-⑥

1. [시각적 개체 빌드] 메뉴로 이동하여 카드 개체를 추가한다. 3-5-⑥ 위치에 배치한 뒤, [필드] 영역에는 〈주문내역〉 테이블의 [매출 목표 대비 달성률] 필드를 추가한다.

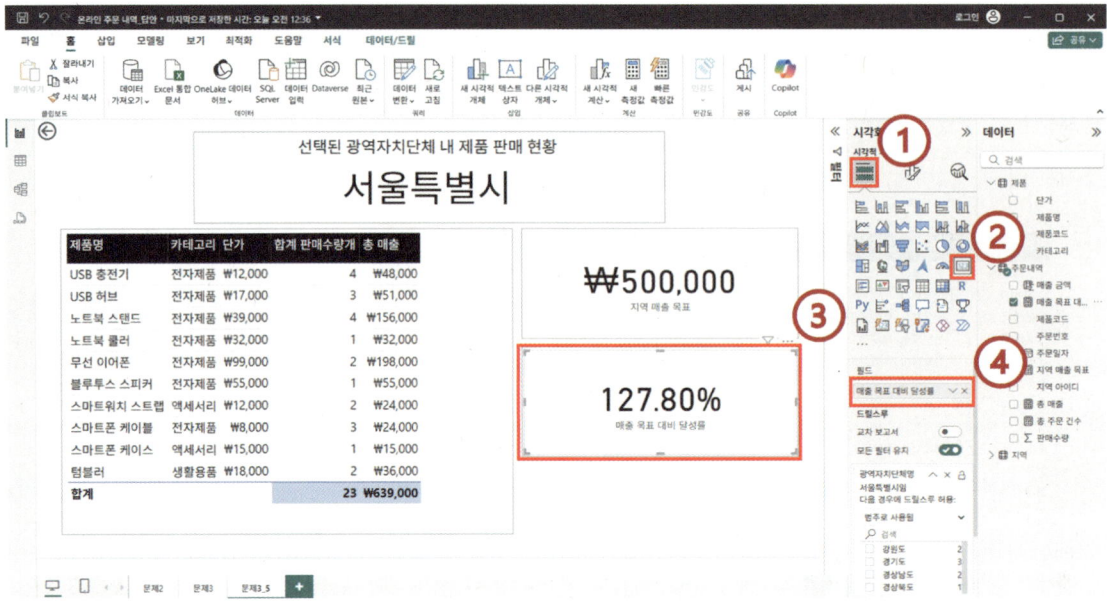

그림 3.3.108

2. [시각적 개체 서식 지정] 메뉴로 이동한 뒤, [시각적 개체] 메뉴로 이동한다. [설명 값] 메뉴로 이동한 뒤, [색]의 [조건부 서식] 버튼을 클릭한다.

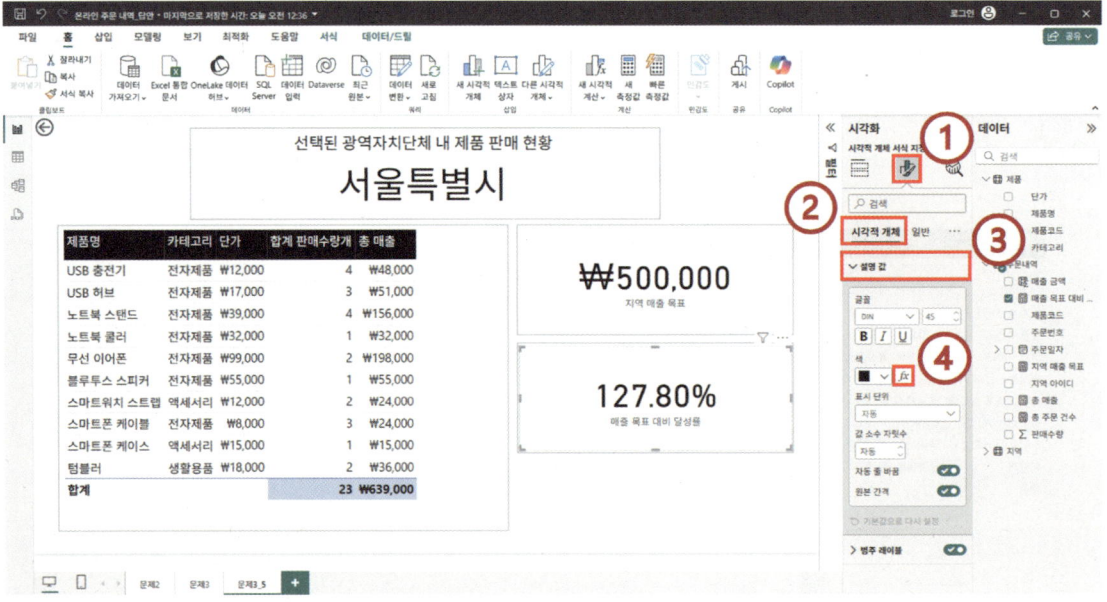

그림 3.3.109

3. [서식 스타일]을 '규칙'으로 설정한다. [새 규칙] 아이콘을 클릭하여 규칙을 추가한 뒤, 문제에서 안내한 조건에 따라 규칙을 설정한다. 규칙 설정을 완료한 뒤, [확인] 버튼을 클릭한다.

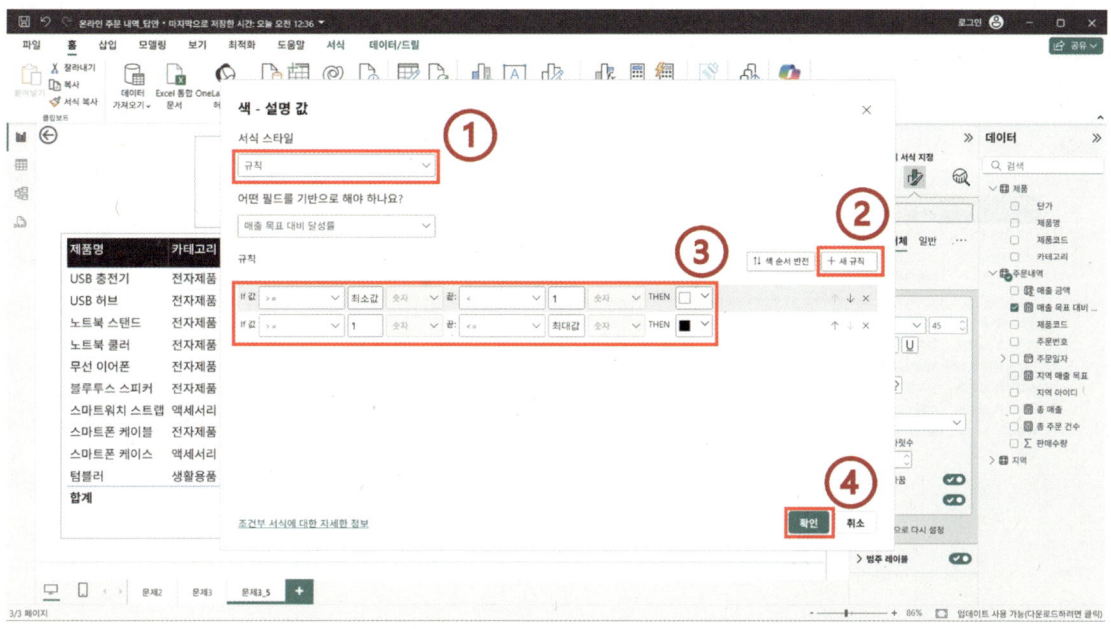

그림 3.3.110

4. [범주 레이블] 메뉴를 클릭한 뒤, [색]의 [조건부 서식] 버튼을 클릭한다.

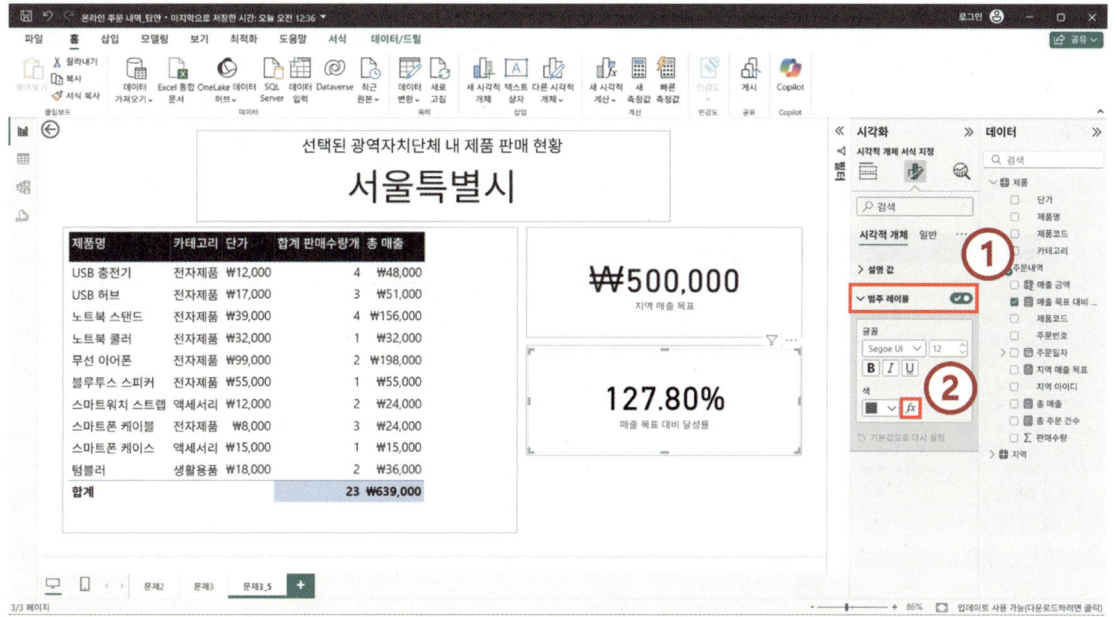

그림 3.3.111

5. [서식 스타일]을 '규칙'으로 설정한다. [새 규칙] 아이콘을 클릭하여 규칙을 추가한 뒤, 문제에서 안내한 조건에 따라 규칙을 설정한다. 규칙 설정을 완료한 뒤, [확인] 버튼을 클릭한다.

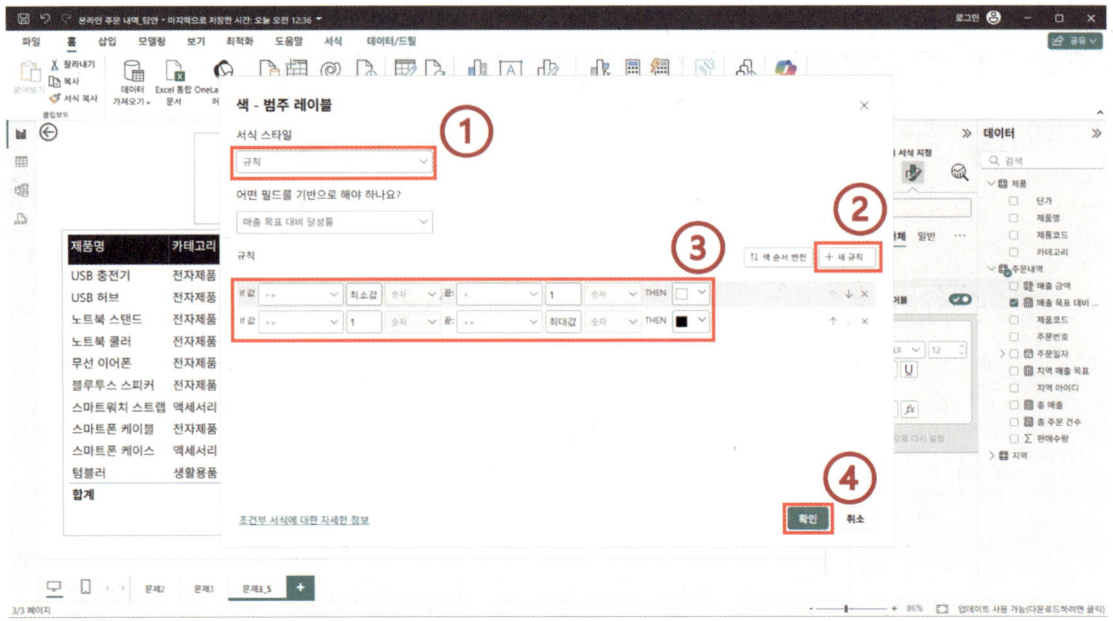

그림 3.3.112

6. [일반] 메뉴로 이동한 뒤, [효과] 메뉴로 이동한다. [배경] 메뉴 내 [색]의 [조건부 서식] 버튼을 클릭한다.

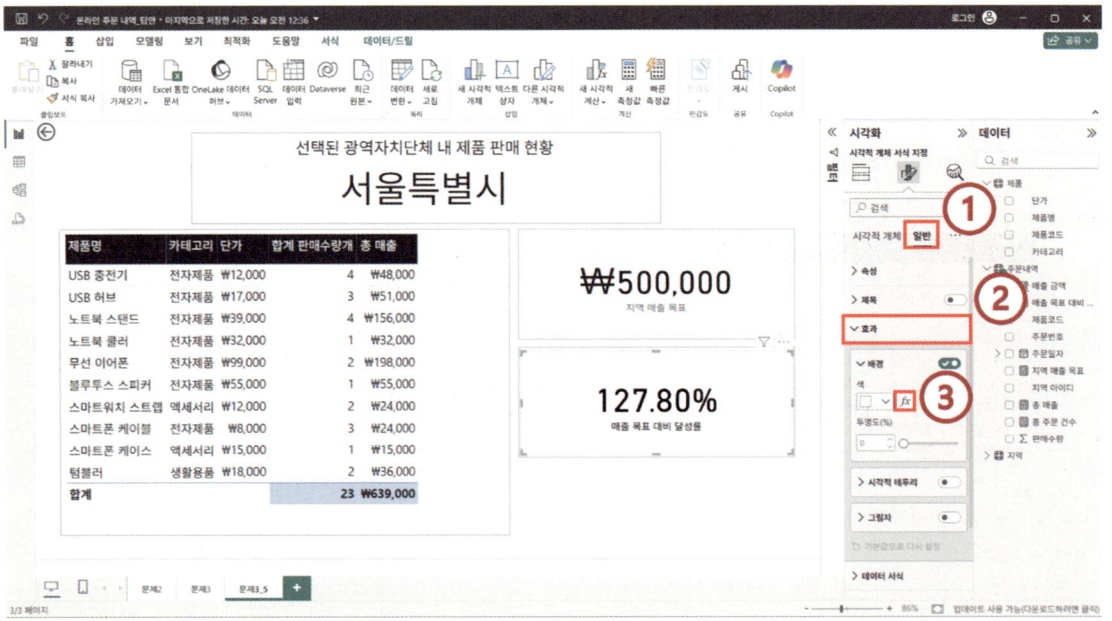

그림 3.3.113

7. [서식 스타일]을 '규칙'으로 설정한다. [새 규칙] 아이콘을 클릭하여 규칙을 추가한 뒤, 문제에서 안내한 조건에 따라 규칙을 설정한다. 규칙 설정을 완료한 뒤, [확인] 버튼을 클릭한다.

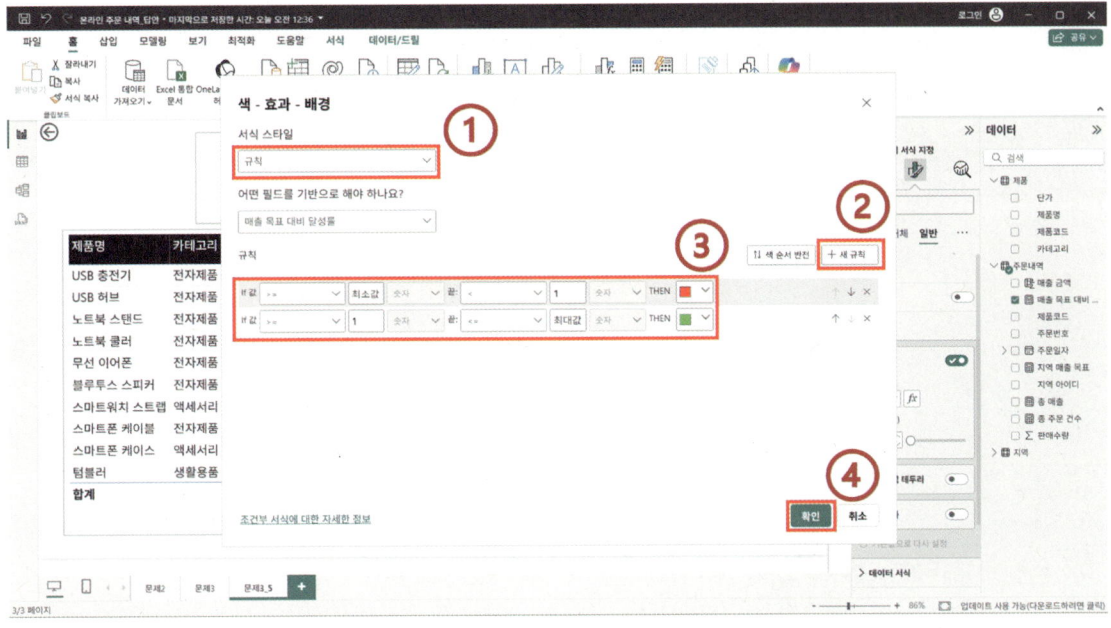

그림 3.3.114

문제 3-5-⑦

1. [문제3_5] 탭을 우측 마우스 클릭한 뒤, [숨기기] 메뉴를 클릭한다.

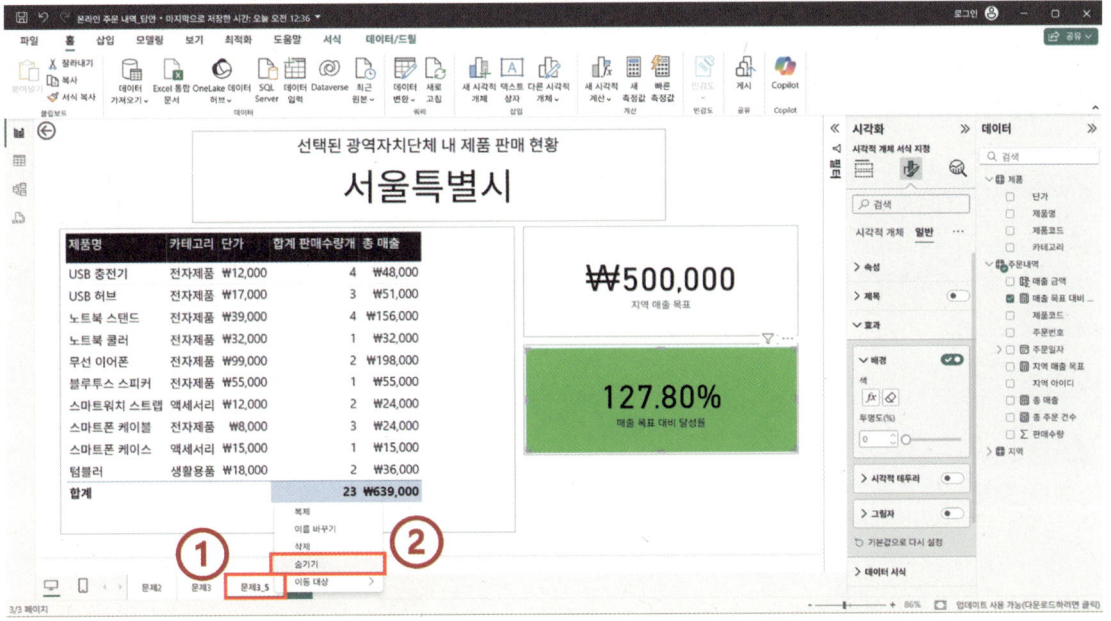

그림 3.3.115

PART 04

시행처 공개 문제

시행처 공개 문제 **A형**

시행처 공개 문제 **B형**

경영정보시각화능력 실기
POWER BI

유의사항

- '유의사항', '문제 및 데이터 안내'에 따라 시험에 응시하여야 하며, 이를 소홀히 하여 발생한 불이익과 책임은 수험자 본인에게 있습니다.
- 수험자의 올바르지 않은 작업으로 인하여 작성한 답안 파일이 훼손된 경우 그에 대한 책임은 수험자 본인에게 있으며, 새 답안 작성 파일은 제공되지 않습니다.
- 실제 시행처 유의사항은 아래와 같으니 참고바랍니다.
  (데이터는 모의고사 1, 2, 3회와 동일하게 www.dataedu.co.kr의 [참고자료실]에서 확인 다운로드바람)
  - 문제 데이터파일 위치: [문제1] C:\PB\문제1_데이터 폴더 / [문제2,3] C:\PB\문제2,3_데이터 폴더
  - 문제 데이터파일은 존재 여부만 확인하며 엑셀 등으로 열면 실격 처리
  - 답안 작성 파일 위치: C:\PB\수험자번호.pbix
  - 화면에 띄워진 답안 작성 파일의 문제3-4 페이지 확인
- 시험 진행 중 작성된 답안은 수시로 저장하시기 바랍니다.
- 별도의 지시사항이 없는 경우, 다음과 같이 처리할 때 [실격 처리]됩니다.
  - 제시된 파일, 페이지/대시보드, 데이터 원본의 이름, 차원/측정값 속성을 임의로 변경한 경우
  - 제시된 파일, 데이터 원본을 임의로 삭제, 추가, 변경한 경우
  - 시트/워크시트/대시보드를 임의로 삭제, 추가하거나 명칭을 변경한 경우
  - 제시된 답안 파일의 경로 또는 파일명을 변경한 경우
  - 문제 데이터를 시험 시작 전에 열어보는 경우
  - 실기시험 프로그램 이외의 프로그램(엑셀 등)으로 데이터를 열어보는 경우
  - 작성한 답안 파일이 훼손되어 열리지 않거나 문제 풀이가 불가능한 경우
- 반드시 답안작성은 문제에서 지시한 위치에 작업하여야 하며 다음과 같이 처리 시 해당 작업 또는 그 작업에 영향을 미치는 문제, 개체, 시트 등은 [오답 처리]됩니다.
  - 제시된 함수가 있으면 제시된 함수만을 사용해야 하며 그 외 함수를 사용해 풀이한 경우
  - 지시하지 않은 차트, 컨테이너, 매개변수 등을 임의로 이동, 수정(변경), 삭제 등으로 인해 위치 및 내용이 변경된 경우
  - 임의로 기본 설정값(Default)을 변경한 경우
  - 숫자데이터를 임의로 문자화하여 처리한 경우
  - 개체가 해당 영역을 벗어난 경우
  - 개체가 너무 작아 해당 정보 확인이 눈으로 어려운 경우
  - 지시사항과 띄어쓰기, 대소문자 등이 다른 경우(계산식 제외)
- 시험지에 제시된 [완성 화면 그림]은 문제 풀이 순서 또는 시각적 개체 작성 순서, PC 환경 등의 이유로 수험자가 작성한 개체의 모니터 화면과 모양, 색상, 위치 등이 다를 수 있습니다.
- 본 문제와 용어는 파워BI 데스크톱(Power BI Desktop) 2.139.1678.0 버전 기준으로 작성되었습니다.
  - 본 문제에서 열과 필드는 동일한 용어로 혼용 사용

경영정보시각화능력 실기 파워BI
시행처 공개 문제 A형

 제한시간 70분

문제 및 데이터 안내

1. 수험자가 작성할 답안파일은 1개입니다. 문제1, 문제2, 문제3의 답을 하나의 답안파일(.pbix)로 저장하십시오.
2. 문제1, 문제2, 문제3은 각각 독립적으로 구성되어 앞 문제를 풀지 않아도 다음 문제 풀이가 가능합니다.
3. 문제1은 데이터 불러오기를 통해 문제를 풀이하고, 문제2와 문제3은 답안에 이미 데이터가 포함되어 있어 다시 데이터를 불러오지 말고 바로 문제 풀이를 하십시오.
   - 데이터 파일은 문제1을 위한 데이터 파일과 문제2,3을 위한 데이터 파일로 구성되어 있습니다.
4. 문제2와 문제3 풀이를 위해 필요한 일부 측정값, 필터가 답안파일에 미리 적용되어 있을 수 있습니다.
   - 지시사항에 제시되지 않은 것은 변경하지 마십시오.
   - 사전에 적용된 필터 등이 삭제되지 않도록 '페이지 삭제' 기능을 절대 사용하지 마십시오.
5. 문제는 문제(문제1~3) - 세부문제(1~4) - 지시사항(①~③) - 세부지시사항(▶, -) 단위로 구성됩니다.
6. 지시사항(①~③)별로 점수가 부여되며, 지시사항의 전체 세부지시사항(▶, -)을 작업하지 않을 경우 점수가 부여되지 않습니다. ※부분 점수 없음
7. 본 시험에서 사용되는 데이터 파일 수와 데이터명은 아래와 같습니다.
   - [문제1] 데이터 파일 수: 1개 / 데이터명: '자전거_대여현황.xlsx'

파일명	자전거 대여현황.xlsx					
테이블	구조					
자전거 대여이력	대여일	대여 대여소번호	대여 대여소명	대여건수	이용거리	
	2022-01-01	4217	한강공원 망원나들목	95	550629.53	
대여소 현황	대여소 번호	대여소명	자치구	상세주소	위도	경도	설치시기	거치대수 (LCD)	거치대수 (QR)	운영 방식
	207	여의나루역 1번출구 앞	영등포구	서울특별시 영등포구 여의동로 지하 343	37.5271	126.9319	2015-09-17	46		LCD

   - [문제2,3] 데이터 파일 수: 1개 / 데이터명: '판매실적.xlsx'

파일명	판매실적.xlsx										
테이블	구조										
날짜	ID	날짜	연도	월	연월	영문월	일	요일			
	20210101	2021-01-01	2021	1	2021-01	Jan	1	금			
거래처	거래처코드		거래처명		채널		시도				
	1		송파점		아울렛		서울				
제품	ID	분류 코드	분류명	제품 분류코드	제품 분류명	제품 코드	제품명	색상	사이즈	원가	단가	제조국
	1	SJ-01	상의	SJ-01206	티셔츠	SJCSTS2061	폴리 카라 액티비 티셔츠	PI	90	48,000	120,000	VIETNAM
판매	판매ID	판매일	거래처코드	제품코드	단가	수량	매출금액	매출이익			
	1	2021-01-04	1	SJCSCT20250	219,800	2	439,600	314,000			

문제 1 작업준비 20점

1. 답안 파일을 열고, 다음의 지시사항에 따라 데이터 가져오기 및 데이터 편집을 수행하시오. 10점

   ① 데이터 파일을 가져온 후 파워쿼리 편집기를 통해 테이블의 데이터를 편집하시오. 3점

   ▶ 가져올 데이터: '자전거_대여현황.xlsx' 파일의 '자전거 대여이력', '대여소현황' 시트

   ▶ 〈자전거_대여이력〉 테이블의 [대여_대여소번호] 필드에서 데이터 값이 '210' 데이터 필터 해제

   ▶ 필드의 데이터 형식 변경
   - [대여건수], [이용시간] 필드: '정수'
   - [이용거리] 필드: '10진수'

   ② 파워쿼리 편집기를 통해 〈자전거_대여이력〉 테이블에 '쿼리 병합'를 사용하여 〈대여소현황〉 테이블의 [자치구] 필드를 추가하시오. 4점

   ▶ 〈자전거_대여이력〉 테이블의 [대여_대여소번호] 필드와 〈대여소현황〉 테이블의 [대여소번호] 필드를 기준으로 병합
   - 조인 종류: 왼쪽 외부
   - [대여소현황] 필드에서 [자치구] 필드만 확장
   - '원래 열 이름을 접두사로 사용'을 해제하여 필드 이름 표시

   ▶ 〈대여소현황〉 테이블의 로드 사용 해제

   ③ 테이블 뷰에서 〈자전거_대여이력〉 테이블의 필드 서식을 변경하시오. 3점

   ▶ [대여일] 필드의 서식: '*2022-01-01(Short Date)'
   ▶ [대여건수] 필드의 서식: 정수, 천 단위 구분 기호

2. 다음 지시사항에 따라 데이터를 편집하고 모델링하며, 측정값을 추가하시오. 10점

   ① 다음 조건으로 수식을 작성하여 새 테이블을 추가하시오. 4점

   ▶ 테이블 이름: DimDate
   - 필드 이름: Date, 연도, 월
   - 사용 함수: ADDCOLUMNS, CALENDAR, DATE, YEAR, MONTH
   - [Date] 필드의 시작일: 2022-01-01

- [Date] 필드의 종료일: 2022-03-31

- [연도], [월] 필드 : [Date] 필드 기준으로 값 표시

- [Date] 필드의 서식: '*2001-03-04(Short Date)'

② 〈자전거_대여이력〉 테이블과 〈DimDate〉 테이블 간의 관계를 설정하시오. 3점

▶ 〈자전거_대여이력〉 테이블의 [대여일] 필드와 〈DimDate〉 테이블의 [Date] 필드

- 카디널리티(Cardinality): '다대일(*:1)' 관계

- 크로스 필터(교차 필터) 방향: '단일'

③ 다음 조건으로 〈자전거_대여이력〉 테이블에 측정값을 작성하시오. 3점

▶ 측정값 이름: 총대여건수

- 활용 필드: 〈자전거_대여이력〉 테이블의 [대여건수] 필드

- [대여건수]의 합계 계산

- 사용 함수: SUM

- 서식: 정수, 천 단위 구분 기호

▶ 측정값 이름: 일평균 대여건수

- 활용 테이블 및 필드 : 〈DimDate〉 테이블, 〈자전거_대여이력〉 테이블의 [총대여건수] 측정값

- [총대여건수]를 〈DimDate〉 테이블의 전체 일수로 나누기 계산

- 사용 함수: COUNTROWS

- 서식: 정수, 천 단위 구분 기호

| 문제2 | 단순요소 구현 | 30점 |

〈시각화 완성화면〉 각 세부문제 풀이 후 아래와 같은 결과가 도출되어야 합니다.

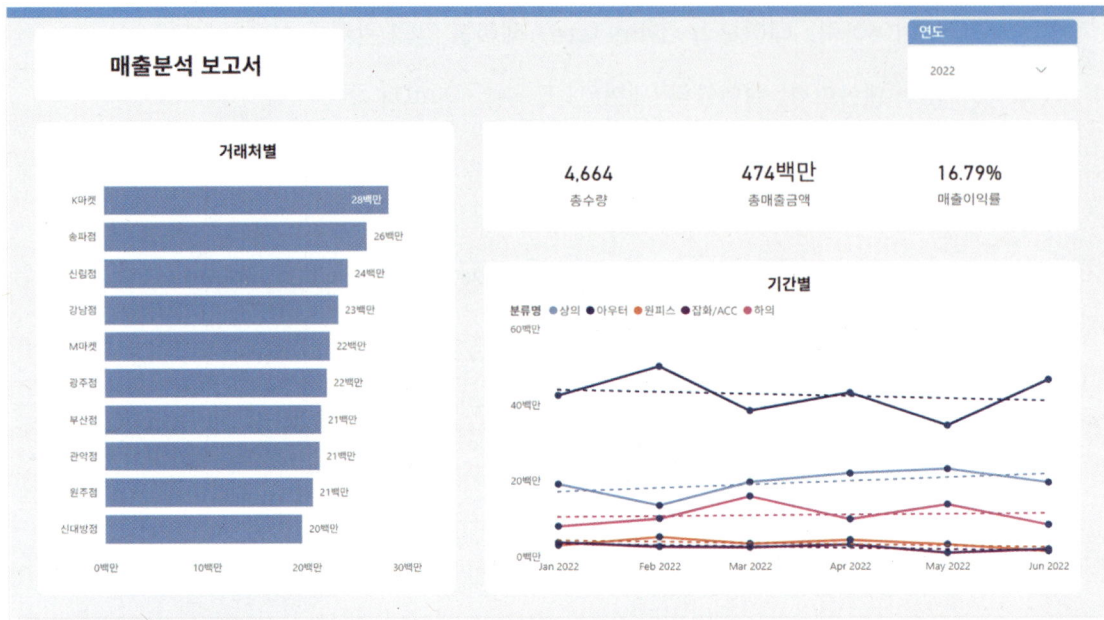

1. '문제2', '문제3', '문제3-5' 보고서의 전체 서식을 아래 지시사항에 따라 설정하시오. 5점

    ① 보고서 전체의 테마를 변경하시오. 3점

    ▶ 보고서 테마: 기본값

    ▶ 이름 및 색의 테마 색 변경
    - 테마 색1: "#6699CC"
    - 테마 색2: "#003377"

    ② 텍스트 상자를 사용하여 보고서 제목을 작성하시오. 2점

    ▶ 제목 텍스트: 매출분석 보고서

    ▶ 서식: 글꼴 'Segoe UI', 글꼴 크기 '20', '굵게', '가운데'

    ▶ 텍스트 상자를 '1-②' 위치에 배치

2. 다음 지시사항에 따라 슬라이서와 카드를 구현하시오. 5점

   ① 연도 조건을 설정하는 슬라이서를 구현하시오. 2점

   ▶ 활용 필드: 〈날짜〉 테이블의 [연도] 필드
   ▶ 서식
      - 슬라이서 스타일 '드롭다운' 설정
      - 슬라이서에 '모두 선택' 항목이 표시되도록 설정
      - 슬라이서 머리글이 보이지 않도록 설정
   ▶ 슬라이서에 '2022' 값으로 필터 적용
   ▶ 슬라이서를 '2-①' 위치에 배치

   ② 매출 현황을 나타내는 카드를 구현하시오. 3점

   ▶ 활용 필드: 〈판매〉 테이블의 [총수량], [총매출금액], [매출이익률] 측정값
   ▶ 서식
      - 표시 단위: [총수량] '없음', [총매출금액] '백만', [매출이익률] '없음'
      - 설명 값 글꼴 크기 '20'
   ▶ 카드를 '2-②' 위치에 배치
      - [총수량], [총매출금액], [매출이익률] 순서로 배치

3. 다음 지시사항에 따라 묶은 가로 막대형 차트를 구현하시오. 10점

   ① 거래처별 총매출금액을 나타내는 묶은 가로 막대형 차트를 구현하시오. 4점

   ▶ 활용 필드
      - 〈거래처〉 테이블의 [거래처명] 필드
      - 〈제품〉 테이블의 [분류명], [제품분류명] 필드
      - 〈판매〉 테이블의 [총매출금액], [총수량] 측정값
   ▶ '계층 구조에서 다음 수준으로 확장' 옵션을 선택 시, [총매출금액]을 [거래처명], [분류명], [제품분류명]에 따라 순차적으로 확인할 수 있도록 설정
   ▶ '계층 구조에서 한 수준 아래로 확장' 옵션을 선택 시, Y축의 레이블이 연결되도록 설정
      - 예) 송파점 아우터 자켓
   ▶ 도구 설명에 [총수량]이 표시되도록 추가

▶ 묶은 가로 막대형 차트를 '3-①' 위치에 배치

② 다음과 같이 묶은 가로 막대형 차트의 각 요소에 대한 서식을 지정하시오. 3점

▶ 차트 제목: 거래처별
- 제목 서식: 글꼴 'Segoe UI', '굵게', '가운데'

▶ Y축 제목 제거

▶ X축 제목 제거, 표시 단위 '백만'

▶ 데이터 레이블: 표시 단위 '백만', 넘치는 텍스트가 표시되도록 설정

③ 묶은 가로 막대형 차트에 '총매출금액' 기준으로 상위 10개의 '거래처'만 표시하시오. 3점

4. 다음 지시사항에 따라 꺾은선형 차트를 구현하시오. 10점

① 분류명별로 월에 따른 총매출금액을 나타내는 꺾은선형 차트를 구현하시오. 4점

▶ 활용 필드
- 〈날짜〉 테이블의 [날짜] 필드
- 〈제품〉 테이블의 [분류명] 필드
- 〈판매〉 테이블의 [총매출금액] 측정값

▶ [날짜] 필드의 날짜 계층에서 '연도'와 '월' 사용

▶ 꺾은선형 차트를 '4-①' 위치에 배치

② 다음과 같이 꺾은선형 차트의 각 요소에 대한 서식을 적용하시오. 3점

▶ 차트 제목: 기간별
- 제목 서식: 글꼴 'Segoe UI', '굵게', '가운데'

▶ 차트 서식
- X축, Y축 제목 제거
- Y축 표시단위 '백만'
- 표식: 도형 유형 '원형(●), 크기 '5', 색상 "#094780"

③ 꺾은선형 차트에 [분류명]별 [총매출금액]의 추세를 확인할 수 있도록 추세선을 표시하시오. 3점

▶ 추세선 계열 결합 해제

문제 3 복합요소 구현 [50점]

〈시각화 완성화면〉 각 세부문제 풀이 후 아래와 같은 결과가 도출되어야 합니다.

1. 다음 지시사항에 따라 슬라이서와 꺾은선형 및 누적 세로 막대형 차트를 구현하시오. [10점]

   ① 연도와 월 슬라이서를 구현하시오. [4점]

   ▶ 활용필드: 〈날짜〉 테이블의 [연도], [월] 필드

   ▶ 서식

   - 슬라이서 스타일 '드롭다운', '모두 선택' 옵션 설정

   - 슬라이서 머리글이 보이지 않도록 설정

   ▶ 연도 슬라이서에 '2022' 값으로 필터 적용

   ▶ 월 슬라이서에 월 '1', '2', '3' 필터 적용

   ▶ 연도 슬라이서를 '1-①', 월 슬라이서를 '1-②' 위치에 배치

   ② 다음과 같이 꺾은선형 및 누적 세로 막대형 차트를 구현하시오. [3점]

   ▶ 활용 필드

   - 〈날짜〉 테이블의 [연도] 필드

   - 〈제품〉 테이블의 [분류명] 필드

   - 〈판매〉 테이블의 [총매출금액], [매출이익률] 측정값

▶ 데이터 레이블 설정

- 표시 단위: 전체 범례의 [총매출금액] '백만', [매출이익률] '없음'

▶ 차트 제목: "연도별"

- 제목 서식: 글꼴 'Segoe UI', '굵게', '가운데'

▶ X축: 유형 '범주별' 설정

▶ 차트를 연도별 오름차순으로 정렬

▶ 꺾은선형 및 누적 세로 막대형 차트를 '1-③' 위치에 배치

③ 연도, 월 슬라이서가 꺾은선형 및 누적 세로 막대형 차트에 적용되지 않도록 상호작용을 설정하시오. 3점

2. **다음 지시사항에 따라 매개 변수를 생성하고 슬라이서와 묶은 세로 막대형 차트를 구현하시오.** 10점

① 다음 조건으로 매개 변수를 추가하시오. 4점

▶ 매개 변수 이름: 분석항목

▶ 활용 필드: 〈판매〉 테이블의 [총수량], [총매출금액] 측정값

- 이 페이지에 슬라이서 추가 옵션 설정

- 매개 변수 측정값 이름 변경: "총수량" → "수량", "총매출금액" → "매출금액"

② 다음과 같이 분석항목 슬라이서 설정을 변경하시오. 3점

▶ 분석항목 슬라이서 설정

- 슬라이서 스타일: '드롭다운'

- 슬라이서의 선택 항목 중 한 가지의 항목만 선택할 수 있도록 설정

- 슬라이서에 값 '수량'으로 필터 적용

▶ 슬라이서를 '2-②' 위치에 배치

③ 다음 조건으로 분류명에 따른 분석항목 값이 나타나도록 묶은 세로 막대형 차트를 구현하시오. 3점

▶ 활용 필드

- 〈제품〉 테이블의 [분류명] 필드

- 〈분석항목〉 테이블의 [분석항목] 매개변수

- ▶ 서식
  - X축, Y축 제목 제거
  - 데이터 레이블: 배경 색 "#6699CC"
  - 제목 서식: 글꼴 'Segoe UI', '굵게', '가운데'
- ▶ 묶은 세로 막대형 차트를 '2-③' 위치에 배치

3. **다음 지시사항에 따라 행렬 차트를 구현하시오.** `10점`

   ① 다음 조건으로 행렬 차트를 구현하시오. `3점`
   - ▶ 활용 필드
     - 〈제품〉 테이블의 [분류명], [제품분류명], [제품명] 필드
     - 〈날짜〉 테이블의 [연도], [월] 필드
     - 〈판매〉 테이블의 [총매출금액], [전년동월 매출], [전년대비 증감률] 측정값
   - ▶ 값 필드 이름 변경
     - [총매출금액] → "당월"
     - [전년동월 매출] → "전년동월"
     - [전년대비 증감률] → "전년비"
   - ▶ 행렬 차트를 '3-①' 위치에 배치

   ② 다음과 같이 행렬 차트의 각 요소에 대한 서식을 지정하시오. `4점`
   - ▶ 열 머리글: 계층 구조의 마지막 수준(월)까지 모두 확장
     - 열 머리글 서식: 글꼴 '굵게', 배경색 '흰색, 20% 더 어둡게', 머리글 맞춤 '가운데'
   - ▶ 행 머리글: 계층 구조의 마지막 수준(제품명)까지 확장, '계단형 레이아웃' 해제

   ③ 행렬 차트에 조건부 서식을 적용하시오. `3점`
   - ▶ 적용 대상 계열: 전년비
     - 스타일: 아이콘
     - 적용 대상: '값 및 합계'
   - ▶ 서식 스타일: 규칙
     - 0보다 크고 최대값보다 작거나 같은 경우, 녹색 위쪽 삼각형(▲)
     - 최소값보다 크거나 같고 0보다 작은 경우, 빨간색 아래쪽 삼각형(▼)

4. 다음 지시사항에 따라 페이지 탐색기를 구현하시오. 5점

    ▶ '문제3_5' 페이지는 표시되지 않도록 설정

    ▶ 선택한 상태의 단추 색 "#6699CC"로 설정

    ▶ 페이지 탐색기를 '4-①' 위치에 배치

5. 다음 지시사항에 따라 측정값을 추가하시오. 15점

    ① 〈_측정값〉 테이블에 채널별 총매출금액을 반환하는 측정값을 추가하시오. 2점

    ▶ 측정값 이름: 매출_매장

    - 활용 필드
        - 〈판매〉 테이블의 [총매출금액] 측정값
        - 〈거래처〉 테이블의 [채널] 필드
    - [채널] 필드 값이 "매장"인 경우의 [총매출금액]을 반환
    - 사용 함수: CALCULATE, FILTER
    - 서식: 천 단위 구분 기호, 소수 자릿수 '0'
    - '문제3_5' 페이지의 [표1]에 [매출_매장] 열 삽입

    ② 〈_측정값〉 테이블에 날짜에 따른 총매출금액을 반환하는 측정값을 추가하시오. 5점

    ▶ 측정값 이름: 전월_매출

    - 활용 필드
        - 〈판매〉 테이블의 [총매출금액] 측정값
        - 〈날짜〉 테이블의 [날짜] 필드
    - 1개월 전의 [총매출금액]을 반환
    - 사용 함수: CALCULATE, DATEADD
    - 서식: 천 단위 구분 기호, 소수 자릿수 '0'
    - '문제3_5' 페이지의 [표2]에 [전월_매출] 열 삽입

    ③ 〈_측정값〉 테이블에 연간 총매출금액의 누계 값을 반환하는 측정값을 추가하시오. 3점

    ▶ 측정값 이름: 연간_누계

    - 활용 필드
        - 〈판매〉 테이블의 [총매출금액] 측정값

- 〈날짜〉 테이블의 [날짜] 필드
- 연간 [총매출금액]의 누계 값을 반환
- 사용 함수: TOTALYTD
- 서식: 천 단위 구분 기호, 소수 자릿수 '0'
- '문제3_5' 페이지의 [표2]에 [연간_누계] 열 삽입

④ 〈_측정값〉 테이블에 제품명을 기준으로 수량의 순위를 반환하는 측정값을 추가하시오.

5점

▶ 측정값 이름: 순위
- 활용 필드
  - 〈판매〉 테이블의 [총수량] 측정값
  - 〈제품〉 테이블의 [제품명] 필드
- [제품명]을 기준으로 [총수량]의 순위를 반환하며, [총수량] 기준 내림차순으로 정렬
- 사용 함수: RANKX, ALL
- [총수량]이 동률인 경우 다음 순위 값은 동률 순위 +1을 한 순위로 표시
  - 예) 2개의 값이 2위인 경우, 다음 값은 3위로 표시
- '문제3_5' 페이지의 [표3]에 [순위] 열 추가

시행처 공개 문제 **해설** A형

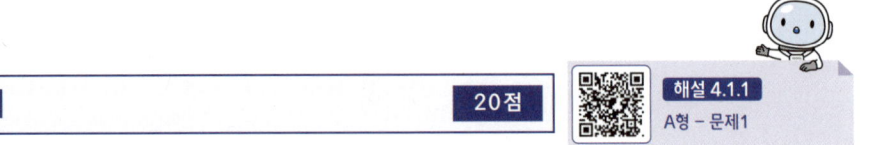

문제1 작업준비 20점 | 해설 4.1.1 A형 – 문제1

문제 1-1-①

1. '자전거 대여현황.xlsx' 파일을 불러오기 위해 [데이터 가져오기] 기능을 사용한다.

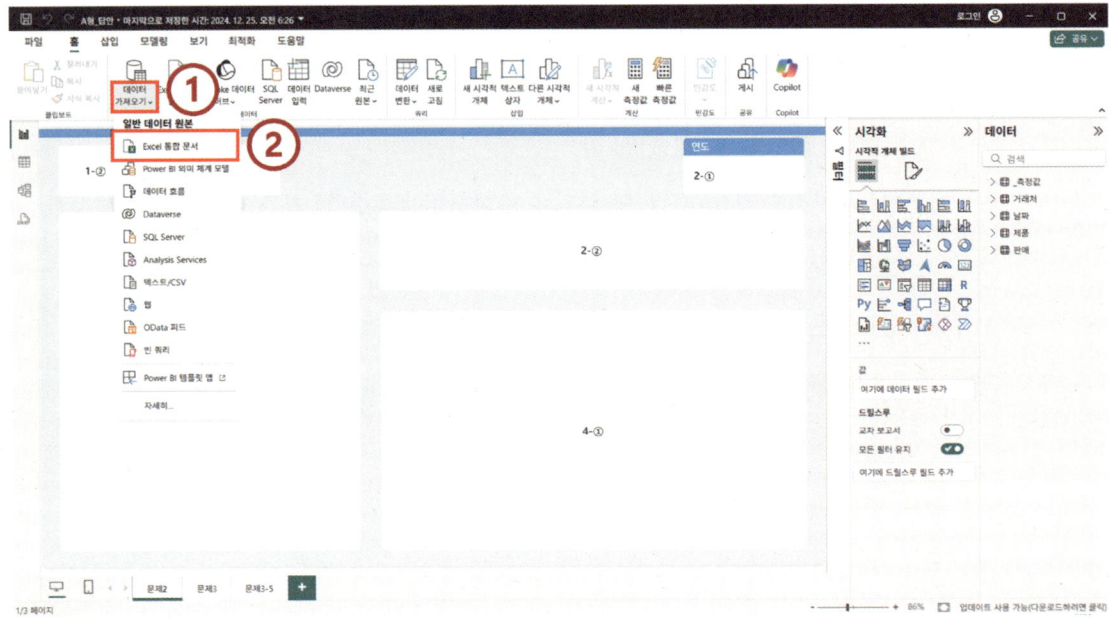

그림 4.1.1

2. 다운로드 받은 파일 중에서 '자전거 대여현황.xlsx' 파일을 찾아 선택한 뒤 [열기] 버튼을 클릭한다.

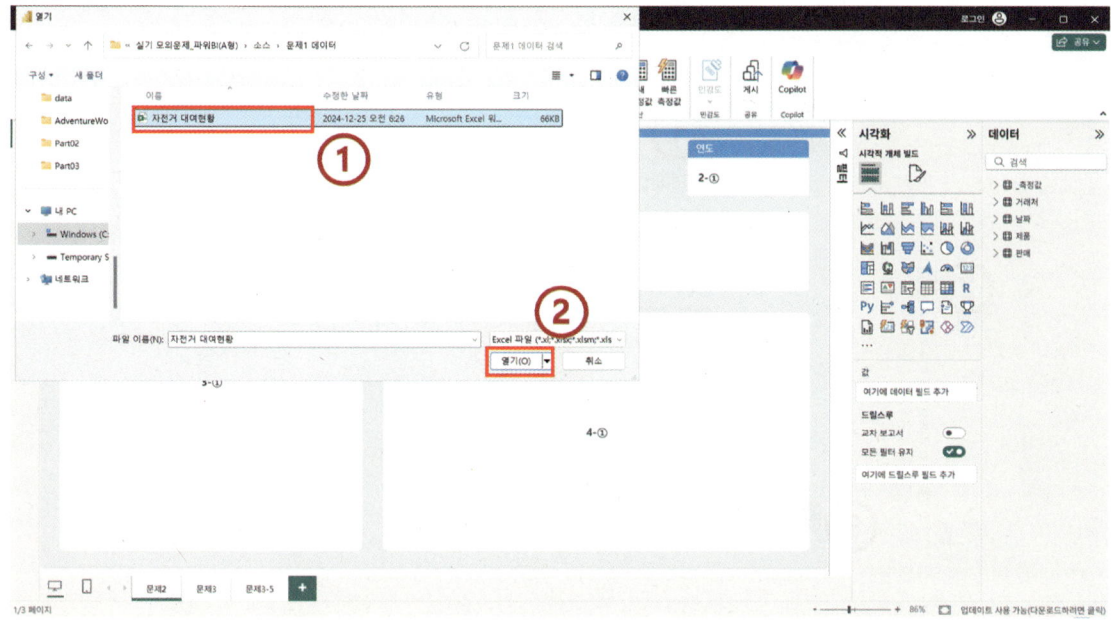

그림 4.1.2

3. 〈대여소현황〉 테이블과 〈자전거 대여이력〉 테이블을 선택한 뒤 파워 쿼리 편집기로 이동하기 위해 [데이터 변환] 버튼을 클릭한다.

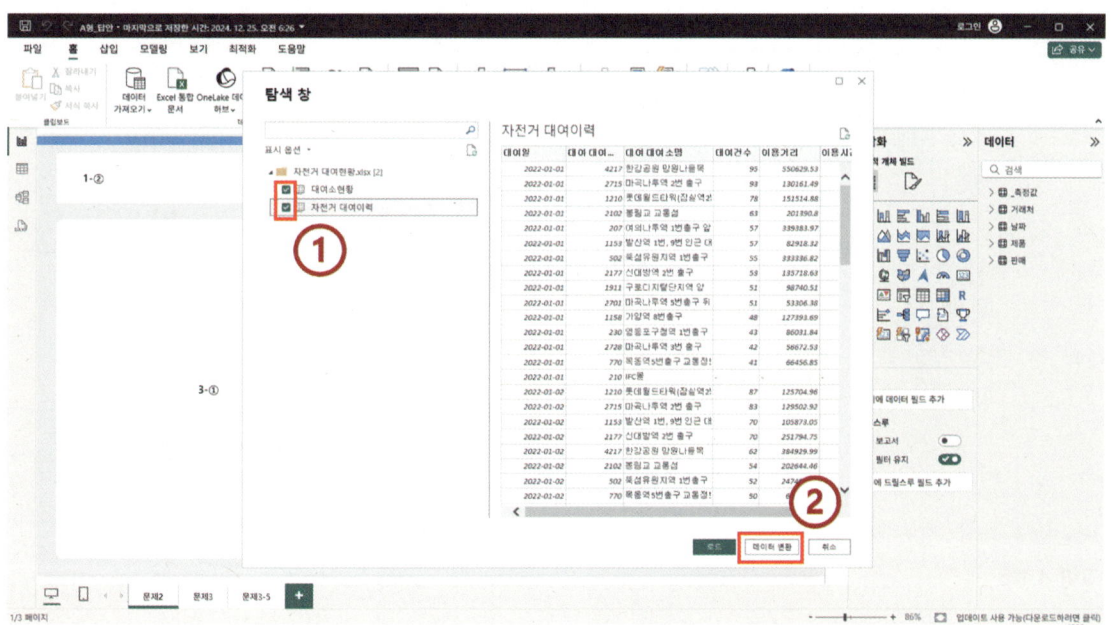

그림 4.1.3

4. [대여 대여소번호] 필드에서 210 값을 제거한다.

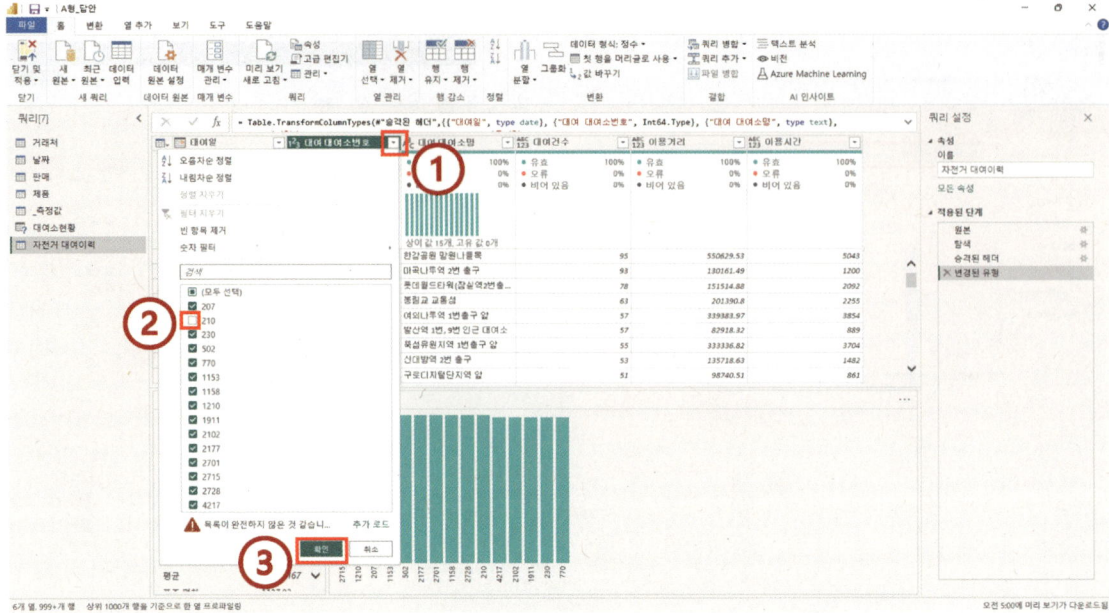

그림 4.1.4

5. [대여건수] 필드와 [이용시간] 필드의 데이터 형식을 정수로 변경한다.

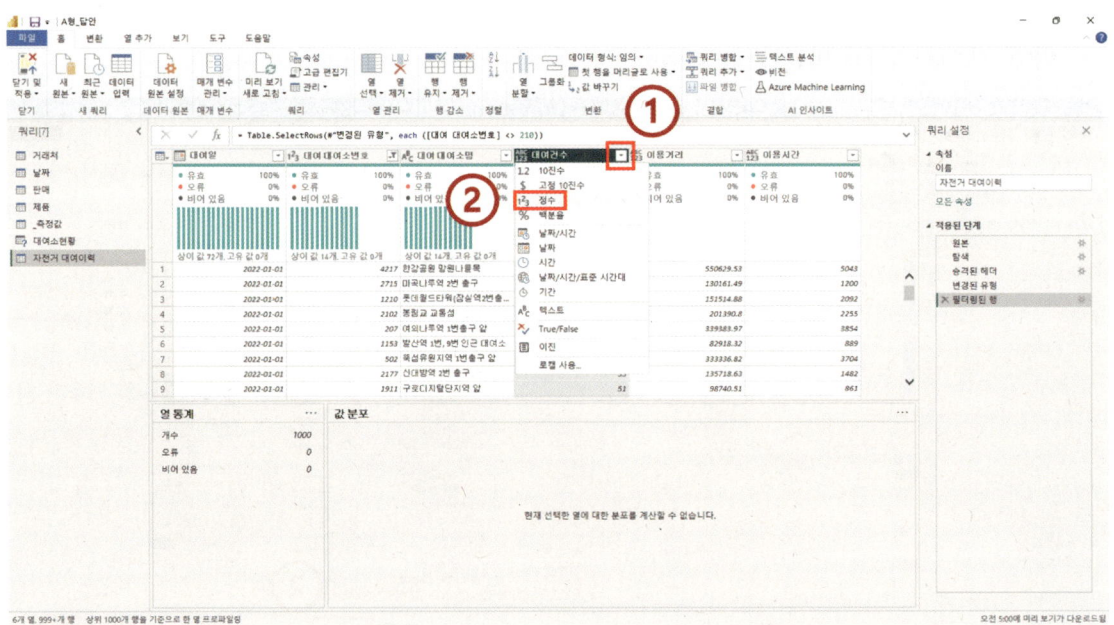

그림 4.1.5

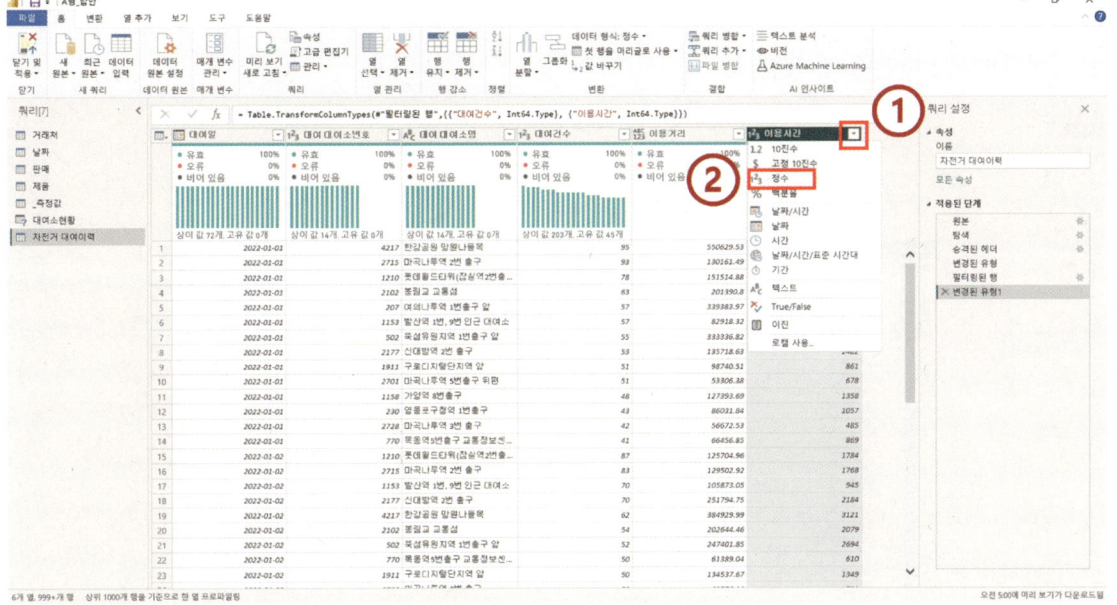

그림 4.1.6

6. [이용거리] 필드의 데이터 형식을 10진수로 변경한다.

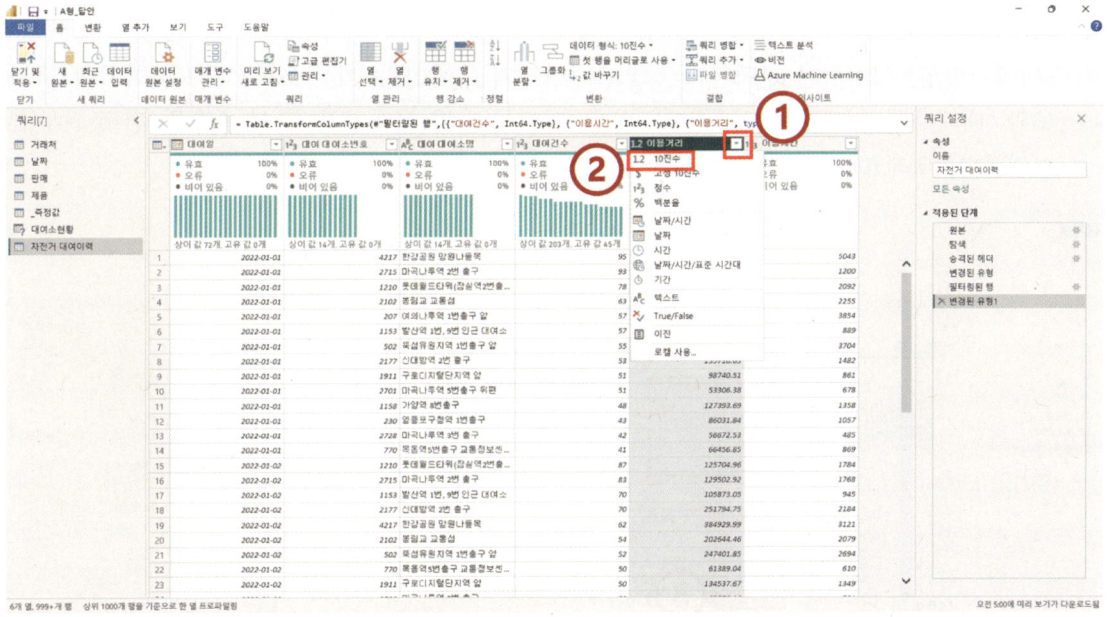

그림 4.1.7

문제 1-1-②

1. [쿼리 병합] 버튼을 클릭한다.

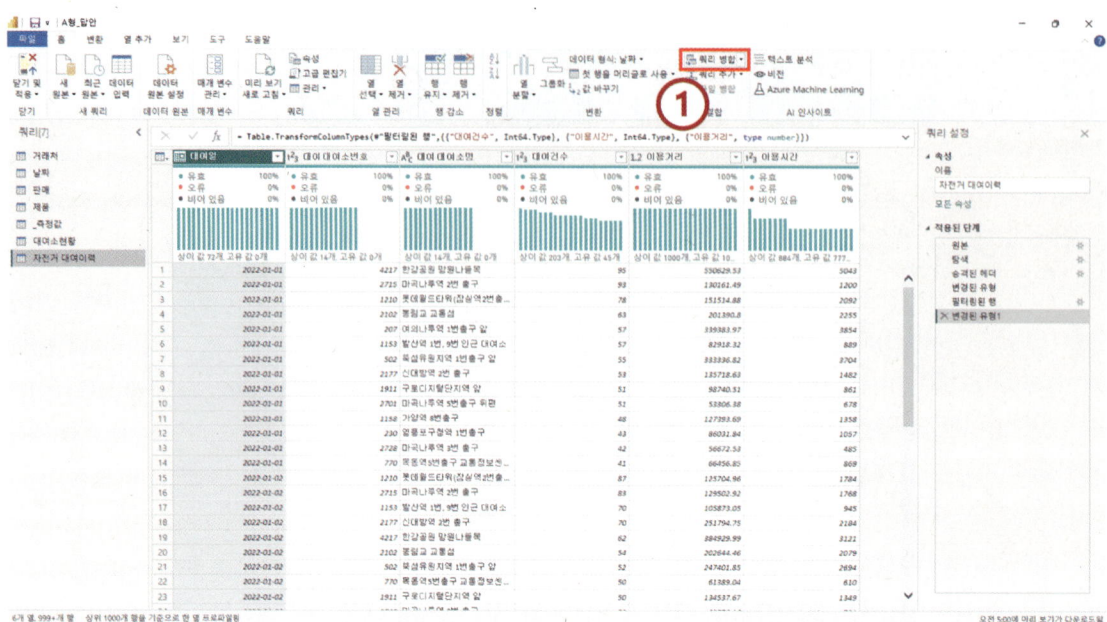

그림 4.1.8

2. 〈대여소현황〉 테이블을 선택한다. 그리고 〈자전거 대여이력〉 테이블의 [대여 대여서번호] 필드와 〈대여소현황〉 테이블의 [대여소번호] 필드를 각각 선택한다. 조인 종류를 '왼쪽 외부'로 설정한다. 그리고 [확인] 버튼을 클릭한다.

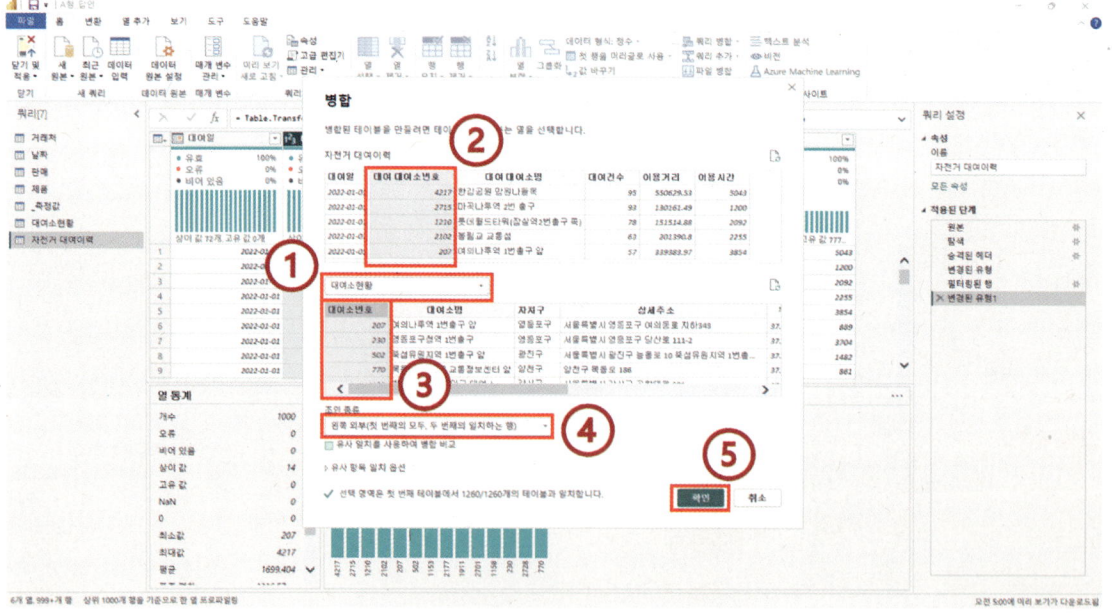

그림 4.1.9

3. 〈대여소현황〉 테이블을 확장하는 버튼을 누른 뒤 [모든 열 선택]을 해제한다. [자치구] 필드만 선택하고, 필드명이 있는 그대로 나타나도록 [원래 열 이름을 접두사로 사용]을 선택 해제한다. 그리고 [확인] 버튼을 클릭한다.

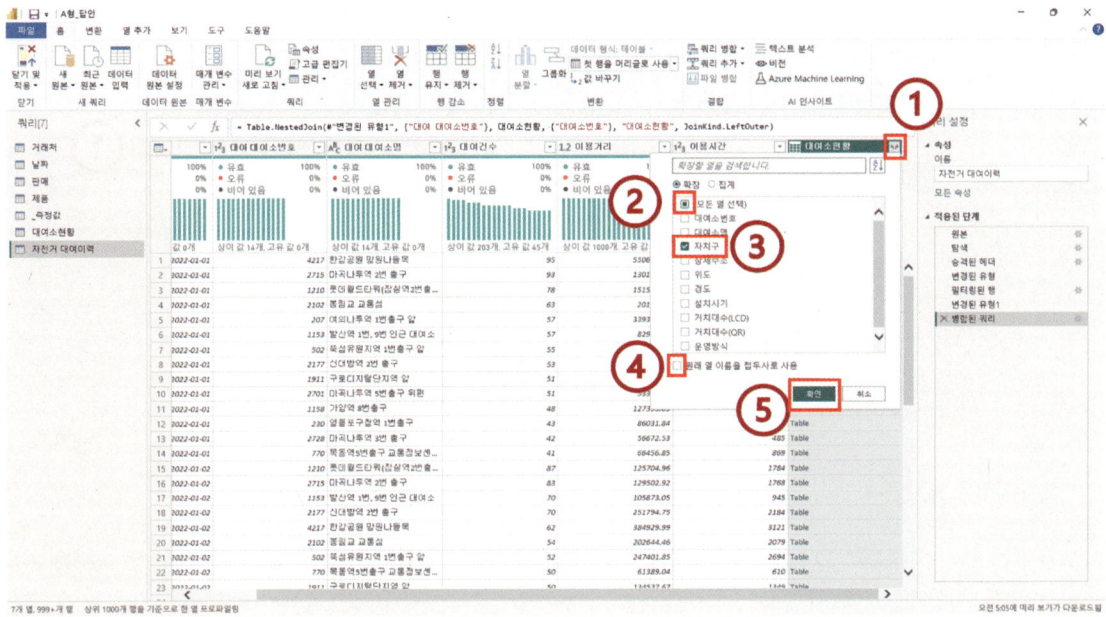

그림 4.1.10

4. 〈대여소현황〉 테이블로 이동하여 [모든 속성] 버튼을 클릭한다. [보고서에 로드 사용]을 선택 해제 한 뒤 [확인] 버튼을 누른다.

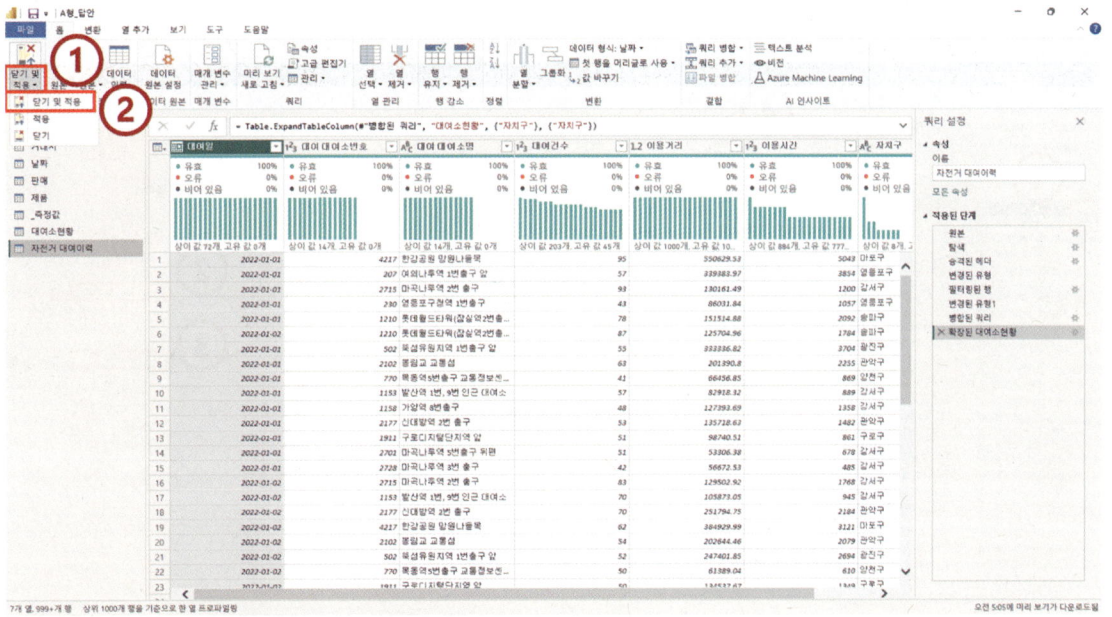

그림 4.1.11

5. [닫기 및 적용] 메뉴 내 [닫기 및 적용] 하위 메뉴를 클릭해서 변경 사항이 적용된 결과물을 Power BI Desktop에 로드 한다.

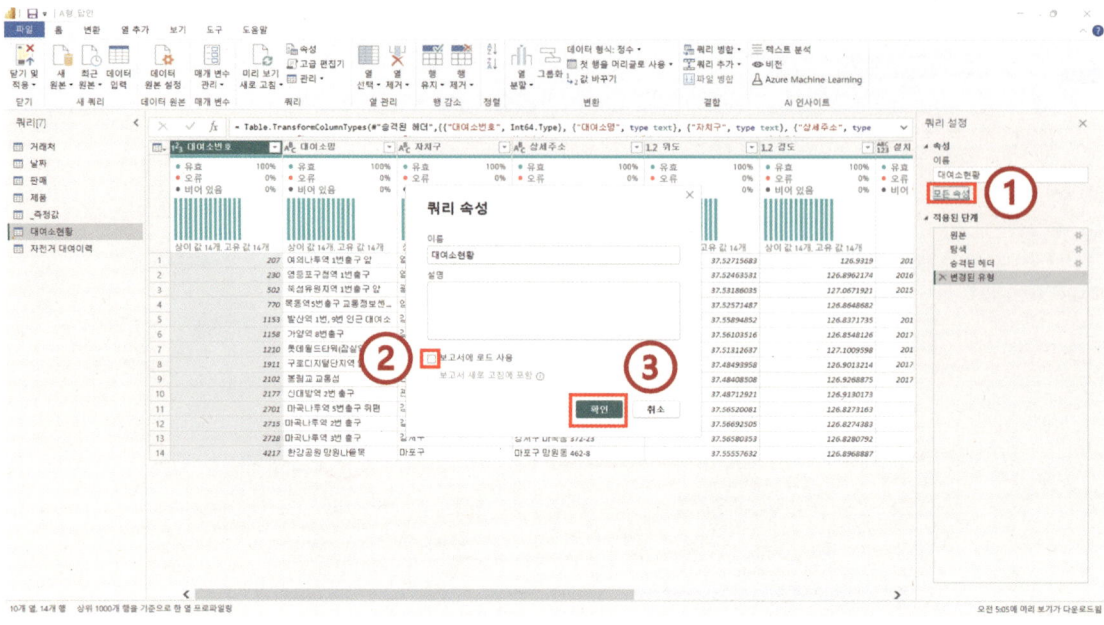

그림 4.1.12

문제 1-1-③

1. [테이블 보기]로 이동하여 〈자전거 대여이력〉 테이블의 [대여일] 필드를 선택한다. 그리고 [서식] 메뉴를 클릭하여 날짜 형식을 '년도-월-일' 형식으로 바꾼다.

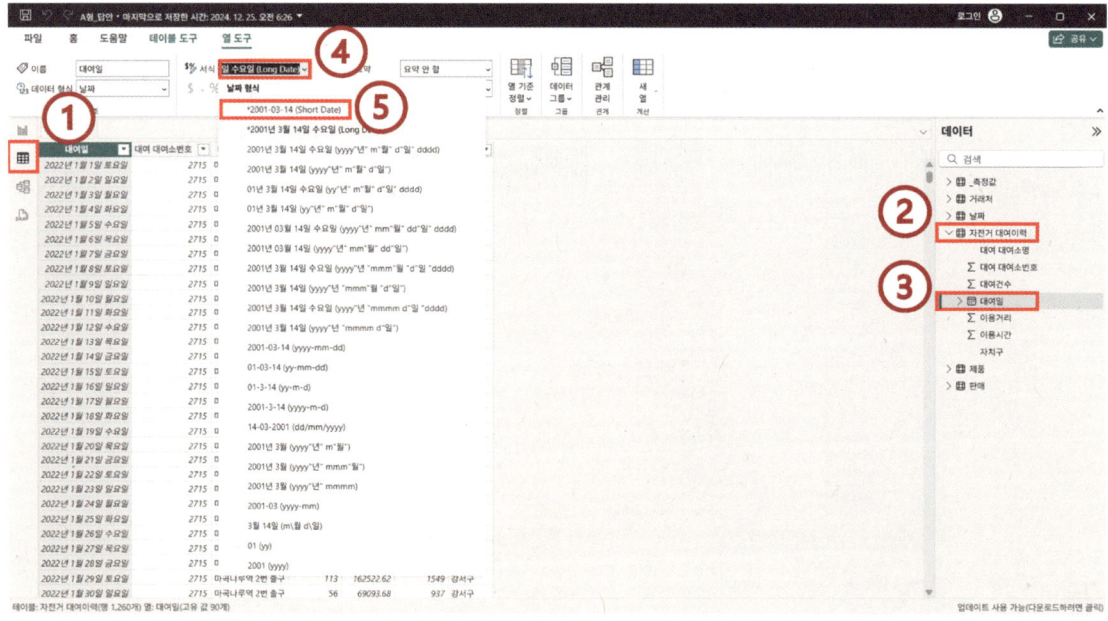

그림 4.1.13

2. 〈자전거 대여이력〉 테이블에서 [대여건수] 필드를 선택한 뒤 [서식]은 '정수'로 설정하고, 천 단위 구분 기호 버튼을 클릭한다.

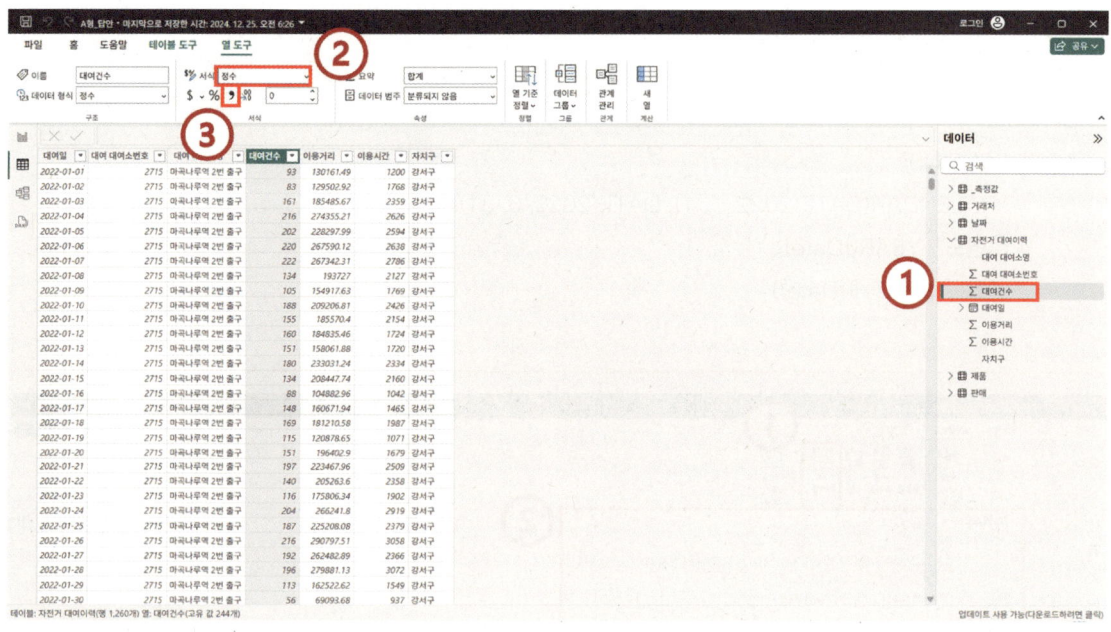

그림 4.1.14

문제 1-2-①

1. [새 테이블] 버튼을 클릭한 뒤 안내된 조건에 따른 DAX 함수들을 사용하여 DAX 편집기 창에 적절한 DAX 식을 입력한다.

```
DimDate =
ADDCOLUMNS(
        CALENDAR(DATE(2022, 1, 1), DATE(2022, 3, 31)),
        "연도", YEAR([Date]),
        "월", MONTH([Date])
)
```

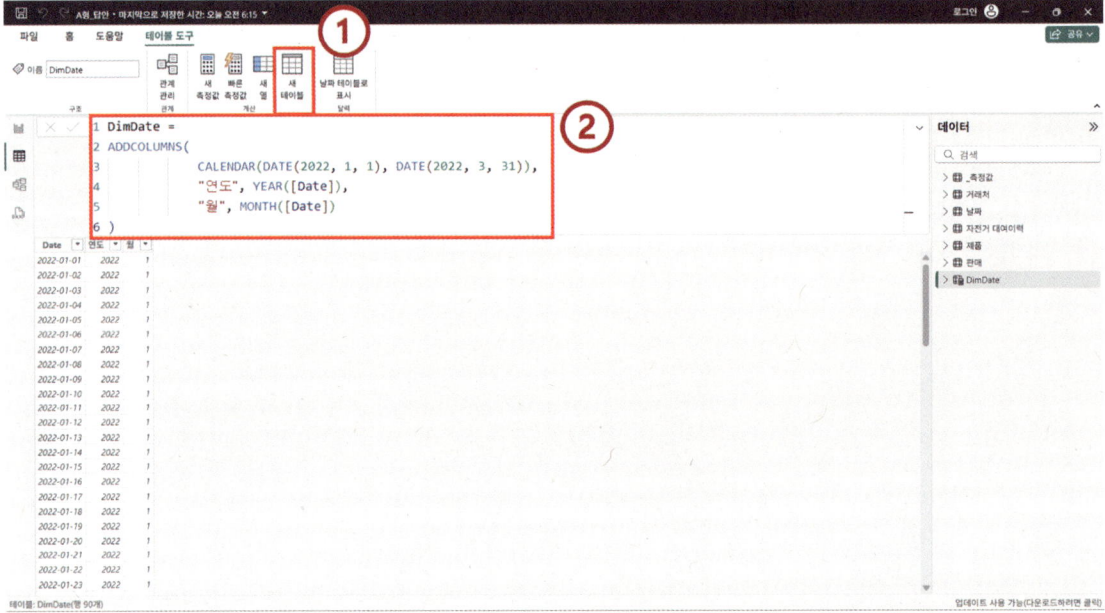

그림 4.1.15

2. 〈DimDate〉테이블의 [Date] 필드를 선택한 뒤 서식을 '년도-월-일' 형식으로 설정한다.

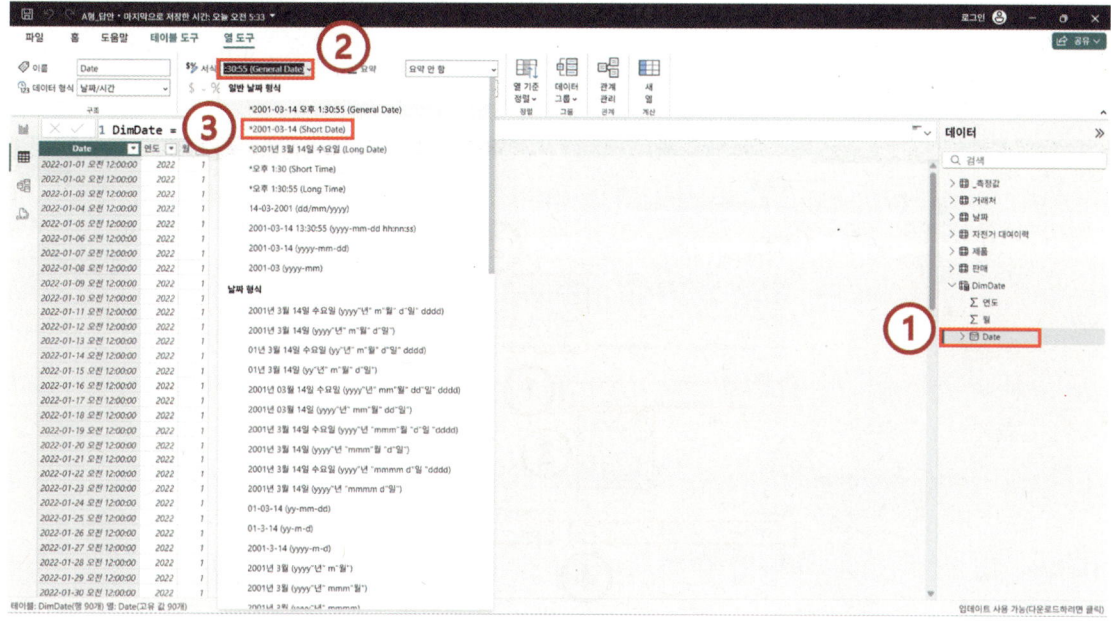

그림 4.1.16

문제 1-2-②

1. [모델 보기] 화면으로 이동하여 〈자전거 대여이력〉 테이블의 [대여일] 필드를 클릭 및 드래그하여 〈DimDate〉 테이블의 [Date] 필드 위에 가져다 놓는다.

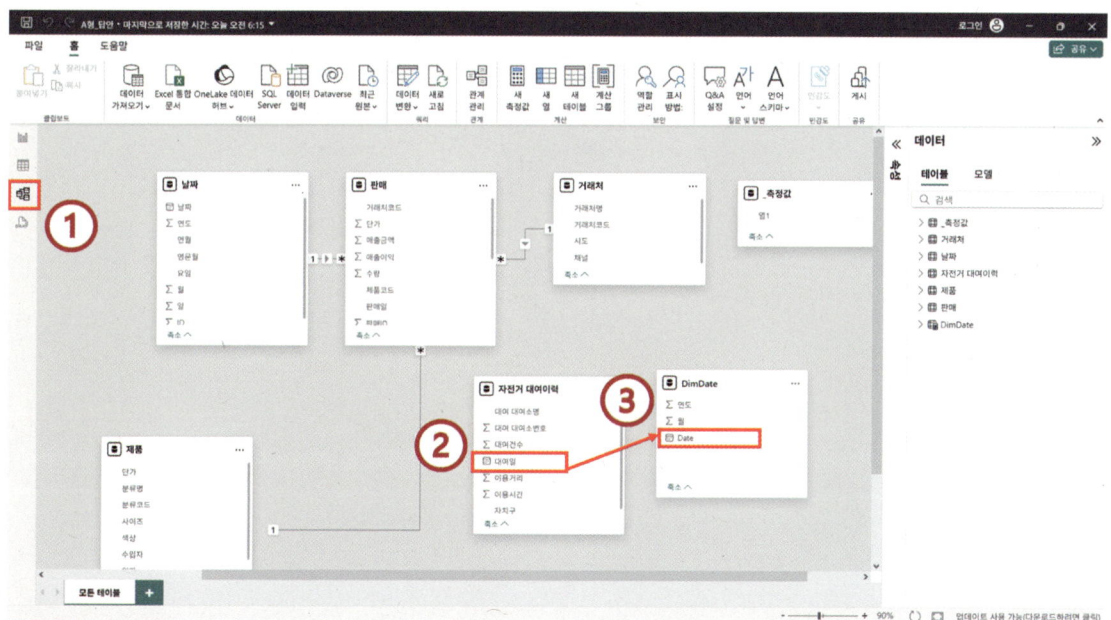

그림 4.1.17

2. [테이블로] 메뉴 선택이 〈DimDate〉로 되어있는지 확인한다. 그리고 〈자전거 대여이력〉 테이블의 [대여일] 필드와 〈DimDate〉 테이블의 [Date] 필드를 각각 선택한다. 문제 조건에 따라 [Cardinality] 메뉴는 [다대일(*:1)]로 설정하고 교차 필터 방향은 [Single]로 설정한다. [저장]을 눌러 변경사항을 적용한다.

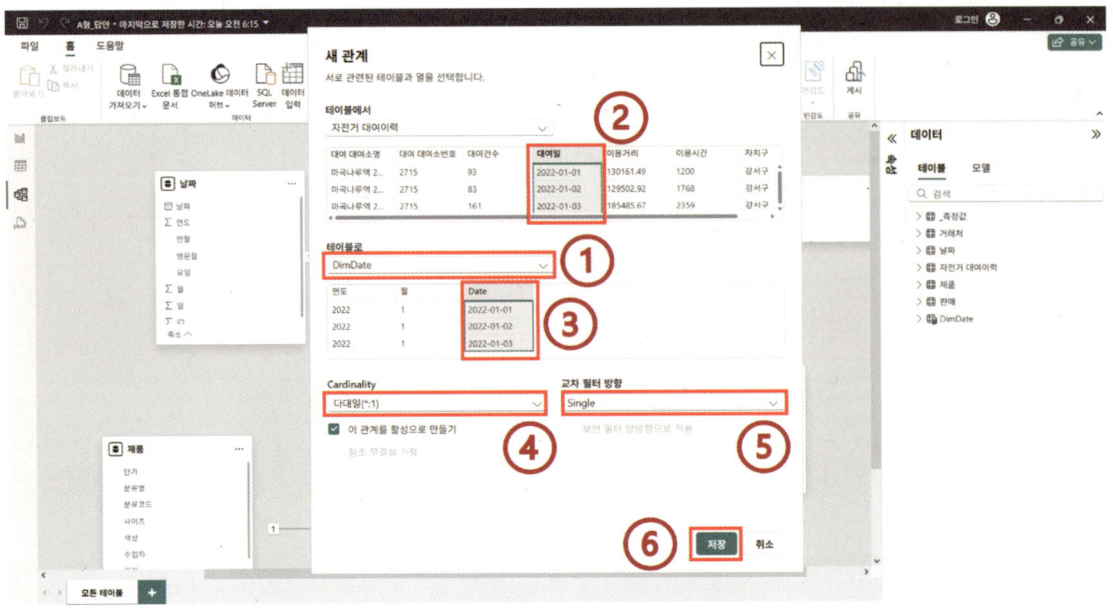

그림 4.1.18

문제 1-2-③

1. 〈자전거 대여이력〉 테이블에 측정값을 추가하기 위해 [테이블 보기] 화면으로 이동한다. 그리고 〈자전거 대여이력〉 테이블을 우측 마우스로 클릭한 후 [새 측정값] 버튼을 클릭한다.

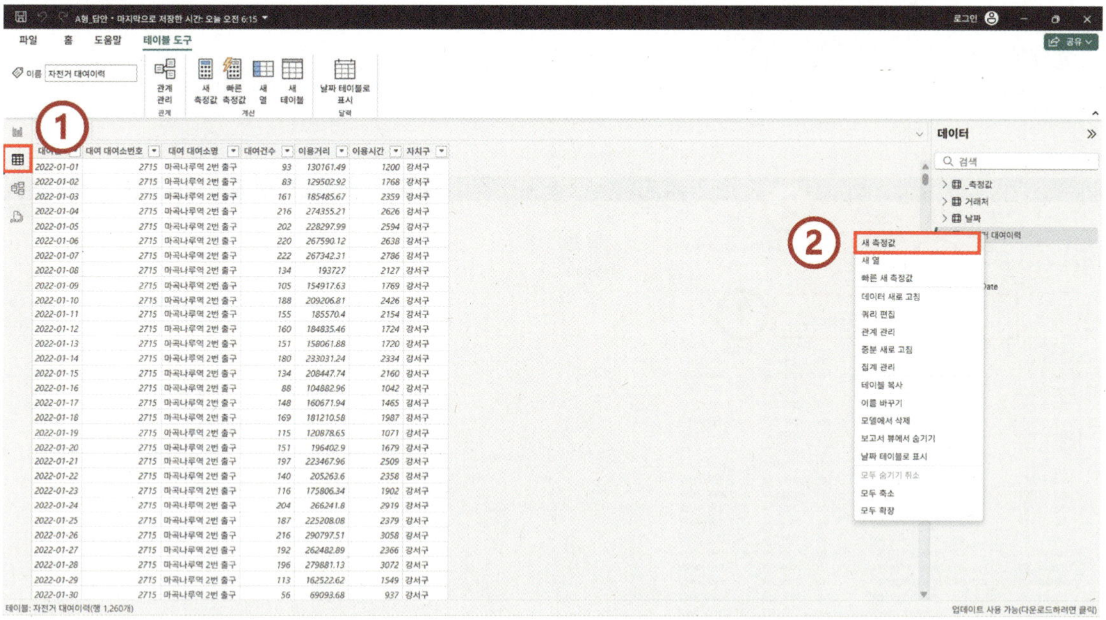

그림 4.1.19

2. 안내된 조건에 따라 [총대여건수] 필드를 만들기 위한 DAX 수식을 입력한다. 그리고 서식을 '정수'로 설정하고 천 단위 구분자를 적용한다.

```
총대여건수 =
SUM('자전거 대여이력'[대여건수])
```

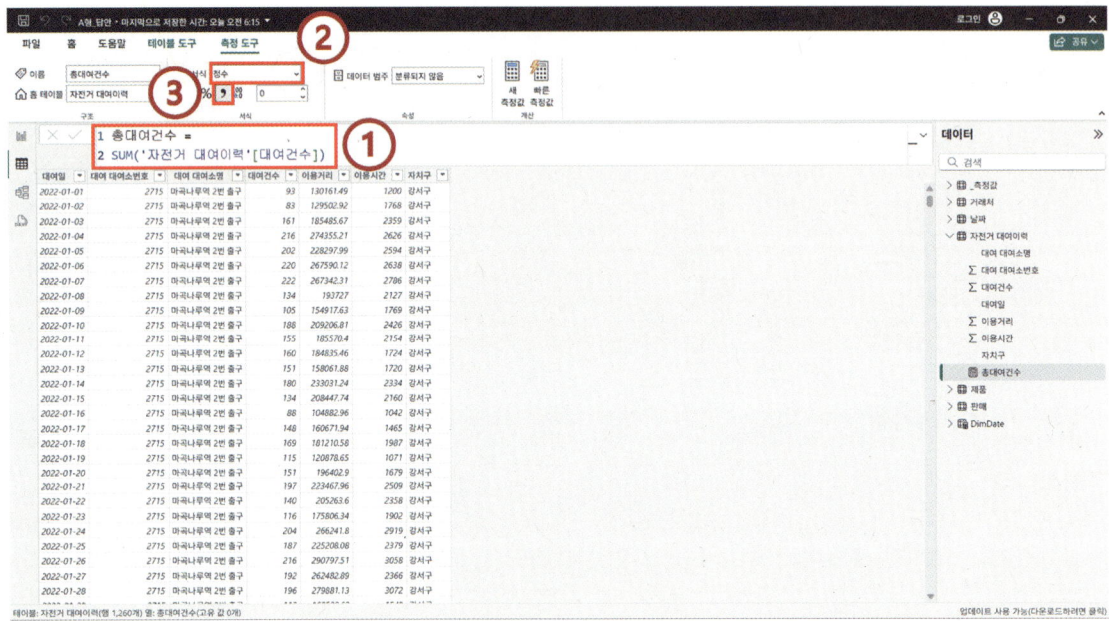

그림 4.1.20

3. 측정값을 하나 더 추가하기 위해 〈자전거 대여이력〉 테이블을 우측 마우스로 클릭한 뒤 [새 측정값] 버튼을 누른다. 그리고 [일평균 대여건수] 필드를 만들기 위한 조건에 맞는 DAX 수식을 입력한다. 서식은 '정수'로 설정하고 천 단위 구분자를 적용한다.

> 일평균 대여건수 =
> [총대여건수] / COUNTROWS('DimDate')

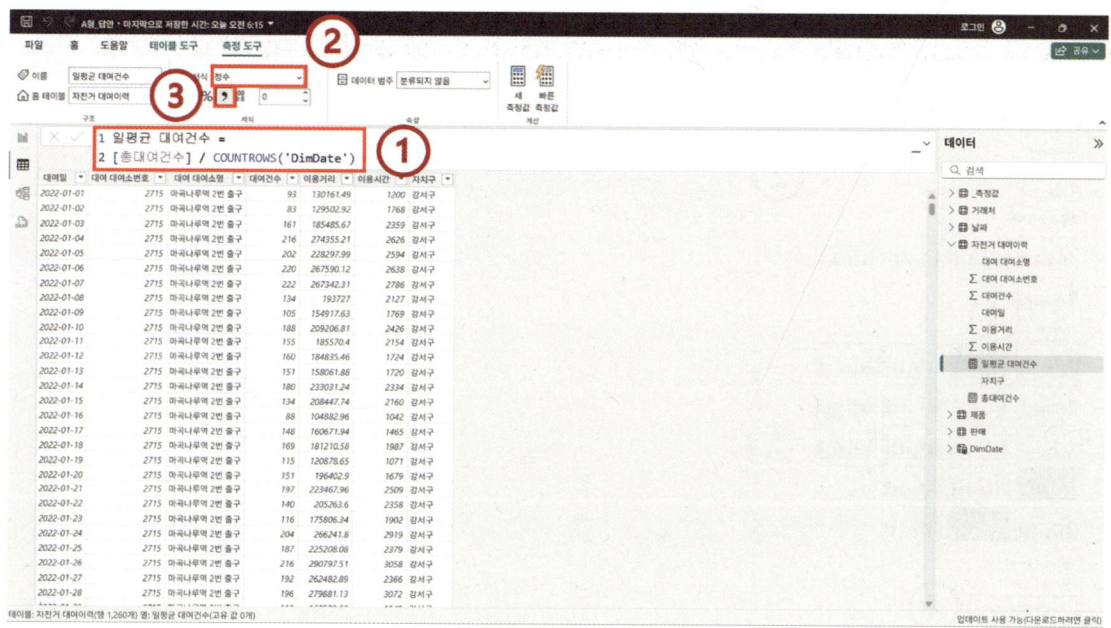

그림 4.1.21

  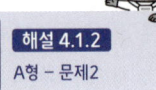

문제 2   단순요소 구현   30점

문제 2-1-①

1. 테마 설정을 위해 [보고서 보기] 화면으로 이동 후 [보기] 메뉴를 클릭한다. 테마 중에 '기본값'이라고 안내된 테마를 선택한다. 테마 사용자 지정 기능을 사용하기 위해 [현재 테마 사용자 지정] 버튼을 클릭한다.

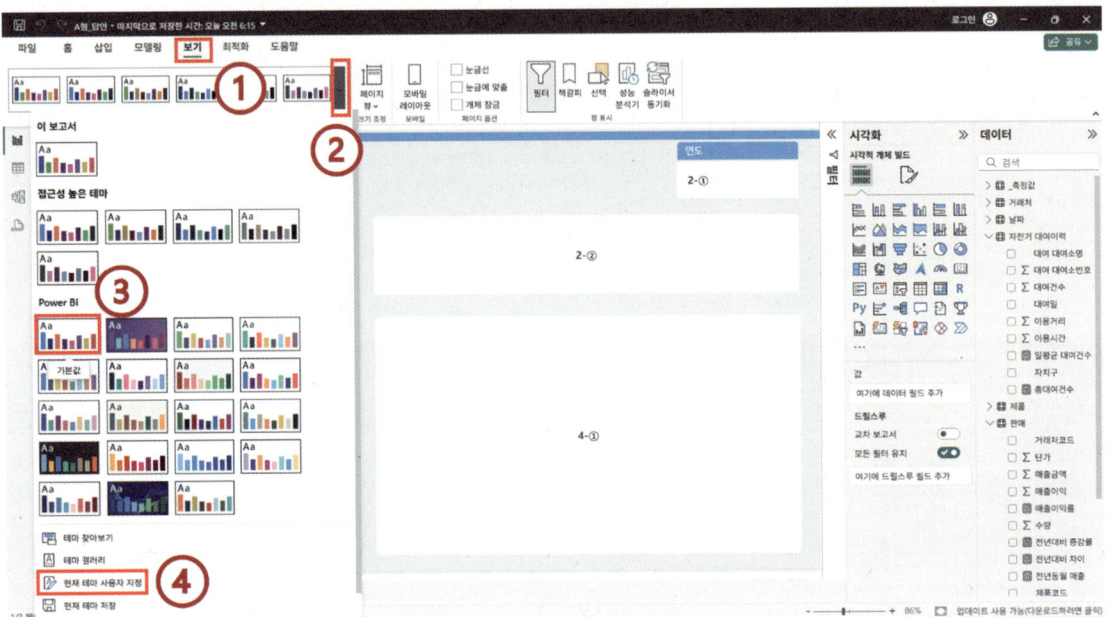

그림 4.1.22

2. [이름 및 색] 메뉴로 이동한다. 테마 색 중에서 '색1'을 클릭한 뒤 안내된 '#6699CC' 헥스 코드를 입력한다.

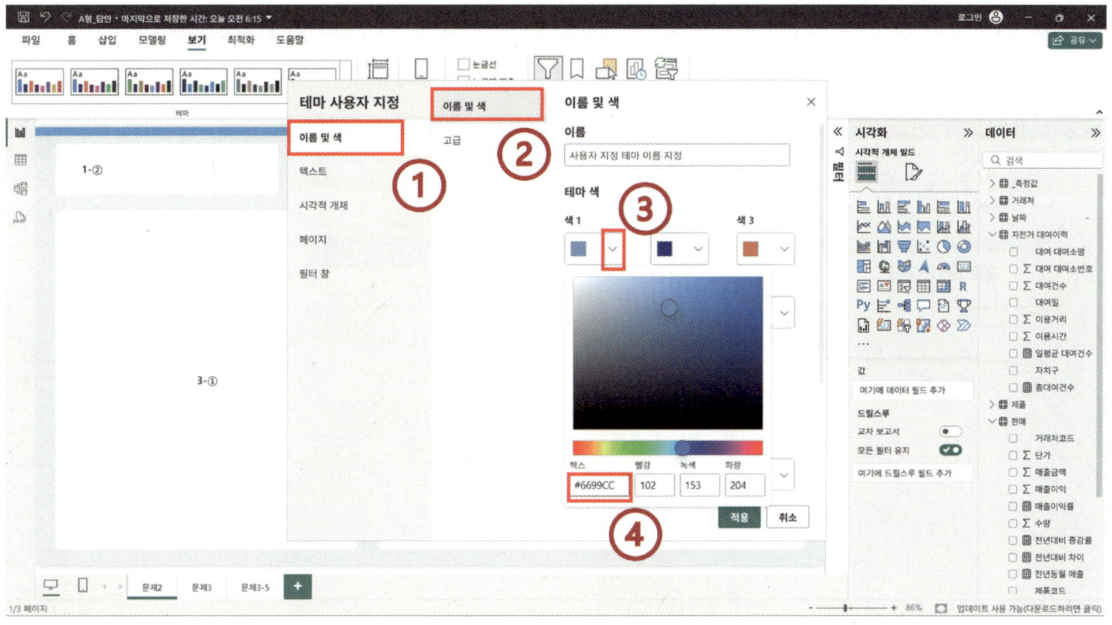

그림 4.1.23

3. '색2'를 클릭한 뒤 안내된 '#003377' 헥스 코드를 입력한다. 그리고 [적용] 버튼을 클릭한다.

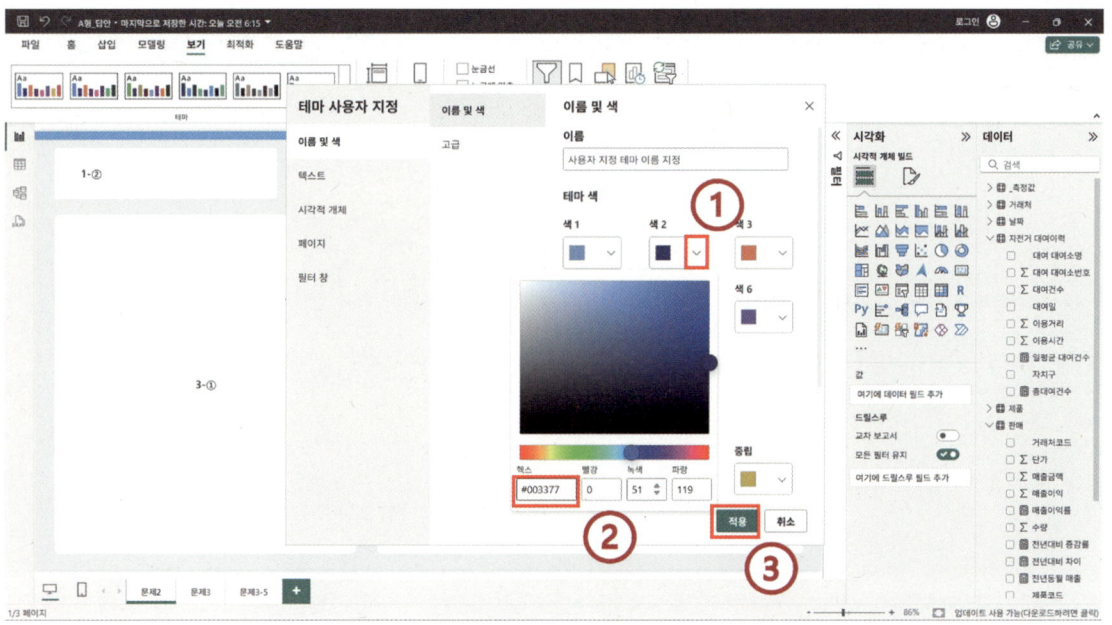

그림 4.1.24

문제 2-1-②

1. [홈] 메뉴로 이동하여 [텍스트 상자] 버튼을 클릭해 텍스트 상자를 추가한다. 사이즈를 적절하게 조절한 뒤 1-② 위치에 배치한다. 텍스트 상자 내에 '매출분석 보고서' 텍스트를 입력하고, 안내된 조건에 따라 글꼴 'Segoe UI', 크기 '20', '굵게', '가운데' 서식을 설정한다.

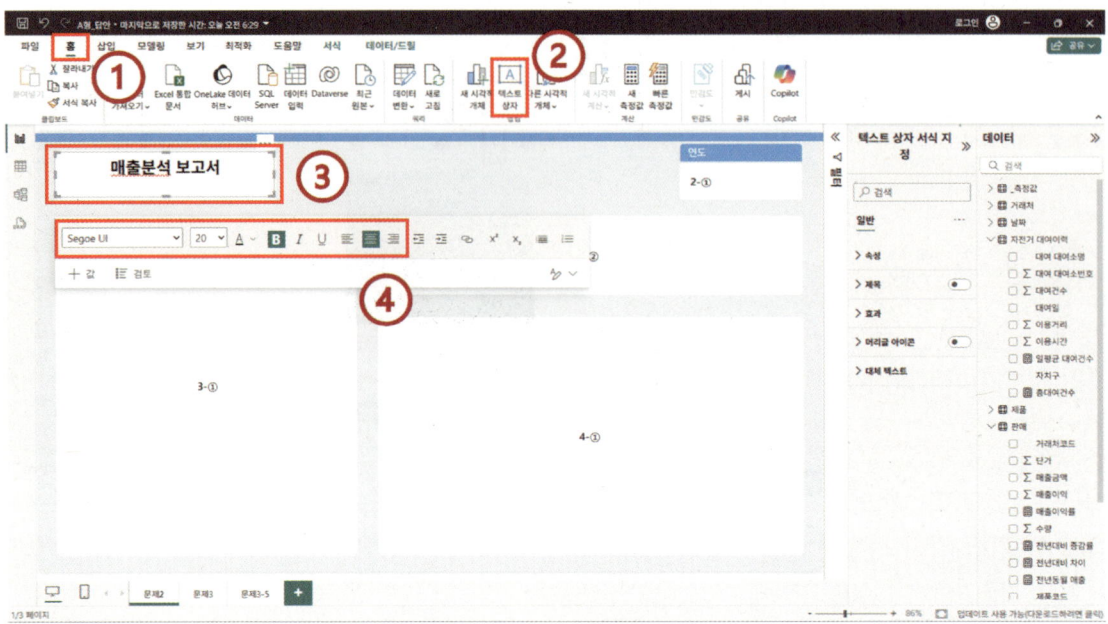

그림 4.1.25

문제 2-2-①

1. [시각화] 패널에서 [슬라이서] 버튼을 눌러 슬라이서를 추가한다. [연도] 필드를 슬라이서에 추가하고 적절한 크기로 조절한 뒤 2-① 위치에 배치한다.

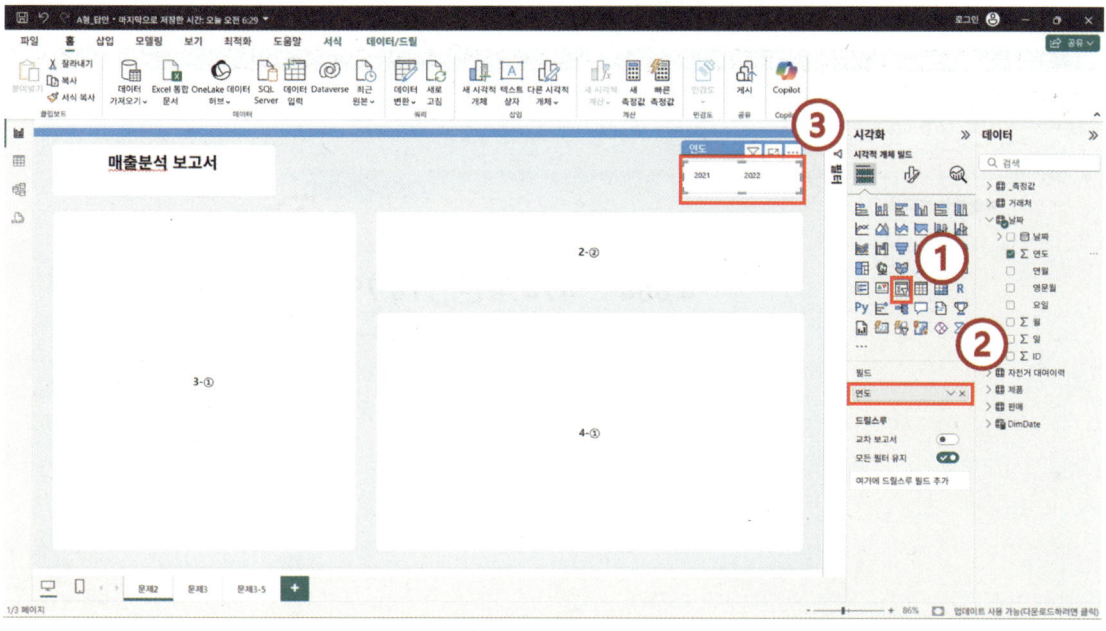

그림 4.1.26

2. 시각적 개체 서식 지정 메뉴로 이동하여 슬라이서 스타일을 '드롭다운'으로 변경하고, '모두 선택' 옵션을 표시하도록 설정한다. 슬라이서 머리글을 제거한다. 그리고 슬라이서의 값은 '2022'로 선택한다.

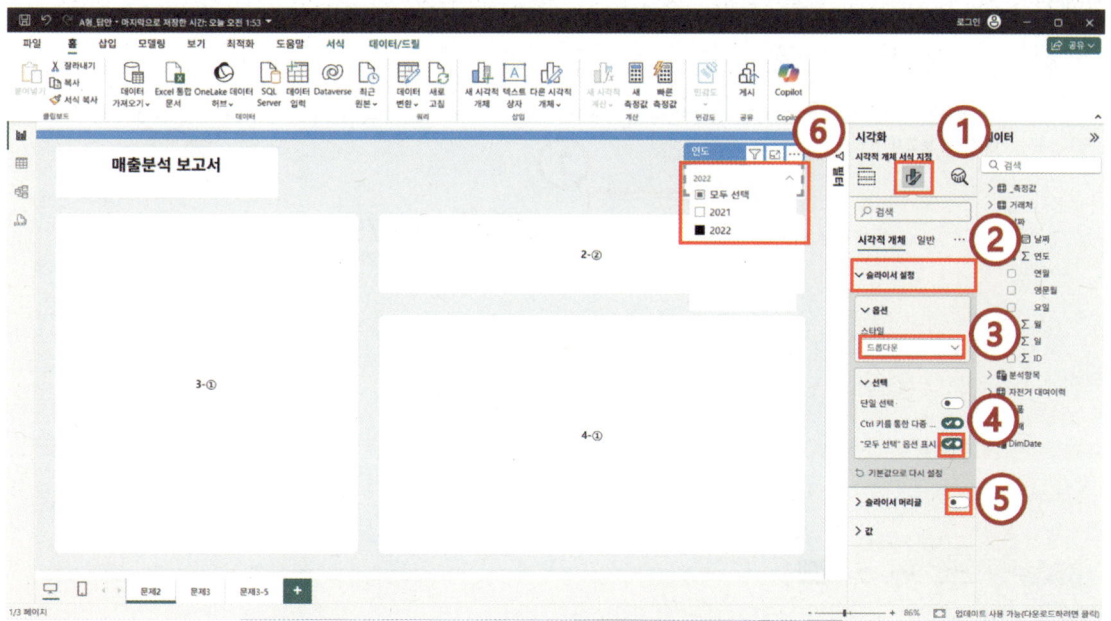

그림 4.1.27

문제 2-2-②

1. 카드 시각적 개체 3개를 추가한다. 각각의 카드 시각적 개체에 〈판매〉 테이블의 [총수량], [총매출금액], [매출이익률] 측정값을 각각 필드로 추가한다. 카드 시각적 개체 크기를 적절하게 조절하여 2-②에 나란히 배치한다.

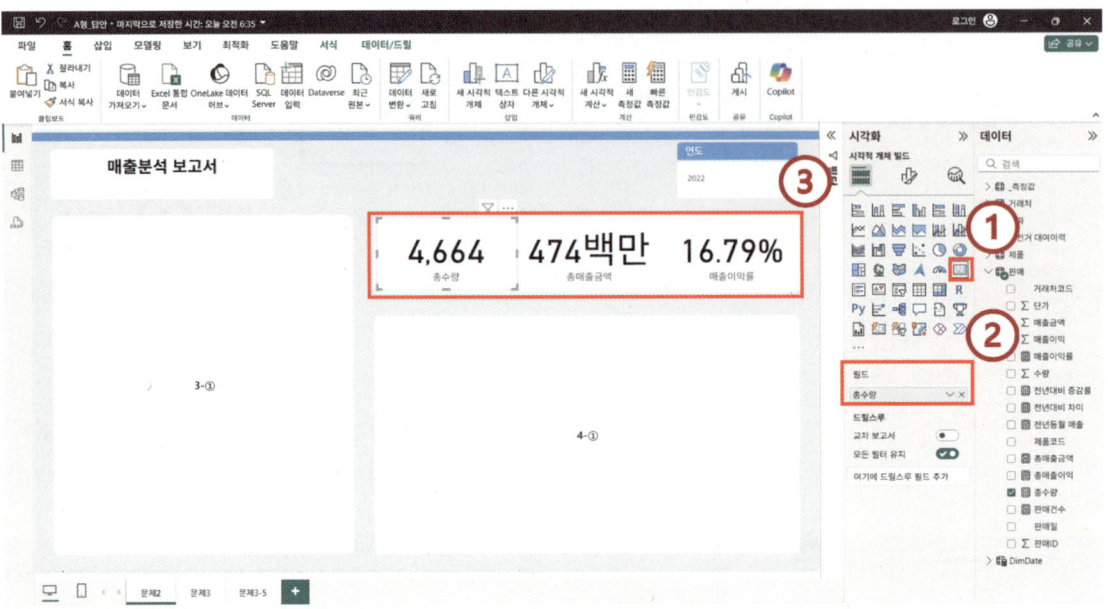

그림 4.1.28

2. [총수량] 카드를 클릭한 뒤 서식 지정 메뉴로 이동하여 글꼴 크기는 '20', 표시 단위는 '없음' 으로 변경한다.

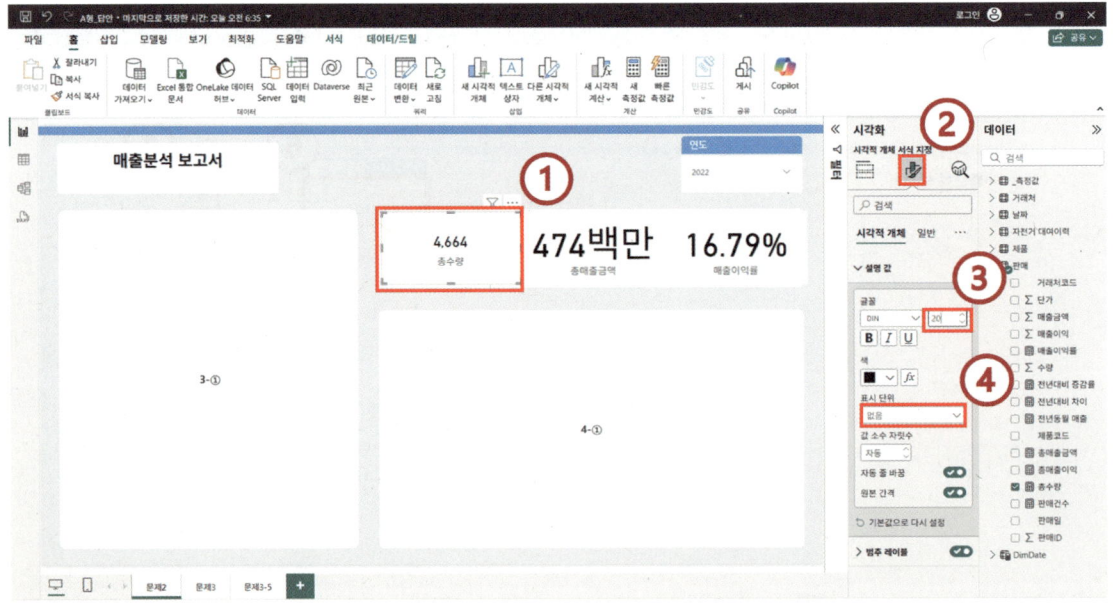

그림 4.1.29

3. [총매출금액] 카드를 클릭한 뒤 서식 지정 메뉴로 이동하여 글꼴 크기는 '20', 표시 단위는 '백만'으로 변경한다.

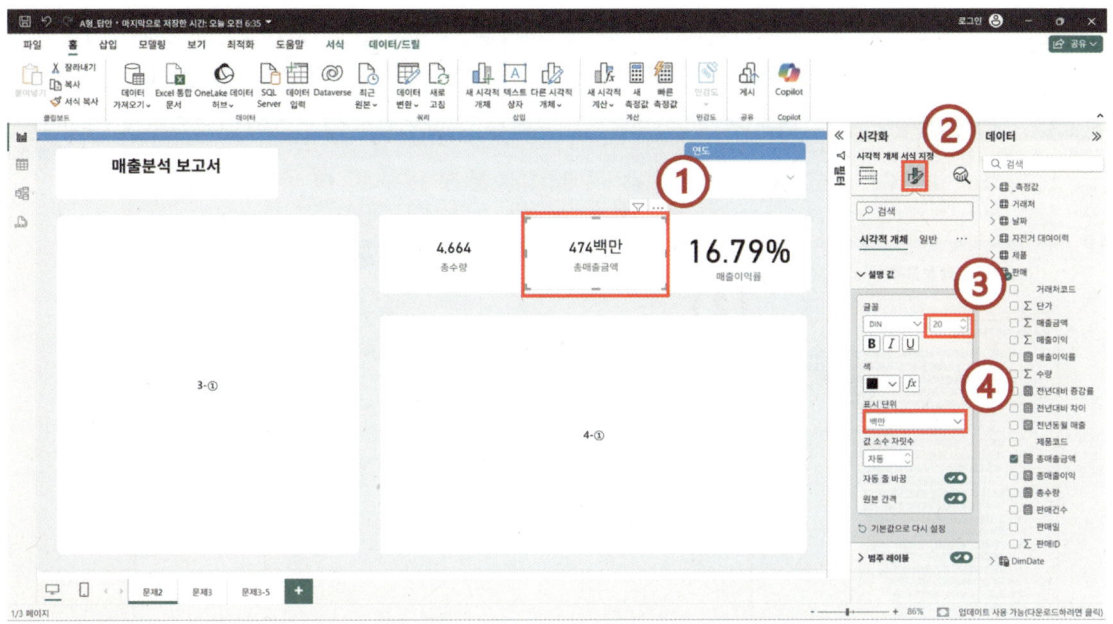

그림 4.1.30

4. [매출이익률] 카드를 클릭한 뒤 서식 지정 메뉴로 이동하여 글꼴 크기는 '20', 표시 단위는 '없음'으로 변경한다.

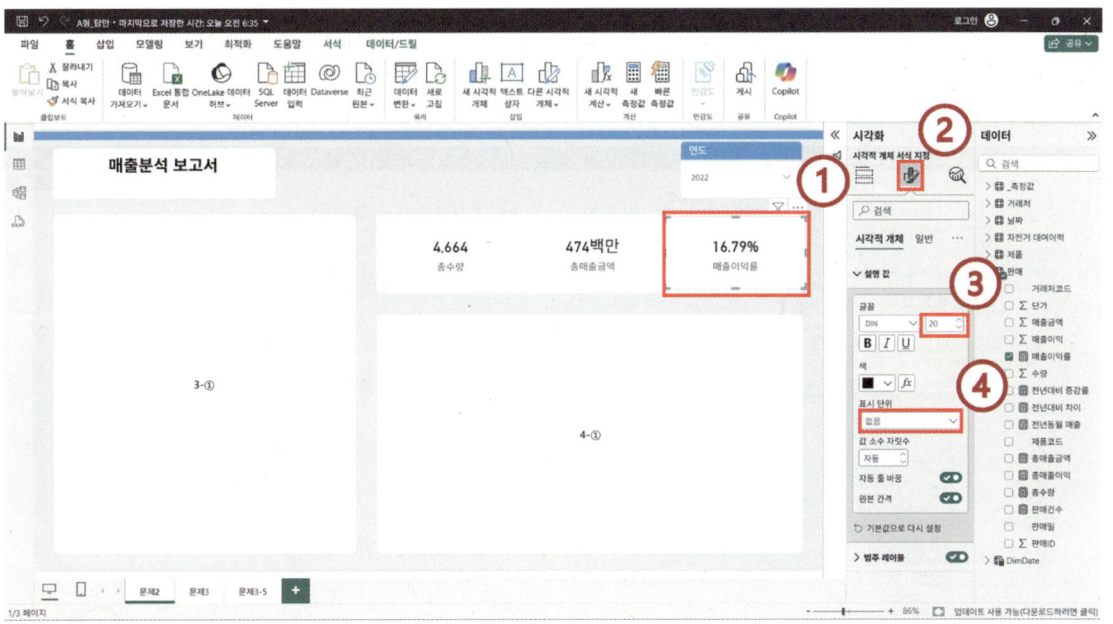

그림 4.1.31

문제 2-3-①

1. 묶은 가로 막대형 차트를 추가하여 사이즈를 적절하게 조정한 뒤 3-① 위치에 배치한다. 그리고 Y축에는 〈거래처〉 테이블의 [거래처명] 필드와 〈제품〉 테이블의 [분류명]과 [제품분류명] 필드를 배치한다. X축에는 〈판매〉 테이블의 [총매출금액] 측정값을 배치한다.

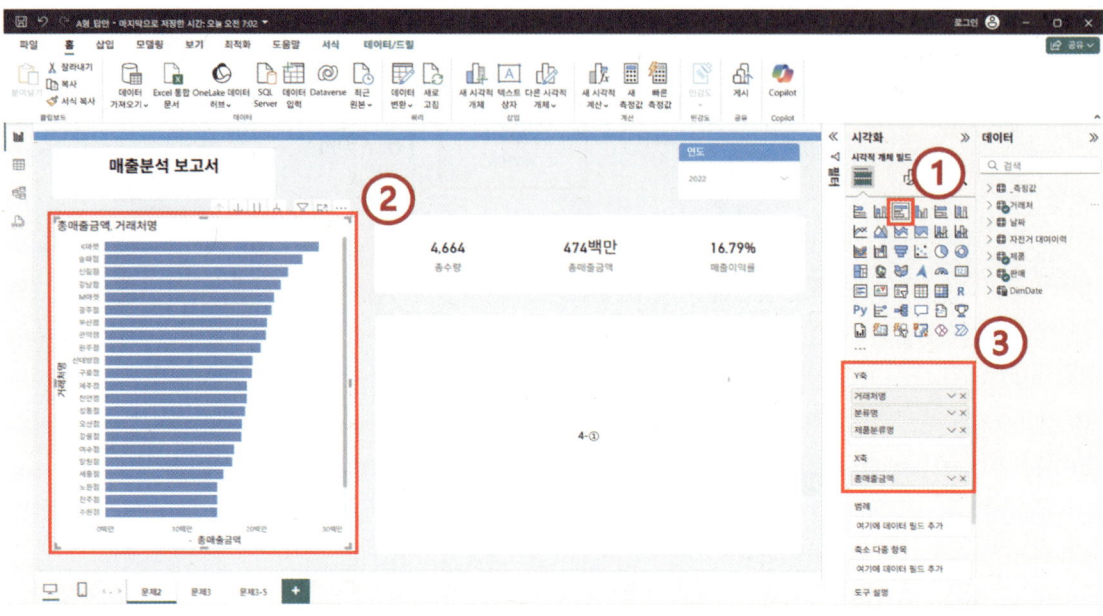

그림 4.1.32

2. 서식 지정 메뉴로 이동하여 Y축의 [레이블 연결] 기능을 활성화한다. 묶은 가로 막대형 차트에서 '계층 구조에서 한 수준 아래로 모두 확장' 아이콘을 클릭했을 때 Y축의 레이블이 문제에서 요구한 형태로 나타나는지 확인한다. 그리고 [드릴업] 아이콘을 클릭해서 다시 원래 상태로 복귀한다.

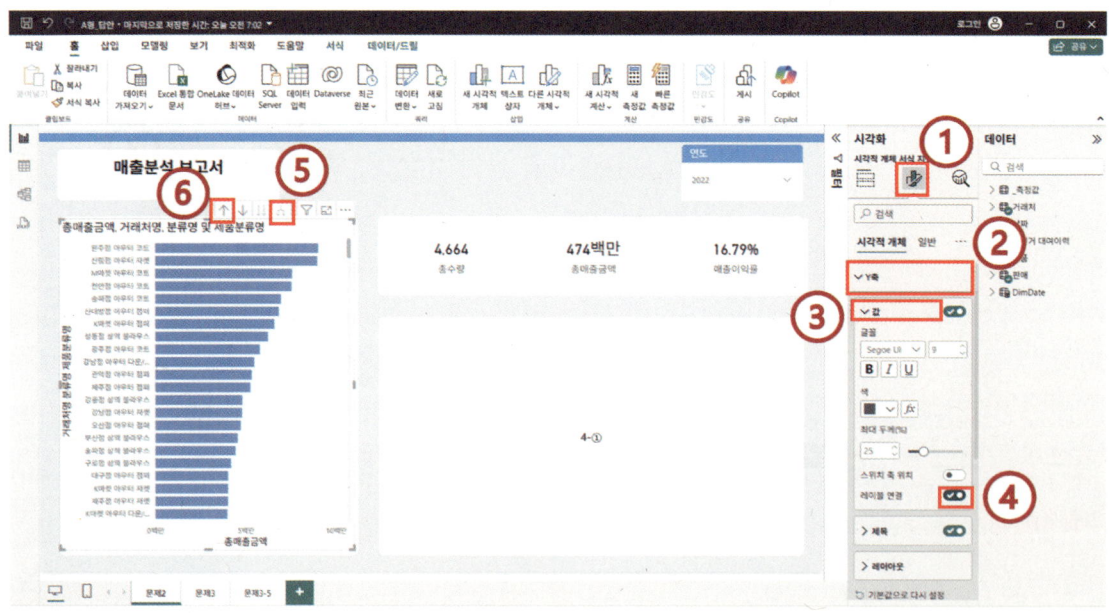

그림 4.1.33

3. [시각적 개체 필드] 패널로 돌아와서 [도구 설명] 영역에 〈판매〉 테이블의 [총수량] 측정값을 추가한다.

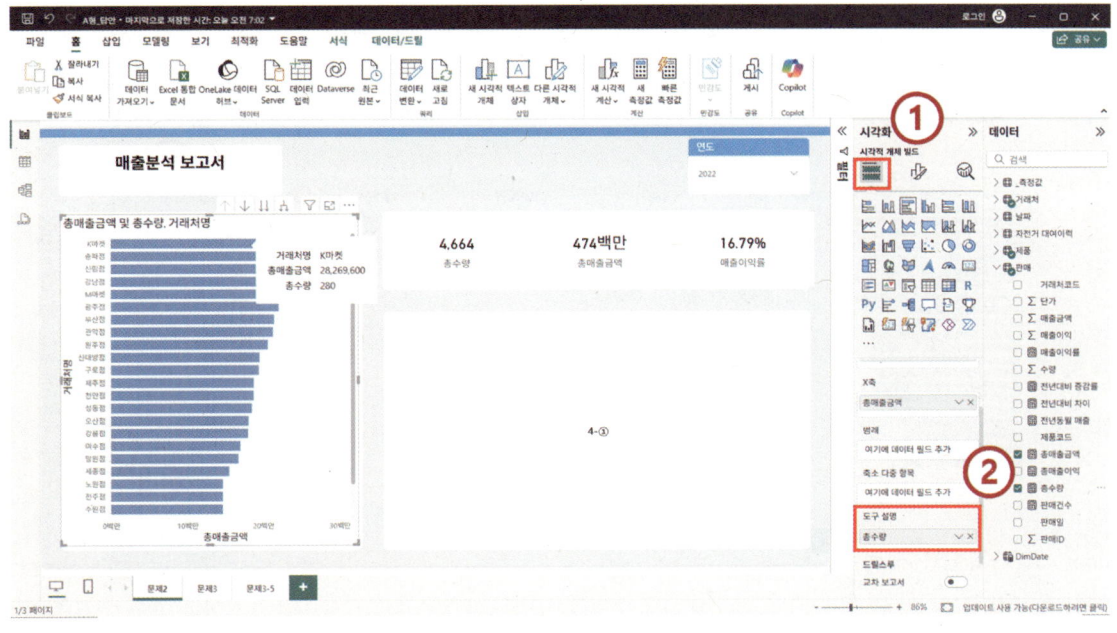

그림 4.1.34

문제 2-3-②

1. 서식 지정 메뉴로 이동하여 [일반] 메뉴로 이동한다. 그리고 차트 제목을 '거래처별'로 수정한다. 글꼴 서식은 'Segoe UI', '굵게'로 설정하고 가로 맞춤은 '가운데 맞춤'으로 설정한다.

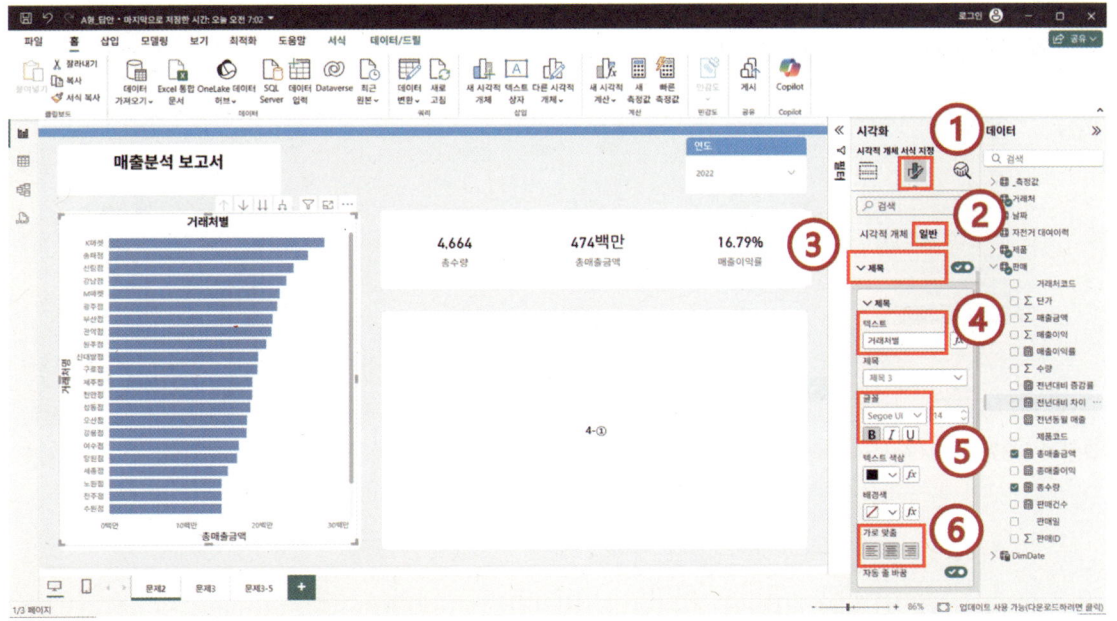

그림 4.1.35

2. [시각적 개체] 메뉴로 이동하여 Y축의 제목을 제거한다.

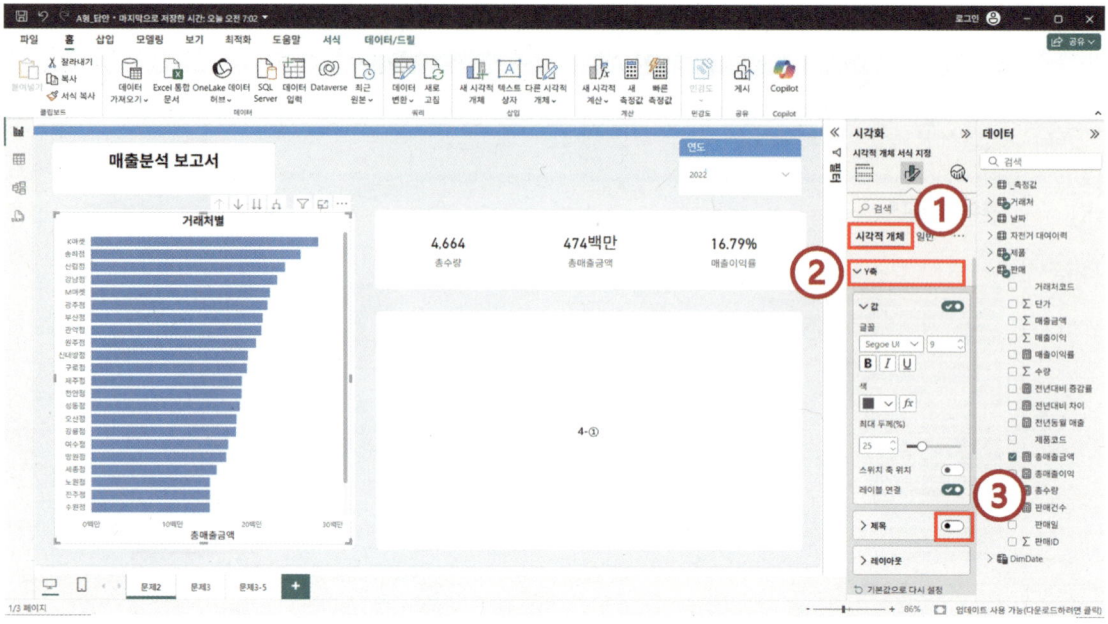

그림 4.1.36

3. X축의 표시 단위를 '백만'으로 설정하고 제목은 제거한다.

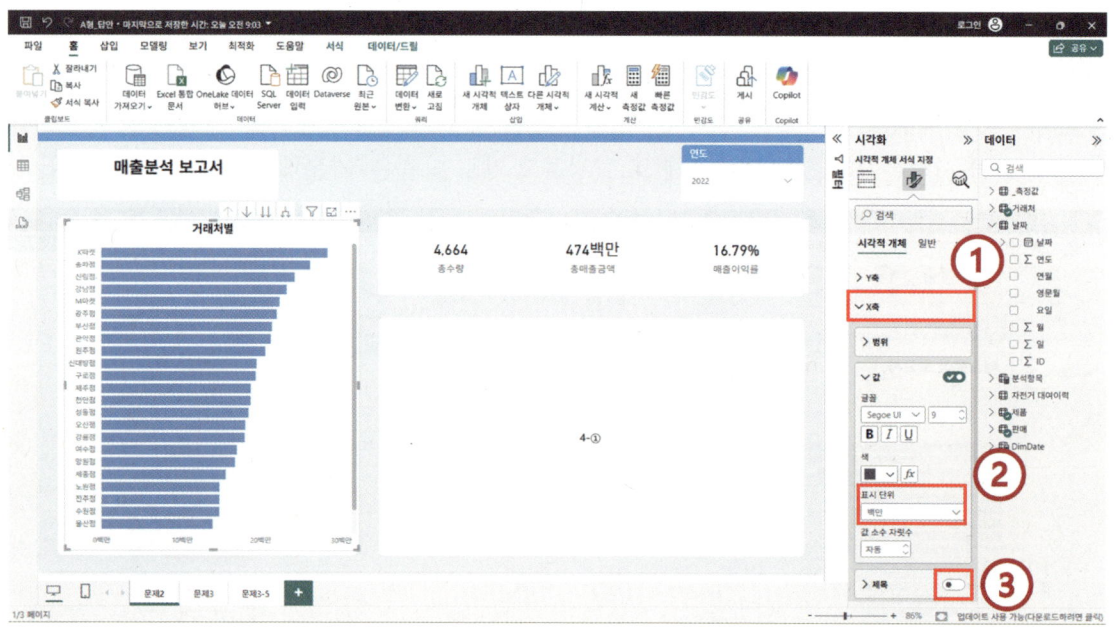

그림 4.1.37

4. 데이터 레이블을 활성화하고, [넘치는 텍스트] 토글을 클릭한다.

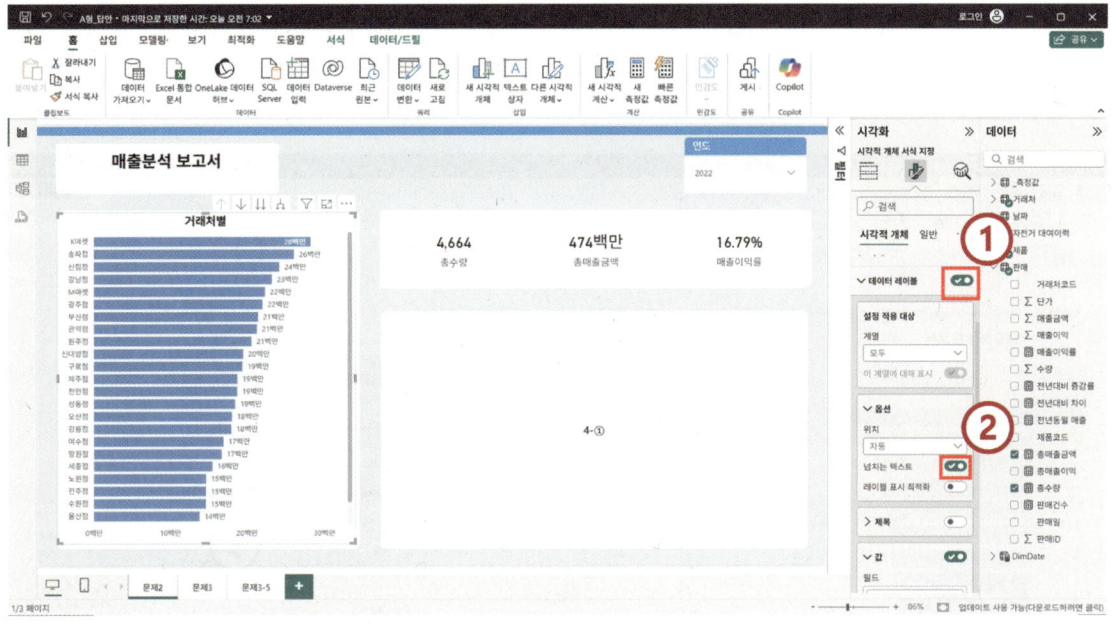

그림 4.1.38

5. 데이터 레이블의 표시 단위를 '백만'으로 설정한다.

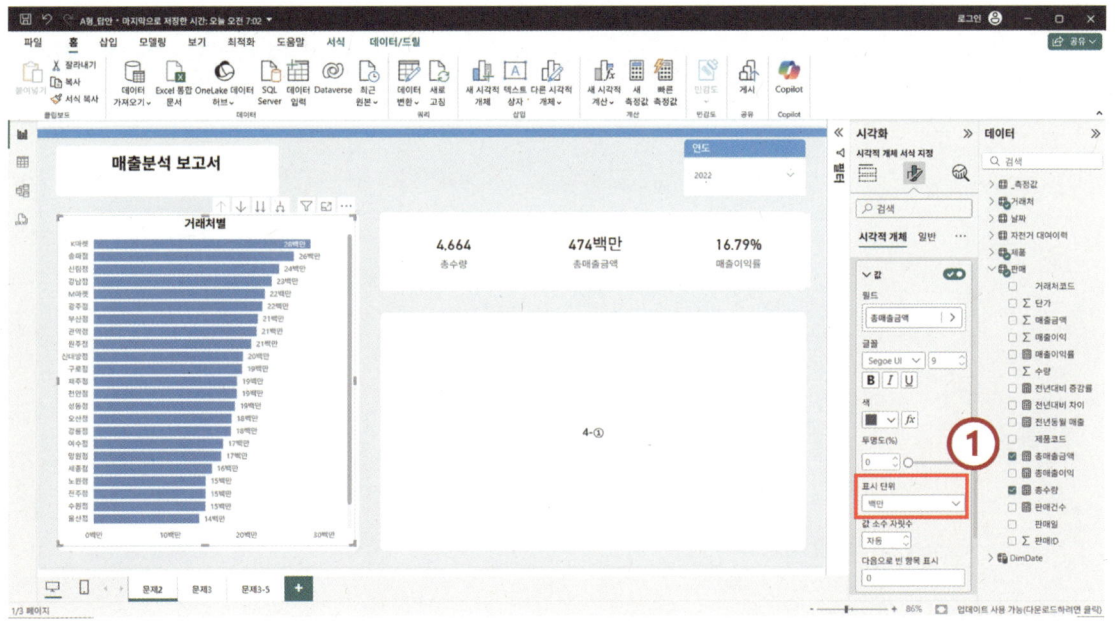

그림 4.1.39

문제 2-3-③

1. [필터] 패널을 확장한 뒤 [거래처명]의 필터 형식을 [상위 N]으로 변경한다. [값] 영역에 〈판매〉 테이블의 [총매출금액] 측정값을 추가한다. [항목 표시]를 위쪽으로 하여 10으로 설정한다. 그리고 [필터 적용]을 누른다.

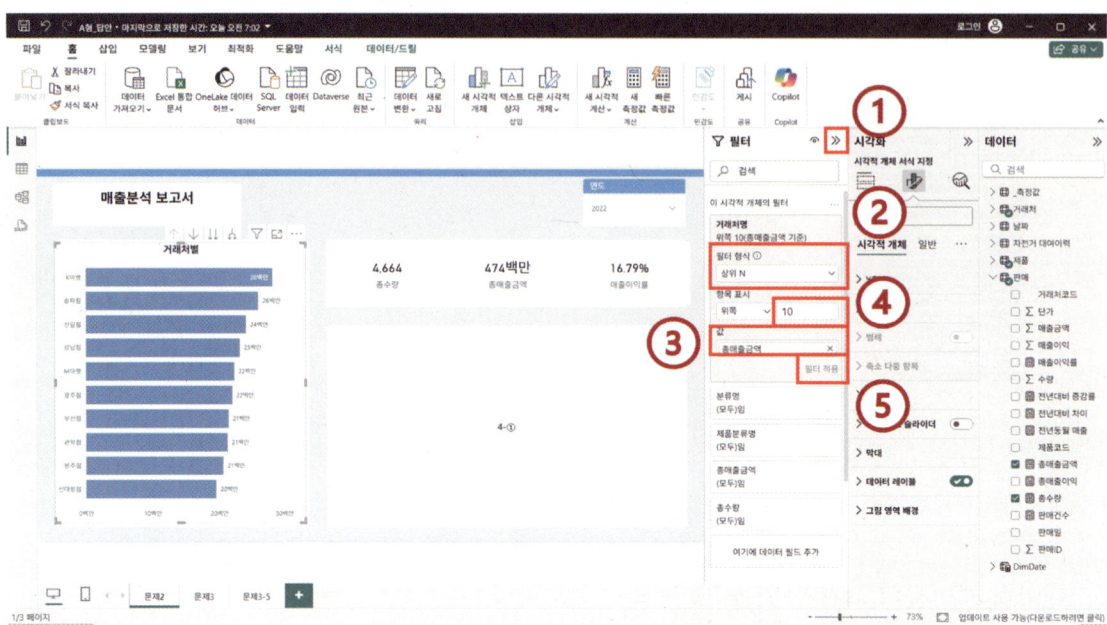

그림 4.1.40

문제 2-4-①

1. 꺾은선형 차트를 추가한 뒤 사이즈를 적절하게 조절하여 4-①에 배치한다. X축에는 [날짜] 계층의 [연도]와 [월]만 선택하여 추가한다. Y축에는 〈판매〉 테이블의 [총매출금액] 측정값을 추가한다. 범례에는 〈제품〉 테이블의 [분류명] 필드를 추가한다.

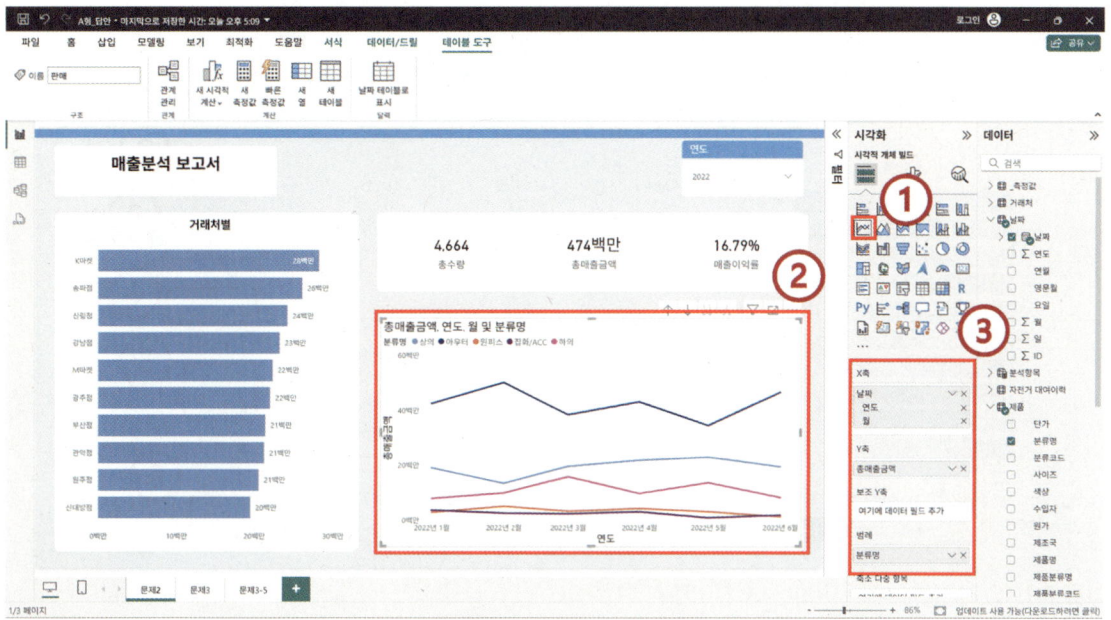

그림 4.1.41

문제 2-4-②

1. 서식 지정으로 이동하여 [일반] 메뉴로 이동한다. 차트 제목을 '기간별'로 설정한 뒤 글꼴을 'Segoe UI', '굵게'로 변경한다. 가로 맞춤은 '가운데 맞춤'으로 설정한다.

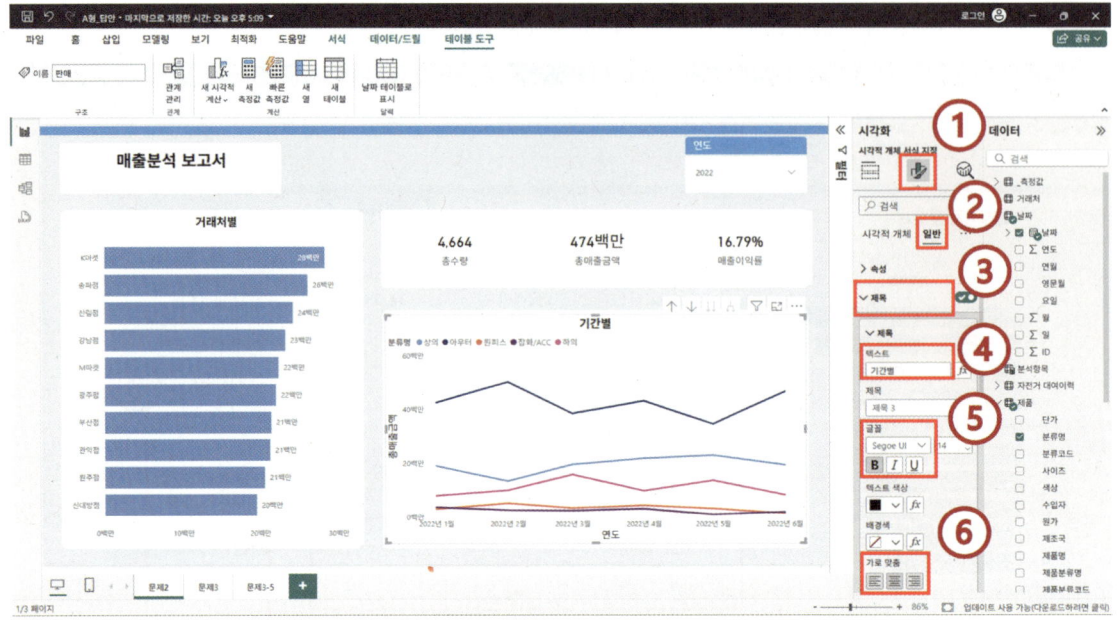

그림 4.1.42

2. [시각적 개체] 메뉴로 이동한 후 X축 제목을 제거한다.

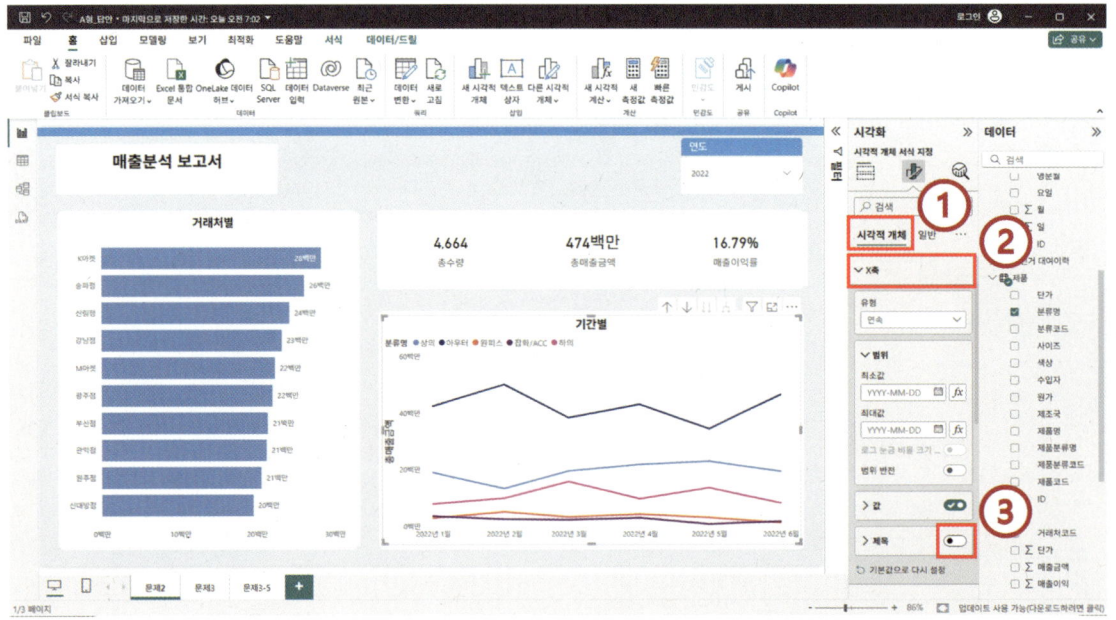

그림 4.1.43

3. Y축의 표시 단위를 '백만'으로 설정하고 Y축의 제목을 제거한다.

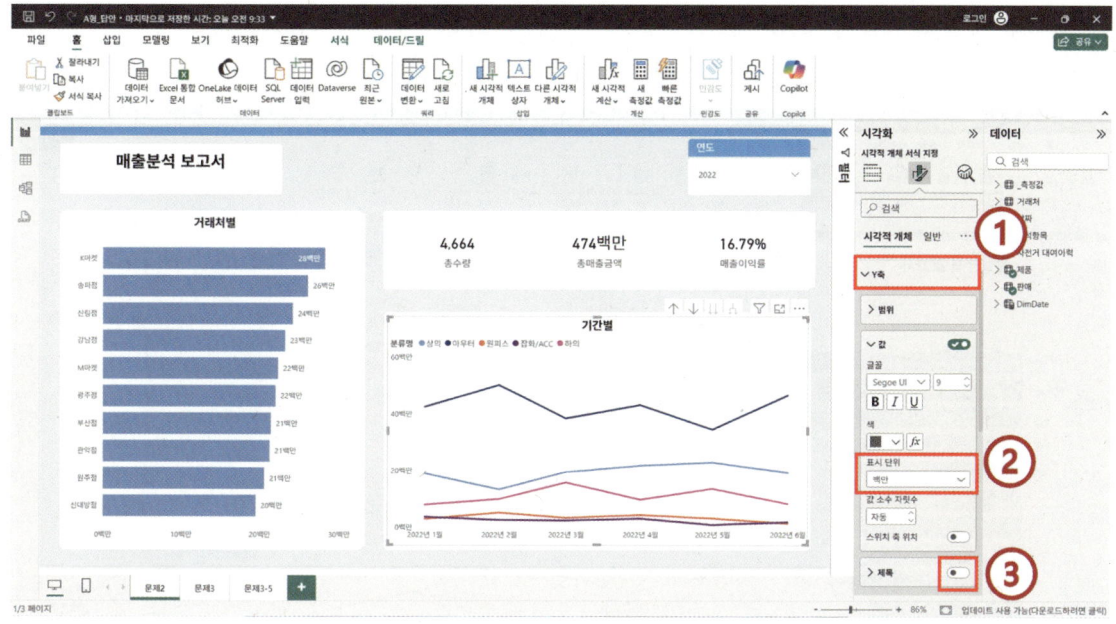

그림 4.1.44

4. [표식] 메뉴에서 [도형] 유형을 원형(●)으로 설정하고 크기는 '5'로 설정한다. 색은 '#094780'으로 설정한다.

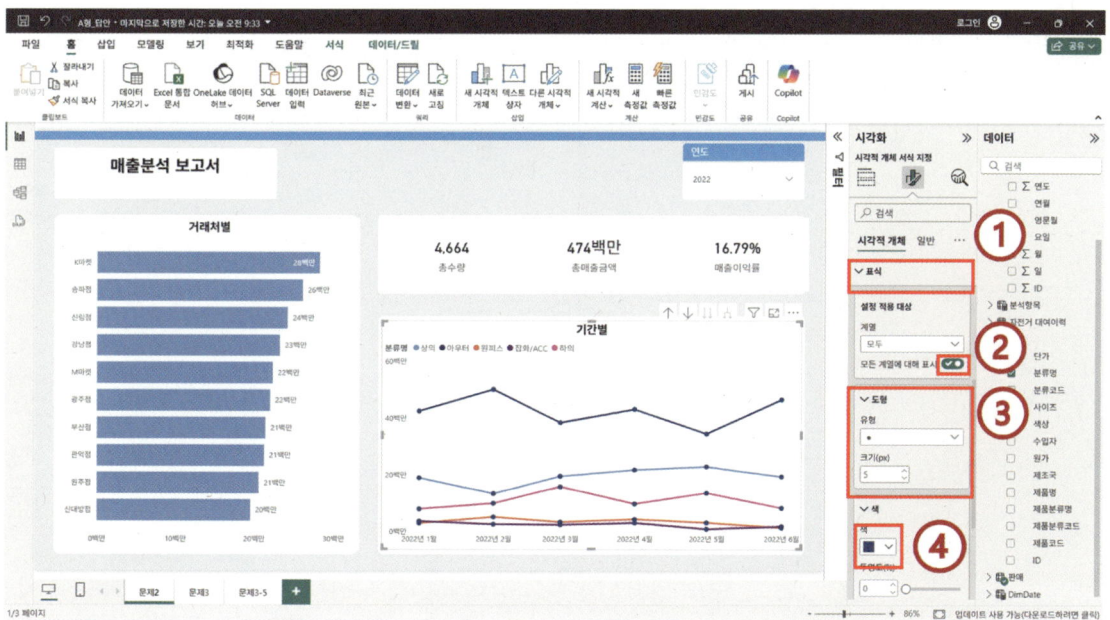

그림 4.1.45

문제 2-4-③

1. [분석] 패널로 이동하여 [추세선]을 활성화한다. 그리고 [계열 결합] 토글을 클릭해서 해제한다.

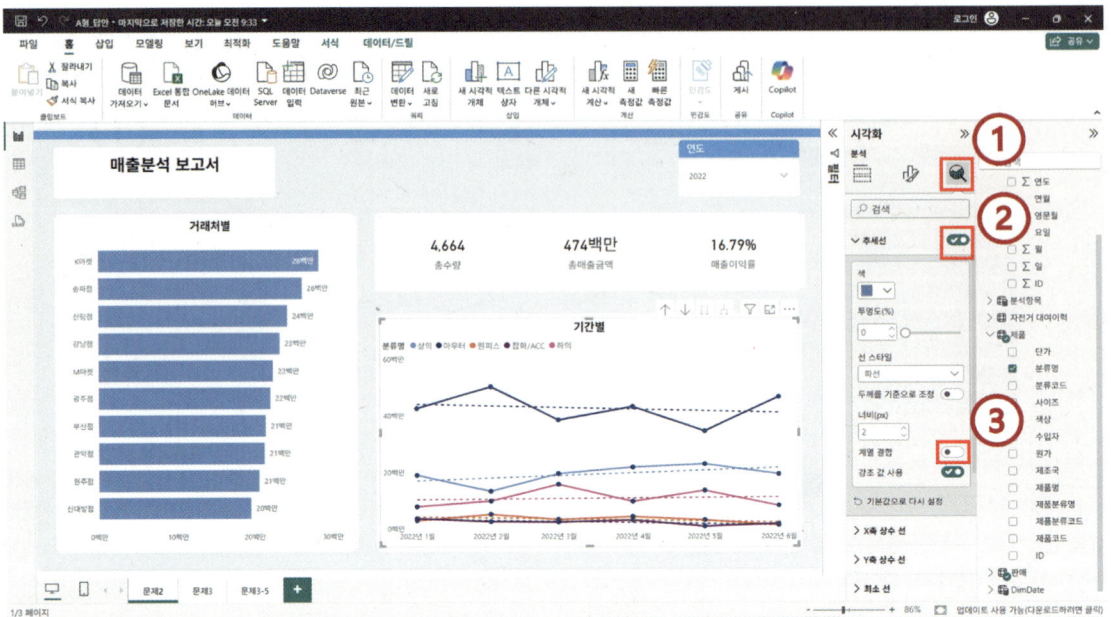

그림 4.1.46

| 문제3 | 복합요소 구현 | 50점 |

문제 3-1-①

1. 슬라이서를 2개 추가하여 각각 1-①, 1-② 위치에 배치한다. 1-① 위치에 있는 슬라이서에는 〈날짜〉 테이블의 [연도] 필드를 추가하고, 1-② 위치에 있는 슬라이서에는 〈날짜〉 테이블의 [월] 필드를 추가한다.

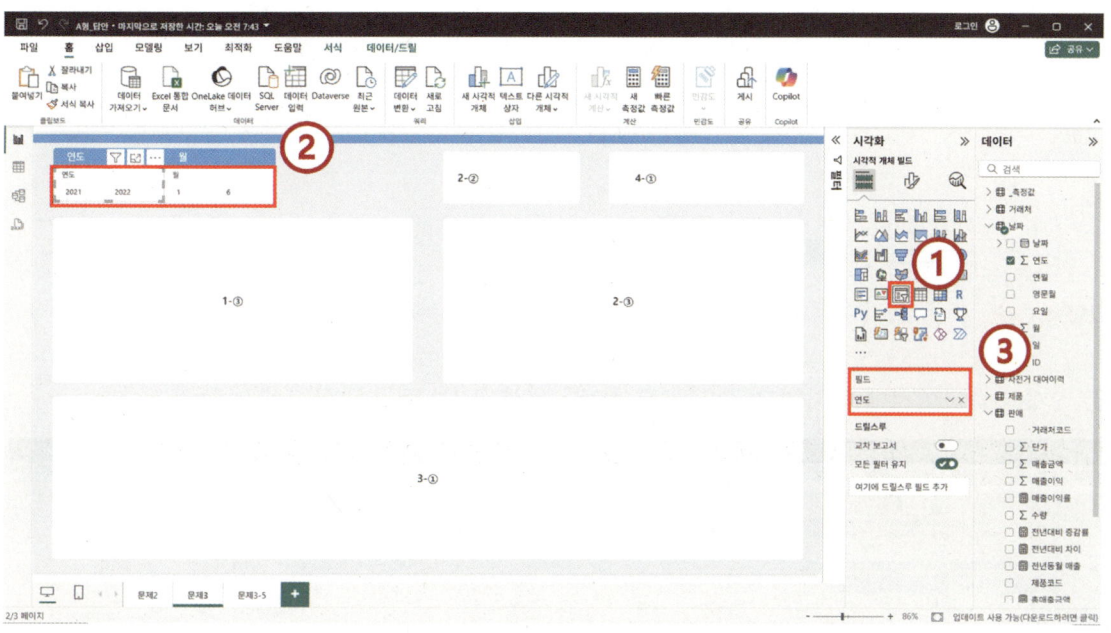

그림 4.1.47

2. 2개의 슬라이서에 대하여 각각 슬라이서 스타일을 '드롭다운'으로 변경한다.

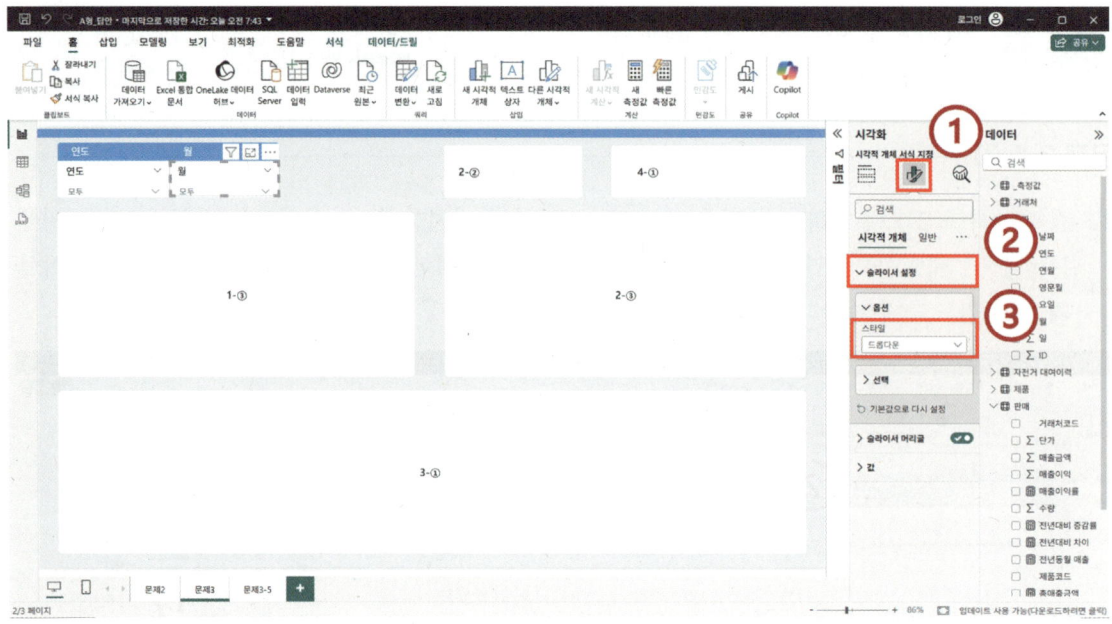

그림 4.1.48

3. 2개의 슬라이서에 대하여 각각 ["모두 선택" 옵션 표시] 토글을 클릭해서 활성화한다.

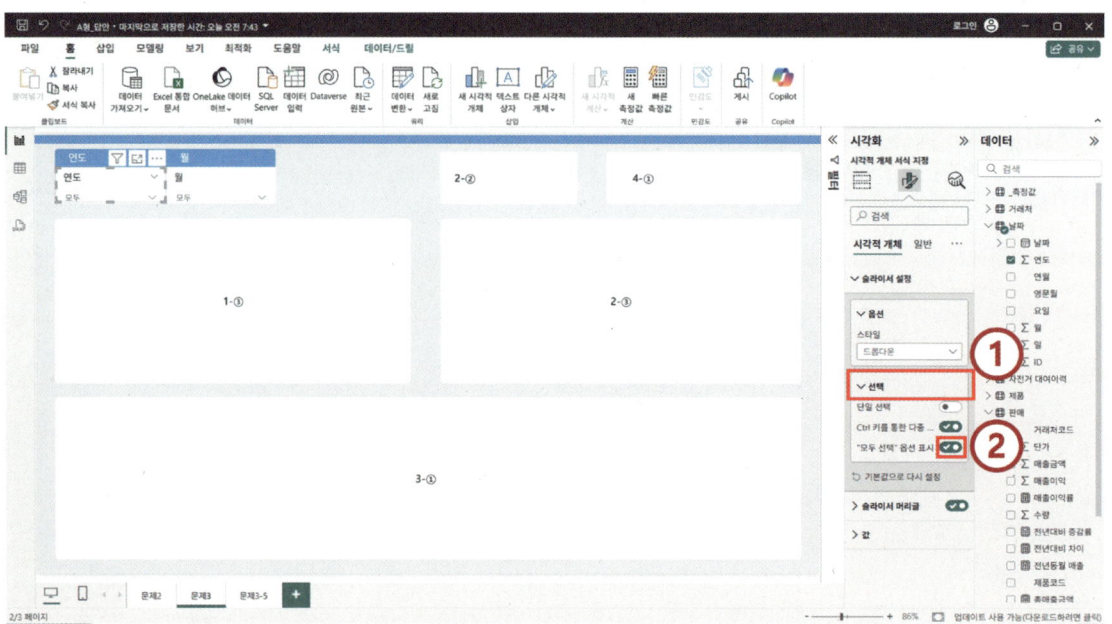

그림 4.1.49

4. 2개의 슬라이서에 대하여 각각 [슬라이서 머리글] 버튼을 클릭해 해제한다.

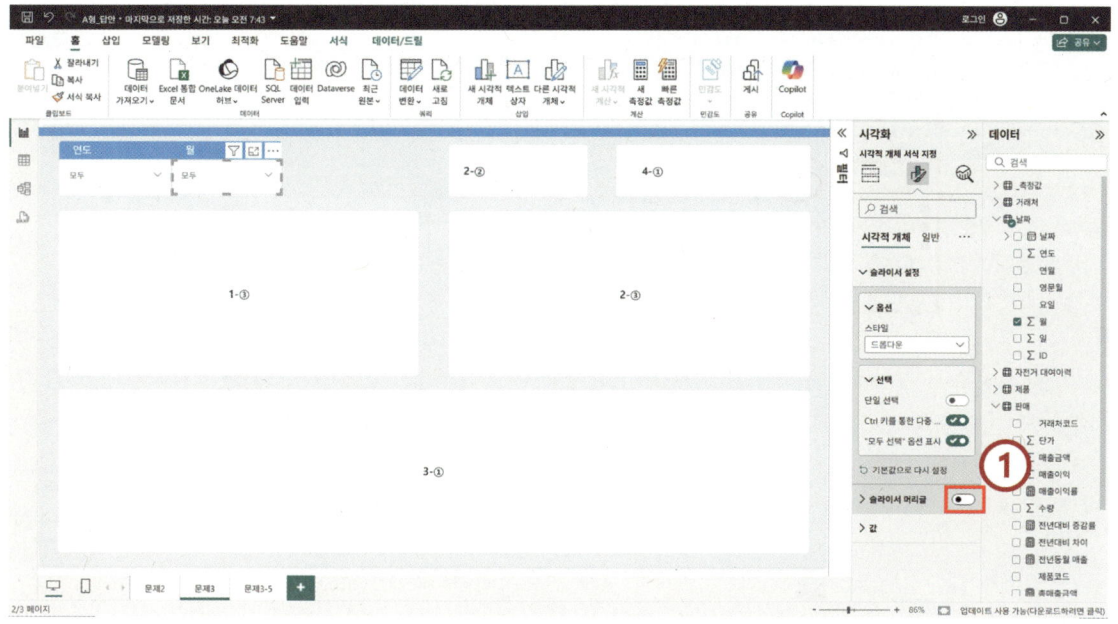

그림 4.1.50

5. 연도 슬라이서에 '2022' 값으로 필터를 적용한다.

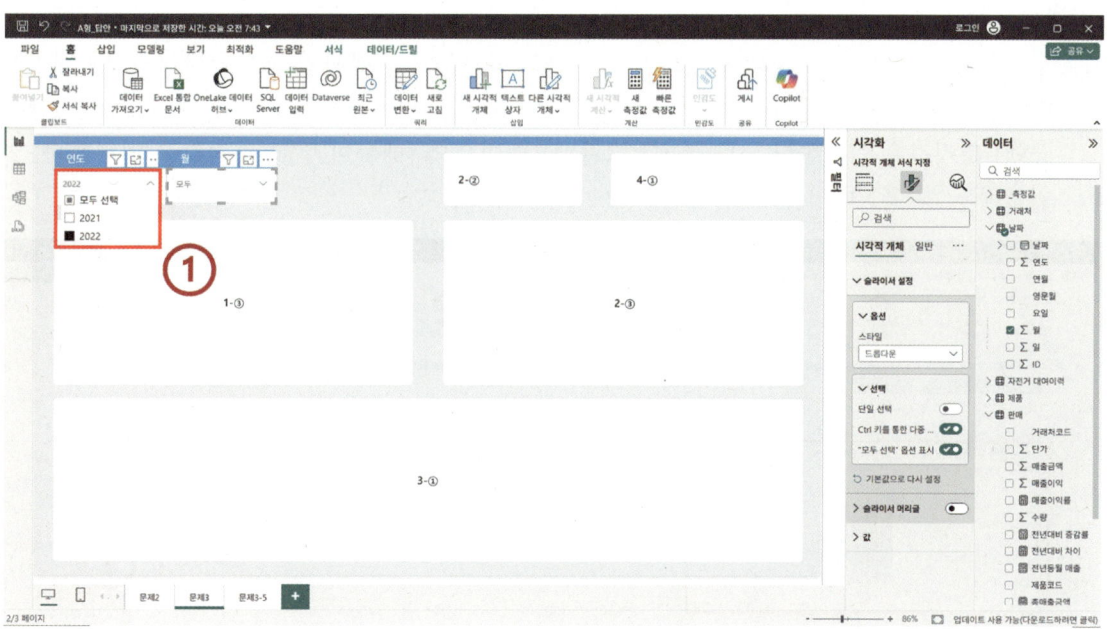

그림 4.1.51

6. 월 슬라이서에 '1', '2', '3' 필터를 적용한다.

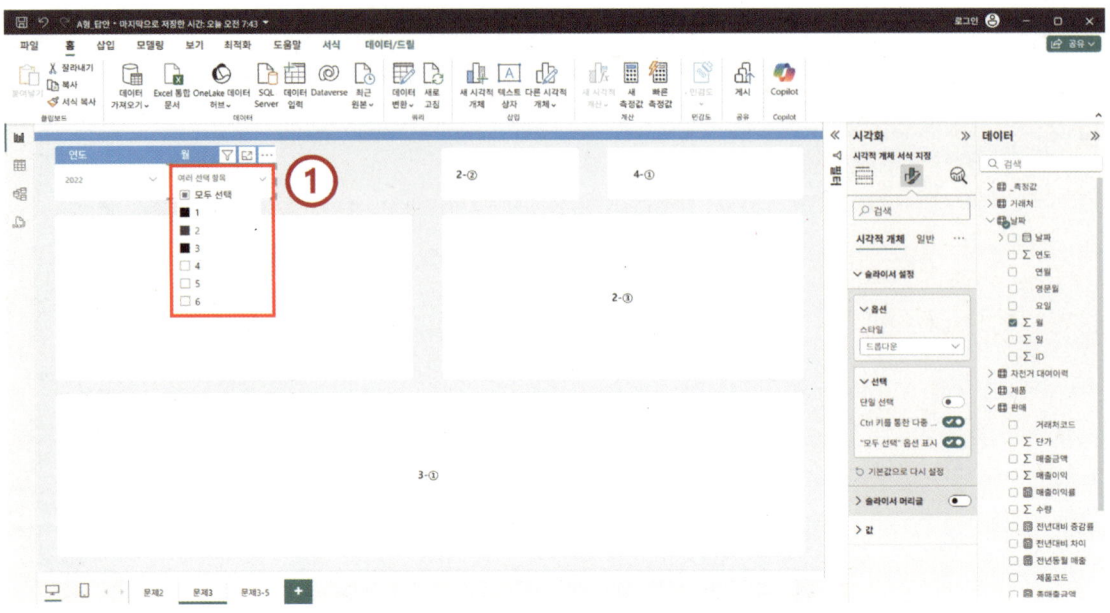

그림 4.1.52

문제 3-1-②

1. 꺾은선형 및 누적 세로 막대형 차트를 추가하고 사이즈를 적절하기 조절한 뒤 1-③에 배치한다. X축에는 〈날짜〉 테이블의 [연도] 필드를 입력한다. 열 y축에는 〈판매〉 테이블의 [총매출금액] 측정값을 입력한다. 선 y축에는 〈판매〉 테이블의 [매출이익률] 측정값을 입력한다. 열 범례에는 〈제품〉 테이블의 [분류명] 필드를 입력한다.

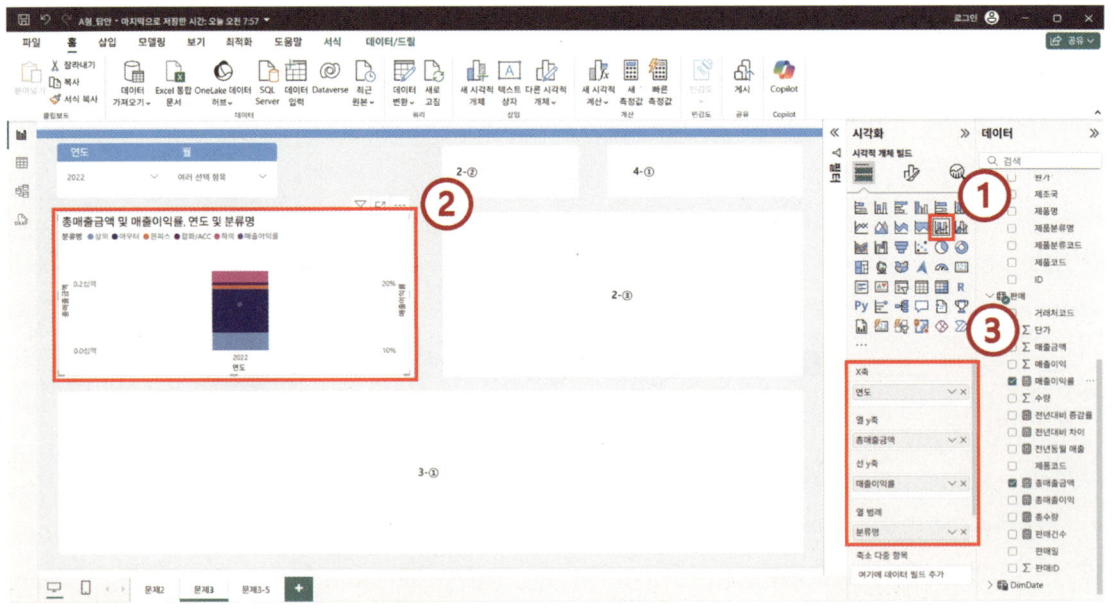

그림 4.1.53

2. 서식 지정 패널로 이동하여 [데이터 레이블]을 활성화한다. 그리고 [설정 적용 대상]을 '모두'로 설정한다.

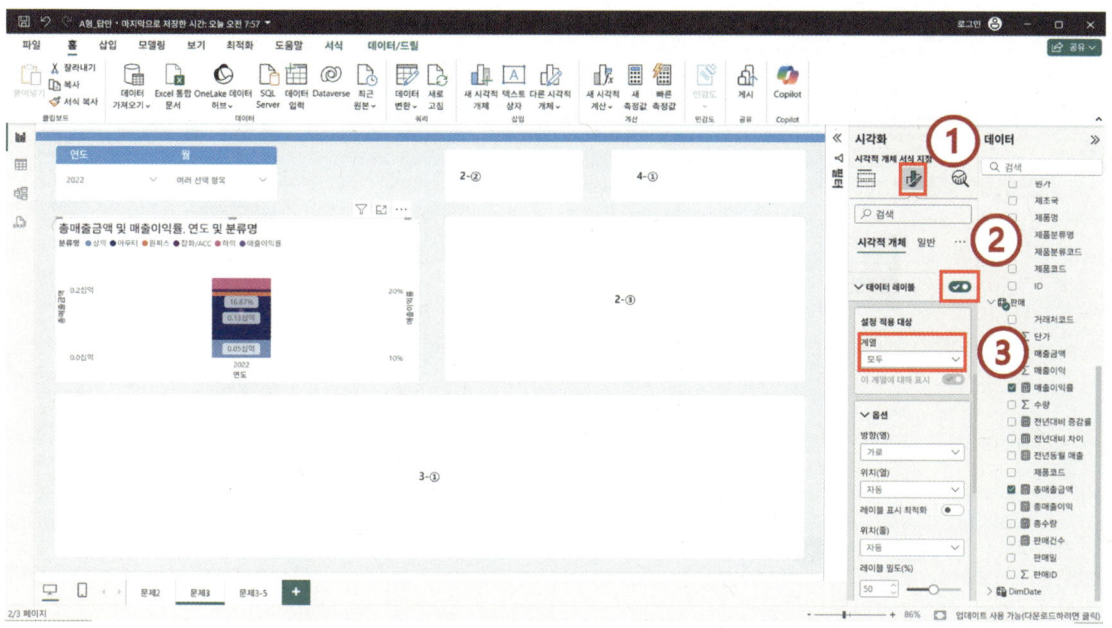

그림 4.1.54

3. 데이터 레이블의 [표시 단위]를 '백만'으로 설정한다.

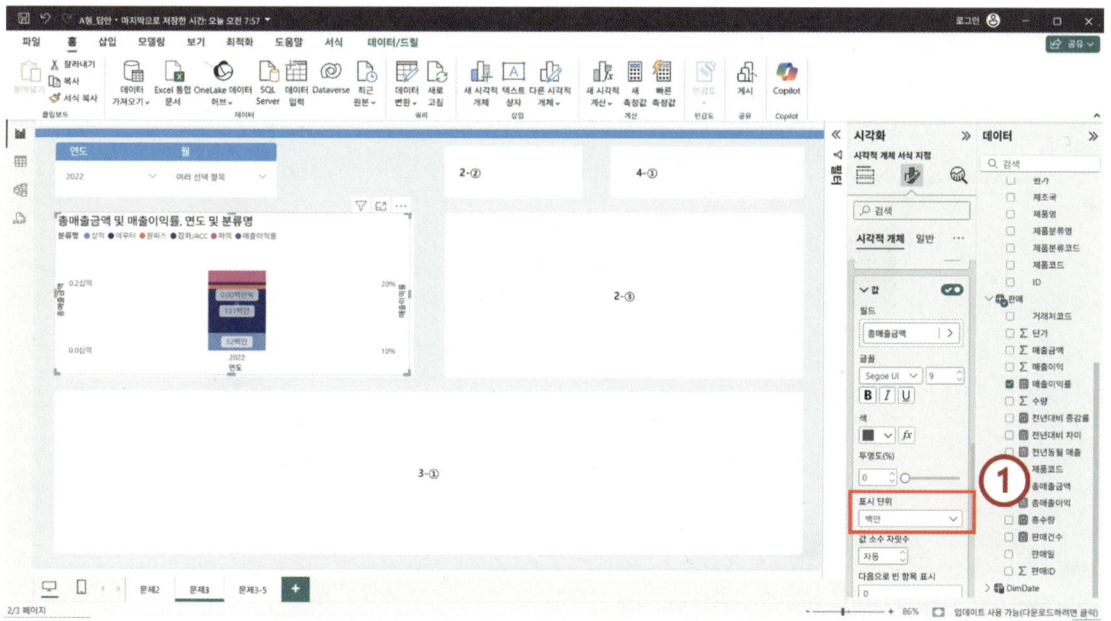

그림 4.1.55

4. 데이터 레이블의 [설정 적용 대상]을 '매출이익률'로 변경한다.

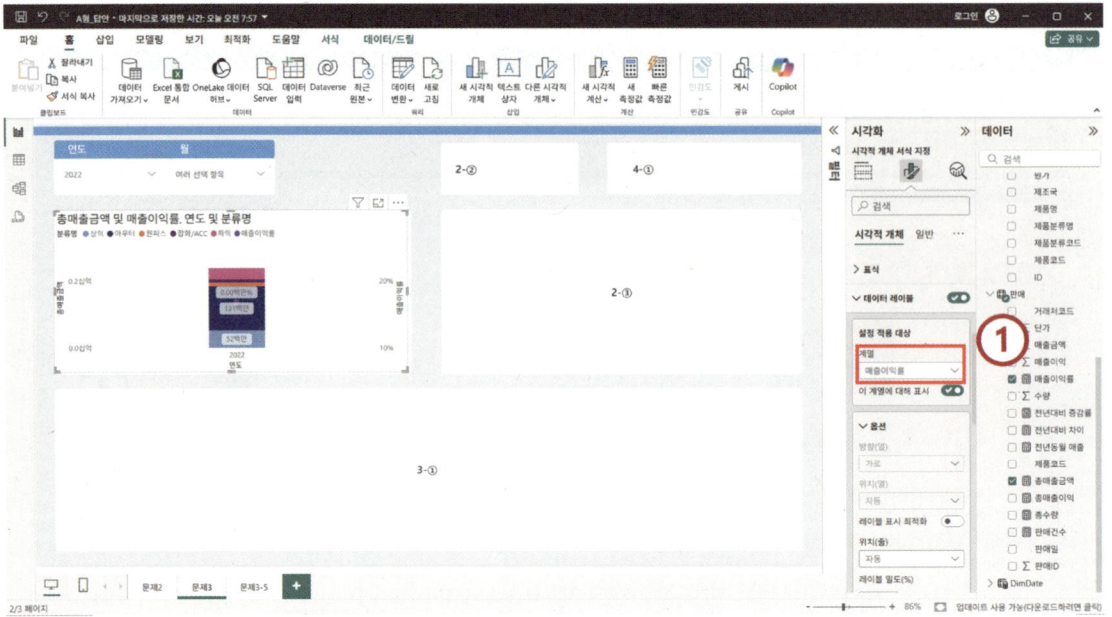

그림 4.1.56

5. [표시 단위]를 '없음'으로 설정한다.

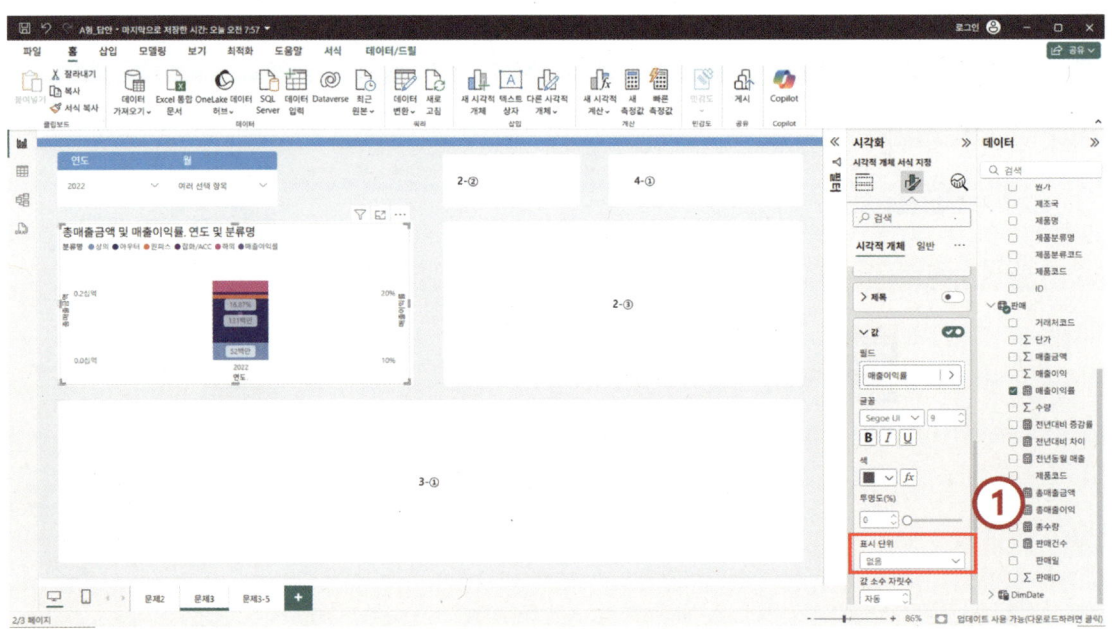

그림 4.1.57

6. [일반] 메뉴로 이동하여 제목을 '연도별'로 설정한다. 글꼴은 'Segoe UI', '굵게'로 설정하고 가로 맞춤은 '가운데'로 설정한다.

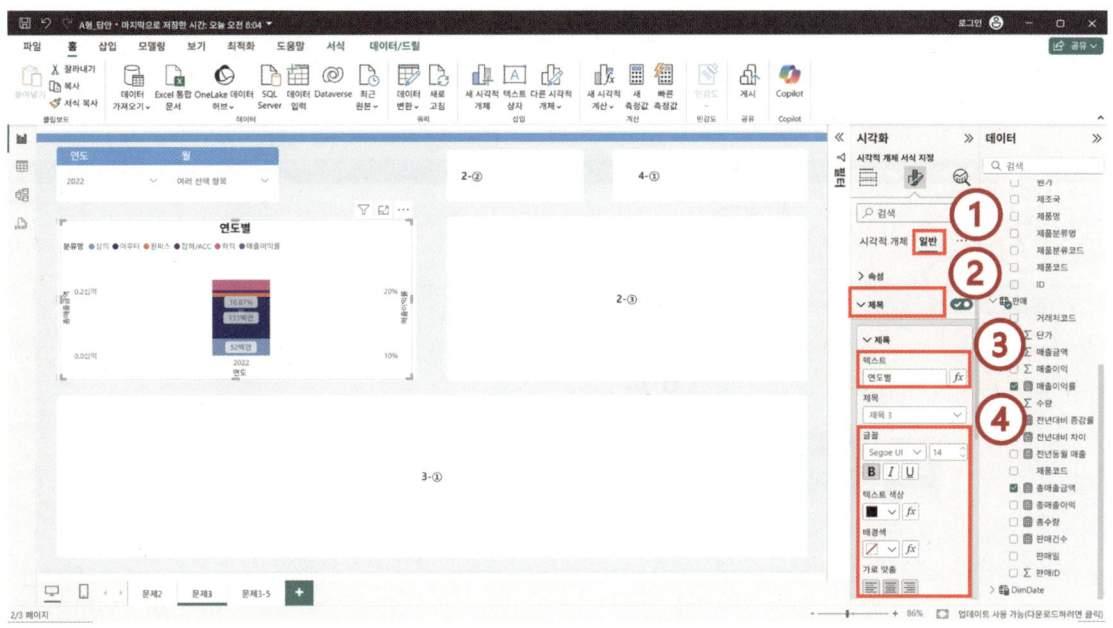

그림 4.1.58

7. [시각적 개체] 메뉴로 이동한 뒤 X축의 [유형]을 '범주별'로 설정한다. 꺾은선형 및 누적 세로 막대형 차트의 축 정렬을 [연도] 기준으로 오름차순 정렬되도록 설정한다.

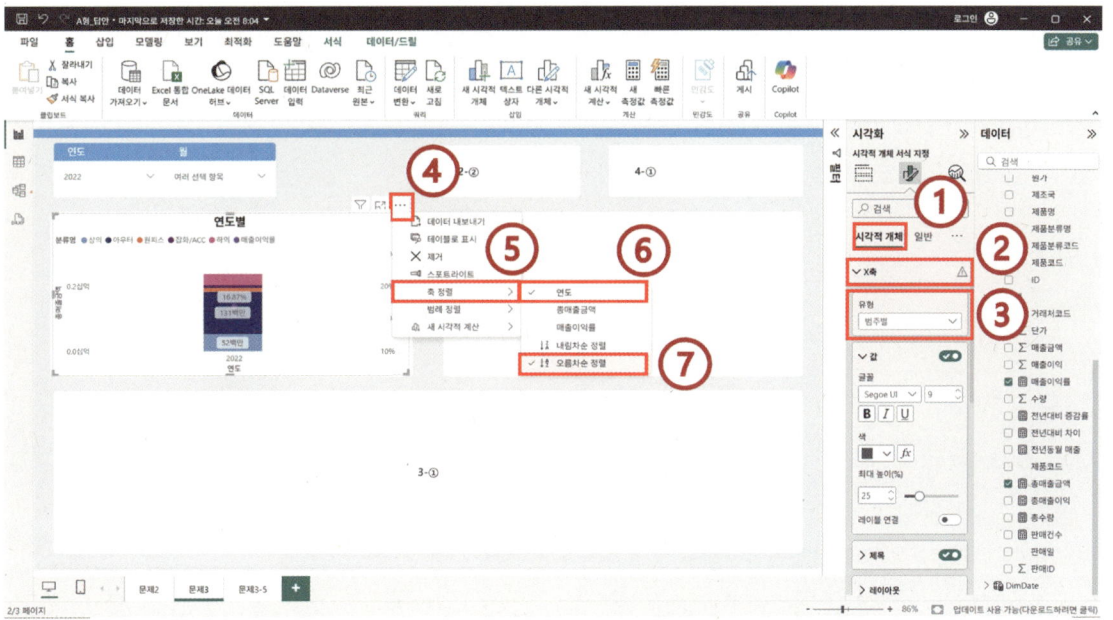

그림 4.1.59

문제 3-1-③

1. [연도] 슬라이서를 선택한 뒤 [서식]으로 이동한다. [상호 작용 편집] 버튼을 클릭한 뒤 꺾은 선형 및 누적 세로 막대형 차트의 상호작용을 '없음'으로 설정한다. [월] 슬라이서를 선택한 뒤 마찬가지로 꺾은선형 및 누적 세로 막대형 차트의 상호작용을 '없음'으로 설정한다. 그리고 나서 [상호 작용 편집] 버튼을 다시 클릭한다.

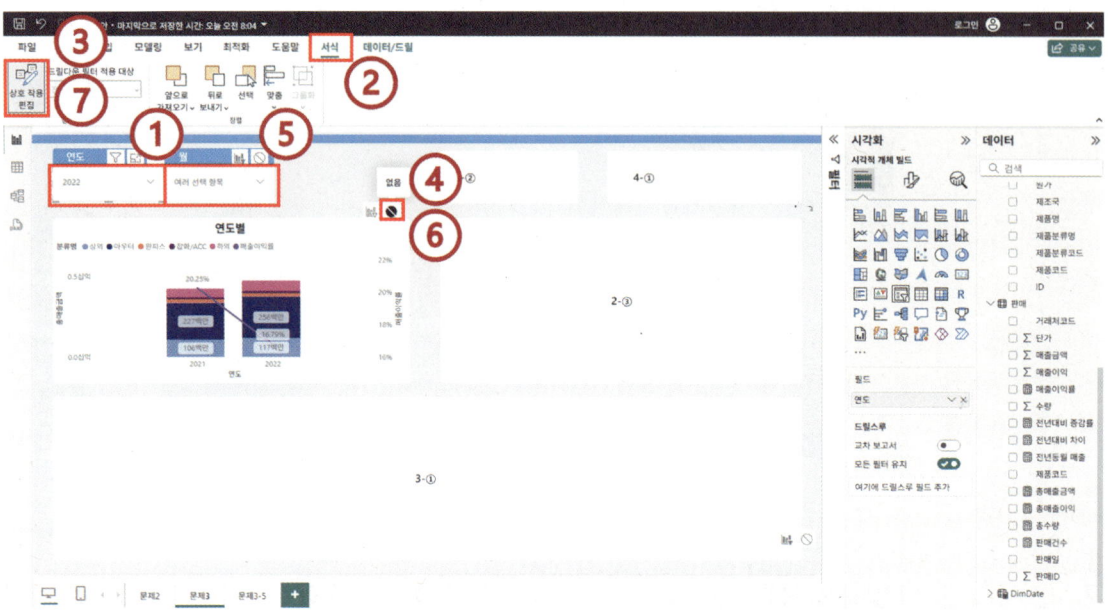

그림 4.1.60

문제 3-2-①

1. [모델링] 메뉴로 이동하여 [새 매개 변수]를 클릭한다. 그리고 [필드]를 선택한다.

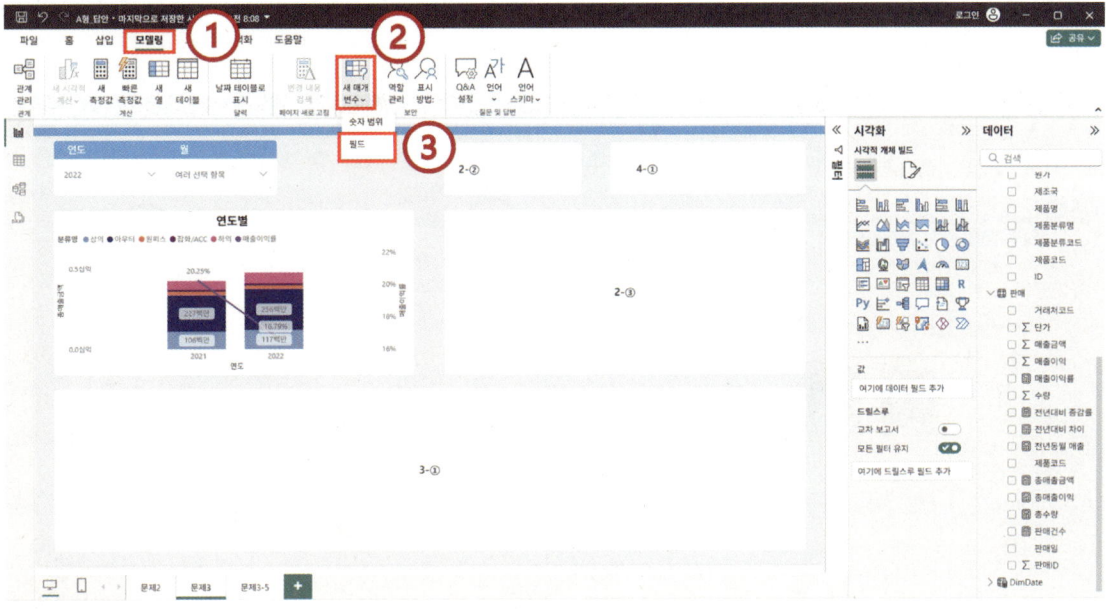

그림 4.1.61

2. [매개 변수] 화면에서 [필드]가 선택되었는지 확인한다. [이름]을 '분석항목'으로 설정하고 〈판매〉 테이블의 [총수량]과 [총매출금액] 측정값을 추가한다. [이 페이지에 슬라이서 추가]를 선택한다. 추가한 [총수량] 측정값 이름을 [수량]으로 변경하고 [총매출금액] 측정값 이름을 [매출금액]으로 변경한다. 그리고 나서 [만들기] 버튼을 클릭한다.

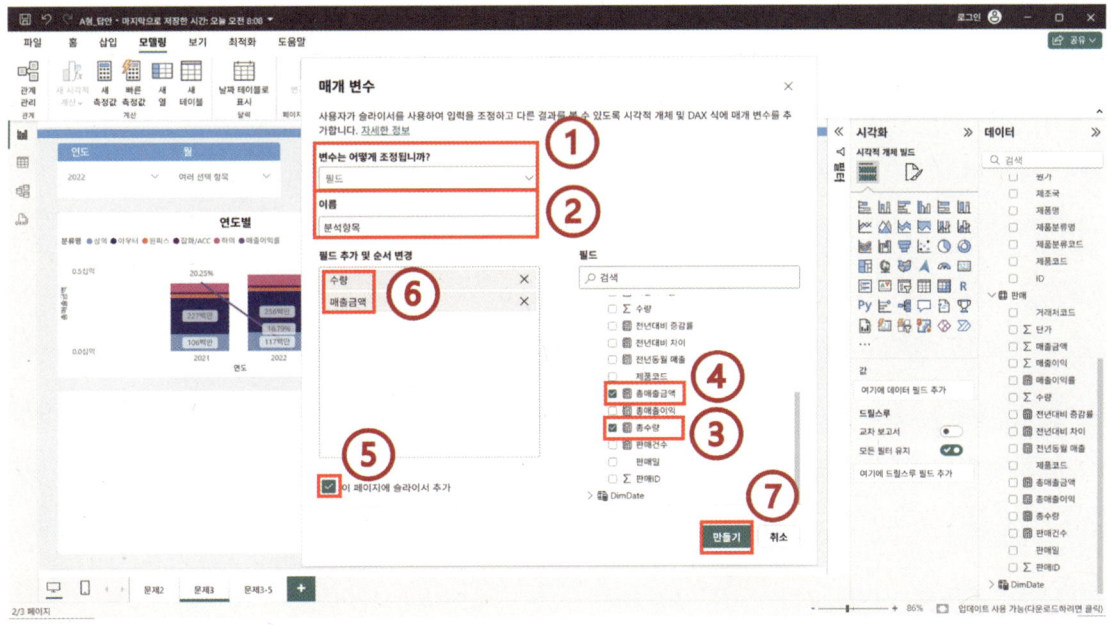

그림 4.1.62

문제 3-2-②

1. 추가된 분석항목 슬라이서를 적절한 사이즈로 조절하여 2-② 위치에 배치한다. 서식 지정 메뉴로 이동하여 슬라이서 스타일을 '드롭다운'으로 설정한다. [단일 선택] 기능을 활성화한다. 분석항목 슬라이서의 값을 '수량'으로 설정한다.

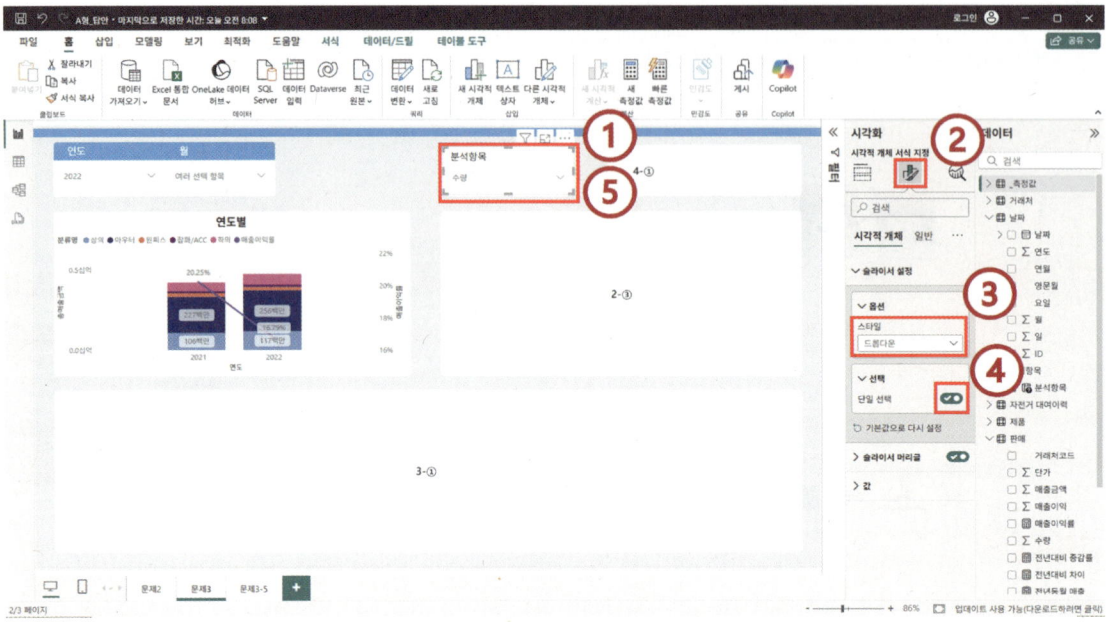

그림 4.1.63

문제 3-2-③

1. 묶은 세로 막대형 차트를 추가한 뒤 적절한 사이즈로 조정하여 2-③ 위치에 배치한다. X축에는 〈제품〉 테이블의 [분류명] 필드를 추가하고 Y축에는 〈분석항목〉 테이블의 [분석항목] 필드를 추가한다.

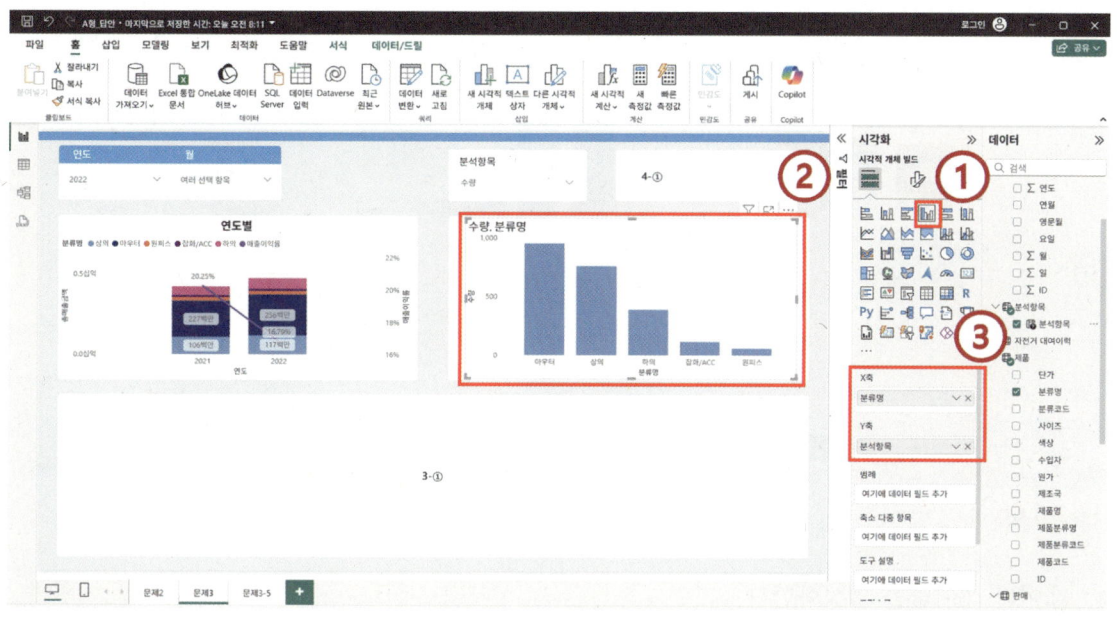

그림 4.1.64

2. 서식 지정 메뉴로 이동하여 X축의 제목을 제거한다.

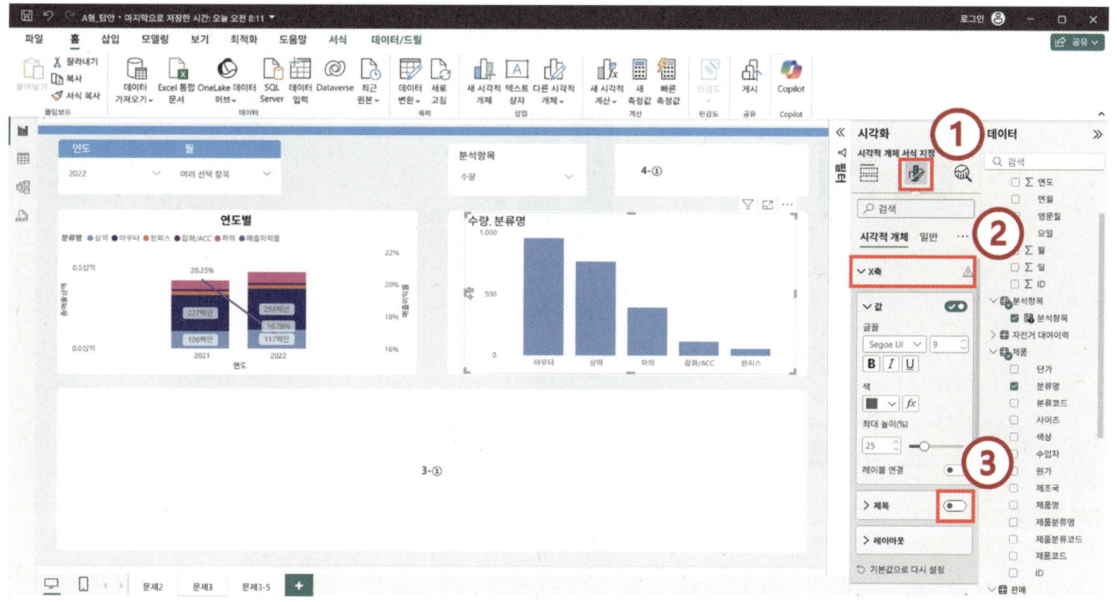

그림 4.1.65

3. Y축의 제목을 제거한다.

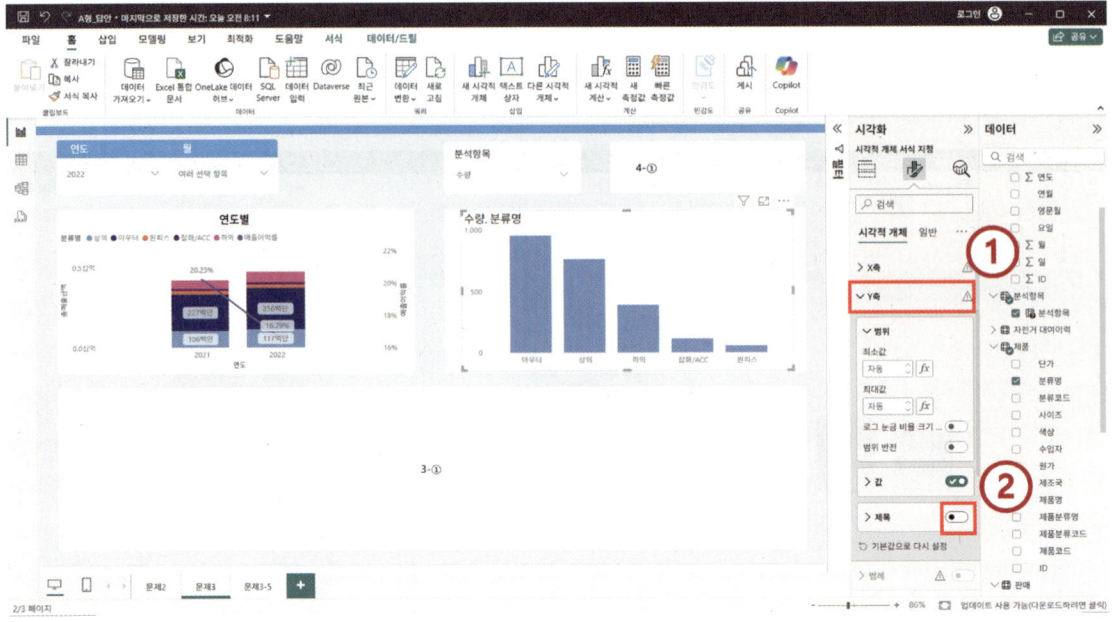

그림 4.1.66

4. 데이터 레이블을 활성화한다.

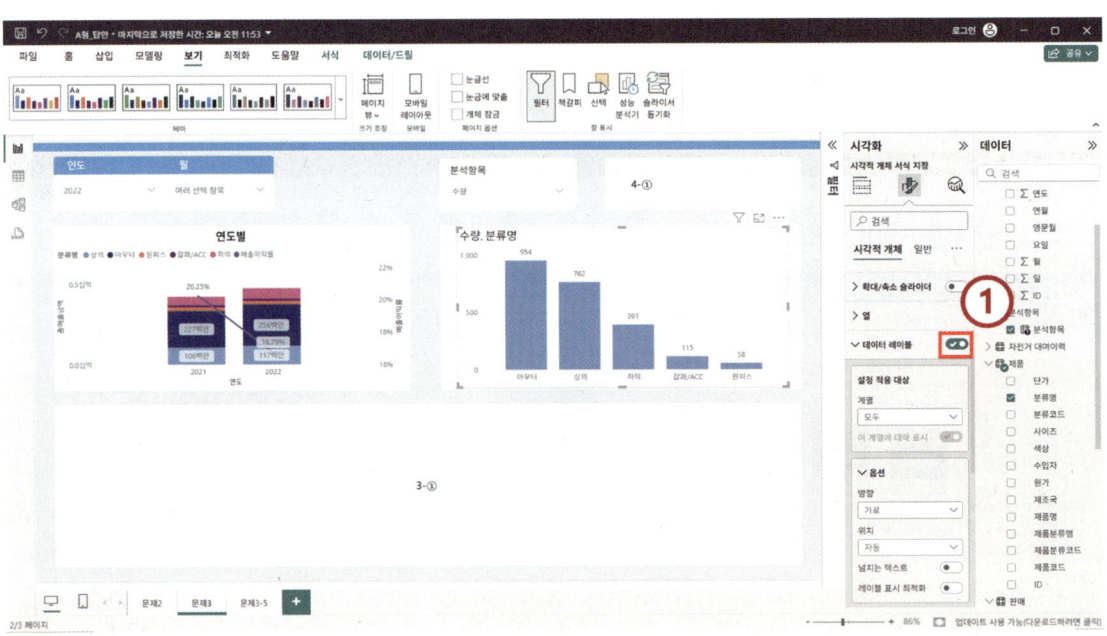

그림 4.1.67

5. 데이터 레이블의 [배경]을 활성화한다. 색을 "#6699CC"로 설정한다.

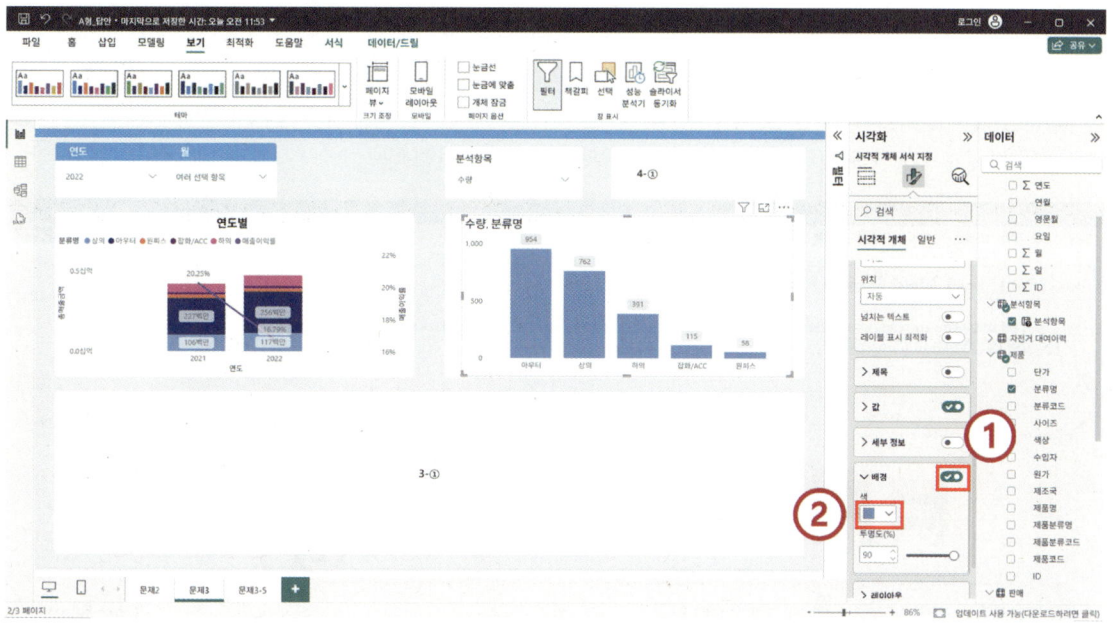

그림 4.1.68

6. [일반] 메뉴로 이동하여 차트 제목의 글꼴을 'Segoe UI', '굵게'로 설정한다. 그리고 가로 맞춤은 '가운데'로 설정한다.

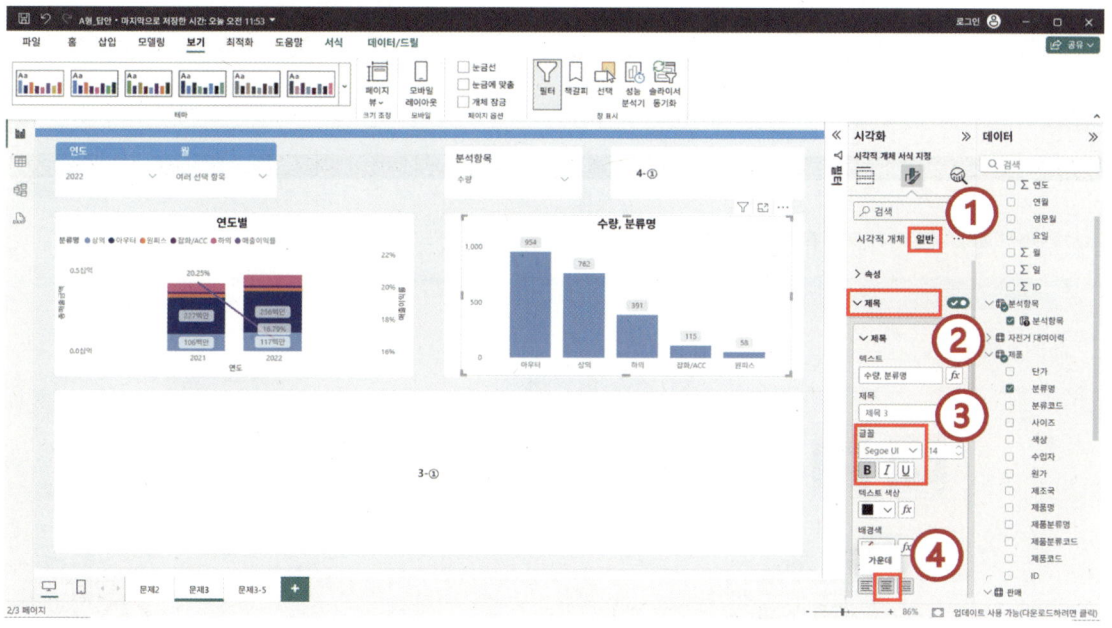

그림 4.1.69

문제 3-3-①

1. 행렬 차트를 추가하여 적절하게 사이즈를 조절한 뒤 3-① 위치에 배치한다. 행에는 〈제품〉 테이블의 [분류명], [제품분류명], [제품명] 필드를 순차적으로 입력한다. 열에는 〈날짜〉 테이블의 [연도], [월] 필드를 순차적으로 입력한다. 값에는 〈판매〉 테이블의 [총매출금액], [전년동월 매출], [전년대비 증감률] 측정값을 차례대로 입력한다.

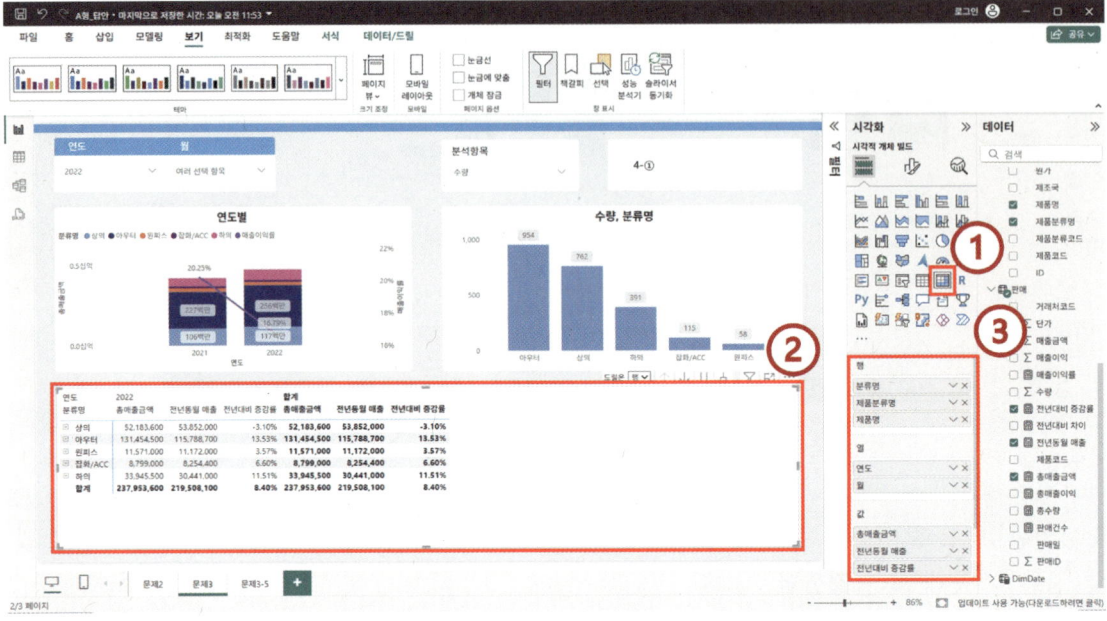

그림 4.1.70

2. 레이블명을 문제에서 안내된 명칭으로 변경한다.

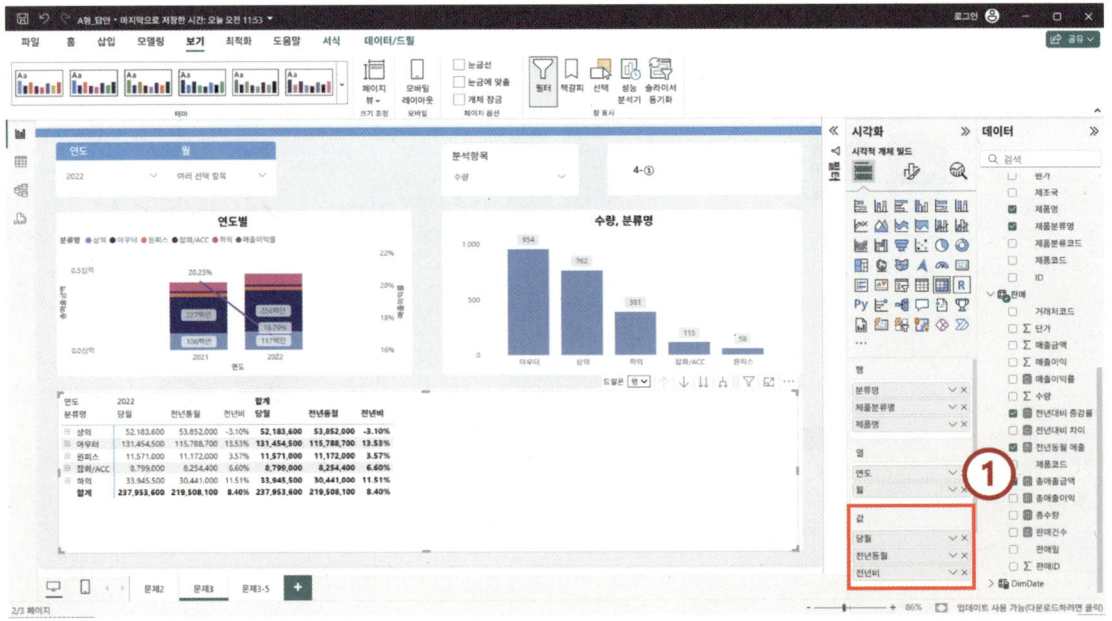

그림 4.1.71

문제 3-3-②

1. [드릴온] 설정을 '열'로 변경한 뒤 가장 아래 수준까지 확장을 한다. 열 머리글의 글꼴 서식을 '굵게'로 설정한다.

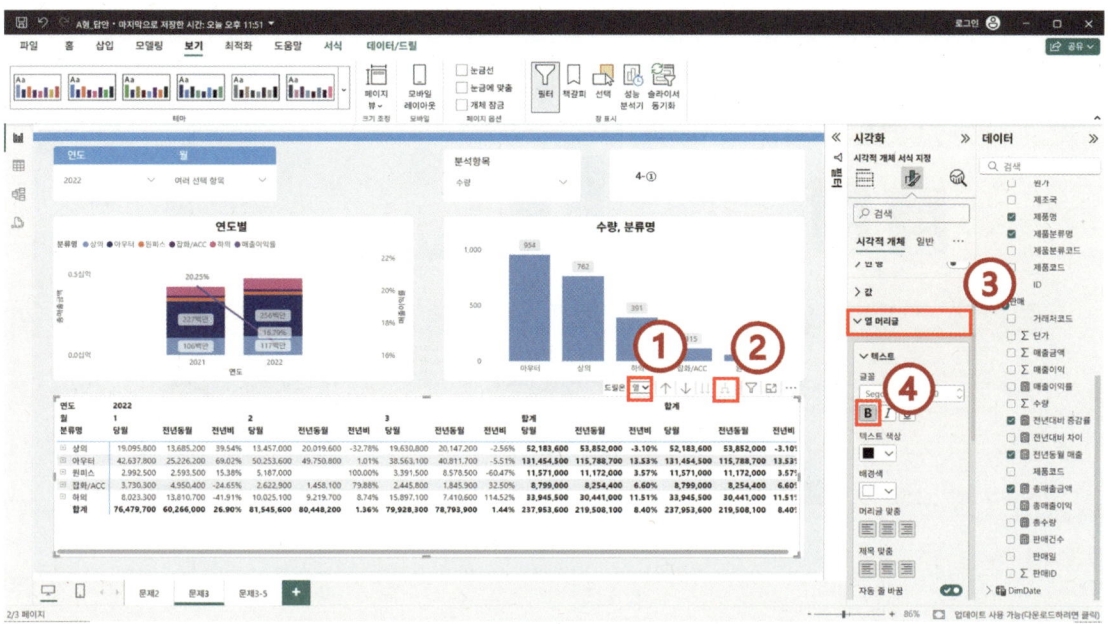

그림 4.1.72

2. 배경색은 '흰색, 20% 더 어둡게'로 설정한다.

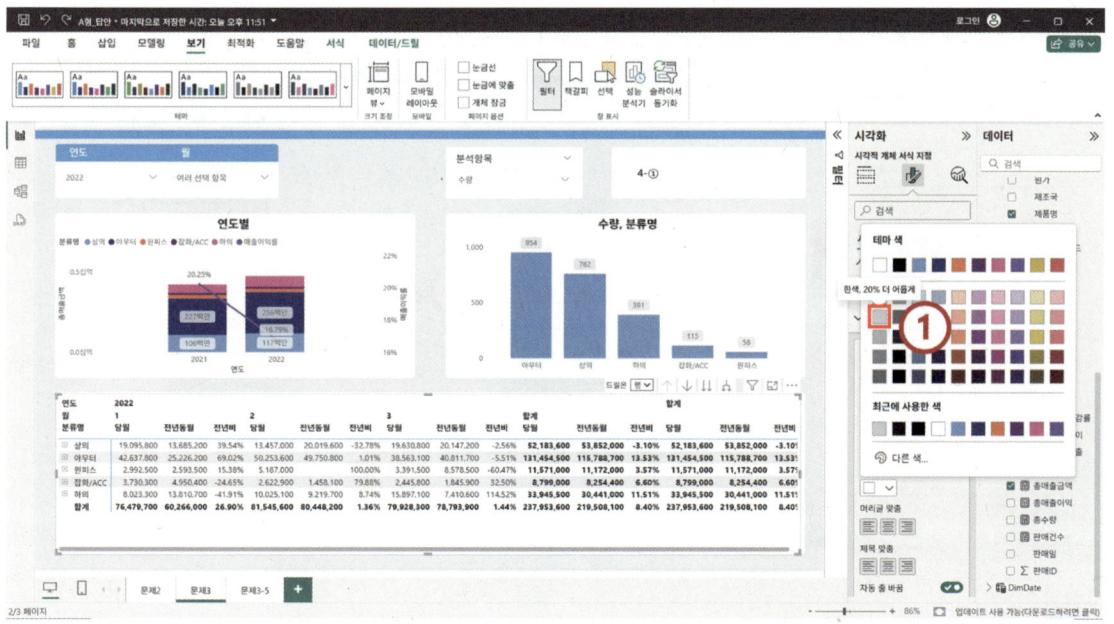

그림 4.1.73

3. 열 머리글의 머리글 맞춤을 '가운데'로 설정한다.

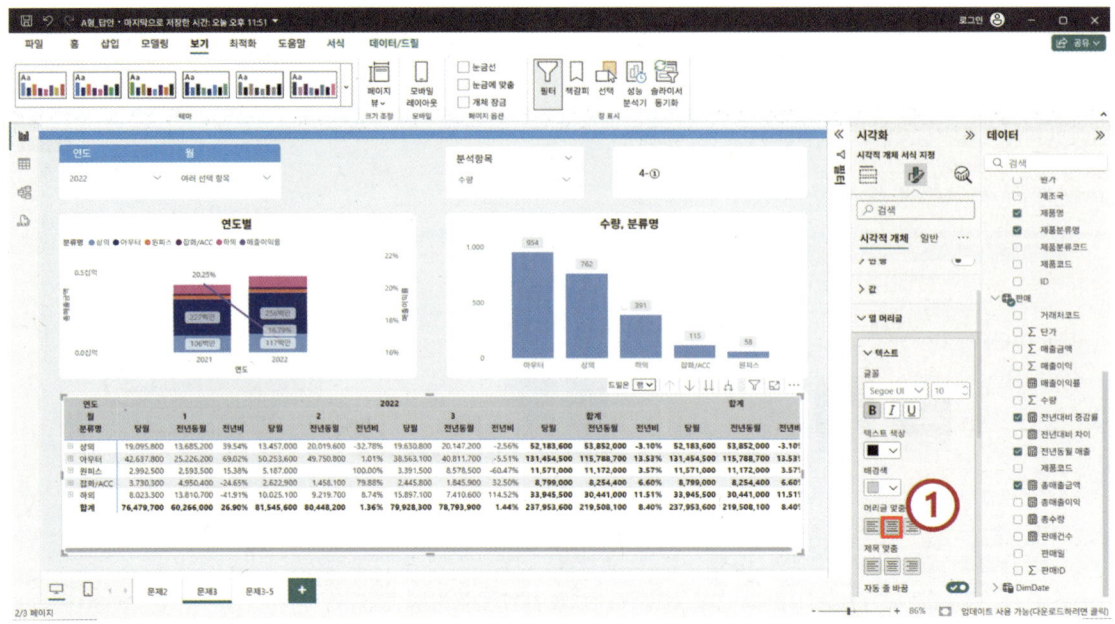

그림 4.1.74

4. [드릴온]을 '행'으로 설정한 뒤 가장 아래 수준까지 확장한다. 서식 지정 메뉴에서 [레이아웃]을 '테이블 형식'으로 설정한다.

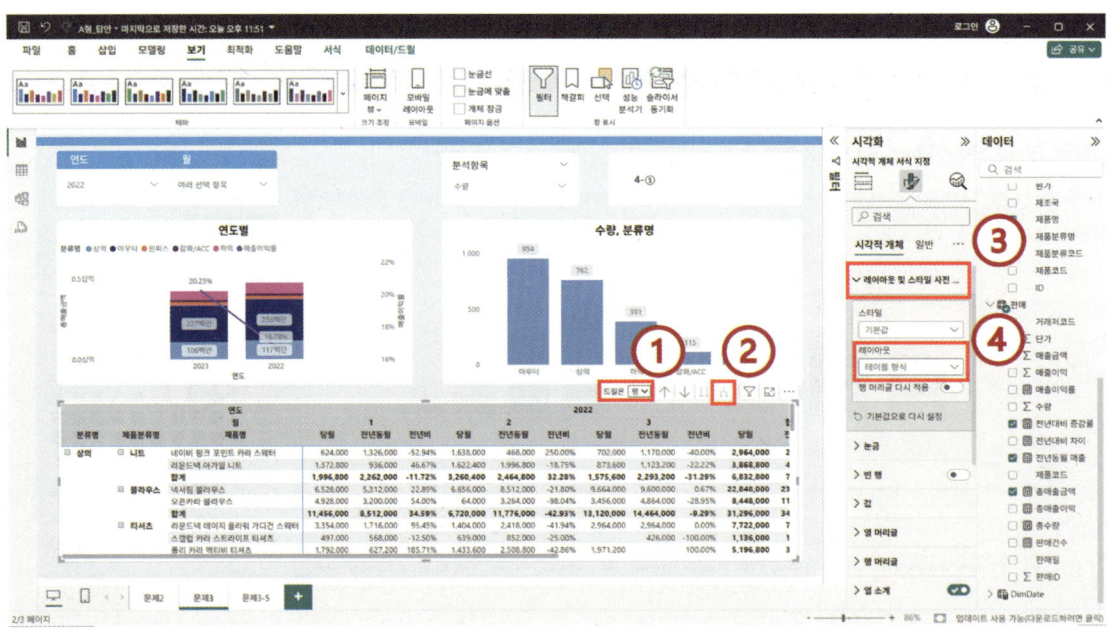

그림 4.1.75

문제 3-3-③

1. [전년비] 필드의 아래로 화살표 아이콘을 클릭하여 [조건부 서식]을 클릭한다. 그리고 [아이콘]을 클릭한다.

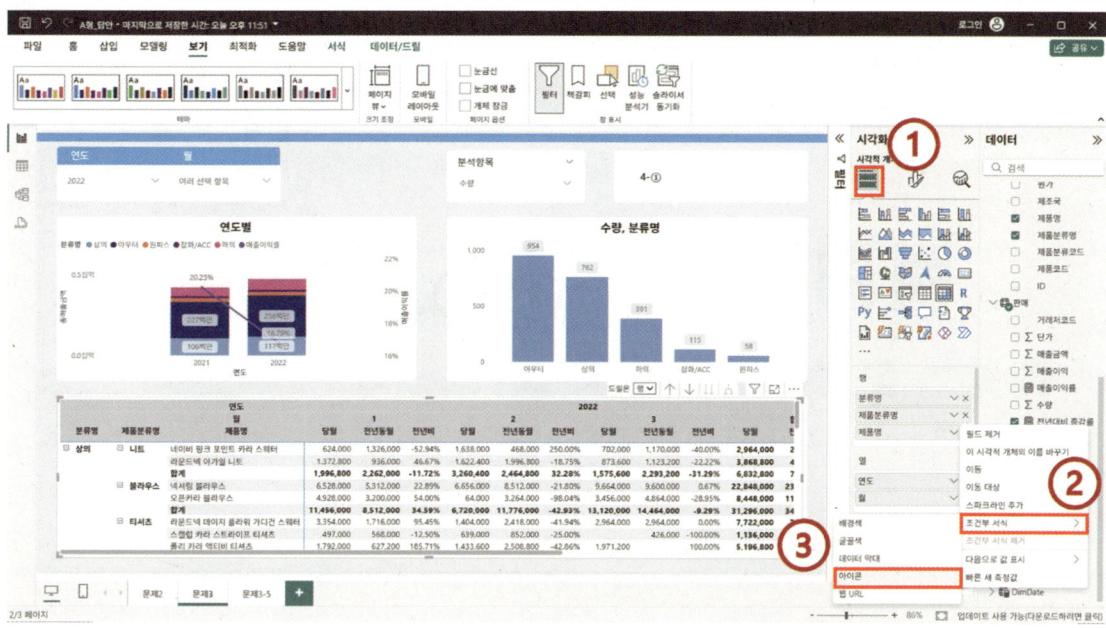

그림 4.1.76

2. [서식 스타일]을 '규칙'으로 설정하고 [적용 대상]은 '값 및 합계'로 설정한다. 규칙 부분을 문제에서 안내한 대로 설정한 뒤 [확인] 버튼을 클릭한다.

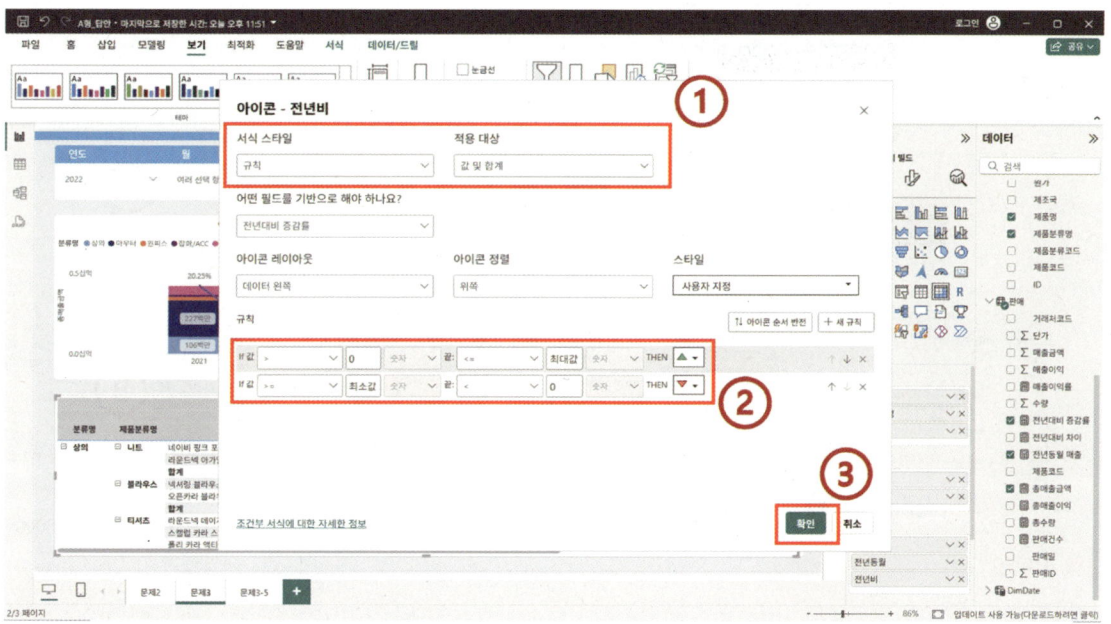

그림 4.1.77

시행처 공개 문제 A형 **531**

문제 3-4

1. [삽입] 메뉴의 [단추] 메뉴를 클릭한 뒤 [탐색기]로 이동하여 [페이지 탐색기]를 클릭한다.

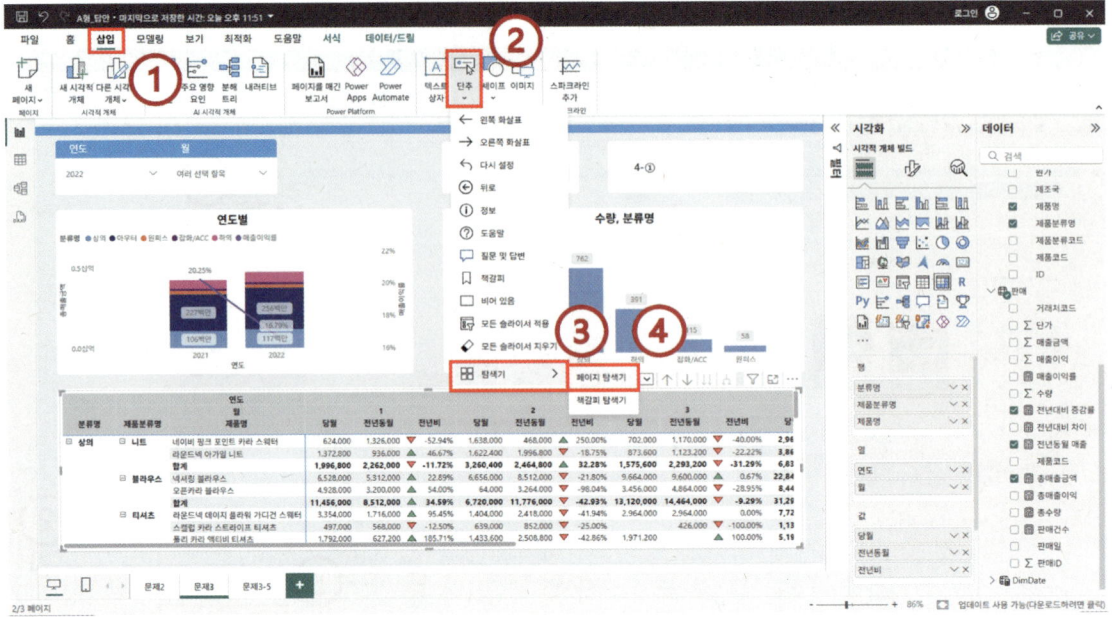

그림 4.1.78

2. [페이지]로 이동하여 [표시]에서 '문제 3-5' 페이지를 제거한다.

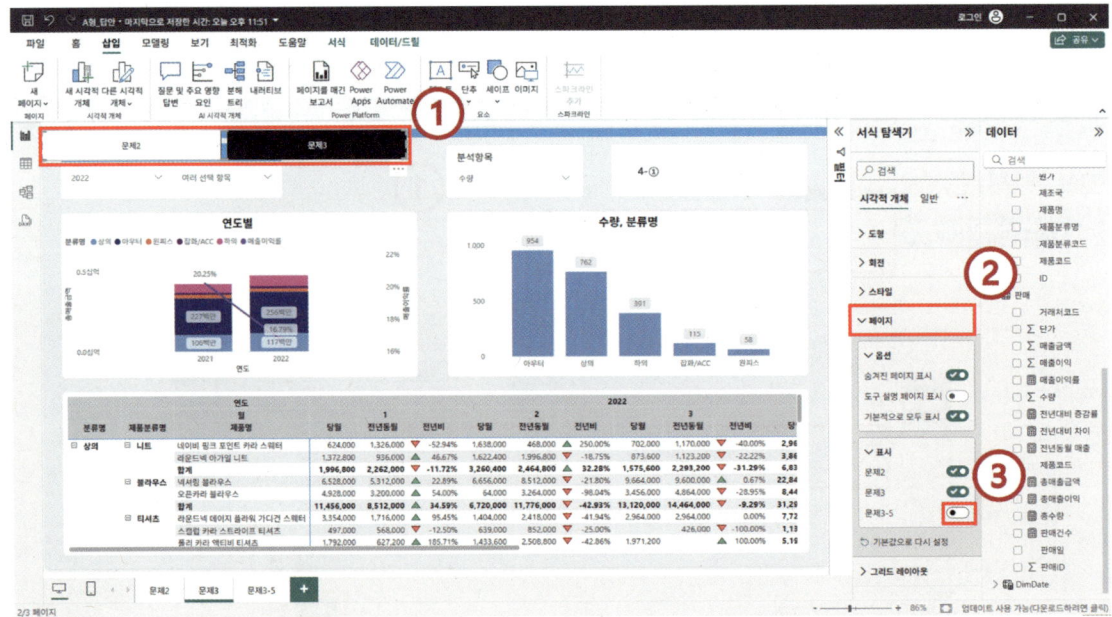

그림 4.1.79

3. 페이지 탐색기의 크기를 적절하게 조절한 뒤 4-① 위치에 배치한다. [스타일]로 이동하여 [상태]를 '선택한 상태'로 설정한다.

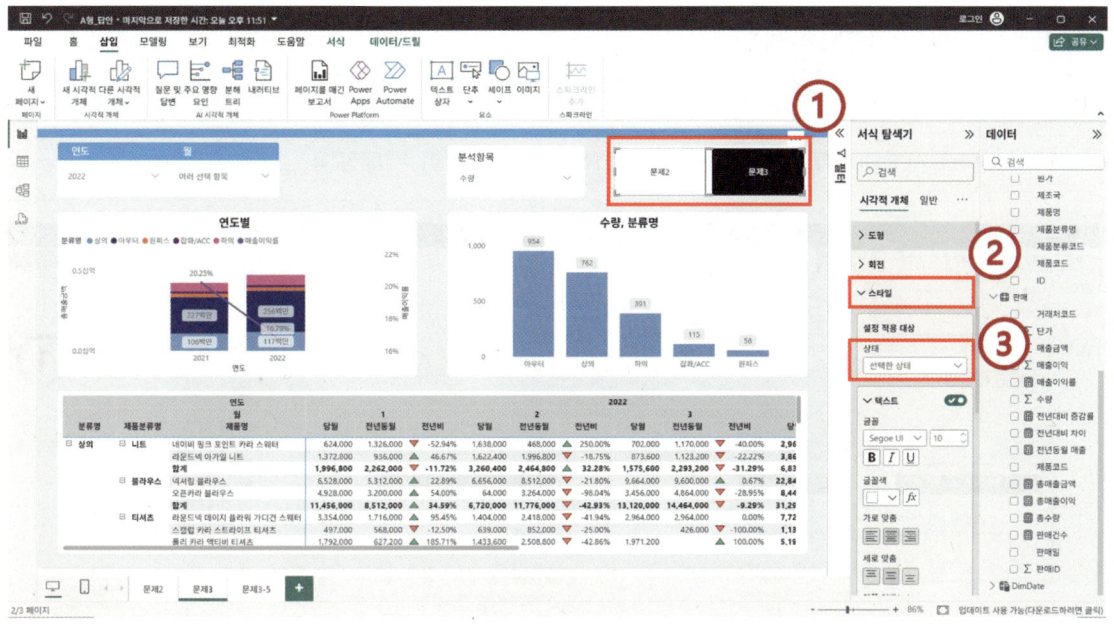

그림 4.1.80

4. [채우기] 색을 "#6699CC"로 설정한다.

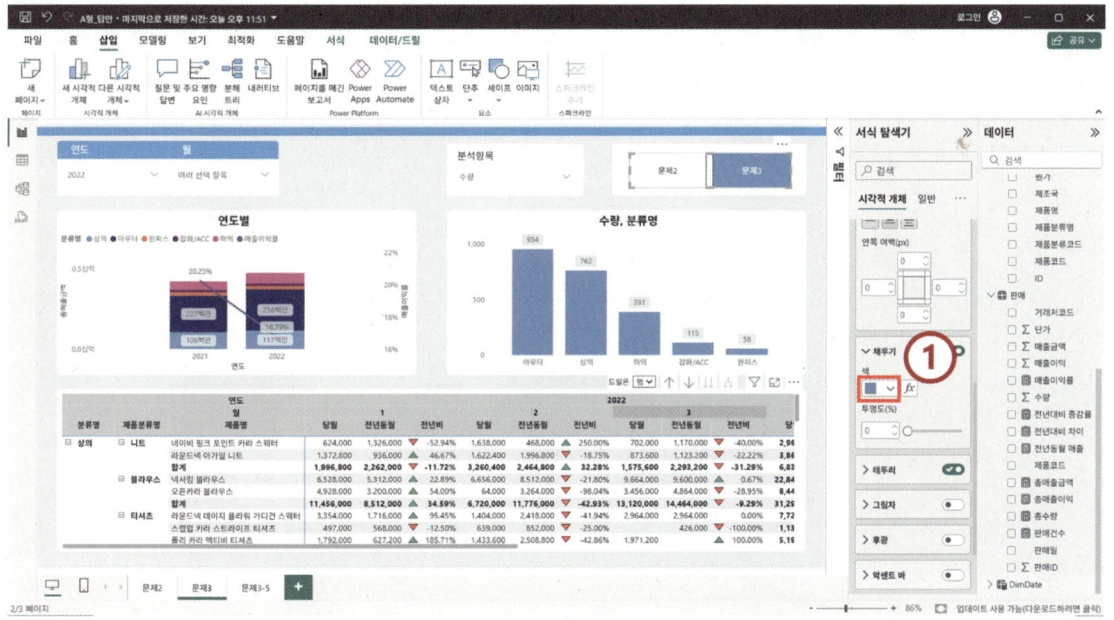

그림 4.1.81

문제 3-5-①

1. 안내된 조건과 DAX 함수를 사용하여 〈_측정값〉 테이블에 아래의 수식으로 [매출_매장] 측정값을 만든다. 천 단위 구분자를 적용하고 소수점은 아래 0자리까지 표시되도록 설정한다. [표1]의 열에 [매출_매장] 측정값을 추가한다.

```
매출_매장 = CALCULATE([총매출금액], FILTER('거래처', [채널] = "매장"))
```

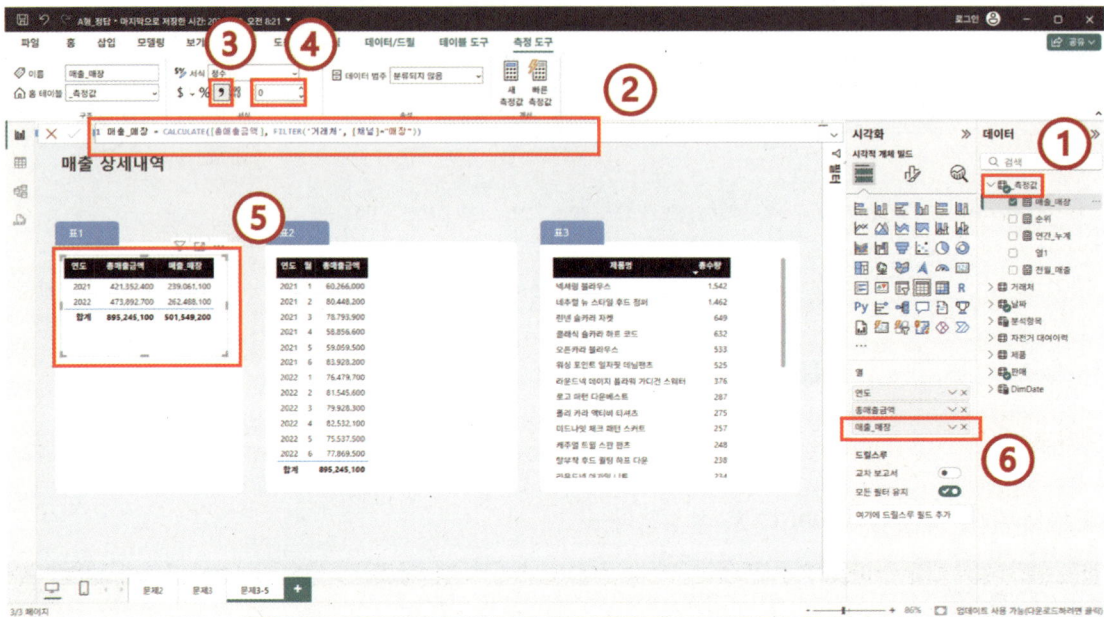

그림 4.1.82

문제 3-5-②

1. 안내된 조건과 DAX 함수를 사용하여 〈_측정값〉 테이블에 아래의 수식으로 [전월_매출] 측정값을 만든다. 천 단위 구분자를 적용하고 소수점은 아래 0자리까지 표시되도록 설정한다. [표2]의 열에 [전월_매출] 측정값을 추가한다.

> 전월_매출 = CALCULATE([총매출금액], DATEADD('날짜'[날짜], -1, MONTH))

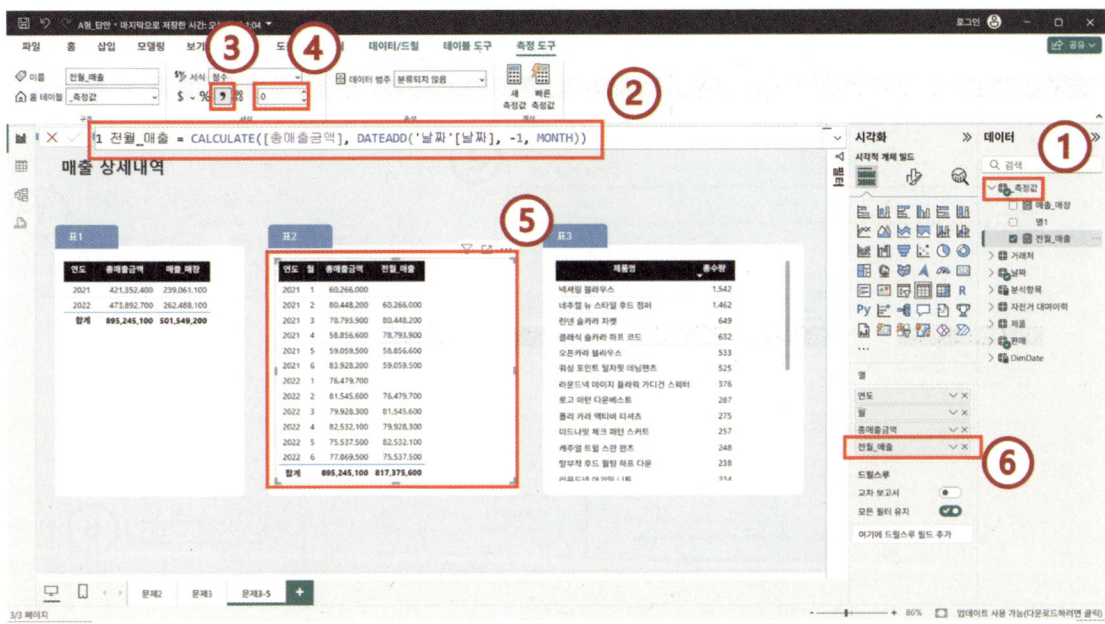

그림 4.1.83

문제 3-5-③

1. 안내된 조건과 DAX 함수를 사용하여 〈_측정값〉 테이블에 아래의 수식으로 [연간_누계] 측정값을 만든다. 천 단위 구분자를 적용하고 소수점은 아래 0자리까지 표시되도록 설정한다. [표2]의 열에 [연간_누계] 측정값을 추가한다.

> 연간_누계 = TOTALYTD([총매출금액], '날짜'[날짜])

그림 4.1.84

문제 3-5-④

1. 안내된 조건과 DAX 함수를 사용하여 <_측정값> 테이블에 아래의 수식으로 [순위] 측정값을 만든다. [표3]의 열에 [순위] 측정값을 추가한다.

순위 = RANKX(ALL('제품'[제품명]), [총수량], , DESC, Dense)

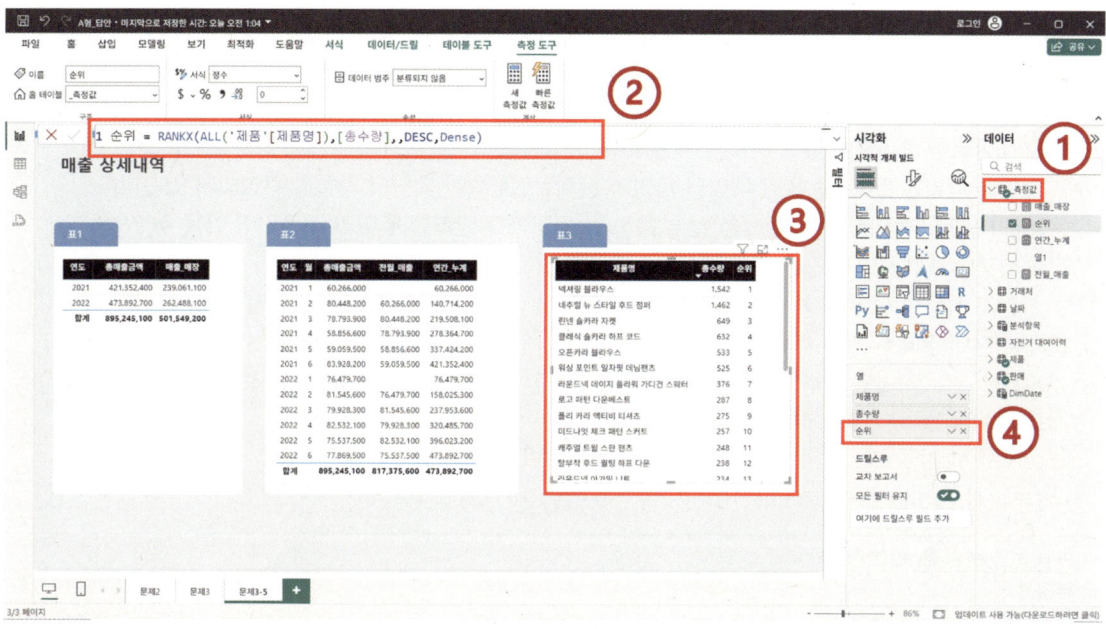

그림 4.1.85

시행처 공개 문제 B형

경영정보시각화능력 실기 파워BI

⏱ 제한시간 70분

문제 및 데이터 안내

1. 수험자가 작성할 답안파일은 1개입니다. 문제1, 문제2, 문제3의 답을 하나의 답안파일(.pbix)로 저장하십시오.
2. 문제1, 문제2, 문제3은 각각 독립적으로 구성되어 앞 문제를 풀지 않아도 다음 문제 풀이가 가능합니다.
3. 문제1은 데이터 불러오기를 통해 문제를 풀이하고, 문제2와 문제3은 답안에 이미 데이터가 포함되어 있어 다시 데이터를 불러오지 말고 바로 문제 풀이를 하십시오.
   - 데이터 파일은 문제1을 위한 데이터 파일과 문제2,3을 위한 데이터 파일로 구성되어 있습니다.
4. 문제2와 문제3 풀이를 위해 필요한 일부 측정값, 필터가 답안파일에 미리 적용되어 있을 수 있습니다.
   - 지시사항에 제시되지 않은 것은 변경하지 마십시오.
   - 사전에 적용된 필터 등이 삭제되지 않도록 '페이지 삭제' 기능을 절대 사용하지 마십시오.
5. 문제는 문제(문제1~3) - 세부문제(1~4) - 지시사항(①~③) - 세부지시사항(▶, -) 단위로 구성됩니다.
6. 지시사항(①~③)별로 점수가 부여되며, 지시사항의 전체 세부지시사항(▶, -)을 작업하지 않을 경우 점수가 부여되지 않습니다. ※부분 점수 없음
7. 본 시험에서 사용되는 데이터 파일 수와 데이터명은 아래와 같습니다.
   - [문제1] 데이터 파일수: 1개 / 데이터명: '광역별_방문자수.xlsx'

파일명	광역별_방문자수.xlsx				
테이블	구조				
A_광역별 방문자수	시군구코드 32400	광역지자체_방문자수 197,861,774	광역지자체_방문자비율 4.5	기초지자체_방문자수 11,783,977	기초지자체_방문자비율 6
B_광역별 방문자수	시군구코드 32010	광역지자체_방문자수 679,426,007	광역지자체_방문자비율 3.6	기초지자체_방문자수 1.13E+08	기초지자체_방문자비율 16.6
행정구역 코드	행정동코드 11010		광역지자체명 서울특별시		기초지자체명 종로구

   - [문제2,3] 데이터 파일수: 1개 / 데이터명: '방송판매.xlsx'

파일명	방송판매.xlsx							
테이블	구조							
방송주문	주문번호 B0611-0035	담당MD 6	방송일 2023-01-01	거래처코드 866179	제품번호 8661791	담당호스트 김연아	준비수량 2320	판매수량 2100
담당자	MD_ID 1	사원명 민지혜	직위 부장	입사일자 2007-03-24	매출계획(2023) 480,975,000	매출계획(2024) 522,500,000	총매출계획 1,003,475,000	
제품정보	ID 8655351	거래처코드 865535	제품번호 1	거래처명 포커스	분류 프린터/사무기기	상품명 복합기K910	담당호스트 최나연	판매가격 560,000	매입원가 410,000
날짜	날짜ID 202301				날짜 2023-01-01			
고객불만	구분 교환	처리번호 불만족0504-0141	처리일자 2023-01-06	주문번호 T0610-0016	고객ID 7	물류사고내용 서비스및상품불만족		
고객	고객ID 1		고객명 강경아			시도 경북		
거래처	거래처코드 865535				거래처명 포커스			

문제 1　　작업준비　　　　　　　　　　　　　　　　　　　　　　　　　　30점

1. 다음 지시사항에 따라 데이터 가져오기 및 편집을 수행하시오. `10점`

   ① 데이터 파일을 가져온 후 파워쿼리 편집기를 통해 테이블의 데이터를 편집하시오. `3점`

   ▶ 가져올 데이터: '광역별_방문자수.xlsx' 파일의 〈A_광역별방문자수〉, 〈B_광역별방문자수〉, 〈행정구역코드〉 테이블

   ▶ 파워쿼리 편집기를 통해 〈A_광역별방문자수〉, 〈B_광역별방문자수〉 테이블에서 [시군구코드], [기초지자체_방문자수]를 제외한 다른 필드 삭제

   ▶ 필드 이름 변경
   - 〈A_광역별방문자수〉 테이블의 [기초지자체_방문자수] 필드 → [A사] 필드로 변경
   - 〈B_광역별방문자수〉 테이블의 [기초지자체_방문자수] 필드 → [B사] 필드로 변경

   ② 파워쿼리 편집기를 통해 〈A_광역별방문자수〉, 〈B_광역별방문자수〉 테이블을 활용하여 새로운 테이블을 추가하고 편집하시오. `4점`

   ▶ 쿼리 병합 기능 사용
   - 테이블 이름: 〈지자체별_방문자수〉
   - 〈A_광역별방문자수〉, 〈B_광역별방문자수〉 테이블의 [시군구코드] 필드를 기준으로 병합
   - 조인 종류: '왼쪽 외부'

   ▶ [B_광역별방문자수] 필드에서 'B사' 필드 확장, '원래 열 이름을 접두사로 사용' 해제

   ▶ 〈지자체별_방문자수〉 테이블의 [A사], [B사] 필드에 열 피벗 해제 기능 적용

   ▶ 필드 이름 변경
   - 〈지자체별_방문자수〉 테이블의 [특성] 필드 → [이동통신] 필드로 변경
   - 〈지자체별_방문자수〉 테이블의 [값] 필드 → [방문자수] 필드로 변경

   ③ 파워쿼리 편집기를 통해 〈지자체별_방문자수〉 테이블에 〈행정구역코드〉 테이블의 [광역지자체명] 필드를 추가하시오. `3점`

   ▶ 쿼리 병합 기능 사용
   - 〈지자체별_방문자수〉 테이블의 [시군구코드] 필드와 〈행정구역코드〉 테이블의 [행정동코드] 필드를 기준으로 병합
   - 조인 종류: '왼쪽 외부'

   ▶ 행정구역코드 [광역지자체명] 필드만 확장, '원래 열 이름을 접두사로 사용' 해제

2. 파워쿼리 편집기를 통해 필드를 추가하고 데이터 모델링 작업을 수행하시오. 10점

    ① 〈행정구역코드〉 테이블에 필드를 추가하시오. 4점

    ▶ 조건 열 기능 사용

    - 필드 이름: [지역구분]
    - 활용 필드: 〈행정구역코드〉 테이블의 [광역지자체명]
    - 〈행정구역코드〉 테이블의 [광역지자체명] 필드값이 "서울특별시", "경기도", "인천광역시"일 경우 "수도권", 그 외의 값일 경우 "지방권"을 반환
    - 추가된 필드의 데이터 형식: '텍스트'

    ② 〈A_광역별방문자수〉, 〈B_광역별방문자수〉 테이블의 로드 사용을 해제하시오. 3점

    ③ 〈지자체별 방문자수〉 테이블과 〈행정구역코드〉 테이블의 관계를 설정하시오. 3점

    ▶ 활용 필드: 〈지자체별_방문자수〉의 [시군구코드] 필드, 〈행정구역코드〉의 [행정동코드] 필드
    ▶ 기준(시작) 테이블: 〈지자체별_방문자수〉 테이블
    ▶ 카디널리티: '다대일(*:1)' 관계
    ▶ 크로스 필터 방향: '단일'

3. 다음 지시사항에 따라 테이블 및 측정값을 추가하시오. 10점

    ① 다음 조건으로 테이블과 측정값을 추가하시오. 4점

    ▶ 테이블 이름: 〈요약〉

    - 활용 필드: 〈지자체별_방문자수〉 테이블의 [광역지자체명], [방문자수] 필드
    - 〈행정구역코드〉 테이블의 [광역지자체명] 필드를 기준으로 방문자 수의 합계 반환
    - 사용함수: SUM, SUMMARIZE
    - 〈요약〉 테이블과 〈지자체별_방문자수〉 테이블 관계 설정
        • 활용 필드: 〈요약〉, 〈지자체별_방문자수〉 테이블의 [광역지자체명] 필드
        • 기준(시작) 테이블: 〈지자체별_방문자수〉 테이블
        • 카디널리티: '다대일(*:1)' 관계
        • 크로스 필터 방향: '단일'

▶ 측정값 이름: [광역지자체수]

- 활용 필드: 〈행정구역코드〉 테이블의 [광역지자체명] 필드

- [광역지자체명]의 개수 반환

- 사용함수: DISTINCTCOUNT

② 다음 조건으로 측정값을 추가하시오. 3점

▶ 측정값 이름: [서울지역_방문자수]

- 활용 필드: 〈지자체별_방문자수〉 테이블의 [방문자수], [광역지자체명] 필드

- 서울지역 [방문자수]의 합계 반환

- 〈지자체별_방문자수〉 테이블에 적용된 필터 제외

- 사용함수: ALL, CALCULATE, FILTER, SUM

- 서식: 천 단위에서 쉼표로 구분되도록 적용

▶ 측정값 이름: [서울방문자비율%]

- 활용 필드: [서울지역_방문자수] 측정값, 〈요약〉 테이블의 [합계] 필드

- 전체 방문자 수의 [합계]에 대한 [서울지역_방문자수]의 비율 반환

- 사용함수: DIVIDE, SUM

- 서식: '백분율', '소수점 아래 2자리까지' 표시

③ 다음 조건으로 데이터 창에 테이블을 추가하시오. 3점

▶ 테이블 이름: 〈측정값T〉

- [광역지자체수], [서울지역_ 방문자수], [서울방문자비율%] 측정값을 테이블에 추가

| 문제 2 | 단순요소 구현 | 30점 |

〈시각화 완성화면〉 각 세부문제 풀이 후 아래와 같은 결과가 도출되어야 합니다.

23~24년도 홈쇼핑 판매 보고서

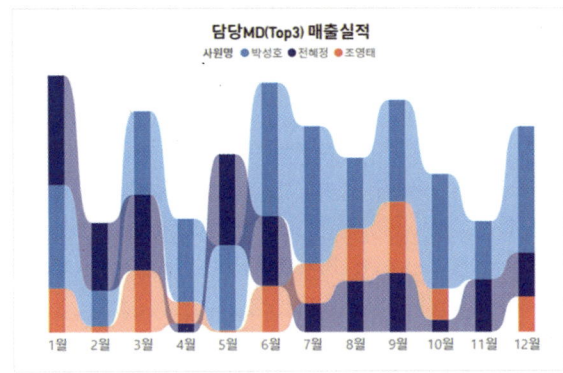

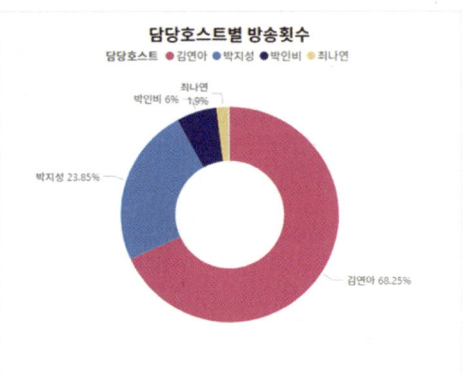

1. '문제2', '문제3' 페이지의 전체 서식을 설정하시오. `5점`

    ① '문제2'와 '문제3' 페이지의 캔버스 배경을 설정하시오. `3점`

    ▶ 배경이미지

    - '문제2' 페이지: '문제2-배경.png'

    - '문제3' 페이지: '문제3-배경.png'

    ▶ 캔버스 배경 설정

    - 이미지 맞춤: '기본'

    - 투명도: '0%'

    ▶ 보고서 테마: '기본값'

    ② 텍스트 상자를 사용하여 '문제2' 페이지에 보고서 제목을 작성하시오. `2점`

    ▶ 제목: "23~24년도 홈쇼핑 판매 보고서"

    - 제목 서식: 글꼴 'Segoe UI', 글꼴 크기 '28', '굵게', '가운데'

    ▶ 텍스트 상자를 '1-②' 위치에 배치

2. 다음 지시사항에 따라 카드와 슬라이서를 구현하시오. 5점

　① 다음 조건으로 '문제2' 페이지에 카드를 구현하시오. 3점

　　▶ 활용 필드: 〈방송주문〉 테이블의 [총방송횟수], [총판매수량], [총거래처수] 측정값

　　▶ 설명 값 서식: 글꼴 'DIN', 글꼴크기 '33', 표시 단위 '없음'

　　▶ 범주 레이블 서식: 글꼴 'Segoe UI', 글꼴크기 '13', '굵게'

　　▶ 카드를 '2-①' 위치에 배치

　② 다음 조건으로 '문제2' 페이지에 슬라이서를 구현하시오. 2점

　　▶ 활용 필드: 〈날짜〉 테이블의 [년] 필드

　　▶ 슬라이서 스타일: '타일'

　　▶ 값 서식: 글꼴 'Segoe UI', 글꼴 크기 '19', '굵게'

　　▶ 슬라이서 머리글이 보이지 않도록 설정

　　▶ '반응형' 옵션 해제

　　▶ 슬라이서를 '2-②' 위치에 배치

3. 다음 지시사항에 따라 리본 차트를 구현하시오. 10점

　① 다음 조건으로 '문제2' 페이지에 리본 차트를 구현하시오. 3점

　　▶ 활용 필드

　　　- 〈날짜〉 테이블의 [월이름] 필드

　　　- 〈담당자〉 테이블의 [사원명] 필드

　　　- 〈방송주문〉 테이블의 [판매가격] 필드

　　▶ 도구 설명에 [총판매수량]이 표시되도록 추가

　　▶ 리본 차트를 '3-①' 위치에 배치

　② 다음과 같이 리본 차트의 각 요소에 대한 서식을 지정하시오. 4점

　　▶ 차트 제목: "담당MD(Top3) 매출실적"

　　　- 제목 서식: 글꼴 'DIN', 글꼴 크기 '15', '굵게', '가운데 맞춤'

　　▶ X축: 글꼴 크기 '12', 축 제목 제거

　　▶ Y축: 축 제목 제거, 값 제거

- ▶ 범례: 위치 '위쪽 가운데'
- ▶ 리본: 색의 '투명도 50%'
- ▶ 리본 차트 X축 '월이름'이 1월부터 12월까지 순서대로 표시되도록 정렬

③ 리본 차트에 [판매가격]이 상위 3위인 [사원명]만 표시되도록 설정하시오. `3점`

4. **다음 지시사항에 따라 도넛형 차트를 구현하시오.** `10점`

① 다음 조건으로 '문제2' 페이지에 도넛형 차트를 구현하시오. `4점`
- ▶ 활용 필드: 〈방송주문〉 테이블의 [담당호스트] 필드, [총방송횟수] 측정값
- ▶ 차트 제목: "담당호스트별 방송횟수"
  - 제목 서식: 글꼴 'Segoe UI', '굵게', '가운데'
- ▶ 범례: 위치 '위쪽 가운데'
- ▶ 도넛형 차트를 '4-①' 위치에 배치

② 다음과 같이 도넛형 차트의 조각에 대한 서식을 지정하시오. `3점`
- ▶ 색상: 김연아 '#E645AB'
- ▶ 내부 반경: '50%'

③ 다음과 같이 도넛형 차트의 세부 정보 레이블에 대한 서식을 지정하시오. `3점`
- ▶ 레이블 내용: '범주, 총퍼센트'로 표시
- ▶ 위치: '바깥쪽 우선'

문제 3   복합요소 구현   `40점`

〈시각화 완성화면〉 각 세부문제 풀이 후 아래와 같은 결과가 도출되어야 합니다.

년	월이름	총판매금액	판매금액YoY%
2024	1월	10,307,649,400	-17.39%
2024	2월	7,338,457,000	-5.94%
2024	3월	8,856,242,300	-9.64%
2024	4월	7,684,748,300	13.74%
2024	5월	7,952,189,600	25.61%
2024	6월	9,077,335,800	10.95%
2024	7월	6,302,316,100	-35.39%
2024	8월	7,463,982,100	19.36%
2024	9월	5,198,124,000	-32.48%
2024	10월	4,250,210,300	-39.21%
2024	11월	7,944,697,500	25.72%
2024	12월	8,256,799,100	1.20%
합계		90,632,751,500	-6.11%

1. 다음 지시사항에 따라 꺾은선형 및 묶은 세로 막대형 차트를 구현하시오. `10점`

    ① 다음 조건으로 〈방송주문〉 테이블에 측정값을 추가하시오. `3점`

    ▶ 측정값이름: [완전판매건수]

    - 활용필드: 〈방송주문〉 테이블의 [주문번호], [준비수량], [판매수량]필드

    - [준비수량]이 모두 판매된 [주문번호]의 건 수 계산

    - 사용함수: CALCULATE, COUNT, FILTER

    ▶ 측정값 이름: [총판매금액]

    - 활용 필드: 〈방송주문〉 테이블의 [판매수량], [판매가격] 필드

    - 판매금액의 합계 계산

    - 사용함수: SUMX

    - 서식: 천 단위에서 쉼표로 구분되도록 적용

    ② 다음 조건으로 매개 변수를 추가하고 '문제3' 페이지에 슬라이서를 구현하시오. `3점`

    ▶ 매개 변수 추가

    - 대상 필드

- 〈방송주문〉 테이블의 [담당호스트] 필드
- 〈담당자〉 테이블의 [사원명] 필드
- 이 페이지에 슬라이서 추가 옵션 설정
- 매개 변수 필드 이름 변경: [사원명]→[담당MD]
▶ 슬라이서 값: '담당MD' 필터 적용
▶ 슬라이서를 '1-②' 위치에 배치

③ 다음 조건으로 '문제3' 페이지에 꺾은선형 및 묶은 세로 막대형 차트를 구현하시오. 4점
▶ 활용 필드
- 〈방송주문〉 테이블의 [총판매금액], [완전판매건수] 측정값
- [매개 변수] 매개 변수
▶ [매개 변수]에 따라 X축이 변경되도록 구현
▶ X축, Y축, 보조Y축: 축 제목 제거
▶ 꺾은선형 차트 서식
- 선 스타일: '파선'
- '표식' 옵션 설정
▶ 묶은 세로 막대형 차트에 조건부 서식 적용
- 서식 스타일: 그라데이션
- [총판매금액]의 최소값 '백억(10,000,000,000)', 최대값 '5백억(50,000,000,000)'으로 설정
▶ 꺾은선형 및 묶은 세로 막대형 차트를 '1-③' 위치에 배치

2. **다음 지시사항에 따라 슬라이서와 테이블 차트를 구현하시오.** 10점

① 다음 조건으로 '문제3' 페이지에 슬라이서를 구현하시오. 3점
▶ 〈방송주문〉 테이블에 새 열 추가
- 열 이름: [거래처]
- 활용 필드: 〈거래처〉 테이블의 [거래처명] 필드
- 〈방송주문〉 테이블에서 〈거래처〉 테이블의 [거래처명] 필드의 값을 반환
- 사용함수: RELATED

▶ 활용 필드

- 〈날짜〉 테이블의 [년] 필드

- 〈방송주문〉 테이블 [거래처] 열

▶ 슬라이서 스타일: '세로 목록'

▶ 슬라이서 값: '2024' 필터 적용

▶ 슬라이서를 '2-①'에 배치

② 다음 조건으로 〈방송주문〉 테이블에 측정값을 추가하시오. `3점`

▶ 측정값 이름: [판매금액PY]

- 활용 필드

• 〈방송주문〉 테이블의 [총판매금액] 측정값

• 〈날짜〉 테이블의 [날짜] 필드

- 전년도의 [총판매금액]을 반환

- 사용함수: CALCULATE, DATEADD

- 서식: '정수', 천 단위에서 쉼표로 구분되도록 적용

▶ 측정값 이름: [판매금액YoY%]

- 활용 필드: 〈방송주문〉 테이블의 [총판매금액], [판매금액PY] 측정값

- 전년대비 금년도 매출의 비율 반환

- 사용함수: DIVIDE

- 서식: '백분율', '소수점 아래 2자리까지' 표시

③ 다음 조건으로 '문제3' 페이지에 테이블 차트를 구현하시오. `4점`

▶ 활용 필드

- 〈날짜〉 테이블의 [년], [월 이름] 필드

- 〈방송주문〉 테이블의 [총판매금액], [판매금액YoY%] 측정값

▶ 값, 열 머리글 서식: 글꼴 크기 '13'

▶ 정렬: [년] 기준 '내림차순'

▶ 조건부 서식 적용

- 설정 적용 대상: '판매금액YoY%'

- '데이터 막대' 사용

- 양수 막대 색: '자주(#4A2D75)', 음수 막대 색: '빨강(#FF0000)'
▶ 테이블 차트를 '2-③' 위치에 배치

3. **다음 지시사항에 따라 계기 차트와 카드를 구현하시오.** 10점

    ① 다음 조건으로 '문제3' 페이지에 계기 차트를 구현하시오. 4점

    ▶ 활용 필드: 〈방송주문〉 테이블의 [총판매금액] 측정값
    ▶ 게이지 축 설정
      - 최대값: '천오백억(150,000,000,000)'
      - 대상: '천억(100,000,000,000)', 색상 '테마 색 5'
    ▶ 설명 값 제거
    ▶ 차트 제목: "매출계획대비 총판매금액"
      - 제목 서식: 글꼴 크기 '15'
    ▶ 계기 차트를 '3-①' 위치에 배치

    ② 다음 조건으로 〈방송주문〉 테이블에 측정값을 추가하시오. 3점

    ▶ 측정값 이름: [목표대비총판매비율%]
      - 활용 필드: 〈방송주문〉 테이블의 [총판매금액] 측정값
      - 목표(대상) 대비 [총판매금액]의 비율 반환
      - 사용함수: DIVIDE
      - 서식: '백분율', '소수점 아래 2자리까지' 표시

    ③ 다음 조건으로 '문제3' 페이지에 카드를 구현하시오. 3점

    ▶ 활용 필드: 〈방송주문〉 테이블의 [목표대비총판매비율%] 측정값
    ▶ 설명 값 서식: 글꼴크기 '28', 표시 단위 '없음'
    ▶ 범주 레이블 제거
    ▶ 카드를 그림과 같이 지정된 위치에 배치

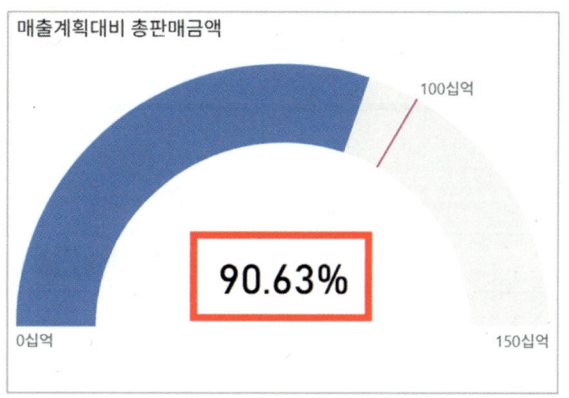

4. 다음 지시사항에 따라 페이지와 시각적 개체 간 상호 작용 기능을 설정하시오. 10점

   ① 다음 조건으로 '문제3' 페이지에 단추를 구현하시오. 4점

   ▶ 종류: '뒤로'

   ▶ 두께: '2px'

   ▶ 가로 맞춤: '오른쪽'

   ▶ 작업 유형: '페이지 탐색', 대상 '문제2'

   ▶ 단추를 그림과 같이 지정된 위치(4-①)에 배치

   ② 다음과 같이 시각적 개체의 상호 작용을 설정하시오. 3점

   ▶ [년] 슬라이서: [거래처] 슬라이서와 상호 작용 '없음'

   ▶ 테이블 차트: 계기 차트, 카드와 상호 작용 '없음'

   ③ 다음과 같이 시각적 개체의 상호 작용을 설정하시오. 3점

   ▶ [거래처] 슬라이서: 꺾은선형 및 묶은 세로 막대형 차트, 계기 차트, 카드와 상호 작용 '없음'

문제 1 ▶ 작업준비 30

문제 1-1-①

1. '광역별_방문자수.xlsx' 파일을 가져오기 위해 [데이터 가져오기] 기능에서 [Excel 통합 문서]를 클릭한다.

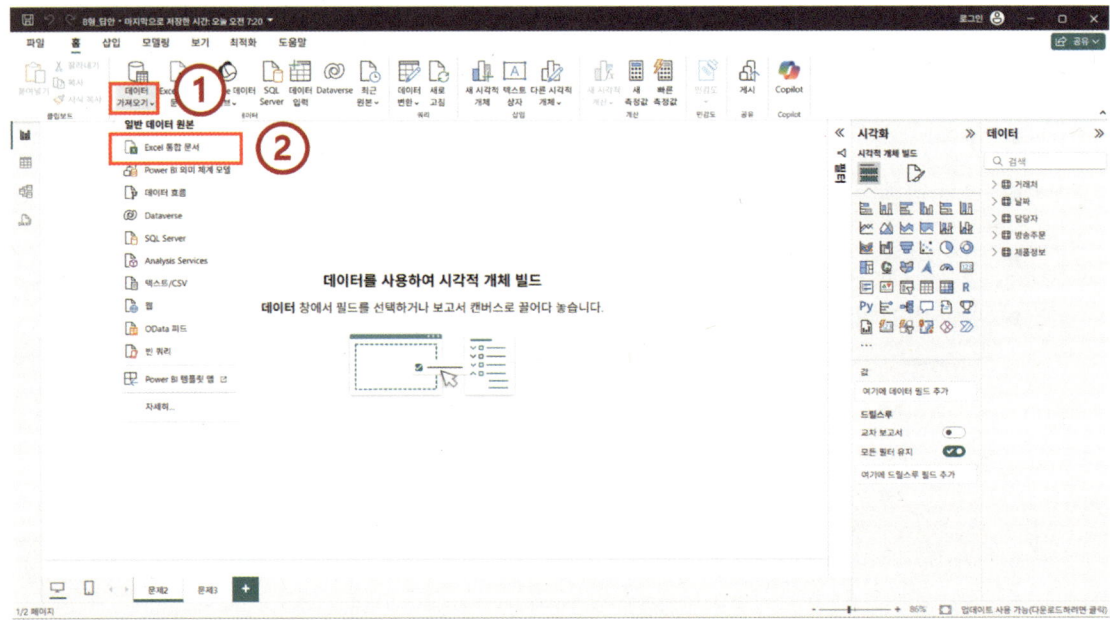

그림 4.2.1

2. '광역별_방문자수.xlsx' 파일을 선택한 뒤 [열기] 버튼을 클릭한다.

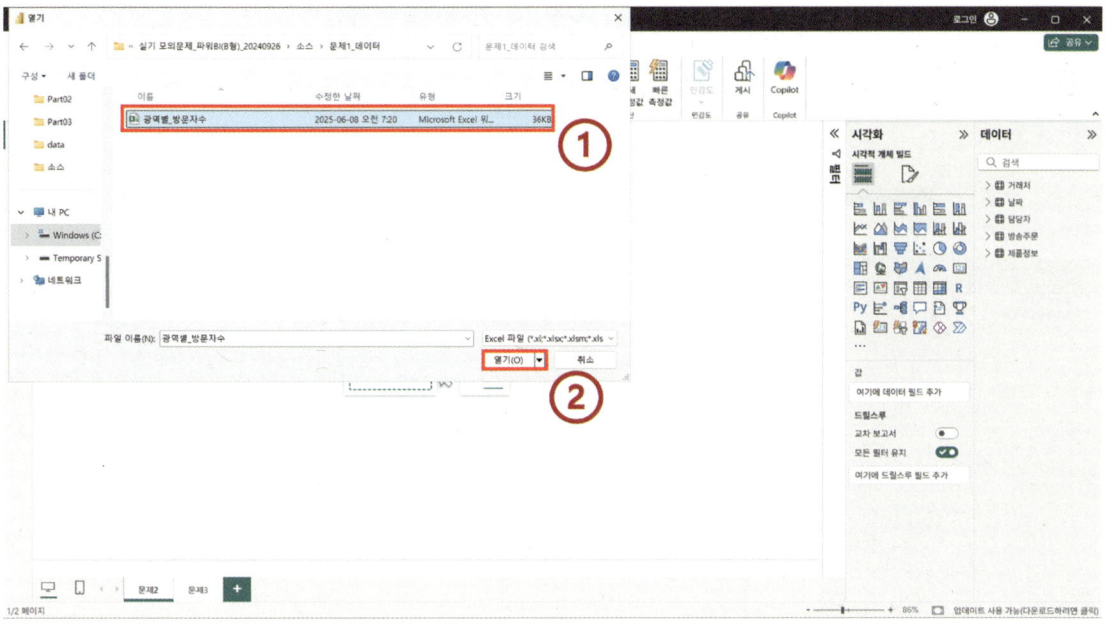

그림 4.2.2

3. 〈A_광역별방문자수〉, 〈B_광역별방문자수〉, 〈행정구역코드〉 테이블을 선택한 뒤 [데이터 변환] 버튼을 클릭한다.

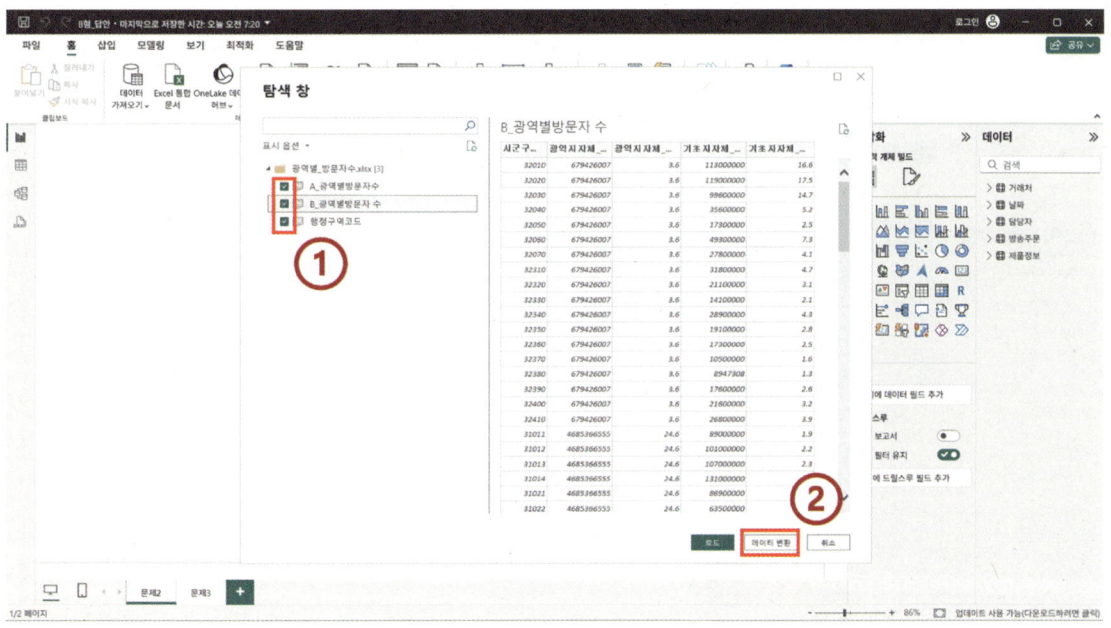

그림 4.2.3

4. 좌측 [쿼리] 메뉴에서 〈A_광역별방문자수〉 테이블을 선택한다. 상단의 [홈] 메뉴에서 [열 선택] 메뉴를 클릭한다. 그리고 그 뒤에 나오는 [열 선택]을 클릭한다.

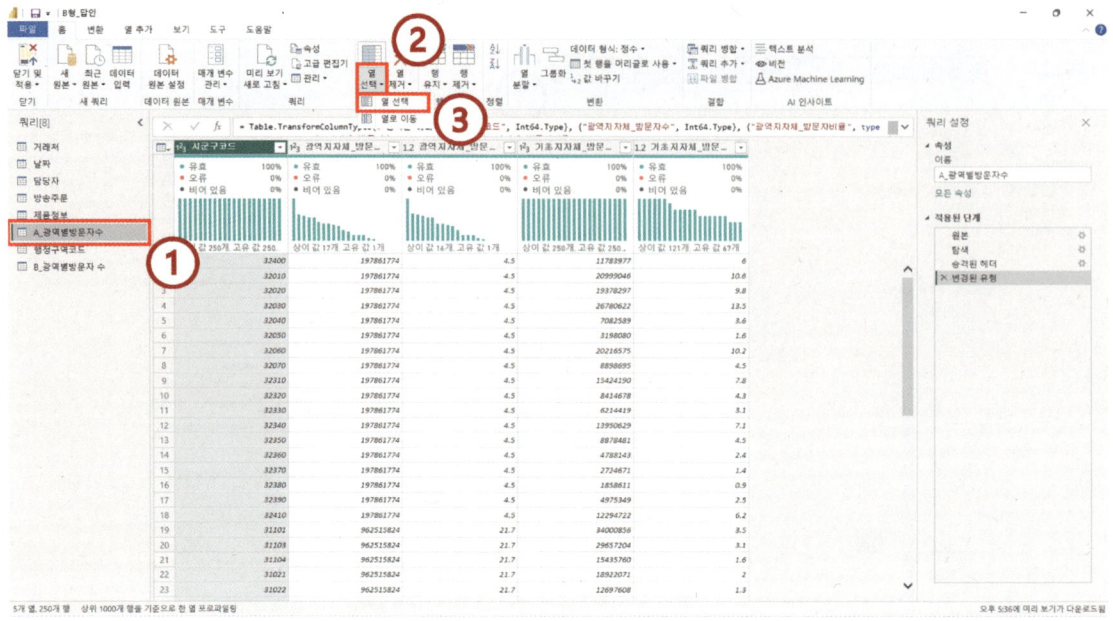

그림 4.2.4

5. [시군구코드]와 [기초지자체_방문자수] 필드만 선택한 뒤 [확인] 버튼을 클릭한다.

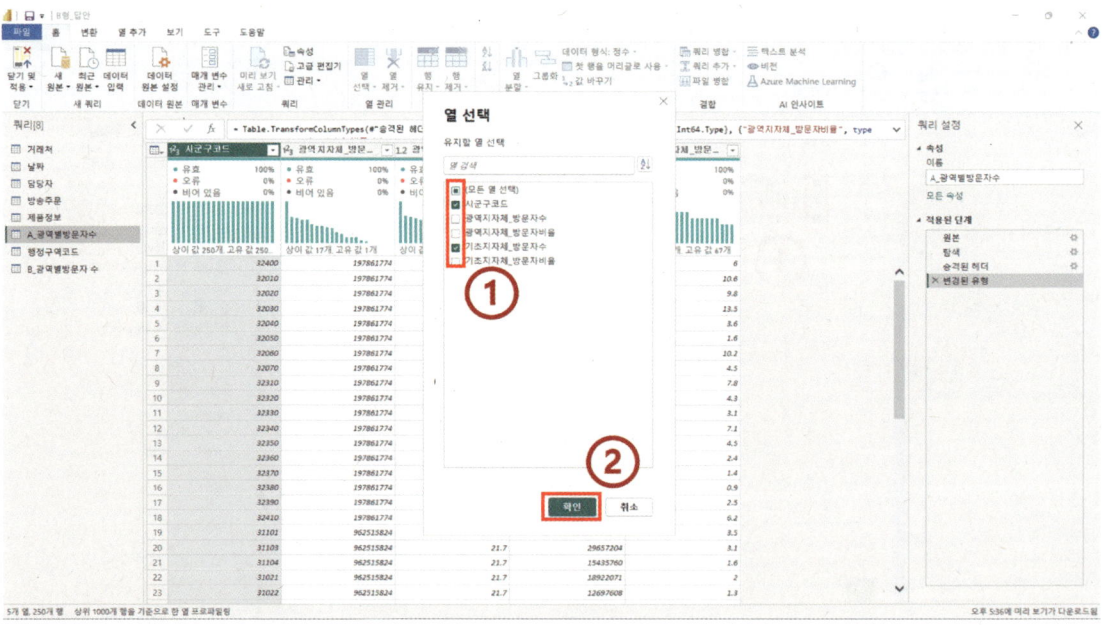

그림 4.2.5

6. 좌측 [쿼리] 메뉴에서 〈B_광역별방문자수〉 테이블을 선택한다. 상단의 [홈] 메뉴에서 [열 선택] 메뉴를 클릭한다. 그리고 그 뒤에 나오는 [열 선택]을 클릭한다.

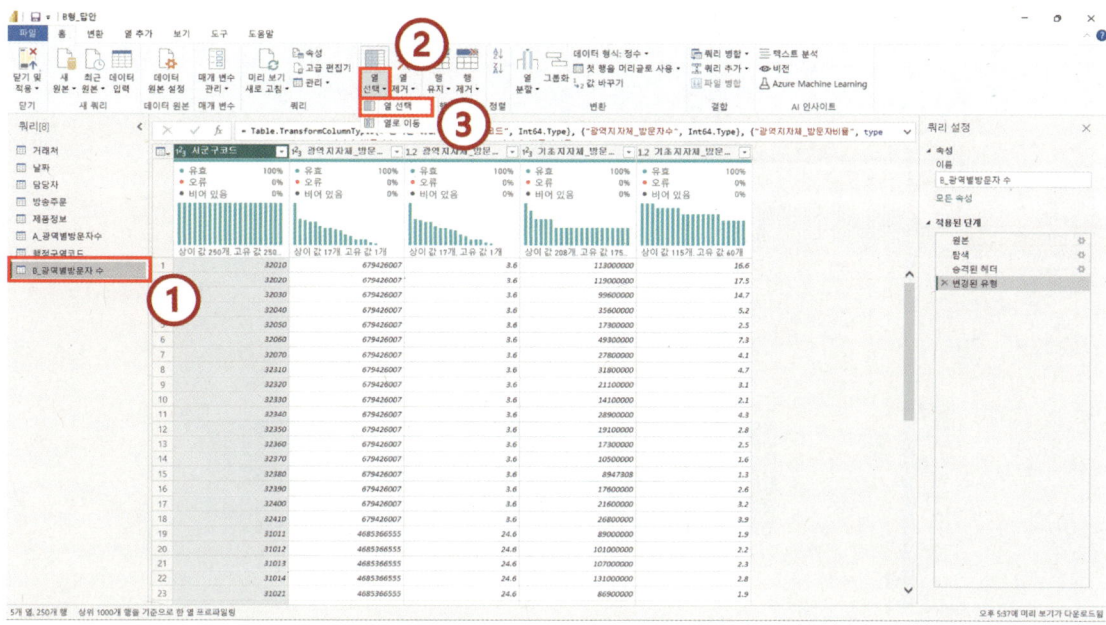

그림 4.2.6

7. [시군구코드]와 [기초지자체_방문자수] 필드만 선택한 뒤 [확인] 버튼을 클릭한다.

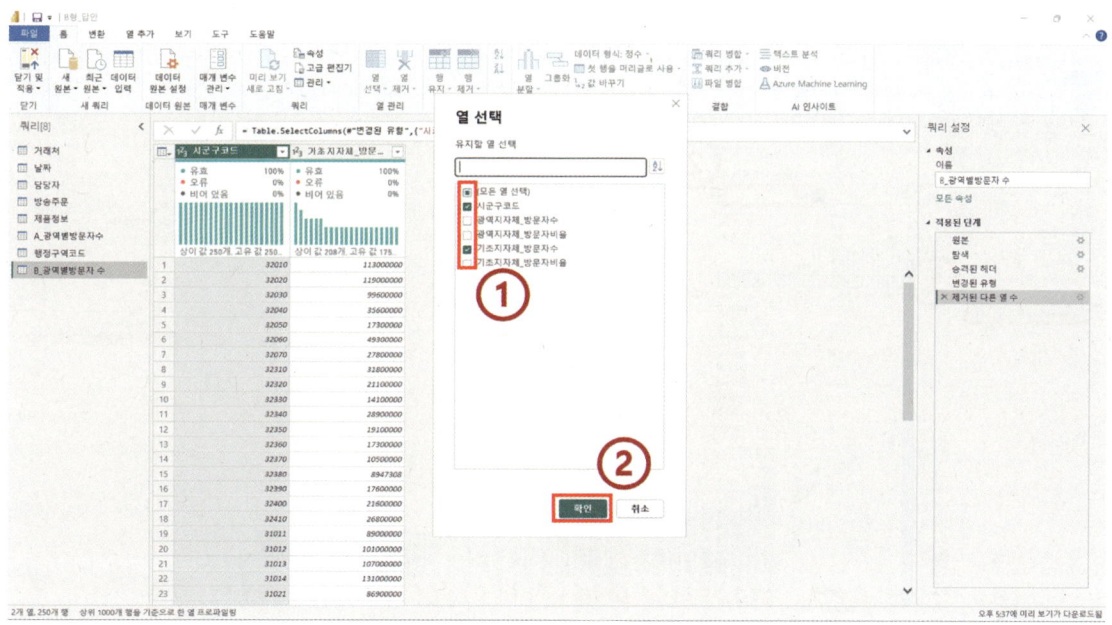

그림 4.2.7

8. 〈A_광역별방문자수〉 테이블로 이동하여 [기초지자체_방문자수] 필드명을 더블 클릭한다. 그리고 필드명을 'A사'로 변경한다.

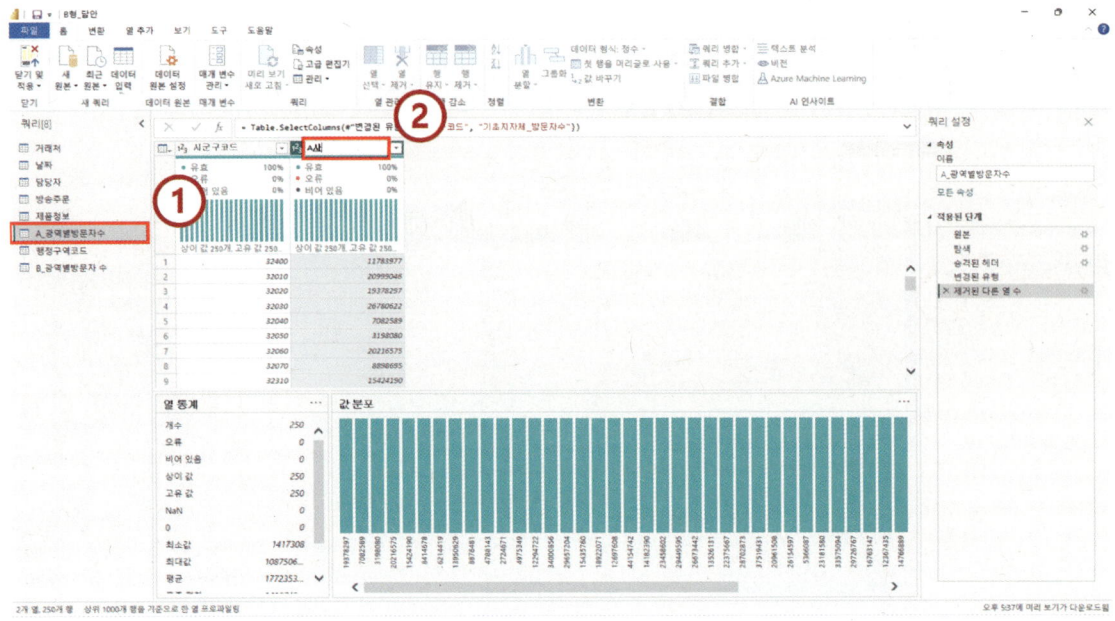

그림 4.2.8

9. 〈B_광역별방문자수〉 테이블로 이동하여 [기초지자체_방문자수] 필드명을 더블 클릭한다. 그리고 필드명을 'B사'로 변경한다.

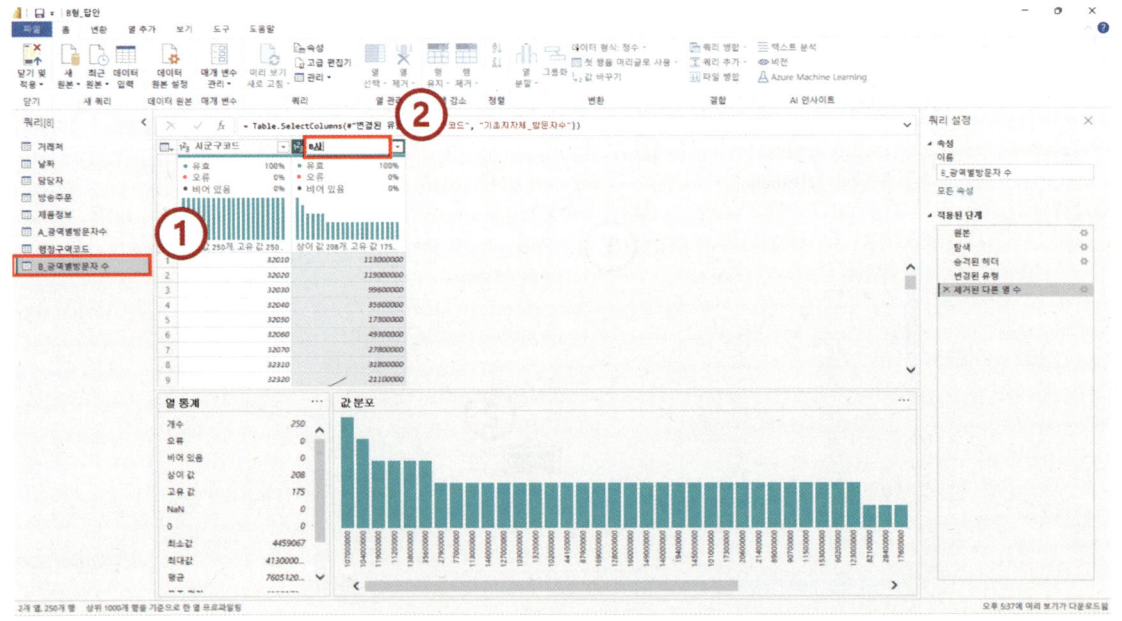

그림 4.2.9

문제 1-1-②

1. 〈A_광역별방문자수〉 테이블로 이동한 뒤 [쿼리를 새 항목으로 병합] 버튼을 클릭한다.

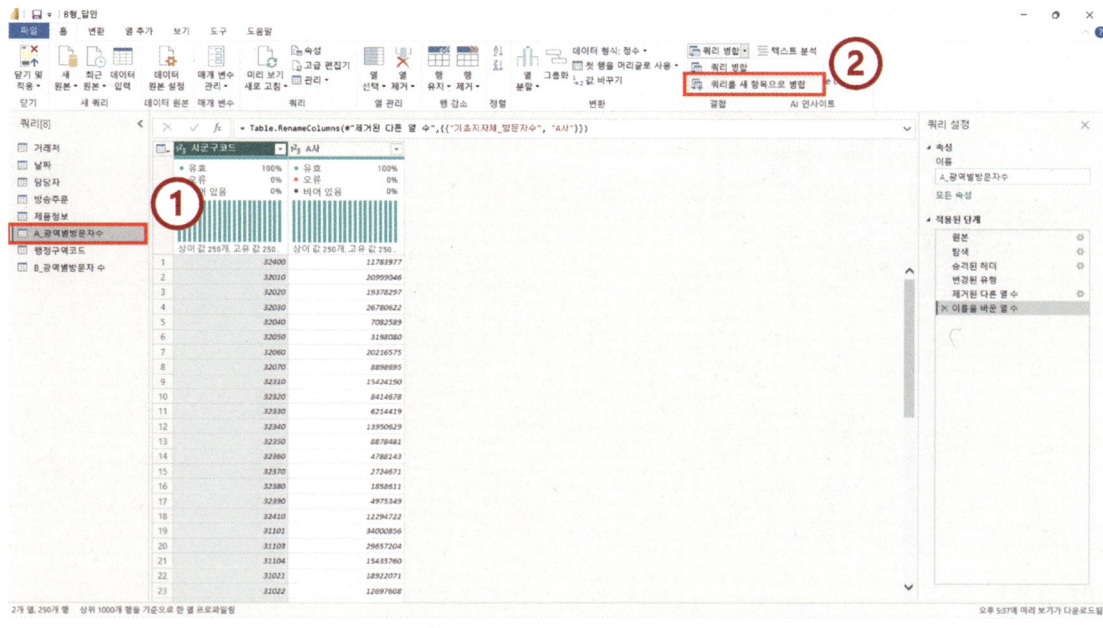

그림 4.2.10

2. 〈A_광역별방문자수〉와 〈B_광역별방문자수〉 테이블을 선택하고, 각각의 테이블에서 [시군구코드] 필드를 선택한다. 조인 종류는 '왼쪽 외부'로 선택한 뒤 [확인] 버튼을 클릭한다.

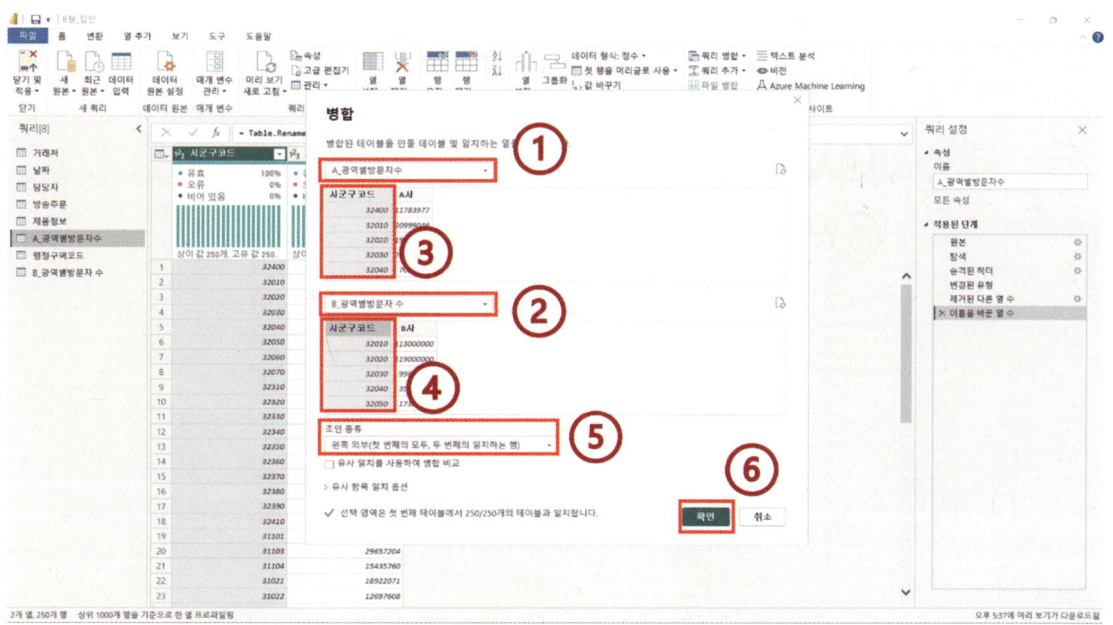

그림 4.2.11

3. 새롭게 추가된 테이블명을 더블 클릭하여 테이블명을 〈지자체별_방문자수〉로 수정한다.

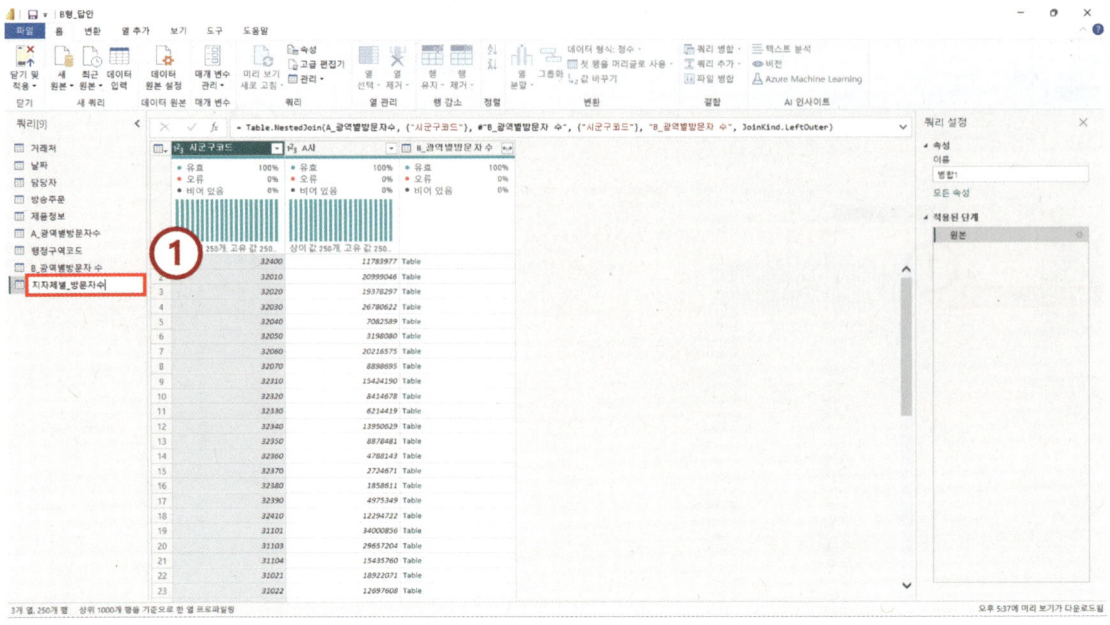

그림 4.2.12

4. [B_광역별방문자수] 필드에서 확장 버튼을 누른 뒤 'B사' 필드만 선택한다. [원래 열 이름을 접두사로 사용] 메뉴를 선택 해제하고 [확인] 버튼을 클릭한다.

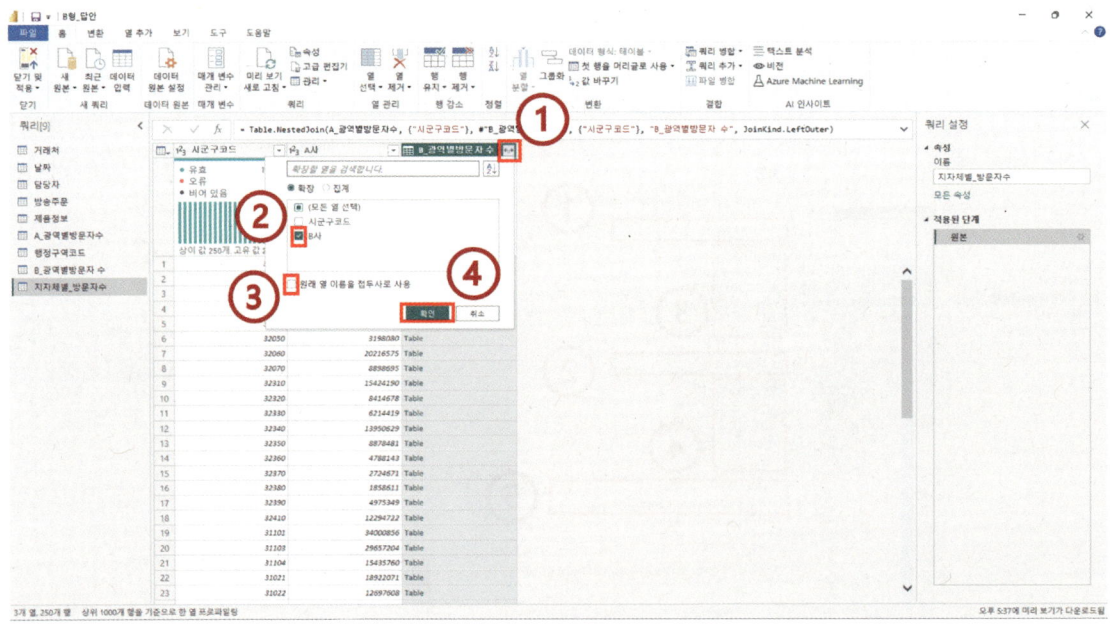

그림 4.2.13

5. 키보드의 Ctrl 버튼을 누른 상태에서 [A사]와 [B사] 필드를 차례로 클릭하여 두 개의 필드를 동시 선택한다. 필드명 위에서 우측 마우스 클릭을 하여 추가 메뉴가 나타나면 [열 피벗 해제] 메뉴를 클릭한다.

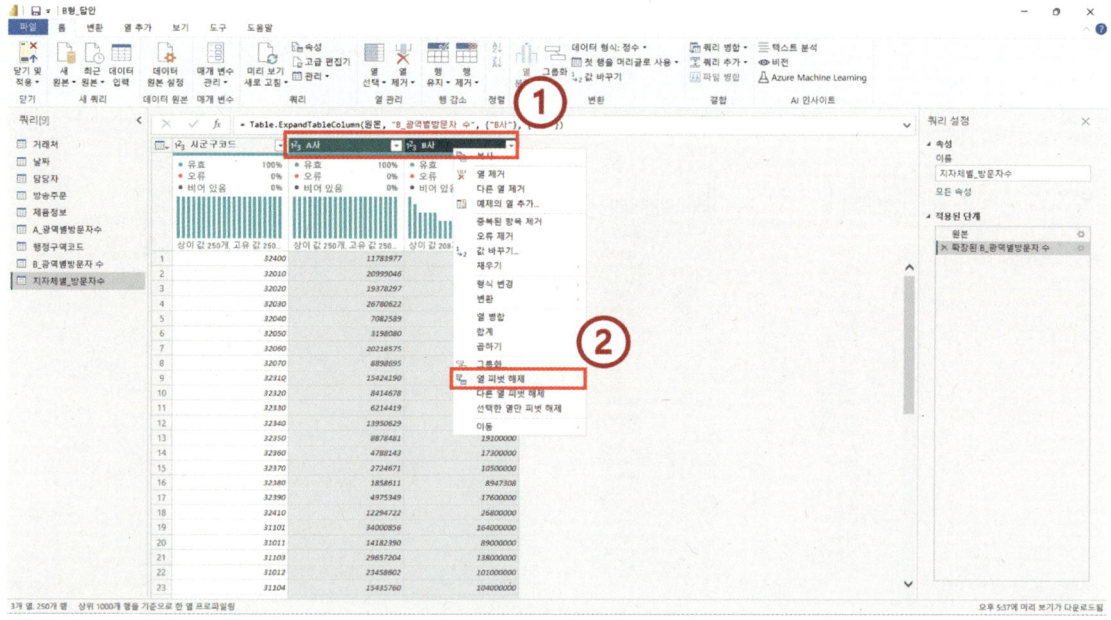

그림 4.2.14

6. 열 피벗 해제 후 나타나는 [특성] 필드와 [값] 필드의 필드명을 각각 [이동통신], [방문자수]로 필드명을 바꾼다.

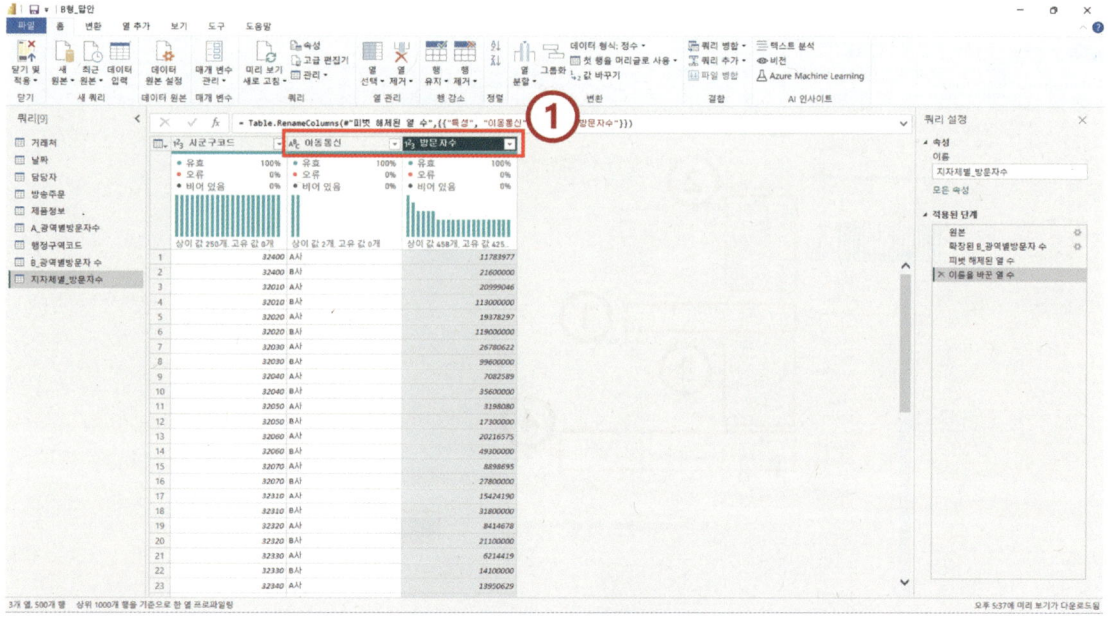

그림 4.2.15

시행처 공개 문제 B형 557

문제 1-1-③

1. [쿼리 병합] 내에 [쿼리 병합] 메뉴를 클릭한다.

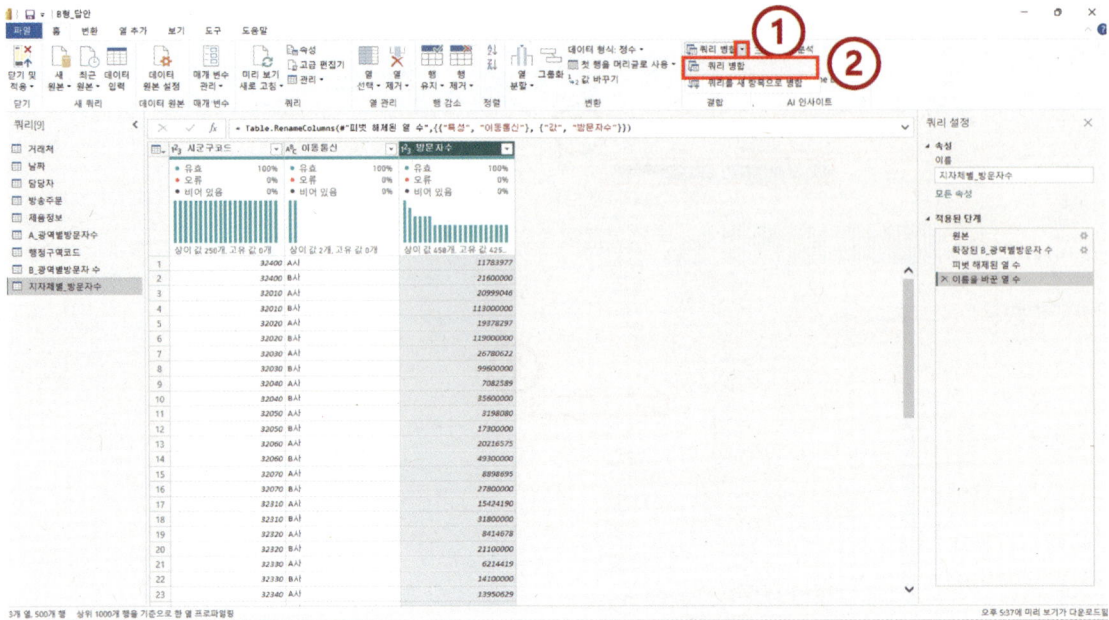

그림 4.2.16

2. 〈행정구역코드〉 테이블을 선택한다. 그리고 〈지자체별_방문자수〉 테이블에서는 [시군구코드] 필드를 선택하고 〈행정구역코드〉 테이블에서는 [행정동코드] 필드를 선택한다. 조인 종류는 '왼쪽 외부'로 선택하고 [확인] 버튼을 클릭한다.

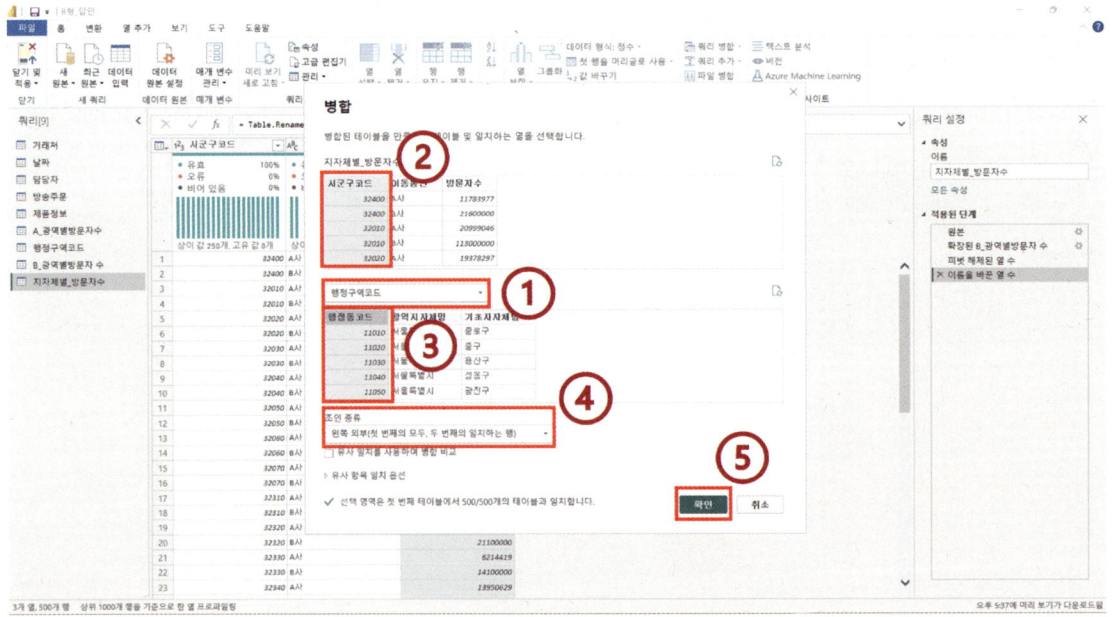

그림 4.2.17

3. 〈행정구역코드〉 테이블의 확장 버튼을 클릭하고 [광역지자체명] 필드만 선택한다. [원래 열 이름을 접두사로 사용] 버튼을 해제한 뒤 [확인] 버튼을 클릭한다.

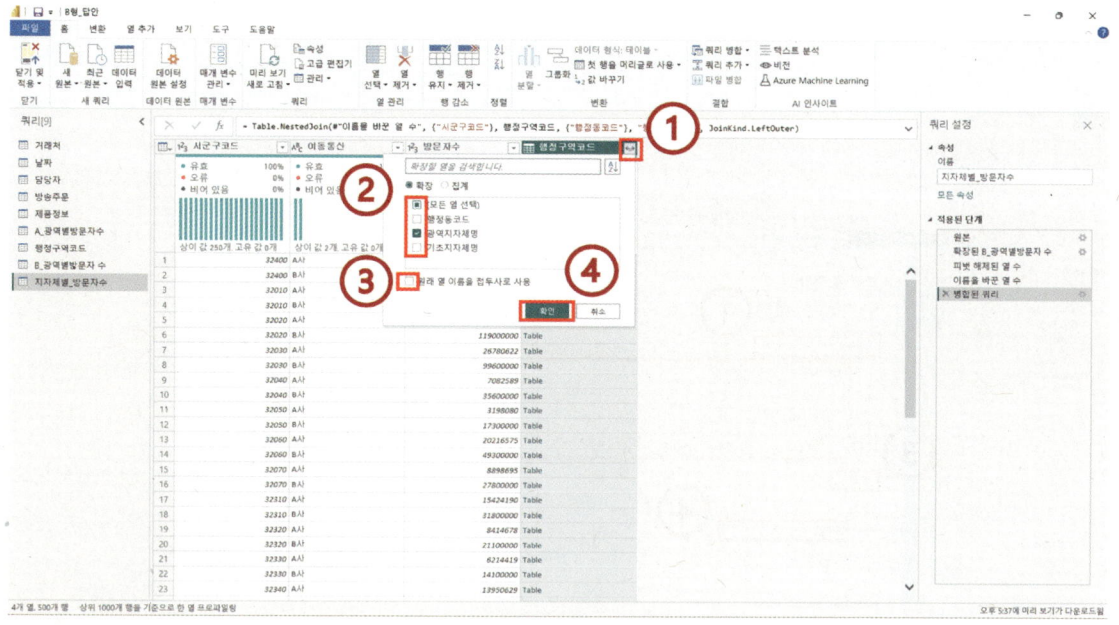

그림 4.2.18

문제 1-2-①

1. 〈행정구역코드〉 테이블을 선택한 뒤 [열 추가] 메뉴로 이동하여 [조건 열] 메뉴를 클릭한다.

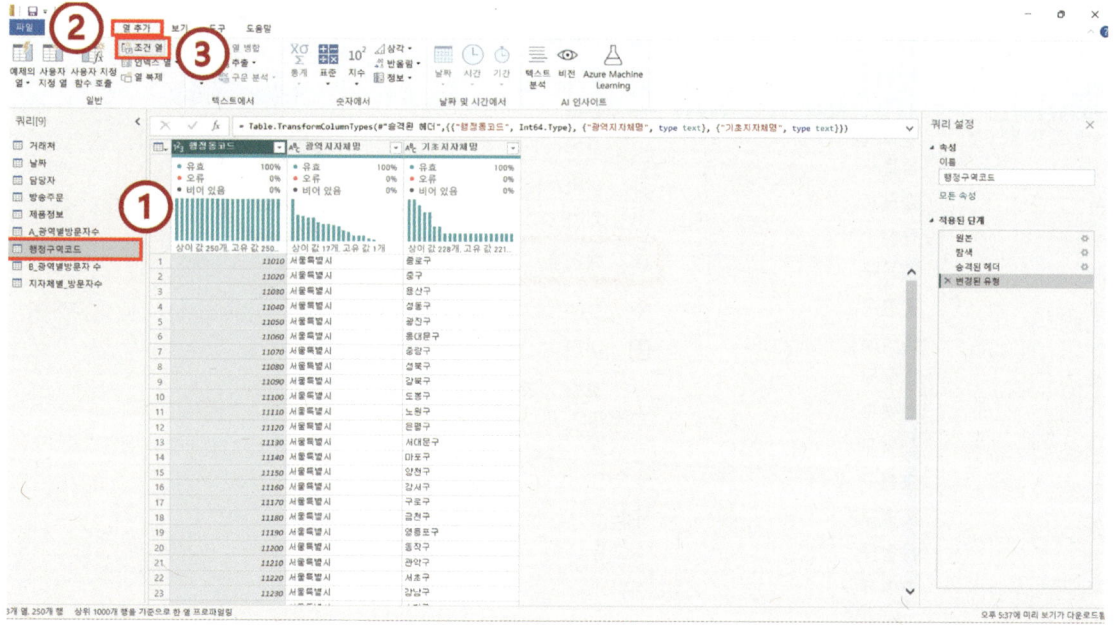

그림 4.2.19

2. [새 열 이름]을 '지역구분'으로 입력한다. [열 이름]을 [광역지자체명] 필드로 선택한다. [연산자]를 [같음]으로 선택한 뒤 [값]이 '서울특별시'일 때 [출력]이 '수도권'이 되도록 입력한다. [절 추가]를 선택하여 [광역지자체명] 필드의 [값]이 '경기도'일 때도 '수도권', '인천광역시'일 때도 '수도권'이 되도록 설정한다. [기타]에는 '지방권'을 입력한 뒤 [확인] 버튼을 클릭한다.

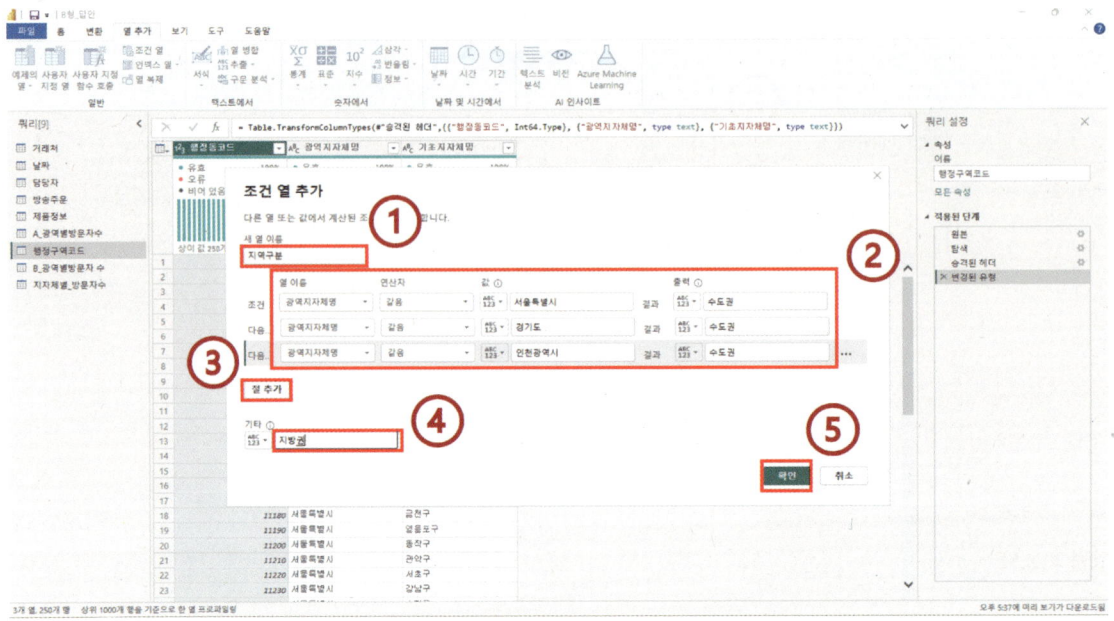

그림 4.2.20

3. [지역구분] 필드의 데이터 형식을 '텍스트'로 설정한다.

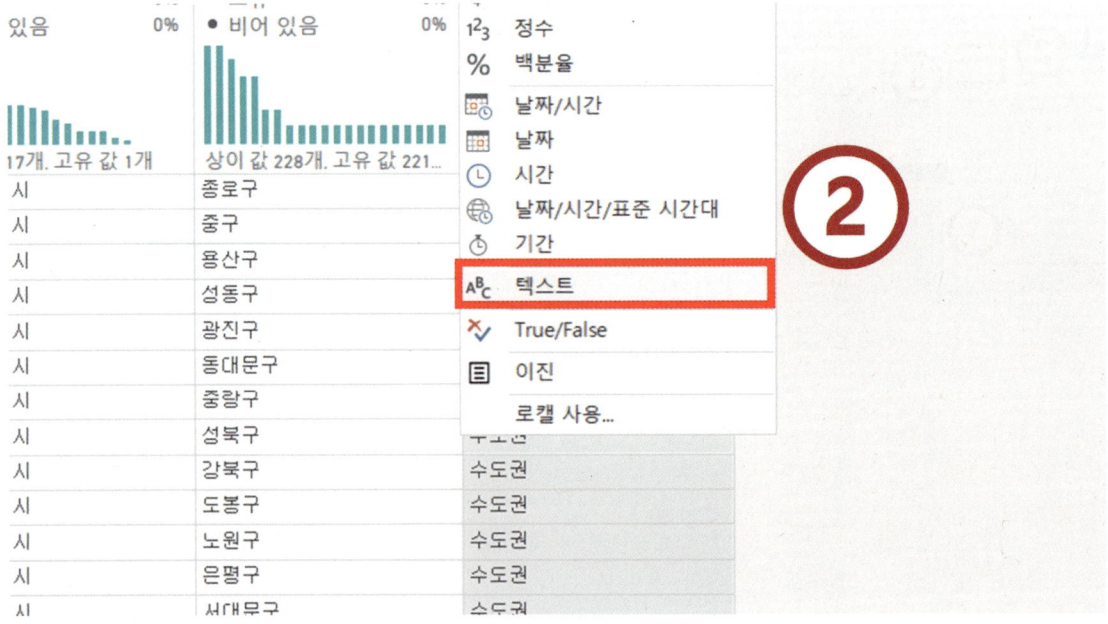

그림 4.2.21

문제 1-2-②

1. 〈A_광역별방문자수〉테이블을 우측 마우스 클릭 후 [로드 사용]을 클릭하여 해제한다.

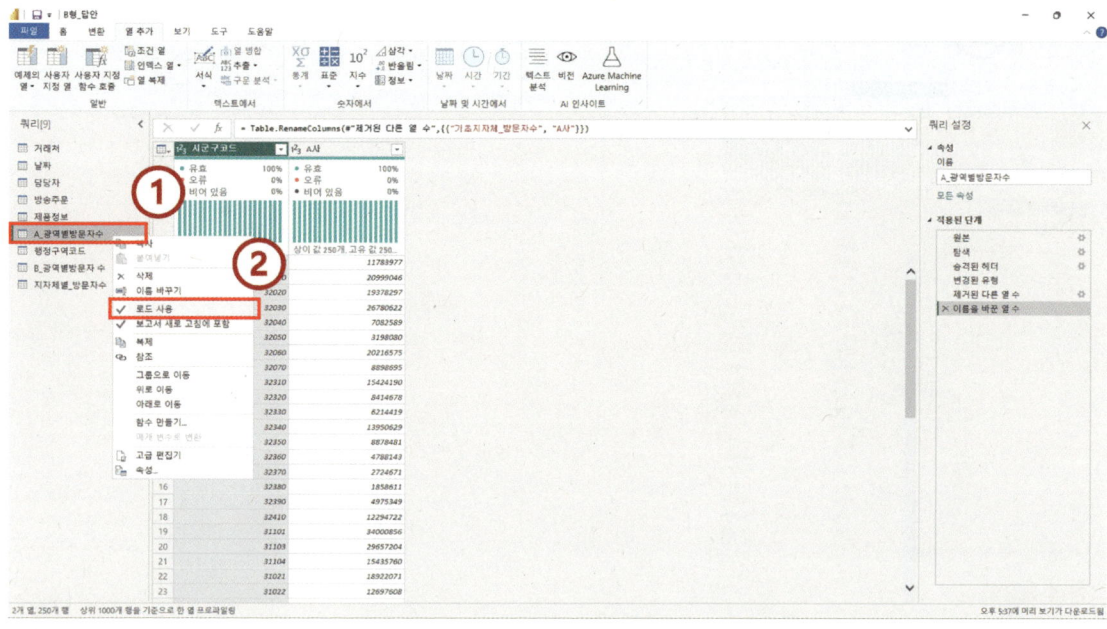

그림 4.2.22

2. 〈B_광역별방문자수〉테이블을 우측 마우스 클릭 후 [로드 사용]을 클릭하여 해제한다.

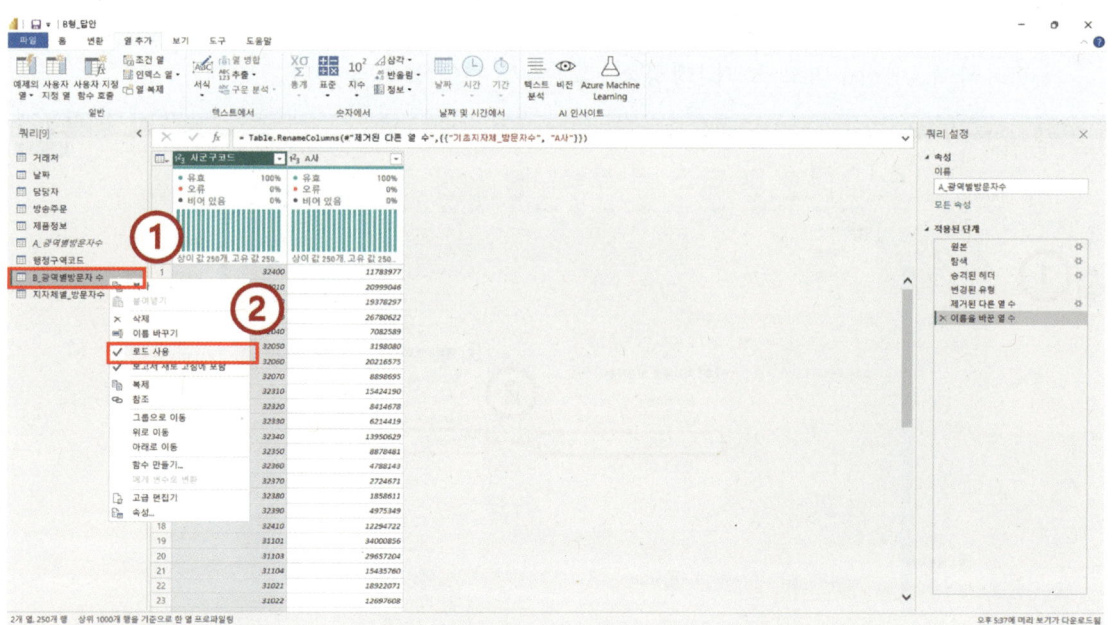

그림 4.2.23

3. [닫기 및 적용] 메뉴 내에 [닫기 및 적용] 버튼을 클릭하여 현재까지 진행한 내용을 적용한다.

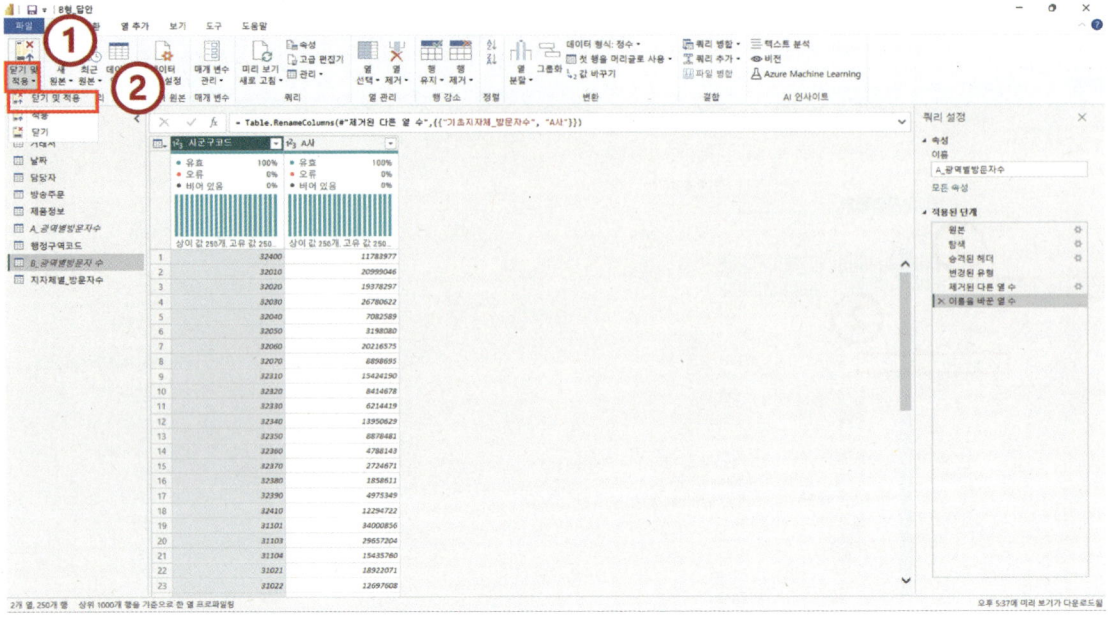

그림 4.2.24

문제 1-2-③

1. [모델 보기] 화면으로 이동한다. 〈지자체별_방문자수〉의 [시군구코드] 필드를 클릭한 상태로 드래그 하여 〈행정구역코드〉의 [행정동코드] 필드 위에 올려 놓는다.

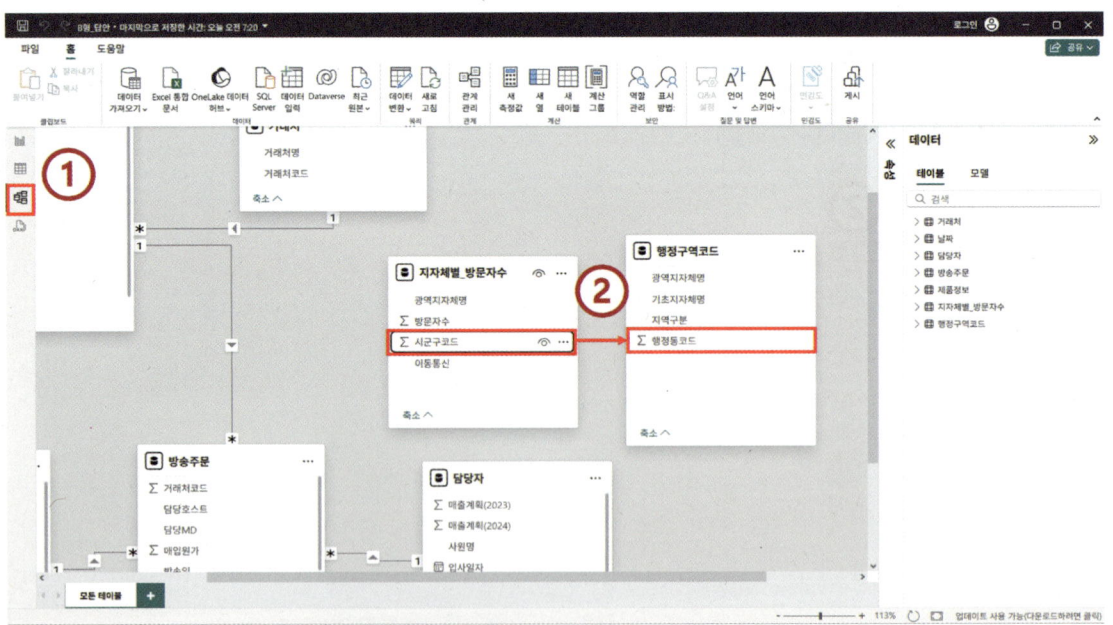

그림 4.2.25

2. 〈행정구역코드〉 테이블을 선택한다. 그리고 〈지자체별_방문자수〉 테이블에서는 [시군구코드] 필드를 선택하고 〈행정구역코드〉 테이블에서는 [행정동코드] 필드를 선택한다. 카디널리티를 '다대일'로 선택하고 교차 필터 방향은 'Single'로 선택한다. 그리고 나서 [저장] 버튼을 클릭한다.

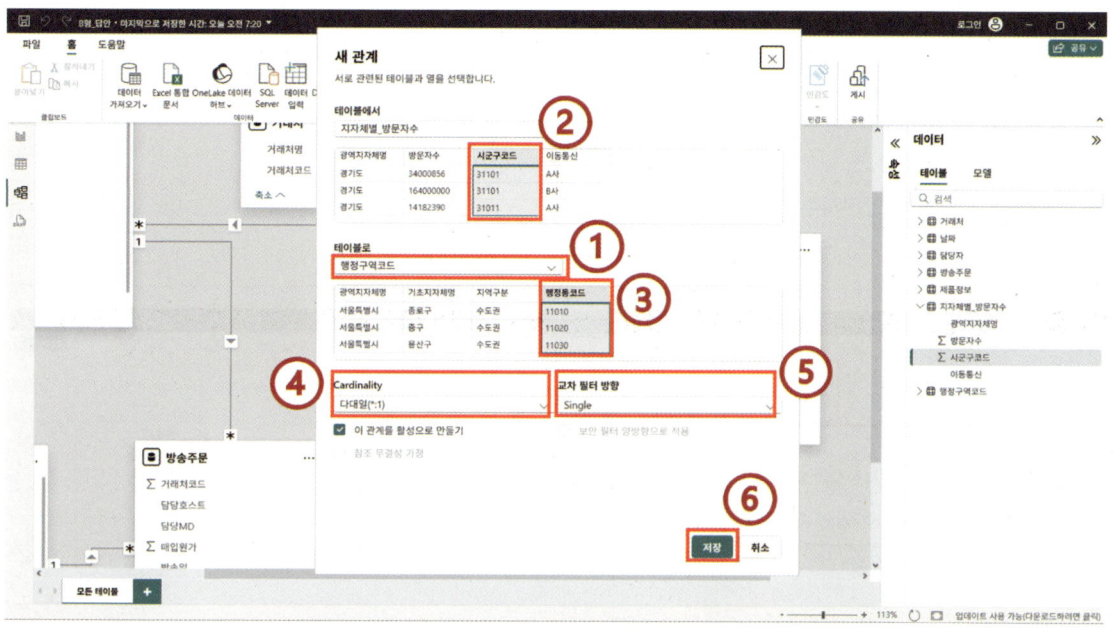

그림 4.2.26

문제 1-3-①

1. [테이블 보기]로 이동하여 [새 테이블] 버튼을 클릭한다. 문제 조건에 맞는 적절한 DAX 수식을 입력한다.

```
요약 = SUMMARIZE(
    '지자체별_방문자수',
    '지자체별_방문자수'[광역지자체명],
    "합계",
    SUM('지자체별_방문자수'[방문자수])
)
```

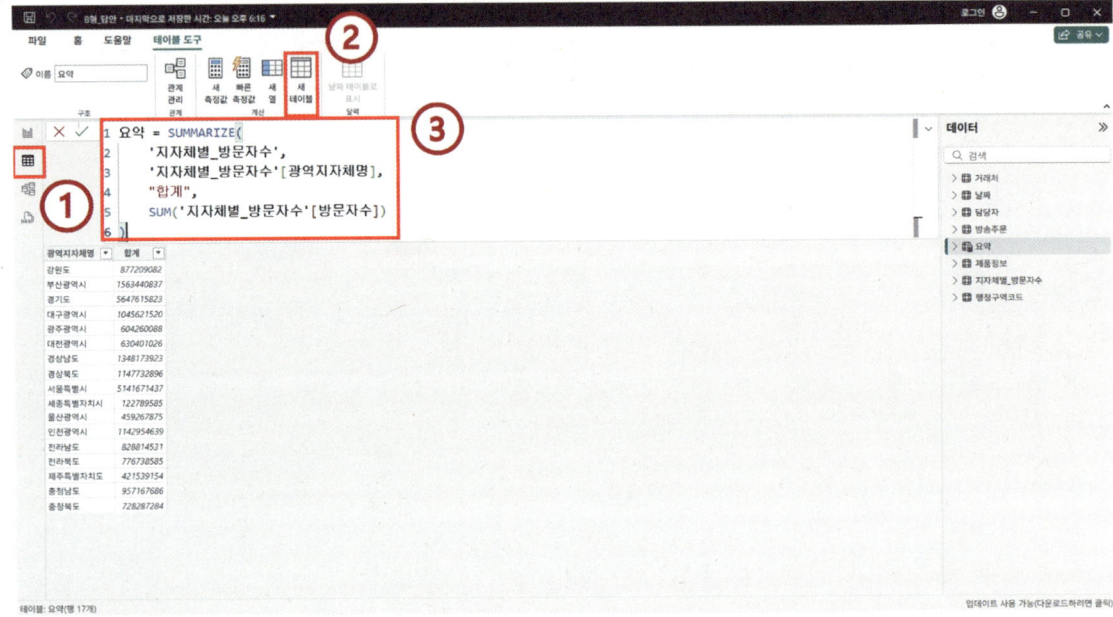

그림 4.2.27

2. [모델 보기]로 이동하여 〈지자체별_방문자수〉 테이블의 [광역지자체명] 필드를 클릭한 뒤 드래그 하여 〈요약〉 테이블의 [광역지자체명] 필드 위에 놓는다.

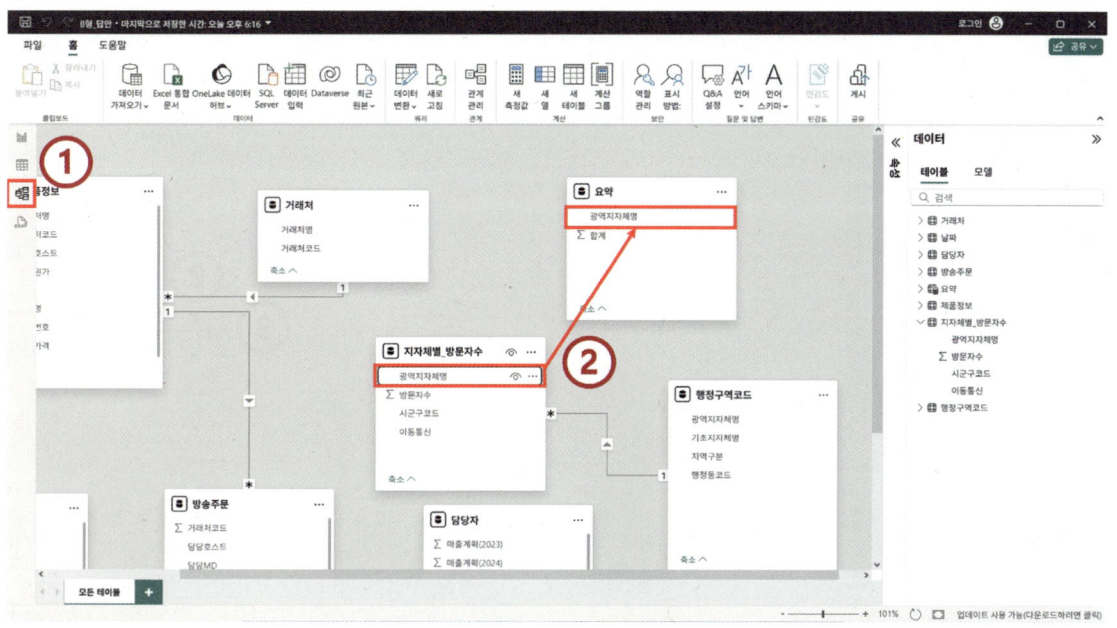

그림 4.2.28

3. [테이블로] 메뉴에서 〈요약〉 테이블을 선택한다. 그리고 〈지자체별_방문자수〉 테이블의 [광역지자체명] 필드와 〈요약〉 테이블의 [광역지자체명] 필드를 각각 선택한다. 카디널리티는 '다대일'로 선택하고 교차 필터 방향은 'Single'로 선택한다. 그리고 [저장] 버튼을 클릭한다.

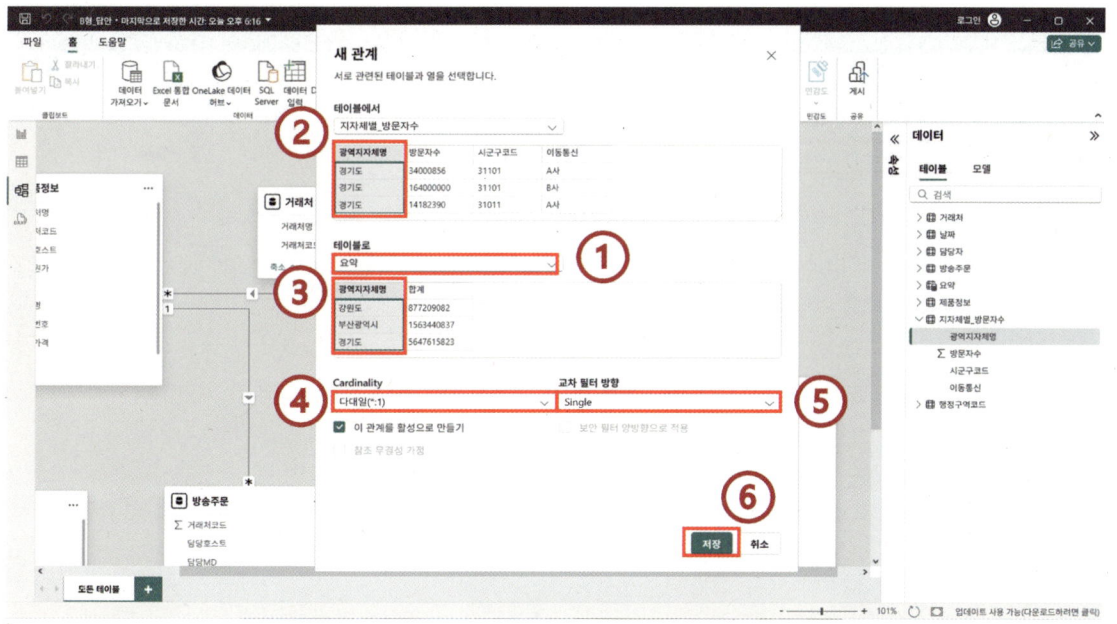

그림 4.2.29

4. [테이블 보기] 화면으로 이동한다. 〈행정구역코드〉 테이블을 우측 마우스 클릭한 뒤 [새 측정 값] 메뉴를 클릭한다.

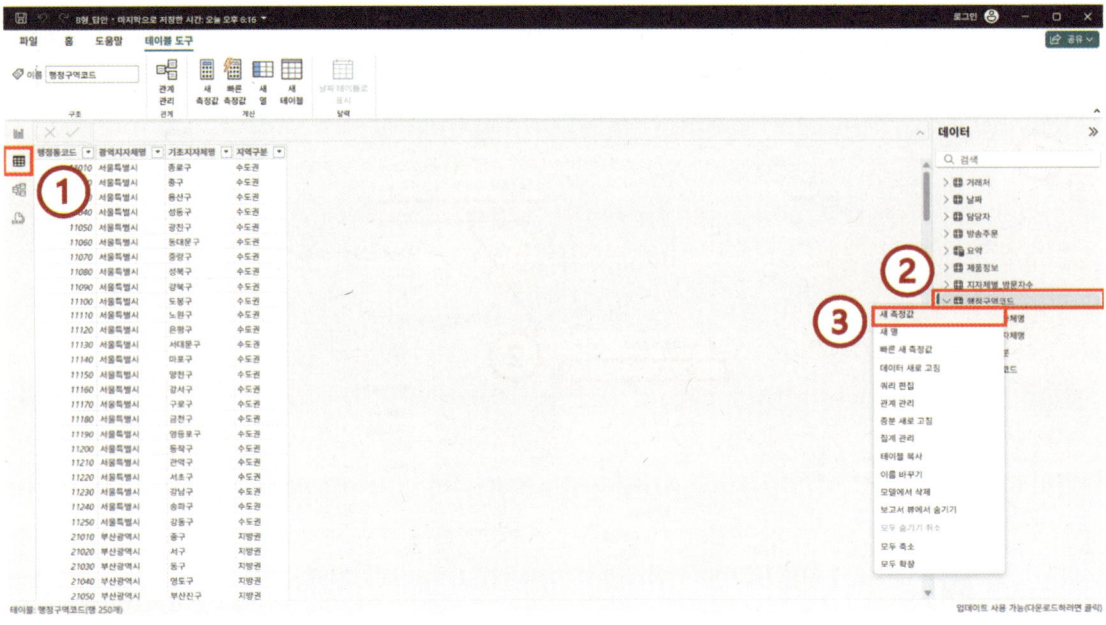

그림 4.2.30

5. 문제에서 안내된 조건을 따르는 적절한 DAX 수식을 입력한다.

```
광역지자체수 = DISTINCTCOUNT( '행정구역코드' [광역지자체명])
```

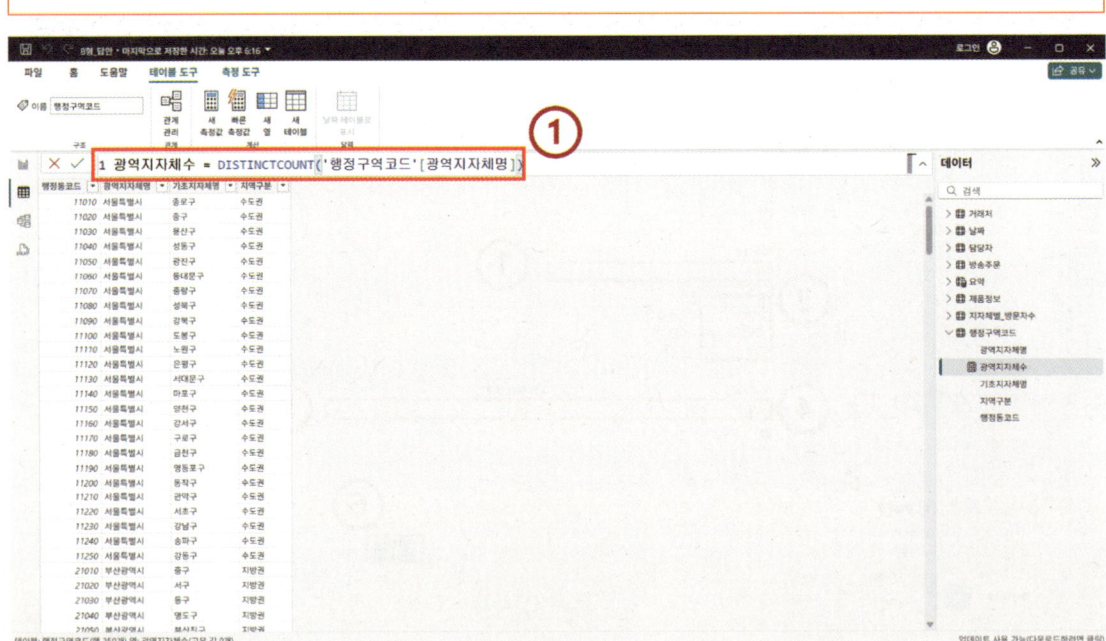

그림 4.2.31

문제 1-3-②

1. 〈지자체별_방문자수〉 테이블을 우측 마우스 클릭 후 [새 측정값] 버튼을 클릭한다.

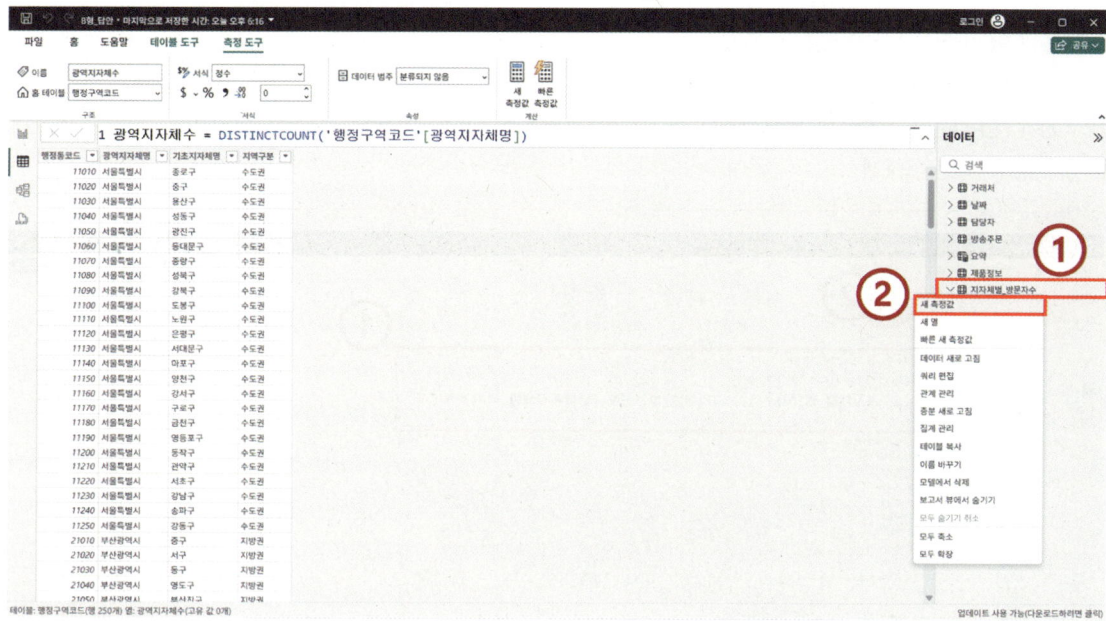

그림 4.2.32

2. 문제에서 안내된 조건을 따르는 적절한 DAX 수식을 입력한다. 그리고 [천 단위 구분 기호]를 적용한다.

```
서울지역_방문자수 = CALCULATE(
    SUM('지자체별_방문자수'[방문자수]),
    FILTER(ALL('지자체별_방문자수'),'지자체별_방문자수'[광역지자체명]="서울특별시")
)
```

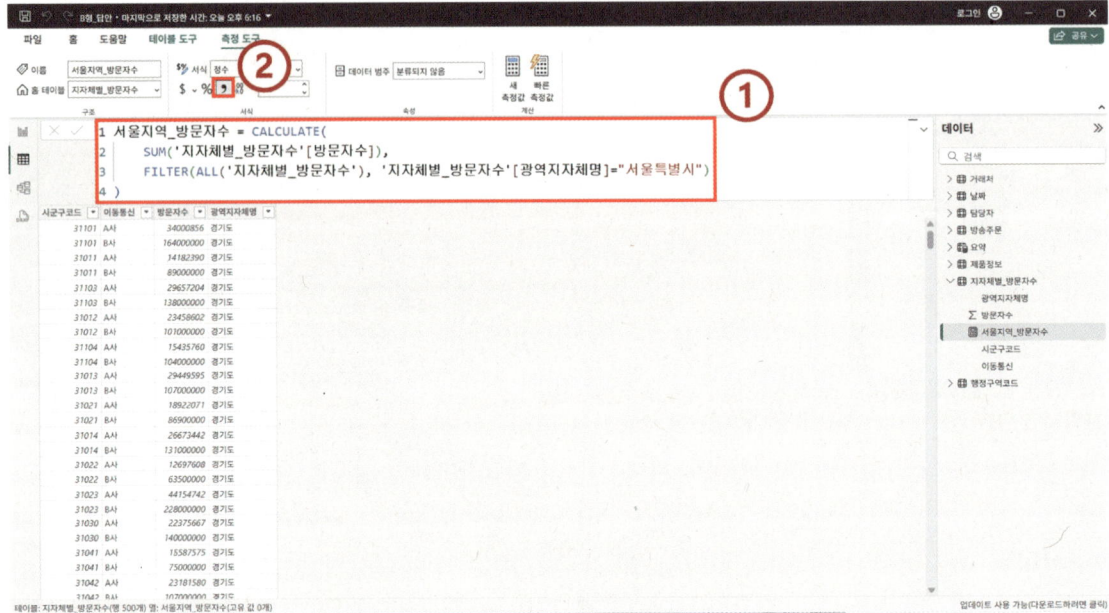

그림 4.2.33

3. 〈지자체별_방문자수〉 테이블을 우측 마우스 클릭 후 [새 측정값] 버튼을 클릭한다.

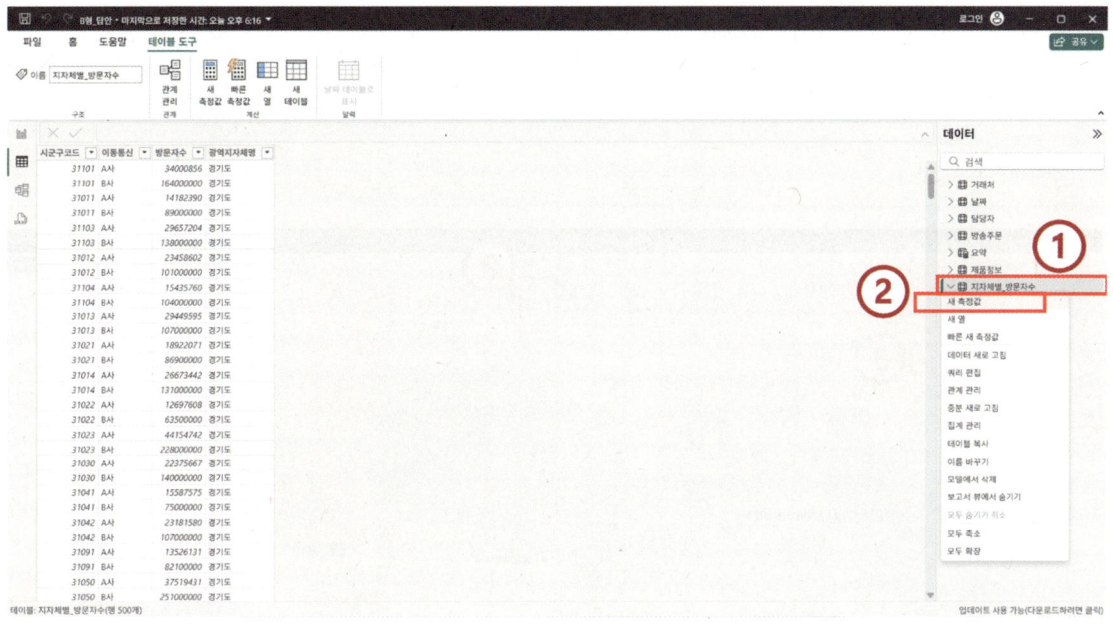

그림 4.2.34

4. 문제에서 안내된 조건을 따르는 적절한 DAX 수식을 입력한다. 서식을 '백분율'로 적용하고 소수점 아래 2자리까지 표시한다.

서울방문자비율% = DIVIDE([서울지역_방문자수], SUM('요약'[합계]))

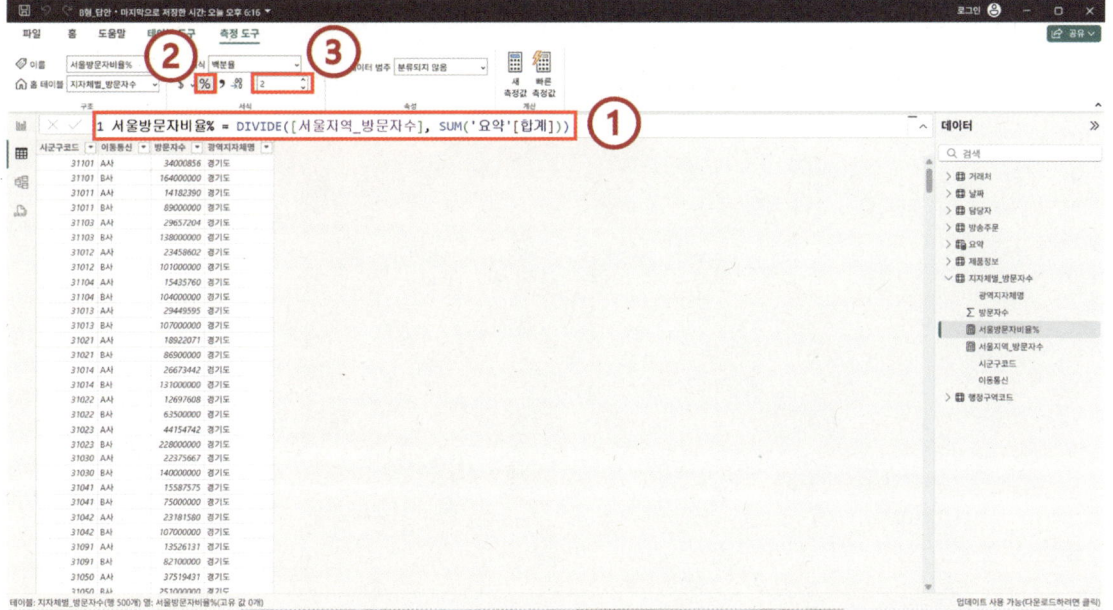

그림 4.2.35

문제 1-3-③

1. [모델 보기]로 이동하여 [새 테이블] 메뉴를 선택한다. 그리고 수식 입력란에 테이블명만 입력한다.

측정값T =

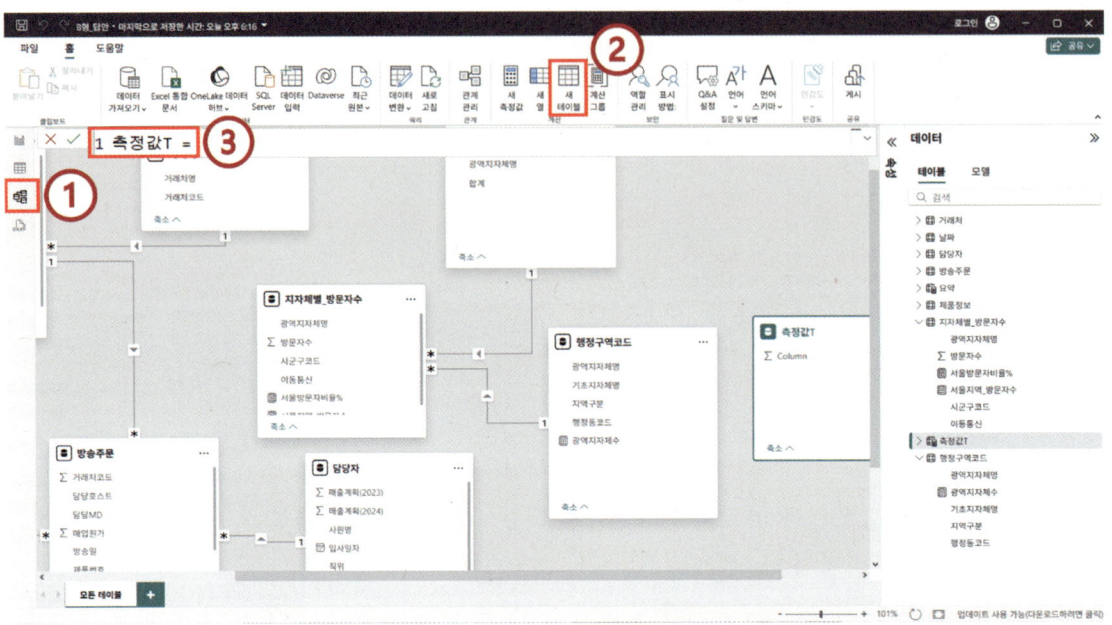

그림 4.2.36

2. 기존에 만들어둔 [광역지자체수], [서울지역_방문자수], [서울방문자비율%] 측정값들을 Ctrl 키를 누른 상태에서 하나씩 클릭하여 동시 선택한다. 선택된 영역을 클릭한 뒤 드래그 하여 〈측정값T〉 테이블 위에 올려 놓는다.

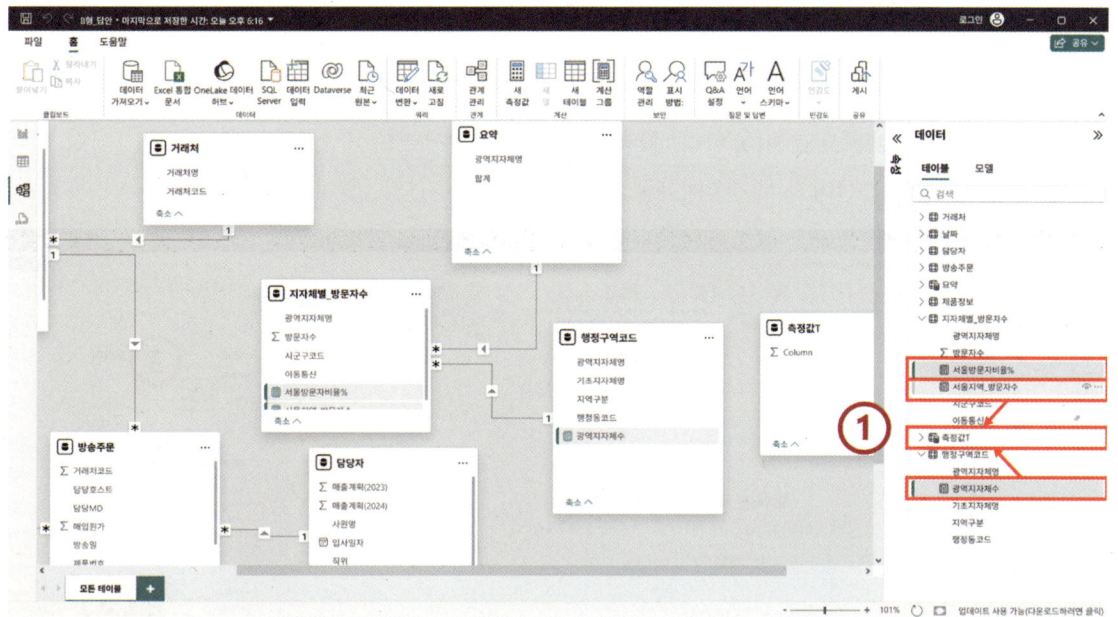

그림 4.2.37

| 문제 2 | 단순요소 구현 | 30점 |  |

문제 2-1-①

1. [보고서 보기] 화면으로 이동한다. [문제2] 페이지가 선택되어 있는지 확인한 뒤 [서식 페이지]로 이동한다. [캔버스 배경] 메뉴로 이동하여 [이미지]의 [찾아보기] 버튼을 클릭한다.

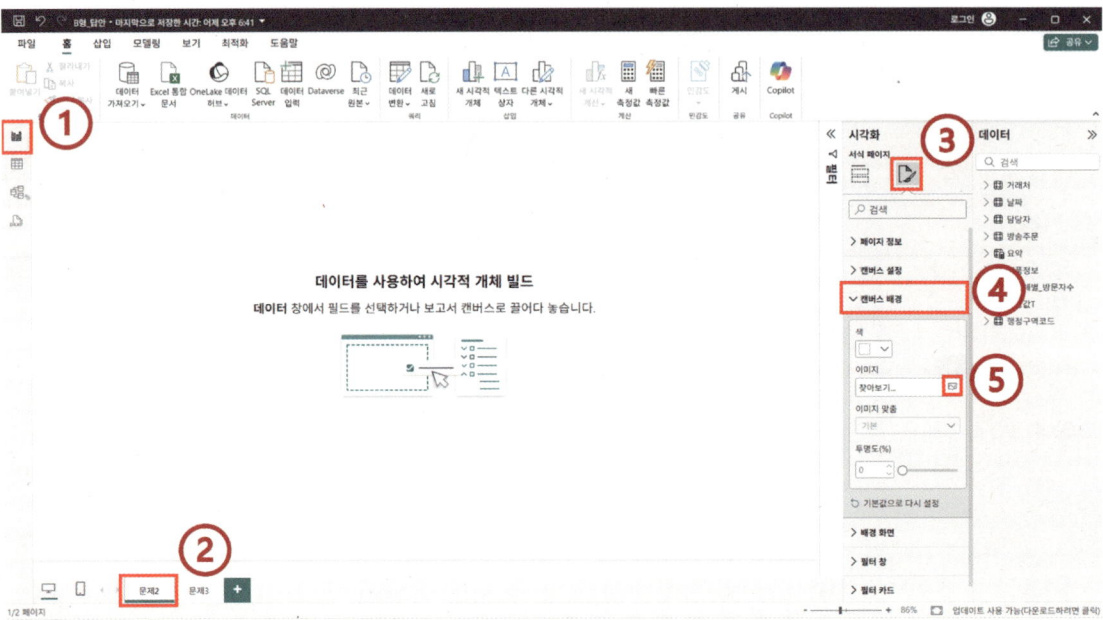

그림 4.2.38

2. '문제2_배경.png' 파일을 찾은 뒤 선택한다. 그리고 [열기] 버튼을 클릭한다.

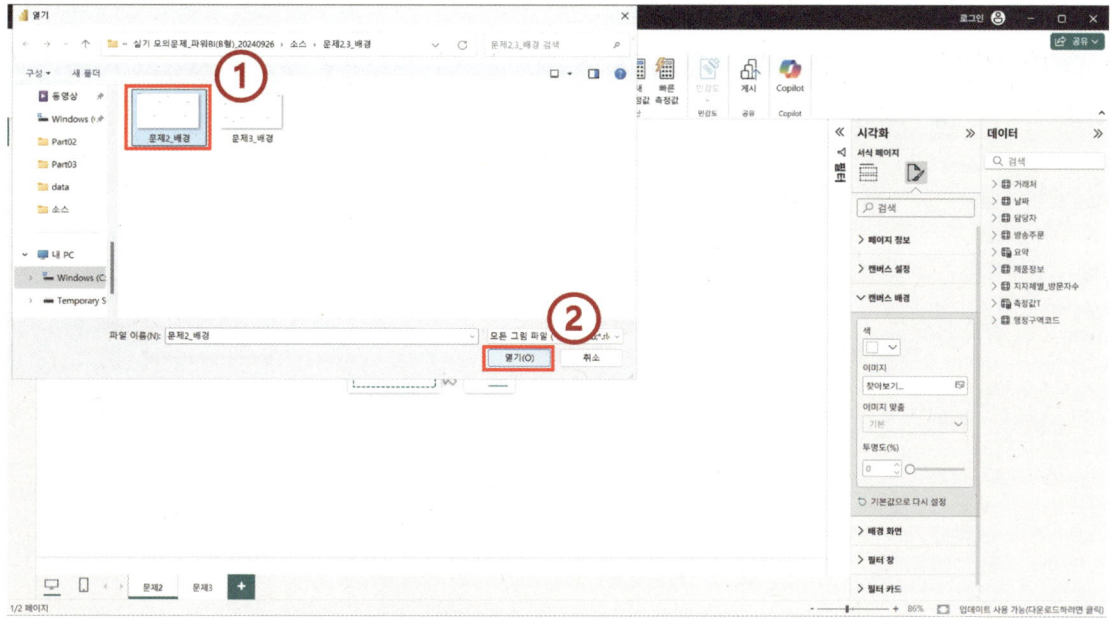

그림 4.2.39

3. [이미지 맞춤]을 '기본'으로, [투명도]는 '0'으로 설정한다. 그리고 [문제3] 페이지를 클릭한다.

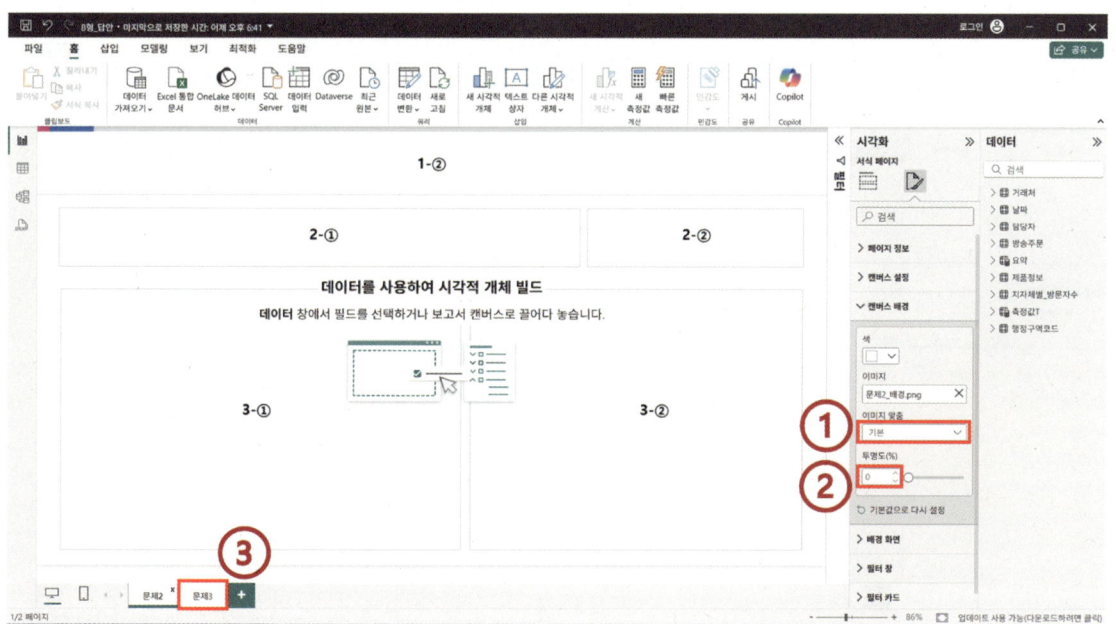

그림 4.2.40

4. [서식 페이지]로 이동한 뒤 [캔버스 배경] 메뉴로 이동한다. 그리고 [이미지]의 [찾아보기] 버튼을 클릭한다.

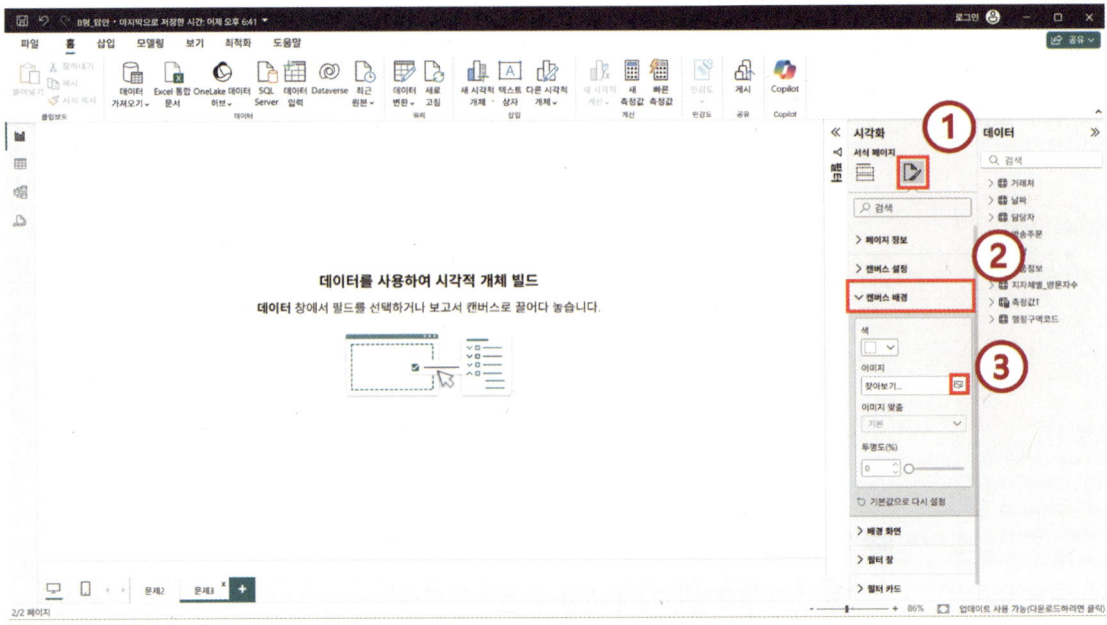

그림 4.2.41

5. '문제3_배경.png' 파일을 찾은 뒤 선택한다. 그리고 [열기] 버튼을 클릭한다.

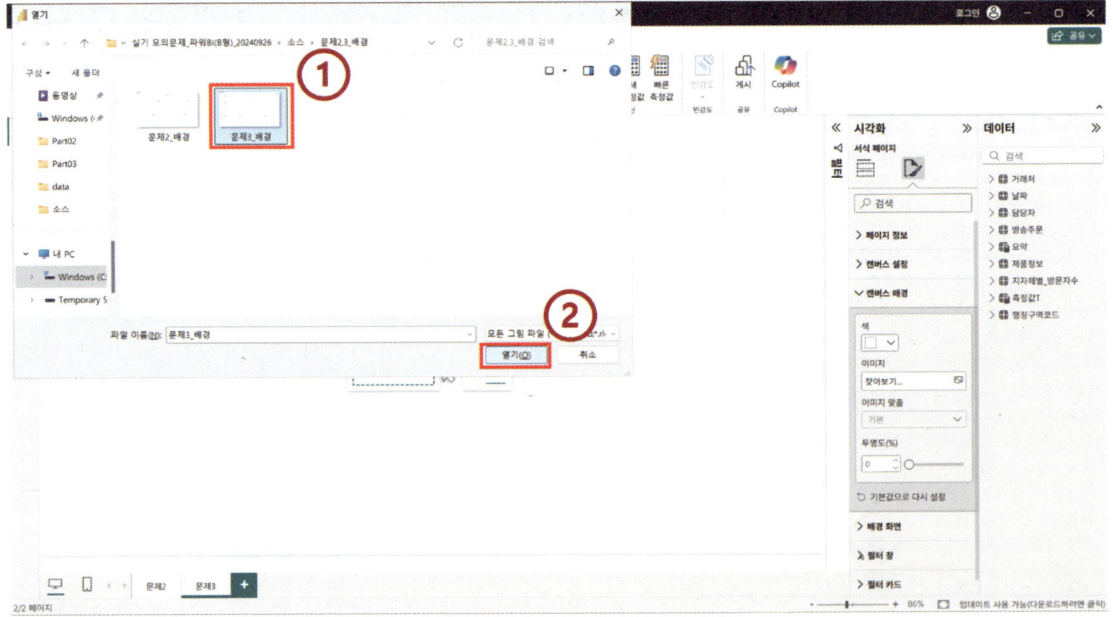

그림 4.2.42

6. [이미지 맞춤]을 '기본'으로 설정하고 [투명도]는 '0'으로 설정한다.

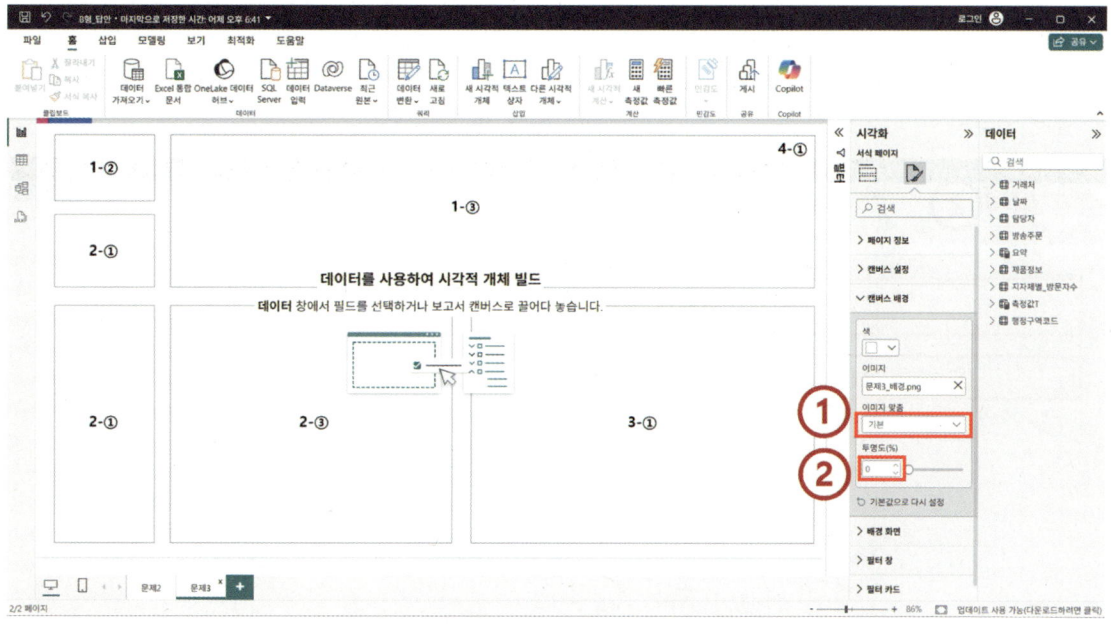

그림 4.2.43

7. [보기] 메뉴로 이동하여 [테마]를 확장한다. '기본값' 테마를 선택한다.

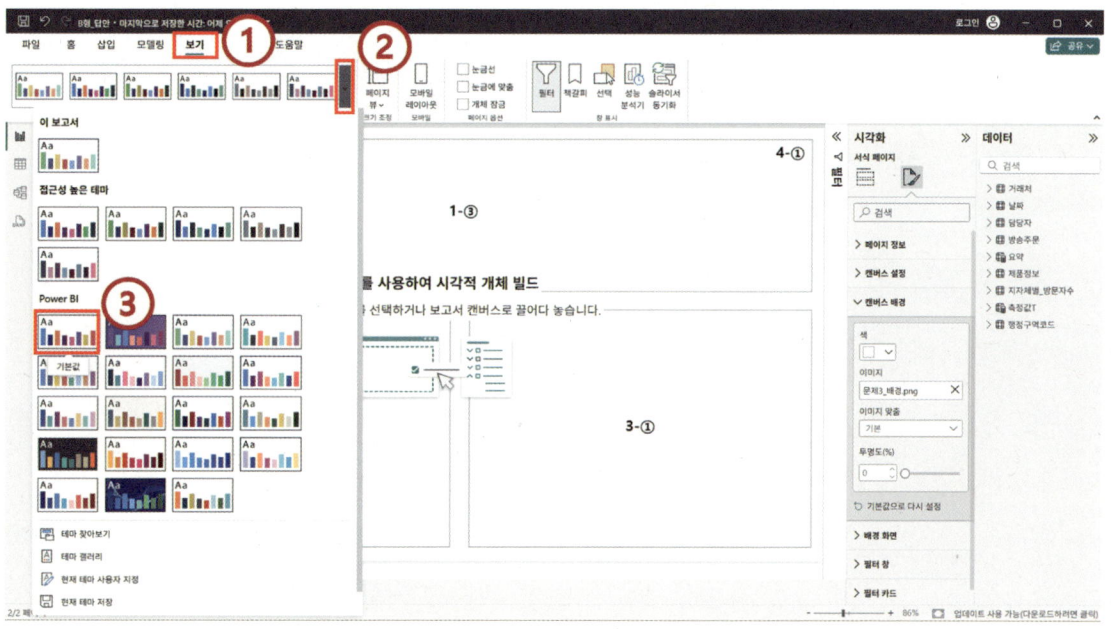

그림 4.2.44

문제 2-1-②

1. [문제2] 페이지로 이동하여 [삽입] 메뉴로 이동한다. [텍스트 상자] 메뉴를 클릭한 후 상자를 1-② 위치에 적절하게 배치한다. "23~24년도 홈쇼핑 판매 보고서" 텍스트를 입력한 뒤 글꼴을 'Segoe UI', 글꼴 크기를 '28', 글꼴 두께를 '굵게', 정렬은 '가운데' 정렬로 설정한다.

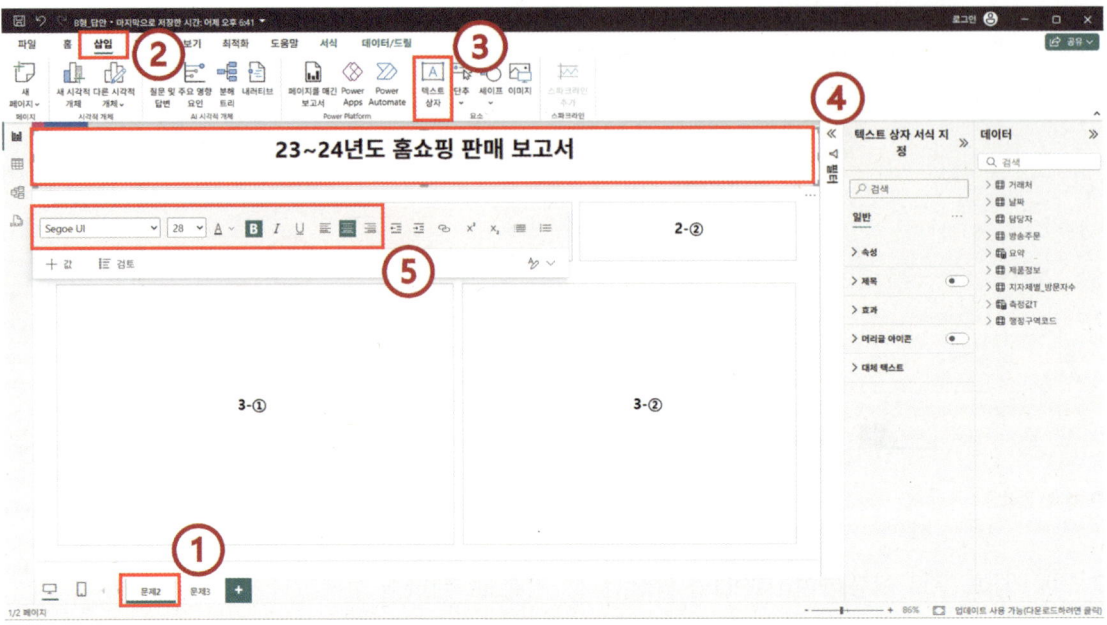

그림 4.2.45

문제 2-2-①

1. 카드 개체를 추가하여 2-① 위치에 적절히 배치한다. 각 카드의 필드에는 〈방송주문〉 테이블의 [총방송횟수], [총판매수량], [총거래처수] 측정값을 각각 추가한다.

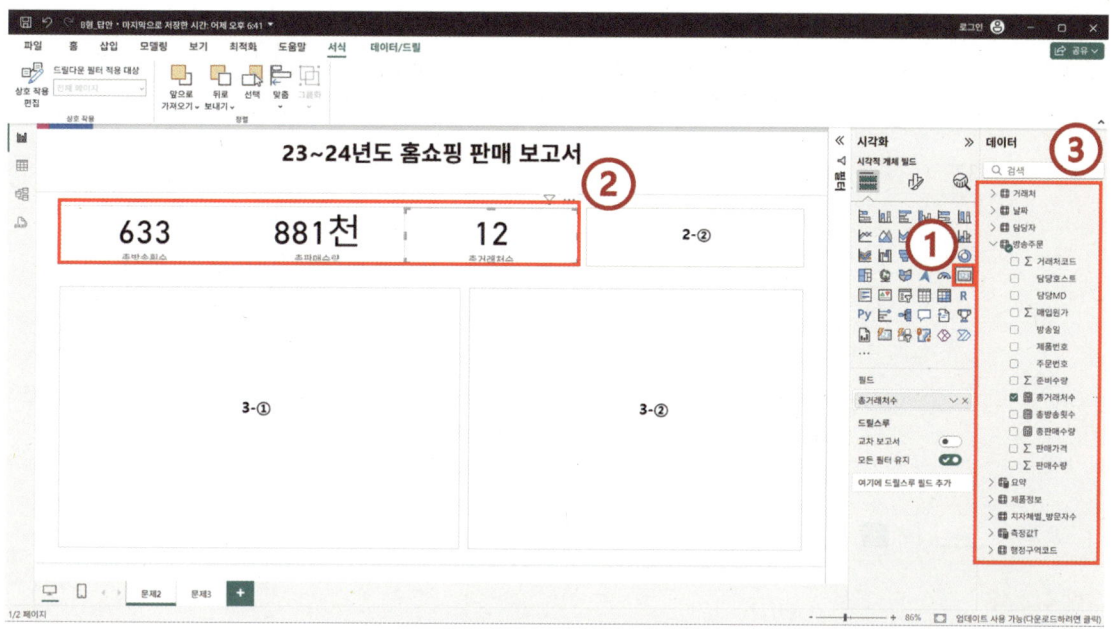

그림 4.2.46

2. 키보드에서 Ctrl을 누른 상태로 각 카드를 클릭해서 3개의 카드를 모두 선택한다. [시각적 개체 서식 지정] 메뉴로 이동하여 [설명 값] 메뉴로 이동한다. 글꼴을 'DIN', 글꼴 크기를 '33', 표시 단위를 '없음'으로 설정한다.

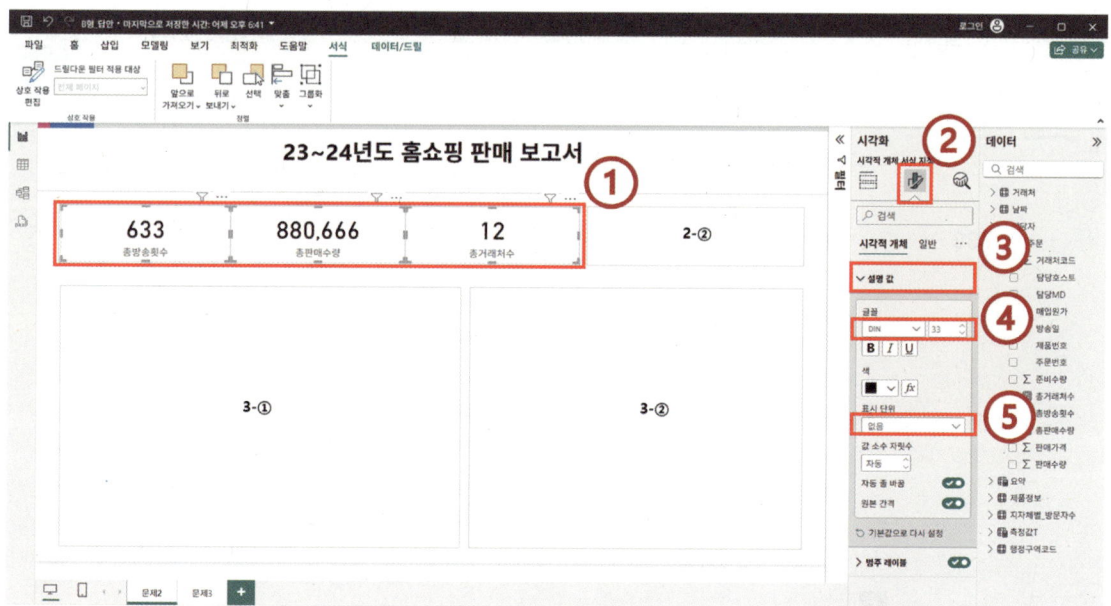

그림 4.2.47

3. [범주 레이블] 메뉴로 이동하여 글꼴을 'Segoe UI', 글꼴 크기를 '13', 그리고 '굵게'로 설정한다.

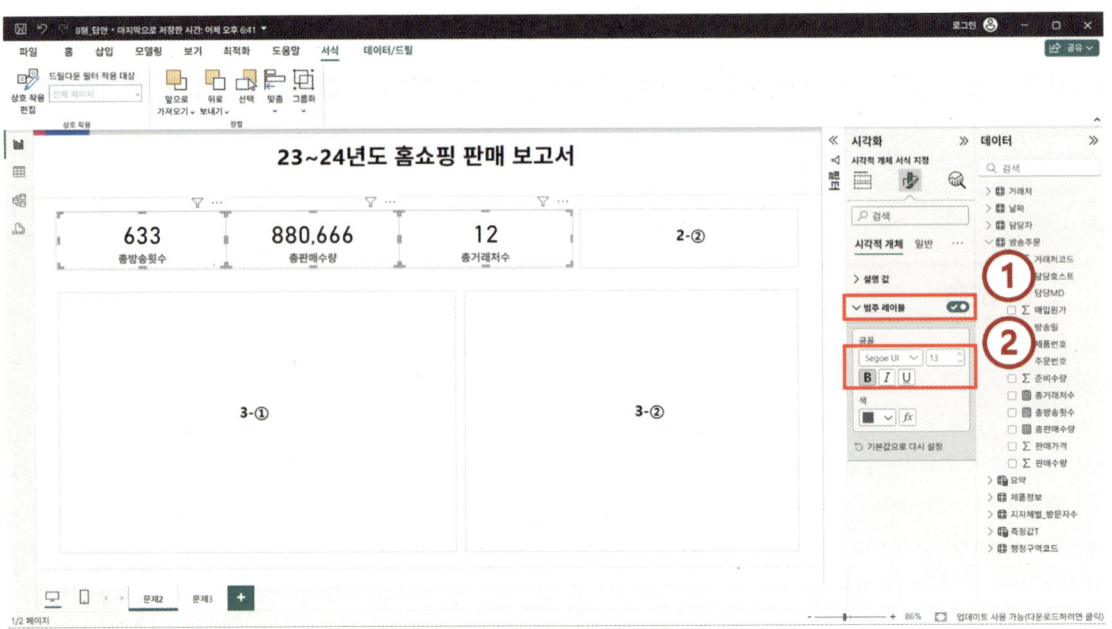

그림 4.2.48

문제 2-2-②

1. 슬라이서 개체를 추가한 뒤 2-② 위치에 배치한다. 필드에는 〈날짜〉 테이블의 [년] 필드를 추가한다.

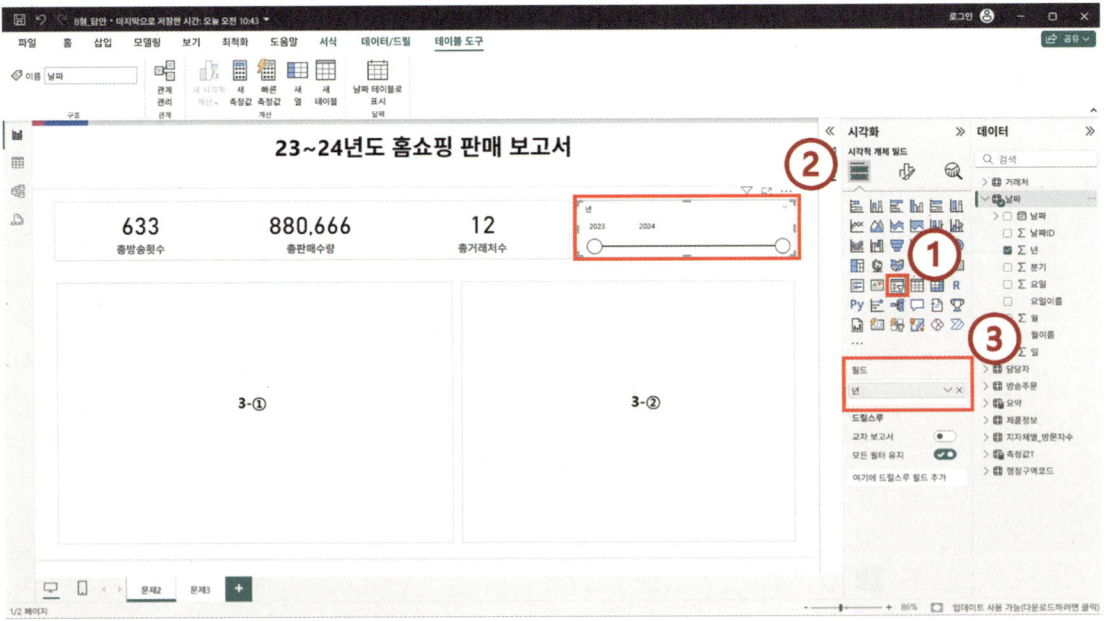

그림 4.2.49

2. [시각적 개체 서식 지정] 메뉴로 이동하여 [슬라이서 설정] 메뉴로 이동한다. [스타일]을 '타일'로 설정한다. 그리고 [슬라이서 머리글] 토글 버튼을 클릭하여 설정을 해제한다.

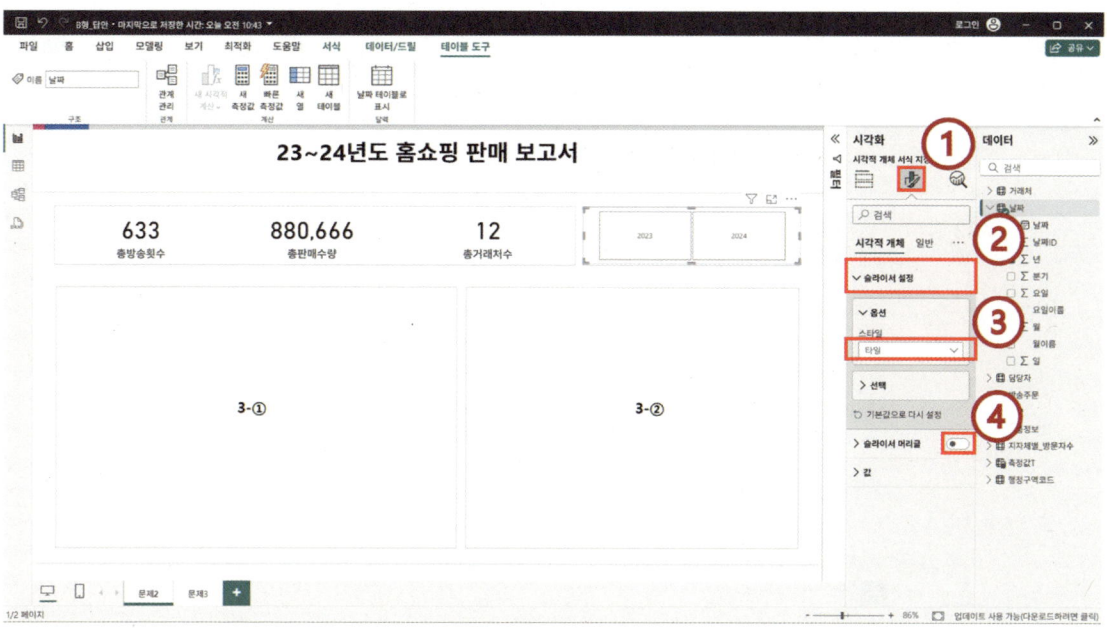

그림 4.2.50

3. [값] 메뉴로 이동하여 글꼴을 'Segoe UI', 글꼴 크기를 '19', 그리고 '굵게'로 설정한다.

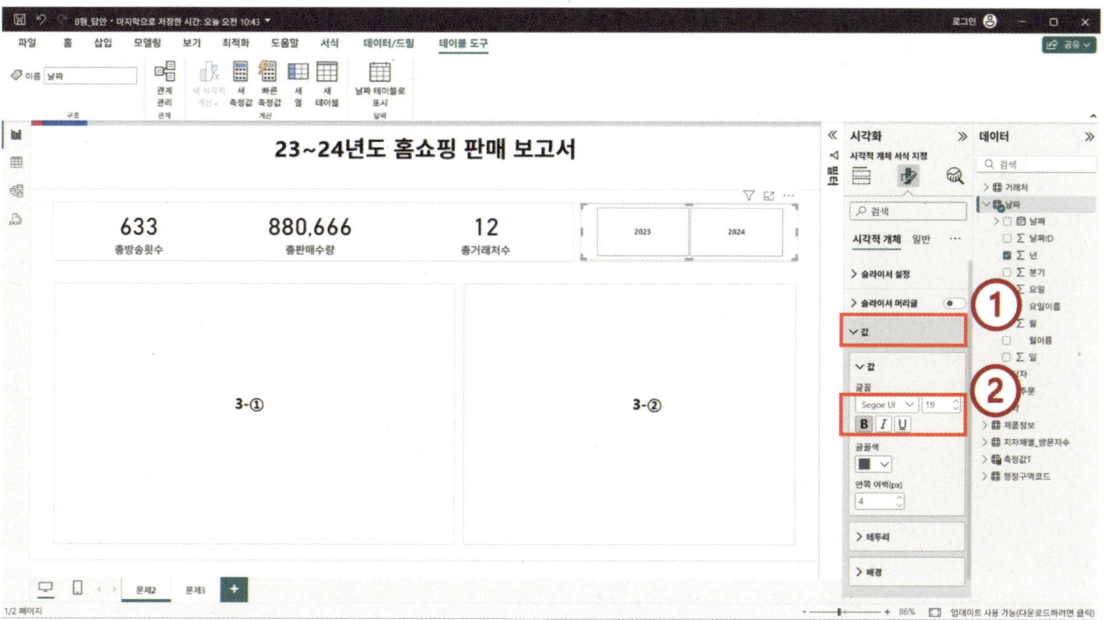

그림 4.2.51

4. [시각적 개체 서식 지정] 검색 창에 '반응'을 입력하여 검색한다. 결과로 반환되는 [속성] 메뉴 내에 있는 [반응형] 옵션을 클릭하여 옵션 해제한다.

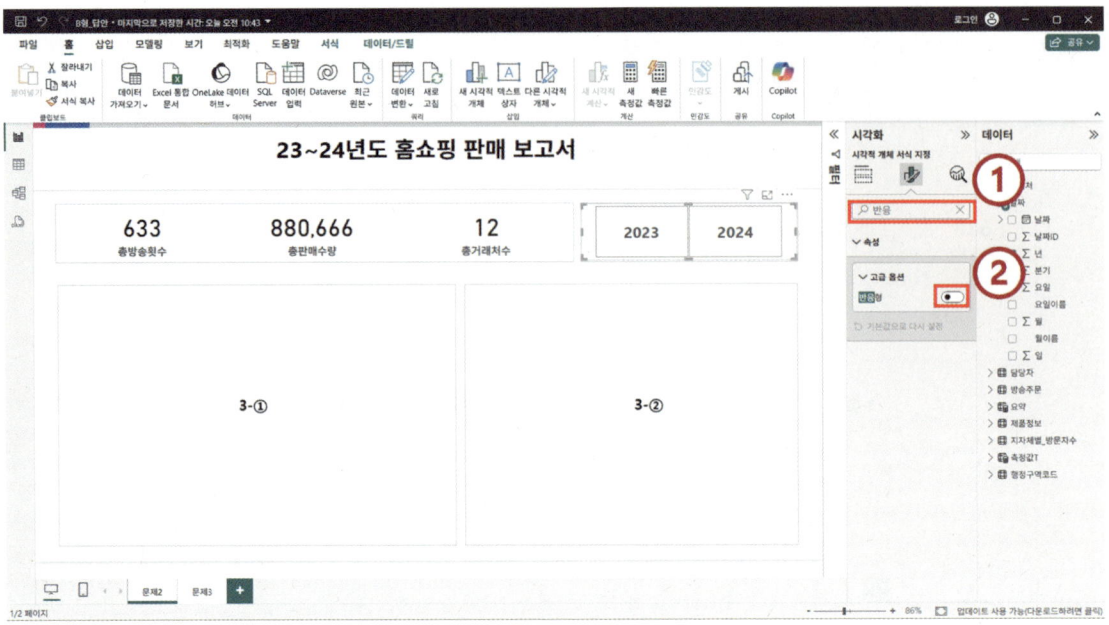

그림 4.2.52

문제 2-3-①

1. 리본 차트 개체를 추가한 뒤 3-① 위치에 배치한다. 각 필드 영역에 아래 필드를 추가한다.

    - X축: 〈날짜〉 테이블의 [월이름] 필드
    - Y축: 〈방송주문〉 테이블의 [판매가격] 필드
    - 범례: 〈담당자〉 테이블의 [사원명] 필드
    - 도구 설명: [총판매수량] 측정값

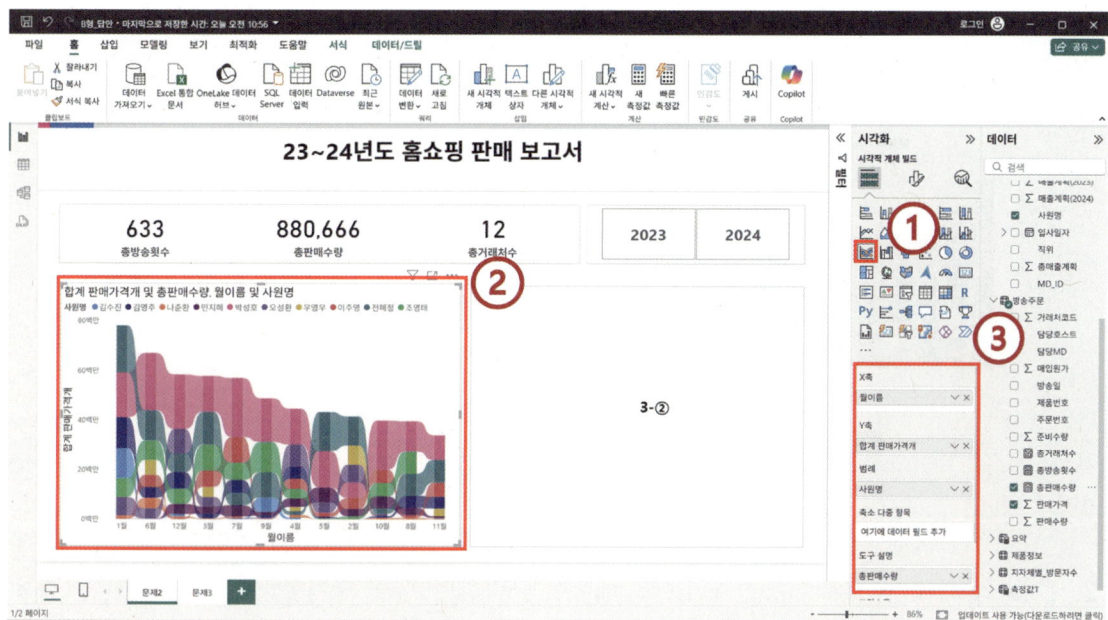

그림 4.2.53

문제 2-3-②

1. [시각적 개체 서식 지정] 메뉴로 이동한 뒤 [일반] 메뉴로 이동한다. [제목] 메뉴로 이동하여 제목 텍스트에 "담당MD(Top3) 매출실적"을 입력한다. 글꼴을 'DIN', 글꼴 크기를 '15', '굵게', 가로 맞춤은 '가운데'로 설정한다.

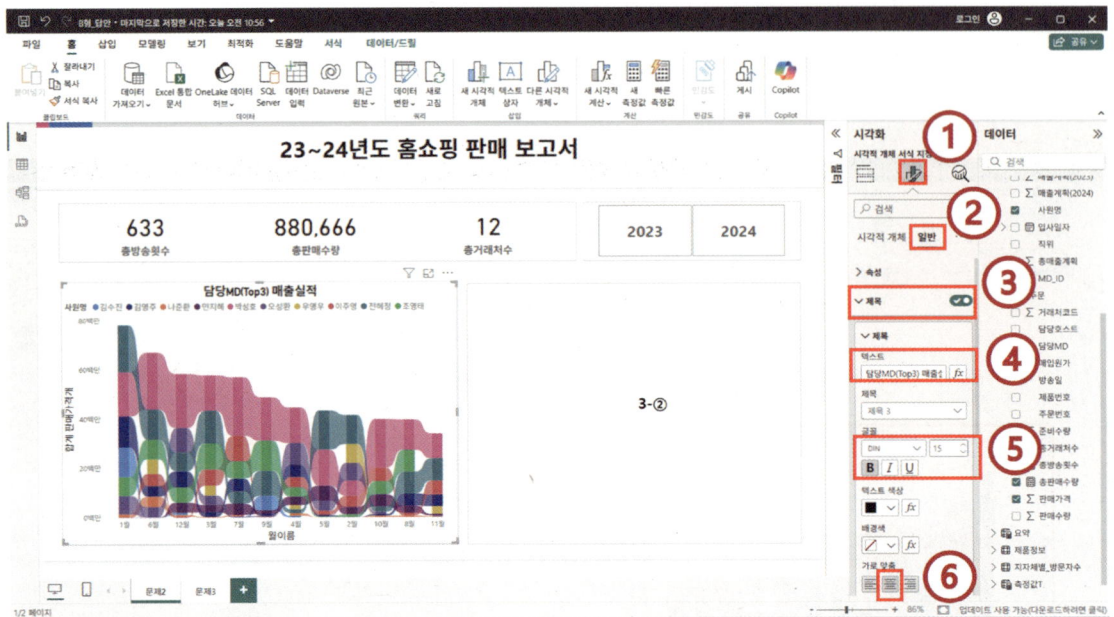

그림 4.2.54

2. [시각적 개체] 메뉴로 이동한 뒤 [X축] 메뉴를 클릭한다. 글꼴 크기를 '12'로 설정한다. [제목] 토글을 클릭하여 설정 해제한다.

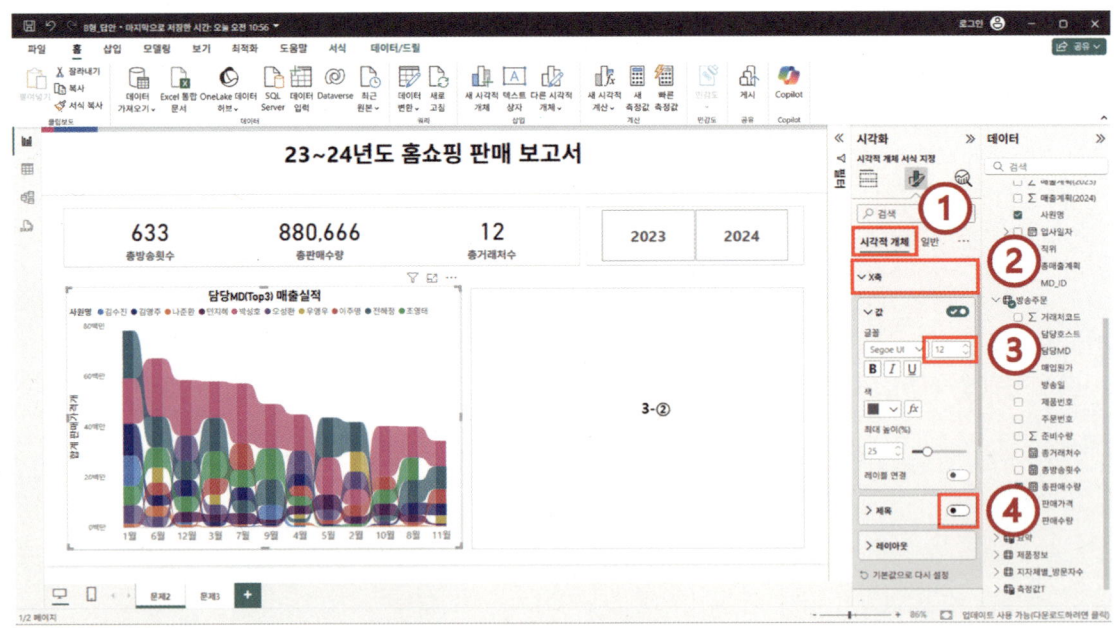

그림 4.2.55

3. [Y축] 메뉴로 이동하여 [값] 토글 버튼과 [제목] 토글 버튼을 각각 클릭하여 설정 해제한다.

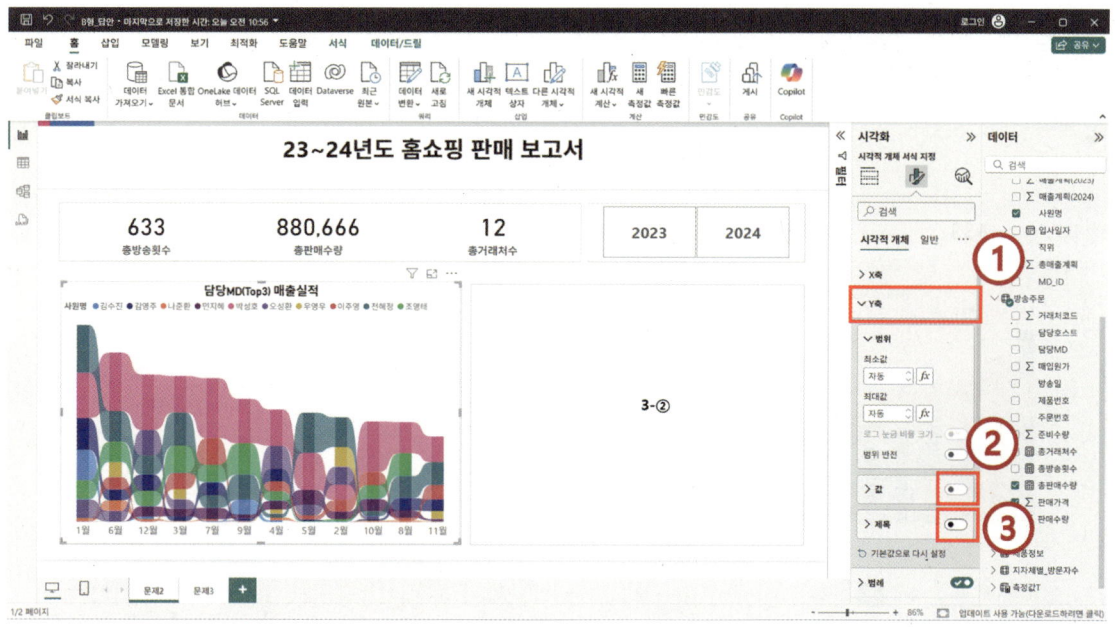

그림 4.2.56

4. [범례] 메뉴로 이동하여 위치를 '위쪽 가운데'로 설정한다.

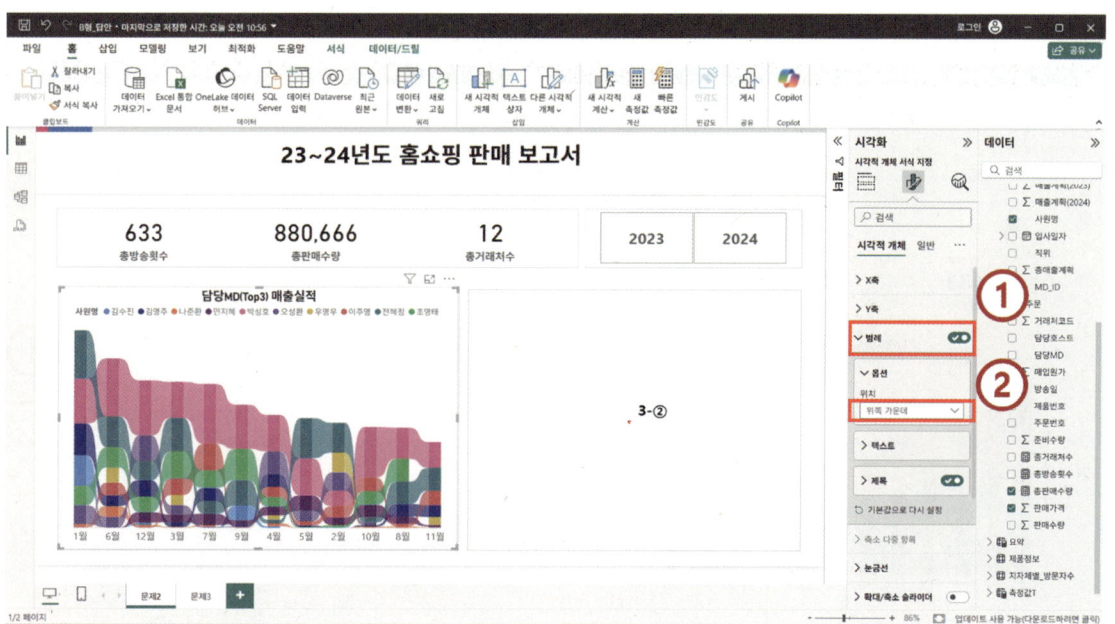

그림 4.2.57

5. [리본] 메뉴로 이동하여 [색]의 투명도를 '50%'로 설정한다.

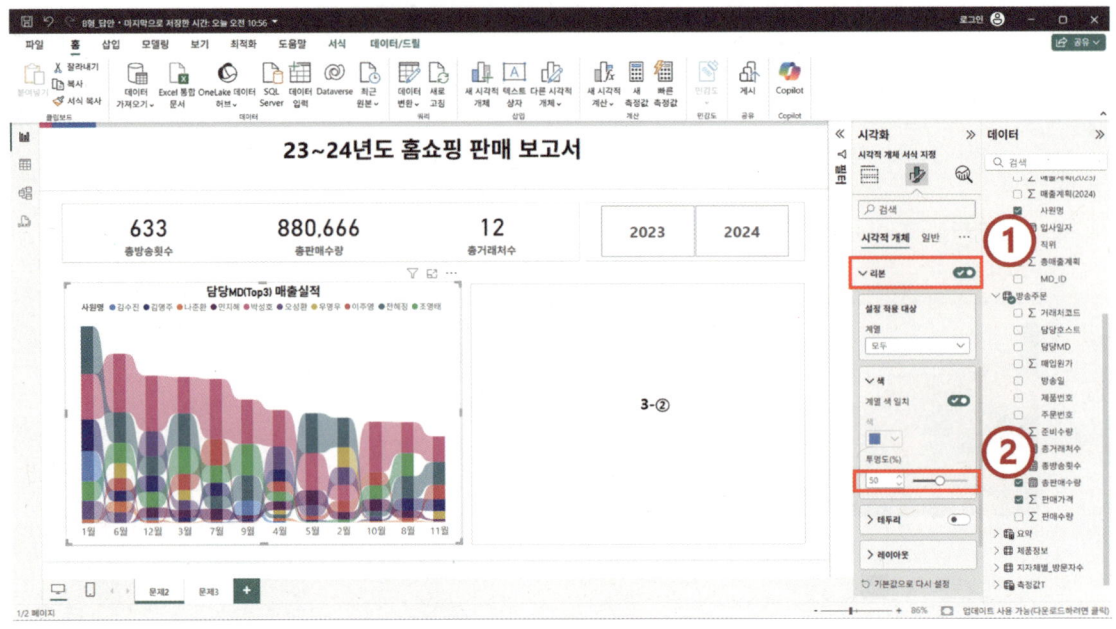

그림 4.2.58

6. 〈날짜〉 테이블의 [월이름] 필드를 선택한 뒤 [열 도구] 메뉴 하위에 있는 [열 기준 정렬] 메뉴를 클릭한다. 그리고 '월'을 선택한다.

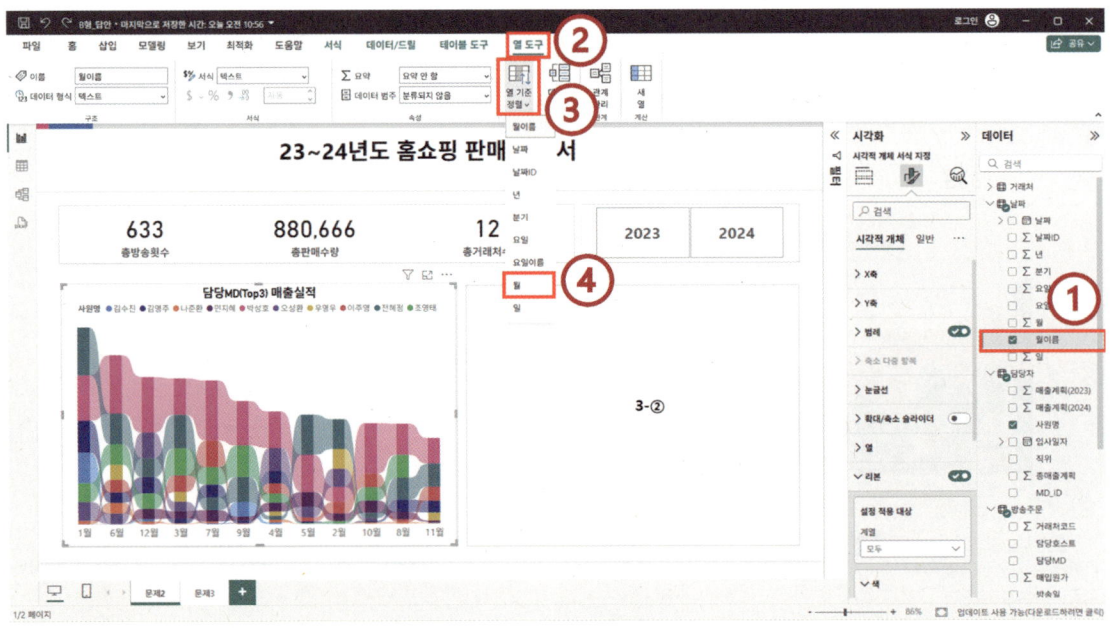

그림 4.2.59

7. 리본 차트의 … 버튼을 클릭하고 [축 정렬] 메뉴로 이동한다. [월이름] 필드를 선택한 뒤 [오름차순 정렬]을 선택한다.

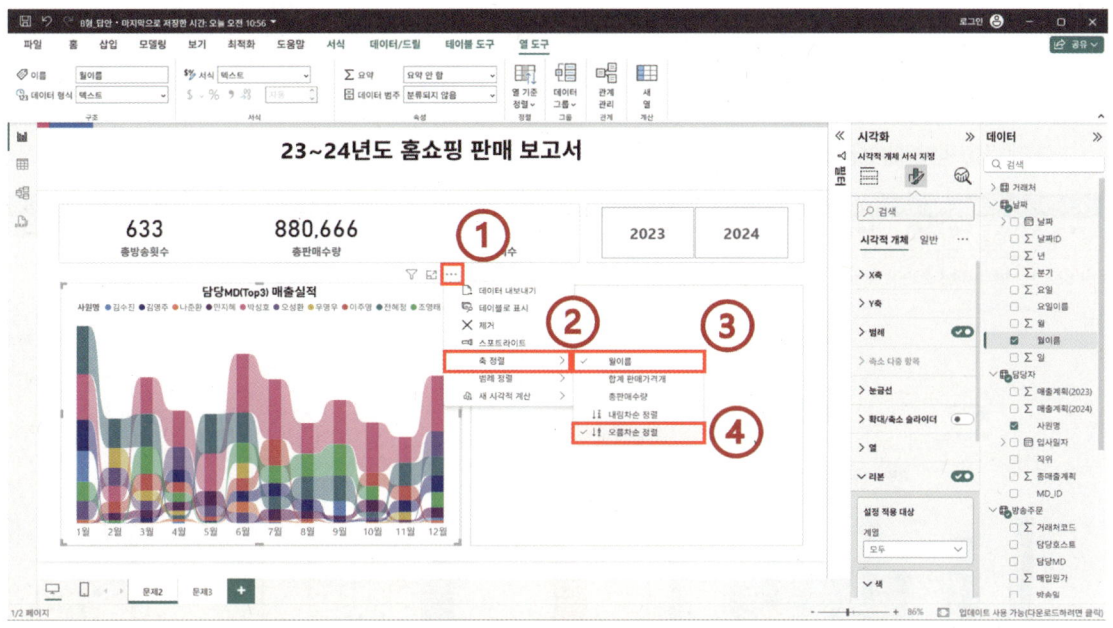

그림 4.2.60

문제 2-3-③

1. 필터 패널로 이동하여 [사원명] 필터 형식을 '상위 N'으로 설정한다. [값]에 〈방송주문〉 테이블의 [판매가격] 필드를 입력한다. 그리고 항목 표시를 '위쪽 3'으로 설정한다.

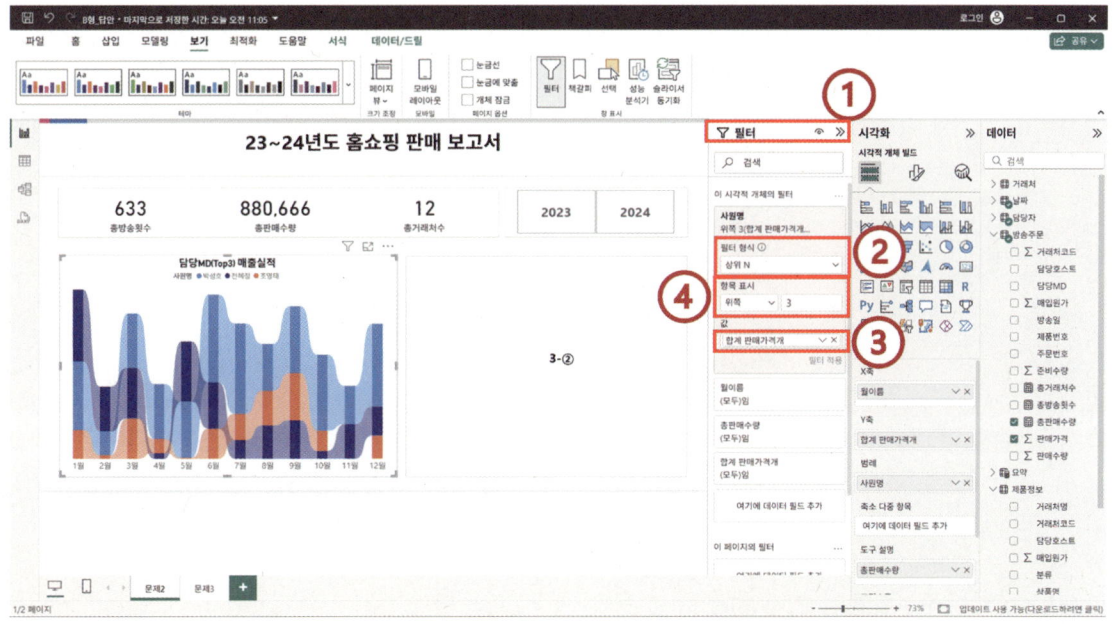

그림 4.2.61

문제 2-4-①

1. 도넛형 차트 개체를 추가한 뒤 4-① 위치에 배치한다. 각 필드 영역에는 아래 필드들을 배치한다.

    - 범례: 〈방송주문〉 테이블의 [담당호스트] 필드
    - 값: [총방송횟수] 측정값

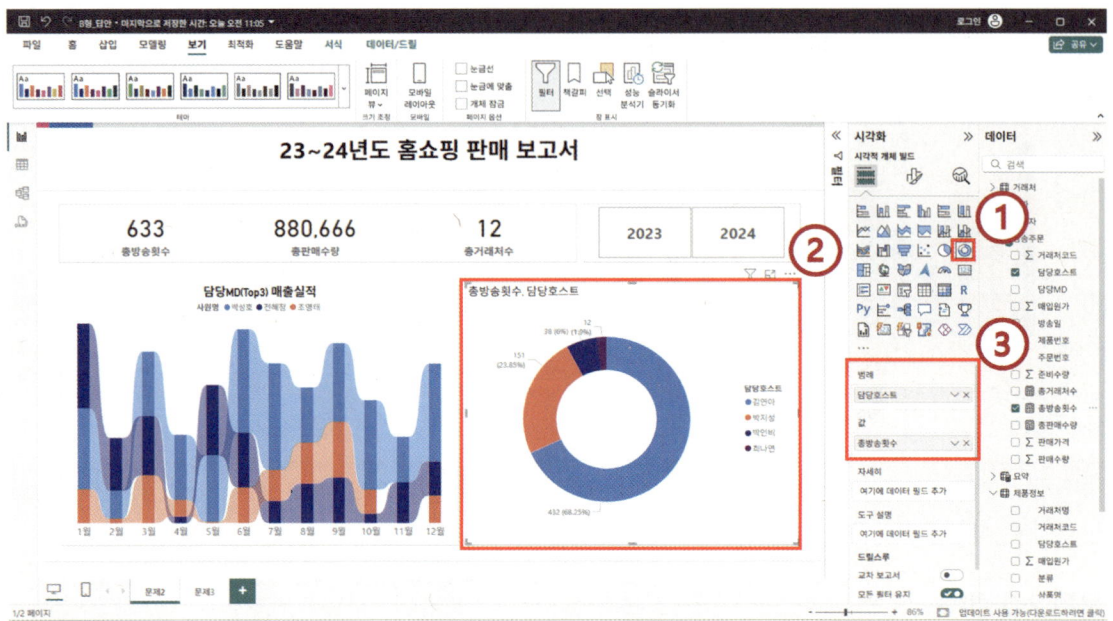

그림 4.2.62

1. [시각적 개체 서식 지정] 메뉴로 이동한 뒤 [일반] 메뉴로 이동한다. [제목] 메뉴로 이동하여 제목 텍스트를 "담당호스트별 방송횟수"로 입력한다. 제목 서식을 'Segoe UI', '굵게', '가운데' 정렬로 설정한다.

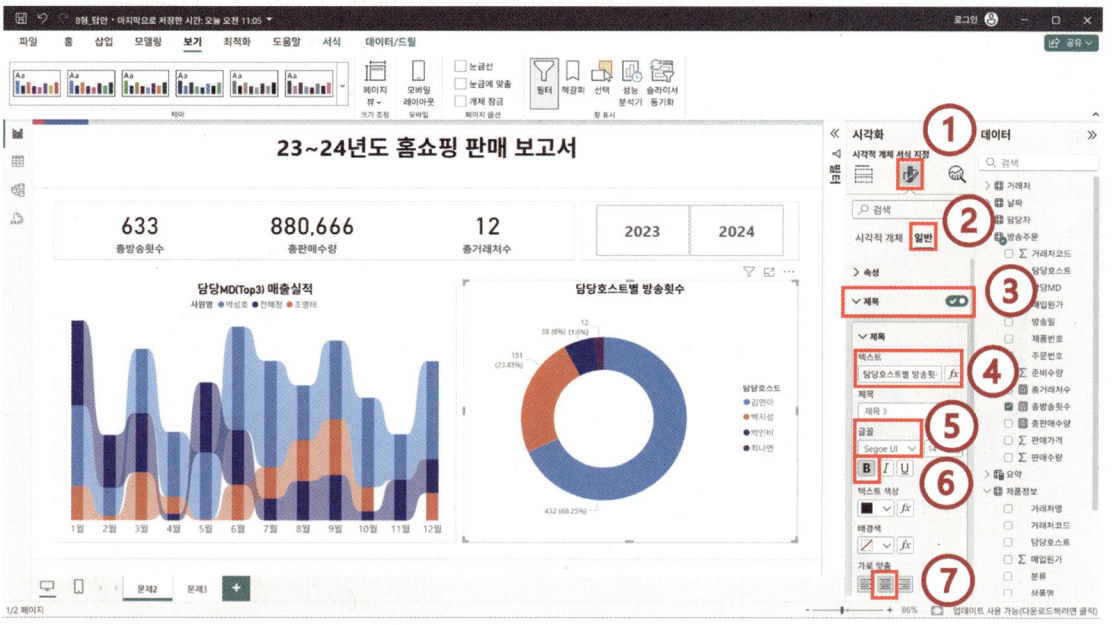

그림 4.2.63

2. [시각적 개체] 메뉴로 이동한 뒤 [범례] 메뉴로 이동한다. 위치를 '위쪽 가운데'로 설정한다.

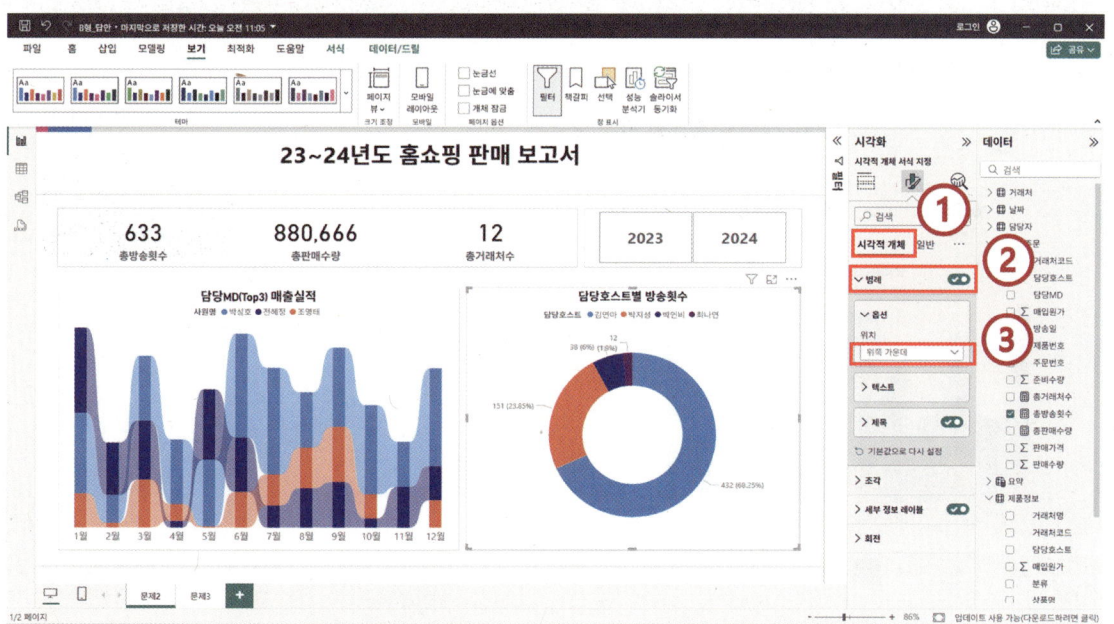

그림 4.2.64

문제 2-4-②

1. [조각] 메뉴로 이동 하고 [색] 메뉴에서 '김연아'의 색상 팔레트를 클릭한다.

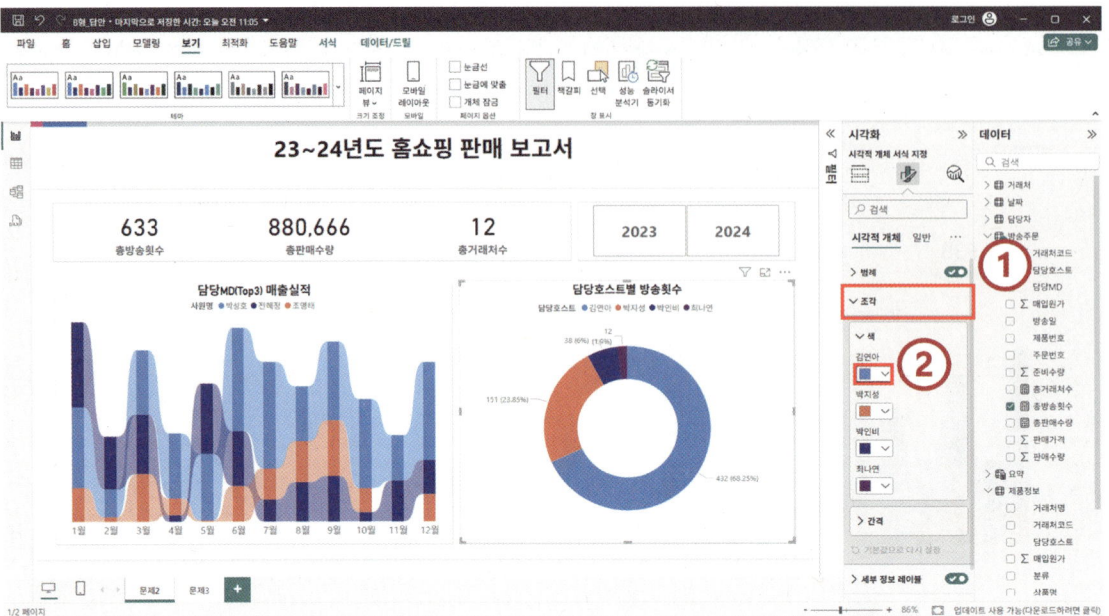

그림 4.2.65

2. 헥스 코드를 '#E645AB'로 입력한다.

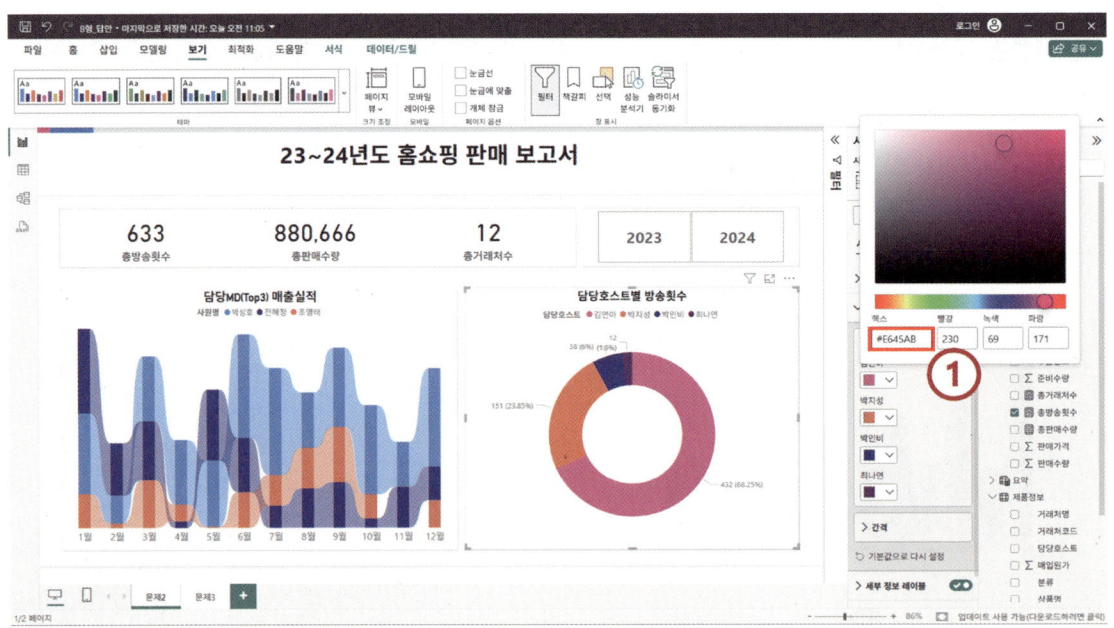

그림 4.2.66

3. [간격] 메뉴로 이동한 뒤 [내부 반경]을 '50'으로 설정한다.

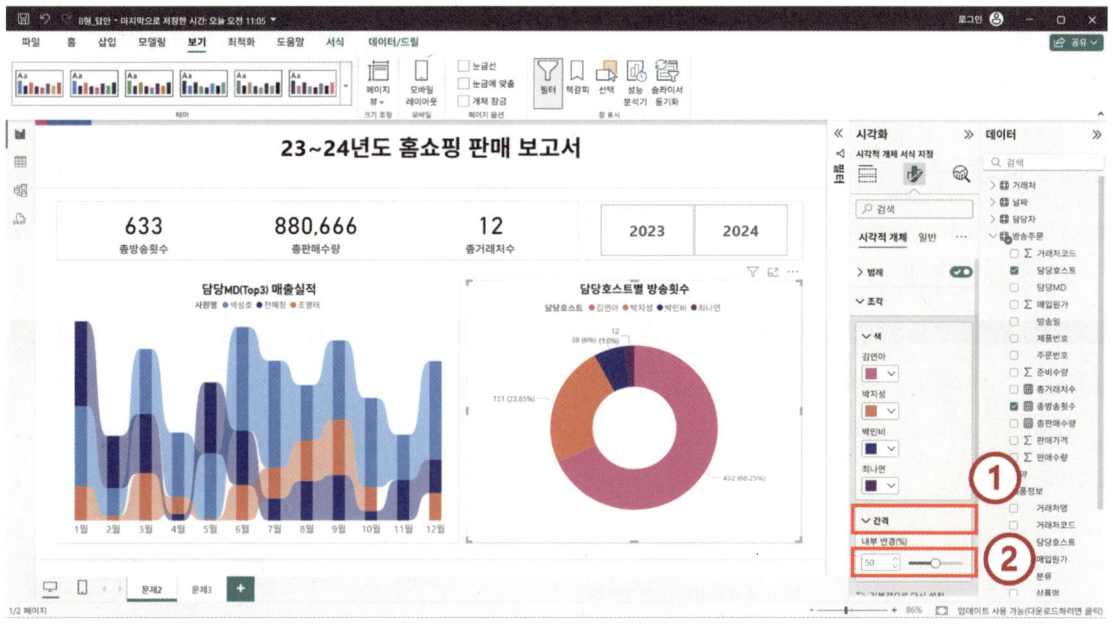

그림 4.2.67

문제 2-4-③

1. [세부 정보 레이블] 메뉴로 이동한 뒤 [위치] 설정을 '바깥쪽 우선'으로 설정한다. [레이블 내용] 설정은 '범주, 총퍼센트'로 설정한다.

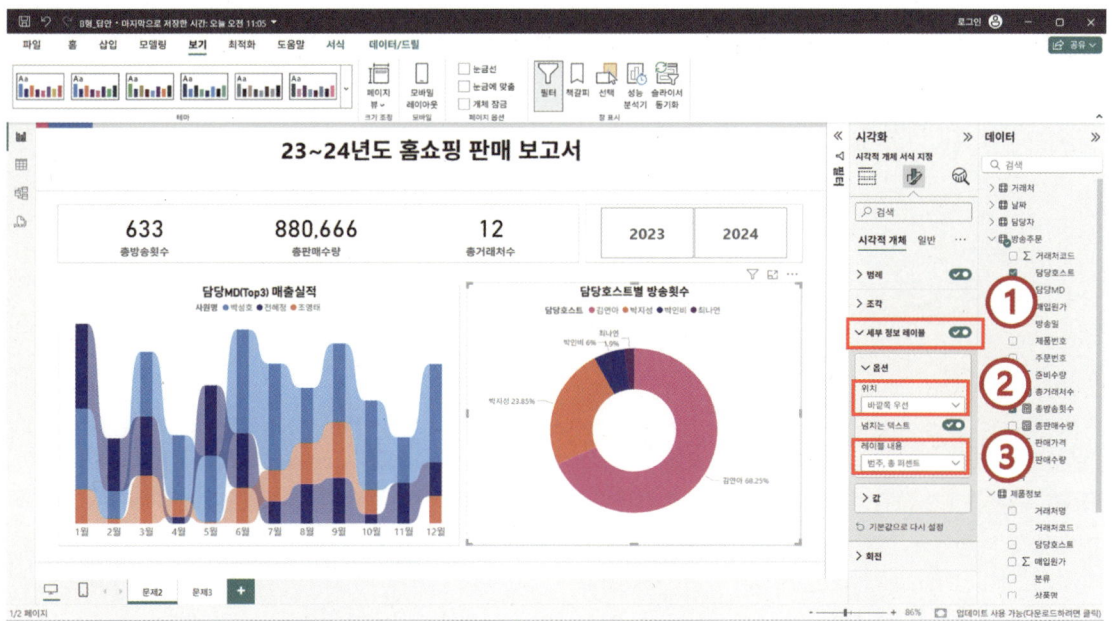

그림 4.2.68

| 문제3 | 복합요소 구현 | 40점 | 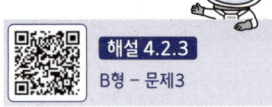 |

문제 3-1-①

1. [문제3] 페이지로 이동 후 〈방송주문〉 테이블을 우측 마우스 클릭한다. 그리고 [새 측정값] 메뉴를 클릭한다.

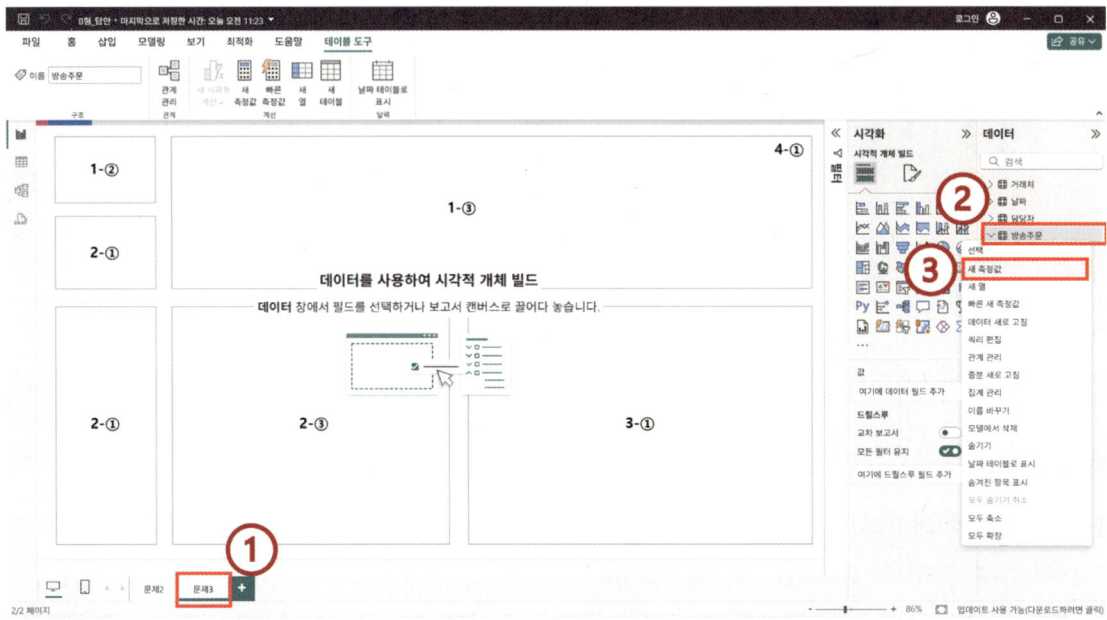

그림 4.2.69

2. 문제 조건을 따르는 적절한 DAX 수식을 입력한다.

```
완전판매건수 = CALCULATE(
    COUNT('방송주문'[주문번호]),
    FILTER('방송주문', [준비수량] = [판매수량])
)
```

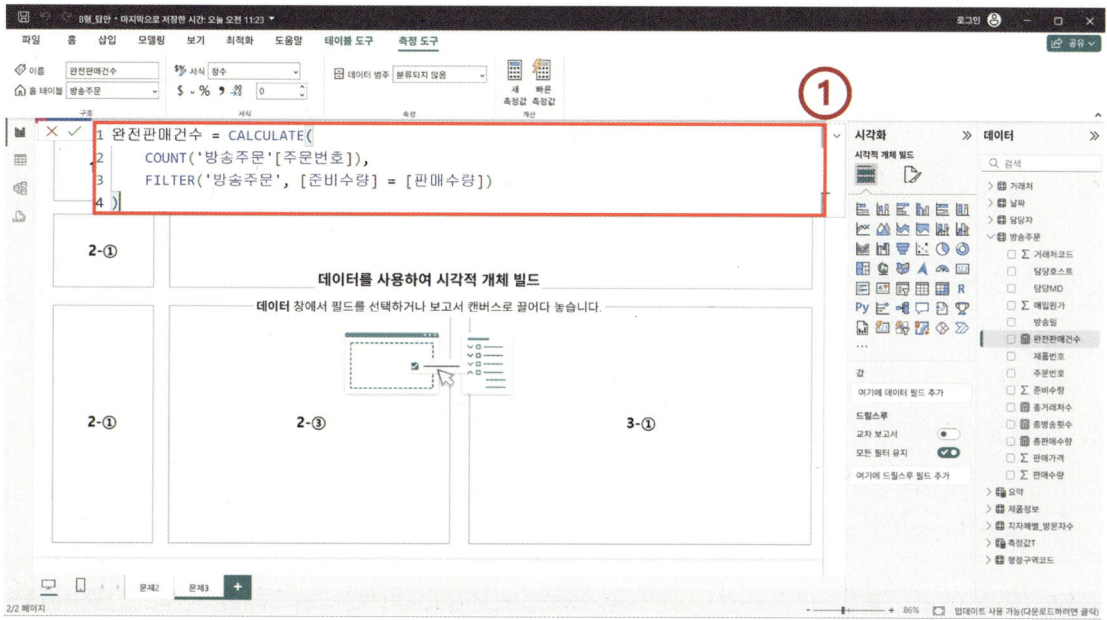

그림 4.2.70

3. 〈방송주문〉 테이블을 우측 마우스 클릭한다. 그리고 [새 측정값] 메뉴를 클릭한다.

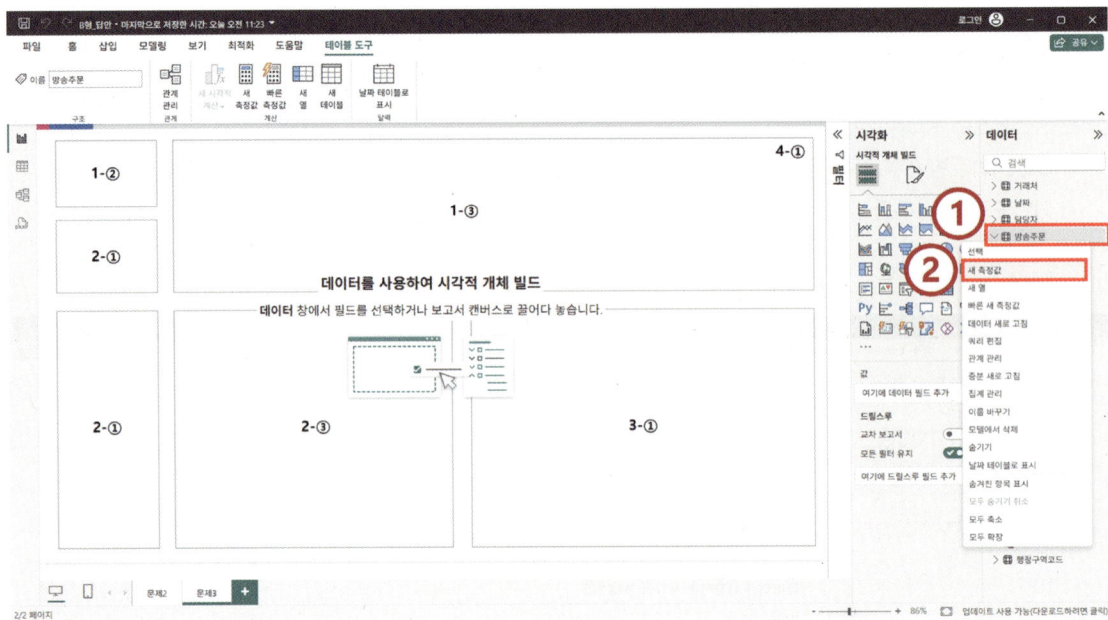

그림 4.2.71

4. 문제 조건을 따르는 적절한 DAX 수식을 입력한다. 그리고 [천 단위 구분 기호]를 활성화한다.

총판매금액 = SUMX('방송주문','방송주문'[판매수량] * '방송주문'[판매가격])

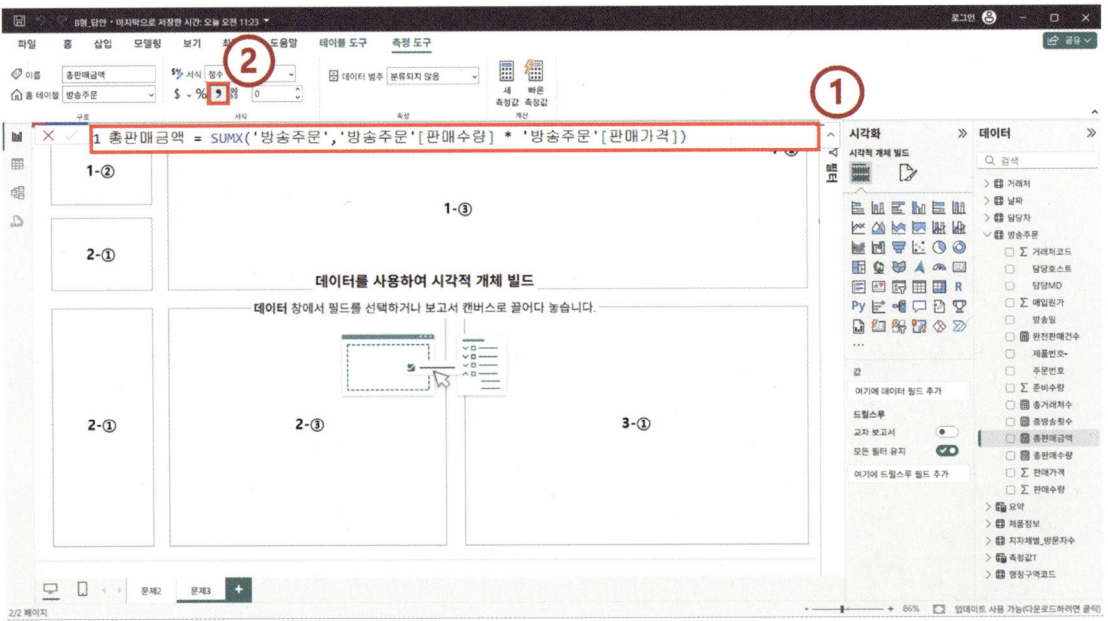

그림 4.2.72

문제 3-1-②

1. [모델링] 메뉴로 이동 후 [새 매개 변수] 메뉴를 클릭한다. 그리고 [필드] 메뉴를 클릭한다.

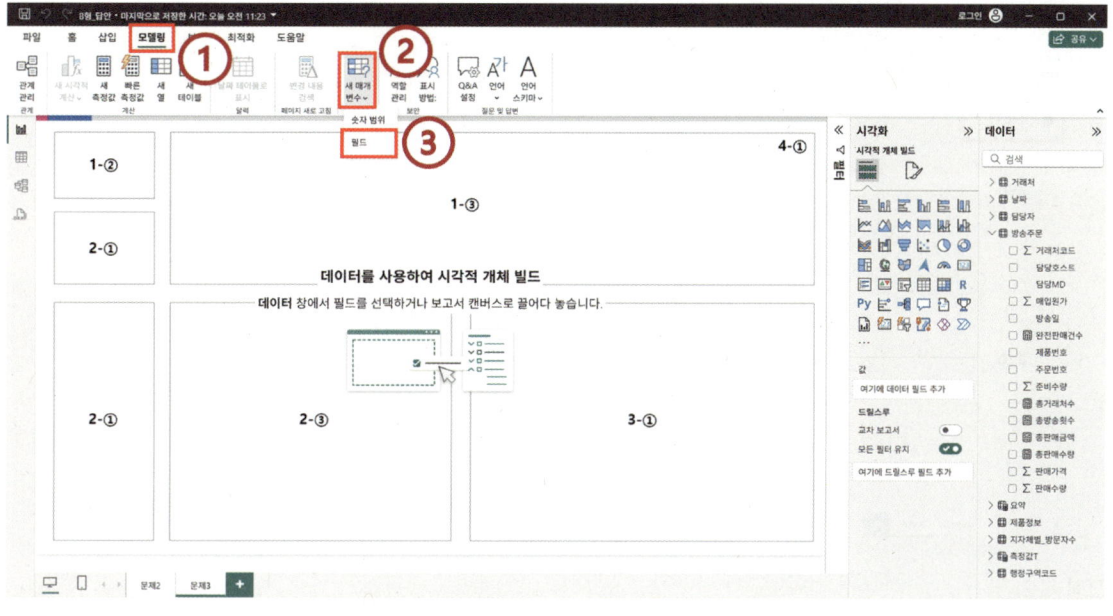

그림 4.2.73

2. 〈방송주문〉 테이블의 [담당호스트] 필드와 〈담당자〉 테이블의 [사원명] 필드를 각각 선택한다. [사원명] 필드명을 더블 클릭한 뒤 필드명을 "담당MD"로 수정한다. [이 페이지에 슬라이서 추가] 설정을 활성화한 뒤 [만들기] 버튼을 클릭한다.

그림 4.2.74

3. 추가된 슬라이서를 1-② 위치에 배치한다. 그리고 '담당MD' 필터를 선택한다.

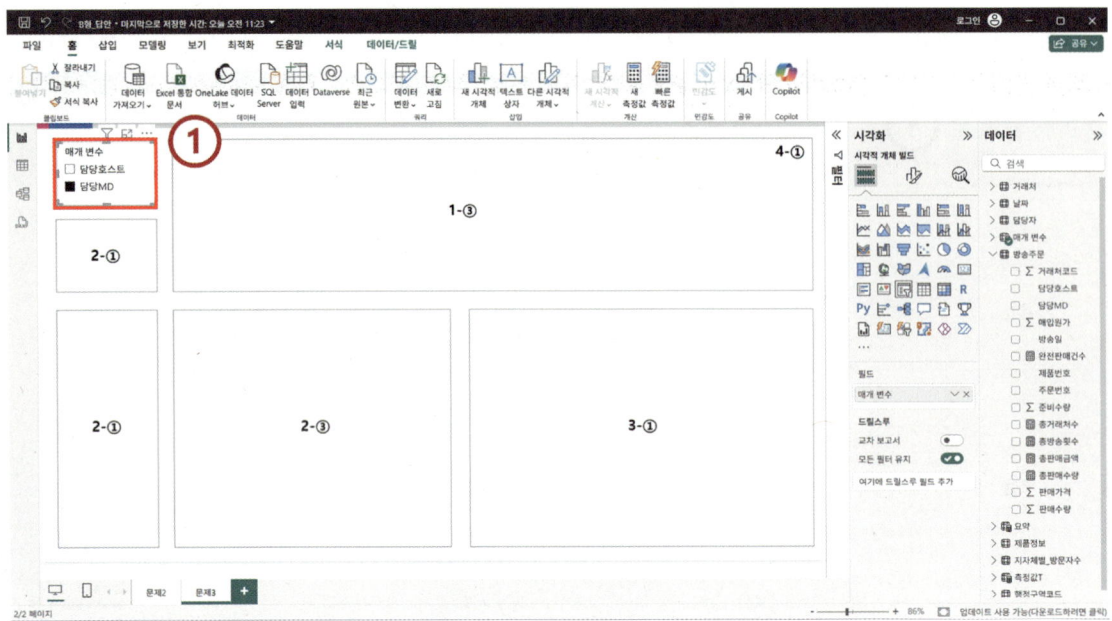

그림 4.2.75

문제 3-1-③

1. 꺾은선형 및 묶은 세로 막대형 차트를 추가한 뒤 사이즈를 적절하게 조절하여 1-③ 위치에 배치한다. 그리고 각 필드 영역에 아래 필드를 입력한다.

    - X축: 〈매개 변수〉 테이블의 [매개 변수]

    - 열 y축: 〈방송주문〉 테이블의 [총판매금액]

    - 선 y축: 〈방송주문〉 테이블의 [완전판매건수]

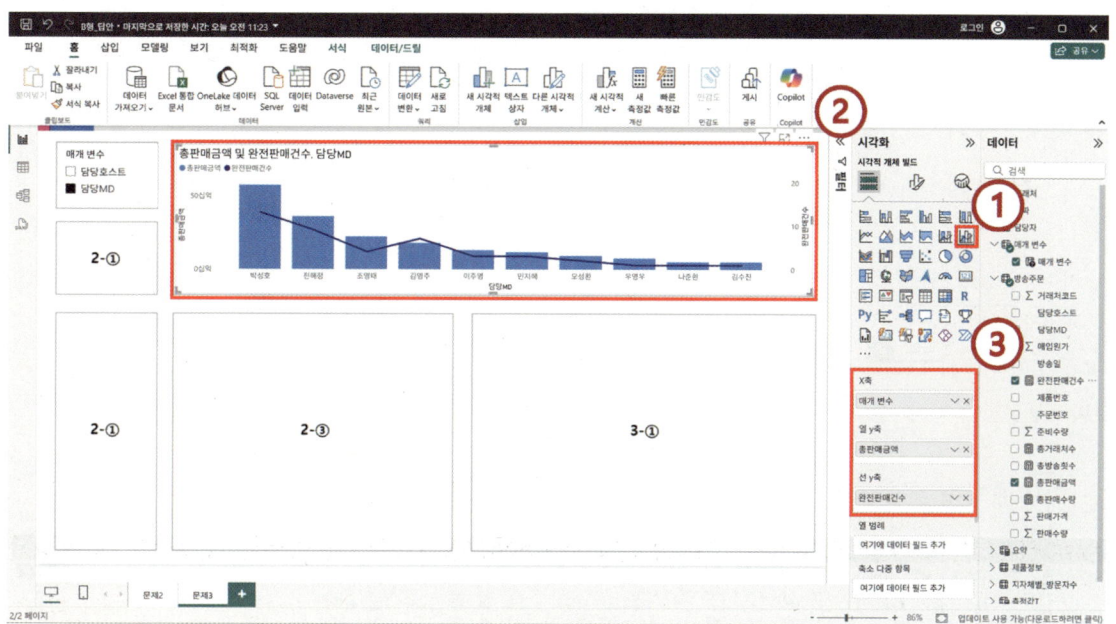

그림 4.2.76

2. [시각적 개체 서식 지정] 메뉴로 이동한 뒤 검색창에 "제목"을 검색한다. [X축], [Y축], [보조 Y축] 메뉴에 있는 [제목] 토글 버튼을 각각 클릭하여 해제한다.

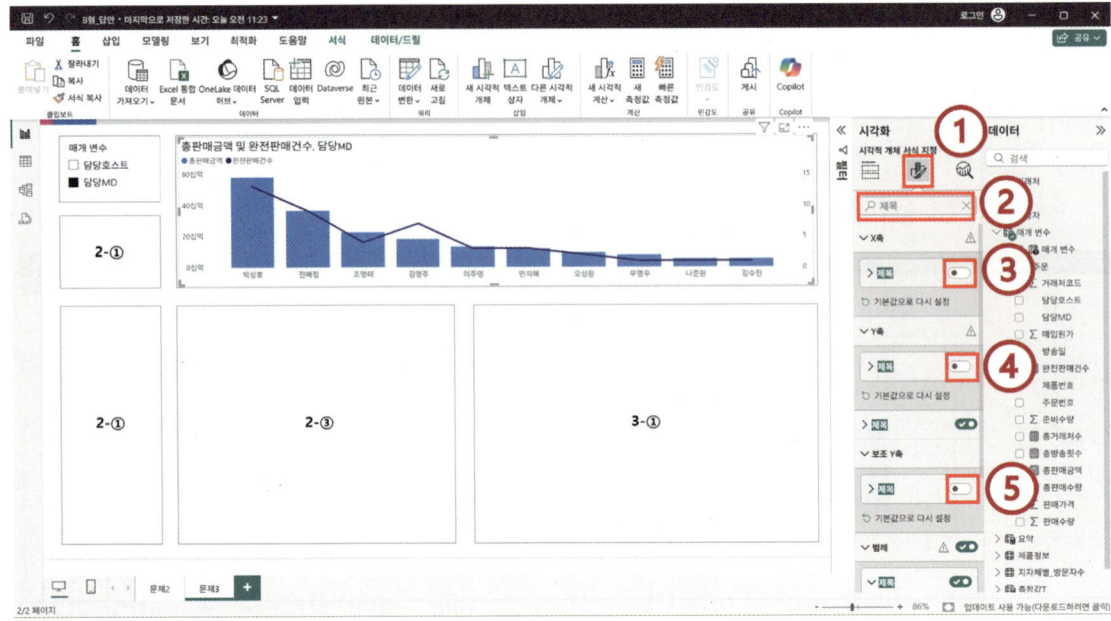

그림 4.2.77

3. [선] 메뉴로 이동하여 [선 스타일]을 '파선'으로 설정한다.

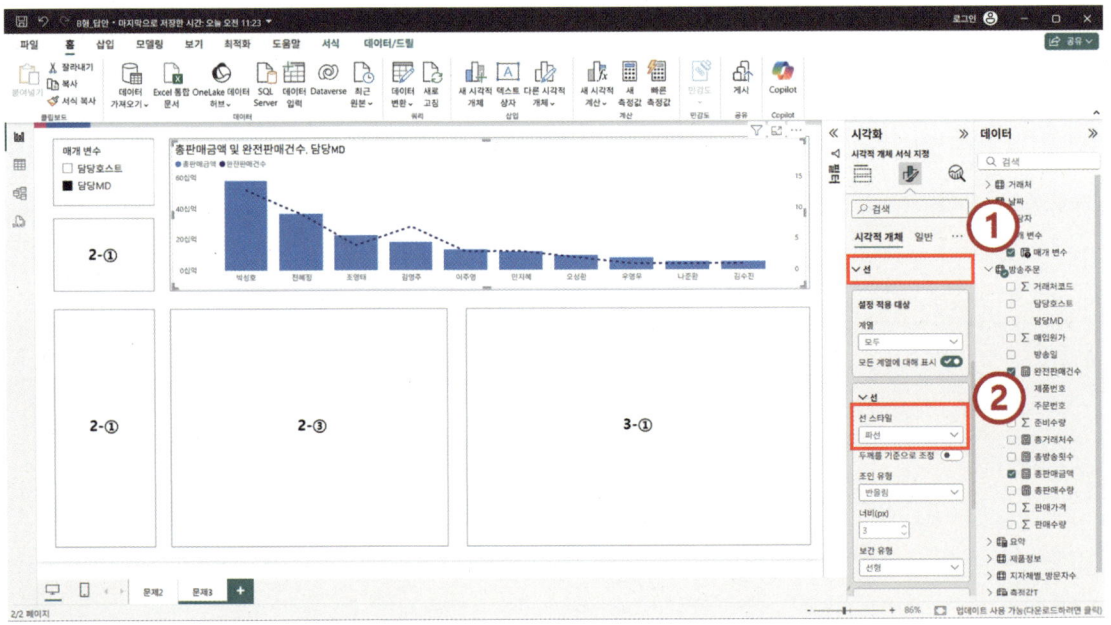

그림 4.2.78

4. [표식] 메뉴로 이동하여 [모든 범주 표시] 토글 버튼을 클릭하여 활성화한다.

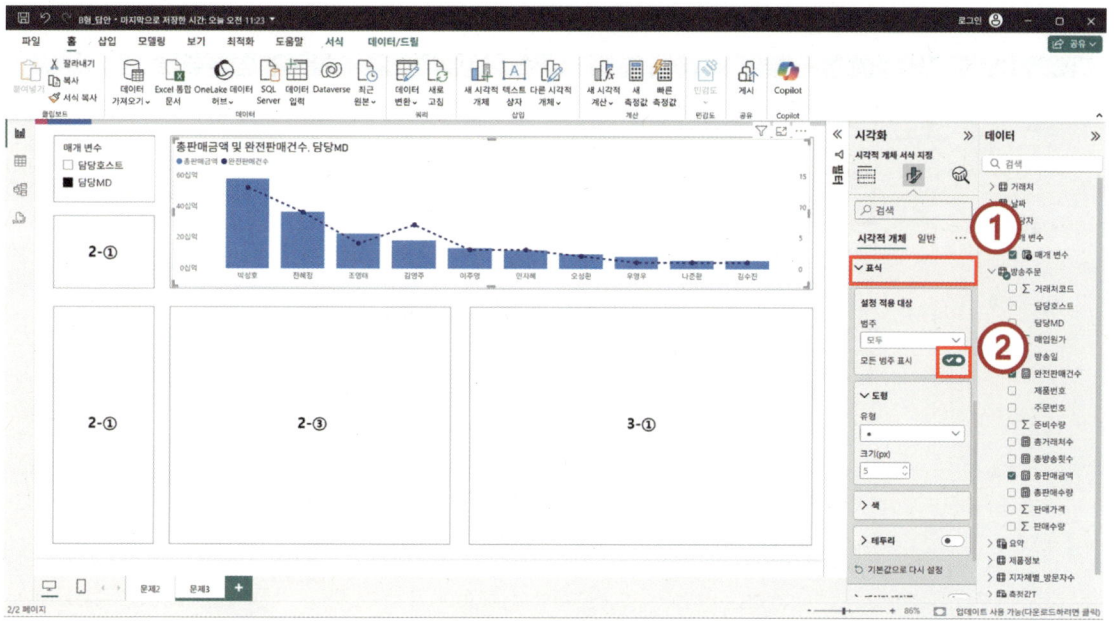

그림 4.2.79

5. [열] 메뉴로 이동한다. [색] 메뉴에서 [조건부 서식] 메뉴를 클릭한다.

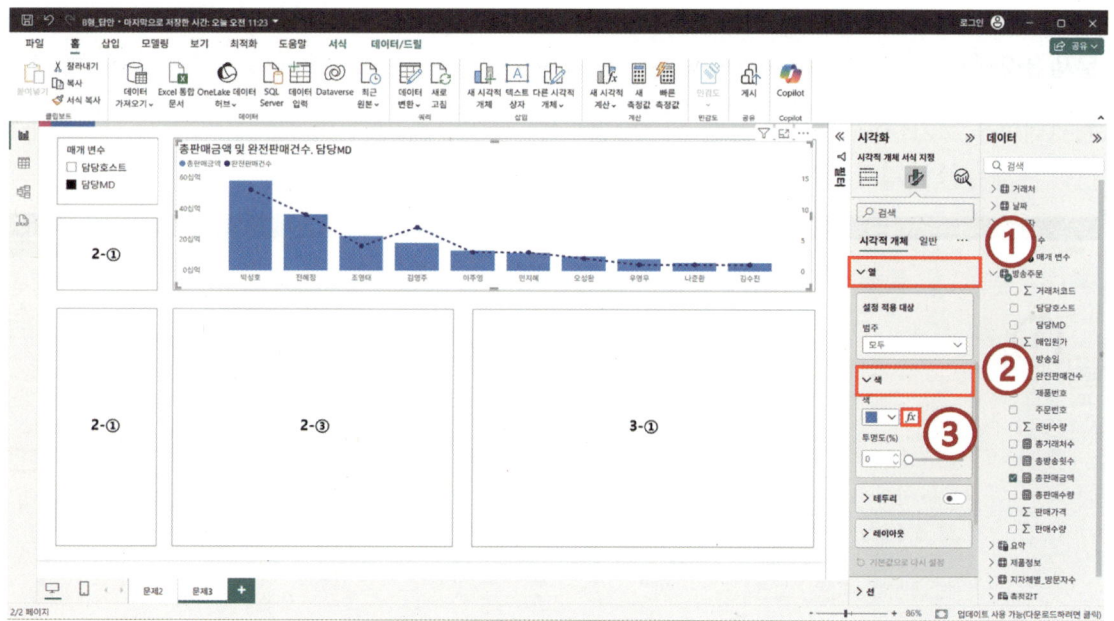

그림 4.2.80

6. [서식 스타일]을 '그라데이션'으로 설정한다. 최소값은 10,000,000,000을 입력한다. 최대값은 50,000,000,000을 입력한다. 그리고 [확인] 버튼을 클릭한다.

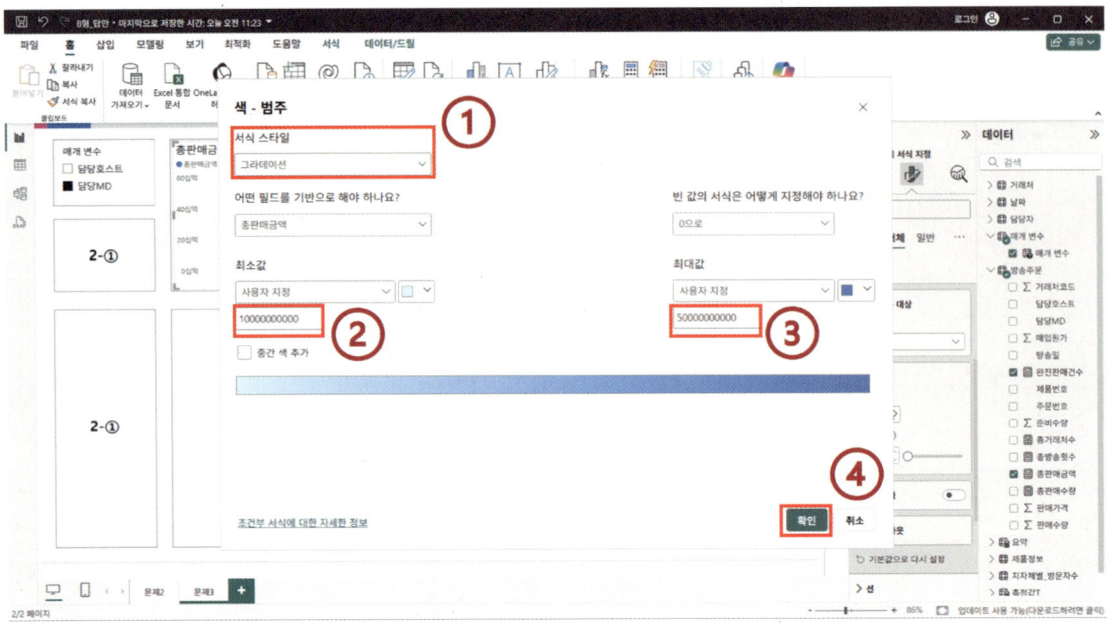

그림 4.2.81

문제 3-2-①

1. [테이블 보기] 화면으로 이동한 뒤 〈방송주문〉 테이블을 우측 마우스 클릭한다. 그리고 [새 열] 메뉴를 클릭한다.

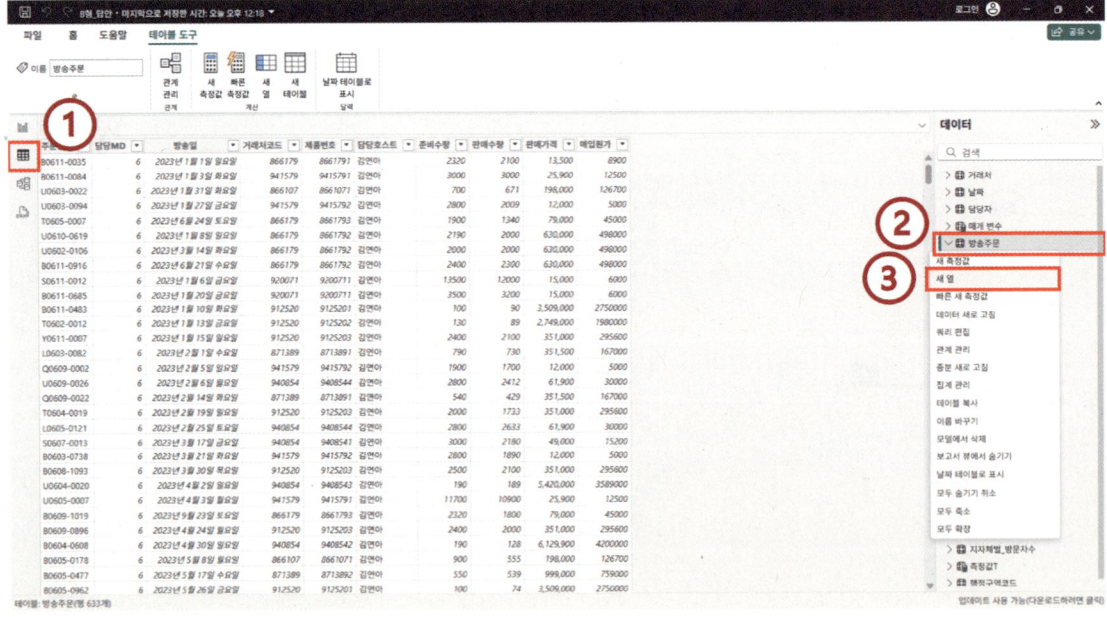

그림 4.2.82

2. 문제의 조건을 따르는 적절한 DAX 수식을 입력한다.

```
거래처 = RELATED('거래처'[거래처명])
```

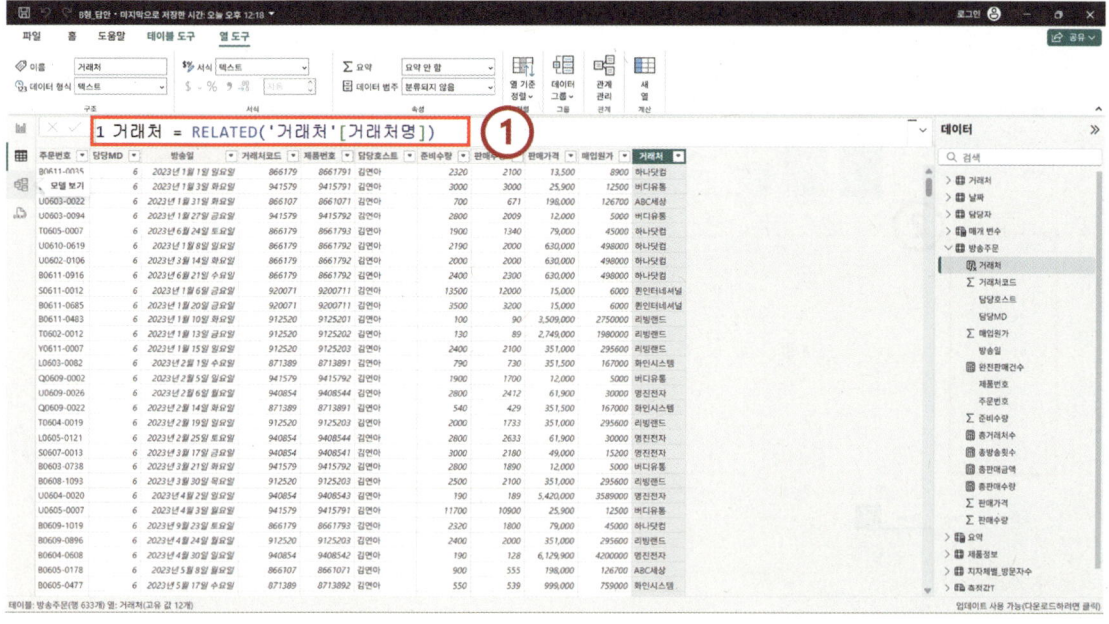

그림 4.2.83

3. [보고서 보기] 화면으로 이동한 뒤 슬라이서 개체를 추가한다. 2-① 위치에 적절히 배치한 뒤 필드 영역에는 〈날짜〉 테이블의 [년] 필드를 입력한다.

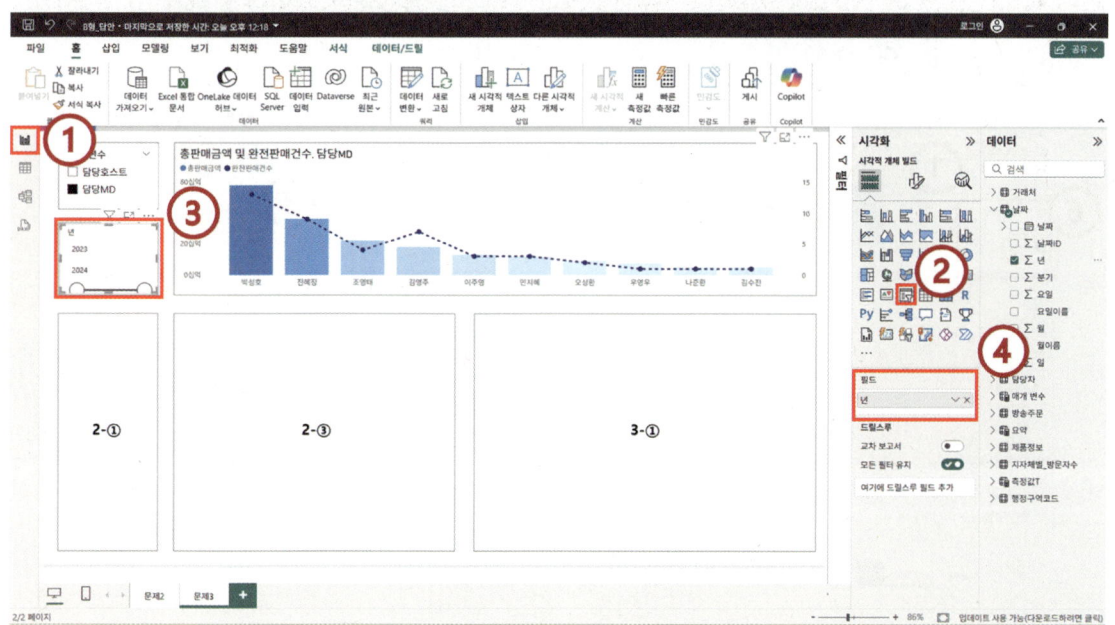

그림 4.2.84

4. 슬라이서 개체를 하나 더 추가한다. 2-① 위치에 적절히 배치한 뒤, 필드 영역에는 〈방송주문〉 테이블의 [거래처] 필드를 입력한다.

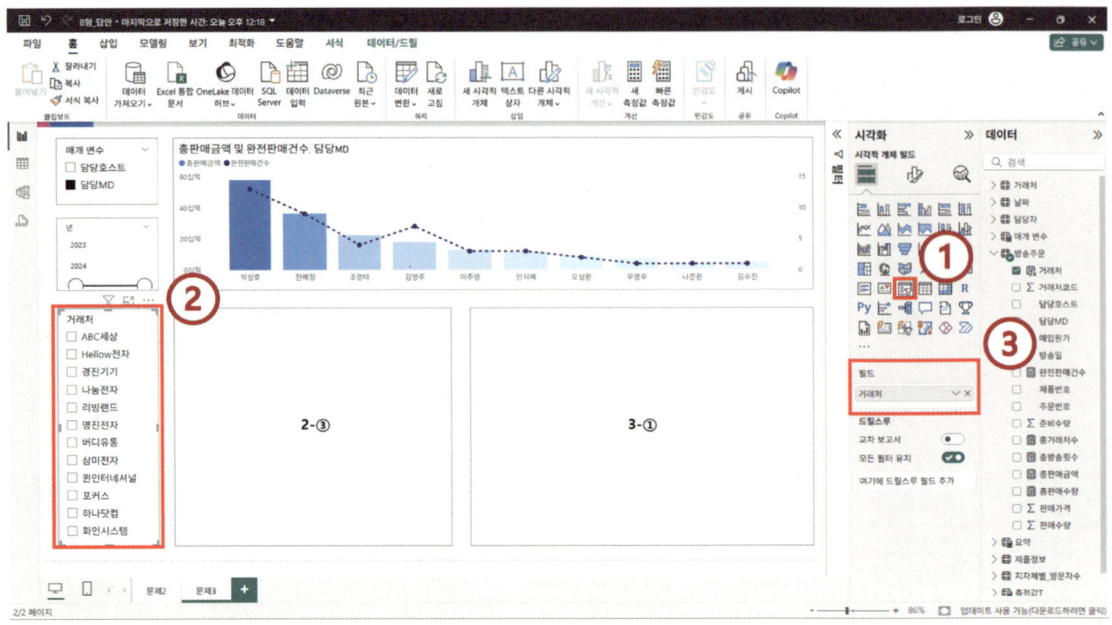

그림 4.2.85

5. [년] 슬라이서를 선택한 뒤 [시각적 개체 서식 지정] 메뉴로 이동한다. [시각적 개체] 메뉴에서 [슬라이서 설정] 메뉴를 클릭한 뒤 [스타일]을 '세로 목록'으로 설정한다. 그리고 슬라이서에서 '2024' 필터를 적용한다.

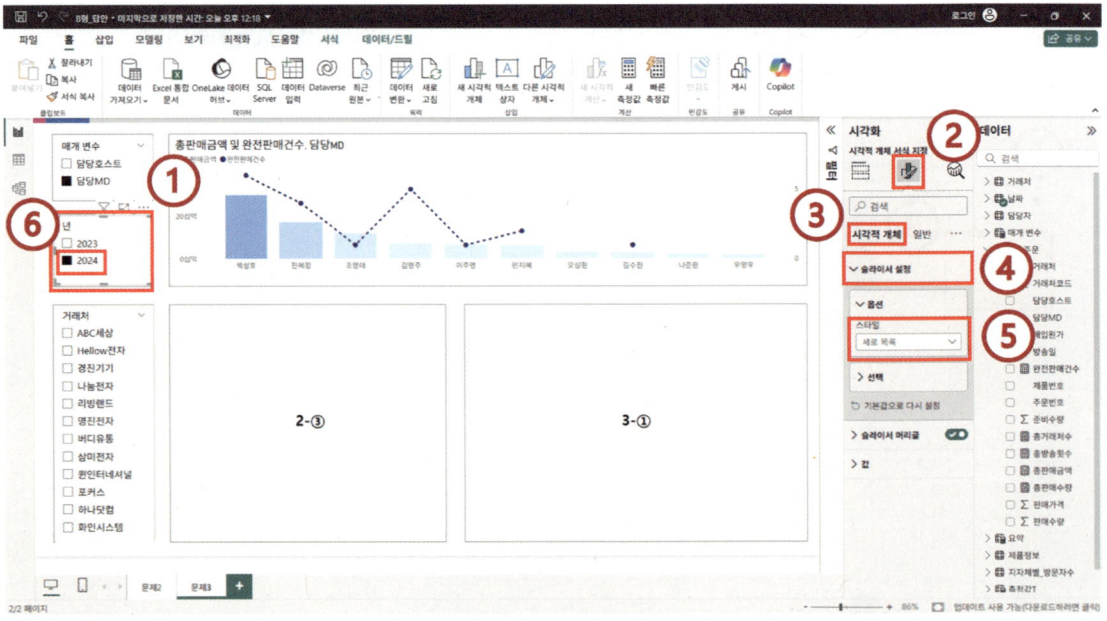

그림 4.2.86

문제 3-2-②

1. 〈방송주문〉 테이블을 우측 마우스 클릭 후 [새 측정값] 메뉴를 클릭한다.

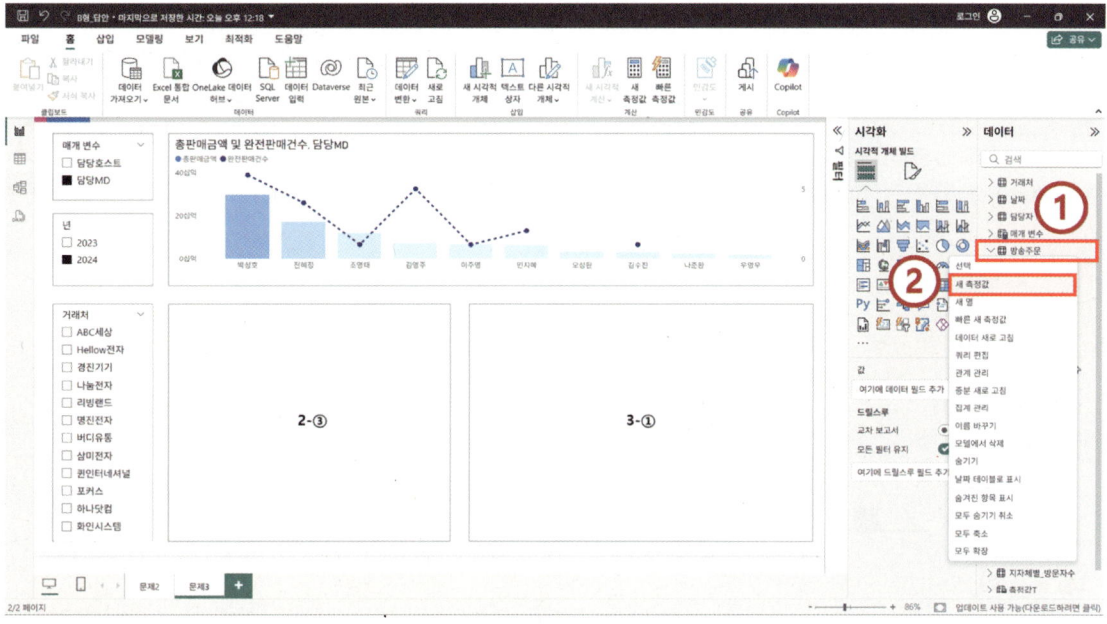

그림 4.2.87

2. 문제의 조건에 맞는 적절한 DAX 수식을 입력한다. [서식]을 '정수'로 설정하고 [천 단위 구분 기호]도 활성화 한다.

> 판매금액PY = CALCULATE([총판매금액], DATEADD('날짜'[날짜], -1, YEAR))

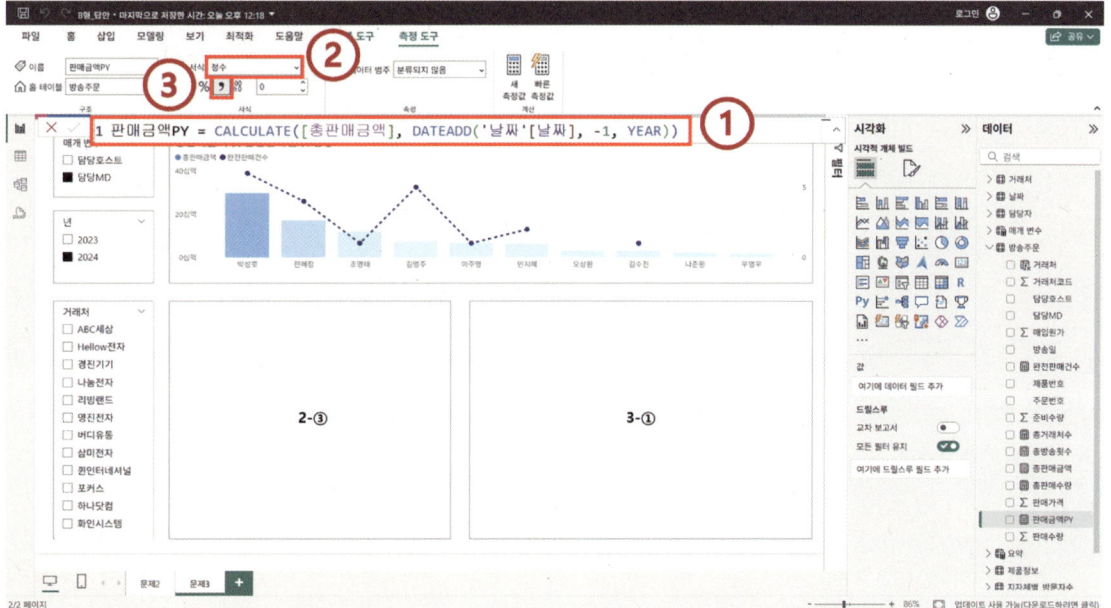

그림 4.2.88

3. 〈방송주문〉 테이블을 우측 마우스 클릭 후 [새 측정값] 메뉴를 클릭한다.

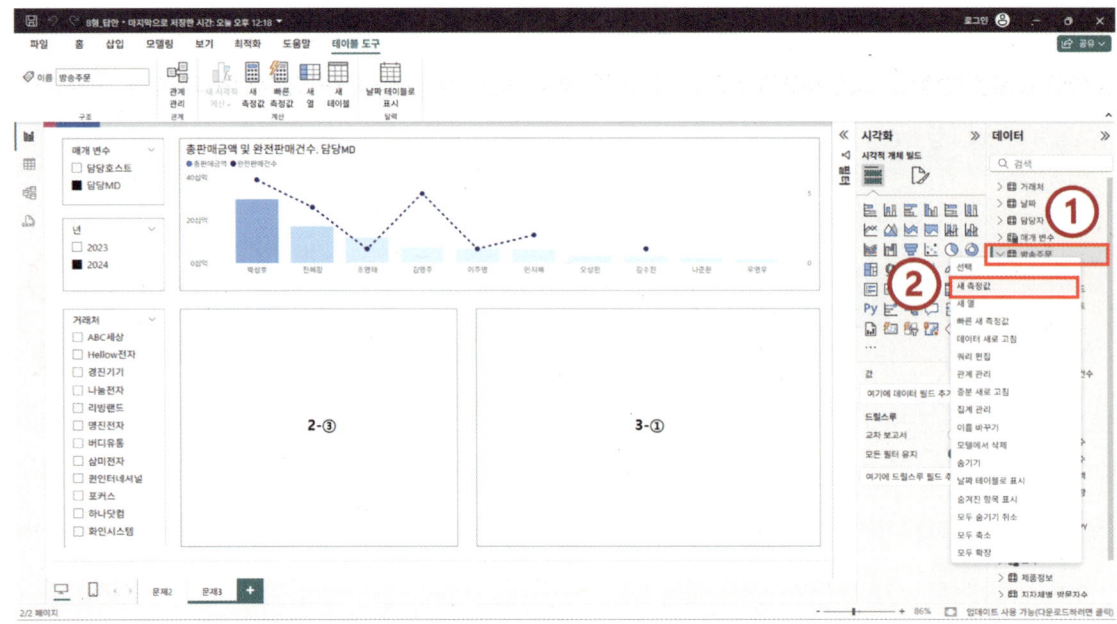

그림 4.2.89

4. 문제의 조건에 맞는 적절한 DAX 수식을 입력한다. [%] 버튼을 클릭하여 서식을 백분율로 설정한다. 그리고 소수점 아래 2자리까지 표시하기 위해 '2'를 입력한다.

```
판매금액YoY% = DIVIDE(
    '방송주문'[총판매금액]-'방송주문'[판매금액PY],
    '방송주문'[판매금액PY]
)
```

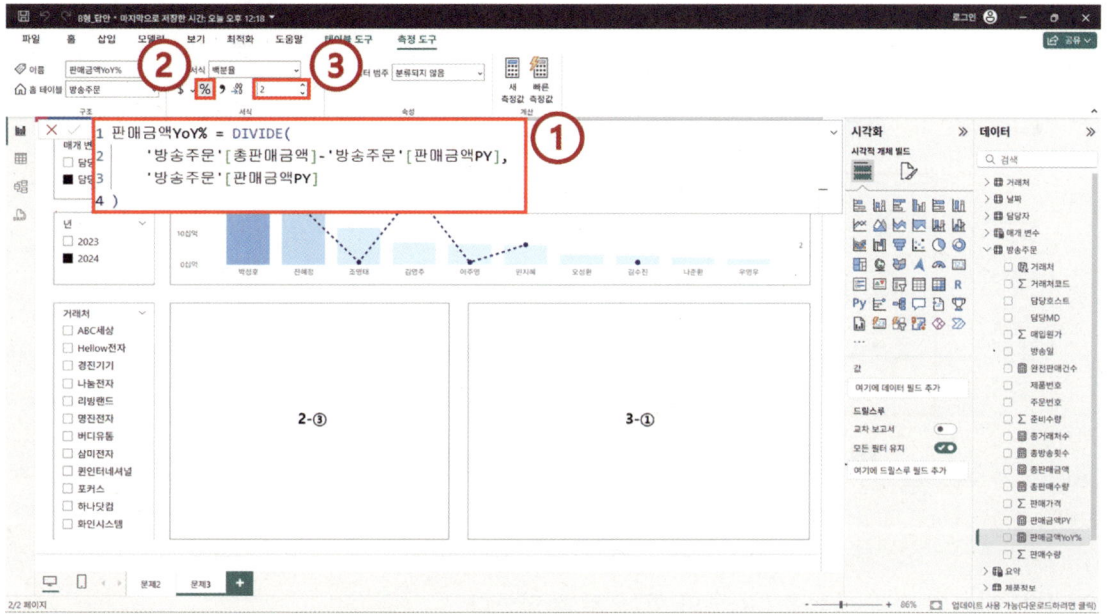

그림 4.2.90

문제 3-2-③

1. 테이블 차트 개체를 추가하여 2-③ 위치에 적절히 배치한다. [열] 필드 영역에 〈날짜〉 테이블의 [년], [월 이름] 필드와 〈방송주문〉 테이블의 [총판매금액], [판매금액YoY%] 측정값을 차례대로 배치한다.

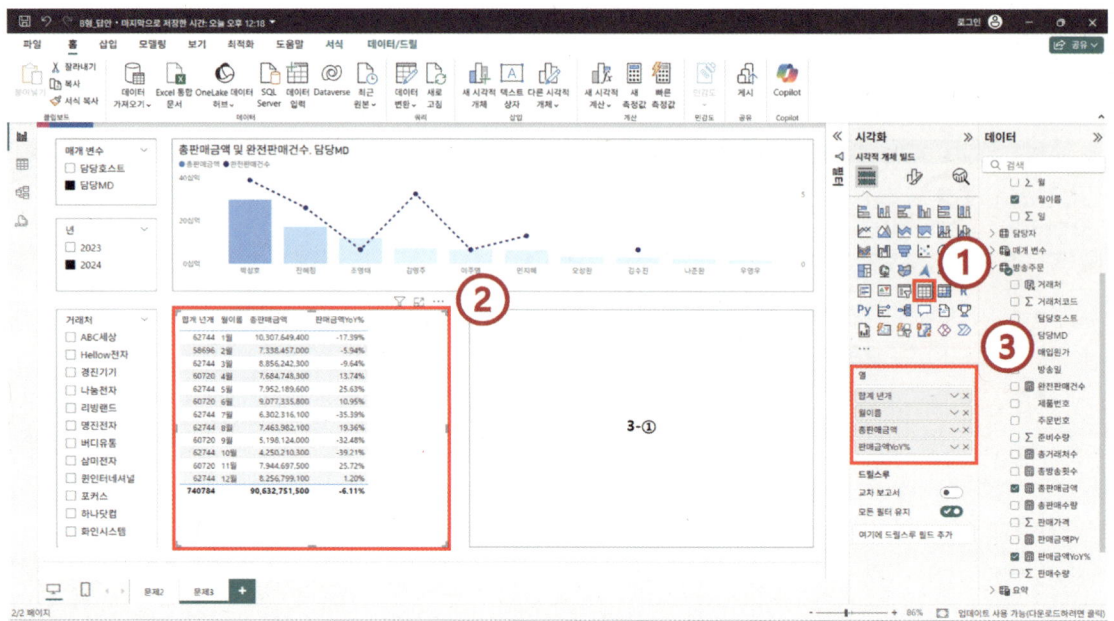

그림 4.2.91

2. [년] 필드의 요약 방법을 [요약 안 함]으로 설정한다.

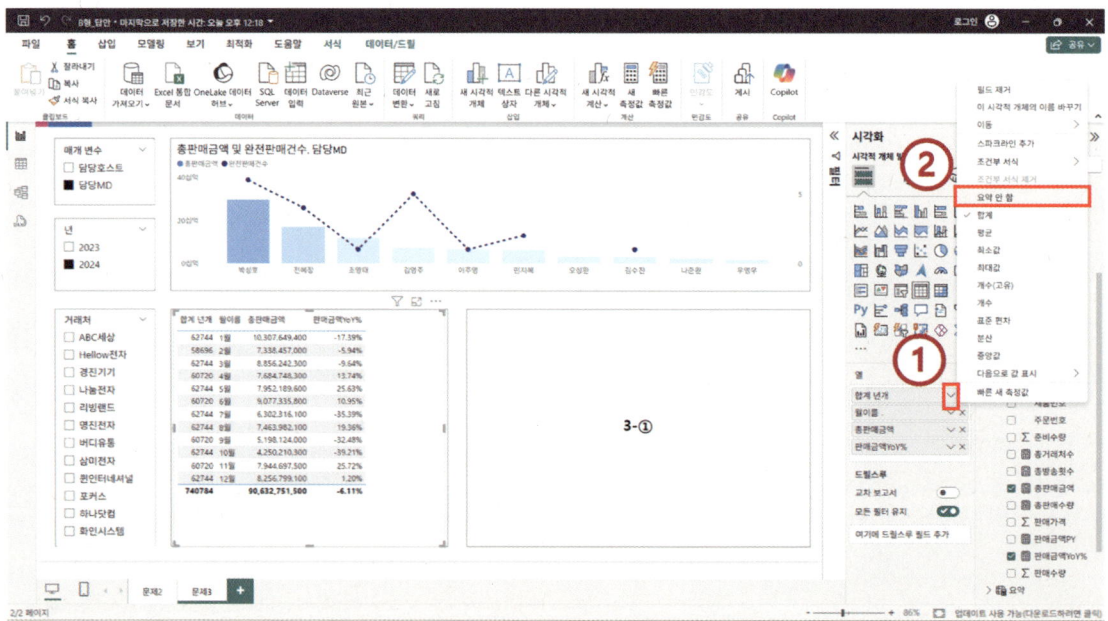

그림 4.2.92

3. [시각적 개체 서식 지정] 메뉴로 이동하여 [시각적 개체] 하위에 있는 [값] 메뉴로 이동한다. [값]의 글꼴 크기를 '13'으로 설정한다.

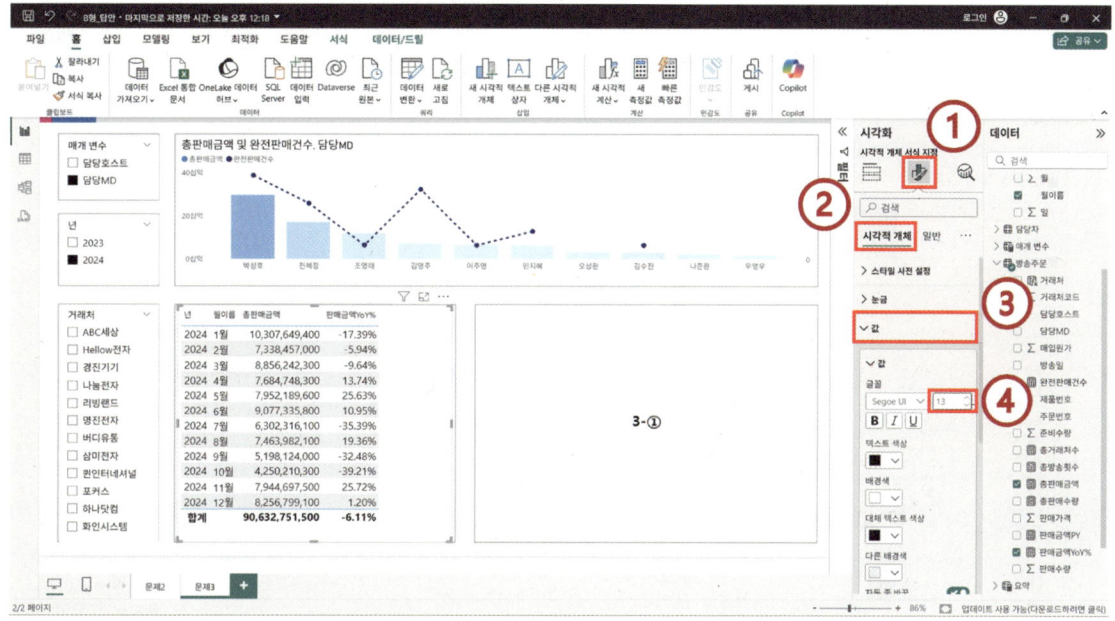

그림 4.2.93

4. [열 머리글] 메뉴로 이동하여 [텍스트]의 글꼴 크기를 '13'으로 설정한다.

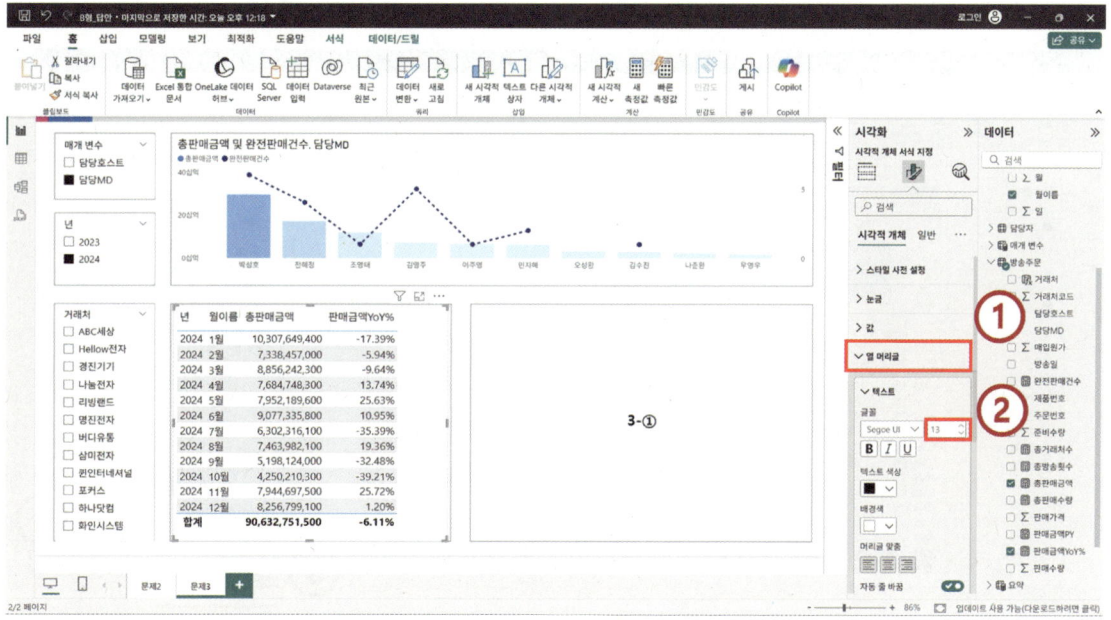

그림 4.2.94

5. 테이블 시각적 개체에서 … 메뉴를 클릭한다. [내림차순 정렬]을 설정한 뒤 [정렬 기준] 메뉴로 이동하여 [년]을 선택한다.

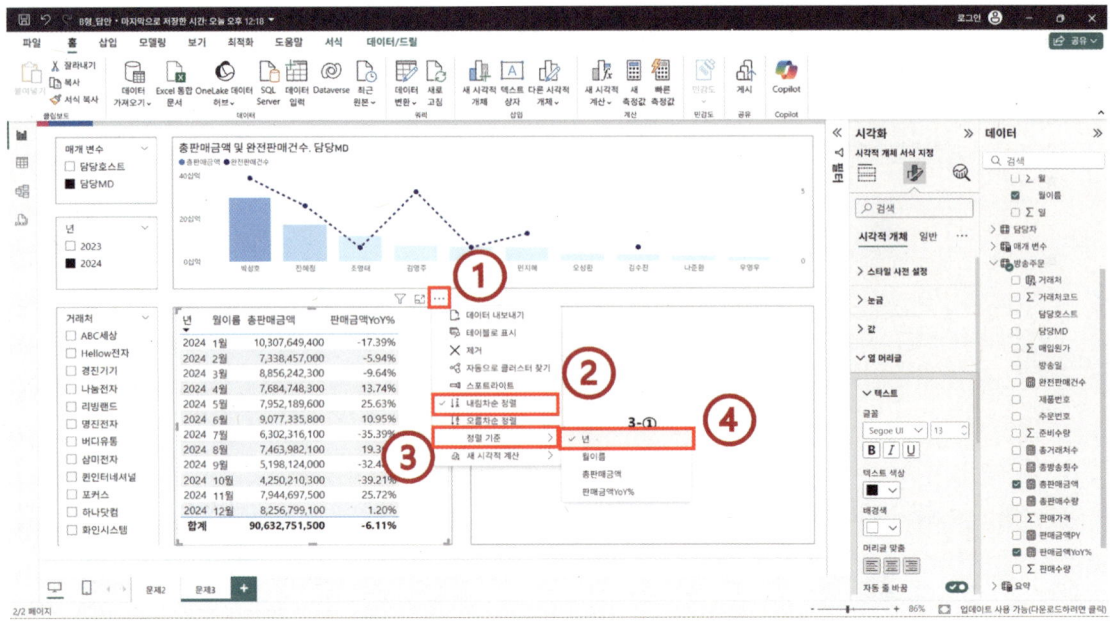

그림 4.2.95

6. [열] 영역에 있는 [판매금액YoY%] 필드를 클릭하고 [조건부 서식]을 클릭한다. 그리고 [데이터 막대] 메뉴를 클릭한다.

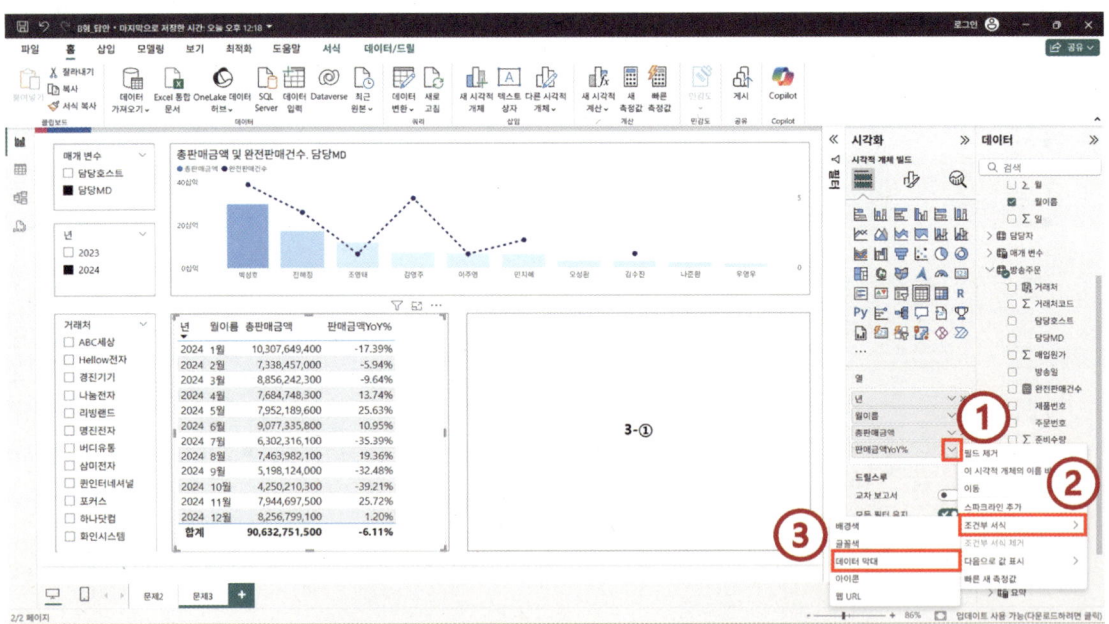

그림 4.2.96

7. [양수 막대] 색의 헥스 코드를 '#4A2D75'으로 설정한다.

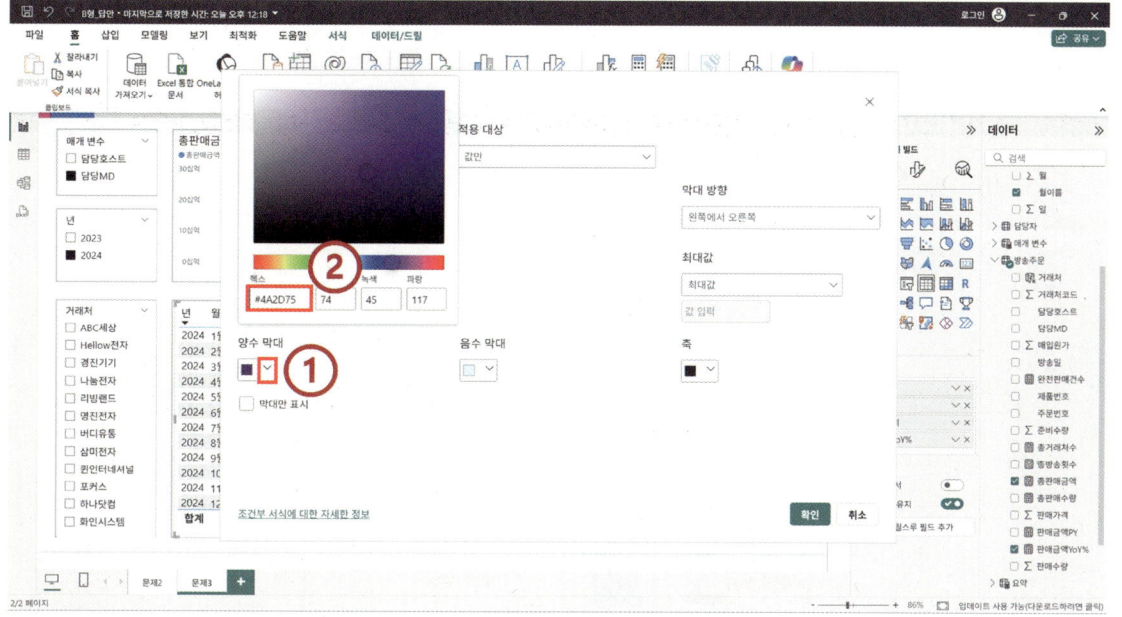

그림 4.2.97

8. [음수 막대]의 헥스 코드를 '#FF0000'으로 설정한다.

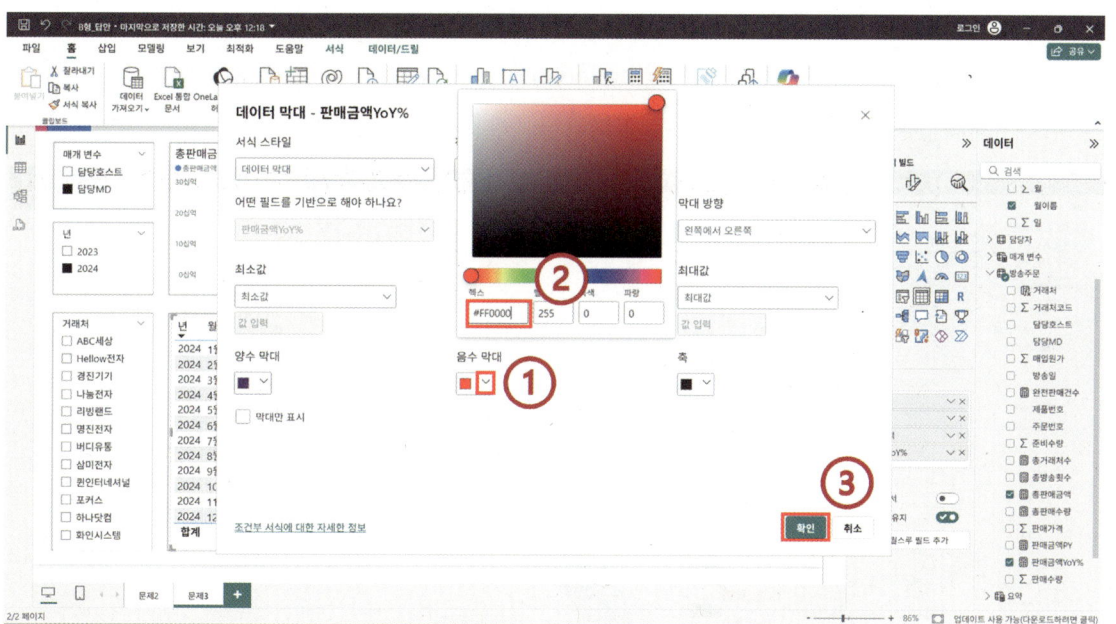

그림 4.2.98

문제 3-3-①

1. 계기 차트를 추가하여 3-① 위치에 적절히 배치한다. [값] 영역에 〈방송주문〉 테이블의 [총판매금액] 측정값을 배치한다.

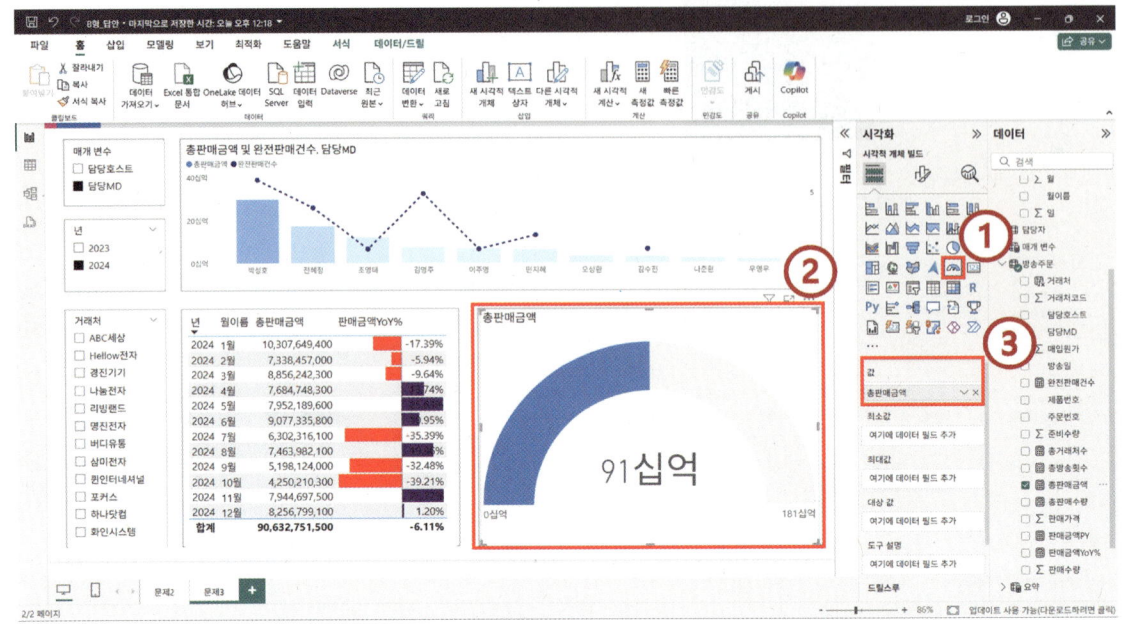

그림 4.2.99

2. [시각적 개체 서식 지정] 메뉴로 이동하여 [시각적 개체] 하위에 있는 [게이지 축] 메뉴로 이동한다. [최대값]에 150,000,000,000을 입력한다. [대상]에는 100,000,000,000을 입력한다.

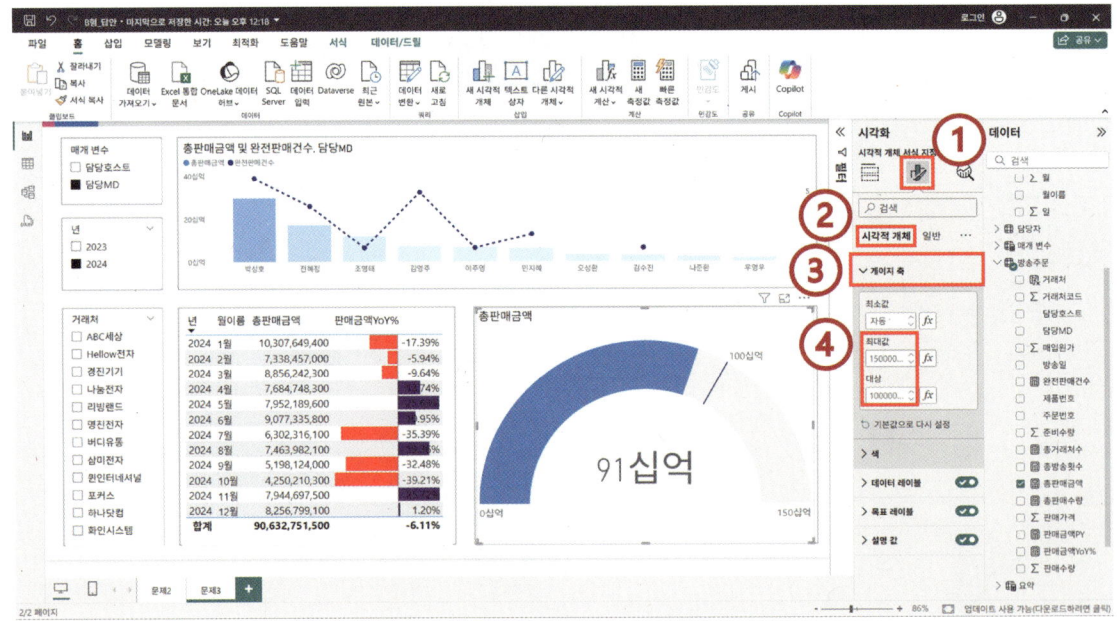

그림 4.2.100

3. [색] 메뉴로 이동한 뒤 [대상 색상]의 메뉴를 클릭한다.

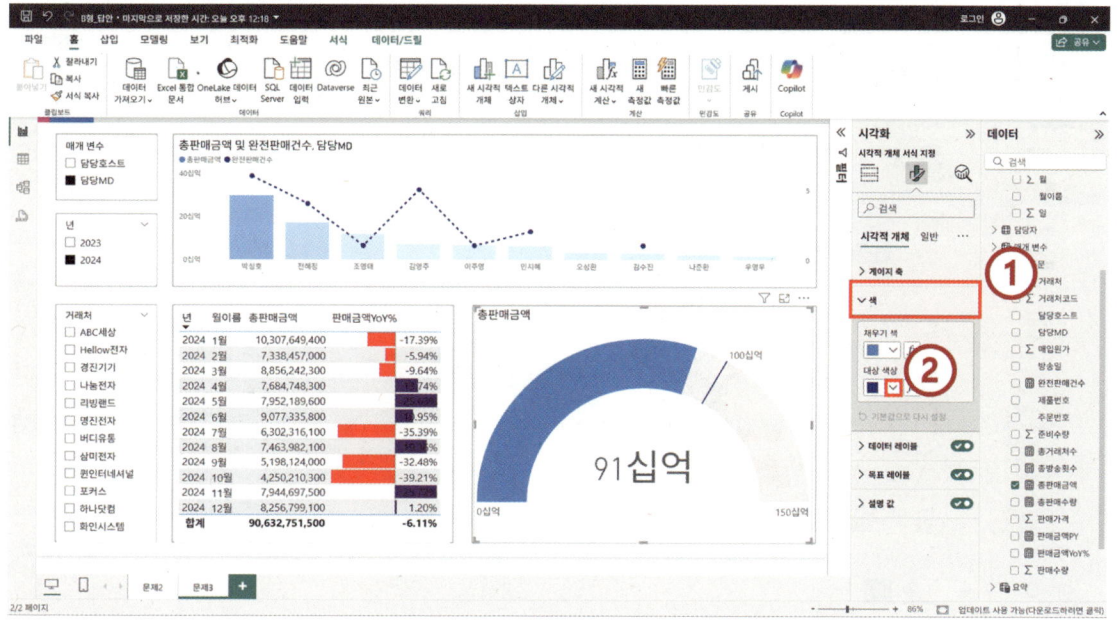

그림 4.2.101

4. '테마 색 5'를 선택한다.

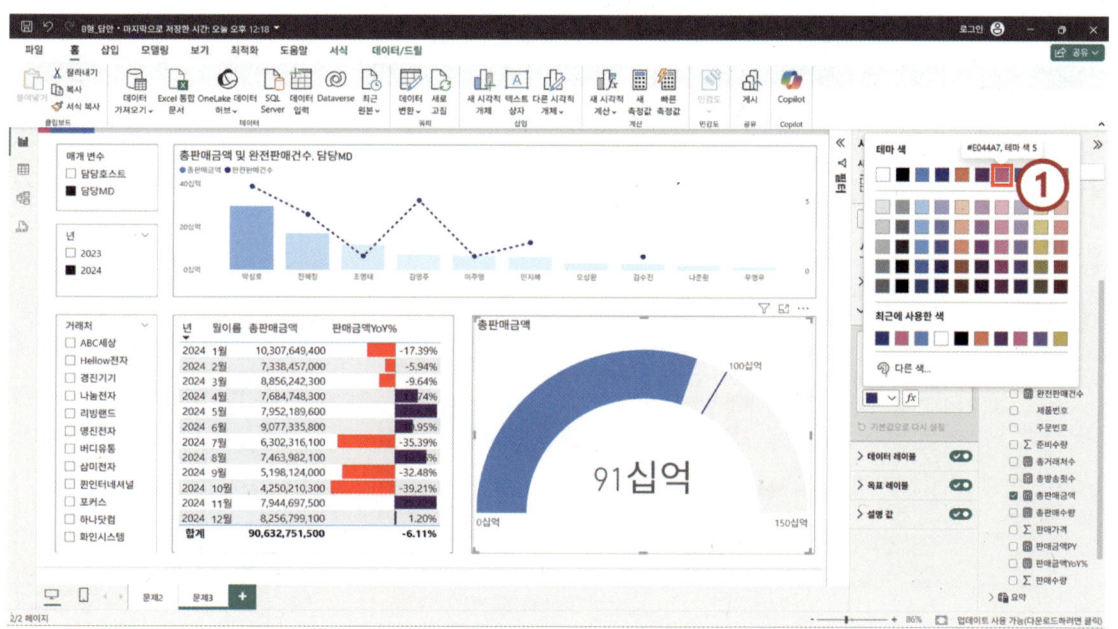

그림 4.2.102

5. [설명 값] 토글 버튼을 클릭하여 해제한다.

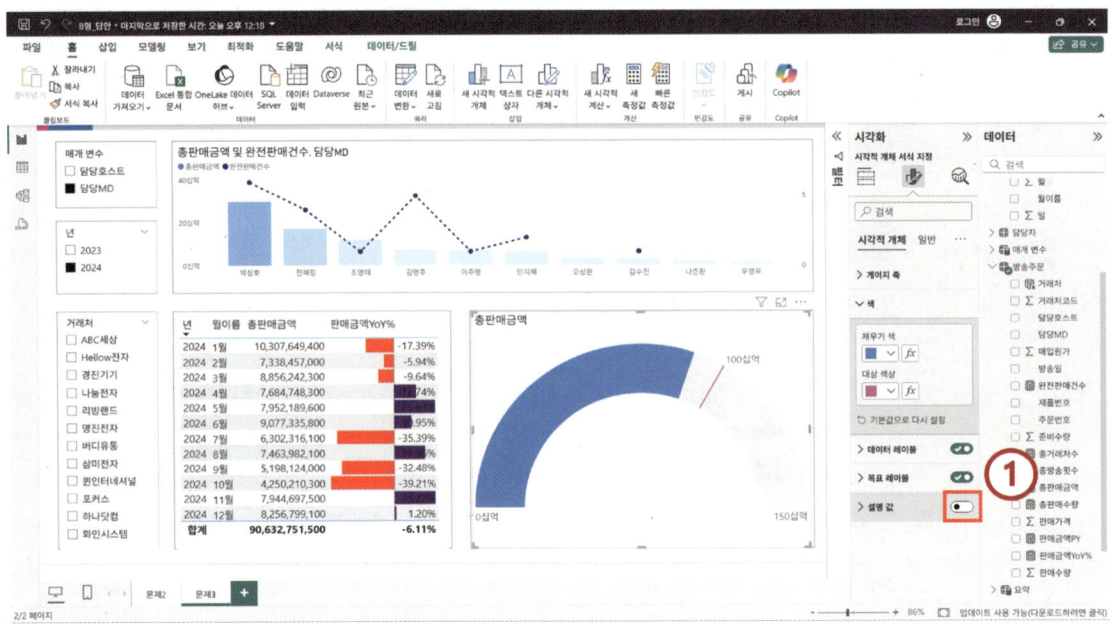

그림 4.2.103

6. [일반] 메뉴로 이동하여 [제목] 메뉴를 클릭한다. [텍스트]에 "매출계획대비 총판매금액"을 입력한다. 글꼴 크기는 '15'로 설정한다.

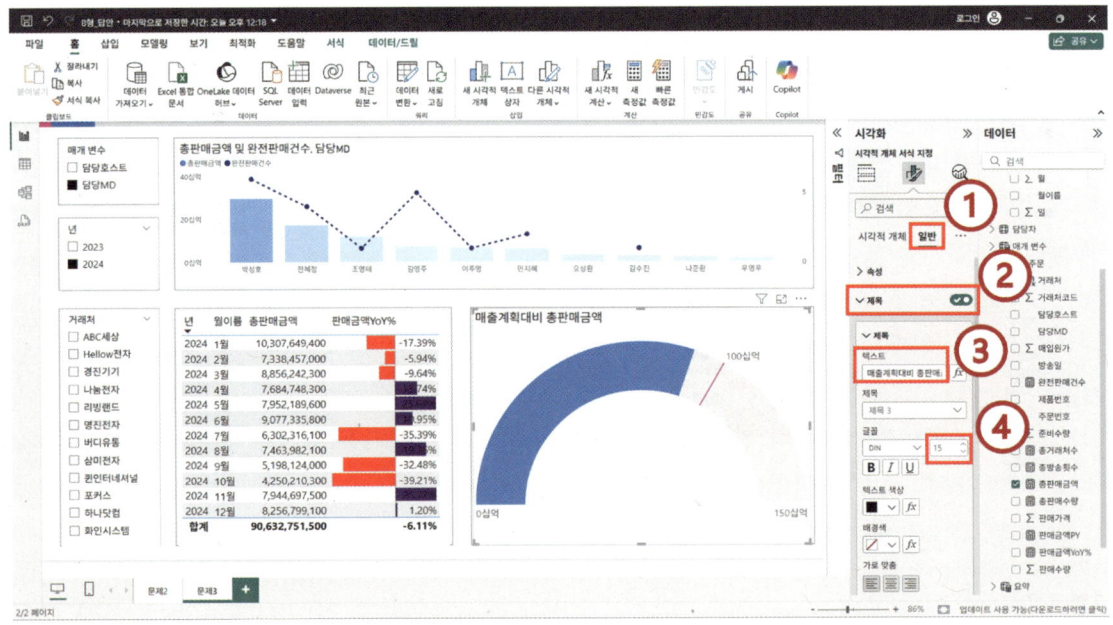

그림 4.2.104

문제 3-3-②

1. 〈방송주문〉 테이블을 우측 마우스 클릭한 뒤 [새 측정값] 메뉴를 클릭한다.

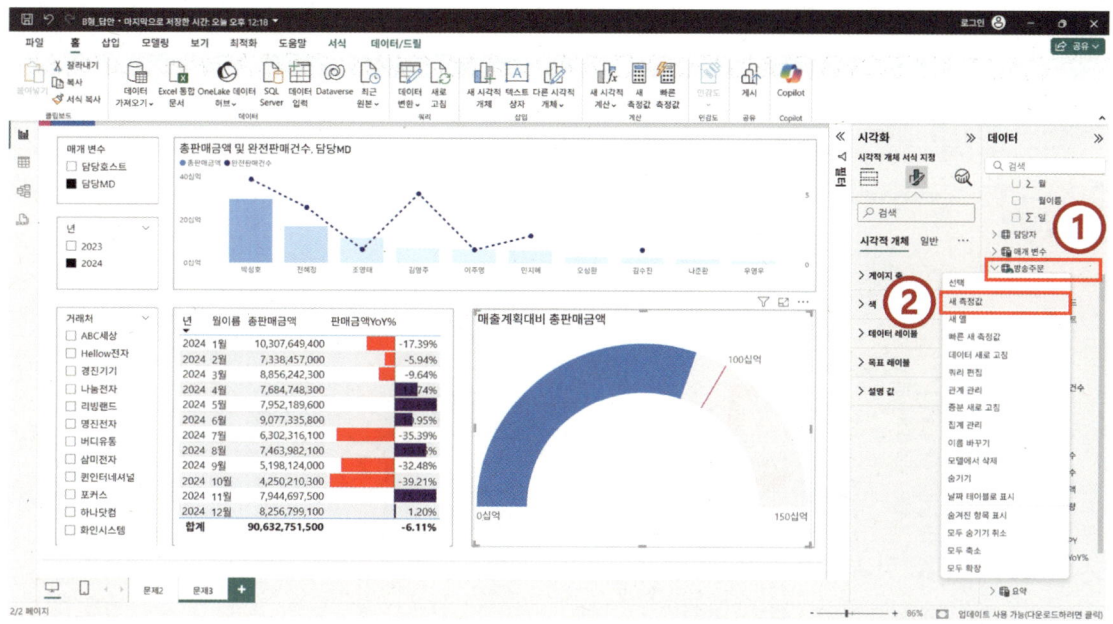

그림 4.2.105

2. 문제의 조건에 맞는 적절한 DAX 수식을 입력한다. [%] 버튼을 클릭하여 서식을 백분율로 설정한다. 그리고 소수점 아래 2자리까지 표시하기 위해 '2'를 입력한다.

목표대비총판매비율% = DIVIDE([총판매금액], 100000000000)

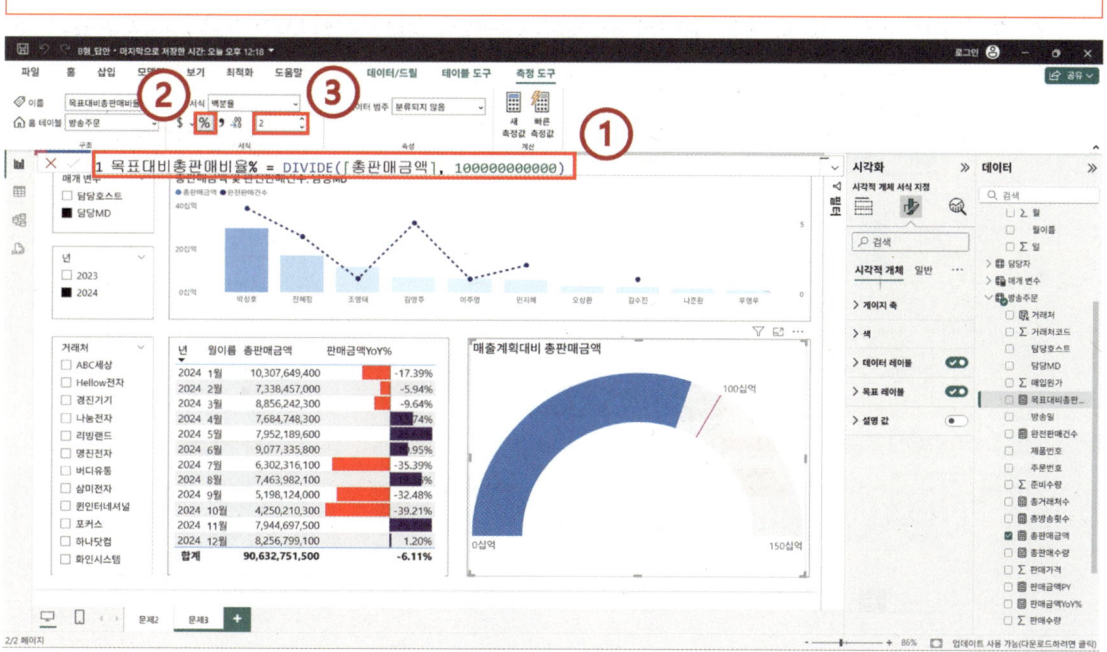

그림 4.2.106

문제 3-3-③

1. 카드 개체를 클릭하여 안내된 위치에 배치한다. [필드] 영역에는 〈방송주문〉 테이블의 [목표대비총판매비율%] 측정값을 배치한다.

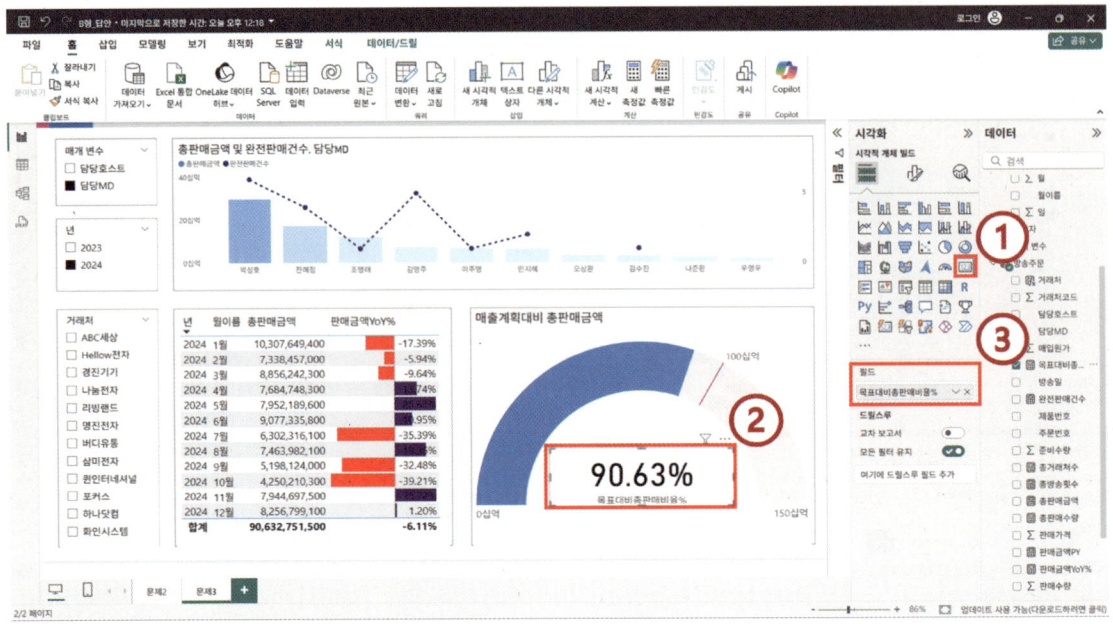

그림 4.2.107

2. [시각적 개체 서식 지정] 메뉴로 이동한다. [시각적 개체] 메뉴 하위에 있는 [설명 값] 메뉴로 이동하여 글꼴 크기를 '28'로 설정한다. [표시 단위]는 '없음'으로 설정한다. [범주 레이블] 토글 버튼을 클릭하여 해제한다.

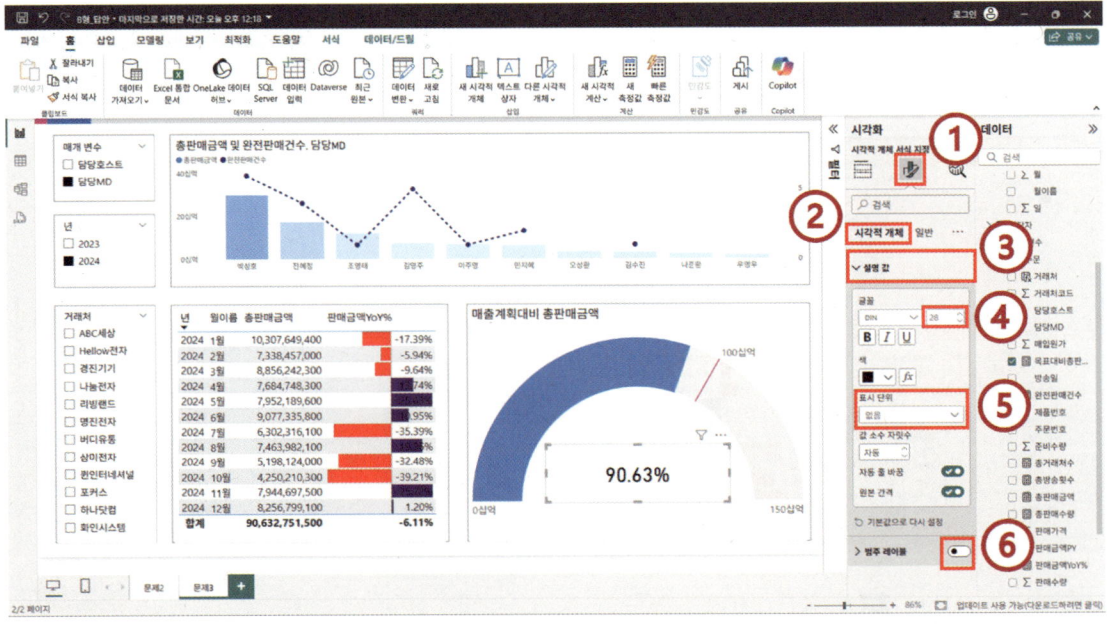

그림 4.2.108

612 PART 04. 시행처 공개 문제

문제 3-4-①

1. [삽입] 메뉴로 이동한 뒤 [단추] 메뉴를 클릭한다. 그리고 [뒤로] 메뉴를 클릭한다.

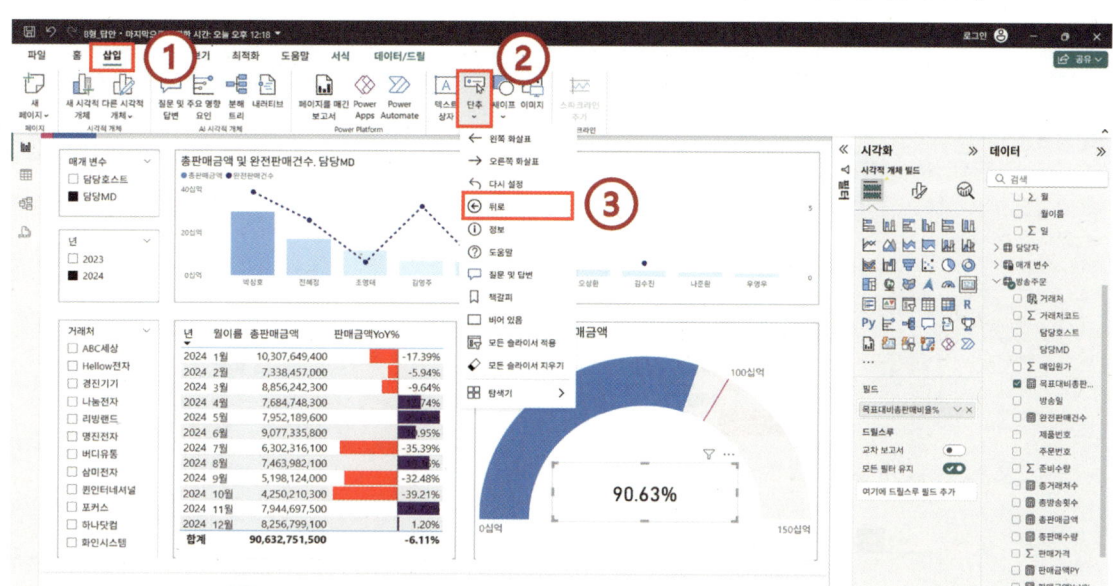

그림 4.2.109

2. 단추를 4-① 위치에 배치한다. [Button] 메뉴 내에 [스타일] 메뉴를 클릭한다. 아이콘의 [두께]를 '2'로 설정한다.

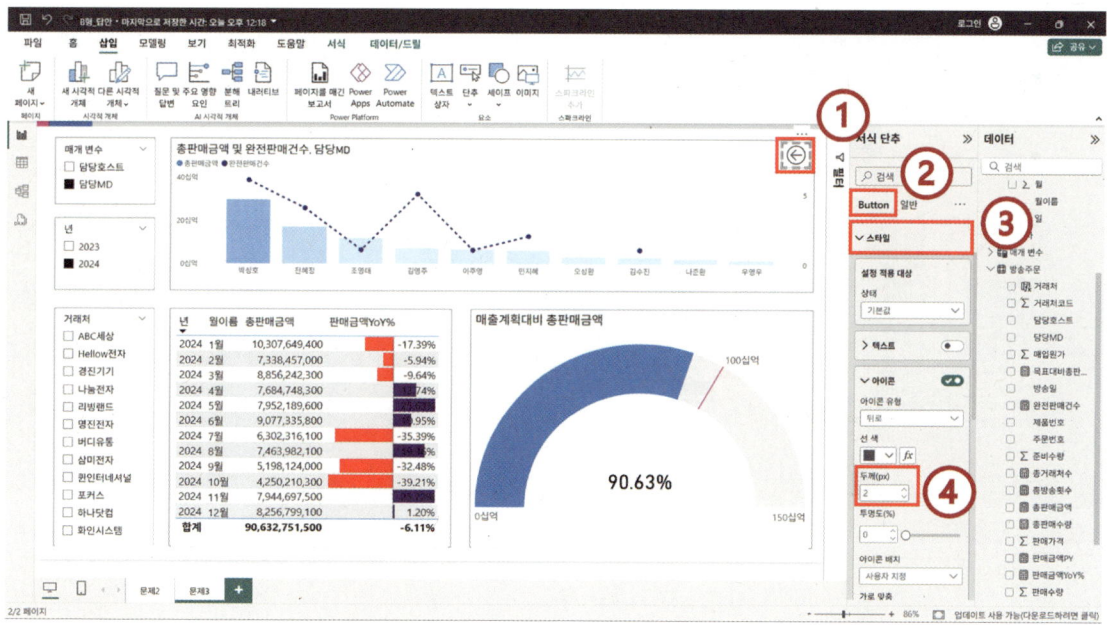

그림 4.2.110

3. 아이콘의 [가로 맞춤]을 '오른쪽'으로 설정한다.

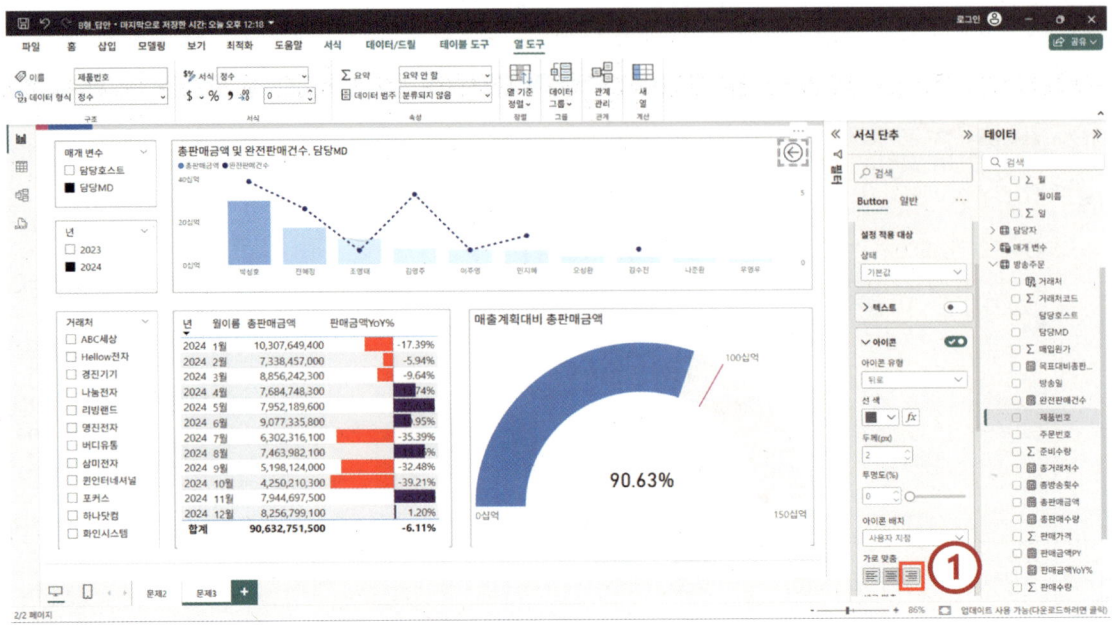

그림 4.2.111

4. [작업] 메뉴로 이동하여 [유형]을 '페이지 탐색'으로 설정한다. [대상]은 '문제2'로 설정한다.

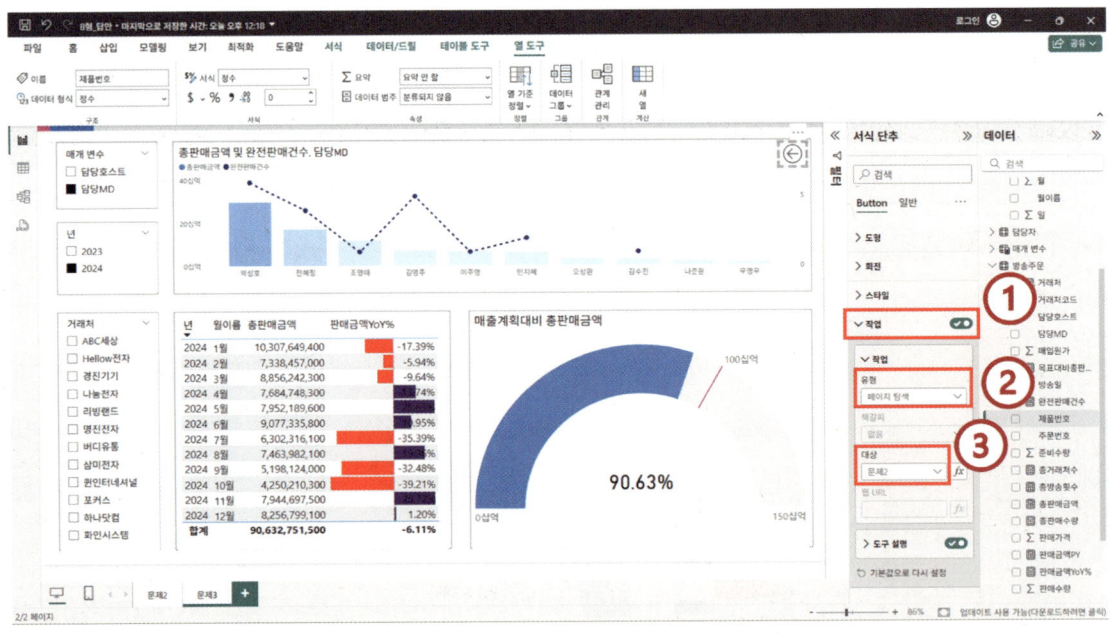

그림 4.2.112

문제 3-4-②

1. [서식] 메뉴로 이동하여 [상호 작용 편집] 메뉴를 클릭한다. [년] 슬라이서를 클릭한 뒤 [거래처] 슬라이서의 상호 작용을 '없음'으로 설정한다.

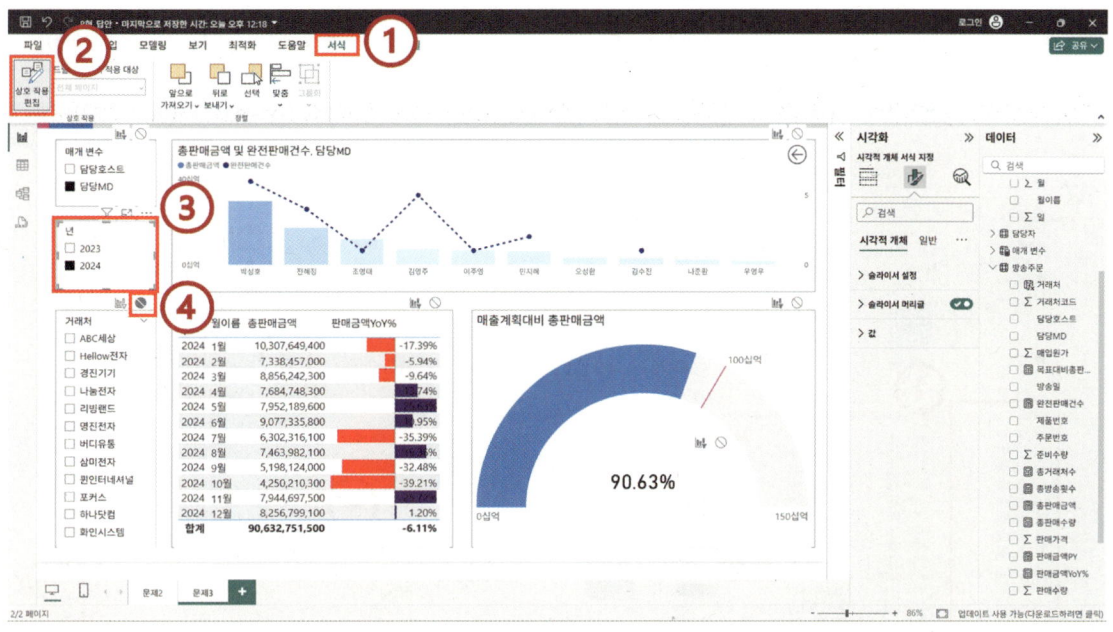

그림 4.2.113

2. 테이블 차트를 클릭한 뒤 계기 차트와 카드 시각적 개체의 상호 작용을 각각 '없음'으로 설정한다.

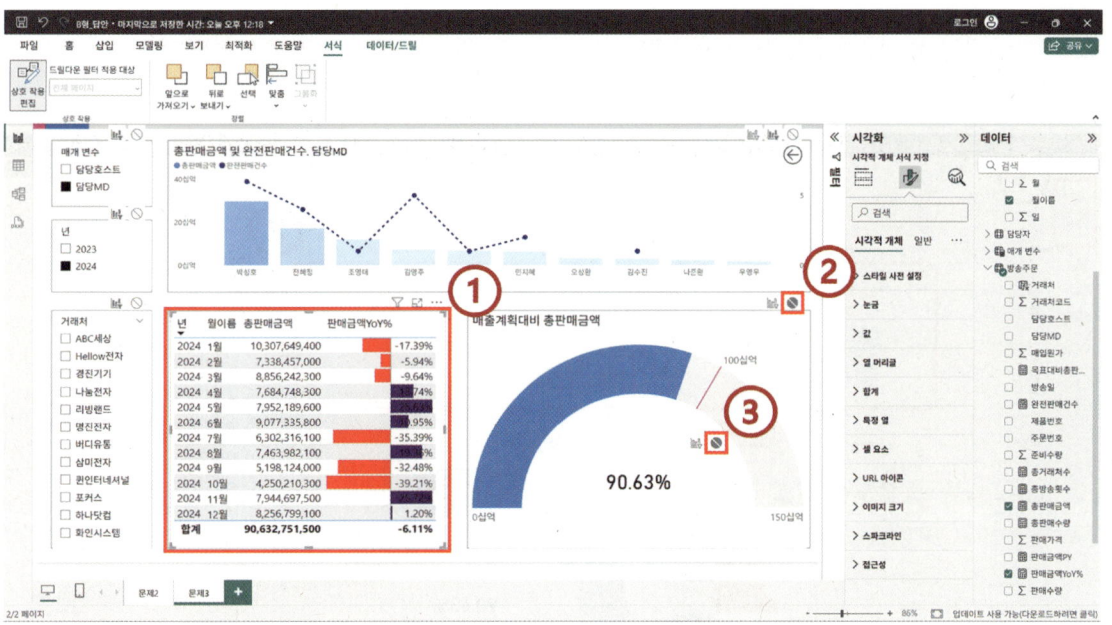

그림 4.2.114

문제 3-4-③

1. [거래처] 슬라이서를 클릭한 뒤 꺾은선형 및 묶은 세로 막대형 차트, 계기 차트, 그리고 카드 개체와의 상호 작용을 '없음'으로 설정한다. 꺾은선형 및 묶은 세로 막대형 차트는 '없음' 버튼을 정확히 클릭할 수 있도록 차트를 약간 이동시켜야 한다. 차트를 이동하지 않으면, '뒤로 단추'와 겹쳐져 '없음'을 정확히 선택하기 어려울 수 있다.

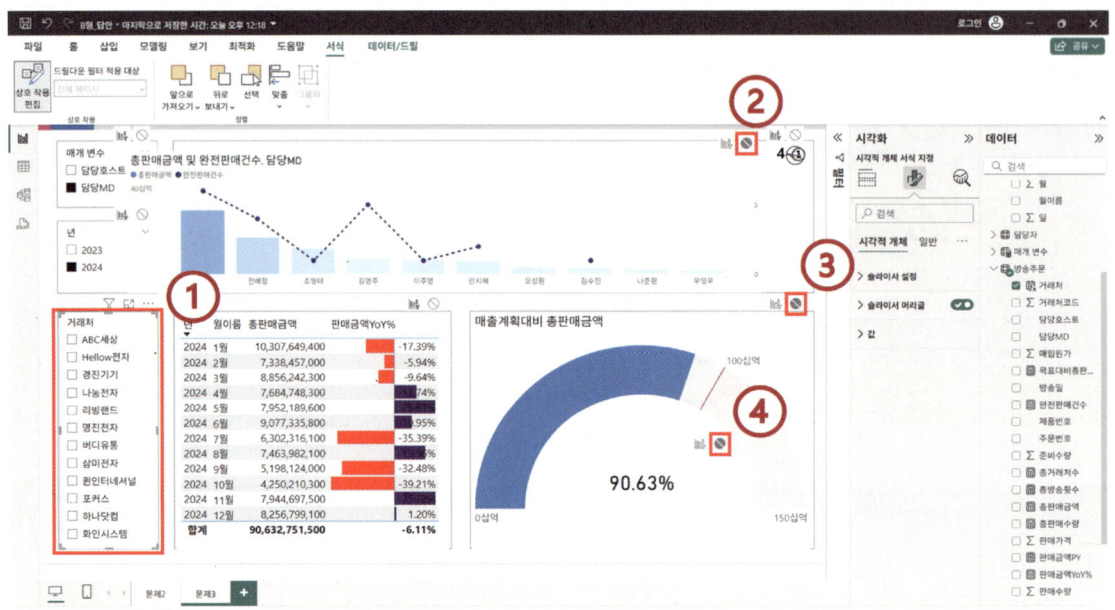

그림 4.2.115

2. [상호 작용 편집] 버튼을 클릭해서 편집 모드를 해제한다. 그리고 꺾은선형 및 묶은 세로 막대형 차트를 원래 위치로 위치시킨다.

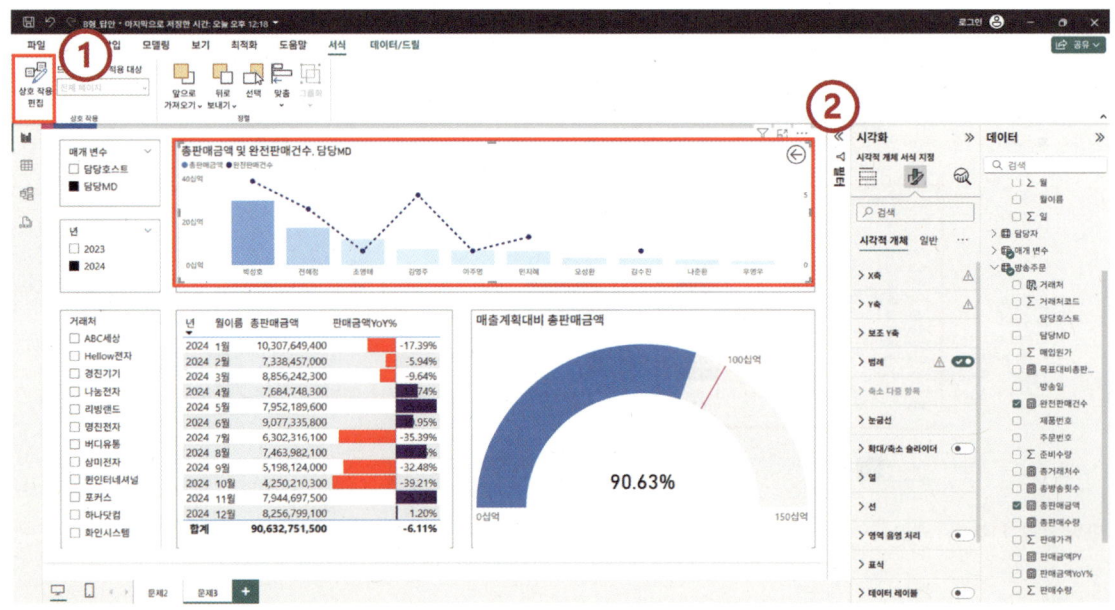

그림 4.2.116

● 베스트셀러 **1위**
● 소비자 만족지수 **1위**
● 빅데이터 교육 **NO.1**

데이터에듀 카페 운영!

카페 가입하고 다양한 혜택을 받아보세요!

질문답변 / 정보공유
시험후기 / 자격증 정보

데이터에듀 카페 바로가기

합격후기 이벤트

데이터에듀 도서로 공부했다면 누구나 참여가능!
여러분의 소중한 합격후기를 들려주세요.

SNS에 합격후기 작성하면 참여자 전원
네이버페이 1만원권 증정!
이벤트 공지는 데이터에듀 카페와 데이터에듀PT 커뮤니티에서 공지합니다.

오공완 캐시백 이벤트

데이터에듀 도서로 공부하고
네이버카페에 인증해 주세요.

데이터에듀 도서로 공부하고 카페에 공부한 사진
올리고 인증하면 네이버페이를 증정!
오공완 캐시백 이벤트는
데이터에듀 카페에서 공지합니다.

1:1 질문답변

노베이스 수험생도, 시간부족 직장인도
합격할 수 밖에 없는 1:1 맞춤 학습관리

학습하면서 궁금한 점은 언제든 질문해 주시면
1:1 맞춤 답변해 드립니다.
현재 실력, 학습환경, 학습성향에 맞는
학습컨설팅과 학습가이드를 제공해 드립니다.

서평단 체험단

데이터에듀 도서와 에듀테크 서비스를
무료로 받아보고 체험해 보세요!

도서가 출간되면 가장 먼저 도서를
무료로 받아보고 공부하는 서평단!
데이터에듀 에듀테크 서비스를 가장 먼저
무료로 체험해 볼 수 있는 체험단!
데이터에듀 카페에서 서평단과 체험단을 신청하세요.

 데이터에듀 카페

데이터에듀 카카오 플러스채널 친구 추가 혜택

 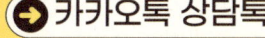

사이트 이용, 도서인증 등
궁금한 모든 것을 문의해 주세요.

도서 5% 추가
할인 쿠폰 제공

데이터에듀
이벤트

신간 출간 정보
제공

카카오톡 상담
바로가기

DATAEDU PT

자격증 공부를 위한 개인 맞춤형 학습 솔루션

다운로드

문제 추천 서비스 출시!
개인 맞춤화 본격 시작

나의 합격을 위한 맞춤 문제 추천

나의 레벨과 문제 풀이 과정을 통해 맞춤 문제를 추천해 드립니다.

2가지 문제 추천 방식

로드맵형

한 문제, 한 문제 풀이 결과에 따른 맞춤 문제 제공!

―

하나부터 열까지 꼼꼼하게 공부하고 싶을 때!

실전 트레이닝

시험 제출 결과에 따른 맞춤 시험지 제공!

―

시험 직전 매번 새로운 시험지를 풀어보고 싶을 때!

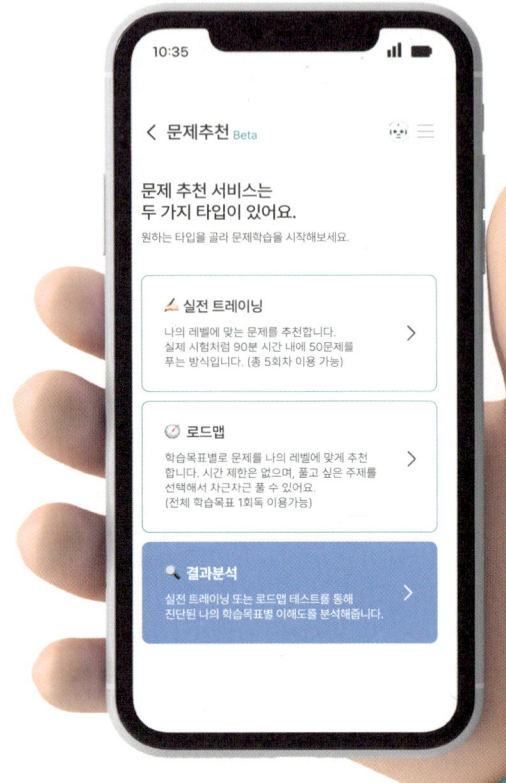

모바일로 편하게!

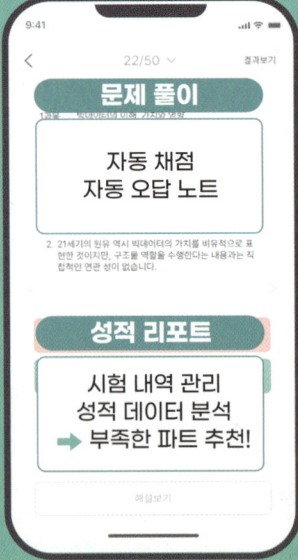

문제 풀이
자동 채점
자동 오답 노트

성적 리포트
시험 내역 관리
성적 데이터 분석
➡ 부족한 파트 추천!

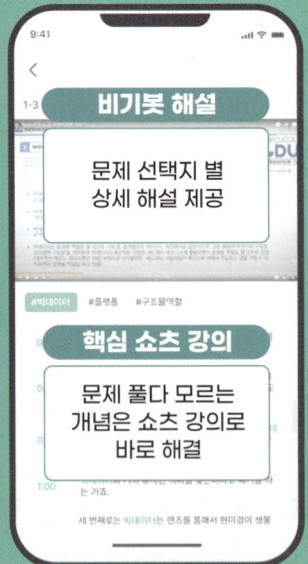

비기봇 해설
문제 선택지 별 상세 해설 제공

핵심 쇼츠 강의
문제 풀다 모르는 개념은 쇼츠 강의로 바로 해결

• 해당 기능 및 교육 콘텐츠는 자격증에 따라 제공 범위가 다를 수 있습니다.

eBook으로 더 편하게!

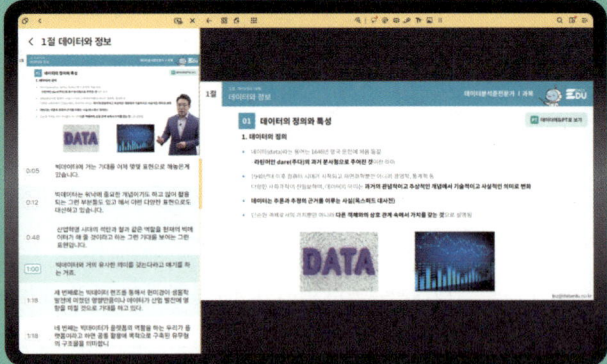

DATAEDU PT With SCONN 북카페

- 데이터에듀PT와 eBook이 만났습니다!
- 문제 풀다 이론이 궁금할 때! 강의 듣다 책이랑 같이 보고 싶을 때!
- 태블릿 하나로 SIMPLE하게!

CODELEARNING
자격증 공부를 위한 온라인 코딩 학습 솔루션

ADsP, ADP, 빅분기 실기 완벽 대비!
R & Python 프로그래밍 본격 출시

환경 설정, 패키지 버전 오류 없는 코딩 학습 환경!
PC에서 발생할 수 있는 오류를 방지합니다.

코드러닝의 2가지 특징

1. 자동 채점
- 시험 채점 기준에 따른 자동 채점
- 빠르고 쉬운 결과 확인으로 정확한 실습 대비!

2. 실기 콘텐츠
- 데이터에듀 실기 문제 및 실습 예제 모두 지원
- R과 Python 모두 지원!

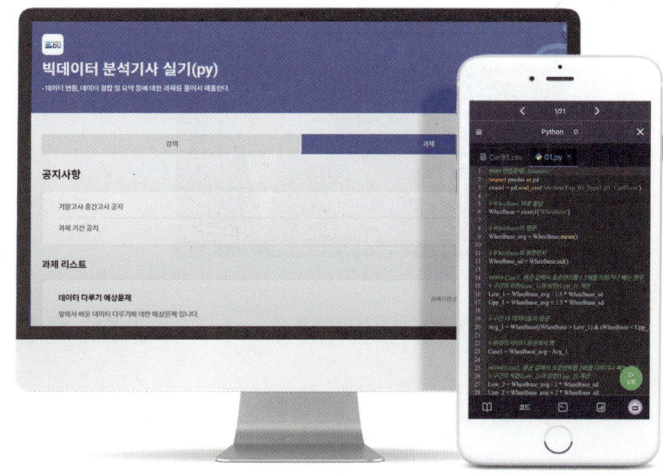

어떤 기기로도 편하게!

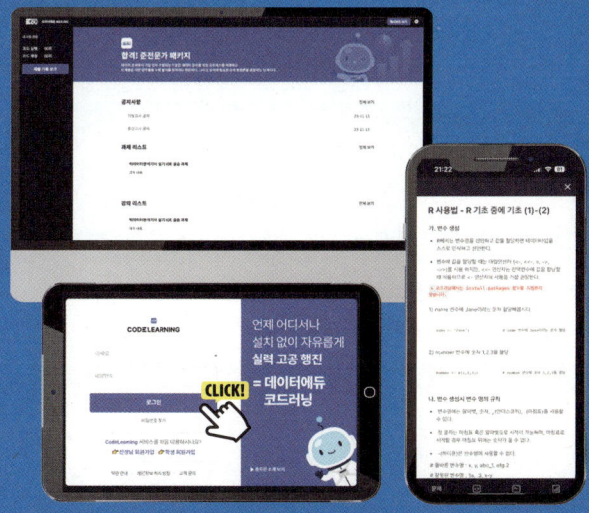

- PC, 태블릿, 모바일에서도 편하게
- 설치도 필요 없이 쉽게

강사도 편리하게!

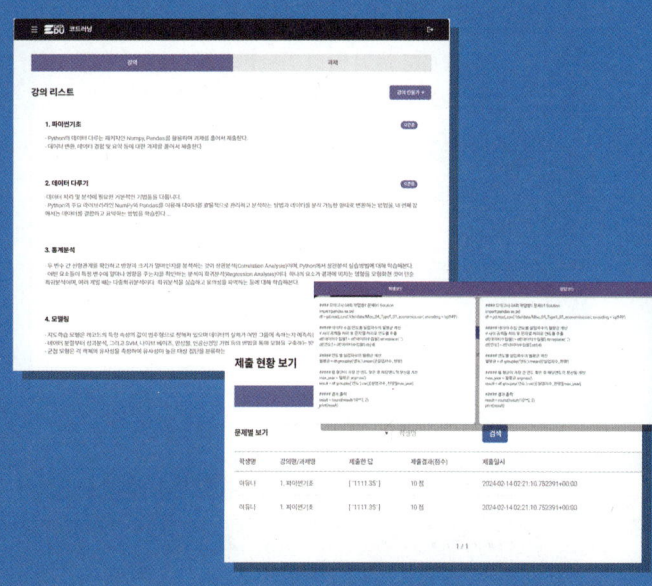

- 클릭으로 간편한 강의 개설
- 학생들의 실시간 제출 현황 제공!

자격증 합격부터 데이터 전문가 양성까지 완벽 대비!
데이터에듀 인강 시리즈

01. 데이터분석 준전문가 준비를 위한 강의

ADsP 합격패키지

- 데이터에듀 가장 많은 수강생이 수강하는 BEST 1위 강의
  비전공자도 쉽게 합격하는 출제포인트 제공

- 이론 + 예상문제 + 핵심요약 강의 + 기출해설강의
  전 범위 최신 기출 경향 분석을 통한 완벽한 합격전략 제시

- 상세한 개념 설명과 예시로 누구나 이해할 수 있는 강의!
  어려운 3과목도 자세한 설명과 예시로 완벽 대비

ADsP 합격패키지 1
- 범위 : 1과목/2과목/3과목 4장, 5장
- 핵심 과목만 중점 학습

ADsP 합격패키지 2
- 범위 : 3과목 1장 ~ 5장
- 데이터분석 파트 집중 학습

ADsP 합격패키지 3
- 범위 : 1과목 ~ 3과목(전과목)
- 비전공자 추천 / 전범위 집중 학습

비전공자 단기 합격 로드맵 제공
빅분기 필기 3주 합격패키지

- 비전공자도 단기 합격 가능한 3주 학습 로드맵 제공 & 저자와 통계 전문가 과목별 2인 체제

- 눈높이 체크부터 실전 문제풀이까지 5단계 합격 커리큘럼 구성

- 최신 기출 경향 분석을 통한 완벽한 과목별 학습 전략 제시

일주일만에 합격하는
SQLD 합격패키지

- 2024 NEW 교육과정 반영은 기본! 국립금오공대 교수 직강

- 사례를 통한 이론과 코드 설명으로 초단기 합격 완성!

- 기출 분석을 통해 엄선된 문제풀이로 높은 적중률

02. 데이터분석 초보자/입문자 추천 강의

비전공자 눈높이의 데이터 분석 강의
가장 쉬운 데이터분석 입문

온라인 사수가 알려주는 SQL&Python 스킬
도전! 실전 데이터분석 (SQL&Python)

투자 공부의 진짜 시작
금융데이터 분석

데이터에듀
오프라인 교육

10년 연속 컴퓨터/IT 분야 수험서 1위를 차지한 빅데이터 교육 콘텐츠 기업,
10년 이상의 온/오프라인 교육 노하우로 기업의 DT 전환에 기여합니다.

자격증 강의
데이터분석 전문가 ADP, 데이터분석 준전문가 ADsP, 빅데이터 분석기사, 경영정보시각화능력, SQL 개발자 SQLD

빅데이터, AI 강의
생성형 AI / Chat-GPT, AI 데이터 라벨링, 머신러닝 및 딥러닝, 데이터분석기획, 마케팅 전략 수립 강의

오프라인 교육 이력

자격증 강의

- **기업 강의**
  삼성전자, 삼성 SDS, LG CNS, 이니스프리, 포스코건설, 현대홈쇼핑 등
- **공공기관 강의**
  한국표준협회, 중소기업진흥공단, 세종테크노파크 등
- **대학 강의**
  연세대학교, 동국대학교, 건국대학교, 성균관대학교, 부산대학교, 동아대학교 등

빅데이터, AI 강의

- **생성형 AI / Chat-GPT**
  동의대, 밀양시청, 한국해양수산데이터산업협회, (사)한국융합인재교육협회, 김포새로일하기센터
- **AI 데이터 라벨링**
  부산과학기술대학, 구미여성인력개발센터 등
- **머신러닝 및 딥러닝**
  삼성 SDS, LG CNS, 중소기업진흥공단, KOSTA 등
- **데이터분석기획**
  LG 이노텍, LG CNS, 부산대학교 등
- **마케팅 전략 수립**
  경제진흥원, 동아대학교 산학협력단, 여성인력개발센터 등

기업교육 문의

www.dataedu.kr | ebiz@dataedu.co.kr | 070-4193-0607

넘쳐나는 영상, 제대로 활용하고 계신가요?
효율적인 영상 활용 플랫폼
두런으로 두러와!

원하는 부분만 빨리 보고 싶어

저번에 보려고 했던 부분이 어디였지?

자막 검색 기능

데이터에듀의 AI 기반 영상 자막 검색을 통해 **원하는 부분**으로 Jump! **필요**한 부분만 빠르게

영상 메모 기능

영상의 시간대를 지정해서 **영상에 메모**하고 **필요할 때 다시 보자!**

둘러보기 →

DOLEARN